HISTOIRE DU MONDE

HISTOIRE DU MONDE

40000 av. J.-C. à nos jours

NATHAN

L'adaptation française a été réalisée par Martine et Daniel Sassier (AMDS)
et Nathalie Bailleux, avec la collaboration de plusieurs historiens
et enseignants : Salha Azaïez, Philippe Brochard, Elisabeth Lowys,
Valérie Malfoy, Florence Maruéjol, Gilles Mastalski.

Mise en page et montage : Atelier Lauriot Prévost

Copyright © Grisewood & Dempsey Ltd, Londres, 1992
Première édition publiée par Kingfisher Books, en 1992, réimprimée, revue et actualisée en 1993

Pour l'édition française © Éditions Nathan, Paris, 1994

N° d'Editeur : 1 00 18 463
N° ISBN : 2.09.240 273-0

Dépôt légal : septembre 1994

*Découvrez l'*Histoire du monde

Dans cette *Histoire du monde*, toutes les entrées sont classées par ordre chronologique. Pour trouver une information, cherchez la date ou la période de l'événement dans les chronologies ou repérez dans le sommaire le sujet qui vous intéresse. Vous pouvez aussi consulter l'index et les annexes à la fin du livre.

★

Histoire du monde est découpée en dix grandes périodes chronologiques. Chacune d'elles comporte des doubles pages thématiques qui donnent un aperçu des faits de civilisation. Dix thèmes sont ainsi abordés : l'art et l'artisanat ; l'architecture ; les communications et les transports ; l'agriculture et l'alimentation ; la vie quotidienne ; les religions ; les sciences et les techniques ; le gouvernement et la société ; le commerce ; l'art de la guerre. Pour suivre les principaux changements intervenus dans le mode de vie et les activités des hommes au cours des temps, comparez les pages thématiques des différentes périodes.

★

Les chronologies s'étendent de 40000 av. J.-C. jusqu'à nos jours. Elles relatent les principaux événements, apportent des informations complémentaires.

★

Des encadrés consacrés à la vie quotidienne, aux grands personnages, au commerce, etc., mais aussi à divers événements historiques complètent les textes principaux. Ceux-ci sont souvent accompagnés de renvois de pages qui permettent de relier les informations ou d'aller plus loin en mettant en parallèle plusieurs sujets.

★

Si vous voulez connaître les dates de règne d'un souverain ou de gouvernement d'un chef d'État, reportez-vous à l'index et aux annexes.

★

Histoire du monde est une mine d'informations sur les événements et sur le mode de vie des hommes des temps passés.

Sommaire

Qu'est-ce que l'histoire ? 1
Les archéologues au travail 2. Les enquêtes des historiens 6. L'histoire locale 8.

La Préhistoire et l'Antiquité 9
40 000-500 av. J.-C.
Panorama 10. L'ère des glaciers 12. Les premiers hommes 14. L'art et l'artisanat 16. Les premiers agriculteurs 18. L'architecture 20. Les premières cités 22. La Mésopotamie et Sumer 24. L'Égypte antique 26. Les communications 28. L'Europe des mégalithes 30. La vallée de l'Indus 32. Les grandes migrations 34. La vie quotidienne 36. La Crète minoenne 38. Les Mycéniens 40. La Chine des Shang 42. Les religions 44. Les Hittites 46. Babylone 47. Les Assyriens 48. L'origine du peuple juif 50. Les sciences et les techniques 52. L'Égypte du Nouvel Empire 54. Les Phéniciens 56. L'Afrique antique 58. Le commerce 60. Les civilisations américaines 62. L'Inde aryenne 64. La fondation de Rome 66. L'art de la guerre 68. La renaissance de Babylone 70. La Grèce des temps obscurs 72. La Chine des Zhou 73. L'Empire perse 74. L'Océanie 76.

L'Antiquité classique 77
499 av. J.-C.-500 ap. J.-C.
Panorama 78. Le monde 80. La Grèce classique 82. Les cités grecques 84. L'art et l'artisanat 86. L'héritage grec 88. Alexandre le Grand 90. L'architecture 92. Les successeurs d'Alexandre 94. L'Inde des Maurya 96. La Chine des Qin 98. Les transports 100. L'Afrique des Noks 102. La République romaine 104. Les guerres puniques 106. L'agriculture et l'alimentation 108. La Judée romaine 110. Les Celtes 112. L'armée romaine 114. La vie quotidienne 116. L'Empire romain 118. La Chine des Han 120. Les religions 124. L'influence de Rome 126. Les débuts du christianisme 128. Les Parthes et les Sassanides 130. Les sciences et les techniques 132. Les Amériques 134. L'Inde des Gupta 136. Société et gouvernement 138. Le déclin de Rome 140. Les Barbares 143. Le Japon des origines 146. Le commerce 148. Les Mayas 150. Les Polynésiens 152. L'art de la guerre 154. Les siècles obscurs 156.

Le haut Moyen Âge 157
501-1100
Panorama 158. Le monde 160. L'Empire byzantin 162. L'art et l'artisanat 164. Les monastères 166. La Chine des Sui et des Tang 170. L'architecture 172. La naissance de l'islam 174. Les conquêtes de l'islam 176. La diaspora juive 178. Les communications et les transports 180. L'Amérique du Nord 182. Les Russes et les Bulgares 184. Le royaume des Francs 186. L'agriculture et l'alimentation 188. La dynastie abbasside 190. Le royaume du Ghana 192. Charlemagne 194. La vie quotidienne 196. Le Japon des Fujiwara 198. Les Magyars et les Bohémiens 200. La Bretagne anglo-saxone 202. Les religions 204. Le Saint Empire romain germanique 206. L'Amérique du Centre et du Sud 208. Papes et empereurs 210. Les sciences et les techniques 212. La France des premiers Capétiens 214. Les Vikings 216. Société et gouvernement 220. L'Angleterre normande 222. Le système féodal 224. Les Anglo-Normands 226. Le commerce 228. L'Empire seldjoukide 230. La Chine des Song 232. L'art de la guerre 234. La Nouvelle-Zélande 236.

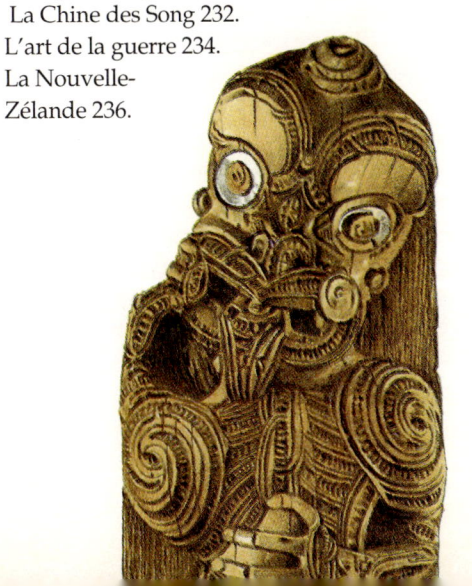

Le temps des chevaliers 237
1101-1453

Panorama 238. Le monde 240. Les croisades 242. La chevalerie 244. L'art et l'artisanat 246. La rivalité franco-anglaise 248. Philippe Auguste 250. L'architecture 252. Shoguns et samouraïs 254. Le commerce en Europe 256. Venise 258. Les communications et les transports 260. La Grande Charte 262. Le Mali et l'Éthiopie 264. Franciscains et Dominicains 266. L'agriculture et l'alimentation 268. L'Empire mongol 270. Louis IX et Philippe le Bel 274. La vie quotidienne 276. Les Aztèques et les Incas 278. L'Empire du Bénin 280. De grands voyageurs 282. Les religions 284. La guerre de Cent Ans 286. La Ligue hanséatique 288. La Grande Peste 290. Les sciences et les techniques 292. La Chine des Ming 294. Le Grand Schisme 296. Les révoltes paysannes 298. Gouvernement et société 300. L'Empire khmer 302. La fin de la guerre de Cent Ans 304. Henri le Navigateur 306. Le commerce 308. L'imprimerie en Europe 310. La chute de Constantinople 312. L'art de la guerre 314. La guerre des Deux-Roses 316.

Le temps de la Renaissance 317
1454-1600

Panorama 318. Le monde 320. Les Aztèques 322. Les arts 324. Les Incas 326. Les « Rois Catholiques » 328. La Renaissance 330. L'architecture 334. Le modèle italien 336. Les grandes découvertes 338. Les communications et les transports 342. L'Empire songhaï 344. La Perse des Séfévides 346. L'agriculture et l'alimentation 348. François Ier et la Renaissance 350. L'Empire portugais 352. La Réforme 354. La vie quotidienne 356. L'Empire ottoman 358. L'Empire moghol 360. Les conquistadores 362. Les religions 364. L'âge d'or de l'Espagne 366. La Contre-Réforme 368. Les Habsbourg 370. Les sciences et les techniques 372. Élisabeth Ire d'Angleterre 374. Des hommes tolérants 377. Les guerres de Religion 378. Société et gouvernement 380. La Russie 382. Luttes en Méditerranée 384. L'indépendance des Provinces-Unies 386. Le commerce 388. Les Indiens d'Amérique du Nord 390. Le Japon et la Chine 392. L'art de la guerre 394. Un nouveau calendrier 396.

Commerce et empires 397
1601-1715

Panorama 398. Le monde 400. L'isolement du Japon 402. Les arts 404. Henri IV 406. La colonisation de l'Amérique 408. L'architecture 412. La Suède de Gustave II 414. La guerre de Trente Ans 416. La France de Richelieu 418. Les communications et les transports 420. Le déclin de l'Espagne 422. Les compagnies des Indes 424. L'Empire hollandais 426. L'agriculture et l'alimentation 428. La guerre civile anglaise 430. La Chine des Mandchous 432. La vie quotidienne 434. La restauration anglaise 436. Les religions 438. Le déclin des Moghols 440. Le Roi-Soleil 442. L'âge de la raison 446. Les guerres anglo-hollandaises 448. La traite des Noirs 450. Les sciences et les techniques 452. L'Océanie 454. Le déclin de l'Empire ottoman 455. Pierre le Grand 456. La « Glorieuse Révolution » 458. Gouvernement et société 460. Les États africains 462. L'Irlande 464. La guerre du Nord 466. Le commerce 468. La succession d'Espagne 470. L'art de la guerre 472. L'Amérique coloniale 474.

Révolutions et indépendances 477
1716-1830

Panorama 478. Le monde 480. L'Autriche et la Prusse 482. Les arts 484. Au temps de Louis XV 486. La révolution agricole 488 .La révolution industrielle 490.L'architecture 492. L'Inde dans la tourmente 494. La guerre de Sept Ans 496. Les guerres en Amérique du Nord 498. Les communications et les transports 500. Le commerce avec la Chine 502. Les philosophes des Lumières 504. L'Afrique 506. L'agriculture et l'alimentation 508. Catherine la Grande 510. L'exploration du Pacifique 512. Le Japon et le Sud-Est asiatique 514. La vie quotidienne 516 L'indépendance américaine 518. La Révolution française 520. Les religions 524. La révolte des esclaves 526. Les Anglais en Inde 528. Napoléon Bonaparte 530. Les guerres napoléoniennes 532. Les sciences et les techniques 534. L'indépendance de l'Amérique latine 536. Américains contre Anglais 538. Société et gouvernement 540. La chute de Napoléon 542. Le sort des esclaves 543. La Restauration 546. Le commerce 548. La puissance anglaise 550. L'indépendance de la Grèce 552. La révolution de Juillet 553. L'art de la guerre 554. La « piste des larmes » 556.

Unités nationales et empires coloniaux 557
1831-1914

Panorama 558. Le monde 560. Le Mexique et le Texas 562. La guerre des Boers 564. Les arts 566. Les guerres de l'opium 568. 1848, le printemps des peuples 570. La Nouvelle-Zélande 572. L'architecture 574. La guerre de Crimée 576. Le Japon du Meiji 578. L'Angleterre victo-rienne 580. La guerre de Sécession 582. Le second Empire 584. Vers le Canada moderne 586. Les communications et les transports 588. L'unité italienne 590.L'unité allemande 592. L'agriculture et l'alimentation 594. L'Afrique convoitée 596. Le partage de l'Afrique 598. La IIIe République 600. La vie quotidienne 602. L'Asie du Sud-Est 604. Les sciences et la médecine 606. L'Inde britannique 608. Les empires coloniaux 610. Les sciences et les techniques 612. L'essor des États-Unis 614. La fièvre de l'or 616. Gouvernement et société 618. Les pionniers contre les Indiens 620. La révolte des Boxers 622. Le com-merce 624. Les suffragettes 626. La première révolution russe 628. L'Australie colonisée 630.L'art de la guerre 632. Les guerres balkaniques 634. La politique des blocs 636.

Le monde en guerre 637
1914-1949

Panorama 638. Le monde 640. La marche à la guerre 642. La guerre des fronts 644. Les arts 646. L'État libre d'Irlande 648. La Révolution russe 650. L'architecture 654. La fin de la guerre 656. L'après-guerre 658. Les communications et les transports 660. La France entre les deux guerres 662. La révolution turque 664. La montée des fascismes 666. L'agriculture et l'alimentation 668. La prospérité américaine 670. La Longue Marche 672. La vie quotidienne 674. La Grande Dépression 676. L'Allemagne nazie 678. La guerre d'Espagne 680. Les sciences et la médecine 682. La guerre sino-japonaise 684. L'Anschluss et Munich 686. Les sciences et les techniques 688. La Seconde Guerre mondiale 690. La guerre en Europe 692. La guerre du Pacifique 694. Gouvernement et société 696. La France occupée 698. L'après-guerre 700. Les Nations unies 702. Les Balkans et l'Italie 704. Le commerce 706. L'indépendance de l'Inde 708. La naissance d'Israël 710. De nouvelles armes 712. La guerre froide 714. La Chine communiste 716.

Le monde moderne 717
1950 à nos jours

Panorama 718. Le monde 720. La France de la IVe à la Ve République 722. La course à l'espace 724. L'Asie du Sud-Est 726. Les marchés communs 728. La naissance du tiers monde 730. Les guerres au Moyen-Orient 732. La Chine et le Japon 734. Les nationalismes 736. L'ouverture de l'Est 738. La révolution scientifique 740. L'évolution de la société 742. Le défi écologique 744.

Tableaux chronologiques Index 746

Présentation de l'ouvrage

Histoire du monde permet de découvrir les peuples, les lieux, les événements qui ont modelé l'aventure humaine.
Cet ouvrage a été conçu pour se promener à travers les siècles en toute liberté, mais aussi pour trouver simplement et rapidement une information précise.

Le panorama. Dans le cadre chronologique de chaque période, ce résumé très pratique met en parallèle, continent par continent, les faits marquants.

Les titres courants permettent de se repérer dans l'ouvrage par le sujet traité (page de gauche) ou par la période (page de droite).

Les planisphères, qui ouvrent chaque période, présentent en images les principaux foyers de civilisation de l'époque concernée.

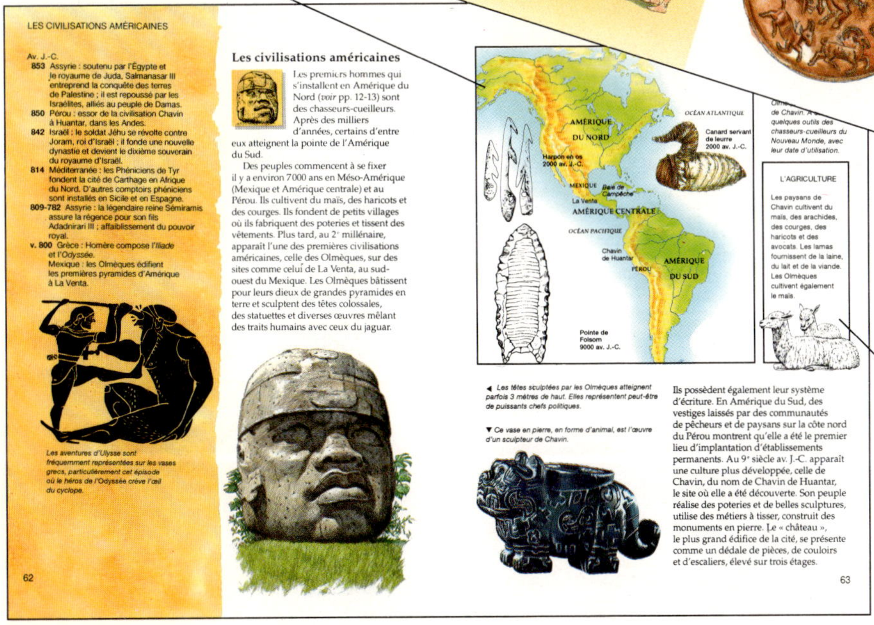

Des doubles pages thématiques résument les arts, les sciences, la vie quotidienne, etc., de chaque période.

Des encadrés développent des informations évoquées dans le texte et présentent des **personnages clefs** ou tout simplement célèbres.

Les textes principaux relatent des événements majeurs. Ils se succèdent, par double page, dans l'ordre chronologique.

De nombreuses cartes situent les villes, les batailles, les lieux géographiques évoqués dans le texte.

La chronologie court tout au long du livre. Elle constitue un véritable journal et permet une histoire comparative.

D'autres encadrés présentent des lieux, des faits de société, des réalités économiques, etc.

Qu'est-ce que l'histoire?

Le mot «histoire» vient du grec ancien *histôr*, «qui sait». En grec, «je sais» veut dire également «j'ai vu», et histoire a fini par signifier «apprendre en enquêtant». Les anciens Grecs ont compris qu'on ne peut pas connaître un fait sans en avoir été le témoin ou sans avoir fait une recherche à son sujet.

Les Grecs ont aussi affirmé que le savoir historique doit se fonder sur des témoignages, sur des faits concrets. Et que cette connaissance n'est pas formée d'une seule histoire, mais de plusieurs. Enfin, qu'elle exige un esprit critique, capable de «chasser» les erreurs.

Les historiens ne cherchent pas seulement à savoir ce qui est arrivé, mais aussi pourquoi cela s'est produit. Le mot «histoire» a ainsi plusieurs sens. Il s'applique au récit des événements passés, ordonnés par périodes. Il renvoie également à l'étude des événements, de leurs causes et de leurs effets. Enfin, il prend en compte tous les documents qui ont été conservés, et notamment les écrits. Le travail des historiens s'appuie en effet à la fois sur des récits, sur des traditions orales et sur des objets. Heureusement, depuis longtemps, pour se souvenir d'un fait, les hommes le notent ou le commémorent d'une façon ou d'une autre. C'est cette mémoire qui a fait et qui continue à faire notre histoire.

▲ Les Romains ont érigé d'immenses bâtiments, vestiges du passé. Beaucoup existent encore, comme le Colisée, à Rome.

◄ Les événements de l'histoire contemporaine laissent de nombreux témoignages écrits ou visuels. C'est le cas de la rencontre des trois chefs d'État Churchill, Roosevelt et Staline à Yalta, en 1945, pour laquelle nous avons des documents comme cette photographie.

QU'EST-CE QUE L'HISTOIRE ?

Les archéologues au travail

Les archéologues étudient les civilisations anciennes en analysant notamment les vestiges qu'elles ont laissés. Ils s'intéressent aux objets (artisanat), aux édifices (construction), aux plantes et aux animaux. Leur travail nous renseigne sur les sociétés qui n'ont pas d'écriture et apporte des informations complémentaires sur celles qui en possèdent une.
Un peu à la manière des détectives, les archéologues étudient les objets découverts comme autant d'indices permettant de mieux comprendre les hommes qui les utilisaient.

L'archéologie fournit souvent aux historiens des données qui les obligent à réviser leurs opinions sur les sociétés anciennes. En 1939, à Sutton Hoo, en Angleterre, les vestiges d'un navire anglo-saxon chargé de trésors ont, par exemple, été mis au jour. Les objets ont révélé que le peuple qui les a fabriqués était loin d'appartenir à une société primitive de l'âge des ténèbres.

Depuis les années 1950, les archéologues s'efforcent de comprendre les raisons profondes des grands changements qui ont marqué les sociétés humaines. Pourquoi, par exemple, l'agriculture s'est-elle développée au Mexique autour

▲ Des archéologues hommes-grenouilles relèvent, dans un navire naufragé, la position des objets. La vase qui les recouvre les préserve souvent très bien.

▼ Il est capital de noter la position exacte, la taille et l'état des objets. Les fouilles sont exécutées avec le plus grand soin.

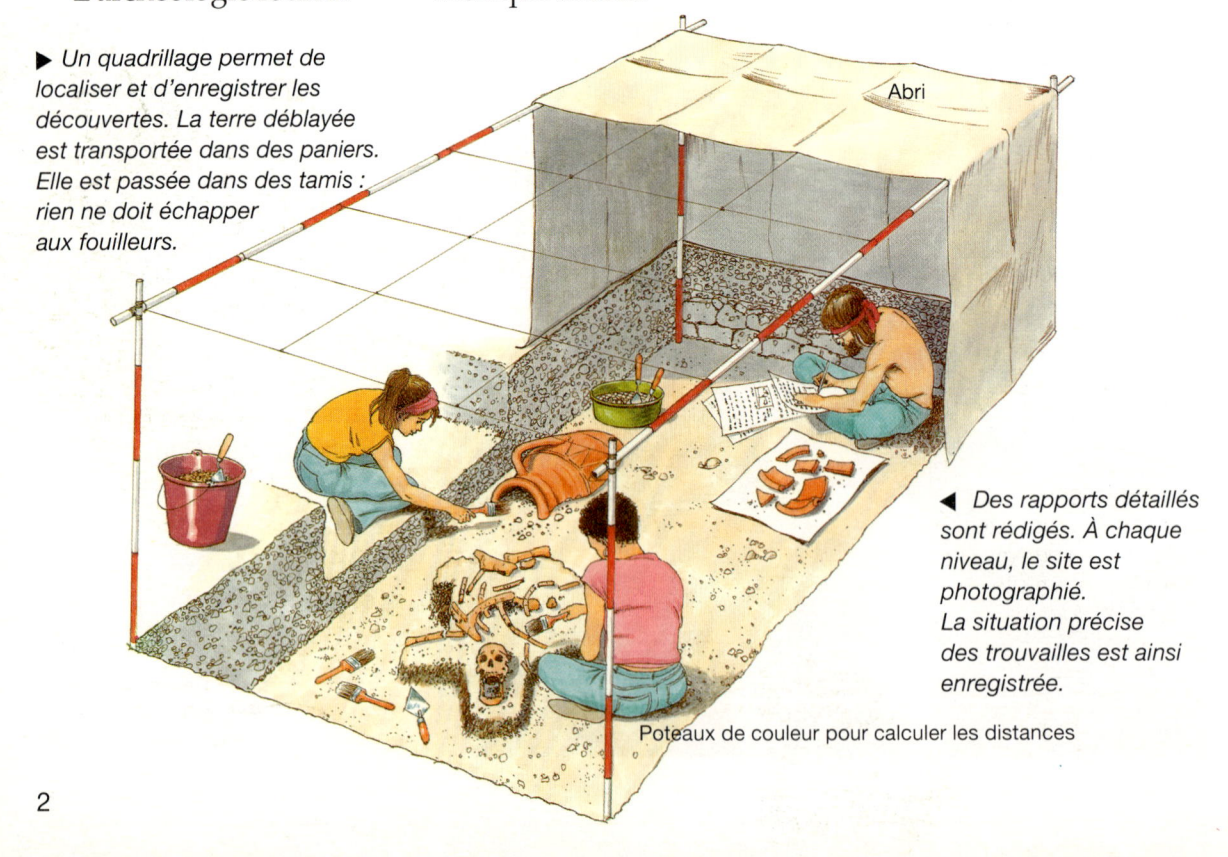

▶ Un quadrillage permet de localiser et d'enregistrer les découvertes. La terre déblayée est transportée dans des paniers. Elle est passée dans des tamis : rien ne doit échapper aux fouilleurs.

Abri

◀ Des rapports détaillés sont rédigés. À chaque niveau, le site est photographié. La situation précise des trouvailles est ainsi enregistrée.

Poteaux de couleur pour calculer les distances

QU'EST-CE QUE L'HISTOIRE ?

QUELQUES DATES

- **1594** Découverte de la ville de Pompéi, en Italie.
- **1799** Mise au jour de la pierre de Rosette, en Égypte.
- **1870** Heinrich Schliemann entreprend des fouilles à Troie, un site localisé dans l'actuelle Turquie.
- **1879** Des grottes préhistoriques ornées sont découvertes en Espagne.
- **1900** Sir Arthur Evans fouille à Cnossos, en Crète.
- **1922** Howard Carter trouve la tombe de Toutankhamon, en Égypte.
- **1940** Découverte de la grotte de Lascaux, en France.
- **1970** Découverte de l'homme de Tollund, au Danemark.
- **1974** Mise au jour de la tombe de Qin Shi Huangdi, en Chine.
- **1991** Un plongeur découvre une grotte préhistorique ornée de peintures, sur la côte méditerranéenne, en France.

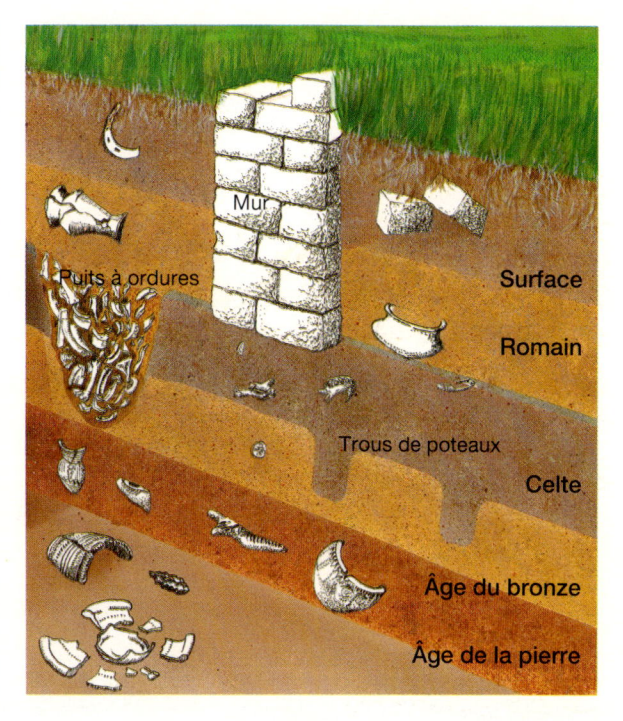

▲ Les couches de terrain retracent l'histoire des sites. Les trous de poteaux montrent qu'une palissade s'élevait ici à l'époque des Celtes. Plus tard, un mur romain a été bâti au même endroit.

de 7000 av. J.-C. ? Pourquoi les premières cités sont-elles apparues au Proche-Orient ? Ils ne s'occupent pas seulement des grands sites, mais aussi de problèmes particuliers. Dans les années 1960, Richard MacNeish a ainsi étudié des grottes mexicaines pour reconstituer la fabrication du pain à partir du maïs. En traitant de nombreuses données chiffrées, les ordinateurs ont rendu ce type d'études plus rapide et plus efficace.

HEINRICH SCHLIEMANN
(1822-1890)

Il a découvert et fouillé Troie, la fameuse cité décrite par Homère dans l'*Iliade*. Le site compte neuf villes superposées. La Troie d'Homère est la deuxième.

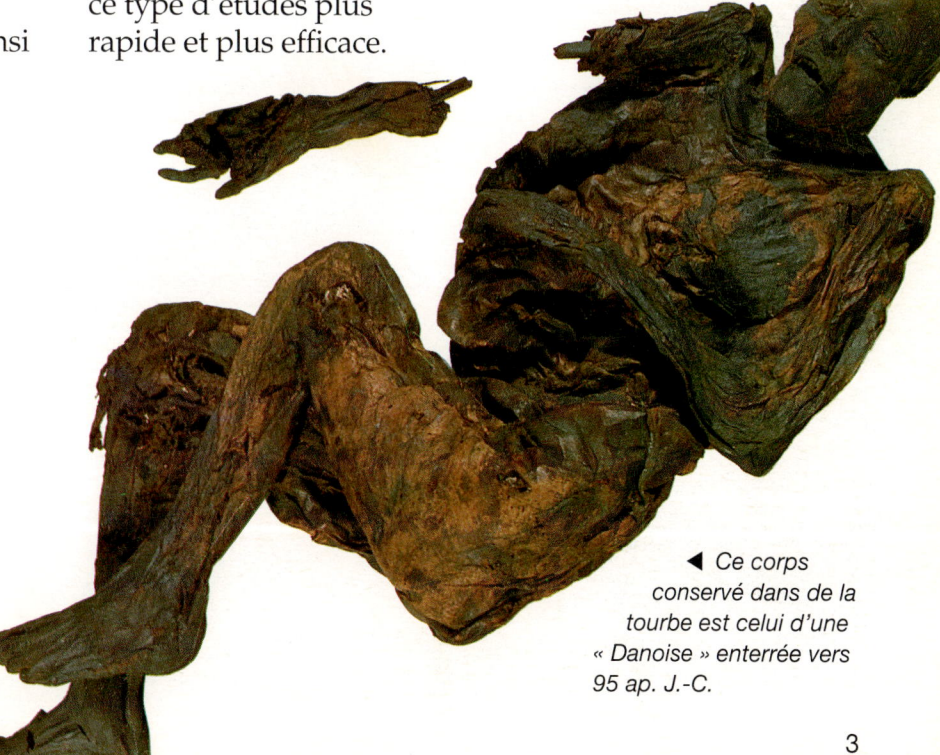

◄ Ce corps conservé dans de la tourbe est celui d'une « Danoise » enterrée vers 95 ap. J.-C.

QU'EST-CE QUE L'HISTOIRE ?

Les édifices fournissent d'innombrables enseignements sur le passé. Vous en découvrirez de nombreux exemples dans ce livre.

Les objets tels que les pièces de monnaie, les poteries, les outils, les armes, etc., nous apprennent bien des choses. Leur étude complète, par exemple, nos connaissances en histoire sociale ou militaire. Les matières animales et végétales, souvent associées aux objets, comme les os d'animaux, leurs peaux, les graines... permettent de savoir ce que faisaient les hommes d'autrefois et ce qu'ils mangeaient.

Les représentations imagées donnent des informations très importantes. Grâce aux sculptures, aux fresques,

▶ Les peintures nous renseignent aussi bien que des photographies sur la vie passée. Cette fresque retrouvée dans la ville romaine d'Herculanum montre une mère assistant à la leçon de musique de sa fille.

▼ La photographie aérienne aide les archéologues à repérer des sites anciens. « Sous » les cultures peuvent apparaître les contours d'une ferme romaine, d'un village gaulois, etc. Cette photographie révèle un quadrillage de rues romaines.

QU'EST-CE QUE L'HISTOIRE ?

▶ *La dendrochronologie, ou datation par l'étude des anneaux de croissance des arbres, permet de connaître l'âge des objets en bois. La croissance des arbres dépendant du climat, les anneaux se développent plus ou moins. Grâce à eux, on parvient à dater des objets vieux de 8 000 ans.*

◀ *La datation au carbone 14 permet de dater des restes organiques – os, bois, charbon de bois... Cette technique est fondée sur le fait que tous les organismes vivants contiennent du carbone 14. Après leur mort, cet élément se désintègre à une vitesse connue. En mesurant la quantité qu'en contient encore l'organisme étudié, on calcule la date de sa mort.*

HOWARD CARTER
(1874-1939)

En 1922, Howard Carter, qui travaille pour lord Carnarvon, trouve la tombe et les trésors de Toutankhamon, un jeune roi d'Égypte qui régna au 14ᵉ av. J.-C. C'est l'une des plus sensationnelles découvertes archéologiques.

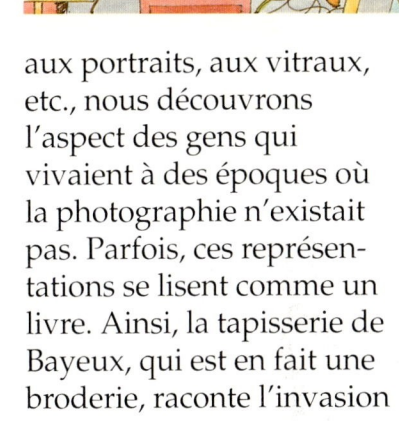

aux portraits, aux vitraux, etc., nous découvrons l'aspect des gens qui vivaient à des époques où la photographie n'existait pas. Parfois, ces représentations se lisent comme un livre. Ainsi, la tapisserie de Bayeux, qui est en fait une broderie, raconte l'invasion de l'Angleterre par les Normands en 1066. Elle rapporte aussi l'histoire du naufrage sur les côtes de France du roi d'Angleterre, Harold II, et de sa rencontre avec Guillaume, duc de Normandie et futur conquérant de son royaume.

▼ *Les tombes conservent souvent des souvenirs de la vie quotidienne. Celles des riches Égyptiens renferment de nombreux objets et « modèles » de serviteurs, destinés à rendre la « vie future » du mort agréable. Ci-dessous, un homme préparant de la bière (à droite) et l'équipage d'un navire (à gauche).*

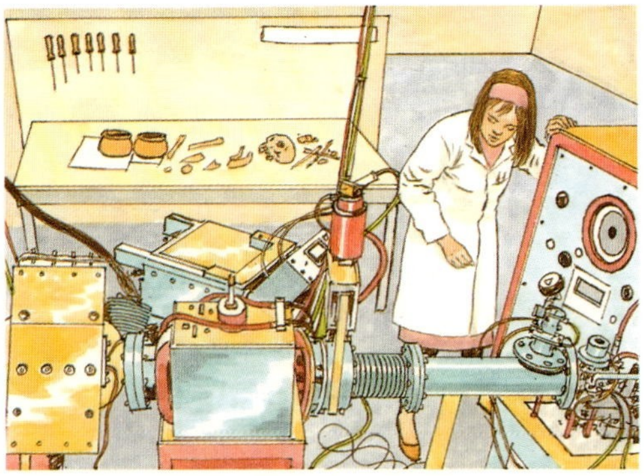

QU'EST-CE QUE L'HISTOIRE ?

Les enquêtes des historiens

Avant l'invention de l'écriture, l'histoire s'est transmise oralement, de génération en génération. D'autre part, de nombreux récits n'ont été mis par écrit que bien longtemps après les faits qu'ils décrivent. Homère, par exemple, a sans doute composé l'*Iliade* plus de quatre cents ans après la fameuse guerre de Troie. Cela ne signifie pas que les informations qu'il donne soient un tissu de légendes, mais elles doivent être examinées avec attention.

À travers les poèmes et les chants, la tradition orale conserve l'histoire de nombreux peuples sans écriture (c'est souvent le cas en Afrique, par exemple). Elle retrace des migrations, des luttes pour le pouvoir, des batailles…

Le Grec Hérodote, qui vivait au 5ᵉ siècle av. J.-C., est considéré comme le « père de l'histoire ». Il utilise le mot *historia* dans le sens d'enquête. Bien qu'à son époque les gens croient que les dieux contrôlent le monde, il cherche une autre explication aux événements qui marquent les sociétés humaines ; il veut en déterminer les causes et les conséquences.

Parfois, l'histoire est écrite par ceux qui la font. Jules César (100-44 av. J.-C.) raconte la guerre qu'il a conduite en Gaule, et affirme qu'il a été clément envers les vaincus. L'historien d'aujourd'hui ne peut bien sûr se satisfaire de ce seul récit ; il doit le confronter avec d'autres sources d'information.

Les journaux personnels sont aussi très précieux. John White, par exemple, a fait partie de l'expédition de 1584 qui a tenté d'établir

◀ *La pierre de Rosette, découverte lors de l'expédition de Bonaparte en Égypte en 1799, a permis à Champollion de déchiffrer les hiéroglyphes égyptiens.*

JEAN-FRANÇOIS CHAMPOLLION
(1790-1832)

Au terme d'un travail acharné, Jean-François Champollion parvint à déchiffrer les hiéroglyphes, l'écriture des anciens Égyptiens. Les textes du pays des pharaons ont enfin pu être traduits.

MARC BLOCH
(1886-1944)

Marc Bloch fonde en 1929 avec Lucien Febvre (1878-1956) les *Annales d'histoire économique et sociale*, une revue qui renouvelle profondément l'étude de l'histoire. Il sera fusillé par les nazis.

QU'EST-CE QUE L'HISTOIRE ?

HÉRODOTE
(v. 480 - v. 420 av. J.-C.)

Hérodote, le « père de l'histoire », s'appuie sur des témoignages. Cela ne l'empêche pas de prendre encore des légendes pour des faits établis.

la première colonie anglaise en Amérique. Il a rapporté à son retour une documentation écrite et des dessins concernant la vie des Indiens qu'il avait rencontrés. Son témoignage est d'autant plus exceptionnel qu'il fut le seul survivant de la colonie.

Les historiens travaillent sur le passé. Le plus souvent, ils ne connaissent les faits qu'ils décrivent que par des récits et des documents d'époque. Ils doivent aller au-delà de leurs idées toutes faites, de leurs préjugés, ainsi que de ceux des autres auteurs. Autrement dit, ils s'efforcent de ne pas se laisser influencer et de ne pas présenter de faits avant de les avoir bien analysés.

En prenant toutes ces précautions, en travaillant en scientifiques, les historiens parviennent à donner l'image la plus juste possible du passé. Mais les recherches se poursuivent sans cesse, de nouveaux documents peuvent être découverts et

▲ La Déclaration d'Indépendance américaine a été rédigée en 1776. Ce document, lui, date du 19e siècle : c'est une reconstitution.

modifier ce que l'on croyait bien établi. Aussi, comme tous les chercheurs, les historiens savent que la connaissance est rarement définitive.

▼ Les manuscrits de la mer Morte sont de très anciens textes bibliques. Ils ont été rédigés il y a environ deux mille ans.

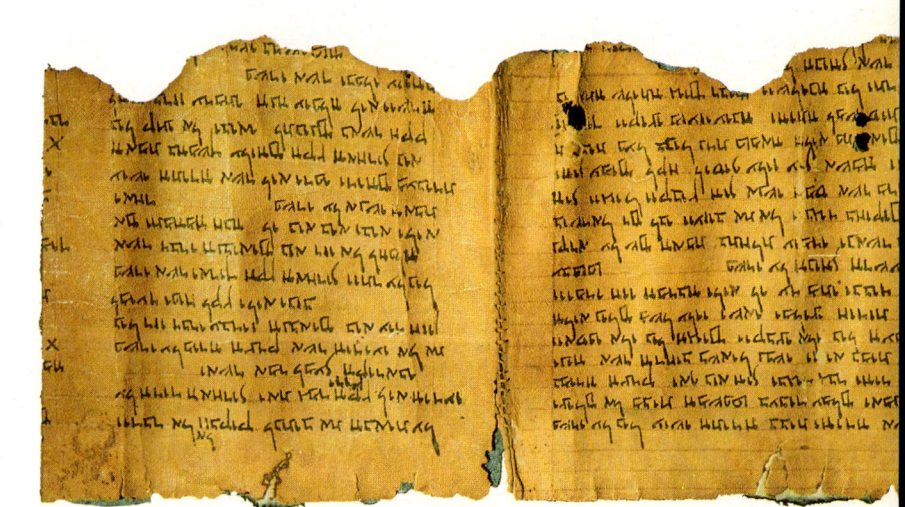

QU'EST-CE QUE L'HISTOIRE ?

L'histoire locale

L'histoire orale est l'une des sources de l'histoire, et notamment de l'histoire locale. En écoutant les gens âgés raconter leurs souvenirs, on apprend beaucoup sur le passé. En outre, ces personnes possèdent des photographies, des objets acquis dans leur jeunesse ou transmis par leurs parents ou leurs grands-parents.

L'histoire familiale est une branche de l'histoire locale. Les photographies des membres d'une famille peuvent remonter jusqu'au milieu du 19e siècle. Des documents divers – lettres, livret militaire, etc. – gardent la trace des événements importants – mariages, naissances, décès… Il est rare qu'une famille entière habite longtemps au même endroit. Aussi beaucoup de ceux qui étudient l'histoire de leurs ancêtres essaient-ils de comprendre pourquoi certains d'entre eux sont partis. Était-ce pour trouver un travail, rejoindre une fiancée ? Était-ce à cause d'une guerre, de persécutions raciales ou religieuses ?

Les archives locales conservent des journaux personnels, des lettres, les résultats des recensements, les registres de vastes domaines, la comptabilité d'entreprises qui ont cessé depuis longtemps leur activité.

Les registres paroissiaux contiennent des informations concernant les naissances, les mariages et les décès. Les familles anglaises liées à des lieux dont l'histoire remonte à plus de mille ans trouveront peut-être une référence à leurs ancêtres dans le *Domesday Book*, un état du pays réalisé sur l'ordre de Guillaume le Conquérant à la fin du 11e siècle.

▲ Lettres, journaux, menus et factures donnent une image vivante de la vie quotidienne passée.

▶ Sur cette photographie, prise en 1909, figurent deux générations de la même famille.

40000 – 500 av. J.-C.

La Préhistoire et l'Antiquité

Il y a environ quarante mille ans, de vastes calottes de glace et d'immenses glaciers couvrent l'Europe du Nord, l'Asie et l'Amérique du Nord. Plus au sud, en Afrique, le Sahara est une région verte. Tandis qu'au nord les hommes s'abritent dans des grottes, des hippopotames s'ébattent dans les eaux tièdes du Sahara.

Les hommes ont appris à maîtriser le feu depuis longtemps déjà. Tout en pratiquant en nomades la chasse et la cueillette, ils découvrent peu à peu, il y a environ dix mille ans, la culture des plantes et l'élevage des animaux. Finalement, ils se sédentarisent et bâtissent des maisons, des villages puis des cités.

Les premières civilisations antiques se développent le long de fleuves bordés de terres fertiles, comme l'Euphrate et le Tigre en Iraq, le Nil en Égypte et le Huang He (fleuve Jaune) en Chine. Un peu plus tard, d'autres cultures s'épanouissent en Amérique.

Beaucoup de grandes inventions, telles celles de l'écriture et de la roue, sont réalisées en ce temps-là. Les archéologues datent assez approximativement les événements qui précèdent l'invention de l'écriture, la préhistoire. Pour les époques les plus anciennes de l'Antiquité, les historiens sont souvent en désaccord sur les dates. Mais cela ne les empêche pas de comparer entre eux les événements intervenus dans les diverses régions du monde au cours de ces périodes reculées.

Alors que les Égyptiens bâtissent la grande pyramide de Khéops à Gizeh, les anciens Bretons érigent les menhirs de Stonehenge, en Angleterre. Les paysans du Pérou cultivent du coton pendant que le peuple du royaume de Kousch, à l'est de l'Afrique, travaille le métal. Quelques années après la tenue des premiers jeux Olympiques en Grèce, le calendrier romain est établi.

▼ *Un village sur les rives du Nil vers 3000 av. J.-C. Avec les tiges de papyrus, les Égyptiens construisent des huttes et des bateaux.*

40 000-500 av. J.-C. PANORAMA

Avant le début de notre ère (av. J.-C.), la plupart des dates sont approximatives.

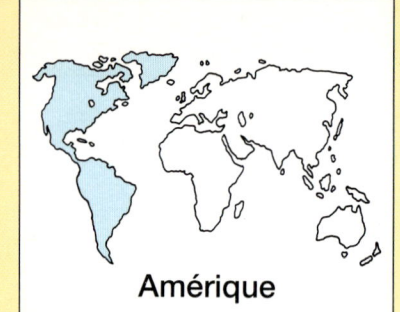

Amérique

35 000 Venant d'Asie, les premiers hommes arrivent en Amérique.

25 000 Traces d'habitat dans des grottes au Brésil.
5000 Culture du maïs au Mexique.

3372 Début du calendrier maya.
3000 Développement de l'agriculture au Mexique. Construction de villages sur la côte du Pérou.

2000 Culture du coton au Pérou.

1500 Édification de temples en pierre au Mexique.

1200 Essor de la civilisation olmèque au Mexique.

850 Naissance de la civilisation Chavín au Pérou.

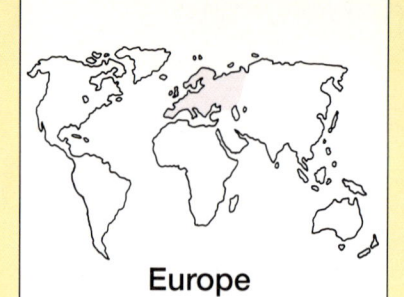

Europe

40 000 Venant du Proche-Orient, les hommes de Cro-Magnon progressent en Europe.
30 000 Extinction de l'homme de Neandertal.
25 000 Premières grottes ornées en France et en Espagne.

5500 Le niveau des mers monte : la Grande-Bretagne devient une île.

2850 Premier aménagement du site de Stonehenge, en Angleterre.
2000 Les Crétois dominent la Méditerranée orientale.
1900 Essor de la civilisation mycénienne en Grèce.

1470 Éruption du volcan de Thira (île de Santorin) en Grèce.
1400 Destruction de la ville de Cnossos (Crète).
1100 Les Doriens envahissent la Grèce.
900 Essor de la civilisation étrusque en Italie.

800 Homère compose l'*Iliade* et l'*Odyssée*.
776 Premiers jeux Olympiques en Grèce.
753 Fondation légendaire de Rome.

509 Déposition du dernier roi de Rome ; instauration de la République.

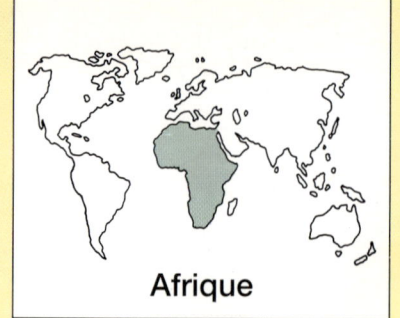

Afrique

30 000 Extinction de l'homme de Neandertal.

10 000 Le climat de l'Afrique du Nord s'assèche.
6000 Premières peintures rupestres.
5000 Essor des civilisations du Fayoum et de Nubie.
3100 Le pharaon Narmer unifie les royaumes de Haute- et de Basse-Égypte.
v. 3000 Le Sahara devient peu à peu un désert.
v. 2780 Première pyramide à degrés en Égypte.
v. 2600 Grande pyramide de Gizeh en Égypte.
1730 Les Hyksos envahissent l'Égypte.
1570 Nouvel Empire égyptien.
v. 1250 Exode des Hébreux hors d'Égypte.
1179 Les peuples de la mer attaquent l'Égypte.
1140 Première colonie phénicienne en Afrique du Nord à Utique.
1085 Fin du Nouvel Empire égyptien.

814 Fondation de Carthage.

750 Les Nubiens conquièrent l'Égypte.

40000-500 av. J.-C. PANORAMA

Proche-Orient

10000 Débuts de l'agriculture.
6000 Essor du village de Çatal Höyük en Anatolie.

v. 3200 Apparition de l'écriture à Sumer.
3000 Utilisation de la roue.

2300 Les Sémites d'Arabie s'installent en Mésopotamie.
v. 2100 Abraham quitte la ville d'Our.
1950 Chute de l'empire d'Our.
1595 Destruction de Babylone par un raid hittite.
1300 Les Mèdes et les Perses s'établissent en Iran.

931 Partage du royaume d'Israël.

689 Les Assyriens prennent Babylone.
612 Chute de l'Empire assyrien.
550 Cyrus II le Grand fonde l'Empire perse.
525 Les Perses conquièrent l'Égypte.

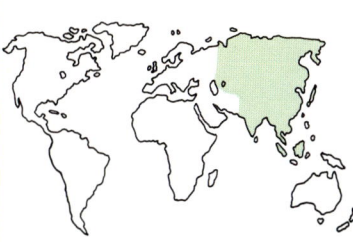

Asie et Extrême-Orient

18000 Première sculpture représentant un être humain.

4000 Civilisation de Yangshao en Chine.
3500 Travail du cuivre en Thaïlande.

2690 Civilisation de la vallée de l'Indus.
2200 Civilisation jomon au Japon.
2150 Premières invasions aryennes au nord de l'Inde.
1760 Fondation de la dynastie Shang en Chine.
1500 Fin de la civilisation de l'Indus.
1200 Les Aryens dominent l'Inde.
1122 Dynastie Zhou en Chine.

1000 Composition, en Inde, du *Rigveda*, texte sacré fondateur de l'hindouisme.

722 Développement de puissants petits royaumes en Chine.

563 Naissance de Bouddha.
551 Naissance de Confucius.

Océanie

40000 Les premiers hommes arrivent en Australie.

4000 Début du peuplement des îles du Pacifique.

Les Océaniens sont de grands piroguiers.

2000 Début du peuplement de la Nouvelle-Guinée.

1300 Début du peuplement des îles Fidji, Tonga et Samoa.

L'ÈRE DES GLACIERS

L'ère des glaciers

Au cours de sa très longue histoire, qui s'écoule sur plusieurs milliards d'années, la Terre a connu plusieurs fois des périodes de fort refroidissement. Les calottes glaciaires s'étendent alors autour des pôles, faisant reculer la plupart des êtres vivants vers des régions au climat plus doux. La dernière grande glaciation atteint son maximum il y a environ vingt mille ans. À cette époque vivent les hommes de Cro-Magnon, nos ancêtres directs.

Lors de cette période très froide, la calotte arctique s'est étendue vers le sud et a couvert le nord de l'Europe et de l'Asie, le Canada et la région des Grands Lacs américains. Quand une énorme masse d'eau se trouve ainsi retenue prisonnière par les glaces, le niveau des mers baisse. Dans le cas qui nous intéresse, il est descendu de quelque 90 mètres. Diverses terres se sont ainsi trouvées asséchées, créant des sortes de ponts entre le nord de l'Asie et l'Alaska, entre l'Australie et la Nouvelle-Guinée, ainsi qu'entre de nombreuses îles d'Indonésie.

▲ *Durant la dernière glaciation, les hommes qui vivent dans les régions froides s'abritent à l'entrée des grottes. Ils peignent parfois des animaux sur les parois. À Lascaux, en France, les artistes Cro-Magnon ont réalisé, il y a environ 20 000 ans, de véritables chefs-d'œuvre.*

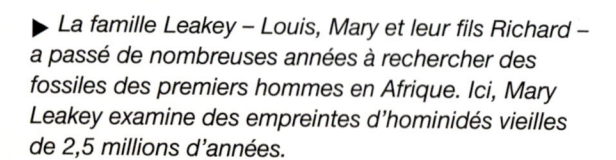

▶ *La famille Leakey – Louis, Mary et leur fils Richard – a passé de nombreuses années à rechercher des fossiles des premiers hommes en Afrique. Ici, Mary Leakey examine des empreintes d'hominidés vieilles de 2,5 millions d'années.*

L'ÈRE DES GLACIERS

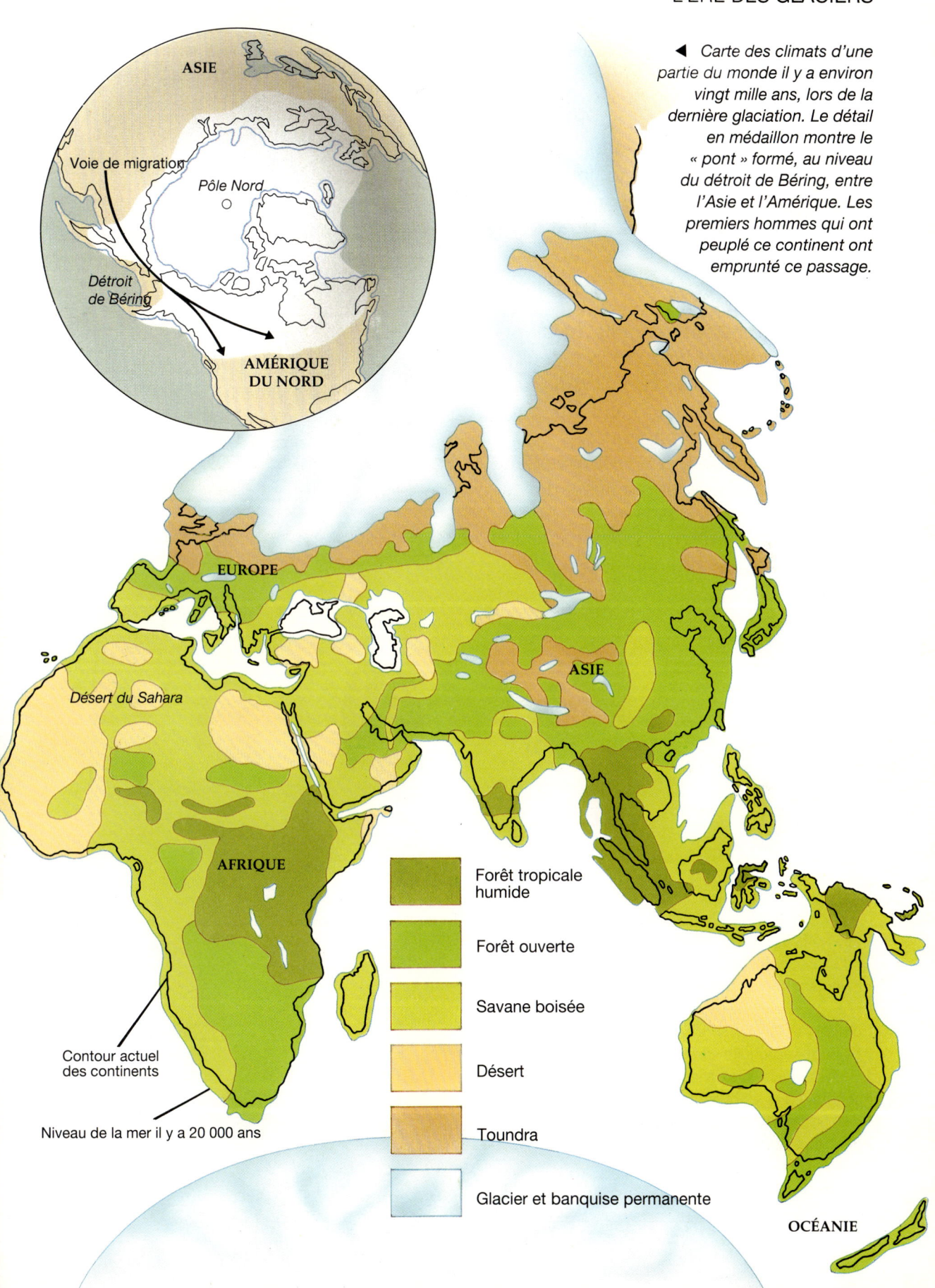

◀ Carte des climats d'une partie du monde il y a environ vingt mille ans, lors de la dernière glaciation. Le détail en médaillon montre le « pont » formé, au niveau du détroit de Béring, entre l'Asie et l'Amérique. Les premiers hommes qui ont peuplé ce continent ont emprunté ce passage.

ASIE
Voie de migration
Pôle Nord
Détroit de Béring
AMÉRIQUE DU NORD

EUROPE
Désert du Sahara
ASIE
AFRIQUE

Contour actuel des continents
Niveau de la mer il y a 20 000 ans

- Forêt tropicale humide
- Forêt ouverte
- Savane boisée
- Désert
- Toundra
- Glacier et banquise permanente

OCÉANIE

LES PREMIERS HOMMES

Les premiers hommes

Comme tous les êtres vivants, les hommes ont évolué au cours des temps. Il y a plusieurs millions d'années, de très lointains ancêtres, les australopithèques, marchent déjà sur leurs deux jambes. Ils ont un cerveau bien plus petit que le nôtre.

Les premiers représentants du genre *Homo* apparaissent il y a environ deux millions d'années. Ces *Homo habilis*, ou « hommes habiles », vivent aux côtés des derniers australopithèques.

Viennent ensuite les *Homo erectus*, les « hommes debout ». Ils ont laissé des traces en Afrique, en Asie et en Europe. Il y a environ 500 000 ans, ils utilisent le feu pour cuire les aliments et se protéger

▲ *Ce Cro-Magnon allume un feu en frottant un bâtonnet dur contre un bois tendre à l'aide d'une corde.*

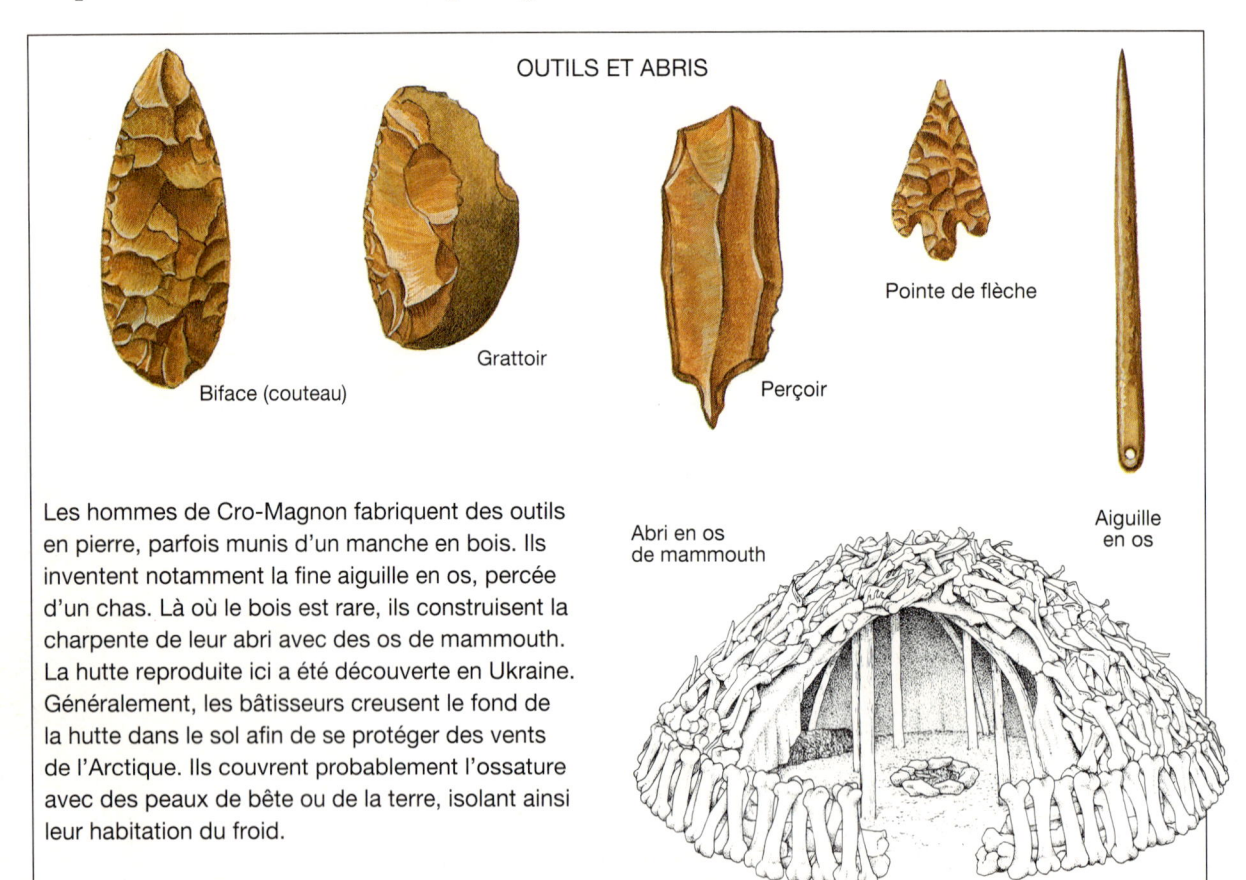

OUTILS ET ABRIS

Biface (couteau)

Grattoir

Perçoir

Pointe de flèche

Aiguille en os

Abri en os de mammouth

Les hommes de Cro-Magnon fabriquent des outils en pierre, parfois munis d'un manche en bois. Ils inventent notamment la fine aiguille en os, percée d'un chas. Là où le bois est rare, ils construisent la charpente de leur abri avec des os de mammouth. La hutte reproduite ici a été découverte en Ukraine. Généralement, les bâtisseurs creusent le fond de la hutte dans le sol afin de se protéger des vents de l'Arctique. Ils couvrent probablement l'ossature avec des peaux de bête ou de la terre, isolant ainsi leur habitation du froid.

LES PREMIERS HOMMES

GROTTES ORNÉES

Les artistes utilisent des colorants naturels – argile, ocre, charbon de bois, végétaux – pour décorer les parois des cavernes. Ils représentent les animaux qu'ils côtoient, mais très rarement des personnages. En Europe, plus d'une centaine de grottes ornées ont été découvertes.

TERRE MÈRE

L'une des plus anciennes statuettes connues est la « vénus » de Willendorf, découverte en Autriche. Elle a été sculptée entre 25 000 et 15 000 av. J.-C. Certains préhistoriens pensent qu'elle représente une déesse, la Terre Mère.

du froid et des bêtes sauvages… *Homo habilis* et *Homo erectus* sont suivis par les *Homo sapiens*, « hommes sages », qui apparaissent il y a quelque 200 000 ans. Parmi eux, l'homme de Neandertal s'adapte au climat rigoureux de l'Europe d'alors. Il invente de nombreux outils en pierre. Les hommes modernes, *Homo sapiens sapiens*, que nous appelons aussi hommes de Cro-Magnon, sont vraiment nos ancêtres directs. Ils nous ressemblent tout à fait.

Au cours de la préhistoire, les hommes vivent de la cueillette et de la chasse, améliorant sans cesse l'efficacité de leurs outils.

▲ Les premiers artistes peignent des animaux, comme ce bison, à l'intérieur des grottes.

▼ Un campement Cro-Magnon, il y a environ dix-huit mille ans. En chassant en groupe, les hommes peuvent tuer de gros animaux tels que les mammouths ou les bisons. Ils utilisent aussi bien leur chair que leur peau, leurs os, leur graisse…

40000–500 av. J.-C.

L'art et l'artisanat

Les hommes qui peuplent l'Europe il y a environ vingt-cinq mille ans gravent et sculptent des statuettes. Nous ne savons pas si ces œuvres ont une signification religieuse. Ces chasseurs décorent aussi de peintures les parois des grottes. Dès qu'ils commencent à mener une vie plus stable, ils fabriquent des poteries et d'autres objets. Les Chinois de la culture de Yangshao peignent sur leurs vases des dessins géométriques. Peu à peu, les métaux remplacent la pierre pour la fabrication des outils et des armes ; les métallurgistes comptent parmi les artisans très importants de ce temps-là. Quand les cités et les villes se développent, elles se dotent de grands édifices, souvent ornés de sculptures et de peintures.

▲ Le « bison qui se lèche », sculpté par des Cro-Magnon sur un bois de renne, est très réaliste.

▼ Cette figurine taillée dans du jade représente Tlaloc, la principale divinité olmèque, un dieu mi-félin, mi-humain.

▲ La « dame » de Brassempouy, trouvée en France, a plus de vingt mille ans. C'est le premier visage surgi de la préhistoire.

▲ Les premiers récipients en verre connus sont très anciens. Ce flacon à onguent égyptien date du Nouvel Empire. Il a été réalisé en appliquant des couches de verre autour d'un noyau en forme de poisson.

QUELQUES DATES

v. 25000 av. J.-C. Les chasseurs-cueilleurs d'Europe sculptent et gravent des animaux et des statuettes féminines.

v. 20000 av. J.-C. Les chasseurs peignent des animaux sur les parois de la grotte de Lascaux, en France.

v. 6000 av. J.-C. Les habitants de Çatal Höyük, en Turquie, font des colliers en coquillages.

v. 4000 av. J.-C. En Chine, premières poteries ornées de décors géométriques.

v. 1200 av. J.-C. Au Mexique, les Olmèques sculptent des têtes colossales.

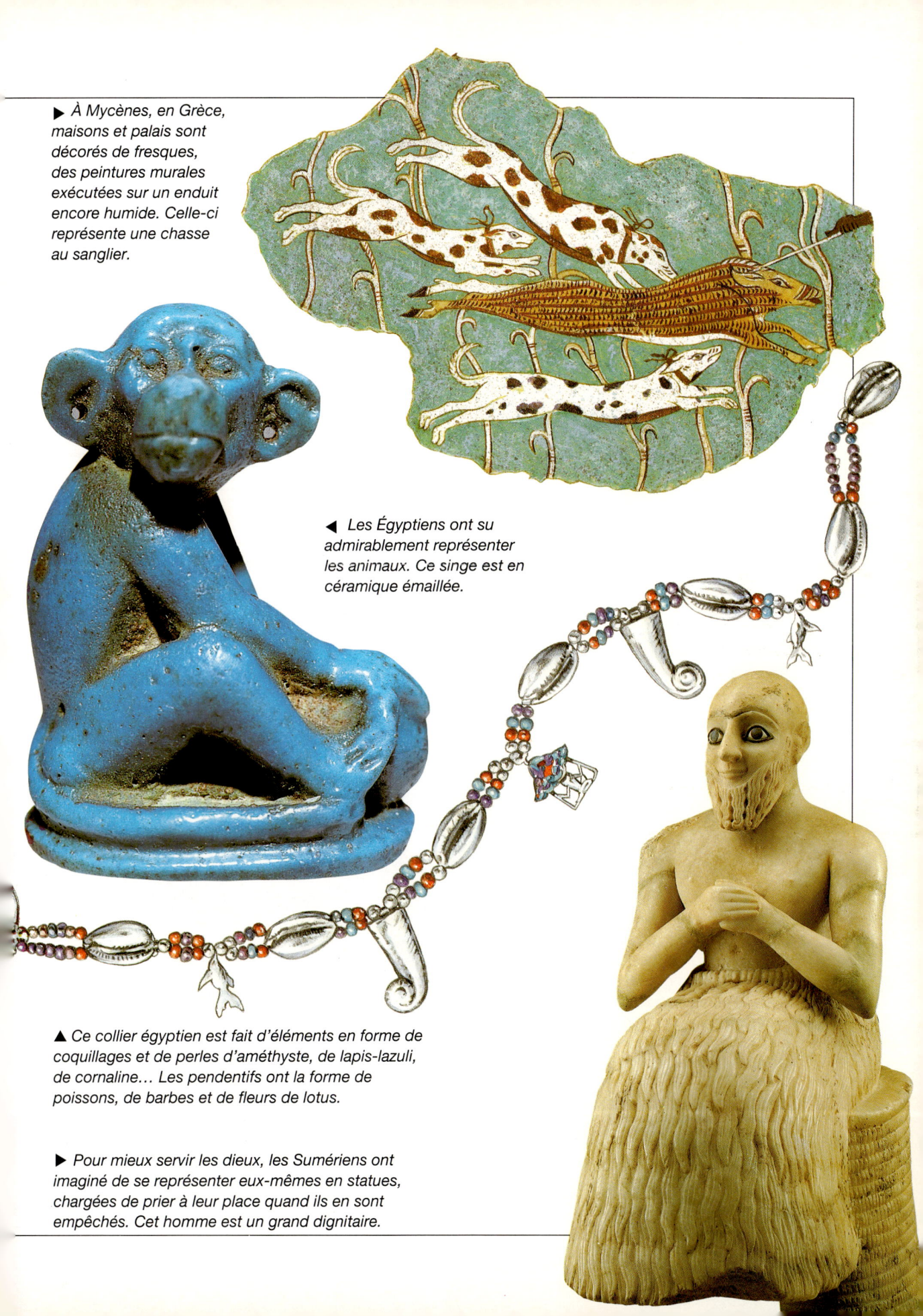

▶ À Mycènes, en Grèce, maisons et palais sont décorés de fresques, des peintures murales exécutées sur un enduit encore humide. Celle-ci représente une chasse au sanglier.

◀ Les Égyptiens ont su admirablement représenter les animaux. Ce singe est en céramique émaillée.

▲ Ce collier égyptien est fait d'éléments en forme de coquillages et de perles d'améthyste, de lapis-lazuli, de cornaline… Les pendentifs ont la forme de poissons, de barbes et de fleurs de lotus.

▶ Pour mieux servir les dieux, les Sumériens ont imaginé de se représenter eux-mêmes en statues, chargées de prier à leur place quand ils en sont empêchés. Cet homme est un grand dignitaire.

LES PREMIERS AGRICULTEURS

Avant le début de notre ère (av. J.-C.), la plupart des dates sont approximatives.

Av. J.-C.
40000 Europe : dernière période glaciaire. Les hommes de Cro-Magnon, premiers hommes modernes, progressent en Europe depuis le Proche-Orient.
Océanie : venant d'Asie du Sud, les premiers hommes arrivent en Australie.
35000 Les premiers hommes, venant d'Asie par un pont de terre et de glace (la Béringie), arrivent en Amérique.
30000 Europe et Afrique : extinction de l'homme de Neandertal apparu vers 90000 av. J.-C. Des chasseurs parcourent le sud de l'Europe.

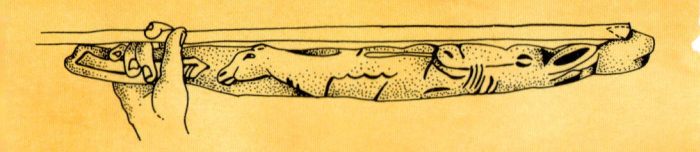

Les propulseurs permettent aux chasseurs de projeter leur lance plus loin. Ils sont souvent ornés de figures animales.

25000-20000 Europe : premières grottes ornées en France (Lascaux) et en Espagne (Altamira).
Égypte : figurines en pierre et en ivoire de déesses-mères.
Asie du Sud-Est : utilisation du radeau.
Brésil : premières grottes ornées dans le nord-est.
18000 Asie : première sculpture connue représentant un être humain.
15000-10000 Afrique : dernière période de pluie en Afrique du Nord qui, à l'époque, est une région tempérée.
10000 Fin de la dernière période glaciaire. Perfectionnement des armes de chasse.
Amérique : disparition des grands mammifères dans le nord. Des hommes atteignent la pointe de l'Amérique du Sud.
10000-9000 Proche-Orient et Asie orientale : débuts de l'agriculture.
Europe centrale et Iraq : cérémonies funéraires associées au culte des idoles ; les corps sont enduits d'ocre rouge.

Les premiers agriculteurs

L'apparition de l'agriculture bouleverse la vie de nos lointains ancêtres. Peu à peu, les hommes découvrent que certaines plantes se cultivent et que les animaux peuvent être domestiqués et élevés pour leur lait, leur peau ou leur laine. Divers peuples se fixent alors sur des terres fertiles où ils vivent de la culture et de l'élevage. Ainsi commence ce que l'on appelle la période néolithique.

L'agriculture se développe dans diverses parties du monde, en Asie, en Afrique et en Amérique centrale. Les premiers agriculteurs s'établissent vers 10000 av. J.-C. dans le « Croissant fertile », au Moyen-Orient. Ils font pousser du blé, de l'orge, des lentilles et ont des troupeaux de chèvres, de moutons, de porcs et de bovins.

UN DES PREMIERS VILLAGES

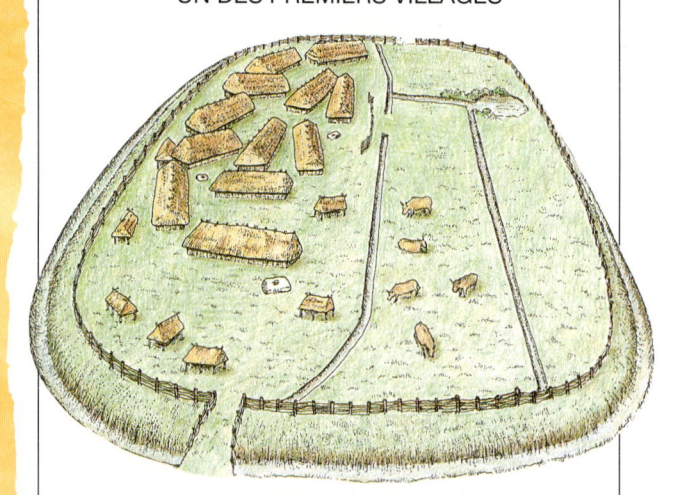

Vue générale d'un village en Europe vers 4500 av. J.-C. À l'intérieur de l'enceinte, des enclos accueillent des vaches et des porcs. Des pois et des lentilles sont cultivés dans des potagers situés devant les maisons. Au bout d'un certain temps, le sol est épuisé et les villageois partent vers d'autres terres.

40000-9000 av. J.-C.

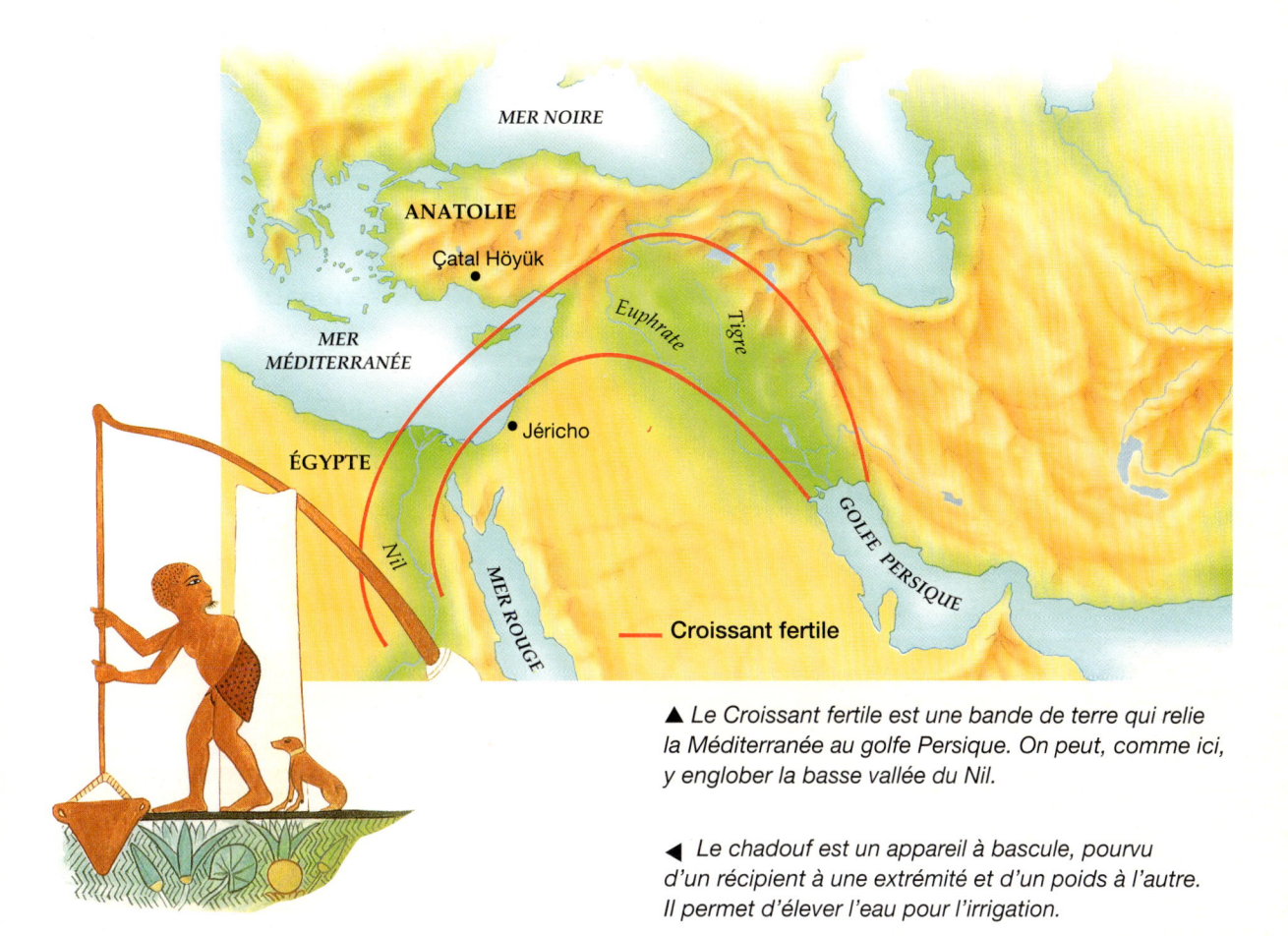

▲ Le Croissant fertile est une bande de terre qui relie la Méditerranée au golfe Persique. On peut, comme ici, y englober la basse vallée du Nil.

◄ Le chadouf est un appareil à bascule, pourvu d'un récipient à une extrémité et d'un poids à l'autre. Il permet d'élever l'eau pour l'irrigation.

Le chien, qui avait déjà été domestiqué, aide sans doute les premiers éleveurs à garder le bétail et participe ainsi à sa domestication. L'élevage, d'ailleurs, transforme peu à peu les animaux sauvages.

L'irrigation, qui permet de conduire l'eau jusqu'aux terres cultivées, est une invention capitale pour l'agriculture. Les paysans du Croissant fertile et d'Amérique creusent des canaux qui dirigent l'eau des fleuves et des rivières vers les champs. À l'aide de réservoirs et de vannes, ils exploitent des terres situées loin des cours d'eau.

De nombreuses générations se succéderont avant que certains villages d'agriculteurs se transforment en villes.

LES CULTURES

Les premiers agriculteurs ont commencé par planter du blé et de l'orge sauvages. Puis ils améliorent peu à peu leurs cultures, en sélectionnant par exemple les meilleurs grains. À partir du blé, les hommes élaborent un nouvel aliment : le pain. Les paysans utilisent des outils rudimentaires – houes, araires. Ils moissonnent le blé avec des faucilles aux dents de silex.

40000–500 av. J.-C.

L'architecture

Pendant longtemps, les hommes de la préhistoire ont vécu dans des abris naturels ou sous des huttes légères, des tentes faites en peaux d'animaux, faciles à déplacer d'un lieu à l'autre. Plus tard, les premiers agriculteurs construisent des maisons plus complexes. Bâties avec des matériaux comme la terre et le bois, elles n'ont pas résisté au temps. Cependant, les archéologues ont retrouvé suffisamment d'éléments pour reconstituer l'aspect de ces habitations et connaître leur mode de construction. Tous les édifices ne sont pas des maisons. Certains ont une fonction religieuse, d'autres servent de tombe. Ces monuments-là sont souvent en pierre, ce qui explique qu'ils se soient parfois conservés jusqu'à nos jours, comme les pyramides d'Égypte ou les mégalithes de Carnac en France ou de Stonehenge en Angleterre.

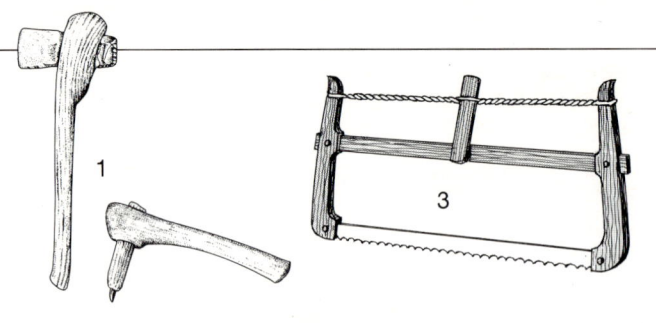

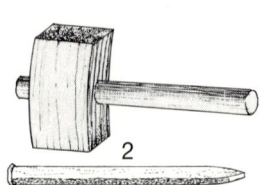

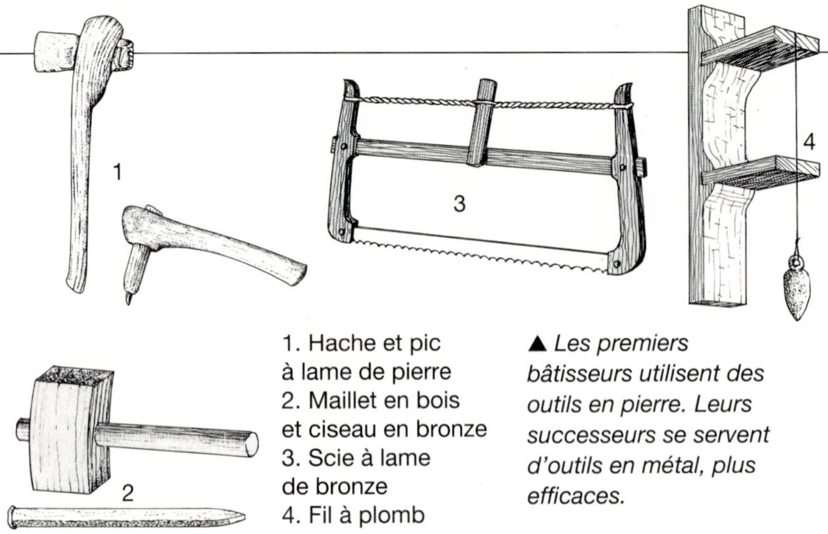

1. Hache et pic à lame de pierre
2. Maillet en bois et ciseau en bronze
3. Scie à lame de bronze
4. Fil à plomb

▲ Les premiers bâtisseurs utilisent des outils en pierre. Leurs successeurs se servent d'outils en métal, plus efficaces.

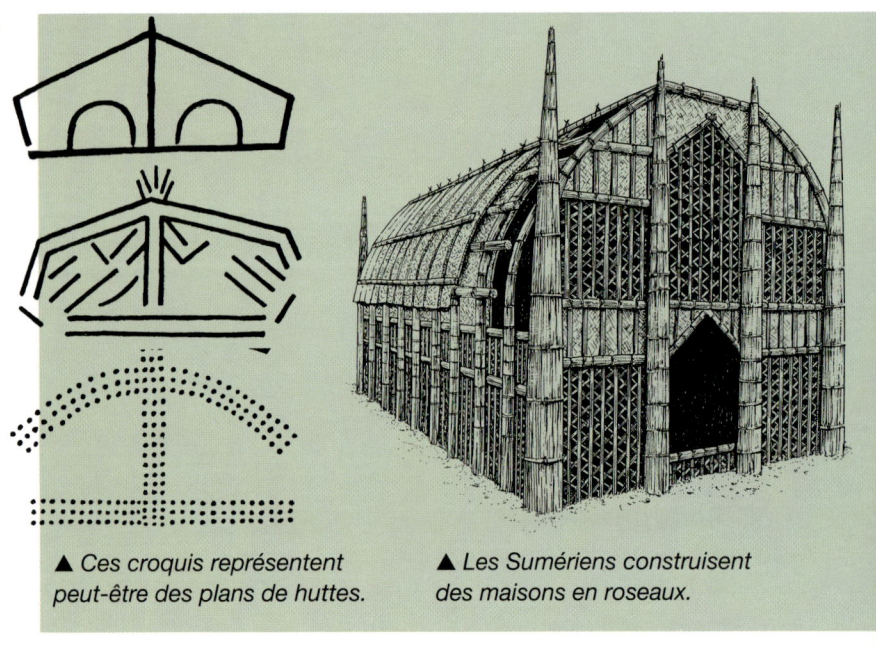

▲ Ces croquis représentent peut-être des plans de huttes.

▲ Les Sumériens construisent des maisons en roseaux.

▼ Les pyramides égyptiennes sont des tombeaux royaux. Elles sont reliées au Nil par un canal. La procession funéraire arrive en bateau, emprunte une chaussée couverte et parvient jusqu'au temple où sont célébrés les rites funéraires. Le corps du roi est ensuite placé dans la pyramide.

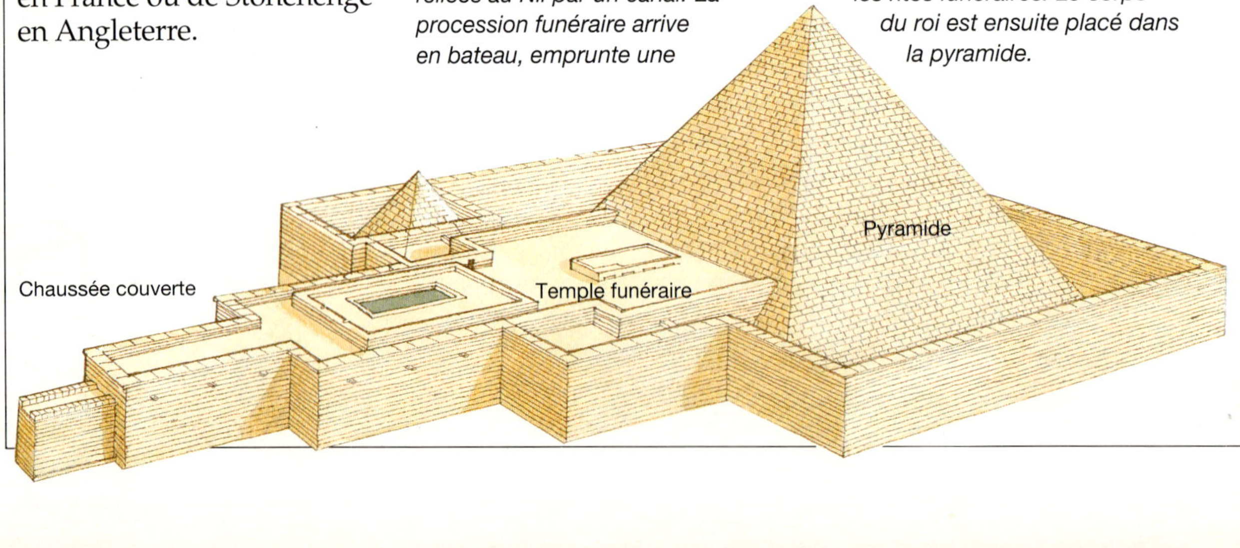

Chaussée couverte — Temple funéraire — Pyramide

QUELQUES DATES

v. 9000 av. J.-C. Premières murailles de Jéricho.
v. 5000 av. J.-C. Les Chinois élèvent des huttes circulaires près du fleuve Jaune.
v. 2850 av. J.-C. Début de la construction de Stonehenge, en Angleterre.
v. 2600 av. J.-C. Construction de la pyramide de Khéops, à Gizeh.
v. 2000 av. J.-C. Construction du palais minoen de Cnossos, en Crète.

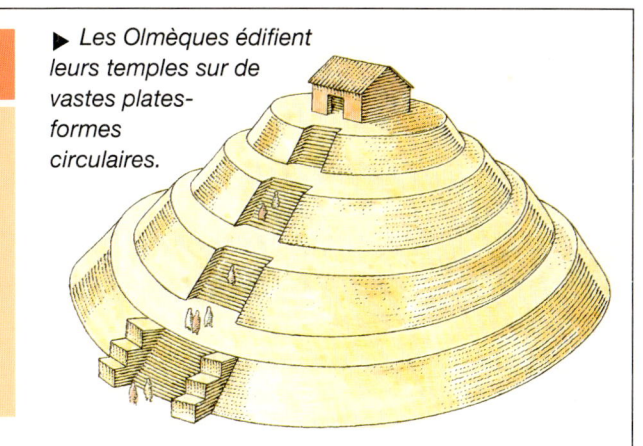

▶ Les Olmèques édifient leurs temples sur de vastes plates-formes circulaires.

◀ Les maisons de Jérusalem ont des toits plats. Ils sont limités par des murets, qui empêchent les gens de tomber.

▼ Les colonnes des temples égyptiens sont surmontées de chapiteaux en forme de papyrus et de palmier.

Palmier

Papyrus ouvert

Papyrus fermé

▼ En Europe, les maisons des premiers paysans sont formées de poteaux en bois, entrelacés de branches étroitement liées. On les recouvre de terre ou de chaume pour les protéger du vent et de la pluie.

Les premières cités

Jéricho, située en Palestine sur la rive ouest du Jourdain, est l'une des plus anciennes cités connues. Les ruines de certaines parties des remparts remontent à quelque onze mille ans. Ce sont des murs massifs en pierre qui atteignaient jusqu'à 7 mètres de hauteur.

Les murailles de Jéricho ont été reconstruites au moins seize fois. Elles ont sans doute été détruites par des tremblements de terre et non par les trompettes dont parle la Bible ! À l'intérieur de l'enceinte fortifiée, les maisons sont faites de briques en terre crue, c'est-à-dire séchées au soleil ; elles ont des toits plats en bois.

Çatal Höyük est un grand village, très ancien lui aussi. Ses ruines se trouvent en

LES PREMIÈRES POTERIES

La fabrication d'objets en terre cuite, la poterie, se développe en même temps que l'agriculture, car il faut des récipients pour conserver les aliments, stocker l'eau, etc. Ce vase, vieux de huit mille ans, a été découvert près de Çatal Höyük. Son décor, qui imite des roseaux tressés, rappelle que les objets en vannerie tiennent aussi une grande place dans la vie quotidienne. Les archéologues ont découvert au Moyen-Orient et en Chine des poteries de plus en plus raffinées. Ils peuvent ainsi suivre les progrès techniques faits par les artisans au cours des siècles.

▶ *Les maisons de Çatal Höyük sont faites de briques en terre séchées au soleil. Du torchis, mélange de boue et de paille, les recouvre. Le toit plat repose sur des poutres de chêne ou de genévrier.*

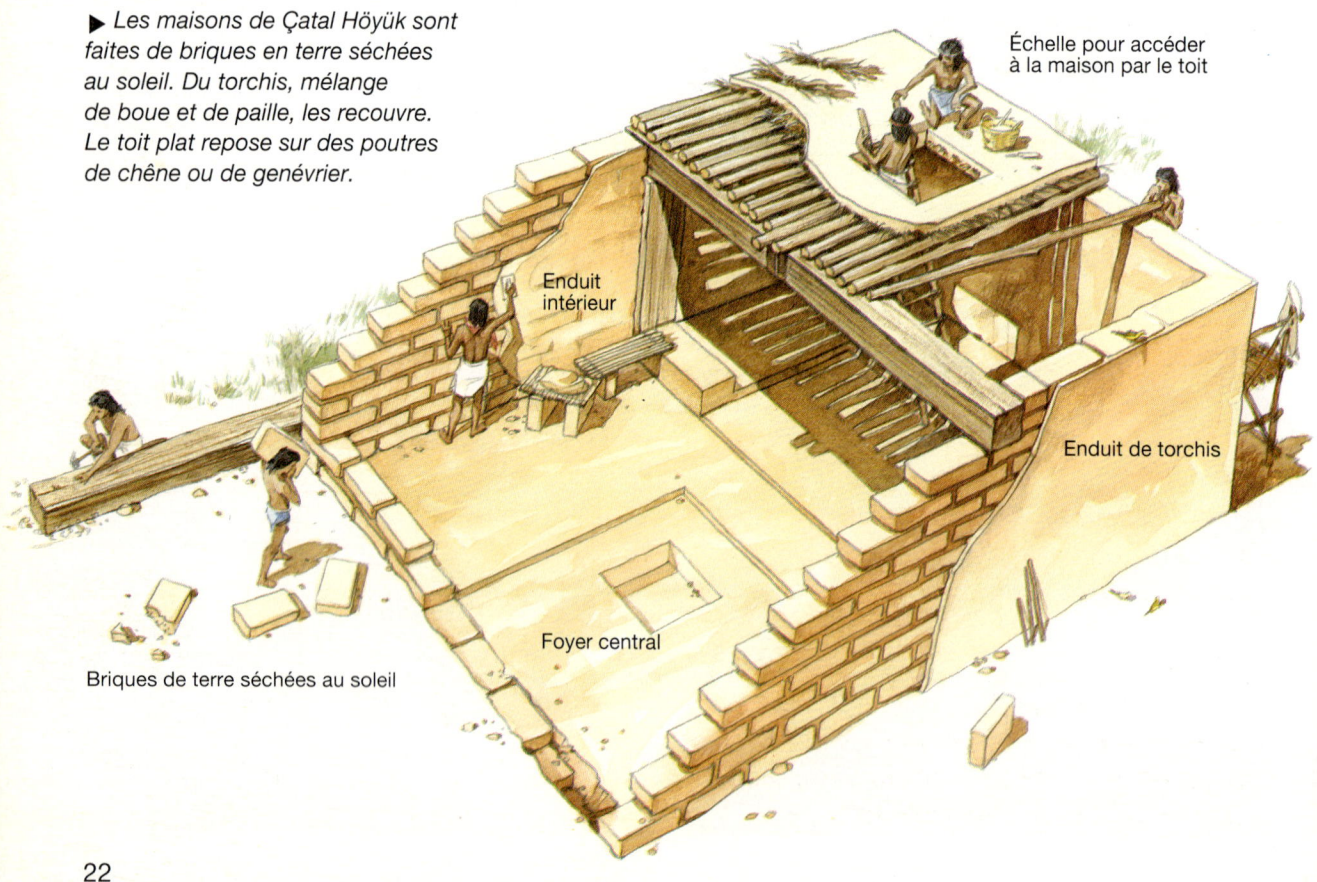

Échelle pour accéder à la maison par le toit

Enduit intérieur

Enduit de torchis

Foyer central

Briques de terre séchées au soleil

▲ Ce modèle de maison chinoise a quatre mille ans. Ce sont les traces des poteaux en bois dans le sol qui ont permis de reconstituer son aspect.

▼ Çatal Höyük est un village sans rues. Les maisons sont collées les unes aux autres et les habitants circulent par les toits. Ils se servent d'échelles pour entrer et sortir de chez eux.

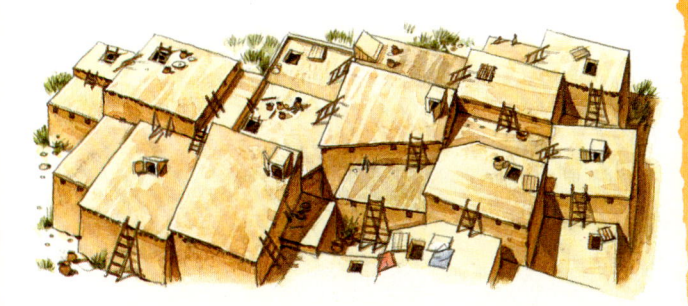

Anatolie, dans l'actuelle Turquie. Il y a environ huit mille ans, il accueille plusieurs milliers d'habitants, qui vivent dans des maisons en briques crues, elles aussi. Elles sont accolées les unes aux autres. Les murs intérieurs sont recouverts d'un enduit fin et de peintures rouges. Certains meubles sont également en briques crues.

Mais les villes et les villages ne se dressent pas qu'au Proche-Orient. Ailleurs dans le monde, et notamment en Chine, les archéologues ont retrouvé les traces de cités vieilles de six ou sept mille ans.

9000-5500 av. J.-C.

Av. J.-C.
- **9000** Proche-Orient : débuts de la domestication des animaux. Premières constructions à Jéricho.
Amérique du Nord : fabrication de pointes de flèche à Folsom.
- **8000** Europe : expansion de l'agriculture.
Proche-Orient et Asie orientale : travail du cuivre.
Anatolie (Turquie actuelle) : premiers villages dans l'est de la région.
Amérique du Nord : l'homme chasse le bison.
Japon : fabrication de poteries.
Australie : apparition du boomerang.
- **7000** Proche-Orient : la cité de Jéricho se développe malgré plusieurs destructions ; les premiers lieux de culte y sont érigés. Développement de la céramique. Premières constructions en briques.

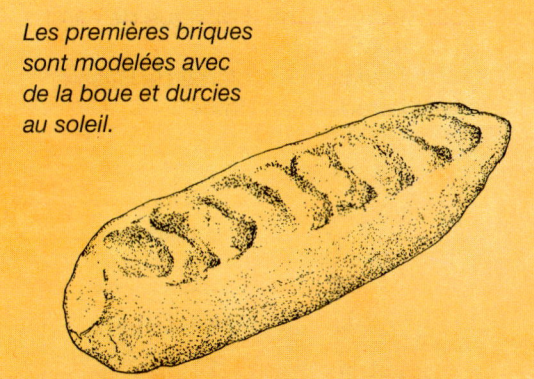

Les premières briques sont modelées avec de la boue et durcies au soleil.

- **6000** Europe : début de la période néolithique (âge de la pierre polie).
Anatolie : avec 6 000 habitants et plusieurs lieux de culte, le village de Çatal Höyük est très prospère.
- **6000-5000** Proche-Orient : invention du métier à tisser.
Crète : les premiers hommes s'installent sur l'île. Commerce de l'obsidienne et du silex.
Afrique du Nord : premières peintures rupestres dans le Sahara.
- **5500** Europe : le niveau des mers monte ; la mer d'Irlande et le pas de Calais sont envahis par les eaux ; la Grande-Bretagne et l'Irlande deviennent des îles.

LA MÉSOPOTAMIE ET SUMER

Av. J.-C.

5000 Afrique : les populations néolithiques utilisent des outils en pierre polie. Développement des civilisations du Fayoum et de Nubie le long de la vallée du Nil. Expansion de l'agriculture au sud du continent.
Mésopotamie (vallées du Tigre et de l'Euphrate) : développement des premiers villages sumériens.
Mexique : culture du maïs.

4500 Sumer et Égypte : début d'un vrai travail du métal.

4000 Chine : civilisation de Yangshao ; organisation de communautés agricoles et culture du riz sur les rives du fleuve Huang He.

4000-3500 Sumer : fondation des premières villes, dont Our et Ourouk. Des hommes utilisent la roue comme tour de potier. D'importantes inondations frappent la région ; elles sont probablement à l'origine du récit biblique de l'arche de Noé.
Asie : la poterie colorée de Russie est introduite en Chine.

Les motifs de ce vase d'albâtre, provenant d'un temple d'Ourouk, montrent les offrandes faites à une prêtresse par des cultivateurs sumériens.

4000-3500 Égypte : production de céramique teinte en blanc.
Crète : des marins crétois parcourent toute la mer Méditerranée.

La Mésopotamie et Sumer

Les Sumériens s'établissent en Mésopotamie vers 5000 av. J.-C. Ils s'organisent en cités-États indépendantes. Chaque ville est dotée d'un système d'alimentation et d'évacuation des eaux et abrite de beaux édifices publics dont un palais royal et une ziggourat, une tour en haut de laquelle se trouve le temple du dieu de la cité. Les maisons privées entourent les monuments officiels. Au-delà s'étendent les champs.

Les Sumériens ont inventé la première écriture connue. Depuis 3200 av. J.-C., ils écrivent sur des tablettes d'argile. Des milliers d'entre elles nous sont parvenues. Elles présentent des comptes et des lettres qui prouvent que l'administration publique fonctionnait bien. Les tombes royales qui ont été mises au jour renfermaient des trésors

▼ *La Mésopotamie s'étend entre le Tigre et l'Euphrate. Son nom vient du grec et signifie « entre les fleuves ». Certaines des cités-États les plus puissantes, indiquées sur la carte, ont conquis les villes voisines.*

5000-4000 av. J.-C

SARGON

Vers 2360 av. J.-C., ce roi d'Akkad s'empare des autres cités de basse Mésopotamie et fonde un empire sumérien. Il tentera de l'étendre vers le nord, jusqu'en Syrie.

▲ *Reconstitution de la ziggourat d'Our, bâtie en briques crues. Au sommet se dresse le temple : le roi, qui est aussi le grand prêtre, y célèbre les rites religieux et y apporte des offrandes au dieu.*

témoignant de la richesse des Sumériens et de l'habileté de leurs artistes.

Nous connaissons de nombreuses traditions sumériennes. Ainsi, l'épopée de Gilgamesh décrit notamment une inondation qui inspirera probablement celle de l'Arche de Noé, dans la Bible (*voir* p. 45).

Parmi les cités-États sumériennes, Our connaît un essor particulier. Elle va dominer un empire qui s'étendra jusqu'à Babylone.

LA ROUE

Personne ne sait exactement quand la roue a été inventée. Elle a peut-être été d'abord utilisée comme tour de potier, pour obtenir des récipients parfaitement ronds. Il y a cinq mille ans, les Sumériens ont sans doute fabriqué des chariots comme celui-ci. Ils ont donné naissance à une arme de guerre : le char. La roue sert aussi de poulie pour lever les lourdes charges.

▼ *Dans les terres marécageuses du Sud, les Sumériens construisent des maisons en roseaux. Cette photographie montre que les populations qui vivent aujourd'hui dans le sud de l'Iraq font toujours de même.*

L'ÉGYPTE ANTIQUE

L'Égypte antique

La civilisation de l'ancienne Égypte est étroitement liée au Nil, le fleuve qui traverse le pays. Chaque année, il déborde et inonde les terres cultivables. Lorsqu'il se retire, il laisse dans les champs une couche de limon très fertile. Les paysans sèment alors le blé et l'orge qui servent à préparer le pain et la bière ; ils plantent aussi le lin destiné à la fabrication des vêtements.

Un roi, le pharaon, gouverne le pays. Il est considéré comme un dieu et reçoit un culte. Entre lui et les paysans se trouvent les fonctionnaires, qui aident le souverain à gouverner, les prêtres, qui s'occupent des temples, les artisans et les artistes.

Les Égyptiens croient qu'il existe une vie après la mort et que, pour revivre, le corps ne doit pas disparaître. C'est pourquoi ils momifient les morts. Pour abriter les momies, ils construisent des tombeaux. Ils les décorent de peintures et d'inscriptions en hiéroglyphes et y déposent tout ce dont le mort a besoin : meubles, nourriture, vêtements…

LA HAUTE- ET LA BASSE-ÉGYPTE

Au 4e millénaire av. J.-C., les communautés d'agriculteurs qui peuplent l'Égypte sont regroupées en deux royaumes, la Basse-Égypte, ou delta, au nord, et la Haute-Égypte, ou vallée du Nil, au sud. Vers 3100, le roi Narmer, ou Ménès, réunit ces régions en un seul royaume et fonde la première dynastie égyptienne.
Les pharaons sont en effet classés par dynasties, ou familles de rois. L'histoire comprend trois grandes périodes : l'Ancien Empire (2780-2200), de la IIIe à la VIe dynastie ; le Moyen Empire (2050-1650), de la XIe à la XIVe dynastie ; le Nouvel Empire (1570-1085), de la XVIIIe à la XXe dynastie.

▶ Ces quatre jarres, appelées vases canopes, contiennent les viscères retirés du corps lors de la momification. Les couvercles représentent les quatre fils d'Horus, des dieux à tête d'homme, de babouin, de chacal et de faucon. Après avoir été nettoyé et desséché à l'aide de sel, le corps est entouré de bandelettes de lin.

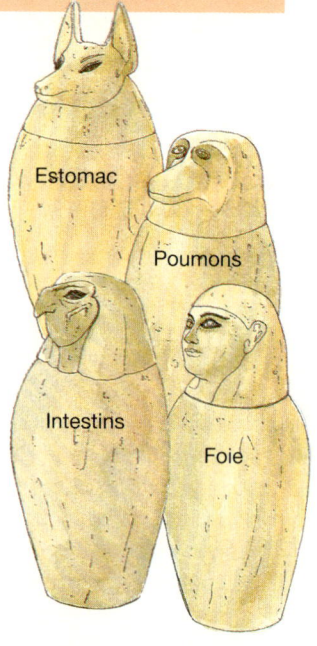

◀ Cette peinture orne une tombe qui date de 1300 av. J.-C. Elle figure symboliquement le mort qui laboure un champ et son épouse qui sème les grains de blé.

▶ La couronne blanche représente la Haute-Égypte et la rouge la Basse-Égypte. Après l'union des deux régions, les pharaons portent la double couronne.

3800-3372 av. J.-C.

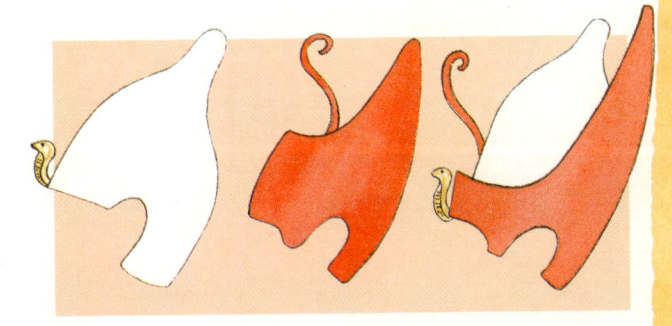

Av. J.-C.

3800 Sumer : le cours du fleuve Euphrate gravé sur une tablette d'argile est la première carte géographique connue.

3760 Proche-Orient : cette date, considérée comme celle de la création du monde, marque le début du calendrier hébreu.

3500 Proche-Orient : début de l'âge du bronze. Confection de tissu en lin. Des canaux d'irrigation sont creusés en Mésopotamie.
Égypte : développement parallèle des royaumes de Haute-Égypte, au sud, et de Basse-Égypte, au nord. Multiplication des mastabas, caveaux funéraires recouverts d'une plate-forme trapézoïdale.
Asie du Sud-Est : utilisation d'outils en cuivre.
Amérique du Sud : culture de la pomme de terre.

3372 Amérique centrale : début du calendrier maya.

Les mastabas sont des caveaux funéraires recouverts d'une plate-forme trapézoïdale. Ils ont été édifiés pour les nobles et les notables égyptiens de l'Ancien Empire.

▲ Quelques sites importants de l'Égypte ancienne.

La première pyramide à degrés a été érigée à Saqqarah. Elle ressemble à un empilement de mastabas.

Les pyramides de Gizeh sont les plus grandes et les plus perfectionnées de toutes les sépultures royales d'Égypte.

40000–500 av. J.-C.

Les communications

Dès que les hommes ont développé leurs activités commerciales, ils ont ressenti le besoin d'enregistrer les marchandises qu'ils échangeaient. Ils l'ont fait en notant ces informations par écrit. La plus ancienne écriture connue date de 3200 av. J.-C. Elle a été inventée en Mésopotamie par les Sumériens. Les petites images qu'ils tracent d'abord sur des tablettes en argile sont sans doute des comptes de marchands. Au cours des siècles qui suivent, celles-ci sont remplacées par des signes en forme de coins exécutés à l'aide de roseaux à la pointe effilée. Chaque dessin représente un son ou une syllabe. C'est l'écriture cunéiforme. Elle est connue des Égyptiens, mais ceux-ci lui préfèrent le système des hiéroglyphes. Ils écrivent sur des feuilles de papyrus, plus pratiques que les tablettes. En Chine, les plus anciens exemples d'écriture remontent à la dynastie Shang (18e-12e siècle av. J.-C.). Près de deux mille caractères différents ont été identifiés, ce qui révèle une écriture déjà complexe.

★ Ce son n'a pas d'équivalent en français

▲ Au début, les hiéroglyphes égyptiens ne représentent que des objets. Ensuite, ils correspondent aussi à des sons.

▶ Les palettes des scribes égyptiens comportent des emplacements pour les pinceaux et l'encre.

▼ En Égypte, les scribes sont des savants, des fonctionnaires, etc. Leur formation peut durer douze ans.

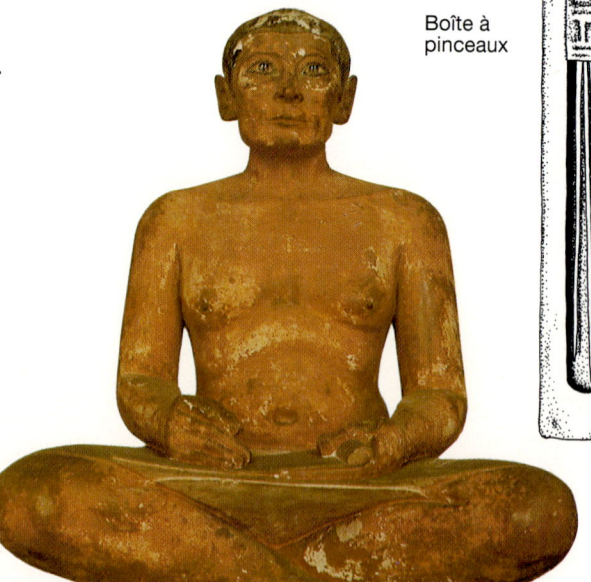

Boîte à pinceaux

Palette

▶ Ces tablettes en terre cuite proviennent du palais de Cnossos, en Crète. Elles portent des inscriptions en écriture dite « linéaire B » et décrivent le contenu des magasins du palais, les armes, les roues de char… Une écriture plus ancienne, le « linéaire A », n'a pas encore été déchiffrée.

▶ Cette carte situe les régions où sont apparues quatre des premières écritures. Elles se composent d'images, qui seront ensuite simplifiées.

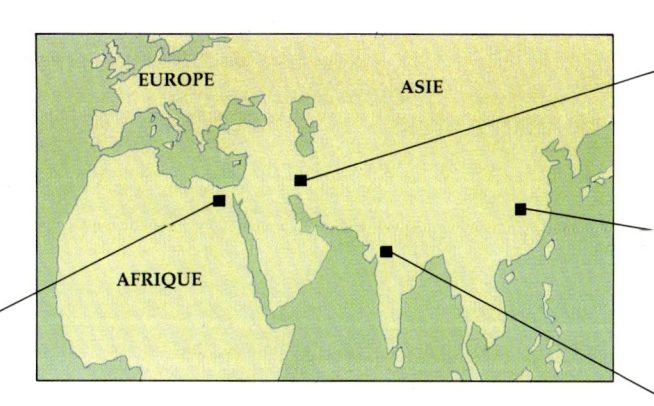

Cunéiforme

Caractères chinois

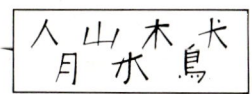

Signes de la vallée de l'Indus

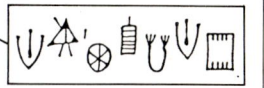

Hiéroglyphes égyptiens

▶ Il y avait beaucoup de langues chinoises. Mais tout Chinois sachant lire pouvait comprendre l'écriture, car chaque symbole correspondait à un objet, pas à un son.

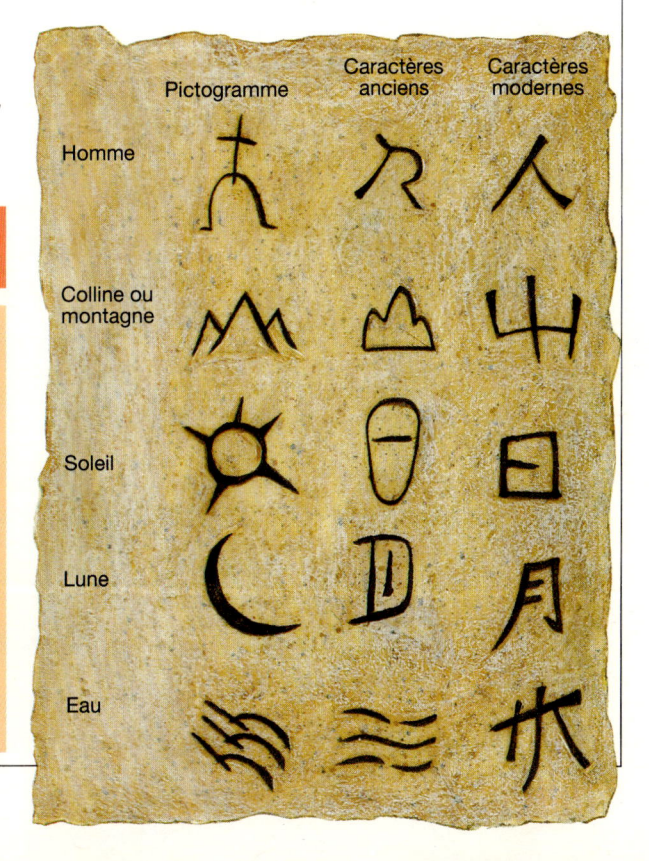

QUELQUES DATES

v. 3200 av. J.-C. Apparition de l'écriture en Mésopotamie.

v. 3000 av. J.-C. Les Sumériens développent l'écriture cunéiforme.

v. 3000 av. J.-C. Les Égyptiens utilisent les hiéroglyphes.

v. 1500 av. J.-C. L'écriture chinoise, sûrement plus ancienne, apparaît sur des os.

v. 1400 av. J.-C. Les Mycéniens tiennent les registres de leurs palais dans une écriture appelée le linéaire B.

v. 1000 av. J.-C. Apparition d'un alphabet de vingt-deux signes en Phénicie.

	Pictogramme	Caractères anciens	Caractères modernes
Homme			
Colline ou montagne			
Soleil			
Lune			
Eau			

L'EUROPE DES MÉGALITHES

L'Europe des mégalithes

Le long des côtes de l'Europe de l'Ouest se dressent des monuments très anciens : les mégalithes (ce qui signifie « grandes pierres »). Le site le plus imposant est celui de Stonehenge, dans le sud de l'Angleterre. Ce cromlech (cercle de pierres) a été érigé à partir de 2850 av. J.-C., en trois étapes. Les menhirs, ou pierres dressées à la verticale, sont disposés en cercle et reliés par des linteaux.

À quelques kilomètres au nord de Stonehenge s'élève le cromlech d'Avebury, plus ancien : beaucoup plus large, il est formé de menhirs non taillés.

Il existe d'autres cercles de mégalithes dans les îles Britanniques, par exemple l'anneau de Brodgar, dans les Orcades, au nord de l'Écosse.

À Carnac, en Bretagne, de superbes alignements de mégalithes s'étendent sur

▲ *Skara Brae, dans les Orcades, a été entièrement recouvert de sable lors d'une tempête, il y a quelque 4 000 ans. Quelle chance pour les archéologues, qui ont retrouvé là des outils en pierre, des poteries, etc. !*

▼ *Stonehenge, en Angleterre, est l'un des monuments mégalithiques les plus complexes d'Europe. Pour élever les blocs les plus lourds, les hommes ont certainement eu recours à des rampes en terre, à des cordes et à des leviers. Ils ont tiré les pierres colossales sur des kilomètres en les faisant glisser sur des rondins de bois.*

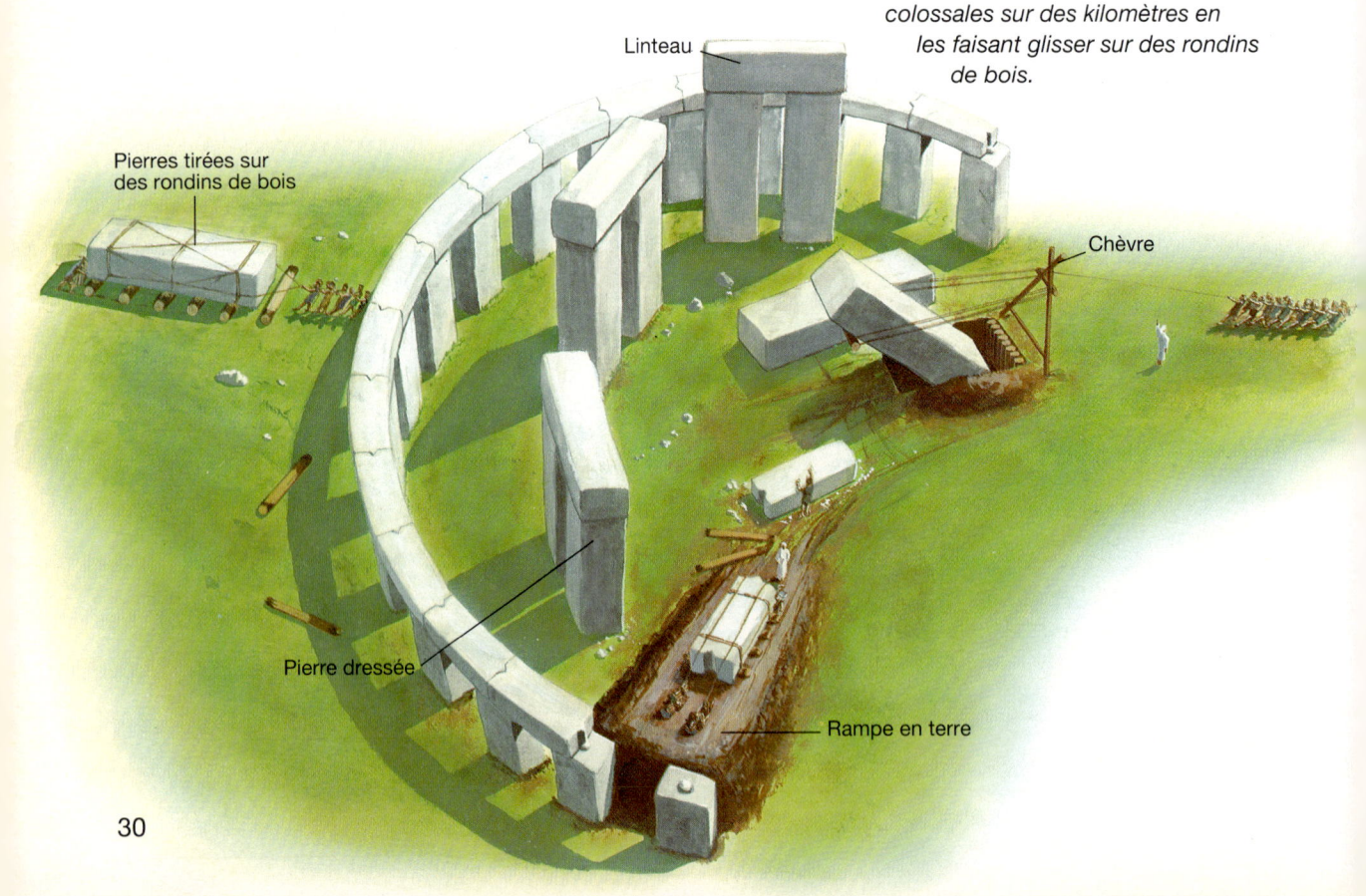

4 kilomètres environ. Ils regroupent plus de 2 500 menhirs ! La France et l'Angleterre comptent aussi de nombreux tumulus, des tombes construites en pierres et recouvertes de terre. Parfois, la terre a disparu, révélant des menhirs couverts de dalles de pierres plates, des allées couvertes.

En Méditerranée, Malte et l'île sœur de Gozo abritent également de remarquables temples mégalithiques. Certaines pierres des murs ont plus de 6 mètres de long et 3,5 mètres de haut. Plusieurs temples, comme ceux de Hagar Qim et de Tarxien, présentent des pierres dressées sur lesquelles sont sculptés des motifs simples. À Malte aussi se trouve un temple souterrain creusé profondément dans la roche sur trois niveaux.

QUELLES CROYANCES ?

Nous connaissons mal les croyances religieuses des constructeurs de mégalithes. Il ne fait pas de doute, cependant, que des monuments comme ceux de Carnac, en France, avaient une grande importance. Il s'agissait peut-être de lieux de rencontre pour le culte et les offrandes. Stonehenge, et d'autres cercles, sont orientés de façon à former un observatoire céleste ou un vaste calendrier en plein air. Ils laissent supposer l'existence d'un culte solaire. Certains temples en pierre renferment d'ailleurs des autels.

3200-3000 av. J.-C.

Av. J.-C.

v. 3200 Sumer : apparition de la première écriture connue ; elle utilise près de deux mille pictogrammes gravés au stylet sur des tablettes d'argile. Les agriculteurs sumériens cultivent l'orge et produisent du vin et de la bière.

3100 Égypte : le pharaon Narmer (Ménès) unifie les royaumes de Haute et de Basse-Égypte et fonde la Ire dynastie. Fabrication des premières harpes et flûtes.

3000 Ukraine : domestication du cheval.
Europe : aménagement de grands sites mégalithiques (dolmens, menhirs, cercles de pierres), principalement en Bretagne et dans le sud de l'Angleterre.
Phénicie : des hommes s'installent sur les rives de la Méditerranée orientale.
Iran : essor de la civilisation élamite.
Afrique : le Sahara devient un désert.
Mexique : développement de l'agriculture dans la vallée de Tehuacan et apparition de la poterie.
Pérou : construction de villages sur la côte.
Anatolie : début de l'âge du bronze ; Troie devient une cité-État.
Crète : construction de villages en pierre ; développement d'un commerce florissant avec l'Égypte, le Levant et l'Anatolie.
Mésopotamie : fabrication des premiers objets en fer.
Sumer : début de l'utilisation de la roue pour les transports.
Europe : l'usage du métier à tisser, utilisé au Proche-Orient, se répand.

Une tombe au Portugal, constituée de grands blocs de pierre. Ce genre de sépulture, apparu vers 4000 av. J.-C., est répandu dans toute l'Europe occidentale.

LA VALLÉE DE L'INDUS

La vallée de l'Indus

Les premières civilisations du sous-continent indien se développent au bord de l'Indus, dans l'actuel Pakistan. Les deux plus grandes cités de la vallée sont Mohenjo-Daro et Harappa. Au centre de celles-ci s'élève une butte artificielle en terre servant de citadelle ou de forteresse. Un vaste grenier, bien aéré, est bâti sur cette plate-forme. Les échoppes et les maisons des artisans s'étendent derrière la citadelle. Ces habitations, construites autour d'une cour, possèdent plusieurs pièces, des toilettes et un puits. Tous les bâtiments sont édifiés en briques cuites dans des fours alimentés avec du bois. La citadelle de Mohenjo-Daro possède même une maison des bains ; un bassin public en occupe le centre.

Les paysans de la vallée de l'Indus cultivent de l'orge, du blé, des melons et des dattes. Des éléphants, des buffles et des rhinocéros parcourent la campagne. La région compte beaucoup d'habiles

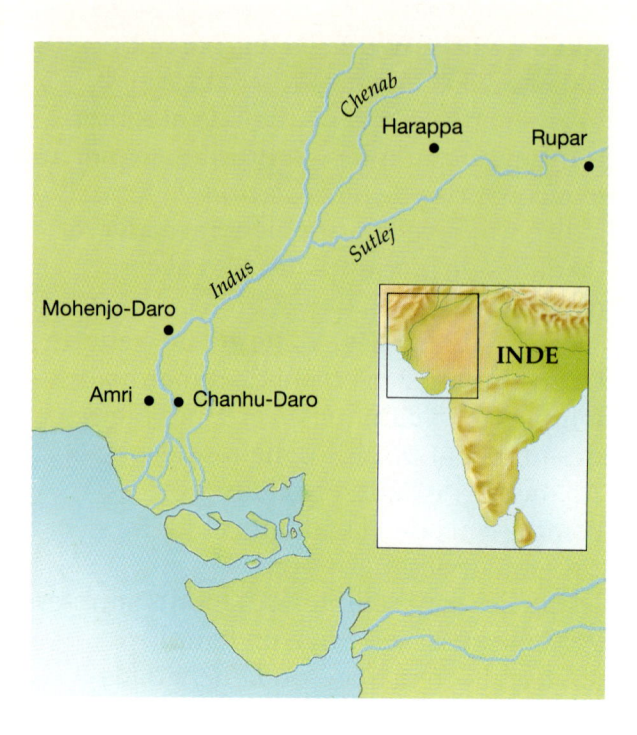

▲ Les principaux sites de la civilisation de la vallée de l'Indus. À cette époque, le climat de la région était plus humide qu'aujourd'hui.

▼ Reconstitution de Mohenjo-Daro au temps de sa prospérité. La ville est bâtie selon un plan en damier ; sa circonférence est de 5 kilomètres.

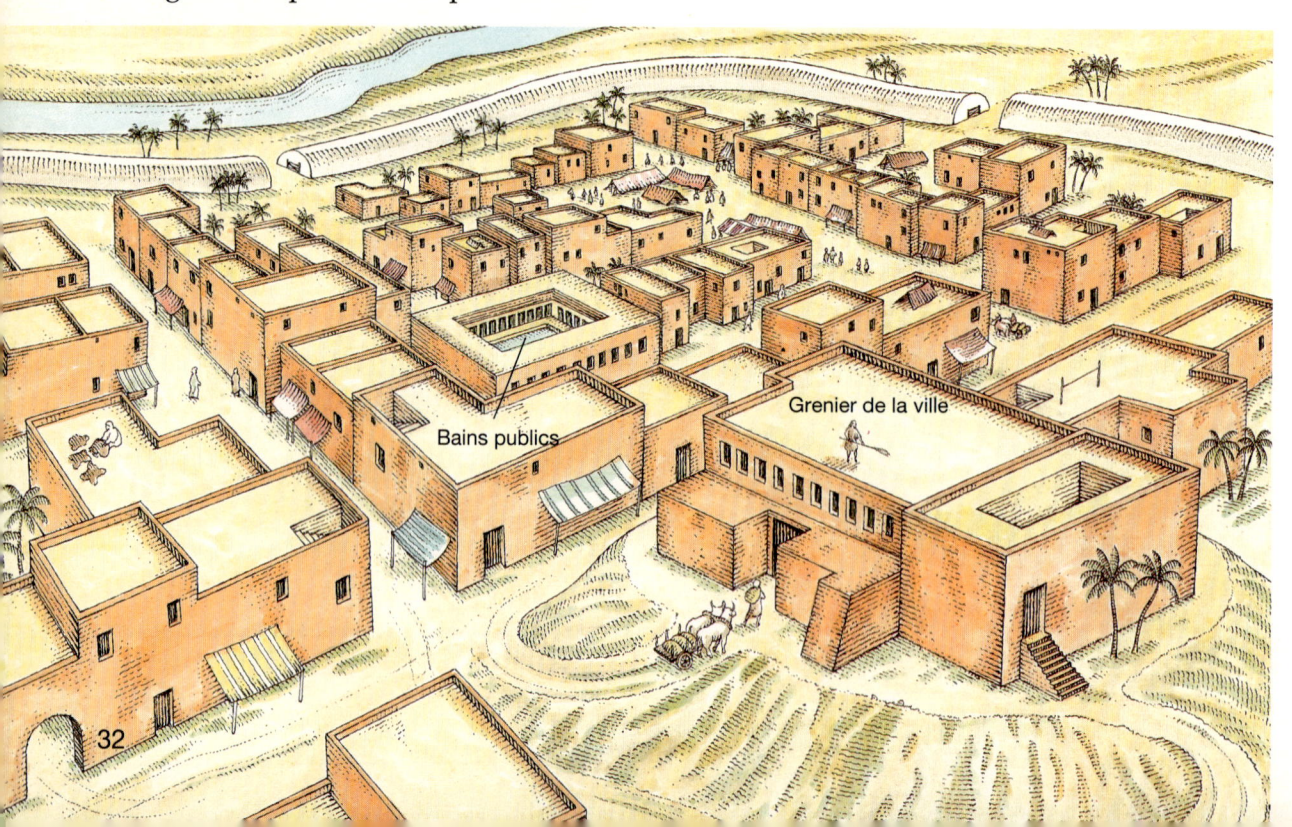

Bains publics

Grenier de la ville

potiers qui façonnent leurs vases sur un tour. Outre des outils en pierre, les archéologues ont aussi retrouvé des couteaux, des armes, des coupes et des figurines en bronze.

La civilisation de la vallée de l'Indus s'est éteinte il y a environ 3 500 ans, pour des raisons mal connues. Les historiens évoquent des inondations, liées à un déplacement du cours de l'Indus, mais aussi des attaques d'envahisseurs aryens venus du nord-ouest, qui auraient chassé les habitants de la vallée.

▼ *Ces structures en briques, aménagées dans les cours des maisons de Mohenjo-Daro, sont peut-être des puits, ou des silos de stockage.*

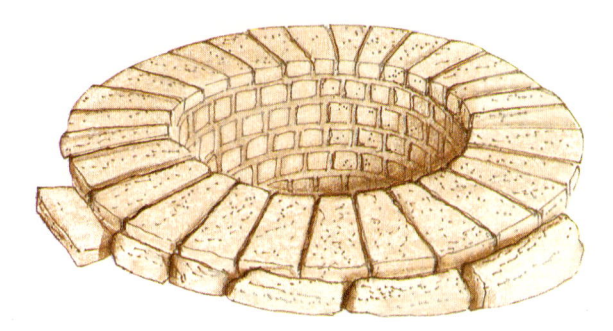

SCEAUX ET ÉCRITURE

Plus de 1 200 sceaux de ce type ont été retrouvés à Mohenjo-Daro. Les marchands s'en servent pour marquer leurs ballots de marchandises. Les signes qu'ils portent n'ont pas été déchiffrés.

COMMERCE ET COMMERÇANTS

Les hommes de la vallée de l'Indus remontent la mer d'Oman et le golfe Persique jusqu'à Dilmoun, l'actuelle Bahreïn, pour commercer. Des poids en pierre polie identiques à ceux de Mohenjo-Daro et de Harappa y ont été découverts. On a aussi retrouvé à Bahreïn et dans les ruines d'Our, en Iraq, des sceaux qui circulaient dans la vallée de l'Indus.

2850-2600 av. J.-C.

Av. J.-C.
2850 Angleterre : début de l'aménagement du site de Stonehenge dans la plaine de Salisbury.
2800-2400 Mésopotamie : apogée des cités-États de la région de Sumer, qui est alors la plus prospère du monde.
Europe de l'Ouest : travail du métal.
2780 Égypte : début de l'Ancien Empire qui couvre les règnes des pharaons de la IIIe à la VIe dynastie (jusqu'en 2200). Djoser devient pharaon ; son architecte, Imhotep, conçoit la première pyramide à degrés, à Saqqarah.
2772 Égypte : premier calendrier de 365 jours.
v. 2750 Mésopotamie : règne de Gilgamesh, roi légendaire d'Ourouk.
2750-2000 Méditerranée : construction de temples en pierre et de temples souterrains (hypogées) sur les îles de Malte et de Gozo.
2700 Crète : naissance de la civilisation minoenne.

Les anciens Égyptiens portent des vêtements en lin. Les tisserands sont d'une grande habileté et utilisent des métiers à tisser.

v. 2690 Vallée de l'Indus : travail du métal ; début d'une brillante civilisation.
2600 Égypte : Kheops devient pharaon (jusqu'en 2570) ; il fera construire la grande pyramide de Gizeh, près du Caire. Deux autres pyramides et le grand Sphinx seront érigés sur le même site par ses successeurs Khephren et Mykerinus.

LES GRANDES MIGRATIONS

Av. J.-C.
v. 2500 Égypte : développement de l'art de la momification ; les corps sont embaumés pour être conservés après la mort.
Europe : expansion du travail des métaux sur tout le continent.
Scandinavie : une gravure sur pierre montre pour la première fois des hommes pratiquant le ski.
2360 Mésopotamie : Sargon d'Akkad entreprend la conquête de Sumer ; il fonde l'Empire akkadien, qui dominera la région jusqu'en 2180.

Cette gravure scandinave sur pierre date de l'âge du bronze ; elle représente un traîneau et des animaux, sans doute des rennes ou des cerfs.

2300 Proche-Orient : les Sémites d'Arabie émigrent en Mésopotamie et commencent à s'installer dans les royaumes babylonien et assyrien.
2250 Chine : selon la tradition chinoise, le légendaire Yu le Grand devient empereur et fonde la première des dynasties royales, la dynastie des Xia.

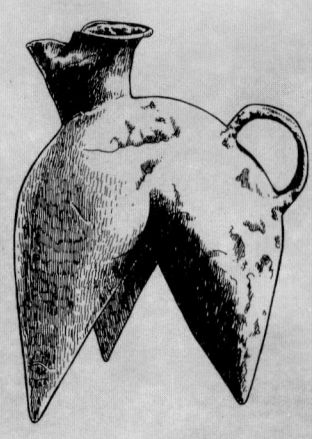

Les poteries sont représentatives de l'artisanat des anciens Chinois. Ce pot à trois pieds date du 2ᵉ siècle av. J.-C.

Les grandes migrations

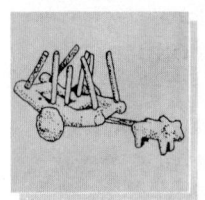

Tout au long de l'histoire, des peuples se sont mis en mouvement. Lorsque la population augmente, hommes et femmes s'en vont à la recherche de nouveaux espaces. Ils partent aussi lorsque le climat devient plus froid ou plus sec.

Il y a environ 500 000 ans, les *Homo erectus* se sont déjà largement répandus à travers l'Ancien Monde. Au cours de la dernière glaciation, les premiers hommes modernes, profitant de la baisse du niveau des mers (*voir* pp. 12-13), partent peupler des terres jusqu'alors isolées, comme l'Australie et l'immense continent américain.

Il y a un peu plus de quatre mille ans, l'Europe et l'Asie connaissent, elles aussi, un grand changement. Des peuples que nous appelons Indo-Européens, ou Aryens, quittent alors leurs terres du sud de la Russie. Certains se dirigent vers l'Iran

---

DE LOURDS CHARIOTS

Les Indo-Européens du sud de la Russie vivent dans de vastes plaines. Nomades, ils se déplacent avec leur famille et leurs biens. Leurs lourds chariots tirés par des bœufs et recouverts de feutre leur tiennent aussi lieu de maisons. Les roues pleines sont taillées dans de robustes planches en bois, solidement chevillées.

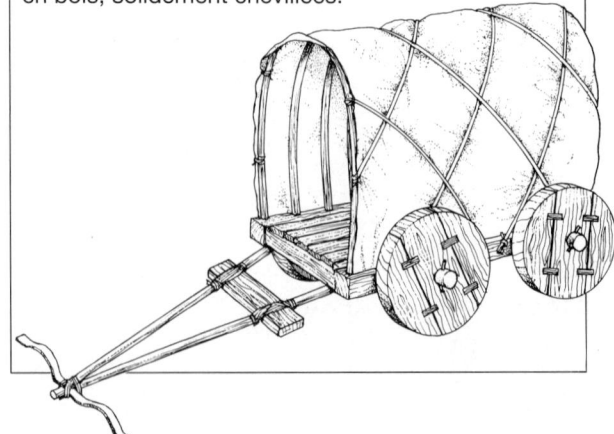

2500-2250 av J.-C.

▲ Les nomades s'installent là où ils peuvent faire paître leurs animaux. Quand les pâturages sont épuisés, ils changent d'endroit. En hiver, ils gagnent des terres basses ; en été, ils remontent plus haut.

▼ Cette carte illustre les mouvements des peuples en Europe et au Moyen-Orient après la dernière glaciation. Les flèches indiquent la direction suivie par les Indo-Européens et par les Sémites.

et vers l'Inde. D'autres descendent vers l'Anatolie et vers la région du Croissant fertile. Un dernier groupe prend la direction de la péninsule des Balkans et de la Grèce. Plus tard, les Celtes, des Indo-Européens eux aussi, gagneront l'Europe de l'Ouest.

Les Indo-Européens entrent en conflit avec les Sémites (des peuples qui parlent une langue sémitique, comme l'arabe, l'hébreu, l'akkadien ou le phénicien), qui s'étaient installés avant eux dans la région du Croissant fertile et à Sumer.

À l'est, la Chine voit aussi arriver de nouveaux venus. Après 2000 av. J.-C., des tribus d'Asie centrale envahissent le pays à plusieurs reprises.

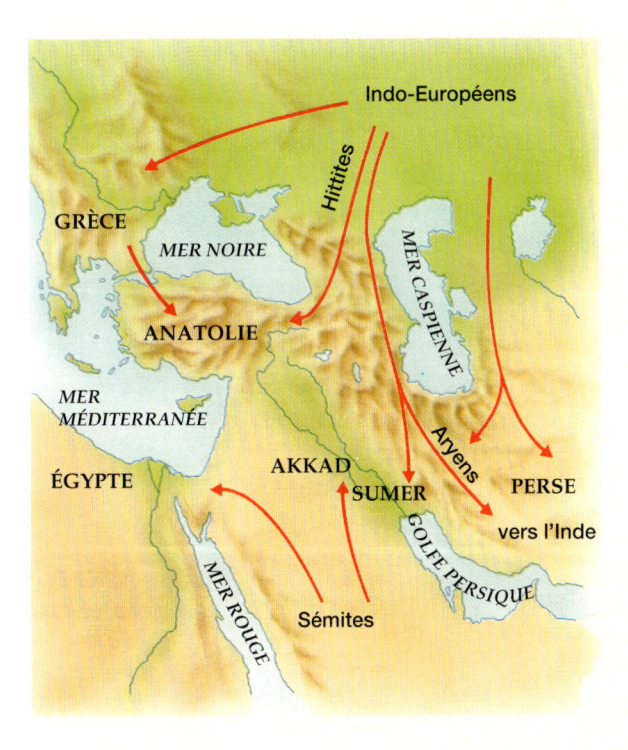

35

40000–500 av. J.-C.

La vie quotidienne

La chasse et la cueillette laissent beaucoup de temps aux hommes de Cro-Magnon pour réparer ou fabriquer leurs outils, préparer leurs vêtements en peau, cuire leurs aliments, parler des chasses passées ou à venir…
Les premiers agriculteurs, qui doivent nourrir une population croissante, sont certainement soumis à des travaux plus prenants. Par la suite, quand les cités prospèrent, les plus riches de leurs habitants – une minorité ! – s'habillent avec recherche. Ils s'admirent dans des miroirs en bronze poli. Les Égyptiens se parfument et s'enduisent d'onguents. Pour se distraire, ils jouent aux dames ou à une sorte de jeu de l'oie, ils écoutent des harpistes. Les Chinois utilisent un instrument de musique, en jade ou en bronze, qui ressemble à un xylophone géant. Pour tous, riches et pauvres, la vie est courte. Beaucoup d'enfants meurent en bas âge et de nombreux adultes sont emportés par des maladies ou sont victimes d'accidents mortels avant l'âge de trente ans.

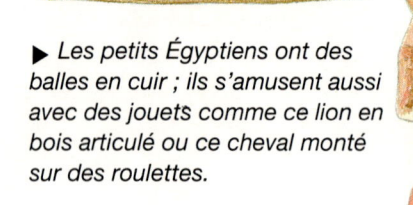

▶ Les petits Égyptiens ont des balles en cuir ; ils s'amusent aussi avec des jouets comme ce lion en bois articulé ou ce cheval monté sur des roulettes.

▲ Les riches Égyptiennes s'habillent avec des tuniques et des robes en lin fin et plissé. Elles portent de somptueux bijoux. Parfois, elles chaussent des sandales.

▲ Les Minoennes portent des jupes longues à volants, très colorées, et un corsage ajusté, à manches courtes. Une ceinture en métal serre leur taille.

Planche de jeu

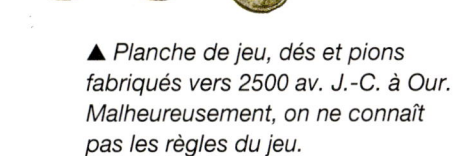

Dés

Pions

▲ *Planche de jeu, dés et pions fabriqués vers 2500 av. J.-C. à Our. Malheureusement, on ne connaît pas les règles du jeu.*

▲ *Une cuiller à fard et un peigne égyptiens. Ce dernier est destiné à orner la coiffure.*

▼ *Les Chinois apprécient beaucoup le jade. Ils en font des bijoux, tel cet anneau ouvert.*

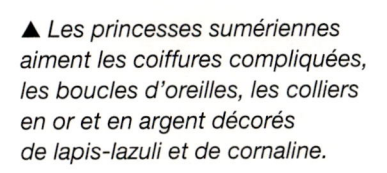

▲ *Les princesses sumériennes aiment les coiffures compliquées, les boucles d'oreilles, les colliers en or et en argent décorés de lapis-lazuli et de cornaline.*

▲ *Les femmes étrusques portent une robe longue et droite, parfois fermée à la taille par une ceinture. Elles bordent souvent leur vêtement de galons.*

La Crète minoenne

La toute première civilisation européenne est née dans l'île de Crète, il y a environ 4 200 ans. Elle a été baptisée « minoenne », du nom du légendaire roi Minos. Ce souverain aurait fait bâtir un labyrinthe pour y enfermer un monstre à tête de taureau et à corps d'homme, le minotaure. La civilisation minoenne atteint son apogée entre 2000 et 1450 av. J.-C. Sa prospérité repose sur la compétence de ses marins et de ses commerçants.

Les Minoens bâtissent des cités reliées par de bonnes routes. Au centre de chaque ville se dresse un palais. Le plus grand d'entre eux, celui de Cnossos, comprend de splendides appartements pour le roi et la reine, des salles pour les cérémonies religieuses, des ateliers, une école… Les murs intérieurs sont décorés de magnifiques peintures. Les Minoens sont des potiers et des constructeurs renommés. Ils travaillent aussi l'argent et l'or avec habileté.

L'ATLANTIDE

Il y a 3 500 ans, l'île de Thira (aujourd'hui Santorin, en Grèce) a connu une très violente éruption volcanique, accompagnée d'un gigantesque raz de marée. L'immense vague s'est propagée dans la mer Égée et la Méditerranée et a causé d'immenses dégâts aux terres qu'elle a touchées. La disparition de la plus grande partie de Thira a engendré, en partie, la légende de l'Atlantide, qui aurait sombré dans la mer à cause de la méchanceté de ses habitants.

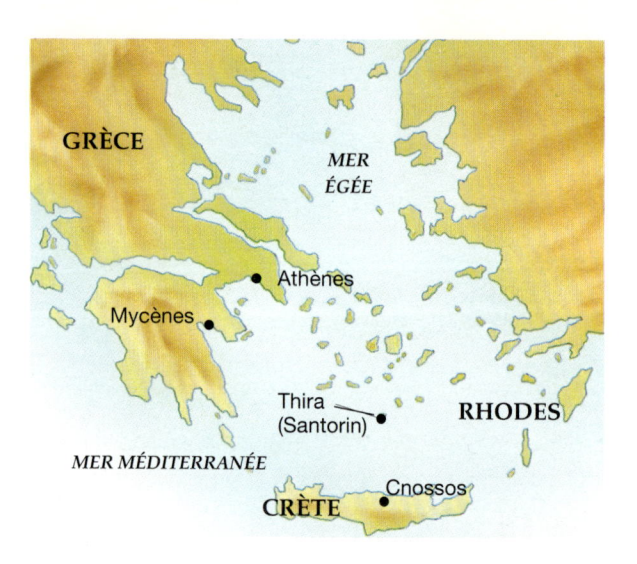

▼ Les artistes sont à l'œuvre dans cette grande salle du palais de Cnossos. La partie de la fresque terminée représente une scène d'un jeu acrobatique et dangereux avec un taureau.

▲ Cette carte montre le rayonnement de la civilisation minoenne. Depuis la Crète, elle a influencé divers peuples de la mer Égée, notamment les Mycéniens installés en Grèce.

▼ *Reconstitution du palais de Cnossos, construit en pierre et en bois. Les appartements royaux se déploient autour d'une cour centrale. Les salles publiques se trouvent à l'étage.*

Cette civilisation a soudain pris fin, assez mystérieusement, vers 1450 av. J.-C. Sa chute a suivi la terrible éruption du volcan de l'île de Thira (Santorin), qui a noyé une partie de la Crète sous des pluies de cendres et un raz de marée. Cnossos a aussi été envahie par les Mycéniens (*voir* pp. 40-41), qui se sont inspirés de la culture minoenne.

LA CONSTRUCTION NAVALE

Les artisans minoens construisent d'excellents bateaux. Les commerçants crétois naviguent ainsi d'île en île et vers les pays méditerranéens, l'Égypte comprise. Des objets minoens – fines poteries, métaux travaillés, etc. – ont été retrouvés dans de nombreux pays. Ces découvertes montrent que le commerce était florissant et qu'il a grandement contribué à la richesse crétoise.

2200-1920 av. J.-C.

Av. J.-C.

2200 Crète : des hommes de langue grecque atteignent l'île ; ils utilisent deux formes distinctes d'écriture : le linéaire A (encore indéchiffré) et le linéaire B (déchiffré en 1952), forme primitive du grec écrit.
Japon : essor de la civilisation Jomon.

2150 Vallée de l'Indus : première invasion aryenne au nord de la région.

v. 2100 Mésopotamie : le patriarche hébreu Abraham quitte la ville d'Our.

2050 Égypte : début du Moyen Empire qui couvre les règnes des pharaons de la XIe à la XIVe dynastie (jusqu'en 1650).

2030 Mésopotamie : déclin de Sumer.

Les Crétois vénèrent une grande déesse-mère. Le symbole de cette divinité, la hache à double tranchant (ci-dessus), orne les murs du palais de Cnossos.

2000 Europe : venant de l'est, les Indo-Européens s'installent en Grèce continentale. Les Crétois minoens dominent la Méditerranée orientale et construisent un palais à Cnossos.
Anatolie : installation des Hittites, peuple indo-européen qui travaille le fer.
Europe : début de l'âge du bronze.
France : dernières constructions mégalithiques en Bretagne.
Pérou : culture du coton.
Océanie : début du peuplement de la Nouvelle-Guinée.

1950 Mésopotamie : expansion de l'Empire assyrien et construction d'un vaste palais à Mari, la capitale. Chute de l'empire d'Our.
Égypte : les armées du pharaon Sésostris Ier envahissent le sud du Canaan (l'actuelle Palestine).

1920 Anatolie : des marchands assyriens établissent une colonie en Cappadoce (jusqu'en 1850).

LES MYCÉNIENS

Av. J.-C.
1900 Mésopotamie : fondation de Babylone.
1900-1600 Grèce : essor de la civilisation mycénienne.
1830 Babylone : fondation de la première dynastie. Les armées babyloniennes conquièrent les cités-États de la Mésopotamie.
1800 Océanie : début du peuplement des îles de Micronésie.
1792 Babylone : règne d'Hammourabi (jusqu'en 1750) ; il édicte un code de lois.
1760 Chine : fondation de la dynastie Shang.
1750-1550 Anatolie : ancien Empire hittite.
1730 Égypte : les Hyksos envahissent le pays. Les Hébreux s'installent en Égypte, sous la protection des Hyksos.
1700 Syrie : invasion des Hittites.
1650 Égypte : période intermédiaire qui couvre les règnes des pharaons de la XVe à la XVIIe dynastie (jusqu'en 1570).

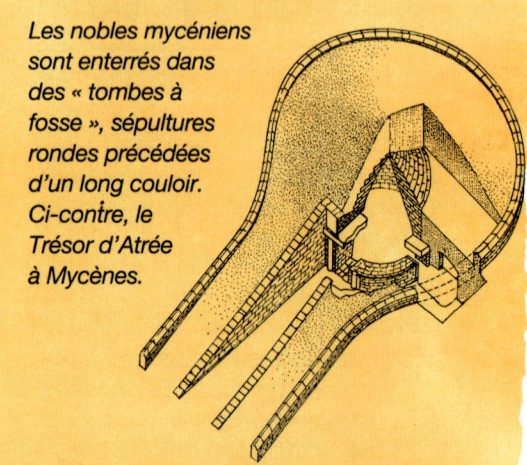

Les nobles mycéniens sont enterrés dans des « tombes à fosse », sépultures rondes précédées d'un long couloir. Ci-contre, le Trésor d'Atrée à Mycènes.

1650-1450 Grèce : apogée de la puissance mycénienne à Mycènes, à Pylos, à Tirynthe… Des navires commerciaux mycéniens parcourent toute la Méditerranée.
1600 Syrie : les Hittites conquièrent Alep, sur la côte méditerranéenne.
1595 Mésopotamie : destruction de Babylone par un raid hittite.
1570 Égypte : début du Nouvel Empire qui couvre les règnes des pharaons de la XVIIIe à la XXe dynastie (jusqu'en 1085). Expulsion des Hyksos. Construction du temple d'Amon, à Karnak.
1504-1450 Égypte : le pharaon Thoutmosis III étend l'Empire égyptien au sud jusqu'en Nubie et au nord jusqu'en Syrie.
Mexique : édification de temples en pierre.

Les Mycéniens

Mycènes est une cité du Péloponnèse, une péninsule située au sud-ouest de la Grèce. Ce site a donné son nom à la civilisation mycénienne, dominée par des guerriers et contemporaine de celle des Minoens (*voir* pp. 38-39).

À l'origine de la civilisation mycénienne, on trouve des villages installés à flanc de coteau et peuplés de gens qui parlent une ancienne forme de la langue grecque. Plus tard, certains d'entre eux se transforment en cités puissamment fortifiées. Leurs murailles abritent un palais. Des artisans y produisent des objets de luxe aussi beaux que ceux des Minoens.

Les Mycéniens ont pour coutume d'enterrer les personnages importants dans de superbes constructions dont les gros blocs de pierre sont disposés de façon

---

AGAMEMNON ET LA GUERRE DE TROIE

L'*Iliade* d'Homère relate le siège de Troie, une cité située sur la côte d'Anatolie. Priam, un prince troyen, a enlevé Hélène, l'épouse de Ménélas, roi de Sparte. Agamemnon, frère de Ménélas et roi de Mycènes, lève une armée pour attaquer Troie. Ici, la légende rejoint l'histoire, car Troie a bel et bien existé et il est très probable qu'Agamemnon ait été roi de Mycènes. Ce masque en or a été découvert sur le site de cette cité par l'archéologue Heinrich Schliemann, qui l'attribua à Agamemnon. Aujourd'hui, les spécialistes pensent qu'il s'agit de celui d'un homme qui a vécu trois cents ans avant le célèbre souverain.

1900-1504 av. J.-C.

à former une voûte. La tombe connue sous le nom de Trésor d'Atrée, ou tombeau d'Agamemnon, est le plus beau monument de Mycènes. Sa porte d'entrée s'élève à près de 6 mètres. Elle s'ouvre sur une salle de 13 mètres de haut et de 14 mètres de large. Autrefois, elle était peut-être revêtue d'ornements en bronze.

Les trésors retrouvés dans les sépultures indiquent que les riches Mycéniens aiment l'or, qu'ils importent d'Égypte. Les orfèvres fabriquent des coupes, des masques, des fleurs et des bijoux, ainsi que des armes incrustées du précieux métal. Il n'est pas surprenant que, des siècles plus tard, le poète Homère dise de Mycènes qu'elle est « riche en or ».

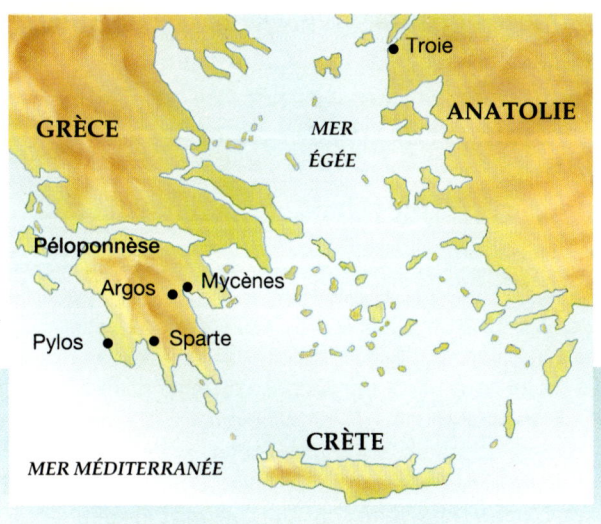

LA PORTE DES LIONNES

Ce dessin représente les ruines de la porte des Lionnes, ou porte d'accès à Mycènes, construite vers 1300 av. J.-C. C'est à peu près le seul passage aménagé dans les murailles en grosses pierres de la cité.
Les lionnes, sans tête aujourd'hui, se dressent au-dessus d'un épais linteau. Des murs bordent l'allée conduisant à la porte, ce qui permet aux défenseurs d'attaquer l'ennemi des deux côtés. Ces fortifications impressionnantes n'ont pas sauvé la cité de la destruction.

◀ Le monde connu des Mycéniens. La mer Égée s'étend entre la Grèce, à l'ouest, et l'Anatolie (dans l'actuelle Turquie), à l'est.

▼ Reconstitution de la cité de Mycènes à son apogée. Le palais royal, à plusieurs étages, s'élève au sommet de la colline. Les murailles sont faites d'énormes blocs de pierre parfaitement ajustés.

LA CHINE DES SHANG

Av. J.-C.
1500 Crète : apogée de l'influence crétoise en Méditerranée.
Vallée de l'Indus : les Aryens détruisent la cité de Mohenjo-Daro ; fin de la civilisation de l'Indus.
Anatolie : les Hittites contrôlent toute l'Anatolie.

Ce fragment de plan provient de l'une des plus anciennes cartes du monde, la seule qui subsiste de l'Égypte antique. Elle indique l'emplacement des mines d'or du désert oriental.

1500-1000 Chine : âge du bronze.
Inde : développement des premières civilisations indiennes dans la vallée du Gange.
1490 Égypte : le pharaon Thoutmosis III accède au trône (jusqu'en 1436), mais sa tante, la reine Hatshepsout, s'empare du pouvoir et règne à sa place pendant vingt-deux ans.
1470 Grèce : l'éruption du volcan Thira (île de Santorin), dans la mer Égée, cause des dommages considérables jusqu'en Crète.
1468 Égypte : le pharaon Thoutmosis III conquiert la cité de Megiddo en Palestine.
1450 Crète : déclin de la puissance minoenne, affaiblie par les grands séismes qui frappent la région.
1430-1200 Anatolie : nouvel Empire hittite.
1402-1364 Égypte : « âge d'or » du Nouvel Empire égyptien. Règne du pharaon Aménophis III qui installe sa capitale à Thèbes ; construction du temple de Louqsor et des colosses de Memnon.

La Chine des Shang

Les premières civilisations chinoises fleurissent au bord des trois plus grands fleuves du pays : le Huang He, ou fleuve Jaune, le Yangzi Jiang, ou fleuve Bleu, et le Xi Jiang. Comme en Mésopotamie et en Égypte, les agriculteurs ont besoin en Chine des cours d'eau pour l'irrigation des cultures et les transports. Mais ils sont confrontés à deux dangers : les inondations et les attaques des peuples nomades du Nord et d'Asie centrale.

Les débuts de l'histoire chinoise se perdent en partie dans la légende. D'après une tradition, la première dynastie, ou famille régnante, du nom de Xia, s'établit vers 2250 av. J.-C. Les Xia auraient régularisé le cours des fleuves en construisant des digues contre les inondations et fait creuser des canaux pour irriguer les champs. La dynastie

---

LA SOIE

La tradition veut que la soie ait été découverte vers 2690 av. J.-C. par l'épouse du légendaire « Empereur Jaune », Huangdi, auquel les Chinois prêtent d'innombrables innovations. Ayant remarqué que les vers à soie mangent les feuilles du mûrier, l'impératrice aurait développé la culture de ces arbres pour nourrir les insectes.
En fait, la soie apparaît en Chine dans la seconde moitié du 2e millénaire. Les Chinois garderont le secret de sa fabrication pendant plus de deux mille ans.

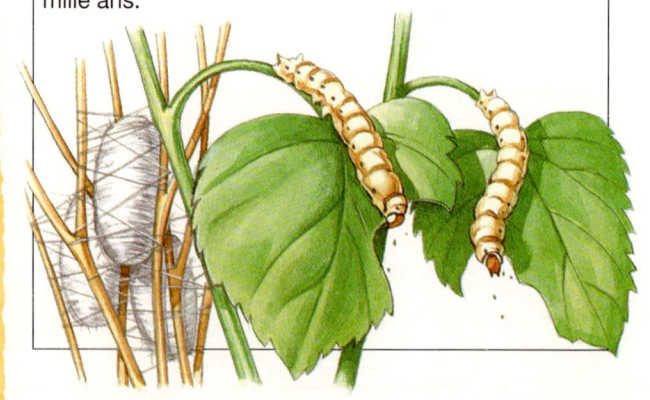

1500-1402 av. J.-C.

▲ Cette carte montre la région dominée par les Shang. Anyang, leur capitale, se trouve au nord du royaume. Selon la tradition, les Xia ont régné avant eux, mais cette histoire reste mal connue.

▶ Les Chinois sont de grands guerriers. Pour combattre, les soldats Shang revêtent d'encombrantes armures en bambou et en bois, rembourrées de tissu.

LE BRONZE

Les métallurgistes Shang ont réalisé ce chaudron en bronze, destiné aux cérémonies du culte des ancêtres. De nombreux objets en bronze de cette époque sont coulés dans des moules. Les artistes les ornent de motifs géométriques et de visages humains.

OS DIVINATOIRES

Des os d'animaux comme celui-ci ont été mis au jour en grande quantité près d'Anyang. Ils sont gravés d'inscriptions qui constituent les plus anciens exemples connus de l'écriture chinoise. Ces os, surtout des omoplates, servaient à prédire l'avenir : on lisait les oracles dans leurs craquelures.

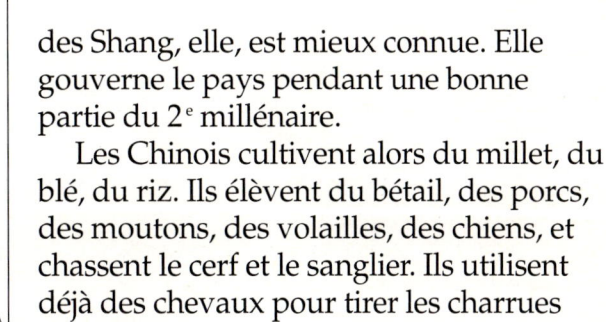

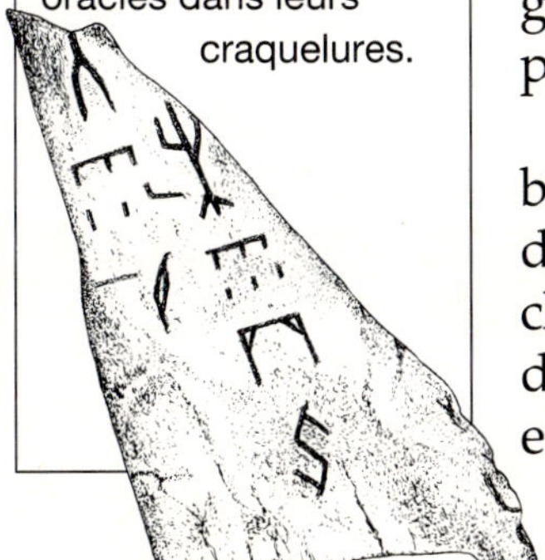

des Shang, elle, est mieux connue. Elle gouverne le pays pendant une bonne partie du 2e millénaire.

Les Chinois cultivent alors du millet, du blé, du riz. Ils élèvent du bétail, des porcs, des moutons, des volailles, des chiens, et chassent le cerf et le sanglier. Ils utilisent déjà des chevaux pour tirer les charrues et les chariots.

40000–500 av. J.-C.

Les religions

Les religions sont sans doute nées du désir de comprendre de grandes énigmes : d'où vient la vie, que devient-on après la mort, qui fait bouger le Soleil et la Lune ?... Il y a très longtemps, les hommes de Neandertal enterraient déjà leurs morts. Plus proches de nous, les premiers agriculteurs qui souhaitent obtenir de bonnes récoltes demandent probablement de l'aide aux divinités de la Nature, à commencer par la Terre elle-même. Cependant, nous ne connaissons vraiment les croyances religieuses des Anciens qu'à partir des Sumériens.

▲ Sur cette pierre babylonienne sont gravées des prières destinées à protéger le propriétaire d'un domaine.

▶ Ishtar, déesse guerrière pour les Assyriens, est une déesse-mère pour les Babyloniens.

▲ De nombreux peuples semblent avoir vénéré une déesse-mère, image de la Terre nourricière.

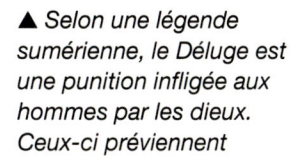

▲ Selon une légende sumérienne, le Déluge est une punition infligée aux hommes par les dieux. Ceux-ci préviennent cependant un juste, Ziousoudra, qui construit un bateau. Le Déluge détruit tout, sauf le navire. Ziousoudra envoie des oiseaux chercher la terre ferme. Un jour, l'un d'eux ne revient pas, lui indiquant ainsi la direction à suivre.

LES MYTHES DE LA CRÉATION

Chaque peuple a imaginé « sa » création du monde. Ces histoires s'appellent des mythes. Pour les Égyptiens, il y eut d'abord un océan d'eau et de boue d'où sortit le dieu Atoum, créateur des dieux de l'air et de l'humidité. Ceux-ci ont eu une fille, Nout, déesse du ciel, et un fils, Geb, dieu de la Terre, à la fois frère et sœur, mari et femme.

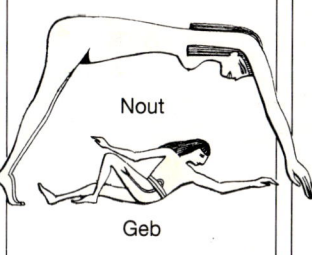

◀ Dans de vastes chaudrons en bronze, comme celui-ci, les anciens Chinois préparent la nourriture pour leurs ancêtres morts.

▼ Les Égyptiens croient en une vie dans l'au-delà. Parents, amis, prêtres et serviteurs d'un pharaon accompagnent sa momie jusqu'à la tombe. Elle contient tout ce dont le mort a besoin pour son confort : vêtements, nourriture, meubles…

LES HITTITES • BABYLONE

Av. J.-C.

1400 Crète : un incendie détruit Cnossos. Les Mycéniens s'emparent de l'île. Inde et Asie occidentale : âge du fer.

1390-1350 Anatolie : les Hittites, conduits par leur roi Souppilouliouma Ier, reconquièrent l'Anatolie et soumettent la Syrie du Nord et le royaume du Mitanni (Haute-Mésopotamie).

1379-1362 Égypte : règne d'Aménophis IV ; il prend le nom d'Akhenaton et instaure, avec son épouse Néfertiti, le culte d'un dieu unique : le dieu Soleil Aton.

1366 Assyrie : règne d'Assouroubalit Ier ; début de l'extension de l'Empire assyrien.

1361 Égypte : Toutankhamon, encore enfant, succède à Akhenaton ; ses conseillers rétablissent le culte des dieux traditionnels. Ce pharaon mourra à vingt ans, mais sa tombe restera intacte jusqu'à sa découverte, en 1922.

1320-1318 Égypte : règne de Ramsès Ier, premier pharaon de la XIXe dynastie.

Ce bas-relief illustre l'attaque d'une forteresse hittite par les Égyptiens.

1318-1304 Égypte : règne de Seti Ier, fils de Ramsès Ier ; il entreprend de reprendre aux Hittites les anciennes terres égyptiennes de Palestine et de Syrie.

Les Hittites

Les Hittites font une entrée soudaine dans l'histoire. Ils arrivent en Anatolie, probablement de l'Est. On ignore s'ils se sont installés progressivement ou s'ils ont envahi la région en une seule vague. Leur peuple, formé de plusieurs tribus, ne parle pas moins de six langues. Pendant de longues années, ces guerriers bénéficient de deux avantages sur leurs voisins : le contrôle des mines de fer d'Anatolie et l'usage du char. Ils seront anéantis vers 1200 par les « peuples de la mer », venus des côtes et des îles de la mer Égée.

▲ *Les Hittites sont des guerriers intrépides. Ici, du haut de son char, un roi chasse le lion.*

▼ *L'Empire hittite à son apogée, à l'époque du roi Souppilouliouma Ier, vers 1350.*

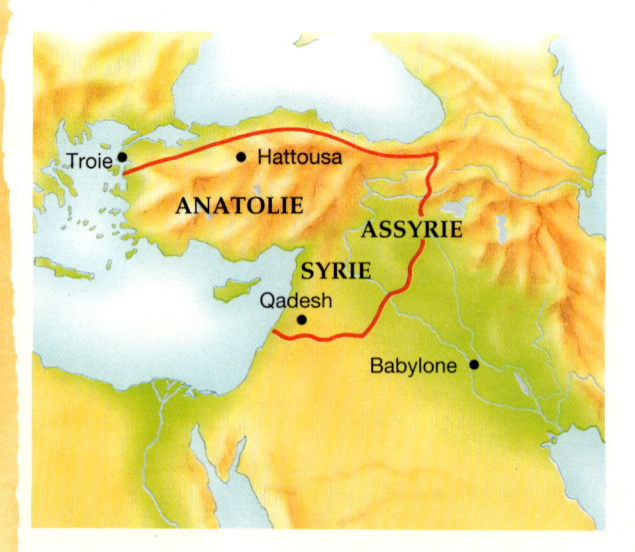

1400-1318 av. J.-C.

Babylone

Vers 1950 av. J.-C., les Sumériens ne dominent plus la Mésopotamie, qui subit une série d'invasions. Cependant, quelque cent cinquante ans plus tard, les Babyloniens se libèrent de ces intrus. Leur roi Soumou-aboum fonde une dynastie qui régnera trois cents ans et dominera un vaste empire.

Leur sixième souverain, Hammourabi, prend le contrôle du sud de la Mésopotamie. C'est un très grand roi. Son armée, bien disciplinée, soumet les cités-États de Isin et de Larsa ainsi que le puissant empire de Mari.

Les mathématiciens de Babylone inventent un système de calcul fondé sur le nombre 60. Les 60 minutes contenues dans une heure, et les degrés du cercle, 60 x 6, en sont un lointain héritage !

▼ *Gilgamesh est le héros d'un grand poème épique. Ici, un serpent lui dérobe la plante de la vie éternelle pendant qu'il est endormi sous un arbre.*

HAMMOURABI

Hammourabi, qui règne de 1792 à 1750 av. J.-C., a laissé un célèbre code, gravé notamment sur une stèle conservée au Louvre. Il compte deux cent quatre vingt-deux articles qui peuvent être lus comme autant de lois concernant la vie quotidienne.

▼ *Cette carte montre l'extension de l'Empire babylonien sous Hammourabi et ses successeurs.*

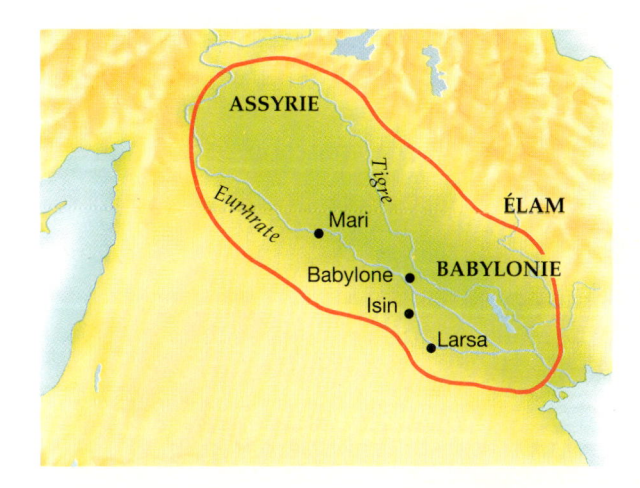

LES ASSYRIENS

Les Assyriens

Tandis que les Babyloniens gouvernent le sud de la Mésopotamie, les belliqueux Assyriens soumettent le nord. À l'origine, leur royaume se trouve dans la vallée du Tigre. Sa capitale, Assour, porte le nom de leur dieu principal.

Adadninari Ier, le premier souverain important du pays, agrandit l'empire et se donne le titre de « Roi de Tout ». Lui et ses successeurs sont des chefs tyranniques. Ils ne laissent pas la moindre parcelle d'indépendance aux régions annexées. Dans l'empire en expansion, les révoltes sont fréquentes.

La première période de gloire de l'Assyrie dure trois cents ans. Elle atteint son apogée sous le roi Tiglatpiléser Ier, qui mène chaque année de sanglantes campagnes de conquête. Au 11e siècle av. J.-C., l'Assyrie et Babylone sont envahies par des tribus araméennes venues du nord de la Syrie. Cent ans plus tard, l'empire assyrien se reforme,

▲ L'Empire assyrien à sa période de plus grande extension, vers 650 av. J.-C. Il s'étend de la Syrie au golfe Persique et englobe la Palestine et une partie de l'Égypte. Il disparaît peu de temps après.

▼ Sous l'œil vigilant du roi, des ouvriers transportent les matériaux destinés à la construction d'un nouveau palais. Des rameurs font avancer sur le Tigre un radeau lourdement chargé.

atteignant au 7e siècle sa plus grande extension. Son dernier grand roi, Assourbanipal, est un guerrier, mais aussi un protecteur des arts ; il constitue une très vaste bibliothèque dans son palais de Ninive. Après sa mort, son empire décline rapidement. Il s'effondre en 612 av. J.-C.

Les Assyriens construisent de belles cités, avec des palais et des temples. Les hommes sont vêtus d'une sorte de robe et arborent la barbe. Les femmes portent une tunique à manches et enroulent un châle autour de leurs épaules.

▲ *Ces guerriers montés sur un dromadaire sont attaqués par des soldats assyriens à pied, armés de lances, d'arcs et de flèches.*

LA LANGUE

Les Assyriens parlent un dialecte akkadien, une langue sémitique parente de l'hébreu et de l'arabe. Ils ont longtemps écrit sur des tablettes d'argile, en utilisant une écriture cunéiforme empruntée aux Babyloniens, qui s'étaient eux-mêmes inspirés de l'écriture sumérienne. Ils ont adopté le parchemin quand il a fait son apparition.

ASSOURBANIPAL

Ce grand roi gouverne l'Assyrie entre 668 et 631 av. J.-C. Il édifie un splendide palais à Ninive. Dans ses jardins, Assourbanipal fait planter des espèces provenant de toutes les régions connues à l'époque.

1308-1230 av. J.-C.

Av. J.-C.
1308 Assyrie : début du règne d'Adadnirari Ier, qui lance ses armées dans de grandes conquêtes en Mésopotamie.
1300 Iran : invasion des Mèdes et des Perses.
Phénicie : essor du port de Sidon.
Grèce : les Arcadiens s'installent dans la région centrale du Péloponnèse.
Angleterre : fin de la construction du site mégalithique de Stonehenge.
Océanie : début du peuplement de la Mélanésie.
1290-1235 Égypte : règne de Ramsès II, l'un des plus grands pharaons. Il fait édifier plusieurs temples, dont celui d'Abou-Simbel.

Ce lion ailé a été placé aux portes du palais assyrien d'Assourbanipal pour en éloigner les fléaux.

1285 Proche-Orient : bataille de Qadesh entre Ramsès II et les Hittites ; les deux parties se proclament victorieuses.
1283 Proche-Orient : traité d'alliance entre l'Égypte et les Hittites.
1275-1245 Assyrie : règne du roi Salmanasar Ier qui renforce la puissance assyrienne.
v. 1250 Égypte : les Hébreux, qui ne vénèrent qu'un seul dieu, Yahvé, sont opprimés par les Égyptiens. Moïse les conduit hors d'Égypte ; ils errent dans le désert du Sinaï jusqu'en 1230.
Europe centrale : développement de la civilisation des « champs d'urnes ».
1232-1116 Assyrie : période de déclin, suivie d'une nouvelle période de prospérité.
1230 Proche-Orient : les Hébreux atteignent le Canaan (la Palestine), la « Terre promise », où ils établissent leur patrie.

L'ORIGINE DU PEUPLE JUIF

Av. J.-C.
- **1200-800** Inde : les Aryens dominent le pays ; ils imposent leur langue, le sanskrit, et leur religion védique. Culture de céréales et élevage de bovins.
- **1200** Israël : début de la période des Juges, chefs temporaires des Hébreux.
  Mexique : essor de la civilisation olmèque.
  Anatolie : destruction de l'empire hittite par les peuples de la mer, envahisseurs indo-européens venus de la région égéenne.

Les Phéniciens ont envoyé du bois de cèdre du Liban pour construire le « premier temple » du roi Salomon à Jérusalem.

- **1200** Sahara : développement des voies commerciales ; utilisation du cheval et du chariot.
- **1198-1166** Égypte : règne de Ramsès III ; il installe sa capitale à Tanis.
- **v. 1183** Anatolie : légendaire guerre de Troie ; des Grecs assiègent et détruisent la ville.
- **1179** Égypte : Ramsès III repousse l'invasion des peuples de la mer.
- **1170** Phénicie : essor de nouvelles cités indépendantes, dont celle de Tyr.
- **1150-1100** Grèce : invasions doriennes ; effondrement du pouvoir mycénien.
- **1140** Afrique : les Phéniciens fondent leur première colonie en Afrique du Nord, à Utique.
- **1125** Mésopotamie : le roi Nabuchodonosor Ier de Babylone repousse les attaques assyriennes.

L'origine du peuple juif

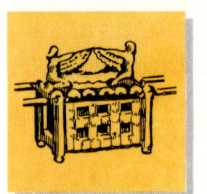

Les Hébreux, originaires du sud de la Mésopotamie, se sont installés en Palestine il y a un peu plus de quatre mille ans. La Bible raconte leur histoire, mais en y mêlant des légendes.

Selon l'Ancien Testament, la plus ancienne partie de la Bible, le père des Hébreux est Abraham, un berger qui vit à Our. Il part avec sa famille d'abord en Syrie, puis au pays de Canaan, ou Palestine, où il se fixe. Son petit-fils Jacob a douze fils qui fondent les douze tribus d'Israël. Lorsque la famine frappe son peuple, Jacob le conduit en Égypte.

Devenus les esclaves des Égyptiens, les Hébreux retrouvent leur liberté grâce à Moïse, qui les ramène au pays de Canaan. Là, ils combattent les Philistins pour bâtir le royaume d'Israël. Après 1020, trois rois, Saül, David et Salomon, assurent la prospérité du pays. David rassemble

▼ *Les deux royaumes des Hébreux, Israël et Juda.*

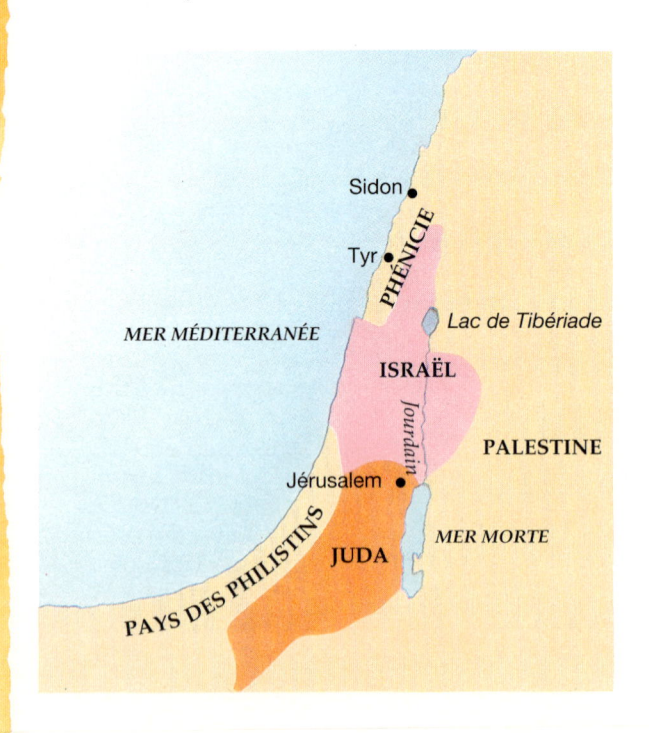

1200-1125 av. J.-C.

SALOMON

Sous le règne de Salomon (v. 970-931), le royaume d'Israël connaît son apogée. Ce roi, qui selon la tradition symbolise la sagesse, fait de Jérusalem l'une des villes les plus florissantes de son temps.

les tribus d'Israël au sein d'une même nation et leur donne Jérusalem pour capitale. À la mort de Salomon, le pays est partagé en deux, Israël et Juda. Ces deux royaumes disparaissent au 6ᵉ siècle avant notre ère, sous les coups des Assyriens et des Babyloniens.

▲ Sur cette peinture égyptienne, des Hébreux demandent l'autorisation d'entrer en Égypte.

▼ Salomon érige le « premier temple » de Jérusalem pour abriter le plus précieux trésor des Hébreux, l'Arche d'alliance. Elle contient les dix commandements dictés à Moïse par Yahvé, le seul Dieu.

40000–500 av. J.-C.

Les sciences et les techniques

Pour baptiser les périodes très anciennes de l'aventure humaine, les historiens se sont souvent inspirés des techniques en usage aux différentes époques. On distingue par exemple l'âge de la pierre taillée, l'âge de la pierre polie, l'âge du bronze, l'âge du fer. Ces périodes ont une durée différente selon les régions du monde où on les étudie. Elles se chevauchent aussi, car l'apparition des métaux n'a pas supprimé en un seul jour les outils en pierre. Il est également certain que plus on avance dans le temps, et plus les inventions se multiplient.

▲ Fixée sur des chariots ou sur des chars, la roue permet notamment de déplacer beaucoup plus facilement de lourdes charges.

L'ÂGE DE LA PIERRE

Lame en forme de couteau

Perçoir

Poinçon

▲ Ces outils très anciens sont taillés dans des pierres dures, notamment dans du silex au tranchant coupant.

▼ Quand la roue devient poulie, elle diminue les forces nécessaires pour soulever les matériaux.

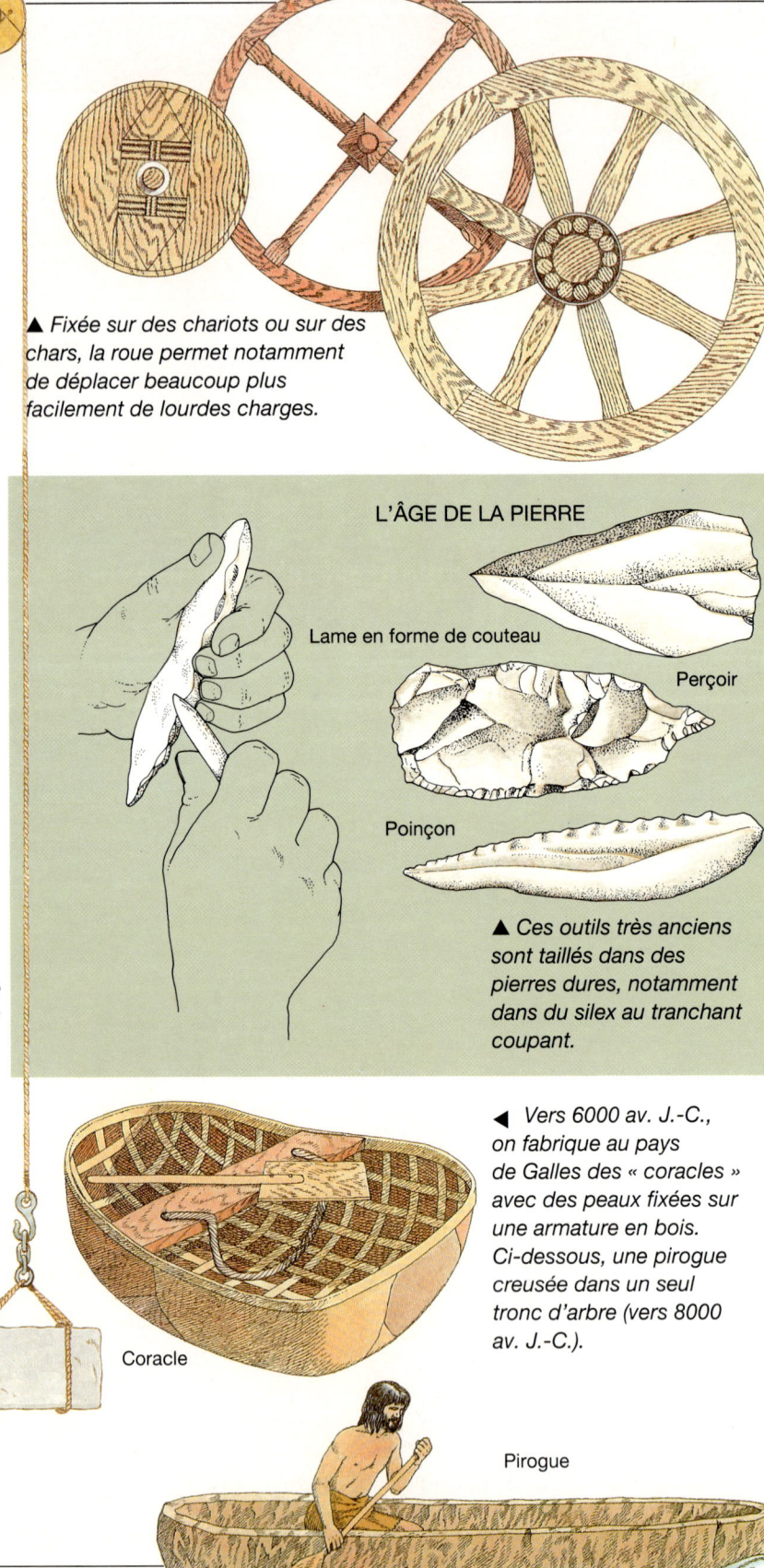

Coracle

◀ Vers 6000 av. J.-C., on fabrique au pays de Galles des « coracles » avec des peaux fixées sur une armature en bois. Ci-dessous, une pirogue creusée dans un seul tronc d'arbre (vers 8000 av. J.-C.).

Pirogue

◀ Les premiers paysans se servent d'araires en bois. Cet outil trace un sillon dans la terre, mais il ne la retourne pas comme le feront plus tard les charrues. À l'origine, les araires sont tirés par les hommes ; ensuite, ils le sont par des animaux, comme dans cette scène qui se déroule en Égypte.

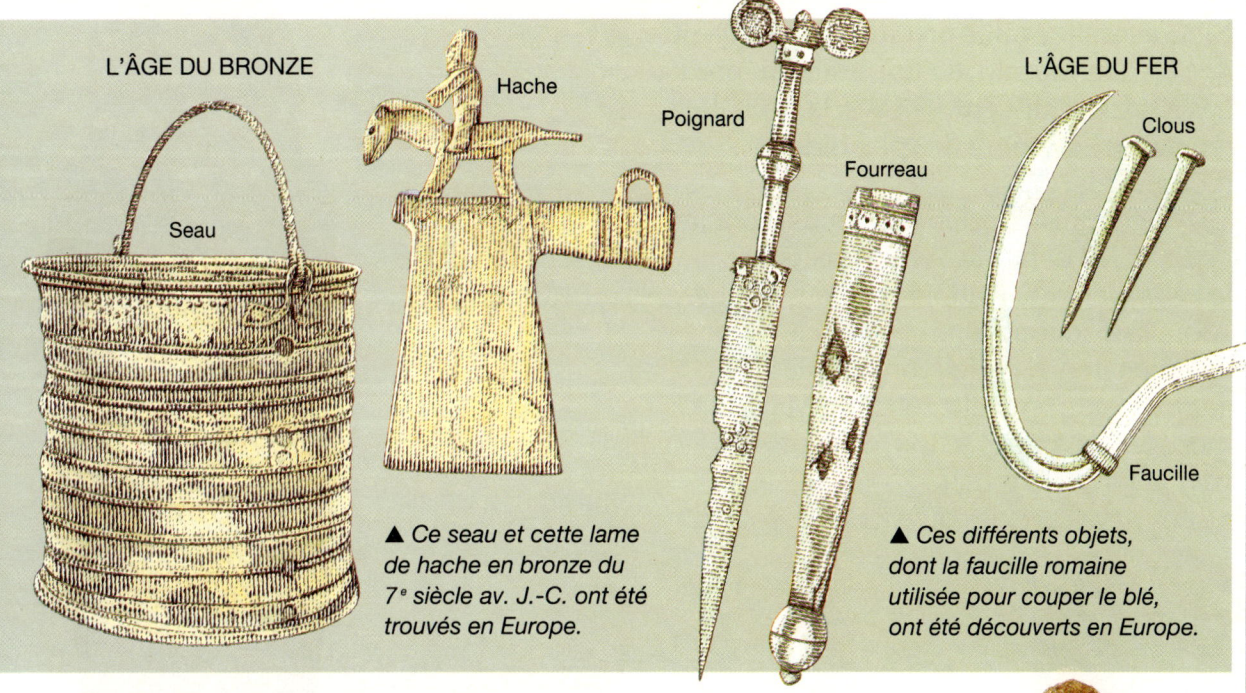

L'ÂGE DU BRONZE

Seau
Hache
Poignard
Fourreau

L'ÂGE DU FER

Clous
Faucille

▲ Ce seau et cette lame de hache en bronze du 7e siècle av. J.-C. ont été trouvés en Europe.

▲ Ces différents objets, dont la faucille romaine utilisée pour couper le blé, ont été découverts en Europe.

QUELQUES DATES

v. 9000 av. J.-C. Premières pointes de flèche taillées en Amérique.
v. 8000 av. J.-C. Début de l'agriculture en Mésopotamie.
v. 3000 av. J.-C. La roue est montée sur des chariots en Mésopotamie.
v. 2500 av. J.-C. Les hommes de la vallée de l'Indus utilisent des briques en terre cuite.
v. 1500 av. J.-C. En Anatolie, les Hittites extraient le fer par fusion, c'est-à-dire en faisant chauffer le minerai.

▶ Les premiers tours de potier sont en bois. Le plateau est relié à une roue que l'artisan lance avec son pied.

L'ÉGYPTE DU NOUVEL EMPIRE

L'Égypte du Nouvel Empire

Vers 1730, l'Égypte est envahie par des étrangers, les Hyksos, venus du Proche-Orient. Après plus de cent cinquante ans, ils sont chassés par les princes de Thèbes, qui établissent la XVIIIe dynastie. Celle-ci marque le début du Nouvel Empire, l'âge d'or de l'Égypte antique.

L'un de ses premiers pharaons, Thoutmosis III, se lance dans de grandes conquêtes. Il se taille un empire qui s'étend de la Nubie, au sud, à l'Euphrate, au nord. Les richesses affluent. Thèbes, la capitale religieuse, se couvre de splendides monuments.

Aménophis IV est le roi le plus étonnant de la XVIIIe dynastie. Avec son épouse, la belle Nefertiti, il adore un dieu unique, Aton, le disque solaire, et prend le nom d'Akhenaton. Il oblige son peuple à adopter cette nouvelle religion. Mais à sa mort, les Égyptiens se tournent aussitôt vers leurs anciens dieux.

Les paysans et les ouvriers du Nouvel

▼ Les modèles en bois peint trouvés dans les tombes dressent un tableau très vivant de la vie quotidienne des anciens Égyptiens.

HATSHEPSOUT

Tante et belle-mère de Thoutmosis III, Hatshepsout s'empare du trône à la mort de son mari Thoutmosis II. Elle se fait représenter avec tous les attributs du pharaon, barbe comprise.

◀ *Le temple d'Abou-Simbel, en Nubie, était creusé dans la roche. Quatre statues colossales du roi Ramsès II décorent sa façade. Il a été déplacé en 1964 lors de la construction du barrage d'Assouan.*

Empire habitent de petites maisons en briques crues meublées de quelques sièges, d'une table et de paniers en vannerie dans lesquels ils rangent leurs affaires. Ils dorment par terre sur des nattes. Les dignitaires, eux, habitent de vastes résidences décorées de peintures murales. Des chaises, des tables, des lits superbes assurent le confort de la maisonnée. Des jardins plantés d'arbres et de fleurs invitent à la promenade. La nourriture est abondante et variée : viandes, poissons, gâteaux, fruits, légumes, vin, bière… Les pauvres, eux, se contentent souvent de pain et de légumes.

◀ *À partir du Nouvel Empire, le corps des pharaons défunts est déposé dans deux ou trois sarcophages en bois qui ont la forme de la momie. Ils sont ornés de peintures qui représentent le monde des morts.*

LA TOMBE DE TOUTANKHAMON

Les pharaons ont été enterrés avec d'immenses richesses. Cependant, dès l'Antiquité, des voleurs ont osé braver le monde des morts pour s'en emparer. Sous le Nouvel Empire, les tombeaux des souverains sont cachés dans une vallée désertique, la Vallée des Rois. Malgré cette précaution, un seul d'entre eux échappera au pillage, celui de Toutankhamon. Le roi a été inhumé avec un fantastique trésor, découvert en 1922 par Howard Carter. Ce masque en or couvrait son visage.

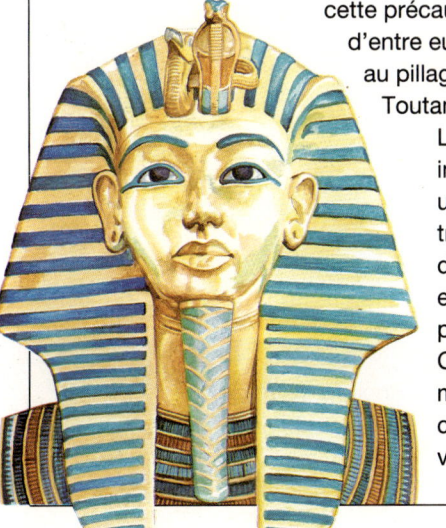

1122-1050 av. J.-C.

Av. J.-C.
1122 Chine : fondation de la dynastie Zhou ; mise en place d'un système féodal.
1117-1077 Assyrie : règne de Tiglatpiléser I*er*, qui repousse des envahisseurs au nord du royaume.

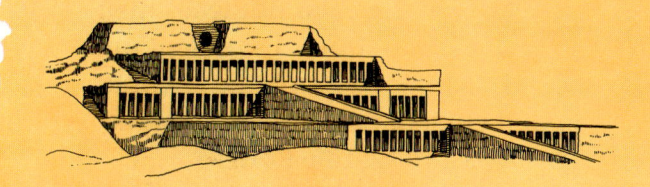

La reine Hatshepsout a fait construire son propre temple funéraire à Deir el-Bahari, près de Thèbes.

1100-1050 Grèce : les Doriens et les Ioniens, venus du nord, envahissent le pays jusqu'au Péloponnèse. Destruction des cités mycéniennes.
1100-900 Chine : premier dictionnaire de la langue chinoise.
1093-935 Mésopotamie : les Araméens – peuple sémitique – envahissent l'Assyrie et la Babylonie.
1085 Égypte : mort du pharaon Ramsès XI, le dernier des Ramsès ; fin du Nouvel Empire et début du déclin de la puissance égyptienne. Fondation de la XXIe dynastie (jusqu'en 950) – dynastie tanite –, dans le delta du Nil ; mais ce sont les grands prêtres du clergé d'Amon, installés à Thèbes, qui règnent effectivement sur l'Égypte.
1050 Israël : invasion des Philistins, qui s'installent en Palestine.

Akhenaton, Nefertiti et leurs enfants. Akhenaton vénérait le Soleil Aton, dieu suprême et unique.

1050 Grèce : les Doriens conquièrent la Crète, Rhodes et les Cyclades.

LES PHÉNICIENS

Les Phéniciens

Installés sur la bande côtière qui borde la Méditerranée à l'est, les Phéniciens sont des commerçants, des pirates et sans doute les meilleurs marins de l'Antiquité. Ils parlent une langue sémitique proche de l'hébreu et doivent leur nom à un terme grec, *Phoinikes*, qui signifie Rouges. Ils produisent en effet une magnifique teinture pourpre réservée aux vêtements des grands personnages.

Le principal port phénicien, Tyr, est étroitement lié à Israël. Hiram, roi de Tyr, fournit ainsi au roi Salomon des cèdres et des artisans pour la construction du temple de Jérusalem (*voir* p. 51). Achab, roi d'Israël, épouse Jézabel, princesse de Tyr.

Habiles artisans, les Phéniciens fabriquent des objets en verre, des armes,

▲ Ce dessin est un essai de reconstitution d'une galère phénicienne portant un éperon pour éventrer les navires ennemis. Elle navigue à l'aide d'une voile carrée. Des rames la rendent très maniable.

▼ Les Phéniciens fondent de nombreuses colonies en Méditerranée. Ils font du commerce dans toute cette zone et au-delà, dans l'Atlantique, vers les îles Britanniques et le long des côtes africaines.

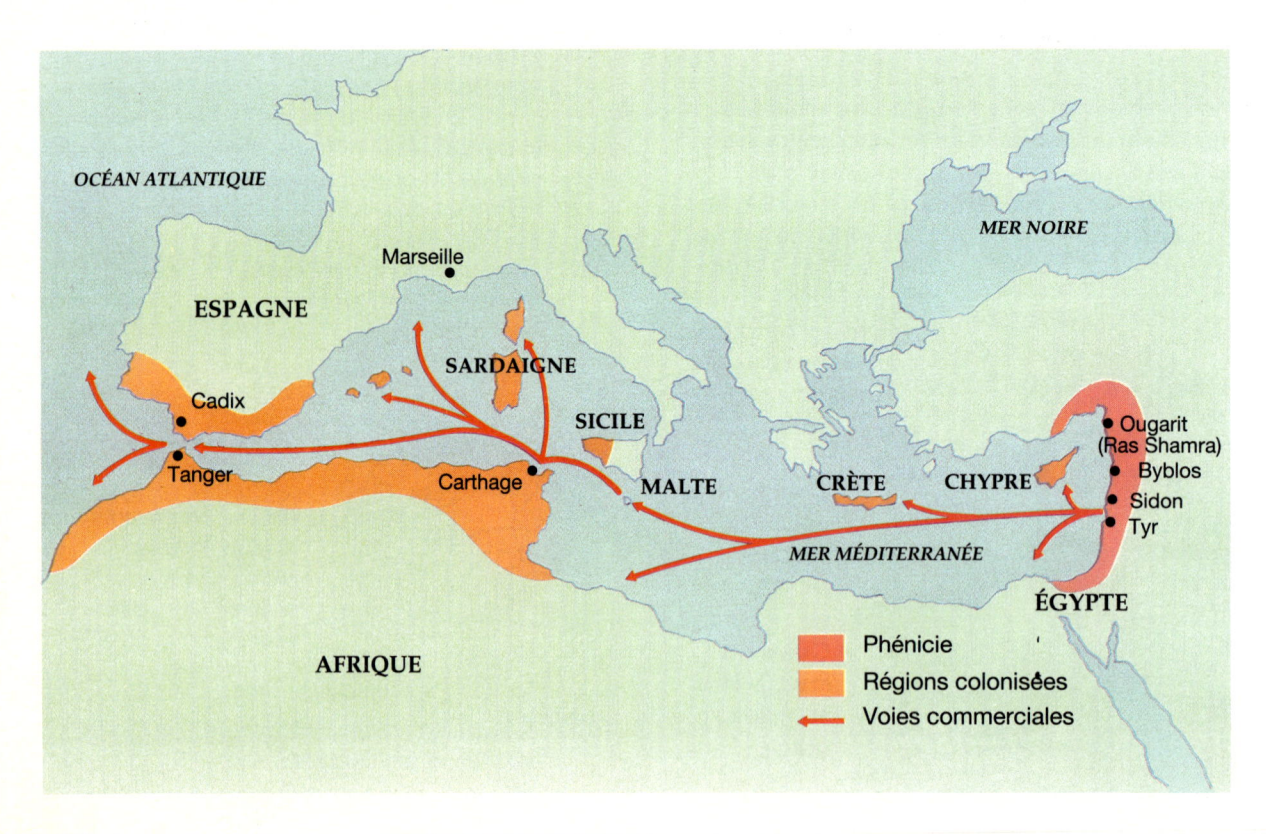

- Phénicie
- Régions colonisées
- ← Voies commerciales

ALPHABETS

Les premiers alphabets sont apparus en Phénicie, d'abord à Ougarit puis, vers 1000 av. J.-C., à Byblos. L'un d'eux compte 22 signes et ne note que les consonnes. Les Grecs s'en sont inspirés pour mettre au point un alphabet de 24 lettres, avec les voyelles.

CARTHAGE

Selon la tradition, Carthage fut fondée par Didon, la fille d'un roi de Tyr, à laquelle un souverain local avait accordé « autant de terre que peut en couvrir une peau de bœuf ». Didon tailla la peau en fines lanières et elle put ainsi délimiter un très vaste domaine.

des bijoux, des vêtements. Ils vendent ces produits sur les côtes de la Méditerranée et importent des marchandises de contrées aussi lointaines que les îles Britanniques. Leurs expéditions commerciales favorisent la diffusion des connaissances scientifiques et techniques. Ils fondent de nombreuses colonies à Chypre, à Malte, en Sicile. La plus importante est Carthage, en Tunisie. En Espagne, Gadir, la future Cadix, est également d'origine phénicienne.

LE VERRE ET LA POURPRE

Les Phéniciens sont les premiers grands maîtres verriers de l'Antiquité (ci-dessous, un flacon à parfum). Ils produisent aussi la pourpre, qui permet de teindre les tissus en un superbe rouge. Cette teinture provient du murex, un gastéropode marin, et elle coûte très cher : il faut plus de dix mille coquillages pour en obtenir 1,5 g environ. Sa fabrication dégage une odeur si désagréable que certains voyageurs refusent de visiter Tyr.

1020-970 av. J.-C.

Av. J.-C.

1020 Israël : Saül est sacré premier roi des Juifs par Samuel, le dernier des Juges ; victoire de Saül sur les Philistins.

1000-950 Chine : les Zhou occidentaux installent leur capitale dans la vallée de la Wei.

1000-774 Phénicie : apogée de la ville de Tyr, capitale d'un empire maritime méditerranéen.

1000 Israël : David est sacré roi par Samuel.
Inde : composition du *Rigveda*, texte sacré fondateur du système des castes. Travail du fer dans la vallée du Gange.
Grèce : colonisation des îles de la mer Égée.
Phénicie : apparition d'un alphabet de 22 lettres, à l'origine de toutes les écritures alphabétiques modernes.

Les Phéniciens tirent une teinture pourpre très recherchée de ce mollusque marin, le murex.

994 Israël : David s'empare de Jérusalem qui devient la capitale religieuse et politique de son royaume.

970 Israël : mort de David ; Salomon, son fils, lui succède. Développement du commerce et de l'administration ; instauration de lourds impôts.

Les artistes phéniciens sont renommés pour leurs sculptures sur ivoire.

L'AFRIQUE ANTIQUE

Av. J.-C.

953 Israël : consécration du « premier temple » de Jérusalem édifié par le roi Salomon avec l'aide du roi Hiram Ier de Tyr.

935-859 Assyrie : le roi Assourdar II et ses successeurs, Adadnirari II, Toukoulti-Ninourta II et Assournazirpal II, rétablissent la puissance et les anciennes frontières de l'Empire assyrien.

931 Israël : mort de Salomon ; le royaume est divisé entre le royaume d'Israël, au nord, gouverné par Jéroboam, et le royaume de Juda, au sud, dirigé par Roboam, le fils de Salomon.

900-700 Italie : essor de la civilisation étrusque au nord.

Ce collier africain est constitué de perles et de dents d'animaux.

Les guerriers assyriens se lancent à l'assaut des forteresses ennemies grâce à cette tour mobile équipée d'un bélier.

900-625 Mésopotamie : conflit permanent entre Babylone et l'Assyrie.

v. 900 Afrique : les Nubiens s'affranchissent de la domination égyptienne. Au Nigeria, début de la civilisation Nok.

884-859 Assyrie : règne d'Assournazirpal II ; centralisation du gouvernement.

859-824 Assyrie : règne de Salmanasar III, fils d'Assournazirpal II ; souverain ambitieux, il engage de nombreuses campagnes guerrières contre les États voisins.

L'Afrique antique

L'Afrique, « berceau de l'humanité », a vu apparaître les premiers hommes. Pourtant, jusque vers 1500 av. J.-C., et mis à part l'Égypte, nous ignorons presque tout de ce continent.

Le Sahara, qui est aujourd'hui le plus grand désert de la planète, bénéficiait il y a 8 000 ans encore d'un climat plus humide. On y a retrouvé des dessins et des peintures montrant des troupeaux ou des chasseurs affrontant un hippopotame. Peu à peu, le désert s'est installé ; mais il n'a jamais empêché les caravanes de relier le sud et le nord de l'Afrique.

La culture égyptienne s'impose le long du Nil, au nord du Soudan actuel. Le royaume de Koush, lui, se développe en Nubie à partir de 2000 av. J.-C. Son activité commerciale intéresse les Égyptiens qui, vers 1500 av. J.-C., s'en emparent. Vers

▼ *Cette carte situe la Nubie, le royaume de Koush et la région du Sahara où ont été découvertes de nombreuses peintures rupestres.*

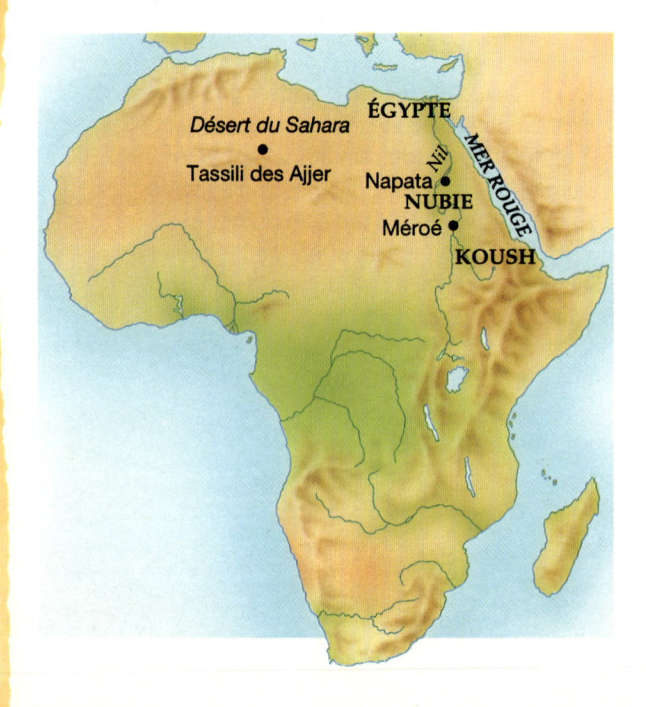

953-859 av. J.-C.

LES CULTURES

Les premiers paysans africains font pousser du millet, du sorgho et des ignames à la lisière du désert. Le millet est une plante précieuse, car il supporte un climat plus sec que le sorgho. Les ignames sont des tubercules nourrissants. Au Sahara, les bergers élèvent des chèvres, des moutons, mais aussi des bovidés. Ils circulent d'une oasis à l'autre, à la recherche d'eau pour leurs bêtes.

Millet — Sorgho — Igname

750 av. J.-C, l'Égypte est conquise à son tour par les Nubiens.

Le royaume de Koush ne connaît pas l'âge du bronze mais seulement l'âge du fer. Sa capitale se déplace de Napata à Méroé. Ce site, entouré de gisements de minerai de fer, devient un centre métallurgique important. De Koush, le travail du fer gagnera l'ouest de l'Afrique.

▲ Sur cette peinture provenant d'une tombe égyptienne, des Nubiens apportent au pharaon des anneaux d'or, des peaux, des fruits et des singes. À la différence des Égyptiens, les Nubiens ont la peau noire.

▼ Des bergers et leur troupeau… en plein Sahara ! Ils ont été peints sur un rocher du Tassili des Ajjer il y a quelque 6 000 ans. L'artiste a pris soin de colorer différemment les pelages des bêtes.

40000–500 av. J.-C.

Le commerce

Dans les villages et les premières villes, des artisans se consacrent à la fabrication d'outils, de poteries, de vanneries, etc. Parfois, leur production dépasse les besoins de leur entourage. Ils font alors des échanges avec une autre communauté : ils troquent leurs excédents contre des produits dont ils manquent. L'or, le vin, la soie, les poteries, les céréales, les vêtements en laine, les peaux font partie des biens échangés. Grâce à leurs découvertes, les archéologues ont pu retrouver de très anciennes routes commerciales. Le troc – un objet contre un autre – est resté en usage fort longtemps. Puis la monnaie l'a progressivement remplacé. On paie alors avec des jetons d'argile, des coquillages, des perles, ou avec des petits lingots de métal (cuivre, bronze ou fer).
Certains peuples règlent leurs achats avec du bétail ou des chevaux.
Les Chinois utilisent sans doute d'abord des outils comme mode de paiement, car leurs premières « pièces » de monnaie reproduisent, en miniature, des pelles, des houes…

◀ Les premières vraies pièces de monnaie sont fabriquées en Anatolie avec de l'électrum, un mélange d'or et d'argent. Une marque en garantit le poids.

◀ Monnaie chinoise en forme de pelle.

▼ Les commerçants sumériens ont un sceau pour signer leurs contrats.

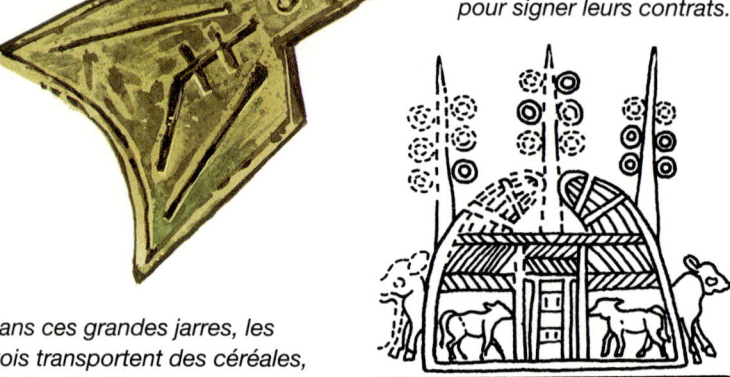

▼ Dans ces grandes jarres, les Crétois transportent des céréales, de l'huile, du vin.

▼ Pour ne pas oublier leurs ventes et leurs achats, les marchands sumériens les inscrivent sur des tablettes en argile.

QUELQUES DATES

v. 6000 av. J.-C. Des habitants de Çatal Höyük partent au loin chercher de l'obsidienne, un verre volcanique.

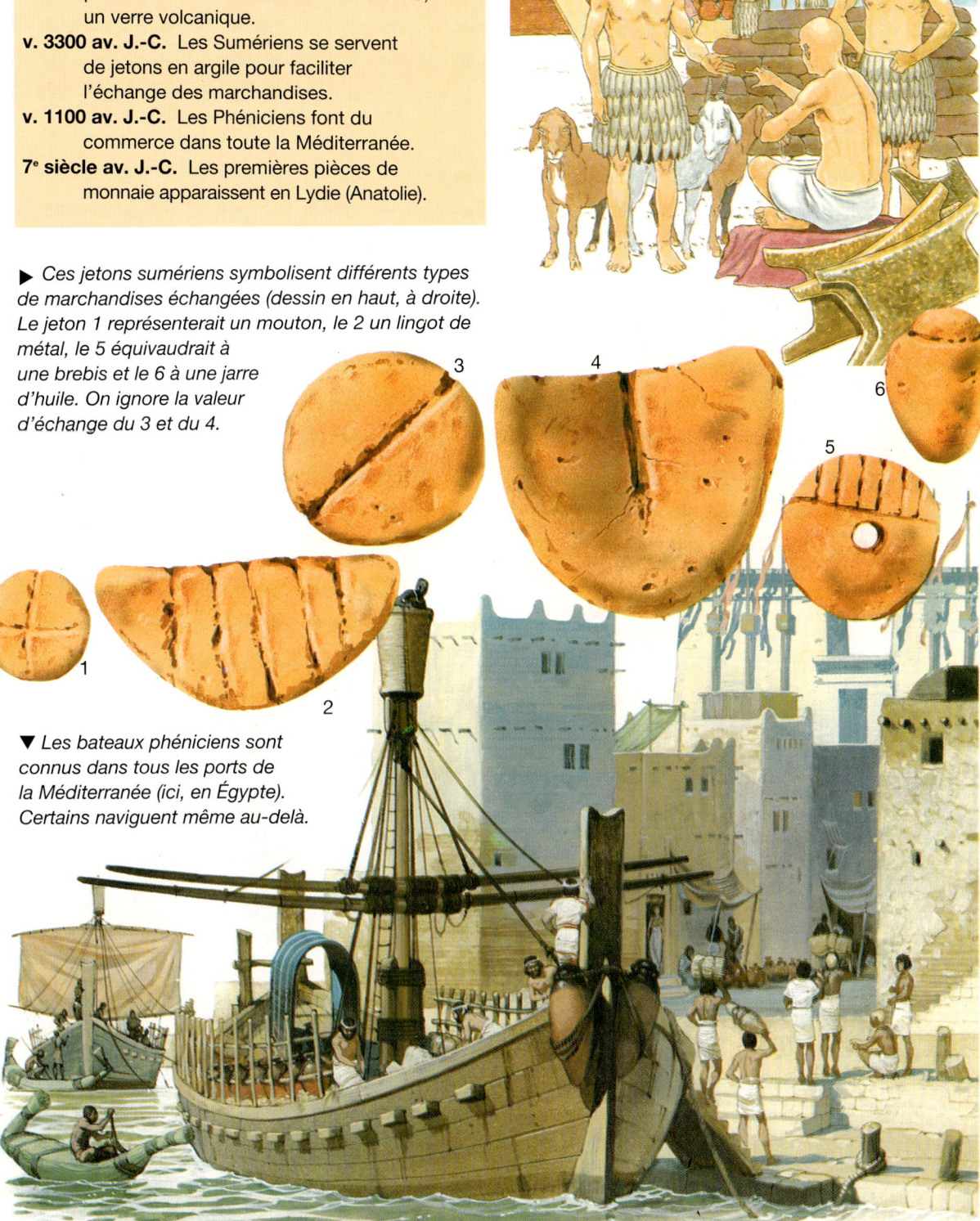

v. 3300 av. J.-C. Les Sumériens se servent de jetons en argile pour faciliter l'échange des marchandises.

v. 1100 av. J.-C. Les Phéniciens font du commerce dans toute la Méditerranée.

7e siècle av. J.-C. Les premières pièces de monnaie apparaissent en Lydie (Anatolie).

▶ Ces jetons sumériens symbolisent différents types de marchandises échangées (dessin en haut, à droite). Le jeton 1 représenterait un mouton, le 2 un lingot de métal, le 5 équivaudrait à une brebis et le 6 à une jarre d'huile. On ignore la valeur d'échange du 3 et du 4.

▼ Les bateaux phéniciens sont connus dans tous les ports de la Méditerranée (ici, en Égypte). Certains naviguent même au-delà.

LES CIVILISATIONS AMÉRICAINES

Av. J.-C.

853 Assyrie : soutenu par l'Égypte et le royaume de Juda, Salmanasar III entreprend la conquête des terres de Palestine ; il est repoussé par les Israélites, alliés au peuple de Damas.

850 Pérou : essor de la civilisation Chavín à Huantar, dans les Andes.

842 Israël : le soldat Jéhu se révolte contre Joram, roi d'Israël ; il fonde une nouvelle dynastie et devient le dixième souverain du royaume d'Israël.

814 Méditerranée : les Phéniciens de Tyr fondent la cité de Carthage en Afrique du Nord. D'autres comptoirs phéniciens sont installés en Sicile et en Espagne.

809-782 Assyrie : la légendaire reine Sémiramis assure la régence pour son fils Adadnirari III ; affaiblissement du pouvoir royal.

v. 800 Grèce : Homère compose l'*Iliade* et l'*Odyssée*.
Mexique : les Olmèques édifient les premières pyramides d'Amérique à La Venta.

Les aventures d'Ulysse sont fréquemment représentées sur les vases grecs, particulièrement cet épisode où le héros de l'Odyssée crève l'œil du cyclope.

Les civilisations américaines

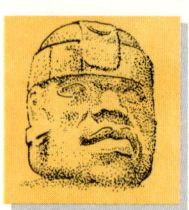

Les premiers hommes qui s'installent en Amérique du Nord (*voir* pp. 12-13) sont des chasseurs-cueilleurs. Après des milliers d'années, certains d'entre eux atteignent la pointe de l'Amérique du Sud.

Des peuples commencent à se fixer il y a environ 7 000 ans en Méso-Amérique (Mexique et Amérique centrale) et au Pérou. Ils cultivent du maïs, des haricots et des courges. Ils fondent de petits villages où ils fabriquent des poteries et tissent des vêtements. Plus tard, au 2e millénaire, apparaît l'une des premières civilisations américaines, celle des Olmèques, sur des sites comme celui de La Venta, au sud-ouest du Mexique. Les Olmèques bâtissent pour leurs dieux de grandes pyramides en terre et sculptent des têtes colossales, des statuettes et diverses œuvres mêlant des traits humains avec ceux du jaguar.

853-800 av. J.-C.

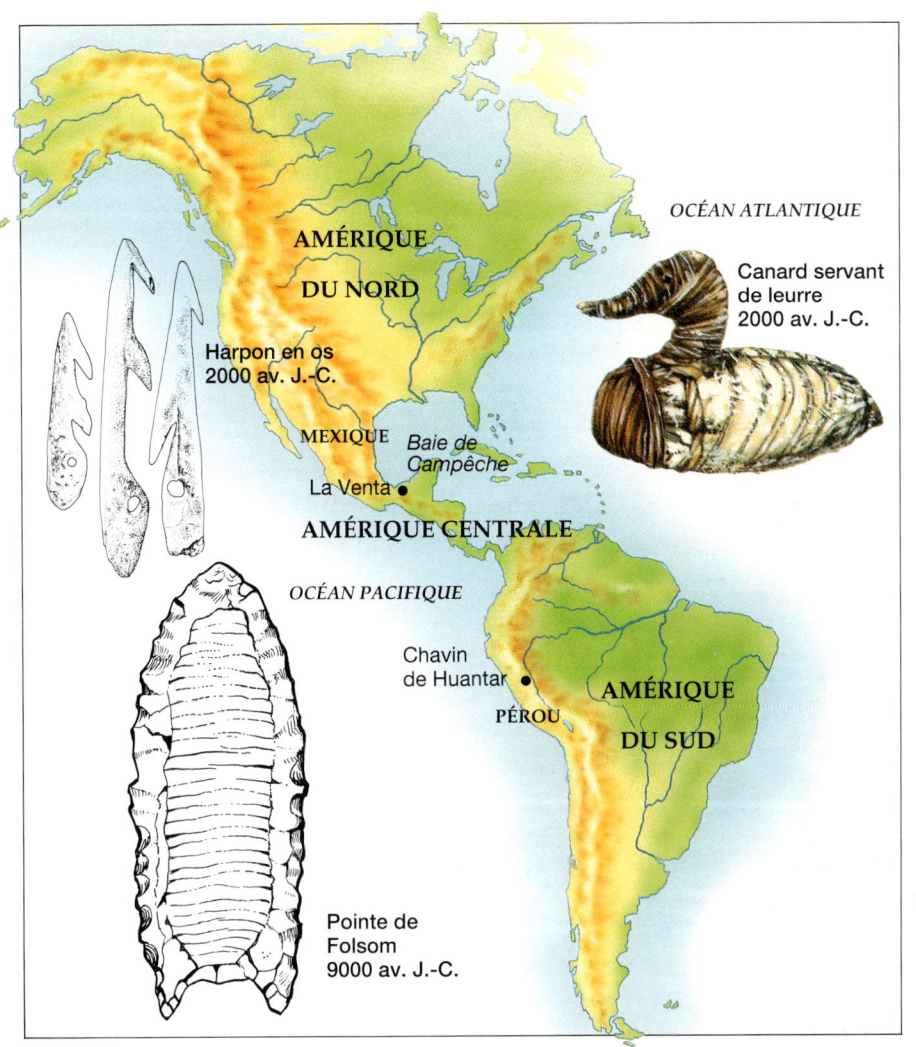

◄ Cette carte situe les premières civilisations américaines, celle des Olmèques (La Venta) et de Chavin. À côté figurent quelques outils des chasseurs-cueilleurs du Nouveau Monde, avec leur date d'utilisation.

Canard servant de leurre 2000 av. J.-C.

Harpon en os 2000 av. J.-C.

Pointe de Folsom 9000 av. J.-C.

L'AGRICULTURE

Les paysans de Chavin cultivent du maïs, des arachides, des courges, des haricots et des avocats. Les lamas fournissent de la laine, du lait et de la viande. Les Olmèques cultivent également le maïs.

◄ Les têtes sculptées par les Olmèques atteignent parfois 3 mètres de haut. Elles représentent peut-être de puissants chefs politiques.

▼ Ce vase en pierre, en forme d'animal, est l'œuvre d'un sculpteur de Chavin.

Ils possèdent également leur système d'écriture. En Amérique du Sud, des vestiges laissés par des communautés de pêcheurs et de paysans sur la côte nord du Pérou montrent qu'elle a été le premier lieu d'implantation d'établissements permanents. Au 9e siècle av. J.-C. apparaît une culture plus développée, celle de Chavin, du nom de Chavin de Huantar, le site où elle a été découverte. Son peuple réalise des poteries et de belles sculptures, utilise des métiers à tisser, construit des monuments en pierre. Le « château », le plus grand édifice de la cité, se présente comme un dédale de pièces, de couloirs et d'escaliers, élevé sur trois étages.

L'INDE ARYENNE

Av. J.-C.

800-550 Inde : les Aryens étendent leur territoire ; développement du système des castes.

784-744 Israël : règne de Jéroboam II ; période de prospérité.

776 Grèce : premiers jeux Olympiques à Olympie.

770-256 Chine : dynastie des Zhou orientaux, installée à Luoyang.

753 Italie : fondation légendaire de Rome par Romulus. Établissement de la royauté (jusqu'en 509) avec Romulus, premier roi de Rome. Début du calendrier romain.

v. 750 Égypte : les Nubiens fondent une nouvelle dynastie qui dominera l'Égypte jusqu'en 664.

745-727 Assyrie : règne de Tiglatpiléser III ; extension considérable du royaume. Israël, Damas et Babylone doivent payer un tribut à l'Assyrie.

Le pugilat, l'ancêtre de la boxe, est l'une des épreuves des jeux Olympiques. Il se pratique les poings protégés par des lanières de cuir.

735-716 Grèce : première guerre de Messénie, qui oppose la cité de Sparte aux Messéniens.

732 Proche-Orient : conquête de la cité-État de Damas par les Assyriens.

727-722 Assyrie : règne de Salmanasar V ; il envahit la Phénicie, mais est repoussé par Osée, le roi d'Israël.

722-481 Chine : développement de puissants petits royaumes qui affaiblissent la puissance des Zhou orientaux.

721 Proche-Orient : prise de Samarie, capitale du royaume d'Israël, par Sargon II d'Assyrie ; 27 000 Israélites sont faits prisonniers. Fin du royaume d'Israël.

L'Inde aryenne

Il y a environ 3 500 ans, des pasteurs nomades franchissent les montagnes de l'Hindu Kuch et gagnent des régions correspondant au Pakistan et à l'Inde actuels. Ce sont des Aryens ; ils fuient leur terre d'origine, en Russie, peut-être à la suite d'une catastrophe naturelle.

Les Aryens sont des Indo-Européens (*voir* pp. 34-35) ; ils vivent en tribus dans des villages, construisant sans doute des maisons en bois, différentes des habitations en briques de la vallée de l'Indus. Leur richesse se compte en bœufs, en moutons et en chevaux. Plus rudes que les premiers peuples du sous-continent indien, ils mangent de la viande de bœuf, boivent du vin, aiment les jeux, la musique, la danse et les courses de chars.

Peu à peu, les Aryens se fixent et adoptent certaines coutumes des premiers Indiens, les Dravidiens. S'ils restent

BOUDDHA

Le prince Siddharta Gautama a vécu au 6ᵉ siècle av. J.-C. Découvrant la souffrance des gens simples, il abandonne sa famille et mène une vie de pauvreté et de méditation. Il parvient à l'« Illumination » sous un figuier, d'où son nom de Bouddha : l'Illuminé, ou l'Éveillé. Il enseigne alors le respect de tous les êtres vivants, la recherche de la pureté. Ses leçons, très populaires, lui valent de nombreux fidèles. Le bouddhisme est devenu l'une des grandes religions du monde.

LES CASTES

Ce sont les Aryens qui ont introduit le système des castes en Inde. Ils divisent en effet la société en quatre classes, ou castes. La première est celle des *brahmanes*, celle des prêtres. La seconde est celle des *ksatriya*, ou guerriers. La troisième regroupe les éleveurs et les commerçants, les *vaisya*. La quatrième caste, enfin, est celle des esclaves, les *sudra*. Elle sert les trois autres. Il est impossible de changer de caste et de se marier avec quelqu'un qui n'en fait pas partie.

Marchand ambulant sudra

Brahmane

LE SANSKRIT

Le sanskrit est la langue des brahmanes ; il est apparenté aux autres langues indo-européennes comme le grec, le latin ou le slave. À la fois langue sacrée et littéraire, le sanskrit est utilisé dans les *vedas*. Ces textes sont des recueils d'hymnes religieux, mais ils expliquent aussi les rites qu'il faut suivre au cours des cérémonies et donnent divers enseignements sous forme de questions et de réponses.

éleveurs, ils deviennent aussi agriculteurs et cultivent le riz, une plante qu'ils ne connaissaient pas mais qui pousse dans la vallée de l'Indus. L'usage de la charrue et les travaux d'irrigation assurent de meilleures récoltes. Celles-ci permettent de nourrir les habitants de villes toujours plus grandes. Vers 500 av. J.-C., seize royaumes importants se partagent le nord de l'Inde.

Pendant longtemps, les Aryens se sont transmis oralement leur histoire et leurs croyances religieuses. Ces traditions, appelées *vedas* (livres de la connaissance), n'ont été mises par écrit qu'assez tardivement. Le livre le plus ancien, le *Rigveda*, rassemble plus de mille hymnes aux dieux et aux déesses. Il est composé en sanskrit, la langue des Aryens. Ces textes forment les fondements de l'hindouisme, l'une des plus anciennes religions du monde. Ils donnent aussi des détails sur la vie quotidienne des Aryens.

▼ Les Aryens font partie de la grande famille des Indo-Européens. Ils se sont installés dans le nord du sous-continent indien, repoussant les Dravidiens et les Mundas vers le sud et l'est de l'Inde.

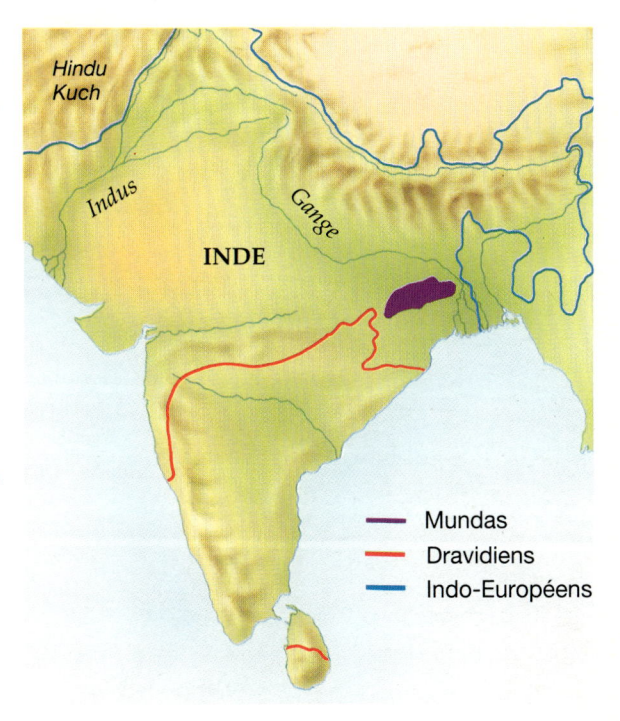

— Mundas
— Dravidiens
— Indo-Européens

La fondation de Rome

D'après la tradition, Rome aurait été fondée en 753 av. J.-C. En fait, la « ville éternelle » est née de l'union de villages installés sur sept collines au bord du Tibre. Cette Rome des origines est bientôt dominée par les Étrusques, mais elle compte aussi des Sabins et des Latins. Ces différents peuples deviendront, au cours du temps, des Romains. Bien située, non loin de la mer, la cité est très tôt en contact avec des commerçants grecs et carthaginois.

▼ Les Étrusques ont laissé des peintures très vivantes. Celle-ci, découverte dans une tombe, représente des joueurs de lyre et de flûte en train de distraire les hôtes d'un banquet.

ROMULUS ET REMUS

La légende raconte que Rome a été fondée par des jumeaux, Romulus et Remus, petits-fils du roi Numitor. Le frère de ce dernier, Amulius, place les nouveau-nés dans une corbeille qu'il jette dans le Tibre et que le courant dépose sur la rive. Une louve, alertée par les cris des bébés, vient les allaiter. Puis les deux frères sont élevés par un berger et retrouvent leur grand-père. Ils fondent Rome, mais se disputent. Après avoir tué Remus, Romulus devient le premier roi de la cité.

LES ÉGOUTS

Dès le 6ᵉ siècle, Rome se dote d'un vrai système d'égouts. D'abord simple caniveau, *Cloaca maxima* (le Grand Égout) est ensuite recouvert d'une voûte. Il traverse toute la cité.

LES ÉTRUSQUES

L'origine des Étrusques n'est pas totalement éclaircie. Il semble cependant que ce peuple très original, à la brillante civilisation, soit installé depuis très longtemps en Italie centrale.

717-680 av. J.-C.

▲ *L'Italie à l'époque de la fondation de Rome. Les colonies grecques sont disséminées dans le sud et en Sicile. Les colonies phéniciennes sont implantées en Sicile, en Sardaigne et en Corse.*

Av. J.-C.

- **717-673** Rome : règne légendaire de Numa Pompilius, deuxième roi de Rome.
- **710** Mésopotamie : les Assyriens envahissent le royaume de Chaldée (la Babylonie) ; Sargon II devient roi de Babylone.
- **704** Assyrie : Sargon II est tué lors d'une bataille en Anatolie ; son fils Sennachérib lui succède (jusqu'en 685) ; il installe sa capitale à Ninive.
- **700-500** Grèce : organisation de puissantes cités-États, dont Athènes et Sparte. Essor du pouvoir des hoplites, fantassins lourdement armés.
- **691-638** Juda : règne de Manassé, qui encourage les Juifs à adorer les dieux assyriens.
- **689** Mésopotamie : les Assyriens prennent Babylone ; Sennachérib fait raser la ville.
- **683** Grèce : fin de la monarchie héréditaire à Athènes ; les rois sont remplacés par un collège de neuf archontes, des hauts magistrats élus chaque année parmi les représentants de la noblesse athénienne.
- **681** Assyrie : Sennachérib est assassiné par son fils aîné.
- **680-669** Assyrie : règne d'Assarhaddon. Grèce : essor de la cité-État d'Argos.

Rome, au début, est gouvernée par des rois. Ils sont vêtus de toges, amples vêtements drapés, bordées de pourpre. Lors des processions, les rois sont précédés de serviteurs portant des « faisceaux ». Ces fagots de verges – pour punir – assemblées à une hache – qui symbolise le droit de vie et de mort – représentent le pouvoir. La République romaine conservera pour ses hauts magistrats cet insigne de la puissance publique.

Les rois ne sont cependant pas tout-puissants. Une assemblée les choisit et contrôle certaines de leurs décisions, notamment lorsqu'il s'agit d'entreprendre ou de terminer une guerre. Comme en Grèce, les fantassins romains sont équipés de lances, de boucliers et de courtes épées. Les plus riches ont des armures, des casques et des jambières.

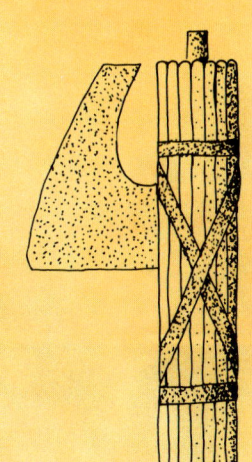

Les « faisceaux » sont des fagots de verges liées, avec une hache, par une courroie de cuir. Ils symbolisaient le pouvoir à Rome.

40000–500 av. J.-C.

L'art de la guerre

La guerre est une « invention » plutôt récente dans l'histoire de l'humanité. Sans doute est-elle vraiment apparue avec la naissance de l'agriculture, des villages, des cités. Les richesses des sédentaires ont dû attirer les nomades. Les uns attaquent pour prendre richesses ou terres, les autres apprennent à se défendre. Au cours du temps, les armes ne cessent de se perfectionner et les armées grandissent. Les Assyriens, par exemple, possèdent un équipement guerrier déjà très impressionnant, avec une cavalerie (soldats à cheval), des fantassins (soldats à pied), et des chars de combat. Cette armée dispose aussi d'armes de siège pour prendre les villes fortifiées.

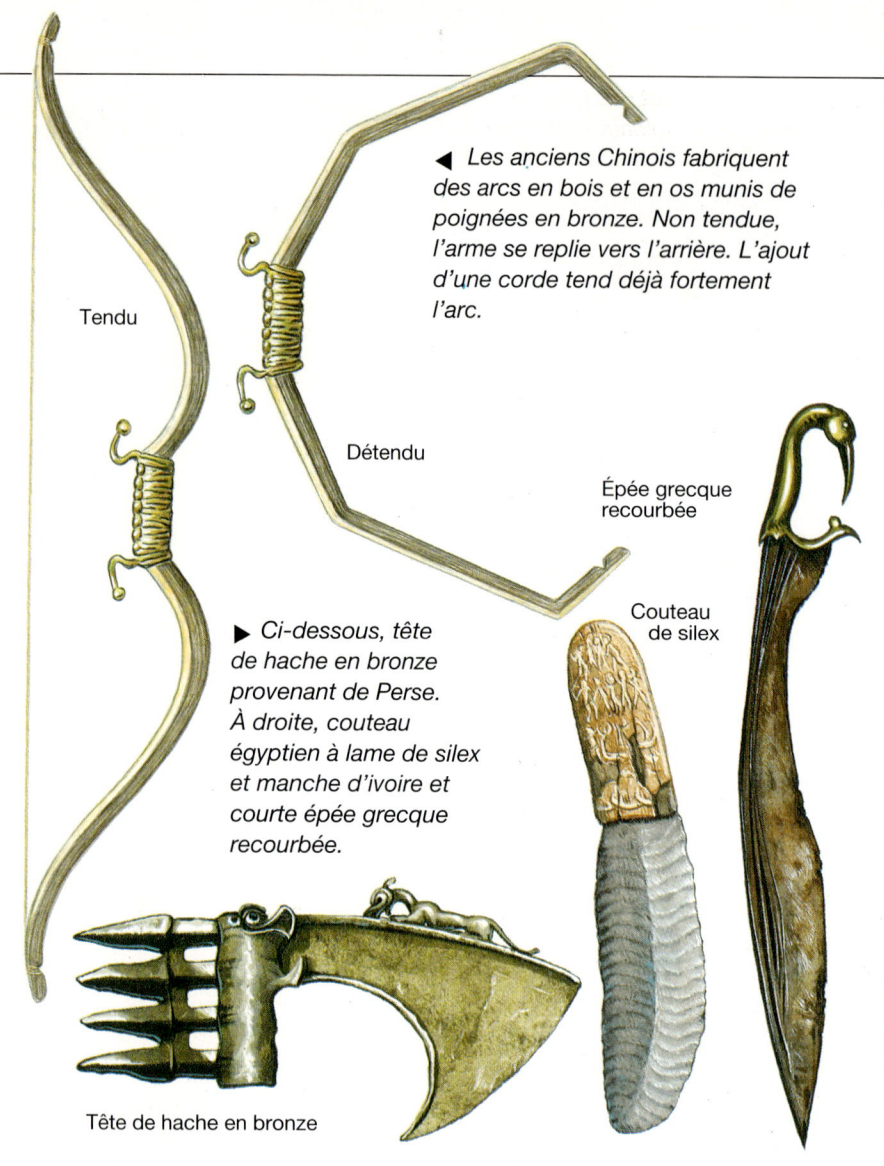

Tendu

Détendu

◄ Les anciens Chinois fabriquent des arcs en bois et en os munis de poignées en bronze. Non tendue, l'arme se replie vers l'arrière. L'ajout d'une corde tend déjà fortement l'arc.

Épée grecque recourbée

Couteau de silex

► Ci-dessous, tête de hache en bronze provenant de Perse. À droite, couteau égyptien à lame de silex et manche d'ivoire et courte épée grecque recourbée.

Tête de hache en bronze

▼ Les Égyptiens du Nouvel Empire connaissent les chars rapides, montés par un conducteur et un archer (ici, le pharaon en personne !).

▼ Les Égyptiens se servent d'arcs, de flèches et d'une arme en forme de faucille, appelée khepesh. Ils se protègent avec un bouclier.

▼ *Un cavalier et des fantassins grecs au cours d'une bataille. Ces soldats sont encore très peu protégés. Beaucoup même combattent nus.*

QUELQUES DATES

v. 1500 av. J.-C. La ville de Jéricho est attaquée et détruite par les Israélites.

v. 1183 av. J.-C. Les Grecs s'emparent de Troie. L'histoire raconte qu'un petit groupe d'hommes pénètre dans la cité en se cachant dans un grand cheval en bois. Sortant du cheval sans être vus, les soldats ouvrent les portes de la ville à leur armée.

v. 1122 av. J.-C. En Chine, l'armée de Wuwang bat celle de la dynastie Shang. Début de la période des Zhou.

689 av. J.-C. Babylone est détruite par les Assyriens.

663 av. J.-C. Les Assyriens pillent Thèbes, en Égypte

▶ *Les Assyriens ont acquis une grande expérience des sièges. Leurs « béliers » défoncent les remparts tandis que les échelles et les tours permettent aux soldats de les escalader. De vastes boucliers protègent les combattants.*

LA RENAISSANCE DE BABYLONE

Av. J.-C.

680-652 Anatolie : règne du roi Gygès de Lydie au cours duquel les premières pièces de monnaie datées sont frappées.

668-631 Assyrie : règne d'Assourbanipal, dernier grand roi de l'empire.

668-654 Grèce : seconde guerre de Messénie.

663 Égypte : pillage de Thèbes par une armée assyrienne.

660 Anatolie : fondation de Byzance (l'actuelle Istanbul) par les Grecs.

652 Égypte : Psammétique Ier, gouverneur d'Égypte, repousse les Assyriens et devient le premier pharaon de la XXVIe dynastie.

Les guerriers perses sont armés d'arcs et de flèches.

650-500 Grèce : des tyrans – des hommes d'État arrivés au pouvoir par un coup de force – gouvernent les grandes cités grecques.

650 Proche-Orient : les guerriers scythes et cimmériens, venus de la mer Noire, progressent vers le sud jusqu'en Syrie et en Palestine.

625 Mésopotamie : Nabopolassar libère Babylone des Assyriens, fonde la dynastie chaldéenne et dirige Babylone jusqu'en 605.

621 Athènes : le magistrat Dracon dote la cité d'une législation écrite.

612 Mésopotamie : prise de Ninive par les Mèdes, les Scythes et les Babyloniens ; effondrement de l'Empire assyrien.

608 Proche-Orient : bataille de Megiddo ; le pharaon égyptien Néchao II s'empare de la ville et tue Josias, roi de Juda.

605-562 Babylone : règne de Nabuchodonosor II ; apogée de l'Empire néo-babylonien qui domine la Syrie et la Palestine.

La renaissance de Babylone

Au 9e siècle av. J.-C., des tribus nomades chaldéennes commencent à s'installer en Babylonie. Deux siècles plus tard, les Chaldéens sont bien intégrés aux Babyloniens. La région est alors sous le contrôle des Assyriens (*voir* pp. 48-49). En 625, le Chaldéen Nabopolassar monte sur le trône de Babylone. À la suite d'une guerre très dure, il parvient à libérer le pays du joug assyrien.

Son fils Nabuchodonosor II, qui lui succède en 605 av. J.-C., est le plus célèbre des rois de cette renaissance babylonienne. Prince guerrier, il entreprend diverses conquêtes et agrandit le territoire de l'Empire : il se rend maître, par exemple, de Jérusalem, et déporte des milliers d'Hébreux à Babylone.

Mais Nabuchodonosor consacre également beaucoup de temps à embellir

▼ *Le deuxième Empire babylonien à son apogée. Il est beaucoup plus étendu que celui d'Hammourabi.*

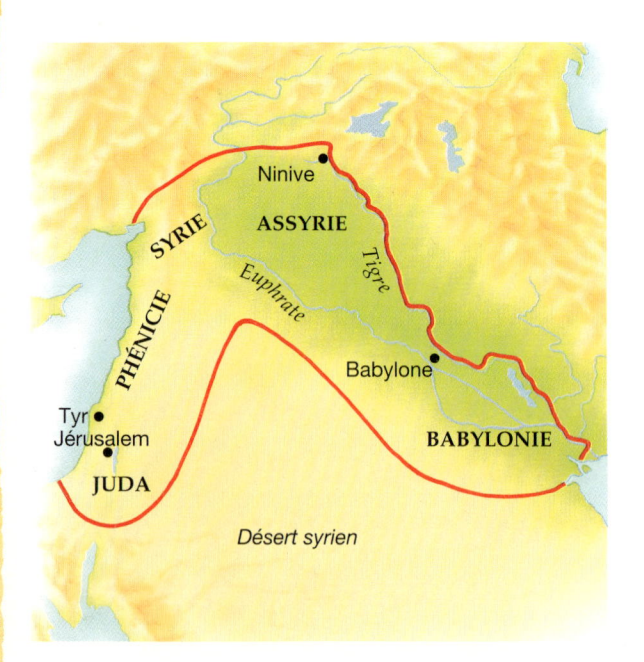

680-605 av. J.-C.

LES JARDINS SUSPENDUS

Nabuchodonosor a épousé une princesse perse. Dans la vaste plaine babylonienne, la souveraine regrette les collines de son pays natal. Pour la consoler, le roi fait bâtir dans la cité une montagne artificielle. Celle-ci est constituée de terrasses superposées en briques recouvertes de terre où poussent toutes sortes de plantes. Les jardins sont arrosés par des esclaves qui puisent l'eau dans l'Euphrate. Les anciens Grecs ont classé les jardins suspendus de Babylone parmi les Sept Merveilles du monde.

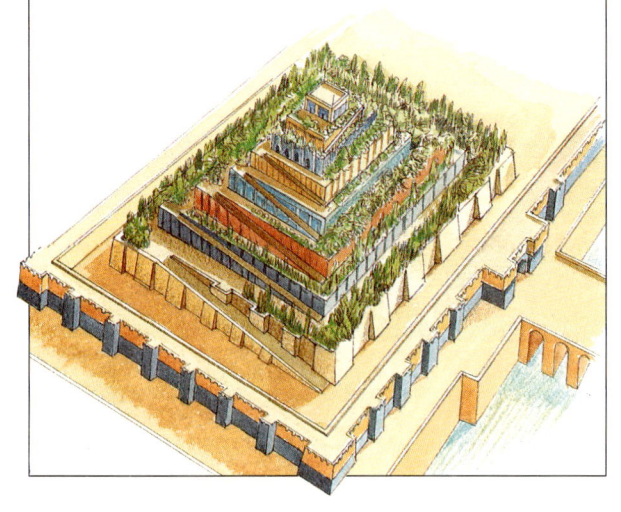

la magnifique cité de Babylone. Il l'entoure d'immenses murailles en briques et donne à la porte principale le nom d'une déesse : Ishtar. Le roi lui-même se fait construire un superbe palais. Au-delà de sa capitale, il favorise le développement des autres villes de son empire. Partout, y compris en Syrie, il encourage le culte de Mardouk, l'ancien dieu principal de Babylone.

La succession de Nabuchodonosor est mouvementée. Après avoir éliminé ses descendants, un certain Nabonide, prince syrien, devient roi en 556 av. J.-C. Au dieu Mardouk, il préfère le dieu Lune, Sin. Cependant, à cette époque, la puissance perse est en train de s'affirmer (*voir* pp. 74-75) et Cyrus le Grand passe à l'offensive. En 539, il bat Nabonide. Il s'empare alors de la Babylonie, qui perd définitivement son indépendance.

▼ *À Babylone, au cours de la fête de la Nouvelle Année, une grande procession franchit la porte d'Ishtar. Celle-ci est recouverte de briques émaillées bleues et ornées de taureaux et de griffons en relief.*

NABUCHODONOSOR

Nabuchodonosor a régné 43 ans, de 605 à 562 av. J.-C. Il a conduit de nombreuses campagnes militaires. Lorsque la Phénicie s'est soulevée, ses troupes ont assiégé Tyr, son port principal, pendant treize ans.

La Grèce des temps obscurs

Quand la civilisation mycénienne s'éteint, vers 1100 av. J.-C. (*voir* pp. 40-41), la Grèce entre dans ce que l'on appelle les temps obscurs, car nous connaissons mal cette période troublée. Elle a duré pourtant environ trois cents ans. Le pays est alors touché par une nouvelle vague d'envahisseurs, venus du nord, les Doriens.

À partir de 800, des poètes mettent par écrit des récits qui conservent le souvenir de la période mycénienne. Ainsi naissent les deux grandes épopées que sont l'*Iliade* et l'*Odyssée* d'Homère. L'une raconte le siège de Troie, l'autre, le long voyage de retour d'Ulysse vers son île d'Ithaque.

Au 8e siècle, la Grèce sort peu à peu des âges obscurs. Elle va voir naître une nouvelle organisation politique, celle de la cité-État. Et en 776 av. J.-C., les premiers jeux Olympiques sont célébrés… à Olympie.

QUI EST HOMÈRE ?

D'après la tradition, Homère est un poète aveugle qui a rédigé l'*Iliade* et l'*Odyssée* vers 800 av. J.-C. Son style raffiné brosse un tableau vivant des peuples, des personnages et des événements. Certains spécialistes pensent que les œuvres d'Homère ont en fait été composées au cours d'une longue période par plusieurs poètes. Il est plus probable qu'Homère a recueilli les vieilles légendes mycéniennes et qu'il les a mises en forme.

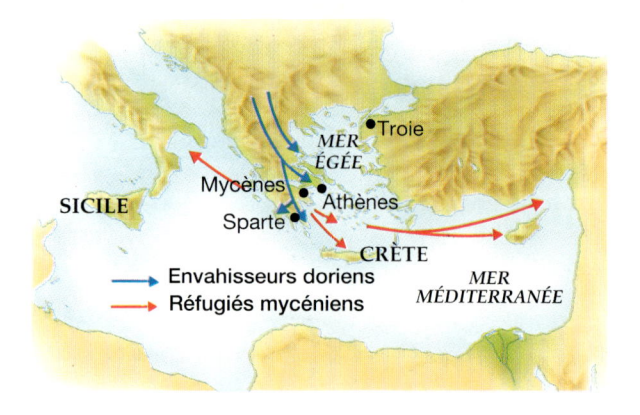

▼ Les hoplites sont des fantassins grecs lourdement équipés. Ils combattent avec une épée et une lance et sont protégés par une cuirasse, un bouclier, un casque et des jambières en bronze.

▲ Quand les Doriens s'installent en Grèce, une partie de la population d'origine part vers d'autres terres. Les Grecs poursuivent notamment la colonisation des îles de la mer Égée.

600-546 av. J.-C.

La Chine des Zhou

Les Zhou descendent de bergers nomades installés en Chine. À la fin du 12ᵉ siècle av. J.-C., ils chassent le dernier descendant de la dynastie Shang. Devenus les maîtres du pays, ils y introduisent le fer, un métal beaucoup plus résistant que le bronze. Les armes et les outils agricoles qu'il permet de fabriquer assurent un net avantage aux guerriers zhou et améliorent le travail des paysans. La Chine des Zhou est divisée en plusieurs États qui, à partir du 5ᵉ siècle et jusqu'à la fin du 3ᵉ siècle av. J.-C., sont en lutte presque permanente : c'est la période dite des Royaumes combattants.

▲ Cette représentation d'un archer à cheval, qui va décocher sa flèche en plein galop, date de l'époque zhou.

CONFUCIUS

Confucius (v. 551-479 av. J.-C.), ou Kongfuzi, « maître Kong », prône la vertu et le bon gouvernement dans une société où doit régner l'ordre. Son enseignement a exercé une influence considérable sur la pensée chinoise.

Av. J.-C.

600-480 Afrique : essor de l'empire maritime de Carthage.
600 Inde : édification des premières cités dans la vallée du Gange.
France : fondation de Massalia (l'actuelle Marseille) par les Grecs de Phocée.
594 Athènes : le magistrat Solon devient le seul archonte de la cité ; il introduit des réformes juridiques et sociales et crée une assemblée des citoyens.
587 Juda : prise de Jérusalem par Nabuchodonosor II. Les Israélites sont faits prisonniers et emmenés à Babylone ; début de la Diaspora (dispersion du peuple juif).
580 Babylone : Nabuchodonosor II fait édifier les jardins suspendus, l'une des Sept Merveilles du monde antique.

Ces haches de combat chinoises en métal ont appartenu à des guerriers de la dynastie zhou (v. 500 av. J.-C.).

563 Inde : naissance du prince Siddharta, ou Gautama, dit Bouddha (« l'Illuminé »).
558-530 Perse : règne de Cyrus II le Grand.
551 Chine : naissance du philosophe Confucius, en chinois Kongzi ou Kongfuzi (« maître Kong »).
550 Perse : Cyrus II le Grand fonde l'Empire perse ; il renverse le roi des Mèdes et intègre la Médie à son empire.
546 Perse : victoire de Cyrus II sur Crésus, roi de Lydie ; les Perses envahissent l'Anatolie.

L'EMPIRE PERSE

Av. J.-C.

539 Perse : Cyrus II le Grand s'empare de Babylone.

Mithra, un dieu qui « voit et entend tout », devient la principale divinité perse vers l'an 500 av. J.-C.

538 Proche-Orient : Cyrus II permet à certains Juifs de quitter Babylone et de regagner Juda.

534-509 Rome : règne de Tarquin le Superbe, dernier roi de Rome.

530 Perse : Cyrus II est tué lors d'une bataille contre les Massagètes, peuple du Caucase ; il laisse un empire puissant, qui domine l'Anatolie, la Mésopotamie, la Syrie-Palestine. Son fils, Cambyse II, lui succède (jusqu'en 521).

525 Égypte : Cambyse II conquiert l'Égypte, qui restera sous domination perse jusqu'en 404.

521-486 Perse : règne de Darius Ier ; il divise l'empire en vingt provinces administratives, appelées satrapies.

520 Juda : reconstruction du temple de Jérusalem.

510 Rome : premier traité entre Rome et Carthage ; chacune des parties s'engage à respecter le territoire de l'autre.

509 Rome : Tarquin le Superbe est renversé ; début de la République romaine.

508 Grèce : l'homme d'État Clisthène établit la démocratie à Athènes.

507 Grèce : la cité de Sparte tente de restaurer l'aristocratie à Athènes.

500 Italie : apogée de l'Empire étrusque.
Inde : culture du riz ; apparition de la monnaie.

L'Empire perse

La Perse ancienne correspond à peu près à l'Iran actuel. Il y a un peu plus de trois mille ans, de nouveaux venus, Mèdes et Perses, s'installent dans cette région. Puis, profitant de l'effondrement de la puissance assyrienne (*voir* pp. 48-49), des rois mèdes étendent leur pouvoir. En 550, un prince perse, Cyrus, s'impose à son tour. Il fonde la dynastie achéménide.

À la tête d'une solide armée, qui compte notamment des cavaliers et de redoutables archers, Cyrus II le Grand se taille un empire qui s'étend de la mer Méditerranée à l'Afghanistan, et du golfe Persique à la mer Caspienne. Sa capitale est Ecbatane. En 530, Cyrus trouve la mort en défendant le nord du royaume contre des tribus nomades.

Quelques années plus tard, Darius Ier prend le pouvoir. Il agrandit et consolide l'empire. Il désigne des satrapes, ou

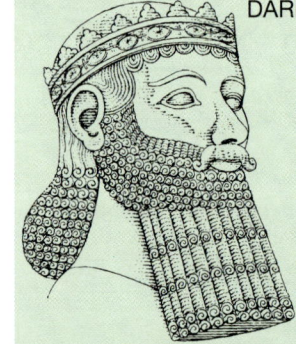

DARIUS Ier

Grand administrateur et excellent chef d'armée, Darius Ier, qui règne de 521 à 486 av. J.-C., pousse ses conquêtes jusqu'à l'Indus à l'est. Il organise l'empire en vingt provinces ou satrapies. Grâce à de bonnes routes, les messagers royaux délivrent les ordres du souverain aux quatre coins du territoire. Darius prélève des impôts dans toutes les régions de l'empire et construit une nouvelle capitale à Persépolis, dans le sud de l'Iran. Il fait creuser un canal du Nil à la mer Rouge. C'est lui, aussi, qui décide de lancer une expédition contre les Grecs (*voir* pp. 82-83).

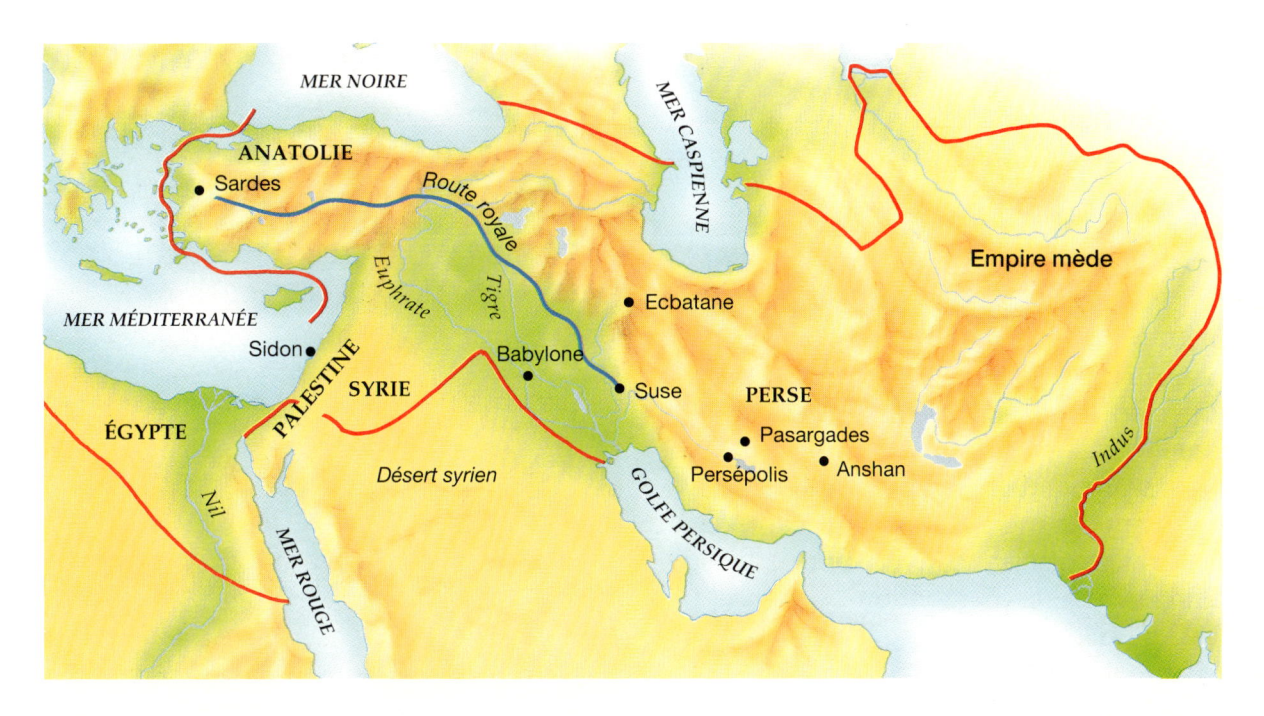

539-500 av J.-C.

▲ L'Empire perse à son apogée, sous Darius Ier. Suse est la capitale administrative et Persépolis la capitale politique. La route royale facilite les communications.

▲ Darius Ier chasse le lion du haut de son char. La figure ailée est une image du dieu Ahura-Mazda.

▼ Ces hommes apportent les tributs de leur province au « roi des rois ». Ils sont sculptés sur les marches du palais de Persépolis.

gouverneurs, pour diriger les provinces ; celles-ci versent de lourds tributs en céréales et autres biens. Darius aménage un réseau routier qui relie les différentes parties de l'empire et favorise le commerce. Il fait frapper des pièces de monnaie en or et en argent, les dariques.

Dans le domaine religieux, les Perses ont été très influencés par l'enseignement d'un grand réformateur, Zarathushtra (Zoroastre), qui prêche l'existence d'un dieu supérieur à tous les autres, Ahura-Mazda, le seigneur de la Sagesse.

L'Océanie

Les premiers Australiens sont venus du sud de l'Asie, il y a environ 40 000 ans, en profitant de la baisse du niveau des mers (*voir* pp. 12-13). Ils ont gagné la grande île en passant par la Nouvelle-Guinée ; puis des hommes sont allés jusqu'en Tasmanie. Chasseurs, pêcheurs et cueilleurs, les Aborigènes australiens n'ont jamais pratiqué l'agriculture. Quand le niveau des mers a remonté, à la fin de la dernière glaciation, ils se sont trouvés coupés du reste du monde.

Les îles de la Mélanésie, de la Micronésie et de la Polynésie ont été peuplées beaucoup plus tardivement. Cette grande aventure commence il y a quelque 6 000 ans, lorsque de remarquables piroguiers se lancent, depuis l'Indonésie, à la découverte des immensités du Pacifique. Puis, peu à peu, progressant toujours vers l'ouest, transportant des vivres, des animaux, des plantes, les Océaniens ont colonisé ces terres lointaines, ces îles du bout du monde.

▲ Il existe de nombreuses peintures rupestres en Australie. Elle sont souvent liées à des sites sacrés. Les artistes aborigènes, comme les chasseurs-cueilleurs d'Europe, utilisent des colorants naturels.

▼ La Micronésie, la Mélanésie et la Polynésie ont été peuplées beaucoup plus tardivement que l'Australie. Les dates indiquées correspondent approximativement à l'époque de leur colonisation.

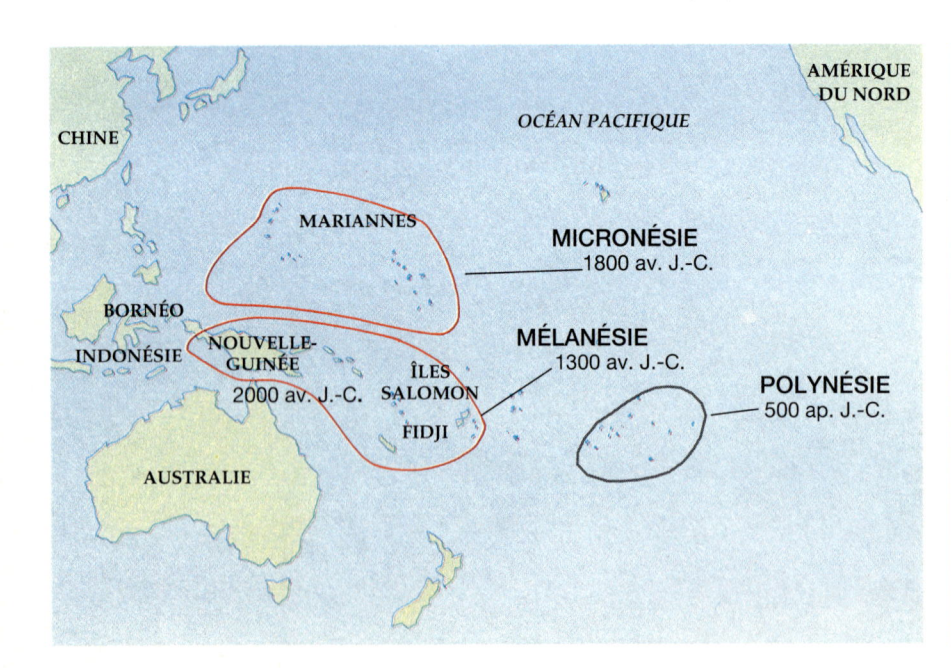

LE BOOMERANG

Les restes des plus anciens boomerangs australiens connus, ces célèbres armes de jet qui peuvent revenir dans les mains de leur lanceur, sont vieux d'environ dix mille ans. Ils servent parfois pour la chasse – s'ils touchent leur cible, ils ne reviennent pas –, mais les aborigènes les utilisent surtout pour jouer.

499 av. J.-C. – 500 ap. J.-C.

L'Antiquité classique

L'Antiquité classique est la période qui voit l'épanouissement des civilisations grecque et romaine, essentielles dans l'histoire européenne. Le monde actuel doit beaucoup aux Grecs et aux Romains. Les premiers font progresser la médecine, les sciences, la littérature, la philosophie, la politique. Les conquêtes d'Alexandre le Grand diffusent cette culture de la Méditerranée aux frontières de l'Inde.

Par la suite, les Romains, très influencés par la Grèce, dominent le bassin méditerranéen. Ils y imposent la langue latine, en même temps que le grec.

Au 1er siècle de notre ère, quatre grands empires dominent le monde. Le plus puissant et le mieux organisé est l'Empire romain. À la même époque, la dynastie Han règne sur un territoire qui correspond à peu près à la Chine actuelle, tandis que les Sassanides dominent le Moyen-Orient et la dynastie Gupta la majeure partie de l'Inde.

Ces empires tentent d'assurer la paix et la sécurité à l'intérieur de leurs frontières. Des pouvoirs forts et des administrations bien organisées permettent à l'économie de prospérer. Des commerçants parcourent ces vastes territoires et diffusent, outre des marchandises, des idées et des connaissances nouvelles.

Cependant, la menace des peuples extérieurs est constante et il est très coûteux d'entretenir des garnisons permanentes aux frontières… Vers le milieu du 5e siècle de notre ère, ces empires se désagrègent sous la pression des « barbares ».

À la même époque, la cité-État de Teotihuacan, en Amérique centrale, atteint son apogée. Ses proches voisins, les Mayas, construisent de grandes villes reliées par un réseau routier. Ils dominent une partie de l'Amérique centrale jusqu'au 11e siècle.

▼ *Les rues des villes romaines sont très animées dès le lever du soleil. Il y a déjà, à cette époque, des bureaux et des ateliers dans les quartiers d'habitation.*

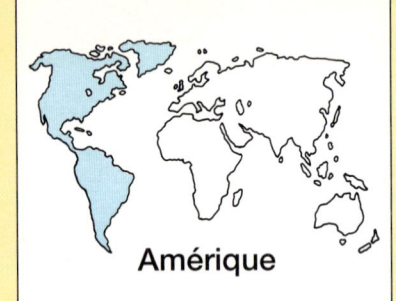

499 av. J.-C.-500 ap. J.-C. PANORAMA

Amérique

Av. J.-C.
v. 499 Essor de brillantes civilisations au Pérou.

Les temples mayas sont souvent décorés de sculptures de divinités.

Ap. J.-C.

v. 200 Essor de la civilisation des Indiens Hopewell dans l'est de l'Amérique du Nord.
v. 300 Essor de la civilisation maya et de la cité de Teotihuacan en Amérique centrale.
v. 400 Les Incas s'établissent dans des régions côtières d'Amérique du Sud.

v. 500 Les Inuit chassent la baleine et le phoque. La civilisation anasazi se développe en Utah, Arizona et Nouveau-Mexique.

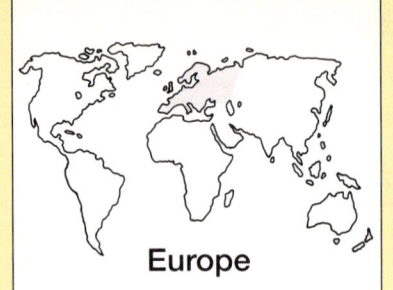

Europe

Av. J.-C.

479 Les Athéniens repoussent les Perses ; Athènes domine la Grèce.
431-404 Guerre du Péloponnèse entre Sparte et Athènes.
404 Sparte domine la Grèce.
336-323 Alexandre le Grand, roi de Macédoine.
323 Partage de l'empire d'Alexandre entre ses généraux.
264-146 Guerres puniques entre Rome et Carthage.

52 Révolte de Vercingétorix et des Gaulois contre les Romains.
51 La Gaule devient une province romaine.
49-44 Jules César dirige Rome.

27 Auguste devient le premier empereur romain.

Ap. J.-C.
116 Extension maximale de l'Empire romain.

286 Partage de l'Empire romain entre l'empire d'Orient et l'empire d'Occident.
v. 370 Invasion des Huns, venus d'Asie.
380 Le christianisme devient la religion officielle de l'Empire romain.

452 Attila et les Huns envahissent la Gaule et l'Italie.
476 Le dernier empereur romain d'Occident est renversé.

Afrique

Av. J.-C.
v. 499 Essor de la civilisation Nok en Afrique de l'Ouest.

331 Alexandre le Grand conquiert l'Égypte.
323 Règne de Ptolémée Ier en Égypte.

30 L'Égypte devient une province romaine.

Ap. J.-C.

350 Le royaume d'Aksoum (Éthiopie) conquiert le royaume de Koush ; le christianisme se propage en Éthiopie.

429-534 Les Vandales envahissent la province romaine d'Afrique du Nord et fondent leur propre royaume.

500 Le peuple bantou atteint l'Afrique du Sud.

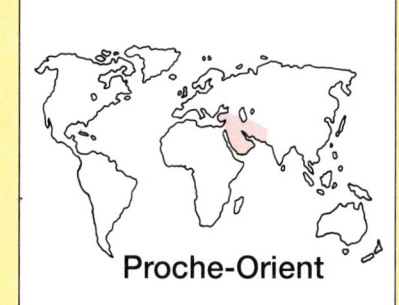

499 av. J.-C.-500 ap. J.-C. PANORAMA

Proche-Orient

Av. J.-C.

v. 499 Apogée de l'Empire perse.

334 Alexandre le Grand conquiert la Perse.

305 Séleucos Ier fonde la dynastie des Séleucides en Syrie.

v. 6 Naissance de Jésus-Christ.
Ap. J.-C.
v. 30 Crucifixion de Jésus-Christ.
70 Les Romains s'emparent de Jérusalem et en expulsent les juifs ; c'est la diaspora.

224-651 Règne des Sassanides en Perse.

330 Fondation de Constantinople (l'actuelle Istanbul), nouvelle capitale de l'Empire romain.

484 Schisme entre l'Église chrétienne de Rome et celle de Constantinople.

Asie et Extrême-Orient

Av. J.-C.

321-185 Dynastie des Maurya en Inde.
268-230 Asoka règne sur l'Inde ; diffusion du bouddhisme.

221-210 Règne de Qin Shi Huangdi, premier empereur de Chine.
212-204 Construction de la Grande Muraille de Chine.
205 Dynastie Han en Chine.

v. 50 Introduction du bouddhisme en Chine.

Ap. J.-C.

v. 100 Invention du papier en Chine.

220-280 Période des trois royaumes en Chine.

320-v. 500 Règne des Gupta au nord de l'Inde.

361 Le Japon envahit la Corée.

Océanie

Av. J.-C.

Les arts océaniens sont très anciens. Ci-dessous, une œuvre d'un artiste de Nouvelle-Guinée.

Ap. J.-C.

v. 100 Peuplement des îles Hawaii.

v. 300 Peuplement de Tahiti.

v. 400 Les Polynésiens atteignent les îles les plus orientales de l'archipel.

499 av. J.-C.-500 ap. J.-C.

Le monde

Durant cette période, de nombreux peuples vivent à l'intérieur de vastes empires.
En Amérique du Nord, des populations découvrent l'agriculture.
En Amérique centrale, les Mayas élaborent une brillante civilisation.
En Amérique du Sud, différentes cultures font leur apparition dans les Andes.
L'Europe voit l'éclosion de deux grandes civilisations : d'abord en Grèce, puis à Rome. Il ne faut pas pour autant oublier celle des Celtes. Grâce au commerce et aux conquêtes, les Grecs puis les Romains influencent le bassin méditerranéen et le Moyen-Orient.
Au début de notre ère, le christianisme se diffuse dans cette vaste région.
En Afrique noire, des cultures locales originales se développent de manière autonome.
En Asie, la Chine est unifiée pour la première fois de son histoire, tandis que deux grands empires se succèdent en Inde.
Dans l'océan Pacifique, les Polynésiens colonisent peu à peu toutes les îles.

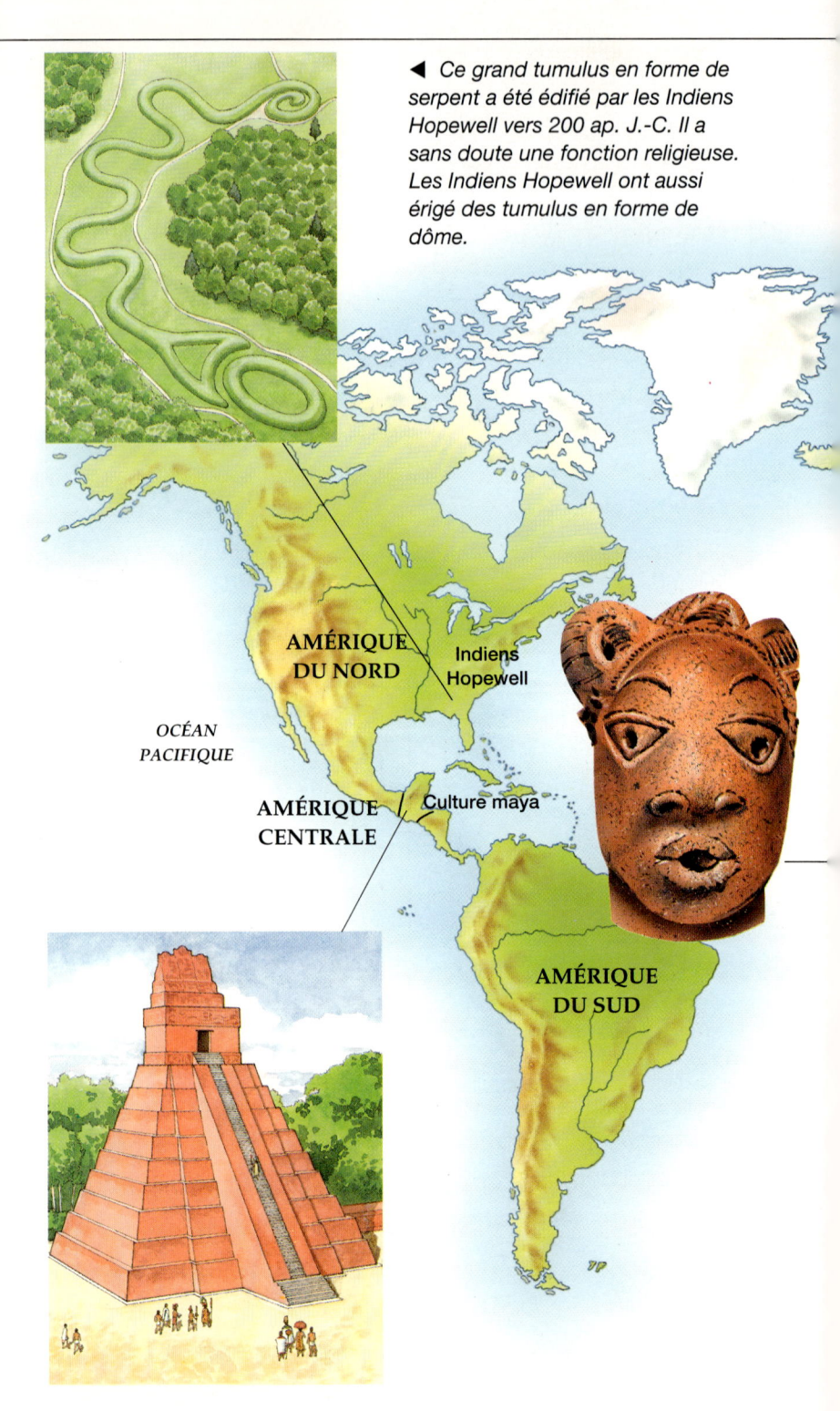

◀ Ce grand tumulus en forme de serpent a été édifié par les Indiens Hopewell vers 200 ap. J.-C. Il a sans doute une fonction religieuse. Les Indiens Hopewell ont aussi érigé des tumulus en forme de dôme.

▲ Reconstitution d'un temple de Tikal, dans l'actuel Guatemala, en Amérique centrale. Cette cité prospère appartient à la civilisation maya.

▲ Ce visage en terre cuite réalisé par un artiste Nok, au Nigeria, témoigne du dynamisme de cette région d'Afrique vers 400 avant notre ère.

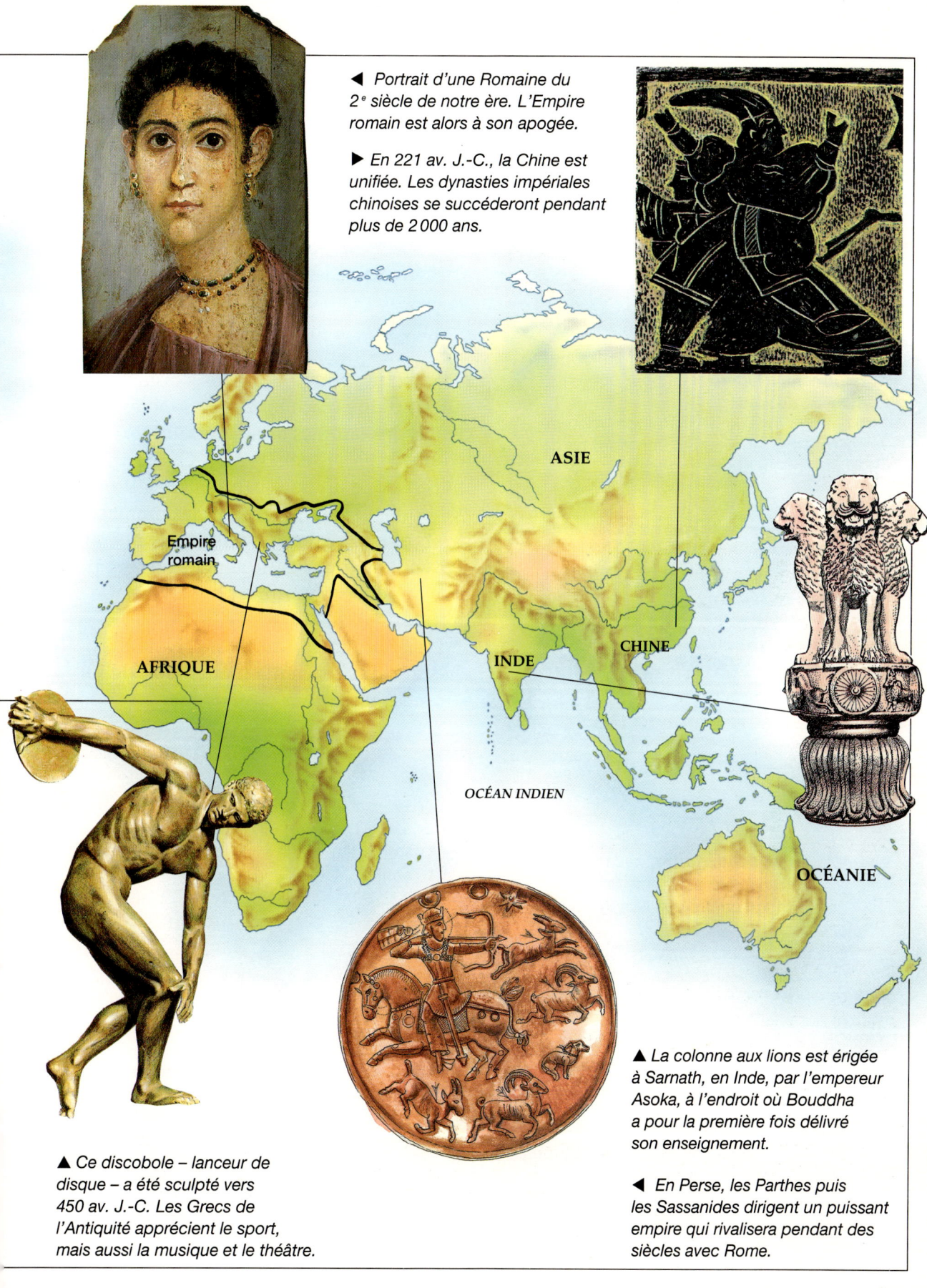

◀ Portrait d'une Romaine du 2ᵉ siècle de notre ère. L'Empire romain est alors à son apogée.

▶ En 221 av. J.-C., la Chine est unifiée. Les dynasties impériales chinoises se succéderont pendant plus de 2 000 ans.

ASIE

Empire romain

AFRIQUE

INDE   CHINE

OCÉAN INDIEN

OCÉANIE

▲ Ce discobole – lanceur de disque – a été sculpté vers 450 av. J.-C. Les Grecs de l'Antiquité apprécient le sport, mais aussi la musique et le théâtre.

▲ La colonne aux lions est érigée à Sarnath, en Inde, par l'empereur Asoka, à l'endroit où Bouddha a pour la première fois délivré son enseignement.

◀ En Perse, les Parthes puis les Sassanides dirigent un puissant empire qui rivalisera pendant des siècles avec Rome.

LA GRÈCE CLASSIQUE

Av. J.-C.

- **v. 499** Afrique : travail du fer. Développement de la civilisation Nok au nord de l'actuel Nigeria.
- **497** Grèce : mort de Pythagore, philosophe et mathématicien.
- **496** Italie : bataille du lac Régille ; victoire des Romains sur les Latins (habitants du Latium).
- **494** Rome : révolte de la plèbe (le peuple) contre les patriciens (l'aristocratie) ; les plébéiens obtiennent de nouveaux droits politiques.
- **493** Italie : Rome et les cités du Latium forment la Ligue latine pour combattre les Étrusques.
- **490** Grèce : bataille de Marathon ; victoire des Athéniens sur les Perses et fin de la première guerre médique.

Lorsqu'ils partent au combat, les soldats perses s'équipent de solides tuniques en cuir. Ils sont armés d'arcs et de flèches, de lances et de poignards.

- **486-465** Perse : règne de Xerxès Ier.
- **480** Méditerranée : la puissante flotte de Carthage contrôle la Méditerranée occidentale et la Sicile.
  Grèce : seconde guerre médique ; victoire grecque sur les Perses à Salamine.
- **479** Grèce : Athènes bat les Perses à Platées et domine le monde grec.
- **470** Grèce : à Athènes, naissance du philosophe Socrate (mort en 399).
- **465-424** Perse : règne d'Artaxerxès Ier.
- **461-429** Grèce : Périclès, stratège, donne puissance et éclat à Athènes.
- **450-400** Italie : déclin de l'empire étrusque.
- **447** Grèce : début de la construction du Parthénon d'Athènes. Victoire d'Athènes sur la Perse ; fin des guerres médiques.

La Grèce classique

Du 8e siècle au 6e siècle, de nombreuses cités grecques s'affirment ; parmi elles, Sparte et Athènes jouent un rôle de premier plan. À Sparte, militaire et aristocratique, les mêmes familles se succèdent au conseil des Anciens ; les guerriers spartiates sont le seul rempart d'une cité qui n'a jamais eu de murailles. À la même époque, Athènes s'organise autour d'une place forte, l'Acropole. Au début, des familles aristocratiques exercent le pouvoir. Mais en 508 av. J.-C., Clisthène met en place un nouveau système politique où les citoyens ont les mêmes droits et les mêmes devoirs : la démocratie. Cependant, tous les Athéniens ne sont pas citoyens et l'économie repose en grande partie sur le travail des esclaves.

Indépendantes et souvent rivales, les cités grecques entrent en guerre au début

GRANDES BATAILLES

Un archer scythe au service d'Athènes.

- **490 av. J.-C.** Victoire grecque sur les Perses à Marathon.
- **480 av. J.-C.** Trois cents Spartiates couvrent la retraite des Grecs dans le défilé des Thermopyles. Les Perses remportent la victoire. Défaite navale des Perses à Salamine.
- **479 av. J.-C.** Victoire grecque sur les Perses à Platées.
- **431-404 av. J.-C.** Guerre du Péloponnèse. Sparte l'emporte sur Athènes.

499-447 av. J.-C.

CITOYENS

Dans la démocratie athénienne, le pouvoir appartient aux seuls citoyens. Femmes, métèques (étrangers vivant dans la cité) et esclaves sont exclus de la vie politique. Les citoyens votent aussi lors des procès en utilisant des jetons (ci-dessous) signifiant soit coupable soit non coupable.

◀ Lors de la bataille de Salamine, en 480 av. J.-C., les trières grecques repoussent la flotte perse. Les trières sont des vaisseaux légers, d'environ soixante-dix rameurs disposés sur trois rangs, de part et d'autre du navire.

du 5ᵉ siècle av. J.-C. avec leur puissant voisin perse. Contre toute attente, les Grecs, en s'unissant, repoussent les Perses. Ils ont le sentiment d'avoir défendu leur civilisation. Mais leur entente ne dure pas. À la fin du 5ᵉ siècle av. J.-C., Sparte et Athènes s'affrontent dans un long conflit – la guerre du Péloponnèse – d'où les deux cités sortent affaiblies.

LA CHOUETTE

Cette pièce de monnaie athénienne est en argent. La chouette est l'oiseau d'Athéna, la déesse aux yeux pers.

83

Les cités grecques

Athènes connaît son apogée au cours du 5ᵉ siècle av. J.-C. Elle contrôle un vaste empire maritime et joue un rôle de premier plan en Grèce. De nombreuses cités lui versent un tribut, mais sa richesse vient surtout du commerce.

Ses hommes d'État, ses écrivains, ses architectes, ses artistes, ses mathématiciens et ses philosophes sont si renommés que l'on parle d'un âge d'or grec. De 461 à 429 av. J.-C., un homme politique, Périclès (v. 495-429 av. J.-C.), symbolise cette suprématie athénienne et la défense de la démocratie.

À Sparte, la principale rivale d'Athènes, l'éducation a pour but de former des militaires et les Spartiates vivent de façon très austère. Des esclaves, les ilotes, assurent tous les travaux, notamment agricoles. Ils se révoltent souvent au cours

▲ Les jeunes Athéniennes apprennent à être des femmes d'intérieur. Les filles de Sparte (ci-dessus), elles, pratiquent le sport afin de donner naissance à de robustes guerriers.

▼ Place forte naturelle, l'acropole d'Athènes se couvre, au 5ᵉ siècle, de temples et de sanctuaires. Le Parthénon est le grand temple d'Athéna, la déesse de la cité.

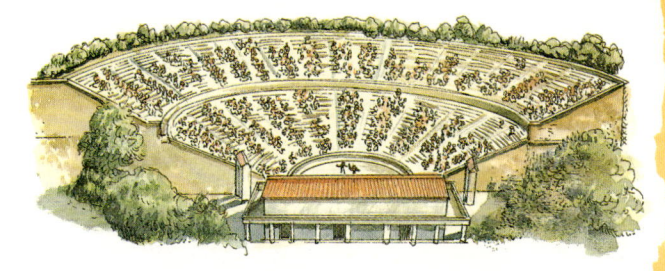

▲ *Au 4ᵉ siècle av. J.-C., Polyclète le Jeune construit le théâtre d'Épidaure, qui peut accueillir environ 14 000 spectateurs. L'acoustique y est exceptionnelle : le moindre son parvient jusqu'en haut des gradins.*

du 5ᵉ siècle av. J.-C. L'armée spartiate s'entraîne d'abord à réprimer ces soulèvements.

Les nouveau-nés jugés trop faibles sont abandonnés dans les montagnes. Les garçons sont séparés de leur famille à l'âge de sept ans et reçoivent une éducation sportive et militaire jusqu'à vingt ans. Ils sont alors des « hommes faits » et entrent dans l'armée. Même après leur mariage, les soldats spartiates prennent leurs repas en commun.

ÊTRE GREC

Thèbes, Sparte, Athènes, Corinthe, Mégare… Chaque cité grecque défend son originalité, son territoire, son mode de gouvernement. Les Grecs, cependant, sont unis par une langue et une religion communes. Ils se retrouvent dans de grands sanctuaires, comme celui de Delphes, où ils honorent Apollon, ou celui d'Olympie, consacré à Zeus. C'est là qu'ont lieu les jeux Olympiques.

LA POTERIE

La poterie peinte est un art très développé à Athènes, pratiqué par de grands artistes. Les figures sont d'abord noires sur fond rouge, puis rouges sur fond noir.

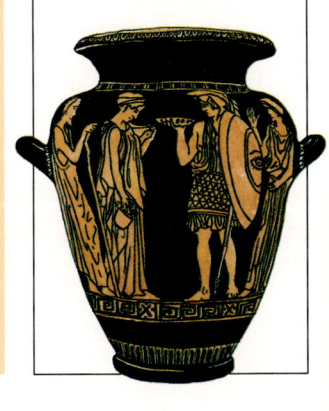

446-399 av. J.-C.

Av. J.-C.

446 Grèce : Sparte et Athènes signent une paix de 30 ans.

v. 440 Europe : première invasion celte des territoires romains et grecs. Développement de la civilisation celtique de La Tène, en Europe centrale et septentrionale.
Rome : autorisation des mariages entre plébéiens et patriciens.

431-421 Grèce : première phase de la guerre du Péloponnèse qui oppose Sparte à Athènes.

v. 430 Grèce : grande renommée du médecin Hippocrate.

428 Grèce : à Athènes, naissance du philosophe Platon (mort v. 347).

424 Perse : assassinat d'Artaxerxès Iᵉʳ ; Darios II lui succède (jusqu'en 404).

Les jeunes Athéniens effectuent deux années obligatoires de formation militaire.

421 Grèce : Athènes et Sparte concluent une trêve de cinquante ans… qui ne durera que six ans.

415-413 Grèce : deuxième phase de la guerre du Péloponnèse ; la flotte athénienne est vaincue devant Syracuse (Sicile).

413-404 Grèce : dernière phase de la guerre du Péloponnèse ; l'amiral spartiate Lysandre anéantit l'armée athénienne et installe une dictature à Athènes. Sparte domine la Grèce.

404-358 Perse : règne d'Artaxerxès II Mnémon.

400 Grèce : défaite grecque contre Artaxerxès II.

v. 399 Afrique : expansion du travail du fer au sud du Sahara.

v. 399 Chine : période des « Royaumes combattants » ; conflits entre les différentes principautés chinoises.

85

499 av. J.-C.-500 ap. J.-C.

L'art et l'artisanat

Dans l'Antiquité, une partie de la richesse des empires ou des cités est utilisée pour financer la création artistique.
Pendant la période classique (5e-4e siècle av. J.-C.), l'art grec atteint une perfection qui demeure un modèle. Lors des conquêtes d'Alexandre le Grand, il se diffuse jusqu'en Inde. Les Romains, par la suite, copient les Grecs.
Dans l'Empire romain, les demeures des gens riches sont souvent décorées de fresques murales et de pavements en marbre et en mosaïque. La Chine, de son côté, élabore un art très original, qui influence les créateurs en Corée et au Japon.

▲ Ce bol en argent a été découvert au Danemark. Certains motifs s'inspirent des décors d'Europe centrale et méridionale.

◄ Coupe athénienne peinte du 5e siècle av. J.-C. Ce type de poterie est exporté dans tout le monde méditerranéen.

► Corbeau en cuivre de la culture des Indiens Hopewell (Amérique du Nord, vers 100 av. J.-C.). Les Hopewell connaissent la métallurgie, mais ils utilisent encore des outils en pierre.

▼ Ce bas-relief ornait la tombe d'un forgeron romain. On le voit travailler sur son enclume, tandis que, derrière lui, son apprenti manie le soufflet de la forge.

◀ Ce visage en terre cuite Nok (entre 400 et 200 av. J.-C.) est très représentatif de l'art africain de cette époque.

◀ Ces oiseaux chinois (5ᵉ-3ᵉ siècle av. J.-C.) sont décorés avec de la laque.

▼ Ce portrait de jeune femme date du 2ᵉ siècle ap. J.-C. Les Romains sont les premiers à peindre des portraits réalistes.

▲ Les mosaïques (ci-dessus une œuvre grecque) sont faites de petits morceaux colorés de pierre, de pâte de verre, de marbre.

À CETTE ÉPOQUE

v. 480 av. J.-C. Début de la période classique de l'art grec.
4ᵉ siècle av. J.-C. Les artistes grecs cherchent de plus en plus à représenter les émotions humaines.
300 av. J.-C. En Amérique du Nord, les Indiens Hopewell travaillent le bois et la pierre.
v. 150 av. J.-C. Les Chinois produisent des objets laqués, des peintures sur soie et des figurines en terre cuite.
Iᵉʳ siècle ap. J.-C. Les Romains peignent des portraits réalistes.
Iᵉʳ siècle ap. J.-C. Début du développement de la culture nazca au Pérou.

L'héritage grec

En inventant la démocratie, les Grecs nous ont légué une forme de gouvernement qui représente toujours un idéal politique. Dans notre vocabulaire, bien d'autres mots sont d'origine grecque : astronomie, géométrie, arithmétique, physique, philosophie, géographie et… histoire. Hérodote (*voir* p. 7) et Thucydide ont établi les bases du travail de l'historien.

Les œuvres du philosophe Platon (*le Banquet*, *la République*, etc.) sont toujours lues. Les pièces de théâtre de Sophocle, d'Euripide ou d'Aristophane sont toujours représentées… Quant aux mathématiques, qui n'a jamais entendu parler de Pythagore, d'Euclide ou d'Archimède ?

Le sport lui-même a une dette envers les Grecs : les jeux Olympiques modernes ne s'inspirent-ils pas de ceux qui se déroulaient tous les quatre ans, à Olympie, en l'honneur de Zeus ? À cette occasion, d'ailleurs, les cités mettaient de côté leurs querelles et les « champions » couronnés étaient fêtés comme des héros.

Ainsi, dans de nombreux domaines, les Grecs de l'Antiquité sont à l'origine de ce que l'on appellera la civilisation européenne.

▲ Les médecins grecs élaborent des médicaments à partir de plantes (ci-dessus, un manuscrit médiéval, copie d'un traité antique) et consignent le résultat de leurs recherches. Ils pensent que la maladie n'est pas une punition divine, comme on le croit souvent alors. Hippocrate (v. 460-v. 377 av. J.-C.) utilise l'observation et le raisonnement pour identifier différentes maladies.

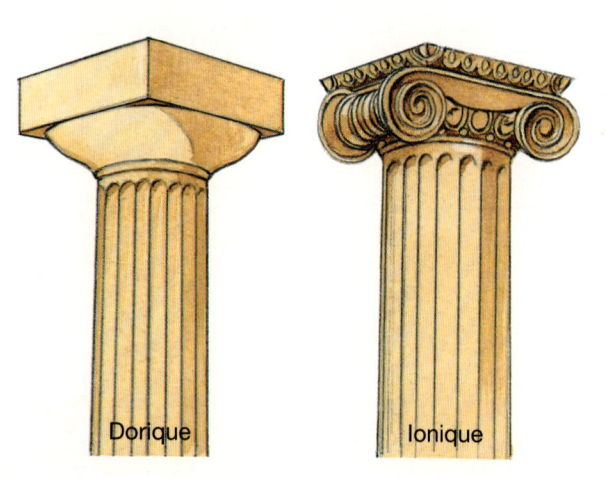

◀ Les Grecs inventent trois types de colonnes et de chapiteaux qui constituent, en architecture, les ordres classiques. Chacun d'eux respecte certaines proportions et possède ses propres motifs décoratifs. De gauche à droite, du plus ancien au plus récent, les ordres dorique, ionique et corinthien.

Dorique | Ionique | Corinthien

396-346 av. J.-C.

▲ Le lancer du disque est l'une des cinq épreuves du pentathlon – penta, en grec, signifie cinq – des jeux Olympiques. Les autres épreuves sont le saut en longueur, le javelot, la lutte et la course.

▼ Les écoliers grecs apprennent à lire et à écrire. On leur enseigne aussi la musique et la poésie. Les filles, cependant, ne vont pas à l'école ; elles restent à la maison.

Av. J.-C.
- **396** Italie : victoire des Romains sur les Étrusques ; le siège de la cité étrusque de Véies a duré dix ans.
- **394** Grèce : bataille de Coronée ; victoire de Sparte sur Athènes, Thèbes et Argos.
- **393** Perse : les Perses repoussent la flotte spartiate qui tentait d'envahir l'Asie.
- **390** Italie : pillage de Rome par les Gaulois.
- **387** Anatolie : Artaxerxès II s'empare des cités grecques de la région.
- **386** Grèce : alliance entre Sparte et Artaxerxès II ; Sparte abandonne les cités grecques d'Asie à la Perse.
- **384** Grèce : naissance du philosophe Aristote (mort en 322).
- **378-341** Égypte : règne de la XXXe dynastie.

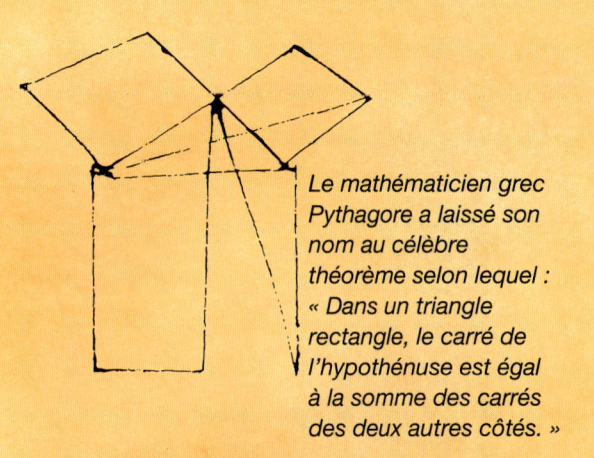

Le mathématicien grec Pythagore a laissé son nom au célèbre théorème selon lequel : « Dans un triangle rectangle, le carré de l'hypoténuse est égal à la somme des carrés des deux autres côtés. »

- **371** Grèce : le général thébain Épaminondas anéantit l'armée spartiate à Leuctres ; Thèbes devient la plus puissante des cités grecques.
- **367** Méditerranée : début d'une longue période de conflit entre Carthage et la Sicile.
- **v. 360** Chine : l'arbalète est utilisée comme arme de guerre.
- **359-336** Macédoine : règne de Philippe II, qui porte le royaume à son apogée.
- **358-338** Perse : règne d'Artaxerxès III.
- **346** Grèce : défaite des Grecs contre Philippe II de Macédoine après dix ans de « guerre sacrée » pour la possession du sanctuaire de Delphes.

ALEXANDRE LE GRAND

Av. J.-C.
- **343-341** Italie : première guerre samnite opposant Rome aux Samnites, peuple d'Italie centrale.
- **342** Égypte : Artaxerxès III de Perse reconquiert l'Égypte et fonde la XXXIe dynastie (jusqu'en 330).

Ce visage sculpté provient d'un sanctuaire de Taxila, au Pakistan. L'influence de la sculpture grecque s'est fait sentir jusqu'en Asie.

- **v. 340** Grèce : la Macédoine conquiert la Thrace.
- **338** Grèce : victoire à Chéronée de Philippe II de Macédoine sur la coalition d'Athènes et de Thèbes ; la Macédoine domine toute la Grèce.
Italie : dissolution de la Ligue latine par les Romains.
Perse : assassinat d'Artaxerxès III ; Darios III Codoman lui succède.
- **336** Grèce : assassinat de Philippe II de Macédoine ; son fils Alexandre III (Alexandre le Grand) lui succède (jusqu'en 323).
- **334** Grèce : victoire d'Alexandre le Grand sur Darios III en Anatolie.
- **333** Proche-Orient : bataille d'Issos ; nouvelle victoire d'Alexandre le Grand sur Darios III. Alexandre s'empare de Tyr ; fin de l'Empire phénicien.
- **331** Égypte : Alexandre le Grand conquiert l'Égypte et fonde la ville d'Alexandrie.
Proche-Orient : bataille d'Arbèles ; victoire définitive d'Alexandre sur Darios III.
- **330** Perse : assassinat de Darios III. Alexandre le Grand prend la tête de l'Empire perse.

Alexandre le Grand

À la fin de la guerre du Péloponnèse (*voir* pp. 82-83), la suprématie de Sparte est de courte durée. En 359 av. J.-C., un homme de 23 ans, Philippe, devient roi de Macédoine. Après avoir organisé une redoutable armée, il soumet toutes les cités grecques, épuisées par vingt-cinq années de guerre. Son fils Alexandre n'a que 20 ans lorsqu'il lui succède en 336 av. J.-C. Il se lance bientôt à la conquête du puissant Empire perse, dont il convoite les richesses. Entre 334 et 331 av. J.-C., il défait plusieurs fois Darios III, s'emparant de l'Asie Mineure, de l'Égypte et finalement de tout l'Empire perse. Ces rapides succès s'expliquent par l'organisation de l'armée d'Alexandre, mais aussi par la difficulté qu'ont les Perses à maintenir la cohésion de populations différentes.

ALEXANDRE
(356-323 av. J.-C.)

Roi de Macédoine en 336 av. J.-C., Alexandre se rend maître d'un immense empire en moins de dix ans. Il est devenu le type même du grand conquérant, inspirant des hommes comme Jules César et même, beaucoup plus tard, comme Bonaparte.

LES CATAPULTES

Philippe de Macédoine et Alexandre le Grand utilisent des catapultes contre les armées ennemies. Des ressorts faits de boyaux ou de crin permettent de projeter violemment divers projectiles sur l'adversaire.

343-330 av. J.-C.

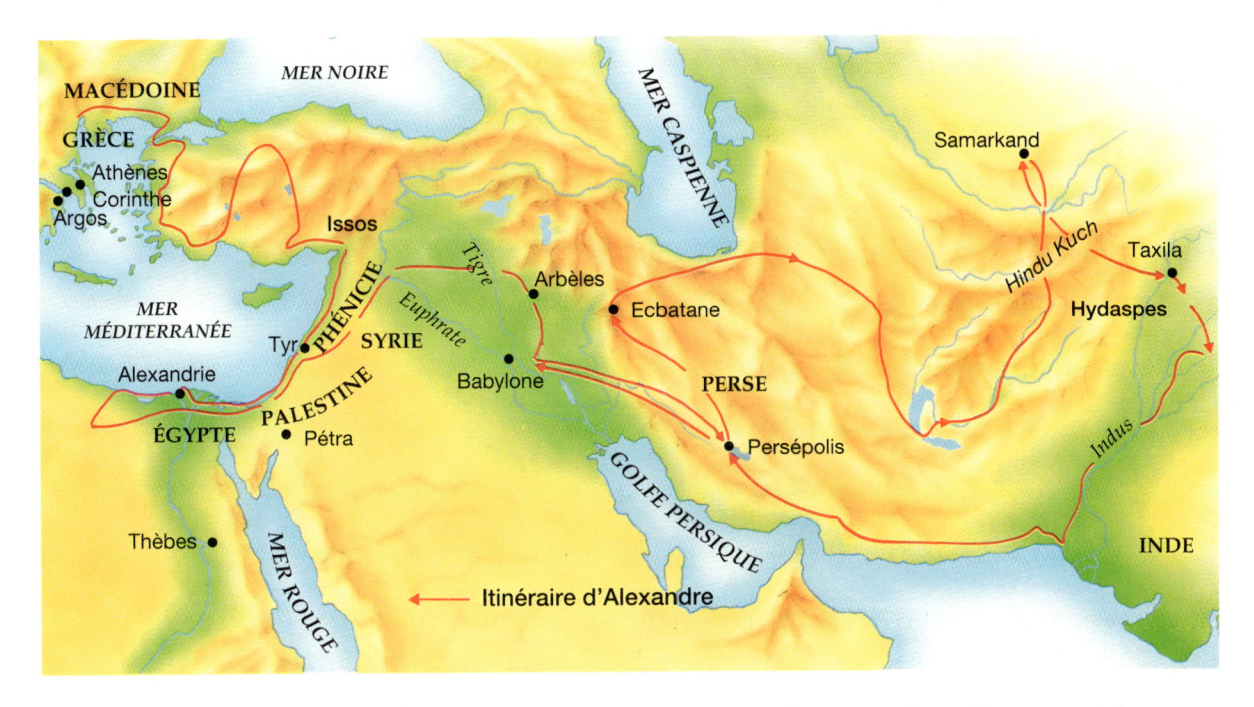

▲ Avec Alexandre, les Grecs diffusent leur langue et leur culture bien au-delà du monde méditerranéen. Le conquérant fonde de nombreuses villes qui portent son nom.

▼ Alexandre le Grand est un général courageux, qui combat souvent à la tête de ses troupes. Ce détail d'une grande mosaïque de l'époque romaine, trouvée à Pompéi, le représente en train de charger l'ennemi.

Alexandre rêve alors de conquérir l'Inde, et sa dernière campagne l'entraîne jusqu'à l'Indus. Mais ses soldats, épuisés, refusent de poursuivre l'aventure. Il regagne alors la Mésopotamie et s'installe à Babylone. Lorsqu'il meurt, à 33 ans, ses généraux se disputent l'immense empire qu'il a conquis (voir pp. 94-95).

PÉTRA

Pétra, aujourd'hui en Jordanie, se trouve sur l'immense territoire de l'empire d'Alexandre. Elle est la capitale du royaume de la tribu arabe des Nabatéens entre le 4ᵉ siècle av. J.-C. et le 2ᵉ siècle ap. J.-C. Elle doit alors sa prospérité à sa situation de carrefour commercial sur la route qui conduit de l'Arabie vers la Méditerranée. Ses édifices sont creusés directement dans le rocher. Après la conquête d'Alexandre, son architecture s'inspirera de celle de la Grèce, avec ses colonnes et ses frontons caractéristiques.

499 av. J.-C.-500 ap. J.-C.

L'architecture

Les grandes villes de l'Antiquité abritent de nombreux édifices publics, et notamment des temples dédiés aux dieux et aux déesses. Ils sont souvent construits en pierres de taille, et parfois recouverts de marbre. Ces bâtiments sont habituellement les plus beaux des cités antiques. Les Grecs sont d'excellents architectes et urbanistes. Grâce à leurs connaissances en mathématiques, ils conçoivent des temples et des maisons aux formes harmonieuses et savent dessiner le plan d'une ville dans ses moindres détails… Les Romains reprennent et développent les conceptions architecturales des Grecs. Mais ils deviennent aussi de grands spécialistes du mortier. D'abord utilisé pour les fondations, celui-ci devient peu à peu un matériau de construction à part entière. En outre, les Romains élèvent des immeubles de quatre ou cinq étages – les *insulae* – qui annoncent ceux des villes de l'époque moderne.

▲ *Le pont du Gard est en fait un aqueduc destiné à approvisionner en eau la ville de Nîmes. La demande en eau est déjà très forte à l'époque romaine : on la boit, on l'utilise pour la cuisine ou pour laver le linge. De plus, elle est nécessaire à diverses activités artisanales, celle de la tannerie par exemple.*

▼ *Cette poterie chinoise (vers 100 ap. J.-C.) représente une tour de guet. Les propriétés des riches Chinois sont souvent surveillées par des gardiens.*

LA BOÎTE À OUTILS

Les bâtisseurs grecs, romains ou chinois de l'Antiquité utilisent des outils qui existent encore, comme la tenaille et le rabot (ci-dessous). On se sert d'outils en fer pour façonner la pierre, tandis que le bronze, moins solide, permet de travailler le bois.

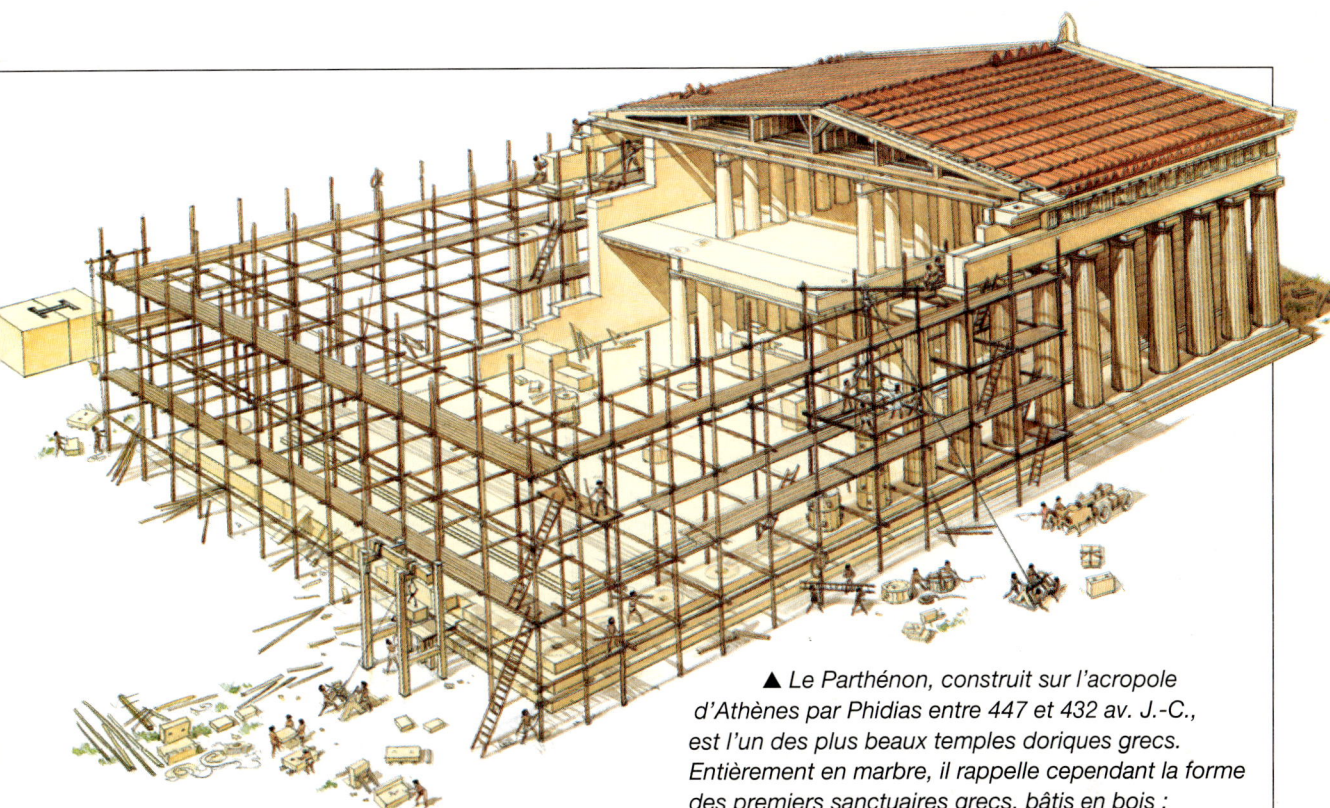

▲ Le Parthénon, construit sur l'acropole d'Athènes par Phidias entre 447 et 432 av. J.-C., est l'un des plus beaux temples doriques grecs. Entièrement en marbre, il rappelle cependant la forme des premiers sanctuaires grecs, bâtis en bois ; les colonnes étaient, à l'origine, taillées dans des troncs d'arbre… Ce chef-d'œuvre architectural a reçu, en outre, des décorations sculptées exceptionnelles, dont la fameuse frise des Panathénées.

◀ Reconstitution d'une pyramide maya en pierre, avec un escalier central monumental, à Tikal (Guatemala actuel). Au sommet se trouve un temple. Vers 300 av. J.-C., les Mayas commencent à bâtir des complexes architecturaux géants ; celui de Tikal couvre une superficie de 16 km².

À CETTE ÉPOQUE

447-432 av. J.-C. Construction du Parthénon d'Athènes.
214 av. J.-C. Qin Shi Huangdi entreprend l'achèvement de la Grande Muraille de Chine.
27 av. J.-C. Construction du Panthéon de Rome.
v. 50 ap. J.-C. Au Mexique, la ville de Teotihuacan est construite en suivant un plan en damier avec, en son centre, la pyramide du Soleil. C'est la plus grande réalisation urbaine de l'Amérique précolombienne.
80 ap. J.-C. Le Colisée de Rome est ouvert au public.
122-126 ap. J.-C. Construction du mur d'Hadrien, au nord de l'Angleterre.

LES SUCCESSEURS D'ALEXANDRE

Av. J.-C.

327 Asie : Alexandre le Grand aux portes de l'Inde.

327-304 Italie : deuxième guerre samnite ; sévère défaite des Romains. Pour faciliter le mouvement des troupes romaines, Appius Claudius fait construire une partie de la voie Appienne, entre Rome et Capoue.

323 Grèce : mort d'Alexandre le Grand à Babylone, à l'âge de 33 ans ; il est inhumé à Alexandrie (Égypte). Ses généraux se partagent son empire. L'Égypte revient à Ptolémée Ier Sôtêr, qui fonde la dynastie des Lagides. Fin de la période classique de la civilisation grecque ; début de la période hellénistique (jusqu'en 33).

321 Inde : le roi Candragupta fonde la dynastie maurya.

v. 320 Proche-Orient : Ptolémée Ier conquiert la Palestine.

307 Grèce : Antigonos le Borgne et son fils Démétrios Ier, anciens généraux d'Alexandre, se proclament rois. Plusieurs royaumes hellénistiques sont fondés dans le pays.

306 Méditerranée : traité commercial entre Rome et Carthage.
Proche-Orient : Séleucos Ier, ancien général d'Alexandre, devient roi de Babylone ; il fonde la dynastie des Séleucides.

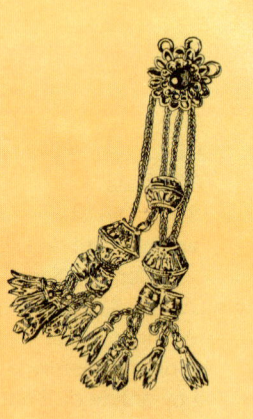

Ces magnifiques boucles d'oreilles témoignent de la richesse du monde grec après les conquêtes d'Alexandre le Grand.

304 Italie : paix entre les Samnites et Rome, qui gagne des terres dans la région de Naples.
Inde : Séleucos Ier cède ses possessions indiennes au roi Candragupta contre cinq cents éléphants de combat.

Les successeurs d'Alexandre

Après la disparition d'Alexandre (*voir* pp. 90-91), son empire est divisé en plusieurs royaumes indépendants que dirigent ses généraux. En Égypte, le plus riche de ces États, Ptolémée fonde la dernière dynastie régnante (jusqu'en 30 av. J.-C.). Son ultime souveraine, Cléopâtre VII, se suicidera après sa défaite à Actium, face à la flotte romaine.

Général macédonien comme Ptolémée, Séleucos règne sur un territoire qui s'étend de la Méditerranée à l'Afghanistan. Mais cette unité ne dure pas : Pergame, à l'ouest, et la Bactriane, à l'est, forment à leur tour des États indépendants. En Macédoine, la dynastie des Antigonides prend le pouvoir. Bientôt, à l'image des cités grecques des siècles précédents, ces divers royaumes s'opposent, se combattent.

Le grec devient la langue officielle de tous ces pays conquis, et il peut être compris jusqu'aux frontières de l'Inde. De nouvelles villes sont fondées et intégrées au réseau des anciennes cités, soumises à un même souverain. Celui-ci

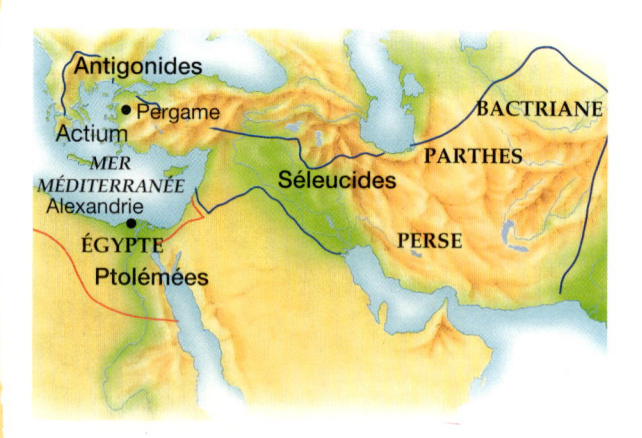

▲ *Après la mort d'Alexandre, ses généraux se partagent son empire et fondent de nouvelles dynasties. L'hellénisme, la culture grecque, se répand partout.*

327-304 av. J.-C.

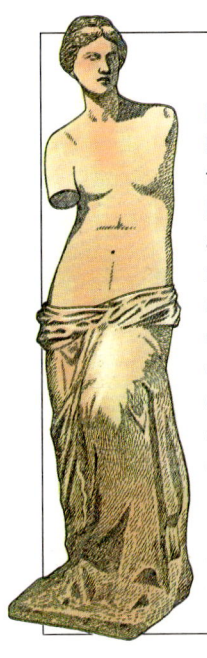

LA VÉNUS DE MILO

Les conquêtes d'Alexandre répandent la culture grecque sur de vastes territoires. Elles ouvrent, jusqu'à la domination romaine, ce que l'on appelle la période hellénistique. En même temps qu'il touche des peuples non grecs, l'art de cette époque devient plus réaliste ; il s'éloigne des formes idéalisées de la Grèce classique. Les statues de dieux ou de déesses deviennent plus expressives qu'auparavant. L'une des œuvres les plus fameuses de cette période est la Vénus de Milo, conservée au musée du Louvre, à Paris. Elle a été sculptée vers 100 av. J.-C.

est souvent considéré comme un demi-dieu. En Égypte, les Ptolémées se proclament pharaons. Les cités possèdent des théâtres, des gymnases et des stades qui assurent la suprématie de la culture grecque ; plusieurs de ces villes connaissent une vie sociale intense.

▲ De nombreuses cités fondées par Alexandre sont baptisées Alexandrie. La plus célèbre de toutes se trouve en Égypte, au bord de la Méditerranée. Son phare monumental est l'une des Sept Merveilles du monde antique.

▼ Cléopâtre VII, dernière reine d'Égypte, a laissé le souvenir d'une souveraine belle et intelligente.

CLÉOPÂTRE
(69-30 av. J.-C.)

Reine d'Égypte en 51 av. J.-C., Cléopâtre se lie à César, dont elle a un fils, Césarion (v. 46 av. J.-C.), puis épouse Antoine. Après la défaite navale d'Actium (31 av. J.-C.), la dernière souveraine de l'Égypte antique se donne la mort.

L'Inde des Maurya

À la fin du 4ᵉ siècle av. J.-C., après avoir repoussé Séleucos Iᵉʳ, l'un des successeurs d'Alexandre (*voir* pp. 94-95), le roi Candragupta fonde la dynastie maurya. Celle-ci va régner sur un empire correspondant à presque toute l'Inde.

Ce très vaste pays (on parle souvent du sous-continent indien) connaît bientôt, au 3ᵉ siècle avant notre ère, sous le règne de l'empereur Asoka, une période de grande prospérité. Très sensible à l'enseignement de Bouddha (*voir* p. 64), Asoka favorise la diffusion d'une pensée qui s'appuie sur la tolérance, la non-violence et le respect des autres. Beaucoup d'Indiens préfèrent pourtant rester fidèles à la religion traditionnelle du pays, l'hindouisme.

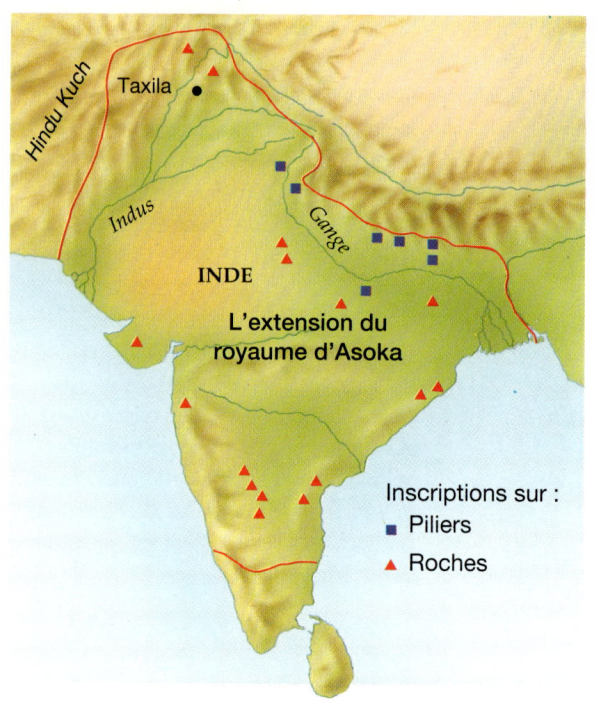

L'extension du royaume d'Asoka

Inscriptions sur :
- Piliers
- Roches

ASOKA
(292-230 av. J.-C.)

L'empereur Asoka règne sur l'Inde, unifiée pour la première fois. Il s'est sans doute converti au bouddhisme. Il affirme que son devoir est d'assurer le bien du monde.

◀ « *Tous les hommes sont mes enfants* », disait l'empereur Asoka. Il fait planter le long des routes des banyans afin que les voyageurs puissent s'abriter du soleil.

LA COLONNE AUX LIONS

Asoka est l'un des plus grands souverains de l'Inde ancienne. Son emblème, le lion, se retrouve encore dans l'Inde actuelle ; il figure sur les pièces de monnaie. La colonne aux lions, qui en est à l'origine, se dresse à l'endroit où Bouddha a délivré son enseignement.

◀ *L'Empire maurya englobe presque tout le sous-continent indien. Asoka fait graver ses édits ou les messages destinés à ses sujets sur des rochers et des piliers à travers le pays ; chacun peut ainsi en prendre connaissance.*

Asoka donne également aux peuples de l'Inde diverses lois écrites qu'il fait graver sur des rochers ou des piliers dans toutes les langues du pays.

Ce souverain fait construire un grand réseau routier où des auberges, bâties à intervalles réguliers, assurent aux voyageurs un confort inconnu jusqu'alors. Partout, des puits et des réservoirs permettent d'approvisionner en eau des terres souvent arides.

Pour contrôler ses sujets, Asoka s'appuie sur une police secrète qui le renseigne sur tout ce qui se passe en Inde. Ses successeurs, qui n'ont pas ses qualités, ne peuvent empêcher la division de cet immense empire ; elle durera plus de cinq siècles.

L'HINDOUISME

Asoka se convertit sans doute au bouddhisme, mais l'ancienne religion du pays, l'hindouisme, reste la plus importante. Les hindous, comme à la même époque les Grecs ou les Romains, vénèrent de nombreuses divinités. Leurs textes sacrés, les *Veda*, comportent aussi de grandes épopées comme le *Mahabharata*. Quatre divinités jouent un rôle tout à fait essentiel : Indra, Brahma, Visnu et Shiva. Indra, roi des dieux, a la puissance ; Visnu, qui préserve la vie, est le dieu de l'ordre ; Brahma, celui de la création ; Shiva (représentée ici) a le pouvoir de la destruction, et règne sur les ténèbres et la mort.

301-250 av. J.-C.

Av. J.-C.

301 Amérique centrale : expansion de la civilisation maya au sud.
Proche-Orient : bataille d'Ipsos ; Antigonos le Borgne est vaincu par Séleucos Ier, qui s'empare de la Syrie.

298-290 Italie : dernière guerre samnite ; victoire de Rome sur les Samnites, alliés aux Latins et aux Gaulois.

287 Rome : l'égalité totale entre plébéiens et patriciens est reconnue.
Grèce : naissance du savant Archimède (mort en 212).

285-246 Égypte : règne de Ptolémée II Philadelphe.

Après la mort de Bouddha, en 480 av. J.-C., les croyants ont édifié de nombreux stupa *en Inde, puis dans toute l'Asie ; ces monuments sacrés en forme de dôme sont élevés sur des reliques de Bouddha ou de grands sages bouddhistes. Celui-ci a été construit au 2e siècle de notre ère, à Sanci, en Inde.*

276-239 Macédoine : règne d'Antigonos Ier Gonatas.

v. 276 Grèce : naissance du mathématicien Euclide (mort v. 194).

268 Inde : Asoka règne sur l'Empire maurya (jusqu'en 230) ; il se convertit au bouddhisme et unifie le centre et le nord de l'Inde.

264-241 Méditerranée : première guerre punique entre Rome et Carthage ; début d'un siècle de lutte pour le contrôle de la Méditerranée occidentale.

250 Proche-Orient : Ptolémée II d'Égypte s'empare de la Judée. Transcription des Écritures saintes hébraïques en grec.
Grèce : le mathématicien Apollonios de Perga entreprend ses travaux d'astronomie.

246-221 Égypte : règne de Ptolémée III Évergète.

LA CHINE DES QIN

Av. J.-C.

241 Méditerranée : fin de la première guerre punique entre Rome et Carthage ; les Carthaginois quittent la Sicile.

237 Méditerranée : Carthage entreprend la conquête de l'Espagne.

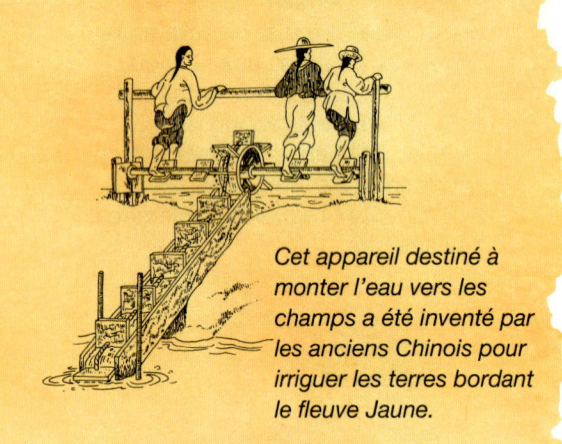

Cet appareil destiné à monter l'eau vers les champs a été inventé par les anciens Chinois pour irriguer les terres bordant le fleuve Jaune.

237 Italie : naissance de Scipion l'Africain qui conduira Rome à la victoire lors de la deuxième guerre punique.

225 Italie : victoire des Romains sur les Gaulois à Télamon.

223-187 Syrie : règne d'Antiochos III Mégas ; il restaure la puissance de l'Empire séleucide.

221-210 Chine : l'empereur Qin Shi Huangdi, premier empereur de Chine, fonde la dynastie Qin (jusqu'en 206) et unifie le pays.

211-179 Macédoine : règne de Philippe V.

211-203 Égypte : règne de Ptolémée IV Philopatôr.

218-202 Méditerranée : deuxième guerre punique. Parti d'Espagne avec une puissante armée et des éléphants, le général carthaginois Hannibal franchit les Pyrénées et les Alpes, et passe en Italie.

217 Italie : victoire d'Hannibal sur les Romains à Trasimène.

216 Italie : nouvelle victoire d'Hannibal sur les Romains à Cannes.

215-205 Méditerranée : guerre « illyrienne », qui oppose Rome aux Macédoniens et aux Carthaginois.

212 Méditerranée : le général romain Marcellus conquiert la Sicile.
Chine : début de la construction de la Grande Muraille. Pour mieux imposer son pouvoir, Qin Shi Huangdi fait brûler tous les documents historiques. Il impose ensuite une écriture uniformisée.

La Chine des Qin

Au 3e siècle av. J.-C., les Qin, une famille du nord-ouest de la Chine, unifient le pays en soumettant les royaumes qui le divisent. Le premier Empire chinois voit ainsi le jour en 221 av. J.-C.

Le premier empereur, Qin Shi Huangdi, exerce un contrôle total sur les territoires qu'il domine. Il impose un système unique de poids et de mesures, une même monnaie, ou encore un écartement standard des roues des chariots afin que ceux-ci soient adaptés au réseau routier qu'il fait établir d'un bout à l'autre de l'empire ! Il fait également creuser des canaux pour faciliter les échanges commerciaux et permettre l'irrigation de nouvelles terres agricoles.

▲ *La Grande Muraille de Chine a été construite pour contenir les incursions des nomades venus du nord. En fait, elle n'a jamais empêché les invasions.*

▶ *Les Chinois produisent du fer dès le 7e siècle av. J.-C. Dans cet atelier de forgerons, les personnages de droite actionnent un grand soufflet afin d'obtenir une température suffisante pour réaliser la fusion du métal.*

241-212 av. J.-C.

▼ La première Grande Muraille de Chine est achevée à la fin du 3ᵉ siècle av. J.-C. Il s'agit avant tout d'un épais mur de terre tassée, renforcé parfois de pierres. Ce travail gigantesque a coûté la vie à d'innombrables paysans réquisitionnés par l'administration impériale.

◀ Qin Shi Huangdi s'est fait enterrer avec ce qu'il jugeait nécessaire pour son voyage dans l'au-delà. Les archéologues ont notamment retrouvé près de sa tombe quelque six mille soldats en terre cuite grandeur nature.

Afin de protéger son empire des incursions des peuples nomades venus du nord, Shi Huangdi achève la construction de la Grande Muraille. C'est un travail colossal. Très autoritaire, Shi Huangdi ne craint pas d'avoir recours à la violence, ce qui le rend peu à peu impopulaire. Afin de combattre le pouvoir des lettrés et des nobles qui s'opposent à lui, il décide de faire détruire tous les écrits antérieurs à son accession au trône. C'est ainsi qu'il tente de faire disparaître l'œuvre de Confucius (voir p. 73).

La dynastie Qin disparaît quatre ans seulement après sa mort. La Chine se divise alors de nouveau en de multiples royaumes, mais l'idée d'un empire unifié reste dans les esprits.

99

499 av. J.-C.-500 ap. J.-C.

Les transports

Dans l'Antiquité, les voyages terrestres sont lents… La plupart des gens vont à pied ; seuls les plus riches se déplacent à cheval ou en litière.
Les marchandises sont transportées à dos d'animaux ou dans des chars à bœufs. Les nouvelles circulent au même rythme : elles mettent parfois des mois pour franchir quelques centaines de kilomètres !
La plupart du temps, les routes sont des chemins en triste état. Ce sont les Romains qui construisent le premier réseau routier moderne : presque toujours en ligne droite, les voies romaines enjambent les vallées grâce à de solides ponts. Elles permettent le déplacement rapide des armées et favorisent aussi les relations commerciales.

▲ Les Romains sont de grands bâtisseurs et d'excellents ingénieurs. Ici, ils élèvent un aqueduc au-dessus d'une route en construction.

◄ Le char permet d'aller vite, mais il n'est pas utilisé pour transporter des marchandises. En revanche, les courses de chars sont très populaires dans l'Empire romain.

À CETTE ÉPOQUE

460 av. J.-C. En Perse, le parchemin remplace les tablettes de pierre jusqu'alors utilisées pour les documents officiels.
312 av. J.-C. Début de la construction de la voie Appienne, une grande voie romaine.
1er siècle ap. J.-C. Invention, en Chine, du gouvernail d'étambot.
v. 350 ap. J.-C. Apparition, en Chine, des étriers ; ils sont en bois renforcé de métal.

▶ En Grèce, puis à Rome, les gens riches se déplacent fréquemment dans des litières portées par des esclaves. Des rideaux et un toit les isolent de la foule et les protègent du soleil et de la pluie.

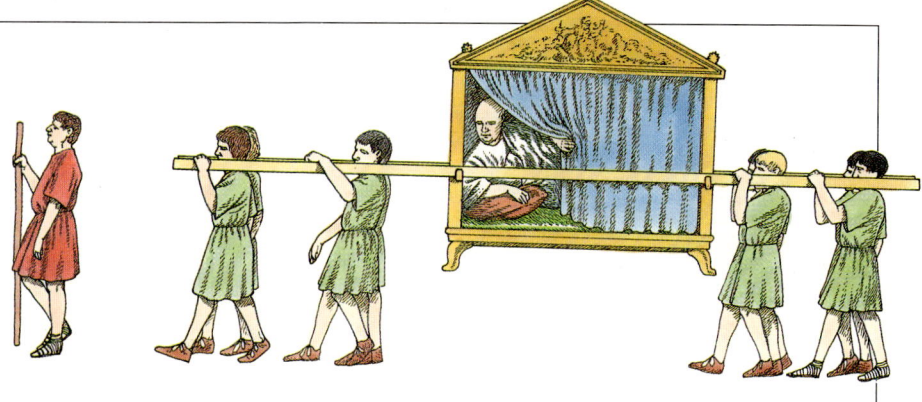

◀ Ce bas-relief romain représente un char à bœufs. Dans l'Antiquité, on utilise rarement les chevaux comme animaux de trait, car les harnais simples les étranglent et ils ne peuvent fournir toute leur force. Les bœufs sont puissants… mais lents !

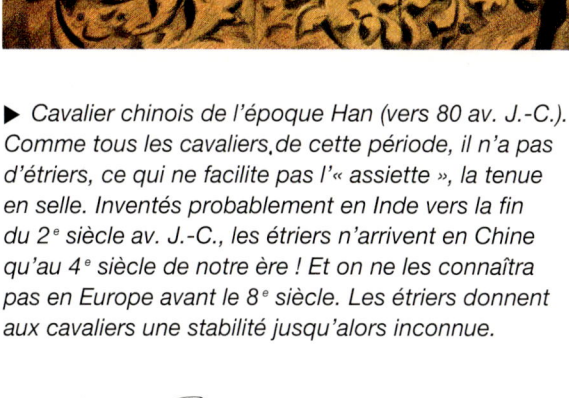

▶ Cavalier chinois de l'époque Han (vers 80 av. J.-C.). Comme tous les cavaliers de cette période, il n'a pas d'étriers, ce qui ne facilite pas l'« assiette », la tenue en selle. Inventés probablement en Inde vers la fin du 2e siècle av. J.-C., les étriers n'arrivent en Chine qu'au 4e siècle de notre ère ! Et on ne les connaîtra pas en Europe avant le 8e siècle. Les étriers donnent aux cavaliers une stabilité jusqu'alors inconnue.

◀ La brouette apparaît en Chine entre le 1er et le 2e siècle de notre ère. Elle permet à un homme seul de déplacer de lourdes charges. Les Chinois s'en servent aussi bien pour transporter des marchandises que des voyageurs, même sur d'assez longs trajets. Il faudra attendre le 13e siècle pour que cet engin si pratique se répande en Europe.

L'Afrique des Noks

Pendant l'Antiquité, l'Afrique voit naître sur son sol plusieurs grandes civilisations, notamment en Égypte. C'est d'ailleurs, semble-t-il, à partir de ce pays que l'agriculture se répand jusqu'en Afrique de l'Ouest, où les hommes s'organisent en communautés villageoises. Les premiers outils en fer apparaissent vers 400 av. J.-C. dans ces régions. À cette époque s'épanouit sur les territoires de l'actuel Nigeria la culture Nok. On pense qu'il s'agit de la première civilisation qui maîtrise la métallurgie au sud du Sahara.

Les Africains entretiennent depuis longtemps des relations commerciales avec le monde méditerranéen. C'est le cas, par exemple, des Éthiopiens qui, à partir d'Aksoum, sont en contact avec l'Égypte et, plus tard, avec Byzance. Ces routes seront empruntées, au 4ᵉ siècle de notre ère, par les missionnaires chrétiens qui diffusent leur religion (*voir* pp. 128-129) jusqu'en Éthiopie. Le roi de ce pays se convertit en 320 et fait élever des obélisques géants symbolisant sa puissance. Le royaume éthiopien

▲ Cette terre cuite est caractéristique de l'art Nok qui s'épanouit du 4ᵉ siècle av. J.-C. au 2ᵉ siècle ap. J.-C.

▼ Les Africains, dès l'Antiquité, produisent du fer grâce à des fours en terre. Des soufflets activent le foyer, élevant la température jusqu'à ce que le métal fonde.

LA MÉTALLURGIE

Les anciennes civilisations africaines maîtrisent parfaitement le travail du métal. Avec le fer, les artisans créent des armes et des outils, mais aussi de petites figurines pour célébrer une naissance, un mariage ou honorer un mort.

Extension de la culture Nok
← Mouvements des peuples parlant le bantou

▲ La culture Nok est sans doute la première grande civilisation africaine au sud du Sahara. Cependant, ce sont des peuples parlant bantou qui vont constituer la base du peuplement de l'Afrique, du centre jusqu'au sud.

▶ Les Éthiopiens, à l'époque du royaume d'Aksoum, érigent des obélisques qui atteignent plus de 30 mètres de haut. Ils sont le symbole de la puissance du pays.

d'Aksoum connaît son apogée au 6ᵉ siècle.

Au début de notre ère, des agriculteurs partageant une langue commune, le bantou – qui est à l'origine de nombreuses langues parlées aujourd'hui en Afrique –, poursuivent leurs migrations du centre du continent vers le sud et vers l'est. Au début du 6ᵉ siècle, ils atteignent l'Afrique australe.

206-175 av. J.-C.

Av. J.-C.

206 Espagne : victoire du Romain Scipion l'Africain sur les Carthaginois.

205-181 Égypte : règne de Ptolémée V Épiphane.

205 Chine : l'empereur Han Gaozu fonde la dynastie des Han occidentaux qui régnera sur le pays jusqu'en 220 ap. J.-C.

203-201 Méditerranée : Hannibal, rappelé à Carthage pour repousser une invasion romaine, est vaincu à Zama par Scipion l'Africain ; fin de la deuxième guerre punique. Carthage renonce à l'Espagne et à ses territoires méditerranéens.

200-196 Grèce : deuxième guerre de Macédoine ; victoire des Grecs, soutenus par les Romains, sur Philippe V de Macédoine, qui doit renoncer à la Grèce.

197 Palestine : annexion de la Judée par l'Empire séleucide.

196 Carthage : exil d'Hannibal, chassé par ses opposants politiques.

192-189 Syrie : guerre syrienne ; Antiochos III est écrasé par Rome.

v. 190 Grèce : naissance de l'astronome Hipparque (mort en 120).

v. 185 Inde : la dynastie Maurya est renversée. Début du déclin de l'empire.

183 Carthage : Hannibal se donne la mort pour échapper aux Romains.

Dans la religion hindouiste, le mantra « om » (ci-contre) symbolise l'essence de l'univers. Il est notamment inscrit à l'entrée des temples et des maisons.

181-145 Égypte : règne de Ptolémée VI Philomêtor.

179-168 Macédoine : règne de Persée, fils de Philippe V de Macédoine ; il poursuit la lutte contre Rome.

175-164 Syrie : Antiochos IV Épiphane règne sur l'Empire séleucide.

LA RÉPUBLIQUE ROMAINE

Av. J.-C.

172-168 Méditerranée : troisième guerre de Macédoine, opposant Persée aux Romains.

Un plébéien (à gauche) et un patricien (à droite).

169 Égypte : Antiochos IV de Syrie envahit l'Égypte et capture Ptolémée VI, mais il est repoussé par les Romains. Ptolémée VI retrouve son trône et y associe son frère Ptolémée VIII Évergète.

168 Méditerranée : bataille de Pydna ; Persée de Macédoine est vaincu et capturé par les Romains.

167-164 Judée : Antiochos IV persécute les juifs et s'empare du temple de Jérusalem pour le consacrer à Zeus. Révolte des juifs, menée par Judas Maccabée, qui rétablit le culte juif dans le Temple.

160 Judée : mort de Judas Maccabée ; son frère Jonathan lui succède à la tête des juifs (jusqu'en 143).

v. 155 Chine : compilation des textes anciens et des manuscrits taoïstes.

149-146 Méditerranée : troisième guerre punique. Les Romains, commandés par Scipion Émilien, détruisent Carthage. Création de la province romaine d'Afrique.

149-148 Méditerranée : quatrième guerre de Macédoine ; la Macédoine devient une province romaine.

143-116 Égypte : règne de Ptolémée VIII Évergète.

La République romaine

En 509 av. J.-C., Rome, jusqu'alors gouvernée par des rois, devient une république. Les citoyens romains ne sont cependant pas égaux ; la société est dominée par les grands propriétaires. Il existe des différences importantes entre la classe dirigeante – les patriciens – et le peuple – la plèbe –, composé de paysans, d'artisans et de commerçants. Au début de la République, les plébéiens ne participent pas à l'administration de la cité… Il leur faudra attendre le 4e siècle av. J.-C. pour y jouer un rôle.

La République romaine est une oligarchie : les magistrats qui gouvernent sont toujours choisis au sein des familles les plus riches, et même lorsqu'ils commencent à participer au gouvernement, les plébéiens n'ont qu'une influence limitée.

LE SÉNAT

À la tête de la République romaine se trouve un sénat qui élit chaque année deux consuls. Les sénateurs donnent des conseils aux consuls, mais ceux-ci disposent, durant leur mandat, d'un pouvoir considérable. Les monnaies romaines portent les lettres SC, initiales de *senatus-consultum*, ce qui signifie « par ordre du sénat ».

172-143 av. J.-C.

LES OIES DU CAPITOLE

En 390 av. J.-C., des Gaulois parviennent jusqu'à Rome. La plupart des Romains s'enfuient, mais certains d'entre eux se réfugient sur la colline fortifiée du Capitole. Les Gaulois lancent l'assaut à l'aube, alors que les assiégés sont endormis. Mais ceux-ci se réveillent à temps, grâce aux cris et aux battements d'ailes des oies sacrées qui se trouvent là, dans le temple de Junon.

LES MOSAÏQUES

Les mosaïques sont faites de petits morceaux colorés de pierre ou de verre. Celle-ci a été retrouvée à Pompéi. L'inscription *cave canem* – prends garde au chien ! – est censée décourager les voleurs.

▲ Rome bénéficie en Italie d'une position centrale. La voie Appienne, construite à partir de 312 av. J.-C., facilite le déplacement des légions vers le sud.

▼ Les Romains aisés possèdent souvent de grandes propriétés – les villae – à la campagne. On y élève des moutons, des vaches et, très souvent, on y cultive la vigne.

Sous la République, Rome s'appuie sur sa position centrale en Italie et sur une armée bien organisée pour soumettre progressivement ses voisins.
Elle s'apprête, à partir du 3ᵉ siècle av. J.-C., à conquérir le bassin méditerranéen.

LES GUERRES PUNIQUES

Les guerres puniques

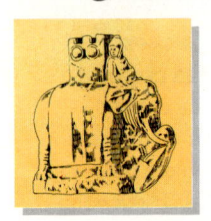

Au 3ᵉ siècle av. J.-C., Rome entre en conflit avec Carthage, une colonie fondée en Afrique du Nord par les Phéniciens. Celle-ci contrôle alors le commerce en Méditerranée occidentale, où elle possède de nombreux comptoirs. Pendant plus d'un siècle – de 264 à 146 av. J.-C. –, les Romains affrontent les Carthaginois au cours des guerres puniques.

Rome parvient d'abord à conquérir les possessions carthaginoises les plus proches de la péninsule italienne : la Sicile, la Corse et la Sardaigne. Carthage est décidée à réagir. Lors de la deuxième guerre punique, son plus grand général, Hannibal, se montre très habile. Il lève une armée qui, partie d'Espagne, arrive

▲ *Scipion l'Africain joue un rôle décisif dans la victoire de Rome. Comprenant la tactique des Carthaginois, il les surprend en les attaquant sur leur propre terrain.*

▼ *Hannibal fait franchir les Alpes à une puissante armée accompagnée d'éléphants. Ces animaux vont semer la panique dans les rangs romains.*

HANNIBAL
(247-183 av. J.-C.)

De 218 à 216 av. J.-C., Hannibal remporte une série de victoires sur les Romains en Italie – à la Trébie, au lac Trasimène, à Cannes. Vaincu à Zama par Scipion en 202 av. J.-C., il se suicide en 183 av. J.-C., pour ne pas être capturé par les Romains.

▲ Hannibal est un grand chef militaire. Il surprend ses contemporains en faisant traverser les Alpes à son armée (ci-dessous) pour attaquer l'Italie par le nord.

aux portes de Rome après avoir traversé les Alpes et remporté de grandes victoires. Rome, affaiblie, est sur le point de s'effondrer. C'est le moment que choisit Scipion, un de ses généraux, pour porter le combat sur le sol africain. Hannibal revient défendre Carthage mais, mal préparé à ce retournement de situation, il est vaincu à Zama (202 av. J.-C.). La puissance carthaginoise est définitivement anéantie lors de la troisième guerre punique (149 à 146 av. J.-C.) et son territoire fera partie, pour plusieurs siècles, du monde romain.

143-100 av. J.-C.

Av. J.-C.

143-134 Judée : Simon Maccabée, frère de Judas, chef des Juifs.

142 Judée : Simon Maccabée proclame l'indépendance du royaume.

140-87 Chine : l'empereur Han Wudi étend son empire ; il intègre l'enseignement philosophique de Confucius à l'orthodoxie officielle.

134-132 Italie : première guerre servile (révolte des esclaves) en Sicile, écrasée par les Romains.

134 Judée : Simon Maccabée est assassiné ; son fils Jean Hyrcan Ier lui succède (jusqu'en 104).

120 Gaule : la Gaule méridionale devient une province romaine.

116 Égypte : mort de Ptolémée VIII ; début d'une longue période de lutte pour le pouvoir.

111 Chine : l'empereur Han Wudi soumet les régions de l'est et du sud de la Chine.
Afrique : une guerre éclate entre Rome et Jugurtha, roi de Numidie.

108 Chine : Han Wudi conquiert la Corée.

106 Rome : le général Caius Marius devient consul ; il est envoyé en Afrique pour combattre Jugurtha.

105 Afrique : victoire de Marius sur Jugurtha, qui sera exécuté à Rome.

104-103 Judée : règne d'Aristobule Ier.

104 Judée : règne d'Alexandre Jannée (jusqu'en 76).
Italie : deuxième guerre servile (révolte des esclaves) à Rome, jusqu'en 99.

v. 100 Chine : composition des *Mémoires historiques*, qui retracent l'histoire de la Chine.

Quinque *signifie « cinq » en latin. Ce navire de guerre romain est appelé quinquérème, car il y a cinq rameurs par aviron ou cinq rangs de rames superposés.*

499 av. J.-C.-500 ap. J.-C.

L'agriculture et l'alimentation

Une agriculture bien organisée est indispensable aux grands empires de l'Antiquité.
Vers 100 ap. J.-C., la ville de Rome, par exemple, avec son million d'habitants, a besoin d'immenses quantités de nourriture. Les paysans constituent d'ailleurs la grande majorité de la population.
Dans l'Occident romain, le pain, la bouillie de blé et la bière, mais aussi, plus au sud, l'huile d'olive, les produits laitiers, le poisson et, plus rarement, la viande constituent la base de la nourriture quotidienne.
En Chine du Nord, à la même époque, le blé et le millet remplissent ce rôle, tandis que le riz, en Chine du Sud, est déjà l'aliment le plus consommé.

▲ Les Romains cuisinent en utilisant des ustensiles placés sur un brasero. Les récipients en métal donneraient aux aliments un goût particulier.

◀ Abrité sous une hutte légère, un berger romain trait une chèvre. Ce dessin s'inspire d'un bas-relief d'une tombe du 3ᵉ siècle ap. J.-C.

◀ *Dans les riches familles romaines, des esclaves préparent et servent les repas. Les cuisiniers utilisent herbes et épices pour rehausser le goût des aliments.*

▼ *Paysans chinois cultivant leur champ, d'après un bas-relief d'une sépulture de l'époque Han. Seuls les fermiers aisés possèdent du bétail et des charrues.*

À CETTE ÉPOQUE

v. 400 av. J.-C. Début de la culture du riz au Japon. Généralisation de l'utilisation des outils en métal en Europe.

v. 250 av. J.-C. Aménagements hydrauliques en Chine pour conquérir de nouvelles terres agricoles.

30 av. J.-C. L'Égypte, intégrée à l'Empire romain, devient le « grenier à blé » de Rome.

Fin du 1er siècle av. J.-C. Fabrication, en Gaule romaine, de remarquables articles pour la table.

500 ap. J.-C. Au sud-ouest de l'Amérique du Nord, les Indiens de la civilisation anasazi irriguent le désert et cultivent le maïs et la courge. L'inondation de terres agricoles en Europe du Nord conduit des populations à se déplacer vers l'ouest, vers les îles Britanniques et le nord de la Gaule.

▶ *Un fermier se rend au marché (d'après une mosaïque romaine du 1er siècle de notre ère). Il y vendra ses produits et achètera ceux qu'il ne peut fabriquer lui-même.*

▼ *Un berger grec garde son troupeau, tandis que des paysans pressent des olives pour obtenir de l'huile qu'ils vendront à un négociant.*

109

LA JUDÉE ROMAINE

Av. J.-C.
- **91-89** Italie : soulèvement des cités italiennes contre Rome ; le général romain Sulla parvient à contrôler le pays et Rome accorde la citoyenneté romaine à tous les Italiens.
- **88-85** Anatolie : première guerre entre Rome et Mithridate VI Eupator, roi du Pont ; victoire des Romains.

Dans les mines (ci-dessus, celles du Laurion, en Grèce), les esclaves travaillent dans des conditions très pénibles.

- **88** Rome : début de la guerre civile entre les partisans de Marius et ceux de Sulla.
- **87** Anatolie : victoire de Sulla sur Mithridate VI. Chine : mort de Han Wudi ; début d'une période de troubles politiques.
- **83-81** Anatolie : deuxième guerre entre Rome et Mithridate VI ; les Romains envahissent le royaume du Pont.
- **82** Rome : fin de la guerre civile ; Sulla devient maître de Rome et déclenche une terrible répression contre ses opposants.
- **78** Rome : mort de Sulla ; Pompée et Crassus prennent le pouvoir.
- **76-67** Judée : Salomé Alexandra, reine des Juifs.
- **74-66** Anatolie : troisième guerre entre Rome et Mithridate VI, qui s'empare du territoire romain de Bithynie.
- **73** Anatolie : victoire du général romain Lucullus contre Mithridate VI ; les Romains occupent le royaume du Pont.
- **73-71** Rome : troisième guerre servile, menée par Spartacus ; victoire des Romains et sévère répression.

La Judée romaine

Les Juifs se distinguent de leurs voisins du Proche-Orient notamment par leur religion : ils n'adorent qu'un Dieu. C'est ce que l'on appelle le monothéisme. Leurs temples prennent le nom de synagogues et ils observent scrupuleusement leurs lois religieuses.

Comme tout le Proche-Orient, la Judée, à partir des conquêtes d'Alexandre le Grand (*voir* pp. 90-91), est influencée par la civilisation grecque. Toutefois, au 2ᵉ siècle av. J.-C., lorsque les Séleucides, qui succèdent aux Ptolémées, tentent d'interdire le judaïsme, une révolte, menée par Judas Maccabée, les en empêche. À la chute de la dynastie séleucide,

▼ *Hérode le Grand fait reconstruire le temple de Jérusalem. Il sera de nouveau détruit par les Romains. Il n'en reste plus aujourd'hui que le Mur des lamentations (ci-dessous)*

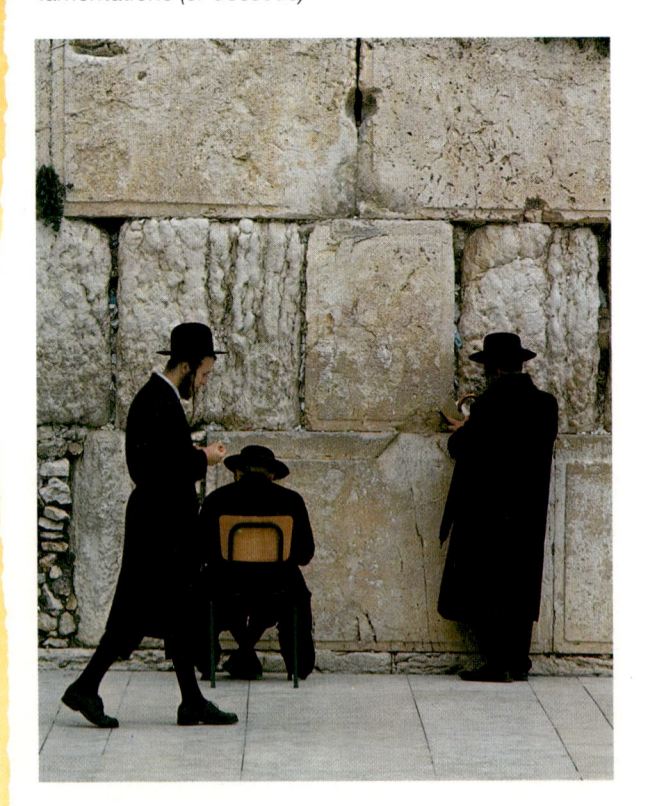

91-73 av. J.-C.

▲ En 66 ap. J.-C., les Juifs se révoltent contre Rome. Après sept ans de lutte, en 73 ap. J.-C., les derniers combattants préfèrent se donner la mort dans la citadelle de Massada (ci-dessus) plutôt que de capituler.

▶ Les principaux sites de Palestine à l'époque romaine apparaissent sur cette carte.

la Judée connaît près d'un siècle d'indépendance, avant d'être conquise par Rome. Soutenu par les Romains, Hérode le Grand devient roi des Juifs en 37 av. J.-C.

À l'époque romaine, de nombreux Juifs quittent la Judée et s'installent aux quatre coins de l'empire. Ils forment d'importantes communautés à Rome ou à Alexandrie. Ils conservent cependant des relations d'un bout à l'autre de l'empire et n'oublient pas que la Judée est leur terre.

Lorsque Ponce Pilate devient procurateur de Judée, en 26 ap. J.-C., les Juifs sont divisés : les communautés syriennes et palestiniennes n'ont pas de bons rapports. Elles s'opposent, en outre, à leurs voisins non juifs, grecs et syriens. Enfin, l'occupation romaine est d'autant plus mal acceptée que Rome lève des impôts jugés beaucoup trop lourds.

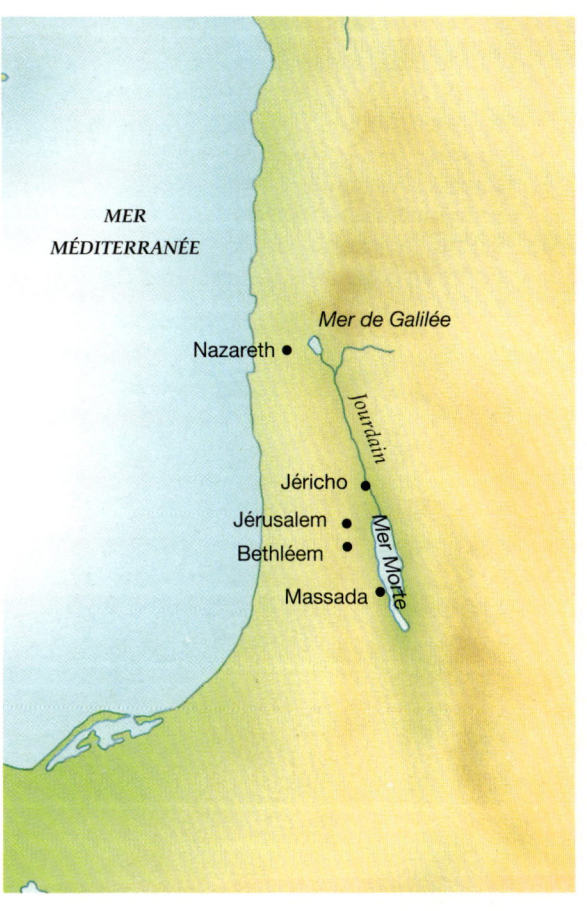

LA MENORA

Un chandelier en or à sept branches – appelé *menora* –, comme celui qui est représenté ci-dessous, ornait le temple de Jérusalem. Des chandeliers semblables sont toujours en usage. On dit que cet objet a été conçu par Moïse ; ses branches symbolisent les sept jours de la création.

LES CELTES

Av. J.-C.

70 Rome : naissance du poète Virgile (mort en 19 av. J.-C.) ; sa plus grande œuvre, l'*Énéide*, conte l'épopée d'Énée, prince troyen.

67 Judée : Hyrcan II, grand prêtre de Judée, est renversé par son frère Aristobule II.

65 Rome : naissance du poète Horace (mort en 8 av. J.-C.), auteur des *Satires* et des *Odes*.

Ce disque de bronze est une pièce de harnachement pour les chevaux. Ce style de décoration est typique de la civilisation celtique de La Tène vers 400 av. J.-C.

63 Proche-Orient : l'armée romaine, conduite par Pompée, s'empare de Jérusalem et conquiert l'Asie Mineure, la Syrie et la Palestine. Mort d'Aristobule II ; Hyrcan II redevient grand prêtre de Judée. Suicide de Mithridate VI, dernier roi du Pont.

61 Rome : premières grandes victoires de Jules César en Espagne.

60 Rome : Jules César, Crassus et Pompée s'associent pour gouverner (le triumvirat).

58 Rome : César devient proconsul de la Gaule méridionale et entreprend la conquête de toute la Gaule ; début de la guerre des Gaules (jusqu'en 51).

55 César atteint le nord de la Gaule ; il tente en vain d'envahir la « Bretagne » (l'Angleterre actuelle).

53 Asie : mort de Crassus dans une bataille contre les Parthes.

Les Celtes

À l'origine, les peuples celtes sont installés en Europe centrale et en Allemagne du Sud. Leur apogée se situe à l'époque de la Tène, du 5e au 1er siècle av. J.-C. Ils connaissent alors une grande expansion et colonisent de nombreuses régions de l'Europe de l'Ouest, où ils arrivent par vagues successives. Cependant, ils ne s'organisent pas en un empire unifié. Redoutables guerriers, ils fabriquent des armes en fer de grande qualité. Les Celtes sont en effet des maîtres forgerons. Leurs artisans travaillent également le bois avec habileté – ce sont eux, sans doute, qui ont inventé le tonneau.

Les Celtes entrent en conflit avec les Romains dès le 4e siècle av. J.-C. Ils parviennent d'ailleurs jusqu'à Rome, qu'ils mettent à sac (*voir* encadré p. 105). Au 1er siècle av. J.-C., lorsque l'armée romaine, conduite par Jules César, s'apprête à conquérir la Gaule, Vercingétorix réalise l'unité des différentes tribus. Victorieux à Gergovie, il doit s'incliner à Alésia. Les Gaulois – les Celtes

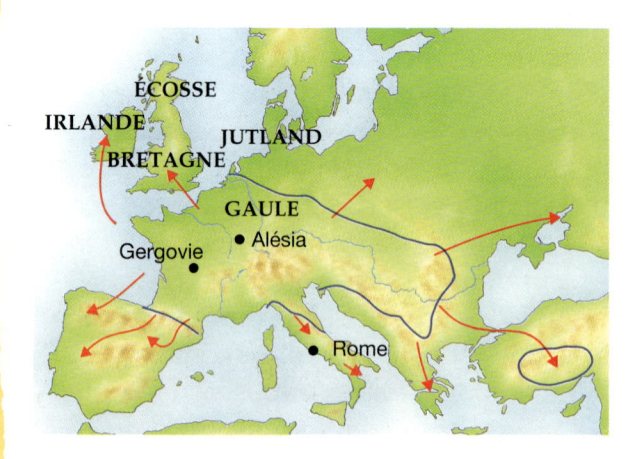

▲ *L'expansion des Celtes vers 200 av. J.-C. Les régions colonisées sont entourées d'un trait mauve. Les flèches indiquent les principales directions de leurs migrations.*

70-53 av. J.-C.

de Gaule – vont peu à peu s'assimiler à la civilisation romaine : on parlera alors de Gallo-Romains. En Bretagne – aujourd'hui la Grande-Bretagne –, la culture celte connaît le même sort après la conquête romaine, sauf au pays de Galles, en Écosse et en Irlande, où les traditions celtes se perpétuent beaucoup plus longtemps.

▼ Cette tête de taureau ornait un chaudron en bronze trouvé dans le Jutland (Danemark). Outre les figures animalières, les artistes celtes apprécient les motifs géométriques, les décors floraux...

VERCINGÉTORIX
(vers 72-46 av. J.-C.)

Vercingétorix, le chef de la résistance gauloise, se rend à Jules César à Alésia. Emprisonné à Rome, il fera partie du triomphe de César puis sera exécuté.

▼ Un chef de tribu écoute un barde – poète et musicien – qui chante un hymne ou déclame un poème. Le récit des exploits guerriers est très apprécié par les peuples celtes. Chez eux, le savoir se transmet par la parole.

L'ARMÉE ROMAINE

L'armée romaine

Grâce à son armée, Rome conquiert progressivement le bassin méditerranéen et assure sa domination pendant plusieurs siècles. À l'origine composée de citoyens, elle devient peu à peu une armée de volontaires. Des soldats y font carrière et peuvent recevoir le titre de citoyen à la fin de leur service, qui dure de 20 à 25 ans.

À partir du 1er siècle av. J.-C., l'armée est organisée en légions de six mille hommes, divisées en dix cohortes. Celles-ci comptent chacune trois manipules de deux centuries (une centurie accueille cent hommes commandés par un centurion).

▼ À chaque déplacement, l'armée en campagne construit un camp fortifié. Certains de ces camps deviennent permanents et assurent une présence militaire dans les territoires conquis. Ils sont souvent à l'origine de nouvelles cités, qui conservent leur tracé.

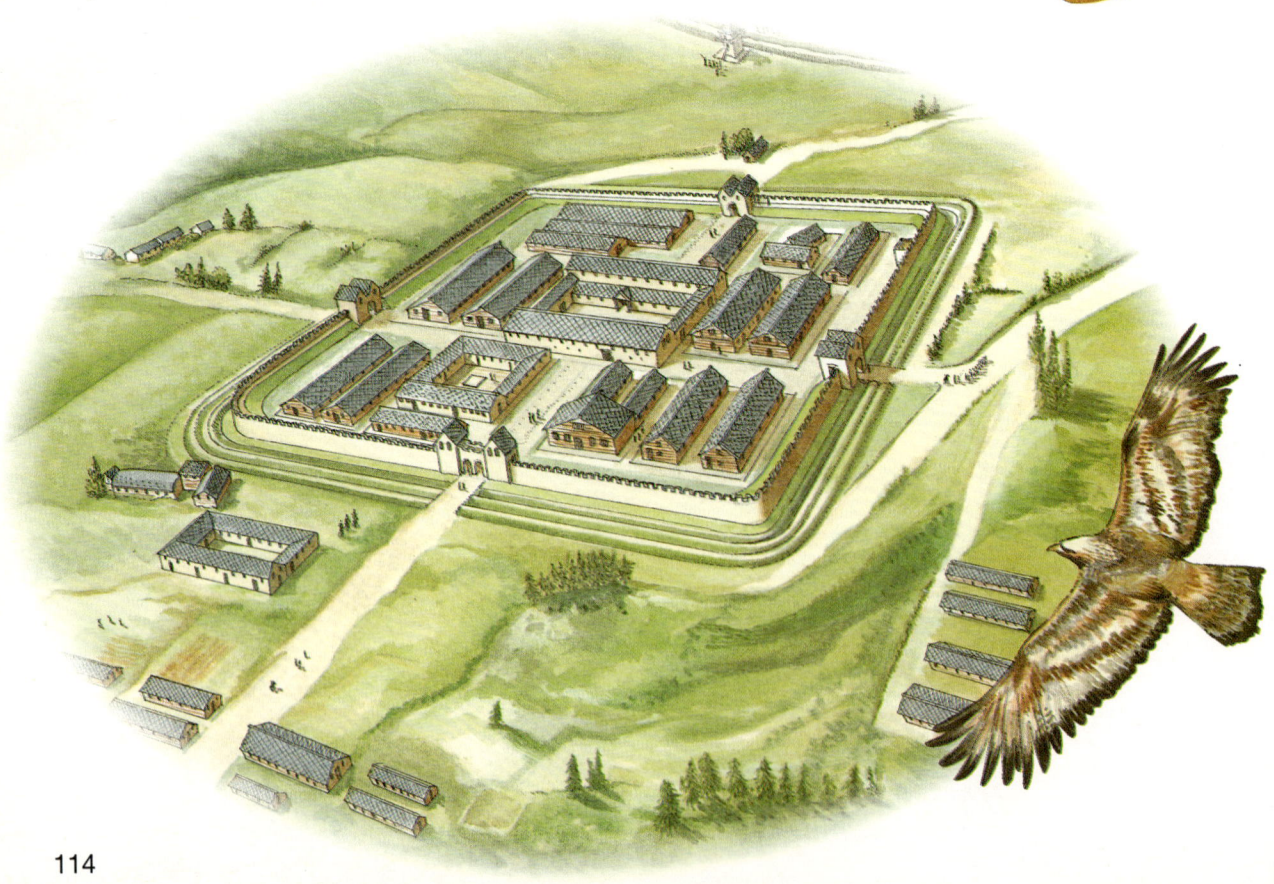

◀ *Le légionnaire romain porte sous sa cuirasse une tunique en laine. Il est armé d'un glaive – une courte épée –, d'un javelot, d'un casque et d'un bouclier rectangulaire. Sur son dos, son paquetage pèse environ trente kilos.*

Chaque légion a aussi ses auxiliaires – cavaliers maures, archers syriens, etc.

Les conquêtes contribuent à l'enrichissement des Romains : les prisonniers sont vendus comme esclaves, les nouvelles provinces sont obligées de payer des impôts, certaines assurent l'approvisionnement de la ville de Rome.

Si l'armée contribue à assurer la domination romaine, elle est aussi un tremplin politique important. Jules César, par exemple, l'utilise pour se faire nommer dictateur à vie. Certains sénateurs décident alors de l'éliminer. En mars 44 av. J.-C., il succombe sous les coups de ses assassins, parmi lesquels se trouve son fils adoptif, Brutus. Plus tard, de nombreux empereurs seront portés au pouvoir par l'armée.

JULES CÉSAR
(101 ou 100-44 av. J.C.)

Grand homme d'État et excellent stratège, Jules César, le conquérant de la Gaule, a écrit des *Commentaires sur la guerre des Gaules*. Ce texte donne notamment d'intéressants renseignements sur la civilisation celte. En 49 av. J.-C., César déclenche une guerre civile dont il sort victorieux en 45 av. J.-C. Devenu dictateur à vie, il est assassiné par des sénateurs qui le soupçonnent de vouloir restaurer la royauté à son profit.

52-43 av. J.-C.

Av. J.-C.

52 Rome : Pompée reçoit les pleins pouvoirs.
Gaule : conduits par Vercingétorix, les Gaulois se soulèvent contre les Romains ; ils sont vaincus par Jules César à Alésia.

51 Gaule : toute la Gaule devient une province romaine.
Égypte : règne commun de Cléopâtre VII (la grande Cléopâtre) et de son frère Ptolémée XIII.

Les portraits des empereurs sont brodés sur le labarum*, l'étendard impérial romain. Constantin y fera ajouter la croix et le monogramme du Christ, en 312 ap. J.-C.*

50 Rome : rivalité entre César et Pompée.

v. 50 Asie : le bouddhisme gagne la Chine, le long de la route de la soie.

49 Rome : Jules César, qui doit abandonner le contrôle de la Gaule sur ordre du Sénat, franchit le Rubicon et marche sur Rome ; début de la guerre civile ; Pompée fuit en Grèce.

48 Grèce : victoire de Jules César sur Pompée à Pharsale ; Pompée fuit en Égypte.

47 Égypte : assassinat de Pompée.

45 Rome : victoire de Jules César sur les Pompéiens en Afrique ; il devient dictateur à vie, introduit le calendrier julien et adopte son petit-neveu, Octave (le futur Auguste), qu'il désigne comme son successeur.

44 Rome : assassinat de César.

43 Rome : formation d'un second triumvirat réunissant Octave, Antoine et Lépide. L'orateur Cicéron, qui s'est opposé à Antoine, est assassiné. Naissance du poète Ovide, auteur des *Métamorphoses* (mort v. 17 ap. J.-C.).
Gaule : fondation de Lugdunum (Lyon) par les Romains.

499 av. J.-C.-500 ap. J.-C.

La vie quotidienne

La vie quotidienne dans les grandes villes romaines est très animée. Les gens habitent parfois dans de grands immeubles – les *insulae* –, tandis que toutes sortes de commerces débordent sur les rues.
À Rome même, au début de notre ère, la circulation pose problème : dès l'aube, la foule envahit les rues de la capitale.
À la même époque, les villes chinoises sont des carrefours commerciaux et des centres administratifs. Beaucoup de citadins savent lire et écrire.

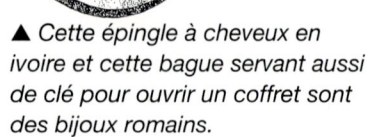

▲ Cette épingle à cheveux en ivoire et cette bague servant aussi de clé pour ouvrir un coffret sont des bijoux romains.

◄ Sur cette scène du 4ᵉ siècle ap. J.-C., une Japonaise se fait coiffer. Les coffrets, au premier plan, sont des boîtes à bijoux.

▼ Les enfants grecs jouent avec des poupées en bois. Il existe aussi des jouets en terre cuite. La marelle et le jeu d'osselets sont très répandus.

▲ Lorsqu'ils jouent, les acteurs grecs et romains portent des masques. Celui-ci correspond à un personnage de tragédie.

116

▲ Sur cette coupe romaine du début du 3ᵉ siècle ap. J.-C., des gladiateurs s'affrontent. Le personnage de droite, vaincu, fait un geste pour demander grâce.

◀ Un couple de Romains aisés en tenue de ville. L'homme a drapé une toge sur une longue tunique. La femme porte une robe resserrée sous la poitrine.

▼ Les Romains se rendent quotidiennement aux thermes pour prendre un bain, mais aussi pour se livrer à des exercices physiques ou pour bavarder.

À CETTE ÉPOQUE

5ᵉ siècle av. J.-C. Les pièces de théâtre tragiques ou comiques attirent un nombreux public en Grèce. Eschyle se distingue par ses tragédies et Aristophane par ses comédies.

206 av. J.-C. Des scènes représentées sur des poteries montrent que la musique, la danse mais aussi le spectacle des jongleurs et des acrobates sont très prisés à la cour de l'empereur de Chine.

2ᵉ siècle av. J.-C. Les Romains se rendent souvent à des représentations théâtrales en plein air. Ils apprécient aussi les combats de gladiateurs.

80 ap. J.-C. Inauguration du Colisée, à Rome. Cet immense amphithéâtre accueille des combats de gladiateurs.

L'EMPIRE ROMAIN

Av. J.-C.
- **42** Rome : bataille de Philippes (Grèce) ; victoire d'Antoine et d'Octave sur Brutus et Cassius.
- **37** Judée : règne d'Hérode Ier le Grand (jusqu'en 4 av. J.-C.).
  Rome : renouvellement du triumvirat pour 5 ans. Antoine, déjà marié à Octavie, la sœur d'Octave, épouse la reine Cléopâtre.
- **36** Rome : victoire d'Octave sur Sextus, fils de Pompée.
- **32** Rome : Octave entre en guerre contre Antoine et Cléopâtre.

Pour établir le plan d'une ville, le tracé d'un aqueduc, les arpenteurs romains utilisent une groma, *une règle mobile qui tourne sur un cercle gradué.*

- **31** Grèce : bataille d'Actium ; victoire d'Octave sur Antoine et Cléopâtre.
- **30** Égypte : Antoine et Cléopâtre se donnent la mort ; l'Égypte devient une province romaine.
- **27** Rome : Octave obtient les pleins pouvoirs, prend le titre d'Auguste et devient le premier empereur romain (jusqu'en 14 ap. J.-C.). Fin de la République romaine.
- **15** Rome : extension de l'empire jusqu'au Danube supérieur.
- **12** Rome : révolte de la province de Pannonie (Europe centrale), réprimée par les Romains.
- **v. 6** Judée : année probable de la naissance de Jésus de Nazareth.
- **4** Judée : mort d'Hérode Ier le Grand ; partage du royaume entre ses trois fils.

L'Empire romain

Après l'assassinat de Jules César (*voir* p. 115), une terrible lutte pour le pouvoir s'engage. Octave, petit neveu et héritier de César, finit par l'emporter. Son autorité ne cesse de s'affirmer et il devient, sous le nom d'Auguste, en 27 av. J.-C., le premier empereur romain.

Comme lui, ses successeurs s'appuient, pour gouverner, sur l'armée et sur le sénat. L'Empire romain va alors connaître pendant plus de deux siècles une période de paix et de prospérité : il domine toutes les rives de la Méditerranée, que les Romains appellent *mare nostrum* (notre mer). Peu à peu, à mesure que les provinces s'affirment, les vieilles familles aristocratiques de Rome perdent de leur influence. La force de caractère compte souvent désormais davantage que l'origine familiale. Vespasien, par exemple, qui règne de 69 à 79 ap. J.-C., est le petit-fils d'un centurion. Plusieurs empereurs seront d'ailleurs originaires des provinces.

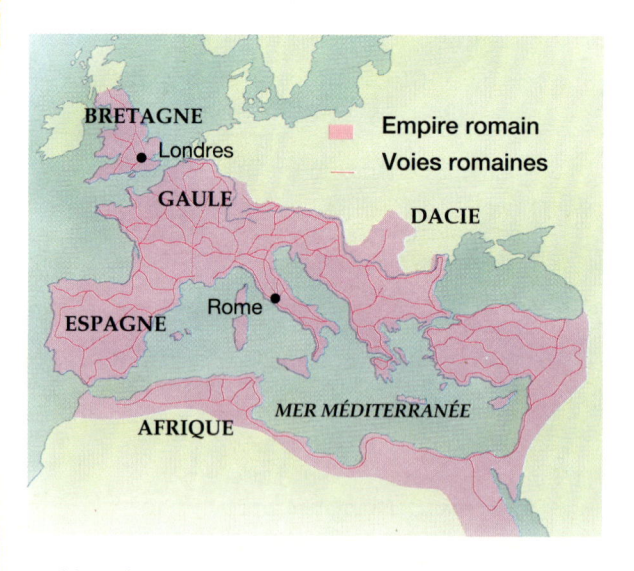

▲ *L'empire est parcouru par un réseau routier dense – les fameuses voies romaines –, qui relie Rome aux régions les plus lointaines.*

42-4 av. J.-C.

LA CONQUÊTE DE LA BRETAGNE

En 43 de notre ère, sous l'empereur Claude, les Romains entreprennent la conquête de la Bretagne (l'Angleterre actuelle)… qu'ils n'achèveront qu'une trentaine d'années plus tard. Entre-temps, ils auront notamment dû faire face à un grand soulèvement dirigé par Boudicca (Boadicée), la reine des Iceni, une tribu celte. Celle-ci, selon l'historien latin Dion Cassius (v. 155-v. 235 ap. J.-C.), « […] a une taille gigantesque, un aspect terrifiant, une voix rude ». Vaincue, Boudicca se donne la mort en 61 ap. J.-C.

TROIS GRANDS EMPEREURS

Trajan (98-117) Il bat les Daces et les Parthes. Beaucoup de monuments sont construits sous son règne.
Hadrien (117-138) Il dresse des fortifications aux frontières de l'empire, aime les arts, voyage beaucoup.
Antonin le Pieux (138-161) Il est originaire de Nîmes. Son règne marque l'apogée de l'empire.

La diffusion du mode de vie romain est facilitée par un réseau routier exceptionnel. Le développement de l'économie améliore les conditions de vie des habitants. Et en 212 ap. J.-C., Caracalla étend la citoyenneté à tous ceux qui vivent dans les provinces romaines. Le prestige de l'empire est d'autant plus grand que son pouvoir est généralement bien accepté. Après sa mort, l'empereur est considéré comme un dieu.

▼ Les voies romaines filent aussi droit que possible ; elles sont pavées et construites pour durer. Elles facilitent le déplacement des légions et les échanges commerciaux. Des bornes milliaires, placées tous les 1 000 pas (1 481 m), indiquent les distances par rapport à Rome.

La Chine des Han

La dynastie Han règne sur la Chine de 202 av. J.-C. à 220 ap. J.-C. Même s'ils ne sont pas totalement maîtres des provinces les plus éloignées, les empereurs Han ont l'esprit de conquête.

C'est notamment le cas de Wudi (140-87 av. J.-C.), surnommé l'« Empereur de la guerre » : il contrôle une grande partie de l'Asie centrale, le sud de la Mandchourie et le sud-est de la Chine. Il parvient même à soumettre le peuple thaï, dans la vallée du Mékong. La Chine devient alors un immense empire.

Ce pays se développe de manière autonome et n'est que peu influencé par d'autres civilisations. Les Chinois doivent néanmoins importer du riz, qui devient la céréale de base, d'Asie du Sud-Est et d'Inde.

Les empereurs Han cherchent à retrouver les écrits détruits sous les Qin (*voir* pp. 98-99). C'est ainsi que les Chinois redécouvrent le philosophe Confucius ; ceux qui veulent travailler dans

LA ROUTE DE LA SOIE

La soie chinoise est un important produit d'exportation (*voir* pp. 42-43). Principalement terrestre, la route de la soie, longue de plus de 4 000 kilomètres, relie, vers 100 av. J.-C., l'empire des Han au monde romain. La précieuse marchandise est transportée par des caravanes de chameaux conduites par des négociants jusqu'à Antioche ; elle traverse presque toute l'Asie ! De là, elle est acheminée dans tout le bassin méditerranéen, où les clients sont nombreux. Lorsqu'elle arrive à Rome, elle se négocie au prix de son poids en or.

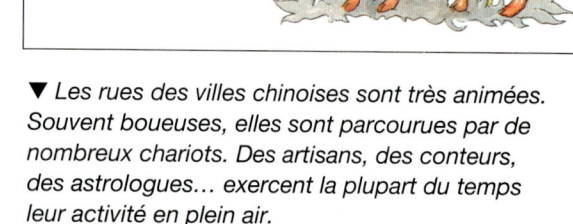

▼ *Les rues des villes chinoises sont très animées. Souvent boueuses, elles sont parcourues par de nombreux chariots. Des artisans, des conteurs, des astrologues... exercent la plupart du temps leur activité en plein air.*

▲ *Le fer fait son apparition en Chine vers 650 av. J.-C. Sous les Han, le travail du métal atteint un haut niveau. Cette œuvre en bronze, représentant un dignitaire dans son char, provient d'une tombe (2ᵉ siècle ap. J.-C.).*

l'administration doivent d'ailleurs passer des examens qui nécessitent de bien connaître son œuvre.

Sous les Han, la Chine développe une civilisation raffinée ; ses habitants en sont conscients et pensent être au centre du monde. Ils disent aussi que les villes chinoises sont les plus belles. De nombreux objets en bois laqué reflètent la prospérité du pays. Certains d'entre eux sont parvenus jusqu'à nous, conservés dans les tombes des riches et des nobles.

▼ *La route de la soie, que les marchands empruntent pour exporter cette étoffe précieuse vers les autres pays, suit les mêmes tracés pendant des siècles.*

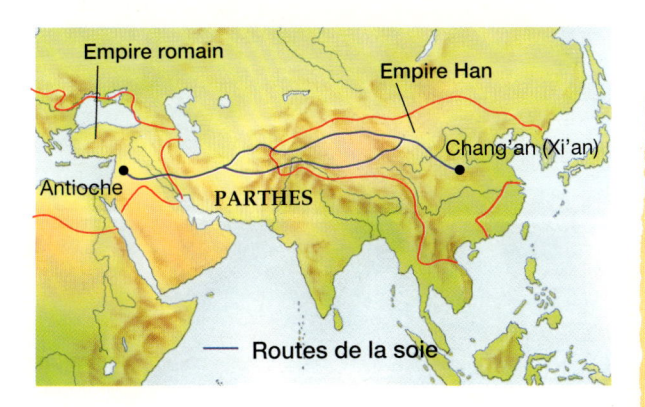

9-54 ap. J.-C.

Ap. J.-C.

9-23 Chine : règne de Wang Mang l'usurpateur.

14 Rome : mort d'Auguste ; Tibère lui succède (jusqu'en 37).

23 Rome : naissance de l'écrivain Pline l'Ancien (mort en 79).
Chine : la dynastie des Han orientaux est rétablie (jusqu'en 220).

26-36 Palestine : Ponce Pilate, procurateur romain de Judée.

27 Palestine : baptême de Jésus de Nazareth par Jean-Baptiste.

v. 30 Palestine : crucifixion de Jésus.

v. 35 Palestine : martyre d'Étienne.
Saul se convertit au christianisme et devient l'apôtre Paul.

37 Rome : mort de l'empereur Tibère ; Caligula lui succède (jusqu'en 41).
Palestine : Hérode Agrippa Iᵉʳ devient roi des Juifs.

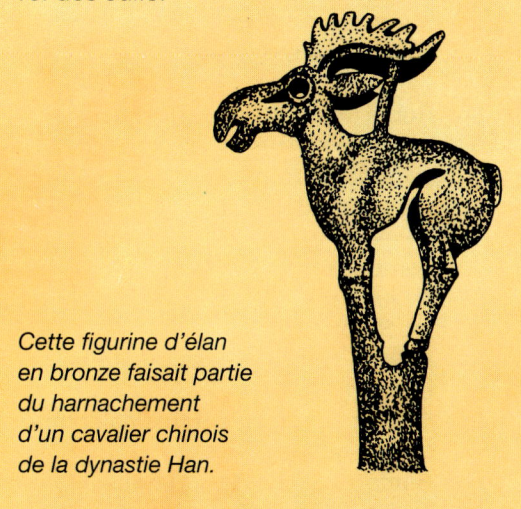

Cette figurine d'élan en bronze faisait partie du harnachement d'un cavalier chinois de la dynastie Han.

40 Afrique : la Mauritanie (Afrique du Nord) devient une province romaine.

41 Rome : assassinat de l'empereur Caligula. Claude Iᵉʳ lui succède (jusqu'en 54).

43 Angleterre : invasion du pays par les Romains.
Chine : conquête du Tonkin et de l'Annam.

45 Méditerranée : Paul commence à répandre le christianisme autour de la Méditerranée orientale.

54 Rome : assassinat de l'empereur Claude Iᵉʳ ; Néron lui succède (jusqu'en 68).

LA CHINE DES HAN

Ap. J.-C.
- **v. 60** Chine : introduction du bouddhisme.
- **60** Angleterre : la reine Boudicca se révolte contre les Romains ; vaincue, elle se donne la mort en 61.

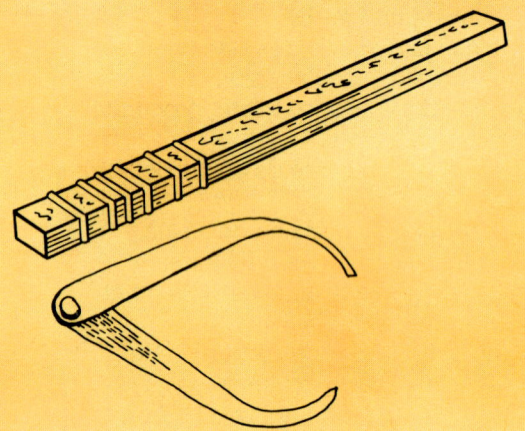

La règle et le compas courbe permettent aux scientifiques chinois de mesurer avec précision les dimensions d'un objet.

- **64** Rome : destruction de la ville par un incendie ; accusés d'être responsables de la catastrophe, les chrétiens sont persécutés.
- **v. 65** Palestine : selon la tradition, Marc compose le deuxième Évangile.
- **66-70** Judée : révolte des Juifs contre les Romains.
- **67** Rome : martyre des apôtres Paul et Pierre.
- **68** Rome : révolte des Romains contre Néron, qui se suicide.
- **69** Rome : « année des quatre empereurs », Galba, Othon, Vitellius et Vespasien (jusqu'en 79) ; ce dernier fonde la dynastie des Flaviens.
- **70** Palestine : Titus, fils de Vespasien, s'empare de Jérusalem et en expulse les juifs. Matthieu compose le premier Évangile.
- **73** Palestine : victoire des Romains sur les derniers résistants juifs de la forteresse de Massada.
- **74** Chine : le général Ban Chao conquiert le Turkestan et ouvre le commerce de la soie vers l'Empire romain.
- **v. 75** Palestine : Luc compose le troisième Évangile.
- **77** Angleterre : le général romain Agricola achève la conquête du pays jusqu'à l'Écosse.

L'humanité doit à la Chine de nombreuses inventions fondamentales. C'est le cas du papier, qui apparaît vers 100 ap. J.-C. Moins cher et plus facile à produire que le parchemin, il lui faudra des siècles pour être connu du reste du monde. C'est le cas, aussi, de la boussole, que l'Occident ignorera encore pendant près de mille ans.

Malgré ces remarquables avancées techniques, la dynastie Han est souvent confrontée à des révoltes de paysans. Ceux-ci sont rarement propriétaires de la terre, et ils sont écrasés d'impôts.

Par ailleurs, les frontières de l'empire sont sous la menace constante des peuples « barbares ». Les seigneurs de la guerre, sur lesquels s'appuie la dynastie, profitent souvent des troubles sociaux et de la menace extérieure pour prendre le pouvoir. Le dernier empereur Han est destitué en 220 ap. J.-C.

▼ *Au 2e siècle de notre ère, les Chinois conçoivent les premiers sismographes. Il s'agit de jarres entourées de têtes de dragon maintenant une boule en équilibre entre leurs dents. Lors d'un tremblement de terre, l'une d'elles tombe dans la bouche de la grenouille placée en dessous, indiquant ainsi la direction du séisme.*

60-77 ap. J.-C.

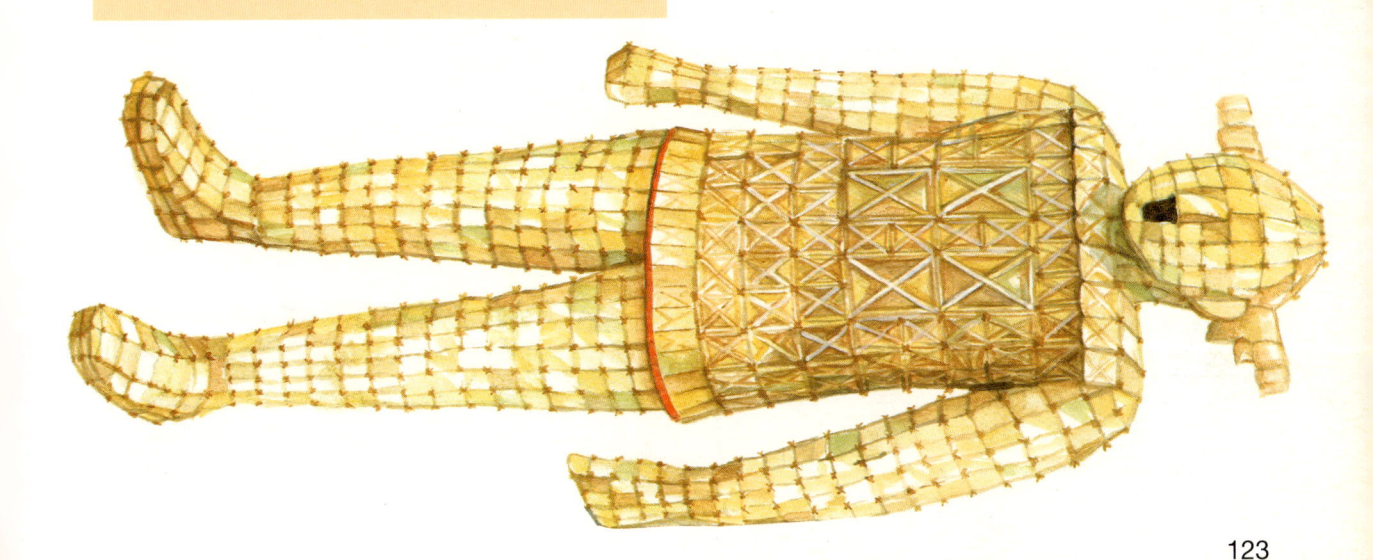

DE GRANDES DÉCOUVERTES SCIENTIFIQUES ET TECHNIQUES

Les Chinois de la période Han inventent la première boussole graduée. Ils ne l'utilisent pas pour se diriger en mer, mais pour bien orienter leurs temples.
Ils améliorent la cartographie, grâce à un système de quadrillage, et conçoivent des instruments qui permettent de mesurer le diamètre ou l'épaisseur d'un objet.
Les Chinois sont également à l'origine du gouvernail d'étambot et du harnais d'épaule, qui permet aux chevaux de tirer des charges plus lourdes. Ils sont aussi les premiers à construire des ponts suspendus, en bambou, dans l'Himalaya : larges de 15 mètres, selon certains témoignages, ceux-ci apparaissent dès le 1er siècle av. J.-C.

▲ Les représentants de l'empereur sont traités avec grand respect. Lorsqu'ils se déplacent, ils bénéficient de relais où ils se reposent, se ravitaillent et changent de chevaux.

▼ Deux tombes royales ont été découvertes dans les années 1960. Parmi les objets mis au jour se trouvent deux costumes composés de deux mille plaques de jade liées par des fils d'or. Les Chinois pensaient que le jade conservait le corps.

499 av. J.-C.-500 ap. J.-C.

Les religions

À l'origine, les sociétés antiques sont polythéistes. Les Grecs, comme les Romains ou les Indiens, rendent ainsi un culte à de nombreux dieux et déesses. Il existe cependant souvent une divinité plus puissante que les autres, tel Zeus chez les Grecs. Le bouddhisme (*voir* p. 64), à la fois philosophie et religion, se répand à travers l'Asie. Depuis l'Inde, il gagne le Tibet, la Chine, la Corée, le Japon.
Au 1er siècle de notre ère, les disciples de Jésus de Nazareth (*voir* pp. 128-129) répandent la parole du Christ. Le christianisme se développe peu à peu et, au 4e siècle, il devient la religion officielle de l'Empire romain.

◀ Les statues des divinités, généralement placées à l'intérieur des temples, comptent parmi les chefs-d'œuvre des artistes de l'Antiquité. Ci-contre, une déesse grecque.

▼ Les Romains rendent un culte à des divinités domestiques, les dieux lares. Ici, un autel trouvé à Herculanum.

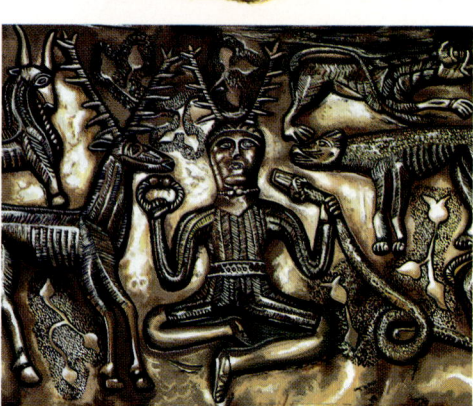

▲ Cette représentation du dieu celtique Cernunnos décore un chaudron fabriqué vers 100 après J.-C.

▼ Mariage romain. Les jeunes époux se tiennent la main. Les Romains observent scrupuleusement les rites propres à chaque cérémonie.

▲ *Fresque chrétienne primitive des catacombes romaines. Avant que le christianisme ne devienne religion officielle, ses fidèles sont souvent persécutés. Les catacombes font office de cimetières souterrains ; elles servent aussi de lieux secrets de réunion.*

▶ *Cette « empreinte du pied de Bouddha » a été sculptée en Inde. À l'époque de la diffusion du bouddhisme, ces représentations marquent les endroits qu'aurait visités, selon la tradition, l'« Illuminé ». L'art religieux bouddhique a également donné naissance à de remarquables édifices coiffés d'un dôme, les stupa, ainsi qu'à des statues monumentales de Bouddha.*

◀ *Pour les Chinois, les forces du cosmos sont le yin – le repos – et le yang – le mouvement. Ci-dessous, un oiseau mythique de Chine du Sud.*

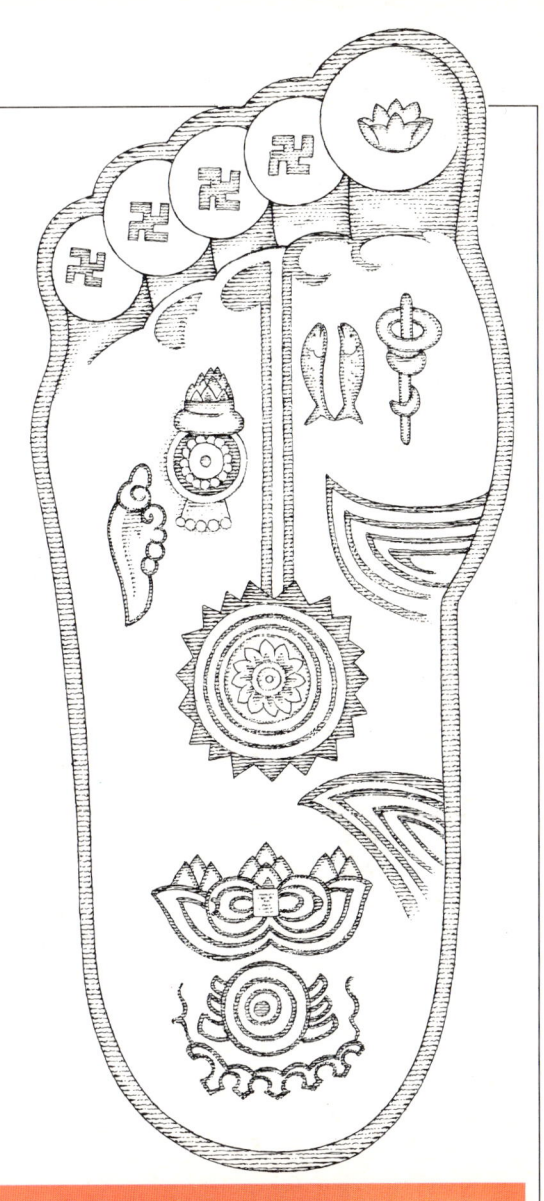

Yang
Yin

À CETTE ÉPOQUE

5ᵉ siècle av. J.-C. Les Celtes enterrent les morts avec leurs armes.

280 av. J.-C. Une statue monumentale d'Hélios est érigée dans le port de Rhodes (le « colosse de Rhodes »).

250 av. J.-C. Le bouddhisme atteint le sud de l'Inde et Ceylan (Sri Lanka). Premiers monuments bouddhistes en Inde.

6 av. J.-C. Année de naissance probable du Christ.

1ᵉʳ siècle ap. J.-C. Le bouddhisme atteint la Chine.

313 ap. J.-C. Le christianisme est autorisé dans l'Empire romain.

380 ap. J.-C. Le christianisme devient la religion officielle de l'Empire romain.

L'INFLUENCE DE ROME

Ap. J.-C.

- **79** Italie : éruption du Vésuve ; les villes de Pompéi et d'Herculanum sont ensevelies.
- **81** Rome : mort de l'empereur Titus ; Domitien lui succède (jusqu'en 96).
- **96** Rome : assassinat de l'empereur Domitien ; Nerva lui succède (jusqu'en 98) et fonde la dynastie des Antonins.
- **97** Chine : les troupes du général Ban Chao traversent l'Asie centrale jusqu'à la mer Caspienne, le point le plus à l'ouest jamais atteint par l'armée chinoise.
- **98-117** Rome : règne de l'empereur Trajan. Dernière période de l'expansion romaine.

Ce bronze chinois représente une chimère, *un monstre fabuleux à queue de dragon.*

- **v. 100** Grèce : naissance de l'astronome et cartographe Ptolémée (mort v. 170). Composition du quatrième Évangile, attribué à Jean.
  Océanie : peuplement des îles Hawaii.
  Chine : invention du papier.
- **115** Proche-Orient : soulèvement des juifs exilés en Mésopotamie et en Égypte ; Trajan écrase la révolte.
- **116** Rome : Trajan étend l'empire à l'est, jusqu'au Tigre, en Mésopotamie ; celui-ci atteint son extension maximale.
- **117-138** Rome : règne de l'empereur Hadrien.

L'influence de Rome

L'Empire romain atteint son apogée au 2e siècle de notre ère. Des pays aussi éloignés que l'Angleterre et la Syrie en font partie. Les gens aisés, « romanisés », apprennent le latin et le grec, s'habillent comme à Rome, vivent à la romaine… Être Romain ne signifie plus que l'on habite la capitale, mais que l'on appartient à l'empire.

Malgré l'étendue des territoires qu'ils dominent, les empereurs réussissent à développer une remarquable administration. Pendant près de deux siècles, ils parviennent à mettre fin aux conflits locaux et à imposer la *pax romana* – la paix romaine. L'agriculture et le commerce prennent alors le pas sur la guerre.

POMPÉI

Dans la journée du 24 août 79, un nuage obscurcit le ciel au-dessus de la ville de Pompéi. Le Vésuve entre en éruption et déverse des tonnes de cendres sur la cité. Des milliers de personnes meurent brutalement dans les heures qui suivent, surprises dans leurs activités quotidiennes. À partir du 18e siècle, les fouilles archéologiques ont révélé cette vie qui s'est soudain figée sous les cendres volcaniques.

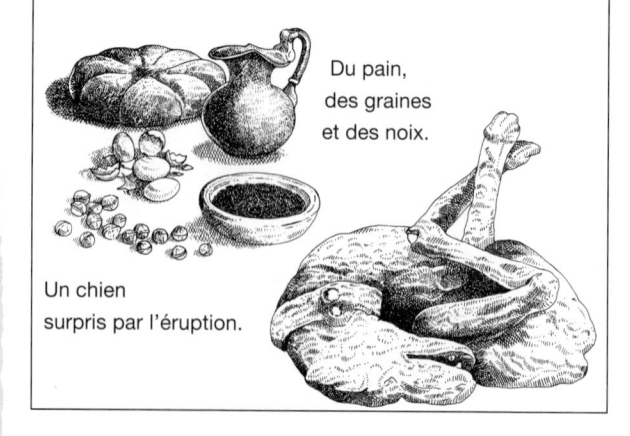

Du pain, des graines et des noix.

Un chien surpris par l'éruption.

79-117 ap. J.-C.

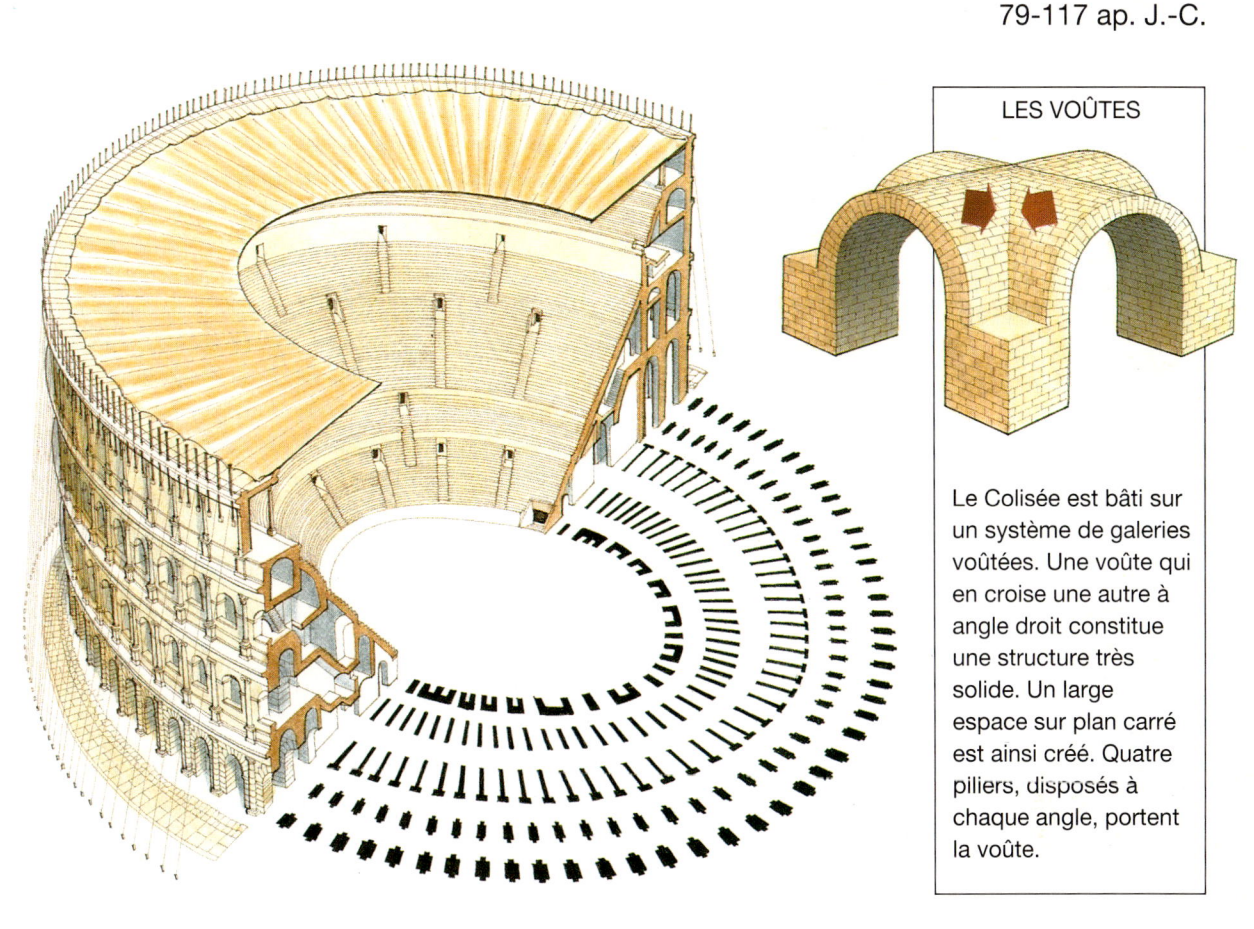

LES VOÛTES

Le Colisée est bâti sur un système de galeries voûtées. Une voûte qui en croise une autre à angle droit constitue une structure très solide. Un large espace sur plan carré est ainsi créé. Quatre piliers, disposés à chaque angle, portent la voûte.

▲ Les combats de gladiateurs, qui se terminent souvent par la mort des vaincus, sont très appréciés. Les amphithéâtres (ci-dessus, le Colisée, à Rome) sont conçus pour ces cruelles représentations.

▼ Les Romains prennent leur repas allongés sur des lits. Les gens riches sont servis par des esclaves. Le repas le plus important est le dîner (la cena) ; il a lieu au milieu de l'après-midi, à la fin de la journée de travail.

Les Romains sont des architectes et des urbanistes remarquables. Ils diffusent partout leur savoir-faire, dotant chaque ville de bains publics (thermes), d'égouts, de fontaines, de théâtres et d'amphithéâtres. Les riches demeures possèdent un confort inconnu jusque-là : équipées souvent d'un chauffage central, elles disposent en outre d'une salle de bain et de toilettes. Les plus belles sont décorées de fresques et de mosaïques.

LES DÉBUTS DU CHRISTIANISME

Les débuts du christianisme

Depuis longtemps, les juifs attendent un Messie. Lorsque Jésus de Nazareth commence à prêcher dans la Judée conquise par les Romains, il passe, auprès de certains juifs, pour ce sauveur, tandis que d'autres pensent qu'il s'agit d'un imposteur. Arrêté, il est jugé et condamné à être crucifié. Après sa mort, certains de ses disciples, les apôtres Matthieu, Marc, Luc et Jean, rapportent dans leurs écrits (entre 65 environ et 90 ap. J.-C.) sa vie et son enseignement : ce sont les Évangiles. Ainsi naît une nouvelle religion, distincte du judaïsme, le christianisme.

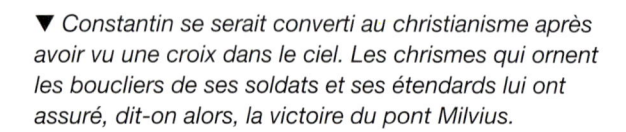

▼ Constantin se serait converti au christianisme après avoir vu une croix dans le ciel. Les chrismes qui ornent les boucliers de ses soldats et ses étendards lui ont assuré, dit-on alors, la victoire du pont Milvius.

▲ Pour échapper à leurs ennemis, les premiers chrétiens se réfugient dans les catacombes de Rome. Ils y enterrent leurs morts et y prient. La loi romaine protège tous les cimetières des profanations.

JÉSUS DE NAZARETH

Jésus naît à Bethléem, en Judée romaine, vraisemblablement en l'an 6... avant l'ère chrétienne. Vers l'an 27 – il a alors 33 ans –, il commence à prêcher. On dit qu'il accomplit de nombreux miracles. Jésus parle de l'avènement du Royaume de Dieu... et de ce qu'il faut faire pour y accéder. Il délivre un message d'amour, de fraternité, d'accueil. Il critique aussi les autorités religieuses juives et se dit fils de Dieu, ce que les juifs considèrent comme un blasphème. Ils demandent alors à Ponce-Pilate, procurateur de Judée, de le juger, prétextant que Jésus, en se déclarant roi des Juifs, met en péril l'empire romain. Bien qu'il n'ait relevé aucune charge contre Jésus, Ponce-Pilate le condamne à mourir sur la croix. Trois jours plus tard, ses fidèles affirment qu'il est ressuscité. Cette victoire du Christ sur la mort est le fondement de la religion chrétienne.

L'enseignement du Christ est d'abord diffusé par ses disciples, ainsi que par un citoyen romain converti : Paul. Il s'adresse à tous, annonçant la venue du royaume de Dieu et portant un message d'amour et de fraternité. Les conversions sont rapides. Cette nouvelle religion n'est pas autorisée pendant les trois premiers siècles de notre ère. Au milieu du 3ᵉ siècle, pourtant, elle s'est répandue d'un bout à l'autre de l'empire, malgré les persécutions et la mort de nombreux chrétiens.

Sous Constantin, en 313, le christianisme est autorisé. En 380, sous Théodose, il devient religion d'État. Les empereurs romains se considèrent alors comme des *milites Christi* – des soldats du Christ – et défendent la religion chrétienne. Dès lors, celle-ci va fortement influencer la civilisation occidentale.

Ap. J.-C.

122-126 Angleterre : l'empereur romain Hadrien fait édifier un grand ouvrage fortifié (mur d'Hadrien) pour protéger la partie du pays conquise par les Romains.
128 Orient : voyage d'Hadrien en Grèce, en Asie Mineure et en Égypte où il fonde la ville d'Antinoë (130).
v. 130 Grèce : naissance du médecin Galien (mort v. 200).
132-135 Palestine : révolte juive, réprimée par Hadrien ; destruction de Jérusalem et dispersion de ses habitants.
138 Rome : mort de l'empereur Hadrien ; Antonin le Pieux lui succède (jusqu'en 161).
150 Asie : la Corée s'affranchit de la tutelle chinoise.
161 Rome : mort de l'empereur Antonin le Pieux ; Marc Aurèle lui succède (jusqu'en 180).
166 Europe : des soldats romains de l'armée d'Orient introduisent la peste à Rome ; la maladie se propage dans toute l'Europe occidentale et sévit pendant plus de 20 ans.

Le chrisme est constitué des deux premières lettres du mot Christ en grec : khi (χ) et rhô (ρ).

180 Rome : mort de Marc Aurèle ; son fils Commode lui succède (jusqu'en 192).
v. 180 Afrique : premières persécutions contre les chrétiens africains.
189 Chine : l'armée massacre les eunuques qui avaient trop d'influence à la cour impériale ; Hien-ti, dernier empereur de la dynastie des Han (jusqu'en 220).

LES PARTHES ET LES SASSANIDES

Les Parthes et les Sassanides

Les Parthes sont des nomades qui s'installent en Perse – l'Iran actuel – au début du 1er millénaire av. J.-C. D'abord soumis aux Perses, puis aux Séleucides, ils établissent un royaume indépendant vers le milieu du 3e siècle av. J.-C. Leur territoire s'étend de la mer Caspienne au golfe Persique. Au 2e siècle av. J.-C., le roi Mithridate Ier (v. 171- v. 138) parvient jusqu'en Asie Mineure. Pour prendre le pouvoir et s'y maintenir, il s'appuie sur une armée forte notamment d'une cavalerie d'archers cuirassés. Par la suite, les Parthes connaissent une histoire agitée, marquée par de nombreux affrontements avec Rome. Leur dernier roi est tué en 224 ap. J.-C. par un chef perse, Ardachêr, qui fonde la dynastie sassanide.

Les Sassanides souhaitent prendre modèle sur les anciens rois de Perse, comme Darios Ier (*voir* pp. 74-75). Ctésiphon, leur capitale, devient d'ailleurs très vite le centre d'une brillante civilisation, qui rivalise avec Rome.

▲ *Les Parthes et les Sassanides tirent l'une de leurs richesses de la route de la soie qui traverse leur territoire. Cet Hercule protecteur, sculpté dans la roche, en assure la garde…*

▼ *En 260 ap. J.-C., l'empereur Valérien, vaincu, se rend à Châhpuhr Ier. La tradition rapporte qu'il aurait été écorché, empaillé et exposé aux yeux de tous.*

CHÂHPUHR Ier
(?-272 ap. J.-C.)

Roi sassanide en 241, Châhpuhr Ier est avant tout un guerrier ; il combat les Romains et d'autres adversaires. Sous son règne, les arts connaissent un grand essor.

LE POLO

Le polo est un sport équestre très ancien, sans doute originaire de Perse. Les Parthes, puis les Sassanides, le pratiquent pour entraîner leurs cavaliers. Il peut alors y avoir jusqu'à cent joueurs dans chaque équipe. Les règles du polo moderne ont été mises au point en 1862.

Châhpuhr Ier (241-272 ap. J.-C.), successeur d'Ardachêr, poursuit sa politique de conquête ; il bat l'empereur romain Valérien, conquiert l'Arménie et envahit la Syrie romaine ainsi que la Cappadoce. Après son règne, les deux empires s'affronteront encore souvent.

▼ *Les Parthes sont des cavaliers remarquables. Même au galop, ils ont la réputation d'être capables de se retourner pour lancer une flèche : c'est ce que l'on appelle le « trait (la flèche) du Parthe ».*

Ap. J.-C.

193-211 Rome : règne de l'empereur Septime Sévère.
v. 200 Amérique du Nord : essor de la civilisation des Indiens Hopewell dans l'est.
v. 205 Inde : début de la composition du *Mahabharata*.
211 Rome : règne de l'empereur Caracalla (jusqu'en 217) ; il accorde la citoyenneté romaine à tous les habitants libres de l'Empire.
218-222 Rome : règne de l'empereur Élagabal ; il impose une nouvelle forme du culte du Soleil.
220 Chine : mort de l'empereur Hien-Ti, fin de la dynastie Han et division de l'empire en trois royaumes distincts : Wei au nord, Wu au sud-est et Shu Han au sud-ouest.

Le roi sassanide de Perse Châhpuhr Ier a fait construire ce somptueux palais à Ctésiphon, au sud-est de Bagdad.

222-235 Rome : règne de l'empereur Sévère Alexandre.
v. 224-241 Perse : règne d'Ardachêr Ier, fondateur de la dynastie des Sassanides.
235-238 Rome : règne de l'empereur Maximin Ier.
238-244 Rome : règne de l'empereur Gordien III le Pieux.
241-272 Perse : Châhpuhr Ier règne sur l'Empire sassanide.
244-249 Rome : règne de l'empereur Philippe l'Arabe.
249-251 Rome : règne de l'empereur Decius, qui rétablit la religion romaine traditionnelle.

499 av. J.-C.-500 ap. J.-C.

Les sciences et les techniques

Les grands empires de l'Antiquité classique ont connu d'importants progrès scientifiques et techniques. Certaines inventions sont parfois des solutions simples apportées à des problèmes pratiques, mais de nombreuses découvertes sont faites par des savants qui exercent leur talent dans divers domaines. C'est le cas, par exemple, du philosophe grec Aristote (384-322 av. J.-C.), auteur de traités de logique, de politique, d'histoire naturelle et de physique. En Chine, plusieurs découvertes, souvent décisives pour l'avenir, ont lieu à l'époque antique : le gouvernail d'étambot, la brouette, le papier, le collier d'attelage…

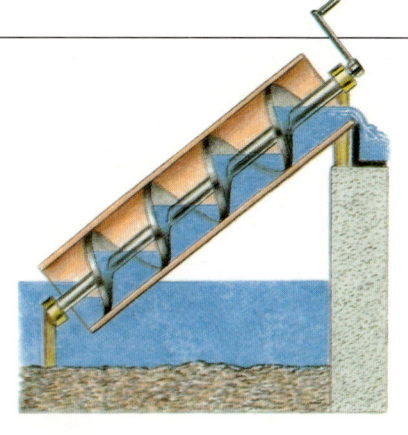

◀ La vis d'Archimède permet d'élever de l'eau en un mouvement continu. Archimède (v. 287-212 av. J.-C.) est un savant originaire de Syracuse, une colonie grecque de Sicile.

▼ La fabrication du papier se développe en Chine sous la dynastie Han.

▲ Le boulier est d'un usage courant en Chine dès l'Antiquité. Il permet de calculer très rapidement.

◀ Ce médecin grec ausculte un jeune patient. Les Grecs – dont Hippocrate (v. 460-v. 377 av. J.-C.), le « père de la médecine » – développent l'art de soigner et l'étude de l'anatomie. Leurs connaissances ont aussi aidé les sculpteurs à mieux représenter le corps humain.

LES QUATRE ÉLÉMENTS

Pour Aristote, tout repose sur la combinaison de quatre éléments fondamentaux : la terre, l'eau, le feu et l'air. Ils sont à l'origine de quatre grandes propriétés : le chaud, le froid, l'humide et le sec.

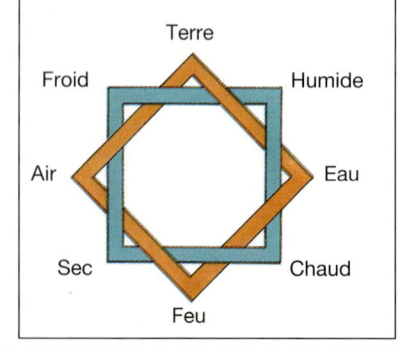

À CETTE ÉPOQUE

v. 450 av. J.-C. En Afrique, apparition dans la culture Nok de petits fourneaux servant à fondre le fer.
v. 287 av. J.-C. Naissance d'Archimède.
v. 200 av. J.-C. Les Romains développent l'utilisation du mortier.
2ᵉ siècle ap. J.-C. Apparition en Chine des premiers sismographes.
127 ap. J.-C. Publication, en Égypte, du premier livre d'astronomie de Ptolémée. Ce savant s'intéresse aussi à la musique, aux mathématiques et à la géographie.
v. 270 ap. J.-C. Utilisation, en Chine, de la première boussole.

▲ Ptolémée place la Terre au centre de l'Univers : le Soleil et toutes les planètes tournent autour d'elle !

▼ Dessin extrait d'un traité chinois d'acupuncture. L'acupuncteur soigne certaines maladies en piquant le corps avec des aiguilles en des points précis.

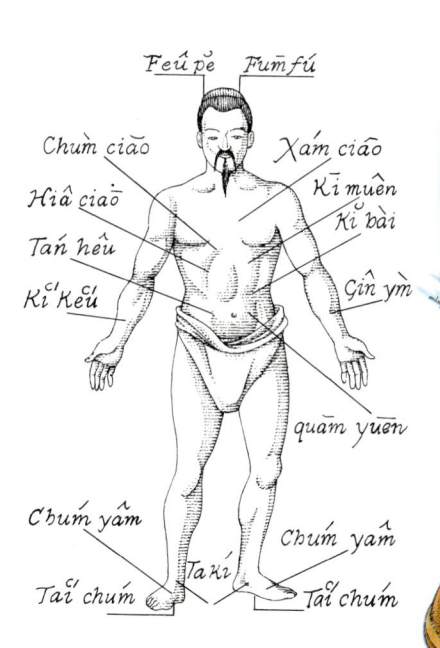

▶ Machine à sous distributrice d'eau sacrée dans un sanctuaire grec. En mettant une pièce dans la fente, le fidèle déclenche un mécanisme qui lui permet d'obtenir un volume d'eau.

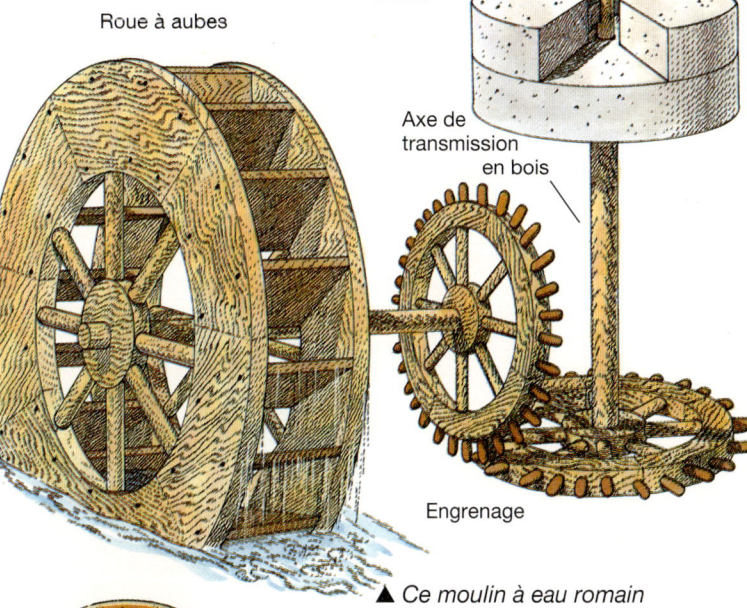

▲ Ce moulin à eau romain a été fabriqué au début du 2ᵉ siècle ap. J.-C. Le mouvement de la roue à aubes se transmet, grâce à un engrenage et à un axe de transmission, à une meule en pierre qui moud le grain. À Barbegal, en Provence, au 3ᵉ siècle, seize roues de ce type, actionnant seize meules, broient plus de 2 tonnes de blé par jour. Les Chinois connaissent ce type de roue à aubes.

133

LES AMÉRIQUES

Les Amériques

Les Indiens d'Amérique sont les descendants des chasseurs-cueilleurs venus par vagues successives lors de la dernière glaciation (*voir* p. 13). Ils ont colonisé peu à peu tout le continent. En Amérique du Nord, ils se répartissent en différentes tribus. Si certaines sont sédentaires, la plupart pratiquent le nomadisme. Ces peuples ne connaissent pas l'écriture. Les Indiens Hopewell se distinguent par une

▲ Au début du 3ᵉ siècle de notre ère, un artisan hopewell a réalisé ces serres d'aigle dans du mica.

◀ Notre connaissance des peuples américains vers le 4ᵉ siècle ap. J.-C. reste assez imprécise.

▲ Cette sculpture provient de Teotihuacan, sans doute l'une des plus grandes villes du monde vers 450 ap. J.-C.

RELIGION

On connaît peu de choses des croyances et des rites des peuples d'Amérique du Nord à cette époque, si ce n'est que certains d'entre eux enterrent leurs morts sous des tumulus. Nous en savons plus sur la religion des habitants de Teotihuacan : ils adressent des prières au dieu de la Pluie, Tlaloc, ainsi qu'à la Lune et au Soleil. Leur divinité la plus importante est le serpent à plumes Quetzalcoatl.

culture originale. Ils occupent la vallée de l'Ohio dès le 10ᵉ siècle av. J.-C. Vers le 2ᵉ siècle av. J.-C., ils dominent la région et contrôlent le commerce.

En Amérique centrale, au 4ᵉ siècle ap. J.-C., au moment de l'apogée des Mayas (*voir* pp. 150-151), une cité-État des hauts plateaux de l'actuel Mexique, Teotihuacan, se couvre de pyramides et de palais.

C'est une ville impressionnante. À sa périphérie, des paysans cultivent maïs, haricots et potirons. Des artisans fabriquent des outils en obsidienne et de belles poteries. De remarquables artistes s'illustrent dans les domaines de la sculpture et de la peinture murale. Le déclin de Teotihuacan, au 7ᵉ siècle, reste inexpliqué.

▼ *Ce grand tumulus en forme de serpent a été érigé par les Indiens Hopewell dans l'Ohio. D'autres tumulus s'inspirant d'une silhouette animale sont parvenus jusqu'à nous. Certains encore ont une forme de dôme.*

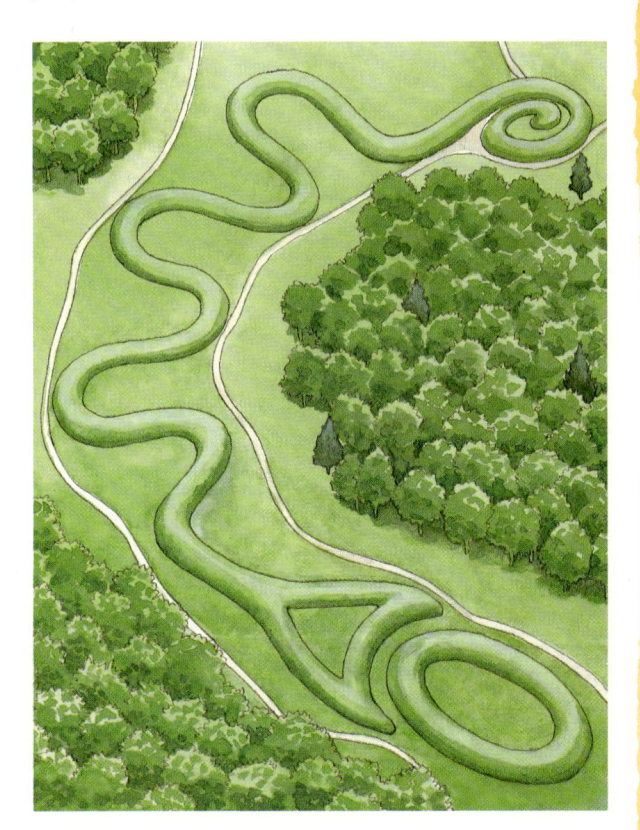

251-300 ap. J.-C.

Ap. J.-C.
- **251-253** Rome : règne de l'empereur Gallus.
- **253-260** Rome : règne de l'empereur Valérien.
- **260** Rome : mort de Valérien, capturé par Châhpuhr Iᵉʳ de Perse ; Gallien lui succède (jusqu'en 268). Période des « Trente Tyrans », des usurpateurs qui tentent de prendre le pouvoir dans les provinces romaines.
- **268** Grèce : les Goths saccagent Athènes, Corinthe et Sparte. Rome : règne de Claude II le Gothique (jusqu'en 270).

La citrouille est l'une des nombreuses espèces végétales cultivées par les Mayas.

- **270-275** Rome : règne de l'empereur Aurélien.
- **275-276** Rome : règne de l'empereur Tacite. Gaule : invasion des Francs et des Alamans (peuples germaniques) ; ils sont repoussés par les Romains.
- **276-282** Rome : règne de l'empereur Probus.
- **280** Chine : réunification des trois royaumes et fondation de la dynastie Jin.
- **282-283** Rome : règne de l'empereur Carus.
- **284-305** Rome : règne de l'empereur Dioclétien.
- **286** Rome : partage de l'empire entre l'empire d'Orient, dirigé par Dioclétien, et l'empire d'Occident, contrôlé par Maximien.
- **287** Angleterre : le gouverneur Carausius se révolte contre Rome et obtient l'indépendance de la Bretagne ; il sera assassiné en 293 par Allectus, son ancien allié.
- **296-297** Perse : guerre contre Rome ; Rome cède la Mésopotamie à la Perse ; le Tigre marque désormais la frontière entre les deux empires.
- **300** Amérique centrale : début de la période classique de la civilisation maya au Mexique, au Guatemala et au Honduras. Essor de la cité de Teotihuacan.

L'INDE DES GUPTA

Ap. J.-C.
- **303** Empire d'Orient : Dioclétien fait persécuter les chrétiens ; il leur interdit l'armée et la fonction publique, fait détruire leurs églises et leurs livres. De nombreux chrétiens sont tués.
- **305** Rome : Dioclétien et Maximien abdiquent ; crise de succession.
- **306-337** Empire d'Orient : règne de l'empereur Constantin Ier le Grand.
- **308-312** Empire d'Occident : règne de l'empereur Maxence, fils de Maximien.
- **309-379** Perse : règne de Châhpuhr II.
- **312** Rome : bataille du pont Milvius ; victoire de Constantin Ier sur Maxence. Constantin se tourne vers le christianisme.
- **313** Empire d'Orient : édit de Milan ; Constantin établit la liberté religieuse (autorisation du christianisme).

Cette statue représente Krishna, l'une des dix incarnations de Visnu, grande divinité hindouiste. Dieu sauveur des Hindous, celui-ci prend parfois forme humaine pour défendre ou réconforter l'humanité.

- **313** Construction de la première basilique chrétienne à Rome, capitale de l'empire.
- **317** Chine : nouvelle division de l'empire (jusqu'en 589).
- **320-335** Inde : règne de Candragupta Ier, fondateur de la dynastie gupta.
- **324** Rome : Constantin Ier réunifie l'Empire romain.
- **325** Rome : Constantin convoque un concile chrétien à Nicée ; adoption du symbole de Nicée, qui définit le credo de la foi chrétienne.
- **330** Asie : Constantin fonde Constantinople (l'actuelle Istanbul), sur le site antique de Byzance. La cité devient la capitale de l'Empire romain.

L'Inde des Gupta

Candragupta Ier, le premier empereur vraiment connu de la dynastie gupta, monte sur le trône indien en 320 ap. J.-C. Les Gupta gouvernent une partie de l'Inde pendant les deux siècles suivants. Ils sont originaires de Magadha, un royaume situé au nord du pays.

Sous leur règne, de nombreux villages apparaissent dans des régions qui n'avaient pas été mises en valeur jusque-là. Le développement économique du pays s'accompagne de la diffusion de l'hindouisme (*voir* pp. 96-97) : les prêtres jouent alors un grand rôle. Dans les campagnes, ils enseignent l'agriculture en même temps que la religion. Cependant, le soutien des Gupta à l'hindouisme n'empêche pas

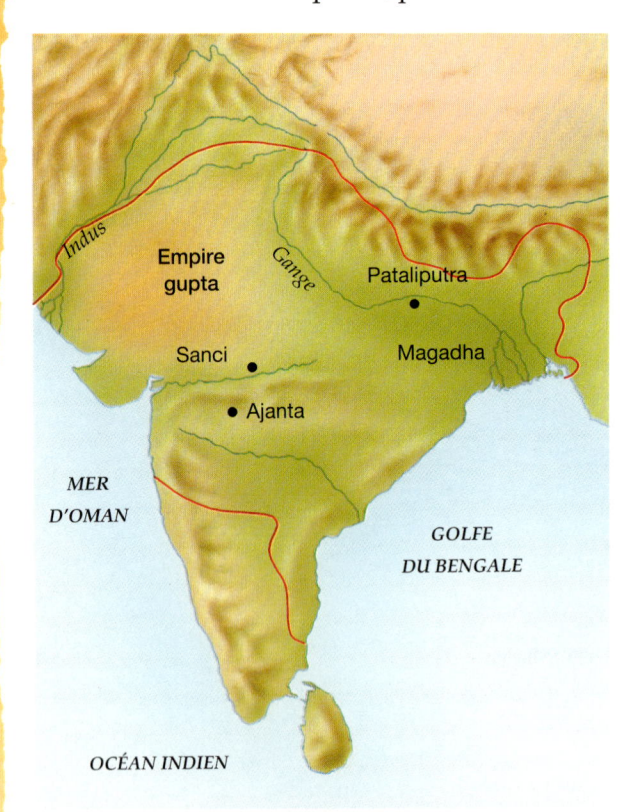

▲ *Les Gupta règnent sur toute l'Inde, à l'exception du sud.*

303-330 ap. J.-C.

▲ Les peintures murales de l'époque gupta sont souvent très expressives. Cette scène, qui représente des danseurs et des musiciens à la cour royale, provient d'Ajanta. Des comédiens, des acrobates, des magiciens et des lutteurs s'y produisent également.

◄ Les hindous, comme les bouddhistes, pensent que la vie est un éternel retour de cycles. La roue sculptée dans leurs temples symbolise ce renouvellement permanent.

le bouddhisme de prospérer. D'ailleurs, bien que rivales, les deux religions développent des doctrines assez proches.

Sous les empereurs gupta, les arts s'épanouissent en Inde. La musique et la danse sont codifiées sous une forme qui est encore en usage aujourd'hui. La sculpture religieuse – bouddhiste et hindouiste – servira de modèle aux artistes des siècles suivants. Le poète Kalidasa (4e-5e siècle), quant à lui, chante l'amour, l'aventure et la nature, atteignant une perfection rarement égalée.

SATI

Le sati est une coutume largement répandue chez les hindouistes à l'époque des Gupta. Par fidélité, pour suivre son époux jusqu'au bout, la femme d'un homme qui vient de mourir l'accompagne dans l'au-delà en montant sur son bûcher funéraire. Cette pratique a été interdite en 1829, mais elle s'est encore perpétuée quelque temps.

CHIFFRES « ARABES »

Les chiffres arabes que nous utilisons ont en fait été inventés par des mathématiciens indiens. Les savants arabes les ont adoptés après être entrés en relation avec l'Inde, au 8e siècle de notre ère. Ils diffusent ce système dans le monde musulman, mais aussi dans l'Europe chrétienne, où sa première utilisation est attestée à la fin du 10e siècle.

499 av. J.-C. - 500 ap. J.-C.

Société et gouvernement

Les grands empires de l'Antiquité ont plusieurs points communs. Ceux de Chine, de l'Inde ou de Rome sont le fruit de conquêtes successives. L'empereur maintient leur cohésion grâce à un pouvoir central fort, s'appuyant sur une armée puissante et une solide administration. Lorsque les provinces ne sont plus tenues ou que les soldats n'obéissent plus, l'empire se désagrège. L'armée joue donc un rôle politique capital : il est fréquent qu'elle renverse un empereur… pour en imposer un autre.
La notion de démocratie apparaît à Athènes durant cette période (*voir* pp. 82 à 85), mais elle conserve un caractère exceptionnel. En outre, comme toutes les sociétés antiques, Athènes pratique l'esclavage.
Le rôle des esclaves est très important : ils assurent les travaux les plus pénibles, mais peuvent aussi être enseignants ou médecins. Ils sont parfois affranchis, devenant alors libres.

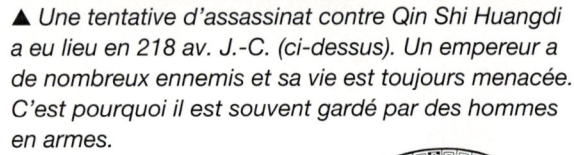

▲ Une tentative d'assassinat contre Qin Shi Huangdi a eu lieu en 218 av. J.-C. (ci-dessus). Un empereur a de nombreux ennemis et sa vie est toujours menacée. C'est pourquoi il est souvent gardé par des hommes en armes.

◀ En Inde, l'empereur Asoka fait ériger de nombreuses colonnes en pierre qui symbolisent son pouvoir.

▶ Cette esclave soutient un citoyen athénien pris de boisson.

À CETTE ÉPOQUE

461 av. J.-C. À Athènes, Périclès est stratège.
Fin du 4ᵉ siècle av. J.-C. Fondation de l'Empire maurya, en Inde.
221 av. J.-C. Qin Shi Huangdi devient le premier empereur de Chine.
212 av. J.-C. Qin Shi Huangdi fait brûler de nombreux livres pour que son peuple oublie « le bon vieux temps ».
27 av. J.-C. Auguste devient le premier empereur romain.
50 ap. J.-C. Rome est la ville la plus peuplée du monde ; elle compte près d'un million d'habitants.
132-135 ap. J.-C. Échec de la dernière révolte des Juifs contre Rome. La répression est terrible.
320 ap. J.-C. Fondation, en Inde, de l'Empire gupta.
476 ap. J.-C. Déposition de Romulus Augustule, dernier empereur romain d'Occident.

▼ À Athènes, l'assemblée des citoyens, l'ecclésia, se réunit et vote en plein air, sur la colline de la Pnyx. La démocratie grecque est le gouvernement du peuple par le peuple, pour le peuple. Cependant, tout le monde ne participe pas à l'assemblée : c'est le cas des femmes, des esclaves et des métèques (les étrangers). Les hommes politiques se succèdent à la tribune pour s'adresser aux citoyens. Des esclaves en armes assurent la police.

▲ Personnages représentatifs de la société romaine au début du 2ᵉ siècle de notre ère : **1** homme politique, sénateur ou consul ; **2** citoyens riches de haut rang – patriciens ; **3** simple soldat ; **4** centurion ; gens du peuple dont **5** un voyageur – reconnaissable à son chapeau ; **6** une femme et sa fille ; **7** un marchand de vin ; **8** un acteur costumé ; **9** un gladiateur de condition servile ; **10** des esclaves travaillant à la campagne.

▲ Les Grecs se prononcent pour un candidat en votant. Lorsque ce dernier devient impopulaire, ils peuvent le condamner à l'exil : c'est ce que l'on appelle l'ostracisme. Ce terme vient du nom du tesson de poterie – en grec, ostracon – sur lequel on inscrit le nom du citoyen que l'on veut voir quitter la cité.

LE DÉCLIN DE ROME

Ap. J.-C.

- **335-v. 375** Inde : règne de Samudragupta ; extension de l'Empire gupta, qui reste cependant confiné au nord de l'Inde et n'atteint pas l'extension de l'ex-Empire maurya. Période classique de l'Inde hindoue.
- **337** Rome : Constantin Ier se fait baptiser sur son lit de mort. Ses trois fils, Constance II, Constantin II le Jeune et Constant Ier, se partagent l'empire. Guerre contre Châhpuhr II de Perse (jusqu'en 350) ; les Romains parviennent à défendre leurs frontières orientales.
- **339** Perse : persécution des chrétiens.
- **v. 350** Orient : les Perses s'emparent de l'Arménie (province romaine). Afrique : le royaume d'Aksoum (Éthiopie actuelle) conquiert le royaume de Koush. Le christianisme se propage.
- **351-361** Rome : Constance II règne seul sur l'empire.
- **357** Rome : Julien, neveu de Constantin Ier, bat les Alamans et reprend la Rhénanie aux Francs.
- **359** Perse : Châhpuhr II repart en guerre contre Rome ; il est repoussé par Julien en 363.
- **361-363** Julien est proclamé empereur à Lutèce (Paris) ; il tente de réintroduire le paganisme. Corée : invasion du pays par les Japonais.

L'Arc de Constantin a été édifié à Rome en 312 pour commémorer la victoire de Constantin Ier sur son rival, Maxence.

Le déclin de Rome

L'Empire romain commence à décliner au 3e siècle de notre ère. Le pouvoir central s'affaiblit ; les empereurs sont souvent assassinés ou déposés par l'armée. Les peuples barbares menacent les frontières, tandis qu'il est de plus en plus difficile d'entretenir une armée efficace, faute notamment de recettes fiscales suffisantes.

C'est dans ce contexte que Dioclétien arrive au pouvoir, en 284. Il décide, pour mieux administrer l'empire, de le partager entre l'Orient et l'Occident. Chaque partie est alors dirigée par un empereur, assisté d'un co-empereur. L'armée est renforcée ; elle va compter jusqu'à 500 000 soldats !

335-361 ap. J.-C.

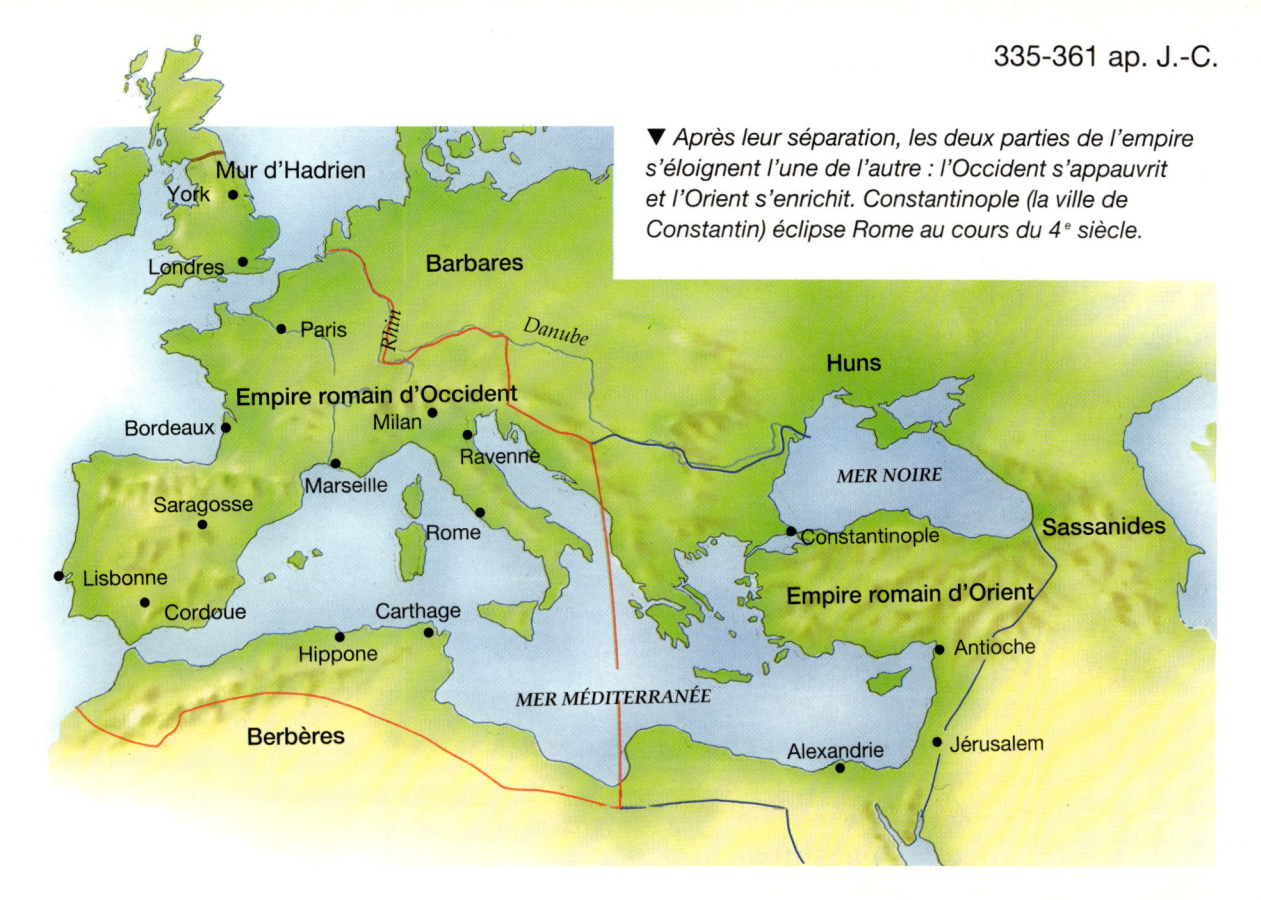

▼ Après leur séparation, les deux parties de l'empire s'éloignent l'une de l'autre : l'Occident s'appauvrit et l'Orient s'enrichit. Constantinople (la ville de Constantin) éclipse Rome au cours du 4ᵉ siècle.

◄ Pour mieux administrer l'empire, Dioclétien invente la tétrarchie, ou gouvernement de quatre souverains : deux augustes (les empereurs) sont assistés par deux césars (leurs lieutenants).

Les provinces sont, quant à elles, subdivisées, afin d'être mieux contrôlées et pour que l'on puisse y lever plus facilement les impôts. Afin de rassembler les populations de l'empire, Dioclétien renforce les cultes anciens. Il poursuit et persécute les chrétiens, car ceux-ci refusent de rendre un culte à l'empereur.

Constantin Iᵉʳ, qui règne de 306 à 337, hérite des réformes de Dioclétien. Cependant, bienveillant envers les chrétiens, il les laisse pratiquer leur culte. Leur influence ne cesse de s'étendre. En 330 ap. J.-C., Constantin transfère sa capitale à Byzance, qui reçoit le nom de Constantinople. Rapidement, cette cité rivalise avec Rome, puis la dépasse. Elle sera pendant des siècles, bien après la chute de l'Empire romain d'Occident, au cœur de l'empire d'Orient.

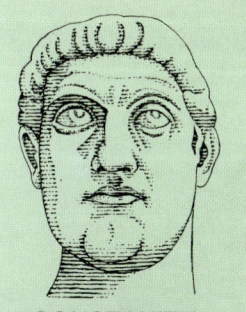

CONSTANTIN
(272-337 ap. J.-C.)

En 306, Constantin est proclamé empereur par l'armée. En 312, il voit, dit-on, une croix dans le ciel avant la bataille du pont Milvius, près de Rome. Il favorisera alors les chrétiens et se convertira sur son lit de mort. En 330, il fait de Byzance, désormais appelée Constantinople, sa capitale.

LE MUR D'HADRIEN

La menace extérieure devenant au fil du temps plus pressante, les Romains tentent de renforcer leurs frontières. Au nord de la Bretagne romaine (l'Angleterre), par exemple, ils construisent une muraille destinée à repousser les attaques continuelles des Scots et des Pictes. Construite sous Hadrien, elle court sur 117 km de long. Seize forts permettent le stationnement permanent des garnisons. Cependant, aussi élaborées soient-elles, ces fortifications ne suffiront pas à arrêter les barbares.

LE DÉCLIN DE ROME • LES BARBARES

Au 5ᵉ siècle, en effet, l'Empire romain d'Occident cède définitivement sous les assauts des peuples barbares. La ville éternelle elle-même, Rome, est mise à sac, et le dernier empereur, Romulus Augustule, est déposé en 476. L'empire est alors partagé entre plusieurs royaumes germaniques. Néanmoins, les barbares adoptent peu à peu certains modes de vie romains et se convertissent au christianisme.

L'Empire romain d'Orient, lui, connaîtra encore une histoire longue de plus de mille ans. Constantinople va dominer tout l'Orient méditerranéen. Au 6ᵉ siècle, l'empereur Justinien (*voir* pp. 162-163) tente même de rétablir l'unité de l'Empire romain ; il remporte des succès en Afrique, en Italie et en Espagne. Cette reconquête n'est cependant que de courte durée, et l'Empire byzantin aura fort à faire pour assurer sa stabilité. Pourtant, l'histoire de Constantinople ne s'achèvera qu'en 1453, lorsque les Turcs ottomans s'en empareront et en feront leur capitale (*voir* pp. 312-313).

▲ *À partir du 3ᵉ siècle ap. J.-C., on construit des murailles autour des villes romaines. Constantinople est fortifiée au 5ᵉ siècle ap. J.-C. (ci-dessus).*

▼ *L'empereur Justinien attaque les royaumes barbares. La pièce de monnaie ci-dessous a été frappée à l'occasion de la victoire du général Bélisaire sur les Vandales.*

◄ *Ces maisons de Wroxeter (Angleterre) montrent qu'au 5ᵉ siècle, après la chute de l'empire d'Occident, l'influence romaine n'a pas entièrement disparu. Les frontons triangulaires et les colonnes, en façade, rappellent l'architecture classique.*

363-395 ap. J.-C.

Les Barbares

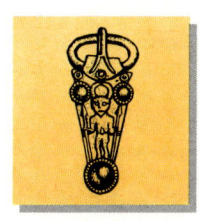

Les Grecs puis les Romains appellent barbares les peuples qui ne parlent pas leur langue et qui vivent en dehors de leur civilisation. C'est le cas, par exemple, des Germains, installés à l'est du Rhin. Ils pratiquent l'agriculture et travaillent le métal avec une grande habileté, disposant ainsi d'excellentes armes. Lorsque les Romains ont tenté de conquérir leur territoire, ils en ont été repoussés. Pendant plus de deux siècles, les frontières du nord-ouest de l'empire se sont ainsi stabilisées sur le Rhin.

Au 3e siècle, des Germains commencent à franchir la frontière, attirés par les richesses de l'empire. C'est la première vague importante d'invasion. L'Empire romain d'Occident se trouve alors dans une situation difficile : des tribus germaniques s'installent à l'intérieur de ses frontières, troublant la paix dans diverses provinces.

▼ *Régions d'origine des tribus barbares et principaux itinéraires empruntés lors des invasions. En pointillé, les frontières de l'Empire romain vers 400.*

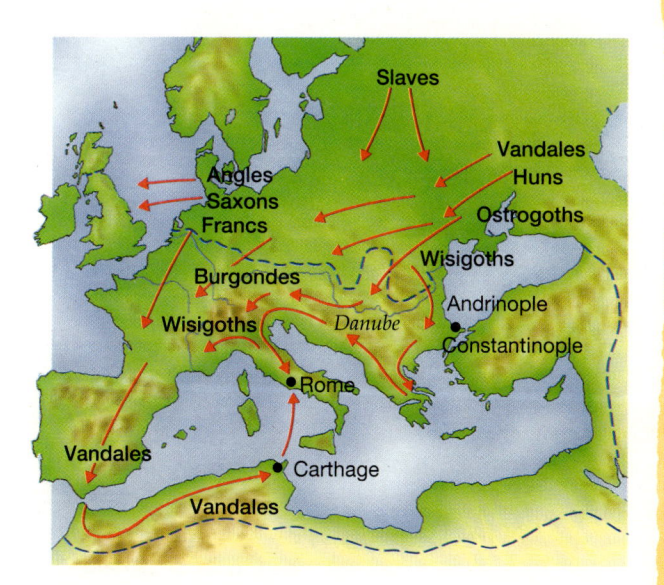

Ap. J.-C.

363-364 Empire romain : règne de l'empereur Jovien ; il restaure le christianisme.

364 Empire romain : Valentinien Ier règne sur l'Occident (jusqu'en 375) ; son frère Valens règne sur l'Orient (jusqu'en 378).

369 Angleterre : le général romain Théodose repousse les invasions des Pictes et des Scots.

v. 370 Égypte : naissance d'Hypatie, célèbre philosophe et mathématicienne grecque ; elle sera exécutée en 415 par les chrétiens d'Alexandrie.
Europe : invasion des Huns, venus d'Asie.
Corée : introduction du bouddhisme.

371-376 Perse : Châhpuhr II reprend la lutte contre Rome ; apogée de la puissance des Sassanides.

375 Empire d'Occident : règne de Gratien (jusqu'en 383).
Inde : Candragupta II règne sur l'Empire gupta (jusqu'en 414).

Les « barbares » utilisent des coupes à boire faites de corne de bovidé ciselées.

378 Empire d'Orient : défaite et mort de l'empereur Valens, tué par les Goths à Andrinople.

379-395 Empire d'Orient : règne de Théodose Ier le Grand ; il fait de Constantinople le centre du pouvoir impérial.
Perse : mort de Châhpuhr II ; plusieurs souverains sans prestige lui succèdent.

380 Empire d'Orient : Théodose Ier fait du christianisme la religion officielle de l'empire.

383 Empire d'Occident : Maxime, usurpateur romain, règne sur la Gaule, l'Espagne et l'Angleterre ; il sera vaincu et exécuté par Théodose Ier en 388.

394 Rome : Théodose Ier règne seul sur l'Empire romain ; il interdit les jeux Olympiques.

395 Grèce : Stilicon, chef militaire romain d'origine vandale, repousse les Wisigoths.

LES BARBARES

Ap. J.-C.
- **395** Empire romain : Honorius règne sur l'Occident (jusqu'en 423) ; son frère Arcadius règne sur l'Orient (jusqu'en 408).
- **396** Afrique : saint Augustin, l'un des Pères de l'Église latine, devient évêque d'Hippone ; auteur de *la Cité de Dieu* et des *Confessions*, il a exercé une grande influence sur la théologie chrétienne.

Les fibules sont des broches qui permettent d'agrafer les vêtements. Celle-ci a été fabriquée au Danemark, vers 400 ap. J.-C.

- **399** Italie : mort de sainte Fabiola, femme médecin fondatrice d'un hôpital à Ostie, près de Rome.
- **v. 400** Amérique du Sud : les Incas s'établissent dans les régions côtières. Océanie : les Polynésiens atteignent les îles les plus orientales de l'archipel.
- **5ᵉ siècle** Irlande : Brigide fonde un monastère à Kildare, première communauté chrétienne pour femmes. Japon : arrivée des premiers missionnaires bouddhistes.
- **401-417** Rome : Innocent Iᵉʳ, pape de l'Église romaine.
- **406** Gaule : invasion de la Gaule par des peuples germaniques, les Vandales, les Suèves et les Alains.
- **407** Angleterre : les légions romaines quittent le pays.
- **408-450** Empire d'Orient : règne de Théodose II.
- **409** Espagne : invasion des Vandales et des Suèves venus de Gaule.

Plusieurs empereurs redressent la situation. Aurélien, Dioclétien et Constantin (*voir* pp. 140-141) résistent à la pression des Barbares.

À la fin du 4ᵉ siècle, les Germains redeviennent très menaçants. Ils sont cette fois poussés par les Huns, un peuple nomade venu d'Asie centrale et qui progresse vers l'ouest. On assiste alors à l'irruption de différents peuples germaniques – les Goths, les Wisigoths, les Ostrogoths – dans la partie occidentale de l'Empire romain : ce sont les grandes invasions. Tous les Barbares ne sont pas hostiles à Rome. Nombreux sont ceux qui s'engagent dans l'armée ou qui s'installent sur des terres pour pratiquer l'agriculture. C'est d'ailleurs un général d'origine vandale, Stilicon, qui repousse les Wisigoths d'Alaric hors d'Italie du Nord.

STILICON
(v. 360-408)

Général romain d'origine vandale, Stilicon épouse la nièce de l'empereur Théodose. Il défend avec succès l'Italie contre les armées barbares. Il bat notamment Alaric en 403 et remporte une grande victoire sur les Goths en 406. Il est finalement assassiné.

ATTILA
(v. 395-453)

Attila, roi des Huns en 434, remporte plusieurs victoires sur les empereurs d'Orient et d'Occident. En 451, il pille plusieurs cités en Gaule, mais il est vaincu aux champs Catalauniques. Il conduit encore une expédition en Italie, un an avant sa mort, en 453.

395-409 ap. J.-C.

Mais ceux-ci parviennent néanmoins à piller Rome en 410.

Les Vandales mettent à sac, à leur tour, l'ancienne capitale impériale en 455. Dès lors, plus rien ne peut empêcher les Barbares de dominer les territoires qu'ils envahissent. Les Angles et les Saxons s'installent en Grande-Bretagne. Les Wisigoths s'implantent en Gaule, avant d'être repoussés vers la péninsule ibérique par les Francs et les Burgondes. Les Ostrogoths dominent l'Italie et l'Illyrie. Des empereurs dépourvus de toute autorité se succèdent pourtant jusqu'en 476. Un chef barbare, Odoacre, dépose alors un enfant de quatorze ans, le dernier empereur romain d'Occident : Romulus Augustule. Des royaumes barbares, souvent rivaux, s'installent sur des territoires qui ont été dominés par Rome pendant plusieurs siècles.

▶ *Les orfèvres et les artisans barbares travaillent l'or et d'autres métaux avec beaucoup de talent. Cette broche en bronze doré incrustée de pierreries est l'œuvre d'un Ostrogoth d'Espagne (fin du 5ᵉ siècle).*

▼ *Cette scène de bataille a pu être reconstituée grâce à un bas-relief du début du 3ᵉ siècle. L'armée romaine affronte les soldats d'une tribu germanique.*

LE JAPON DES ORIGINES

Ap. J.-C.
- **410** Rome : les Wisigoths, conduits par Alaric Ier, saccagent Rome.
- **421** Perse : début du règne de Bahrâm V (jusqu'en 438) ; persécution des chrétiens, défendus par les Romains de l'empire d'Orient.

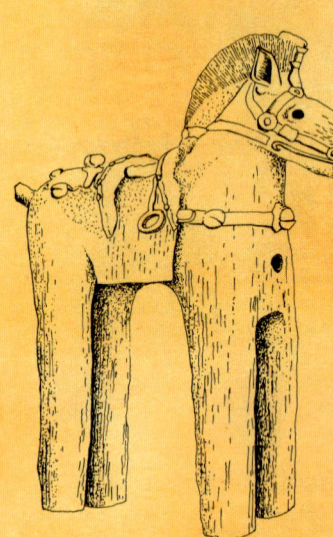

Au Japon, les sépultures des grands personnages sont entourées de cylindres d'argile fichés dans la terre, les haniwas. Ceux-ci sont surmontés de figures humaines ou animales comme ce cheval.

- **425** Empire d'Occident : règne de Valentinien III (jusqu'en 455).
  Empire d'Orient : fondation de l'université de Constantinople.
  Angleterre : invasion des Angles et des Saxons.
- **v. 425** Europe centrale : les Huns s'établissent en Pannonie.
- **429** Afrique du Nord : les Vandales envahissent la province romaine et y fondent leur propre royaume (jusqu'en 534).
- **430** Afrique : mort de saint Augustin.
- **432-461** Irlande : évangélisation de l'île par saint Patrick.
- **434-453** Europe : Attila, roi des Huns.
- **439** Afrique du Nord : Geiséric, roi vandale, s'empare de Carthage.
- **440** Rome : élection du pape Léon Ier le Grand (jusqu'en 461).
- **441** Gaule : venus d'Angleterre, des Bretons s'établissent en Armorique (l'actuelle Bretagne).
- **450-457** Empire d'Orient : règne de l'empereur Marcien.

Le Japon des origines

La Préhistoire, au Japon, se prolonge jusqu'au 4e siècle av. J.-C. Les anciens Japonais pratiquent alors la chasse et la cueillette ; ils ignorent encore l'écriture ainsi que l'élevage et l'agriculture. C'est le moment où une population bien organisée, passant par le sud de la Corée, commence à coloniser l'archipel. Ces nouveaux venus utilisent les métaux (le bronze et le fer) et pratiquent l'agriculture – en particulier la culture du riz et de l'orge.

Bien plus tard, au 3e siècle ap. J.-C., une princesse, que l'on connaît sous le nom de Pikimo, aurait assuré l'unité d'une trentaine de petits États jusqu'alors indépendants. Pikimo, dit-on, noue rapidement des liens avec la Chine dont la civilisation, très avancée, influence celle du

LES AÏNOUS

Les Aïnous sont de très anciens habitants du Japon. Leur origine reste incertaine ; cependant, la tradition qui en faisait le premier peuple des îles japonaises est sans doute fausse. Leur aspect physique les distingue des autres Japonais : ils ont une peau brun clair, un système pileux développé, un nez large. Ils ont occupé près de la moitié de l'archipel, puis ont été repoussés vers le nord. Aujourd'hui, les quinze mille membres de cette ethnie vivent à Sakhaline, aux Kouriles et, surtout, dans l'île d'Hokkaido. Ci-contre, deux patriarches aïnous.

Japon. Les Chinois transmettent notamment aux Japonais leur système d'écriture.

Au 4ᵉ siècle de notre ère, le clan qui domine la région de Yamato affirme son pouvoir et donne au Japon une dynastie dont se réclameront tous les empereurs qui se succéderont sur l'archipel. L'histoire et les légendes se mêlent étroitement. Ainsi, les Yamato prétendent être les descendants de la déesse du Soleil. Ils mettent sur pied une puissante armée qui leur permet de dominer le pays. Au 5ᵉ siècle, ils conquièrent même le sud de la Corée, dont les rois versent alors un tribut à l'empire du Japon.

Même si les Coréens parviennent par la suite à repousser les Japonais, l'Empire du Soleil Levant s'affirme désormais comme une puissance avec laquelle il faudra compter en Extrême-Orient (*voir* pp. 198-199).

410-450 ap. J.-C.

▲ *Ci-dessus, les quatre principales îles de l'archipel japonais. La plaine de Yamato, au centre de Honshu, est au cœur de la première « dynastie » impériale.*

◀ *Le shinto – qui signifie « chemin des dieux » – est la plus ancienne religion du Japon. Il conserve une grande importance. Ci-contre : deux prêtres shintoïstes.*

AMATERASU

Déesse du Soleil, Amaterasu est l'une des principales divinités de la très ancienne religion shintoïste. Selon une tradition qui remonte au début du 8ᵉ siècle de notre ère, elle serait l'ancêtre de la famille impériale japonaise.

▶ *Ci-contre, une reconstitution du sanctuaire d'Izumo, un temple shintoïste. Il a été reconstruit à la fin du 19ᵉ siècle. Son architecture témoigne d'un art japonais très ancien, qui n'a pas encore pris en compte les influences du bouddhisme.*

499 av. J.-C.-500 ap. J.-C.

Le commerce

Dans l'Antiquité, le commerce représente déjà une activité essentielle. Les magasins d'Athènes ou de Rome proposent à leurs clients des produits qui viennent de l'ensemble du monde connu.
Dès le 6ᵉ siècle av. J.-C., les Grecs possèdent des comptoirs commerciaux qui s'étendent de l'Italie du Sud à la mer Noire. Ils vont y chercher de blé et du bois et y exportent des produits de luxe, comme les fameuses poteries peintes athéniennes.
À l'époque romaine, les routes commerciales – terrestres ou maritimes – sillonnent l'empire ; elles vont jusqu'en Inde et en Chine. Les Romains, en effet, apprécient les soieries chinoises et les épices indiennes.

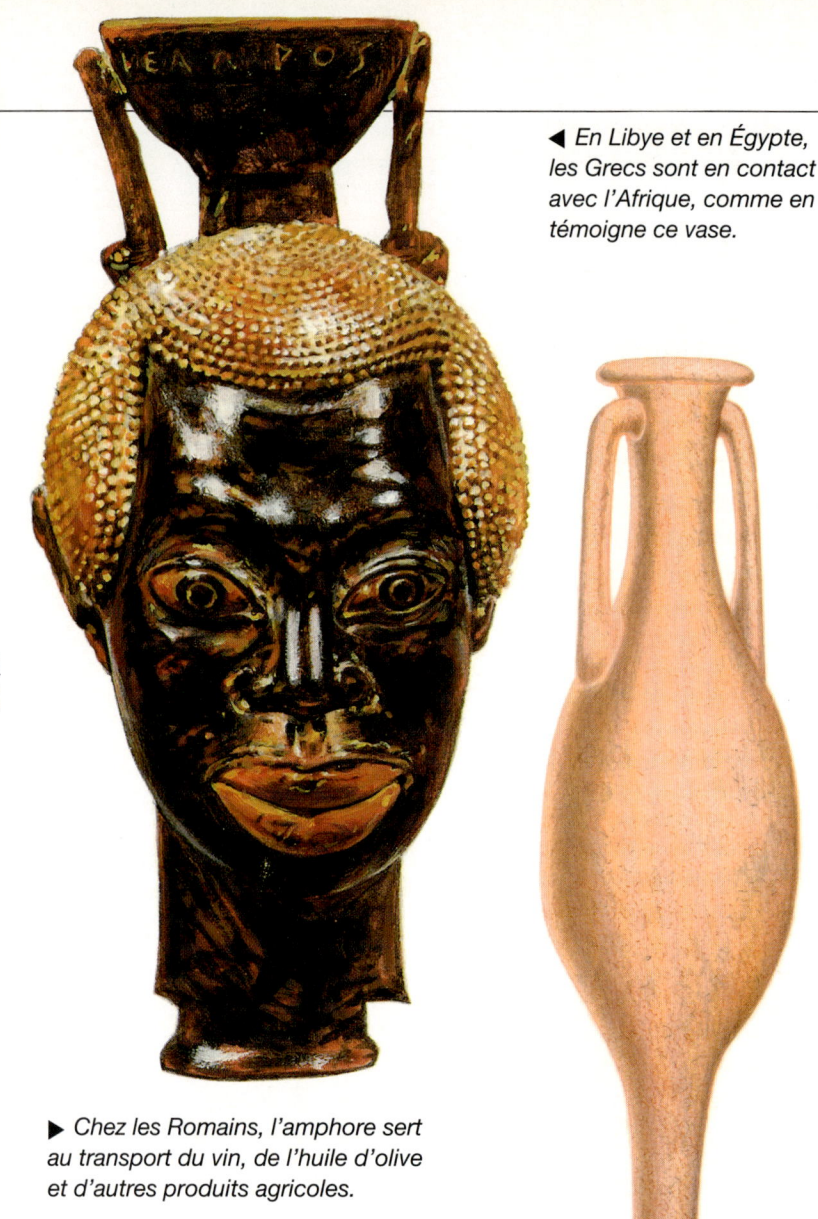

◀ En Libye et en Égypte, les Grecs sont en contact avec l'Afrique, comme en témoigne ce vase.

▶ Chez les Romains, l'amphore sert au transport du vin, de l'huile d'olive et d'autres produits agricoles.

▼ Dans une boucherie romaine… Le boucher vend de la viande locale, mais aussi du jambon importé de Gaule.

À CETTE ÉPOQUE

v. 500 av. J.-C. En Égypte, Darios Ier fait creuser un canal reliant le Nil à la mer Rouge. Au nord-ouest de l'Inde, Taxila et Charsadda sont d'importants centres commerciaux.

v. 300 av. J.-C. Les Indiens Hopewell développent un réseau commercial en Amérique du Nord.

1er siècle ap. J.-C. Les Romains exportent leurs produits du nord de l'Europe au sud de l'Inde. Une meilleure connaissance des vents de mousson permet aux navires d'emprunter la mer Rouge et l'océan Indien.

v. 300 ap. J.-C. En Afrique, le royaume éthiopien d'Aksoum prospère grâce au commerce.

▲ *Des coupes en verre, fabriquées en série dans l'Empire romain, sont exportées jusqu'au Danemark.*

▼ *Certains navires de commerce romains sont trop gros pour accoster dans tous les ports. Des embarcations plus légères transbordent alors la cargaison (ci-dessous).*

◄ *Ci-contre, l'empereur chinois Guang Wudi (1er siècle de notre ère). En Chine, les empereurs demandent à leur administration d'exercer un contrôle très strict sur le commerce, les poids et mesures et la monnaie.*

► *La monnaie chinoise, à l'origine en forme d'outils, s'arrondit peu à peu. L'empereur Shi Huangdi introduit une monnaie unique. Le trou, au centre des pièces, permet de les réunir.*

Les Mayas

Les Mayas sont installés en Amérique centrale, au sud du Mexique et dans l'actuel Guatemala, occupant notamment la presqu'île du Yucatan. Ils développent en pleine forêt tropicale une brillante civilisation, qui va durer pendant plus de mille ans.

Ce peuple très ancien apprend à maîtriser l'agriculture il y a 4 000 ans, et connaît ce que l'on pourrait appeler un âge d'or entre le 3e siècle avant J.-C. et le 10e siècle après J.-C. Les Mayas bâtissent alors des villes et des temples en pierre très impressionnants.

Seuls les nobles, les prêtres et, d'une manière générale, la classe dirigeante résident dans ces cités, qui sont indépendantes les unes des autres, à la manière des cités de la Grèce ancienne. La majorité de la population vit à la campagne, dans des huttes forestières, et ne pénètre en ville que le jour du marché ou lors des grandes cérémonies religieuses.

▲ Les Mayas occupent un territoire correspondant au sud du Mexique, au Guatemala, au Belize et au Honduras actuels.

▶ Les personnages représentés par les artistes mayas portent souvent des parures très élaborées (ci-contre, un prêtre).

▼ Les Mayas pratiquent un jeu de balle qui a une signification religieuse. Les terrains se trouvent devant les temples. Les joueurs des deux équipes qui s'affrontent doivent faire passer la balle dans un anneau de pierre.

L'ASTRONOMIE

À partir de véritables observatoires, les Mayas notent les changements de position du Soleil, de la Lune et des étoiles. Ils élaborent un calendrier à partir de ces observations et sont en mesure de prévoir les éclipses de Soleil et de Lune.

LA RELIGION

Les Mayas prient les dieux du Soleil et de la Lune, mais aussi une multitude de petites divinités. Ils érigent des temples en l'honneur des grands dieux, qu'ils placent au sommet de pyramides. Les prêtres y célèbrent des rites complexes. Lors de certaines cérémonies religieuses, les Mayas pratiquent des sacrifices humains.

Cependant, les Mayas favorisent les échanges commerciaux en créant un réseau routier.

Les sciences, notamment les mathématiques, mais aussi les arts plastiques, atteignent un haut niveau. Les archéologues ont découvert de magnifiques peintures murales dans les tombes et les temples ainsi que des sculptures et des poteries remarquables.

▼ *Les signes de l'écriture maya rappellent les hiéroglyphes. On trouve des inscriptions sur les monuments, mais aussi dans des livres aux pages faites avec de l'écorce.*

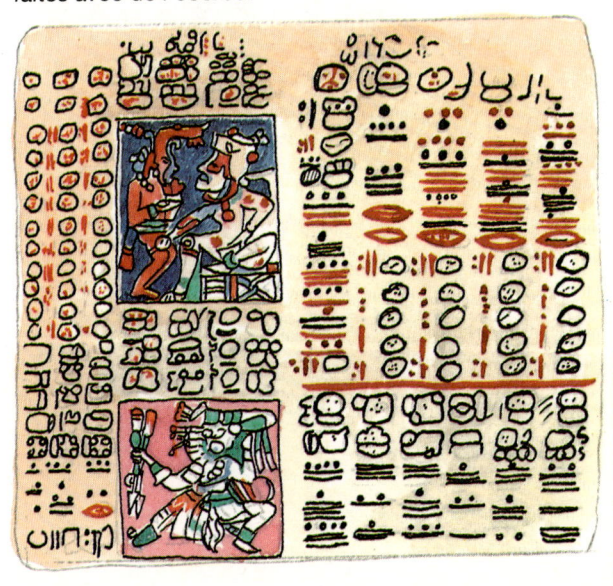

451-483 ap. J.-C.

Ap. J.-C.

451 Gaule : bataille des champs Catalauniques (près de Châlons-sur-Marne) ; Attila et les Huns sont vaincus par les Romains, alliés aux Francs et aux Wisigoths.
Italie : fondation de Venise, par des populations fuyant les Huns. Le pape Léon I er négocie avec Attila et obtient le retrait des Huns d'Italie.

453 Europe centrale : mort d'Attila ; effondrement de son empire.

455 Rome : Geiséric et les Vandales pillent Rome.

Ce coquillage sculpté représente un prêtre ou un fonctionnaire de Palenque, l'un des principaux centres religieux de la civilisation maya.

457-474 Empire d'Orient : règne de l'empereur Léon I er.

465 Inde : les Huns dominent le nord du pays.

v. 471-526 Europe : Théodoric le Grand, roi des Ostrogoths.

475-476 Empire d'Occident : règne de Romulus Augustule, dernier empereur d'Occident. L'empire d'Orient, lui, connaîtra encore une très longue histoire. Devenu l'Empire byzantin, il se maintiendra jusqu'en 1453.

477-484 Afrique du Nord : Hunéric, roi des Vandales.

481-511 Gaule : Clovis I er roi des Francs.

483 Arménie : les dirigeants perses reconnaissent aux chrétiens le droit de pratiquer leur religion.

LES POLYNÉSIENS

Ap. J.-C.
- **484** Empire d'Orient : l'empereur Zénon provoque un schisme entre l'Église chrétienne de Rome et celle de Constantinople (jusqu'en 527).
- **486** Gaule : Clovis Ier bat le général gallo-romain Syagrius à Soissons, où il établit sa capitale ; il conquiert ensuite une grande partie du nord de la Gaule et s'empare de Paris.
- **489** Italie : après avoir repoussé des invasions barbares et écrasé des révoltes, Zénon charge Théodoric le Grand, roi des Ostrogoths, de reprendre l'Italie à Odoacre.
- **493-526** Italie : Théodoric le Grand, roi d'Italie.

Les Polynésiens travaillent remarquablement le bois. Cette sculpture représente la divinité qui, pour eux, a créé le monde.

- **v. 496** Gaule : bataille de Tolbiac (près du Rhin) ; victoire de Clovis et des Francs sur les Alamans. Ces derniers sont reconduits au-delà du Rhin (dans une région de l'actuelle Allemagne). Sous l'influence de sa femme Clotilde, Clovis se convertit au christianisme ; il est baptisé à Reims, par l'évêque Remi.
- **v. 500** Angleterre : les Angles et les Saxons se fixent en Angleterre ; règne du légendaire roi Arthur.
  Inde : effondrement de l'Empire gupta.
  Europe : les empereurs chrétiens interdisent le culte de la grande déesse-mère et détruisent les derniers temples païens.
  Amérique du Nord : les Inuit chassent la baleine et le phoque. Les Anasazi dominent les territoires couverts aujourd'hui par l'Utah, l'Arizona et le Nouveau-Mexique.

Les Polynésiens

Les Polynésiens occupent aujourd'hui toutes les îles de l'océan Pacifique. Leurs ancêtres sont originaires d'Asie. Vers 1500 av. J.-C., ils ont quitté, à bord de petites embarcations, leur terre d'origine, à la recherche de nouveaux territoires. Ils emportent des animaux – porcs et poulets – ainsi que des fruits et des légumes – noix de coco, patates douces, taros. Ils colonisent peu à peu toutes les petites îles du Pacifique : les îles Tonga vers 1200 av. J.-C., les Samoa vers 300 av. J.-C., les îles Hawaii vers 100 ap. J.-C., et Tahiti vers 300 ap. J.-C. Ils y introduisent les animaux et les plantes qu'ils ont emportés et qui constituent encore la base de l'alimentation des Polynésiens.

Pendant plus d'un millénaire, ces peuples s'adaptent à leur nouveau milieu.

▼ *C'est sans doute à bord de petites embarcations légères à balancier que les premiers Polynésiens explorent et colonisent les îles de l'océan Pacifique.*

484-500 ap. J.-C.

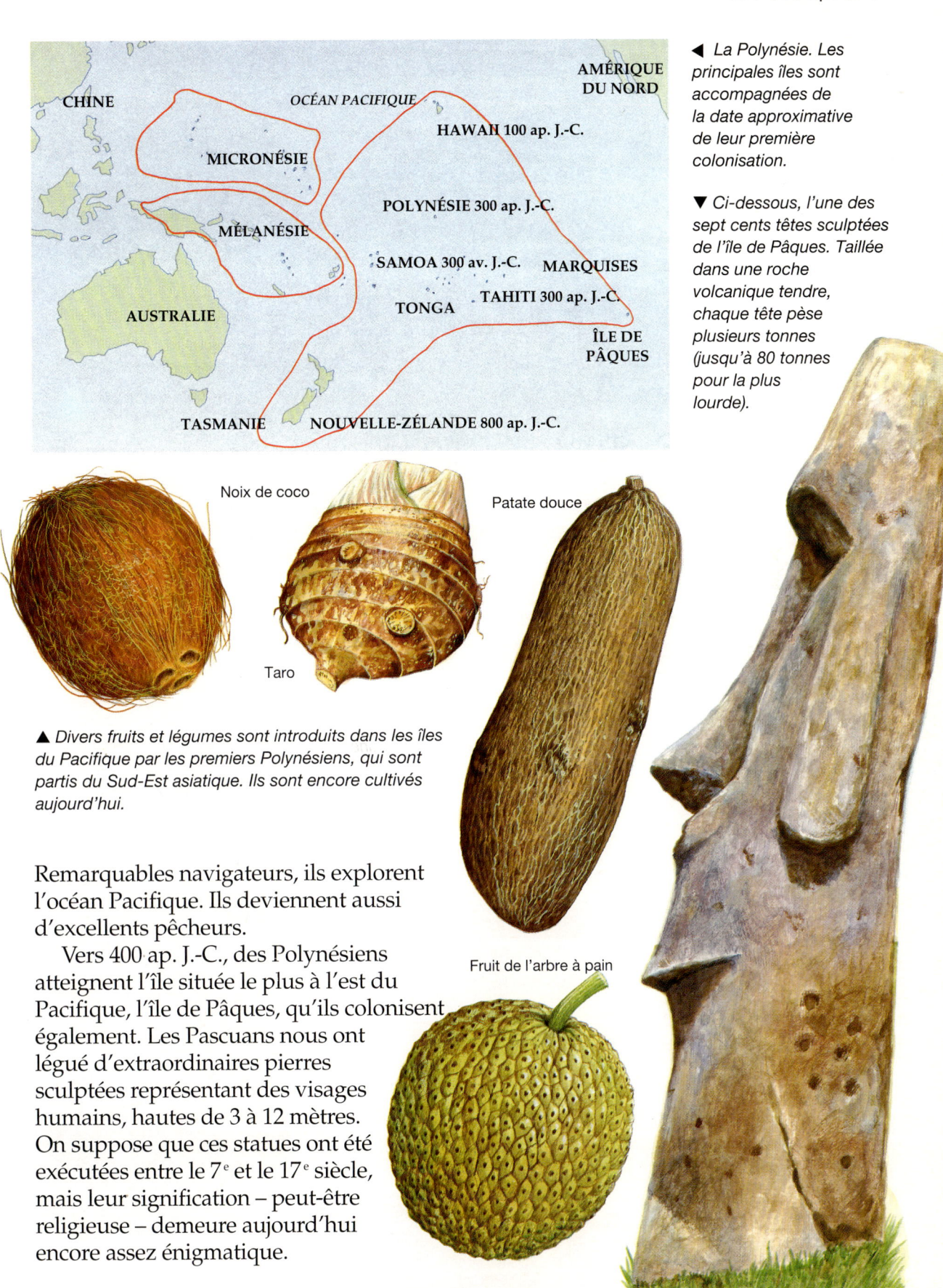

◀ *La Polynésie. Les principales îles sont accompagnées de la date approximative de leur première colonisation.*

▼ *Ci-dessous, l'une des sept cents têtes sculptées de l'île de Pâques. Taillée dans une roche volcanique tendre, chaque tête pèse plusieurs tonnes (jusqu'à 80 tonnes pour la plus lourde).*

Noix de coco
Taro
Patate douce
Fruit de l'arbre à pain

▲ *Divers fruits et légumes sont introduits dans les îles du Pacifique par les premiers Polynésiens, qui sont partis du Sud-Est asiatique. Ils sont encore cultivés aujourd'hui.*

Remarquables navigateurs, ils explorent l'océan Pacifique. Ils deviennent aussi d'excellents pêcheurs.

Vers 400 ap. J.-C., des Polynésiens atteignent l'île située le plus à l'est du Pacifique, l'île de Pâques, qu'ils colonisent également. Les Pascuans nous ont légué d'extraordinaires pierres sculptées représentant des visages humains, hautes de 3 à 12 mètres. On suppose que ces statues ont été exécutées entre le 7ᵉ et le 17ᵉ siècle, mais leur signification – peut-être religieuse – demeure aujourd'hui encore assez énigmatique.

499 av. J.-C.-500 ap. J.-C.

L'art de la guerre

Tous les grands empires de l'Antiquité s'appuient sur une puissante armée, instrument de conquête de nouveaux territoires mais aussi de défense des frontières. Les périodes de paix sont peu fréquentes et les soldats sont presque toujours en mouvement. L'infanterie joue un rôle capital, même si la cavalerie représente une force non négligeable.
Pour les Grecs, une longue lance constitue l'arme principale. Les Romains, plus tard, utilisent surtout une épée courte, le glaive. L'armée romaine est sans doute la plus redoutable de l'Antiquité, la mieux organisée. Pendant des siècles, elle connaît rarement la défaite.
Les affrontements ont généralement lieu en rase campagne, mais le siège des villes est également une technique très utilisée. Lors des batailles navales, chaque navire essaie d'éperonner l'adversaire, puis les hommes passent à l'abordage.

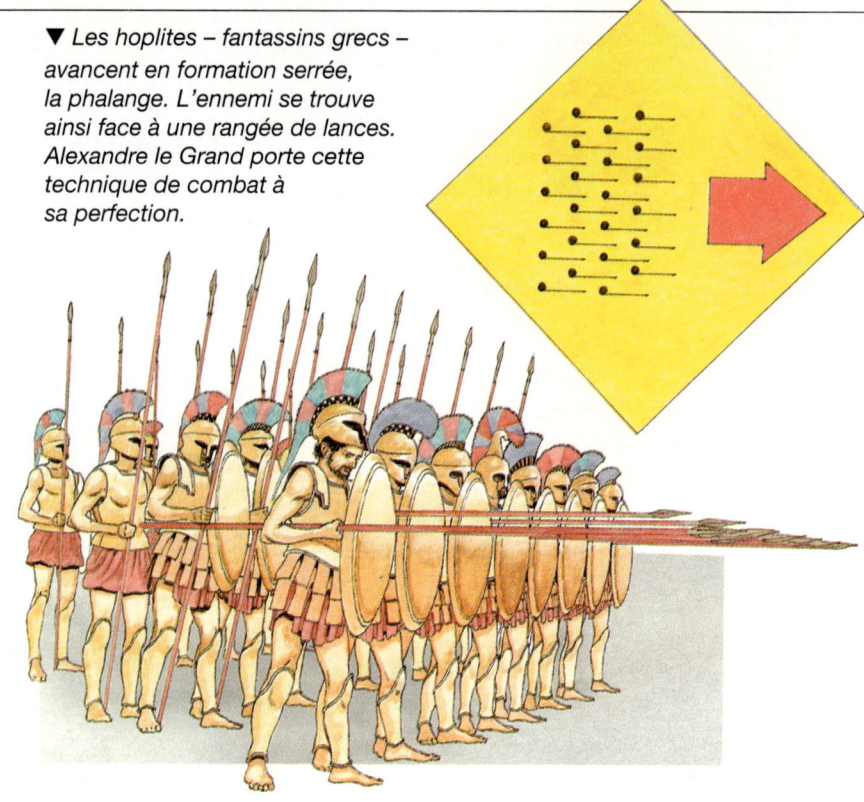

▼ Les hoplites – fantassins grecs – avancent en formation serrée, la phalange. L'ennemi se trouve ainsi face à une rangée de lances. Alexandre le Grand porte cette technique de combat à sa perfection.

▶ Ce bouclier celte en bronze (vers 100 ap. J.-C.) est sans doute une pièce d'apparat.

▼ Le glaive (ci-dessous, une poignée ouvragée) est l'une des armes essentielles de l'armée romaine. On l'utilise dans les combats au corps à corps.

À CETTE ÉPOQUE

490 av. J.-C. Bataille de Marathon. Victoire d'Athènes sur l'Empire perse.
390 av. J.-C. Des Gaulois mettent Rome à sac.
380 av. J.-C. Rome s'entoure de fortifications.
v. 350 av. J.-C. Invention de l'arbalète en Chine.
334-327 av. J.-C. Alexandre le Grand conquiert l'Asie Mineure, l'Égypte et la Perse. Il arrive aux frontières de l'Inde.
31 av. J.-C. Octave, qui prendra plus tard le nom d'Auguste, remporte la bataille d'Actium qui l'oppose à Antoine et à Cléopâtre.
v. 100 ap. J.-C. L'armée romaine, à son apogée, compte environ 300 000 soldats réguliers.
410 ap. J.-C. Sac de Rome par les Wisigoths.
455 ap. J.-C. Sac de Rome par les Vandales.

▲ Le ko est l'arme principale de l'infanterie chinoise (ci-dessus). Sa lame en bronze peut désarçonner un cavalier. Les Chinois utilisent aussi des lances et des sabres décorés (ci-contre).

▼ Soldats chinois de l'époque Han pendant une bataille. N'ayant pas encore d'étriers, les cavaliers se retrouvent souvent désarçonnés ; ils poursuivent alors le combat à pied, aux côtés des fantassins.

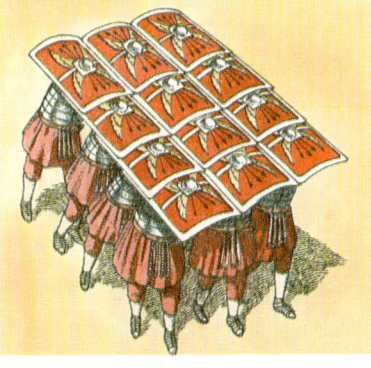

▲ Quand ils forment la « tortue », les légionnaires romains sont bien protégés, notamment sous les murs d'une ville assiégée.

Les siècles obscurs

La période qui commence au 6ᵉ siècle est pauvre en documents écrits. Voilà pourquoi on parle parfois de siècles obscurs pour désigner l'époque qui suit la chute de l'Empire romain d'Occident.

Certes, les rois barbares sont influencés par l'héritage romain. Ainsi, Odoacre, après avoir déposé le dernier empereur d'Occident, tient à être reconnu par celui d'Orient. Pourtant, en Occident, l'Empire romain a définitivement disparu. Le royaume des Francs, au nord, et celui des Burgondes, au sud-est, se partagent l'ancienne Gaule romaine. Les Ostrogoths dominent l'Italie et l'Illyrie, et les Wisigoths occupent presque toute la péninsule ibérique. Les Vandales, enfin, ont fondé un royaume qui englobe le nord-est de l'Afrique romaine, la Sardaigne et la Corse. Durant cette période agitée, les relations commerciales sont perturbées et l'économie stagne. C'est alors l'Église qui conserve et transmet l'héritage de la civilisation antique.

▲ *Les moines, dans les monastères, copient et illustrent de nombreux livres, assurant ainsi en partie la survie du très riche patrimoine gréco-romain.*

SAINT PATRICK ET L'IRLANDE

Né en Bretagne (Angleterre), Patrick est enlevé par des pirates qui l'emmènent en Irlande. Après six ans d'esclavage, il retrouve la liberté et part en Gaule, où il devient prêtre chrétien. Il retourne ensuite en Bretagne. Devenu évêque, Patrick regagne l'Irlande avec la mission de convertir sa population au christianisme. Malgré diverses difficultés, il parvient à former des prêtres, et même des évêques. Ils continueront son œuvre après sa mort, vers 461 ap. J.-C. Vers le milieu du 6ᵉ siècle, presque toute l'Irlande est chrétienne.

LES MONASTÈRES

Les monastères se multiplient entre le 5ᵉ et le 8ᵉ siècle. Ils rassemblent des communautés de chrétiens qui souhaitent vivre selon des règles et des principes inspirés par l'enseignement du Christ. Les monastères, en ces temps troublés, sont des refuges pour la culture. On y apprend à lire et à écrire.

501 – 1100

Le haut Moyen Âge

On a longtemps gardé l'habitude d'appeler « siècles obscurs » la période qui s'étend du 6ᵉ au 11ᵉ siècle, car les historiens estimaient que la chute de l'Empire romain d'Occident avait marqué l'arrêt de la civilisation en Europe. De nos jours, on parle plutôt d'Antiquité tardive et de haut Moyen Âge.

En fait, l'Empire romain ne s'écroule pas soudainement le jour où l'empereur d'Occident est déchu. D'abord parce que les « barbares » ne se conduisent pas tous en brutes grossières ; ils se fondent dans le moule romain. Ensuite, parce que l'Empire romain d'Orient, lui, demeure. On le nommera peu à peu Empire byzantin, car il a pour capitale Byzance – ou Constantinople –, mais il conserve les traditions et le prestige de l'antique Rome. Il durera encore mille ans, jusqu'à la fin du Moyen Âge ! Sous l'empereur Justinien, il parvient même à reconquérir l'Afrique du Nord, le sud de l'Espagne et une partie de l'Italie. Il devra cependant affronter de nombreux adversaires et subir les assauts de l'Islam à partir du 7ᵉ siècle.

Durant cette même époque, les Chinois et les Arabes accomplissent d'importants progrès scientifiques et techniques. C'est d'ailleurs par l'intermédiaire des Arabes que l'Europe redécouvrira de nombreuses connaissances scientifiques héritées de l'Antiquité.

Enfin, au cours de cette période, de grandes religions se répandent – christianisme, bouddhisme, islam – au rythme des échanges ou des guerres de conquête.

▼ *Dans un fjord norvégien, un village viking vers l'an 800. Ces « barbares » consacraient en fait plus de temps au commerce qu'à la guerre.*

501-1100 PANORAMA

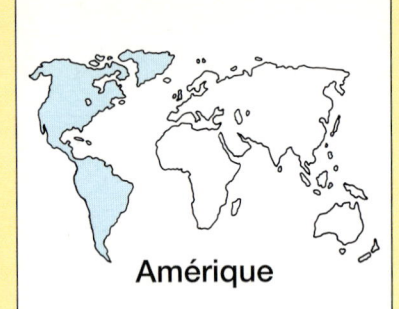

Amérique

v. 550 Essor des civilisations huari, moche et nazca au Pérou.

v. 600 Essor de la civilisation zapotèque au Mexique, et apogée du site de Teotihuacan.
v. 700 Civilisation des Indiens pueblos en Amérique du Nord ; construction de villages.
v. 750 Déclin de la civilisation maya et du site de Teotihuacan.
v. 800 Les Indiens de la vallée du Mississippi utilisent l'arc et la flèche.

v. 950 Essor de la civilisation toltèque en Amérique centrale.
v. 985 Colonisation du Groenland par les Vikings.

1003 Le Viking Leif Erikson découvre la côte est de l'Amérique du Nord ; il baptise cette terre *Vinland*.

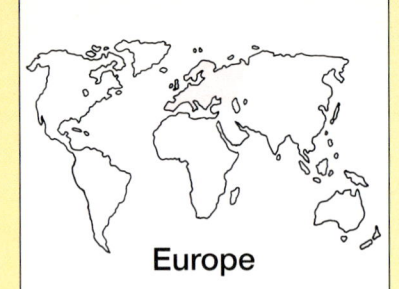

Europe

527-565 Brillant règne de l'empereur byzantin Justinien Ier.

711 Les musulmans envahissent l'Espagne.
751 Royaume franc : fondation de la dynastie carolingienne.

800 Charlemagne est couronné empereur d'Occident.
843 Division de l'empire de Charlemagne en trois royaumes.
911 Le roi des Francs cède la Normandie aux Vikings.
962 Otton Ier est couronné empereur du Saint Empire romain germanique.
987 Hugues Capet devient roi des Francs et fonde la dynastie des Capétiens.

1016-1028 Le Danois Knud le Grand conquiert le Danemark, l'Angleterre et la Norvège.
1066 Victorieux des Anglo-Saxons à la bataille d'Hastings, Guillaume Ier, duc de Normandie, devient roi d'Angleterre.
1095 Le pape Urbain II prêche la première croisade.

Afrique

535 Le royaume vandale est intégré à l'Empire byzantin.
569 Le royaume nubien du Soudan adopte le christianisme.

639-642 Les Arabes conquièrent l'Égypte.
v. 700 Les Arabes sont maîtres de toute l'Afrique du Nord.

9e siècle Développement du commerce caravanier entre l'ouest et le nord de l'Afrique ; essor du royaume du Ghana.

971 Fondation de l'université du Caire, en Égypte.
v. 980 Des marchands arabes s'installent sur la côte est de l'Afrique.

v. 1000 Apogée du royaume du Ghana.

501-1100 PANORAMA

Proche-Orient

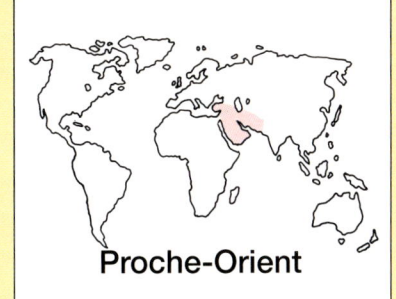

v. 570 Apogée de l'Empire sassanide de Perse.
622 L'hégire, le départ du prophète Mohammed (Mahomet) pour Médine, marque le début du calendrier musulman.
632 Mort de Mohammed (Mahomet).
632 Début de l'expansion de l'Empire musulman.
643 Les musulmans conquièrent la Perse.
661 Empire islamique : fondation de la dynastie omeyyade.
750 Empire islamique : fondation de la dynastie abbasside.

Ce coffret en ivoire a été fabriqué en Espagne au 11ᵉ siècle, à l'époque musulmane.

1099 Les croisés s'emparent de Jérusalem et fondent quatre États latins dans la région : fin de la première croisade lancée en 1096.

Asie et Extrême-Orient

538 Adoption officielle du bouddhisme au Japon.
562 Les Japonais se retirent de Corée.
581 Fondation de la dynastie Sui, qui réunifie la Chine.
618 Fondation de la dynastie Tang en Chine.

841 Premières persécutions des bouddhistes en Chine.

918 En Corée, Wanggenn fonde la dynastie Koryo (qui donnera son nom au pays).
960 Fondation de la dynastie Song en Chine.

1041 Début de l'utilisation de caractères mobiles pour l'imprimerie en Chine.

Taureau d'argile réalisé en Chine, sous la dynastie Tang.

Océanie

v. 650 Toutes les îles d'Océanie sont peuplées, à l'exception de la Nouvelle-Zélande.
v. 750 Des maoris s'installent au nord de la Nouvelle-Zélande.

Un moai, statue géante de l'île de Pâques.

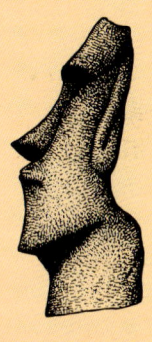

v. 1000 Les habitants de l'île de Pâques commencent à édifier d'immenses statues de pierre, les moai.

501 – 1100

Le monde

En Europe, plusieurs petits États naissent sur les ruines de l'Empire romain d'Occident. L'Église chrétienne y représente la plus forte autorité morale.
Les populations sont soumises à un système social rigide, qui évoluera peu à peu vers la féodalité.
Entre l'Europe et l'Extrême-Orient, l'islam regroupe les peuples les plus divers. Plus au nord, les pays slaves, comme la Russie et la Bulgarie, sont en train de se constituer.
Sur le plan culturel et scientifique, la Chine est toujours largement en avance par rapport au reste du monde. Son influence s'étend sur l'ensemble de l'Asie, dont le Japon, où les arts sont alors florissants.
En Amérique du Nord, des cités s'édifient.
En Amérique centrale, la brillante culture maya s'efface devant celle des Toltèques.
En Amérique du Sud, des civilisations voient le jour et, parmi elles, le vaste Empire huari.

▶ À bord de leurs navires, les Vikings franchissent d'étonnantes distances. Ce sont les premiers Européens à poser le pied en Amérique vers l'an 1000. Mais les établissements qu'ils y fondent ne dureront pas.

AMÉRIQUE DU NORD
Anasazis
MEXIQUE
Toltèques
AMÉRIQUE DU SUD
Huaris

▲ Les Toltèques dominent l'Amérique centrale aux 10e et 11e siècles. Leurs temples sont gardés par d'impressionnantes statues de guerrier en pierre.

▲ Le peuple de la culture anasazi édifie des cités très particulières : les pueblos. Il célèbre certaines cérémonies pour faire venir la pluie sur ses terres arides.

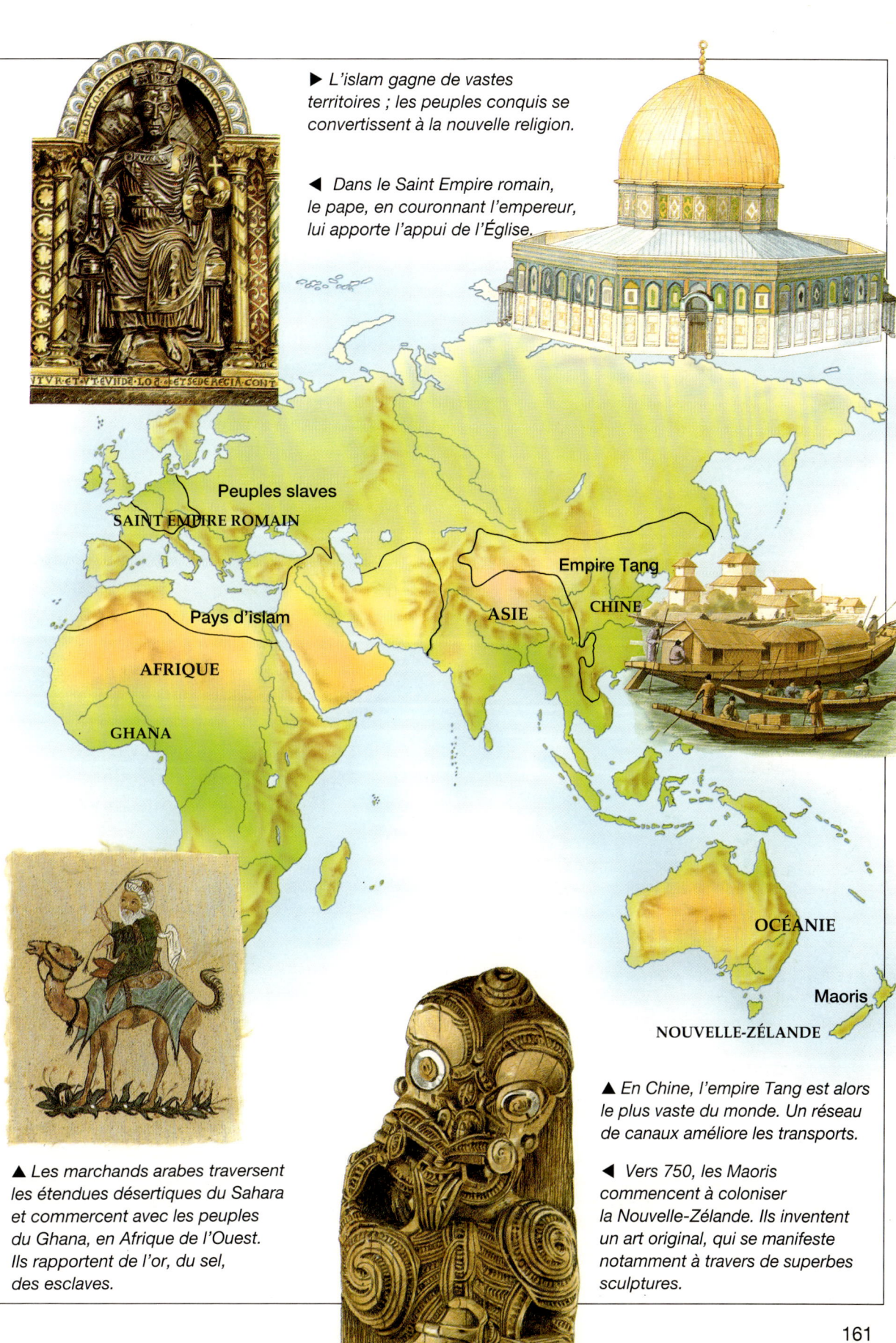

▶ L'islam gagne de vastes territoires ; les peuples conquis se convertissent à la nouvelle religion.

◀ Dans le Saint Empire romain, le pape, en couronnant l'empereur, lui apporte l'appui de l'Église.

Peuples slaves
SAINT EMPIRE ROMAIN
Pays d'islam
AFRIQUE
GHANA
ASIE
Empire Tang
CHINE
OCÉANIE
Maoris
NOUVELLE-ZÉLANDE

▲ Les marchands arabes traversent les étendues désertiques du Sahara et commercent avec les peuples du Ghana, en Afrique de l'Ouest. Ils rapportent de l'or, du sel, des esclaves.

▲ En Chine, l'empire Tang est alors le plus vaste du monde. Un réseau de canaux améliore les transports.

◀ Vers 750, les Maoris commencent à coloniser la Nouvelle-Zélande. Ils inventent un art original, qui se manifeste notamment à travers de superbes sculptures.

L'EMPIRE BYZANTIN

v. 501 Proche-Orient : début d'une période de conflits périodiques entre l'Empire byzantin et la Perse ; la paix n'interviendra qu'en 642.

503 Angleterre : bataille du mont Badon ; victoire des Celtes, commandés par le légendaire roi Arthur, sur les Saxons, venus de Germanie.

505 Proche-Orient : courte trêve entre les Byzantins et les Perses.

Les Byzantins accordent une grande valeur aux reliques, les restes de saints personnages. Elles sont conservées dans des coffrets ouvragés, comme celui-ci, décoré d'émaux représentant le Christ et ses apôtres.

507 Royaume franc : bataille de Vouillé (près de Poitiers) ; victoire de Clovis Ier, roi des Francs, sur Alaric II, roi des Wisigoths. Fondateur de la dynastie des Mérovingiens, Clovis installe sa capitale à Paris et instaure la loi salique, code civil et pénal réunissant les coutumes en usage chez les Francs, qui exclut notamment les femmes de la succession à la terre.

511 Royaume franc : mort du roi Clovis Ier ; partage du royaume entre ses quatre fils. Thierry Ier devient roi de Metz, Clodomir roi d'Orléans, Childebert Ier roi de Paris et Clotaire Ier roi de Soissons.

524-531 Proche-Orient : nouvelle guerre entre les Byzantins et les Perses.

v. 525 Empire byzantin : Théodora épouse le prince Justinien, héritier de l'empire ; elle régnera à ses côtés de 527 à 548, et fera notamment adopter des lois favorables aux femmes.

L'Empire byzantin

Constantinople était la capitale de la partie orientale de l'Empire romain. L'empereur Constantin l'avait édifiée à l'emplacement du port grec de Byzance. Lorsque le dernier empereur romain d'Occident est déchu, en 476, la ville devient le centre du seul Empire romain d'Orient, que l'on appellera Empire byzantin. Les peuples qui l'entourent, souvent attirés par ses richesses, continuent de désigner ses habitants sous le nom de Romains.

Au début, cet empire couvre un territoire assez peu étendu, autour de la mer Égée. Le grand rêve des souverains de Byzance sera toujours de soumettre leurs voisins « barbares » et de reconstituer l'Empire romain des origines.

Durant le règne de Justinien Ier (527-565), le général Bélisaire parvient à se rendre maître de l'Afrique du Nord, d'une large partie de l'Italie et du sud de l'Espagne. L'empire s'étend alors jusqu'aux rivages de la Méditerranée orientale.

▼ *L'Empire byzantin atteint sa plus grande extension au 6e siècle, sous le règne de Justinien Ier.*

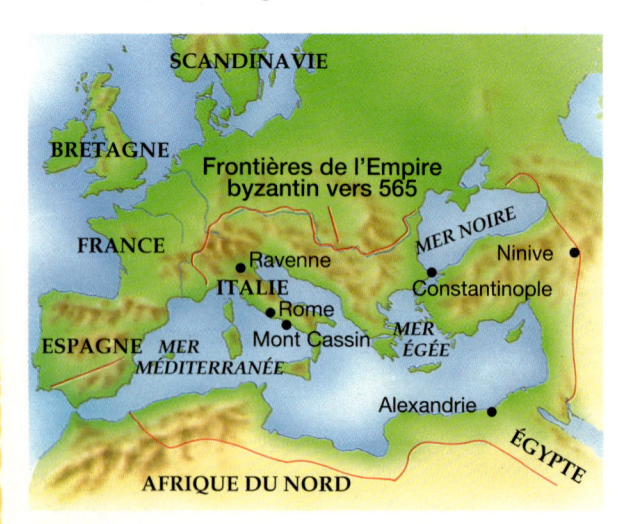

501-525

▲ *Édifiée à Constantinople sous le règne de Justinien Ier, la basilique Sainte-Sophie est alors la plus grande église de la chrétienté. Sa coupole émerveille tous ses visiteurs.*

Constantinople – devenue aujourd'hui Istanbul – s'élève à l'entrée de la mer Noire. La ville est le point de passage entre l'Europe et l'Asie : elle devient naturellement un centre commercial important. Les Byzantins produisent de l'or, des céréales, des olives, de la soie et du vin. Grâce aux échanges commerciaux, ils se procurent des épices, des pierres précieuses, des fourrures ou de l'ivoire.

L'Empire byzantin est un grand centre d'études, où la science des anciens Grecs se combine aux enseignements chrétiens.

JUSTINIEN ET THÉODORA

Au milieu du 6e siècle, Justinien Ier (ci-dessous) gouverne l'Empire byzantin avec son épouse, l'impératrice Théodora. Pour eux, l'empire est le gardien de la civilisation et de la vraie religion. Ils pensent aussi que les lois doivent être établies par les gouvernants et non imposées par la coutume. L'antique loi romaine est donc réorganisée et nombre de ses principes seront plus tard transmis à l'Europe occidentale.

Théodora, que l'on dit d'une grande beauté, participe réellement au gouvernement. Elle s'efforce de modifier les lois de façon à améliorer le sort des femmes et des pauvres gens. Justinien Ier apprécie ses avis et ses conseils.

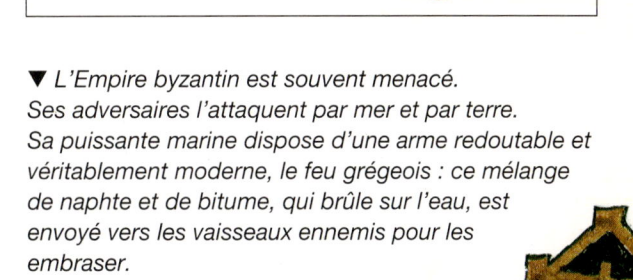

▼ *L'Empire byzantin est souvent menacé. Ses adversaires l'attaquent par mer et par terre. Sa puissante marine dispose d'une arme redoutable et véritablement moderne, le feu grégeois : ce mélange de naphte et de bitume, qui brûle sur l'eau, est envoyé vers les vaisseaux ennemis pour les embraser.*

501 – 1100

L'art et l'artisanat

Les églises byzantines sont décorées de mosaïques et de peintures. Dans les monastères, les moines passent de longues heures à copier les livres à la main. Pour rendre les pages plus attrayantes, ils décorent – ou enluminent – les lettrines. Les musulmans sont des maîtres de la calligraphie, l'art de la belle écriture. Les peuples germaniques, tout comme les Byzantins, sont d'habiles artisans, qui façonnent des bijoux d'or et d'argent. Les Chinois travaillent plutôt la faïence et la porcelaine, tandis que d'autres peuples sculptent le bois et la pierre.

▼ Les Maoris taillent le bois à l'aide d'outils en pierre. Chaque motif est ensuite ciselé avec un poinçon en pierre.

▲ Cette mosaïque byzantine se trouve dans la basilique Saint-Vital, à Ravenne, en Italie. Elle montre l'impératrice Théodora présentant une offrande à deux évêques. Ravenne fut, durant une brève période, la capitale de l'Empire byzantin.

▲ Sous la dynastie Song, en Chine, les porcelaines vert pâle (ci-dessus, une coupe), appelées céladons, sont exportées en grand nombre. On prétend qu'elles se brisent ou changent de couleur lorsqu'on y verse du poison.

◀ Dans le monde islamique, les artistes pratiquent au plus haut niveau l'art de la calligraphie. Ils décorent les textes sacrés de dessins géométriques, de motifs floraux ou de fleurs et de feuilles. Ils ornent souvent le bord des pages à la feuille d'or.

▼ Les scribes décorent les lettrines – lettres capitales – avec du minium, du plomb oxydé. On appelle donc ces œuvres des « miniatures ». Les artistes emploient aussi d'autres colorants.

▲ Alfred le Grand, roi de Wessex – l'une des régions de la future Angleterre – au 9ᵉ siècle, est très religieux. Ce bijou fait probablement partie d'une série qu'il a lui-même fabriquée. À l'origine, cet objet était prolongé d'une pointe et servait de marque-page pour lire la Bible. Les mots gravés sur son pourtour signifient : « Alfred m'a fabriqué ».

À CETTE ÉPOQUE

6ᵉ siècle Dans les églises byzantines, les murs sont décorés avec des mosaïques.

v. 625 Le roi des Angles, Raedwald, est enterré, avec divers objets précieux, dans un bateau, à Sutton Hoo, dans le Suffolk.

7ᵉ siècle L'islam conquiert d'immenses territoires ; avec lui, l'art arabe se répand. Les premières mosquées sont construites.

796 Début de la construction de la chapelle Palatine de Charlemagne à Aix-la-Chapelle.

9ᵉ siècle Les Vikings sculptent le bois et la pierre et sont de bons métallurgistes. Les motifs scandinaves, souvent très stylisés, inspireront d'autres artistes européens et se retrouveront dans la décoration des églises.

v. 900 Les Chinois fabriquent des objets de porcelaine d'une incroyable finesse.

10ᵉ siècle Au Mexique, les Toltèques sculptent de grands guerriers en pierre pour garder leurs temples.

▼ Les longs navires occupent dans la vie des Vikings une place si grande que leurs chefs ou leurs reines en font souvent leur tombeau. Les artisans nordiques travaillent le bois avec habileté. Le navire d'Oseberg, dont on a reconstitué ici la construction, est décoré de fines sculptures aux motifs animaliers, chargées de chasser les mauvais esprits.

LES MONASTÈRES

Les monastères

Dès les débuts du christianisme, quelques chrétiens profondément religieux choisissent de vivre loin de tout et de tous, pour se consacrer entièrement à la prière et à l'adoration de Dieu. Ils s'installent souvent dans des lieux isolés, sur une île par exemple, ou dans le désert. On les appelle des ermites.

Au 4e siècle, un ermite retiré dans le désert d'Égypte, Antoine de Thèbes, regroupe autour de lui plusieurs compagnons pour vivre en communauté. L'exemple se répand et l'on verra ainsi quantité de « monastères » s'édifier,

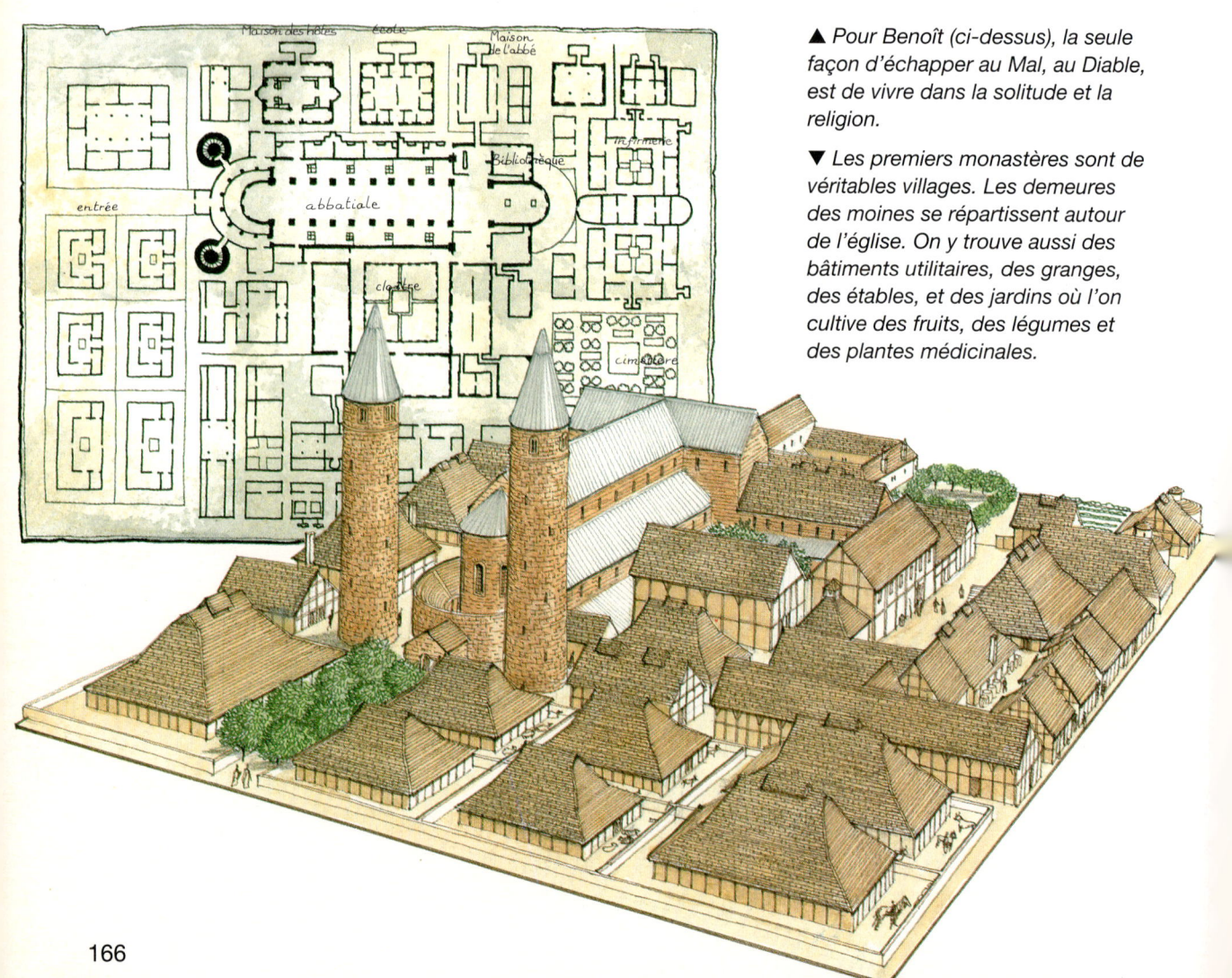

▲ Pour Benoît (ci-dessus), la seule façon d'échapper au Mal, au Diable, est de vivre dans la solitude et la religion.

▼ Les premiers monastères sont de véritables villages. Les demeures des moines se répartissent autour de l'église. On y trouve aussi des bâtiments utilitaires, des granges, des étables, et des jardins où l'on cultive des fruits, des légumes et des plantes médicinales.

abritant ceux que l'on nomme désormais des moines – mot dérivé d'un terme grec qui signifie seul.

Vers 529, Benoît fonde le monastère du mont Cassin, en Italie. Il propose aux moines de partager leur temps entre la prière, l'étude et le travail manuel. Les monastères qui adoptent sa règle de vie – la règle de Benoît ou règle bénédictine – se regroupent alors en un ordre, l'ordre bénédictin. Celui-ci établit des communautés dans l'Europe entière, où les religieux prient et travaillent ensemble, tout en répandant la foi chrétienne aux alentours. Il existe aussi des monastères de femmes.

Au 10ᵉ siècle, de nouveaux ordres se créent, prenant toujours pour modèle la règle bénédictine, mais en la modifiant. L'abbaye de Cluny, en Bourgogne, devient ainsi le cœur d'une vaste congrégation. Les clunisiens consacrent l'essentiel de leur temps à la prière et emploient des serviteurs pour accomplir les tâches

▲ *Les moines doivent mener une vie simple et charitable. Ils se consacrent à l'étude et à la prière, ils cultivent les champs et soignent les malades.*

527-565 Empire byzantin : règne de l'empereur Justinien Iᵉʳ.

v. 529 Italie : Benoît de Nursie fonde le monastère du mont Cassin, près de Naples, et met au point la règle bénédictine. Les moines bénédictins doivent mener une vie de prière et de travail intellectuel et manuel. En copiant de nombreux manuscrits grecs et latins, ils ont permis de préserver beaucoup de textes anciens.

Au Moyen Âge, les livres sont réalisés à la main par des copistes et des enlumineurs. Un seul livre est parfois l'œuvre de toute une vie. Ci-contre, une page du Livre de Durrow, *patiemment établi par des moines irlandais du 7ᵉ siècle.*

529 Empire byzantin : l'empereur Justinien Iᵉʳ commence à faire rédiger un code juridique – le Code justinien –, recueil des anciennes lois romaines ; il influencera la législation de nombreux États européens.

530-534 Afrique du Nord : règne de Gélimer, dernier roi des Vandales.

532 Proche-Orient : signature d'un traité de « paix perpétuelle » entre Byzantins et Perses… qui sera rompu au bout de sept ans.

534 Afrique du Nord : le général byzantin Bélisaire, victorieux du roi Gélimer, s'empare du royaume vandale et l'intègre à l'Empire byzantin.
Royaume franc : Childebert Iᵉʳ conquiert la Bourgogne et repousse les Wisigoths.

535-555 Empire byzantin : Bélisaire et l'armée byzantine reprennent l'Italie aux Ostrogoths.

538 Japon : adoption officielle du bouddhisme.

540-562 Proche-Orient : nouvelle guerre entre les Byzantins et les Perses.

LES MONASTÈRES

542-546 Empire byzantin : épidémie de peste noire, qui se propagera en Europe jusque vers 600.

v. 550 Angleterre : David christianise le pays de Galles.
Amérique du Sud : essor des civilisations huari, moche et nazca au Pérou.

554 Espagne : conquête du sud-est du pays par les Byzantins.

558 Royaume franc : après la mort de ses frères, Clotaire Ier règne seul.

561 Royaume franc : mort du roi Clotaire Ier ; nouveau partage du royaume mérovingien entre ses quatre fils (Chilpéric Ier, Gontran, Caribert et Sigebert Ier).

562 Corée : les Japonais se retirent du pays ; fin de la domination japonaise.

563 Écosse : le moine irlandais Colomba évangélise les Pictes et fonde un monastère sur l'île d'Iona.

565 Empire byzantin : mort de l'empereur Justinien Ier ; son neveu Justin II lui succède (jusqu'en 578).

566-613 Royaume franc : conflits politiques et familiaux entre les Mérovingiens.

Les lettrines (lettres au début d'un chapitre ou d'un paragraphe) des anciens manuscrits sont souvent minutieusement ornées et colorées.

568 Italie : les Lombards, peuple germanique, conquièrent le nord du pays ; ils fondent le royaume de Lombardie en 572, fixant leur capitale à Pavie.

569 Afrique : le royaume nubien du Soudan adopte le christianisme.

v. 570 Arabie : naissance à La Mecque du prophète Mohammed (Mahomet), fondateur de l'islam. Perse : apogée de l'Empire sassanide.

575-591 Royaume franc : l'évêque Grégoire de Tours rédige l'*Histoire des Francs*, la première chronique historique française.

UN CERTAIN ART DE VIVRE

Les communautés religieuses s'efforcent de produire tout ce dont elles ont besoin. Les moines y passent souvent toute leur vie. Ils cultivent des céréales et des légumes. Ils élèvent des animaux pour le lait, les œufs et la laine. Ils fabriquent les tissus de leurs vêtements. Ils exploitent une forge pour façonner leurs outils. Certains moines se font potiers, maçons, charpentiers ou verriers. Ils construisent ou réparent les bâtiments monastiques.

quotidiennes. Opposés à cette réforme, d'autres moines fonderont un peu plus tard un nouvel ordre, à Cîteaux, en Bourgogne également. Les cisterciens se répartissent en moines de chœur, qui se se sont voués à la prière et à l'administration, et en frères lais, qui prennent en charge les travaux domestiques.

La vie au monastère est simple et rude, mais sans excès. Les heures sont réparties entre le travail, la prière et le repos. Chaque jour, le moine reçoit une portion de pain, une mesure de vin et deux plats cuits. Il vit à l'abri d'un toit et il dort dans un lit. Il a droit à des soins lorsqu'il est malade ou âgé. Beaucoup d'hommes et de femmes ne connaissent pas alors tous ces avantages…

Bien que les moines aient choisi de vivre en dehors du monde, ils jouent un rôle très important dans la société de leur époque. Pendant des siècles, ils seront les seuls à savoir lire ou écrire couramment. Mais tous ne demeurent pas au monastère. Certains se font prêtres et s'occupent d'une paroisse. D'autres deviennent conseillers ou secrétaires d'un roi ou d'un prince. Beaucoup

542-575

LES NONNES

À une époque où les femmes sont soumises aux hommes de leur famille (père ou époux), entrer au monastère est pour elles l'un des rares moyens de prendre en main leur existence. Au monastère, elles peuvent étudier et travailler. Elles exercent même un réel pouvoir si elles deviennent abbesses.

LA RÈGLE

La règle est l'ensemble des consignes qui régissent la vie d'un monastère. La plus répandue est celle de saint Benoît. On connaît aussi, par exemple, la règle de saint Colomba. Ce moine irlandais fonde un monastère à Iona. Plusieurs de ses disciples évangéliseront le centre de l'Europe.

▲ De nombreux monastères possèdent une école et une bibliothèque. En un temps où l'imprimerie n'existe pas, les moines copistes font un travail essentiel.

soignent les malades. Les monastères offrent un hébergement aux voyageurs, aux pèlerins qui accomplissent de longs voyages pour se rendre sur les Lieux saints.

De nombreux monastères disposent aussi d'une bibliothèque qui abrite les textes religieux ou littéraires. Ces ouvrages sont copiés à la main dans le scriptorium. Quelques moines écrivent des chroniques, qui constituent souvent notre seule source

▼ La réalisation et la décoration des manuscrits prennent souvent des mois et des années. Dans les îles Britanniques, les moines celtiques créent un style d'enluminures tout à fait original. Ce dessin est extrait du Livre de Kells, une copie des Évangiles commencée par les moines écossais de Iona puis terminée en Irlande. On voit ici Jean l'Évangéliste entouré de motifs typiquement celtiques.

AUTRES RELIGIONS, AUTRES MOINES

Il n'y a pas que des moines chrétiens. Les religions jaïniste et bouddhiste, toutes deux originaires de l'Inde, ont aussi leurs moines et leurs monastères. Les moines bouddhistes consacrent leur temps à la prière et à la méditation, mais ils ne sont pas obligés de conserver leur état pendant leur vie entière. Ils peuvent quitter le monastère quand ils le souhaitent. Les jaïnistes pensent qu'en se faisant moine, ils échappent aux divers cycles de renaissance intervenant après la mort.

169

La Chine des Sui et des Tang

La dynastie Sui prend le pouvoir en 581, lorsque Yang Jian, « Wendi », s'empare du trône de Chine du Nord. Ses armées franchissent le fleuve Yangzi Jiang et conquièrent les régions sud du pays. En 589, pour la première fois depuis la dynastie Han (*voir* pp. 120-122), la Chine est réunie en un seul empire.

Le nouvel empereur réduit les impôts et la durée du service militaire auquel le peuple était soumis. Depuis sa capitale, Chang'an, il gouverne avec fermeté. Le bouddhisme s'étend en Chine durant son règne. Wendi développe l'agriculture en créant un plan d'irrigation qui permet de produire plus de riz et de blé.

Yangdi, le second empereur de la dynastie Sui, fait notamment creuser le Grand Canal, une voie de communication très importante. Cependant, confronté à des invasions, à de graves troubles dans les campagnes, Yangdi ne parvient pas à conserver le pouvoir.

En 618, Li Yuan (Gaozu) monte sur le trône et fonde la dynastie Tang. Celle-ci

▲ *Cette poterie de l'époque Tang représente un chameau chargé de ballots de soie, principale marchandise exportée par la Chine. Située à l'extrémité des routes de la soie, Chang'an devient l'une des plus grandes villes du monde.*

▼ *Le Grand Canal relie entre eux les principaux cours d'eau chinois. Les marchandises les plus diverses circulent ainsi entre le nord et le sud du pays sans affronter les dangers de la mer. Les transports par voie de terre étant alors longs et malaisés, les voies d'eau représentent une solution idéale.*

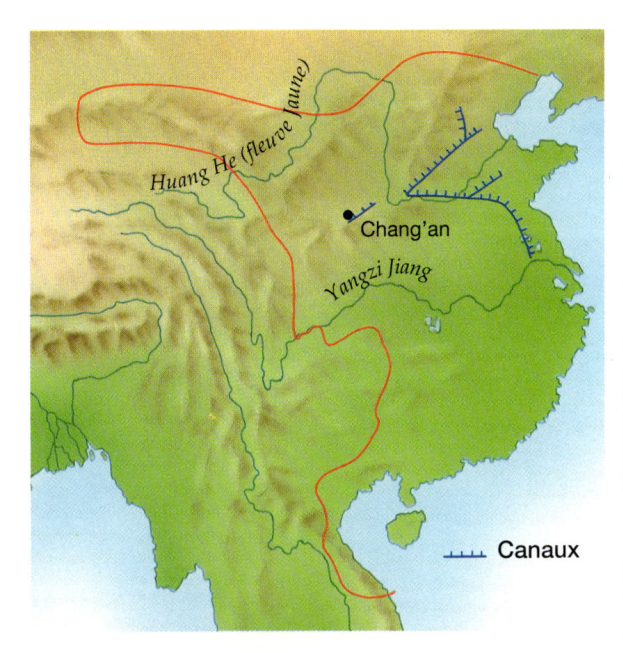

▲ *Dépassant largement ses frontières d'origine (ligne rouge sur la carte), l'empire Tang devient le plus vaste du monde et le mieux organisé.*

régnera jusqu'en 907 et la Chine connaîtra alors un brillant essor dans tous les domaines : les arts, les sciences, les techniques… Sur les mers et sur les pistes des caravanes, la soie chinoise part vers de nombreux pays. Des artisans mettent au point à cette époque la porcelaine et la poudre explosive, utilisée pour les feux d'artifice. L'imprimerie se développe.

LA POUDRE EXPLOSIVE

C'est en cherchant une potion destinée à assurer la vie éternelle qu'un savant chinois aurait découvert la poudre explosive ! Celle-ci sert d'abord à lancer des fusées de feux d'artifice, ou à effrayer les ennemis. Elle deviendra plus tard la poudre à canon.

L'IMPRIMERIE

Dès le 8ᵉ siècle, les Chinois impriment des ouvrages à l'aide de blocs de bois sculptés. Ils reproduisent ainsi du texte et des images. La gravure de chaque page est très longue, mais ensuite, on peut multiplier les reproductions des pages gravées : une invention vraiment extraordinaire !

581-604 Chine : règne de l'empereur Wendi, fondateur de la dynastie Sui (régnante jusqu'en 618).

586 Espagne : les Wisigoths adoptent le christianisme.

589 Perse : les Arabes et les Khazars (peuple turc) tentent d'envahir la Perse, mais ils sont repoussés.
Chine : réunification du pays, pour la première fois depuis la chute des Han en 220, sous le règne de l'empereur Wendi.

590-604 Rome : pontificat de Grégoire Iᵉʳ le Grand ; réformateur de la liturgie, il sera canonisé après sa mort.

593-628 Japon : règne de l'impératrice Suiko, qui favorise l'enracinement du bouddhisme dans le pays.

Cette figurine de céramique représente une femme de la Chine des Tang. De nombreuses statuettes de personnages humains – domestiques, commerçants, etc. – ou d'animaux sont placées dans les tombes pour servir les défunts.

594 Arabie : Mohammed (Mahomet) entre au service de Khadidja, une riche veuve qu'il épousera en 595 et avec laquelle il aura six enfants dont sa fille Fatima.

596 Angleterre : le pape Grégoire Iᵉʳ envoie Augustin et une quarantaine de missionnaires en Angleterre pour évangéliser le pays.

597 Angleterre : Augustin convertit le roi du Kent, Ethelbert Iᵉʳ, et fonde le monastère de Cantorbéry.

501 – 1100

L'architecture

Sous les climats chauds, les bâtiments protègent les habitants des ardeurs du soleil. Dans les pays froids, au contraire, ils constituent un refuge contre le froid et l'humidité. Là où s'élèvent de vastes forêts, les maisons sont bâties en bois. Les premiers châteaux forts eux-mêmes sont en bois, puis peu à peu ce matériau est remplacé par la pierre. Les villages s'établissent autour d'une source ou d'un puits. Ils sont parfois entourés d'un fossé protecteur, surmonté d'une palissade. De nombreux sites romains sont laissés à l'abandon. De nouvelles cités apparaissent autour de châteaux ou de simples places fortes. Les maisons sont souvent édifiées à partir d'une forte charpente en bois. Les murs sont en torchis. Au sud de l'Europe, les villes romaines sont plus souvent préservées et leurs habitants occupent toujours les demeures traditionnelles.

▶ En saisissant ce heurtoir fixé à la porte de l'abbaye, un homme poursuivi se place sous la protection de l'abbé.

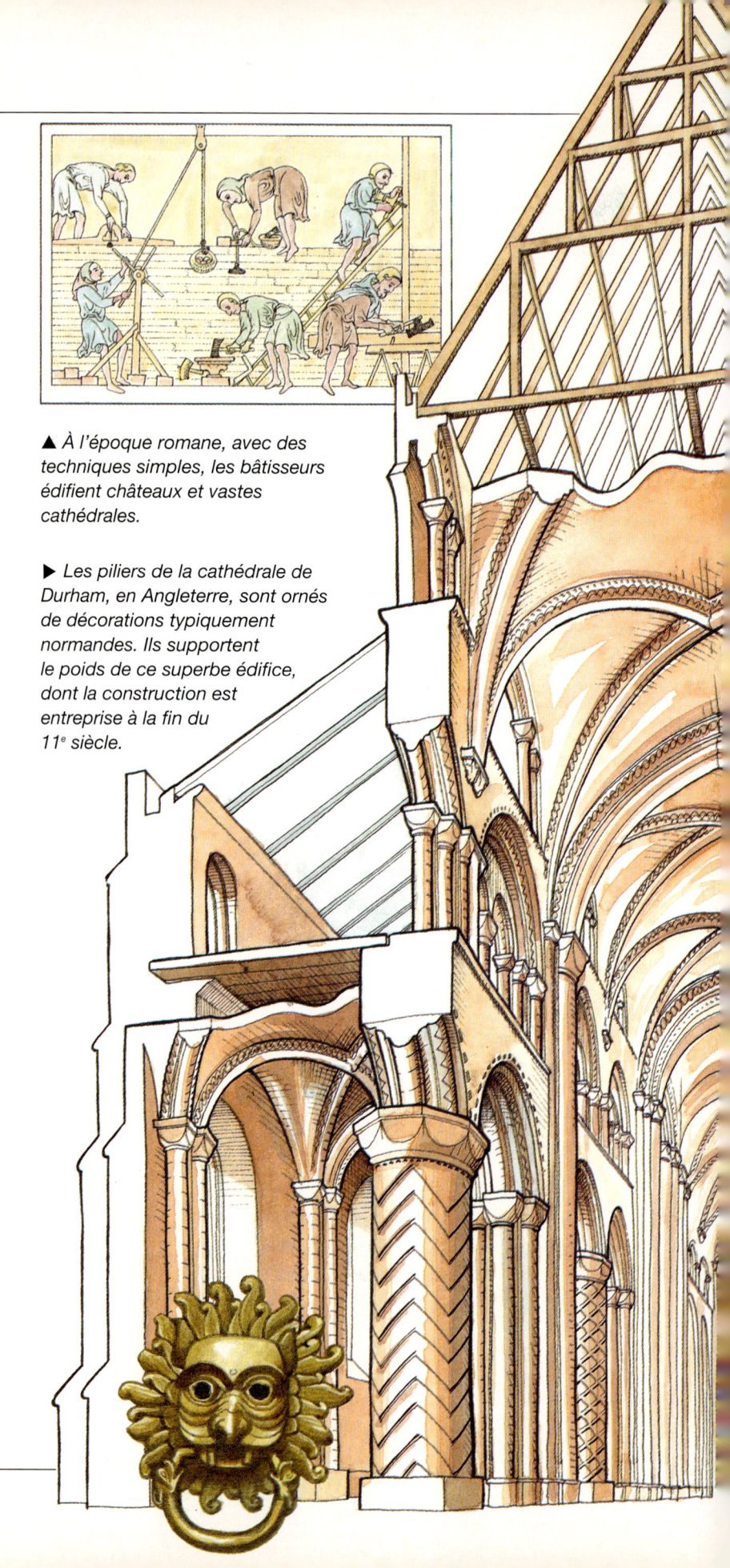

▲ À l'époque romane, avec des techniques simples, les bâtisseurs édifient châteaux et vastes cathédrales.

▶ Les piliers de la cathédrale de Durham, en Angleterre, sont ornés de décorations typiquement normandes. Ils supportent le poids de ce superbe édifice, dont la construction est entreprise à la fin du 11e siècle.

À CETTE ÉPOQUE

7ᵉ siècle Les premières mosquées sont édifiées.
v. 700 Les peuples de la culture anasazi construisent les hautes maisons des pueblos.
1024 Début de la construction de l'église romane du Mont-Saint-Michel, en France.
1067 Les Normands entreprennent la construction de la Tour de Londres.

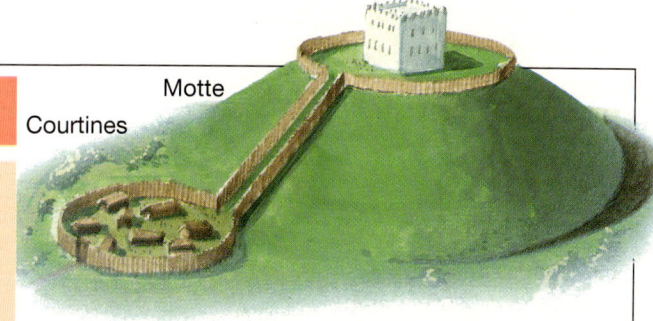

Motte
Courtines

▲ En Europe occidentale, la motte féodale (ci-dessus) est à l'origine du château fort. Des murs en pierre (ci-dessous) remplaceront peu à peu les palissades.

Donjon

Murs en pierre

◄ La plupart des pays islamiques connaissent des climats chauds. Les architectes musulmans jouent avec la lumière. Plus de mille colonnes soutiennent la Grande Mosquée de Cordoue, en Espagne.

▼ Les Anglo-Saxons utilisent souvent le bois et recouvrent leurs constructions de chaume ou de roseaux. Ces matériaux ne durent pas très longtemps, car ils pourrissent vite et brûlent facilement.

173

LA NAISSANCE DE L'ISLAM

v. 600 Mexique : essor de la civilisation zapotèque dans la vallée d'Oaxaca, et apogée du site de Teotihuacan.

7ᵉ siècle Irlande : des lois interdisent aux femmes de combattre ; la tradition celtique des femmes guerrières remontait à plus de 3 000 ans.

605-618 Chine : règne de Yangdi le Brumeux, second empereur Sui. Il fait construire le Grand Canal pour relier le fleuve Jaune au Yang Zi et renforcer l'unité nord-sud ; hommes et femmes y travaillent pendant cinq ans.

606-647 Inde : règne du roi Harsha dans le nord du pays.

610 Arabie : selon la tradition, première vision de Mohammed (Mahomet) ; l'archange Gabriel lui aurait dicté de prêcher la foi en un dieu unique (Allah, qui signifie Dieu en arabe) ; le Prophète commence sa prédication à La Mecque.

613 Royaume franc : Clotaire II, roi de Neustrie, devient roi des Francs.

Le croissant de lune et l'étoile, symboles de l'islam, sont souvent représentés aujourd'hui sur les drapeaux des pays à majorité musulmane.

618 Chine : assassinat du dernier empereur Sui ; Li Yuan (Gaozu) prend le pouvoir et fonde la dynastie Tang.

622 Arabie : persécutés à La Mecque, Mohammed (Mahomet) et ses disciples se réfugient à Yathrib (future Médine) dans la nuit du 16 juillet.

625 Arabie : Mohammed (Mahomet) commence à dicter le Coran, le livre sacré des musulmans.
Proche-Orient : les Perses attaquent Constantinople, sans parvenir à s'en emparer.

La naissance de l'islam

Islam signifie en langue arabe « soumission à la volonté de Dieu ». Comme le judaïsme ou le christianisme, cette religion proclame la foi en un seul Dieu. Elle a été fondée, au 7ᵉ siècle, par le prophète Mohammed (Mahomet) né à La Mecque, en Arabie, vers 570.

À cette époque, les Arabes adoraient différentes divinités. Vers l'âge de quarante ans, alors qu'il s'est retiré dans le désert pour méditer, Mohammed entend la voix de l'archange Gabriel, qui lui communique un message de Dieu. Par la suite, le messager revient plusieurs fois lui parler. Mohammed commence alors à prêcher sa foi en un Dieu unique. Mais de nombreux habitants de La Mecque acceptent mal la nouvelle religion, qui menace leurs propres croyances. En 622 (le 16 juillet), Mohammed et ses fidèles s'enfuient de la ville et se réfugient à

MOHAMMED

Élevé par son oncle, un commerçant aisé, Mohammed passe ses premières années à garder les moutons et les chameaux. Puis il entre au service d'une riche veuve, Khadidja, qu'il épousera plus tard. Il commence à prêcher à La Mecque vers l'âge de 40 ans, mais sa vie est menacée. Le 16 juillet 622, il s'enfuit à Yathrib (Médine) : c'est ce que l'on appelle l'hégire. Cet événement marque le début du calendrier musulman. Il existe plusieurs représentations de Mohammed, mais la tradition islamique interdisant de dessiner son visage, on le représente donc souvent voilé, comme sur cette image.

600-625

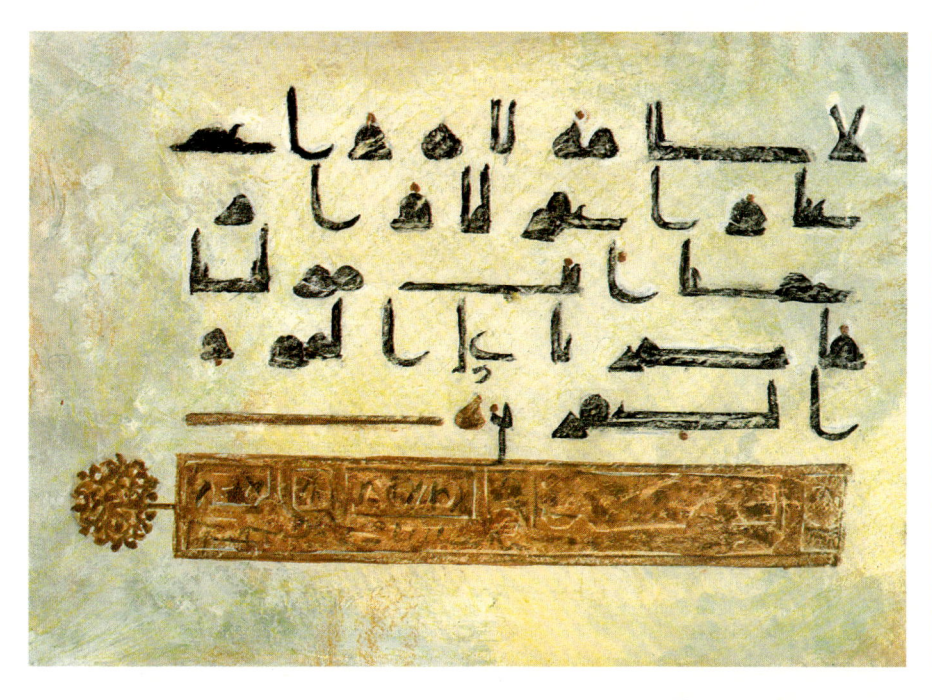

▲ *Cette page du Coran a été écrite au 9ᵉ siècle. Pour les musulmans, il est important que la parole de Dieu soit très soigneusement calligraphiée.*

LA TOILE DE L'ARAIGNÉE

Lors de sa fuite, Mohammed se réfugie dans une grotte. Alors qu'il se trouve à l'intérieur, une araignée tisse une toile en travers de l'entrée. Remarquant ce détail, ses poursuivants pensent que personne n'a pu pénétrer dans la grotte puisque la toile est intacte. Ils passent leur chemin et Mohammed est sauvé.

Yathrib, la future Médine. Ce départ – l'hégire – marque l'an 1 du calendrier musulman.

Dans cette cité, Mohammed et les siens organisent le premier État musulman et construisent la première mosquée. Le Prophète prêche la parole d'Allah (qui signifie Dieu en arabe) et défend aussi l'idée d'une société fondée sur plus d'égalité, plus de justice. La parole divine transmise par Mohammed sera consignée par écrit dans le Coran, le livre sacré des musulmans.

▶ *Le Dôme du Rocher, à Jérusalem, est le troisième lieu saint de l'islam, après La Mecque et Médine. Cet édifice a été bâti sur le lieu même où, selon la tradition, Mohammed s'est élevé vers le ciel.*

Durant son séjour à Médine, Mohammed voit la foule de ses fidèles grossir sans cesse. En 630, il retourne à La Mecque en vainqueur. Il prend le pouvoir et bannit les anciennes idoles. La cité deviendra la principale ville sainte des musulmans. Sous Mohammed, l'islam s'étend à la majeure partie de la péninsule Arabique. Après la mort du Prophète, en 632, la religion islamique va très rapidement se répandre vers l'est et vers l'ouest (*voir* pp. 176-177).

LES CONQUÊTES DE L'ISLAM

Les conquêtes de l'islam

Après la mort de Mohammed (*voir* pp. 174-175), ses successeurs – les califes, ou chefs de la communauté musulmane – s'efforcent de répandre l'islam. Ils se tournent d'abord vers le nord, vers Byzance et la Perse. En 634, le calife Abu Bakr envoie en Syrie une armée, qui écrase les forces byzantines à Adjnadayn. Dès la fin de 635, les Arabes se sont rendus maîtres de la plus grande partie de la Syrie et de la Palestine.

En quelques dizaines d'années, les califes qui succèdent à Abu Bakr bâtissent un immense empire. Les musulmans progressent tant en Orient que vers l'Occident. En 642, ils contrôlent l'Égypte, qui faisait jusqu'alors partie de l'Empire byzantin, et, en 643, la Perse. À l'est, au début du 8ᵉ siècle, une armée musulmane atteint l'Inde après avoir traversé l'Afghanistan. À l'ouest, vers 700, la majeure partie de l'Afrique du Nord est conquise. Les Arabes et les Berbères du Maroc passent en Espagne en 711. Cependant, leur progression en Europe s'essouffle. Une de leurs armées est finalement arrêtée à Poitiers en 732 (ou 733) par les Francs.

L'islam s'impose facilement dans les pays conquis. Sauf en Perse, l'arabe devient une langue qui unifie des populations très diverses.

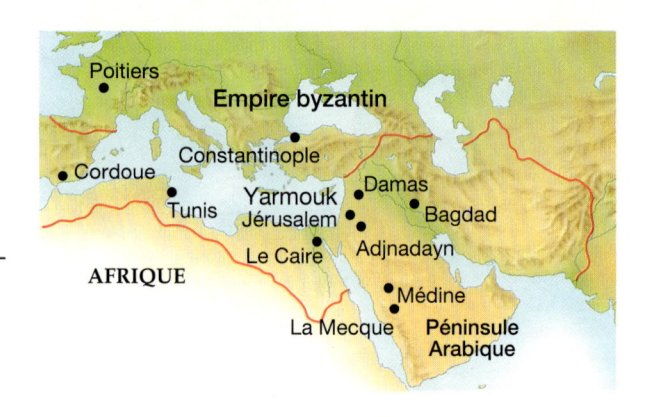

▲ *L'Empire musulman s'étend rapidement. Médine, Damas puis Bagdad deviendront tour à tour sa capitale.*

▼ *Rapides, légèrement armés, les guerriers arabes sont très efficaces. À Yarmouk, en 636, vingt-cinq mille d'entre eux battent cinquante mille soldats byzantins.*

▲ L'art des bâtisseurs arabes se répand en même temps que l'islam lui-même. Des mosquées sont bâties dans l'ensemble du monde islamique.

▲ Cette machine hydraulique illustre le goût que la civilisation musulmane développe pour tout ce qui concerne les sciences et les techniques.

627-649 Chine : règne de l'empereur Tang Taizong ; période d'expansion militaire et de développement scientifique et culturel.

627 Proche-Orient : l'empereur byzantin Héraclius anéantit l'armée perse près de Ninive.

629-639 Royaume franc : règne de Dagobert Ier (fils de Clotaire II) ; il réunifie le royaume franc, aidé par son ministre Éloi.

630 Arabie : Mohammed (Mahomet) s'empare de La Mecque qui devient bientôt le centre de l'islam.

632 Arabie : mort de Mohammed (Mahomet) ; son beau-père Abu Bakr lui succède et devient le premier calife (jusqu'en 634).

632-654 Angleterre : fondation du royaume angle de Mercie, au centre du pays.

633 Angleterre : victoire de Penda, roi de Mercie, sur Edwin, roi de Northumbrie.

634-644 Arabie : califat d'Umar Ier.

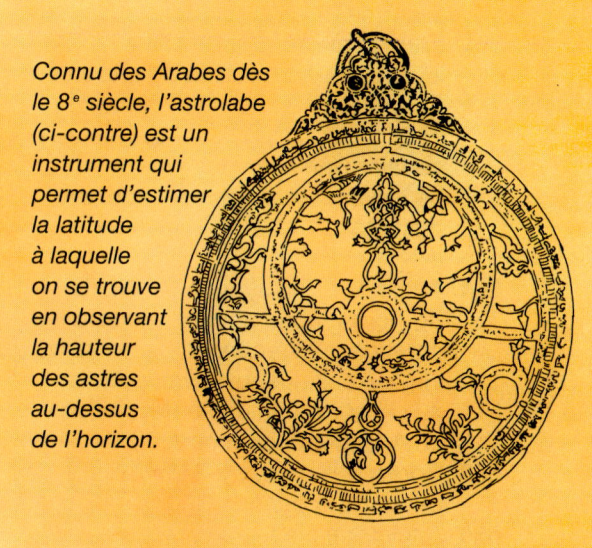

Connu des Arabes dès le 8e siècle, l'astrolabe (ci-contre) est un instrument qui permet d'estimer la latitude à laquelle on se trouve en observant la hauteur des astres au-dessus de l'horizon.

635 Proche-Orient : expansion de l'Empire musulman ; conquête de la Perse (635-643), de la Syrie (636), de Jérusalem (638) et de l'Égypte (639-642).

639 Royaume franc : mort de Dagobert Ier. Déclin des Mérovingiens et période des « rois fainéants » (jusqu'en 751) ; le pouvoir est réellement exercé par les maires du palais.

644 Arabie : assassinat du calife Umar Ier ; Uthman lui succède (jusqu'en 656).

LA DIASPORA JUIVE

646 Japon : ère de Taika (la « Grande Transformation ») ; centralisation de l'État et nationalisation des terres. Les Japonais s'inspirent du mode de vie chinois.

649 Empire islamique : les musulmans conquièrent l'île de Chypre.

v. 650 Arabie : le calife Uthman fait publier une version officielle du Coran, unifiant les divers textes établis depuis la mort de Mohammed (Mahomet).
Océanie : toutes les îles sont colonisées, à l'exception de la Nouvelle-Zélande.

654 Méditerranée orientale : les musulmans prennent l'île de Rhodes aux Byzantins et affirment la puissance navale de l'Islam face à la flotte byzantine.

655 Angleterre : Oswin, roi de Northumbrie, tue Penda, roi de Mercie, lors d'un affrontement entre leurs armées.

656 Arabie : assassinat du calife Uthman ; Ali lui succède (jusqu'en 661). Il est marié à Fatima, fille de Mohammed (Mahomet).

661 Arabie : assassinat du calife Ali ; Muawiya lui succède et fonde la dynastie des Omeyyades de Damas (régnante jusqu'en 750). Cette succession, contestée par certains, fait naître les principaux courants de l'islam : le sunnisme – courant majoritaire – et le chiisme, fondé par les partisans d'Ali.

664 Angleterre : au synode de Whitby, le roi de Northumbrie adopte la discipline chrétienne et reconnaît l'autorité du pape ; l'Église celtique, qui avait permis au christianisme de se développer en Angleterre, commence à décliner.

668 Corée : les rois de Silla unifient le pays ; début de la période Silla (jusqu'en 935).

669 Angleterre : le moine grec Théodore de Tarse est nommé archevêque de Cantorbéry par le pape ; il a pour mission d'organiser l'Église anglaise.

L'étoile à six branches – l'étoile de David – est le symbole du judaïsme depuis le 10ᵉ siècle av. J.-C.

La diaspora juive

Après la destruction de Jérusalem par les Romains en 70 ap. J.-C., la plupart des Juifs partent en exil, car ils n'ont plus le droit de résider dans leur ancienne capitale. Cette vaste émigration, baptisée diaspora – ou dispersion –, les conduit à s'installer peu à peu au Moyen-Orient, en Europe et en Afrique du Nord. Beaucoup d'entre eux se fixent en Espagne, où on les nomme séfarades. Ce nom s'étendra à tous les juifs des régions méditerranéennes tandis qu'en Europe centrale, on les appellera ashkénazes.

Autour de leurs synagogues, les juifs forment de petites communautés, fidèles à leurs traditions et à leur religion. Ils développent un artisanat de qualité, et certains se spécialisent dans le prêt d'argent, car cette activité est alors interdite aux chrétiens.

Toutefois, en Occident, leur situation devient plus difficile à la fin du 11ᵉ siècle.

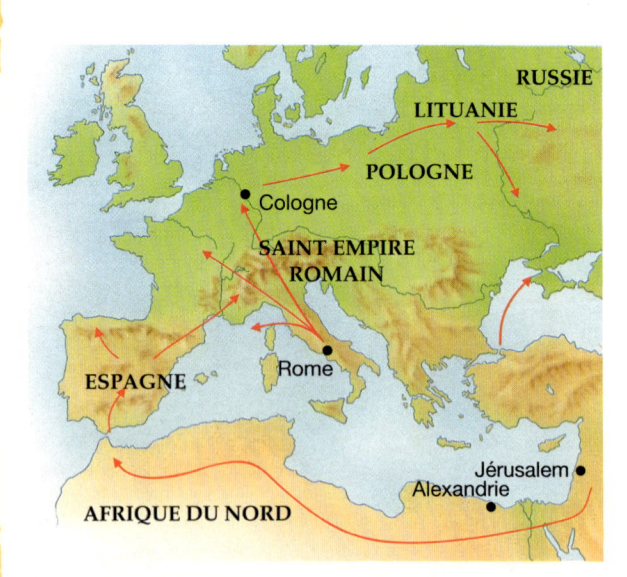

▲ *Les flèches indiquent les routes empruntées par les Juifs après la destruction de Jérusalem et, plus tard, au 12ᵉ siècle, quand ils fuient les premières persécutions.*

LES GHETTOS

Lorsque les persécutions s'étendent, les juifs sont parfois contraints de porter des signes distinctifs sur leurs vêtements ou de résider dans des zones réservées, les ghettos, généralement situés dans les bas quartiers des villes. Ils n'y sont toutefois pas particulièrement protégés.

LE YIDDISH

À l'origine, les juifs s'exprimaient en hébreu. Cette langue comporte un alphabet de 22 lettres et s'écrit de droite à gauche. Les juifs ashkénazes – d'Europe centrale et orientale – créent un langage différent, le yiddish. C'est un mélange d'hébreu et d'allemand, qui s'écrit en lettres hébraïques.

▲ *Les rabbins enseignent aux enfants juifs dans des écoles. En parlant, en lisant et en écrivant l'hébreu, les juifs conservent leurs traditions vivantes.*

▼ *Brûlés vifs (ci-dessous, à Cologne au 14ᵉ siècle), massacrés : les persécutions contre les juifs conduisent parfois à l'élimination de toute une communauté.*

Pendant les croisades (*voir* pp. 242-243) notamment, les juifs sont victimes de l'intolérance religieuse. Les chrétiens fanatiques, par exemple, les accusent d'être responsables de la mort du Christ. Des communautés juives sont malmenées. Nombre de juifs partent vers l'est. Mais les persécutions ne font que commencer. En 1290, ils seront expulsés d'Angleterre, en 1394, de France et, en 1492, d'Espagne.

L'ISLAM PLUS TOLÉRANT

Les juifs accueillent souvent la conquête islamique avec satisfaction, car les musulmans se montrent plus tolérants que les chrétiens. Des communautés juives se développent et prospèrent au Moyen-Orient et en Afrique du Nord, notamment au Caire, en Égypte. En terre d'islam, les juifs (comme les fidèles des autres religions reconnues par les musulmans) sont protégés et ils peuvent exercer librement leur culte. Ils ont le droit de s'administrer eux-mêmes, mais ils paient des impôts plus élevés que les musulmans. Comme dans les pays chrétiens, ils n'ont pas le droit de porter des armes.

501 – 1100

Les communications et les transports

En Occident, l'Empire romain a laissé un excellent réseau routier, mais ces belles voies romaines sont peu à peu négligées. On en arrache les pierres pour édifier des murs. Bientôt, il ne subsiste plus que des chemins informes où l'on circule plus facilement à pied qu'à bord des lourds chariots tirés par des bœufs. Par mauvais temps, ces routes sont impraticables.
Le cheval est un animal rare et coûteux.
En Amérique, il sera totalement inconnu jusqu'à l'arrivée des Européens. En Afrique, on traverse généralement les étendues désertiques à dos de dromadaire. L'écriture est largement répandue à Byzance, dans les pays musulmans et en Chine où, pour devenir fonctionnaire impérial, il faut être lettré et passer de difficiles examens. Dans l'Europe du Nord, les rois ou les grands seigneurs eux-mêmes savent rarement lire ou écrire. Pour rédiger leurs ordres ou leurs chroniques, ils ont recours à des scribes.
La communication se fait surtout oralement.

◀ Les chroniques constituent l'une des principales sources documentaires écrites sur cette époque. Moine à l'abbaye de Jarrow, au nord de l'Angleterre, Bède le Vénérable écrit au 8e siècle une chronique de son pays. On le considère comme le « père de l'histoire anglaise ».

▼ En Europe, jusqu'à la mise au point de l'imprimerie au 15e siècle, tous les livres sont écrits ou copiés à la main. Les scribes utilisent du parchemin, qui est fait de peaux d'animaux tannées et étirées. Les erreurs sont corrigées par grattage.

◀ On écrit généralement avec une plume d'oie trempée dans de l'encre. L'extrémité est régulièrement taillée avec un petit couteau. Les Chinois dessinent les caractères de leur écriture à l'aide d'un pinceau.

▲ Les voies navigables offrent alors le meilleur des moyens de communication. Mais si elles permettent des relations plus rapides que les voies terrestres, les mers sont dangereuses. Dès le 7ᵉ siècle, les Chinois aménagent le Grand Canal, essentiel pour le commerce intérieur de leur pays.

▲ Les Chinois ont inventé la xylographie. Le traité bouddhiste du *Véhicule de diamant* (ci-dessus), le plus ancien livre xylographié (imprimé) connu, date de 868.

À CETTE ÉPOQUE

575-591 L'évêque Grégoire de Tours rédige l'*Histoire des Francs*, la première chronique historique française.
587 En Chine, la xylographie (l'imprimerie à l'aide de bois gravé) se répand. Les textes et les illustrations sont gravés sur des plaques en bois, encrées, puis appliqués sur une feuille de papier, une autre invention chinoise.
610 En Chine, achèvement du Grand Canal entrepris par l'empereur Yandgi. Long de 1 500 km, il renforce l'unité nord-sud du pays.
v 860 Cyrille et Méthode créent l'alphabet « cyrillique » pour transcrire la langue slave.

▲ En Chine, les marchandises voyagent aussi à dos de chameau ou de cheval. Dès le 2ᵉ siècle ap. J.-C., les Chinois importent de grands chevaux d'Asie centrale. Surnommés « chevaux célestes » (ci-dessus, une figurine de l'époque Tang), ceux-ci deviennent un symbole social pour les fonctionnaires et les riches.

L'AMÉRIQUE DU NORD

674-679 Proche-Orient : les musulmans assiègent Constantinople pendant cinq ans, sans parvenir à s'emparer de la cité.

v. 675 Empire islamique : l'empire s'étend vers la péninsule indienne, jusqu'au Pakistan actuel ; les musulmans atteindront l'Indus en 711.

v. 680 Europe centrale : les Bulgares, d'origine turque, envahissent les Balkans et fondent le premier Empire bulgare au sud du Danube.

685-705 Empire islamique : califat d'Abd al-Malik, qui réforme l'administration de l'empire.

687 Royaume franc : bataille de Tertry ; Pépin de Herstal, maire du palais d'Austrasie, affronte Thierry III, roi de Neustrie. Victorieux, Pépin prend la direction des deux royaumes.

En Amérique centrale, les urnes funéraires sont généralement très ouvragées et représentent souvent, comme celle-ci, des divinités. D'abord sculptées à la main, elles ont ensuite été reproduites en série grâce à des moules.

698 Afrique du Nord : les musulmans envahissent Carthage, l'ancienne capitale vandale, byzantine depuis 534.

8ᵉ siècle Afrique : les Bantous traversent le fleuve Limpopo et propagent le travail du fer au sud du continent.
Royaume franc : le roman (l'ancêtre du français) remplace peu à peu le latin comme langue parlée.

v. 700 Empire islamique : avec la conquête arabe, le christianisme disparaît presque entièrement d'Afrique du Nord. L'arabe, langue du Coran, devient la langue officielle de l'Empire.
Amérique du Nord : civilisation des Indiens pueblos ; construction de villages.

702 Mer Rouge : les musulmans et les Éthiopiens s'affrontent sur mer.

709 Afrique du Nord : les musulmans prennent Tanger et achèvent la conquête du Maghreb.

710 Espagne : début du règne de Rodrigue, dernier roi des Wisigoths d'Espagne.

L'Amérique du Nord

Les premières véritables villes d'Amérique du Nord apparaissent au début du 8ᵉ siècle dans les régions de l'est, avec les civilisations de la tradition du Mississippi. Leurs vestiges ont été découverts sur un vaste territoire et notamment à Cahokia dans l'Illinois, Aztalan dans le Wisconsin et Macon en Géorgie.

Cette culture se caractérise par l'édification de tumulus funéraires appelés *burial-mounds*. Chaque cité s'organise autour d'une place centrale formée de plusieurs tumulus rectangulaires en terre. Au sommet de ceux-ci s'élèvent des temples pour les morts. Une palissade sépare la place du reste de la ville où vivent jusqu'à plus de dix mille personnes, dans de longues maisons en terre, recouvertes de chaume. Ces bourgades sont fortifiées et leurs habitants cultivent le maïs, le tournesol, le haricot.

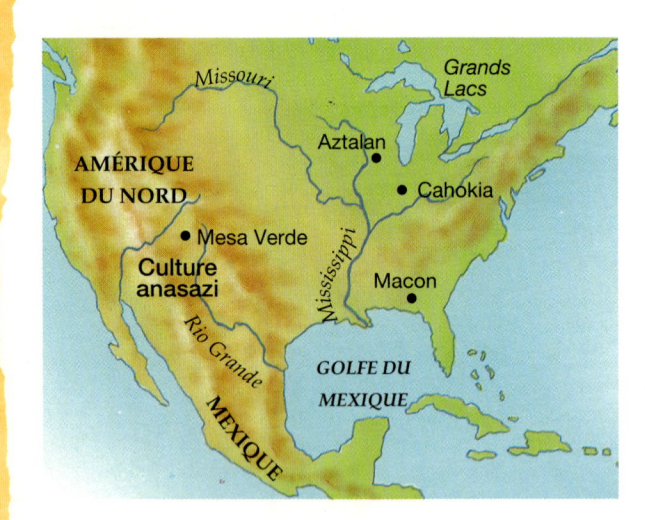

▲ *La culture dite de la tradition du Mississippi s'étend à l'est de l'Amérique du Nord, des Grands Lacs au golfe du Mexique. Plusieurs cités sont en relation les unes avec les autres. Les bâtisseurs de pueblos vivent, eux, dans le Sud-Ouest.*

◀ *Les cérémonies religieuses sont importantes pour les agriculteurs des pueblos. Ces hommes masqués dansent pour que la pluie arrose leurs champs.*

Plus au sud, les peuples de la culture anasazi commencent à édifier des villages – pueblos ou constructions dans les falaises – vers l'an 700. On y trouve de hautes maisons en pierre et en terre battue. Certaines d'entre elles, construites vers 1100, se dressent sur quatre étages. Ces villages peuvent abriter jusqu'à deux cent cinquante personnes qui vivent de l'agriculture. Dans ces régions arides, l'eau a une grande valeur et les paysans creusent des canaux d'irrigation pour leurs champs.

▼ *Le Cliff-Palace de Mesa Verde (Colorado). Ces habitations caractéristiques des Anasazis ont été construites à mi-hauteur de la falaise vers 1200.*

LES RUSSES ET LES BULGARES

711 Espagne : les Maures (musulmans d'Afrique du Nord) envahissent la péninsule et mettent fin au pouvoir des Wisigoths.

712 Japon : rédaction du *Kojiki*, le premier récit connu de l'histoire du Japon.

714 Royaume franc : mort de Pépin de Herstal ; son fils Charles Martel lui succède comme maire du palais (jusqu'en 741).

716-717 Proche-Orient : nouveau siège infructueux de Constantinople par les musulmans.

Cette plaque d'argent fait partie des rares objets, monnaie et bijoux, témoignant aujourd'hui de la richesse du royaume slave de Moravie, envahi par les Magyars en 899.

718 Espagne : les derniers Wisigoths fondent le royaume chrétien d'Asturie, au nord-ouest, alors que les Maures progressent vers le nord.

719 Royaume franc : les musulmans franchissent les Pyrénées et progressent vers le nord.

725 Égypte : révolte des coptes (les chrétiens égyptiens) contre l'autorité musulmane.

726-743 Empire byzantin : querelle des iconoclastes (« briseurs d'images », en grec). L'empereur Léon III interdit les icônes, les images qui représentent le Christ et des saints ; le pape Grégoire II condamne cette décision.

730 Empire byzantin : le pape Grégoire II excommunie l'empereur Léon III.

732 Royaume franc : Charles Martel repousse un raid musulman près de Poitiers – de nombreux historiens datent aujourd'hui la bataille de 733 ; les musulmans quitteront le royaume franc en 759.

735 Angleterre : mort du moine Bède le Vénérable, auteur de l'*Histoire ecclésiastique des Angles*.

Les Russes et les Bulgares

Un peuple connu sous le nom de Slaves s'établit au cours du 8ᵉ siècle à l'est de l'Europe. Dès 716, les Byzantins reconnaissent le premier État slave, celui des Bulgares. Ceux-ci vont se livrer à de nombreux assauts contre l'Empire byzantin. En 811, ils mettent à sac Constantinople et tuent l'empereur Nicéphore Iᵉʳ avant de se retirer. Les Byzantins décident alors d'envoyer des missions pour christianiser les Bulgares. Ce sera l'œuvre de Cyrille et de Méthode. Le roi bulgare finit par se faire baptiser, sans que cela mette un terme aux affrontements. Les Byzantins ne l'emporteront qu'au début du 11ᵉ siècle.

D'autres communautés slaves se développent plus à l'est, le long des grands fleuves comme le Dniepr et la Volga. D'actifs commerçants, les Vikings suédois, se mettent à leur tête. Ils sont connus dans ces contrées sous le nom de Rûs, et donneront son nom au pays,

▲ *Lorsqu'il se fait chrétien, le grand-prince de Kiev Vladimir Iᵉʳ choisit la religion orthodoxe.*

la Russie. Leur premier chef, Riourik, devient maître de Novgorod, puis fonde l'État de Kiev. Plus tard, tous les nobles russes prétendront descendre de lui.

En 988, le grand-prince de Kiev Vladimir Ier épouse une princesse byzantine et se convertit au christianisme. C'est l'acte de naissance de la Russie. Les autres nobles sont obligés de se convertir. Au 11e siècle, Kiev, la capitale russe, est devenue un centre florissant. Iaroslav le Sage, son plus grand roi, entretient des relations diplomatiques avec ses voisins. De nombreuses églises sont édifiées. On rédige alors les premières lois ainsi que les premiers textes littéraires russes.

◀ *La plupart des États slaves adoptent le rite orthodoxe. Églises et demeures s'ornent de peintures religieuses, les icônes, telle cette Vierge à l'Enfant.*

▼ *Après avoir tué l'empereur byzantin en 811, les Bulgares font de son crâne une coupe à boire qu'ils offrent à leur chef (ci-dessous).*

LE CYRILLIQUE

Au 9e siècle, Cyrille et Méthode créent l'alphabet « cyrillique », inspiré de l'alphabet grec, pour transcrire la langue slave. Au rythme des missions chrétiennes en pays slave, cet alphabet se répandra dans toute l'Europe orientale. Il est toujours utilisé pour le russe, le serbe, le bulgare, etc.

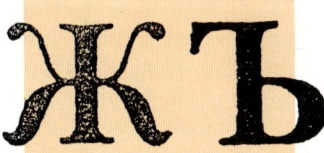

LE ROYAUME DES FRANCS

741 Royaume franc : mort de Charles Martel. Ses deux fils administrent le royaume : Carloman reçoit l'Austrasie, l'Alamanie et la Thuringe ; Pépin le Bref reçoit la Neustrie, la Bourgogne et la Provence.

747 Méditerranée orientale : l'empereur d'Orient Constantin V reprend Chypre aux musulmans.
Royaume franc : Carloman renonce au pouvoir ; Pépin le Bref reste seul maire du palais.

v. 750 Amérique centrale : déclin de la civilisation maya et de Teotihuacan.
Océanie : des Maoris s'installent au nord de la Nouvelle-Zélande.

750 Empire islamique : fin de la dynastie des Omeyyades ; fondation de la dynastie des Abbassides (régnante jusqu'en 1258).

751 Royaume franc : Pépin le Bref élimine Childéric III, dernier roi mérovingien ; couronné roi des Francs (jusqu'en 768), il fonde la dynastie carolingienne.

Le monastère de l'île d'Iona, à l'ouest de l'Écosse.

752 Italie : les Lombards prennent Ravenne aux Byzantins.

756 Espagne : Abd al-Rahman Ier établit un émirat omeyyade indépendant à Cordoue.
Italie : vainqueur des Lombards, Pépin le Bref fait don des territoires conquis au pape Étienne II ; fondation des premiers États pontificaux.

757-796 Angleterre : règne d'Offa, roi de Mercie ; il fait bâtir deux lignes de fortification pour protéger son royaume.

768 Royaume franc : mort de Pépin le Bref ; partage du royaume entre ses deux fils, Charles Ier le Grand (Charlemagne) et Carloman.

771 Royaume franc : mort de Carloman ; Charlemagne règne seul (jusqu'en 814).

772 Royaume franc : Charlemagne conquiert la Saxe, en Germanie.

Le royaume des Francs

Parmi les peuples « barbares » qui s'installent dans l'Empire romain du 3e au 5e siècle, celui des Francs est originaire des bords de la Baltique. Il occupe peu à peu une partie de la Belgique, puis le nord de la Gaule et, en 486, son roi, Clovis Ier, contrôle tous les territoires s'étendant jusqu'à la Loire.

À la suite d'alliances ou de victoires militaires, Clovis construit un véritable royaume qui couvre, vingt ans plus tard, toutes les régions comprises entre les Pyrénées et la haute vallée du Rhin.

Le roi franc va faire deux choix importants. Vers 496, il cède aux arguments de son épouse Clotilde en se faisant chrétien. Il est baptisé à Reims par l'évêque Remi. Les chefs de l'Église chrétienne acceptent alors de se ranger à ses côtés et lui apportent tout leur appui. En 508, lorsque sa victoire lui semble définitive, Clovis choisit la capitale de son royaume, Paris, créant ainsi une tradition… plus que millénaire !

741-772

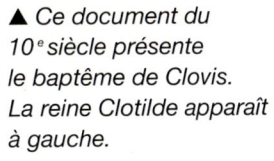

▲ Ce document du 10ᵉ siècle présente le baptême de Clovis. La reine Clotilde apparaît à gauche.

DAGOBERT Iᵉʳ
(début 7ᵉ siècle-639)

Roi des Francs de 628 à 639, Dagobert Iᵉʳ reconstitue l'unité du royaume. Il s'entoure de conseillers de grande valeur : le trésorier Didier et les futurs saint Ouen et saint Éloi.

LES FRANCS

En s'emparant des riches terres agricoles du nord de la Gaule, les Francs acquièrent une puissance qui leur permet de vaincre leurs adversaires. Après la prise du pouvoir par Clovis, leur territoire prendra peu à peu le nom de « royaume des Francs » qui, bien plus tard, deviendra la France. Mais le cœur du royaume restera toujours attaché à cette région que nous appelons encore « Ile-de-France ».

Mais à sa mort, son royaume est partagé entre ses fils : c'est la faiblesse de la dynastie mérovingienne – du nom de Mérovée, ancêtre légendaire de la famille – qu'il a fondée. Une nouvelle dynastie franque s'imposera en 751 (voir pp. 194-195).

◀ Les grandes foires attirent déjà des marchands venus parfois de très loin. Ce dessin est une reconstitution de la foire de Saint-Denis, près de Paris, qui remonte au 7ᵉ siècle.

▶ Au début du 7ᵉ siècle, le royaume franc est réparti en trois régions relativement indépendantes : l'Austrasie, la Neustrie et la Bourgogne. Le maire du palais d'Austrasie finira par s'imposer aux autres.

187

501 – 1100

L'agriculture et l'alimentation

Les outils en fer, plus efficaces, se répandent. Le soc métallique des charrues, par exemple, laboure des sols plus lourds et plus fertiles. Le système féodal, qui se développe peu à peu en Europe, apporte aux paysans une certaine sécurité et les incite à défricher de nouvelles terres. Les bœufs, les chevaux et les porcs sont les animaux d'élevage les plus répandus. À partir du 12ᵉ siècle, l'exploitation des moutons pour la laine se développe.
En Chine, de nouveaux réseaux d'irrigation permettent d'étendre la culture du riz. En Amérique, la culture du maïs se répand vers les basses vallées fertiles.

▲ À partir du 11ᵉ siècle, les seigneurs encouragent le défrichement des terres. Les tenanciers, ou bordiers, emploient le bois ainsi obtenu pour construire demeures et granges (ci-dessus).

▼ La charrue équipée d'un soc en fer et de roues se répand. Tirée par des bœufs, elle assure un labourage profond, qui aère bien la terre. Les récoltes sont plus abondantes ; les famines se font donc plus rares.

▲ Les céréales sont coupées avec une sorte de faux (ci-dessus) ou, le plus souvent, avec une faucille (à droite). La paille servira de litière aux animaux et aux gens, ou à couvrir les maisons. Pour battre les épis et en tirer le grain, on emploie un fléau en bois (à gauche).

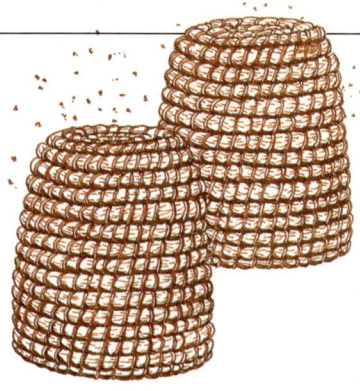

◀ *En Europe, on ne connaît pas d'autre sucre que le miel des abeilles. Il y a donc des ruches partout. Elles sont souvent faites à la façon d'un grossier panier de paille tressée, posé à l'envers à même le sol.*

▼ *On élève toujours un ou plusieurs porcs. Ils se nourrissent en fouillant le sol des forêts et des prés communaux. On les tue à l'entrée de l'hiver, quand ils sont bien gras.*

À CETTE ÉPOQUE

7ᵉ siècle En Chine, un réseau de canaux permet le transport du riz à grande échelle.
8ᵉ siècle Le manque de terres cultivables explique en partie les expéditions des Vikings hors de la Scandinavie.
9ᵉ siècle Développement du féodalisme dans le royaume carolingien.
1050 Dans le royaume franc, début des grands défrichements par les moines.
1100 En Europe, le commerce de la laine se développe ; l'élevage des moutons aussi.

▼ *Dans les régions d'influence normande, les champs sont cultivés en grandes parcelles allongées, moins souvent séparées par des haies qu'ailleurs.*

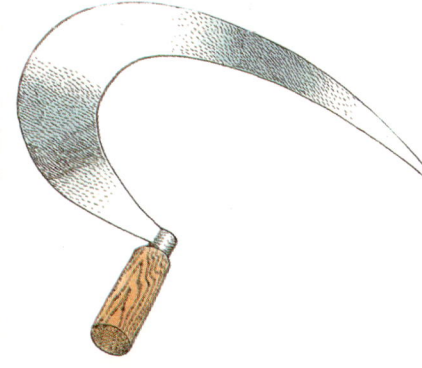

▼ *Le temps de la moisson est un moment capital. Les céréales sont la nourriture de base ; sans elles, on meurt de faim.*

LA DYNASTIE ABBASSIDE

774 Royaume franc : Charlemagne s'empare du royaume de Lombardie et prend le titre de roi des Francs et des Lombards.

v. 775 Asie : essor du royaume de Srivijaya en Malaisie.

778 Royaume franc : l'arrière-garde de l'armée de Charlemagne est vaincue à Roncevaux (Pyrénées) ; le chevalier Roland est tué au combat. Cette défaite est à l'origine de la célèbre *Chanson de Roland*, composée au 11ᵉ siècle.

779 Angleterre : Offa, roi de Mercie, devient roi du pays.
Royaume franc : Charlemagne rend la dîme (taxe versée au clergé) obligatoire.

780 Empire byzantin : Constantin VI devient empereur ; sa mère, Irène, assure la régence.

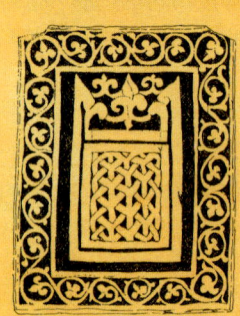

Cette dalle décorée dans le style islamique a été réalisée en Perse (l'actuel Iran), au 12ᵉ siècle ; elle a sans doute servi de pierre tombale.

782 Royaume franc : renouveau culturel et artistique du royaume carolingien ; Charlemagne fonde l'école du palais et fait appel à des lettrés, dont le moine anglo-saxon Alcuin, pour la diriger.

786-809 Empire islamique : règne d'Harun al-Rachid.

787 Proche-Orient : le second concile de Nicée restaure le culte des images et condamne les iconoclastes.

788 Germanie : Charlemagne annexe la Bavière.

789 Angleterre : arrivée des premiers Vikings danois au sud de l'île.
Royaume franc : Charlemagne ordonne la création d'une école dans chaque évêché ; la grammaire, le calcul, le chant et les psaumes y seront enseignés.

791 Empire byzantin : Constantin VI écarte sa mère du pouvoir et règne seul.

v. 795 Angleterre : arrivée des premiers Vikings norvégiens au nord de l'île ; ils pillent le riche monastère de Lindisfarne.

La dynastie abbasside

En 750, Abu al-Abbas prend le titre de calife. Son successeur, al-Mansour – le Vainqueur –, transfère la capitale de Damas à Bagdad. Il installe sa famille à la tête de l'Empire musulman pour cinq siècles. L'influence perse sera alors prépondérante.

Les Abbassides descendent d'Abbas, un oncle du prophète Mohammed (Mahomet). Harun al-Rachid, cinquième calife de la dynastie, est leur plus célèbre représentant. Il dirige l'empire à partir de 786, mais ne détient réellement le pouvoir qu'en 803, après s'être débarrassé de ses proches adversaires.

En 791, la guerre éclate une fois encore avec l'Empire byzantin. Elle se terminera quinze ans plus tard par la victoire des Abbassides. À la même époque, plusieurs familles, se réclamant d'une tradition

---

HARUN AL-RACHID

Harun al-Rachid (766-809) succède à son frère, le calife al-Hadi, en 786. Certains disent qu'il n'est pas étranger à la mort de ce dernier, ce qui n'a jamais été démontré. Harun al-Rachid s'attache d'abord à mettre fin à divers troubles qui agitent l'empire. Il impose ensuite sa puissance à l'Empire byzantin, cherche à nouer des relations avec l'Occident en envoyant une ambassade à Charlemagne et fait de Bagdad une capitale très brillante. Après sa mort, le pouvoir du calife s'effrite, mais la culture islamique demeure un ciment puissant entre tous les pays de l'empire.

774-795

L'ART ISLAMIQUE

Alors que l'Occident chrétien vit des « temps barbares », l'islam développe une brillante culture. Les artistes se spécialisent notamment dans la calligraphie des manuscrits et dans la recherche de dessins aux formes raffinées, comme ceux qui figurent sur cette coupe persane.

islamique plus stricte – le chiisme –, cherchent à se rendre indépendantes dans différentes parties de l'empire. Harun al-Rachid parvient à imposer son pouvoir. Cependant, peu à peu, les califes abbassides perdront de leur importance. Dès la fin du 10e siècle, ils ne seront plus califes que de nom.

Harun al-Rachid encourage fortement les travaux scientifiques et les créations artistiques. Sa cour est un grand foyer de culture et c'est elle qui constitue le décor des fameux contes des *Mille et Une Nuits*, l'un des chefs-d'œuvre de la littérature arabe.

▲ *Les contes des* Mille et Une Nuits *trouvent leurs origines dans différents pays, comme la Syrie, l'Égypte, l'Inde. Ils racontent l'histoire d'Aladin, d'Ali Baba, de Sindbad le marin...*

▶ *Les navires arabes transportent passagers et marchandises à travers l'océan Indien et la Méditerranée. Les commerçants diffusent la culture islamique.*

191

LE ROYAUME DU GHANA

797 Empire byzantin : l'impératrice Irène fait crever les yeux de son fils Constantin VI et s'empare du pouvoir (jusqu'en 802).

9ᵉ siècle Europe : développement du féodalisme dans le royaume carolingien.
Méditerranée : l'utilisation de voiles latines (triangulaires) améliore la navigation.
Afrique : essor du commerce caravanier transsaharien entre l'ouest et le nord du continent ; développement des villes et du royaume du Ghana.
Empire islamique : âge d'or des sciences, de la philosophie et des arts.
Inde : division du nord en petits États.

Les chefs vikings récompensent souvent leurs soldats victorieux en leur offrant des épées ou des anneaux précieux, comme celui-ci.

v. 800 Amérique du Nord : les Indiens de la vallée du Mississippi utilisent l'arc et la flèche.

800 Europe occidentale : Charlemagne est couronné empereur d'Occident par le pape Léon III. À la tête d'un empire de plus de 1 million de km² ayant pour capitale Aix-la-Chapelle, il se veut le successeur de l'Empire romain d'Occident et se déclare protecteur du christianisme occidental.

802 Angleterre : Egbert le Grand devient roi du Wessex (jusqu'en 839).

813-833 Empire islamique : règne de Abd Allah al-Ma'mun ; période d'expansion artistique et de libéralisme religieux.

814 Empire d'Occident : mort de Charlemagne à Aix-la-Chapelle. Son fils Louis Iᵉʳ le Pieux lui succède ; il ne réussira pas à maintenir l'unité territoriale de l'empire.

Le royaume du Ghana

L'ancien royaume du Ghana se situait plus au nord que le pays qui porte actuellement ce nom. Il a probablement été fondé vers le 5ᵉ siècle. Il aurait alors été dirigé par une dynastie d'origine berbère, bien que la majeure partie du pays soit peuplée par des tribus soninkés.

En 770, les Soninkés évincent les Berbères et établissent les bases d'un empire. Celui-ci se développe et sa capitale, Kumbi Saleh, est peuplée de Noirs et de Berbères qui, à cette époque, deviennent musulmans.

L'empire tire une grande partie de sa richesse du commerce. Au 9ᵉ siècle, des marchands arabes le décrivent comme le « pays de l'or ». Le métal précieux provient du haut Sénégal et du haut Niger, au sud et à l'ouest. Au nord s'étend le Sahara.

Le royaume atteint son apogée au 10ᵉ siècle, lorsqu'il contrôle à la fois le commerce de l'or et celui du sel.

L'ÉTHIOPIE

L'Éthiopie est un royaume chrétien depuis le 4ᵉ siècle. Séparé du reste de la chrétienté lorsque l'Égypte est conquise par les Arabes, en 642, le pays restera isolé pendant 800 ans. Au Moyen Âge, l'Occident se raconte la légende d'un fabuleux « Prêtre Jean » (ci-contre), un roi chrétien du centre de l'Afrique. Plus tard, des Européens penseront que l'Éthiopie est le royaume fabuleux du Prêtre Jean, et des explorateurs, envoyés du pape, tenteront d'y parvenir.

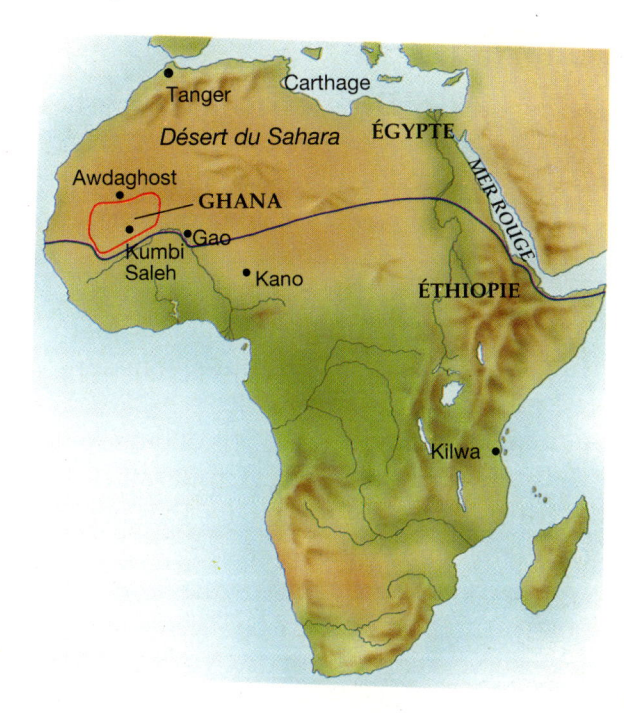

▲ Cette carte situe quelques grands lieux africains. À partir de 1100, la plupart des pays du Nord (au-dessus de la ligne bleue) sont islamisés.

▼ Les marchands traversent le Sahara. Les caravanes de dromadaires peuvent couvrir jusqu'à 300 kilomètres en une semaine.

D'autres marchandises transitent par le Ghana : des vêtements de laine et des articles de luxe qui viennent d'Europe, des articles en cuir et des esclaves originaires d'Afrique centrale. En 990, le souverain ghanéen s'empare d'Awdaghost. Le royaume connaît alors sa plus grande extension.

En 1076, cependant, il est conquis par des Berbères almoravides. Plus tard, au 13e siècle, il sera en partie rattaché à l'empire du Mali (*voir* pp. 264-265).

LE SEL

Le sel est un produit essentiel, qui permet notamment de conserver les aliments. On le trouve en grandes quantités dans le désert. Un vaste réseau s'organise pour le transporter vers le Ghana. De là, il part plus au sud.

LES ESCLAVES

Capturés dans le centre de l'Afrique, les esclaves sont emmenés au Ghana. Des marchands arabes leur font alors traverser le Sahara pour les vendre sur les rivages de la Méditerranée et au Proche-Orient.

CHARLEMAGNE

817 Empire d'Occident : Louis Ier le Pieux procède au partage de l'empire entre ses trois fils, Lothaire, Pépin et Louis le Germanique ; à sa mort, Lothaire sera le principal héritier de l'empire.

823 Empire d'Occident : la naissance de Charles II le Chauve, quatrième fils de Louis le Pieux, remet en question le partage de 817.

Ce reliquaire allemand du 14e siècle représente Charlemagne. Il montre l'empereur en fondateur du Saint Empire romain germanique.

833 Empire d'Occident : les trois fils aînés de Louis Ier le Pieux se révoltent contre lui.

v. 835 Europe occidentale : grands raids vikings.

840 Empire d'Occident : mort de Louis Ier le Pieux ; son fils aîné, Lothaire Ier, devient empereur d'Occident (jusqu'en 855). Europe centrale : une confédération de peuples slaves se forme en Bohême, Moravie, Slovaquie, Hongrie et Transylvanie.

v. 840 Irlande : les Vikings s'installent sur l'île et fondent des colonies à Dublin, Cork, Limerick…

841 Chine : premières persécutions des bouddhistes. Empire d'Occident : par le serment de Strasbourg, Louis le Germanique et Charles II le Chauve s'allient pour renverser Lothaire Ier ; ce serment est le premier texte connu rédigé en langue romane (l'ancêtre du français) et en tudesque (l'ancêtre de l'allemand) et non pas en latin.

843 Empire d'Occident : traité de Verdun ; Louis le Germanique et Charles II le Chauve imposent à Lothaire Ier un partage équitable de l'empire. Lothaire conserve l'Italie et la Francie (est de la France actuelle), Louis le Germanique reçoit la Germanie, Charles II le Chauve devient roi de la Francie de l'Ouest (jusqu'en 877).

Charlemagne

Dans le pays des Francs (*voir* pp. 186-187), ce sont les maires du palais qui détiennent le pouvoir. Au début du 8e siècle, Charles, fils naturel de Pépin d'Herstal, lutte pour devenir maire du palais d'Austrasie. Il soumet ensuite la Neustrie, l'Aquitaine et les peuples alamans, thuringiens, saxons et bavarois. Mais une nouvelle menace apparaît : les musulmans ont franchi les Pyrénées et envahissent les pays du sud. Charles réunit une armée et arrête l'avance arabe à Poitiers en 732 (ou 733). Il conservera le surnom de Charles Martel, car son arme favorite est une lourde masse de bois et de fer.

Son fils, Pépin le Bref, poursuit son œuvre. Il dépose le dernier roi mérovingien, monte sur le trône en 751 et fonde la dynastie carolingienne. En 771, son fils, Charles, se retrouve seul à la tête d'un État vaste, riche et puissant. Il le

▲ *Au traité de Verdun, en 843, Charles, Louis et Lothaire se partagent l'empire de Charlemagne. Ainsi naissent les grandes divisions de l'Europe future.*

817-843

> ÉDUCATION
>
> Beatissimo papae Damaso hieronimus
>
> Charlemagne favorise le développement des études. À la cour d'Aix-la-Chapelle, les clercs mettent au point une nouvelle écriture, la minuscule caroline. Tous les livres sont écrits en latin, mais les peuples emploient des dialectes particuliers qui, peu à peu, deviendront nos langues modernes.

▼ *Lorsque Charlemagne devient empereur, on pense à la renaissance de l'Empire romain d'Occident. Les Byzantins ne le reconnaissent qu'en 812. Louis le Pieux, son fils, se couronnera lui-même, sans le pape.*

renforce encore en menant des campagnes militaires notamment contre les Saxons, en pays germanique, et les Lombards qui contrôlent l'Italie. Charles se proclame protecteur de l'Église. Grâce à lui, le pape étend son influence sur l'Occident.

En 800, le jour de Noël, Charles reçoit du pape Léon III la couronne impériale. On l'appellera désormais Carolus Magnus, Charlemagne, Charles le Grand. Mais après sa mort, son empire sera partagé entre ses descendants.

▲ *Charlemagne est un soldat et un administrateur. Il organise un gouvernement centralisé et efficace. Ses envoyés – les missi dominici – ont tout pouvoir pour le représenter dans les provinces.*

501 – 1100

La vie quotidienne

Au nord de l'Europe, les femmes filent la laine et le lin et confectionnent des vêtements pratiques. Les hommes portent des braies – sortes de pantalons – et une tunique. Les femmes revêtent de longues robes, fermées par une ceinture. Elles couvrent leurs épaules d'un châle. Pour tous, un manteau est nécessaire en hiver.
Dans les régions méditerranéennes, en revanche, on s'habille de vêtements encore inspirés par la mode romaine. Les parures byzantines sont très décorées. Les couronnes, incrustées de perles et de pierres précieuses, inspireront plus tard les princes occidentaux. En Chine, les gens riches portent de longs vêtements en soie, légers par temps chaud, épais par temps froid.

▼ La plupart des gens portent des chaussures en cuir, mais les plus pauvres vont pieds nus.

▲ À partir du 11ᵉ siècle, les vêtements sont de plus en plus souvent en laine. Celle-ci, après avoir été nettoyée, peignée et filée, est teinte avec des colorants naturels. Lors du tissage, on réalise des carreaux, des raies et d'autres motifs.

▲ Planche à repasser et sa pierre polie, pour effacer les plis du tissu.

◀ Les bijoux vikings sont souvent utiles. Les femmes fixent les pans de leur robe à l'aide de ces deux broches. À leur ceinture, elles accrochent clés, ciseaux et peigne.

À CETTE ÉPOQUE

v. 529 Benoît de Nursie fonde au mont Cassin, près de Naples, le premier monastère de l'ordre des Bénédictins.

9ᵉ siècle Le système féodal apparaît en Europe. Il entraînera des changements profonds dans la vie des gens, car il aboutira notamment à un morcellement des pouvoirs.

11ᵉ siècle Sous la dynastie Song, les Chinois pensent que les petits pieds sont un idéal de beauté féminine. Les pieds des filles sont étroitement bandés pour qu'ils ne grandissent pas.

▲ Ces femmes de la cour des Tang écoutent un concert. Elles sont assises, autour d'une table basse, sur le sol ou sur de petits tabourets, comme le veut la tradition chinoise.

▶ Dans les pays froids, on vit autour du foyer, placé au centre de la pièce. Le feu apporte chaleur et lumière. Les cheminées sont inconnues et la fumée s'échappe par un trou dans le toit.

LE JAPON DES FUJIWARA

855 Empire d'Occident : mort de l'empereur Lothaire Ier ; son fils Louis II lui succède (jusqu'en 875).
856 Royaume franc : raids vikings en Normandie et en Ile-de-France.
858 Japon : Fujiwara Yoshifusa assure la régence pour son petit-fils.
860 Islande : arrivée des premiers Vikings.
862 Russie : installation des Varègues, qui fondent le comptoir commercial de Novgorod ; le prince Riourik y crée la première principauté russe.

Le harnachement des chevaux japonais est décoré de nombreux ornements et notamment de clochettes.

867 Angleterre : les Vikings envahissent les royaumes angles de Northumbrie, d'Est-Anglie et de Mercie.
Empire byzantin : désaccord entre l'Église de Constantinople et celle de Rome ; le patriarche de Constantinople Photios et le pape Nicolas Ier s'excommunient mutuellement.
870 Méditerranée orientale : les musulmans occupent l'île de Malte.
Islande : les Vikings s'installent sur l'île.
871 Angleterre : les Danois attaquent le Wessex mais sont repoussés par le roi Alfred le Grand.
875 Empire d'Occident : Charles II le Chauve devient empereur (jusqu'en 877) ; après sa mort, l'Empire carolingien déclinera.
877-879 Royaume franc : règne de Louis II le Bègue.
878 Angleterre : bataille d'Édington ; victoire du roi de Wessex Alfred le Grand sur les Danois. Il devient roi de tous les Anglo-Saxons (jusqu'en 899).
879-882 Royaume franc : règne conjoint de Louis III et de son frère Carloman.

Le Japon des Fujiwara

Au début du 8e siècle, l'empereur du Japon fonde une nouvelle capitale à Heiankyo (Kyoto). Les souverains se succèdent de façon héréditaire, généralement de père en fils. Lorsque l'un d'entre eux meurt alors que son héritier est trop jeune pour régner, on nomme un régent, qui est traditionnellement choisi dans la famille impériale.

Au 9e siècle, un ministre du clan Fujiwara épouse la fille de l'empereur. Bien qu'il ne soit pas de lignée impériale, il prend le titre de régent à la mort du souverain, en 858. La famille Fujiwara va devenir si puissante qu'elle laissera son nom à la période qui débute alors et qui durera jusqu'au milieu du 12e siècle. Les régents Fujiwara détiennent le véritable pouvoir, les empereurs se contentant d'un rôle honorifique, essentiellement religieux.

L'art et la littérature – notamment

▼ *À la cour des Fujiwara, tout est codifié : ainsi, la lettre que lit cet homme a été pliée d'une façon particulière et écrite sur un support soigneusement choisi.*

la poésie – s'épanouissent. De grands romans, qui sont encore lus aujourd'hui, ont été écrits à cette époque par des femmes de la cour impériale.

De nombreuses familles profitent de l'ascension des Fujiwara, mais dans les provinces éloignées de Kyoto, la capitale, des clans s'affrontent. Au 12e siècle, les rébellions incessantes tourneront à la guerre civile. Incapables de les maîtriser, les Fujiwara perdront le pouvoir. En 1192, le pays passera sous le contrôle du clan Minamoto, qui instaurera le shogunat (*voir* pp. 254-255).

▼ Le bouddhisme a été introduit dans le pays vers le 6e siècle, mais la plupart des Japonais sont de religion shinto. Cette figure d'argile représente un dieu chargé de protéger les lieux saints contre les démons. Le vêtement porté par ce personnage est celui d'un guerrier japonais du 8e siècle.

LE DIT DU GENGI

Sous les Fujiwara, des femmes de la cour composent des dits (poèmes), des nouvelles, des chroniques… Un récit intitulé *Genji-monogarit* (*Dit du Gengi*) nous donne de précieux renseignements sur la vie à la cour. Ce célèbre ouvrage a été écrit au 11e siècle. Il se déroule comme un feuilleton à épisodes et était lu à haute voix.

JARDINS

Au Japon, les bouddhistes ont développé l'art des jardins. Rectangulaires ou ovales, ceux-ci sont généralement situés au sud des maisons et dotés d'une pièce d'eau avec une île au centre ; au nord s'élève souvent une colline artificielle d'où coule une cascade.

SÉISMES

Au 8e siècle, les empereurs Heian installent leur capitale à Heiankyo (Kyoto). La cité subira de nombreux tremblements de terre et incendies. Beaucoup de Japonais pensent alors qu'ils sont provoqués par les esprits des administrateurs bannis par les Fujiwara.

Les Magyars et les Bohémiens

Les Magyars, ou Hongrois, sont originaires des steppes situées entre la Volga et l'Oural, dans l'actuelle Russie. À la fin du 9ᵉ siècle, conduits par un de leurs chefs, Arpad, ils se déplacent vers l'ouest, et pénètrent dans le pays que nous appelons aujourd'hui Hongrie. C'est une région fertile, où l'on cultive le blé et la vigne depuis l'époque romaine. On y trouve également des mines d'or et d'argent.

Les Magyars soumettent rapidement les populations locales et multiplient les raids contre leurs voisins. Leur défaite du Lechfeld (955) contre le roi de Germanie Otton Iᵉʳ arrête leur progression. En l'an 1000, le jour de Noël, le pape couronne le premier roi chrétien de Hongrie, Étienne Iᵉʳ. Celui-ci, descendant d'Arpad, unifie et

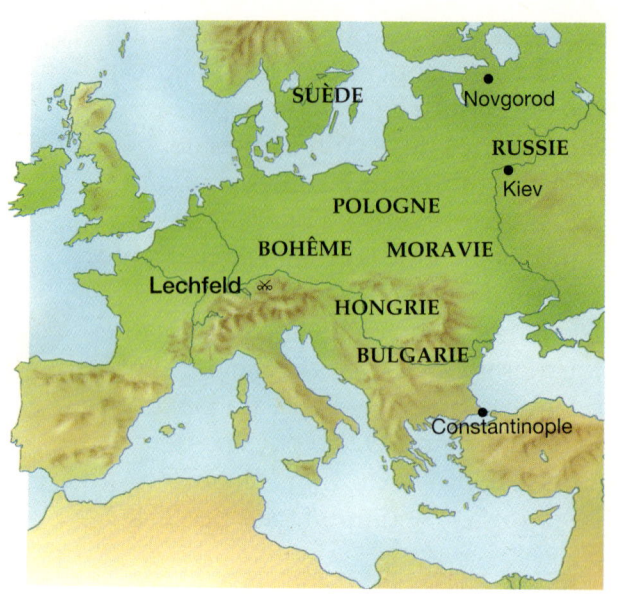

▲ Les États slaves de Bohême, de Moravie et de Pologne se tournent vers l'Occident tandis que les autres régions d'Europe centrale sont fortement influencées par Byzance.

▼ L'arrivée des Magyars en Hongrie d'après une chronique illustrée du Moyen Âge. Les soldats sont accompagnés de femmes, d'enfants et de troupeaux. Cette scène paisible contredit la réputation de guerriers barbares attribuée généralement aux Magyars.

▲ *Selon la tradition hongroise, cette couronne a été offerte par le pape Sylvestre au roi Étienne Ier le jour de Noël de l'an 1000. Après la mort du souverain, l'Église le déclarera saint.*

WENCESLAS Ier

Wenceslas Ier devient duc de Bohême en 921. Il tente de christianiser son peuple, mais son frère s'oppose à lui et le tue en 929. L'Église le canonisera (en fera un saint).

L'ART DE MONTER À CHEVAL

Les Magyars sont d'excellents cavaliers ; les steppes dont ils sont originaires permettent les longues chevauchées. À dos de cheval, ils poussent leurs raids jusqu'au cœur du royaume franc et en Italie. Fougueux guerriers, ils ne cessent d'échapper à leurs poursuivants.

christianise le pays. Son règne correspond à une période de paix et de prospérité.

Au nord de la Hongrie se développent les États slaves de Moravie et de Bohême. Au 9e siècle, la Bohême fait partie de l'Empire morave ; puis, au début du 11e siècle, le royaume de Bohême soumet la Moravie. Le christianisme, introduit dans ces pays dès le 9e siècle, ne sera définitivement implanté que lorsque le Saint Empire y aura étendu son contrôle.

881-900

881-887 Empire d'Occident : règne de l'empereur Charles III le Gros ; il deviendra roi de Germanie en 882 et roi des Francs en 884.

882 Russie : fondation de l'État de Kiev par le Varègue Oleg, fils du prince Riourik.

885-886 Royaume franc : les Vikings assiègent Paris ; l'empereur Charles III le Gros est contraint de leur verser un lourd tribut.

888 Eudes, comte de Paris, qui a repoussé les Vikings, devient roi des Francs (jusqu'en 898) à la place de Charles III le Gros, déposé pour lâcheté.

v. 890 Europe : apparition du fer à cheval ; avec des sabots protégés, les chevaux peuvent parcourir de plus longs trajets.

895 Hongrie : installation des Magyars dans la plaine du Danube.

898-923 Royaume franc : règne de Charles III le Simple.

899 Moravie : invasion des Magyars, venus de l'est.
Europe occidentale : premiers raids magyars en Italie et en Bavière.

Les guerriers magyars montent des chevaux puissants et endurants, capables de couvrir de longues distances.

v. 900 Amérique centrale : les Mayas se déplacent vers le Yucatan (Mexique) ; essor de la civilisation toltèque au Mexique.
Espagne : Alphonse III le Grand, roi des Asturies, engage la reconquête du nord du pays sur les Maures.
Europe : essor de l'architecture romane.
Europe centrale : les Bulgares se placent sous l'autorité de l'Église byzantine.
Afrique : fondation d'un royaume haoussa au nord du Nigeria.

La Bretagne anglo-saxonne

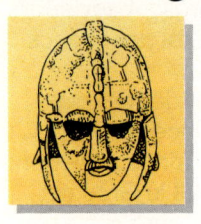

Les Romains de l'Antiquité nommaient Bretagne l'île que nous appelons Grande-Bretagne, et qu'ils occupaient. La Bretagne française s'appelait alors « petite » Bretagne.

Aux 5e et 6e siècles, après le départ des légions romaines, des peuples germaniques envahissent le pays : Jutes au sud-est, Angles et Saxons dans le reste du territoire. Les peuples britanno-romains sont repoussés vers le nord, en Écosse, et vers l'ouest, au pays de Galles et en Irlande.

Sept royaumes se partagent alors le pays que l'on appellera Angleterre (ou « terre des Angles ») : Essex, Wessex et Sussex dirigés par les Saxons ; Kent aux mains des Jutes ; Est-Anglie, Mercie et Northumbrie occupés par les Angles. Ces royaumes se font fréquemment la guerre, dans le but d'étendre leur domination à l'ensemble de l'île. Au 7e siècle, les rois de Northumbrie affirment leur suprématie ; au 8e siècle, les rois de Mercie l'emportent.

Toutefois, en 789, les Vikings lancent leurs premières incursions. Dans les années 850, ils commencent à s'installer sur le territoire et, en 871, menacent

▲ Angles, Jutes et Saxons travaillent le fer pour fabriquer des outils et des armes. Ils utilisent aussi le bronze, l'or et l'argent pour décorer des objets, tel ce casque datant de 625 environ.

▼ Les terres de Bretagne sont riches ! Les récoltes (ci-dessous) y sont abondantes. La plupart des envahisseurs germaniques sont à la recherche de terres cultivables.

▲ Les sept royaumes d'Angleterre. En 878, la Northumbrie, l'Est-Anglie et la majeure partie de la Mercie – le Danelaw – tombent aux mains des Danois.

d'envahir le Wessex. Le roi du Wessex, Alfred le Grand, leur résiste et finit par les vaincre. En 878, il leur accorde tout le nord du pays, désormais appelé Danelaw (« loi danoise »). Alfred le Grand gouverne, lui, tout le reste de l'île. Mais la lutte entre les Danois et les Anglo-Saxons reprendra aux 10e et 11e siècles (*voir* pp. 222-223).

LE CHRISTIANISME

Le christianisme pénètre chez les Bretons au temps des Romains. Mais les Jutes, les Angles et les Saxons apportent leurs dieux germaniques. En 597, le pape Grégoire envoie Augustin convertir les nouveaux venus. De nombreux monastères sont édifiés. Des croix de pierre s'élèvent là où les moines parlent aux foules. Cette croix (à gauche) a été sculptée au 8e siècle. Elle est ornée de scènes inspirées des Évangiles et de poèmes.

906-911

906 Germanie : invasion des Magyars.
907 Russie : signature de traités commerciaux entre Kiev et Constantinople ; les soieries, les épices et l'argent byzantins sont échangés contre des esclaves et des fourrures de l'État de Kiev.
Chine : chute de la dynastie Tang ; début d'une période de désordre et de division (jusqu'en 960).
Asie : les Mongols commencent à conquérir la Mongolie intérieure et la Mandchourie (nord-est de la Chine).
909 Empire islamique : fondation de la dynastie des Fatimides, qui se prétendent les descendants de Fatima, la fille de Mohammed (Mahomet) ; ils régneront sur l'Afrique du Nord et sur l'Égypte jusqu'en 1171.

Ce lion provient d'un manuscrit qui appartenait à saint Willibrord. Cet évêque, né en Northumbrie en 658, évangélisa la Frise, la Flandre du Nord et le Luxembourg.

910 Royaume franc : fondation de l'abbaye de Cluny (monastère bénédictin) en Bourgogne ; de nombreux monastères clunisiens seront fondés en Europe occidentale.
Angleterre : Édouard l'Ancien, roi du Wessex, reprend aux Danois les royaumes d'Est-Anglie et de Mercie.
911 Royaume franc : traité de Saint-Clair-sur-Epte ; le roi Charles III le Simple accorde la Normandie à Rollon, chef viking. Celui-ci s'engage à protéger le royaume d'autres invasions vikings et se convertit au christianisme.

501 – 1100

Les religions

Vers 500, seules quelques régions de l'Europe sont christianisées. Les Vikings, ainsi que les Jutes, les Angles et les Saxons, croient à des dieux multiples. Les plus importants sont Odin, Thorr, Freyr ainsi que Tyr. À partir du 10ᵉ siècle, la religion chrétienne s'est implantée dans la presque totalité de l'Europe. Le baptême des rois contribue notamment à la christianisation de certains pays. Toutefois, les anciens dieux vikings survivent encore. Leur influence se retrouve, par exemple, dans des noms de lieux.
Loin de l'Europe, le bouddhisme se répand au nord et à l'est de l'Inde, au Japon et en Chine. Au Moyen-Orient, Mohammed (Mahomet) naît vers 570, à La Mecque, en Arabie (*voir* pp.174-175). Il prêche la foi en un Dieu unique (en arabe, Dieu se dit Allah) et fonde l'islam. Après sa mort, en 632, ses fidèles répandent son enseignement dans d'autres contrées.
Un siècle plus tard, l'Empire islamique couvre un immense territoire qui s'étend de l'Espagne au nord de l'Inde.

▲ Funérailles d'un grand chef viking. Le corps du défunt a été déposé à bord d'un navire, avec des provisions, quelques objets et une jeune esclave sacrifiée. Son plus proche parent, nu, met alors le feu au bûcher.

▲ Pour les musulmans, l'archange Gabriel est le messager de Dieu. Sur cette miniature peinte à Bagdad, Gabriel porte un costume musulman.

▶ Avant leur conversion au christianisme, les Angles ensevelissent leurs rois défunts dans des bateaux, avec leurs biens, telle cette boucle de ceinture en or découverte à Sutton Hoo. Ils croient que les morts retrouvent leurs richesses dans l'au-delà.

▶ En Chine, le bouddhisme s'étend sous la dynastie Sui, qui prend le pouvoir en 581. On élève alors plus de cent mille statues de Bouddha, dont certaines sont sculptées à même la roche. Très souvent, Bouddha est représenté avec un large sourire. Près de quatre mille temples sont également bâtis à cette époque. Beaucoup sont aménagés dans des grottes le long de la route de la soie.

À CETTE ÉPOQUE

532	Justinien commence la construction de l'église Sainte-Sophie à Constantinople.
622	La fuite de Mohammed à Médine marque le début du calendrier islamique.
632	Mort de Mohammed.
664	Le roi de Northumbrie se rallie à l'Église catholique et abandonne l'Église celte.
1000	Les Vikings d'Islande se convertissent au catholicisme.
1096	Départ de la première croisade.

▶ Odin est le maître des dieux vikings. Il est borgne, car, dit la légende, il a dû donner un œil pour avoir le droit de boire au « puits de la connaissance ». On dit aussi qu'il est accompagné de deux corbeaux qu'il envoie chaque jour s'informer de ce qui se passe dans le monde. Il monte un fabuleux cheval à huit pattes, Sleipnir.

205

LE SAINT EMPIRE ROMAIN GERMANIQUE

Le Saint Empire romain germanique

L'empire de Charlemagne (*voir* pp. 194-195) couvrait approximativement la France, l'Allemagne, l'Autriche, le Bénélux, la Suisse et le nord de l'Italie actuels. L'idée du Saint Empire était née dès son couronnement, en l'an 800, mais un demi-siècle plus tard, ses trois petits-fils s'étaient partagé l'héritage.

Otton I`er` le Grand, qui devient roi de Germanie en 936, souhaite redonner vie à l'ancien Empire romain. En 962, il est couronné empereur à Rome par le pape et

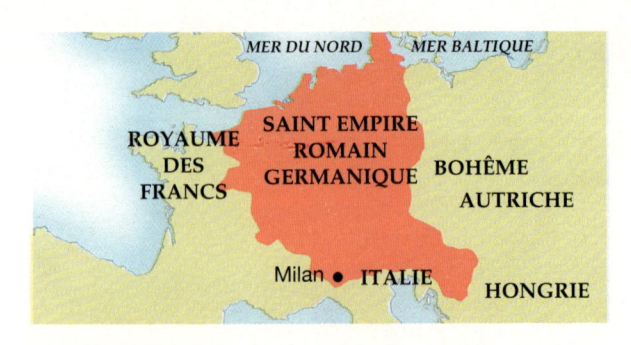

▲ Vers 1100, le Saint Empire s'étend de la mer du Nord et de la Baltique à la Méditerranée. Le royaume de Germanie en est alors l'élément dominant.

▼ L'empereur germanique a le privilège d'être couronné par le pape, à Rome. Pourtant, de nombreuses querelles éclatent entre eux. Les conflits s'enveniment lorsque l'un de ces grands personnages menace l'autorité de l'autre dans un domaine.

918-936

▲ *Pour contrebalancer le pouvoir des grands-ducs nationaux, Otton Ier le Grand (ci-dessus) place certains territoires sous le contrôle des évêques.*

fonde le Saint Empire romain germanique, qui durera jusqu'en 1806. Il soumet les Magyars en 955 (*voir* pp. 200-201), conquiert la Bohême, l'Autriche et le nord de l'Italie. Il apporte également la stabilité à ses territoires en contrôlant ses vassaux.

L'empire est formé de nombreux et puissants duchés, de comtés et d'évêchés. Après la mort d'Otton Ier, des luttes internes éclatent pour la conquête du pouvoir. L'empereur est choisi parmi certains membres de la noblesse, les Électeurs. La plupart du temps, c'est le roi de Germanie qui est « élu ».

Les papes, qui ont participé à la fondation du Saint Empire, estiment que les empereurs doivent les aider à régner sur la chrétienté. De nombreuses querelles éclateront entre les deux autorités (*voir* pp. 210-211).

918 Corée : Wanggenn fonde la dynastie Koryo (qui donnera son nom à la Corée) ; celle-ci régnera jusqu'en 1392 et réalisera l'unité territoriale du pays.

919-936 Germanie : règne d'Henri Ier l'Oiseleur.

920 Afrique de l'Ouest : débuts de l'âge d'or du royaume du Ghana (jusqu'au milieu du 11e siècle), qui contrôle le commerce de l'or et du sel.

922 Afrique du Nord : les Fatimides s'emparent du pouvoir au Maroc.

Les paysans péruviens vénèrent plusieurs dieux de la terre. Cette poterie réalisée avant l'an 1000 représente un dieu dont le corps est couvert d'épis de maïs.

922-923 Royaume franc : règne de Robert Ier.

923-936 Royaume franc : règne de Raoul, qui lutte contre les Normands.

925 Angleterre : Athelstan devient roi de Wessex et de Mercie (jusqu'en 939) ; il annexera le royaume de Northumbrie, réalisant l'unité du pays.

929 Europe centrale : Wenceslas Ier, duc de Bohême, tente de convertir son peuple au christianisme ; il est assassiné par son frère Boleslav Ier, chef du parti païen, qui régnera jusqu'en 967.

930 Espagne : l'émirat omeyyade de Cordoue devient un califat indépendant de Bagdad ; Cordoue est alors l'un des plus grands centres culturels et scientifiques du monde islamique.

936-973 Germanie : règne du Saxon Otton Ier le Grand.

936-954 Royaume franc : règne de Louis IV d'Outremer.

L'AMÉRIQUE DU CENTRE ET DU SUD

L'Amérique du Centre et du Sud

À l'exception de brèves incursions vikings vers 1000 au nord du continent, les peuples d'Amérique demeurent isolés du reste du monde. Au début du 10e siècle, la cité-État de Teotihuacan (*voir* pp. 134-135) est détruite et le Mexique est envahi par des peuples venus du Nord. En 968, l'un d'entre eux, celui des Toltèques, établit sa capitale à Tula. La cité devient le centre d'un puissant empire qui domine bientôt tout le Mexique central, de l'Atlantique au Pacifique. Les Mayas (*voir* pp. 150-151) subissent l'influence de cette brillante civilisation, comme en témoigne notamment l'architecture de Chichen Itza.

Les rois toltèques sont aussi des chefs religieux. La légende raconte qu'au 10e siècle, le roi Topiltzin Quetzalcoatl a été chassé de Tula par le dieu Tezcatlipoca. Il est parti vers l'ouest, dit-on, mais il reviendra un jour… Toutefois, l'Empire toltèque s'effondre au 12e siècle.

En Amérique du Sud, d'importantes civilisations se développent dans les Andes. L'une d'entre elles a pour centre Tiahuanaco (aujourd'hui en Bolivie), une

▲ Ces boucles d'oreilles proviennent de Huari. Taillées dans la pierre, elles ont un diamètre de 4,6 cm et sont ornées de morceaux d'os et de coquillages, savamment incrustés. Le peuple de Huari fabrique d'autres bijoux et de délicats objets d'or.

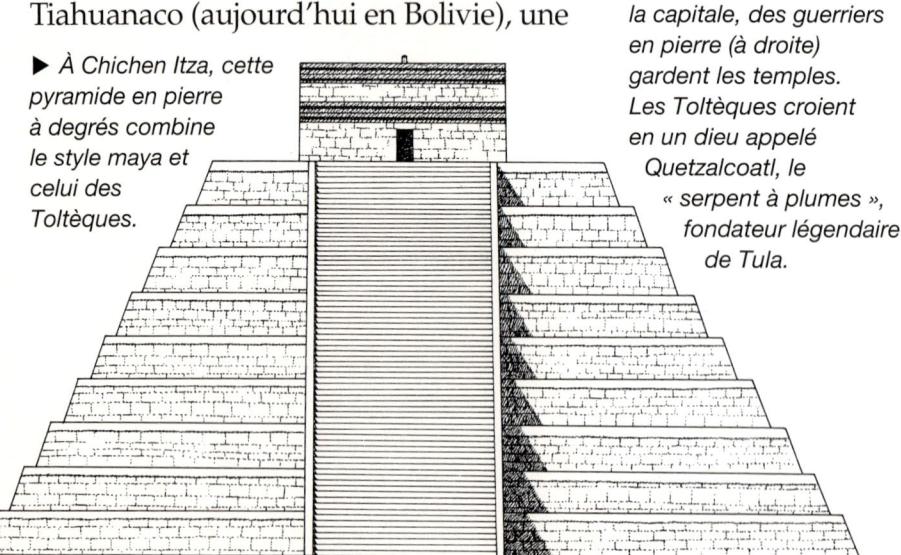

▶ À Chichen Itza, cette pyramide en pierre à degrés combine le style maya et celui des Toltèques.

▶ L'Empire toltèque s'étend par des conquêtes militaires. À Tula – ou Tollan –, la capitale, des guerriers en pierre (à droite) gardent les temples. Les Toltèques croient en un dieu appelé Quetzalcoatl, le « serpent à plumes », fondateur légendaire de Tula.

208

grande cité située au sud du lac Titicaca. Une autre se développe dans la région de l'actuel Pérou, autour de la ville de Huari. Ces deux cités sont des centres religieux, comprenant plusieurs ensembles de bâtiments et notamment de grands temples en pierre, ornés de sculptures complexes. À son apogée, entre 600 et 1000, Tiahuanaco accueille plus de cent mille personnes. Les deux peuples croient probablement aux mêmes dieux.
Ils ne savent pas travailler le fer et utilisent des outils en pierre. Tiahuanaco et Huari ont soudainement été abandonnées, vers l'an 1000.

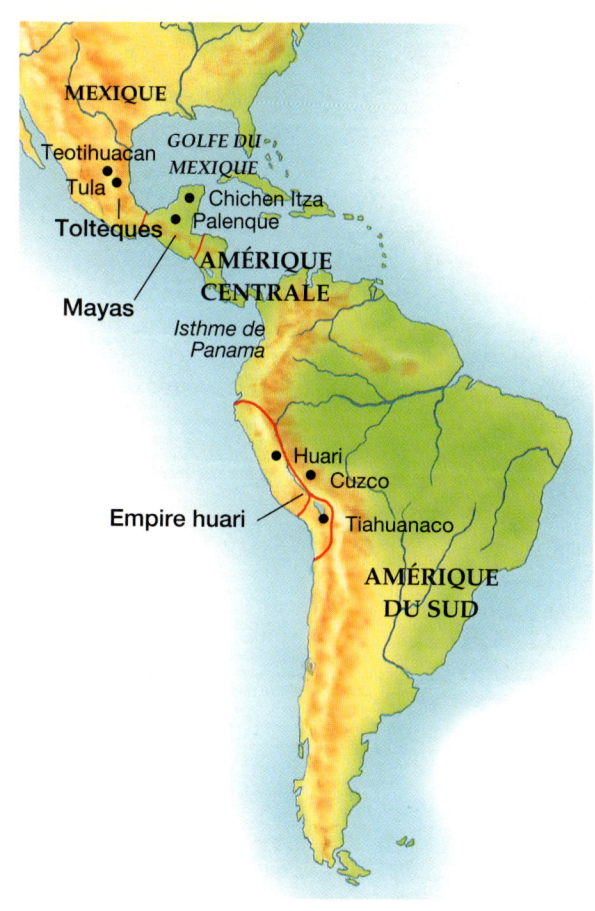

▲ Les civilisations d'Amérique centrale et d'Amérique du Sud n'ont pas de contacts avec le reste du monde. De plus, la forêt dense qui couvre alors l'isthme de Panama isole le sud du nord. Ces peuples édifient de grandes pyramides, étudient les mathématiques, l'astronomie, et se servent d'un calendrier.

Cette poterie du 12ᵉ siècle a été retrouvée dans une tombe, au Nouveau-Mexique. Elle a été percée d'un trou en son centre afin d'être « tuée » et de pouvoir ainsi être enterrée avec le mort.

937 Angleterre : bataille de Brunanburh ; le roi Athelstan écrase une coalition de Scots, de Celtes, de Gallois et de Danois.

939 Angleterre : mort du roi Athelstan ; son frère Edmond Iᵉʳ devient roi des Anglo-Saxons (jusqu'en 946).

942-953 Écosse : règne de Malcolm Iᵉʳ.

943 Angleterre : le moine Dunstan est nommé abbé de Glastonbury ; il fait reconstruire le monastère et participe à la renaissance du monachisme anglais. Il sera ministre du roi de 946 à 956.

v. 950 Europe : progrès de l'agriculture, grâce notamment aux défrichements et à la diffusion du collier d'attelage, qui permet aux chevaux de tirer de lourdes charges.
Europe centrale : le roi de Germanie Otton Iᵉʳ conquiert la Bohême.
Amérique centrale : les Toltèques envahissent le Yucatan et s'emparent de la cité de Chichen Itza.

951 Europe : le roi de Germanie Otton Iᵉʳ mène une campagne en Italie.

954 Angleterre : bataille de Stainmore ; les Anglo-Saxons, vainqueurs, reprennent York aux Vikings.

954-986 Royaume franc : règne de Lothaire.

955 Germanie : bataille du Lechfeld ; la victoire d'Otton Iᵉʳ de Germanie sur les Magyars met fin aux invasions magyars en Europe occidentale.

956 Royaume franc : Hugues Capet devient duc de France et comte de Paris.

959-975 Angleterre : règne d'Edgar le Pacifique ; il prend le moine Dunstan comme conseiller et le nomme archevêque de Cantorbéry.

PAPES ET EMPEREURS

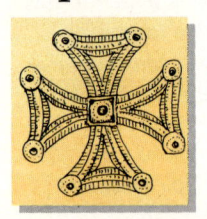

Papes et empereurs

À cette époque, le pape est la plus haute autorité de l'Occident. À la tête de l'Église catholique romaine, il gouverne de vastes domaines dans différents pays. Tous les peuples d'Occident lui doivent en principe obéissance, et il peut donc influencer la politique des États. Cette situation engendre bientôt des conflits avec le Saint Empire romain germanique (*voir* pp. 206-207).

Des empereurs énergiques pensent que le choix du pape leur revient, tandis que des papes volontaires revendiquent le droit de désigner le souverain. Certains empereurs entendent aussi contrôler les affaires de l'Église dans leurs territoires.

Empereur

Pape

Nobles

Haut clergé

▶ Dans la querelle qui les oppose aux papes, les empereurs comptent sur l'appui des nobles.

▲ Le pape reçoit le soutien de la majorité des évêques et des abbés et, par leur intermédiaire, des moines et des prêtres.

Soldats

▲ En règle générale, les nobles soutiennent l'empereur contre le pape, mais parfois, ils se révoltent. Ils sont alors soutenus par leurs fidèles chevaliers, auxquels ils accordent des terres.

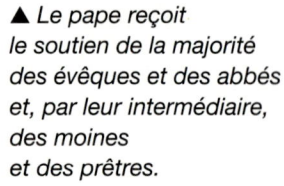

Riches fermiers

Moines

Simples tenanciers

▶ Le conflit entre le pape et l'empereur a peu d'effet sur la vie des paysans, qui représentent alors la majorité de la population. Ceux-ci doivent en effet avant tout se nourrir et avoir un toit pour s'abriter.

▲ *En janvier 1077, l'empereur Henri IV vient à Canossa, en Italie, demander le pardon du pape. Grégoire VII le fait attendre trois jours dehors, en pleine tempête de neige, avant de le recevoir.*

Ils réclament le droit de choisir les évêques – de décider de leur « investiture ». En 1070, la désignation de l'archevêque de Milan dégénère en conflit entre l'empereur germanique Henri IV et le pape Grégoire VII. Pour le premier, Milan est un lieu stratégique au débouché des routes entre l'Italie et la Germanie. Mais le second affirme, en 1075, qu'il est le seul à pouvoir choisir les évêques. En réaction, Henri IV déclare que Grégoire VII n'est plus pape. Celui-ci réplique en l'excommuniant (en l'excluant de l'Église catholique). Il s'agit d'une sanction sévère qui dégage notamment ses sujets de l'obligation d'obéissance. En 1077, l'empereur se présente au pape à Canossa et demande son pardon. Il faudra cependant attendre le concordat de Worms (1122), établissant le principe de la séparation des pouvoirs temporels et spirituels, pour que la « querelle des Investitures » soit définitivement réglée.

960-986

960-992 Pologne : règne de Mieszko Ier, fondateur du pays et de la dynastie des Piast ; il sera baptisé en 966.
960 Chine : fondation de la dynastie Song (régnante jusqu'en 1279).
961 Europe : Otton Ier de Germanie mène une nouvelle campagne en Italie.
962 Europe occidentale : Otton Ier de Germanie est couronné empereur à Rome par le pape Jean XII et fonde le Saint Empire romain germanique. En 966, il fera couronner son fils Otton II comme futur empereur.
966 Royaume franc : fondation d'une abbaye bénédictine au Mont-Saint-Michel.
971 Égypte : fondation de l'université du Caire.
973-983 Saint Empire : règne de l'empereur Otton II.
975 Angleterre : mort du roi Edgar le Pacifique ; son fils Édouard le Martyr lui succède (jusqu'en 978).
976-979 Chine : réunification du pays par les Song.
978-1013 Angleterre : règne d'Ethelred II.
v. 980 Afrique : des marchands arabes s'installent sur la côte est du continent.
983 Italie : les villes de Venise et de Gênes commercent avec l'Asie.
985 Islande : le Viking Erik le Rouge part avec de nombreux navires pour coloniser le Groenland qu'il a découvert en 982.

Cette horloge a été conçue en Chine sous la dynastie Song. Son mécanisme est actionné par une roue, entraînée par un filet d'eau. À l'intérieur, un gong sonne les heures.

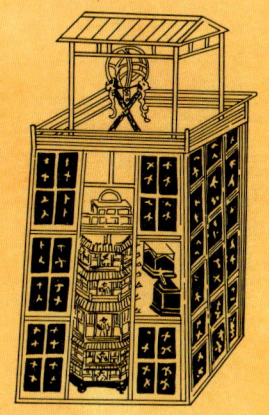

986-1014 Danemark : règne de Sven Ier Barbe-Fourchue.
986-987 Royaume franc : règne de Louis V le Fainéant, dernier roi carolingien.

501 – 1100

Les sciences et les techniques

De nombreux progrès scientifiques et techniques sont accomplis par les Chinois et les Arabes. Les premiers savent soigner avec les plantes, et connaissent déjà le principe de la vaccination. Ils se servent d'une sorte de boussole, et inventent la poudre explosive, utilisée d'abord pour des feux d'artifice et des signaux. Ils savent aussi graver dans le bois des pages de caractères pour les imprimer. Les Arabes, eux, font progresser l'astronomie et les mathématiques. Ils utilisent les chiffres qui ont été inventés en Inde. Ils dessinent les meilleures cartes géographiques de ce temps. Leurs médecins emploient aussi les plantes médicinales. Le Caire, en Égypte, et Bagdad, en Mésopotamie (aujourd'hui en Iraq), sont alors de grands centres d'études. En Europe, les peuples germaniques sont d'excellents métallurgistes. Les forgerons, qui fabriquent les armes et les outils en fer, sont des hommes importants dans leurs villages.

◀ Les astronomes arabes sont très réputés. Ils ont notamment inventé l'astrolabe, un instrument utilisé par les navigateurs, qui permet de calculer la hauteur d'une étoile au-dessus de l'horizon. Bagdad possède un observatoire et une « Maison des Études » où les étudiants traduisent en arabe notamment les travaux des anciens Grecs. Les astronomes arabes donnent aux constellations des figures humaines. Ci-contre, la constellation Céphée.

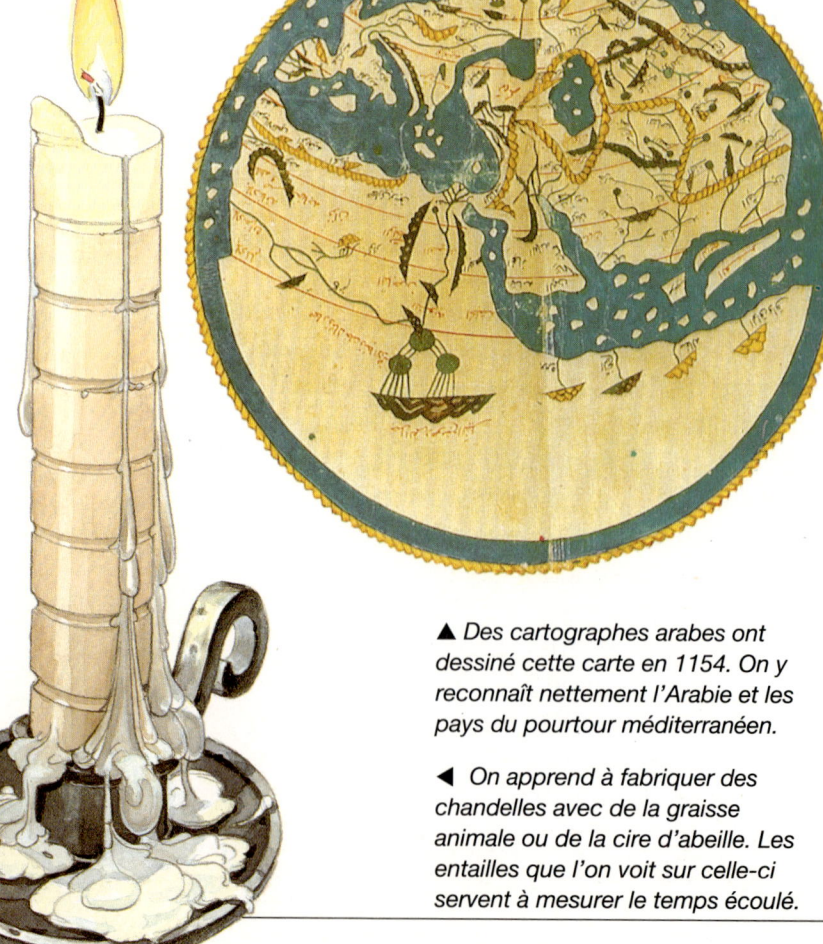

▲ Des cartographes arabes ont dessiné cette carte en 1154. On y reconnaît nettement l'Arabie et les pays du pourtour méditerranéen.

◀ On apprend à fabriquer des chandelles avec de la graisse animale ou de la cire d'abeille. Les entailles que l'on voit sur celle-ci servent à mesurer le temps écoulé.

À CETTE ÉPOQUE

v. 750 Mise au point par les Chinois, la technique de fabrication du papier se répand dans le monde arabe.

762 Fondation de Bagdad en Mésopotamie.

773 En Orient, apparition des chiffres arabes (nos chiffres actuels), adaptés de l'Inde.

971 Fondation de l'université du Caire en Égypte. D'autres universités sont fondées dans le monde arabe.

v. 1000 Fabrication de poteries en terre en Amérique centrale et en Amérique du Nord.

v. 1100 Fondation de l'université de Bologne en Italie. D'autres universités sont créées dans l'Europe chrétienne.

▶ Les Chinois tirent des feux d'artifice lors de leurs cérémonies. La poudre explosive aurait été découverte par hasard. Elle sera à l'origine des armes à feu.

◀ Cette boussole chinoise est faite d'une pierre magnétique. Le personnage juché au sommet indique le sud.

▼ La métallurgie utilise alors le charbon de bois. Des branches empilées sont recouvertes de terre (ci-dessous). Le charbonnier sait exactement doser son feu pour que le bois devienne du charbon sans être réduit en cendres. De petites ouvertures laissent passer l'air.

LA FRANCE DES PREMIERS CAPÉTIENS

987 Chine : invention d'une presse d'imprimerie à caractères non mobiles.

987-996 Royaume franc : règne d'Hugues Capet, qui fonde la dynastie des Capétiens.

988 Royaume franc : Hugues Capet fait sacrer son fils Robert pour assurer sa succession.
Russie : Vladimir Ier, grand-prince de Kiev, se convertit au christianisme et contribue à répandre cette religion en Russie.

L'architecture romane se répand en Europe ; elle atteindra son apogée aux 11e et 12e siècles. C'est à cette époque que seront édifiées de grandes cathédrales comme celle de Worms (ci-contre), en Allemagne.

991 Angleterre : les Danois, sous la direction de Sven Ier Barbe-Fourchue, et les Norvégiens, commandés par Olav Tryggvesson, remontent la Tamise et assiègent Londres. Le roi d'Angleterre Ethelred II leur verse un tribut de près de 5 tonnes d'argent.
Royaume franc : Thibault Fine-Étoupe fait construire un impressionnant château fort à Montlhéry, près de Paris.

992-1025 Pologne : règne de Boleslas Ier le Vaillant, fils de Mieszko Ier.

993-1024 Suède : règne d'Olof Skötkonung ; son baptême, en 1008, en fera le premier roi chrétien du pays.

995-1000 Norvège : règne d'Olav Ier Tryggvesson.

995 Japon : sous les Fujiwara, le pays connaît un âge d'or artistique et culturel.

996 Royaume franc : Robert II le Pieux, fils de Hugues Capet, devient roi (jusqu'en 1031). Richard II le Bon devient duc de Normandie (jusqu'en 1025).

998 Asie : Mahmud, gouverneur turc de Rhazni (jusqu'en 1030), fonde un empire qui couvre le nord de l'Inde et l'est de l'Afghanistan actuel.

La France des premiers Capétiens

Après Charlemagne (*voir* pp. 194-195), les Carolingiens n'ont pas pu assurer la sécurité et l'unité de leur royaume. Le pays des Francs s'est divisé. Dans les provinces, les seigneurs sont de plus en plus indépendants. En 987, certains d'entre eux, parmi les plus puissants, ainsi que des évêques influents, élisent un nouveau roi : Hugues Capet, duc de France. Celui-ci fonde la dynastie capétienne, dont tous les rois de France se réclameront jusqu'au début du 19e siècle.

Très vite, Hugues Capet associe son fils au pouvoir. Désormais, seul l'aîné héritera de la couronne. Le royaume ne sera donc plus partagé, à la mort du roi, entre tous ses descendants.

▼ *Lorsque Hugues Capet accède au trône, en 987, le pays des Francs est partagé en vastes duchés. Normandie, Aquitaine et Bourgogne sont les plus puissants d'entre eux.*

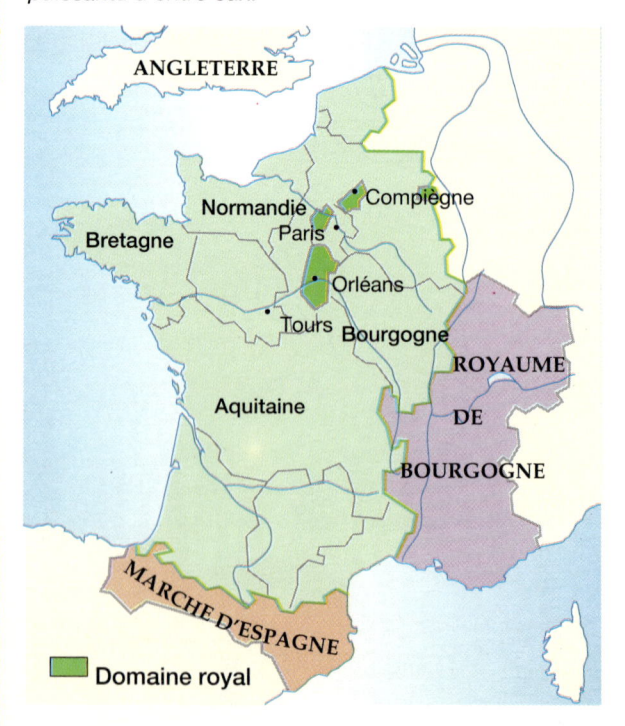

987-998

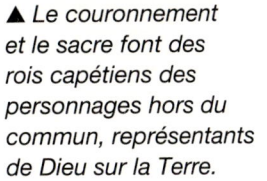

HUGUES Ier CAPET
(v. 941-996)

Descendant du comte Eudes, défenseur de Paris contre les Vikings, Hugues fonde la dynastie capétienne et commence à agrandir le domaine royal. Son surnom de Capet vient d'une courte cape qu'il portait en tant qu'abbé laïc de Saint-Martin-de-Tours.

Les premiers Capétiens sont cependant assez faibles. Leur domaine s'étend autour de Paris, entre la Loire et la Seine. De nombreux seigneurs sont plus puissants qu'eux et reconnaissent difficilement leur autorité. Mais les Capétiens sauront habilement jouer sur les rivalités qui les opposent et affirmeront peu à peu leur pouvoir.

▲ Le couronnement et le sacre font des rois capétiens des personnages hors du commun, représentants de Dieu sur la Terre.

▼ Le roi mène campagne sur son propre domaine contre un seigneur brigand. Une fois la tour fortifiée prise, le rebelle puni, le souverain affirmera un peu plus son pouvoir.

LES VIKINGS

Les Vikings

À la fin du 8ᵉ siècle, les Vikings quittent leurs pays d'origine – la Norvège, la Suède, le Danemark – et s'embarquent sur l'océan, en quête de richesses et de terres nouvelles. Leurs navires, parfaitement adaptés à la mer, sont aussi capables de remonter les fleuves ou d'aborder directement sur les plages.

Au début, les Vikings ont pour cible les riches monastères isolés et, plus tard, les villes. Ils remontent le Rhin, la Seine et la Loire et attaquent des cités éloignées des côtes, telles que Paris ou Cologne. Les seigneurs locaux ne peuvent les faire partir qu'en payant de lourdes rançons.

Tous les Vikings cependant ne sont

▲ Excellents métallurgistes, les Vikings fabriquent des armes et des outils en fer. Cet objet (ci-dessus) est un moule destiné à couler un ornement en métal. Il représente deux guerriers. Les artisans vikings fabriquent aussi des bijoux d'or et d'argent.

▼ Les Vikings se lancent souvent au combat en petits groupes. Ils naviguent à bord de leurs drakkars, de longues barques en bois relevées aux deux extrémités et dont la proue est quelquefois ornée d'un dragon. Mus à la voile et à la rame, leurs navires possèdent une quille longue qui facilite la manœuvre.

pas des pillards. Beaucoup sont des agriculteurs qui s'installent, par exemple, dans les îles Britanniques. Dans le royaume des Francs, ils fondent le duché de Normandie dont le pays est cédé à leur chef Rollon par Charles III, en 911. D'autres partent coloniser l'Islande.

Les Vikings se mêlent souvent aux peuples des régions où ils s'installent. Ils s'y marient, ils en adoptent la langue tout en conservant certains de leurs mots. Ils utilisent un alphabet que l'on retrouve dans les runes, des inscriptions gravées sur la pierre, le bois, l'os ou le métal.

▲ *Un Viking et son épouse : ils portent des vêtements confortables et pratiques. Ils aiment les bijoux qui, parfois, leur servent de monnaie d'échange.*

999-1007

999 Royaume franc : le pape Sylvestre II accorde aux évêques de Reims le privilège de sacrer le roi des Francs.
Europe : selon la tradition, les populations redoutent le Jugement Dernier et la fin du monde à l'approche de l'an 1000.

Sur la pierre de Lindisfarne, en Angleterre, sont représentés sept des guerriers vikings qui ont attaqué le monastère vers 795.

v. 1000 Amérique : le Viking Bjarni Herjolfsson, pris dans une tempête, aperçoit la côte de l'Amérique du Nord.
Chine : perfectionnement de la poudre explosive.
Afrique : apogée de la puissance du royaume du Ghana, qui contrôle les ports de l'Atlantique et les routes commerciales du Sahara.

1000 Hongrie : Étienne Ier devient le premier roi du pays (jusqu'en 1038).
Danemark : lors de la bataille de Svolder, Sven Ier Barbe-Fourchue, roi de Danemark, tue Olav Ier, roi de Norvège.

1002 Angleterre : le roi Ethelred II épouse Emma, la sœur de Richard de Normandie ; il ordonne d'exterminer tous les Danois installés dans le sud du pays (massacre de la Saint-Brice).

1003 Angleterre : Sven Ier Barbe-Fourchue débarque pour venger le massacre de la Saint-Brice.
Amérique : Leif Erikson, fils d'Erik le Rouge, découvre la côte est de l'Amérique du Nord, au sud du golfe du Saint-Laurent ; il baptise cette terre Vinland, « pays de la vigne ».

1007 Angleterre : le roi Ethelred II achète deux ans de paix aux Danois contre un tribut de plus de 16 tonnes d'argent.

217

LES VIKINGS

1012 Angleterre : les Danois pillent Cantorbéry et se font verser un tribut de près de 22 tonnes d'argent.

1013 Angleterre : Sven Iᵉʳ Barbe-Fourchue se fait proclamer roi du pays ; Ethelred II se réfugie en Normandie.

1016 Angleterre : Knud le Grand, le fils de Sven Iᵉʳ Barbe-Fourchue, déjà roi du Danemark, devient roi d'Angleterre (jusqu'en 1035).
Norvège : Olav II Haraldsson devient roi du pays (jusqu'en 1028).

1018 Inde : Mahmud de Rhazni pille la cité sacrée de Mathura.

1019 Angleterre : Knud le Grand épouse Emma de Normandie, la veuve d'Ethelred II, mort en 1016.

v. 1020 Empire islamique : le calife al-Hakim se déclare « divin » et fonde la secte des Druzes.

1023 Royaume franc : Eudes II, comte de Blois, annexe la Champagne.

1024 Germanie : Conrad II le Salique devient roi du pays. Royaume franc : début de la construction de l'église romane du Mont-Saint-Michel.

En Scandinavie, on a retrouvé de nombreuses inscriptions vikings – les runes – gravées sur du bois ou de la pierre. Cette pierre gravée était dressée sur le bord d'une route en Suède : elle en commémorait la construction.

1027 Saint Empire : le roi de Germanie, Conrad II le Salique, devient empereur (jusqu'en 1039).
Royaume franc : Robert Iᵉʳ le Magnifique, le légendaire Robert le Diable, devient duc de Normandie (jusqu'en 1035).

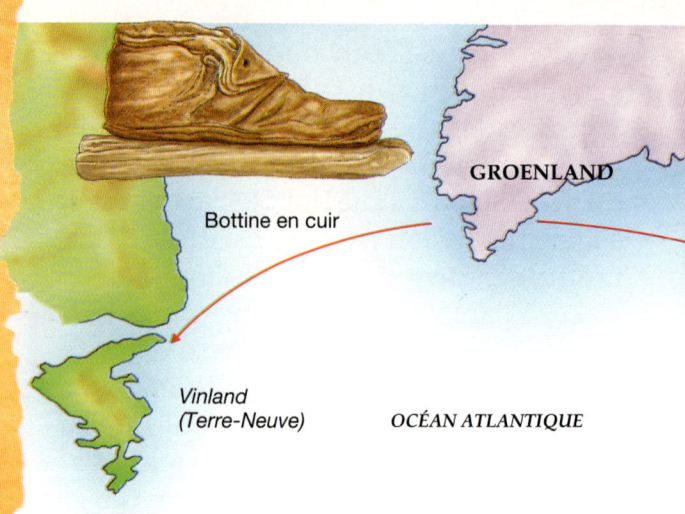

Bottine en cuir

GROENLAND

Vinland (Terre-Neuve)

OCÉAN ATLANTIQUE

Les Vikings traversent l'océan Atlantique à une époque où la plupart des marins n'osent pas quitter les côtes de vue. Vers 985, un Viking islandais, Erik le Rouge, fonde une colonie au Groenland. Vers 1000, un certain Bjarni Herjolfsson, détourné de sa route par une tempête, aperçoit alors les côtes d'un pays mystérieux. À son retour, il raconte son périple et Leif Eriksson, le fils d'Erik le Rouge, part sur ses traces. Il découvre, à l'ouest, des régions qu'il nomme Helluland, Markland et Vinland – le « pays de la vigne ». Une poignée d'hommes et de femmes tentent de s'y installer vers l'an 1003, mais sans succès durable. Des vestiges ont cependant été découverts à Terre-Neuve, au Canada, et dans le Maine, aux États-Unis.

Les Vikings suédois, eux, traversent la mer Baltique et pénètrent en Russie (*voir pp.184-185*). Ceux-là sont des marchands, qui établissent des comptoirs à Novgorod et à Kiev. De là, ils descendent les rivières et les fleuves jusqu'à la mer Noire, puis atteignent Constantinople et découvrent les peuples et les produits de l'Orient. D'autres Vikings, venus de l'ouest, pénètrent aussi en Méditerranée, par Gibraltar. Plus tard, des Normands, descendants des premiers Vikings, coloniseront le sud de l'Italie et la Sicile.

1012-1027

Carte

Écuelle et cuiller en bois

ISLANDE

SCANDINAVIE

Staraya Russa
Novgorod

Pendentif

NORVÈGE
SUÈDE
MER BALTIQUE

Pays des Slaves (Russie)

ÉCOSSE
Landisfarne
DANEMARK
MER DU NORD

Kiev

IRLANDE
Île de Man
York
Dublin
Danelaw
Wessex
Cologne
Rhin

MER NOIRE

Paris
Seine
Normandie
Danube

Broche

Constantinople
Empire byzantin

ITALIE
GRÈCE

SICILE

Empire islamique
MER MÉDITERRANÉE

Cuiller en bois

▲ Colons, pillards ou marchands, les Vikings pénètrent dans l'Europe entière et y laissent de nombreux vestiges.

◀ Leif Eriksson atteint l'Amérique vers 1003. Il rencontre des Inuit qu'il nomme Skraelingers.

219

501 – 1100

Société et gouvernement

En Chine, l'empereur est tout-puissant. Ses sujets sont tout autant ses soldats que ses esclaves.
Au Japon, en revanche, à partir du 9ᵉ siècle, l'empereur n'a qu'un rôle religieux ; le vrai pouvoir est détenu par le régent (*voir* pp. 198-199).
Le monde musulman est gouverné par la loi islamique. Elle organise les prières, les pèlerinages, ainsi que de nombreux usages de la vie quotidienne.
Depuis Justinien Iᵉʳ, l'Empire byzantin a rétabli les anciennes lois romaines. En Occident, de puissants personnages, tels que Charlemagne, mettent en place peu à peu un système « féodal » (*voir* pp. 224-225). Barons, comtes, ducs se jurent fidélité : entre eux, et avec le roi ou l'empereur, seuls comptent les liens d'homme à homme. En Scandinavie, au contraire, les Vikings (*voir* pp. 216-219) ne reconnaissent aucun roi avant le 9ᵉ siècle. Ils sont gouvernés par les *things*, les assemblées des hommes libres qui font la justice et la loi. Ceux qui ne se soumettent pas à leurs décisions sont décrétés hors-la-loi.

▲ *La loi islamique dit que le vrai croyant doit, s'il en a les moyens, accomplir au moins une fois dans sa vie le pèlerinage à La Mecque. Les musulmans voyagent beaucoup et font circuler les idées et les marchandises. En Chine et au Japon, en revanche, les marchands sont très mal considérés.*

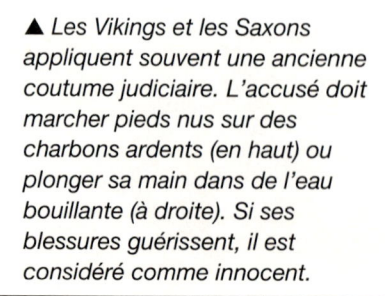

▲ *Les Vikings et les Saxons appliquent souvent une ancienne coutume judiciaire. L'accusé doit marcher pieds nus sur des charbons ardents (en haut) ou plonger sa main dans de l'eau bouillante (à droite). Si ses blessures guérissent, il est considéré comme innocent.*

◀ *Cette peinture orne la tombe d'une princesse chinoise qui, parce qu'elle avait critiqué sa grand-mère l'impératrice, a dû se donner la mort à 17 ans. En Chine, les ancêtres et les parents sont hautement respectés ; les enfants leur doivent obéissance, même lorsqu'ils sont devenus adultes.*

▼ *Après avoir conquis l'Angleterre, en 1066, les Normands adoptent de nombreuses anciennes lois anglaises. Tout seigneur a le pouvoir de basse justice, pour les petits délits. En revanche, les crimes ou les différends à propos de la propriété d'une terre se jugent à la cour du comte (ci-dessous).*

À CETTE ÉPOQUE

800 Couronnement de Charlemagne. Développement du système féodal.
858 Au Japon, affaiblissement du pouvoir de l'empereur ; les régents Fujiwara détiennent le véritable pouvoir.
1086 Presque toute l'Angleterre est conquise par les Normands.

L'ANGLETERRE NORMANDE

1028 Norvège : les Danois, commandés par Knud le Grand d'Angleterre, conquièrent le pays ; Knud devient roi de Norvège (jusqu'en 1035).
Empire byzantin : règne de l'impératrice Zoé (jusqu'en 1050).
1031 Espagne : chute du califat omeyyade de Cordoue.
1031-1060 Royaume franc : règne d'Henri Ier.
1035 Europe : mort de Knud le Grand. Ses territoires sont divisés entre ses fils, dont Harold Ier qui devient roi d'Angleterre (jusqu'en 1042).
Royaume franc : Guillaume le Bâtard (le futur Guillaume le Conquérant), fils illégitime de Robert Ier, devient duc de Normandie (jusqu'en 1087).
1039-1056 Saint Empire : règne d'Henri III, dit Henri le Noir.
1040-1057 Écosse : règne de Macbeth, arrivé au pouvoir après avoir assassiné le roi Duncan Ier.
1041 Chine : début de l'utilisation de caractères mobiles pour l'imprimerie.

La bordure supérieure de la tapisserie (en réalité une broderie sur toile) de Bayeux est décorée d'animaux mythologiques.

1042-1066 Angleterre : règne d'Édouard le Confesseur.
1043-1045 Royaume franc : le pays est touché par une grande famine et par des épidémies ; construction de nombreux hôpitaux.
1046 Norvège : Harold III Hardrade devient roi du pays.
1047-1076 Danemark : règne du roi Sven II.
v. 1050 Angleterre : Édouard le Confesseur fait restaurer l'abbaye bénédictine de Westminster et élever son palais à côté.

L'Angleterre normande

Devenu roi des Anglo-Saxons en 978, Ethelred II subit de nouvelles attaques des Vikings. En 1013, Svend Barbe-Fourchue, qui règne sur le Danemark, débarque sur l'île et se fait proclamer roi. Ethelred II se réfugie en France ; il reprend son trône, un an plus tard, à la mort du Danois.

En 1016, c'est le fils de Svend, Knud Ier le Grand, qui devient roi d'Angleterre à son tour. Il règne pendant près de vingt ans en s'efforçant de faire fusionner les lois danoises et anglo-saxonnes. Son fils, Harold Ier, poursuit son œuvre. Puis, en 1042, la dynastie anglo-saxonne est restaurée par Édouard le Confesseur, le fils d'Ethelred II, qui délègue bientôt ses pouvoirs à Godwin, comte de Wessex, et à son fils, Harold.

En 1066, Édouard meurt sans héritier.

▼ *Détail de la tapisserie de Bayeux, qui raconte la conquête de l'Angleterre par les Normands. Ci-dessous, Édouard le Confesseur désigne Harold, le fils du comte de Wessex, comme son successeur.*

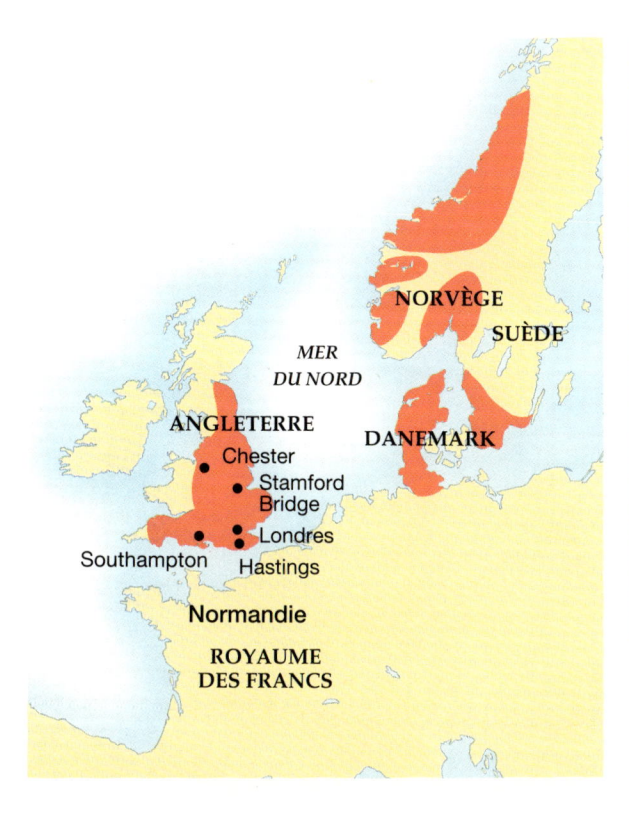

1028-1050

KNUD Ier LE GRAND
(995-1035)

En 1016, Knud le Grand envahit l'Angleterre. Deux ans plus tard, il devient roi de Danemark et épouse Emma, la veuve d'Ethelred II. En 1028, il envahira la Norvège qu'il ajoutera à ses territoires.

ÉDOUARD LE CONFESSEUR
(avant 1000-1066)

Fils d'Ethelred II, Édouard devient roi en 1042, avec le soutien de Godwin, comte de Wessex. Cet homme pieux, qui fonde notamment l'abbaye de Westminster, est un piètre gouvernant.

▲ Knud Ier le Grand gouverne le Danemark, l'Angleterre et une partie de la Norvège et de la Suède.

▼ Après avoir vaincu les Norvégiens à Stamford Bridge, Harold II revient en hâte vers le sud et affronte les Normands à Hastings le 14 octobre 1066. On le voit ici (debout, à droite) blessé à l'œil.

Harold II devient roi, mais il doit bientôt affronter deux prétendants au trône. Le premier, Harald Hardrade de Norvège, est vaincu à Stamford Bridge. Mais Harold II est ensuite battu et tué à Hastings par le second prétendant, Guillaume, duc de Normandie. Devenu Guillaume Ier le Conquérant, roi d'Angleterre, ce dernier fonde la dynastie des rois anglo-normands (*voir* pp. 226-227).

LE SYSTÈME FÉODAL

Le système féodal

La féodalité se développe sous les Carolingiens et s'étend progressivement à l'Occident tout entier. Le seigneur féodal exerce deux rôles. D'abord, il détient une terre sur laquelle il touche des redevances versées par les paysans, les tenanciers, le plus souvent en nature (œufs, poulets, blé, etc.). Par ailleurs, il en est le chef et, à ce titre, administre son territoire, le défend, l'organise.

▶ *Dans le système féodal, les terres sont souvent accordées à un seigneur pour une certaine durée (souvent à vie) en échange de services, notamment militaires. Le seigneur fait construire une place-forte (à l'origine, une simple motte de terre surmontée d'une tour) (**1**) et dispose d'une résidence privée (**2**). Il doit subvenir aux besoins de ses chevaliers (**3**) et de ses soldats. Sur les tenures (**4**) s'élèvent les demeures des paysans (**5**) qui cultivent la terre.*

Selon son rang, le seigneur peut avoir le droit de basse ou de haute justice (pour les délits mineurs ou pour les crimes graves). Cet ensemble de responsabilités et de pouvoirs s'appelle le ban du seigneur ; la « bannière » qu'il hisse sur sa forteresse le symbolise.

Le seigneur jure fidélité à un supérieur, qui est son suzerain. Il en est lui-même le vassal et doit répondre à toute convocation pour le servir, par exemple pour la guerre. Tout seigneur est vassal d'un autre, jusqu'aux plus grands ducs ou comtes qui sont vassaux du roi ou de l'empereur.

Le seigneur peut être laïc ou religieux ; une abbaye, un prieur, un évêque ont souvent un rôle de seigneur. Selon les pays, de nombreuses parcelles de territoire échappent à ce système ; leurs détenteurs se nomment des « alleutiers », et ils n'entrent pas dans les liens de vassalité.

1054 Orient : schisme d'Orient ; le pape Léon IX et le patriarche byzantin Keroularios s'excommunient mutuellement ; rupture définitive entre l'Église de Rome et celle de Constantinople.
1056 Germanie : Henri IV, âgé de six ans, devient roi du pays (jusqu'en 1106) sous la régence de sa mère, et empereur germanique.
1057 Écosse : Macbeth est assassiné par Malcolm III, fils de Duncan Ier ; celui-ci devient roi d'Écosse et régnera jusqu'en 1093.

La chasse est un divertissement très apprécié par les hommes et les femmes de la noblesse.

1057-1066 Royaume franc : une nouvelle famine frappe le pays.
1058 Pologne : Boleslas II, duc de Pologne, conquiert la Haute-Hongrie (l'actuelle Slovaquie).
1060 Royaume franc : mort du roi Henri Ier ; son fils Philippe Ier lui succède (jusqu'en 1108).
1061 Écosse : Malcolm III envahit le royaume de Northumbrie.
Afrique du Nord : fondation de la dynastie musulmane berbère des Almoravides qui règne sur le Maghreb ; elle dominera l'Andalousie à partir de 1086.
1062 Afrique du Nord : fondation de la ville de Marrakech, au Maroc, par les Almoravides.
1063 Royaume franc : le comte Baudouin V fonde la ville de Lille où se développe une puissante bourgeoisie marchande.

LES ANGLO-NORMANDS

Les Anglo-Normands

À Noël 1066, Guillaume le Conquérant (*voir* pp. 222-223) est couronné roi d'Angleterre, tout en restant le vassal du roi de France pour son duché de Normandie. Depuis que Charles III l'a cédée aux Vikings en 911, la Normandie s'est profondément transformée. Les villes et les abbayes ont été reconstruites, des châteaux forts ont été édifiés, des ports développés. Sous Robert Ier le Magnifique, la région a joué un rôle de premier plan ; des guerres ont éclaté sur les frontières entre le domaine royal et le duché. Mais la paix est revenue avec Guillaume, devenu duc en 1035.

▶ *Les quatre rois anglos-normands (de gauche à droite et de haut en bas): Guillaume Ier (roi de 1066 à 1087), Guillaume II (de 1087 à 1100), Henri Ier (de 1100 à 1135) et Étienne de Blois (de 1135 à 1154).*

▼ *Les seigneurs normands aiment la chasse. Ils aménagent de grands espaces, les « forêts » – qui sont parfois des landes ou des broussailles –, qui servent de réservoir à gibier. Il est interdit à quiconque d'y pénétrer sans autorisation.*

1066-1071

▲ Après la conquête normande, l'Angleterre a un pied en France. Ce sera la source de nombreux conflits.

▼ En 1085, Guillaume Ier le Conquérant ordonne le recensement des biens, des terres et des gens de son nouveau royaume. Le résultat est consigné dans le Domesday Book ou « Livre du Jugement Dernier ».

En Angleterre, Guillaume Ier, surnommé le Conquérant, introduit le système féodal (voir pp. 224-225) pour pacifier le pays. Il soumet rapidement les rebelles et remet leurs biens à ses fidèles, confie aux autorités ecclésiastiques de nombreuses seigneuries et remplace beaucoup d'évêques par des gens venus de Normandie. Le pays change alors radicalement d'aspect. Les Normands édifient des châteaux et fortifient les cités. Des cathédrales sont mises en chantier, comme à Winchester et à Durham. Des abbayes sont créées ou réformées sur le modèle normand. Le français devient la langue officielle.

1066 Angleterre : le roi Édouard le Confesseur meurt sans héritier ; Harold II, fils du comte Godwin de Wessex, se fait couronner roi des Anglo-Saxons. En octobre, Guillaume le Bâtard, duc de Normandie, débarque sur la côte sud de l'Angleterre ; il bat l'armée anglaise à la bataille d'Hastings et tue Harold II. Il devient Guillaume Ier le Conquérant, roi d'Angleterre (jusqu'en 1087), et fonde la dynastie des rois anglo-normands.

1067 Angleterre : début de la construction de la Tour de Londres.
Italie : reconstruction du monastère du mont Cassin.

1068-1069 Angleterre : poursuite de la conquête normande ; Guillaume Ier le Conquérant dévaste et soumet le nord du pays.

1069-1076 Chine : Wang Anshi, ministre de l'empereur, lance un vaste programme de réformes qui touchent tous les domaines.

1070 Angleterre : Guillaume Ier le Conquérant achève la conquête du pays et chasse les Danois.

Les histoires d'amour courtois entre dames et chevaliers sont très populaires en Europe du 11e au 13e siècle. La plus célèbre est celle qui raconte la passion qui unit Tristan et Yseut.

1071 Proche-Orient : bataille de Malazgit (Mantzikert) ; le Turc seldjoukide Alp Arslan écrase l'empereur byzantin Romain IV Diogène ; les Turcs s'emparent de l'Anatolie.

227

501 – 1100

Le commerce

Après la chute de l'Empire romain, le commerce devient plus difficile en Europe. Les routes romaines ne sont plus entretenues ; les voyageurs risquent à tout moment d'être attaqués. La plupart des marchandises sont transportées par la mer ou, en Orient, à dos de chameau. Les Vikings et les Arabes sont les peuples les plus commerçants. Ils se rencontrent à Bagdad ou à Constantinople, et échangent des fourrures, de l'ivoire de morse et des esclaves contre de la soie, des épices et de l'argent.

▲ Monnaie viking du 9ᵉ siècle. La valeur des pièces dépend de leur poids d'or ou d'argent.

◄ Les Chinois commercent peu eux-mêmes. Cette figurine de l'époque Tang représente un marchand arménien.

▼ Pour descendre les fleuves russes et atteindre Constantinople, les marchands vikings utilisent un robuste navire, le knörr.

▶ Cette statue de Bouddha a été retrouvée en Suède. Elle a été enterrée vers le 8ᵉ siècle. Les Scandinaves avaient donc noué des relations avec l'Extrême-Orient, avant même les expéditions vikings.

▲ En Europe, la population s'accroît, les villes se développent. Certains citadins deviennent tisserands. Comme ils ne possèdent pas de moutons, ils se procurent la laine auprès de marchands (ci-dessus), qui achètent aux paysans leurs surplus. Bientôt, toute la production de la laine convergera vers les cités.

À CETTE ÉPOQUE

v. 501 En Amérique du Sud, le puissant empire de Tiahuanaco contrôle une partie du commerce andin.

9ᵉ siècle Essor du royaume du Ghana grâce au commerce de l'or et du sel.

841 Les Vikings s'établissent à Dublin, en Irlande ; cette colonie attire à la fois les marchands et les artisans.

850 Les Vikings suédois commencent à explorer la Russie. Ils fondent des postes de commerce et descendent les fleuves et les rivières jusqu'à Constantinople.

v. 1075 Essor des centres drapiers de Flandre, d'Artois et de Picardie.

▲ Les marchands arabes traversent les déserts d'Asie et d'Afrique à dos de chameau, avec leurs marchandises. Ils connaissent parfaitement l'emplacement des puits et des oasis.

L'EMPIRE SELDJOUKIDE

L'Empire seldjoukide

Du 11ᵉ au 13ᵉ siècle, la dynastie des Turcs seldjoukides règne sur un vaste empire en Asie centrale. Conduits par Selçuk, leur tribu s'installe au début du 11ᵉ siècle autour de l'oasis de Merv, non loin de Boukhara, en Ouzbékistan. De 1035 à 1040, ils repoussent les Turcs rhaznévides d'Afghanistan – ils contrôlaient alors la région –, puis commencent à étendre leur territoire.

Conduits par Toghrul Beg (990-1063), les Seldjoukides s'emparent de l'Iran et de l'Iraq actuels, font d'Ispahan leur capitale et prennent Bagdad en 1055. Toghrul Beg prend alors le titre de sultan, « roi d'Orient et d'Occident ».

En 1063, son neveu, Alp Arslan, lui succède. Poursuivant la politique d'expansion de l'empire, il s'empare de

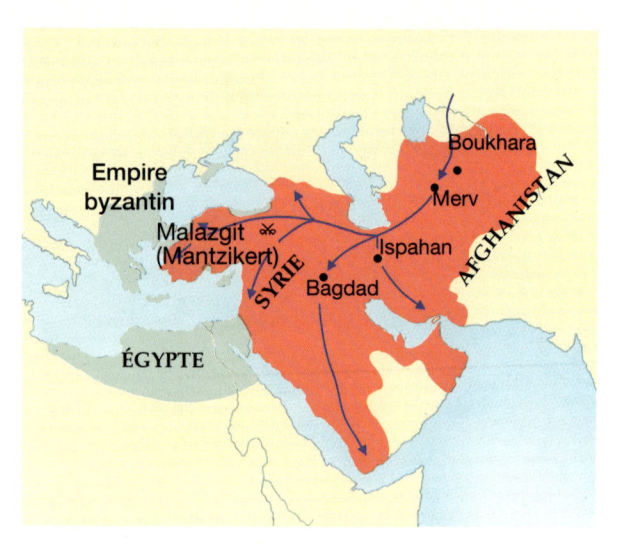

▲ L'Empire seldjoukide étend ses conquêtes entre 1040 et 1092. Il commence à se morceler après la mort de Malik Chah.

▼ Comme la plupart des peuples d'Asie centrale, les Turcs seldjoukides sont d'excellents cavaliers. Ils emploient des étriers – ce qui n'est pas fréquent à l'époque – et lancent des flèches enflammées depuis leur monture. Ce dessin illustre leur victoire sur les Byzantins à Malazgit (Mantzikert) en 1071.

ALP ARSLAN
(v. 1030-1073)

Alp Arslan est sultan de 1063 à 1073. En turc, son nom signifie « Lion-Héros ». Chef courageux et habile, il consacre son énergie à élargir les frontières de l'Empire seldjoukide vers l'ouest. Sa victoire à Malazgit (Mantzikert), en 1071, ouvre aux Turcs l'Asie Mineure. Il meurt deux ans plus tard, au cours d'une campagne en Perse. Son fils conquerra la Syrie et la Palestine.

▲ Les Turcs seldjoukides sont musulmans. Ils édifient de nombreuses mosquées en Iran. Ce dessin représente un minaret typique de l'architecture en briques des Seldjoukides.

l'Arménie byzantine en 1064 et attaque Constantinople. En 1071, l'empereur byzantin décide de contre-attaquer. L'armée byzantine et l'armée turque se rencontrent à Malazgit (Mantzikert). Les Turcs font d'abord mine de s'enfuir, mais lorsque l'armée byzantine les prend en chasse, ils se retournent soudain et transforment leur fuite en éclatante victoire. L'empereur byzantin est fait prisonnier et doit verser une lourde rançon. Cette victoire ouvre l'Asie Mineure aux Seldjoukides et marque la naissance du futur Empire ottoman (*voir* pp. 312-313).

L'Empire seldjoukide atteint son apogée sous le règne de Malik Chah, fils d'Alp Arslan, qui règne de 1073 à 1092. C'est un maître des sciences et des arts, qui fait construire de magnifiques mosquées dans sa capitale, Ispahan.

1072-1091	Méditerranée orientale : les Normands envahissent la Sicile et prennent l'île aux musulmans.
1072	Angleterre : Guillaume Ier le Conquérant envahit l'Écosse, où il obtient l'hommage du roi.
	Espagne : Alphonse VI devient roi de Castille (jusqu'en 1109).
1073-1085	Rome : pontificat de Grégoire VII ; il sera à l'origine de la réforme grégorienne, grand mouvement de rénovation de l'Église aux 11e et 12e siècles.
1075	Rome : début d'un conflit entre le pape Grégoire VII et l'empereur germanique Henri IV.
	Royaume franc : le roi Philippe Ier arrête la progression des Normands et empêche Guillaume Ier le Conquérant de prendre la Bretagne.
	Proche-Orient : les Seldjoukides de Turquie conquièrent la Syrie et la Palestine.

Cet animal en bronze est une fontaine réalisée, en Espagne, par les musulmans. L'eau, qui arrive par les pattes, jaillit par la bouche.

1076	Saint Empire : réunis en concile à Worms, les évêques allemands déposent le pape Grégoire VII. En réponse, Grégoire excommunie l'empereur Henri IV.
1077	Saint Empire : craignant de perdre son trône, l'empereur germanique Henri IV se présente devant le pape, à Canossa ; Grégoire VII relève son excommunication.
1080	Saint Empire : Grégoire VII excommunie de nouveau Henri IV.
1081-1118	Empire byzantin : règne d'Alexis Ier Comnène.
1084	Rome : l'empereur Henri IV s'empare de Rome et en chasse Grégoire VII. Le pape fait appel à Robert Guiscard, duc de Pouille, qui parvient à repousser Henri IV.
	Royaume franc : Bruno fonde l'ordre des Chartreux et le monastère de la Grande-Chartreuse, près de Grenoble.

LA CHINE DES SONG

1085 Espagne : le roi Alphonse VI reprend Tolède aux Maures.

1086 Angleterre : publication du *Domesday Book*, un ouvrage établi après une grande enquête administrative commandée par Guillaume I er le Conquérant. Ce recueil cadastral recense les terres et les biens de tout le royaume.

1087 Angleterre : mort de Guillaume I er le Conquérant ; il lègue son royaume à deux de ses fils. Guillaume II le Roux devient roi d'Angleterre (jusqu'en 1100), Robert II Courteheuse reçoit le duché de Normandie.

1088-1099 Rome : pontificat d'Urbain II.

v. 1090 Océanie : les habitants de l'île de Pâques commencent à édifier d'immenses statues de pierre, les *moai*.

De très belles pièces de porcelaine sont réalisées en Chine sous la dynastie Song. Certains ateliers fournissent exclusivement les palais impériaux.

1095 Royaume franc : au concile de Clermont, le pape Urbain II prêche la guerre sainte pour reprendre les lieux saints aux musulmans et appelle à la première croisade.

1096 Royaume franc : les croisés partent pour la Palestine.

1098 Royaume franc : le moine Robert de Molesme fonde l'abbaye de Cîteaux (en Bourgogne) et l'ordre cistercien. Proche-Orient : victoire des croisés sur les musulmans à Antioche.

1099 Palestine : la prise de Jérusalem par les croisés met fin à la première croisade ; organisation de quatre États latins à Jérusalem, Antioche, Édesse et Tripoli. Godefroi de Bouillon dirige Jérusalem jusqu'en 1100.

1100 Jérusalem : Baudouin I er, frère de Godefroi de Bouillon, devient roi de Jérusalem (jusqu'en 1118)

v. 1100 Italie : fondation de l'université de Bologne.

La Chine des Song

Après la chute de la dynastie Tang, en 907 (*voir* pp. 170-171), l'Empire chinois se morcelle. Cinq personnages tentent de le réunifier en l'espace d'un demi-siècle. Aucun d'entre eux n'y parvient avant le premier empereur Song, qui s'empare du trône en 960. Celui-ci toutefois reconstruit la Chine à l'intérieur d'un espace plus restreint que par le passé. Le Tibet, au nord-ouest, et le Liao, au nord-est, restent indépendants et l'empereur Song y fournit de la soie à titre de tribut.

La Chine retrouve peu à peu son équilibre. L'agriculture se développe et la population s'accroît. On peut estimer le nombre des Chinois à cent millions à la fin de la période Song. En 1069-1076, Wang Anshi, le ministre de l'empereur, lance un vaste programme de réformes touchant tous les domaines. Il simplifie le système des impôts et réduit la gigantesque armée à des proportions plus modestes. Mais ces

▲ *Durant la première époque Song, l'empereur règne sur le Nord, depuis Bianzhou (Kaifeng). Ensuite, les Song s'installent au sud, à Hangzhou.*

1085-1100

◄ *Sous les Song, les artistes chinois empruntent très souvent leurs sujets à la nature – animaux, fleurs, paysages… Ici, il s'agit d'une peinture sur soie exécutée à l'encre.*

« économies » affaiblissent la Chine face aux barbares du Nord.

En 1127, ceux-ci envahissent les provinces du Nord. Le fils de l'empereur parvient à s'enfuir et s'installe à Hangzhou, qui devient la capitale du nouvel empire Song du Sud. La dynastie s'y maintiendra jusqu'à l'invasion de la Chine par les Mongols menés par Kubilay Khan, en 1279 (*voir* pp. 270-273)

Malgré ces troubles politiques, la période Song correspond à une époque d'intense création artistique. Les peintres réalisent des œuvres sur soie et sur papier. Une fine porcelaine est exportée en Inde et jusqu'en Afrique. On écrit des poèmes. Des conteurs professionnels parcourent tout le pays et racontent de belles histoires.

▶ *Cette carafe à vin imitant une bouilloire en forme de lotus témoigne de la finesse des objets en porcelaine produits, en Chine, à l'époque Song.*

PETITS PIEDS

Les Chinois pensent que les femmes doivent avoir de très petits pieds. Les pieds des jeunes Chinoises sont bandés très serré dès leur naissance. Les femmes aux pieds ainsi atrophiés marchent avec peine.

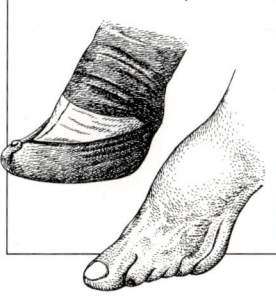

INVENTIONS

Beaucoup plus avancée que celle de l'Occident, la technologie chinoise fait de grands progrès sous la dynastie des Song. Les Chinois emploient alors des armes à feu et des bombes, construisent des navires, utilisent des boussoles et des horloges. Ils tissent la meilleure soie du monde et fabriquent des porcelaines exceptionnelles.

233

501 – 1100

L'art de la guerre

Épées, poignards, haches de guerre et lances : l'usage du fer rend les armes plus efficaces. En revanche, les combattants doivent apprendre à mieux se protéger. Ils utilisent des boucliers en bois recouvert de cuir. Certains revêtent une cotte de mailles mais, comme celle-ci coûte cher, beaucoup se contentent d'un bustier épais en cuir. Les batailles se livrent à pied. Mais, grâce à l'apparition des étriers, la cavalerie devient redoutable. En Europe, les armées sont encore peu nombreuses, alors qu'en Chine ou au Moyen-Orient, les soldats se comptent par milliers.

▼ Les étriers, introduits en Europe au 8ᵉ siècle, améliorent l'assise des cavaliers sur leurs montures.

▲ À la bataille d'Hastings, les Saxons se battent à pied, avec haches et lances. Bien que retranchés derrière une haie de boucliers, ils succombent sous la poussée de la cavalerie normande.

À CETTE ÉPOQUE

535-555 L'armée du général byzantin Bélisaire reprend l'Italie aux Ostrogoths.
635 Début de l'expansion de l'Empire musulman.
732 (ou 733) Charles Martel arrête un raid musulman près de Poitiers ; les musulmans quitteront le royaume franc en 759.
885-886 Les Vikings assiègent Paris. Le comte Eudes parvient à les repousser.
1066 Conquête de l'Angleterre par les Normands conduits par Guillaume de Normandie.
1071 Les Turcs seldjoukides défont les Byzantins à Malazgit (Mantzikert).

◀ Les guerriers vikings emploient souvent une lance, ou épieu. La hampe est faite de bois dur, et la pointe de fer. On la lance sur l'ennemi (d'où son nom) et on la récupère ensuite.

▶ Les Vikings approchent des villes et des villages avec la plus grande discrétion en débarquant, par exemple, dans des criques isolées (ci-contre). Leurs raids sont presque toujours couronnés de succès.

▲ Faite de centaines d'anneaux en fer, une cotte de mailles est une protection efficace, comme le casque métallique.

▲ Au 6ᵉ siècle, un guerrier germanique utilise plusieurs armes : une hache de guerre et un angon, une sorte de javelot à fer barbelé, pour le combat éloigné ou le corps à corps.

▲ Les Vikings aiment beaucoup les belles épées, qu'ils font orner de motifs d'or et d'argent.

La Nouvelle-Zélande

Vers 750, des Maoris s'embarquent à bord de pirogues à travers le Pacifique. Ils atteignent la Nouvelle-Zélande et s'établissent dans l'île du Nord, qui est plus vaste et jouit d'un climat moins chaud que leurs îles d'origine.

Ces Maoris sont des chasseurs. Leur gibier préféré est un oiseau qu'ils appellent « moa » et dont la race s'est éteinte depuis. Mais les Maoris deviennent aussi agriculteurs, cultivant notamment la patate douce. Ils se regroupent alors autour de villages fortifiés, formés de grandes maisons en bois. Ce sont de fiers guerriers, qui n'hésitent pas à défendre les droits de leur lignée. Leur religion est fondée sur des tabous, qui font peser des interdits sur certains objets, certains lieux ou certains individus.

▼ Agriculteurs et guerriers, les Maoris sont aussi d'habiles artisans qui sculptent dans le bois des figures complexes. Ils n'ont pas d'outils en métal ; ils façonnent des haches et des outils en pierre.

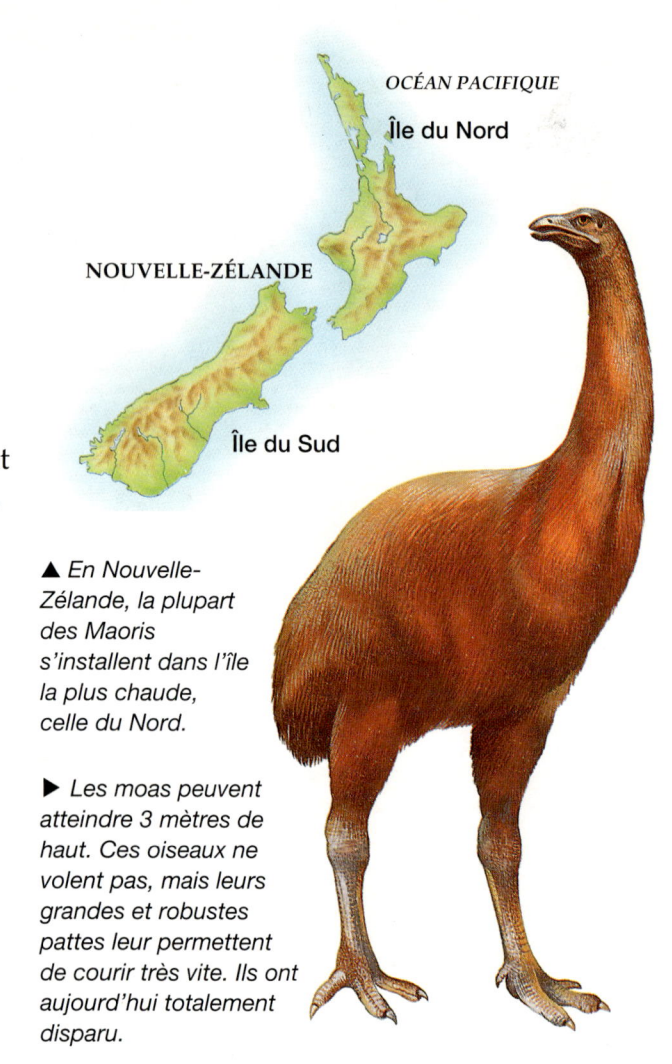

▲ En Nouvelle-Zélande, la plupart des Maoris s'installent dans l'île la plus chaude, celle du Nord.

▶ Les moas peuvent atteindre 3 mètres de haut. Ces oiseaux ne volent pas, mais leurs grandes et robustes pattes leur permettent de courir très vite. Ils ont aujourd'hui totalement disparu.

1101 – 1453

Le temps des chevaliers

Malgré les dangers, des voyageurs s'aventurent jusqu'en Chine ou vers d'autres contrées inconnues des Européens. La motivation principale de ces voyages est le commerce. La soie est acheminée depuis la Chine : elle suit une longue route en Asie centrale puis traverse la Méditerranée, et arrive sur les marchés européens. En Afrique, des caravanes parcourent le Sahara et relient l'Afrique du Nord à l'Afrique de l'Ouest.

À cette époque, les marchands et les villes se regroupent en associations, les hanses. La Hanse teutonique ou Ligue hanséatique est alors la plus puissante.

Le continent européen est divisé en une multitude de petits royaumes, principautés, duchés et cités-États, qui font alliance ou qui s'affrontent. Toutefois, de grands royaumes se construisent peu à peu, notamment en France et en Angleterre.

De vastes empires se constituent. En Asie, l'Empire mongol est l'un des plus étendus que le monde ait jamais connus. En Amérique, les Incas et les Aztèques bâtissent de vastes empires. En Afrique de l'Ouest, l'empire du Mali atteint son apogée, tandis qu'entre l'Europe et l'Asie, l'Empire ottoman prend Constantinople en 1453, mettant fin à l'Empire byzantin.

De nombreuses guerres sont entreprises au nom de la religion. Au début de cette période, les chevaliers chrétiens d'Europe organisent des expéditions militaires, les croisades, pour délivrer les Lieux saints de Palestine, qui sont aux mains des musulmans. D'autres conflits sont strictement politiques, comme la guerre de Cent Ans qui oppose la France et l'Angleterre.

L'imprimerie moderne apparaît en Europe à la fin du Moyen Âge. Favorisant le mouvement de la Renaissance, cette invention rend accessible le savoir à un plus grand nombre de gens : c'est une véritable révolution.

▼ *Le château de Caernarvon, construit aux 13ᵉ et 14ᵉ siècles au nord-ouest du pays de Galles, est l'un des grands châteaux forts de Grande-Bretagne.*

1101–1453 PANORAMA

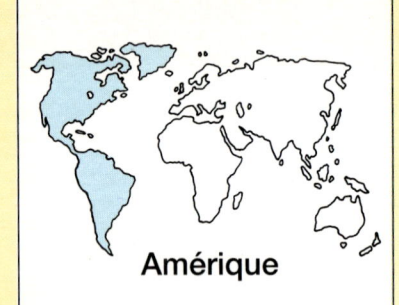

Amérique

v. 1150 Déclin de l'Empire toltèque.
1168 Migration des Aztèques.

v. 1200 Fondation légendaire de l'Empire inca au Pérou, par Manco Capac.

1325 Selon la tradition, fondation de la cité aztèque de Tenochtitlan (l'actuelle Mexico).

entre 1430 et 1440 Début du règne du souverain inca Pachacutec.

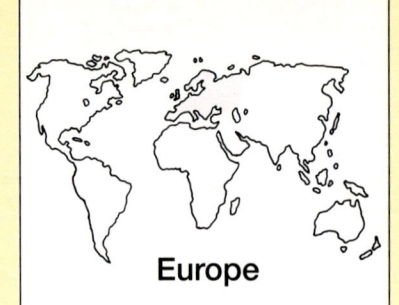

Europe

1143 Indépendance du Portugal.
1154 Henri Plantagenêt d'Angleterre règne sur un tiers de la France actuelle.
1180-1223 Philippe II Auguste, roi de France.
1189-1199 Richard Ier Cœur de Lion, roi d'Angleterre.

1204 Philippe Auguste reprend la Normandie aux Anglais.
1223 Les Mongols envahissent la Russie.
1226-1270 Louis IX (Saint Louis), roi de France.
1242 Les Mongols fondent la Horde d'Or en Russie.

1285-1314 Philippe IV le Bel, roi de France.
1291 Formation de la Confédération helvétique.
1309 La papauté s'installe en Avignon.

1337-1453 Guerre de Cent Ans entre la France et l'Angleterre.
1348-1352 La peste noire ravage l'Europe.
1378-1417 Grand schisme d'Occident.

v. 1450 Mise au point de l'imprimerie.

Afrique

1145-1150 Les Almohades d'Afrique du Nord conquièrent une partie de l'Espagne.

v. 1230 Fondation de l'empire du Mali.

1270 Saint Louis, roi de France, meurt devant Tunis pendant la huitième croisade.

13e siècle Fondation probable du second royaume du Bénin.
1312 Mansa Moussa règne sur l'empire du Mali.
1324 Pèlerinage de Mansa Moussa à La Mecque.
1325 Début des expéditions du voyageur arabe Ibn Battuta.

1101–1453 PANORAMA

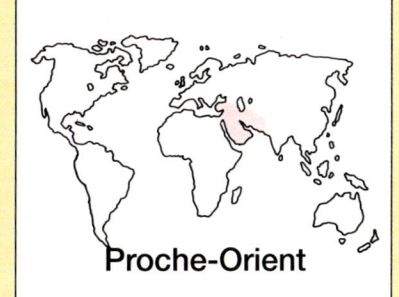

Proche-Orient

1119 Fondation de l'ordre des Templiers à Jérusalem.
1143-1180 Manuel Ier Comnène, empereur byzantin.
1147-1149 Deuxième croisade.

1171 Saladin devient sultan d'Égypte.
1187 Saladin prend Jérusalem aux croisés.
1189-1192 Troisième croisade.
1202-1204 Quatrième croisade ; les croisés pillent Constantinople.
1217-1221 Cinquième croisade.
1228-1229 Sixième croisade.

1248-1254 Septième croisade.
1270 Huitième et dernière croisade.
1299 Osman Ier Gazi fonde l'Empire ottoman en Turquie.

1369 Les Turcs ottomans attaquent la Bulgarie.

1453 Les Ottomans prennent Constantinople ; fin de l'Empire byzantin.

Asie et Extrême-Orient

1113 Début de la construction du temple d'Angkor Vat au Cambodge.

1192 Minamoto Yorimoto est nommé shogun au Japon.
1196 Temüdjin, unificateur des tribus mongoles, devient Gengis Khan.

1219 Les Mongols conquièrent l'Asie centrale.
1219-1333 Le clan Hojo dirige le Japon.

1271 Le Vénitien Marco Polo part pour la Chine.
1279 Kubilay Khan conquiert la Chine et fonde la dynastie Yuan.
1290-1320 La dynastie turque des Khalji règne sur le sultanat de Delhi, en Inde.

1336-1392 Guerre civile au Japon.

1368 Fondation de la dynastie Ming en Chine.

1392 Fondation de la dynastie Yi en Corée.

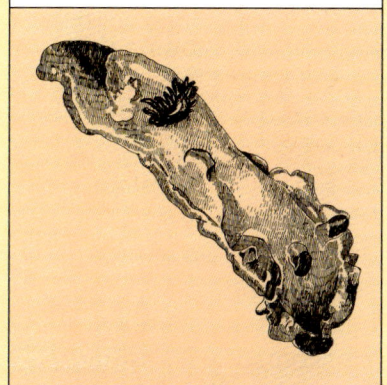

Océanie

Des marchands indonésiens ramassent des limaces de mer sur les plages d'Australie du Nord, pour les vendre aux Chinois qui les aiment beaucoup grillées.

v. 1200 Des Tahitiens prennent le contrôle des îles Hawaii.

v. 1300 Marco Polo mentionne l'existence du mythique continent austral.

14e siècle Les Maoris colonisent la Nouvelle-Zélande.

15e siècle Des marchands indonésiens se rendent fréquemment sur la côte nord de l'Australie.

1101 – 1453

Le monde

Au Moyen Âge, les échanges commerciaux mettent en relation les différentes régions du monde. Mais ils favorisent aussi la propagation de la peste, par l'intermédiaire des rats qui voyagent dans les cales des navires. En Europe occidentale, la Grande Peste de 1348 décime plus du tiers de la population.
Les marchands arabes font connaître l'Afrique. Ils racontent des histoires fabuleuses sur les vastes empires de l'intérieur, riches en or et en villes prestigieuses. L'empire du Mali domine l'Afrique occidentale.
En Extrême-Orient, l'Empire khmer du Cambodge est à son apogée. Au Japon, les shoguns dominent le pays, soutenus par les guerriers samouraïs. Les Mongols bâtissent en Asie l'un des plus grands empires de tous les temps. Leurs cavaliers passent alors pour les meilleurs du monde.
Sur le continent américain, deux grandes civilisations naissent, celle des Aztèques, au Mexique, et celle des Incas, au Pérou.

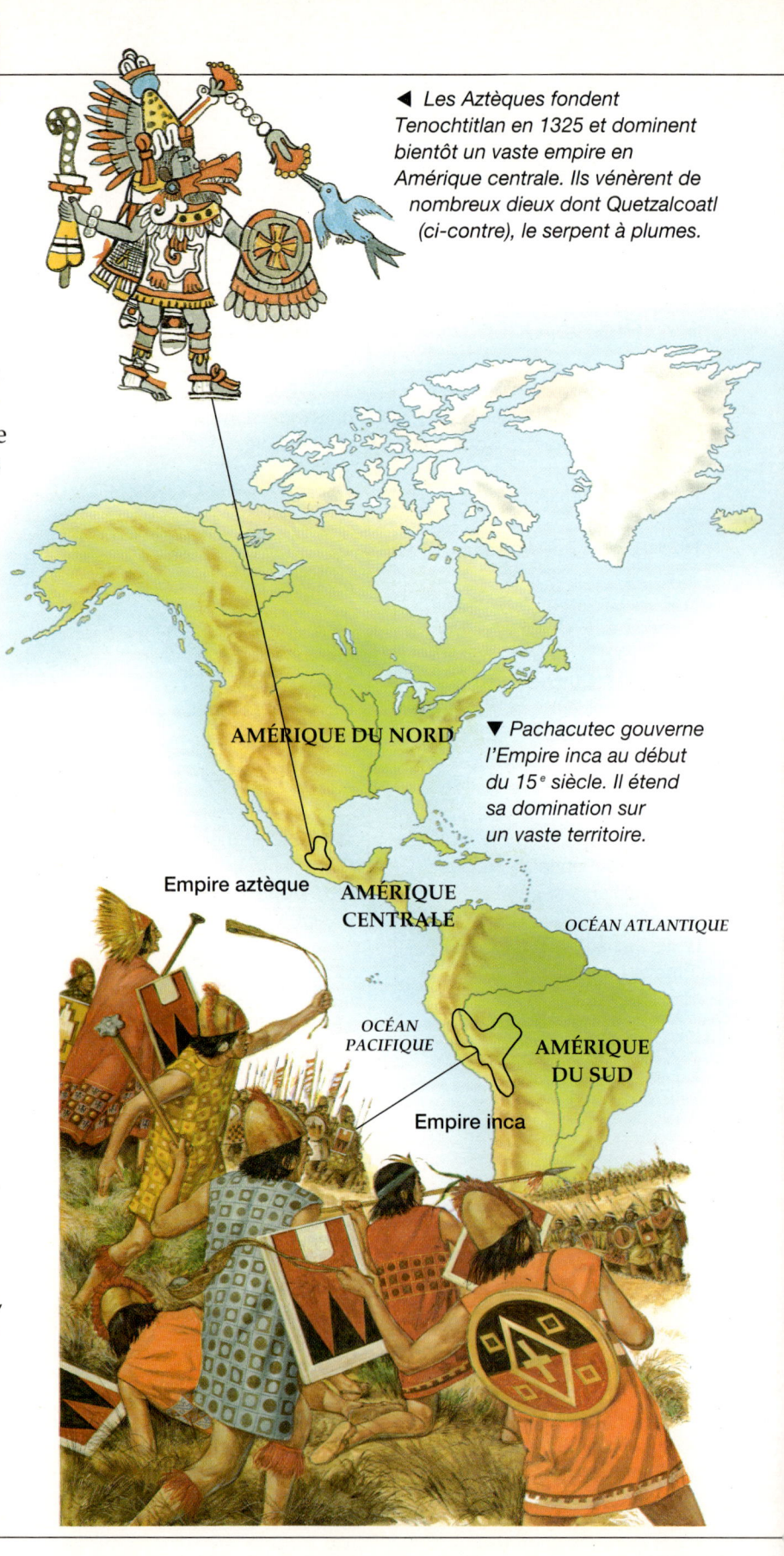

◀ Les Aztèques fondent Tenochtitlan en 1325 et dominent bientôt un vaste empire en Amérique centrale. Ils vénèrent de nombreux dieux dont Quetzalcoatl (ci-contre), le serpent à plumes.

▼ Pachacutec gouverne l'Empire inca au début du 15e siècle. Il étend sa domination sur un vaste territoire.

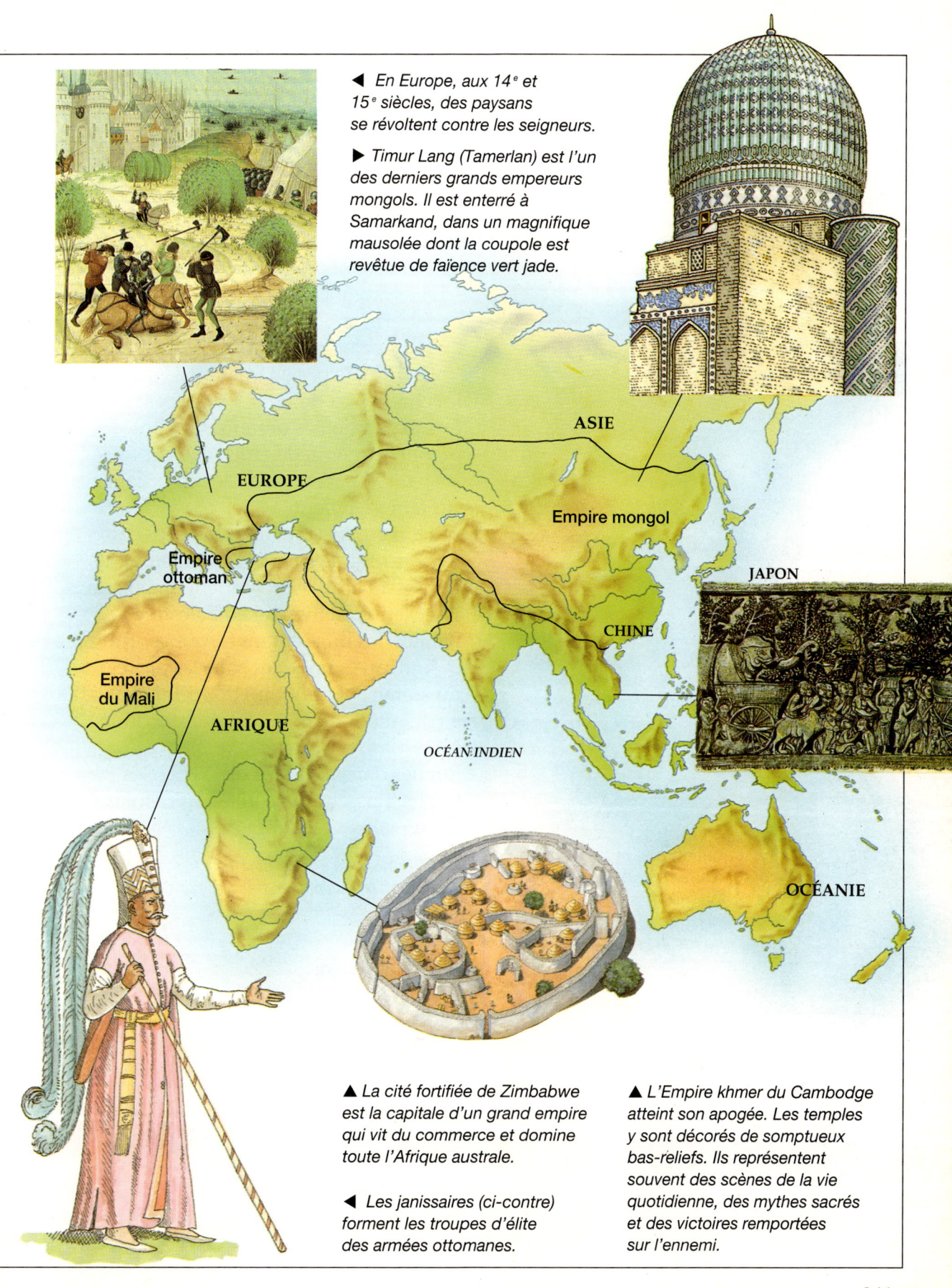

◀ En Europe, aux 14ᵉ et 15ᵉ siècles, des paysans se révoltent contre les seigneurs.

▶ Timur Lang (Tamerlan) est l'un des derniers grands empereurs mongols. Il est enterré à Samarkand, dans un magnifique mausolée dont la coupole est revêtue de faïence vert jade.

ASIE
EUROPE
Empire mongol
Empire ottoman
JAPON
CHINE
Empire du Mali
AFRIQUE
OCÉAN INDIEN
OCÉANIE

▲ La cité fortifiée de Zimbabwe est la capitale d'un grand empire qui vit du commerce et domine toute l'Afrique australe.

◀ Les janissaires (ci-contre) forment les troupes d'élite des armées ottomanes.

▲ L'Empire khmer du Cambodge atteint son apogée. Les temples y sont décorés de somptueux bas-reliefs. Ils représentent souvent des scènes de la vie quotidienne, des mythes sacrés et des victoires remportées sur l'ennemi.

LES CROISADES

12ᵉ siècle France : apparition du tournoi entre chevaliers.
1104 Palestine : les croisés prennent la cité d'Acre aux musulmans.
1106-1125 Saint Empire : règne de l'empereur Henri V.
1106 France : bataille de Tinchebray ; victoire du roi d'Angleterre Henri Iᵉʳ sur son frère Robert II de Normandie. Henri Iᵉʳ devient duc de Normandie (jusqu'en 1135).
1108-1137 France : règne de Louis VI le Gros.
1109-1113 France : Henri Iᵉʳ d'Angleterre s'empare de la ville de Gisors et tente de prendre Paris. En 1113, il devient suzerain du Maine et de la Bretagne.

Les chevaliers croisés sont souvent armés de haches ou d'épées comme celles-ci.

1113 Palestine : fondation de l'ordre de Saint-Jean de Jérusalem, futur ordre des chevaliers de Malte.
Cambodge : début de la construction du temple d'Angkor Vat, chef-d'œuvre de l'art khmer.
1114 Saint Empire : l'empereur Henri V épouse Mathilde, fille du roi d'Angleterre.
1115 France : fondation de l'abbaye de Clairvaux.
1118-1143 Empire byzantin : règne de Jean II Comnène, qui ranime la puissance de l'Empire.
1119 Palestine : Hugues de Payns fonde l'ordre des chevaliers du Temple (ou des Templiers) à Jérusalem.
1120 France : fondation de l'université de Paris.
v. 1120 Europe : premiers statuts de métiers.

Les croisades

À la fin du 11ᵉ siècle, la sécurité des Européens qui partent visiter le tombeau du Christ à Jérusalem n'est plus assurée. Les Turcs, récemment convertis à l'islam, sont moins tolérants que les Arabes auxquels ils ont arraché le pouvoir en Syrie et en Palestine. On raconte même que des pèlerins ont été massacrés.

En 1095, le pape Urbain II appelle les chrétiens à délivrer les Lieux saints. Des expéditions s'organisent. Elles prennent le nom de croisades, car tous les participants portent des croix cousues sur leur vêtement.

Huit croisades sont organisées entre 1096 et 1291. Les croisés s'emparent de Jérusalem en 1099 et fondent de puissants États latins en Syrie et en Palestine. Bientôt, les musulmans – Arabes, Turcs et Kurdes – s'unissent sous les ordres du sultan Saladin. En 1187, celui-ci reconquiert Jérusalem et presque tous les territoires occupés par les croisés. Repliés dans les villes de la côte, les Latins finissent par s'allier aux Mongols, qui envahissent la région.

▼ *Les armées de France et d'Italie traversent l'Europe jusqu'à la Terre sainte, en passant par Constantinople, capitale de l'Empire byzantin.*

▲ Cette miniature du 14ᵉ siècle présente l'embarquement des croisés dans un port français méditerranéen.

Ils sont alors définitivement expulsés par les musulmans en 1291.

Pendant deux siècles, les croisades ont ranimé le commerce en Méditerranée et fait la fortune des Républiques marchandes de Gênes et de Venise. En revanche, elles n'ont pas, comme en Espagne ou en Sicile, favorisé la rencontre des civilisations chrétiennes et musulmanes.

▼ Le roi d'Angleterre Richard Cœur de Lion (à droite) est l'un des chefs de la 3ᵉ croisade (1189-1192).

SALADIN
(1138-1193)

Premier sultan ayyubide, Saladin Iᵉʳ unifie les États musulmans et constitue un vaste royaume qui s'étend de la Syrie à l'Égypte actuelles. Il consacre sa vie à combattre les croisés. En 1187, il leur reprend Jérusalem et la plus grande partie des territoires qu'ils occupent.

▼ Dessin d'un bas-relief de tombe : les jambes croisées signifient que le défunt a participé aux croisades.

La chevalerie

Se battre est la principale occupation des hommes qui aspirent à devenir chevalier. Mais pour atteindre l'idéal chevaleresque, il ne suffit pas d'être brave. Il faut aussi être un homme d'honneur, défendant la veuve et l'orphelin. Cet idéal demeure vivace, même si la plupart des chevaliers ne le respectent pas.

Le jeune garçon commence son apprentissage à 7 ans comme page dans la maison d'un noble. À 14 ou 15 ans, il devient écuyer, attaché au service d'un chevalier. Il sert à table, aide son maître à revêtir son armure et l'accompagne dans ses batailles. Il consacre beaucoup de temps à monter à cheval et à manier les armes, l'épée et la lance. Au bout de quelques années, s'il se bat bien, il est, à son tour, fait chevalier.

▶ *Pendant les croisades, deux ordres de chevalerie deviennent célèbres, celui des Templiers (à gauche) et celui des Chevaliers de Saint-Jean-de-Jérusalem (à droite), également connus sous le nom de Frères de l'hôpital (ou Hospitaliers). Une longue tunique couvre leur cotte de mailles et les protège du soleil.*

◀ *Deux chevaliers s'affrontent au cours d'un tournoi. Ils se battent avec des lances et des épées émoussées, mais sont pourtant souvent blessés, mutilés, voire tués au cours des échanges. Les tournois, qui sont organisés comme de véritables batailles, sont strictement réglementés à partir du 15ᵉ siècle et obéissent à une codification précise.*

▲ *La tradition des troubadours naît dès le 11ᵉ siècle dans le sud de la France. Ces hommes chantent l'amour, la chevalerie et la religion.*

Les tournois, dont le cérémonial est très codifié, permettent aux chevaliers de montrer leur habileté au combat. Ils prennent d'une dame un gage, souvent une écharpe ou un gant, pour montrer qu'ils se battent pour elle. Deux rois, Richard Iᵉʳ d'Angleterre et Louis IX de France, sont connus pour leur soutien à l'idéal chevaleresque.

▼ *Cet écuyer aide son maître à revêtir son équipement. L'armure plate en plaques de fer ou d'acier remplace peu à peu la cotte de mailles à la fin du Moyen Âge.*

1122-1140

1122 Saint Empire : concordat de Worms ; fin du conflit entre le pape et l'empereur à propos de l'investiture des évêques.

v. 1123 Perse : mort du poète et mathématicien Omar Khayyam.

1125 Saint Empire : mort de l'empereur Henri V ; Lothaire III lui succède (jusqu'en 1137).

1126 Espagne : Alphonse VII devient roi de Castille (jusqu'en 1157). Chine : les Jin de Mandchourie prennent la Chine du Nord ; les Song se réfugient au sud.

1129 France : Geoffroi V Plantagenêt devient comte d'Anjou et du Maine (jusqu'en 1151) ; il épouse Mathilde, veuve de l'empereur Henri V.

v. 1135 France : naissance du poète Chrétien de Troyes, auteur de romans de chevalerie dont *Perceval* ou le *Conte du Graal*.

Le plus haut devoir moral d'un chevalier est de protéger les plus faibles.

1135 Angleterre : mort du roi Henri Iᵉʳ. Sa fille, Mathilde, est écartée du pouvoir par Étienne de Blois, qui s'empare du trône (jusqu'en 1154) ; début d'une guerre civile.

1137-1180 France : règne de Louis VII le Jeune, époux d'Aliénor d'Aquitaine.

1137-1152 Saint Empire : règne de l'empereur Conrad III.

v. 1140 Angleterre : Geoffroi de Monmouth rédige l'*Histoire des rois de Bretagne* (Angleterre), source des légendes du roi Arthur et des Chevaliers de la Table ronde. France : à Sens, la première cathédrale gothique du pays est en chantier.

1101 – 1453

L'art et l'artisanat

En Europe, les arts du vitrail et de la tapisserie s'épanouissent. Les artistes représentent des scènes tirées de la Bible, rendant ainsi accessibles à tous les thèmes sacrés. Plus tard, les peintres commencent à composer des tableaux qui s'inspirent du quotidien. Ils utilisent des couleurs plus brillantes et peignent sur bois ou sur toile. De nombreuses pièces de théâtre, comme les mystères, ont pour thème des sujets religieux. C'est aussi la grande époque des chansons de geste, qui évoquent la vie de héros tels que le roi Arthur ou Roland, le neveu de Charlemagne.

▲ Un vitrail est formé de morceaux de verre de couleur, assemblés par une armature en plomb. Ci-dessus, la célèbre rosace (grande baie circulaire) de la cathédrale de Chartres.

▼ Il n'y a pas de salle de théâtre au Moyen Âge. Les pièces sont jouées en plein air, sur une scène improvisée, une charrette par exemple.

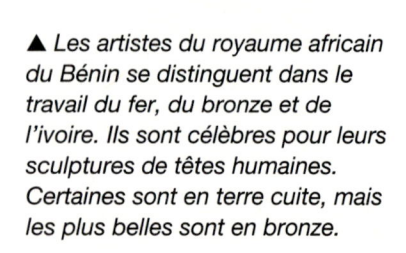

▲ Les artistes du royaume africain du Bénin se distinguent dans le travail du fer, du bronze et de l'ivoire. Ils sont célèbres pour leurs sculptures de têtes humaines. Certaines sont en terre cuite, mais les plus belles sont en bronze.

▲ Le mobilier et les panneaux muraux en bois sont souvent ornés de scènes inspirées d'histoires populaires. Celle-ci, tirée d'un conte de Chaucer, montre la Mort donnant une leçon à trois hommes.

▶ Ces Aztèques réalisent un vêtement. L'une file le coton brut sur une quenouille ; l'autre le tisse sur un métier-ceinture, ainsi appelé car il est attaché à la taille de la tisseuse.

◀ Sous la dynastie Ming (1368-1644), les Chinois commencent à fabriquer une célèbre porcelaine bleue et blanche dans les ateliers impériaux.

▼ Les portraits deviennent plus réalistes ; les gens riches passent commande aux artistes. Jan Van Eyck peint Arnolfini et sa femme (ci-dessous) en 1434.

À CETTE ÉPOQUE

1306-1321 À Florence, Dante Alighieri écrit la *Divine Comédie*.

1348 Boccace commence le *Décaméron*, un recueil d'histoires racontées par des gens fuyant la peste.

1368 Le poète persan Hafez publie son *Diwan*, un recueil de poèmes d'amour.

v. 1390 Le poète anglais Geoffrey Chaucer écrit les *Contes de Cantorbéry*.

1411-1413 À Florence, Donatello sculpte les statues de *Saint Marc* et de *Saint Georges* dans un style réaliste, qui s'inspire de l'Antiquité.

1413-1416 Les frères de Limbourg réalisent les enluminures des *Très Riches Heures du duc de Berry*.

LA RIVALITÉ FRANCO-ANGLAISE

1143 Venise : création du Grand Conseil pour faire obstacle aux tentatives de pouvoir personnel des doges.
Portugal : Alphonse Ier Henriques obtient l'indépendance de son pays et devient roi du Portugal.

1143-1180 Empire byzantin : règne de l'empereur Manuel Ier Comnène.

1145-1150 Espagne : les Almohades, dynastie berbère d'Afrique du Nord, conquièrent une partie de l'Espagne.

1146 France : Bernard, abbé de Clairvaux, prêche la deuxième croisade à Vézelay.

1147-1149 Proche-Orient : deuxième croisade, conduite par l'empereur germanique Conrad III et le roi de France Louis VII ; les croisés sont finalement défaits devant Damas. France : en l'absence du roi, la régence du royaume est confiée à l'abbé Suger.

v. 1150 Europe : épanouissement de l'art de l'enluminure.

1151 France : mort de Geoffroi V Plantagenêt, comte d'Anjou ; son fils, Henri II Plantagenêt, hérite du comté d'Anjou et de la Normandie.

Ci-contre, le sceau de l'université de Paris, fondée en 1120. En 1253, Robert de Sorbon fondera un collège au sein de l'université de Paris, future université de la Sorbonne.

1152 France : annulation du mariage de Louis VII et d'Aliénor d'Aquitaine ; Aliénor se remarie avec Henri II Plantagenêt, duc de Normandie et d'Anjou, qui ajoute l'Aquitaine à ses autres possessions.

1152-1190 Saint Empire : règne de l'empereur Frédéric Ier Barberousse.

1154 Angleterre : Henri II Plantagenêt devient roi d'Angleterre (jusqu'en 1189) et s'empare du comté de Nantes et de la Bretagne. Il règne ainsi sur « l'empire Plantagenêt », ou « Empire angevin », qui englobe une large part du territoire français.

La rivalité franco-anglaise

Les rois d'Angleterre (*voir* pp. 226-227) possèdent en France de vastes territoires, pour lesquels ils sont vassaux des rois capétiens. Henri II Plantagenêt, qui accède au trône d'Angleterre en 1154, hérite de ses parents l'Anjou, le Maine, la Touraine et la Normandie. Par son mariage avec Aliénor d'Aquitaine, divorcée du roi de France Louis VII, il est aussi le maître d'un immense territoire qui s'étend sur tout l'ouest de la France actuelle.

Henri II doit affronter la puissance de l'Église anglaise en la personne de Thomas Becket, archevêque de Cantorbéry, qu'il fait assassiner. Il doit surtout lutter contre les rois de France, Louis VII et surtout Philippe Auguste (*voir* pp. 250-251), qui fait tout pour affaiblir ce vassal plus puissant que lui.

Cette rivalité se poursuit sous le règne

▼ *Henri II domine l'ouest de la France actuelle (en rouge). Son fils, Jean sans Terre, perdra la Normandie, la Touraine, l'Anjou et une partie du Poitou.*

1143-1154

ALIÉNOR D'AQUITAINE
(1122-1204)

Duchesse d'Aquitaine, Aliénor épouse le roi de France Louis VII en 1138. Répudiée, elle se remarie avec Henri Plantagenêt en 1152 et devient reine d'Angleterre en 1154.

LES PLANTAGENÊTS

Le père de Henri II, Geoffroi V d'Anjou, est surnommé Plantagenêt parce qu'il porte une branche de genêt – *planta genista* en latin – sur sa toque. Ce nom est resté à ses descendants.

des fils de Henri II, Richard Cœur de Lion, devenu roi en 1189, et surtout Jean sans Terre, qui monte sur le trône en 1199. Tantôt négociant, tantôt combattant, Philippe Auguste parvient à reprendre à son rival la Normandie, l'Anjou, la Touraine et une partie du Poitou. Ne laissant aux Plantagenêts que les terres au sud de la Garonne, le roi de France devient ainsi maître de l'Ouest.

▲ *La tombe d'Aliénor est conservée dans l'abbaye de Fontevrault, dans le Maine-et-Loire. Non loin se trouve celle d'Henri Plantagenêt.*

▼ *Thomas Becket, l'archevêque de Cantorbéry, a été assassiné par quatre chevaliers de Henri II Plantagenêt, au pied de l'autel de sa cathédrale.*

THOMAS BECKET
(1118-1170)

Devenu archevêque de Cantorbéry en 1162, Thomas Becket défend les privilèges du clergé contre le roi Henri II, son ancien protecteur. Ce dernier le fait assassiner.

Philippe Auguste

Depuis Hugues Ier (*voir* pp. 214-215), les rois capétiens ont lentement assuré leur pouvoir. Ils règnent de père en fils, agrandissent patiemment leur domaine. Pour les gens de l'époque, ils sont, par le sacre, les « élus de Dieu ». Ils sont les seuls, aussi, dont la justice soit reconnue par tous.

Philippe Auguste, qui règne de 1180 à 1223, poursuit la lutte contre les grands seigneurs, ses vassaux, et surtout contre les rois d'Angleterre (*voir* pp. 248-249). Sous son règne, Paris se développe ; la ville compte plus de 100 000 habitants, ce qui est alors très important. Philippe Auguste l'entoure de remparts, entreprend la construction du château du Louvre, fait paver certaines rues, crée des halles pour améliorer le ravitaillement.

Cependant, ce roi puissant inquiète des souverains étrangers. En 1214, le roi d'Angleterre, l'empereur germanique et d'autres princes s'allient contre lui. Après une première victoire contre les Anglais le 2 juillet, le grand choc a lieu à Bouvines, dans le nord, le 27 juillet. Philippe Auguste remporte une indiscutable victoire sur les armées de l'empereur Otton IV et des comtes de Flandre et de Boulogne. Pour certains historiens, cet événement marque la naissance de ce que l'on appellera plus tard la nation française.

▼ À l'origine, le palais du Louvre est un château fort. On peut encore y découvrir une partie des fondations de la forteresse construite par Philippe Auguste.

1155-1174

▲ À la fin du 12ᵉ siècle, pour défendre ses possessions normandes, le roi d'Angleterre Richard Cœur de Lion fait bâtir en deux ans Château-Gaillard, sur la Seine. Philippe Auguste assiège cette forteresse et la prend en 1204. Il s'empare de la Normandie et poursuit la lutte contre la couronne d'Angleterre, lui reprenant la Touraine, l'Anjou, le Poitou…

LES COMMUNES

À l'époque de Philippe Auguste, les campagnes s'enrichissent, les villes se développent. Des artisans, des marchands, des commerçants s'y installent. Ils s'opposent aux seigneurs féodaux qui aimeraient profiter de cet essor économique en imposant leur loi à ces nouveaux citadins. Le roi de France soutient souvent les « communes » en leur accordant des privilèges, des libertés. Les grandes cathédrales gothiques construites au 13ᵉ siècle témoignent de l'opulence de ces cités.

PHILIPPE II AUGUSTE (1165-1223)

Philippe II, qui règne à partir de 1180, prend officiellement pour la première fois le titre de roi de France. Il développe l'administration royale. Après avoir combattu Richard Cœur de Lion, mort en 1199, il lutte contre son successeur, Jean sans Terre. Jamais un Capétien n'avait été aussi puissant que lui.

1155 Angleterre : Thomas Becket est nommé chancelier d'Angleterre. Il deviendra archevêque de Cantorbéry en 1162, et s'opposera au roi Henri II au sujet des droits du clergé.

1157 Angleterre : naissance du troisième fils d'Henri II et d'Aliénor d'Aquitaine, Richard, le futur Richard Cœur de Lion.

1158 Espagne : Alphonse VIII devient roi de Castille (jusqu'en 1214).

1159 Rome : Alexandre III est élu pape (jusqu'en 1181). Afrique du Nord : les Almohades s'emparent de la Tunisie et unifient le Maghreb musulman (jusqu'en 1248).

1161 Chine : utilisation de la poudre explosive sur un champ de bataille.

1163 France : début de la construction de la cathédrale Notre-Dame de Paris.

1167 Angleterre : fondation de l'université d'Oxford.

Le chevalier des Contes de Cantorbéry, chef-d'œuvre de l'écrivain anglais Geoffrey Chaucer (v. 1340-1400)

1168 Mexique : migration des Aztèques.
Égypte : Saladin (Salah al-Din) devient vizir.

1170 Angleterre : Thomas Becket est assassiné sur ordre du roi Henri II. Il sera canonisé (déclaré saint) par l'Église en 1173.
Irlande : invasion de l'île par les Anglo-Normands.

1171 Venise : fondation de la première banque d'Europe, qui traite des opérations de change et de crédit.
Égypte : Saladin se proclame sultan d'Égypte (jusqu'en 1193).

1172 Irlande : Henri II impose la domination anglaise sur l'île.

1173 France : Pierre Valdo fonde la secte des Vaudois à Lyon.

1174 Proche-Orient : Saladin conquiert la Syrie.

1101 – 1453

L'architecture

En Europe, les maisons sont généralement construites en bois, un matériau répandu et bon marché. En revanche, pour dresser les édifices importants, les bâtisseurs du Moyen Âge utilisent la pierre de taille. Dans les régions où il n'y a pas de carrière, les pierres sont apportées de très loin. Au 12ᵉ siècle, un style nouveau, le gothique, se développe et remplace peu à peu l'architecture romane. Il se caractérise par de nouvelles techniques de construction, la voûte sur croisée d'ogives et les arcs-boutants. Grâce à ces innovations, les poussées exercées par le poids de l'édifice sont mieux réparties. On peut élever de hauts bâtiments et percer les murs de grandes ouvertures, souvent ornées de vitraux.

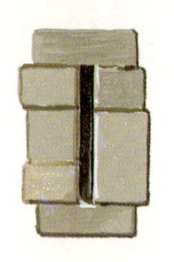

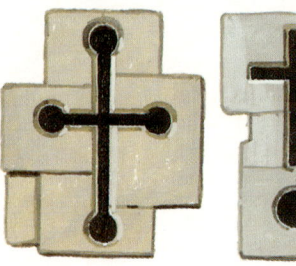

▲ Derrière les meurtrières – ouvertures dans les murs des châteaux forts –, les archers peuvent tirer sans être atteints par les flèches de l'ennemi. Celles qui sont en forme de croix permettent au tireur de déplacer son arme de haut en bas et de gauche à droite.

▼ Au Moyen Âge, le seigneur possède un château fort où il réside. De là, il veille sur son fief et entretient une garnison pour le défendre. Les châteaux forts sont souvent construits sur une colline. Ils sont ainsi difficiles à prendre en cas d'attaque.

Charpentier

Mortellier

Forgeron

◀ Des centaines d'artisans participent à la construction des cathédrales, des abbayes et des châteaux forts. Les charpentiers fabriquent les charpentes, et aussi les échafaudages. Les mortelliers préparent le mortier qui sert à lier les pierres, en mélangeant de la chaux, du sable et de l'eau. Quant aux forgerons, ils fabriquent sur place les clous et les outils utilisés sur le chantier.

▶ À l'époque du gothique, la construction d'une cathédrale s'étale sur des dizaines d'années, parfois sur plusieurs siècles.

▲ Le tailleur de pierre (ci-dessus) et le maçon (ci-dessous) sont des artisans très qualifiés. Chaque pierre taillée est marquée afin d'identifier son emplacement.

À CETTE ÉPOQUE

12ᵉ siècle Premières cathédrales gothiques, dont Notre-Dame de Paris.
13ᵉ siècle Apogée du gothique : cathédrales de Bourges, Chartres, Reims, Sainte-Chapelle de Paris en France, cathédrales de Cologne en Allemagne, de Tolède en Espagne, de Westminster en Angleterre, de Sienne en Italie…
1284 Le chœur de la cathédrale de Beauvais, trop élevé (48 mètres), s'effondre.

▶ Payés à la tâche, les tailleurs laissent souvent leur marque (ci-contre) sur leur pierre. Les sculpteurs, eux, s'inspirent parfois des traits de ceux qui les entourent pour créer leurs personnages.

SHOGUNS ET SAMOURAÏS

1177 Palestine : victoire du roi de Jérusalem Baudouin IV sur Saladin. Les deux souverains concluront une trêve en 1179.
1180-1223 France : règne de Philippe II Auguste.
1183-1185 Empire byzantin : règne de l'empereur Andronic Ier Comnène.
1185-1211 Portugal : règne du roi Sanche Ier.
1185 Empire byzantin : Andronic Ier est renversé par Isaac II Ange, qui lui succède (jusqu'en 1195).
Japon : période de Kamakura (jusqu'en 1333).
France : premier pavage des rues de Paris.
1187 Palestine : Saladin prend Jérusalem.
1189-1199 Angleterre : règne du roi Richard Ier Cœur de Lion.

Saladin, grand guerrier musulman, sultan d'Égypte et de Syrie, est ici représenté d'après une peinture perse.

1189-1192 Palestine : troisième croisade, lancée par le pape Grégoire VIII, pour libérer Jérusalem ; elle est menée par Frédéric Barberousse, Richard Cœur de Lion et Philippe Auguste.
1190 Saint Empire : l'empereur germanique Frédéric Barberousse se noie avant d'avoir atteint Jérusalem ; Henri VI le Cruel lui succède (jusqu'en 1197).
Mongolie : le chef Temüdjin (le futur Gengis Khan) unifie les tribus mongoles.
1191 Palestine : Richard Cœur de Lion s'empare de Chypre et de Saint-Jean-d'Acre.
1192 Palestine : Richard Cœur de Lion conclut une trêve avec Saladin ; de retour en Europe, il est capturé et livré à l'empereur germanique Henri VI.
Japon : Minamoto Yoritomo est nommé shogun (chef civil et militaire) par l'empereur du Japon.

Shoguns et samouraïs

Au Moyen Âge, le Japon, comme l'Europe, est une société féodale, à la tête de laquelle se trouve un empereur. La noblesse est divisée en clans, dirigés par de puissantes familles qui, afin de dominer le pays, se livrent à des guerres incessantes. L'empereur, même s'il est considéré comme un dieu, n'a en réalité aucun pouvoir.

Au 12e siècle, les rébellions tournent à la guerre civile. La puissance du clan des Fujiwara (*voir* pp. 198-199), qui gouverne le pays depuis le 9e siècle, s'affaiblit. La lutte pour le pouvoir oppose bientôt le clan des Taira et celui des Minamoto.

En 1192, Minamoto Yoritomo se proclame *shogun*. Il instaure le shogunat, qui durera jusqu'à ce que l'empereur s'impose de nouveau en 1868. Exerçant un pouvoir absolu, il installe

▼ *En 1192, Minamoto Yoritomo (1147-1199) devient le premier shogun du Japon. Brillant stratège, homme de pouvoir, il gouverne le pays en maître absolu.*

1177-1192

sa capitale à Kamakura ; l'empereur sans pouvoir reste, lui, à Kyoto.

Les shoguns appartiennent à une caste de guerriers, les *samouraïs*. Ceux-ci sont au service d'un *daimyo* (seigneur féodal), auquel ils prêtent un serment de fidélité. Comme les chevaliers du Moyen Âge, les samouraïs sont convaincus de défendre la justice et l'honneur. Ils combattent à pied ou à cheval. Avant de livrer bataille, ils déclinent leur nom, celui de leurs ancêtres, et font état de leurs actes héroïques. Un samouraï qui s'estime déshonoré se suicide.

ARMES ET ARMURE

Les samouraïs revêtent une armure faite de plaques de métal émaillées. Ils portent un sabre et une dague et, souvent, une sorte de bouclier. Leur visage est dissimulé sous un masque dessiné pour leur donner un air féroce.

▲ Un samouraï passe beaucoup de temps à se préparer au combat. Il prend toujours un bain afin d'être propre si la mort l'attend.

▼ Les chefs samouraïs sont traditionnellement armés d'un arc et d'un sabre. Ils se préparent au combat depuis l'enfance et suivent un code d'honneur très strict appelé *bushido*. Les affrontements se déroulent suivant un cérémonial où les chants, les roulements de tambours et les processions d'étendards tiennent une large place.

LE COMMERCE EN EUROPE

Le commerce en Europe

En Europe, la fin du Moyen Âge est une période prospère. La production agricole augmente. Les surplus sont vendus et permettent le développement des activités commerciales des villes. Certaines cités organisent régulièrement de grandes foires. Celles de la région de Troyes, en Champagne, sont connues dans l'Europe entière.

C'est surtout l'Italie qui profite de ce contexte favorable. Les croisades (*voir* pp. 242-243) mettent fin au monopole des marchands du Moyen-Orient sur le commerce méditerranéen. Venise, Gênes et d'autres cités importent dès lors, par voie terrestre en suivant la route de la soie (*voir* p. 120) ou par voie maritime, les épices, la soie et les produits orientaux. Ceux-ci sont échangés contre des étoffes, des fourrures, des peaux, du fer, du bois de construction…

La plupart des pays européens utilisent des monnaies d'argent, tandis que les pays asiatiques ont des monnaies d'or.

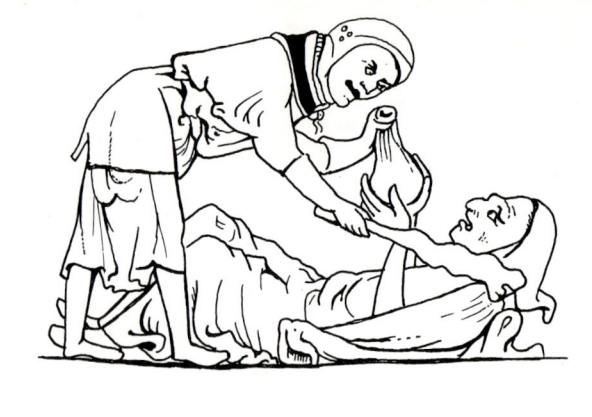

▲ Le métier des marchands n'est pas sans péril ! Des brigands les attendent sur les routes pour les détrousser.

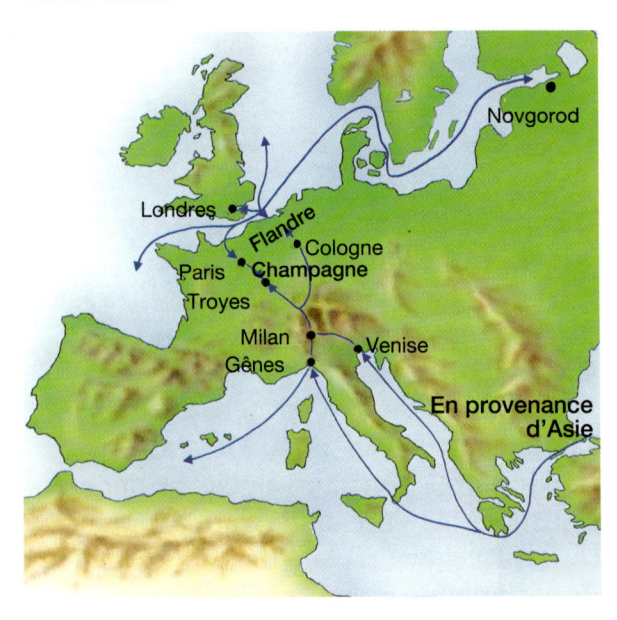

▼ Le jour du marché dans une ville médiévale. On y vend des fruits, des légumes, du bétail, des métaux, du cuir, des objets en bois…

▲ Les routes commerciales au 12ᵉ siècle. Les produits du Nord s'échangent contre ceux du Sud dans les foires de Champagne.

Pour faciliter les échanges, les Italiens introduisent les lettres de change, qui remplacent les espèces, un peu comme les chèques aujourd'hui.

La vallée du Rhin, et notamment la ville de Cologne, en Allemagne, est la plaque tournante du commerce nord-européen. Les Pays-Bas importent des matières premières telles que le cuivre et la laine et exportent ensuite des produits finis. L'Angleterre, elle, commence à vendre ses surplus de laine en Flandre, où sont confectionnés des tissus réputés.

LES CORPORATIONS

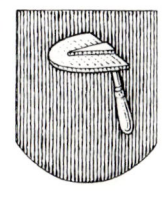

Maçon 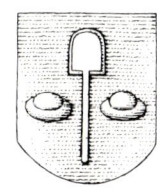 — Pâtissier 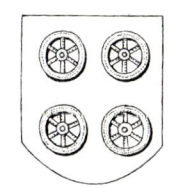 — Fabricant de roues
Verrier 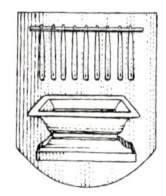 — Fabricant de bougies 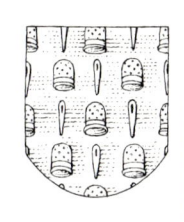 — Fabricant d'aiguilles et de dés à coudre 
Barbier — Marchand de laine

Au Moyen Âge, les corporations regroupent tous les artisans qui exercent le même métier. Elles réglementent le commerce et la fabrication des produits. On apprend le métier en travaillant comme apprenti chez un maître. D'apprenti, on devient maître en réalisant un chef-d'œuvre dans sa spécialité. Ici, quelques emblèmes de corporations.

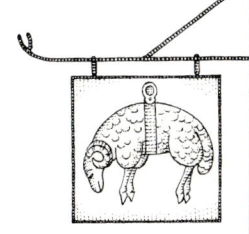

1193 Palestine : mort de Saladin.
Inde : les musulmans, conduits par Muhammad de Ghur, conquièrent le nord de l'Inde et le Bengale.
1194 Saint Empire : l'empereur Henri VI conquiert la Sicile ; il libère Richard Cœur de Lion contre une énorme rançon.
1195-1203 Empire byzantin : règne de l'empereur Alexis III.
1196 Espagne : Pierre II devient roi d'Aragon (jusqu'en 1213).
Mongolie : Tedmüdjin est élu chef de sa tribu ; il prend alors probablement le titre de Gengis Khan.
1197 Saint Empire : mort de l'empereur Henri VI ; période d'anarchie.
1198-1230 Bohême : règne du roi Otakar Ier ; la Bohême devient une royauté héréditaire.

Les banquiers et les marchands utilisent une balance comme celle-ci pour déterminer le poids et donc la valeur des pièces.

1198 France : victoire de Richard Cœur de Lion sur Philippe Auguste à Gisors.
Saint Empire : Otton IV devient empereur (jusqu'en 1212).
Rome : Innocent III est élu pape (jusqu'en 1216).
1199 Angleterre : mort du roi Richard Cœur de Lion ; son plus jeune frère, Jean sans Terre, lui succède (jusqu'en 1216).
v. 1200 Europe : fabrication des premiers astrolabes, instruments connus depuis longtemps par les musulmans.
Océanie : les Tahitiens prennent le contrôle des îles Hawaii.
Amérique du Sud : fondation légendaire de l'Empire inca par Manco Capac.
Amérique centrale : la cité de Mayapan, qui dominera le Yucatan jusqu'au 15e siècle, devient capitale du pays maya à la place de Chichen Itza.

VENISE

1202-1204 Proche-Orient : quatrième croisade. De nombreux chevaliers français y prennent part.

1202 Italie : Leonardo Fibonacci, dit Léonard de Pise, rédige un traité de mathématiques qui contribue à diffuser en Occident le système numérique arabe.

1204 France : Philippe Auguste reprend la Normandie, puis l'Anjou et la Touraine aux Anglais.
Palestine : les croisés pillent Constantinople et y établissent un Empire latin (jusqu'en 1261).

Les Chinois savent très tôt forger d'imposants objets métalliques, comme cette immense ancre de navire.

Italie : apogée de Venise, qui contrôle les routes de l'Adriatique et de la Méditerranée (jusqu'en 1453).

1206 Mongolie : Gengis Khan, chef suprême de toutes les tribus mongoles, est proclamé empereur.

1208-1244 France : croisade des Albigeois contre les cathares (région de Toulouse).

1209 Angleterre : fondation de l'université de Cambridge.
Italie : François d'Assise fonde l'ordre des Franciscains.

1210 Saint Empire : le pape Innocent III excommunie l'empereur Otton IV.
Empire mongol : Gengis Khan entreprend la conquête de la Chine du Nord.

1212 Saint Empire : Frédéric II devient empereur (jusqu'en 1250).
Europe : croisade des enfants ; des milliers d'enfants partent d'Europe pour délivrer les Lieux saints de Palestine. Ils n'arriveront jamais à destination.

Venise

Après la chute de l'Empire romain, des populations côtières de l'Adriatique, fuyant les invasions barbares, s'installent sur les îlots de la lagune de Venise. Ainsi va naître l'une des villes les plus prestigieuses d'Italie.

La cité est entièrement tournée vers la mer. Ses habitants sont d'excellents marins et de grands marchands, qui s'aventurent très loin sur leurs petits bateaux. Enfonçant des dizaines de milliers de pilotis dans les fonds boueux de la lagune, ils bâtissent une ville extraordinaire, formée d'îles et d'îlots séparés par des canaux et reliés par d'innombrables ponts.

Vers 1100, Venise est une cité prospère. Isolée par la mer, elle n'a pas besoin d'édifier de coûteuses fortifications pour se protéger. Les Vénitiens consacrent leurs richesses à construire de somptueux palais et à embellir leur cité. La participation de leur flotte aux croisades permet à la ville d'affirmer sa puissance. Après avoir vaincu Gênes, sa grande rivale, elle domine la Méditerranée, contrôlant tout le commerce entre l'Occident et l'Orient. Étendant sa domination sur un véritable

▲ *Saint Marc, auquel la célèbre basilique Saint-Marc est dédiée, est le patron de Venise. Son lion ailé est l'emblème de la cité.*

1202-1212

▶ Venise est située au carrefour de grandes voies commerciales. Elle est, pendant des siècles, le principal lieu d'échanges entre l'Orient et l'Occident.

▼ Les croisades ont permis à Venise d'affirmer sa puissance. Ces quatre chevaux en bronze ont été saisis lors du sac de Constantinople en 1204 et placés sur la façade de la basilique Saint-Marc.

UN CARREFOUR COMMERCIAL

Deux fois par an, une flotte marchande, escortée par des navires de guerre, quitte Venise pour le Levant, en Méditerranée orientale. Les bateaux sont chargés d'ambre, de métaux comme le fer, d'or et d'argent, de draps en lin, de vêtements en laine, de bois, et d'esclaves. Ils rentrent chargés de soieries, de coton, de porcelaines de Chine, d'épices des Indes orientales, d'ivoire et de pierres précieuses de Birmanie et d'Inde, de teintures. Venise elle-même est célèbre pour sa verrerie, sa dentelle et ses miroirs, réputés dans l'Europe entière.

empire colonial, elle atteint son apogée aux 14e et 15e siècles.

Comme d'autres villes italiennes du Moyen Âge, Venise est une cité-État indépendante. La « cité des doges » est dirigée par un doge élu à vie. Celui-ci exerce, au début, un pouvoir absolu. Puis, au 14e siècle, le Grand Conseil, qui rassemble les puissantes familles vénitiennes, est institué pour limiter son pouvoir.

259

1101 – 1453

Les communications et les transports

Dans les communications, l'une des plus grands révolutions de l'histoire a lieu en Europe au milieu du 15ᵉ siècle, lorsque Gutenberg découvre le moyen d'imprimer avec des caractères mobiles en métal. Bien avant cette date, on a imprimé en Europe à l'aide de blocs en bois. Mais ceux-ci sont très longs à sculpter et s'usent rapidement.
Les caractères mobiles permettent de composer rapidement une page pour l'imprimer. Ensuite, le modèle peut être modifié et utilisé pour une autre page. De plus, les caractères peuvent être refondus lorsqu'ils sont usés. Les livres vont être fabriqués en grand nombre.
Pour la plupart des hommes et des femmes de ce temps, la parole reste cependant le principal et souvent l'unique moyen de communication. Les nouvelles sont diffusées par les colporteurs, d'un village à l'autre. À pied, à cheval, à dromadaire ou à chameau, en bateau à voile…, elles ne circulent pas plus vite que les personnes et les biens.

▲ Les anciens livres sont écrits et illustrés à la main par des copistes et des enlumineurs sur des feuilles de parchemin. Rares et chers, ce sont de véritables œuvres d'art ! Dans les bibliothèques, ils sont souvent enchaînés aux tables.

▲ Grâce à l'imprimerie, les livres coûtent moins cher. Cependant, pendant longtemps, ils restent réservés aux gens aisés et cultivés.

◄ En Asie ou en Orient, les voyageurs traversent souvent des régions désertiques sans pouvoir se reposer et se nourrir dans un village. Pour résoudre ce problème, des caravansérails sont construits le long des voies les plus importantes. Ils fournissent le gîte et le couvert aux voyageurs et à leurs bêtes, chevaux comme chameaux. Ils permettent aussi de se rencontrer et de s'informer sur les routes à prendre.

▼ Imitant les Arabes, les Européens commencent à utiliser la voile triangulaire, ou latine. Elle rend les bateaux plus faciles à manœuvrer.

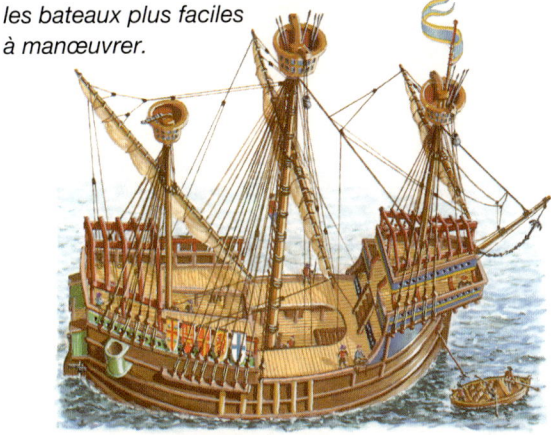

À CETTE ÉPOQUE

1271 Marco Polo, jeune marchand vénitien, part avec son père et son oncle vers l'Extrême-Orient. Il rentre en 1295 et fait plus tard un récit de ses voyages.
1325 Début des voyages de l'Arabe Ibn Battuta.
1434 Les marins portugais doublent le cap Bojador sur la côte ouest de l'Afrique.
v. 1440 Gutenberg met au point l'imprimerie en caractères mobiles.

▼ En Europe, des relais sont construits le long des routes principales. Les voyageurs s'y reposent, peuvent y changer de chevaux ou les faire ferrer.

LA GRANDE CHARTE

La Grande Charte

Le roi d'Angleterre Jean sans Terre (*voir* pp. 248-249) s'est souvent opposé aux barons d'Anjou et du Poitou, vassaux de la couronne anglaise, et surtout au roi de France Philippe Auguste (*voir* pp. 250-251).

En Angleterre, il refuse de reconnaître les droits de la noblesse et lève des impôts très lourds. Les barons se révoltent. En 1215, le roi est contraint d'apposer son sceau sur la Grande Charte. Celle-ci confirme les anciens droits et libertés de l'Église, des barons et des villes. Elle interdit les arrestations et les impôts arbitraires. Surtout, elle place le souverain sous l'autorité d'un Conseil féodal, qui

▼ *Jean sans Terre signant la Grande Charte, d'après un tableau du 19ᵉ siècle. En réalité, il ne l'a pas fait et ne savait sans doute pas écrire.*

▲ *Le sceau de Jean sans Terre se trouve en bas de la Magna Carta et symbolise son accord. Cette charte est devenue la loi du royaume.*

1213-1227

▼ *Simon de Montfort (v. 1208-1265) d'après un vitrail de la cathédrale de Chartres. Né et élevé en France, comte de Leicester, il dirige la révolte des barons contre le roi Henri III.*

1213 Espagne : Jacques Ier devient roi d'Aragon (jusqu'en 1276).
1214 France : victoire des Français à Bouvines ; Philippe Auguste l'emporte sur une coalition formée par l'Angleterre, l'Empire germanique et la Flandre.
1215 Angleterre : les barons anglais, révoltés contre Jean sans Terre, lui imposent la Grande Charte, qui garantit leurs droits.
France : Dominique fonde l'ordre des Dominicains.
1216 Angleterre : Henri III devient roi (jusqu'en 1272).
Rome : Honorius III est élu pape (jusqu'en 1227).
1217-1252 Espagne : règne de Ferdinand III, qui réunit les royaumes de Castille et de León ; il reprendra Cordoue et Séville aux Maures.
1217-1221 Proche-Orient : cinquième croisade ; les croisés sont finalement vaincus en Égypte.
1219 Asie : Gengis Khan conquiert l'Asie centrale.
Japon : le clan des Hojo renverse celui des Minamoto ; il dirigera le Japon jusqu'en 1333.
1221-1223 Russie : raid dévastateur des cavaliers mongols en Russie méridionale.

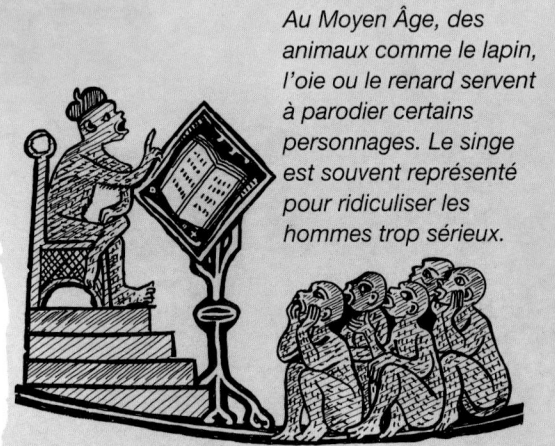

Au Moyen Âge, des animaux comme le lapin, l'oie ou le renard servent à parodier certains personnages. Le singe est souvent représenté pour ridiculiser les hommes trop sérieux.

s'appellera bientôt Parlement. Et si elle mentionne que le souverain est le garant des lois du pays, elle précise qu'il doit s'y conformer lui aussi.

Henri III, qui succède à Jean sans Terre en 1216, ratifie la Grande Charte. Mais les barons sont bientôt mécontents de son gouvernement. Ils se révoltent de nouveau, conduits par un chef énergique, Simon de Montfort. Battu à Lewes en 1264, le roi est fait prisonnier. Simon de Monfort devient le maître de l'Angleterre. L'année suivante, il convoque un parlement extraordinaire, le Grand Parlement, pour confirmer ses pouvoirs et l'aider à gouverner. Des bourgeois participent à cette assemblée. C'est la première fois que des représentants du peuple prennent part aux décisions qui concernent le gouvernement du royaume.

1223-1226 France : règne de Louis VIII le Lion ; il prendra le Poitou, le Limousin et le Périgord aux Anglais.
1226-1270 France : règne de Louis IX (Saint Louis). Il devient roi à douze ans ; sa mère, Blanche de Castille, assure la régence jusqu'en 1236.
1227 Rome : Grégoire IX est élu pape (jusqu'en 1241).
Empire mongol : mort de Gengis Khan.

LE MALI ET L'ÉTHIOPIE

1228-1229 Proche-Orient : sixième croisade, conduite par l'empereur Frédéric II ; les croisés reprennent Jérusalem.
1229-1241 Mongolie : Ogoday, fils de Gengis Khan, est khan des Mongols.
v. 1230 Afrique : fondation de l'empire du Mali, à l'emplacement de l'ancien royaume du Ghana.
1232 Occident : le pape Grégoire IX organise l'Inquisition contre les hérétiques.
1233 Angleterre : exploitation d'une mine de charbon à Newcastle.

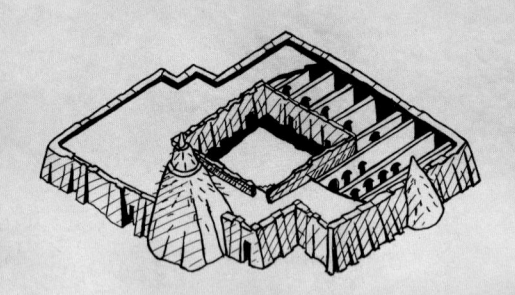

La ville de Tombouctou, au Mali, a gardé des traces de son passé prestigieux. Ci-dessus, la mosquée de Djinguereber (14ᵉ siècle).

1234 Chine : les Mongols s'emparent du nord du pays et chassent la dynastie Jin du pouvoir.
1235-1255 Afrique : Sundiata Keita règne sur l'empire du Mali.
1236 Russie : Alexandre Nevski devient prince de Novgorod (jusqu'en 1263). Le prince mongol Batu, neveu du khan Ogoday, envahit la Russie ; il ravage Moscou en 1237 et prend Kiev en 1240.
1240 Russie : bataille de la Neva ; victoire d'Alexandre Nevski sur les Suédois.
1241 Europe centrale : les Mongols envahissent la Hongrie et traversent le Danube vers l'Autriche ; la mort du khan Ogoday les conduit à se retirer vers l'est.
1242 Russie : Batu fonde le khanat de la Horde d'Or, sur la basse Volga.
1243 Rome : Innocent IV est élu pape (jusqu'en 1254).
Palestine : les Égyptiens reprennent Jérusalem aux chrétiens.
1244 France : prise de Montségur, refuge des derniers cathares.

Le Mali et l'Éthiopie

Dans les années 1230, Soundiata Keita, chef d'un petit royaume d'Afrique de l'Ouest, s'empare de l'empire du Ghana (*voir* pp. 192-193) et fonde l'empire du Mali. Celui-ci connaît rapidement une grande prospérité et atteint son apogée au début du 14ᵉ siècle, sous le règne de Mansa Moussa.

S'étendant sur un vaste territoire correspondant aux États actuels du Mali, du Sénégal, de la Guinée et de la Mauritanie, l'empire développe des relations commerciales avec les royaumes d'Afrique du Nord. Ses caravanes de dromadaires traversent le Sahara ; ses marchands échangent des vêtements, des dattes, des figues séchées, des métaux et du sel contre des esclaves, de l'or et des noix de cola. Ses contacts avec les

▼ *En 1324, Mansa Moussa (ci-dessous) accomplit un pèlerinage à La Mecque ; la richesse de sa cour impressionne les populations qu'il rencontre.*

LES ÉGLISES ÉTHIOPIENNES

Au Moyen Âge, l'Éthiopie est le seul pays chrétien d'Afrique. Au cours du 13ᵉ siècle, les empereurs éthiopiens font creuser dans le roc onze remarquables églises. La plus connue est celle de Saint Georges, à Lalibela, au nord d'Addis-Abeba. Pour bâtir cet édifice, il a fallu creuser la montagne sur 12 mètres de profondeur afin de laisser apparaître un grand bloc en forme de croix. Celui-ci a ensuite été creusé, formant ainsi l'intérieur de l'église.

LES FALACHAS

L'Éthiopie abrite aujourd'hui une petite communauté juive : les Falachas. On pense que ces Africains se sont convertis au judaïsme au début de l'ère chrétienne.
Comme les anciens empereurs éthiopiens, les Falachas prétendent descendre du roi Salomon et de la reine de Saba.

musulmans favorisent la propagation de l'islam, qui devient la religion de l'empire. Tombouctou, la capitale, abrite, comme Djenné (dans l'actuel Mali), une université, qui devient célèbre dans toute l'Afrique.

En Afrique de l'Est, à la même époque, l'empire d'Éthiopie est le dernier royaume chrétien du continent, entouré de toutes parts par des royaumes musulmans. Quand Lalibela devient empereur en 1190, il transfère sa capitale d'Aksoum à Roha, rebaptisée Lalibela en son honneur. Yekouno Amlak s'empare du trône en 1270. Il prétend descendre du roi Salomon et de la reine de Saba. C'est le début d'un brillant renouveau éthiopien.

▼ Une mosquée a été édifiée à Djenné au temps de l'empire du Mali. La mosquée actuelle (ci-dessous), achevée en 1907, est bâtie en briques crues dans le style traditionnel.

Franciscains et Dominicains

Dès le 6ᵉ siècle, des religieux consacrent leur vie à Dieu dans des monastères isolés du monde. Ces moines consacrent leur temps à la méditation, à la prière et au travail. Leur vie quotidienne est organisée par des règles strictes, qui varient selon les ordres religieux (*voir* pp. 166-167).

Bientôt, certains monastères accumulent d'immenses richesses grâce aux dons des fidèles ; leur discipline devient moins stricte. Au 13ᵉ siècle, de nouveaux ordres religieux apparaissent qui, par réaction, recherchent la pauvreté en refusant notamment les dons de terre. À la différence des moines, leurs membres ne sont pas cloîtrés ; ils vivent d'aumônes,

▼ *Chaque religieux a son costume. D'après des documents anciens, voici, de gauche à droite, une nonne, un frère franciscain (avec sa ceinture de corde), un frère dominicain, un frère des Carmes et un frère augustin.*

LES UNIVERSITÉS

Fondée vers 1100, l'université de Bologne, en Italie, est considérée comme la plus ancienne d'Europe. Les universités permettent aux moines et aux prêtres de poursuivre leurs études en bénéficiant d'un enseignement plus approfondi que dans les monastères. Nombre de frères y enseignent. Les Dominicains sont très rigoureux sur la doctrine. Les Franciscains, en revanche, sont plus indépendants d'esprit ; ils s'intéressent notamment aux sciences. L'un d'eux, Alexandre de Hales, a fait la renommée de l'université de Paris au 13ᵉ siècle.

FRANÇOIS D'ASSISE
(1182-1226)

Né à Assise, en Italie, dans une famille aisée, François rompt avec le monde en 1206 pour se consacrer aux plus démunis. Il fonde l'ordre des Franciscains en 1209. Après sa mort, il a été canonisé (reconnu saint).

LES RÈGLES MONASTIQUES

Saint François d'Assise a défini un grand nombre de règles que suivent les Franciscains. À la différence des moines, cloîtrés dans leurs monastères, les Frères mineurs vivent dans le monde, en contact avec la société de leur temps. Ils doivent rester dans la pauvreté, ne possédant rien d'autre que leurs vêtements. Ils ont une mission première : prêcher la parole de Dieu.

---

d'où leur nom de frères mendiants. En 1206, l'Italien François d'Assise, fils d'un riche marchand de draps, rompt avec le monde ; il se met au service de Dieu, vit en ermite et fonde bientôt l'ordre des Frères mineurs, connu plus tard sous le nom d'ordre des Franciscains.

Quelques années plus tard, en 1215, un Espagnol, Dominique, fonde dans le sud-est de la France l'ordre des Frères prêcheurs (les Dominicains), qui se donne pour but, à l'origine, de lutter contre l'hérésie cathare. Il a une activité missionnaire et défend un idéal de pauvreté.

Franciscains et Dominicains s'installent dans les villes où ils se consacrent à la prédication et à l'enseignement. D'autres ordres mendiants apparaissent entre le 13e et le 15e siècle. Les frères de tous ces ordres réguliers se différencient notamment par la couleur de leurs vêtements. Ainsi, la robe des Dominicains est brune, et celle des Franciscains est blanche.

1245-1261

1245 Saint Empire : le pape Innocent IV fait déposer l'empereur Frédéric II.
Asie : le pape envoie le franciscain Jean du Plan Carpin en Mongolie.

1247-1250 Italie : conflit entre les partisans de l'empereur germanique (les gibelins) et ceux du pape (les guelfes).

1248-1254 Proche-Orient : septième croisade, conduite par le roi de France, Saint Louis.

1250 Égypte : bataille de Mansourah ; les Égyptiens capturent Saint Louis et le libèrent contre une forte rançon.

1250-1254 Saint Empire : règne de l'empereur Conrad IV.

1252 Italie : la ville de Florence frappe une nouvelle monnaie, le florin d'or.

1253 France : Saint Louis envoie le franciscain Guillaume de Rubroek en ambassadeur vers la cour mongole. À Paris, Robert de Sorbon fonde un collège, qui portera plus tard son nom, la Sorbonne.

1254-1273 Saint Empire : période du « grand Interrègne » ; lutte acharnée pour le trône impérial.

Cette illustration, tirée d'un manuscrit médiéval, symbolise l'amour de François d'Assise pour la nature.

1258 Proche-Orient : les Mongols s'emparent de Bagdad ; fin de la dynastie des Abbassides.

1259 France : traité de Paris ; le roi d'Angleterre Henri III renonce à ses droits sur les territoires reconquis par Philippe Auguste.

1260 Asie : Kubilay Khan devient grand khan des Mongols (jusqu'en 1294).

v. 1260 Allemagne : fondation de la Hanse germanique, association de cités marchandes.

1261 Rome : Urbain IV est élu pape (jusqu'en 1264).
Empire byzantin : le Grec Michel VIII Paléologue reprend Constantinople aux Latins et devient empereur (jusqu'en 1282).

1101 – 1453

L'agriculture et l'alimentation

En Europe, les paysans ont une nourriture peu variée – pain, galettes, bouillies de seigle ou d'orge, soupes de légumes épaisses… –, agrémentée d'eau et de bière. Exceptionnellement, ils tuent un cochon ou un mouton dont la viande, parfois accompagnée d'herbes et de légumes, entre dans la composition de ragoûts. Les plus riches consomment plus souvent de la viande ou du poisson, qui proviennent de leurs domaines. Ils mangent aussi du gibier – lièvre, faisan, sanglier… –, produit de leur chasse, et apprécient le paon, le cygne et le héron. Rapportées d'Orient, les épices agrémentent et relèvent le goût des plats. Les maladies et les épidémies font souvent des ravages parmi les plus faibles et les populations rendues vulnérables par le manque de nourriture lors des disettes. C'est ainsi, à la suite d'une série de mauvaises récoltes, que la Grande Peste (voir pp. 290-291) décime la population européenne.

▲ Les Aztèques cultivent des légumes sur des îles artificielles appelées chinampas. Elles sont formées de roseaux couverts de limon fertile. Les Aztèques pratiquent aussi la chasse et la pêche.

▼ La grande majorité de la population européenne vit à la campagne. Au printemps, les paysans labourent les champs, puis les ensemencent. Les enfants chassent les oiseaux. Les mauvaises herbes sont, plus tard, arrachées à la main.

▶ *La charrue permet de labourer les sols lourds en rejetant la terre de part et d'autre du sillon. Cet instrument est tiré par des bœufs, plus rarement par des chevaux. Souvent, la charrue et l'attelage – qui coûtent très cher – sont utilisés en communauté par tout un village.*

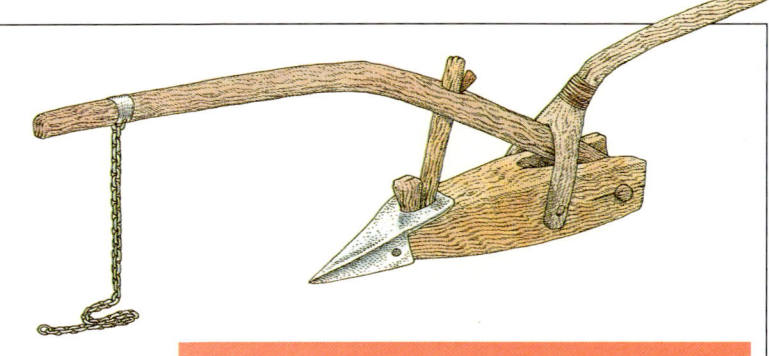

Figues

Raisin

Gingembre

Amandes

Amandes enrobées de sucre

Saucisses épicées

À CETTE ÉPOQUE

v. 1100 Au retour de la première croisade, des épices, ainsi que la façon de les utiliser en cuisine, sont introduites en Europe depuis l'Orient.

1346-1353 La Grande Peste ravage l'Europe occidentale. Les paysans qui survivent revendiquent de meilleures conditions de vie et des revenus plus élevés.

v. 1400 En Angleterre, des terres cultivables sont transformées en pâturages pour les moutons afin de répondre à la demande de laine.

v. 1450 La sélection des semences améliore la qualité et la quantité des récoltes.

◀ *Quand les croisés rentrent d'Orient, ils rapportent différents fruits qui sont, pour la plupart, inconnus en Europe, comme l'orange, le citron, la figue, la datte. Ils découvrent aussi des amandes enrobées de sucre, un produit ignoré de nombreux Européens, et des épices. Celles-ci, utilisées pour relever le goût de la viande faisandée ou conservée dans le sel, font rapidement l'objet d'un commerce florissant. Les Arabes, qui les importent d'Inde et des îles Moluques, les revendent à prix d'or. Après la chute de Constantinople, en 1453, les Européens chercheront des routes directes vers l'Asie afin d'importer eux-mêmes les épices.*

L'EMPIRE MONGOL

1264 Angleterre : bataille de Lewes ; victoire des barons anglais, conduits par Simon de Montfort, sur l'armée du roi Henri III.
Empire mongol : Kubilay Khan fonde Khanbalik (l'actuelle Pékin), nouvelle capitale de l'Empire mongol.

1265 Rome : Clément IV est élu pape (jusqu'en 1268).
Angleterre : Simon de Montfort convoque un parlement où sont représentés les notables des grandes villes ; mais il est vaincu et tué par Henri III à la bataille d'Evesham.
Italie : victoire des guelfes (partisans du pape) sur les gibelins (partisans de l'empereur germanique).

Peuple de nomades, les Mongols se déplacent en transportant leurs tentes, les yourtes, sur de grands chariots.

1266 Angleterre : le pape Clément IV demande au savant Roger Bacon une copie de ses œuvres.

1268 Rome : mort de Clément IV ; le Saint-Siège restera vacant jusqu'en 1271.

1270 Tunisie : huitième et dernière croisade.
France : Saint Louis, atteint de la peste, meurt devant Tunis ; règne de Philippe III le Hardi (jusqu'en 1285).
Éthiopie : règne du roi Yekouno Amlak (jusqu'en 1285).

1271 Venise : Marco Polo, jeune marchand vénitien, part avec son père et son oncle vers l'Extrême-Orient.
Rome : Grégoire X est élu pape (jusqu'en 1276).

1272-1307 Angleterre : règne du roi Édouard Iᵉʳ.

1273-1291 Saint Empire : règne de l'empereur Rodolphe Iᵉʳ de Habsbourg.

1274 Japon : l'empereur Kubilay Khan tente d'envahir le Japon, mais ses troupes sont repoussées par celles du shogun.

L'Empire mongol

La jeunesse de Temüdjin, le futur Gengis Khan, fondateur de l'Empire mongol, est mal connue. On sait qu'orphelin de père, le jeune garçon parvient à se faire reconnaître comme chef de sa tribu en 1196 et prend probablement alors le titre de Gengis Khan. Il réussit bientôt à rallier à son autorité toutes les tribus nomades de Mongolie. En 1206, il réunit une grande assemblée qui le proclame khan suprême (empereur).

En quelques années, Gengis Khan s'affirme comme l'un des plus grands conquérants de l'histoire. Ses troupes, formées de cavaliers et d'archers hors pair, sèment la terreur et la désolation partout où elles passent. Elles envahissent la Chine du Nord, la Corée, le nord de l'Inde, l'Afghanistan, la Perse et une partie de la Russie.

Gengis Khan meurt en 1227. Son fils Ogoday poursuit son œuvre. Il occupe l'Arménie et le Tibet, puis se tourne vers l'Europe, où il ravage la Hongrie et

▼ *Les redoutables archers mongols savent ajuster leur tir alors que leurs chevaux sont au galop. La chasse leur permet de s'entraîner. Leurs flèches manquent rarement leur cible.*

1264-1274

▲ *Les Mongols s'entraînent au combat et se maintiennent en forme grâce au sport. Dès l'enfance, ils pratiquent le tir à l'arc et la lutte.*

la Pologne. Après lui, Kubilay Khan achève la conquête de la Chine et s'en proclame empereur. Il fonde ainsi la dynastie mongole des Yuan, qui restera au pouvoir jusqu'en 1368 (*voir* pp. 294-295).

Le Vénitien Marco Polo (*voir* pp. 282-283) entre au service de Kubilay Khan en 1275 et voyage à travers l'empire pendant quelque dix-sept ans. Son récit de voyage montre que les Mongols de Chine vivent dans l'opulence et la richesse que leur avait promises autrefois Gengis Khan.

COMMENT VIVENT LES MONGOLS ?

Les Mongols sont des nomades. Ils se déplacent sur des chevaux petits, mais robustes, et transportent leurs biens dans des chars tirés par des bœufs. Leurs tentes – les *yourtes* – sont constituées d'une armature en bois, qui peut se replier, recouverte de peaux d'animaux ou d'étoffe. Un trou permet d'évacuer la fumée quand on fait du feu à l'intérieur.
La société mongole est dominée par les hommes. Les guerriers dégustent les meilleurs plats autour du feu, tandis que les femmes, assises en retrait, mangent ce qu'ils leur laissent. Les enfants doivent très jeunes se débrouiller par eux-mêmes.

▼ *Les guerriers mongols portent des casques en fer ou en cuir. Leur armure est faite de plaques de fer assemblées par de solides lanières de cuir.*

GENGIS KHAN
(v. 1167-1227)

Reconnu comme khan suprême par les Mongols en 1206, Gengis Khan leur promet la richesse et la gloire. À sa mort, son empire s'étend de l'océan Pacifique aux portes de l'Europe.

L'EMPIRE MONGOL

TIMUR LANG
(1336-1405)

Timur Lang, dit aussi Tamerlan, prétend restaurer l'empire de Gengis Khan. Depuis Samarkand, sa capitale, il bâtit un vaste empire. Partagé entre ses descendants après sa mort, celui-ci se disloquera rapidement.

▼ Une charge mongole d'archers à cheval et de fantassins armés de lances provoque la frayeur chez tous les soldats adverses. En quelques dizaines d'années, les redoutables Mongols conquièrent un immense empire. Les nouvelles de leurs victoires se répandent dans toute l'Europe. Les voyageurs racontent des histoires effrayantes sur leur cruauté.

▲ Sans doute d'origine perse, le jeu de polo est adopté par les Mongols. Il permet aux guerriers de développer leur talent de cavalier et de se préparer au combat.

Après la mort de Kubilay Khan, en 1294, le grand Empire mongol, qu'il dirigeait depuis Khanbalik (Pékin), disparaît. D'autres souverains mongols constituent des empires moins étendus en Asie centrale et occidentale. L'État de la Horde d'Or, dit aussi le khanat de Kipchac, qui s'étend sur la Sibérie, le sud de la Russie et la Crimée, est l'un des plus puissants.

Au 14e siècle, le Mongol Timur Lang (1336-1405), dit Tamerlan, se proclame l'héritier de Gengis Khan. Prétendant faire renaître l'Empire

1275-1285

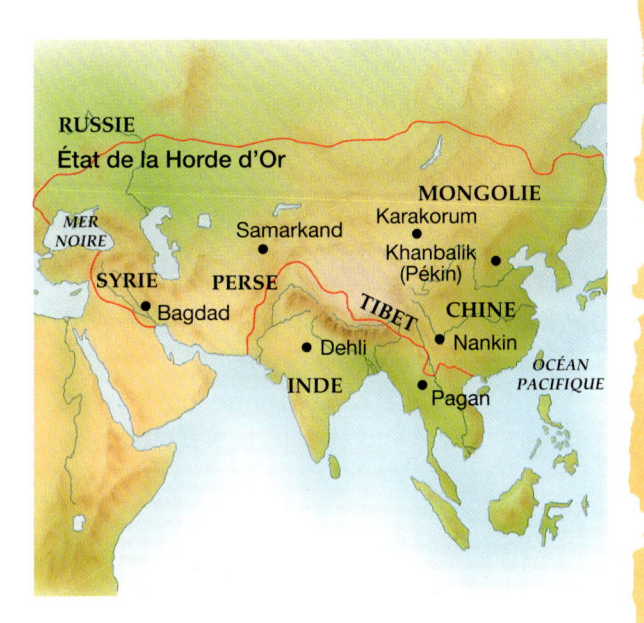

▲ *À son apogée, au 13ᵉ siècle, sous le règne de Kubilay Khan, l'Empire mongol s'étend de l'océan Pacifique à la mer Noire.*

mongol, il soumet la Perse, l'Arménie, la Mésopotamie, la Géorgie, l'Azerbaïdjan et les territoires de la Horde d'Or. Il occupe Moscou pendant un an. Il meurt alors qu'il se prépare à envahir la Chine. Malgré sa cruauté légendaire, Timur Lang protège les arts et attire de nombreux artistes pour embellir sa capitale, Samarkand. Son empire ne lui a pas survécu.

LE MAUSOLÉE DE TIMUR LANG

Timur Lang est inhumé à Samarkand (aujourd'hui en Ouzbékistan), dans un magnifique mausolée à coupole, le Gur-e Mir. Orné d'un très beau décor de céramique bleue et or, ce monument somptueux est considéré comme l'un des joyaux de l'art islamique de cette époque.

1275 Empire mongol : Marco Polo entre au service de Kubilay Khan et voyage à travers l'empire pendant quelque 17 ans.

1276-1277 Rome : plusieurs papes se succèdent (Innocent V, Adrien V et Jean XXI). En 1277, Nicolas III est élu pape (jusqu'en 1280).

1277 Angleterre : condamné par l'Église pour ses thèses, le savant Roger Bacon est emprisonné (jusqu'en 1292).

1278 Saint Empire : Okatar II, roi de Bohême, est vaincu et tué par l'empereur Rodolphe Iᵉʳ dans le Marchfeld.

1279 Chine : Kubilay Khan achève la conquête de la Chine ; il fonde la dynastie mongole des Yuan, qui régnera sur le pays jusqu'en 1368.

Cette figurine chinoise de l'époque mongole Yuan représente un acteur.

1281 Rome : Martin IV est élu pape (jusqu'en 1285).
Japon : échec de la seconde invasion mongole.

1283 Angleterre : le roi Édouard Iᵉʳ fait exécuter le prince de Galles et soumet le pays de Galles.

1284 Venise : frappe du premier ducat d'or, monnaie de la ville jusqu'au 18ᵉ siècle.

1285 France : Philippe IV le Bel devient roi (jusqu'en 1314) ; il agrandit le domaine royal.
Rome : Honorius IV est élu pape (jusqu'en 1287).

LOUIS IX ET PHILIPPE LE BEL

1286 Écosse : mort du roi Alexandre III. Après la disparition de son héritière, Marguerite de Norvège, en 1290, plusieurs prétendants au trône entrent en conflit.
1287 Birmanie : les Mongols pillent Pagan, capitale de la Birmanie.
1288 Rome : Nicolas IV est élu pape (jusqu'en 1292).

Jean de Baliol règne sur l'Écosse de 1292 à 1296. En 1295, lorsque ses sujets se révoltent contre la tutelle anglaise, il les soutient et s'allie au roi de France. Le roi d'Angleterre riposte et le fait déposer l'année suivante.

1290 Angleterre : expulsion des juifs.
Inde : la dynastie turque des Khalji règne sur le sultanat de Delhi (jusqu'en 1320).
1291 Palestine : les musulmans prennent Saint-Jean-d'Acre, dernière possession des croisés.
Suisse : formation de la Confédération helvétique par les habitants de trois cantons, qui se liguent contre les Habsbourg d'Allemagne.
1292 Écosse : Édouard Ier, roi d'Angleterre, accorde le trône d'Écosse à Jean de Baliol (jusqu'en 1296), qui devient son vassal.
1292-1298 Saint Empire : règne de l'empereur Adolphe de Nassau.
1294 Rome : Boniface VIII est élu pape (jusqu'en 1303).
Empire mongol : mort de l'empereur Kubilay Khan.

Louis IX et Philippe le Bel

Deux grands rois, Louis IX et Philippe le Bel, poursuivent l'œuvre de Philippe Auguste (*voir pp. 250-251*). Ils font de la France du 13e siècle le pays le plus riche et le plus puissant de l'Europe médiévale.

Louis IX (1214-1270) donne à la couronne un grand prestige. Roi chrétien, à l'esprit chevaleresque, il veut gouverner avec justice. Des princes étrangers s'adressent à lui pour régler leurs querelles. Il sera canonisé peu de temps après sa mort, devenant ainsi Saint Louis.

Philippe IV le Bel (1268-1341), lui, affirme avec force l'autorité royale. Il n'hésite pas à faire arrêter le pape

◀ *Louis IX (ci-contre) écrit pour son fils, le futur Philippe III : « S'il s'élève une querelle d'un pauvre contre un riche, soutiens le pauvre contre le riche jusqu'à tant que tu saches la vérité et, quand tu auras entendu la vérité, fais le droit. » Mais il se montre aussi dur et intolérant envers ceux qui ne pensent pas comme lui. Ce roi, qui meurt lors de la dernière croisade, combat violemment les cathares, des « hérétiques » qui s'écartent des doctrines de l'Église. Il poursuit les juifs, leur imposant de porter une rouelle, un signe distinctif, sur leurs vêtements.*

1286-1294

Boniface VIII, pour bien marquer qu'en France le pouvoir appartient d'abord au roi et non à l'Église. De même, Philippe IV renforce son administration, accentuant le centralisme de l'État, ce qui apparaît déjà comme une originalité française. Il fait rédiger de nombreux textes pour organiser le royaume. Nous en connaissons aujourd'hui encore plus de 50 000, alors que nous n'en possédons que 2 500 de l'époque de Philippe Auguste !

▲ Sur ce document, Philippe le Bel est entouré de sa famille. Avec lui et ses trois fils, dont le dernier meurt en 1328, s'éteint la lignée des Capétiens directs.

PHILIPPE IV LE BEL
(1268-1314)

Philippe IV succède à Phillipe III en 1285. Soucieux de défendre l'autorité royale, pour lui supérieure à toute autre, il renforce l'administration du pays. Le Conseil du roi ne réunit plus seulement grands seigneurs et évêques. Des hommes de loi, des légistes, comme Guillaume de Nogaret, y jouent un rôle important.

ROBERT DE SORBON
(1201-1274)

Avec l'appui de Louis IX, le théologien (spécialiste de l'étude des religions) Robert de Sorbon fonde en 1256, au sein de l'université de Paris, un collège qui garde son nom : la Sorbonne. Pour l'enseignement de la philosophie et des lettres, il crée la petite Sorbonne. Les études universitaires se développent.

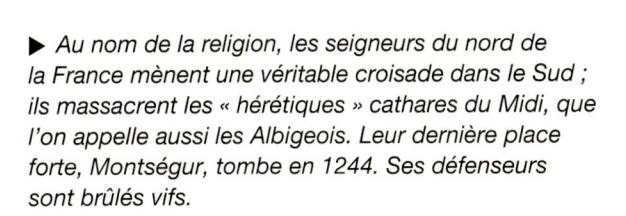

▶ Au nom de la religion, les seigneurs du nord de la France mènent une véritable croisade dans le Sud ; ils massacrent les « hérétiques » cathares du Midi, que l'on appelle aussi les Albigeois. Leur dernière place forte, Montségur, tombe en 1244. Ses défenseurs sont brûlés vifs.

1101 – 1453

La vie quotidienne

Les conditions de vie sont difficiles pour la majorité des gens de cette époque. Nombreux sont les enfants qui meurent à la naissance ou en bas âge. Dès douze ans, ils sont d'ailleurs considérés comme adultes. La mortalité est très importante. Les gens ignorent les causes des maladies. La peste, la petite vérole, la grippe font des ravages. Une simple coupure peut être fatale, car personne ne sait comment empêcher l'infection. On ne vit pas très vieux, même si certains chanceux dépassent les soixante ans.

▼ *Japonaise en sous-vêtements. Elle porte sur ceux-ci plusieurs kimonos en soie.*

▼ *La lèpre est une terrible maladie. Comme on ne sait pas soigner ceux qui en sont frappés, elle effraie tout le monde. Les lépreux font sonner une crécelle pour prévenir de leur approche.*

▶ *Les Japonaises se maquillent le visage en blanc, ce qui fait paraître leurs dents jaunes. Pour dissimuler cet inconvénient, elles les colorent en noir.*

▼ *Cette peinture provient d'une tombe chinoise de l'époque Song. Elle montre un couple que quatre domestiques s'apprêtent à servir. La Chine est alors l'un des États les plus riches du monde.*

▲ Les Européennes se maquillent très légèrement. Elles s'épilent les sourcils et se tirent les cheveux en arrière.

▼ À cette époque, l'habit fait le moine ! En d'autres termes, les vêtements révèlent la catégorie sociale à laquelle chacun appartient. Un artisan n'est pas vêtu comme un domestique ; un religieux porte des habits différents de ceux d'un chevalier. Le rouge pourpre ainsi que certaines nuances de bleu et de vert sont, par exemple, interdits aux paysans (ci-contre et en bas) dans certains pays d'Europe. Seuls les nobles et les gens aisés suivent la mode (à droite). Les femmes, en Europe du Nord, portent une guimpe, une coiffe qui leur encadre le visage.

▲ On joue aux échecs, aux boules, aux cartes (ci-dessus), à cache-cache... Beaucoup de jeux de cette époque existent encore aujourd'hui.

À CETTE ÉPOQUE

v. 1100 Les croisés qui reviennent d'Orient introduisent l'idée qu'il faut se laver régulièrement.

13ᵉ siècle On compte en France environ deux mille léproseries ; à Paris, la plus importante est celle de Saint-Lazare.

15ᵉ siècle Les enluminures des manuscrits, comme celles des *Très Riches Heures du duc de Berry*, nous donnent de nombreux détails sur la vie quotidienne de l'époque.

LES AZTÈQUES ET LES INCAS

Les Aztèques et les Incas

À partir du 13e siècle, deux grandes civilisations se développent en Amérique du Sud et en Amérique centrale, à un peu plus d'un siècle d'intervalle : celle des Incas, au Pérou, et celle des Aztèques, au Mexique. Selon la légende, c'est vers 1200 que l'Inca Ayar Manco, ou Manco Capac, s'installe avec sa femme Mama Ocllo dans la vallée de Cuzco. Bientôt, leur civilisation domine la région. Au 15e siècle, le souverain Pachacutec soumet divers peuples et fonde l'Empire inca (*voir* pp. 326-327).

▲ *Carte des Empires aztèque et inca*

▼ *Brillant stratège, l'Inca Pachacutec conduit lui-même ses troupes au combat. Ses soldats utilisent des frondes, des lances et des masses dont la tête a une forme d'étoile.*

▲ *Le centre de la cité de Tenochtitlan. Au fond, le temple de Huitzilopochtli ; à gauche, les résidences des prêtres ; à droite, le temple du Soleil.*

◀ *Quetzalcoatl, le serpent à plumes, est l'un des grands dieux aztèques. Il est le dieu des prêtres, de la pensée religieuse et des arts. On lui prête une prophétie selon laquelle les grands vents causeront la destruction du monde.*

L'histoire des Aztèques est mieux connue. Des récits légendaires racontent qu'ils viennent du nord du Mexique. Ils auraient commencé à migrer vers le sud en 1168, suivant les instructions que leur adressait leur dieu Huitzilopochtli. Après des années d'errance, ils se seraient installés dans la vallée de Mexico. Là, ils auraient entrepris, en 1325, la construction de Tenochtitlan, sur une île du lac Texcoco (sur le site de l'actuelle Mexico). Un siècle plus tard, elle est devenue l'une des plus belles villes du monde et la capitale du puissant Empire aztèque (*voir* pp. 322-323).

QUE MANGENT LES AZTÈQUES ET LES INCAS ?

Les Incas cultivent des pommes de terre ; ils élèvent des canards et des cochons d'Inde. Les Aztèques chassent et pêchent surtout les animaux du lac – grenouilles, poissons, canards. Ces deux peuples cultivent du maïs, des piments, des tomates, des cacahuètes, des avocats et des haricots. Les Aztèques font une boisson très épicée avec les graines de cacaoyer (ci-contre).

1295-1301

1295 Flandre : Gui de Dampierre, comte de Flandre, se révolte contre Philippe le Bel, son suzerain.
Orient : Ghazan, khan des Mongols de Perse, impose l'islam comme religion d'État.

1296 Écosse : Édouard Ier d'Angleterre dépose le roi Jean de Baliol, qui s'était révolté contre lui.
France : début du conflit entre Philippe le Bel et le pape Boniface VIII, à propos des droits de l'Église en France.

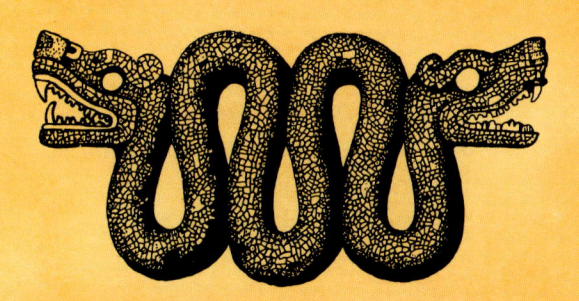

Les Aztèques sont de bons artisans. Ce serpent, qui représente une divinité, est en bois incrusté de turquoises. Il appartenait sans doute à la coiffe d'un costume aztèque.

1297 Écosse : conduits par William Wallace, les Écossais se révoltent contre les Anglais. En 1298, Wallace est vaincu à Falkirk par Édouard Ier, qui soumet l'Écosse.

1298 Saint Empire : bataille de Göllheim ; l'empereur Adolphe de Nassau y est tué ; Albert Ier de Habsbourg lui succède (jusqu'en 1308).

v. 1299 Turquie : Osman Ier Gazi fonde l'Empire ottoman.

v. 1300 Italie : deux femmes, Dorotea Bocchi et Maria di Novella, sont nommées professeurs de médecine et de mathématiques à l'université de Bologne.
Pérou : début de l'expansion inca.
Océanie : Marco Polo mentionne l'existence du mythique continent austral.

14ᵉ siècle Afrique : apogée de l'empire du Mali.
Océanie : venus des îles Marquises, des Maoris s'installent en Nouvelle-Zélande.

L'Empire du Bénin

L'Empire du Bénin, l'un des plus puissants d'Afrique de l'Ouest, a donné son nom au Bénin actuel. L'histoire de ce royaume de la côte de Guinée est mal connue. Sa capitale, Bénin (aujourd'hui au Nigeria), aurait été fondée vers 900. À son apogée, au 15e siècle, cette ville est entourée de puissantes murailles qui la protègent des agressions extérieures. Ses avenues sont bordées de grandes maisons en bois. L'*oba*, le roi, vit dans un palais magnifique.

La prospérité de l'empire repose sur le commerce. Les étoffes, l'ivoire, les métaux – surtout le bronze –, l'huile de palme et le poivre s'échangent dans sa capitale, qui rayonne sur toute l'Afrique occidentale. Les guerriers du Bénin ont coutume de réduire en esclavage les prisonniers de guerre, et le commerce des esclaves avec les marchands portugais devient, au 15e siècle, la principale source de richesse du pays. Il atteint alors son apogée.

▲ *Ce bas-relief en bronze représente un* oba *auquel deux de ses sujets rendent hommage. Les artistes du Bénin utilisent un modèle en cire pour fabriquer un moule en terre cuite. Puis la cire est fondue et remplacée par du bronze en fusion.*

ZIMBABWE

L'empire du Bénin n'est pas le seul grand royaume africain. La cité fortifiée de Zimbabwe est alors la capitale d'un vaste empire qui domine l'Afrique australe. Ses imposantes murailles auraient été édifiées entre le 11e et le 14e siècle. Mais personne ne sait pourquoi le site a été abandonné, sans doute avant 1500.

◀ Ce masque sculpté dans l'ivoire représente un *oba* du Bénin. Le souverain le portait accroché à la taille lors des cérémonies officielles. On sait que celui-ci a été réalisé après l'arrivée des Portugais en Afrique occidentale, car la couronne de l'*oba* est formée d'une série de représentations de marins portugais. Les guerriers du Bénin croyaient qu'ils pouvaient vaincre plus facilement leurs ennemis lorsqu'ils les avaient figurés.

Les arts s'épanouissent, notamment la sculpture de l'ivoire et le moulage du bronze. Comme en Europe à la même époque, il s'agit d'un art de Cour, réalisé par des artistes au service exclusif de l'*oba*.

▼ De grandes civilisations africaines du Moyen Âge.

1302 Flandre : bataille de Courtrai ; victoire des Flamands sur les Français.
Rome : par la bulle (décret du pape) *Unam Sanctam*, Boniface VIII affirme la suprématie de l'autorité du pape sur celle des rois.

1303 Italie : attentat d'Anagni ; le pape Boniface VIII est arrêté sur ordre de Philippe le Bel. Délivré par des cavaliers italiens, il meurt peu après.

1305 Flandre : traité de paix entre les Flamands et Philippe le Bel, qui annexe les villes de Lille, Douai et Béthune.
France : l'archevêque de Bordeaux est élu pape sous le nom de Clément V (jusqu'en 1314).

1306-1329 Écosse : règne de Robert Ier Bruce.

1306 France : expulsion des juifs.

1307-1328 Chine : le frère Jean de Montecarvino est le premier archevêque de Pékin.

Cette sculpture en bronze est un des chefs-d'œuvre de l'art africain du Moyen Âge. Elle représente une tête d'oni, ou roi, du royaume d'Ife (l'actuel Nigeria). Le souverain porte la coiffe du dieu de la Mer.

1307 Angleterre : mort du roi Édouard Ier ; son fils, Édouard II, lui succède (jusqu'en 1327).
France : Philippe le Bel accuse les Templiers d'hérésie et ordonne leur arrestation.

1308-1313 Saint Empire : règne de l'empereur Henri VII de Luxembourg.

1309 France : Clément V installe le Saint-Siège en Avignon, où les papes séjourneront jusqu'en 1378.

v. 1310 Italie : Dante Alighieri compose la *Divine Comédie*.

1312 Europe : dissolution de l'ordre des Templiers par le pape Clément V ; Jacques de Molay, grand maître de l'ordre, est condamné au bûcher en 1314.

1312-1337 Mali : règne de l'empereur Mansa Moussa ; apogée de l'empire du Mali.

DE GRANDS VOYAGEURS

De grands voyageurs

Au Moyen Âge, des hommes intrépides accomplissent d'incroyables voyages. Envoyé en mission auprès du khan des Mongols par le pape en 1245, le franciscain Jean du Plan Carpin est l'auteur de la première grande description de l'Asie centrale. Chargé lui aussi d'une mission officielle, le Chinois Zheng He conduit, au 15e siècle, plusieurs expéditions navales jusqu'en Afrique de l'Est. Les Arabes sont aussi de grands voyageurs. Au 14e siècle, le géographe Ibn Battuta visite ainsi la Russie, l'Inde et l'Afrique, qu'il décrit avec beaucoup de détails.

▼ Les voyageurs médiévaux ont couvert des milliers de kilomètres. Cette carte montre les principaux voyages de Ibn Battuta, Marco Polo et Zheng He.

▲ Zheng He rapporte d'Afrique un animal extraordinaire, inconnu en Chine : une girafe. L'empereur la fait aussitôt dessiner (ci-dessus).

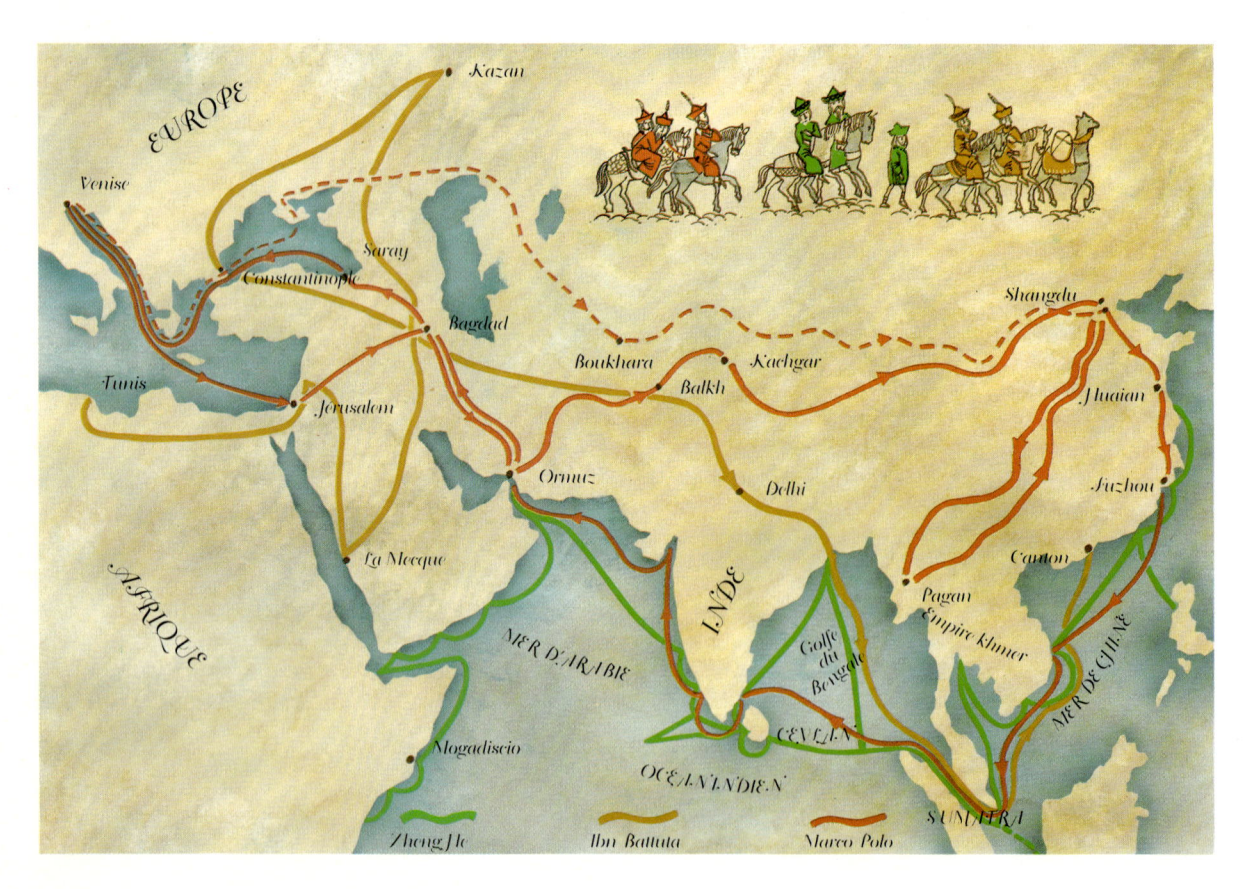

282

MARCO POLO
(1254-1324)

À dix-sept ans, le Vénitien Marco Polo part pour l'Orient. Il rentre en 1295, et a beaucoup de mal à convaincre ses contemporains de la véracité de ses récits.

IBN BATTUTA
(1304-1368)

Parti d'Afrique du Nord en 1325 pour La Mecque, en Arabie, Ibn Battuta visite l'est de l'Afrique, la Russie, l'Inde et la Chine. Il revient en 1349 et repart en Afrique de l'Ouest.

Cependant, l'« aventurier » le plus célèbre en Occident est le marchand vénitien Marco Polo. À la fin du 13e siècle, il traverse toute l'Asie et reste pendant quelque dix-sept ans au service de Kubilay Khan (voir pp. 270-273). Le récit de son voyage, le *Livre des merveilles du monde*, mis par écrit en français, suscite un grand intérêt pour l'Extrême-Orient.

▼ De grands bateaux comme celui-ci sont spécialement construits pour les expéditions de Zheng He.

1314-1325

1314 Écosse : bataille de Bannockburn ; victoire du roi Robert Ier Bruce sur Édouard II d'Angleterre.

1314-1316 France : règne de Louis X le Hutin, fils de Philippe IV le Bel.

1314-1347 Saint Empire : règne de l'empereur Louis IV de Bavière.

1315 Suisse : bataille de Morgarten ; victoire des Suisses sur les Habsbourg d'Autriche.

1316 France : Louis X meurt peu avant la naissance de son fils, Jean Ier, qui ne vivra que quelques jours. Son frère, Philippe V le Long, lui succède (jusqu'en 1322). Interprétant la loi salique, il fera adopter le principe selon lequel « femme ne règne en France », excluant les femmes de la succession au trône.

1316 Avignon : Jean XXII est élu pape (jusqu'en 1334).

1320 Inde : fondation d'une dynastie turque à Delhi (régnante jusqu'en 1414).

1322-1328 France : règne de Charles IV le Bel, frère de Philippe V.

Le théâtre no se développe au Japon au 14e siècle. Tous les rôles y sont joués par des hommes. Ce masque, porté par un acteur, représente le démon Hannya.

1324 Afrique : Mansa Moussa, empereur du Mali, accomplit un pélerinage à La Mecque ; la richesse de sa cour impressionne les populations des régions qu'il traverse.

1325 Mexique : selon la tradition, fondation de Tenochtitlan (l'actuelle Mexico) par les Aztèques.
Afrique du Nord : départ du grand voyageur Ibn Battuta, qui visitera l'Arabie, l'Asie et l'Afrique.

1101 – 1453

Les religions

En Europe, beaucoup de chrétiens partent en pèlerinage à Jérusalem. Les Arabes, pour lesquels la cité est aussi une ville sainte, se sont toujours montrés tolérants à leur égard. Mais lorsque les Turcs seldjoukides envahissent la Palestine, ils interdisent aux chrétiens l'accès des Lieux saints. Dès lors, ceux-ci vont tenter de reprendre la ville en organisant une série d'expéditions : les croisades (*voi*r pp. 242-243).
À la même époque, les Arabes continuent à répandre l'islam à travers l'Afrique. Bientôt, seule l'Éthiopie reste chrétienne. Les Arabes accomplissent également des pèlerinages, principalement à La Mecque.
En Asie, le bouddhisme se divise en de multiples branches en se combinant à de nombreuses religions locales.

◀ Le roi de France Louis IX, Saint Louis, est très croyant. Il conduit deux croisades et dépense des sommes énormes pour acquérir des reliques (objets ou restes de saints). En 1239, il prend possession d'une relique inestimable : la couronne d'épines du Christ. Pour l'abriter, il fait construire la Sainte-Chapelle, dans l'île de la Cité, à Paris.

▼ Le bouddhisme et l'hindouisme sont alors les principales religions indiennes. Ce texte religieux bouddhiste a été écrit en 1112, sur une feuille de palmier. Il est rédigé en sanskrit, une ancienne langue indienne savante.

▲ L'architecture de cette entrée de temple bouddhiste japonais est influencée par celle des temples chinois. Au cours du 12ᵉ siècle, le zen, une branche du bouddhisme, se répand au Japon à partir de la Chine.

▶ *Les marchands arabes contribuent à diffuser l'islam en Afrique. Ci-contre, les vestiges de la mosquée de Kilwa, en Afrique orientale.*

▼ *Les pèlerins font de longs voyages pour se recueillir devant les reliques abritées dans des reliquaires (ci-dessous).*

À CETTE ÉPOQUE

1204 Lors de la quatrième croisade, les croisés s'emparent de Constantinople.
1209 François d'Assise fonde l'ordre des Frères mineurs.
1325 Les Aztèques fondent Tenochtitlan ; ils vénèrent de nombreux dieux.
1453 Constantinople tombe aux mains des Ottomans, qui transforment la basilique Sainte-Sophie en mosquée.

▼ *Au début du Moyen Âge, les églises ne sont pas meublées. Les fidèles se tiennent debout pendant les offices. Cependant, des sièges sont prévus pour les personnes âgées.*

LA GUERRE DE CENT ANS

1326 Europe : apparition des armes à feu.
Turquie : Orhan Ghazi devient sultan ottoman (jusqu'en 1359) ; il s'empare de la ville de Brousse (Anatolie) pour en faire sa capitale.

1327 Angleterre : le roi Édouard II, qui a abdiqué, est assassiné dans sa prison ; son fils, Édouard III, lui succède (jusqu'en 1377).
Saint Empire : l'empereur Louis IV se fait couronner à Rome où il installe le pape Nicolas V après avoir fait déposer Jean XXII.

Les colporteurs, marchands ambulants du Moyen Âge, vont de village en village pour vendre leurs marchandises ; ils répandent aussi les nouvelles. Ci-contre, un colporteur propose des articles à une dame sur le pas de sa porte.

1328 Écosse : l'Angleterre reconnaît l'indépendance de l'Écosse.
France : mort du roi Charles IV, dernier des Capétiens directs ; son cousin, Philippe VI de Valois, est proclamé roi (jusqu'en 1350).

1332 Écosse : le fils de Jean de Baliol, Édouard de Baliol, débarque en Écosse et se fait proclamer roi (jusqu'en 1341).

1333 Japon : l'empereur Daigo II met fin au pouvoir des shoguns et gouverne seul depuis sa capitale de Kyoto (jusqu'en 1336).

1334-1342 Avignon : pontificat de Benoît XII, qui fait construire le palais des papes.

1336 Japon : Daigo II est chassé de Kyoto par la famille des shoguns Ashikaga, qui régnera jusqu'en 1573. Une guerre civile ravage le pays jusqu'en 1392.

1337 Europe : début de la guerre de Cent Ans entre la France et l'Angleterre (jusqu'en 1453). Édouard III, roi d'Angleterre, déclenche le conflit en se déclarant roi de France et d'Angleterre.

La guerre de Cent Ans

La guerre de Cent Ans dure en réalité… 116 ans ! Ce n'est pas une guerre ininterrompue, mais une série de conflits qui opposent la France et l'Angleterre de 1337 à 1453.

Tout commence en 1328, quand le roi de France, Charles IV, meurt sans héritier direct. Petit-fils de Philippe le Bel par sa mère, Édouard III d'Angleterre revendique le trône. Les barons de France prétendent alors que la loi salique interdit la transmission de la couronne par les femmes. Le cousin de Charles IV, Philippe VI de Valois, monte sur le trône.

Le roi d'Angleterre s'étant malgré tout proclamé roi de France, la guerre éclate en 1337. Les Français sont vaincus à Crécy (1346) et perdent Calais (1347). Conduits par l'héritier du trône d'Angleterre, Édouard, surnommé le Prince Noir, les Anglais triomphent une nouvelle fois près de Poitiers (1356). Quatre ans plus tard, le traité de Brétigny donne à l'Angleterre de vastes territoires en France.

Le conflit reprend en 1369. Cette fois, les Français ont l'avantage. Le roi de France Charles V et Bertrand du Guesclin parviennent à faire reculer les Anglais.

En 1380, la France a reconquis l'essentiel des provinces perdues ; les Anglais n'occupent plus que Calais et la Guyenne. Les deux royaumes sont alors gouvernés par des enfants, Richard II d'Angleterre qui a treize ans, et Charles VI de France, âgé de douze ans. Une trêve est conclue ; elle durera jusqu'en 1413 (*voir* pp. 304-305).

▶ *Vaincus sur mer à l'Écluse en 1340, les Français affrontent les Anglais à Crécy (ci-contre) en 1346. Les chevaliers de Philippe VI subissent les tirs meurtriers des archers d'Édouard III d'Angleterre.*

L'ARMEMENT

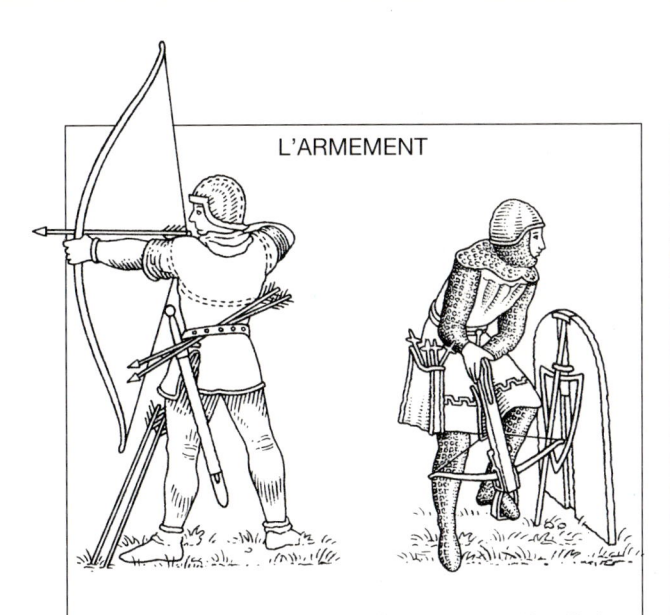

Les archers anglais (à gauche) utilisent, au 13ᵉ siècle, de grands arcs en bois d'if. Ils peuvent envoyer six flèches d'un mètre de long à 300 mètres de distance en une minute.
Les archers français (à droite) – et les autres soldats européens – utilisent, eux, des arbalètes dont les tirs sont à la fois plus puissants et plus précis que ceux des arcs. S'il est plus facile de lancer une flèche avec une arbalète, il est plus rapide de le faire avec un arc.

JEAN DE GAND
(1340-1399)

Jean de Gand, duc de Lancastre, est le quatrième fils d'Édouard III. Il gouverne l'Angleterre à la place de son père, malade, puis de son neveu, Richard II. Son fils, Henri IV, monte sur le trône en 1399.

▶ Le fils aîné d'Édouard III d'Angleterre doit son surnom de Prince Noir à la couleur de son armure.

LA LIGUE HANSÉATIQUE

1338 Saint Empire : traité d'alliance entre l'Empire germanique et l'Angleterre.

1340 Guerre de Cent Ans : bataille de l'Écluse (Pays-Bas) ; victoire de la flotte anglaise, alliée aux Flamands, sur la flotte française.

1341-1360 Mali : règne du roi Souleymane.

1342 Avignon : Clément VI est élu pape (jusqu'en 1352).

v. 1345 Allemagne : la Hanse germanique réunit près de cent trente villes de la Baltique et de la mer du Nord.

Le florin d'or de Florence est frappé d'un lis sur une face et porte une représentation de saint Jean-Baptiste sur l'autre.

1345 Europe : les Turcs traversent le Bosphore et prennent pied en Europe.

1346-1378 Saint Empire : règne de l'empereur Charles IV de Luxembourg.

1346 Guerre de Cent Ans : bataille de Crécy ; nouvelle défaite des Français contre les Anglais.
Angleterre : le roi Édouard III crée l'ordre de chevalerie de la Jarretière, qui a pour devise « Honni soit qui mal y pense ».
Balkans : Étienne IX Dusan, roi de Serbie, se proclame tsar (jusqu'en 1355) et s'empare de la Thessalie, en Grèce.

1347 Guerre de Cent Ans : les Anglais prennent Calais.
Italie : Cola di Rienzo s'empare du pouvoir à Rome. Décidé à restaurer la grandeur de la cité, il se fait proclamer tribun (jusqu'en 1354). Une épidémie de peste noire, venue d'Asie centrale, atteint l'Italie.

La Ligue hanséatique

Au Moyen Âge, les routes commerciales, sur terre comme sur mer, ne sont pas sûres. Pour assurer leur protection, les marchands se regroupent en associations : les hanses. Vers 1260, plusieurs hanses de cités d'Allemagne du Nord forment la Hanse teutonique ou Ligue hanséatique. Cette association réunit bientôt presque toutes les villes allemandes qui dominent le commerce dans la mer Baltique et la mer du Nord et devient très puissante au 14e siècle.

Les marchands de la Ligue hanséatique échangent des produits alimentaires et des matières premières en provenance d'Europe de l'Est contre des produits manufacturés d'Europe de l'Ouest. De Russie et des régions situées au sud et à l'est de la Baltique, ils importent notamment du charbon de bois, du lin, des céréales, du chanvre, du miel et du bois de construction. De plus, la Hanse a le monopole de la morue et de l'huile de baleine de Norvège ainsi que du minerai de fer et des harengs de Suède. Par voie

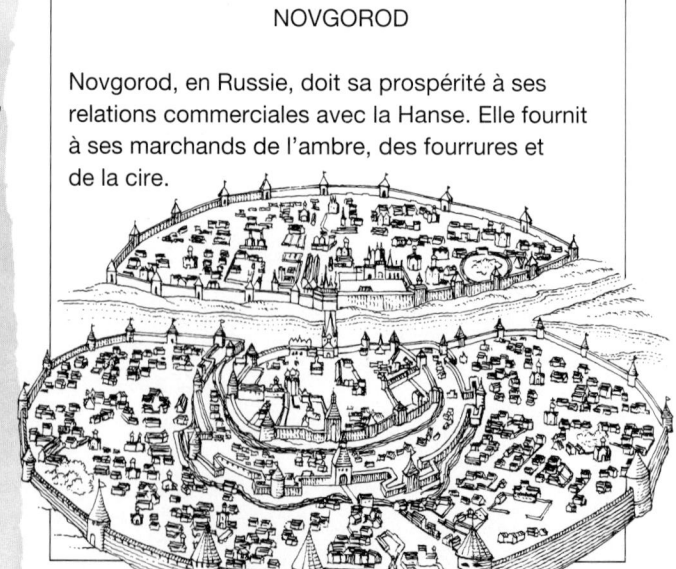

NOVGOROD

Novgorod, en Russie, doit sa prospérité à ses relations commerciales avec la Hanse. Elle fournit à ses marchands de l'ambre, des fourrures et de la cire.

1338-1347

LES COMPTOIRS

La Ligue hanséatique dispose dans plusieurs pays de dépôts appelés comptoirs. Ceux de Bergen en Norvège, de Bruges aux Pays-bas, de Londres en Angleterre et de Novgorod en Russie sont très particuliers.
Ils obéissent aux lois de la Hanse et non pas à celles du pays où ils sont établis.

terrestre, ces marchands établissent des liens commerciaux avec Venise et Constantinople.

Les villes de la Hanse généralisent l'usage des phares pour aider à la navigation. Cette association est politiquement très puissante. Les cités ou les États qui ne veulent pas coopérer avec elle font l'objet de pressions financières. La Hanse possède, outre sa flotte, sa propre armée.

▲ Les marchands de la Hanse parcourent toute l'Europe. L'association, qui a réuni jusqu'à cent cinquante villes, commencera à décliner au début du 17ᵉ siècle.

▼ Les robustes bateaux de la Hanse transportent les produits d'Europe de l'Ouest qui sont échangés contre les épices et la soie d'Orient et les matières premières d'Europe de l'Est.

La Grande Peste

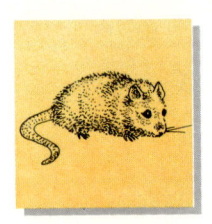

La Grande Peste, qui ravage l'Occident entre 1346 et 1353, est l'un des pires désastres qu'ait connus l'humanité. Elle a fait au moins 25 millions de victimes (plus d'un tiers de la population) en Europe Occidentale, et l'on n'a jamais pu évaluer les pertes en Asie ou en Afrique.

La Grande Peste, dite aussi la Peste noire, est une forme de peste bubonique. Le germe est transmis par les puces, qui vivent sur les rats, mais aussi sur les hommes. Les premiers symptômes sont le gonflement des glandes de l'aine et des aisselles. Les personnes atteintes succombent généralement très rapidement.

Venue d'Inde, la Grande Peste arrive en Europe par l'intermédiaire des rats transportés dans les cales des navires marchands. Elle est signalée à Gênes,

▲ La Grande Peste, venue d'Asie, arrive en Europe en 1347 et culmine en 1348-1349. Peu de régions sont épargnées. En deux ans, l'Europe occidentale perd plus d'un tiers de sa population.

▼ Dans les villes médiévales, le manque d'hygiène favorise le développement rapide des épidémies. Les eaux sales s'écoulent en ruisseaux au milieu des rues. On y déverse des ordures, le sang des animaux tués par les bouchers, etc. Les rats n'ont aucun mal à trouver leur nourriture.

1348-1364

▲ *Les artistes représentent souvent la Grande Peste sous la forme d'un squelette à cheval semant la mort sur son passage.*

en Italie, en 1347, et se propage très vite vers le nord et l'ouest. Elle touche Paris et Londres en 1348, la Scandinavie et le nord de la Russie l'année suivante.

La Peste noire sème la désolation. Les cadavres sont jetés dans de grandes fosses communes. Les villes se vident. L'épidémie bouleverse l'économie européenne. Avant son apparition, la main-d'œuvre est abondante ; après, la population active diminue et les salaires augmentent. Des révoltes éclatent lorsqu'on tente de les réduire (*voir* pp. 298-299).

▼ *La Grande Peste vide des villages entiers de leur population. On brûle les vêtements des morts pour tenter d'empêcher l'épidémie de se répandre.*

1348-1353 Europe : l'épidémie de peste noire touche toute l'Europe ; elle fait au moins 25 millions de victimes.

1348-1353 Italie : l'écrivain Boccace compose le *Décaméron*, recueil de nouvelles racontées par dix jeunes gens ayant quitté Florence pour fuir la peste.

1349 France : Humbert II vend le Dauphiné au roi Philippe VI ; le fils aîné du roi, héritier du trône de France, portera désormais le titre de dauphin.

v. 1350 Europe : persécution des juifs, accusés d'avoir propagé la peste.
Afrique : Ibn Battuta séjourne au Mali.

1350 Espagne : Pierre Ier le Cruel devient roi de Castille (jusqu'en 1369).

La peste bubonique, ou « peste noire », est transmise à l'homme par les puces des rats infectés. Cette maladie épidémique a tué près du tiers de la population européenne.

1350-1364 France : règne de Jean II le Bon.

1353 Suisse : la Confédération compte huit cantons.

1354 Italie : Cola di Rienzo, dictateur de Rome, est massacré par la foule.

1356 Guerre de Cent Ans : bataille de Poitiers ; victoire du fils d'Édouard III, Édouard, dit le Prince Noir, sur le roi de France Jean II, qui est emprisonné à Londres ; le dauphin Charles V devient régent du royaume de France.

1358 France : soulèvement des Parisiens, conduits par le prévôt des marchands Étienne Marcel. Au nord du pays, une grande jacquerie (révolte paysanne) est écrasée par le dauphin Charles.

1360 Guerre de Cent Ans : traité de Brétigny ; trêve entre les Français et les Anglais, qui libèrent le roi Jean II contre une forte rançon.

1363 Asie : début des conquêtes du Turc Timur Lang, dit Tamerlan.

1364 France : mort du roi Jean II ; son fils, Charles V le Sage, lui succède (jusqu'en 1380). Le chevalier Bertrand du Guesclin passe à son service.

1101 – 1453

Les sciences et les techniques

Les civilisations chinoise et arabe sont très en avance sur les autres dans le domaine des sciences et des techniques.
Les croisades, ainsi que les contacts entre les Arabes et les Européens en Espagne et en Italie du Sud, favorisent l'introduction en Europe des connaissances des savants orientaux en astronomie, en mathématiques et en médecine.
Les Arabes font aussi découvrir aux Européens des inventions qu'ils ont eux-mêmes connues des Chinois. Parmi celles-ci, le papier, qui permettra notamment le développement de l'imprimerie après 1440.
Les techniciens musulmans sont également des maîtres dans le domaine des travaux hydrauliques liés à l'irrigation des terres.

▲ Savants musulmans dans une bibliothèque près de Bagdad. Grâce aux traductions arabes, de nombreux traités scientifiques grecs ont été sauvés de la disparition.

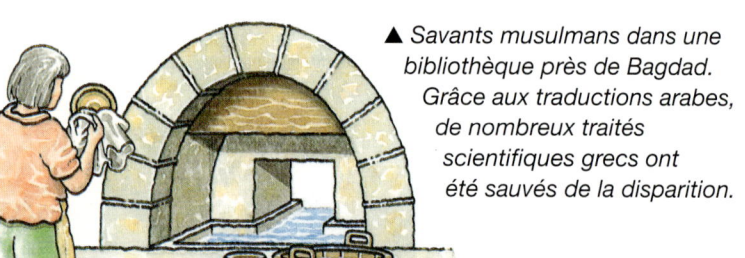

◀ Domestique lavant la vaisselle dans la cuisine d'un château. Les maladies sont fréquentes, car on ne sait pas qu'elles sont causées par le manque d'hygiène.

▶ Le collier d'attelage a été inventé en Chine. Il est introduit en Europe au 10ᵉ siècle et son usage se répand rapidement. Il permet au cheval de tirer de lourdes charges, notamment des charrues ou des charrettes, sans s'étrangler, comme c'était le cas auparavant.

▲ Sur cette pierre est gravé un mois du calendrier aztèque. Celui-ci compte 18 mois de 20 jours, plus 5 jours dits « de malchance ».

▶ Cette roue à aubes actionne un marteau, qui permet de travailler le fer.

▼ Les moines savent distiller de l'eau-de-vie à partir de fruits ou de céréales. On fabrique déjà du whisky avec des céréales fermentées.

▲ Les lunettes correctrices apparaissent en Italie à la fin du 13ᵉ siècle. Elles n'ont pas de branches et se posent sur le nez.

À CETTE ÉPOQUE

1147 Le traité d'algèbre du mathématicien arabe Al-Kharezmi est traduit en latin.
11ᵉ siècle Boussole à aiguille aimantée en Chine.
1202 L'Italien Fibonacci publie un traité de mathématiques utilisant les chiffres arabes et le zéro.
v. 1260 Le scientifique anglais Roger Bacon émet une théorie de l'arc-en-ciel.
1275 L'empereur germanique autorise, pour la première fois dans l'Occident chrétien, une dissection de cadavre.

LA CHINE DES MING

La Chine des Ming

Après la mort de Kubilay Khan en 1294 (*voir* pp. 270-273), la dynastie mongole des Yuan, qui règne sur la Chine, voit se succéder des empereurs qui ont beaucoup de mal à affirmer leur pouvoir.

Plusieurs révoltes dirigées contre ces princes étrangers secouent le pays. En 1368, le paysan Zhu Yuanzhang prend la tête d'une armée, s'empare de Pékin, chasse l'empereur. La dynastie des Yuan s'effondre. Prenant le nom de Hongwu, Zhu Yuanzhang se proclame empereur et fonde la dynastie Ming. Installant sa capitale à Nankin, au sud de Pékin, il va régner sur le pays pendant trente ans.

Sous les premiers empereurs de cette dynastie, la Chine connaît un nouvel essor et une grande prospérité. Des bœufs et des outils sont distribués aux paysans ; des terres sont données aux soldats pour qu'ils puissent gagner leur vie. La population

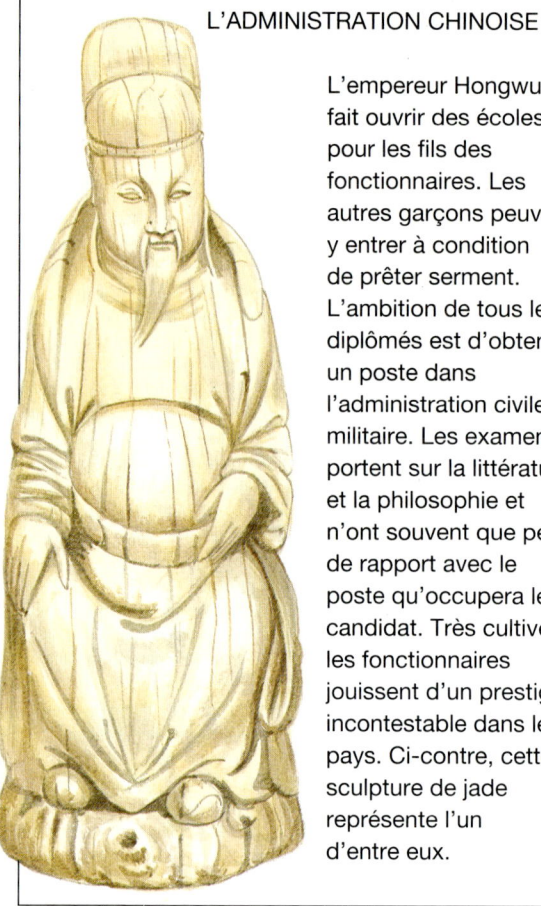

L'ADMINISTRATION CHINOISE

L'empereur Hongwu fait ouvrir des écoles pour les fils des fonctionnaires. Les autres garçons peuvent y entrer à condition de prêter serment. L'ambition de tous les diplômés est d'obtenir un poste dans l'administration civile ou militaire. Les examens portent sur la littérature et la philosophie et n'ont souvent que peu de rapport avec le poste qu'occupera le candidat. Très cultivés, les fonctionnaires jouissent d'un prestige incontestable dans le pays. Ci-contre, cette sculpture de jade représente l'un d'entre eux.

LA CITÉ INTERDITE

Pékin se compose de deux villes, la ville intérieure et la ville extérieure, reliées par la place Tian'anmen. L'empereur Yongle fait bâtir la cité impériale dans la ville intérieure. La célèbre Cité interdite se trouve elle-même à l'intérieur de la cité impériale. Seuls l'empereur, sa famille et les hauts personnages de la Cour peuvent y pénétrer, d'où son nom.

1365-1370

LA PORCELAINE MING

La période Ming est notamment célèbre pour ses magnifiques porcelaines bleues et blanches. Sous l'empereur Yongle, certaines pièces sont aussi fines que la coquille d'un œuf. Le principal centre de production se trouve à Jingdezhen, au sud de Nankin. C'est là que se trouvent les gisements de kaolin, l'argile qui permet de fabriquer la porcelaine.

augmente ; de nombreux fonctionnaires sont recrutés.

Yongle, qui devient empereur en 1403, est le troisième et le plus brillant des souverains Ming. Sous son règne, la capitale est de nouveau transférée à Pékin. C'est à cette époque qu'est entreprise la construction de la cité impériale et de la Cité interdite.

▼ *Plan de Pékin sous les successeurs de Yongle.*

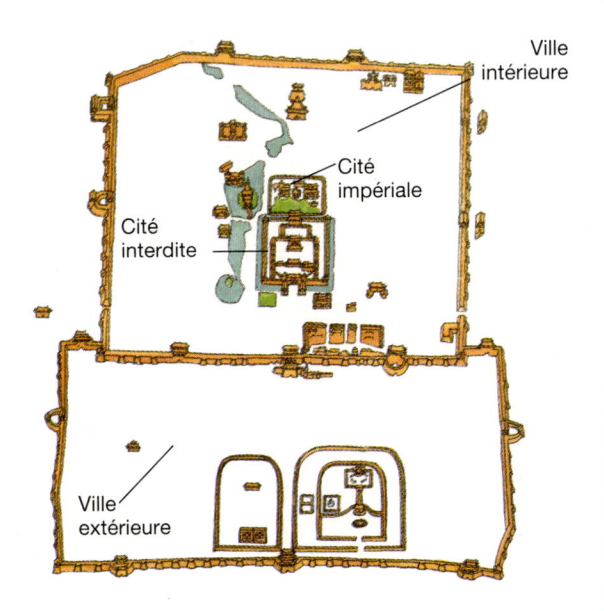

- Ville intérieure
- Cité impériale
- Cité interdite
- Ville extérieure

1365 Turquie : Andrinople devient la capitale des Ottomans.

1367 Europe du Nord : conflit entre le Danemark et les villes hanséatiques, qui concurrencent le commerce danois.

1368-1375 France : nombreuses épidémies et disettes.

1368 Chine : Zhu Yuanzhang renverse la dynastie mongole Yuan et devient empereur (jusqu'en 1398) ; il fonde la dynastie Ming (régnante jusqu'en 1644).

1369 Guerre de Cent Ans : reprise du conflit entre les Français, conduits par du Guesclin, et les Anglais, dirigés par le Prince Noir.
Balkans : le sultan ottoman Murad Ier entreprend la conquête de la Bulgarie.

Kubilay Khan a fondé un observatoire astronomique à Pékin, au 13e siècle. Le gouvernement chinois avait un département spécialement chargé d'étudier les astres.

1370 Asie : Timur Lang devient émir de Transoxiane (jusqu'en 1405).

1370-1382 France : construction de la forteresse de la Bastille, à Paris.

1370 Avignon : Grégoire XI est élu pape (jusqu'en 1378).
Europe du Nord : paix de Stralsund, entre la Hanse et le Danemark ; suprématie de la Hanse, dont les comptoirs s'étendent de Londres à Novgorod.
Asie : la Corée se soumet aux Ming.
Balkans : victoire des Ottomans sur les Serbes.
Espagne : le duc de Lancastre, Jean de Gand, fils du roi d'Angleterre, épouse Constance, fille du roi de Castille, et devient prétendant au trône de ce pays.

LE GRAND SCHISME

1371-1390 Écosse : règne de Robert II, qui fonde la dynastie des Stuarts.

1374 Angleterre : Jean de Gand, duc de Lancastre, gouverne l'Angleterre pour son père Édouard III, malade.

1375 Guerre de Cent Ans : trêve entre la France et l'Angleterre.
Avignon : Catherine de Sienne, religieuse italienne, négocie le retour du pape à Rome.

1376 Angleterre : mort du Prince Noir, fils d'Édouard III. John Wycliffe, théologien anglais, conteste les pouvoirs du pape et du clergé et appelle à la réforme de l'Église.

Une indulgence permet de racheter la peine que l'on doit subir après avoir commis un péché et d'assurer son salut. Cet homme est chargé par l'Église, qui trouve là une importante source de revenus, de vendre des indulgences aux chrétiens.

1377 Angleterre : mort du roi Édouard III ; Richard II, son petit-fils, lui succède (jusqu'en 1399), sous la régence de Jean de Lancastre.
Avignon : le pape Grégoire IX quitte la cité ; le Saint-Siège regagne Rome.

1378 Europe : grand schisme d'Occident. Les cardinaux italiens élisent Urbain VI comme pape (jusqu'en 1389) ; d'autres cardinaux s'y opposent et élisent Clément VII, qui siège en Avignon (jusqu'en 1394). Deux papes siégeront à Rome et en Avignon jusqu'en 1417.

1378-1400 Saint Empire : règne de l'empereur Venceslas IV.

Le Grand Schisme

À la fin du 14ᵉ siècle, l'Église catholique connaît une profonde division appelée le Grand Schisme d'Occident. Il y aura même une période pendant laquelle trois papes la dirigeront en même temps depuis Rome, Avignon et Pise !

Le pape, qui siège normalement à Rome, est le chef spirituel des chrétiens d'Europe occidentale. Il est également à la tête d'un véritable État en Italie. Rome étant secouée par des troubles, le pape Clément V, un Français, quitte la cité en 1309 et installe le Saint-Siège en Avignon, dans le sud-est de la France.
Ses successeurs, également français, refusent de rentrer en Italie, suscitant le mécontentement des Romains qui leur reprochent d'être au service du roi de France.

À la mort du pape Grégoire XI, en 1378, les cardinaux italiens élisent un pape italien à Rome, tandis que d'autres cardinaux, dont une majorité de Français, en élisent un en Avignon. Certains rois

JOHN WYCLIFFE

Alors que l'Église catholique est divisée par le Grand Schisme, l'Anglais John Wycliffe (v. 1330-1384) pense qu'il faut la réformer. Professeur de théologie à l'université d'Oxford, il dénonce le rôle politique de l'Église, sa richesse et sa corruption. Ses idées seront rejetées par le concile de Constance.

1371-1378

▲ Ci-dessus, le palais des papes, en Avignon, dans le sud-est de la France. C'est un véritable palais-forteresse, dont la construction, commencée en 1314, ne sera achevée qu'en 1370.

reconnaissent le premier, d'autres choisissent le second. En 1409, un concile se réunit à Pise et destitue les deux papes pour en élire un troisième. Les deux premiers contestent bien sûr cette décision.

Il faut attendre le concile de Constance (1414-1418) et l'élection en 1417 du pape Martin V, reconnu par tous, pour mettre fin au Grand Schisme d'Occident. L'Église catholique sort affaiblie de cet épisode et perd beaucoup de son prestige.

▲ Reconstitution de la basilique Saint-Pierre de Rome, la ville où siègent les papes, telle qu'elle était au temps du Grand Schisme. Construite vers 325, elle a été démolie en 1506 et remplacée par l'édifice que nous connaissons.

▼ La Castille, l'Aragon, la France, la Navarre, le Portugal (jusqu'en 1381), l'Écosse et la Savoie soutiennent les papes d'Avignon ; l'Angleterre, le Saint Empire, la Hongrie, l'Italie et le Portugal (à partir de 1381) soutiennent celui de Rome.

COMMENT VIVENT LES PAPES ?

Les papes et les cardinaux qui les élisent vivent souvent dans le luxe. Ils occupent des palais et sont servis par de nombreux domestiques. Les papes sont à la tête d'un véritable État en Italie. Parmi eux, beaucoup sont plus attachés au pouvoir politique qu'à leur rôle spirituel.

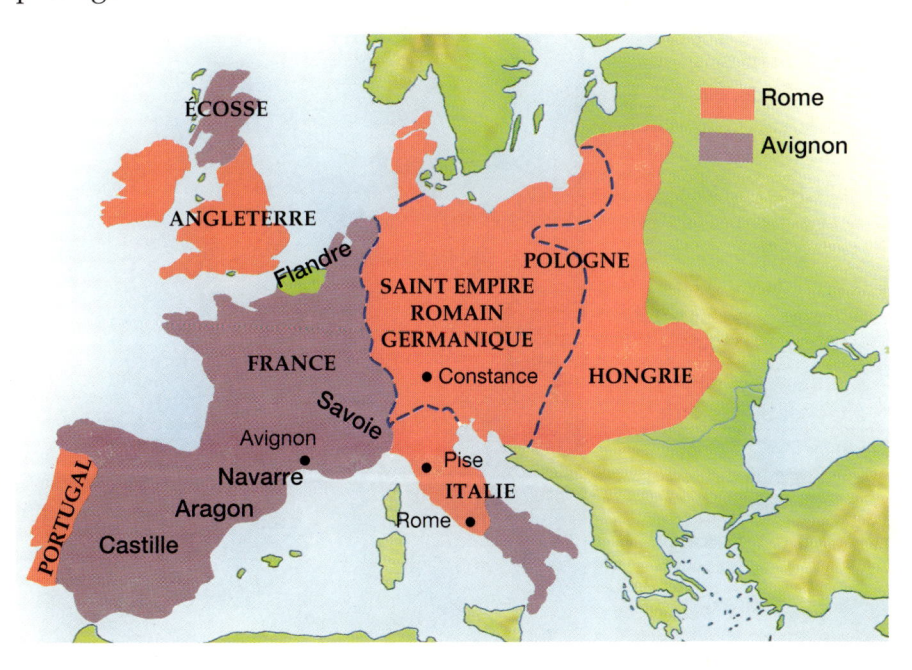

297

Les révoltes paysannes

En emportant plus du tiers de la population d'Europe occidentale, la Grande Peste (*voir* pp. 290-291) réduit, par la même occasion, la main-d'œuvre. Dans un premier temps, les salaires augmentent, car la demande est supérieure à l'offre.

Mais les guerres incessantes coûtent cher et les États ont besoin d'argent pour entretenir des troupes. Des impôts supplémentaires sont levés. Beaucoup de paysans vivent alors dans une très grande pauvreté.

Plusieurs révoltes éclatent dans la seconde moitié du 14e siècle. En 1358, après la défaite des Français face aux Anglais à Poitiers (*voir* La guerre de Cent Ans pp. 286-287), les paysans du nord de la France se soulèvent pour protester contre les ravages commis dans la région par les soldats. L'insurrection éclate en

▲ En France, la Jacquerie de mai-juin 1358 est écrasée dans le sang. Ci-dessus, à Meaux, les Jacques sont massacrés et jetés dans la Marne.

▼ Richard II fait tuer Wat Tyler (partie gauche du document) ; il dit ensuite aux paysans révoltés : « Je serai votre chef » (partie droite).

LE SERVAGE

En Occident, si la condition des paysans reste difficile, elle est cependant moins dure qu'au 10e siècle. Au cours des 11e et 12e siècles, beaucoup de seigneurs ont pris le parti de vendre ou d'accorder des libertés à leurs serfs, qui jusqu'alors étaient attachés à leur terre. Ceux-ci achètent leur affranchissement et leur condition se confond peu à peu avec celle des hommes libres.

▲ *La colère des paysans est dirigée surtout contre les nobles, qui ne les protègent plus. Ci-dessus, plusieurs d'entre eux attaquent un chevalier.*

Beauvaisis et gagne bientôt la Normandie et la Picardie. Les citadins de l'époque qualifient les paysans de Jacques, d'où le terme de Jacquerie donné à cette révolte. Celle-ci est finalement écrasée dans le sang. Près de 20 000 malheureux trouvent la mort dans les combats et les exécutions sommaires.

En Angleterre, les paysans se révoltent en 1381 pour protester contre un nouvel impôt correspondant à une semaine de travail d'un ouvrier agricole spécialisé. Conduits par un paysan, Wat Tyler, et un prêtre, John Ball, ils marchent sur Londres et rencontrent le jeune roi Richard II. Celui-ci fait tuer Wat Tyler par le lord-maire de Londres.

Puis, prenant le parti des paysans, il accepte d'affranchir les serfs, de réviser les salaires et d'accorder l'amnistie aux rebelles. Ceux-ci, satisfaits, rentrent chez eux, mais le Parlement refusera de donner suite aux promesses du roi.

1380-1392

1380 Guerre de Cent Ans : fin de la deuxième phase du conflit ; la France a reconquis sur l'Angleterre l'essentiel des provinces perdues.

1380-1422 France : règne de Charles VI, sous la régence de ses oncles jusqu'en 1388.

1381 Angleterre : des paysans révoltés marchent sur Londres et saccagent la ville.

1382 Angleterre : John Wycliffe est exclu de l'université d'Oxford pour ses opinions religieuses.
Orient : Timur Lang conquiert la Perse.

1385-1433 Portugal : règne de Jean Iᵉʳ le Grand.

1385 France : le roi Charles VI épouse Isabeau de Bavière.

1386 Suisse : bataille de Sampach ; victoire des Suisses sur le duc d'Autriche, Léopold de Habsbourg. L'Autriche reconnaîtra l'indépendance des Suisses en 1389.

Conduite par un paysan, cette charrue du 12ᵉ siècle est tirée par des bœufs. Ce type d'engin agricole est resté pratiquement inchangé jusqu'au 16ᵉ siècle.

1389 Angleterre : le roi Richard II gouverne seul.
Balkans : bataille de Kosovo ; victoire des Ottomans, qui s'emparent de la Serbie.

1389 Rome : Boniface IX est élu pape (jusqu'en 1404).

1390 Turquie : les Ottomans ont conquis toute l'Anatolie.

1391-1395 Russie : Timur Lang conquiert la Horde d'Or.

1392 France : Charles VI est atteint de crises de folie ; Isabeau de Bavière devient régente du royaume.
Corée : Lisungkei s'empare du pouvoir et fonde la dynastie Li (régnante jusqu'en 1910).

1101 – 1453

Gouvernement et société

Il existe plusieurs façons de gouverner. En Chine, l'empereur exerce un pouvoir absolu sur un immense territoire ; en Italie, des villes comme Venise ou Gênes représentent chacune un État indépendant. Deux grandes monarchies s'organisent en France et en Angleterre ; le pouvoir des Capétiens tend à l'absolutisme tandis que la royauté anglaise est contrôlée par le Parlement. La religion n'est jamais dissociée de la politique. Chez les Aztèques et les Incas, les prêtres ont un véritable pouvoir. Dans les pays musulmans, les religieux tentent d'imposer aux souverains le respect du Coran. En Occident, le pape, chef de l'Église romaine, est plus puissant que bien des rois et des empereurs. Les relations entre les autorités religieuses et les souverains sont souvent conflictuelles.

▲ *Le roi Édouard Ier d'Angleterre siégeant au Parlement en 1274. À la fin du 13e siècle, le Parlement anglais tend à affirmer son pouvoir face à l'autorité royale.*

▶ *Les Incas célèbrent deux fêtes du Soleil, l'une en juin et l'autre en septembre. L'empereur conduit la cérémonie sur la place centrale de Cuzco.*

▶ *Dans le monde musulman, le Coran donne à la femme des droits non négligeables concernant la propriété. Lorsqu'elle se marie, par exemple, son époux doit lui verser une dot, qu'elle garde même si elle est répudiée.*

À CETTE ÉPOQUE

1192 Minamoto Yoritomo devient shogun du Japon et exerce un pouvoir fort.
1180-1223 En France, Philippe Auguste renforce l'autorité royale.
1215 En Angleterre, la Grande Charte (*Magna Carta*) limite les pouvoirs du roi.

▲ La plupart des villes médiévales sont entourées de murailles. Celles-ci les protègent et leur permettent d'instaurer des droits de péage pour les marchandises qui entrent dans la cité. Ci-dessus, Feurs, dans la Loire.

▲ Les hommes riches mettent leur argent dans une bourse qu'ils attachent à leur ceinture pour que les voleurs ne s'en emparent pas.

L'EMPIRE KHMER

1393 Proche-Orient : Timur Lang conquiert Bagdad et soumet la Mésopotamie (l'actuel Iraq).

1394 Avignon : élection de Benoît XIII, antipape (jusqu'en 1423) ; déposé en 1417, il refusera d'abdiquer.

1395 Russie : Vassili Ier, grand-prince de Moscou, arrête la progression de Timur Lang.

1396 Angleterre : le roi Richard II épouse la princesse Isabelle, fille du roi de France.
Turquie : bataille de Nicopolis (Bulgarie) ; victoire des Turcs sur des chevaliers occidentaux, en croisade contre la progression ottomane. La Bulgarie passe sous domination ottomane (jusqu'en 1878).

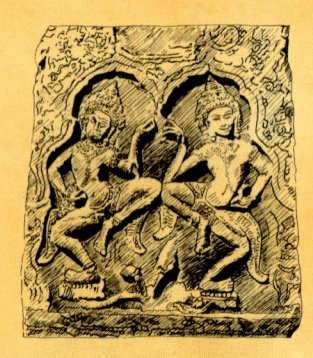

Divinités dansantes sculptées sur un temple d'Angkor, vers l'an 1200.

1397 Scandinavie : union de Kalmar, entre le Danemark, la Suède et la Norvège, qui se réunissent sous l'autorité du Danemark.

1398 Inde : Timur Lang ravage et conquiert le sultanat de Delhi.

1399 Angleterre : le fils de Jean de Gand oblige Richard II à abdiquer et devient roi sous le nom d'Henri IV (jusqu'en 1413).

v. 1400 Mexique : essor de l'Empire aztèque.

15e siècle Italie : Quattrocento italien, début de la Renaissance.
Océanie : des marchands indonésiens collectent du bois de santal et des limaces de mer sur les plages du nord de l'Australie, pour les exporter jusqu'en Chine.

1402 Atlantique : Jean de Béthencourt, navigateur français, colonise les îles Canaries.
Turquie : bataille d'Ankara ; les Ottomans sont battus par Timur Lang, qui occupe l'Anatolie.

L'Empire khmer

L'Empire khmer (l'ancien Cambodge) est fondé au début du 9e siècle lorsque le roi Jayavarman II (802-850) réalise l'unité du pays. Une civilisation brillante se développe pendant tout le Moyen Âge. Longtemps restée dans l'oubli, elle nous est aujourd'hui connue grâce aux textes des anciens historiens chinois et aux vestiges de la cité d'Angkor Thom et du temple d'Angkor Vat.

L'Empire khmer atteint son apogée durant le règne de Jayavarman VII (1181-v. 1218). Ce souverain fait édifier Angkor Thom, sa capitale, appelée à l'origine Yasodharapura, ce qui signifie « ville qui possède la gloire ». Le grand temple d'Angkor Vat a, lui, été construit par Suryavarman II entre 1113 et 1150. Au 15e siècle, les Thaïlandais envahiront le pays et le site sera abandonné.

Les Khmers sont de grands architectes et des guerriers valeureux. Ils vivent de l'agriculture et de la pêche. Nombre d'entre eux habitent des maisons bâties sur pilotis autour du lac de Tonlé Sap, comme

▼ *L'Empire khmer atteint sa plus grande étendue au 12e siècle, sous le règne du roi Jayavarman VII.*

les Cambodgiens d'aujourd'hui. Leur nourriture de base est le riz et ils développent un système d'irrigation qui leur permet d'assurer trois récoltes par an.

Leurs rois sont hindous, mais les Khmers sont en majorité bouddhistes. Ils commercent avec la Chine, échangeant des épices et des cornes de rhinocéros contre de la porcelaine ou des objets laqués.

Les sculptures khmers montrent que les femmes de la cour portent des jupes et gardent la poitrine dénudée. La plupart des hommes entourent leurs reins d'un pagne.

▲ On connaît aujourd'hui la vie quotidienne des anciens Khmers grâce notamment aux superbes bas-reliefs du temple d'Angkor Vat.

▼ Entouré de hauts murs bordés par un fossé de 180 mètres de large et de 4 kilomètres de long, le temple d'Angkor Vat (ci-dessous) est l'une des plus grandes réalisations de l'art khmer. Il est formé de plusieurs enceintes concentriques. Au centre se trouve le sanctuaire. Après leur abandon au 15ᵉ siècle, le temple et la cité d'Angkor ont été envahis par la jungle. On ne les a redécouverts qu'en 1860.

LA FIN DE LA GUERRE DE CENT ANS

1403-1424 Chine : règne de l'empereur Yongle, qui porte la dynastie Ming à son apogée ; il transférera sa capitale à Pékin, qu'il embellira de nombreuses constructions.

1404 France : Jean sans Peur devient duc de Bourgogne (jusqu'en 1419).
Rome : Innocent VII est élu pape (jusqu'en 1406).

1405 Asie : mort de Timur Lang ; son fils Chah Rokh Mirza lui succède (jusqu'en 1447).
Turquie : la guerre civile ravage le pays jusqu'en 1413.

L'étendard de Jeanne d'Arc, la « pucelle » d'Orléans.

1406 Rome : Grégoire XII est élu pape (jusqu'en 1415).
Écosse : règne du roi Jacques Ier Stuart (jusqu'en 1437), prisonnier des Anglais jusqu'en 1424.
Afrique du Nord : mort d'Ibn Khaldun, grand historien arabe.
Chine : les Ming entreprennent de faire ériger à Pékin la Cité interdite, réservée à l'empereur et à ses proches.

1407 France : Jean sans Peur, duc de Bourgogne, fait assassiner le duc Louis d'Orléans. Début de la guerre civile entre les Bourguignons, partisans du duc de Bourgogne, et les Armagnacs, partisans des Orléans (jusqu'en 1435).

1409 Italie : concile de Pise ; il aggrave le grand schisme d'Occident en nommant un troisième pape, Alexandre V.

1410-1415 Italie : Jean XXIII, antipape de Pise.

1411 Saint Empire : règne de l'empereur Sigismond (jusqu'en 1437).
Bohême : excommunication du réformateur Jan Hus, qui sera brûlé pour hérésie en 1415.

1412 France : naissance de Jeanne d'Arc à Domrémy, en Lorraine.

1413-1422 Angleterre : règne d'Henri V.

1413-1421 Turquie : règne du sultan Mehmed Ier.

1415 Guerre de Cent Ans : bataille d'Azincourt ; défaite des Français face aux Anglais du roi Henri V.

La fin de la guerre de Cent Ans

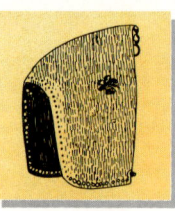

À la fin du 14e siècle, le roi de France Charles VI (*voir* pp. 286-287) devient fou. Le royaume est déchiré par la guerre civile qui oppose les Armagnacs, partisans de la famille d'Orléans, et les Bourguignons, qui ont pris le parti du duc de Bourgogne. Cette situation favorise les Anglais, qui écrasent les Français à Azincourt en 1415.

Charles VI est obligé, par le traité de Troyes (1420), de reconnaître le futur Henri VI d'Angleterre comme héritier au trône de France. À sa mort, en 1422, la France est divisée en trois : le nord et l'ouest sont contrôlés par le roi d'Angleterre, le nord-est par le duc de Bourgogne et le sud par le dauphin, le futur Charles VII, surnommé le roi de Bourges.

C'est alors que Jeanne d'Arc, une jeune Lorraine qui dit avoir entendu des voix lui ordonnant de libérer le royaume, prend la tête de la lutte contre les Anglais. Elle parvient à délivrer Orléans et à faire sacrer

QUELQUES GRANDES BATAILLES

1340 L'Écluse (A) ⚓
1346 Crécy (A)
1347 Calais (A)
1356 Poitiers (A)
1370 Pontvallain (F)
1372 La Rochelle (F) ⚓
1415 Azincourt (A)
1428 Orléans (F)
1429 Patay (F)
1436 Paris (F)
1450 Formigny (F)
1453 Castillon (F)

A = victoire anglaise
F = victoire française
⚓ = Bataille navale

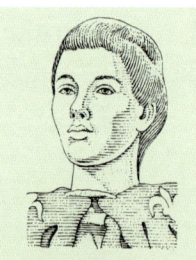

JEANNE D'ARC
(1412-1431)

Jeanne d'Arc est l'une des grandes héroïnes françaises. Son combat est devenu le symbole de celui de la nation. Réhabilitée par l'Église en 1456, elle a été canonisée en 1920.

1403-1415

▲ Vitrail représentant Jeanne d'Arc, la « pucelle d'Orléans ».

Charles VII à Reims. Mais elle est capturée à Compiègne par les Bourguignons, qui la livrent aux Anglais. Condamnée à mort pour sorcellerie, elle est brûlée vive à Rouen en 1431 ; elle a dix-neuf ans.

Toutefois, l'élan est donné. Charles VII se réconcilie avec les Bourguignons et chasse les Anglais du royaume en 1453.

▲ Ce dessin représente Jeanne d'Arc en armure, agenouillée devant le roi de France. À la tête d'une petite armée, la jeune fille réussit à délivrer Orléans assiégé par les Anglais.

▼ À Azincourt (1415), ci-dessous, les Anglais remportent leur dernière grande victoire sur les Français, mal équipés et mal dirigés. La France est alors déchirée par la guerre civile.

Henri le Navigateur

Si Henri le Navigateur, malgré son surnom, n'a jamais navigué, il a cependant l'âme d'un marin. Sous son impulsion, les navigateurs portugais ouvrent, au début du 15e siècle, la future route maritime des Indes. Troisième fils du roi du Portugal Jean Ier, le prince Henri conduit, à vingt-et-un ans, l'armée portugaise qui prend la ville maure de Ceuta (aujourd'hui au Maroc) en 1415.

À son retour d'Afrique du Nord, le prince Henri s'installe à Sagres, près du cap Saint-Vincent, au sud du Portugal, et appelle auprès de lui des cartographes, des géographes, des ingénieurs. À partir de 1420, il lance chaque année une expédition maritime depuis Sagres vers le sud. Ses marins découvrent d'abord Madère, puis les Açores, et commencent à descendre le long de la côte occidentale de l'Afrique. Le cap Bojador, au sud du Sahara, est doublé en 1434, le cap Blanc en 1441, le cap Vert en 1443.

▲ Les Portugais mettent au point ce qui deviendra le navire des grandes découvertes : la caravelle. Ses voiles latines (triangulaires) lui permettent de mieux remonter au vent.

◀ À Sagres, à la pointe sud du Portugal, Henri le Navigateur fonde une école qui réunit les meilleurs navigateurs et géographes d'Europe. Ceux-ci l'aident à préparer les expéditions en formant les équipages à la navigation, à l'astronomie et à la cartographie. Ils dressent de nouvelles cartes. Le prince Henri fait également construire un observatoire pour aider les marins à naviguer en se repérant sur les étoiles.

HENRI LE NAVIGATEUR
(1394-1460)

Le prince Henri est nommé gouverneur de l'Algarve, au sud du Portugal, en 1419, et s'installe à Sagres. C'est de là qu'il lancera ses nombreuses expéditions maritimes.

LES PHÉNICIENS

Les Portugais ne sont pas les premiers à tenter de faire le tour de l'Afrique ! On sait qu'à l'époque du roi Néchao, vers 600 avant J.-C., des marins phéniciens (voir pp. 56-57) ont fait, pour le compte des Égyptiens, le tour du continent en passant par le cap de Bonne-Espérance. Leur voyage a duré deux ans, mais leurs connaissances n'ont pas été mises à profit.

L'invention de la caravelle permet de nouveaux progrès et les marins portugais s'aventurent toujours plus au sud. À la mort du prince Henri, en 1460, ils ont atteint la côte de l'actuelle Sierra Leone. Moins de trente ans plus tard, le Portugais Bartholomeu Dias sera le premier à doubler le cap des Tempêtes, que le roi Jean II rebaptisera cap de Bonne-Espérance (voir pp. 338-339).

LES ANCIENNES CROYANCES

Naviguer au Moyen Âge, c'est affronter mille dangers plus terribles les uns que les autres… Les marins, qui croient que la Terre est plate, ont peur de tomber dans le vide lorsqu'ils arriveront « au bout de la mer ». Ils redoutent de devoir affronter des eaux bouillonnantes, et sont terrifiés par les monstres qui, selon les croyances de l'époque, vivent dans les profondeurs des mers inconnues.

1416-1428

- **1416** Portugal : le prince Henri le Navigateur organise une expédition sur la côte ouest de l'Afrique ; les Portugais découvriront l'île de Madère en 1420.
- **1417** Europe : le concile de Constance élit Martin V comme pape unique (jusqu'en 1431) et met fin au schisme d'Occident.
- **1419** France : Jean sans Peur, duc de Bourgogne, est assassiné. Son fils Philippe III lui succède (jusqu'en 1467) ; il s'allie à Henri V d'Angleterre.
- **1420** Guerre de Cent Ans : traité de Troyes ; Henri V d'Angleterre est proclamé régent et héritier du trône de France.
- **1421** Turquie : Murad II devient sultan ottoman (jusqu'en 1451).

Un navire portugais est représenté sur ce bol du 15ᵉ siècle, qui provient de la ville espagnole de Valence.

- **1422** Guerre de Cent Ans : mort d'Henri V d'Angleterre et de Charles VI de France. Henri VI, âgé de quelques mois, est proclamé roi d'Angleterre (jusqu'en 1461) et roi de France. Mais le dauphin, (le futur Charles VII), fils de Charles VI, se déclare roi de France (jusqu'en 1461), et gouverne à Bourges.
- **1427** Atlantique : les Portugais découvrent les Açores.
- **1428-1429** Guerre de Cent Ans : siège d'Orléans par les Anglais. Escortée par Jean de Metz, Jeanne d'Arc vient voir Charles VII à Chinon et le convainc de lui confier une armée. Elle délivre Orléans et fait couronner Charles VII à Reims.

1101 – 1453

Le commerce

Le commerce connaît un grand essor. Les villes se développent ; les marchés se multiplient. Beaucoup de grandes cités organisent des foires. La laine représente une grande part des échanges européens. Au début, l'Angleterre la fournit aux fabricants de vêtements des Pays-Bas, qui la filent et la tissent. Plus tard, la situation change et la plupart des vêtements sont fabriqués en Angleterre.
Les activités bancaires ainsi que le commerce des esclaves se développent. Les marchands s'enrichissent, mais prennent aussi des risques en expédiant leurs marchandises par la mer. Les navires peuvent faire naufrage ou être pris d'assaut par les pirates : la cargaison est alors perdue.

▲ Les produits locaux sont vendus sur les marchés. Dans les grandes foires, on trouve aussi de la soie et de la porcelaine de Chine, des épices d'Orient, de l'or d'Afrique et des bijoux d'Inde.

▼ La voie maritime est le moyen le plus rapide pour transporter les marchandises. Pour éviter de perdre tous leurs biens en cas de naufrage, les marchands ont des parts dans plusieurs navires. Chaque bateau appartient à plusieurs personnes.

▲ Dantzig, sur la Baltique, est l'une des grandes cités de la Ligue hanséatique qui domine le commerce en Europe du Nord. Ci-dessus, le sceau de la ville.

▶ La première banque moderne d'Europe est fondée par des marchands vénitiens en 1171. Son but est de prêter de l'argent au gouvernement. Bientôt, les banquiers comprennent qu'ils peuvent aussi accueillir ceux qui veulent déposer de l'argent et l'investir en toute sécurité. Leur établissement connaît un grand succès (ci-contre). Suivant cet exemple, les grandes villes européennes ouvrent à leur tour leur propre banque. Vers 1400, Venise, qui a établi une série de comptoirs autour de la Méditerranée, est la ville commerciale la plus riche d'Europe.

À CETTE ÉPOQUE

v. 1260 Formation de la Ligue hanséatique.
1355 Étienne Marcel devient le prévôt des marchands de Paris ; il prendra la tête de la révolte des Parisiens en 1358.
1400 La Ligue hanséatique compte plus de 150 villes.

▲ Ce billet chinois date du 14ᵉ siècle, mais le papier-monnaie est utilisé en Chine dès le 7ᵉ siècle. Marco Polo en parle dans son récit de voyage.

◀ Un marché aux esclaves au Yémen vers 1240. Le Coran tolère l'esclavage pour tous ceux qui ne sont pas musulmans. La plupart des esclaves sont alors achetés en Asie centrale et en Afrique.

L'IMPRIMERIE EN EUROPE

Entre 1430 et 1440 Pérou : début du règne de l'Inca Pachacutec, qui engage l'expansion territoriale de l'Empire inca.

1430 France : les Bourguignons capturent Jeanne d'Arc et la livrent aux Anglais. Cambodge : les Thaïs de Thaïlande s'emparent d'Angkor ; en 1432, les Khmers installeront leur capitale à Phnom Penh.

1431 France : procès de Jeanne d'Arc, présidé par l'évêque de Beauvais, Pierre Cauchon. Accusée de sorcellerie, la jeune fille est brûlée vive à Rouen, le 30 mai.

1434 Italie : les Médicis, famille de grands banquiers, dominent la ville de Florence. Afrique de l'Ouest : les marins portugais doublent le cap Bojador et explorent la côte africaine toujours plus au sud.

L'Allemand Johannes Gensfleish, dit Gutenberg (v. 1397-1468), met au point l'imprimerie vers 1440. Les livres vont être fabriqués en grand nombre. C'est une révolution !

1435 France : traité d'Arras ; fin du conflit entre les Armagnacs et les Bourguignons.

1436 Guerre de Cent Ans : les Anglais se retirent de Paris.

1438-1439 Saint Empire : règne de l'empereur Albert II.

1438 France : pragmatique sanction de Bourges ; Charles VII place l'Église de France sous son autorité, indépendamment de Rome.

1440-1493 Saint Empire : règne de l'empereur Frédéric III.

v. 1440 Europe : à Strasbourg, l'Allemand Johannes Gutenberg met au point l'imprimerie en caractères mobiles. France : organisation d'une armée nationale.

1440 France : Jacques Cœur devient argentier du roi. Procès et exécution de Gilles de Rais, compagnon de Jeanne d'Arc, accusé de magie noire et de meurtres d'enfants.

L'imprimerie en Europe

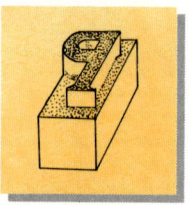

Jusqu'à la fin du Moyen Âge, presque tous les livres sont, en Europe, copiés à la main. Une véritable révolution se produit au 15ᵉ siècle avec l'invention de l'Allemand Johannes Gensfleish, dit Gutenberg. Vers 1440, celui-ci commence à composer des pages de texte grâce à des caractères mobiles en métal fixés sur une forme. Il les imprime avec une encre spéciale et une presse, qui lui permet de comprimer les feuilles (les Arabes ont introduit le papier, d'origine chinoise, en Europe au 12ᵉ siècle). L'imprimerie est née !

À l'époque, on imprimait déjà avec des blocs en bois gravés. Ceux-ci demandaient beaucoup de temps pour être sculptés, ne permettaient d'imprimer qu'une seule page et s'usaient très vite (*voir* pp. 260-261). Les caractères en métal de Gutenberg permettent de composer rapidement chaque page d'un livre et sont faciles à fondre. Cette méthode est vite adoptée.

▼ *La diffusion de l'imprimerie en Europe vers 1500. Nombre de grandes villes possèdent leur atelier d'imprimerie.*

1430-1440

▲ Les premiers livres imprimés avec des caractères mobiles imitent le plus possible les manuscrits. Les couleurs sont ajoutées à la main après l'impression.

Dès la fin du 15e siècle, de nombreuses villes d'Europe possèdent un atelier d'imprimerie. Pour rivaliser avec les magnifiques manuscrits enluminés, les imprimeurs publient d'abord des livres en caractères gothiques. Ce sont les Italiens qui inventent les caractères romains, proches de ceux de ce livre.

Vers 1500, on compte près de mille sept cents imprimeries en Europe. Elles ont déjà produit près de quarante mille titres (soit environ vingt millions d'exemplaires !). Les imprimeurs jouent un rôle culturel fondamental. Souvent humanistes, ils rendent le savoir plus accessible et favorisent le mouvement de la Renaissance (voir pp. 330-331).

LES ORIGINES ORIENTALES DE L'IMPRIMERIE

Avant Gutenberg, les imprimeurs coréens et chinois utilisaient déjà des caractères mobiles en bois, en céramique ou en bronze. Cependant, ils devaient faire face à une énorme difficulté : l'écriture chinoise est constituée d'idéogrammes et utilise au moins cinq mille caractères différents ! Gutenberg, grâce au système alphabétique, n'en a besoin que de trois cents – en incluant les majuscules, les minuscules, les chiffres et la ponctuation – pour imprimer en 1456 son premier livre : la Bible.

▼ Les blocs en bois gravés (ci-dessous, en haut) ne permettent d'imprimer qu'un seul texte. Avec les caractères mobiles de Gutenberg (en bas), on peut composer, puis imprimer, un nombre infini de textes.

▶ Gutenberg réalise la première presse d'imprimerie en adaptant un pressoir à raisin. En vissant, il applique fermement le papier sur la page de caractères, enduits d'encre à l'aide d'un tampon. La pression est rapide et uniforme. Ce type de presse restera en usage pendant 350 ans. Plus tard, les imprimeurs utiliseront un rouleau pour étaler l'encre plus régulièrement sur les caractères.

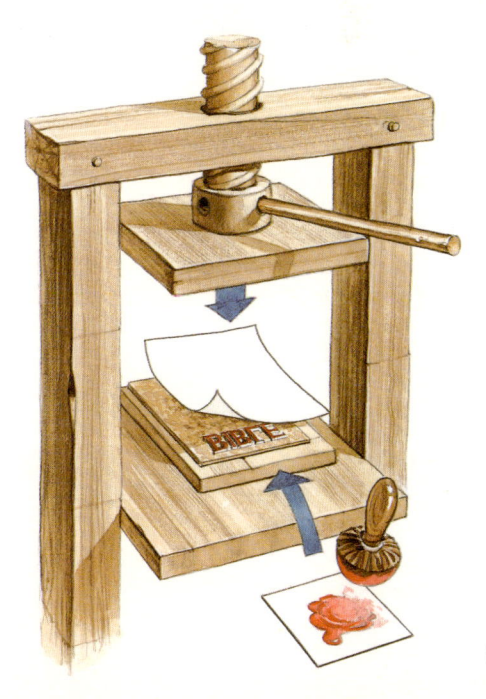

LA CHUTE DE CONSTANTINOPLE

1442 Italie : Jeanne II devient reine de Naples (jusqu'en 1458) ; elle réunit Naples et la Sicile dans le premier royaume des Deux-Siciles, qui ne lui survivra pas.

1443 France : à Toulouse, confirmation du Capitole, l'un des plus anciens parlements d'Europe.

v. 1445 Italie : naissance à Florence de Sandro Botticelli (mort en 1510), grand peintre de la Renaissance.

1446 Corée : adoption officielle de l'alphabet coréen.

Deux dragons ailés ornent ce heurtoir de porte turc. Le dragon avait pour fonction de protéger les bâtiments sur lesquels il figurait.

1448 France : Jacques Cœur réorganise les finances du royaume.

1450 Guerre de Cent Ans : les Français reprennent la Normandie aux Anglais.
France : le roi Charles VII accorde à la ville de Lyon le monopole de la vente de la soie.

1451 Turquie : Mehmed II le Conquérant devient sultan ottoman (jusqu'en 1481).

1452 Italie : naissance de Léonard de Vinci (mort en 1519).

1453 Guerre de Cent Ans : bataille de Castillon ; victoire de Charles VII sur les Anglais, qui ne gardent que Calais. Fin de la guerre de Cent Ans.
Empire byzantin : les Ottomans conquièrent Constantinople ; fin de l'Empire byzantin.

La chute de Constantinople

En Méditerranée orientale, une nouvelle puissance s'impose à la fin du 13ᵉ siècle. Il s'agit de l'Empire ottoman, fondé par le Turc Osman Iᵉʳ sur les vestiges de l'ancien Empire seldjoukide (*voir* pp. 230-231). Les Ottomans étendent leur domination sur la région en prenant le contrôle de vastes territoires byzantins. Ils s'emparent d'une partie de la Grèce, de la Bosnie, de l'Albanie et de la Bulgarie. L'Empire byzantin est bientôt réduit à sa seule capitale, Constantinople.

En 1453, les Turcs prennent d'assaut la prestigieuse cité. L'entrée de la Corne d'Or – le bras de mer qui sépare Constantinople en deux – est protégée par de solides chaînes d'acier. Le sultan Mehmed II fait transporter une flotte de petits navires par la terre et prend la cité à revers. Assiégée par une armée de plus de

◀ *Un janissaire, soldat d'élite de l'armée ottomane. Ce nom vient d'un mot turc qui veut dire « nouvelle milice ».*

1442-1453

100 000 hommes, la ville se rend au bout de cinquante-quatre jours. L'empereur byzantin Constantin XII meurt les armes à la main ; Mehmed II entre à cheval dans la basilique Sainte-Sophie et y célèbre la prière. Constantinople, longtemps symbole de la chrétienté, est rebaptisée Istanbul et devient la capitale de l'Empire ottoman.

▲ Après la chute de Constantinople, la basilique Sainte-Sophie devient une mosquée.

▲ L'art des Turcs ottomans est très raffiné. Ce panneau date de l'époque seldjoukide.

▼ Des bœufs et des milliers de soldats tirent les galères de Mehmed II en les faisant glisser sur des troncs de bois. Le but des Ottomans est d'attaquer en un endroit non protégé de la Corne d'Or.

1101 – 1453

L'art de la guerre

Les guerres sont fréquentes, à l'image des luttes continuelles pour le pouvoir. Pour les mener, il faut des soldats de métier. Ce sont les chevaliers (*voir* pp. 244-245) en Europe et les *samouraïs* (*voir* pp. 254-255) au Japon. Les chevaliers portent une cotte de mailles et un casque. Cet équipement est peu à peu remplacé par une armure plate, faite de plaques de métal assemblées. Celles-ci, très lourdes, peuvent peser plus de 45 kilos. Les chevaliers commencent aussi à utiliser des épées plus longues. Bien aiguisées, elles sont capables de transpercer les armures.

Au 12ᵉ siècle, le siège demeure la principale technique de combat. Malgré le développement des fortifications, elle a peu évolué depuis l'Antiquité. Vers le milieu du 14ᵉ siècle, l'usage de la poudre, d'origine chinoise, s'est répandu en Europe. Cette innovation, qui permet en particulier d'ébranler les murailles à coup de boulets, révolutionne l'art du siège.

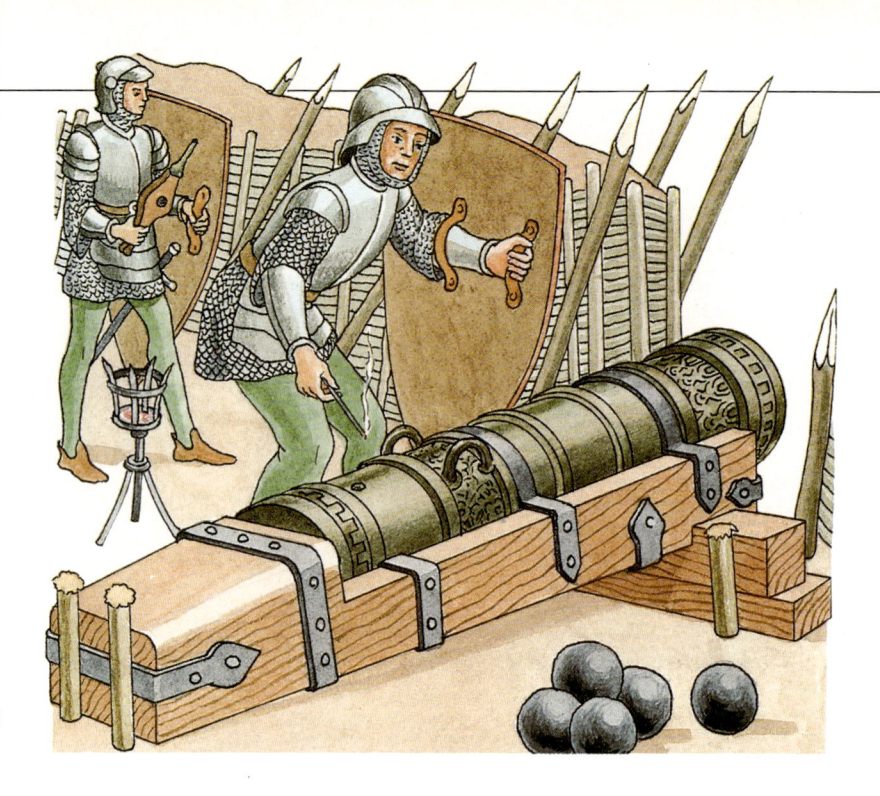

▲ *L'introduction de la poudre explosive, venue de Chine, change complètement l'art de la guerre. Les premières armes à feu portatives apparaissent au 14ᵉ siècle ; elles sont faites d'un long tube de métal monté sur un support en bois. Vers le milieu du 15ᵉ siècle, la gâchette est inventée. Mais il est encore dangereux de recharger une arme à feu ! Ci-dessus, une bombarde du 14ᵉ siècle.*

▼ *À cheval, le samouraï japonais (ci-dessous) a vraiment un aspect terrifiant ! Il est protégé par son armure très flexible, faite de plaques de métal émaillées ou de cuir très épais. Pour se battre, il utilise un arc et des flèches et un long sabre courbe, qui est souvent son bien le plus précieux. Sa lame est très affûtée, coupante comme celle d'un rasoir. Elle s'émousse facilement sous les chocs.*

À CETTE ÉPOQUE

1291 Les croisés sont repoussés hors de Palestine.
1304 Les Arabes utilisent des armes à feu portatives.
1337-1453 La guerre de Cent Ans oppose la France à l'Angleterre.
1453 Constantinople tombe aux mains des Turcs ottomans après 54 jours de siège.

▶ Pour ne pas attaquer les combattants de leur propre camp sur les champs de bataille, les chevaliers arborent sur leur équipement des symboles très simples : des blasons (ou armoiries). Rapidement, tous les soldats d'une même armée utilisent les mêmes signes de reconnaissance.

▼ Pendant un siège, des tours en bois sur roues, chargées de soldats, sont approchées des murailles. Les tirs des catapultes et des arcs protègent leur progression.

LA GUERRE DES DEUX-ROSES

La guerre des Deux-Roses

Au milieu du 15ᵉ siècle, l'Angleterre sombre dans la guerre civile. Connu sous le nom de guerre des Deux-Roses, ce conflit oppose deux branches de la famille des Plantagenêts (*voir* pp. 248-249), les York et les Lancastre, pour la possession du trône d'Angleterre. Les York ont pour emblème une rose blanche ; les Lancastre, une rose rouge.

Les troubles commencent en 1453, quand le roi Henri VI, un Lancastre, devient fou. Le duc d'York, Richard, assure la régence. Mais Henri VI se rétablit vite et veut reprendre le pouvoir. En 1455, la guerre éclate entre les deux familles.

De 1461 à 1485, trois rois de la maison d'York se succèdent sur le trône : Édouard IV (de 1461 à 1483), le fils de Richard d'York, Édouard V (en 1483) et Richard III (de 1483 à 1485). En 1485, l'héritier des Lancastre, Henri Tudor, entre en guerre contre Richard III et le tue à la bataille de Bosworth. Devenu roi sous le nom d'Henri VII, il épouse la fille d'Édouard IV, Élizabeth d'York. Ce mariage met fin à la guerre entre les York et les Lancastre, et rétablit l'unité du royaume.

LES ROSES

La guerre des Deux-Roses doit son nom aux emblèmes des deux familles. Quand Henri VII devient roi et épouse Élizabeth d'York, il combine la rose rouge des Lancastre et la rose blanche des York pour former la rose des Tudor représentée ci-dessus.

RICHARD III (1452-1485)

Frère d'Édouard IV, Richard de Gloucester devient le régent de son neveu Édouard V en 1483. Quelques semaines plus tard, il le fait assassiner et monte sur le trône. Il sera tué à la bataille de Bosworth.

HENRI VII (1457-1509)

Après avoir vaincu Richard III, en 1485, Henri VII Tudor devient roi d'Angleterre. Ayant mis fin à la guerre des Deux-Roses par son mariage avec Élizabeth d'York, il restaure l'autorité royale et l'unité du royaume.

▼ *Assassin de son neveu, Richard III meurt à la bataille de Bosworth (1485) et son armée est battue par celle d'Henri Tudor. William Shakespeare écrira au 16ᵉ siècle une célèbre tragédie (*Richard III*) racontant l'histoire de ce roi.*

1454 – 1600

Le temps de la Renaissance

Aux 15ᵉ et 16ᵉ siècles, l'Europe change profondément. Dans tous les domaines – l'économie, les arts, les sciences, la diffusion des idées, etc. –, elle entre dans une ère nouvelle qui marque une vraie rupture avec la période précédente que nous appelons le Moyen Âge. C'est le temps de la « Renaissance ».

Hors d'Europe, d'autres civilisations brillantes s'épanouissent. En Inde, les Moghols fondent un empire prospère, grâce à des empereurs assez sages pour traiter avec la même tolérance les communautés musulmanes, hindoues, sikhs. En Extrême-Orient, la paix règne dans une Chine gouvernée par la dynastie des Ming. Au Japon, en revanche, les seigneurs de la guerre se disputent le pouvoir dans un pays ravagé par des troubles civils.

La Renaissance est le temps des grandes découvertes. À partir du milieu du 15ᵉ siècle, les Européens s'aventurent sur les océans pour trouver de nouvelles routes vers les Indes. Voguant vers l'est, des navigateurs portugais longent les côtes d'Afrique, traversent l'océan Indien et atteignent les îles Moluques, la Chine et le Japon, où ils établissent des comptoirs commerciaux. Parti vers l'ouest, Christophe Colomb traverse la « mer océane » et découvre une terre inconnue : l'Amérique.

En quelques dizaines d'années, les puissants Empires inca et aztèque s'effondrent sous les coups des conquistadores ; c'est le siècle d'or de l'Espagne, dont les navires rapportent l'or, l'argent, le sucre et les richesses du « Nouveau Monde ».

▼ *La Renaissance est particulièrement florissante en Italie. Cependant, des chrétiens condamnent le luxe outrancier des puissants. Savonarole, qui gouverne Florence de 1494 à 1498, invite ainsi les Florentins à brûler leurs objets précieux.*

PANORAMA 1454-1600

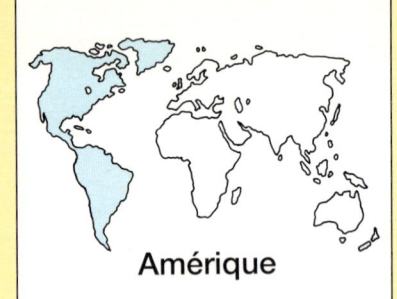

Amérique

v. 1460 Apogée de l'Empire aztèque.

1492 Christophe Colomb découvre l'Amérique.
1494 Le traité de Tordesillas fixe une ligne de partage entre les futures possessions espagnoles et portugaises.
1497 Le navigateur italien Jean Cabot découvre Terre-Neuve, en Amérique du Nord.
1498 L'empereur Huayna Capac étend l'Empire inca vers le nord.
1499 Le navigateur italien Amerigo Vespucci atteint la Guyane.
1519-1521 Hernan Cortés conquiert l'Empire aztèque.
v. 1525 L'Empire inca sombre dans la guerre civile.
1532-1533 Francisco Pizarro conquiert l'Empire inca.
1535 Le navigateur français Jacques Cartier explore le Saint-Laurent. Les Espagnols exploitent les mines d'argent du Pérou et du Mexique.

v. 1570 Les Portugais commencent à cultiver la canne à sucre au Brésil.

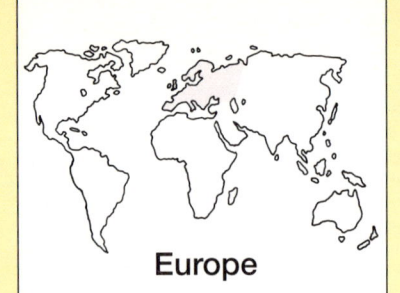

Europe

1455-1485 Guerre des Deux-Roses en Angleterre.
1479 Les Rois Catholiques règnent sur la Castille et sur l'Aragon.

1515 Bataille de Marignan ; le roi de France François Ier conquiert le Milanais.
1517 Début de la Réforme.
1519 Charles Quint devient empereur germanique.
1529 Les Ottomans assiègent Vienne.
1534 Henri VIII d'Angleterre se déclare chef de l'Église d'Angleterre.
1543 Nicolas Copernic affirme que la Terre tourne autour du Soleil.
1545 Début du concile de Trente et de la Contre-Réforme catholique.
1562-1598 Guerres de Religion en France.
1547 Ivan IV le Terrible devient le premier tsar de Russie.

1568 Début de la guerre de Quatre-Vingts Ans entre l'Espagne et les Pays-Bas.
1571 Bataille de Lépante ; défaite des Ottomans en Méditerranée.
1572 Massacre de la Saint-Barthélemy en France.
1588 Défaite de « l'Invincible Armada » espagnole contre la flotte anglaise.

Afrique

1464 Indépendance et essor de l'Empire songhaï.
1482 Les marchands portugais établissent des comptoirs commerciaux sur la Côte-de-l'Or (l'actuel Ghana).
1488 Le navigateur portugais Bartolomeu Dias double le cap de Bonne-Espérance et contourne le continent africain.

1571 Apogée de l'empire du Bornou en Afrique de l'Est.
1574 Les Portugais colonisent l'Angola, en Afrique australe.
1578 Les Marocains repoussent les Portugais hors d'Afrique du Nord-Ouest.

1591 Les Marocains s'emparent de l'Empire songhaï.

PANORAMA 1454-1600

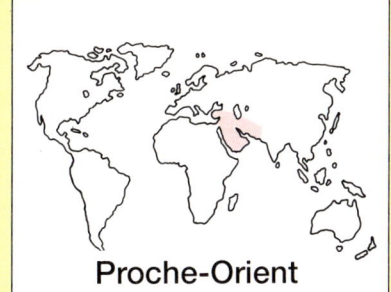

Proche-Orient

1472 Conflit entre les Ottomans et Venise.

1501 Fondation de la dynastie séfévide de Perse (Iran).
1517 L'Égypte devient province ottomane.
1520 Soliman Ier le Magnifique devient sultan ottoman ; apogée de l'empire.
1526 Bataille de Mohacs ; victoire des Ottomans sur les Hongrois.

1534 Soliman Ier le Magnifique conquiert Bagdad.

1571 Fin de l'âge d'or de l'Empire ottoman.

Ci-dessous, couverture de selle en velours d'un cavalier ottoman.

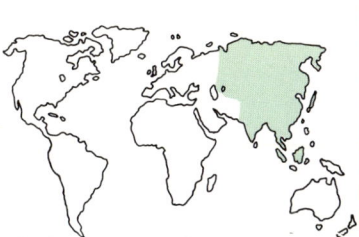

Asie et Extrême-Orient

1469 Naissance de Nanak, fondateur de la religion sikh.

1498 Le navigateur Vasco de Gama atteint l'Inde après avoir traversé l'océan Indien.
1526 Baber conquiert Delhi et fonde l'Empire moghol de l'Inde.

1542 Arrivée des premiers Portugais au Japon.
1549 Arrivée du missionnaire jésuite François-Xavier au Japon.
1557 Les Portugais fondent un comptoir à Macao, en Chine.

1586 Les Moghols conquièrent le Cachemire.
1593 Échec de l'invasion japonaise en Corée.
1600 Fondation de la Compagnie anglaise des Indes orientales.

Océanie

1520 Le navigateur portugais Magellan entreprend le premier voyage autour du monde. Il atteint l'océan Pacifique en passant par le détroit qui porte aujourd'hui son nom, à l'extrémité sud de l'Amérique.

Dessin aborigène tracé sur une écorce.

1454 – 1600

Le monde

Les Européens partent à la conquête du monde. Soldats, explorateurs, colons et marchands relient bientôt les continents.
En Amérique centrale et en Amérique du Sud, les Empires aztèque et inca sont à leur apogée. Ils sont anéantis en quelques années par une poignée d'aventuriers, les conquistadores. L'Amérique du Nord fait aussi l'objet des convoitises européennes, mais il faudra des décennies avant qu'elle ne ressente l'emprise de la colonisation.
En Afrique, l'influence européenne se limite aux régions côtières ; le cœur du continent est encore préservé.
En Chine, sous la dynastie des Ming, l'art s'épanouit, mais la société reste prisonnière d'un système très rigide.
En Europe, la diffusion des idées nouvelles conduit à une profonde crise religieuse. Les dogmes de l'Église catholique sont ouvertement contestés. Vers 1600, plus d'un Européen sur trois a abandonné la foi catholique pour adopter la nouvelle religion protestante.

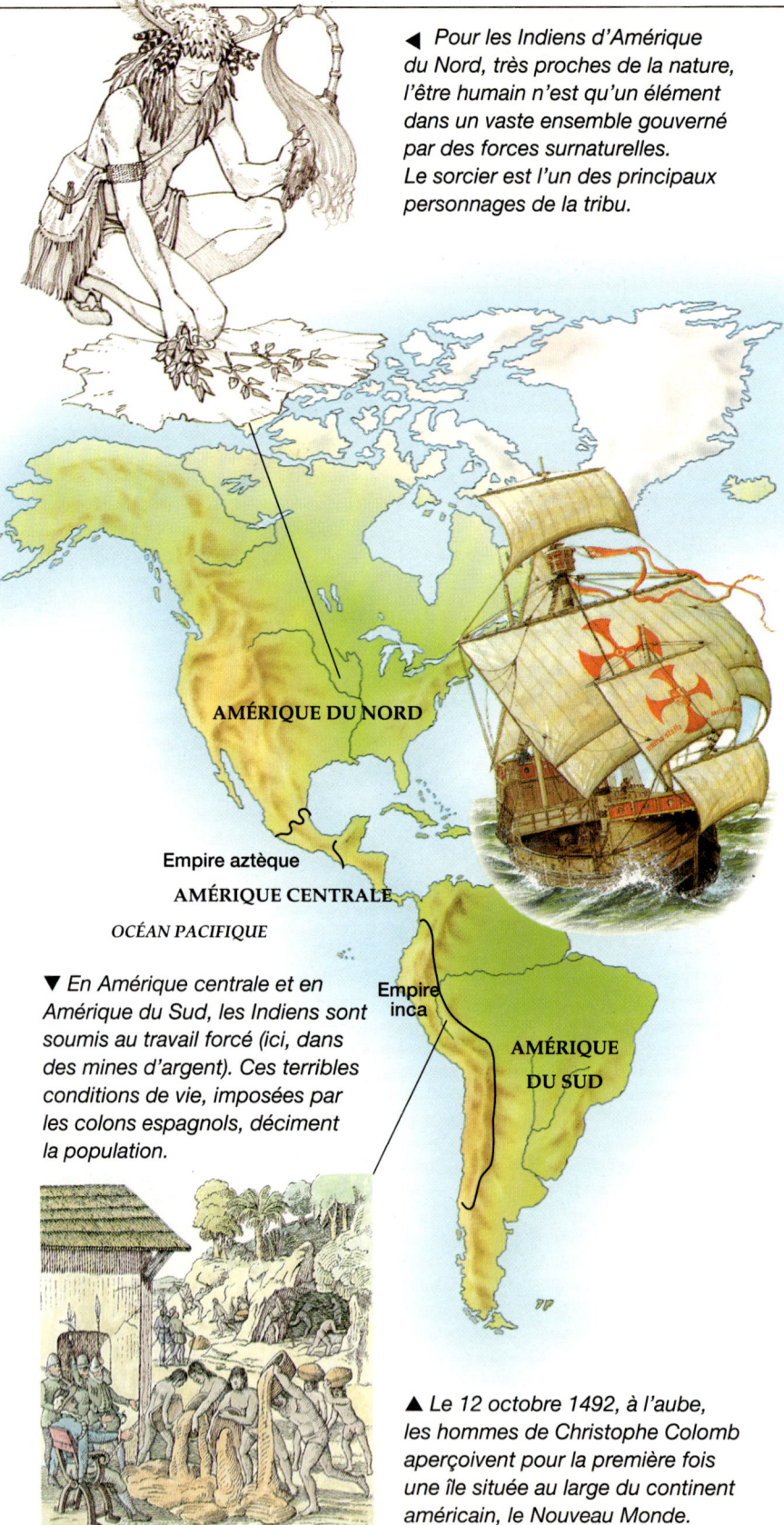

◀ Pour les Indiens d'Amérique du Nord, très proches de la nature, l'être humain n'est qu'un élément dans un vaste ensemble gouverné par des forces surnaturelles. Le sorcier est l'un des principaux personnages de la tribu.

▼ En Amérique centrale et en Amérique du Sud, les Indiens sont soumis au travail forcé (ici, dans des mines d'argent). Ces terribles conditions de vie, imposées par les colons espagnols, déciment la population.

▲ Le 12 octobre 1492, à l'aube, les hommes de Christophe Colomb aperçoivent pour la première fois une île située au large du continent américain, le Nouveau Monde.

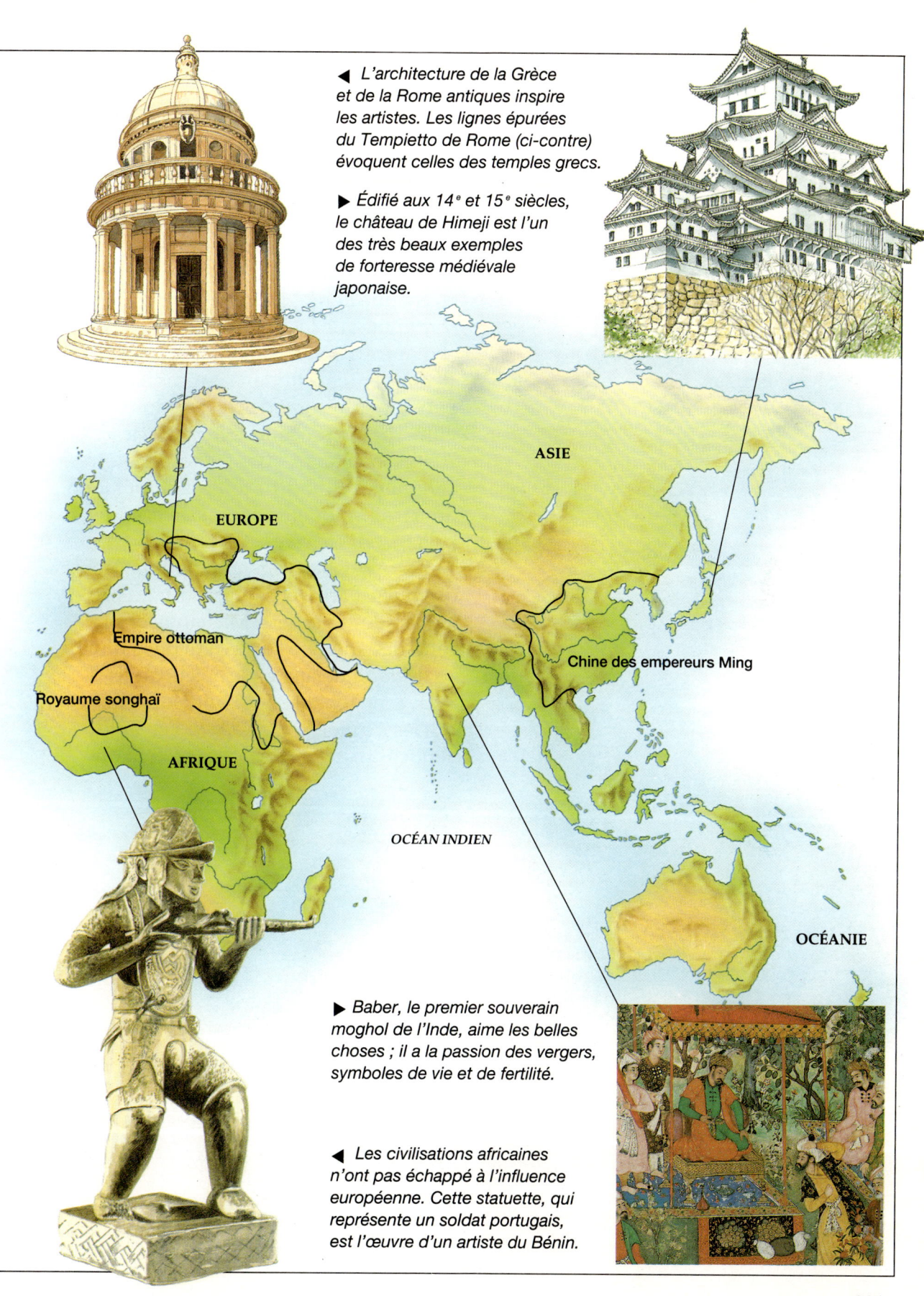

◀ L'architecture de la Grèce et de la Rome antiques inspire les artistes. Les lignes épurées du Tempietto de Rome (ci-contre) évoquent celles des temples grecs.

▶ Édifié aux 14ᵉ et 15ᵉ siècles, le château de Himeji est l'un des très beaux exemples de forteresse médiévale japonaise.

ASIE

EUROPE

Empire ottoman

Royaume songhaï

AFRIQUE

Chine des empereurs Ming

OCÉAN INDIEN

OCÉANIE

▶ Baber, le premier souverain moghol de l'Inde, aime les belles choses ; il a la passion des vergers, symboles de vie et de fertilité.

◀ Les civilisations africaines n'ont pas échappé à l'influence européenne. Cette statuette, qui représente un soldat portugais, est l'œuvre d'un artiste du Bénin.

321

LES AZTÈQUES

1455-1485 Angleterre : guerre des Deux-Roses entre les York et les Lancastre pour le trône d'Angleterre. Les York portent une rose blanche, les Lancastre, une rose rouge.

1460 Écosse : mort du roi Jacques II Stuart ; son fils, Jacques III, lui succède (jusqu'en 1488).
Afrique de l'Ouest : les navigateurs portugais découvrent la Sierra Leone.

v. 1460 Amérique centrale : apogée de l'Empire aztèque.

1461-1483 France : règne du roi Louis XI.

1461 Angleterre : Édouard IV, fils du duc d'York, devient roi d'Angleterre (jusqu'en 1470).
Empire ottoman : les Ottomans conquièrent le port de Trébizonde, capitale de l'Empire grec des Comnènes depuis 1204.
France : le poète François Villon compose *le Testament*.

Cette statue aztèque en terre cuite représente le dieu de la mort. Les Aztèques utilisent aussi des crânes humains pour faire des masques ; ils les incrustent de turquoises et de coquillages, et les garnissent de cuir rouge.

1462-1505 Russie : règne d'Ivan III le Grand, grand-prince de Vladimir et de Moscou.

1463 Amérique du Sud : l'Inca Pachacutec Yupanqui étend l'Empire inca vers le sud.
Italie : naissance de Pic de la Mirandole, grand humaniste de la Renaissance (mort en 1494).

1464 Rome : Paul II est élu pape (jusqu'en 1471).
Afrique de l'Ouest : Sonni Ali Ber dirige l'Empire songhaï (jusqu'en 1492).

Les Aztèques

À la fin du 15ᵉ siècle, les Aztèques (*voir* pp. 278-279) ont conquis un vaste empire en Amérique centrale. Grâce à leur puissante armée, ils ont soumis les autres peuples de la région et, chaque année, les cités vaincues sont contraintes de leur verser un lourd tribut en nature. Fondée au milieu d'un lac au 14ᵉ siècle, Tenochtitlan, leur capitale, est l'une des plus grandes et des plus belles villes du monde, une métropole de 200 000 habitants. Pour étendre les terres cultivables et nourrir toute la population, des jardins flottants, les *chinampas* (*voir* p. 268), ont été créés.

Les Aztèques vénèrent d'innombrables divinités. Parmi elles, Tezcatlipoca est le dieu des guerriers, Mictlantecuhtli, celui des enfers, Tlaloc, celui de la pluie...

Ils adorent surtout le Soleil, qu'ils appellent Tonatiuh, et Huitzilopochtli, qui les a guidés jusqu'à la vallée de Tenochtitlan. Les Aztèques croient que

▲ *Depuis Tenochtitlan, leur capitale, les Aztèques dominent une grande partie de la région comprise entre le golfe du Mexique et l'océan Pacifique.*

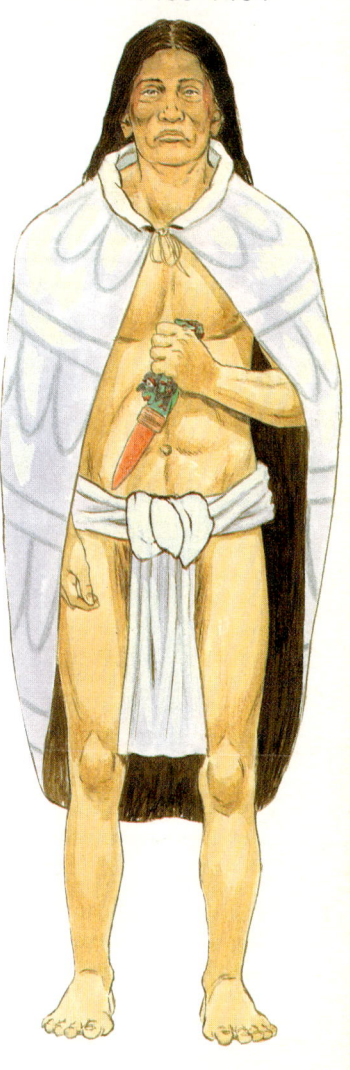

1455-1464

▶ *Cette coiffure du 16ᵉ siècle a été réalisée avec les plumes d'un oiseau du Mexique, le célèbre quetzal. Les Aztèques utilisaient également des plumes de perroquet pour confectionner des habits réservés aux nobles.*

▶ *Les prêtres sont des personnages très importants dans la société aztèque. Ils ont pour tâche principale d'apaiser les dieux en les nourrissant d'« eau précieuse », c'est-à-dire de sang humain. Ils ouvrent la poitrine de leurs victimes avec un couteau à lame de pierre.*

▶ *Les sacrifices humains sont l'occasion de cérémonies impressionnantes. Lors de l'inauguration du grand temple de Tenochtitlan, 20 000 personnes ont été sacrifiées.*

s'ils ne nourrissent pas leurs dieux d'« eau précieuse », c'est-à-dire de sang, le monde s'effondrera. Pour éviter cette catastrophe, les prêtres doivent accomplir des sacrifices humains.

Les Aztèques comptent aussi de nombreux savants, qui étudient notamment les astres et les mathématiques. Ils possèdent une écriture très complexe composée de dessins représentant des objets réels, des idées et des sons, et dont on commence à peine aujourd'hui à comprendre le sens. Les artistes travaillent l'or, le jade, l'argent, la turquoise, fournie par les Indiens pueblos du nord de l'empire, et composent de magnifiques parures en plumes.

L'AGRICULTURE AZTÈQUE

Pour étendre leurs terres cultivables, les habitants de Tenochtitlan accumulent de la terre sur les *chinampas*, nattes en osier placées à la surface du lac. Ils y cultivent de nombreuses variétés de fruits, de fleurs et de légumes dont l'avocat, la tomate et le lime (sorte de citron vert) que les Européens découvriront grâce aux conquistadors.

Avocat
Tomate
Lime

323

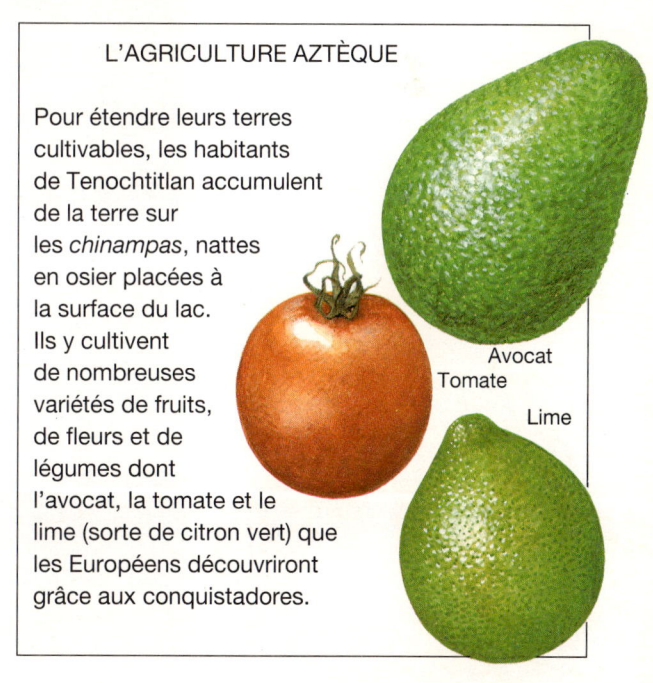

1454 – 1600

Les arts

En Europe, les grands peintres, sculpteurs, architectes de la Renaissance (*voir* pp. 330-333) – Titien, Holbein, Raphaël, Dürer, Léonard de Vinci, Bruegel, Botticelli, Michel-Ange… – produisent de très grandes œuvres. Des rois, des princes, des mécènes riches et cultivés les encouragent et les soutiennent.
En Amérique, les Aztèques et les Incas travaillent merveilleusement l'or et l'argent. L'art s'épanouit également dans les Empires ottoman, séfévide et moghol, tandis qu'en Chine se perpétue la tradition de la porcelaine.

▼ Utilisant la technique des colombins d'argile, les artisans incas confectionnent des poteries superbes et raffinées.

▲ Le peintre italien Raphaël (1438-1520) est l'un des grands maîtres de la Renaissance. Il travailla à Pérouse et surtout à Florence et à Rome, notamment au Vatican. Ci-dessus, portrait de Jeanne d'Aragon.

◀ De délicates faïences décorent le palais royal d'Ispahan, en Perse.

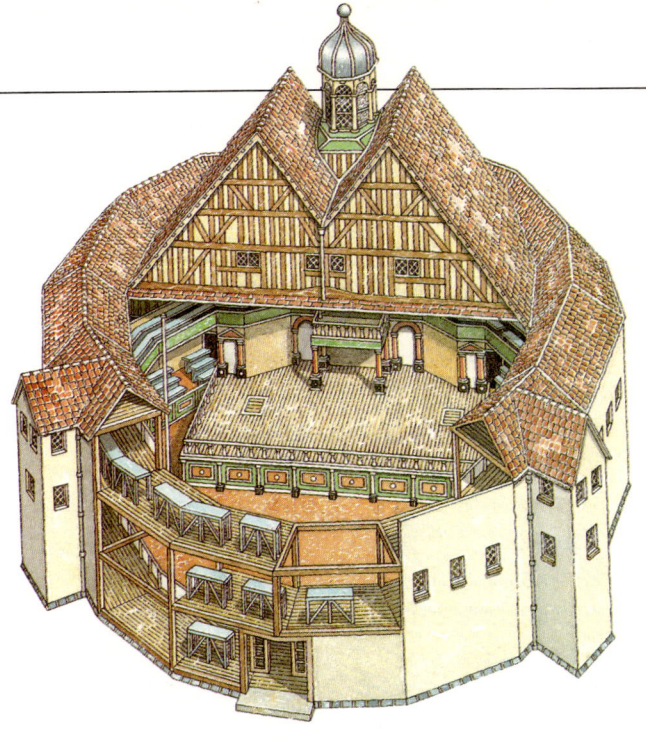

À CETTE ÉPOQUE

1508 Au Vatican, Raphaël décore une partie du palais tandis que Michel-Ange peint le plafond de la chapelle Sixtine.

1512 Le peintre et graveur allemand Albrecht Dürer entre à la cour de l'empereur germanique Maximilien Ier.

1516 Léonard de Vinci est invité par François Ier à venir travailler en France ; il emporte avec lui la *Joconde*.

1528 En France, début de la construction du château de Fontainebleau.

1577 Le roi d'Espagne Philippe II accueille le peintre le Greco, d'origine crétoise.

v. 1600 À Rome, le peintre le Caravage s'impose comme un maître du clair-obscur.

▲ En Angleterre, le théâtre connaît un grand succès populaire. Le théâtre du Globe (ci-dessus), où s'installa Shakespeare, a été édifié à Londres en 1598.

▼ À l'époque de la Renaissance, la musique est à l'honneur. L'orgue (ci-dessous) et le clavecin, apparu au milieu du 15e siècle, sont des instruments à la mode.

▶ Certains artistes étudient l'anatomie. Le corps du Moïse (ci-contre) de Michel-Ange a été sculpté avec un grand souci de réalisme. La musculature est très fidèlement reproduite.

325

LES INCAS

1465 France : les grands seigneurs du royaume s'unissent autour de Charles le Téméraire et fondent la Ligue du bien public contre le roi Louis XI. Les deux partis s'affrontent à Montlhéry sans vainqueur ni vaincu ; Louis XI dissout la Ligue.

1466 Pologne : fin de la guerre de Treize Ans, remportée par les Polonais, qui imposent la paix de Torun aux chevaliers Teutoniques.

1467 France : Charles le Téméraire devient duc de Bourgogne (jusqu'en 1477). Son territoire est composé de deux blocs, distants de 200 kilomètres : le duché de Bourgogne, au sud, et la Flandre, le Brabant et le Luxembourg, au nord. Charles le Téméraire tentera de conquérir les terres du roi Louis XI situées entre ces deux régions.

Ce bijou en or réalisé par des Indiens d'Amérique du Sud est un pectoral (il se porte sur la poitrine).

1467 Japon : début de plus de cent ans de guerre civile ; les grands seigneurs féodaux se disputent le pouvoir.

1468 France : le duc de Bourgogne, Charles le Téméraire, épouse Marguerite d'York, sœur du roi Édouard IV d'Angleterre. Afrique de l'Ouest : l'empereur songhaï Sonni Ali Ber s'empare de la ville de Tombouctou.

Les Incas

Sous le règne de Pachacutec (*voir* pp. 278-279), l'Empire inca s'étend vers le sud, à partir de Cuzco, sa capitale. Dans les années 1470, son fils, Tupac Yupan, poursuit les conquêtes ; il s'empare de Quito au nord et de vastes territoires au sud du lac Titicaca.

Pour contrôler ce vaste empire tout en longueur, un pouvoir fort et centralisé a été mis en place. Considéré comme le descendant du dieu-Soleil, le souverain inca gouverne en monarque absolu, avec l'appui des nobles et des prêtres. Une armée de fonctionnaires assure la distribution des produits de consommation courante et collecte l'impôt. L'État surveille aussi la bonne exécution des tâches communautaires auxquelles tous les sujets sont astreints pour le bien

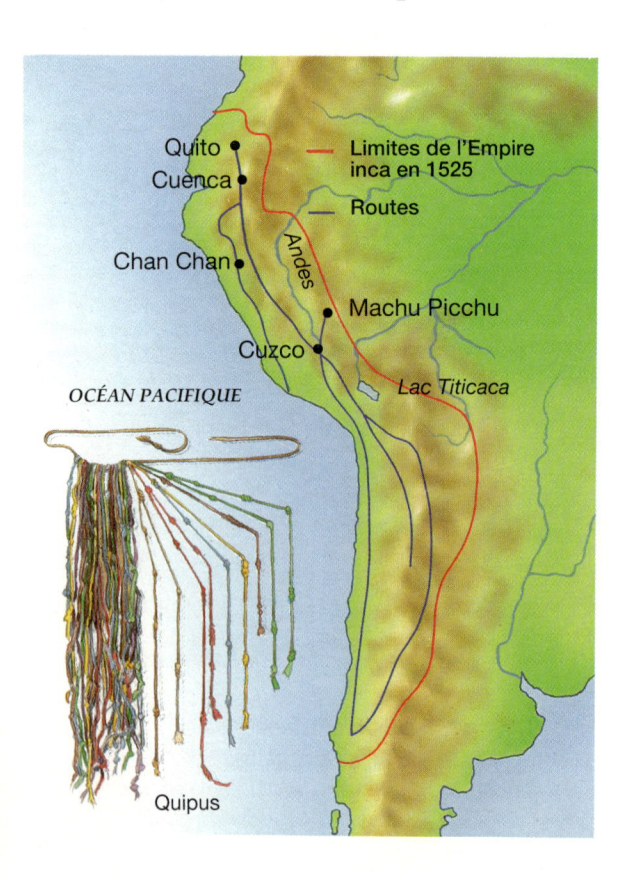

1465-1468

de la collectivité. Des fonctionnaires font régulièrement l'inventaire des biens au moyen de cordelettes à nœuds, les *quipus* : chaque cordelette correspond à un type d'objet ; les nœuds expriment la quantité.

Imposant une langue commune et le culte du dieu-Soleil à ses quelque huit millions de sujets, Tupac Yupan crée un réseau étendu de routes, jalonnées de *tampus* (dépôts de vêtements et de nourriture), qui facilite les déplacements. Son successeur, Huayna Capac, poursuit son œuvre à partir de 1493, et fonde une seconde capitale, Quito. Mais lorsqu'il meurt, vers 1525, l'empire est partagé entre ses enfants : le sud pour Huascar, le nord pour Atahualpa. Cette scission conduira à la guerre civile et facilitera la victoire des conquistadores (*voir* pp. 362-363).

▲ Les vestiges de la cité inca de Machu Picchu, dans les Andes, témoignent d'un passé prestigieux. Les temples, les palais, les maisons sont constitués de blocs de pierre assemblés sans mortier.

◄ Vers 1525, l'Empire inca est à son apogée. Du nord au sud, son territoire s'étend entre les Andes et la côte de l'océan Pacifique sur plus de 4 000 kilomètres. Les routes permettent une communication relativement rapide entre Cuzco et les provinces.

► Deux routes principales traversent l'empire du nord au sud. Des voies secondaires permettent d'accéder aux villages. Les marchandises voyagent à dos de lama. Des messagers se relaient pour apporter les précieux *quipus*.

Les « Rois Catholiques »

Au milieu du 15ᵉ siècle, l'Espagne est divisée en quatre royaumes : Navarre, Aragon, Castille et Grenade. Un premier pas vers l'unité est accompli, en 1469, lorsque Ferdinand, héritier de la couronne d'Aragon, épouse Isabelle, la demi-sœur du roi de Castille. À la mort de ce dernier, en 1474, Isabelle et Ferdinand lui succèdent. Cinq ans plus tard, Ferdinand monte sur le trône d'Aragon. Dès lors, les époux gouvernent ensemble les deux plus importants royaumes de la péninsule ibérique.

Sous leur règne, l'Espagne devient une grande puissance. En 1492, ils parviennent notamment à conquérir Grenade, le dernier royaume musulman de la péninsule. Et c'est Isabelle qui, la même année, finance le voyage de Christophe Colomb (voir pp. 340-341).

Catholiques fervents, Isabelle et Ferdinand sont aussi des souverains

FERDINAND II (1452-1516)

Époux d'Isabelle de Castille (1469), Ferdinand d'Aragon coiffe la double couronne en 1479. Régent en Castille après la mort d'Isabelle (1504), il léguera l'Aragon, par testament, à son petit-fils, le futur Charles Quint, déjà roi de Castille.

ISABELLE Iʳᵉ (1451-1504)

Le règne commun d'Isabelle Iʳᵉ de Castille et de Ferdinand II est marqué par la découverte de l'Amérique, mais surtout par la politique religieuse conduite avec l'appui de l'Inquisition. C'est le pape Alexandre VI qui leur donne le titre de « Rois Catholiques ».

▼ L'armée espagnole défait les Maures à Grenade, en 1492. Cette victoire achève la Reconquista, la « reconquête » de la péninsule ibérique sur les musulmans qui l'avaient envahie au début du 8ᵉ siècle.

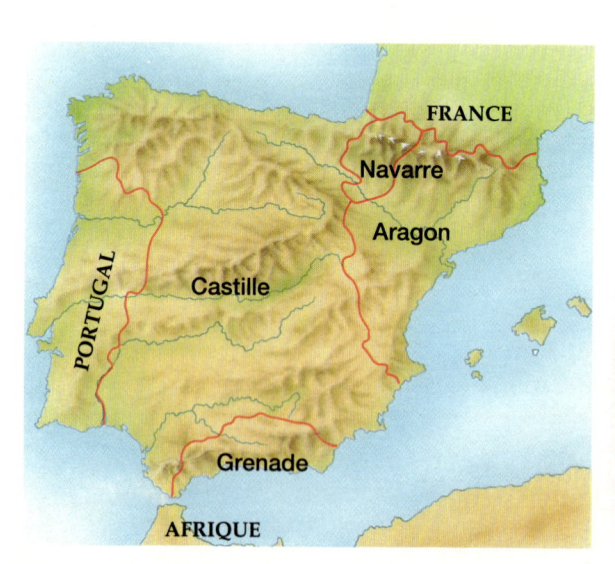

▼ Après avoir réuni l'Aragon et la Castille, Ferdinand et Isabelle s'emparent de Grenade en 1492 ; Ferdinand conquiert le sud du royaume de Navarre en 1512.

sévères qui gouvernent avec l'appui de l'Inquisition. Ce tribunal ecclésiastique est chargé de traquer l'hérésie (opinion ou comportement contraires à l'enseignement de l'Église catholique). Ceux qui refusent d'abjurer leur foi et de se convertir au catholicisme sont persécutés, torturés et finissent parfois sur le bûcher. Cette intolérance conduit notamment les « Rois Catholiques » à expulser 200 000 juifs d'Espagne en 1492.

▲ Cette carte de 1486 s'appuie encore sur les travaux de Ptolémée, géographe grec du 2ᵉ siècle. Elle présente le monde tel qu'on l'imaginait à l'époque des « Rois Catholiques ».

1469 Espagne : le prince Ferdinand d'Aragon épouse l'infante Isabelle de Castille ; leur union prépare l'unification des deux royaumes.
Italie : à l'âge de 20 ans, Laurent de Médicis prend la direction du gouvernement de Florence. Naissance de l'écrivain italien Machiavel (mort en 1527), qui a écrit *le Prince*.

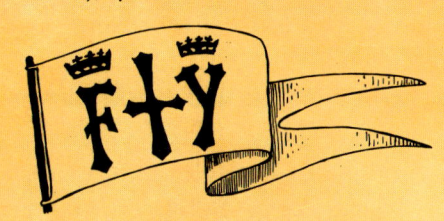

La bannière de Christophe Colomb arbore une croix, placée entre les initiales de Ferdinand et d'Isabelle d'Espagne.

1469 Inde : naissance de Nanak, fondateur de la religion sikh.
v. 1470 France : installation de presses d'imprimerie à la Sorbonne et dans plusieurs villes de France.
1470 Angleterre : guerre des Deux-Roses ; le comte de Warwick, qui a rejoint les Lancastre, met en fuite le roi Édouard IV et rétablit Henri VI sur le trône.
1471 Rome : Sixte IV est élu pape (jusqu'en 1484).
Angleterre : bataille de Barnet ; le comte de Warwick est tué par Édouard IV, qui fait assassiner Henri VI. Édouard IV retrouve le trône d'Angleterre (jusqu'en 1483).
Europe centrale : Vladislav II de Pologne, de la dynastie des Jagellons, devient roi de Bohême (jusqu'en 1516).
Afrique du Nord : les Portugais, conduits par leur roi Alphonse V, prennent Tanger aux musulmans.
Asie : les Vietnamiens de l'Annam s'emparent du royaume du Champa, au sud.
1472-1493 Amérique du Sud : règne du dixième empereur inca, Tupac Yupan ; il fait construire un réseau de routes pour relier chaque cité de son vaste empire à la capitale, Cuzco.

LA RENAISSANCE

La Renaissance

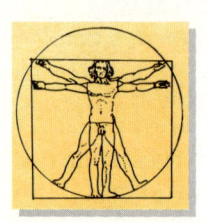

Au Moyen Âge, l'enseignement et les arts sont étroitement encadrés par l'Église. Les questions reçoivent presque toujours cette réponse : « La Bible dit que… » L'Univers est représenté comme une énorme sphère au centre de laquelle trône la Terre, peuplée d'hommes par la volonté de Dieu.

À la fin du 14ᵉ siècle, cette vision du monde commence à être remise en cause en Italie. Des lettrés étudient les écrits des savants de l'Antiquité et constatent qu'avant l'expansion du catholicisme, la pensée s'exerçait plus librement. Après la chute de l'Empire byzantin, en 1453 (*voir* pp. 314-315), des lettrés grecs s'installent en Italie, apportant avec eux des manuscrits anciens. L'étude des

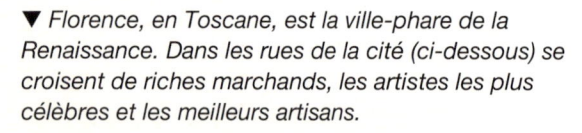

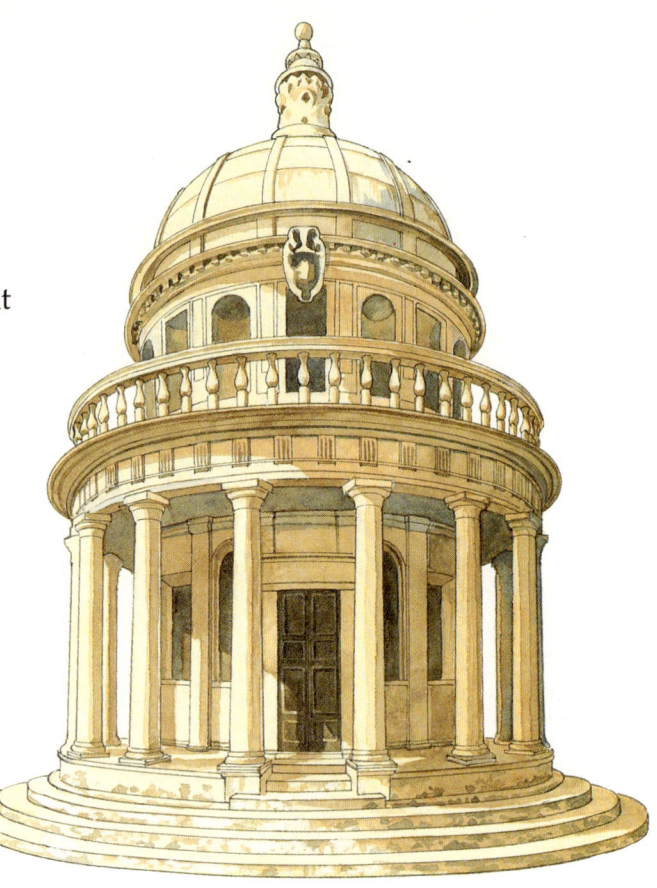

▼ *Florence, en Toscane, est la ville-phare de la Renaissance. Dans les rues de la cité (ci-dessous) se croisent de riches marchands, les artistes les plus célèbres et les meilleurs artisans.*

▲ *Les bâtisseurs de la Renaissance admirent l'Antiquité. Les lignes du Tempietto de Rome évoquent celles des temples grecs et sont le fruit d'une étude approfondie de l'architecture des Anciens.*

1472-1475

L'HOMME UNIVERSEL

L'homme de la Renaissance est un humaniste. Cultivé, curieux de son époque, il place l'homme et les valeurs humaines au-dessus de toutes les autres et porte un égal intérêt à la science, à la philosophie et aux arts.
Léonard de Vinci (1452-1519) incarne parfaitement cet idéal. Peintre, sculpteur, architecte, ce touche-à-tout de génie est aussi un ingénieur et un savant, auteur de nombreuses inventions. Il a surtout vécu à Florence et à Milan puis, invité par François Ier, il est parti pour la France en 1516. Il a laissé de nombreux écrits, d'étonnants carnets de dessins et de superbes tableaux dont, bien sûr, la célèbre *Joconde* !

textes antiques donne naissance à un mouvement intellectuel qui met l'homme et les valeurs humaines au-dessus de toutes les autres : l'humanisme. Il s'agit de retrouver et de faire renaître les civilisations anciennes qui ont été oubliées pendant les « temps obscurs » du Moyen Âge. D'où le nom de « Renaissance » donné à cette époque.

En architecture, le temple grec devient le modèle absolu de la beauté, tandis que les sculpteurs, impressionnés par la statuaire antique, étudient le corps humain pour créer des œuvres ressemblant à leur modèle. Sans abandonner les sujets religieux, les sculpteurs et les peintres mettent aussi à l'honneur les sujets

1472 Russie : Ivan III le Grand épouse Zoé Paléologue, nièce du dernier empereur byzantin ; il se déclare héritier de l'Empire byzantin et en adopte l'emblème, un aigle à deux têtes.
Empire ottoman : les Vénitiens détruisent le port ottoman de Smyrne (l'actuel Izmir).
Afrique de l'Ouest : les Portugais découvrent l'île de Fernando Poo, en Guinée-Équatoriale.
France : la trêve de Senlis interrompt les combats entre le roi Louis XI et Charles le Téméraire.

1473 Rome : le pape Sixte IV entreprend de faire construire la chapelle Sixtine, principale chapelle du Vatican.

Les fresques (peintures murales) sont très appréciées en Italie. Leur nom vient du mot italien fresco *(« frais »), car elles sont réalisées en appliquant des couleurs sur un enduit frais.*

1474 Espagne : Isabelle Ire la Catholique devient reine de Castille (jusqu'en 1504) ; son époux, Ferdinand d'Aragon, devient Ferdinand V, roi de Castille.
France : reprise du conflit entre Charles le Téméraire et Louis XI, qui s'allie à la Confédération helvétique.
Italie : triple alliance entre les cités-États de Florence, Venise et Milan.

1475 Allemagne : l'astronome Regiomontanus est appelé à Rome par le pape Sixte IV qui souhaite lui confier la réforme du calendrier.

LA RENAISSANCE

1475 France : le traité de Picquigny, signé entre le roi de France Louis XI et Édouard IV d'Angleterre, peut être considéré comme mettant officiellement fin à la guerre de Cent Ans.
Empire ottoman : les Ottomans annexent la Crimée.
Italie : naissance de l'artiste Michel-Ange (mort en 1564).

1476 Angleterre : installation de la première presse d'imprimerie du royaume, à Westminster ; les *Contes de Cantorbéry*, du poète Geoffrey Chaucer, y seront imprimés en 1478.
Suisse : Charles le Téméraire envahit la ville de Grandson, sur le lac de Neuchâtel ; il est vaincu par les Suisses et leurs alliés à Grandson, puis à Morat.

1477 France : bataille de Nancy ; victoire du duc de Lorraine, René II, allié aux cantons suisses, sur Charles le Téméraire, qui meurt au combat. Le roi Louis XI s'empare du duché de Bourgogne, qui devient province française.

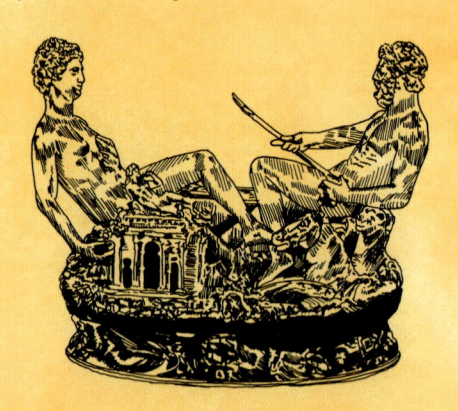

▲ *Les peintres découvrent les lois de la perspective. Dans* le Banquet du roi Hérode, *Masolino da Panicale représente les objets éloignés plus petits.*

Cette salière en or, en émail et en ébène représentant Neptune et Amphitrite a été créée par le sculpteur italien Benvenuto Cellini pour le roi de France François Ier. Ce grand artiste a été influencé par Michel-Ange.

1477 Europe occidentale : Marie de Bourgogne, fille de Charles le Téméraire, épouse Maximilien Ier d'Autriche, fils de l'empereur germanique ; par cette alliance, les Pays-Bas et la Franche-Comté sont rattachés à l'Empire germanique.

mythologiques. À Florence, centre de la Renaissance italienne, de riches mécènes, comme les Médicis et les Borgia (*voir* pp. 336-337), encouragent et soutiennent les artistes.

Mais l'homme de la Renaissance ne se contente pas de copier les Anciens ; il observe aussi le monde qui l'entoure avec un nouveau regard. Certains savants étudient les plantes et les animaux ; d'autres, la géologie et l'astronomie. Nicolas Copernic (1473-1543) émet ainsi l'hypothèse que la Terre est une planète comme les autres, qui tourne autour du Soleil. Prudent, il ne l'affirme que peu de temps avant sa mort, car il sait bien que sa théorie va à l'encontre des enseignements de l'Église catholique.

Toutefois, malgré la pression de l'Église, les idées nouvelles se diffusent rapidement, grâce notamment au développement de l'imprimerie. Né en Italie au 15e siècle, le mouvement de la Renaissance se répand au 16e siècle en France et dans toute l'Europe.

▶ *Les nobles italiens font bâtir de splendides villas à la campagne. Après la chasse, ils s'y réunissent pour pratiquer l'art de la poésie et de la conversation.*

1475-1477

▶ Le Printemps (ci-contre), un des chefs-d'œuvre de Botticelli (1455-1510), s'inspire de la mythologie. Au centre, se trouve Vénus, la déesse de l'Amour et de la Beauté.

▼ Les carnets de Léonard de Vinci présentent de nombreux croquis de machines volantes inspirées par l'étude du vol des oiseaux. Celle-ci (ci-dessous) devait permettre à un homme de voler grâce à des ailes actionnées à la force des bras.

1454 – 1600

L'architecture

En Europe, les nobles quittent les sombres châteaux forts du Moyen Âge pour s'installer dans des demeures confortables, ouvertes sur l'extérieur par de larges fenêtres. L'usage du verre se répand. La plupart des constructions s'appuient sur une charpente en bois, ce qui les rend vulnérables au feu. Cette menace est d'autant plus redoutée en ville que les rues étroites favorisent la propagation des incendies. Le mobilier est en bois, souvent minutieusement sculpté ; les murs sont couverts de lambris et de tapisseries. La mode est aux jardins soigneusement ordonnancés. Les jardins d'herbes, dont les plantes sont utilisées à des fins curatives ou gastronomiques, sont très populaires.

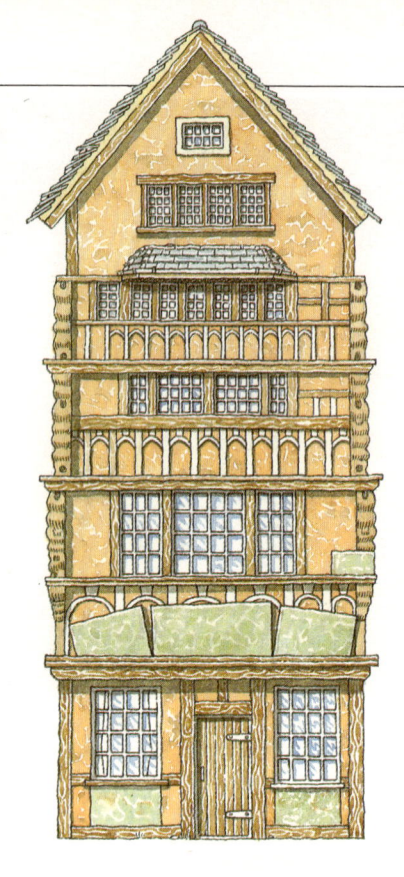

▲ Au 16ᵉ siècle, les maisons de ville s'élèvent sur plusieurs étages. Chez les plus fortunés, les fenêtres sont ornées de petits carreaux et les poutres sont habilement sculptées. Le style de cette façade rappelle délibérément la poupe des galions, les navires qui rapportent l'or et l'argent du Nouveau Monde.

TECHNIQUES D'ASSEMBLAGE

C'est l'assemblage des poutres qui fait la solidité d'une charpente. S'il a été réalisé dans les règles de l'art, l'ensemble tiendra, même si toute la construction vacille. On utilise la technique de la mortaise et du tenon, ainsi que celle de l'assemblage à queue d'aronde.

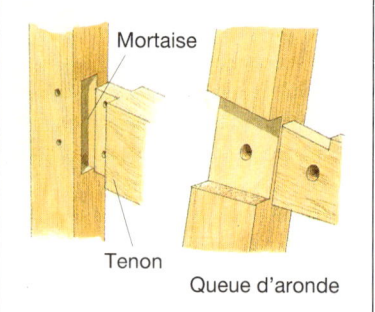

Mortaise
Tenon
Queue d'aronde

▼ En France, les nobles se font construire des châteaux et des manoirs, notamment sur les rives de la Loire. Ils sont décorés par les grands artistes de la Renaissance. Ci-dessous, l'escalier du château de Fontainebleau.

À CETTE ÉPOQUE

1519 Début de la construction du château de Chambord, en France.
1547 En Italie, Michel-Ange, nommé architecte de la basilique Saint-Pierre de Rome, dessine les plans de sa coupole.
1584 Achèvement du palais de l'Escurial, près de Madrid.
1585 L'empereur moghol de l'Inde, Akbar, transfère sa cour à Sikri où il a fait construire la forteresse de Fathpur.

▶ Jaloux de la splendeur de Sienne et de Pise, le gouvernement de Florence a vu grand pour sa cathédrale. Résultat, la tour est si haute que personne ne sait comment faire pour réussir à la coiffer d'une coupole !

Dans les années 1430, l'architecte Filippo Brunelleschi trouve la solution en s'inspirant des techniques de l'Antiquité. Une grue de son invention est même placée au-dessus du dôme pendant les travaux.

LA TECHNIQUE INCA

Les Incas utilisent des outils en pierre pour construire leurs édifices. Les blocs sont d'abord dégrossis à l'aide de masses. Les angles sont ensuite polis avec du sable pour faciliter l'assemblage final.

▼ Les architectes incas utilisent des formes simples : le rectangle et le carré. La construction d'une ville suit un plan rigoureux. Les bâtiments sont constitués de blocs de pierre assemblés sans mortier.

LE MODÈLE ITALIEN

1478 Russie : Ivan III le Grand conquiert la ville de Novgorod, qu'il intègre à la principauté de Moscou.
Europe centrale : la Hongrie conquiert la Moravie et la Silésie.
Balkans : les Turcs ottomans conquièrent l'Albanie.

1479 Espagne : le roi de Castille, Ferdinand, devient roi d'Aragon (jusqu'en 1516) ; les deux royaumes sont réunis.
Méditerranée : victoire des Ottomans sur les Vénitiens après quinze ans de guerre ; Venise doit payer un tribut pour pouvoir naviguer sur la mer Noire.

v. 1480 Europe occidentale : essor de l'imprimerie.
France : réalisation des tapisseries de *la Dame à la licorne*.

1480 Russie : Ivan III libère Moscou de la suzeraineté des Mongols, qui contrôlaient le pays depuis plus de deux siècles.
Méditerranée : les Ottomans assiègent l'île de Rhodes ; ils sont repoussés par les chevaliers de Saint-Jean-de-Jérusalem.

Pièce italienne frappée du portrait de Cosme l'Ancien, grand-père de Laurent Ier de Médicis.

1481 Empire ottoman : mort du sultan Mehmed II le Conquérant ; Bayezid II lui succède (jusqu'en 1512).
Espagne : les Rois Catholiques, Ferdinand et Isabelle, organisent l'Inquisition d'Espagne, destinée notamment à surveiller les juifs récemment convertis au christianisme ; ceux qui continuent à pratiquer secrètement leur religion sont condamnés à la prison ou au bûcher.

Le modèle italien

Au 15ᵉ siècle, l'Italie est divisée en une multitude de petits États indépendants. Certains, comme ceux de Florence, de Rome ou de Venise, sont des cités-États. D'autres sont des duchés, organisés autour de grandes villes comme Mantoue, Urbino ou Ferrare. La plupart d'entre eux sont gouvernés par de grandes familles qui contribuent au rayonnement de la Renaissance italienne (*voir* pp. 330-333).

La plus puissante de toutes est sans doute la famille des Médicis. Ceux-ci ont fait fortune dans la banque au 14ᵉ siècle et ils gouvernent Florence à partir de 1434. Leur représentant le plus illustre, Laurent Iᵉʳ le Magnifique, dirige la cité de 1469 à 1492 ; il personnifie l'idéal de la Renaissance. Protecteur des arts et des lettres, poète lui-même, c'est aussi

LAURENT Iᵉʳ DE MÉDICIS
(1449-1492)

Laurent de Médicis n'a que vingt ans quand il prend la direction du gouvernement de Florence. Sa cour est celle d'un véritable prince. Poète et mécène, surnommé le Magnifique, il est aussi un habile homme d'État et un grand diplomate.

LUCRÈCE BORGIA
(1480-1519)

Fille de Rodrigo Borgia, le pape Alexandre VI, Lucrèce s'est mariée quatre fois pour favoriser les manœuvres politiques de sa puissante famille. Célèbre pour sa beauté, c'est une protectrice des lettres appréciée des artistes.

1478-1481

un homme d'État avisé qui aidera son second fils à devenir pape. Sa collection d'œuvres d'art est aussi célèbre que sa bibliothèque. Sous son gouvernement, Florence se couvre de palais et devient l'une des plus belles villes d'Italie ; artistes et humanistes y affluent de toute l'Europe, fascinés par l'éclat de cette cité.

La famille des Borgia est l'autre grande famille de l'époque. Deux de ses membres, Alonso (1378-1458) et Rodrigo (1431-1503), ont été papes sous les noms respectifs de Calixte III et Alexandre VI. Quant à César Borgia (1475-1507), duc de Romagne, il a inspiré Machiavel lorsqu'il a composé *le Prince*, l'un des grands ouvrages politiques de la Renaissance.

▲ À l'époque de la Renaissance, le nord de l'Italie est morcelé entre plusieurs États indépendants. Le pape gouverne le centre de la péninsule tandis que la Sicile, la Sardaigne et l'Italie du Sud font partie du royaume d'Aragon.

▼ Les grandes familles italiennes se font alors édifier dans la campagne de somptueux palais entourés de jardins. La villa Poggio (ci-dessous) est le lieu de villégiature de Laurent Ier de Médicis.

LES GRANDES DÉCOUVERTES

Les grandes découvertes

Pendant des siècles, les épices d'Asie ont été transportées par voie terrestre jusqu'à Constantinople avant d'être acheminées par bateau jusqu'en Europe. Ces produits de luxe sont très recherchés, car ils rendent acceptable le goût des aliments qui sont alors souvent conservés dans le sel. La prise de Constantinople par les musulmans en 1453 (*voir* pp. 314-315) coupe les communications terrestres entre l'Europe et l'Asie. Il faut désormais trouver d'autres routes pour aller chercher les précieuses épices. Cet objectif est l'une des motivations principales des grands navigateurs du 15e siècle.

Ce sont les marins portugais qui, sous l'impulsion du prince Henri le Navigateur (*voir* pp. 306-307), ouvrent la voie des grandes découvertes. Longeant les côtes africaines, ils s'aventurent, expédition

BARTHOLOMEU DIAS
(v. 1450-1500)

En 1486, le Portugais Bartholomeu Dias se voit confier trois bateaux pour explorer la côte africaine. Des vents favorables lui permettent de doubler le cap de Bonne-Espérance en 1487 ; son équipage refusant d'aller plus loin, il rebrousse chemin.

VASCO DE GAMA
(v. 1469-1525)

Après avoir contourné le cap de Bonne-Espérance, le Portugais Vasco de Gama longe la côte est de l'Afrique, traverse l'océan Indien et atteint le port de Calicut. Découvreur de la route des Indes, il sera nommé, en 1524, vice-roi des Indes portugaises.

▼ Les bateaux de Vasco de Gama sont une version améliorée des caravelles. Une voile latine triangulaire associée aux traditionnelles voiles carrées les rend plus faciles à manœuvrer en pleine mer.

LES INSTRUMENTS DE NAVIGATION

À l'époque des grandes découvertes, les principaux instruments de navigation sont la boussole, l'astrolabe et le bâton de Jacob (ou arbalète). La boussole, qui permet au navigateur de fixer le cap de son navire, est connue des Chinois depuis longtemps. Ceux-ci en ont appris l'usage aux Arabes qui, au 12e siècle, l'ont révélé aux Européens. L'astrolabe et le bâton de Jacob servent à calculer la hauteur des astres dans le ciel et la latitude, la distance par rapport à l'équateur. Mais les mesures restent imprécises. On n'a pas encore trouvé le moyen d'évaluer correctement la vitesse du bateau et sa longitude (sa position par rapport à l'est ou à l'ouest du point de départ).

Astrolabe

Bâton de Jacob

Compas

1482 Afrique de l'Ouest : les Portugais établissent des comptoirs commerciaux sur la Côte-de-l'Or (l'actuel Ghana) d'où ils exportent de l'or et de l'ivoire ; ils remontent également le fleuve Congo.

1483 Angleterre : mort du roi Édouard IV. Son fils de 12 ans, Édouard V, lui succède. Mais son oncle et régent, Richard de Gloucester, le fait assassiner et devient le roi Richard III d'Angleterre (jusqu'en 1485).
France : mort de Louis XI. Son fils, Charles VIII, lui succède (jusqu'en 1498) ; sa sœur, Anne de Beaujeu, assure la régence (jusqu'en 1491).
Italie : naissance du peintre et architecte Raphaël (mort en 1520).

1484 Rome : Innocent VIII est élu pape (jusqu'en 1492).
France : « Guerre folle » ; Louis d'Orléans (le futur Louis XII) se révolte contre les Beaujeu avec l'aide de grands féodaux ; vaincu à Saint-Aubin-du-Cormier en 1488, il est fait prisonnier. Il sera libéré en 1491 par Charles VIII.

1485 Angleterre : bataille de Bosworth ; Richard III est vaincu et tué par Henri Tudor ; celui-ci devient le roi Henri VII d'Angleterre (jusqu'en 1509) et fonde la dynastie des Tudors. Fin de la guerre des Deux-Roses.
Europe centrale : le royaume de Hongrie s'empare de Vienne et y installe sa capitale.

après expédition, toujours plus au sud. En 1487, Bartolomeu Dias est le premier à contourner le continent en doublant le cap de Bonne-Espérance. Dix ans plus tard, Vasco de Gama atteint le port de Calicut, en Inde, en traversant l'océan Indien. Tentant leur chance plus à l'est, d'autres Portugais atteindront la Chine en 1517, et le Japon, trente ans plus tard.

Tandis que les Portugais cinglent vers le sud puis vers l'est, les Espagnols, eux, tentent leur chance vers l'ouest. En 1492, Isabelle la Catholique (*voir* pp. 328-329) accepte de financer l'expédition de Christophe Colomb. Celui-ci soutient qu'en naviguant vers l'ouest à travers la « mer océane », il finira par atteindre les Indes. Croyant avoir rempli sa mission,

Pour illustrer les livres, les imprimeurs utilisent la technique de la gravure sur bois. Celle-ci montre un forgeron au travail. Elle illustre un livre imprimé en Angleterre en 1483.

LES GRANDES DÉCOUVERTES

1486 Angleterre : le roi Henri VII, héritier des Tudors et des Lancastre, épouse Élisabeth d'York, fille d'Édouard IV ; les deux maisons rivales sont réunies.

1487 Afrique de l'Ouest : les Portugais atteignent Tombouctou, à l'intérieur du continent africain.
Afrique du Sud : le navigateur portugais Bartolomeu Dias est le premier à contourner l'Afrique et à doubler le cap des Tempêtes, qui sera rebaptisé cap de Bonne-Espérance.
Écosse : Jacques IV devient roi (jusqu'en 1513).

v. 1490 Italie : Alde Manuce l'Ancien fonde une imprimerie à Venise, où il édite pour la première fois de grandes œuvres classiques, grecques et latines.
Afrique de l'Ouest : les Portugais atteignent le royaume du Congo et y introduisent le christianisme.

1491 France : le roi Charles VIII épouse la duchesse Anne de Bretagne.

1492 Rome : Alexandre VI (Rodrigo Borgia) est élu pape (jusqu'en 1503).
Amérique : départ de Christophe Colomb, au service de la reine Isabelle d'Espagne ; il atteint les Antilles en octobre 1492 et rentre en Espagne en 1493.
Espagne : le roi Ferdinand II s'empare du royaume maure de Grenade.
Fin de la Reconquista (la Reconquête) ; l'unification de l'Espagne est achevée.
Allemagne : le navigateur allemand Martin Behaim réalise un globe terrestre présentant les terres connues en son temps.

Cette carte du monde, établie vers 1490, se distingue des précédentes car elle montre l'océan séparant l'Afrique de l'Asie, et représente assez bien les trois quarts du globe.

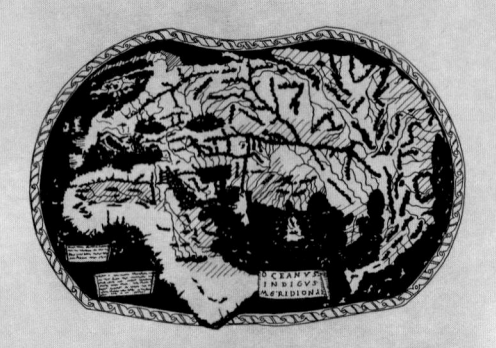

il baptise « Indes occidentales » les terres qu'il aborde au terme de sa longue traversée ; il s'agit en fait des Antilles, au large de l'Amérique. Colomb y retournera trois fois, mais il n'admettra jamais qu'il a découvert un « Nouveau Monde » jusqu'alors inconnu des Européens.

Le navigateur Amerigo Vespucci, qui débarque au Brésil en 1499, est l'un des premiers à comprendre l'erreur de Colomb. En son honneur, le géographe allemand Waldseemüller donnera à la nouvelle terre le nom d'Amérique.

Les voyages se multiplient. D'autres Européens comme Jean Cabot, Willem Barents, Jacques Cartier (*voir* pp. 408-411) cherchent, eux, à gagner l'Inde par le nord. En août 1519, le Portugais Fernand de Magellan entreprend le premier voyage autour du monde. Il meurt aux Philippines, mais l'un des cinq navires

MAGELLAN
(1480-1521)

En 1519, le Portugais Fernand de Magellan entreprend le premier voyage autour du monde et découvre – entre l'extrémité sud de l'Amérique et la Terre de Feu – le détroit qui porte aujourd'hui son nom. Il meurt aux Philippines sans avoir revu l'Europe.

COLOMB
(1451-1506)

D'origine génoise, Christophe Colomb s'installe au Portugal vers 1476. Le roi refusant de financer son projet d'expédition, il s'adresse aux Espagnols. Découvreur du Nouveau Monde en 1492, il mourra certain d'avoir ouvert la route des Indes par l'ouest.

1486-1492

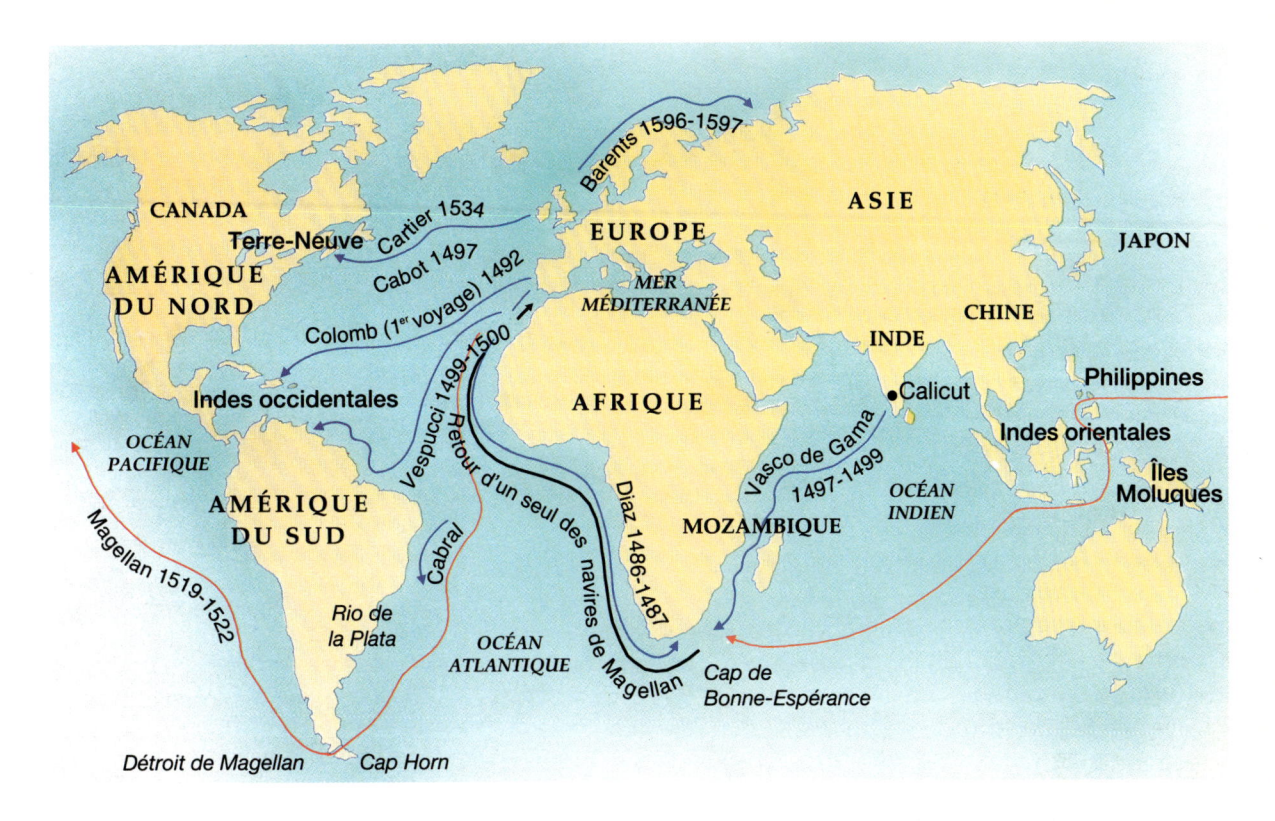

de son expédition parviendra à rentrer en Espagne en 1522. Désormais, il ne fait plus aucun doute que la Terre est bien une boule !

Et en ce début du 16ᵉ siècle, les Portugais et les Espagnols ont déjà commencé la conquête du Nouveau Monde (*voir* pp. 352-353 et 362-363).

▲ Partant d'Europe, les navigateurs tentent d'atteindre les Indes par des chemins différents. Au début du 16ᵉ siècle, leurs découvertes ont bouleversé la vision du monde connu des Européens ; celui-ci s'est démesurément agrandi.

▼ Les trois navires de Colomb – la Santa Maria, la Niña et la Pinta – ressemblaient à celui-ci. Ce sont des caravelles, des vaisseaux courts, aux formes arrondies, capables de tenir la haute mer et d'affronter les tempêtes. La vie à bord manque de confort !

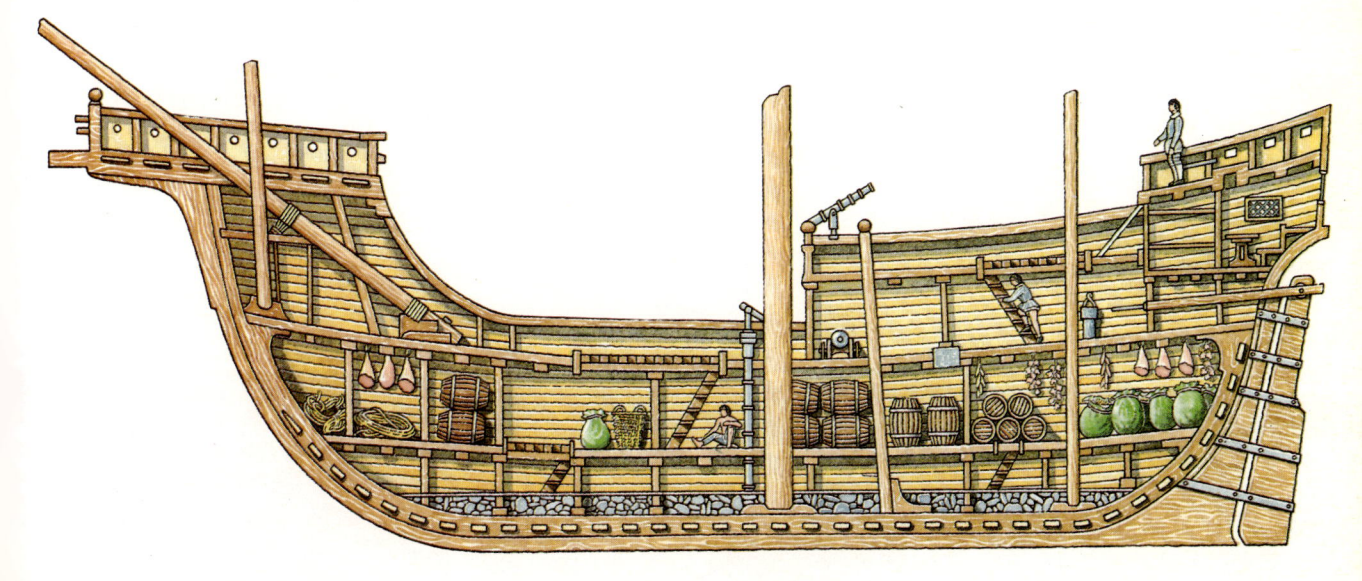

1454 – 1600

Les communications et les transports

Avec le développement de l'imprimerie, les idées nouvelles et les découvertes géographiques et scientifiques se diffusent rapidement. Cependant, pour la plupart des gens, les informations se transmettent encore essentiellement par le bouche à oreille. Elles mettent des semaines à traverser l'Atlantique, ce qui rend difficile le gouvernement des colonies lointaines. Lorsque les conquistadors partent pour l'Amérique, ils emmènent avec eux des chevaux. Ces animaux impressionnent les populations du Nouveau Monde, qui n'en avaient jamais vu auparavant, et contribuent à leur faire croire que les Blancs sont des êtres hors du commun.

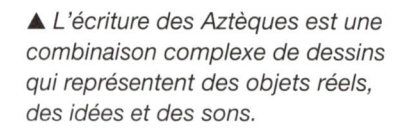

▶ *Parti d'Espagne le 3 août 1492, Christophe Colomb fait une longue halte aux Canaries. Le 6 septembre, il met cap à l'ouest. Ce n'est que le 12 octobre qu'une terre sera enfin en vue.*

Montagne — Moctezuma — Arbre — Tenochtitlan — Dent — Pierre

▲ *L'écriture des Aztèques est une combinaison complexe de dessins qui représentent des objets réels, des idées et des sons.*

▲ *En 1588, la marine anglaise se prépare à affronter l'Invincible Armada espagnole. Des feux sont allumés sur les côtes pour permettre aux marins de se repérer.*

À CETTE ÉPOQUE

1476 En Angleterre, la première presse d'imprimerie est installée à Westminster.

1507 L'Allemand Waldseemüller établit une carte montrant que l'Asie est séparée du Nouveau Monde, qu'il baptise Amérique.

1539 En France, l'édit de Villers-Cotterêts impose le français comme langue officielle du royaume, au lieu du latin.

v. 1530 Les Incas utilisent les *quipus* pour faire l'inventaire des biens et des personnes.

▲ Chez les Incas, les messages officiels, les quipus et certains colis légers sont acheminés au pas de course par des messagers. Ceux-ci sont régulièrement relayés au niveau des *tampus* qui jalonnent les routes. Ils annoncent leur arrivée en soufflant dans un coquillage.

▲ Dans les années 1490, l'imprimeur Alde Manuce (v. 1449-1515) fonde à Venise l'imprimerie aldine, l'une des très grandes imprimeries italiennes. Ces pages sont extraites du *Songe de Poliphile,* un ouvrage qu'il publie en 1499 et qui s'impose comme un chef-d'œuvre de typographie.

▶ Les princes humanistes de la Renaissance s'enorgueillissent de leurs bibliothèques. En 1571, celle de Laurent Ier de Médicis (ci-contre) est ouverte au public à Florence, dans un lieu conçu par Michel-Ange.

L'EMPIRE SONGHAÏ

1493 Amérique du Sud : Huayna Capac devient le onzième empereur inca (jusque v. 1525) ; il fonde une seconde capitale, à Quito, au nord de l'empire.
Saint Empire : Maximilien Ier devient empereur (jusqu'en 1519).
Afrique de l'Ouest : apogée de l'Empire songhaï, sous le règne d'Askia Mohammed, qui fonde la dynastie Askia.

1493-1496 Amérique : deuxième voyage de Christophe Colomb, qui explore la Guadeloupe et la Dominique et retourne à Cuba.

1494 Péninsule ibérique : traité de Tordesillas ; le pape Alexandre VI définit une ligne de partage entre les futures possessions espagnoles et portugaises.
Italie : les Florentins chassent les Médicis ; le prédicateur Savonarole prend le pouvoir à Florence.
Europe : le roi de France revendique le royaume de Naples ; début des guerres d'Italie.

1495 Europe : Charles VIII, roi de France, envahit Naples. Une Sainte Ligue, formée par Milan, Venise, le pape, l'empereur germanique et le roi d'Espagne, s'oppose à la France.

1497 Amérique du Nord : le navigateur italien Jean Cabot (Giovanni Caboto) découvre Terre-Neuve, à l'embouchure du fleuve Saint-Laurent.
Afrique : le navigateur portugais Vasco de Gama contourne l'Afrique par le cap de Bonne-Espérance.

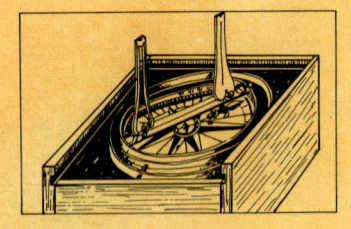

Compas de marine (boussole) utilisé par les marins vers 1500 pour suivre leur route.

L'Empire songhaï

Lorsque les premiers Européens abordent les côtes africaines dans les années 1460, de grands royaumes sont installés sur le continent. Le commerce entre ces États est florissant. Certaines régions exploitent l'or et le cuivre, tandis que d'autres sont réputées pour la qualité de leurs étoffes et de leur orfèvrerie.

L'Empire songhaï, qui s'étend sur un très vaste territoire, à l'ouest du continent, est le plus puissant de tous les royaumes africains. Au 13e siècle, le pays a été intégré au Mali et il est devenu musulman (*voir* pp. 264-265). L'emprise du Mali cesse au début du 15e siècle et le règne de Sonni Ali Ber (1464-1492) marque véritablement la création de l'empire. Des témoins de l'époque le décrivent comme un homme cruel et sans scrupules, qui persécute les

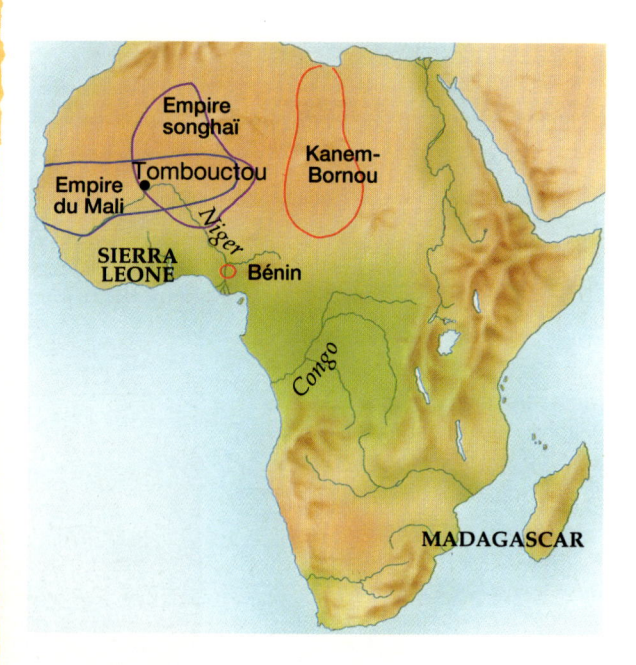

▲ *Les premiers Européens qui prennent pied sur la côte africaine occidentale ignorent tout de l'intérieur du continent et de la richesse du puissant Empire songhaï.*

1493-1497

◀ Cette statuette représentant un soldat portugais est l'œuvre d'un artiste du Bénin. Elle témoigne de l'influence des Européens en Afrique.

religieux, et étend son territoire grâce à des guerres de conquête.

À sa mort, Askia Mohammed lui succède et fonde une nouvelle dynastie. Songhaï devient alors le plus puissant empire d'Afrique occidentale. Il tire sa richesse de l'intense activité commerciale des villes de Gao et de Tombouctou. C'est là que l'or du Sud s'échange contre le sel du Nord. Léon l'Africain, un voyageur arabe, qui visite Tombouctou au 16ᵉ siècle, note dans sa *Description de l'Afrique* que le roi se fait servir ses repas dans de la vaisselle d'or. Il remarque aussi que les livres et les manuscrits sont vendus beaucoup plus cher que toutes les autres marchandises. La fin du règne d'Askia Mohammed, en 1528, amorce le déclin de l'empire ; en 1591, il sera conquis par le sultan du Maroc.

▼ Tombouctou (ci-dessous) est reprise au Mali par Sonni Ali Ber au 15ᵉ siècle. Grande place commerçante, la ville compte une université, une mosquée et de nombreuses écoles.

KANEM-BORNOU

Le vaste empire de Kanem-Bornou s'étend autour du bassin du lac Tchad. Il connaît son apogée sous le règne d'Idris Aloama (1571-1603). Cet empire a été fondé par le *mai* (le roi) Ali Gaji (1470-1503), qui a réuni les deux royaumes de Kanem et de Bornou. Son économie, liée à celle des pays du Nord, n'est pas bouleversée par l'installation des Européens sur la côte.

345

LA PERSE DES SÉFÉVIDES

1498 France : règne du roi Louis XII (jusqu'en 1515).
Amérique : troisième voyage de Christophe Colomb, qui découvre la Trinité et touche le continent sud-américain. L'empereur inca Huayna Capac étend son territoire au nord de Quito (jusqu'à l'actuelle Colombie).
Italie : à Florence, Savonarole est condamné au bûcher pour hérésie.
Inde : Vasco de Gama atteint Calicut, en Inde, après avoir traversé l'océan Indien.

1499 Amérique du Sud : le navigateur italien Amerigo Vespucci aborde la Guyane.
Italie : le roi de France, Louis XII, poursuit les guerres d'Italie et revendique le duché de Milan, qu'il conquiert en 1500.

Étendard perse de l'époque séfévide

1500 Amérique du Sud : le navigateur Pedro Alvares Cabral atteint le Brésil ; il prend possession de la région au nom du Portugal.
Afrique : les Portugais découvrent l'île de Madagascar.

1501 Perse : règne du chah Isma'il Ier (jusqu'en 1524) ; il fonde la dynastie des Séfévides qui régnera sur le pays jusqu'en 1736.
Italie : les Français et les Espagnols occupent Naples.

1502-1504 Amérique : dernier voyage de Christophe Colomb, qui explore le Honduras.

1503 Rome : Jules II est élu pape (jusqu'en 1513) ; il prépare la reconstruction de la basilique Saint-Pierre de Rome.
Italie : bataille de Garigliano ; victoire des Espagnols sur les Français, malgré la bravoure de Bayard, le « chevalier sans peur et sans reproche ». Léonard de Vinci peint la *Joconde*.

La Perse des Séfévides

Au début du 16e siècle, Isma'il Ier s'empare de Tabriz – dont il fait sa capitale –, et prend le titre de chah (roi) de Perse (l'actuel Iran). Il fonde alors la puissante dynastie des Séfévides, qui va régner sur le pays jusqu'en 1736. Engageant de vastes campagnes militaires, le nouveau souverain se rend bientôt maître de l'Iran, de l'Arménie et de l'Iraq. Il déclare le chiisme religion d'État au lieu du sunnisme, le courant dominant de l'islam. Pour les chiites, seuls les descendants directs de la famille du prophète Mohammed (Mahomet) peuvent être élevés à la dignité de califes (souverains). Ces divergences, ajoutées aux revendications territoriales, seront prétexte à de nombreuses guerres entre les Séfévides et les Ottomans (*voir* pp. 358-359). Elles commencent, en 1514, avec l'invasion de l'ouest de la Perse par l'armée du sultan ottoman Selim Ier, et déchireront la région au 16e siècle.

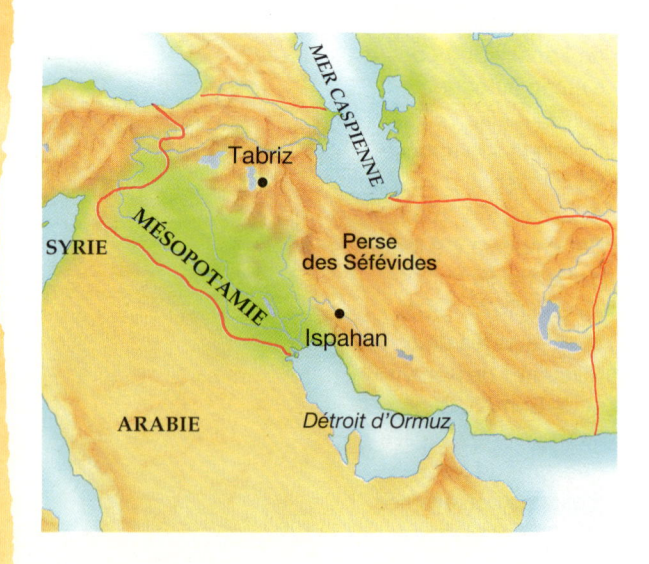

▲ *Sous le règne d'Abbas Ier, l'Empire perse des Séfévides atteint son apogée. L'île d'Ormuz est occupée par les Portugais depuis 1507.*

◀ Ce tapis de laine, fabriqué en 1539, témoigne du raffinement de la civilisation perse sous la dynastie des Séfévides. Les coloris délicats mettent en valeur les motifs. On en retrouve d'identiques sur les poteries et les faïences de cette époque.

ABBAS Ier (1571-1629)

Cinquième chah séfévide, Abbas Ier le Grand consacre une grande partie de son règne à lutter contre les Turcs ottomans. Mais ce grand guerrier est aussi un homme cultivé et raffiné qui fait de sa capitale Ispahan la plus belle ville de l'Empire perse.

Malgré ces luttes incessantes, la Perse des Séfévides atteint son apogée sous le règne d'Abbas Ier le Grand (1587-1629). Ce grand chef de guerre installe sa capitale à Ispahan, où il fait édifier de somptueux édifices, dont la célèbre mosquée bleue. La cité, bientôt réputée pour ses jardins, ses rues ombragées et ses marchés couverts – les *bazars* –, apparaît alors comme l'une des plus belles du monde musulman.

▼ Édifiée par Abbas Ier le Grand, la mosquée royale d'Ispahan (ci-dessous) est entièrement recouverte de petits morceaux de faïence bleue patiemment assemblés pour former des motifs géométriques et floraux. Ces décorations sont caractéristiques de l'art de l'Iran ancien.

1454 – 1600

L'agriculture et l'alimentation

En Europe, la population continue à augmenter et beaucoup de gens ne mangent pas toujours à leur faim, même si l'on poursuit la mise en valeur de nouvelles terres. Seuls les plus riches peuvent s'offrir les précieuses épices – gingembre, girofle, muscade, safran, cannelle et surtout poivre.
En Amérique, les Européens découvrent des fruits et des légumes dont ils ignoraient l'existence : tomate, pomme de terre, ananas, banane, nouvelles variétés de haricot…
La plupart de ces plantes seront acclimatées dans l'Ancien Monde.

◀ Les moulins à vent sont sans doute apparus en Iran dès le 7e siècle. Ils arrivent en Europe au 12e siècle et servent à moudre le blé en farine. Au 15e siècle, on commence à les utiliser pour pomper l'eau des marais afin de les assécher et de les rendre cultivables.

▼ Baber (ci-dessous), le premier souverain moghol, regrette de ne pas trouver en Inde du raisin et de bons fruits. Pour y remédier, il fait aménager de magnifiques vergers, et introduit dans le pays, depuis le Proche-Orient, le melon et le raisin.

▲ Ce dessin ancien représente un ananas, l'un des nombreux fruits que les Européens découvrent en Amérique.

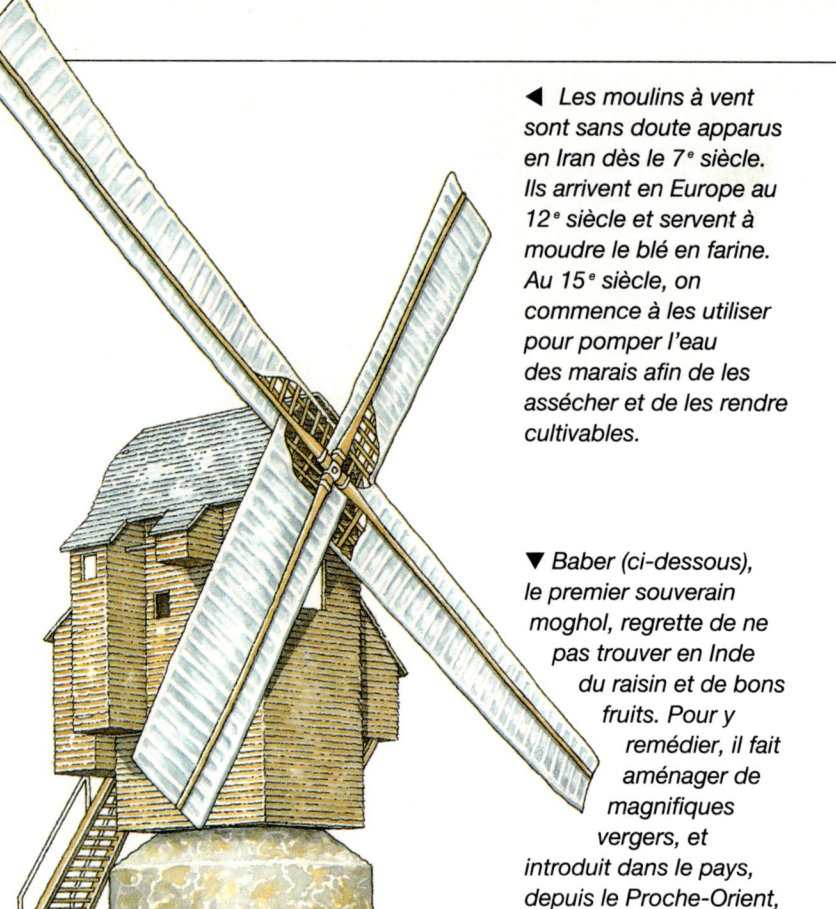

◀ En Virginie, certains Indiens cultivent du maïs. Ils sèment plusieurs fois dans l'année et parviennent à obtenir trois récoltes par an.

▲ À la campagne, les moissons sont un des temps forts de l'année. Les épis sont coupés à la faux ou à la faucille ; la paille est mise en bottes.

▶ Sur les pentes escarpées des Andes, les Incas aménagent des cultures en terrasses retenues par des murs en pierre. Hommes et femmes travaillent aux champs. Les terres sont divisées en parcelles et exploitées par les familles. Plus haut, s'étendent des pâturages.

À CETTE ÉPOQUE

- **1492** Certains peuples des Antilles cultivent déjà le coton et le tabac.
- **1512** Les Portugais rapportent des épices des Moluques.
- **1544** En France, François I er affranchit les serfs du domaine royal.
- **v. 1570** Après un soulèvement d'esclaves à Sao Tomé, en Afrique, les Portugais développent leurs plantations de canne à sucre au Brésil.

FRANÇOIS Ier ET LA RENAISSANCE

1504 Afghanistan : le Moghol Baber prend Kaboul ; c'est depuis cette ville qu'il partira conquérir l'Inde du Nord.
Italie : les Espagnols expulsent les Français du royaume de Naples. Selon le traité de Blois, Louis XII conserve le Milanais, et l'Italie du Sud est rattachée à l'Espagne.

1505-1533 Russie : règne du grand-prince de Vladimir et de Moscou Vassili III.

1506 Espagne : Christophe Colomb meurt, oublié de ses contemporains, croyant toujours avoir atteint l'Asie.

1507 Amérique : le cartographe allemand Martin Waldseemüller baptise le continent récemment découvert America, en l'honneur de l'explorateur Amerigo Vespucci qu'il pense être le découvreur du Nouveau Monde.

1508 Europe : création de la ligue de Cambrai, alliance entre Louis XII de France, Ferdinand d'Espagne et l'empereur germanique Maximilien Ier contre les Vénitiens.

Le grand sceau du roi Henri VIII d'Angleterre

1500 Rome : au Vatican, Michel-Ange commence à décorer le plafond de la chapelle Sixtine ; le peintre Raphaël décore une partie du palais.

1509 Angleterre : Henri VIII devient roi (jusqu'en 1547).
Allemagne : Peter Henlein invente la montre à ressort, qui n'a encore qu'une aiguille.
Italie : bataille d'Agnadel ; victoire du roi de France Louis XII sur les Vénitiens.

François Ier et la Renaissance

À peine monté sur le trône, François Ier lance son armée vers l'Italie pour s'emparer du Milanais (la région de Milan). Comme ses prédécesseurs, Charles VIII et Louis XII, le jeune roi rêve de l'Italie, le pays de la Renaissance, le pays des peintres, des poètes, des savants… Il remporte la victoire de Marignan (1515) sur les Suisses qui, écrasés, signent avec la France une paix perpétuelle qui durera jusqu'en 1792.

Le roi victorieux doit cependant bientôt faire face à de grandes difficultés, et notamment à la puissance de Charles Quint (*voir* pp. 370-371), dont les États cernent le royaume de France. Battu à Pavie en 1525, le roi sera même prisonnier de l'empereur. Et il ira jusqu'à s'allier avec

FRANÇOIS Ier
(1494-1547)

Au cours de son règne, qui commence en 1515, François Ier fait évoluer le pouvoir royal vers l'absolutisme : l'autorité doit appartenir au roi et à lui seul. D'abord tolérant envers les protestants, il combat ensuite la religion réformée (*voir* pp. 354-355), au besoin violemment.

HENRI VIII
(1491-1547)

Roi d'Angleterre en 1509, catholique convaincu, Henri VIII se brouille avec le pape, car ce dernier refuse d'annuler son mariage avec Catherine d'Aragon. En 1534, Henri VIII se proclame chef de l'Église d'Angleterre. Cette rupture est à l'origine de l'Église anglicane.

◀ *En septembre 1515, l'armée de François Ier remporte sur les Suisses, au service de ses adversaires, la victoire de Marignan, en Italie. Lors de cet affrontement, l'artillerie française joue un rôle très important. Le Moyen Âge est bien fini ! Pourtant, le roi se fait armer chevalier sur le champ de bataille par le célèbre Bayard, le « chevalier sans peur et sans reproche ».*

Soliman le Magnifique (*voir* pp. 358-359), ce que les chrétiens lui reprocheront.

En véritable prince de la Renaissance, François Ier fait venir à sa cour des artistes – dont le grand Léonard de Vinci, qui finit ses jours sur les bords de la Loire –, des architectes, des écrivains. Il aime le faste, fait construire ou réaménager de superbes châteaux, tels Chambord ou Fontainebleau. Homme de son temps, « moderne », c'est lui aussi qui décide, en 1539, par l'ordonnance de Villers-Cotterêts, que le français, et non plus le latin, devra être utilisé dans les actes officiels. La même ordonnance impose aux curés de tenir, dans leur paroisse, le registre des baptêmes et des enterrements ; cette mesure est à l'origine de ce que l'on appelle l'état civil, qui est aujourd'hui assuré par les mairies.

▶ *Le château de Chambord a été construit par François Ier entre 1519 et 1537, sur les bords de la Loire. C'est un chef-d'œuvre des artistes de la Renaissance.*

L'EMPIRE PORTUGAIS

L'Empire portugais

Au début du 16ᵉ siècle, les Portugais sont les premiers à atteindre les Indes orientales en contournant le cap de Bonne-Espérance et en traversant l'océan Indien (*voir* pp. 338-341). Afin de contrôler le commerce des épices, ils s'emparent des Moluques et des principaux ports de l'océan Indien et ils édifient des comptoirs fortifiés le long des côtes africaines pour baliser leur route.

En Afrique, les colons se procurent de l'or et aussi des esclaves, qu'ils font travailler dans les plantations de canne à sucre sur l'île de Sao Tomé. Quand ceux-ci se révoltent, dans les années 1570, les planteurs partent s'installer au Brésil.

Au 17ᵉ siècle, les Portugais possèdent l'un des plus vastes empires commerciaux

▶ *Cette sculpture africaine en ivoire du 16ᵉ siècle montre des soldats portugais devant un nid-de-pie (poste d'observation situé sur le mât des navires) miniature.*

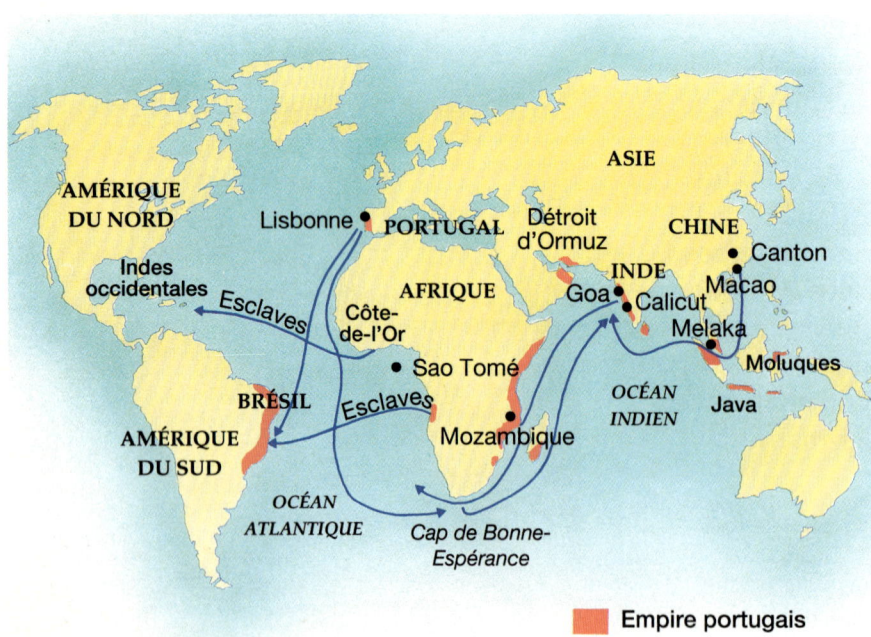

◀ *Cette carte montre l'étendue de l'Empire portugais vers 1600. Le monopole du Portugal sur le commerce des épices prend fin au 17ᵉ siècle, lorsque l'Angleterre et les Pays-Bas décident d'assurer eux-mêmes leur approvisionnement en créant des Compagnies des Indes orientales. Habiles commerçants, les Portugais ont aussi essayé de répandre le christianisme. Si l'effort des missionnaires rencontre peu de succès à l'est, le Brésil se montre plus réceptif.*

1511-1516

▲ Ce bas-relief en ivoire du 16ᵉ siècle met en scène le dîner d'un couple de nobles portugais. Beaucoup de colons se sont enrichis grâce au commerce des épices et vivent dans le luxe, entourés de serviteurs.

du monde. Outre les îles du Cap-Vert, Madère et les Açores, ils dominent une grande partie du Brésil. En Afrique, ils occupent d'étroites bandes côtières, ainsi qu'une partie du Mozambique et de l'Angola. Dans l'océan Indien, ils contrôlent Ormuz, les ports de Goa, de Calicut et de Colombo, et des comptoirs aussi lointains que Macao en Chine ou Melaka en Malaysia.

▲ Les habitants des Moluques se sont enrichis avec le commerce des épices. Au 17ᵉ siècle, ils sont contraints de récolter le clou de girofle et la muscade pour les Portugais. Le poivre, la cannelle et le gingembre sont aussi très recherchés.

1511 Italie : le pape Jules II, Ferdinand d'Espagne, Henri VIII d'Angleterre, les Suisses et les Vénitiens forment une Sainte Ligue contre la France.

1512-1520 Empire ottoman : règne du sultan Sélim Iᵉʳ.

1512 Italie : retour des Médicis à Florence.

1513 Rome : Léon X est élu pape (jusqu'en 1521).
Pacifique : Vasco Nuñez de Balboa, conquistador espagnol, découvre l'océan Pacifique en traversant l'isthme américain d'est en ouest.
Écosse : mort du roi Jacques IV ; son fils, Jacques V, lui succède (jusqu'en 1542).
Italie : bataille de Novare ; vaincus, les Français quittent l'Italie.

1514 France : Louis XII épouse Marie, sœur du roi Henri VIII d'Angleterre.
Proche-Orient : victoire du sultan ottoman Sélim Iᵉʳ sur le chah de Perse Isma'il Iᵉʳ.

1515 France : François Iᵉʳ, cousin de Louis XII, devient roi (jusqu'en 1547).
Italie : bataille de Marignan (en septembre) ; victoire de François Iᵉʳ sur les Suisses. La France reconquiert le Milanais.

Avec ce collier, les esclaves africains ne pouvaient ni fuir, ni même s'allonger.

1515 Angleterre : le roi Henri VIII nomme Thomas Wolsey cardinal et lord-chancelier.

1516 Europe : traité de Noyon ; François Iᵉʳ renonce aux prétentions de la France sur le royaume de Naples.
Espagne : mort du roi Ferdinand II ; son petit-fils, Charles Iᵉʳ, devient roi (jusqu'en 1556).
France : création d'une manufacture d'armes à Saint-Étienne.
Proche-Orient : le sultan ottoman Sélim Iᵉʳ conquiert la Syrie.

LA RÉFORME

La Réforme

Au début du 16ᵉ siècle, sous l'influence des idées nouvelles, certains chrétiens remettent en question l'enseignement et les pratiques de l'Église catholique. Ils accusent, par exemple, les ecclésiastiques de corruption et leur reprochent notamment d'avoir trahi le message de Jésus-Christ pour vivre dans le luxe et l'intrigue politique. Des réformes paraissent indispensables.

En 1517, un moine allemand, Martin Luther, cloue sur la porte de l'église du château de Wittenberg un texte qui dénonce, en quatre-vingt-quinze points, les abus de l'Église. Luther condamne tout particulièrement le système des indulgences, qui permet au fidèle d'obtenir le pardon de ses péchés contre de l'argent. Ces accusations déclenchent la colère du pape. Luther est excommunié

LUTHER (1483-1546)

Moine et théologien, Martin Luther s'élève contre la pratique des indulgences, car, selon lui, acheter le pardon de ses fautes ne permet pas d'assurer son salut. Excommunié, il fonde son Église et entreprend la traduction de la Bible en allemand afin que tous puissent la lire et la comprendre.

CALVIN (1509-1564)

Partisan des idées de Luther, le Français Jean Calvin confère un rôle fondamental à la Bible, considérée comme source unique de la foi, et défend la doctrine de la « prédestination » selon laquelle Dieu offre le salut à quelques prédestinés, quelques « élus ». Fixé à Genève, il fait de cette ville la capitale du calvinisme.

▶ L'Allemagne et l'Europe du Nord sont majoritairement gagnées à la Réforme. Vers 1529, le protestantisme devient la religion dominante en Suède et en Finlande. Le Danemark et la Norvège se convertissent en 1536. Les sept provinces septentrionales des Pays-Bas espagnols suivent la doctrine de Calvin, mais l'Espagne tente de supprimer la nouvelle religion. Si l'Écosse et l'Angleterre deviennent à majorité protestante, l'Irlande et le sud de l'Europe restent catholiques. Cette situation conduit en France aux guerres de Religion.

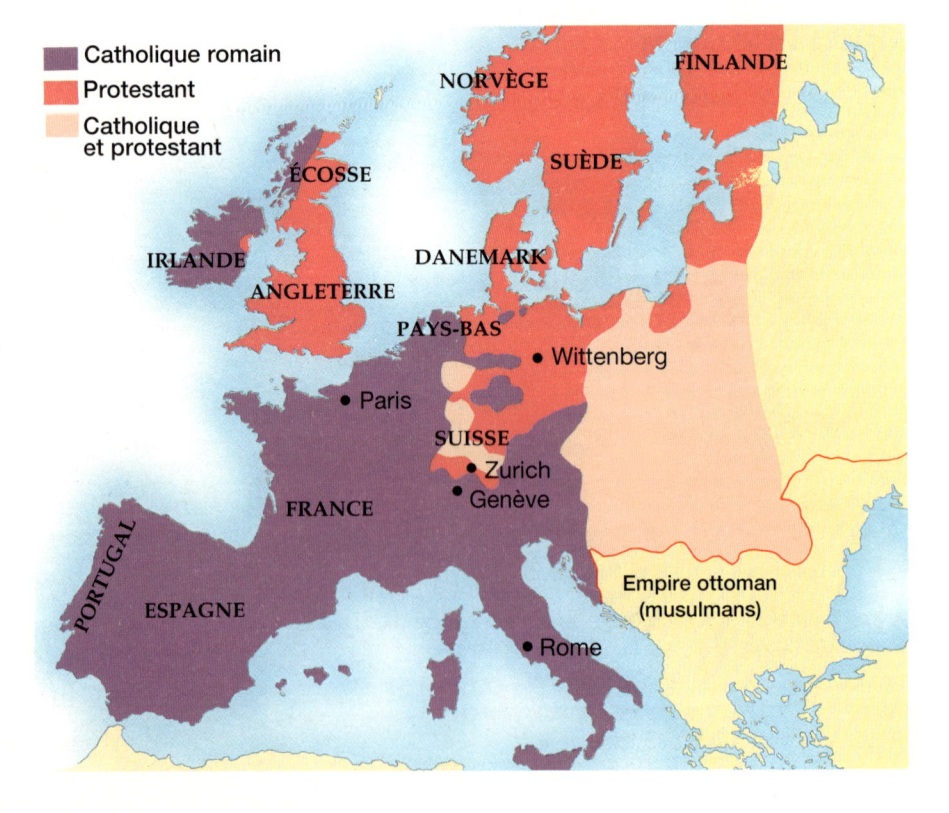

▲ *Cette illustration, inspirée d'une gravure d'origine protestante, dénonce la pratique de la vente des indulgences, destinée à enrichir l'Église catholique.*

1517-1520

1517 Allemagne : le théologien Martin Luther dénonce les pratiques de l'Église catholique et notamment le trafic des indulgences ; début de la Réforme.
Égypte : le sultan ottoman Sélim Ier envahit Le Caire et écrase les Mamelouks ; l'Égypte devient province ottomane.

1519 Suisse : Ulrich Zwingli introduit la Réforme à Zurich.
Saint Empire : mort de Maximilien Ier ; son petit-fils, Charles Ier, roi d'Espagne, devient empereur sous le nom de Charles V, ou Charles Quint (jusqu'en 1556).
Espagne : départ du navigateur Fernand de Magellan pour le premier voyage autour du monde.
France : début de la construction du château de Chambord.

1520 France : entrevue du camp du Drap d'or ; François Ier rencontre Henri VIII d'Angleterre, pour qu'il ne s'allie pas contre lui avec l'empereur Charles Quint.
Empire ottoman : mort du sultan Sélim Ier ; son fils, Soliman Ier le Magnifique, lui succède (jusqu'en 1566).

v. 1520 Europe : introduction du chocolat et du café.

(exclu de l'Église catholique) pour hérésie. Mais son opinion trouve un écho en Allemagne du Nord et en Suisse, et il fonde sa propre Église : l'Église luthérienne, ou réformée.

La doctrine luthérienne prône une simplification de la vie et des pratiques religieuses. Tous les fidèles doivent avoir accès aux textes sacrés et notamment à la Bible. À la différence du prêtre catholique, le pasteur a le droit de se marier et de fonder une famille. Par opposition avec la richesse des églises catholiques, le lieu du culte, le « temple », est dépouillé.

Les idées de Luther influencent d'autres réformateurs, comme le théologien français Jean Calvin. On donna le nom de protestantisme à tous ces mouvements inspirés de la Réforme.

L'Église catholique se servait des images pour toucher les fidèles. Cette gravure sur bois a servi à illustrer un ouvrage consacré à « l'art de bien mourir », publié en Allemagne vers 1470.

1454 – 1600

La vie quotidienne

Vers 1500, la population européenne est de nouveau aussi nombreuse qu'avant l'épidémie de peste noire du 14ᵉ siècle. Elle est en majorité paysanne. Toutefois, les grandes villes se développent et attirent de plus en plus d'hommes et de femmes venus y tenter leur chance. Mais tous ne trouvent pas du travail et la mendicité se développe. Les idées nouvelles se répandent chez les riches. Ceux-ci vivent dans de somptueuses villas, fréquentent les théâtres, soutiennent les artistes de la Renaissance… Les moins favorisés, eux, se préoccupent surtout d'assurer leur subsistance dans un monde où les épidémies et les famines font régulièrement des ravages.

▼ En Europe, les enfants jouent au cerceau, à saute-mouton, à chat perché… Des jeux qui ne sont pas très différents des nôtres !

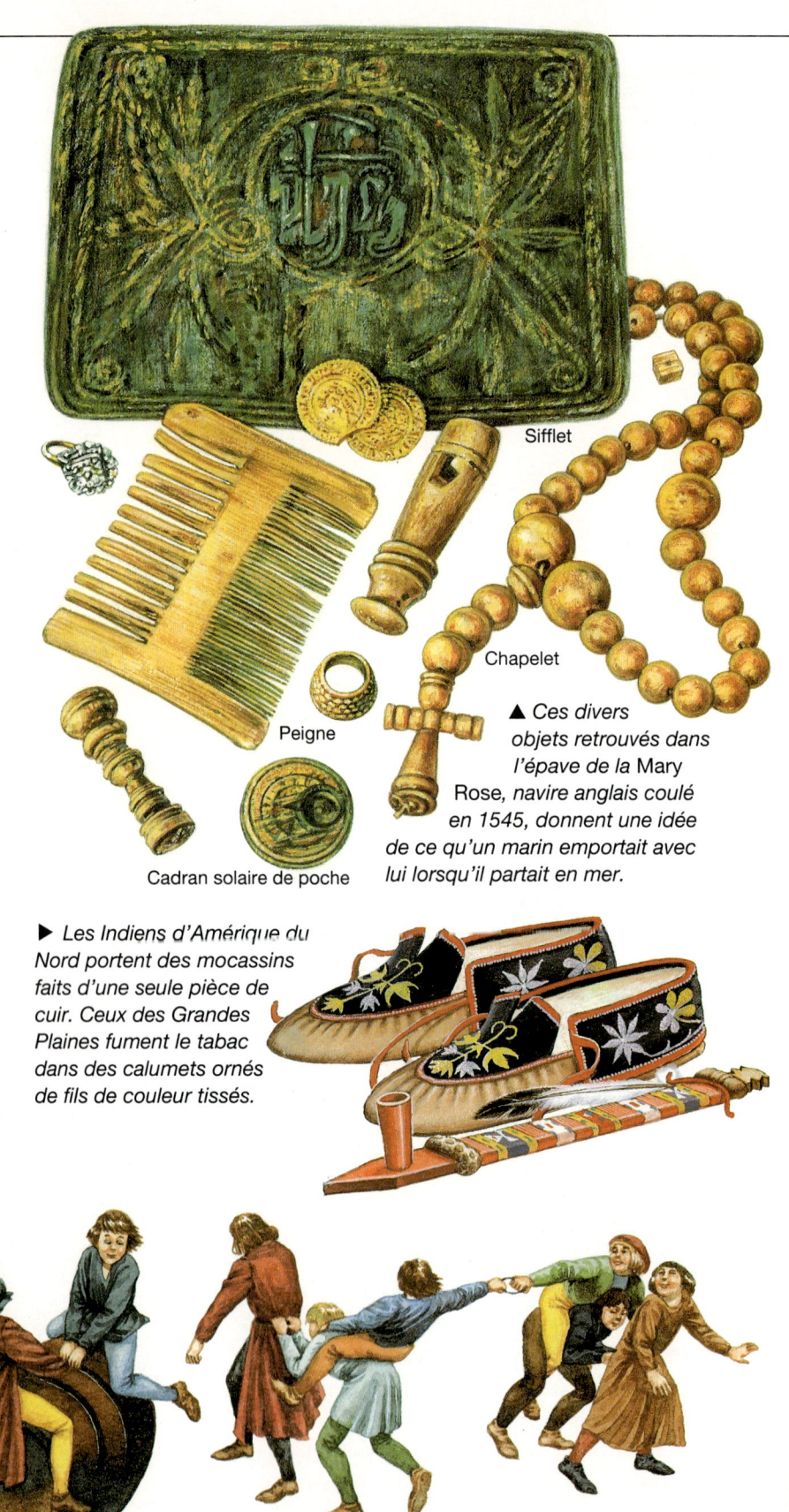

Sifflet

Chapelet

Peigne

Cadran solaire de poche

▲ Ces divers objets retrouvés dans l'épave de la *Mary Rose*, navire anglais coulé en 1545, donnent une idée de ce qu'un marin emportait avec lui lorsqu'il partait en mer.

▶ Les Indiens d'Amérique du Nord portent des mocassins faits d'une seule pièce de cuir. Ceux des Grandes Plaines fument le tabac dans des calumets ornés de fils de couleur tissés.

◀ Beaucoup d'enfants meurent de maladie en bas âge. Pourtant, les familles nombreuses ne sont pas rares. Ce mémorial rappelle le souvenir d'une mère de famille et de ses vingt-quatre enfants.

◀ Ce couple arbore des vêtements à la mode dans les cours européennes vers 1570. À l'époque, les hommes portent des bijoux aussi voyants que ceux des femmes. Un habit de parade, par exemple, doit être orné de centaines de pierres précieuses. Les étoffes sont luxueuses.

▼ Dans la plupart des pays, les filles passent après les garçons, et certaines dynasties s'éteignent faute d'un successeur mâle. C'est pourquoi la naissance d'un héritier est prétexte à de grandes réjouissances populaires. Cette estampe évoque celle, en 1569, du premier fils d'Akbar, l'empereur moghol des Indes.

À CETTE ÉPOQUE

1497 En Espagne, mise en circulation du peso qui deviendra la principale unité monétaire des colonies espagnoles d'Amérique.

v. 1500 En France, on se passionne pour le jeu de paume, ancêtre du tennis.

1540 En Allemagne, le pourpoint rembourré aux épaules est à la mode pour les hommes.

1560 En France, Jean Nicot introduit l'usage du tabac et de la pipe.

1582 Adoption du calendrier grégorien en France et en Italie.

1590 En Europe, les femmes commencent à porter une armature en os de baleine sous leur robe ; pour mettre en valeur leur front, les coquettes se rasent les tempes.

L'EMPIRE OTTOMAN

1521-1529 Europe : première guerre entre l'empereur Charles Quint et le roi de France, François Ier.

1521 Mexique : Hernan Cortés conquiert Tenochtitlan et s'empare de l'Empire aztèque.
Allemagne : diète de Worms ; Martin Luther, condamné en 1520 par le pape, est mis au ban de l'Empire.
Europe centrale : les Ottomans s'emparent de Belgrade.
Pacifique : Magellan découvre les Philippines et meurt dans l'archipel.

1522 Italie : bataille de la Bicoque ; victoire de Charles Quint sur François Ier.
Espagne : un seul navire de l'expédition de Magellan est de retour après avoir accompli le premier tour du monde.

Ci-contre, un spahi, un des cavaliers de l'armée ottomane. L'État leur accorde des terres en échange de leurs actions militaires. Ces cavaliers ont gardé un rôle important jusqu'au 18e siècle.

1522 Méditerranée : les Ottomans prennent l'île de Rhodes aux chevaliers de Saint-Jean-de-Jérusalem.

1523 Rome : Clément VII est élu pape (jusqu'en 1534).
Suède : conduits par Gustave Vasa, les Suédois chassent les Danois du pays ; Gustave Ier Vasa devient roi de Suède (jusqu'en 1560).

v. 1525 Amérique du Sud : mort de Huayna Capac ; début d'une guerre civile entre les deux empereurs qui lui succèdent, Huascar au sud, à Quito, et Atahualpa au nord, à Cuzco.

1525 Italie : bataille de Pavie ; François Ier est vaincu et retenu prisonnier par Charles Quint. Relâché en 1526, il doit signer le traité de Madrid, qui lui impose de renoncer à ses prétentions sur l'Italie. François Ier s'allie cependant au pape Clément VII contre Charles Quint.

L'Empire ottoman

La prise de Constantinople en 1453 (*voir pp. 314-315*) marque les débuts d'un âge d'or pour les Ottomans. Rebaptisée Istanbul, l'ancienne capitale chrétienne devient le cœur d'un vaste empire qui, à son apogée, s'étend de l'Algérie à l'Arabie et de la Hongrie à l'Égypte. La conquête est conduite par Soliman Ier, devenu sultan ottoman en 1520.

Grand bâtisseur, Soliman Ier réforme l'administration et le système judiciaire. Sa cour, réputée pour son faste, lui vaut d'être surnommé « le Magnifique » par les Européens. Sa puissance militaire impressionne. Allié du roi de France François Ier contre l'empereur Charles Quint, il remporte de nombreuses victoires en Europe et s'empare de Belgrade en Yougoslavie, de l'île de Rhodes, et de toute la Hongrie. En 1529, ses armées arrivent

▲ *À Mohacs, en 1526, Soliman Ier (au centre du document) remporte une éclatante victoire sur l'armée de Louis II de Hongrie. Ce dessin reproduit un tableau commémorant cette célèbre bataille.*

1521-1525

aux portes de Vienne, capitale du Saint Empire germanique, sans toutefois parvenir à la conquérir. En Méditerranée, une flotte turque, conduite par le pirate Barberousse (Khayr al-Din Pasha), pille et rançonne les villes de la côte.

En Orient, Soliman Ier conduit trois campagnes contre les Séfévides de Perse (*voir* pp. 346-347) et parvient à contrôler Bagdad et toute la Mésopotamie (l'actuel Iraq). Toutefois, les frontières orientales de l'Empire sont constamment menacées ; les Perses et les Ottomans se font la guerre tout au long du 16e siècle, ce qui freine l'expansion turque en Europe.

À la mort du Magnifique, en 1566, son fils Selim II lui succède. Souverain sans prestige, il amorce le déclin de l'Empire ottoman.

▲ *La femme ottomane vit en recluse. À l'extérieur, elle porte le voile et se fait accompagner d'une servante. Les seuls hommes qu'elle a le droit de fréquenter sont ceux de sa famille.*

▼ *Sous le règne de Soliman Ier le Magnifique, l'Empire ottoman s'étend sur trois continents. Grâce à sa puissante flotte, il contrôle la Méditerranée, la mer Noire, la mer Rouge, et le golfe Persique.*

SOLIMAN Ier
(1495-1566)

Devenu sultan ottoman en 1520, Soliman Ier s'impose aussitôt comme un grand chef de guerre. À la tête de ses troupes, il participe à de nombreuses campagnes tant en Europe qu'en Orient. Sous son règne, l'Empire ottoman atteint son apogée.

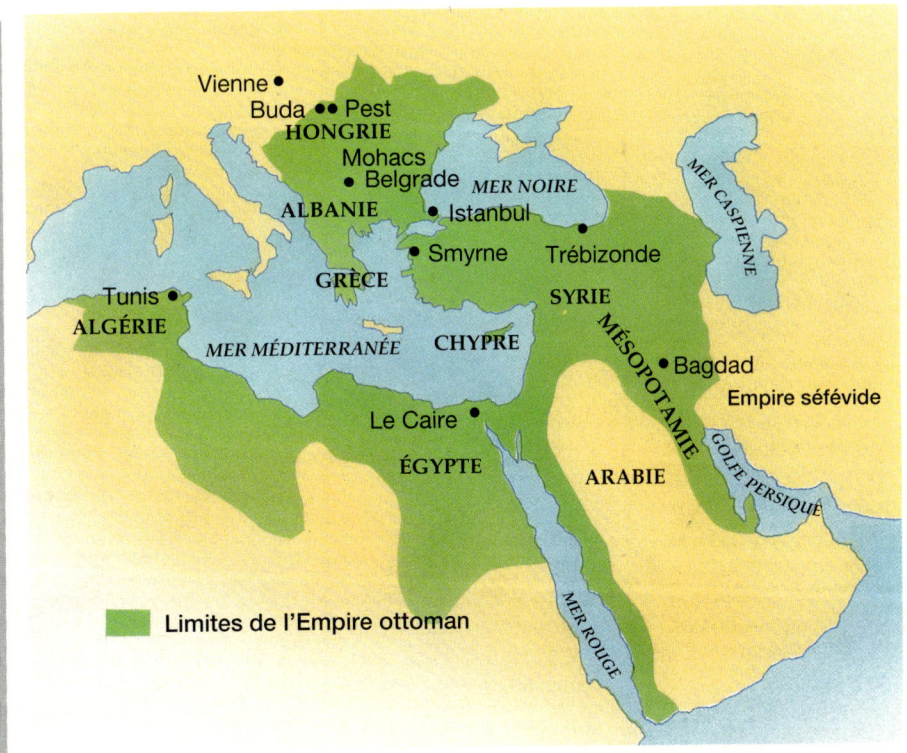

Limites de l'Empire ottoman

L'Empire moghol

Fondateur de l'Empire moghol de l'Inde, Baber descend de Timur Lang par son père et de Gengis Khan (*voir* pp. 270-273) par sa mère. De confession musulmane, il établit son pouvoir avec l'aide des Ottomans, qui lui procurent soldats et fusils. Ses cavaliers, montés sur des petits chevaux rapides, prennent facilement à revers les lourds éléphants indiens. En 1526, il écrase le sultan de Delhi à Panipat, s'empare de Delhi et d'Agra, et devient le premier empereur moghol du pays.

Baber meurt en 1530. Son fils Humayun lui succède. Il essuie des revers militaires, s'exile en Perse, mais parvient à reconquérir l'empire pour son héritier, Akbar. Celui-ci devient empereur à l'âge de 14 ans, en 1556. Prince énergique, il consacre son existence à agrandir

▲ *Cette miniature montre les fondateurs de la dynastie moghole. On reconnaît, de gauche à droite, Baber, Timur Lang et Humayun.*

▼ *Baber gouverne le nord de l'Inde ; Akbar poursuit la conquête vers le sud-est et vers le nord-ouest.*

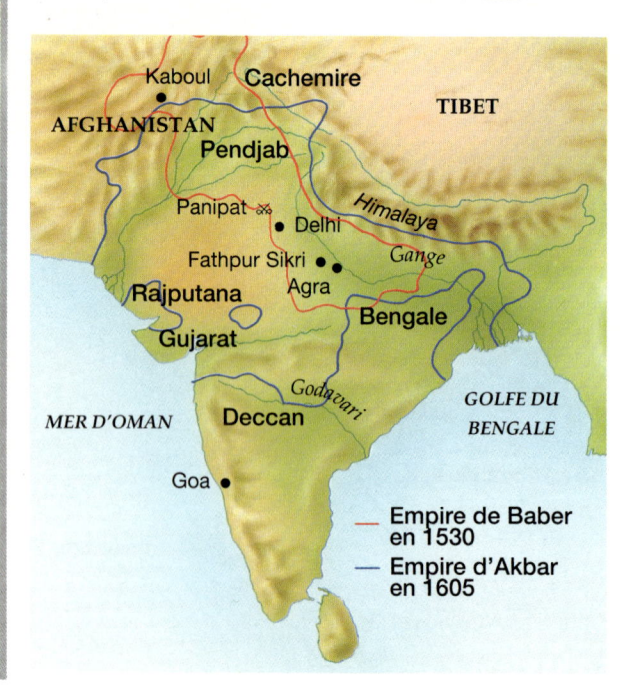

BABER
(1483-1530)

Fondateur de l'Empire moghol de l'Inde en 1526, Baber est un excellent stratège et un redoutable chef de guerre. Cet humaniste est aussi un grand écrivain, auteur des *Mémoires de Baber*, un ouvrage traduit en plusieurs langues, dont le français.

AKBAR
(1542-1605)

Troisième empereur moghol de l'Inde, Akbar monte sur le trône en 1556 et épouse une princesse hindoue en 1562. Sous son règne, l'empire connaît un grand rayonnement culturel et s'étend au Bengale, au Cachemire et à une partie du Deccan.

son territoire qui, à sa mort, s'étend du Cachemire, au nord-ouest, au Bengale, au nord-est, et à la rivière Godavari, au sud.

Monarque éclairé, Akbar entreprend des réformes administratives, bâtit des écoles et favorise le développement d'une civilisation brillante, renommée pour sa littérature et son architecture, qui marie les styles et les motifs musulmans et hindous. Mécène averti, Akbar fait traduire en persan les grands textes classiques de l'Inde et fait construire la forteresse de Fathpur, sur le site de Sikri, non loin d'Agra, où il transfère sa cour. Prince tolérant, il favorise la coexistence harmonieuse des nombreuses religions indiennes, et crée notamment une « maison de religion » où se réunissent des docteurs hindous, jaïnistes, perses et jésuites.

▼ *Sous Akbar, les soulèvements sont rapidement matés. Ce dessin montre la soumission d'un rebelle, à côté de ses compagnons décapités.*

1526 Europe centrale : bataille de Mohacs (en Hongrie) ; victoire du sultan ottoman Soliman Ier le Magnifique sur Louis II de Hongrie. Ferdinand Ier de Habsbourg, frère de Charles Quint, devient roi de Hongrie et de Bohême ; il devra disputer son trône aux Ottomans.
Inde : Baber fonde l'Empire moghol de l'Inde.

1527 Rome : les troupes de Charles Quint prennent et pillent Rome ; le pape Clément VII est retenu prisonnier.
France : début de la construction du château de Chantilly.
Mexique : Hernan Cortés devient gouverneur général de la Nouvelle-Espagne.

L'œuvre de Baber, premier empereur moghol de l'Inde, est très importante. Cette illustration provient d'un de ses ouvrages.

1529 Angleterre : le pape refuse à Henri VIII de divorcer d'avec Catherine d'Aragon. Début de la rupture entre Rome et l'Église anglaise.
Europe : traité de Cambrai ; trêve entre François Ier et Charles Quint.
Autriche : siège infructueux de Vienne par les Ottomans.

1530 Malte : Charles Quint accorde l'île aux chevaliers de l'ordre de Saint-Jean-de-Jérusalem, qui fondent l'ordre des chevaliers de Malte.
Italie : Charles Quint conquiert Florence.

1531 Suisse : bataille de Kappel ; victoire des catholiques sur les protestants ; la Suisse est divisée entre cantons catholiques et cantons protestants.

Les conquistadores

Lancés sur les traces des navigateurs qui viennent de découvrir le Nouveau Monde (*voir* pp. 338-341), et poussés par la fièvre de l'or, des aventuriers espagnols, les conquistadores (conquérants), entreprennent la conquête des riches empires aztèque (*voir* pp. 322-323) et inca (*voir* pp. 326-327).

Hernan Cortés débarque au Mexique en 1519. L'empereur Moctezuma croit qu'il est le dieu Quetzalcoatl, dont la religion aztèque a prédit le retour. Il se rend sans opposer de résistance et le laisse prendre sa place. Profitant d'une absence de Cortés, les habitants de Tenochtitlan (l'actuelle Mexico) se révoltent et massacrent les conquistadores. Avec l'aide d'une interprète indigène, Cortés s'assure l'appui des tribus voisines et part en guerre contre les Aztèques. En 1521, il entre victorieux dans Tenochtitlan, qu'il fait raser ; tout l'empire est entre ses mains.

▲ En 1494, le traité de Tordesillas a fixé une « ligne de partage » entre les futures possessions de l'Espagne (à l'ouest) et du Portugal (à l'est). Les Espagnols respectent ce traité lorsqu'ils s'emparent des Empires inca et aztèque.

▶ Les Aztèques n'ont jamais vu de chevaux, d'armes à feu et d'hommes blancs… Convaincus d'avoir affaire à des dieux, ils réservent le meilleur accueil aux conquistadores. Ci-contre, l'empereur Moctezuma offre ses trésors à Cortés, accompagné d'une interprète indigène. Dans les années qui suivront la conquête, la population sera décimée par les mauvais traitements et les maladies nouvelles introduites par les conquistadores.

Un autre conquistador, Francisco Pizarro, débarque au Pérou en 1532, à la tête d'une petite troupe. Profitant de la guerre civile qui ravage le pays, il s'empare de Cuzco, fait mettre à mort l'empereur Atahualpa et devient maître de l'Empire inca.

En 1533, les deux empires ont cessé d'exister. Maîtres d'un immense territoire, les Espagnols vont entreprendre la colonisation de ces terres du Nouveau Monde.

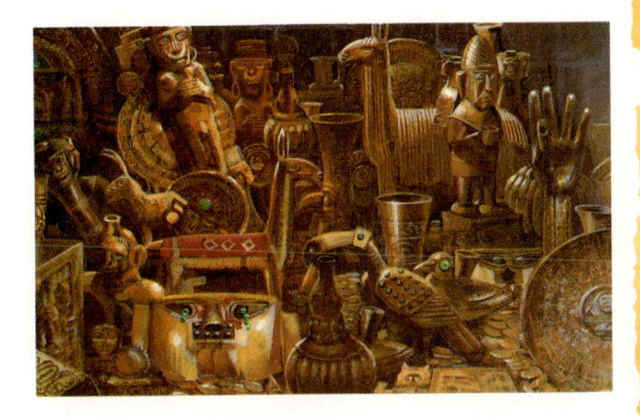

▲ *L'empereur inca Atahualpa a accepté de racheter avec un véritable trésor (ci-dessus) sa liberté à Pizarro, mais ce dernier le fait étrangler dans sa cellule.*

CORTÉS
(1485-1547)

Aventurier espagnol de petite noblesse, Hernan Cortés conquiert l'Empire aztèque en trois ans (1519-1521) et devient gouverneur général de la Nouvelle-Espagne en 1522.

PIZARRO
(v. 1475-1541)

Poussé par la soif de l'or, Francisco Pizarro s'empare de l'Empire inca avec l'aide de ses frères en 1532-1533. Il est assassiné à Lima par les partisans de son rival, Almagro.

1532-1534

1532 Amérique du Sud : le conquistador espagnol Francisco Pizarro capture l'empereur inca Atahualpa.
Angleterre : démission de Thomas More, chancelier du roi Henri VIII.
Allemagne : paix de Nuremberg ; Charles Quint accorde une certaine liberté aux protestants.
France : Jean Calvin soutient la Réforme de Luther. L'écrivain humaniste Rabelais publie *Pantagruel*.

1533 Amérique du Sud : Francisco Pizarro s'empare de Cuzco et conquiert l'Empire inca.
Angleterre : le roi Henri VIII épouse Anne Boleyn ; il est excommunié par le pape.
Russie : âgé de trois ans, Ivan IV le Terrible devient grand-prince de Russie (jusqu'en 1584).
France : naissance de l'écrivain Montaigne (mort en 1592).

1534 Rome : Paul III est élu pape (jusqu'en 1549).
Angleterre : Henri VIII rompt avec Rome et se proclame chef suprême de l'Église du royaume ; naissance de l'anglicanisme.

Cette carte ancienne représente Hochelaga, sur le site de l'actuelle ville de Montréal. Jacques Cartier a découvert ce village huron lors de son deuxième voyage en Amérique.

1534 France : l'Espagnol Ignace de Loyola et quelques compagnons se réunissent et préparent la future Compagnie de Jésus.
Empire ottoman : Soliman Ier le Magnifique conquiert Bagdad.
Amérique du Nord : le navigateur français Jacques Cartier prend possession du Canada au nom du roi de France, François Ier.

1454 – 1600

Les religions

Les mondes musulman et chrétien entrent dans une période de crise. L'islam est divisé en deux courants : le sunnisme et le chiisme. Les sunnites pensent que le chef spirituel des musulmans doit être choisi par la communauté des croyants ; les chiites estiment que seul un descendant du prophète Mohammed (Mahomet) peut accéder à cette dignité. Après la Réforme (*voir* pp. 354-355), les protestants, qui ne reconnaissent pas l'autorité du pape, se séparent des catholiques. Les missionnaires catholiques convertissent les Aztèques et les Incas, mais rencontrent moins de succès au Japon et échouent complètement en Chine.

◀ *Très proches de la nature, les Indiens d'Amérique du Nord accordent une large place à la magie. Pour eux, l'être humain n'est qu'un élément dans un vaste ensemble gouverné par des forces surnaturelles. L'« homme médecine », le sorcier, est l'un des principaux personnages de la tribu. Il connaît les vertus curatives des plantes et préside aux cérémonies rituelles.*

▶ *En Amérique du Sud et en Amérique centrale, les conquistadores ont été suivis par des missionnaires catholiques. Ceux-ci n'hésitent pas à employer la force pour évangéliser les populations indigènes (ci-contre, le baptême d'un Indien). Les temples incas et aztèques sont détruits ; des églises sont édifiées à leur place. Des « visiteurs » sont chargés d'enquêter dans les villages et de dénoncer les pratiques superstitieuses. Ceux qui refusent de se convertir sont livrés au bûcher.*

◀ *À cette époque, de nombreux lieux de culte sont édifiés en Europe. Les églises catholiques de la Renaissance rivalisent de splendeur et d'ornements, comme celle de Pavie (ci-contre), en Italie, dont la construction commence en 1491. Sculpteurs, peintres et maîtres-verriers travaillent à la décoration intérieure. Les protestants, qui dénoncent certaines pratiques de l'Église catholique, préfèrent, eux, construire des temples très dépouillés.*

▶ *La religion aztèque exige des sacrifices humains. Les prêtres ouvrent la poitrine de leurs victimes à l'aide d'un poignard comme celui-ci.*

◀ *Ce dessin anti-luthérien montre Martin Luther en train de délivrer ses sermons sous l'influence du diable.*

▼ *Les hérétiques (ceux qui ont des opinions contraires à la doctrine de l'Église catholique) peuvent être condamnés au bûcher.*

À CETTE ÉPOQUE

- **1517** En Europe, début de la Réforme.
- **1534** Henri VIII d'Angleterre rompt avec Rome.
- **1540** La Compagnie de Jésus (les jésuites), est approuvée par le pape et devient un ordre religieux.
- **1545** Ouverture du concile de Trente, chargé de mettre en œuvre la réforme de l'Église catholique (la Contre-Réforme).
- **1560** Les premiers puritains (protestants hostiles à l'anglicanisme) prêchent en Angleterre.
- **1562** En France, début des guerres de Religion.

◀ *Au 16ᵉ siècle, le bouddhisme s'épanouit en Chine et au Japon. À côté des lieux de culte, les bouddhistes zen aménagent des « jardins de contemplation », dépourvus de plantes. L'un des plus célèbres est celui de Ryoan-ji, à Kyoto. Il apparaît comme une mer de sable où sont soigneusement disposés des groupes de pierres de taille différente.*

365

L'ÂGE D'OR DE L'ESPAGNE

1535 Amérique du Nord : deuxième voyage de Jacques Cartier, qui remonte le Saint-Laurent.
Amérique du Sud : les Espagnols explorent le Chili et exploitent les mines d'argent du Pérou et du Mexique actuels.
Italie : Milan passe sous contrôle espagnol.

1536-1538 Europe : deuxième guerre entre l'empereur Charles Quint et François Ier, allié à Soliman Ier le Magnifique.

1536 Angleterre : Henri VIII fait décapiter sa deuxième femme, Anne Boleyn, et épouse Jeanne Seymour. L'artiste allemand Hans Holbein devient peintre officiel de la cour royale d'Angleterre.
Suisse : Calvin prend la tête de la Réforme protestante à Genève.
Italie : alliés aux Ottomans, les Français envahissent la Savoie et le Piémont.

1537 Angleterre : mort de Jeanne Seymour, après la naissance de son fils, le futur Édouard VI.

1539 France : l'ordonnance de Villers-Cotterêts impose l'usage du français au lieu du latin pour les documents officiels.

1539-1544 Europe : troisième guerre entre Charles Quint et François Ier.

v. 1540 Pays-Bas : le géographe Mercator dresse sa première carte du monde.

La Mary Rose, *un navire construit pour Henri VIII d'Angleterre, a sombré en 1545. Ce canon en bronze a été retrouvé dans son épave.*

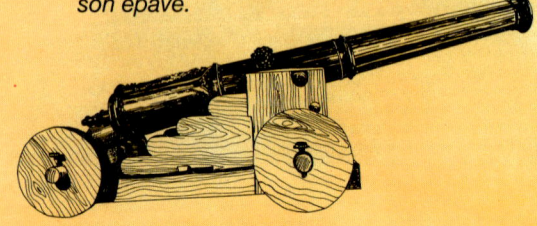

1540 Angleterre : le roi Henri VIII épouse Anne de Clèves, qu'il répudie peu après. Catherine Howard devient sa cinquième femme ; elle sera exécutée en 1542.
Italie : Philippe, fils de l'empereur Charles Quint, devient duc de Milan.
Rome : le pape Paul III reconnaît la Compagnie de Jésus (les jésuites), qui devient un ordre religieux.

L'âge d'or de l'Espagne

Après avoir conquis les Empires inca et aztèque (*voir* pp. 362-363), les Espagnols entreprennent la colonisation de l'Amérique du Sud et de l'Amérique centrale. Les « Indes occidentales » – comme on les appelle alors – sont bientôt divisées en deux vice-royautés, celle de Nouvelle-Espagne (Mexique), fondée en 1535, et celle du Pérou, fondée en 1543. Gouvernées par le Conseil des Indes, qui siège à Séville, elles sont régies par les Lois nouvelles promulguées par Charles Quint (*voir* pp. 370-371) en 1542.

Les meilleures terres sont confisquées

DE NOUVEAUX PRODUITS

Les colons rapportent d'Amérique des produits jusqu'alors inconnus en Europe, comme l'ananas, la tomate, le poivron, les graines de tournesol, la pomme de terre, que les Européens cultivent d'abord… pour ses fleurs ! Les Aztèques utilisent la graine du cacaoyer pour préparer une délicieuse boisson rafraîchissante : le chocolat. Cortés rapporte des graines en Espagne et les Européens se prennent de passion pour cette boisson exotique, à laquelle on attribue quantité de vertus. À l'inverse, les Européens implantent en Amérique des produits originaires d'Afrique comme la canne à sucre ou le café.

1535-1540

▲ Réduits en esclavage dans les mines d'or et d'argent, les Indiens succombent en masse. Dès le 16ᵉ siècle, le dominicain Bartolomé de Las Casas dénonce ce drame et s'efforce de le combattre.

▼ L'Espagne du 16ᵉ siècle domine un immense empire qui s'étend en Asie et dans le Nouveau Monde. Sa suprématie sera remise en cause au 17ᵉ siècle.

aux Indiens et rassemblées en grands domaines, les haciendas. Les mines d'or du Mexique et les gisements d'argent du Potosi (dans l'actuelle Bolivie) sont mis en exploitation. Réduits en esclavage, les Indiens sont réquisitionnés pour cet épuisant travail. Les mauvais traitements et les maladies nouvelles apportées par les colons – rougeole, variole – déciment rapidement la population indigène.

Grâce aux richesses du Nouveau Monde, l'Espagne connaît un tel développement que l'on désigne cette période sous le nom de « siècle d'or ». Les métaux précieux d'Amérique donnent aux souverains espagnols les moyens de financer leurs guerres en Europe. Sous le règne de Philippe II (1556-1598), l'expansion se poursuit. En 1580, le roi s'empare du Portugal et de ses possessions coloniales. L'Espagne gouverne alors le plus grand empire du monde, mais déjà sa puissance s'effrite. La politique expansionniste de Philippe II finit par engloutir la plus grande partie de l'or et de l'argent du Nouveau Monde (*voir* pp. 422-423).

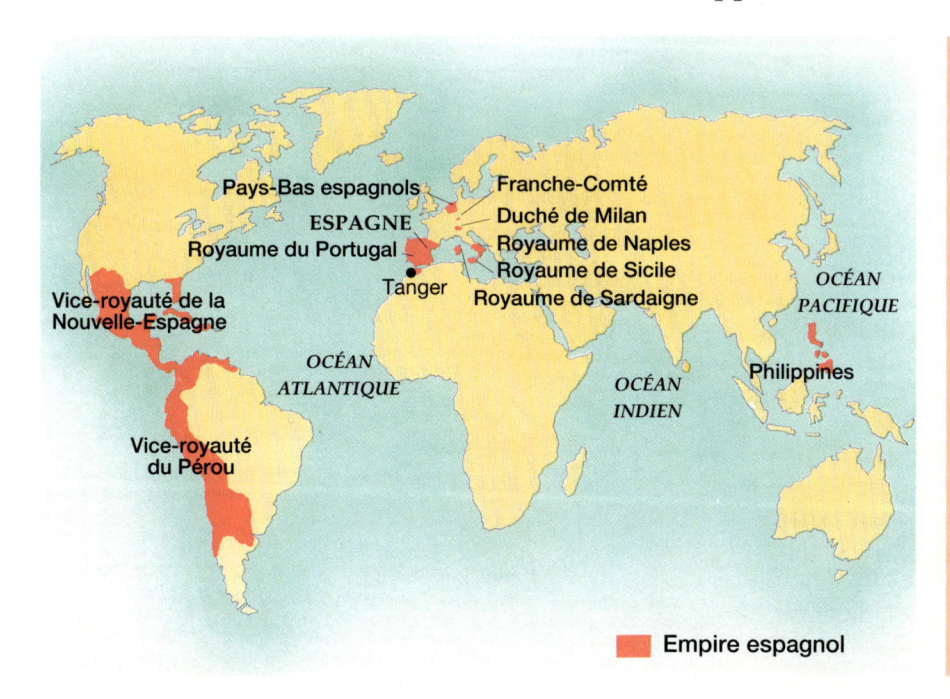

L'ELDORADO

Les conquistadores espagnols recherchent l'Eldorado, une contrée fabuleuse qui, selon eux, regorge d'or et se trouverait entre l'Amazone et l'Orénoque. Ils ne l'ont jamais découvert, mais les mines d'or et surtout d'argent du Nouveau Monde, qui ont assuré la richesse de l'Espagne tout au long du 16ᵉ siècle, valaient bien ce pays mythique !

LA CONTRE-RÉFORME

1541 Amérique du Nord : le conquistador Hernando de Soto découvre le Mississippi
Écosse : John Knox introduit le protestantisme
Europe centrale : les Ottomans conquièrent la Hongrie.
Crète : naissance du peintre Dhominikos Theotokopoulos, dit le Greco.

1542 Écosse : mort du roi Jacques V ; sa fille âgée d'une semaine, Marie I`re` Stuart, lui succède (jusqu'en 1567), sous la régence de sa mère, la Française Marie de Guise.
Japon : arrivée des premiers Portugais.

1543 Angleterre : Henri VIII prend Catherine Parr pour sixième femme.
Pays-Bas : André Vésale publie un fameux traité d'anatomie.
Pologne : sur son lit de mort, l'astronome Nicolas Copernic soutient que la Terre tourne autour du Soleil.

Diffuseur de parfum en argent fabriqué vers 1580.

1544 France : les troupes de Charles Quint envahissent la Provence ; elles sont repoussées par les Français. Charles Quint et François I`er` signent la paix à Crépy.

1545 Europe : le pape Paul III convoque le concile de Trente, pour réformer l'Église catholique ; début de la Contre-Réforme.

1547 Angleterre : mort de Henri VIII ; son fils âgé de 10 ans, Édouard VI, lui succède (jusqu'en 1553), sous la régence de son oncle, le duc de Somerset.
France : mort de François I`er` ; son fils, Henri II, lui succède (jusqu'en 1559).
Allemagne : bataille de Mühlberg ; victoire de Charles Quint sur les protestants de la ligue de Smalkalde.
Russie : Ivan IV le Terrible devient tsar (jusqu'en 1584) ; il est le premier à porter ce titre, qui vient de « César ».

La Contre-Réforme

L'expansion du protestantisme en Europe inquiète le pape Paul III. Celui-ci convoque et ouvre le concile de Trente, en Italie, en 1545.

Il s'achève en 1563 sous le pontificat du pape Pie IV. L'essentiel de la doctrine catholique y est examiné et redéfini. Cette réforme de l'Église catholique prend le nom de Contre-Réforme, par opposition à la Réforme protestante (*voir* pp. 354-355).

Pour « reconquérir les âmes », les catholiques font notamment construire des églises où l'art religieux est utilisé comme un langage, accessible à tous. Ils ouvrent des congrégations au service des pauvres, des malades et de l'enseignement, des séminaires pour former les prêtres. L'éducation religieuse des enfants devient une priorité. La Contre-Réforme s'appuie notamment sur un nouvel ordre religieux, celui de la Compagnie de Jésus (les jésuites), fondé par Ignace de Loyola.

▲ *L'incertitude des temps favorise une recrudescence de la chasse aux « sorcières ». Sur la foi de dénonciations et d'aveux arrachés sous la torture, de nombreuses innocentes périssent dans les flammes.*

1541-1547

LOYOLA
(1491-1556)

En 1534, l'Espagnol Ignace de Loyola fonde, à Paris, avec quelques compagnons, un groupe religieux qui donne naissance à l'ordre de la Compagnie de Jésus (1540). En relation directe avec la papauté, les jésuites seront les principaux artisans de la Contre-Réforme.

ÉRASME
(v. 1469-1536)

Érasme est l'un des grands représentants de l'humanisme chrétien de la Renaissance. Catholique, tolérant, il préconise notamment l'entente entre catholiques et protestants. Après le concile de Trente, ses livres sont mis à l'index (interdits) par Rome.

▲ Ouvert en 1545, le concile de Trente s'achève en 1563. Il lance la Contre-Réforme pour lutter contre la propagation de la Réforme protestante.

▼ Créée au 12ᵉ siècle, l'Inquisition est chargée de lutter contre les hérétiques (ceux qui ont des opinions religieuses contraires à la foi catholique). Elle n'hésite pas à utiliser la torture.

Même si l'application de la Contre-Réforme se heurte à une certaine inertie, elle contribue à relever le prestige de l'Église catholique. Les papes s'attachent à rendre à Rome sa dignité et sa splendeur. Le catholicisme devient conquérant ; des missionnaires sont envoyés partout dans le monde. Mais la Contre-Réforme marque aussi une rupture complète avec les protestants, ce qui conduira notamment au développement des guerres de Religion en Europe.

LES HABSBOURG

Les Habsbourg

Depuis le 13ᵉ siècle, l'empereur germanique est presque toujours choisi dans la famille des Habsbourg. Des mariages avantageux permettent à cette puissante maison d'agrandir démesurément son domaine au 15ᵉ siècle.

En 1519, l'avènement de l'empereur Charles V, dit Charles Quint, marque l'apogée des Habsbourg. Fils de Philippe le Beau, archiduc d'Autriche, et de Jeanne la Folle, fille de Ferdinand et d'Isabelle d'Espagne (*voir* pages 328-329), le jeune prince règne, à 19 ans, sur un immense empire. Outre le Saint Empire romain, il gouverne en effet le comté de Bourgogne, les Pays-Bas et les royaumes d'Aragon, de Castille, de Naples et de Sicile.

Un empire aussi étendu est difficile à gérer. Rival des rois de France, Charles Quint lutte contre François Iᵉʳ (*voir*

▼ Les possessions des Habsbourg et le Saint Empire forment un vaste ensemble territorial en Europe, auquel s'ajoute l'immense empire colonial espagnol.

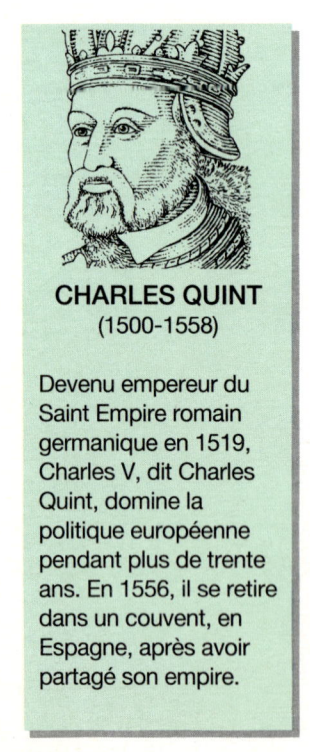

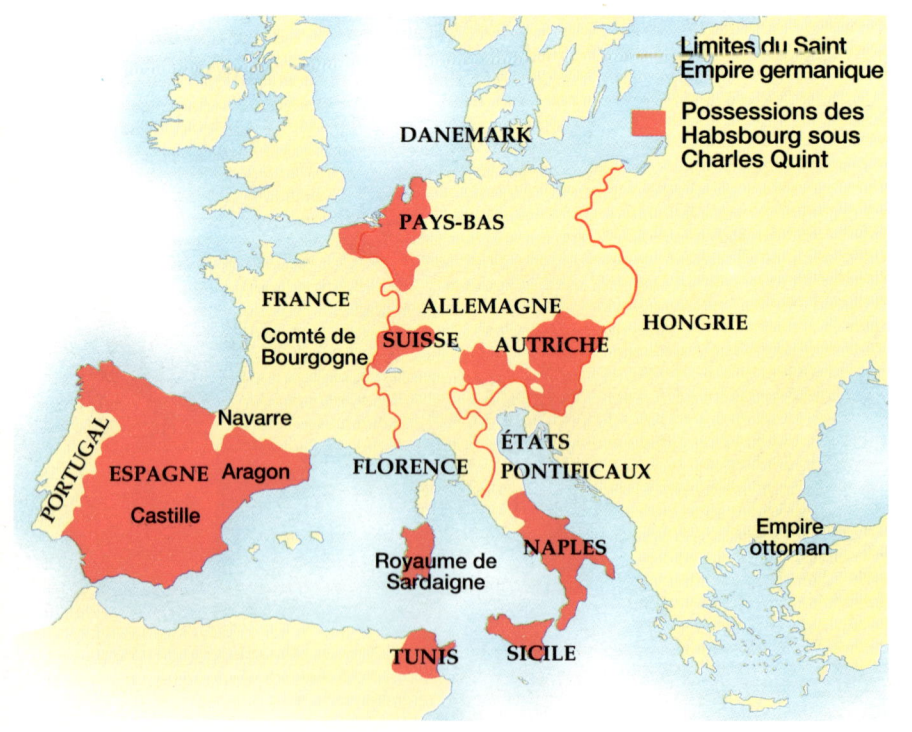

CHARLES QUINT
(1500-1558)

Devenu empereur du Saint Empire romain germanique en 1519, Charles V, dit Charles Quint, domine la politique européenne pendant plus de trente ans. En 1556, il se retire dans un couvent, en Espagne, après avoir partagé son empire.

370

◀ *La puissance des Habsbourg remonte à Rodolphe Ier (1218-1291), élu roi des Romains en 1273. Il prête ici serment aux seigneurs qui l'ont désigné.*

pp. 350-351) et Henri II pendant presque toute la durée de son règne. Il combat également Soliman Ier le Magnifique (*voir* pp. 358-359) dont l'empire s'étend aux frontières de l'Autriche. À l'intérieur, il s'efforce d'enrayer la progression du protestantisme, mais doit se résoudre, en 1555, à reconnaître la liberté de conscience aux protestants d'Allemagne.

Épuisé par sa tâche, Charles Quint abdique en 1556 et partage l'empire entre son fils, Philippe II, et son frère, Ferdinand Ier. Le premier fonde la branche espagnole des Habsbourg, qui régnera sur les domaines espagnols jusqu'en 1700 ; le second fonde la branche allemande, qui régnera sur les domaines autrichiens et allemands jusqu'en 1740.

LE SAINT EMPIRE GERMANIQUE

L'aigle à deux têtes est l'emblème du Saint Empire romain germanique fondé au 10e siècle par Otton Ier le Grand. Sa puissance commence à décliner au 16e siècle, après l'abdication de Charles Quint. Certains États d'Allemagne prennent de l'importance et réclament leur indépendance, surtout dans le nord où les protestants sont les plus nombreux, alors que l'empereur reste, lui, fidèle au catholicisme. Au 17e siècle, ce conflit se réglera par les armes au cours de la guerre de Trente Ans (*voir* pages 416-417). Le Saint Empire sera officiellement dissous en 1806.

1549 Angleterre : le Parlement adopte le premier *Book of Common Prayer* (« le Livre des prières communes »), qui uniformise le rituel de l'Église anglicane ; il sera révisé en 1552.
Japon : arrivée du premier missionnaire chrétien, le jésuite espagnol François-Xavier.

1550 Rome : Jules III est élu pape (jusqu'en 1555).
Angleterre : John Dudley devient président du conseil de régence du jeune roi Édouard VI.

La forme moderne du violon apparaît au milieu du 16e siècle.

1552 France : nouvelle guerre contre l'Espagne ; le roi Henri II s'empare du territoire des Trois-Évêchés (Metz, Toul et Verdun).

1553 Angleterre : mort du roi Édouard VI ; John Dudley fait proclamer reine sa belle-fille, la protestante Jeanne Grey. Neuf jours plus tard, la catholique Marie Ire Tudor la détrône et devient reine (jusqu'en 1558).

1554 Angleterre : Marie Ire Tudor épouse Philippe, futur roi d'Espagne, fils de Charles Quint.
Afrique du Nord : les Ottomans commencent à conquérir les régions côtières.
Maroc : fondation de la dynastie des Sadiens (régnante jusqu'en 1659).

1555 Rome : Paul IV est élu pape (jusqu'en 1559)
Angleterre : Marie Ire Tudor, dite Marie la catholique ou Marie la sanglante, persécute les protestants du royaume.
Allemagne : paix d'Augsbourg, imposée à Charles Quint par les princes germaniques protestants, qui pourront désormais créer des États protestants au sein de l'Empire germanique.
Russie : début de la construction de la cathédrale Basile-le-Bienheureux à Moscou.

v. 1555 France : les poètes Ronsard et du Bellay forment le groupe de la Pléiade.

1454 – 1600

Les sciences et les techniques

Sous la Renaissance, le goût pour les sciences se développe. La nature devient un vaste champ d'expérimentation pour tous ceux qui revendiquent le droit de penser librement. Refusant d'admettre aveuglément les théories alors en vigueur, les savants observent le monde qui les entoure et découvrent la valeur de l'expérience scientifique.
Les inventions se multiplient. La montre, par exemple, est mise au point en 1509. L'étude du corps humain devient plus précise. Le Flamand André Vésale (1514 ou 1515-1564) est ainsi l'un des premiers à pratiquer la dissection et à rejeter les opinions traditionnelles, tandis que le Français Ambroise Paré (v. 1509-1590) pose les bases de la chirurgie moderne.

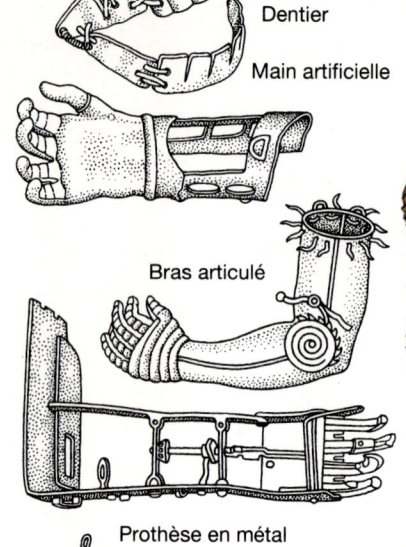

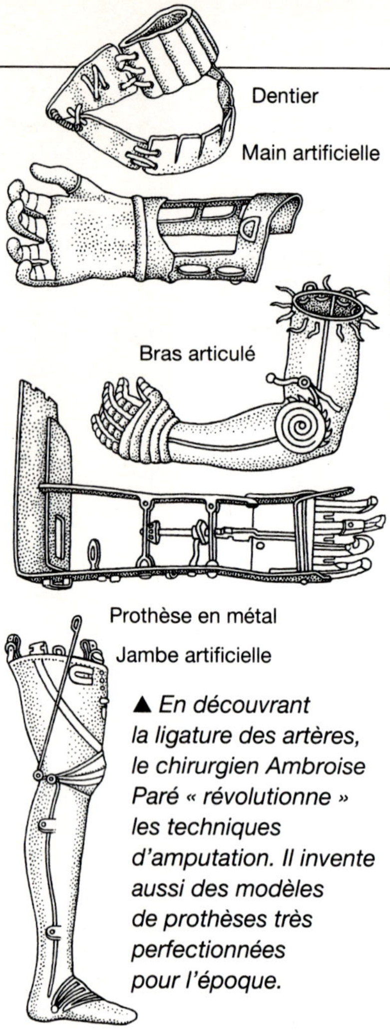

Dentier
Main artificielle
Bras articulé
Prothèse en métal
Jambe artificielle

▲ En découvrant la ligature des artères, le chirurgien Ambroise Paré « révolutionne » les techniques d'amputation. Il invente aussi des modèles de prothèses très perfectionnées pour l'époque.

▼ Les hommes de la Renaissance étudient les mathématiques, qui leur permettent de mieux maîtriser les expériences scientifiques.

▲ Les alchimistes utilisent des symboles pour désigner les « substances ». Le mercure est ici représenté par un dragon.

▼ Les machines volantes de Léonard de Vinci sont célèbres. Ici, un homme actionne des ailes grâce à un système de pédales et de poulies.

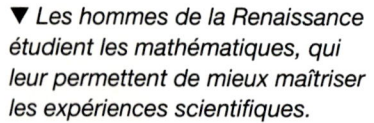

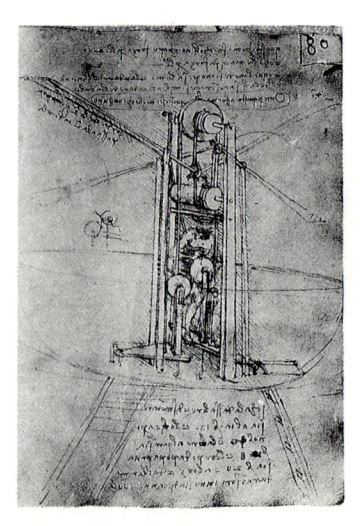

À CETTE ÉPOQUE

1509 Naissance d'Ambroise Paré, le « père » de la chirurgie moderne.

1543 Publication du traité de l'astronome Nicolas Copernic, qui montre notamment que la Terre et les planètes tournent autour du Soleil.

1598 L'astronome danois Tycho Brahe s'installe à Prague ; ses observations de la planète Mars permettront plus tard à Kepler d'énoncer les lois sur le mouvement des planètes.

1600 Le philosophe italien Giordano Bruno, qui a soutenu les thèses de Copernic, est condamné au bûcher par l'Inquisition.

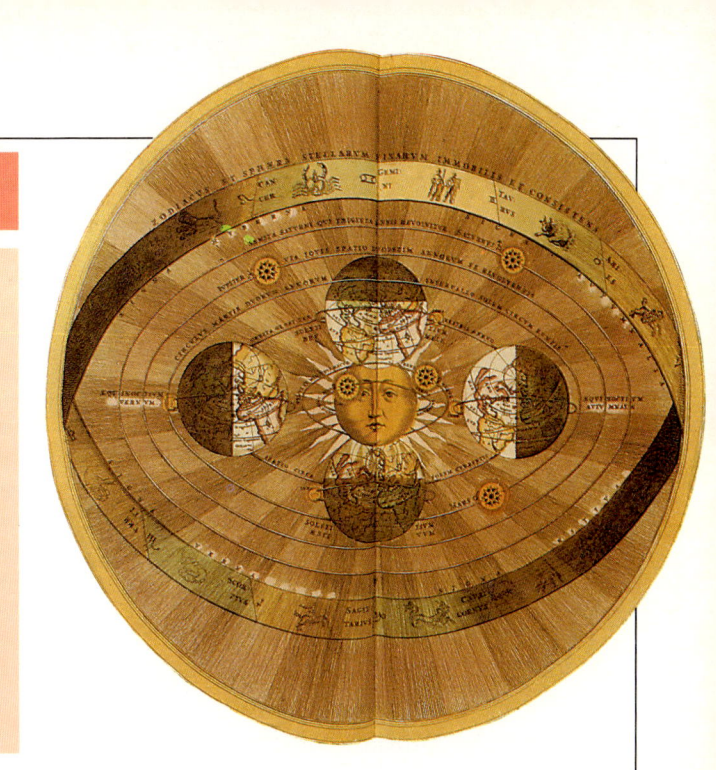

▶ Au 16ᵉ siècle, la reproduction des êtres vivants reste un mystère. Les idées les plus fantaisistes sont avancées. Pourquoi, par exemple, un agneau ne pousserait-il pas comme une plante ? Une théorie qui nous semble aujourd'hui très farfelue !

▲ Ce dessin représente le système solaire tel que Copernic le décrit en 1543. Toutes les planètes tournent autour du Soleil, y compris la Terre qui, en outre, accomplit chaque jour un tour complet sur elle-même. Cette théorie heurte l'Église, mais aussi le bon sens populaire. Si la Terre tournait vraiment, dit-on, un vent terrible balayerait sa surface.

◀ Le roi Frédéric II de Danemark fait construire, dans l'île de Hveen, deux observatoires particulièrement modernes pour l'astronome Tycho Brahe (1546-1601). Celui qui est représenté ci-contre est doté d'une bibliothèque, d'un laboratoire, d'appartements privés, et des meilleurs instruments de mesure de l'époque. La lunette et le télescope n'ayant pas encore été inventés, Tycho Brahe détermine à l'œil nu la position de sept cent soixante-dix-sept étoiles. Ses observations permettront à son assistant Johannes Kepler (1571-1630) d'énoncer ses lois sur le mouvement des planètes (1609).

ÉLISABETH Iʳᵉ D'ANGLETERRE

Élisabeth Iʳᵉ d'Angleterre

À l'issue de la guerre des Deux-Roses (*voir* p. 316), l'Angleterre retrouve la paix civile, favorable au développement économique et commercial. Le 16ᵉ siècle est marqué par le règne de Henri VIII (1491-1547), qui monte sur le trône en 1509, et par celui de sa fille, Élisabeth Iʳᵉ, reine d'Angleterre et d'Irlande de 1558 à 1603.

En 1534, Henri VIII a rompu avec le pape et il s'est proclamé chef suprême de l'Église d'Angleterre. Protestante, Élisabeth Iʳᵉ combat, comme son père, les catholiques, et contribue à faire de l'anglicanisme la religion officielle du pays. Elle fait notamment jeter en prison sa cousine catholique, la reine d'Écosse Marie Stuart. Cette dernière, accusée de convoiter le trône, est condamnée

DRAKE
(v. 1540-1596)

Marin et corsaire, Francis Drake est le premier Anglais à accomplir le tour du monde en bateau. Adversaire acharné de l'Espagne, il lutte contre les Espagnols en Amérique, détruit leur flotte à Cadix (1587) et prend une part importante dans la victoire sur « l'Invincible Armada ».

ÉLISABETH Iʳᵉ
(1533-1603)

Fille d'Henri VIII et d'Ann Boleyn, Élisabeth Iʳᵉ devient reine d'Angleterre et d'Irlande en 1558. Autoritaire et énergique, elle lutte contre Philippe II d'Espagne. Sous son règne, l'Angleterre adopte officiellement l'anglicanisme et devient une grande puissance maritime.

▶ Élisabeth Iʳᵉ a 56 ans quand ce portrait est réalisé, mais le peintre, qui voulait donner l'image d'une souveraine énergique, l'a rajeunie. Élisabeth ne s'est pas mariée. À sa mort, en 1603, le roi d'Écosse Jacques Iᵉʳ, fils de Marie Stuart, devient roi d'Angleterre.

◀ En août 1588, Philippe II d'Espagne lance « l'Invincible Armada » à l'assaut de l'Angleterre. Les navires espagnols sont plus lourds et plus difficiles à manœuvrer que les bateaux anglais, équipés d'une bonne artillerie. Moins d'un navire sur deux regagnera l'Espagne en septembre.

SHAKESPEARE

On possède peu de renseignements précis sur la vie de William Shakespeare (1564-1616), le plus célèbre des poètes dramatiques anglais. Certains prétendent même qu'il n'est pas l'auteur de toutes les pièces qui lui sont attribuées. Né à Stratford-on-Avon, il se marie à 18 ans et devient acteur dans des troupes itinérantes. Très vite, on lui demande d'écrire des textes. Il est l'auteur de près de quarante pièces, des comédies – *la Mégère apprivoisée*, *le Songe d'une nuit d'été*… –, des fresques historiques – *Richard III*, *Henry VI*…, des drames – *Roméo et Juliette*, *le Marchand de Venise*, *Othello*, *Macbeth*. Son œuvre, raffinée et pleine de vigueur, a profondément influencé l'histoire du théâtre.

par le Parlement à être décapitée en 1587. À l'Angleterre anglicane s'oppose l'Espagne catholique de Philippe II. Celui-ci conspire pour renverser Élisabeth Ire et imposer Marie Stuart à sa place. L'exécution de la reine d'Écosse déclenche les hostilités. En 1588, Philippe II ordonne la célèbre expédition de « l'Invincible Armada » contre les îles Britanniques.

1556-1559

1556 Inde : Akbar, petit-fils de Baber, gouverne l'Empire moghol (jusqu'en 1605).
Europe : abdication de Charles Quint. Son fils, Philippe II, hérite de l'Espagne et de ses colonies, des Pays-Bas, du comté de Bourgogne, de Naples et de Milan ; le frère cadet de l'empereur, Ferdinand Ier, reçoit l'Empire germanique et les terres des Habsbourg.
France : le roi Henri II s'allie au pape Paul IV.

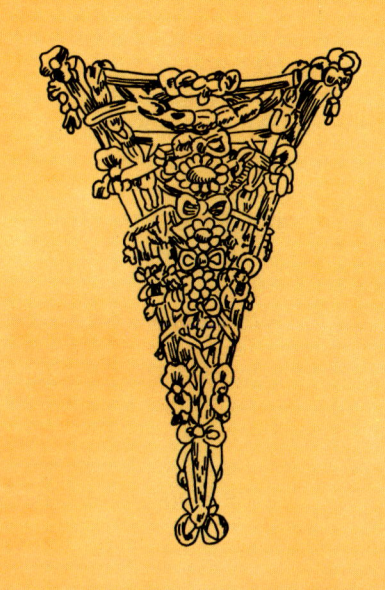

Sous le règne d'Élisabeth Ire d'Angleterre, les grandes dames du royaume arborent des toilettes raffinées. Ce somptueux bijou couvre la poitrine et le ventre.

1557 Europe : bataille de Saint-Quentin ; victoire des Anglais, alliés aux Espagnols, sur les Français.
Chine : des marchands portugais fondent un comptoir commercial à Macao.

1558-1583 Russie : guerre de Livonie ; la Russie s'oppose à la Suède, alliée à la Lituanie et à la Pologne.

1558 France : le roi Henri II reprend Calais aux Anglais. Le dauphin François, fils d'Henri II, épouse Marie Stuart, reine d'Écosse.
Angleterre : mort de Marie Ire Tudor. Sa demi-sœur, Élisabeth Ire, fille d'Henri VIII, lui succède (jusqu'en 1603) ; elle restaure l'anglicanisme comme religion d'État en 1559.

1559 Rome : Pie IV est élu pape (jusqu'en 1565).

ÉLISABETH I^{RE} D'ANGLETERRE • DES HOMMES TOLÉRANTS

1559 Europe : le traité du Cateau-Cambrésis, entre la France et l'Espagne, met un terme aux guerres d'Italie. Henri II de France conserve les Trois-Évêchés, mais doit renoncer au Piémont ; l'Espagne domine une grande partie de l'Italie. France : mort du roi Henri II, blessé au cours d'un tournoi ; son fils, François II, âgé de 15 ans, lui succède (jusqu'en 1560).

1560 Écosse : fondation de l'Église réformée d'Écosse. Angleterre : les premiers puritains (protestants hostiles à l'Église anglicane) commencent à prêcher ; ils s'opposeront à la reine Élisabeth Ire. France : conjuration d'Amboise ; les protestants tentent d'enlever François II, pour qu'il échappe à l'influence des Guises, catholiques. François II meurt quelques mois plus tard. Son frère, Charles IX, âgé de 10 ans, lui succède (jusqu'en 1574) sous la régence de sa mère, Catherine de Médicis. Jean Nicot, diplomate français, introduit le tabac en France (le mot « nicotine » vient de son nom).

1561 Écosse : la reine Marie Stuart, veuve du roi de France François II, reprend possession du royaume. Espagne : Madrid devient capitale du royaume.

Exécution de Marie Stuart d'Écosse en 1587, d'après un document d'époque.

1562 Angleterre : l'amiral John Hawkins est le premier Anglais à pratiquer la traite des esclaves africains pour son pays.

▲ *Accusée d'avoir comploté contre Élisabeth Ire, Marie Stuart, reine d'Écosse de 1542 à 1567, passe près de vingt ans en prison. En 1587, elle est condamnée par le Parlement et exécutée.*

Formée de cent trente vaisseaux de combat, transportant plus de 30 000 hommes, cette flotte de guerre est l'une des plus puissantes jamais constituées. Mais les navires espagnols sont coulés par l'artillerie de la flotte anglaise et dispersés par les tempêtes. L'expédition espagnole tourne au désastre ; moins d'un navire sur deux regagne l'Espagne.

Sous le règne d'Élisabeth Ire, l'Angleterre s'affirme comme une grande puissance maritime et commerciale. Les marins anglais sillonnent les mers du globe ; le navigateur Francis Drake accomplit le tour du monde. L'économie prospère ; l'industrie textile devient l'une des richesses du pays. Les villes se développent tandis que le royaume connaît aussi un important essor culturel et artistique.

Des hommes tolérants

Massacres des populations américaines, drames des guerres de Religion, terreur de l'Inquisition… Le 16ᵉ siècle, s'il connaît un profond renouveau, est aussi une période où la violence et l'intolérance font des ravages. Pourtant, des voix s'élèvent pour défendre l'« homme », qui est né, dit le Hollandais Érasme (1469-1536), « …pour aimer la sagesse et les belles actions ». L'Espagnol Bartolomé de Las Casas (1474-1566) se fait le porte-parole des Indiens d'Amérique, que les colons transforment en esclaves. Le Français Michel de Montaigne (1533-1592) appelle ses semblables à être plus tolérants.

Ces hommes de la Renaissance, ces humanistes, prennent conscience de l'importance de chaque individu et ils disent que la liberté de penser et d'agir est un droit qu'il faut apprendre à respecter.

RABELAIS (1494-1553)

François Rabelais, le père de *Pantagruel* et de *Gargantua*, est un parfait humaniste, à la fois prêtre et médecin, curieux de tout, tolérant. Cet homme cherche déjà à toucher un large public, car il sait que la connaissance est un bien qui doit être partagé.

MONTAIGNE (1533-1592)

Plongé dans la tourmente des guerres de Religion, Michel Eyquem de Montaigne prend le parti de la sagesse, du bon sens, de la tolérance, de la liberté de l'homme. Ses *Essais* constituent un ouvrage essentiel dans l'histoire de la littérature française.

▼ Grâce à l'imprimerie, les livres deviennent plus accessibles. Les idées se répandent plus vite, touchent plus de gens. La librairie devient un lieu de rencontre. 200 millions de livres auraient été imprimés au 16ᵉ siècle.

LES GUERRES DE RELIGION

Les guerres de Religion

L'expansion du protestantisme (*voir* pp. 354-355) provoque des tensions dans toute l'Europe. En France, le nombre de partisans de la Réforme augmente sans cesse. Les affrontements se multiplient entre les catholiques et les protestants, appelés aussi les huguenots.

En 1559, Charles IX devient roi de France. Il n'a que 10 ans, et c'est sa mère, Catherine de Médicis, qui assure la régence. Soucieuse de rétablir la paix pour sauvegarder le trône, elle promulgue l'édit d'Amboise (1561), qui accorde aux protestants le droit d'exercer leur culte. Mais les catholiques refusent cet édit ; en 1562, la guerre civile éclate.

À partir de 1570, Charles IX accorde toute sa confiance au huguenot Gaspard

▲ Signé par Henri IV en 1598, l'édit de Nantes met fin aux guerres de Religion. Les protestants peuvent exercer librement leur culte et se voient accorder des garanties politiques et militaires.

▼ Les massacres de la Saint-Barthélemy (24 août 1572) font des milliers de victimes à Paris (ci-dessous) et dans d'autres villes. Mais bientôt, les protestants résistent et s'organisent dans l'Ouest et dans le Midi.

1562-1565

CATHERINE DE MÉDICIS (1519-1589)

Princesse italienne de la puissante famille des Médicis, Catherine devient reine de France par son mariage avec Henri II. Habile politique, elle est la mère de trois rois de France, François II, Charles IX et Henri III. Elle est responsable de la Saint-Barthélemy.

HENRI DE NAVARRE (1553-1610)

En 1572, Henri de Navarre échappe au massacre de la Saint-Barthélemy organisé le jour de son mariage avec Marguerite de Valois, la sœur de Charles IX. Chef du parti protestant, il devient roi de France en 1589 (voir Henri IV pp. 406-407).

de Coligny. Catherine de Médicis persuade alors son fils de l'existence d'un complot protestant et le convainc de supprimer les principaux chefs de ce parti. Le massacre commence à Paris, à l'aube de la Saint-Barthélemy (24 août 1572), et s'étend à plusieurs villes.

Cet effroyable bain de sang rallume les guerres de religion, qui vont se prolonger, par intermittence, jusqu'à la fin du siècle. Henri III accède au trône en 1574 ; il oscille longtemps entre le parti protestant, conduit par Henri de Navarre – le futur Henri IV –, et la « Ligue » des catholiques, dirigée par Henri de Guise.

Ce dernier est assassiné sur ordre du roi en 1588. L'année suivante, Henri III est mortellement poignardé par un moine fanatique, Jacques Clément. Henri de Navarre devient alors roi de France (voir Henri IV pp. 406-407). S'étant converti au catholicisme, il mettra rapidement fin aux guerres de religion.

1562 France : massacre d'une soixantaine de protestants à Wassy, ordonné par le duc de Guise ; début des guerres de Religion qui opposent les catholiques aux protestants jusqu'en 1598.
Espagne : Thérèse d'Avila crée le premier couvent de l'ordre des carmélites réformées.
Irlande : révolte infructueuse contre Élisabeth Ire d'Angleterre.

1563 Angleterre : Élisabeth Ire édite les Trente-Neuf Articles, qui organisent l'Église anglicane. Des soldats anglais introduisent la peste dans le royaume.

1564 Saint Empire : Maximilien II, fils de Ferdinand Ier, devient empereur (jusqu'en 1576).
Europe : mort de Jean Calvin et de Michel-Ange. Naissance du dramaturge anglais William Shakespeare (mort en 1616) et du scientifique italien Galilée (mort en 1642).

1565 Russie : Ivan IV le Terrible instaure un régime de terreur.
Amérique : l'Espagnol Pedro Menendez de Avila fonde la première colonie européenne d'Amérique du Nord, à San Augustin, en Floride.
Méditerranée : les Ottomans assiègent l'île de Malte ; ils sont repoussés par les chevaliers de Malte.
Asie : les Espagnols conquièrent les Philippines.

v. 1565 Europe : les Européens découvrent le maïs et la pomme de terre, originaires d'Amérique.
Brésil : fondation de Rio de Janeiro par les Portugais.

L'élevage de vers à soie s'est implanté en France au 16e siècle à Tours, puis à Lyon. L'industrie de la soie s'est considérablement développée sous le règne de Henri IV.

1454 – 1600

Gouvernement et société

Sous la Renaissance, de grands royaumes s'affirment en Europe. Des monarques comme François Ier en France, Philippe II en Espagne, Henri VIII et Élisabeth Ire en Angleterre, etc., renforcent le prestige de la monarchie. Parvenant à contenir les ambitions des princes, ils gouvernent en maîtres sur des territoires qui n'ont jamais été aussi étendus. L'Italie, morcelée entre plusieurs puissants États – dont Florence et la République de Venise – fait, elle, exception à la règle.
Dans le reste du monde, de grands empires se sont également constitués. Dans l'Empire inca, l'État protège et prend en charge les plus démunis, les pauvres, les plus âgés, les jeunes… En Chine et, plus tard, chez les Moghols de l'Inde, les empereurs sont tout-puissants et une armée de fonctionnaires veille à ce que tous leurs sujets leur obéissent. Après la prise de Constantinople par les Turcs (1453), l'Empire ottoman connaît son âge d'or sous le règne de Soliman Ier le Magnifique.

▲ *En Amérique du Nord, les Indiens des Grandes Plaines vivent en tribus. Ils chassent le bison et mènent une existence nomade. Les modes de vie varient selon les tribus. Les traditions et les lois se transmettent oralement à travers des histoires que l'on se répète de génération en génération.*

▼ *Le souverain aztèque est considéré comme un dieu. Il est élu par une assemblée de dignitaires qui le choisissent toujours dans la même famille. Le regarder est un sacrilège et ses sujets l'approchent les yeux baissés, en signe d'humilité. Il se déplace généralement en litière.*

À CETTE ÉPOQUE

- **1494** À Florence, en Italie, Jérôme Savonarole prend le pouvoir et établit une véritable dictature. Il sera condamné au bûcher pour hérésie en 1498.
- **1513** En Italie, Machiavel compose le Prince, qui défend la primauté de la raison d'État.
- **1520** Soliman Ier réforme les lois et l'administration de l'Empire ottoman.
- **1555** En Russie, Ivan IV réforme le code des lois et l'administration locale.

▲ Dans l'Utopie (1516), l'humaniste anglais Thomas More critique les injustices de son époque et décrit l'organisation d'une société idéale, qu'il situe sur une île imaginaire (ci-dessus).

▶ La République de Venise est gouvernée par un chef élu : le doge. Celui-ci exerce son pouvoir sous le contrôle du Grand Conseil, dont les membres représentent les grandes familles vénitiennes. Léonardo Loredano (ci-contre) est doge de 1501 à 1521.

▶ Le pape, chef élu de l'Église catholique, est l'un des hommes les plus puissants de cette époque. Il gouverne les États pontificaux et il est aussi le guide spirituel de presque toute l'Europe (du moins jusqu'à la Réforme). Aux 15e et 16e siècles, certains papes profitent de leur fonction pour s'enrichir et accorder des faveurs aux membres de leur famille. Sixte IV, que l'on voit ici avec plusieurs de ses neveux, aida l'un d'eux à devenir pape sous le nom de Jules II.

La Russie

Jusqu'au milieu du 15ᵉ siècle, presque tout le sud de la Russie est sous la domination des Mongols de la Horde d'Or (*voir* pp. 272-273). Devenu grand-prince de Vladimir et de Moscou en 1462, Ivan III le Grand entreprend de libérer ce territoire. Vers 1480, ayant conquis Novgorod et d'autres villes de la région, il se proclame « souverain de toute la Russie ». Installant sa capitale à Moscou, où il fait reconstruire le Kremlin, notamment, il organise un État puissant et centralisé. Il meurt en 1505, et il faut attendre l'avènement de son petit-fils, Ivan IV, pour que son œuvre soit poursuivie.

Devenu grand-prince à trois ans, Ivan IV n'a que dix-sept ans lorsqu'il devient tsar (empereur) en 1547. Il est le premier à porter ce titre. Les débuts de son règne sont paisibles : souverain avisé, Ivan IV s'entoure d'un groupe d'excellents

IVAN III
(1440-1505)

Grand-prince de Vladimir et de Moscou (1462), Ivan III le Grand se libère de la domination mongole et réalise l'unification de la Russie. Il entreprend notamment la reconstruction du Kremlin, à Moscou, en faisant appel à des artistes italiens.

IVAN IV
(1530-1584)

Grand-prince de Russie à 3 ans, Ivan IV se fait proclamer tsar en 1547 pour asseoir son pouvoir. Il entreprend de nombreuses réformes et étend l'empire, mais instaure, à la fin de son règne, une dictature qui lui vaut d'être surnommé « le Terrible ».

▼ Au cœur de Moscou, la forteresse du Kremlin est une « ville à l'intérieur de la ville » ; elle abrite des palais, des églises, des cathédrales…

▲ *Après sa victoire sur les Mongols, Ivan IV fait édifier à Moscou la cathédrale Basile-le-Bienheureux. Ses coupoles ont la forme de bulbes.*

conseillers, réorganise l'administration et élabore un nouveau code de lois. Des liens commerciaux se nouent avec l'Europe. L'armée est modernisée.

À partir de 1550, le jeune souverain s'engage dans une série de guerres de conquête qui lui permettent d'étendre son territoire vers le sud (Kazan, Astrakan) et vers l'est. Il s'efforce aussi de s'implanter vers le nord, sur les côtes de la mer Baltique. Mais aux victoires succèdent de graves revers militaires. Aigri, Ivan IV se méfie de tout le monde, en particulier de la noblesse (les boyards), qui ne lui pardonne pas d'avoir empiété sur ses privilèges. La fin de son règne n'est qu'une violente dictature. Bientôt surnommé Ivan le Terrible, il meurt en 1584, sans doute empoisonné.

1566-1570

1566 Rome : Pie V (Antonio Ghislieri) est élu pape (jusqu'en 1572).
Pays-Bas : début de la révolte contre les Espagnols.
Empire ottoman : mort du sultan Soliman Ier le Magnifique ; son fils, Selim II, lui succède (jusqu'en 1574).

1567 Pays-Bas : Philippe II d'Espagne envoie le duc d'Albe réprimer le soulèvement des Pays-Bas.
Écosse : la reine Marie Stuart fait assassiner son mari, lord Darnley, par le comte de Bothwell, qu'elle épouse. Elle doit abdiquer peu après. Son fils, Jacques VI, lui succède (jusqu'en 1625).

1567-1568 France : deuxième guerre de Religion ; protestants et catholiques signent une trêve à Longjumeau.

1568 Pays-Bas : le duc d'Albe fait régner la terreur dans les provinces.
Saint Empire : l'empereur Maximilien II conclut un traité de paix avec le sultan ottoman Sélim II.

1568-1570 France : troisième guerre de Religion ; la paix de Saint-Germain accorde une liberté limitée aux protestants.

1569 Europe centrale : Union de Lublin, entre la Pologne et la Lituanie ; les deux pays sont placés sous l'autorité du roi Sigismond II de Pologne.

Ivan III le Grand, grand-prince de Vladimir et de Moscou, a épousé la nièce du dernier des empereurs byzantins. Se déclarant héritier de cet empire, il en a pris l'emblème, un aigle à deux têtes.

1570 Méditerranée : les Ottomans tentent de prendre Chypre aux Vénitiens ; ils s'empareront de l'île en 1571.
Russie : Ivan IV le Terrible saccage la cité de Novgorod.

LUTTES EN MÉDITERRANÉE

1571 Méditerranée : bataille de Lépante ; victoire de la flotte chrétienne, conduite par don Juan d'Autriche, sur les Ottomans conduits par Ali Pasa. La flotte turque subit de lourdes pertes.
Afrique de l'Est : apogée de l'empire du Bornou, sous le règne d'Idris III.

v. 1571 Italie : naissance de Michelangelo Merisi, dit le Caravage (mort en 1610). Maître du clair-obscur, il inventera un nouvel art de peindre.

1572 Rome : Grégoire XIII est élu pape (jusqu'en 1585).

Les Ottomans ont été influencés par les artisans de Perse ; ils décorent souvent leurs poteries de vaisseaux comme celui-ci.

1572 France : massacre de la Saint-Barthélemy, organisé à l'instigation de la régente Catherine de Médicis et du duc Henri Ier de Guise ; des milliers de protestants sont massacrés à Paris le jour de la Saint-Barthélemy (24 août) et dans tout le royaume. Début de la quatrième guerre de Religion (jusqu'en 1573).
Angleterre : naissance du dramaturge Ben Jonson (mort en 1637).

1573-1620 Chine : règne de l'empereur Ming Wanli.

1573 Inde : l'empereur moghol Akbar conquiert le Gujerat, dans le nord-ouest de l'Inde.
Méditerranée : paix entre Venise et l'Empire ottoman.

1574 Empire ottoman : Murad III devient sultan (jusqu'en 1595).
France : mort du roi Charles IX ; son frère, Henri III, lui succède (jusqu'en 1589).
Afrique du Nord : la Tunisie devient une province ottomane.
Afrique australe : les Portugais s'établissent en Angola.

1575-1576 France : cinquième guerre de Religion.

Luttes en Méditerranée

Sous le règne de Soliman Ier le Magnifique (*voir* pp. 358-359), les Ottomans s'efforcent de prendre le contrôle de la mer Méditerranée grâce à leur puissante flotte. En 1522, ils s'emparent de l'île de Rhodes, d'où ils expulsent les Frères de l'hôpital (ou chevaliers) Saint-Jean de Jérusalem qui y soignaient les pauvres depuis le 14e siècle. L'empereur germanique Charles Quint, qui a déjà fort à faire pour contrer l'avancée terrestre des Turcs (*voir* pp. 370-371), offre alors l'île de Malte aux frères, qui y fondent l'ordre des chevaliers de Malte.

Soliman Ier, qui n'entend pas en rester là, entreprend avec sa flotte, en mai 1565, le siège de Malte. Bien que quatre fois moins nombreux, les chevaliers résistent victorieusement.

▼ *Pour protéger Malte, Jean Parisot de la Valette fait édifier un impressionnant port fortifié. En son honneur, la ville prendra le nom de La Valette.*

▶ *La bataille de Lépante (ci-contre) apparaît comme une mêlée confuse. Don Juan d'Autriche, qui commande la flotte chrétienne, est blessé ; Ali Pasa, qui conduit les Turcs, est tué.*

1571-1575

▶ *Au 16ᵉ siècle, l'Empire ottoman et le Saint Empire romain germanique s'affrontent à la fois sur terre et sur mer. Les Turcs contrôlent le sud et l'est de la Méditerranée ; le Saint Empire domine, avec l'Espagne, l'ouest et le sud de l'Italie. Après la mort de Soliman Iᵉʳ, la puissance turque commencera à décliner.*

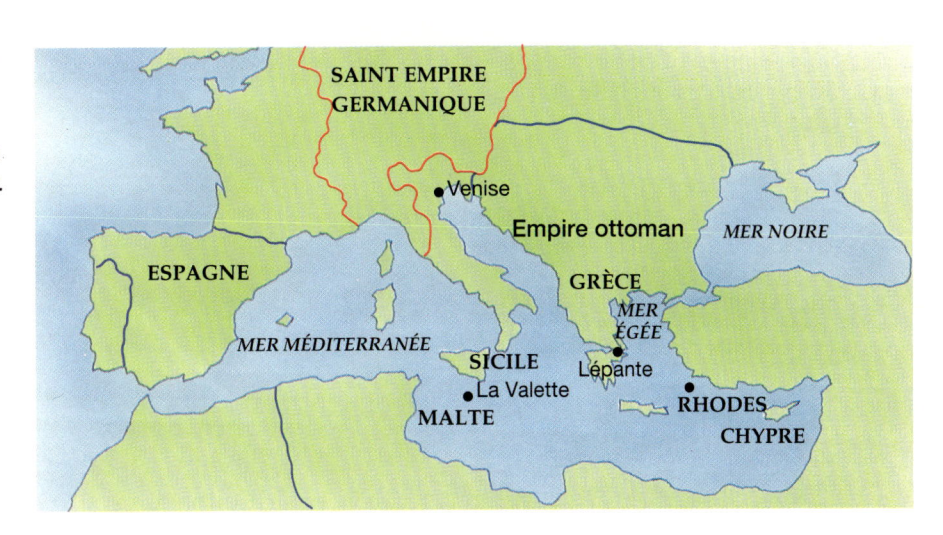

Six ans plus tard, Selim II, le nouveau sultan ottoman, s'empare de l'île de Chypre, une possession des Vénitiens. Une flotte chrétienne est alors formée par l'Espagne, Venise et le pape ; son commandement est confié à don Juan d'Autriche, le frère de Philippe II d'Espagne. Les flottes chrétiennes et turques s'affrontent au large de Lépante, en Grèce, en octobre 1571. Les Ottomans sont anéantis ; leur réputation d'invincibilité s'effondre.

LA CROIX DE MALTE

Pour montrer qu'ils sont chrétiens, les chevaliers de Malte arborent une croix. Elle se distingue de celle des autres ordres de chevaliers par la forme triangulaire de ses quatre branches. Plus tard, on l'appellera la croix de Malte.

385

L'INDÉPENDANCE DES PROVINCES-UNIES

1576 Saint Empire : Rodolphe II de Habsbourg, fils de Maximilien II, devient empereur (jusqu'en 1612).
Pays-Bas : pacification de Gand ; les provinces des Pays-Bas s'unissent pour expulser les troupes espagnoles.
France : les catholiques fondent la Ligue, autour d'Henri Ier, duc de Guise, pour lutter contre les protestants.
Inde : l'empereur moghol Akbar conquiert le Bengale.

1577 Angleterre : départ du navigateur Francis Drake pour le premier tour du monde anglais ; il rentrera en 1580. L'Angleterre soutient les Pays-Bas contre l'Espagne.

Ce croquis montre un Indien d'Amérique posant un piège à perroquet. Il a été dessiné par l'un des marins du navigateur Francis Drake, lors de son voyage autour du monde.

1577 Pays-Bas : naissance du peintre flamand Rubens (mort en 1640).
France : sixième guerre de Religion.

1578 Maroc : bataille d'Alcaçar-Quivir ; victoire des Marocains, conduits par al-Mansur, sur les Portugais. Sébastien Ier, roi du Portugal, meurt au combat ; il n'a pas d'héritier.

1579 Pays-Bas : Union d'Arras, entre les provinces catholiques du Sud, qui se soumettent à l'Espagne ; les provinces protestantes du Nord, opposées à l'Espagne, forment l'Union d'Utrecht (Provinces-Unies).

1580 France : septième guerre de Religion.
Portugal : Philippe II d'Espagne devient roi du Portugal et unit les deux royaumes.
Afghanistan : invasion des Moghols.

1581 Pays-Bas : les Provinces-Unies, dirigées par Guillaume Ier de Nassau, rejettent l'autorité de Philippe II d'Espagne et proclament leur indépendance.

L'indépendance des Provinces-Unies

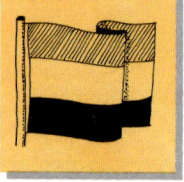

Au milieu du 16e siècle, les Pays-Bas sont formés de dix-sept provinces, qui correspondent aujourd'hui à la Belgique, au Luxembourg et au royaume des Pays-Bas. Cette région a été rattachée à l'Espagne lorsque Charles Quint (*voir* pp. 370-371) est devenu roi de ce pays. Quand, en 1556, celui-ci partage son empire, les Pays-Bas restent attachés à la couronne espagnole.

La lutte pour l'indépendance s'engage aussitôt, sous le règne de Philippe II (*voir* p. 367). Aux Pays-Bas, ce souverain catholique conduit, par l'intermédiaire de Marguerite de Parme puis du duc d'Albe, une politique hostile aux protestants. Cette politique dresse le peuple et la noblesse contre les Espagnols. La révolte, conduite par Guillaume Ier de Nassau, stathouder

▼ *Après 1579, les Provinces-Unies poursuivent la lutte contre l'Espagne, tandis que les provinces du Sud, en majorité catholiques, se soumettent.*

1576-1581

GUILLAUME I er DE NASSAU
(1533-1584)

Guillaume I er de Nassau, prince d'Orange, engage le combat des Provinces-Unies contre Philippe II d'Espagne, catholique intransigeant et monarque absolu. Stathouder en 1576 des dix-sept Provinces, il est assassiné par les Espagnols en 1584.

▲ À la fin du 16e siècle, Amsterdam est un port très actif. La ville, traversée par de nombreux canaux, est construite sur des terres conquises sur la mer.

▶ Menée par le duc d'Albe, la répression de la révolte est terrible. Ce dessin satirique le représente en train de piétiner des cadavres de protestants.

(gouverneur) de Hollande, devient bientôt générale. La répression est impitoyable. Les villes rebelles sont pillées, la population massacrée. En 1576, le sac (pillage) d'Anvers par les Espagnols ruine complètement la cité. Nombre de ses marchands et de ses banquiers émigrent à Amsterdam.

En 1579, les onze provinces du Sud, en majorité catholiques, se soumettent à l'Espagne. En revanche, celles du Nord, protestantes, proclament l'indépendance des « Provinces unies ». La lutte se poursuivra jusqu'en 1648, lorsque l'Espagne reconnaîtra les Provinces-Unies.

1454 – 1600

Le commerce

Au 16ᵉ siècle, les échanges connaissent un développement spectaculaire. Les marchandises du monde entier transitent alors par de grands centres de commerce qui, comme Anvers et Amsterdam, se déplacent vers le nord de l'Europe. Elles sont ensuite acheminées sur les marchés européens.
L'exploitation des mines dans les colonies espagnoles d'Amérique provoque un afflux d'argent en Europe, ce qui favorise les affaires mais aussi l'inflation (baisse de la valeur de la monnaie et hausse des prix). C'est aussi à cette époque que les premiers esclaves africains sont déportés en Amérique.

▲ Le Prêteur et sa femme, *du Flamand Quentin Metsys* montre les activités d'un changeur vers 1500. Son rôle est notamment de convertir entre elles les différentes monnaies en circulation.

▶ L'Europe subit une inflation galopante. En 90 ans, les prix augmentent de 400%.

◀ En Chine, les étrangers ne sont pas tous aussi bien accueillis que ce voyageur en route pour Pékin ! Les marchands européens sont mal considérés. Les Chinois vendent leur soie et leurs porcelaines, mais refusent d'acheter d'autres produits en échange.

À CETTE ÉPOQUE

v. 1460 Les Portugais installent des comptoirs sur les côtes d'Afrique ; ils y achètent de l'or, de l'argent et de l'ivoire.
1498 Le Portugais Vasco de Gama découvre la route des Indes par le cap de Bonne-Espérance et l'océan Indien.
1517 En France, fondation du port du Havre.
1535 En Amérique, les Espagnols commencent à exploiter les mines d'or et d'argent.
1600 Fondation de la Compagnie anglaise des Indes orientales.

▲ Avec l'intensification des échanges, les villes se développent. On construit alors des boutiques, des habitations, des auberges… sur les ponts ! Ci-dessus, le London Bridge de Londres.

◀ Il est difficile de se repérer en mer. Les navigateurs déterminent leur position par rapport aux astres. Le temps écoulé est calculé grâce à un sablier que l'on retourne régulièrement. La nuit, on peut lui préférer un tableau comme celui-ci, qui permet de « lire l'heure » aux étoiles.

▼ Pendant longtemps, la Russie est restée isolée de l'Europe. À la fin du 15ᵉ siècle, des marchands (comme ceux-ci) se lancent cependant dans le commerce de la fourrure.

▶ Les cartes sont alors de véritables « trésors », que l'on cache aux navigateurs et aux marchands étrangers. Celle-ci, portugaise, date de 1558.

Les Indiens d'Amérique du Nord

Quand les Européens arrivent en Amérique du Nord, de nombreuses tribus indiennes vivent sur ce continent. Chacune possède ses coutumes, sa langue et un mode de vie bien à elle, selon l'endroit où elle est installée. Dans les Grandes Plaines giboyeuses, les Indiens sont d'excellents chasseurs, notamment de bisons. Ils utilisent leur viande pour se nourrir, et leur peau pour fabriquer des tentes et des vêtements résistants. Les tribus qui vivent sur les côtes ou près des lacs pêchent à bord de pirogues creusées dans des troncs d'arbre ou de canoës, plus légers.

Dans le Sud-Ouest, les Indiens pratiquent l'agriculture. Autour de leurs villages, les pueblos, ils cultivent le maïs, la citrouille et les haricots grâce à un système d'irrigation des terres. Ils pratiquent des échanges commerciaux avec les Aztèques et d'autres tribus indiennes.

Agriculteurs également, les Indiens de

▲ Les Miamis travaillent remarquablement le cuir. La peau est d'abord nettoyée et assouplie. Découpée et cousue, elle devient vêtements ou mocassins. Dans certaines tribus, la femme travaille aux champs pendant que l'homme chasse. Les Indiennes jouent un rôle important. Certaines participent aux conseils de la tribu et peuvent même en devenir le chef.

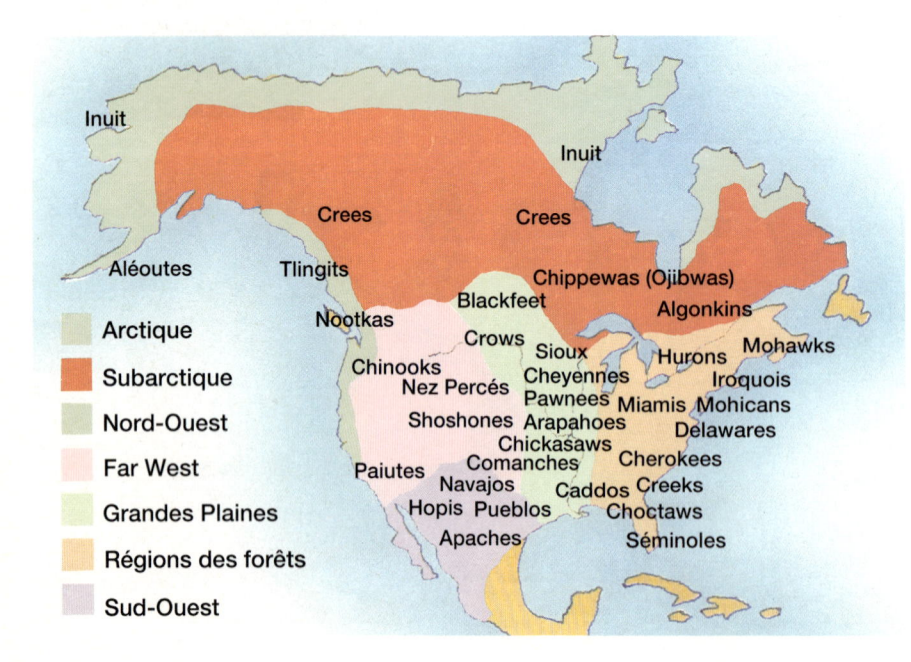

◀ Cette carte localise les principales tribus indiennes vers 1500. Inégalement réparties, elles occupent la quasi-totalité des terres. Dans le Sud-Est, les tribus les plus importantes sont les Creeks, les Cherokees, les Choctaws, les Chickasaws et les Séminoles, qui forment les Cinq Nations. On estime que les Indiens d'Amérique du Nord (Mexique non compris) étaient environ 850 000 vers 1600.

▲ *Les Indiens des Grandes Plaines se camouflent parfois sous une peau de bête pour approcher des troupeaux de bisons.*

▲ *Les tentes de ces Indiens sont constituées d'une armature en branchages, recouverte de peaux d'animaux ou d'écorce de bouleau.*

la côte est font pousser le maïs et le tabac. La chasse et la cueillette complètent leur alimentation.

Comme les Incas ou les Aztèques, ces tribus n'ont jamais vu de cheval. La plupart de leurs outils sont en bois ou en pierre. L'arc est l'arme la plus répandue pour chasser ou affronter les tribus rivales.

L'arrivée des Européens va porter un coup fatal à ces populations. Apportées par les colons, des maladies nouvelles, comme la variole ou la rougeole, vont les décimer. Des rivalités tribales, plus ou moins encouragées par les Blancs, vont dégénérer en guerres sanglantes. Progressivement, les Indiens vont être expulsés de leurs terres.

1582-1588

1582 Europe : en octobre, réforme du calendrier julien par le pape Grégoire XIII ; la France et l'Italie adoptent aussitôt le nouveau calendrier grégorien.
Japon : Toyotomi Hideyoshi devient shogun (jusqu'en 1598).

1583 Amérique du Nord : les premiers colons anglais s'établissent en Amérique, à Terre-Neuve (Canada).

1584 Amérique du Nord : le navigateur Walter Raleigh tente de coloniser la Virginie au nom de la reine d'Angleterre.
Pays-Bas : Guillaume Ier de Nassau est assassiné.
Russie : mort d'Ivan IV le Terrible ; son fils, Fédor Ier, lui succède (jusqu'en 1598).

1585 Rome : Sixte V est élu pape (jusqu'en 1590).
France : début de la huitième et dernière guerre de Religion, dite la « guerre des trois Henri », entre le catholique Henri de Guise et le protestant Henri de Navarre, soutenu par le roi Henri III.

1586 Inde : Akbar conquiert le Cachemire.

1587 Perse : Abbas Ier le Grand devient chah (jusqu'en 1629).
Angleterre : accusée d'avoir comploté contre Élisabeth Ire d'Angleterre, Marie Stuart d'Écosse est décapitée. Cette exécution déclenche la guerre entre l'Angleterre et l'Espagne de Philippe II.

1588 Europe : défaite de l'« Invincible Armada » ; les cent trente vaisseaux de la flotte espagnole, envoyés contre l'Angleterre par Philippe II d'Espagne, sont vaincus dans la Manche par la flotte anglaise.

Lors des grandes cérémonies tribales, les Indiens iroquois portent des masques qui représentent des créatures mythologiques.

1588 France : journée des Barricades (12 mai) ; les partisans de la Ligue catholique se révoltent contre Henri III, à Paris. Le duc Henri de Guise, chef de la Ligue, est assassiné.

Le Japon et la Chine

Au Japon, en 1467, une guerre civile éclate entre grands seigneurs féodaux. À cette époque, l'empereur n'a plus de véritable pouvoir, et le shogun (*voir* pp. 254-255) lui-même est réduit à l'impuissance. Pendant plus de cent ans, le désordre règne.

À cette époque aussi, les Européens commencent à découvrir et à explorer le pays. En 1542, des marchands portugais s'installent sur la petite île de Tanegashima. Sept ans plus tard, le jésuite espagnol François-Xavier entreprend, seul, de convertir la population au christianisme. Au début, les marchands et les missionnaires sont bien accueillis. Ils introduisent les armes à feu ; leur usage se répand très vite dans le pays, même si certains samouraïs les considèrent comme indignes de leur bravoure.

En 1568, un petit seigneur du Nord, Oda Nobunaga, équipe son armée de mousquets et s'empare de Kyoto. S'étant fait nommer shogun, il entreprend l'unification du pays. Hideyoshi lui succède en 1582. Rêvant d'un grand Japon qui inclurait la Chine, il envahit deux fois la Corée, en 1592 et 1597, mais ne parvient pas à la conquérir. À sa mort, les prétendants à sa succession se font la guerre. Les batailles se succèdent jusqu'à la victoire de Tokugawa Ieyasu sur ses rivaux, à Sekigahara, en 1600. Trois ans plus tard, le vainqueur devient shogun (*voir* pp. 402-403).

▲ *Toyotomi Hideyoshi parvient à affaiblir le pouvoir des seigneurs féodaux et des moines bouddhistes, mais son rêve d'un grand Japon échoue.*

▼ *Armés de mousquets, les hommes d'Oda Nobunaga affrontent des cavaliers samouraïs armés à la manière traditionnelle. Quoique très inférieurs en nombre, ils remporteront la victoire.*

En Chine, vers 1500, la dynastie Ming (*voir* pp. 294-295) amorce son déclin. L'empereur interdit aux navires chinois de naviguer au-delà des eaux territoriales, mais autorise les étrangers à explorer les côtes. En 1557, les Portugais fondent un comptoir à Macao et des jésuites sont admis à la cour de Pékin. Mais la lutte contre l'agresseur japonais achève de déstabiliser un empire déjà affaibli par des rivalités internes. Au 17e siècle, les Mandchous prendront possession du pays par le nord (*voir* pp. 432-433).

◄ *En 1580, les missionnaires ont converti 150 000 Japonais. Hideyoshi s'en félicite, car cela contribue à affaiblir ses ennemis, les moines bouddhistes. Plus tard, il considérera le christianisme comme une menace pour son autorité. À la fin de son règne, il interdira cette religion et la construction d'églises, sans toutefois persécuter les chrétiens.*

LA CÉRÉMONIE DU THÉ

La cérémonie du thé (*chanoyu*, c'est-à-dire « l'eau chaude pour le thé », en japonais) obéit à une étiquette (des règles) précise. Cette pratique très ancienne a été codifiée au 15e siècle par les moines bouddhistes. D'abord célébrée dans les milieux cultivés, elle s'est largement répandue. Dans la société japonaise, très hiérarchisée, tous les actes de la vie quotidienne obéissent à des règles strictes. La préparation du thé ne fait pas exception.

1589-1600

1589 France : mort de Catherine de Médicis. Assassinat du roi Henri III. Henri IV – le protestant Henri de Navarre – lui succède (jusqu'en 1610) ; les partisans de la Ligue catholique refusent de le reconnaître.

1590 France : mort d'Ambroise Paré, fondateur de la chirurgie moderne.
Angleterre : Shakespeare écrit ses premières pièces de théâtre.
Inde : l'empereur Akbar conquiert le Sind.

Un bateau de guerre chinois.

1591 Afrique de l'Ouest : les Marocains annexent l'Empire songhaï.

1592 Rome : Clément VIII est élu pape (jusqu'en 1605).
Japon : Toyotomi Hideyoshi tente d'envahir la Corée ; il devra se retirer en 1593.

1593 France : Henri IV abjure la religion protestante et se convertit au catholicisme.

1594 France : Henri IV est couronné roi à Chartres et fait son entrée dans Paris.

1598 Irlande : les Irlandais, soutenus par l'Espagne, battent les Anglais à Yellow Ford.
France : l'édit de Nantes, signé par le roi Henri IV, accorde la liberté de culte aux protestants. Fin des guerres de Religion.
Espagne : mort du roi Philippe II ; son fils, Philippe III, lui succède (jusqu'en 1621).
Russie : mort du tsar Fédor Ier ; Boris Godounov lui succède (jusqu'en 1605).

1600 Inde : fondation de la Compagnie anglaise des Indes orientales par Élisabeth Ire d'Angleterre.
France : le roi Henri IV épouse Marie de Médicis.

1454 – 1600

L'art de la guerre

En Europe, l'utilisation croissante de la poudre à canon et son efficacité sonnent le glas des vieilles forteresses médiévales. Aux longs sièges succèdent désormais des batailles en terrain découvert. La progression de la cavalerie et de l'infanterie est appuyée par les tirs de l'artillerie. Des armes à feu individuelles font leur apparition, mais ces armes sont dangereuses à manipuler et leur utilisateur est souvent le premier blessé ! Les soldats vivent dans des conditions difficiles. Mal ravitaillés, mal payés, mal équipés, ils risquent autant de succomber aux maladies qu'aux assauts de l'ennemi.

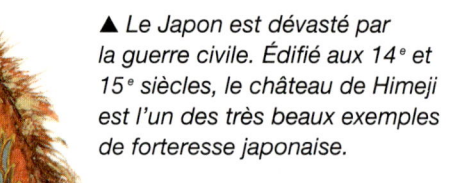

▲ Le Japon est dévasté par la guerre civile. Édifié aux 14e et 15e siècles, le château de Himeji est l'un des très beaux exemples de forteresse japonaise.

◀ Les guerriers aztèques ornent leur bouclier de cérémonie de plumes chatoyantes. Celui-ci a été offert aux Espagnols au début du 16e siècle.

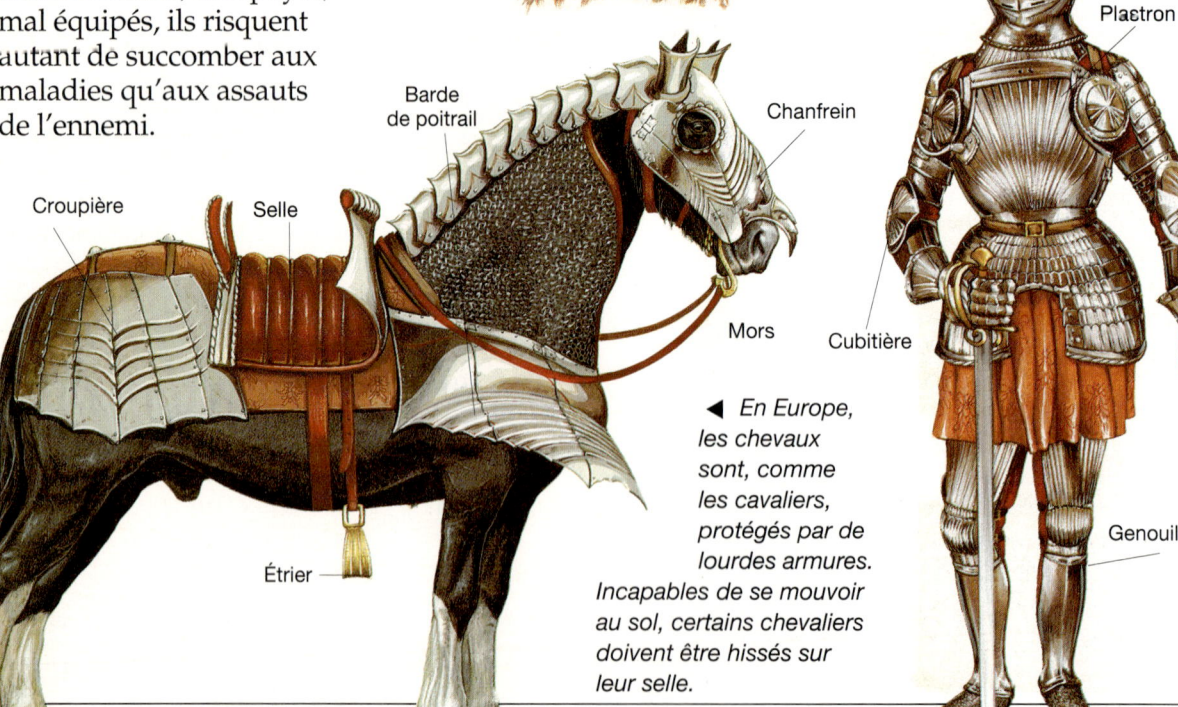

◀ En Europe, les chevaux sont, comme les cavaliers, protégés par de lourdes armures. Incapables de se mouvoir au sol, certains chevaliers doivent être hissés sur leur selle.

Croupière — Selle — Barde de poitrail — Chanfrein — Mors — Étrier

Visière — Plastron — Cubitière — Genouillère

À CETTE ÉPOQUE

1515 Bataille de Marignan : victoire du roi de France François Ier sur les Suisses.
1516 Création d'une manufacture d'armes à Saint-Étienne, en France.
1559 Le traité de Cateau-Cambrésis met fin aux guerres d'Italie.
1562-1598 Guerres de Religion en France.
1571 Bataille de Lépante : victoire de la Ligue catholique sur la flotte turque.
1578 Le roi du Portugal est tué au cours d'une bataille contre les Marocains.

▼ En 1520, le roi de France François Ier rencontre, en Flandre, Henri VIII d'Angleterre pour qu'il ne s'allie pas contre lui avec Charles Quint. Les deux souverains rivalisent de magnificence. Mais cette célèbre rencontre – l'entrevue du Camp du Drap d'or – ne débouche sur aucun accord.

▶ En Europe, les armées sont dans leur majorité composées de professionnels qui se vendent au plus offrant. Ces mercenaires trouvent toujours du « travail » sur les routes commerciales. Cette miniature moghole montre des mercenaires portugais combattant des Indiens.

Un nouveau calendrier

Le calendrier grégorien, aujourd'hui adopté presque partout dans le monde, doit son nom au pape Grégoire XIII. En 1582, celui-ci décide en effet de réformer l'ancien calendrier en se fondant sur les observations astronomiques de son époque.

En ce temps-là, on se référait encore au calendrier julien, établi à l'instigation de Jules César en 46 av. J.-C. Dans ce système, une période de trois ans de 365 jours chacun est suivie d'une année de 366 jours. La longueur moyenne d'une année est donc de 365,25 jours. Or, la Terre tourne autour du Soleil en 365, 2425 jours. Ce décalage fait apparaître un jour supplémentaire tous les 128 ans. En 1580, le calendrier julien est ainsi en avance de dix jours par rapport au calendrier solaire.

Pour rectifier cette erreur, le pape Grégoire XIII décide, en octobre 1582, de « sauter » dix jours : le 5 octobre devient le 15 octobre. Il décide qu'une année sur quatre, dite bissextile, aura bien un jour supplémentaire, le 29 février. Mais surtout, pour rattraper le décalage d'un jour tous les 128 ans, les années séculaires ne seront pas bissextiles, sauf celles qui sont divisibles par 400 : 1600, 2000, 2400, etc.

Les pays catholiques adoptent aussitôt le calendrier grégorien (la France passe du 9 décembre au 20 décembre 1582), mais certains pays attendent. Quand la Grande-Bretagne l'adopte, en 1752, elle a déjà onze jours d'avance ! La Russie, elle, ne changera qu'en 1918 et la Grèce en 1923 !

L'usage de deux calendriers explique certaines bizarreries dans les dates. Par exemple, le jour où l'Invincible Armada est vaincue, en 1688, n'est pas le même pour les Anglais et pour les Espagnols.

▲ *Tout au long des siècles, les savants cherchent à mesurer l'écoulement du temps. Cette miniature, tirée d'un manuscrit du 13ᵉ siècle, les montre comparant l'année lunaire et l'année solaire.*

LE CALENDRIER ROMAIN

Inventeurs du calendrier julien, les Romains ont aussi divisé l'année en douze mois. Chacun d'eux porte un nom inspiré de la mythologie. Janvier vient de Janus, le dieu à deux têtes qui peut regarder dans les deux directions ; février de *februa*, une fête qui avait lieu à cette époque de l'année. Mars vient du nom du dieu de la guerre, et avril du latin *aperire* (« ouvrir »), car c'est le mois où la nature se renouvelle. Mai et juin tiennent leurs noms des déesses Maia et Junon, juillet, de Jules César, et août, d'Auguste, son héritier et petit-neveu. Septembre, octobre, novembre et décembre signifient, à l'origine, le septième, huitième, neuvième et dixième mois de l'année ; en effet, l'année julienne commence le 25 mars, et non le 1ᵉʳ janvier comme dans le calendrier grégorien.

1601 – 1715

Commerce et empires

Le 17ᵉ siècle est une époque riche en contrastes. Guerres et révolutions déchirent l'Europe. Cependant, malgré ces troubles, le « Grand Siècle » est aussi marqué par un essor des arts et des sciences. À Versailles, Louis XIV fait édifier un château somptueux dont la décoration est confiée aux artistes les plus réputés et qui devient bientôt le modèle de l'architecture classique. À la même époque, des savants comme Newton, Kepler, Harvey, Descartes, Pascal, Papin, etc., jettent les bases des sciences modernes.

L'époque est aussi celle de la construction de grands empires commerciaux. La présence européenne s'affirme en Inde. Le temps de l'expansion espagnole et portugaise est terminé ; c'est désormais au tour des Français, des Anglais et des Hollandais de négocier des traités avec les autorités locales. Pendant un temps, la région devient la « chasse gardée » des puissantes compagnies des Indes orientales. Les Européens s'implantent également sur les côtes de la Chine. Seul le Japon se préserve de ces influences en fermant ses frontières aux étrangers.

En Amérique, la pénétration européenne est spectaculaire. Tandis que l'Amérique du Sud et l'Amérique centrale demeurent sous le contrôle des Portugais et des Espagnols, d'autres colons européens traversent l'Atlantique et débarquent en Amérique du Nord. Les Français s'installent au Canada ; les Britanniques s'établissent sur la côte est. Avant la fin du siècle, ces nouveaux venus se lanceront à la conquête de ce gigantesque continent.

▼ *En 1621, les pionniers du* Mayflower *organisent une grande fête – le* Thanksgiving Day *– pour célébrer leur première récolte.*

PANORAMA - 1601-1715

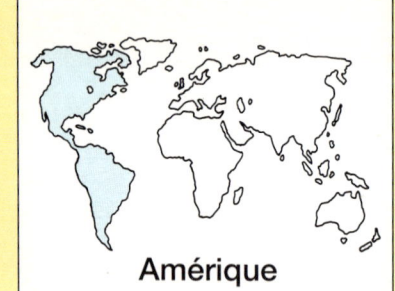

Amérique

1607 Fondation d'une colonie anglaise à Jamestown, en Virginie.
1608 Samuel de Champlain fonde la ville de Québec.
1619 Arrivée des premiers esclaves africains sur les plantations de tabac de Virginie.
1620 Arrivée des pères pèlerins du *Mayflower* au cap Cod.
1625 Les Hollandais fondent Fort Amsterdam, qui deviendra New Amsterdam, sur l'île de Manhattan.
1629 Fondation de la colonie anglaise du Massachusetts.
1642 Les Français fondent Montréal.
1654 Les Portugais chassent les Hollandais du Brésil.
1655 Les Anglais prennent la Jamaïque aux Espagnols.
1663 Fondation de la province de la Nouvelle-France au Canada.
1664 Les Anglais prennent New Amsterdam, qu'ils rebaptisent New York.
1682 Les Français colonisent la Louisiane.

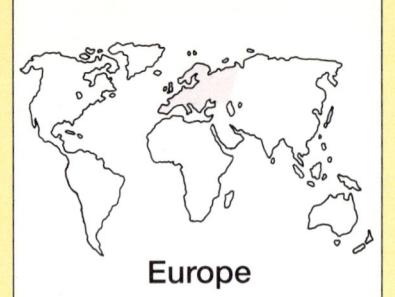

Europe

1603 Jacques Stuart devient roi d'Angleterre.
1610 Assassinat du roi de France Henri IV ; Louis XIII lui succède.
1611 Gustave II Adolphe devient roi de Suède.
1618-1648 Guerre de Trente Ans.
1624 Richelieu entre au Conseil du roi.
1643 Louis XIV devient roi de France.
1648 La Suisse et les Provinces-Unies deviennent officiellement indépendantes.
1649 Le roi Charles Ier d'Angleterre est condamné par le Parlement et décapité.
1682 Pierre Ier le Grand devient tsar de Russie.
1685 Révocation de l'édit de Nantes par Louis XIV.
1688-1697 Guerre de la Ligue d'Augsbourg.
1689 Restauration de la monarchie en Angleterre.
1700-1721 Guerre du Nord.
1701-1713 Guerre de Succession d'Espagne.
1707 Union de l'Angleterre et de l'Écosse ; naissance de la Grande-Bretagne.
1715 Mort de Louis XIV.

Afrique

1619 Les premiers esclaves africains sont déportés en Amérique du Nord.
1625 Akaba fonde le royaume du Dahomey.
1643 Les Français fondent l'établissement de Fort-Dauphin sur l'île de Madagascar.
1645 Des moines capucins explorent le Congo.
1652 La Compagnie hollandaise des Indes orientales fonde le Cap, à la pointe sud de l'Afrique, pour donner une base à ses navires de commerce sur la route des Indes.
1689 Osei Toutou fonde l'Empire achanti en Afrique de l'Ouest et installe sa capitale à Koumassi.

PANORAMA - 1601-1715

Proche-Orient

1603 Ahmed Iᵉʳ devient sultan de l'Empire ottoman.

1623 Murad IV devient sultan de l'Empire ottoman.

1638 Les Ottomans reprennent Bagdad aux Perses.
1645 Les Ottomans disputent la Crète aux Vénitiens.

1656 Les Vénitiens expulsent les Ottomans des Dardanelles.

1669 Les Ottomans s'emparent de la Crète.

1683 Siège de Vienne par les Ottomans.

1699 Les Ottomans cèdent la Hongrie aux Habsbourg d'Autriche.

1703 Ahmed III devient sultan de l'Empire ottoman.

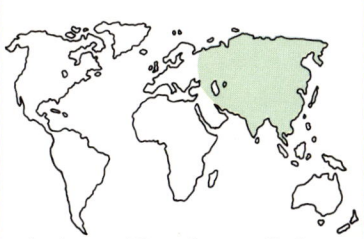

Asie et Extrême-Orient

1603 Au Japon, Tokugawa Ieyasu devient shogun.
1605 Le Moghol Djahangir devient empereur de l'Inde.
1611 Les Hollandais sont autorisés à commercer avec le Japon.
1616 Début de l'invasion de la Chine par les Mandchous.
1619 La Compagnie hollandaise des Indes orientales fonde Batavia (l'actuelle Jakarta), à Java.
1628 Le Moghol Chah Djahan devient empereur de l'Inde.
1629 En Inde, début de la construction du Tadj Mahall.
1638 Les Japonais persécutent les chrétiens et ferment leurs frontières aux étrangers.
1644 La dynastie mandchoue des Qing prend le pouvoir en Chine.
1658 Le Moghol Aurangzeb devient empereur de l'Inde.

1674 La Compagnie française des Indes orientales s'installe à Pondichéry.

1690 Fondation de Calcutta par des marchands anglais.

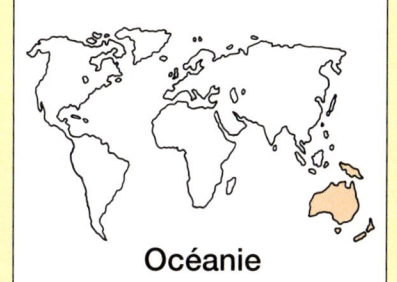

Océanie

1606 L'Espagnol Luis Vaez de Torres découvre le détroit qui porte son nom entre la Nouvelle-Guinée et l'Australie.
Le Hollandais Willem Jansz est le premier Européen à aborder la côte australienne dans le golfe de Carpentarie.

1622 Les Hollandais font plusieurs incursions sur la côte sud-est de l'Australie.

1642 Le Hollandais Abel Tasman découvre la Tasmanie et la Nouvelle-Zélande.

1645 Les Néerlandais s'établissent sur l'île Maurice.

1699 Le navigateur anglais William Dampier explore la côte nord-ouest de l'Australie et découvre les îles de Nouvelle-Bretagne et de Nouvelle-Irlande.

1601 – 1715

Le monde

Le 17ᵉ siècle est l'époque de la monarchie absolue. En Europe, en Inde, en Chine, au Japon, des rois, des empereurs, des shoguns concentrent entre leurs mains tous les pouvoirs. Une grande exception cependant : l'Angleterre, où le Parlement dépose, condamne et fait exécuter le roi Charles Iᵉʳ. Ses successeurs se verront ensuite accorder une autorité limitée dans le cadre d'un équilibre des pouvoirs entre monarchie et Parlement. Si l'Europe exerce son influence dans le monde entier, elle s'enrichit en retour de l'apport d'autres civilisations. Les Européens se prennent ainsi de passion pour les produits importés d'Inde et de Chine. Attirés par la promesse d'une vie nouvelle, des milliers de colons s'installent en Amérique du Nord. Ce siècle connaît aussi la honteuse « traite des Noirs ». Arrachés à leur Afrique natale, des millions d'esclaves sont déportés en Amérique et condamnés à s'épuiser à la tâche, sur les plantations de canne à sucre et de coton.

◀ Fuyant les persécutions religieuses, les premiers puritains anglais arrivent en Amérique du Nord en 1620. Le Harvard College est fondé à Cambridge, dans le Massachusetts, en 1636.

▶ Les esclaves sont déportés d'Afrique en Amérique pour cultiver les plantations des colons européens.

▼ Les Européens découvrent une boisson nouvelle venue d'Amérique du Sud : le café.

▶ Grande pourvoyeuse d'or et d'esclaves, la Côte-de-l'Or, en Afrique, attire les marchands hollandais et portugais.

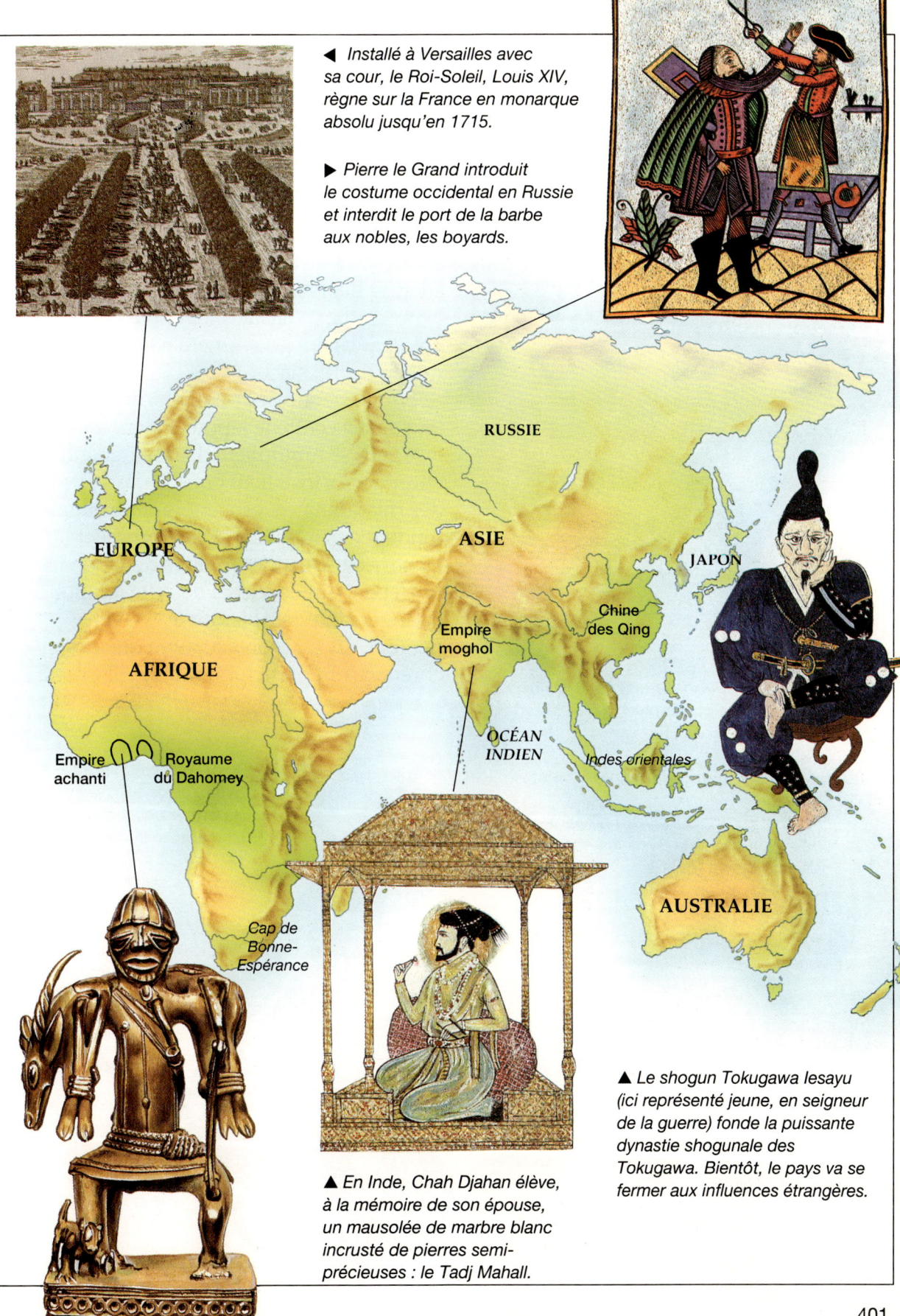

◄ Installé à Versailles avec sa cour, le Roi-Soleil, Louis XIV, règne sur la France en monarque absolu jusqu'en 1715.

► Pierre le Grand introduit le costume occidental en Russie et interdit le port de la barbe aux nobles, les boyards.

RUSSIE

EUROPE

ASIE

JAPON

Chine des Qing

Empire moghol

AFRIQUE

Empire achanti

Royaume du Dahomey

OCÉAN INDIEN

Indes orientales

AUSTRALIE

Cap de Bonne-Espérance

▲ En Inde, Chah Djahan élève, à la mémoire de son épouse, un mausolée de marbre blanc incrusté de pierres semi-précieuses : le Tadj Mahall.

▲ Le shogun Tokugawa Iesayu (ici représenté jeune, en seigneur de la guerre) fonde la puissante dynastie shogunale des Tokugawa. Bientôt, le pays va se fermer aux influences étrangères.

401

L'ISOLEMENT DU JAPON

1601 Angleterre : Élisabeth Ire veut porter remède à la misère du peuple ; elle édicte une série de lois pour les pauvres (*poor laws*).

1602 Suisse : une armée du duché de Savoie tente de s'emparer de Genève ; elle est repoussée hors de la ville.
Pays-Bas : fondation de la Compagnie hollandaise des Indes orientales.

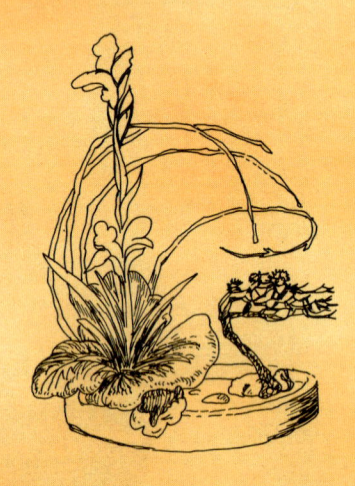

Au 17e siècle, l'ikebana – art floral japonais – obéit à des règles très précises ; il est surtout exercé par les hommes.

1603 Empire ottoman : Ahmed Ier devient sultan (jusqu'en 1617).
Japon : Tokugawa Ieyasu devient shogun et fonde la dynastie shogunale des Tokugawa (qui gouvernera le pays jusqu'en 1867).
Angleterre : Élisabeth Ire meurt sans héritier ; le roi d'Écosse, Jacques VI Stuart, lui succède sous le nom de Jacques Ier (jusqu'en 1625). Il gouverne l'Angleterre, l'Irlande, l'Écosse et le pays de Galles.
Canada : l'explorateur français Samuel de Champlain remonte le Saint-Laurent.

1604 France : édit de la paulette ; les offices publics deviennent héréditaires.
Angleterre : Jacques Ier, adversaire des catholiques et des puritains, expulse les jésuites du royaume.

L'isolement du Japon

En 1603, Tokugawa Ieyasu devient shogun (*voir* pp. 254-255) du Japon. Il installe aussitôt son gouvernement à Edo (l'actuelle Tokyo) et entreprend de doter le pays d'institutions solides. Régnant en maître absolu, il fonde la puissante dynastie shogunale des Tokugawa, qui gouvernera jusqu'au milieu du 19e siècle.

Sous le règne des premiers Tokugawa, les contacts entre le Japon et le monde extérieur se multiplient. Des marchands européens s'installent dans le pays ; des missionnaires espagnols et portugais fondent des missions et convertissent au christianisme des milliers de Japonais.

Cependant, le succès de cette religion étrangère inquiète bientôt le gouvernement. En 1637, on découvre que des chrétiens ont participé à une révolte contre

◀ *Si l'empereur, installé à Kyoto, dirige officiellement le pays, le pouvoir appartient en réalité au shogun, chef civil et militaire. Avec Tokugawa Iesayu (ci-contre), cette charge devient héréditaire (elle se transmet de père en fils).*

1601-1604

SOCIÉTÉ

Pendant près de 250 ans, les Japonais vivent à l'écart du reste du monde. Leur société, strictement hiérarchisée, est organisée selon des règles précises. Sans contact avec l'extérieur, le Japon ignore la plupart des découvertes scientifiques et techniques qui révolutionnent alors l'Occident.

▲ Sa foi sauvera-t-elle ce prêtre chrétien ? Ses tortionnaires guettent ses réactions.

▼ Nagasaki, où les Hollandais peuvent commercer, se trouve aussi loin que possible du cœur du Japon.

▲ Les Hollandais, qui n'ont jamais essayé de convertir les Japonais, sont autorisés à installer un comptoir commercial sur l'île artificielle de Deshima, dans le port de Nagasaki. Construite en 1636, cette petite colonie est réservée aux étrangers ; aucun marchand ne peut franchir le pont qui la relie à l'île principale.

le shogun. Iemitsu, le petit-fils de Ieyasu, déclare alors le christianisme hors-la-loi.

C'est le début d'une longue période de persécutions. Les prêtres doivent quitter le pays sous peine de mort. Les églises sont rasées. Les Japonais convertis au christianisme qui refusent d'abjurer sont exécutés. Pour que les idées étrangères ne « contaminent » plus le pays, Iemitsu ferme les frontières. Isolé du reste du monde, le Japon des Tokugawa va alors connaître près de 250 années de paix.

403

1601 – 1715

Les arts

Au 17ᵉ siècle apparaît en Italie un nouveau style artistique : le baroque. Des architectes et sculpteurs comme le Bernin, Borromini, etc., créent des œuvres spectaculaires qui s'éloignent des lois de la perspective classique. Ce mouvement se développe bientôt dans les pays catholiques, en Europe centrale, en Allemagne et en Espagne. À la même époque, des peintres comme Rembrandt et Van Dyck aux Pays-Bas ou Velazquez en Espagne renouvellent l'art du portrait, tandis que le Lorrain, en France, s'impose comme le maître du paysage. Les compositeurs inventent, eux, de nouvelles formes musicales : le concerto, la sonate, l'opéra et l'oratorio (opéra chanté sans mise en scène théâtrale).

▲ À l'époque de Rembrandt, on représente souvent les militaires dans une attitude figée. Dans la Ronde de nuit (1642), le peintre, qui est aussi un grand maître du clair-obscur, les montre en mouvement, comme saisis dans l'instant.

◀ Ce masque en bronze est l'œuvre d'un artiste du royaume du Bénin. Les parures représentant des dieux ou des esprits étaient généralement portées par les Africains pendant les fêtes religieuses.

◀ Les meubles laqués, importés d'Inde ou de Chine, font fureur en Europe. Mais leur prix est élevé, et les artisans européens commencent à réaliser des imitations, des « chinoiseries ».

▶ Auteur, comédien, directeur de troupe, Molière (1622-1673) ne se contente pas de divertir. Son œuvre met en scène la société de son temps et les éternels défauts – ou qualités ! – des êtres humains.

▶ Au 17ᵉ siècle, le théâtre kabuki a la faveur du public. Ce genre théâtral, qui associe dialogue, chant, danse et musique, est aujourd'hui encore très apprécié des Japonais. Tous les rôles, y compris ceux de femmes, sont joués par des hommes.

À CETTE ÉPOQUE

1605 L'Espagnol Miguel de Cervantès publie la première partie de *Don Quichotte de la Manche*.

1622-1625 Le Flamand Paul Rubens peint l'*Histoire de Marie de Médicis* en vingt et un tableaux.

1643 Jean-Baptiste Poquelin, dit Molière, fonde l'Illustre-Théâtre.

1661 Louis XIV engage la construction du château de Versailles à laquelle collaboreront la plupart des grands artistes du siècle.

1689 L'Anglais Henry Purcell fait représenter son opéra *Didon et Énée*.

▲ Ce très réaliste David est l'œuvre du Bernin (1598-1680), l'un des très grands artistes du baroque italien. On lui doit notamment la double colonnade de la basilique Saint-Pierre, à Rome.

▶ Le raffinement de l'artisanat chinois est célèbre. Pour réaliser la décoration émaillée de ce flacon, l'artiste a délimité les motifs par de minces cloisons retenant la partie vitrifiée (technique du « cloisonné »).

Henri IV

Quand il monte sur le trône de France en 1589, Henri IV (1553-1610) inaugure la dynastie des Bourbons. Il a été choisi par Henri III et se trouve devant une situation extrêmement difficile. Les guerres de Religion (*voir* pp. 378-379) ont dévasté le royaume et le nouveau roi n'a pas l'appui de tous, loin de là ! Protestant, il doit lutter contre le parti catholique qui n'accepte pas un monarque « réformé ». Cependant, Henri IV veut être le roi de tous les Français et, s'il n'hésite pas à se faire respecter les armes à la main, il sait qu'il faut calmer les passions. Il finit par renoncer à sa foi et devient catholique, comme l'immense majorité de ses sujets.

SULLY
(1560-1641)

Maximilien de Béthune, duc de Sully, est l'un des principaux ministres de Henri IV. Artisan du renouveau économique, responsable des finances du royaume, il a écrit des *Mémoires des sages et royales économies d'État de Henry le Grand*.

EN AMÉRIQUE

À l'époque de François Ier, en 1534, Jacques Cartier avait pris possession du Canada au nom du roi. Mais cette aventure n'avait pas eu vraiment de suite. En 1608, Samuel de Champlain (1567-1635), qui rêve de créer un empire français en Amérique du Nord, fonde Québec, sur le Saint-Laurent. Jusqu'à la fin de sa vie, il organise cette grande colonie. Peu à peu, au cours du 17e siècle, des Français s'y installent.

▼ *Paris s'embellit. Le Pont-Neuf, un grand et solide pont en pierre, relie désormais les rives gauche et droite de la Seine.*

▲ Henri IV se veut proche de ses sujets. Il souhaite, dit-on, qu'ils soient suffisamment aisés pour faire « cuire la poule au pot » tous les dimanches. Originaire de Navarre, il parle une langue aux riches accents du Sud-Ouest et mène une vie simple.

En 1594, il peut enfin entrer dans Paris. En 1598, par l'édit de Nantes, il garantit la liberté religieuse. Les protestants pourront donc pratiquer leur religion sans être poursuivis, massacrés… Ils disposent aussi d'une centaine de places fortes dont La Rochelle.

Avec ses conseillers et ses ministres, le roi s'attache également à relancer l'économie du pays. Il fait construire des canaux, restaurer les routes, développer des industries nouvelles (comme celle de la soie dans la région lyonnaise). Soucieux de voir les campagnes redevenir prospères, il refuse d'alourdir les impôts qui pèsent sur les plus pauvres. « Labourage et pâturage sont les deux mamelles dont la France est alimentée », dit Sully.

Assassiné en plein Paris, le 14 mai 1610, par Ravaillac, Henri IV, qui était déjà très populaire, va devenir dans la mémoire des Français l'image même du bon roi.

Sur ce portrait, Boris Godounov porte le costume traditionnel des tsars de Russie. Son règne a été marqué par les guerres contre la Pologne et la Suède.

1605 Inde : le Moghol Djahangir devient empereur (jusqu'en 1627).
Rome : Paul V est élu pape (jusqu'en 1621).
France : à Paris, aménagement de la place Royale (l'actuelle place des Vosges), et inauguration du Pont-Neuf (aujourd'hui le plus ancien pont de la capitale).
Espagne : l'écrivain Cervantès publie la première partie de *Don Quichotte de la Manche*.
Angleterre : conspiration des poudres ; des catholiques projettent un attentat contre le Parlement et le roi ; le complot est déjoué et la plupart des conspirateurs sont exécutés.
Russie : mort du tsar Boris Godounov ; son successeur, Fédor II, est assassiné. Début d'une période de troubles politiques (jusqu'en 1613).

1606 Russie : Vassili Chouïski devient tsar (jusqu'en 1610) ; il doit faire face à des révoltes cosaques et paysannes.
Angleterre : le dramaturge Ben Jonson écrit *Volpone* ; Shakespeare écrit *le Roi Lear*.
Pays-Bas : naissance du peintre Rembrandt (mort en 1669).
Europe centrale : traité de paix entre l'Autriche et l'Empire ottoman, qui s'agrandit de la Transylvanie.

1607 Amérique du Nord : fondation d'une colonie britannique à Jamestown, en Virginie.
France : l'écrivain Honoré d'Urfé compose *l'Astrée*.

LA COLONISATION DE L'AMÉRIQUE

1608 Allemagne : Frédéric V, futur électeur palatin, fonde l'Union évangélique des protestants allemands.
Canada : Samuel de Champlain fonde la ville de Québec, sur un escarpement dominant le Saint-Laurent.
Pays-Bas : Hans Lippershey met au point une lunette d'approche, ancêtre de la lunette astronomique.

1609 Pays-Bas : signature de la trêve de Douze Ans entre l'Espagne et les Provinces-Unies. Fondation d'une banque de dépôt à Amsterdam.
Allemagne : Maximilien Ier, duc de Bavière, fonde la Ligue catholique, qui s'oppose à l'Union évangélique. L'astronome Johannes Kepler énonce ses deux premières lois du mouvement des planètes.
Paraguay : début des missions jésuites.

Blason de la Compagnie anglaise de la baie d'Hudson. Cette compagnie commerciale est créée en 1670 par le roi d'Angleterre Charles II pour la mise en valeur du Canada.

1610 France : le roi Henri IV est assassiné par Ravaillac ; son fils, Louis XIII, lui succède (jusqu'en 1643). Âgé de neuf ans, il est placé sous la régence de sa mère, Marie de Médicis.
Italie : Galilée utilise la lunette pour observer les astres.
Allemagne : Frédéric V devient électeur palatin (jusqu'en 1623).
Canada : le navigateur anglais Henry Hudson découvre la baie qui porte son nom.
Russie : invasion polonaise ; le tsar Vassili Chouïski est renversé.

La colonisation de l'Amérique

L'Amérique du Nord a éveillé la curiosité de l'Europe dès le début du 16e siècle. Toutefois, ce « Nouveau Monde » est d'abord apparu comme un obstacle qui barrait la route aux navires voguant vers l'ouest pour atteindre les Indes. Dans un premier temps, les Européens se contentent donc de l'explorer sans chercher à s'y installer. Il faut attendre le début du 17e siècle pour qu'ils commencent à trouver intéressant de le conquérir.

Ce sont les Français et les Anglais qui engagent la colonisation de l'Amérique du Nord. Ces derniers fondent, dès 1607, leur première colonie à Jamestown, en Virginie. Malgré les ravages causés par les maladies et la famine, les colons parviennent à survivre. La culture du tabac va bientôt assurer leur fortune, non sans provoquer les premiers conflits avec les Indiens, refoulés de leurs terres.

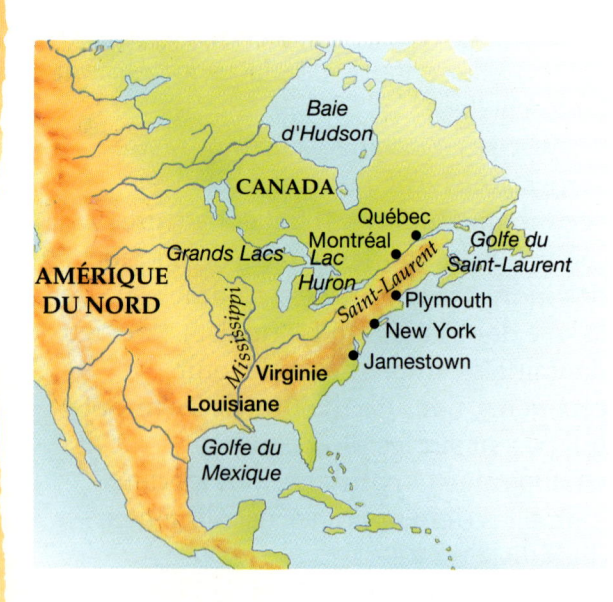

▲ *Le nom de plusieurs grandes villes américaines nous rappelle qu'elles ont été fondées par des colons anglais et français.*

1608-1610

▲ *Pour fonder une colonie, il faut d'abord choisir un emplacement et l'aménager, quelles que soient les conditions climatiques. En général, le village est entouré d'une palissade. Il s'agit aussi de nourrir la population en chassant, en pêchant, en assurant des récoltes. Peu expérimentés, les colons ont souvent beaucoup de mal à passer leur premier hiver.*

LE TABAC

Au début du 17e siècle, l'usage du tabac se répand en Europe. Le climat de Virginie convient parfaitement à cette plante, facile à cultiver. Elle devient rapidement la principale source de revenus des colons anglais.

Si les colons de Virginie gardent des liens étroits avec l'Angleterre, il en va tout autrement du petit groupe de cent deux puritains (protestants anglais hostiles à l'anglicanisme) qui fondent Plymouth, sur la côte est, en novembre 1620. Chassées de chez elles par les persécutions religieuses, ces familles ont franchi l'océan à bord du *Mayflower* pour pouvoir exercer librement leur religion. La moitié de la population meurt du scorbut durant l'hiver qui suit son installation. La première récolte assure la survie de la colonie un an après son

THANKSGIVING DAY

Pour célébrer leur première récolte, les colons du *Mayflower* organisent une grande fête. Depuis, chaque quatrième jeudi de novembre, on célèbre le *Thanksgiving Day* (Jour des actions de grâces) aux États-Unis, en l'honneur de ces *Pilgrim Fathers* (« pères pèlerins » ou « pères fondateurs »).

LA COLONISATION DE L'AMÉRIQUE

LE COMMERCE DES FOURRURES

Au 17ᵉ siècle, la mode vestimentaire fait une large place à la fourrure. La peau de castor, utilisée par les chapeliers, atteint des prix exorbitants. Bons chasseurs, les Indiens échangent des peaux contre des objets utilitaires, des fusils, de l'alcool... Leur mode de vie s'en trouve bouleversé.

arrivée : la Nouvelle-Angleterre est née. C'est la raison pour laquelle on appelle ces colons « pères fondateurs ».

De leur côté, les Français commencent, eux aussi, à coloniser le continent. En 1534 puis en 1535, le Français Jacques Cartier quitte Saint-Malo et atteint le golfe du Saint-Laurent. Il prend alors possession de la région au nom de François Iᵉʳ. Ce territoire est bientôt appelé Canada, peut-être à partir du mot indien *kanata*, « village ». Par la suite, Cartier remonte le Saint-Laurent, sans parvenir à créer une colonie. C'est Samuel de Champlain qui réalise ce rêve, en fondant, en 1608, un petit poste de traite pour le commerce des fourrures avec les Indiens hurons : Québec. Puis il explore une partie des Grands Lacs (1615-1616) et consacre le

◀ De nombreuses tribus indiennes vivent en Amérique du Nord. Les récits des colons français et anglais ont permis de connaître leurs traditions, leurs cultures, leur habitat et leurs modes de vie.

◀ Connaissant plusieurs langues indiennes, le Français Jacques Marquette était tout désigné pour explorer le Mississippi.

CHAMPLAIN
(1567-1635)

Le Français Samuel de Champlain fonde Québec en 1608 et explore une partie des Grands Lacs jusqu'au lac Huron. Nommé gouverneur de la Nouvelle-France, il se consacre à la mise en valeur de la colonie. Samuel de Champlain organise notamment le commerce de la fourrure avec les Indiens.

LA SALLE
(1643-1687)

Robert Cavelier de La Salle arrive au Canada en 1666 et fait fortune grâce au commerce de la fourrure et à l'exploitation d'une ferme. Après avoir exploré l'Ohio et les Grands Lacs, il descend le Mississippi jusqu'au golfe du Mexique et reconnaît la Louisiane.

reste de son existence à bâtir un empire français au Canada, la Nouvelle-France.

Dans la seconde moitié du 17ᵉ siècle, de nombreux territoires sont encore annexés. En 1673, Louis Jolliet et le père missionnaire jésuite Jacques Marquette explorent les rives du Mississippi. Plus tard, Cavelier de La Salle suit le fleuve jusqu'au golfe du Mexique. Cet immense territoire est appelé Louisiane en l'honneur du roi Louis XIV.

Cependant, la vie est rude sur ces terres vierges. À la fin du siècle, la Nouvelle-France n'est encore colonisée que par une poignée d'hommes qui vivent essentiellement du commerce de la fourrure (*voir* pp. 474-476).

1611-1615

1611 Suède : Gustave II Adolphe devient roi (jusqu'en 1632).
Japon : les marchands hollandais sont autorisés à commercer avec les Japonais.
France : le prêtre Pierre de Bérulle fonde à Paris l'Oratoire de Jésus, une congrégation destinée à la formation spirituelle du clergé séculier.

1612 Saint Empire : Mathias II, roi de Hongrie et de Bohême, devient empereur germanique (jusqu'en 1619).
Perse : Abbas Iᵉʳ engage la construction de la grande mosquée du roi à Ispahan.

1613 Russie : Michel Fedorovitch devient tsar (jusqu'en 1645) ; il fonde la dynastie des Romanov, qui gouvernera le pays jusqu'en 1917. Fin des troubles.
Europe centrale : invasion de la Hongrie par les Turcs ottomans.
France : naissance de François de La Rochefoucauld (mort en 1680), auteur des *Réflexions ou Sentences et maximes morales*.

1614 France : convocation des États généraux (jusqu'en 1618) ; ils ne seront plus réunis avant 1789.

1615-1616 Amérique du Nord : Samuel de Champlain explore la région des Grands Lacs.

Le roi d'Angleterre Jacques Iᵉʳ est représenté sur le sceau de la Virginia Company, la première des compagnies commerciales anglaises d'Amérique du Nord.

1601 – 1715

L'architecture

En architecture, la mode est au monumental. Louis XIV fait élever à Versailles un château somptueux qui devient le modèle de l'architecture classique de l'époque. Ce palais sera d'ailleurs copié partout en Europe. Au même moment, encouragés par les papes, des architectes et sculpteurs construisent des édifices baroques somptueusement décorés.
Les grandes villes comme Londres et Paris sont en chantier. Les nouveaux bâtiments, en briques et pierre, sont plus solides et plus confortables que les anciennes constructions en bois. Les cheminées remplacent les âtres à ciel ouvert et les braseros, causes de nombreux incendies.

▶ Au milieu du 17ᵉ siècle, les terrains à bâtir sont devenus rares dans la ville d'Amsterdam. Les autorités municipales fixent la largeur maximale d'une façade à dix mètres. Tout bâtiment, aussi luxueux soit-il, se retrouve ainsi accolé à son voisin. Les architectes se rattrapent sur la décoration : les façades en briques sont ornées de sculptures en pierre qui révèlent la richesse des propriétaires.

◀ À Istanbul, le sultan Ahmed Iᵉʳ fait édifier la célèbre Mosquée bleue. Achevée en 1616, elle doit son nom à sa décoration intérieure, composée de délicates faïences.

▼ La galerie des Glaces du château de Versailles. Construite et décorée entre 1678 et 1686, elle mesure 74 m de long et 10,50 m de large. Elle s'ouvre sur les jardins par 17 fenêtres.

À CETTE ÉPOQUE

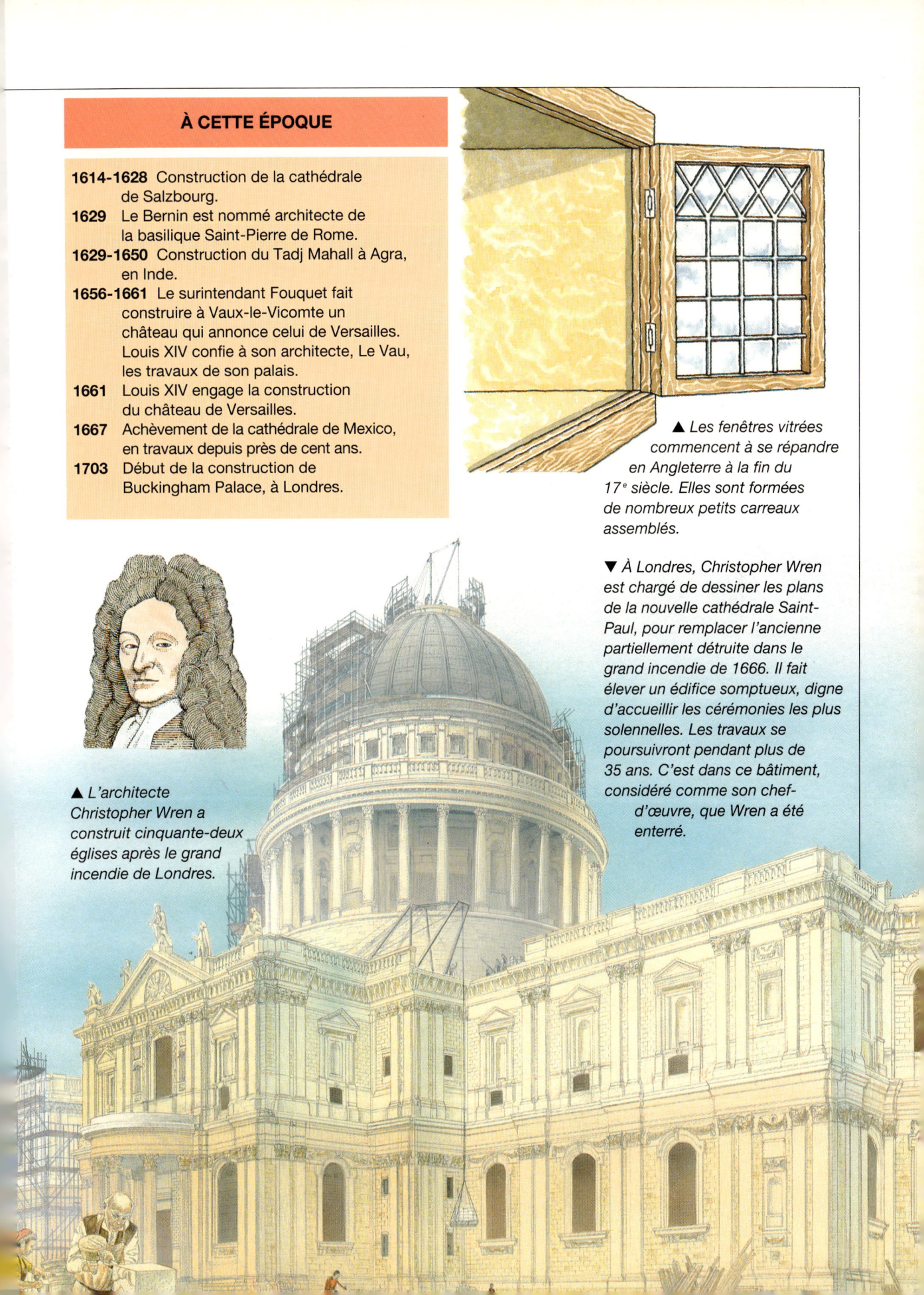

1614-1628 Construction de la cathédrale de Salzbourg.
1629 Le Bernin est nommé architecte de la basilique Saint-Pierre de Rome.
1629-1650 Construction du Tadj Mahall à Agra, en Inde.
1656-1661 Le surintendant Fouquet fait construire à Vaux-le-Vicomte un château qui annonce celui de Versailles. Louis XIV confie à son architecte, Le Vau, les travaux de son palais.
1661 Louis XIV engage la construction du château de Versailles.
1667 Achèvement de la cathédrale de Mexico, en travaux depuis près de cent ans.
1703 Début de la construction de Buckingham Palace, à Londres.

▲ Les fenêtres vitrées commencent à se répandre en Angleterre à la fin du 17e siècle. Elles sont formées de nombreux petits carreaux assemblés.

▲ L'architecte Christopher Wren a construit cinquante-deux églises après le grand incendie de Londres.

▼ À Londres, Christopher Wren est chargé de dessiner les plans de la nouvelle cathédrale Saint-Paul, pour remplacer l'ancienne partiellement détruite dans le grand incendie de 1666. Il fait élever un édifice somptueux, digne d'accueillir les cérémonies les plus solennelles. Les travaux se poursuivront pendant plus de 35 ans. C'est dans ce bâtiment, considéré comme son chef-d'œuvre, que Wren a été enterré.

LA SUÈDE DE GUSTAVE II

1615 France : le jeune Louis XIII épouse Anne d'Autriche, infante d'Espagne.

1616 Chine : unification des tribus de Mandchourie par le chef Nurhaci ; les Mandchous envahissent le nord de la Chine.

1617 Suède : le roi Gustave II Adolphe signe la paix de Stolbova avec la Russie, et annexe la Carélie.

1618 Bohême : défenestration de Prague ; les protestants de Bohême précipitent trois émissaires de l'empereur germanique Mathias II de Habsbourg (catholique) par l'une des fenêtres du château impérial ; ce coup d'éclat déclenche la guerre de Trente Ans (jusqu'en 1648). Le conflit est d'abord religieux et limité au Saint Empire.
Angleterre : Walter Raleigh, ancien favori d'Élisabeth Ire, est exécuté pour trahison.

Sous le règne d'Élisabeth Ire d'Angleterre, le navigateur anglais Walter Raleigh a exploré la côte nord-américaine et tenté de coloniser la Virginie. Il a introduit le tabac et la pomme de terre en Angleterre.

1619 Saint Empire : mort de l'empereur Mathias II ; le catholique Ferdinand II de Habsbourg lui succède (jusqu'en 1637). Les protestants de Bohême refusent de le reconnaître et élisent à sa place l'électeur palatin Frédéric V comme roi de Bohême (jusqu'en 1620).
Amérique du Nord : arrivée des premiers esclaves africains qui vont travailler sur les plantations de tabac.
Indonésie : la Compagnie hollandaise des Indes orientales fonde Batavia (l'actuelle Jakarta, à Java) et y installe son siège.

La Suède de Gustave II

Gustave II Adolphe n'a que dix-sept ans lorsqu'il devient roi de Suède, en 1611. Pourtant, ses dons exceptionnels forcent l'admiration : à un âge où l'on pense surtout à s'amuser, ce protestant fervent parle allemand, latin, hollandais, français et italien !

Monarque inspiré, il modernise l'État et l'économie, et favorise le développement de l'éducation. Sous son commandement, l'armée suédoise, qui ne compte que 40 000 hommes, va devenir la meilleure d'Europe ; elle remporte plusieurs batailles contre le Danemark, la Russie, la Pologne.

Mais de l'autre côté de la Baltique, les alliés de la Suède, les princes protestants d'Allemagne, sont en train de perdre la guerre de Trente Ans contre l'empereur d'Autriche catholique, Ferdinand II de Habsbourg (*voir* pp. 416-417). Si l'Allemagne devient catholique, les Suédois seront isolés. Conscient

1615-1619

du danger, Gustave Adolphe déclare la guerre à Ferdinand II. Il débarque avec ses troupes sur la côte allemande et défait l'armée de l'empereur en septembre 1631, à Breitenfeld, près de Leipzig. Au printemps suivant, les troupes suédoises progressent vers le sud, occupent Munich et marchent sur Vienne. Les armées ennemies s'affrontent à Lützen. Les soldats de l'empereur résistent, mais finissent par battre en retraite. Ce sera la dernière victoire de Gustave Adolphe, mort au combat en chargeant à la tête de ses hommes.

▲ Grâce à sa flotte, la première puissance navale de la Baltique, Gustave II Adolphe de Suède a conquis une bonne partie de la Finlande sur la Russie. La récente découverte de l'épave du Vasa (ci-dessus) a permis de mieux connaître les navires de cette époque.

▼ Surnommé le Lion du Nord, Gustave II Adolphe (1594-1632) est un chef courageux, toujours en première ligne. Il mourra lors de la bataille de Lützen.

LA GUERRE DE TRENTE ANS

La guerre de Trente Ans

En 1618, les princes protestants de Bohême se révoltent contre leur empereur, le catholique Mathias II de Habsbourg (*voir* pp. 370-371). Un an plus tard, Ferdinand II devient empereur. Rejetant son autorité, les princes protestants allemands désignent à sa place l'Électeur palatin Frédéric V. Ferdinand II est contraint de réagir pour reconquérir son trône : c'est le début de la guerre de Trente Ans, qui va mettre l'Europe à feu et à sang.

La première phase du conflit s'achève par la victoire éclatante de l'armée impériale. Les protestants sont battus aux portes de Prague. Frédéric V s'enfuit et un prince catholique, Maximilien de Bavière, prend sa place.

▲ En 1618, les princes protestants de Bohême se révoltent contre Mathias II de Habsbourg qui veut faire détruire leurs lieux de culte. Trois émissaires de l'empereur sont défenestrés (précipités par la fenêtre). Ce célèbre coup d'éclat – la « Défenestration de Prague » – déclenche la guerre de Trente Ans.

◀ Les traités de Westphalie (1648) mettent un terme à la guerre de Trente Ans et dessinent la carte de l'Europe pour plus de cent ans. L'Empire germanique est désormais divisé en de très nombreux États. La France est le grand vainqueur du conflit.

▶ Il faut de longues minutes pour armer le mousquet à mèche et son poids nécessite qu'on le pose sur une petite fourche. Gustave II Adolphe de Suède modernise cette arme en divisant son poids par deux et en y faisant adapter des cartouches qui permettent de tirer un coup à la minute.

1620-1623

La guerre se déplace alors vers le nord. Conduite par le comte Wallenstein, l'armée de Ferdinand II défait les Danois et envahit le nord de l'Allemagne. Sa progression est foudroyante, jusqu'à l'intervention de Gustave II Adolphe de Suède. Volant au secours de ses voisins, il écrase l'empereur à Breitenfeld et à Lützen (*voir* pp. 414-415).

En 1635, Ferdinand II reprend une nouvelle fois l'avantage. Mais la France, soucieuse de freiner l'ambition des Habsbourg, entre en guerre à son tour aux côtés des protestants. Le conflit ne prendra fin qu'en 1648. Les traités de Westphalie consacreront alors la défaite des Habsbourg et fixeront de nouvelles frontières à l'avantage de la France.

1620 Amérique du Nord : partis de Southampton (Angleterre), les pères pèlerins du *Mayflower* atteignent le cap Cod et fondent la colonie de Plymouth, en Nouvelle-Angleterre.
Guerre de Trente Ans : bataille de la Montagne Blanche ; victoire du catholique Maximilien de Bavière sur Frédéric V, qui doit abandonner la Bohême.

1621 Espagne : Philippe IV devient roi (jusqu'en 1665).
Rome : Grégoire XV est élu pape (jusqu'en 1623).
Pays-Bas : fondation de la Compagnie hollandaise des Indes occidentales.
France : naissance de l'écrivain Jean de La Fontaine (mort en 1695), auteur des *Fables* (parues de 1668 à 1694).

La poudre explosive utilisée pour le mousquet – arme à feu du 17ᵉ siècle – est transportée dans une poire à poudre, parfois décorée. Celle-ci est ornée d'une scène de chasse, sculptée sur bois.

Canada : les Anglais tentent sans succès de s'emparer de Terre-Neuve et de la Nouvelle-Écosse.
Europe : fin de la trêve de Douze Ans entre l'Espagne et les Provinces-Unies ; les conflits reprennent.

1622 France : naissance à Paris de Jean-Baptiste Poquelin, dit Molière (mort en 1673).
Espagne : poursuite de la guerre contre la France. Guerre de Trente Ans : batailles de Wimpfen et de Rochst ; défaite des protestants allemands.

1623 Rome : Urbain VIII est élu pape (jusqu'en 1644).
Empire ottoman : Murad IV devient sultan (jusqu'en 1640).
France : naissance de l'écrivain, philosophe, physicien et mathématicien Blaise Pascal (mort en 1662).

LA FRANCE DE RICHELIEU

1624 France : appelé par Louis XIII, le cardinal de Richelieu entre au Conseil du roi (jusqu'en 1642).

Une bannière de la maison de France sous l'Ancien Régime.

1625 Angleterre : mort du roi Jacques Ier ; son fils, Charles Ier, lui succède (jusqu'en 1649). Il épouse Henriette de France, sœur du roi Louis XIII. Sous son règne apparaissent à Londres les premiers fiacres, voitures de louage.
Guerre de Trente Ans : le roi de Danemark, Christian IV, entre dans le conflit aux côtés des protestants.
Amérique du Nord : les Hollandais achètent l'île de Manhattan aux Indiens ; ils y fondent Fort Amsterdam, qui deviendra New Amsterdam, puis New York.

1626 Allemagne : victoire des catholiques, conduits par le général Wallenstein, sur les protestants à Dessau.
France : un édit royal interdit les duels.

1627 France : le cardinal de Richelieu engage la lutte contre les protestants ; début du siège de La Rochelle, fief des protestants français (jusqu'en 1628). Création de la Compagnie de la Nouvelle-France pour la mise en valeur du Canada.
Allemagne : Kepler publie des tables de position des planètes et des étoiles.
Guerre de Trente Ans : le général catholique Wallenstein occupe la Silésie, région de Pologne.

La France de Richelieu

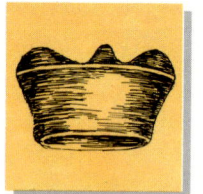

En 1610, le roi de France, Henri IV (*voir* pp. 406-407), est assassiné. Son fils, Louis XIII, n'a alors que neuf ans. Devenu majeur, celui-ci fait appel à un homme d'État exceptionnel pour l'aider à gouverner : le cardinal de Richelieu.

Richelieu n'a qu'une ambition : les intérêts du royaume. Décidé et énergique, il assoit son autorité en développant une administration qui lui est toute dévouée. À l'intérieur, il engage la lutte contre les protestants et obtient leur reddition après le long siège de La Rochelle. Il limite aussi l'influence des grands seigneurs qu'il prive notamment d'un de leurs plus anciens privilèges : le duel. Haï par une bonne partie de la noblesse, le cardinal déjoue tous les complots tramés contre lui grâce à son réseau d'espions. La mort ou l'emprisonnement punissent les rebelles.

LOUIS XIII
(1601-1643)

Louis XIII n'a que neuf ans quand il devient roi et quatorze ans quand il épouse Anne d'Autriche. Après avoir écarté sa mère du pouvoir, il fait appel à Richelieu, en 1624, pour restaurer son autorité.

MARIE DE MÉDICIS
(1573-1642)

Louis XIII étant encore un enfant à la mort d'Henri IV, sa mère, Marie de Médicis, assure la régence du royaume. Après la majorité de son fils, elle cherchera sans succès à conserver le pouvoir.

1624-1627

◀ En 1627, le cardinal de Richelieu engage personnellement la lutte contre les protestants dont la puissance menace le pouvoir royal. Pendant plus d'un an, il les assiège dans leur fief, à La Rochelle, et supervise la construction d'une digue à l'entrée du port, destinée à empêcher les navires anglais de ravitailler les assiégés. Affamés, ceux-ci sont contraints de se rendre en 1628. Richelieu détruit ensuite leur dernier bastion à Montauban. N'ayant plus rien à redouter de leur part, le roi peut leur accorder l'édit de grâce, ou paix d'Alès, en 1629.

À l'extérieur, Richelieu redoute les ambitions de l'Autriche et de l'Espagne. Ces deux États sont aux mains de la puissante famille des Habsbourg (voir pp. 370-371). S'ils unissaient leurs forces, ils pourraient attaquer la France sur deux fronts à la fois. Pour écarter ce danger, Richelieu soutient financièrement les armées suédoise, hollandaise et danoise, engagées dans la guerre de Trente Ans, puis déclare la guerre à Ferdinand II de Habsbourg en 1635 (voir p. 417). Le conflit, dont le cardinal ne verra pas le dénouement (il meurt en 1642), vide les caisses de l'État et fait des mécontents. La multiplication des impôts et la misère provoquent des jacqueries (révoltes paysannes) sanglantes. Pourtant, à la fin de la guerre, la France est la première puissance d'Europe.

RICHELIEU
(1585-1642)

Armand Jean du Plessis, cardinal de Richelieu, dirige la France d'une main de fer pendant près de vingt ans. Il met en place une monarchie absolue : rien ni personne ne doit résister au roi et à ses représentants.

LES INTENDANTS

Richelieu a donné davantage d'autorité aux intendants qui représentent le roi dans les provinces. Ces fonctionnaires surveillent la collecte de l'impôt, contrôlent la police et la justice locales. Ils ont tout pouvoir pour prononcer une condamnation à mort et la faire exécuter sur-le-champ. Grâce à eux, Richelieu est tenu informé de tout ce qui se passe dans le royaume.

1601 – 1715

Les communications et les transports

Au cours du 17ᵉ siècle, voyager par la route devient plus sûr et plus facile. Avant la fin du siècle, des diligences tirées par des chevaux relient les principales villes d'Europe ; un particulier peut désormais parcourir aisément 60 kilomètres par jour.
Le transport des marchandises se fait surtout par bateau. Un intense trafic anime les fleuves et les canaux. Les lettres, elles, franchissent les frontières de l'Europe grâce à un système de relais de poste ; elles arrivent plus vite à destination, ce qui favorise la circulation des idées et le commerce.

▲ Les chaises à porteurs, comme celle-ci, sont un peu les ancêtres de nos taxis.

◀ À la fin du 17ᵉ siècle, un nouveau type d'établissement public apparaît dans les grandes villes d'Europe et d'Amérique du Nord : les « cafés ». On s'y retrouve pour faire des affaires, lire le journal et discuter politique, littérature, théâtre…

À CETTE ÉPOQUE

1601 La France passe des accords postaux avec ses voisins européens.

1605 Inauguration du Pont-Neuf à Paris.

1630 En France, le service des postes devient public sur l'ensemble du royaume.

1631 À Paris, parution du premier numéro de *la Gazette*, hebdomadaire d'information et d'annonces.

1650 Les premiers « fiacres » (voitures de location tirées par des chevaux) circulent dans Paris.

1681 En France, le canal du Midi, qui relie la Méditerranée à l'Atlantique, est achevé.

1686 Ouverture du café Procope à Paris.

1702 Parution du *Daily Courant*, le premier journal londonien.

◀ *En 1620, le Mayflower, un ancien navire marchand, est transformé afin de pouvoir transporter des volontaires pour un départ vers l'Amérique. Pendant les soixante-cinq jours que dure la traversée, les cent deux passagers et l'équipage vivent sur un navire à peine plus long qu'un terrain de tennis actuel !*

▶ *Les informations sont diffusées par les autorités municipales. Un roulement de tambour informe la population que le « crieur » va lire les dernières nouvelles sur la place publique.*

◀ *Les premiers journaux apparaissent. La Gazette d'Anvers, qui compte à l'époque une seule page, est l'un des plus anciens.*

421

Le déclin de l'Espagne

À la fin du 16ᵉ siècle, l'Espagne est à la tête d'un immense empire colonial qui s'étend de l'Amérique centrale à l'Amérique du Sud, ainsi qu'en Afrique et en Asie. Pourtant, lorsque Philippe III devient roi, en 1598, le pays amorce son déclin. Son armée est techniquement dépassée ; son gouvernement est corrompu et incompétent. Ses colonies lui coûtent désormais plus qu'elles ne lui rapportent.

Peu intéressé par le pouvoir, le souverain laisse ses ministres gouverner. Le premier d'entre eux, le duc de Lerma, suspecte les Morisques – les descendants des Maures qui ont autrefois dominé l'Espagne – de comploter contre le gouvernement, et il les chasse. Le départ de ces habiles artisans et commerçants appauvrit encore plus le pays.

Sous les règnes des successeurs

CERVANTÈS

L'Espagnol Miguel de Cervantès (1547-1616) est l'un des plus grands écrivains de cette époque. Après la bataille de Lépante, où il perdit un bras, il vécut cinq ans prisonnier des pirates barbaresques, puis devint familier de la cour du roi d'Espagne Philippe III. Sa vie mouvementée lui a inspiré de grands romans dont le célèbre *Don Quichotte de la Manche*.

LES HABSBOURG

La branche espagnole des Habsbourg a été fondée par Charles II (le futur Charles Quint – médaille ci-dessous) et son fils Philippe II. Cette puissante famille règne sur l'Espagne jusqu'en 1700.

▲ *Velazquez fut le peintre officiel de Philippe IV. Ses portraits des membres de la famille royale (ci-dessus, le prince Balthazar Carlos) sont célèbres.*

de Philippe III, le déclin de l'Espagne s'accélère. L'Église catholique, bien plus puissante que le roi et ses ministres, dirige l'Inquisition (*voir* pp. 328-329), supervise et contrôle tout. Le flot des richesses du Nouveau Monde se tarit définitivement, tandis qu'une révolte au Portugal fait éclater l'union entre les deux royaumes (1640). À la mort de Charles II (1700), dernier représentant de la maison des Habsbourg, Philippe d'Anjou, petit-fils du roi de France Louis XIV, devient roi d'Espagne sous le nom de Philippe V : c'est le début d'une longue guerre de succession qui achèvera d'affaiblir le pays (*voir* pp. 470-471).

◄ *Le 16ᵉ siècle a été l'âge d'or de l'Espagne. Édifié près de Madrid sous le règne de Philippe II (1527-1598), le palais de l'Escurial (ci-contre, la bibliothèque) témoigne de la richesse du royaume à cette époque.*

1627-1630

1627-1658 Inde : règne de Chah Djahan sur l'Empire moghol.

1628 France : capitulation des protestants de La Rochelle. Naissance, à Paris, de l'écrivain Charles Perrault (mort en 1703). Guerre de Trente Ans : victoire des catholiques, conduits par les généraux Tilly et Wallenstein, sur les protestants d'Allemagne du Nord.
Angleterre : le roi Charles Iᵉʳ doit accepter la pétition de Droit, qui le force à reconnaître les droits du Parlement ; celui-ci accorde alors au roi une subvention de guerre. Le chirurgien William Harvey décrit la manière dont le sang circule dans le corps.

1629 France : n'ayant plus rien à redouter des protestants, Louis XIII leur accorde l'édit de grâce, ou paix d'Alès.
Angleterre : le roi Charles Iᵉʳ dissout le Parlement et gouverne seul ; période de la « longue tyrannie » (jusqu'en 1640).
Guerre de Trente Ans : traité de Lübeck, entre le catholique Ferdinand II de Habsbourg et le roi Christian IV de Danemark ; vaincus, les Danois se retirent d'Allemagne.
Amérique du Nord : fondation de la colonie anglaise du Massachusetts.
Inde : Chah Djahan entreprend de faire édifier le Tadj Mahall, à la mémoire de son épouse, Mumtaz Mahall.

1630 Guerre de Trente Ans : le roi Gustave II Adolphe de Suède entre dans le conflit contre les Habsbourg.

Ce poignard finement ciselé porte les armoiries de son propriétaire. Au 17ᵉ siècle, les armes blanches sont encore fréquemment utilisées dans les combats.

1630 Amérique du Nord : arrivée de nombreux colons anglais en Nouvelle-Angleterre.
Amérique du Sud : les Hollandais occupent les côtes du Brésil.
France : journée des Dupes (10 novembre) ; Richelieu déjoue un complot organisé contre lui par Marie de Médicis.

LES COMPAGNIES DES INDES

1631 Guerre de Trente Ans : bataille de Breitenfeld ; victoire du roi Gustave II Adolphe de Suède sur le général Tilly.
France : le roi Louis XIII fait construire un pavillon de chasse à Versailles.
Premier numéro de *la Gazette*, hebdomadaire d'informations et d'annonces.
Polynésie : début de la colonisation anglaise des îles Sous-le-Vent.

1632 Guerre de Trente Ans : bataille de Lützen ; victoire des Suédois sur les troupes du général Wallenstein. Gustave II Adolphe de Suède est tué au combat ; sa fille, Christine, devient reine de Suède (jusqu'en 1654).
Pays-Bas : naissance du peintre Vermeer de Delft (mort en 1675).
Angleterre : le Flamand Van Dyck devient peintre officiel de la cour anglaise.
Amérique du Nord : fondation de la colonie britannique du Maryland.

1633 Italie : Galilée est condamné par l'Église et contraint de renoncer à ses thèses.

1634 Guerre de Trente Ans : bataille de Nördlingen, en Bavière ; victoire des catholiques allemands sur les Suédois.
France : Richelieu fonde l'Académie française et lui confie le soin de rédiger un dictionnaire et une grammaire de la langue française.

Les navires utilisés pour le commerce en temps de paix sont transformés en vaisseaux de guerre lors des conflits. Celui-ci appartient à la flotte de la Compagnie hollandaise des Indes orientales.

Les compagnies des Indes

Au 17ᵉ siècle, l'Asie du Sud-Est est l'enjeu d'une véritable guerre commerciale entre les Européens. Dans cette région du monde autrefois chasse gardée des Espagnols et des Portugais, ce sont désormais les Français, les Hollandais et les Anglais qui cherchent à s'imposer. En 1600, les marchands anglais se regroupent au sein de la Compagnie des Indes orientales.

▲ *Au 17ᵉ siècle, de nombreux voyageurs visitent l'Inde. Grâce à eux, l'Europe découvre les richesses de cette lointaine et brillante civilisation.*

Deux ans plus tard, les Hollandais créent leur propre Compagnie sur l'île de Java, à Batavia. En 1664, la France en fait autant.

Sur place, ces puissantes organisations négocient des accords commerciaux et implantent des comptoirs. Mais le commerce n'est que l'une de leurs nombreuses activités. À bien des égards, en effet, elles agissent comme de véritables États indépendants : elles traitent avec les rois et les princes, battent monnaie, construisent des forteresses, arment des soldats… et n'hésitent pas à se faire la guerre !

1631-1634

▶ Au cours du 17e siècle, les Français, les Hollandais et les Anglais commencent à bâtir des empires outre-mer. Les États sont prêts à tout pour conserver l'exclusivité du commerce avec leurs colonies. Au milieu du siècle, cette rivalité commerciale aboutit à une guerre anglo-hollandaise. Ce conflit n'est pas engagé pour conquérir des territoires, mais pour s'assurer la maîtrise d'un marché. C'est une nouveauté !

Les Hollandais contrôlent bientôt le commerce des épices ; l'Angleterre concentre alors ses efforts sur l'Inde où le gouvernement moghol lui accorde de nombreux avantages. Au début du 18e siècle, les Anglais dominent la région et sont les seuls étrangers qui puissent accéder à des ports très importants comme Calcutta, Madras et Bombay.

▲ La Compagnie anglaise des Indes orientales fait tisser sur place les cotonnades destinées à l'exportation.

◀ Le port de Madras est un grand exportateur de coton. La région qui l'entoure est également réputée pour ses tissus. Les artisans y confectionnent de splendides étoffes dont les motifs imprimés représentent des scènes typiquement indiennes.

L'Empire hollandais

Les Hollandais sont à la tête d'un puissant empire commercial aux Indes orientales et en Amérique. Créée en 1602, la Compagnie hollandaise des Indes orientales (*voir* pp. 424-425) rassemble des marchands spécialisés dans le commerce des épices. Elle établit son quartier général à Batavia (Jakarta), sur l'île de Java. Grâce à leur puissante flotte, les Hollandais parviennent à repousser les Anglais et les Portugais, et s'installent à Ceylan (l'actuel Sri Lanka), à Malacca et dans de nombreux ports de la côte indienne. Ils réussissent même le tour de force de pénétrer au Japon, un pays pourtant fermé aux étrangers (*voir* pp. 402-403) ! L'occupation du cap de Bonne-Espérance, à la pointe sud

STUYVESANT (1592-1672)

Capitaine général des possessions hollandaises en Amérique, Peter Stuyvesant gouverne la colonie de New Amsterdam à partir de 1647. Il refusera de partir lorsque la ville sera prise par les Anglais et qu'elle deviendra New York (1664).

▶ Au 17ᵉ siècle, la Hollande est à son apogée. Sa flotte marchande, qui a triplé en cinquante ans, assure la moitié du commerce mondial. Les Hollandais jouissent d'un haut niveau de vie, et leurs artistes sont réputés dans l'Europe entière. Ce tableau de l'époque montre un marchand hollandais et sa femme devant la baie de Batavia (Jakarta). Une vaste ombrelle portée par un serviteur les protège du soleil.

▼ Les épices sont appréciées pour leurs saveurs. Beaucoup proviennent des Indes orientales.

▲ Les clous de girofle (ci-dessus) assaisonnent les viandes, la noix muscade (à gauche), les gâteaux.

◀ La cannelle entre dans la préparation des bonbons et des confitures.

▶ L'écorce de la noix muscade, le macis, parfume les plats salés.

▲ Le poivre d'Inde ou d'Asie du Sud-Est relève le goût des aliments.

de l'Afrique, permet bientôt à leurs navires d'atteindre les Indes par la route la plus courte, en traversant l'océan Indien.

L'implantation hollandaise en Amérique débute par les Antilles ; huit cents bateaux de la Compagnie hollandaise des Indes occidentales (créée en 1621) y croisent, chargés de sucre, de tabac et d'esclaves. Puis la compagnie s'installe en Guyane, s'empare d'îles au large du Venezuela, et contrôle même, pendant un temps, le nord-est du Brésil. Enfin, en 1624, des Hollandais fondent la colonie de Nouvelle-Néerlande en Amérique du Nord.

NEW AMSTERDAM

En 1625, les colons hollandais établissent un comptoir sur l'île de Manhattan : Fort Amsterdam. Par la suite, celui-ci devient New Amsterdam (Nouvelle-Amsterdam)… et enfin New York, nom que les Anglais lui donnent en 1664.

1635 France : le cardinal de Richelieu entre ouvertement dans la guerre de Trente Ans aux côtés de la Suède et des Provinces-Unies ; il veut ainsi éviter l'encerclement du royaume par les Habsbourg d'Espagne et d'Autriche. Louis XIII officialise l'Académie française.
Antilles : début de la colonisation française de l'île de la Martinique. Les Anglais occupent les îles Vierges.
Chine : les Hollandais colonisent Formose (l'actuelle Taïwan).

1636 Mandchourie : les Mandchous fondent la dynastie des Qing et établissent leur capitale à Moukden (l'actuelle Shenyang).
Amérique du Nord : fondation du collège de Harvard à Cambridge (Massachusetts).
France : Pierre Corneille écrit le Cid.

Au 17ᵉ siècle, la production de tulipes devient une industrie très prospère aux Pays-Bas.

1637 Saint Empire : Ferdinand III de Habsbourg devient empereur (jusqu'en 1657).
Chine : des marchands anglais établissent un comptoir à Canton.
France : le philosophe René Descartes publie son Discours de la méthode.

1601 – 1715

L'agriculture et l'alimentation

Au 17ᵉ siècle, on consomme essentiellement ce qui est produit à proximité de chez soi. Les techniques agricoles évoluent lentement. Pourtant, dans le même temps, de nouvelles terres sont exploitées et la production augmente. Des forêts sont défrichées, des pâturages enclos, des marais asséchés. Aux Pays-Bas, des milliers d'hectares sont conquis sur la mer (les polders).
En Amérique du Nord, les colons s'efforcent d'abord de produire suffisamment de denrées alimentaires pour satisfaire leurs besoins. Mais les terres sont fertiles et, rapidement, leurs excédents sont exportés vers l'Europe.

▲ En 1652, les Hollandais fondent une colonie au cap de Bonne-Espérance. Cette escale permet aux navires de se ravitailler en produits frais sur la route des Indes. Les colons ont réussi à y acclimater des pieds de vigne importés d'Europe.

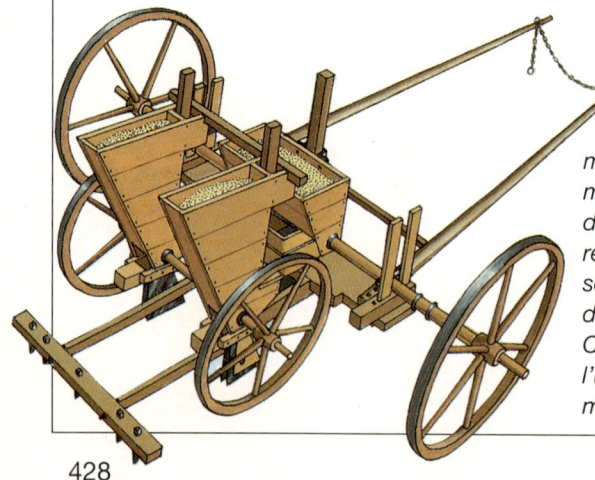

◄ En 1701, le fermier anglais Jethro Tull met au point une machine qui permet de répartir régulièrement les semences dans des sillons rectilignes. Ce semoir est l'une des premières machines agricoles.

▲ Les pionniers du Mayflower ne sont pas des agriculteurs capables de produire rapidement leur nourriture. La famine les menace lorsqu'un Indien, Squanto, leur apprend comment semer et égrener le maïs. Il leur enseigne également l'art de la pêche. Devenus fermiers et pêcheurs par la force des choses, les colons inviteront les Indiens à célébrer leur première récolte.

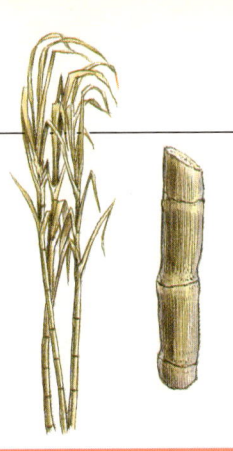

◀ La canne à sucre a été introduite en Amérique à la fin du 15ᵉ siècle. Vers 1700, les plantations sont cultivées par de nombreux esclaves et font la richesse des colons.

À CETTE ÉPOQUE

1600-1720 L'Europe du Nord connaît plusieurs périodes de froid – « un petit âge glaciaire » – qui compromettent les récoltes.

1600 En Asie, les terres appartiennent à de grands propriétaires qui les font exploiter par des métayers.

1610 Les Hollandais introduisent le thé en Europe.

1615 30 000 hectares de terres cultivables sont conquis sur la mer aux Pays-Bas.

1619 Arrivée des premiers esclaves africains en Virginie.

1650 Les Anglais découvrent le thé.

▲ Le peintre hollandais Vermeer (1632-1675) a mis en scène la vie quotidienne de ses compatriotes. Sur ce tableau, on peut voir des fruits exotiques au premier plan.

▲ En débarquant sur l'île Maurice, au large de l'Afrique, des marins affamés capturent un drôle d'oiseau, gros comme une dinde et incapable de voler. Le dodo devient vite la proie des chasseurs ; les porcs et les singes importés dans l'île par les colons sont friands de ses œufs. Le dernier représentant de l'espèce a été tué vers 1680.

THÉ ET CAFÉ

D'après une légende, le café aurait été découvert en Éthiopie, en Afrique. Introduit en Italie au début du 17ᵉ siècle, il a ensuite été adopté dans toute l'Europe. Au début du 18ᵉ siècle, les Européens commencent à le cultiver dans leurs colonies d'Amérique du Sud et des Antilles. Le thé, lui, a été importé de Chine et du Japon en Europe dans les années 1610.

Café

Thé

429

LA GUERRE CIVILE ANGLAISE

1638 Proche-Orient : les Ottomans prennent Bagdad, sous domination perse depuis 1623.
Japon : une grande révolte est écrasée, près de Nagasaki. Des milliers de chrétiens sont persécutés ; le pays se ferme aux Occidentaux.
France : naissance de Louis XIV, fils de Louis XIII et d'Anne d'Autriche.

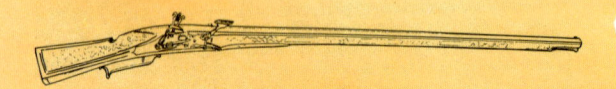

Schéma en coupe d'un mousquet du 17ᵉ siècle, utilisé par les soldats de l'infanterie.

1639 Écosse : révolte des Écossais contre Charles Iᵉʳ d'Angleterre.
Inde : installation de marchands anglais à Madras.
1640 Portugal : les Portugais se libèrent de la domination espagnole.
France : Louis XIII fait frapper une nouvelle pièce d'or, le louis.
Angleterre : Charles Iᵉʳ convoque le Parlement, qui lui est hostile, afin d'obtenir des fonds pour lutter contre les Écossais.
1641 Amérique du Nord : installation de comptoirs commerciaux français dans le Michigan.
1642 France : âgé de dix-neuf ans, Blaise Pascal met au point une machine arithmétique, la première « machine à calculer ».
Angleterre : révolte du Parlement ; début de la guerre civile entre les royalistes et les soldats du Parlement conduits par le député Oliver Cromwell.
Océanie : le navigateur hollandais Abel Tasman découvre une île qui porte aujourd'hui son nom, la Tasmanie, et la Nouvelle-Zélande.
Canada : des colons français fondent Ville-Marie (l'actuelle Montréal), sur le Saint-Laurent.
France : mort de Richelieu, qui a recommandé à Louis XIII le cardinal Mazarin pour lui succéder.

La guerre civile anglaise

Au début du 17ᵉ siècle, la tension monte en Angleterre entre le roi et le Parlement. Comme son père Jacques Iᵉʳ, Charles Iᵉʳ entend régner en maître absolu. Son despotisme soulève une violente opposition parmi les députés, qui lui reprochent aussi son mariage avec une catholique, Henriette de France. En 1629, le roi renvoie le Parlement. Pendant onze ans, il s'efforce de gouverner seul.

Cependant, en 1640, un soulèvement en Écosse l'oblige à convoquer le Parlement pour lever un impôt de guerre. Pour imposer son autorité, il tente d'arrêter les principaux chefs de l'opposition. Cette agression déclenche la guerre civile entre les deux partis.

Au début, la chance sourit aux royalistes, mais la situation se retourne bientôt en faveur du Parlement qui, lui,

CHARLES Iᵉʳ
(1600-1649)

Devenu roi d'Angleterre en 1625, Charles Iᵉʳ épouse Henriette-Marie, fille du roi de France Henri IV et de Marie de Médicis. Son opposition au Parlement déclenche la guerre civile. Arrêté en 1649, il est jugé, condamné et exécuté.

CROMWELL
(1599-1658)

Député au Parlement, Oliver Cromwell est, avec ses soldats, les « côtes de fer », l'un des principaux adversaires de Charles Iᵉʳ. Après la guerre civile, il prend le pouvoir et instaure le régime du protectorat, ou Commonwealth.

1638-1642

LE COMMONWEALTH ET LE PROTECTORAT

Après l'exécution du roi, l'État anglais prend le nom de Commonwealth et Oliver Cromwell devient l'homme fort du pays. Il instaure alors une véritable dictature qu'il impose par la force à l'Irlande et à l'Écosse. En 1653, il se fait accorder les pleins pouvoirs avec titre de lord-protecteur et agit dès lors en maître absolu. Cependant, il meurt en 1658 sans avoir donné à l'Angleterre une Constitution. Son fils, qui lui succède, ne parvient pas à s'imposer et doit rapidement renoncer au pouvoir. Le Parlement propose alors le trône au fils de Charles Ier. La Grande-Bretagne redevient une monarchie (*voir* pp. 436-437).

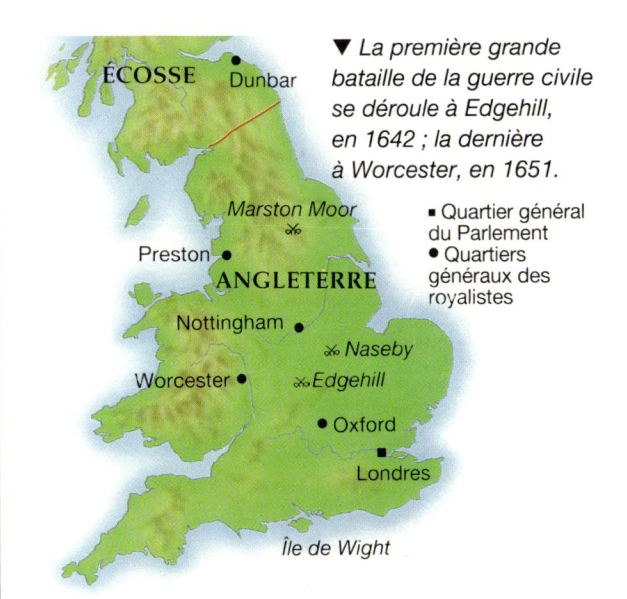

▼ La première grande bataille de la guerre civile se déroule à Edgehill, en 1642 ; la dernière à Worcester, en 1651.

■ Quartier général du Parlement
● Quartiers généraux des royalistes

a les moyens d'entretenir une véritable armée. Conduite par sir Thomas Fairfax, celle-ci remporte une victoire décisive à Naseby, en 1645. Emprisonné sur l'île de Wight, Charles Ier complote pour repartir en guerre avec l'aide des Écossais. Un second conflit se déclare, qui est vite étouffé. En 1649, Charles Ier comparaît devant le Parlement pour trahison. Condamné à mort, il est décapité.

LE PROCÈS DU ROI

Les Anglais sont des anglicans et ils ne pardonnent pas au roi son mariage avec une catholique. Ils lui reprochent également de vouloir limiter le pouvoir du Parlement et de lever de lourds impôts. Cependant, pendant son procès, Charles Ier fait preuve d'un courage qui force l'estime de ses compatriotes.

LA CHINE DES MANDCHOUS

La Chine des Mandchous

En 1644, la dynastie Ming qui gouverne la Chine depuis près de trois cents ans est remise en cause (*voir* pp. 294-295). La population lui reproche notamment la corruption du pouvoir et la lourdeur des impôts. À la suite d'un soulèvement de paysans, qui envahissent la capitale, l'empereur se donne la mort. Les Mandchous en profitent pour pénétrer dans le pays. Ils s'emparent de Pékin et fondent la dynastie Qing, qui va gouverner la Chine jusqu'en 1911.

Au début, les relations sont difficiles. Les Mandchous, peuple nomade venu du nord-est, vivent entre eux, refusant de se mêler aux Chinois. Les mariages mixtes sont interdits. Les hommes se voient imposer le port de la natte, symbole de leur infériorité. Pourtant, avec le temps, les tensions s'atténuent. Chinois et Mandchous administrent ensemble le pays ; les seconds finissent par adopter les coutumes des premiers. Peu à peu, les deux communautés se fondent.

▼ *L'industrie de la soie fait travailler des milliers d'artisans, surtout des femmes. Les soieries sont destinées au marché intérieur aussi bien qu'à l'exportation. Les tisserands de Suzhou sont particulièrement réputés pour la finesse de leurs étoffes.*

▼ *Sous les Mandchous, la porcelaine chinoise est largement exportée vers l'Occident ; en échange, l'empire s'enrichit avec l'or et l'argent des Européens. Dans cet entrepôt, la fragile marchandise est soigneusement emballée avant d'être expédiée.*

LE TIBET

Le Tibet est gouverné par le dalaï lama, chef spirituel de l'Église tibétaine. En 1645, celui-ci fait reconstruire le Potala (ci-dessus), à Lhassa, la capitale, et s'installe dans ce palais-monastère. Le pays est alors sous domination mongole. Au 18ᵉ siècle, les Mandchous l'envahiront et le rattacheront à leur empire.

La Chine entre alors dans une ère de prospérité. À cette époque, le niveau de vie d'un paysan de Chine est supérieur à celui d'un paysan français. Le commerce s'intensifie, surtout avec l'Europe qui réclame toujours plus de thé, de soieries, de cotonnades et de porcelaines.

L'opulence de l'empire est telle que ses dirigeants peuvent se permettre de regarder de haut le reste du monde. Sous le règne de Kangxi (1662-1722), les étrangers doivent ainsi écouter les ordres de l'empereur à genoux…

▲ Les Mandchous étaient installés depuis des siècles au nord-est de la Grande Muraille.

1643 France : mort de Louis XIII ; Louis XIV, que l'on appellera plus tard le Roi-Soleil, lui succède (jusqu'en 1715). Âgé de cinq ans, il est placé sous la tutelle de sa mère, Anne d'Autriche, et du cardinal Mazarin.
Baltique : guerre entre le Danemark et la Suède (jusqu'en 1645).
Guerre de Trente Ans : bataille de Rocroi ; victoire des Français, conduits par le Grand Condé, sur les Espagnols.
Angleterre : le Parlement s'allie aux Écossais contre Charles Iᵉʳ.
Afrique : les Français fondent l'établissement de Fort-Dauphin sur l'île de Madagascar.

1644 Angleterre : bataille de Marston Moor ; victoire d'Oliver Cromwell sur les troupes royales.

Cette fleur en or, qui ornait sans doute une broche, a été réalisée en Chine, sous la dynastie Qing.

1644 Rome : Innocent X est élu pape (jusqu'en 1655).
Chine : les Qing mandchous renversent les Ming et prennent Pékin ; leur dynastie régnera sur le pays jusqu'en 1911.
Italie : Evangelista Torricelli met en évidence la pression atmosphérique.

1645 Russie : Alexis Romanov devient tsar (jusqu'en 1676).
Méditerranée : les Ottomans tentent de prendre la Crète aux Vénitiens.
Angleterre : bataille de Naseby ; victoire de l'armée du Parlement sur les troupes royales ; Charles Iᵉʳ se rend aux Écossais.
Océan Indien : les Néerlandais s'établissent sur l'île Maurice.
Guerre de Trente Ans : bataille de Nördlingen ; victoire du vicomte de Turenne, qui envahit la Bavière en 1646.

1646 Angleterre : les Écossais livrent le roi Charles Iᵉʳ au Parlement anglais.
Allemagne : le physicien Athanasius Kircher invente la lanterne magique.

1601 – 1715

La vie quotidienne

Entre 1660 et 1669, l'Anglais Samuel Pepys rapporte dans son journal tous les détails de sa vie intime. En neuf ans, il ne fait qu'une seule fois allusion à un bain qu'aurait pris son épouse ! Comme la plupart des hommes et des femmes de cette époque, Elizabeth Pepys préfère les parfums à l'eau et au savon ! Les progrès des sciences et des techniques ont en effet peu de répercussions sur la vie quotidienne. Quant aux superstitions, elles ont la vie dure. Ainsi, on attribue toujours aux souverains le pouvoir d'accomplir des miracles. Être touché par le roi, permet, croit-on, de guérir de maladies comme les écrouelles (abcès d'origine tuberculeuse).

▲ À la Cour, le « paraître » est essentiel. Flots de dentelles et de rubans, rosettes et broches en pierres précieuses ornent les toilettes des courtisans et des élégantes.

▶ Parfois en vrais cheveux, plus souvent en poils de chèvre ou de cheval, les perruques sont la grande folie du siècle. Celle de cet officier français (à droite) date des années 1670 ; celle de cette grande dame espagnole (en bas, à droite), des années 1650.

◀ Le mobilier révèle la richesse de la « bonne société » et son goût pour les décors chargés. Toutes les pièces de ce fauteuil anglais réalisé vers 1680 ont été minutieusement sculptées.

◀ La « commedia dell'arte » est un genre théâtral très populaire en Italie. Les comédiens jouent en plein air, sur des tréteaux. Les dialogues sont improvisés à partir d'un canevas traditionnel.

◀ Le sumo, le sport national japonais, apparaît au début du 17e siècle. Sélectionnés très jeunes, les lutteurs s'entraînent pendant de longues années.

▼ En Inde, sous le règne de l'empereur Djahangir (1605-1627), le pouvoir est en fait exercé par son épouse, la princesse persane Nur Djahan. La chasse aux bêtes sauvages (ci-dessous) est son passe-temps favori.

À CETTE ÉPOQUE

1618-1648 La guerre de Trente Ans est terriblement meurtrière ; la population allemande est réduite de moitié.
1640 Louis XIII fait frapper une pièce d'or deux fois plus lourde que l'écu de Louis IX : le louis.
1660 La mode du mobilier français se répand en Europe.
1665 Épidémie de peste à Londres.
1669 Les premières lettres de Mme de Sévigné à sa fille témoignent de la vie à la cour de Louis XIV.

LA TOILETTE

Au 17e siècle, il est encore peu fréquent de se laver entièrement. Le matin, on se passe le visage et les mains à l'eau claire et au savon. Le reste du corps est, de temps à autre, frictionné avec un linge humecté d'eau de rose.

La restauration anglaise

Après la mort de Cromwell et la démission de son fils (*voir* pp. 430-431), le Parlement anglais restaure la monarchie et confie le trône à Charles II. Celui-ci, fils de Jacques Ier, vit à l'étranger depuis l'exécution de son père. Le 29 mai 1660, il débarque à Douvres et marche sur Londres, acclamé par la population. Après plus de dix ans d'exil, le nouveau roi est prêt à tout pour garder le trône.

Les débuts de son règne sont pourtant difficiles. Le pouvoir est alors aux mains des députés qui représentent l'aristocratie et les grands propriétaires terriens. En 1664-1665, une épidémie de peste fait des milliers de victimes à Londres. L'année suivante, un incendie (le « Grand Incendie ») détruit presque totalement la cité.

La guerre contre la Hollande affaiblit le pays (*voir* pp. 448-449). En 1670, Charles II s'allie à la France de Louis XIV contre les Pays-Bas en promettant, secrètement,

CHARLES II
(1630-1685)

Devenu roi en 1660, Charles II tente de gouverner en ménageant la susceptibilité du Parlement. Mais sa tolérance à l'égard des catholiques se retourne contre lui, et il doit accepter le mariage de sa nièce avec le protestant Guillaume III de Nassau.

LA GRANDE PESTE

En 1664, une épidémie de peste se déclare à Londres et dans le sud-est de l'Angleterre. Elle tuera près d'un Londonien sur cinq. De grandes croix rouges, peintes sur les portes, invitent les passants à se tenir à distance des maisons touchées par la maladie.

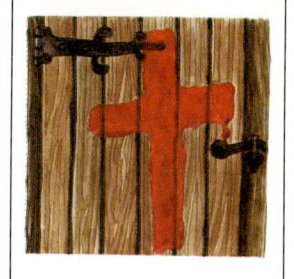

▼ *En 1666, Londres disparaît presque complètement dans les flammes du « Grand Incendie ». Les quartiers insalubres, où le manque d'hygiène avait favorisé la propagation de la peste, sont les plus touchés.*

▲ *Les rues de Londres sont sales et mal entretenues ; beaucoup de Londoniens se déplacent en bateau.*

de restaurer la religion catholique en Grande-Bretagne. Mais ses plans échouent. Le Parlement, qui a déjà interdit aux puritains (protestants hostiles à la religion anglicane) de pratiquer leur culte, refuse de tolérer les catholiques. Le Test Act (1678) leur interdit même d'entrer dans la fonction publique. Finalement, le roi ne parvient pas à s'imposer devant les députés. Il doit signer la paix avec la Hollande et un mariage est arrangé entre sa nièce, Marie II Stuart, et le prince hollandais protestant Guillaume III de Nassau (*voir* pp. 458-459).

1647-1651

1647 Angleterre : évasion de Charles Ier et reprise de la guerre civile.
1648 Guerre de Trente Ans : vaincus, les Habsbourg doivent signer les traités de Westphalie, qui mettent fin à la guerre et proclament l'égalité entre protestants et catholiques ; le Saint Empire est morcelé ; la Suisse et les Provinces-Unies deviennent officiellement indépendantes.
France : seconde journée des Barricades (26 août) ; cette révolte des Parisiens marque le début de la Fronde parlementaire (jusqu'en 1649), mouvement contre Mazarin.
Angleterre : George Fox fonde la Société des Amis, future secte des quakers.
1649 France : la paix de Rueil met fin à la Fronde parlementaire.
Angleterre : Charles Ier est jugé par le Parlement, condamné et décapité ; Oliver Cromwell instaure une dictature. L'anglais remplace le latin comme langue officielle du royaume.

Cette gravure sur bois montre des Londoniens partant vers la campagne pour fuir la grande peste de 1664-1665.

1649 Russie : le Code (*Oulojenie*) fait du servage une institution.
1650 France : Fronde des princes, qui tentent de renverser Mazarin (jusqu'en 1653).
Écosse : Charles II Stuart se proclame roi.
1651 Angleterre : bataille de Worcester ; victoire de Cromwell sur Charles II. L'Écosse est réunie à l'Angleterre. Cromwell fait voter l'Acte de navigation, qui donne à la flotte anglaise le monopole du commerce entre l'Angleterre et ses colonies.

1601 – 1715

Les religions

Au 17ᵉ siècle, les prières rythment les jours et les semaines. Pour la plupart des gens, c'est la volonté de Dieu qui dicte les événements de la vie quotidienne. Dans les campagnes, où l'on prie pour que la récolte soit bonne, la famine apparaît comme un châtiment divin. Les superstitions sont tenaces ; on croit au diable et à ses servantes, les sorcières. En Amérique, des milliers de femmes et d'hommes accusés de sorcellerie sont ainsi jugés et parfois condamnés. L'intolérance religieuse règne dans de nombreux pays. Beaucoup de ceux qui refusent d'abjurer leur foi choisissent l'exil.

▲ En 1680, en Angleterre, plusieurs catholiques suspectés de meurtre sont exécutés sans preuve.

▼ L'empereur moghol, musulman, autorise la construction pour les sikhs du temple d'Or, à Amritsar.

▶ On appelle puritains des protestants anglais hostiles à l'anglicanisme, la religion officielle en Grande-Bretagne. Persécutés à partir de 1570, ils sont nombreux à émigrer, d'abord en Hollande, puis en Amérique. Ils portent généralement une tenue austère constituée de vêtements noirs et d'une collerette blanche.

◀ En 1604, des prélats réunis à Hampton Court, en Angleterre, autorisent une nouvelle traduction de la Bible. Publiée en 1611, la nouvelle version est aussitôt adoptée.

▶ Bien que bouddhistes, les Japonais accueillent les jésuites et leur accordent le droit de prêcher et de construire des églises. Au début du 17ᵉ siècle, 300 000 Japonais ont déjà adopté le catholicisme. Un tel succès inquiète le pouvoir, qui fait expulser les missionnaires. Des persécutions sont infligées aux convertis pour les obliger à revenir à leur ancienne religion. En avril 1638, les derniers chrétiens sont assiégés dans le château de Hara, près de Nagasaki. Ils parviennent à tenir trois mois, mais sont finalement tous massacrés (ci-contre).

À CETTE ÉPOQUE

1645 Le dalaï lama, chef temporel et spirituel du Tibet, fait construire le Potala, un très grand palais-monastère à Lhassa.

1661 La Bible est traduite dans la langue des Indiens algonquins.

1685 En France, la révocation de l'édit de Nantes supprime les libertés accordées par Henri IV aux protestants.

▼ Au 17ᵉ siècle, un artiste indien de religion musulmane a peint cette Vierge à l'enfant.

LE DÉCLIN DES MOGHOLS

1652 Europe du Nord : première guerre entre l'Angleterre et les Provinces-Unies (jusqu'en 1654)
Afrique australe : la Compagnie hollandaise des Indes occidentales fonde le Cap.

1653 Angleterre : Oliver Cromwell se fait accorder les pleins pouvoirs avec le titre de lord-protecteur d'Angleterre, d'Écosse et d'Irlande.

1654 Amérique du Sud : les Portugais chassent les derniers colons hollandais du Brésil.
Europe du Nord : le traité de Westminster met fin à la guerre entre les Provinces-Unies et l'Angleterre, victorieuse grâce à sa puissance navale.
Europe de l'Est : guerre entre la Russie et la Pologne (jusqu'en 1660).
France : couronnement de Louis XIV à Reims.

1655 Rome : Alexandre VII est élu pape (jusqu'en 1667). Antilles : les Anglais prennent la Jamaïque aux Espagnols.
Baltique : début de la première guerre du Nord (jusqu'en 1660) entre le roi Jean II Casimir de Pologne et le roi Charles X de Suède.

1656 Pologne : Charles X de Suède s'empare de Varsovie.
Méditerranée : les Vénitiens expulsent les Ottomans des Dardanelles.

L'Inde est réputée pour la beauté de ses textiles, qui sont très recherchés en Europe. Ci-dessus, détail d'un couvre-lit tissé vers 1600 dans le Gujerat. Il est brodé d'anges, d'arbres et d'oiseaux.

Le déclin des Moghols

En Inde, la civilisation moghole a atteint son apogée sous le brillant règne de l'empereur Akbar (*voir* pp. 360-361). Son fils Djahangir, qui lui succède en 1605, n'a pas la même stature. Préférant la compagnie des poètes et des peintres aux affaires de l'empire, il laisse son épouse persane, Nur Djahan, gouverner en son nom. Grand amateur d'art, il consacre tout son temps à l'édification de palais et de jardins magnifiques. De retour en Europe, les voyageurs qui ont visité le

▲ *Pour conquérir le pouvoir, Aurangzeb fait assassiner ses trois frères. On lui présente ici la tête de l'un d'entre eux sur un plateau.*

pays décrivent avec enthousiasme le luxe et le raffinement de sa cour.

Son fils, Chah Djahan, lui succède en 1627. Grand mécène lui aussi, il encourage le travail des artistes dans le domaine des textiles, des arts décoratifs et surtout de l'architecture. On lui doit des bâtiments somptueux et majestueux tels que le Tadj Mahall près d'Agra. Sous son gouvernement, l'empire s'étend encore, avec la conquête du Deccan au centre de l'Inde. Mais la fin de son règne est tragique.

1652-1656

En 1658, son troisième fils, Aurangzeb, le fait arrêter et prend sa place après avoir assassiné ses trois propres frères.
 Avec ce nouvel empereur s'amorce le déclin de l'empire. Musulman rigoriste, Aurangzeb persécute la communauté hindoue. Hostile aux arts, il chasse les artistes et entreprend des guerres de conquête qui agrandissent le territoire mais affaiblissent le pays. Sa mort, en 1707, marque la fin de la puissance de la dynastie moghole des Indes et l'éclatement de l'empire. Dès lors, le pouvoir va progressivement passer aux mains des Anglais.

▲ *Chah Djahan a fait de Delhi une somptueuse capitale. Trahi par son fils, il finira ses jours en prison.*

▼ *Le Tadj Mahall, chef-d'œuvre de l'architecture moghole, est orné de pierres semi-précieuses incrustées dans le marbre.*

▶ *L'empereur Chah Djahan fait édifier le Tadj Mahall à la mémoire de son épouse favorite, Mumtaz Mahall.*

Le Roi-Soleil

À la mort de Louis XIII, en 1643, le jeune Louis XIV n'a que cinq ans. Sa mère, Anne d'Autriche, assure la régence avec le cardinal Mazarin. Mais le nouveau gouvernement est impopulaire. Le peuple lui reproche la lourdeur des impôts, et les nobles et les parlementaires, son despotisme.

L'agitation à Paris est telle que, en janvier 1649, Mazarin et la famille royale s'enfuient précipitamment à Saint-Germain-en-Laye. Cette Fronde, comme on l'appelle, dure trois longues années. En 1652, Louis XIV peut enfin rentrer à Paris, mais il n'oubliera jamais l'affront qu'il a subi, et se méfiera désormais de la noblesse.

En 1661, Louis XIV affirme son intention de gouverner seul. Infatigable et autoritaire, le jeune homme se consacre à son « métier de roi » avec passion. Désormais, c'est lui, et lui seul, qui décide. Cependant, il sait aussi s'entourer d'auxiliaires précieux. Colbert a ainsi toute sa confiance pour réorganiser les finances et la justice, favoriser l'industrie et le commerce, multiplier les manufactures d'État, faire construire des routes, des ponts, des canaux…

La France est en chantier. Le plus important est celui de Versailles, où Louis XIV fait édifier son nouveau château, avec l'aide des plus brillants

LA MANUFACTURE DES GOBELINS

En 1440, Jean Gobelin installe les ateliers de teinturerie Gobelins au bord de la Bièvre, à Paris. En 1667, Colbert lui donne le titre de manufacture royale des meubles de la Couronne. Charles Le Brun est chargé de diriger les ateliers de tapisserie, d'orfèvrerie, d'ébénisterie et de sculpture. Ce détail isolé d'une suite de quatorze tapisseries à la gloire du Roi-Soleil montre des artistes chargés d'une énorme urne d'argent.

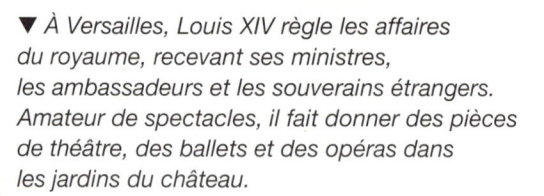

▼ À Versailles, Louis XIV règle les affaires du royaume, recevant ses ministres, les ambassadeurs et les souverains étrangers. Amateur de spectacles, il fait donner des pièces de théâtre, des ballets et des opéras dans les jardins du château.

artistes de son temps. Il s'y installe définitivement avec sa cour, en 1682.

Le roi est alors au sommet de sa puissance. Régnant en monarque absolu, il met en scène sa majesté tout en gardant l'œil sur la noblesse. Du lever au coucher, chacune de ses activités est réglée avec une grande minutie. À l'image des planètes qui gravitent autour du Soleil, les courtisans

LOUIS XIV
(1638-1715)

Le Roi-Soleil, Louis XIV, est le modèle du monarque absolu. Son règne, le plus long de l'histoire de France, se confond avec le siècle, le « Grand Siècle ».

▲ Depuis l'épisode de la Fronde, Louis XIV se méfie des Parisiens. Il choisit donc de faire édifier à Versailles ce qui doit être le plus beau palais d'Europe. Plus de 30 000 ouvriers se mettent au travail sous les ordres d'architectes célèbres comme Le Vau et Hardouin-Mansart. Le Nôtre trace les axes des futurs jardins à travers la campagne, tandis que Le Brun s'occupe de la décoration intérieure. Les travaux vont durer plus de 45 ans.

1657-1659

1657 Pays-Bas : le physicien Christiaan Huygens perfectionne l'horloge à pendule.
Angleterre : début d'un conflit avec l'Espagne (jusqu'en 1658).

1658 Inde : règne d'Aurangzeb, dernier des grands empereurs moghols (jusqu'en 1707).
Saint Empire : règne de l'empereur Léopold Ier de Habsbourg (jusqu'en 1705).
Angleterre : mort d'Oliver Cromwell ; son fils, Richard, lui succède comme lord-protecteur (jusqu'en 1659) ; il ne parviendra pas à imposer son autorité. Le poète John Milton commence à écrire le Paradis perdu.
France : bataille des Dunes (en Flandre) ; victoire de Turenne sur les Espagnols.

1659 Angleterre : Richard Cromwell démissionne ; début d'une période de troubles politiques.
France : traité des Pyrénées entre la France et l'Espagne, qui perd l'Artois et le Roussillon. Molière s'installe à Paris, où il crée les Précieuses ridicules.
Allemagne : Frédéric-Guillaume, électeur de Brandebourg, chasse les Suédois de Prusse.

Les artistes qui décorent le château de Versailles contribuent à la gloire du Roi-Soleil. Ce grand vase célèbre les victoires militaires de Louis XIV.

LE ROI-SOLEIL

1660 France : Louis XIV épouse Marie-Thérèse d'Autriche, fille du roi Philippe IV d'Espagne.
Angleterre : restauration de la monarchie ; Charles II Stuart devient roi d'Angleterre, d'Écosse et d'Irlande (jusqu'en 1685).
Baltique : victoire de la Suède sur la Pologne ; fin de la première guerre du Nord.

1661 France : mort du cardinal Mazarin ; début du gouvernement personnel de Louis XIV, qui règne en monarque absolu et prend pour ministre Jean-Baptiste Colbert. Naissance du fils de Louis XIV et de Marie-Thérèse, Louis de France, le Grand Dauphin. Début de la construction du château de Versailles.
Chine : les Hollandais sont chassés de Formose (Taïwan).
Europe du Nord : traité de Kardis, entre la Russie et la Suède ; les deux pays renoncent mutuellement à leurs conquêtes.

1662 Chine : Kangxi devient empereur (jusqu'en 1722).
Angleterre : le roi Charles II accorde une charte de reconnaissance à la Royal Society, académie scientifique fondée à Londres en 1660.

1663 Balkans : début d'une guerre entre le Saint Empire et l'Empire ottoman ; les Turcs envahissent la Transylvanie et la Hongrie.
Canada : les premiers territoires français sont unifiés et deviennent la province de Nouvelle-France, avec Québec pour capitale.

Louis XIV a choisi pour emblème le Soleil. L'astre resplendissant est partout reproduit dans le château de Versailles.

20 MILLIONS DE FRANÇAIS

En France, la noblesse et le clergé ne paient pas d'impôts. Tout leur poids retombe sur les épaules des bourgeois, des artisans, et surtout des paysans, qui représentent 90 % de la population. Ceux-ci doivent d'abord acquitter la « taille », qui comprend un impôt en nature et une somme en argent, par tête d'habitant. À cela s'ajoutent la taille royale et la dîme perçue par le clergé, sans oublier la gabelle (impôt sur le sel) dont le montant varie selon les régions. Soumis à une telle pression financière, le paysan vit dans une grande pauvreté. De plus, il subit régulièrement les épidémies et les famines dues aux mauvaises récoltes. La misère déclenche dans les campagnes des révoltes épisodiques (jacqueries), durement réprimées par les troupes royales.

s'empressent autour de celui dont ils dépendent entièrement. Le Roi-Soleil dispense privilèges et faveurs selon son « bon plaisir ». On lui prête la phrase restée célèbre : « L'État, c'est moi ».

Au moment où Louis XIV prend les rênes du pouvoir, Richelieu (*voir* pp. 418-419) et Mazarin ont fait de la France la première puissance européenne. Les États voisins sont affaiblis par des problèmes internes. Profitant de cette situation, Louis XIV engage des guerres de conquête, avec l'aide de remarquables militaires comme Turenne ou Vauban. Victorieux aux Pays-Bas contre l'Espagne, il rattache au royaume une grande partie de la Flandre (traité d'Aix-la-Chapelle, 1668) et acquiert le comté de Bourgogne, ou Franche-Comté, après la guerre de

1660-1663

Hollande (traités de Nimègue, 1678 et 1679). Mais bientôt, toute l'Europe se ligue contre lui et la fin de son règne est marquée par une série de revers (*voir* encadré).

À l'intérieur, le souverain s'attaque aux protestants. Depuis l'édit de Nantes signé par Henri IV en 1598 (*voir* pp. 406-407), ceux-ci ont vu leurs droits reconnus, mais pour Louis XIV, tous ses sujets doivent être catholiques comme le roi lui-même. L'édit de Nantes est révoqué en 1685. Les protestants qui ne renoncent pas à leur religion sont pourchassés, emprisonnés, envoyés aux galères. 300 000 d'entre eux préfèrent quitter le territoire ; c'est une très lourde perte pour le pays.

Quand Louis XIV s'éteint, après un règne de plus de soixante-dix ans, il lègue à son arrière-petit-fils Louis XV un royaume puissant et centralisé, mais épuisé par des années de guerre et au bord de la banqueroute.

LES GUERRES DU ROI SOLEIL

1667-1668 Guerre contre l'Espagne ; la France conquiert une partie de la Flandre.

1672-1678 Guerre de Hollande ; pour empêcher l'invasion, les Hollandais inondent volontairement leurs terres.

1689-1697 Guerre de la Ligue d'Augsbourg, dirigée contre l'Espagne ; la France, vaincue sur mer, cède d'importants bastions aux Hollandais.

1702-1713 Guerre de la Succession d'Espagne ; la France perd l'Acadie, la baie d'Hudson et Terre-Neuve.

▶ *Jean-Baptiste Colbert, contrôleur des Finances du royaume et homme de confiance du roi, réorganise et poursuit la centralisation de l'administration française.*

▼ *À la fin du règne de Louis XIV, le royaume de France s'est agrandi et les frontières du pays sont bien établies.*

LES PROTESTANTS

Après la révocation de l'édit de Nantes, les protestants français se dispersent dans l'Europe protestante. Certains choisissent des destinations lointaines, comme l'Amérique ou Le Cap, au sud de l'Afrique. Parmi eux, beaucoup sont d'excellents artisans, en particulier dans le domaine de la tapisserie et de l'orfèvrerie, et leur départ représente une grande perte pour le royaume. En Angleterre et en Prusse, par exemple, ces immigrants jouent un rôle capital dans l'essor de l'industrie textile.

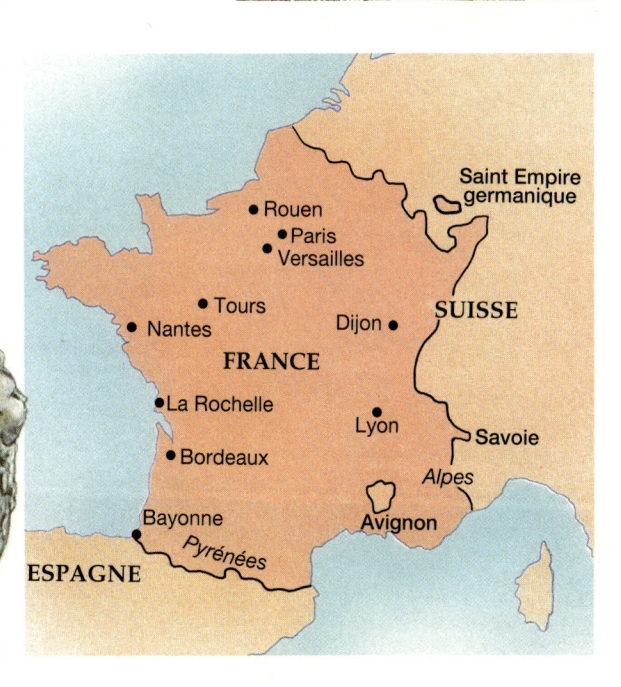

L'ÂGE DE LA RAISON

1664 Amérique du Nord : les Hollandais cèdent New Amsterdam aux Anglais, qui la rebaptisent New York.
France : Colbert fonde la Compagnie française des Indes orientales. Molière donne la première version du *Tartuffe*, aussitôt interdit.
Angleterre : épidémie de peste ; de juillet 1664 à octobre 1665, elle fera plus de 60 000 victimes à Londres.

1665 Espagne : début du règne de Charles II, fils du roi Philippe IV et dernier des Habsbourg d'Espagne (jusqu'en 1700).
Europe du Nord : deuxième guerre entre l'Angleterre et les Provinces-Unies (jusqu'en 1667).
Italie : l'architecte et sculpteur le Bernin achève la double colonnade devant la basilique Saint-Pierre de Rome.

1666 Angleterre : « Grand Incendie » de Londres ; le feu éclate dans la boutique d'un boulanger et se propage dans toute la ville, détruisant près d'une centaine d'églises et plus de treize mille maisons.
Italie : le luthier Antonio Stradivari, dit Stradivarius, fabrique ses premiers violons.
Maroc : fondation de la dynastie alawite.
France : Colbert fonde l'Académie des sciences, à Paris.

Philosophe, mathématicien, René Descartes a marqué son époque. Ce schéma illustre l'une de ses théories sur la coordination des sens. Selon lui, si l'on produit un stimulus sur l'œil, on peut atténuer le sens de l'odorat.

L'âge de la raison

Au milieu du 17e siècle, les idées de la Renaissance (*voir* pp. 330-333) se sont répandues dans toute l'Europe. Les savants ne se contentent plus d'accepter la doctrine de l'Église ; ils partent à la découverte du monde qui les entoure, réalisent des expériences, confrontent les théories à la pratique… De grandes découvertes sont alors accomplies qui bouleversent les anciens savoirs, et notamment les sciences. Cette révolution a été appelée l'âge de la raison ; elle se poursuivra au 18e siècle, à l'époque des Lumières (*voir* pages 504-505).

La place de l'homme dans l'Univers est l'un des débats importants de ce temps.

▲ *Galilée observe et dessine les différents aspects de la Lune à mesure qu'elle tourne autour de la Terre. De ses observations à la lunette, il déduit que les taches sombres sont des mers. Il se trompe, mais, depuis, certaines ont gardé ce nom.*

▶ *Pour observer le ciel, Galilée a fabriqué sa propre lunette. Il fut le premier à utiliser cet appareil en astronomie.*

1664-1666

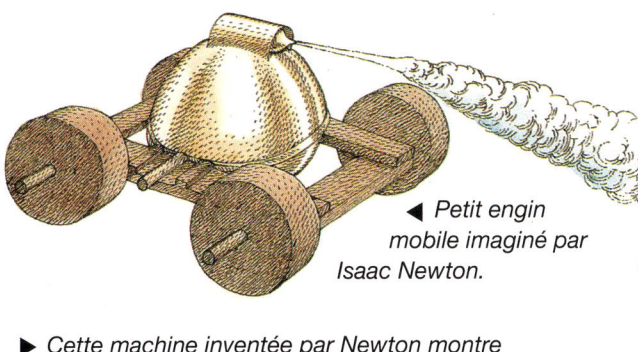

◀ *Petit engin mobile imaginé par Isaac Newton.*

▶ *Cette machine inventée par Newton montre comment les planètes tournent autour du Soleil, et les « lunes satellites » autour des planètes.*

Pour l'Église, Dieu n'a pu situer la Terre qu'au centre du monde. Pour avoir soutenu publiquement que celle-ci est une planète comme une autre et qu'elle tourne autour du Soleil, le physicien et astronome italien Galilée est accusé d'hérésie et condamné par l'Inquisition. Sommé de se rétracter, il est contraint de s'incliner.

Pourtant, aucune sanction ne réussit à freiner durablement la progression des idées nouvelles. Aujourd'hui, les grands mathématiciens, physiciens, astronomes, médecins... du 17ᵉ siècle – comme René Descartes, Blaise Pascal, Isaac Newton, Johannes Kepler, William Harvey... –, sont considérés comme les précurseurs des sciences modernes.

▼ *Jusqu'au 17ᵉ siècle, l'Église interdit la dissection des cadavres. Ce célèbre tableau de Rembrandt, intitulé la Leçon d'Anatomie, illustre l'intérêt croissant des savants pour l'étude du corps humain.*

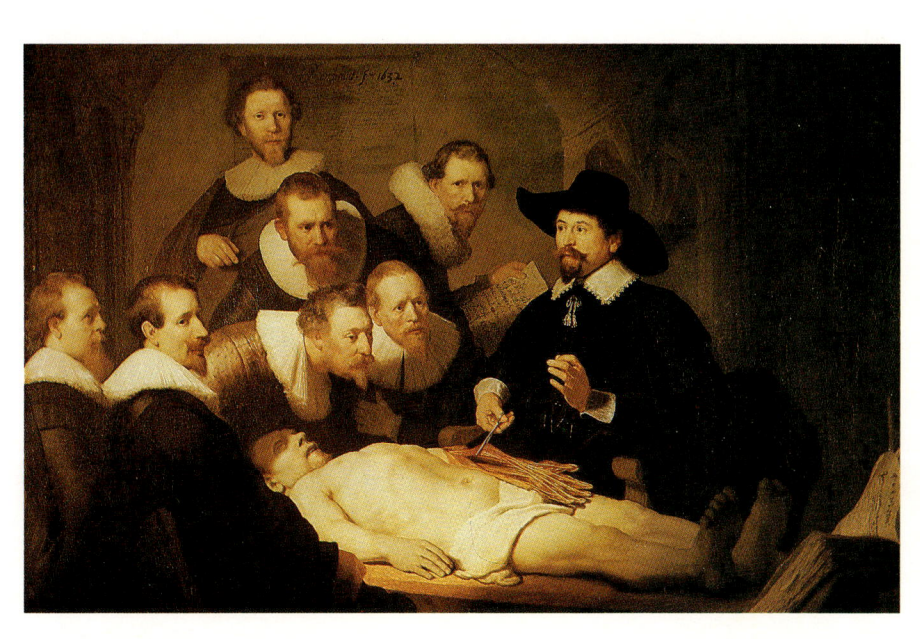

UNE NOUVELLE MÉTHODE

Dans son *Discours de la Méthode* (1637), le physicien et mathématicien français René Descartes propose une nouvelle méthode pour aborder les sciences. Fondée sur l'analyse et la démonstration, elle influencera nombre de savants. À la même époque, l'Anglais Isaac Newton découvre la loi de l'attraction universelle, tandis que le Français Blaise Pascal invente une machine arithmétique, se livre à de nombreux travaux sur la pression atmosphérique et crée le calcul des probabilités.

447

Les guerres anglo-hollandaises

Au cours du 17ᵉ siècle, trois guerres opposent l'Angleterre aux Pays-Bas. La rivalité porte surtout sur le commerce des épices et des esclaves. Mais elle concerne aussi les droits de pêche en mer du Nord et les colonies américaines.

En 1651, le Parlement anglais vote une loi qui interdit aux navires étrangers de débarquer des marchandises en Grande-Bretagne. Cette mesure, qui vise directement les intérêts hollandais, déclenche une première guerre qui dure trois ans. Le conflit reprend plus de dix ans plus tard, en 1665, sur la côte ouest de l'Afrique. Les Hollandais qui, en Amérique, ont déjà perdu New Amsterdam, rebaptisée New York par les Britanniques (*voir* pp. 426-427), parviennent à résister. En 1667, ils remontent la Tamise et détruisent une partie de la flotte anglaise au mouillage. La paix entre les deux puissances est signée, la même année, à Breda, aux Pays-Bas. Quelques années plus tard, la guerre reprend. Cette fois, l'Angleterre s'est alliée à la France contre les Pays-Bas (*voir* pp. 436-437). Mais les Anglais, protestants, dénoncent cette alliance avec des catholiques contre d'autres protestants, et la paix est signée en 1674. Puis le prince hollandais protestant Guillaume III de Nassau épouse Marie II Stuart et devient roi d'Angleterre (*voir* pp. 458-459) : cette alliance marque la fin de la rivalité anglo-hollandaise.

▼ *En 1667, la guerre fait rage pendant quatre jours à l'embouchure de la Tamise. Les Hollandais détruisent vingt-cinq navires anglais dans la bataille.*

1667 Europe du Nord : traité de Breda (Pays-Bas) ; fin de la deuxième guerre entre l'Angleterre et les Provinces-Unies.
Angleterre : Charles II s'allie secrètement à la France contre l'Espagne.
Russie : paix avec la Pologne ; victorieuse, la Russie s'agrandit de l'Ukraine et de Smolensk.
France : publication d'*Andromaque*, tragédie de Racine.
Europe de l'Ouest : début d'une guerre entre Louis XIV et Charles II d'Espagne, pour la possession de la Flandre. En 1668, le traité d'Aix-la-Chapelle met fin au conflit et accorde une partie de la Flandre à la France.

1668 Europe de l'Ouest : l'Angleterre, la Suède et les Pays-Bas forment une triple alliance contre Louis XIV.
Russie : début d'une grande révolte paysanne et cosaque (jusqu'en 1671).
Portugal : traité de Lisbonne ; l'Espagne reconnaît l'indépendance du Portugal.

1669 Méditerranée : Venise abandonne la Crète à l'Empire ottoman.

1670 Canada : fondation de la Compagnie britannique de la baie d'Hudson.
France : publication posthume des *Pensées* de Pascal, mort en 1662.

1671 Angleterre : Isaac Newton invente le télescope, un instrument d'observation astronomique.

L'Angleterre et les Provinces-Unies sont en guerre. Cette caricature anglaise représente les Hollandais comme de « gros et gras asticots ».

LA TRAITE DES NOIRS

1671 France : Molière écrit les *Fourberies de Scapin*.

1672 France : Louis XIV s'installe à Versailles. Le marquis de Louvois devient ministre d'État ; c'est le grand organisateur de l'armée de Louis XIV.
Europe : les Ottomans attaquent la Pologne.
Provinces-Unies : Guillaume III de Nassau devient *stathouder* (gouverneur) des Provinces-Unies (jusqu'en 1702).
Europe : guerre de Hollande (jusqu'en 1678) ; la France et la Grande-Bretagne affrontent les Provinces-Unies, alliées à l'Espagne et à l'Allemagne. Louis XIV ordonne l'invasion de la Hollande.

1673 Autriche : Léopold I er entre en guerre contre la France.
Amérique du Nord : les Français Jacques Marquette et Louis Jolliet explorent les rives du Mississippi jusqu'à l'Arkansas.
France : Molière meurt au cours d'une représentation du *Malade imaginaire*.

1674 Angleterre : le mécontentement public force Charles II à se retirer de la guerre de Hollande, qui se poursuit entre les Provinces-Unies et la France.
Inde : la Compagnie française des Indes orientales installe son siège à Pondichéry.

1675 Angleterre : fondation d'un observatoire à Greenwich.

Le célèbre pirate Barbe-Noire combat avec six pistolets et place des allumettes en flammes dans ses cheveux… Sa boisson favorite ? Le rhum relevé de poudre à canon !

La traite des Noirs

Un siècle après la découverte de Christophe Colomb (*voir* pp. 338-341), le travail forcé, les mauvais traitements et les maladies nouvelles apportées par les Européens ont décimé les populations indiennes d'Amérique. Au début du 17e siècle, les Indes occidentales, comme on les appelle alors, sont devenues l'enjeu d'une lutte commerciale entre Français, Anglais, Portugais, Espagnols et Hollandais.

En Europe, la consommation de sucre est alors en pleine expansion. Le travail de la canne à sucre exige une main-d'œuvre

▲ *Le prix élevé du sucre fait la fortune des colons installés aux Antilles. Ceux-ci vivent dans de somptueux domaines et font pousser la canne à sucre sur leurs plantations. Leurs domestiques et leurs ouvriers (ci-dessus) sont des esclaves noirs.*

abondante. Pour remplacer les Indiens, les colons entreprennent alors de faire venir des esclaves d'Afrique pour cultiver leurs vastes plantations.

Un trafic gigantesque et honteux s'organise. Capturés en Afrique ou achetés à de puissants rois locaux, les esclaves sont entassés dans les cales des navires et

1671-1675

◄ Les colons redoutent particulièrement les Caraïbes, des Indiens qui vivent aux Antilles, en Dominique et dans les îles voisines. On raconte alors que ces guerriers, réputés pour leur férocité, sont cannibales. Dans les années 1680, ils ont presque tous été exterminés par les Européens.

emmenés en Amérique dans des conditions inhumaines. Pour les négriers, ces Noirs sont du « bois d'ébène », une marchandise… Beaucoup d'entre eux meurent pendant le voyage. À l'arrivée, les survivants sont vendus par lots aux enchères, comme du bétail. Les navires repartent ensuite vers l'Europe chargés de sucre et de tabac.

Propriété de leur maître, les esclaves n'ont aucun droit. Astreints à un travail harassant dans de terribles conditions, ils succombent en masse. Pourtant, ils sont de plus en plus nombreux. À la fin du siècle, environ 90 % de la population des Antilles est d'origine africaine.

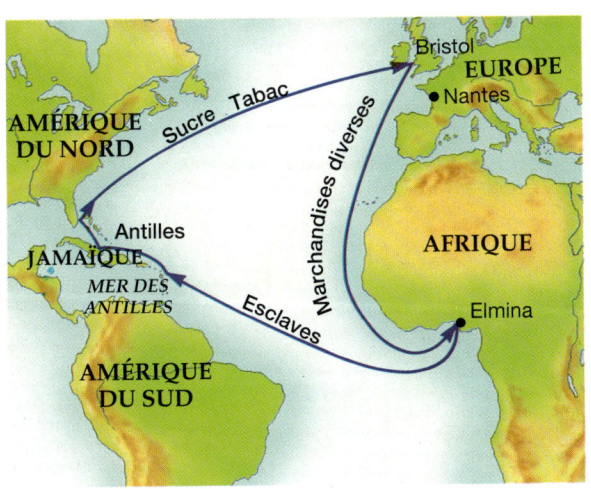

▼ Les précieuses cargaisons des navires qui repartent vers l'Europe attirent les convoitises ; des pirates de toutes nationalités écument les mers des Antilles. Ci-dessous, Henri Morgan, un célèbre pirate anglais.

◄ Chargés de marchandises, les navires partent d'Europe vers la côte ouest de l'Afrique. Ayant échangé leur cargaison contre des esclaves, ils cinglent ensuite vers les Antilles. De là, ils rapportent en Europe du sucre, du tabac… On appelle « commerce triangulaire » ce trafic organisé entre l'Europe, l'Afrique et l'Amérique.

451

1601 – 1715

Les sciences et les techniques

Au 17ᵉ siècle, des savants démontrent peu à peu que, loin d'être soumis aux caprices d'une volonté divine, le monde obéit à de grandes lois que la science peut étudier.
Les découvertes réalisées à cette époque permettent de faire avancer les techniques et de fabriquer des instruments et des appareils qui, à leur tour, favorisent de nouveaux progrès.
Pour la première fois, on peut ainsi, par exemple, mesurer avec précision les températures et la pression atmosphérique grâce aux thermomètres et aux baromètres.

LES THÉORIES DE NEWTON

Le physicien anglais Isaac Newton (1642-1727) prouve que la lumière blanche est composée de plusieurs couleurs. Réfractée dans un prisme, elle se décompose en un spectre réunissant les couleurs de l'arc-en-ciel (à droite).

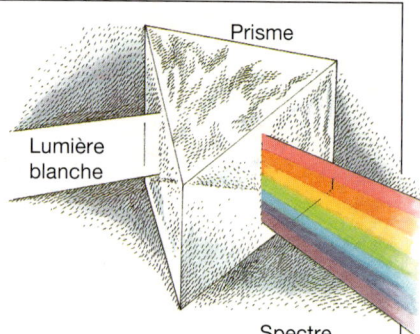

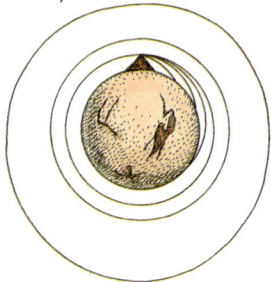

Ce schéma dessiné par Newton (à gauche) décrit la trajectoire d'objets projetés à des altitudes et à des vitesses différentes.

Observées avec les premières lunettes, les étoiles paraissent entourées d'un halo. En utilisant un miroir incurvé, Newton invente le télescope (à droite), capable de corriger ce défaut.

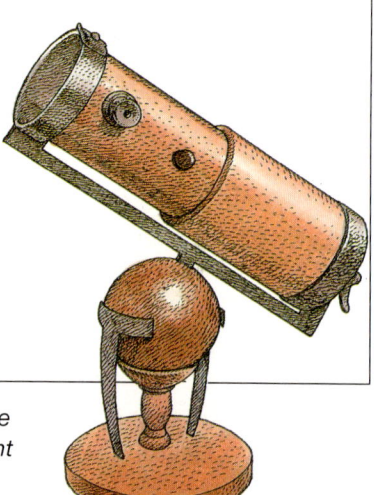

▼ Otto von Guericke prouve l'existence de la pression atmosphérique en faisant le vide dans deux demi-sphères que des chevaux ne peuvent séparer.

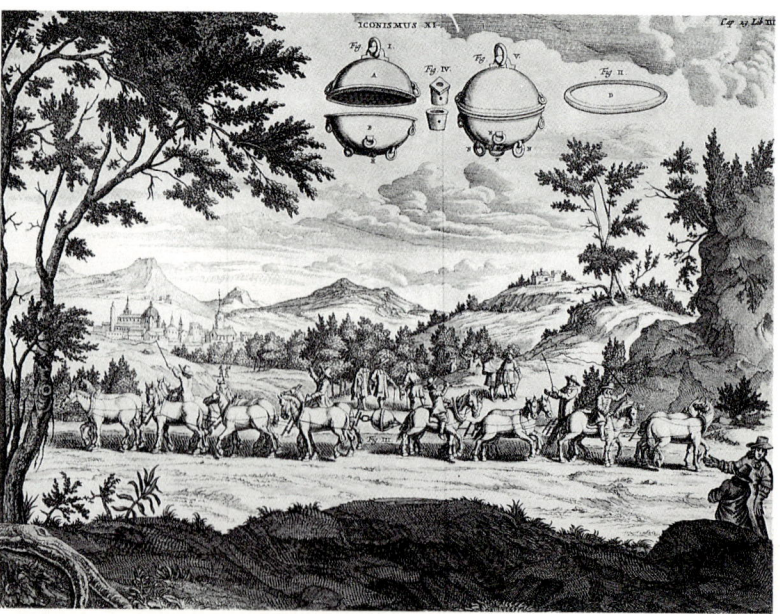

▼ Blaise Pascal (1623-1662) n'a pas vingt ans lorsqu'il invente et réalise la première machine à calculer. Et sa « pascaline » fonctionne bien !

À CETTE ÉPOQUE

1608 Le Hollandais Hans Lippershey met au point une lunette d'approche.

1644 L'Italien Evangelista Torricelli met en évidence la pression atmosphérique.

1650 L'Allemand Otto von Guericke invente une machine pneumatique.

1654 Premier thermomètre fiable.

1660 Le baromètre est utilisé en météorologie. Fondation de la Royal Society, à Londres.

1666 Colbert crée l'Académie des sciences, à Paris.

1684 L'Anglais Isaac Newton énonce la loi de la gravitation universelle.

1690 Le Français Denis Papin réalise un prototype de machine à vapeur à piston.

1705 L'Anglais Edmond Halley étudie le mouvement des comètes et prédit le retour de l'une d'elles près du Soleil pour 1758 (la comète de Halley).

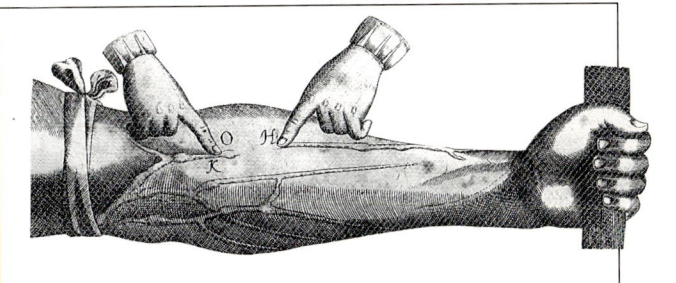

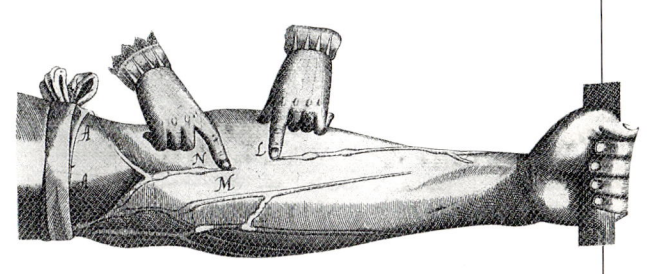

▲ En 1628, le médecin anglais William Harvey décrit la manière dont le sang circule dans le corps. Il est le premier à comprendre son circuit à travers les veines et les artères.

▼ Les nouvelles idées scientifiques et philosophiques sont discutées dans les salons. Belle, cultivée, Ninon de Lenclos (ci-dessous) accueille ainsi chez elle, à Paris, les grands penseurs de l'époque dont le jeune Voltaire. Auteur d'une célèbre Lettre sur la tolérance (1689), le philosophe anglais John Locke (en bas) a aussi étudié la médecine et les sciences. Ses idées influenceront les philosophes français des Lumières.

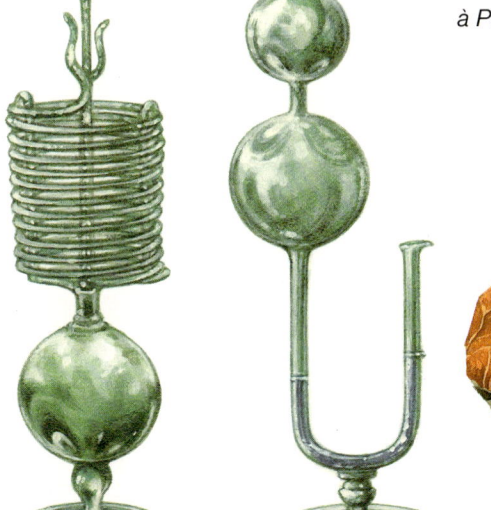

Thermomètre   Baromètre

Microscope

▲ Les premiers microscopes, thermomètres et baromètres apparaissent au 17ᵉ siècle. Ces instruments permettent aux savants d'aller plus loin dans leurs expériences. Menées avec de plus en plus de méthode et de rigueur, celles-ci jettent les bases des sciences modernes.

L'OCÉANIE • LE DÉCLIN DE L'EMPIRE OTTOMAN

L'Océanie

Au 17ᵉ siècle, des marins hollandais explorent le Pacifique Sud et l'océan Indien. L'existence de l'Australie ne leur est pas inconnue. Ils lui ont même donné un nom : la Nouvelle-Hollande. Mais personne ne s'est encore aventuré sur cette terre dont on ignore la forme et la taille.

En 1642, le navigateur hollandais Abel Tasman découvre, au sud de l'île Maurice, une île qui porte aujourd'hui son nom : la Tasmanie. Puis il prend pied sur une terre montagneuse peuplée d'« Indiens » maoris : l'actuelle Nouvelle-Zélande. En repartant vers Batavia (Jakarta), il aborde en chemin Tonga et Fidji. L'année suivante, il longe la côte nord de l'Australie.

Tasman et après lui d'autres Hollandais ouvrent ainsi les routes du Pacifique. Cependant, il faut attendre le 18ᵉ siècle pour que les navigateurs s'intéressent à ces terres lointaines et inconnues et s'y installent (*voir* pp. 512-513).

▲ *Les habitants des îles du Pacifique sont d'excellents navigateurs. Leurs grands bateaux (ci-dessus) leur permettent d'accomplir de très longs voyages à travers l'océan.*

▼ *Passant très au large des côtes australiennes, Tasman découvre la Tasmanie, la Nouvelle-Zélande et les îles Tonga et Fidji. La côte orientale de l'Australie sera explorée par James Cook un siècle plus tard.*

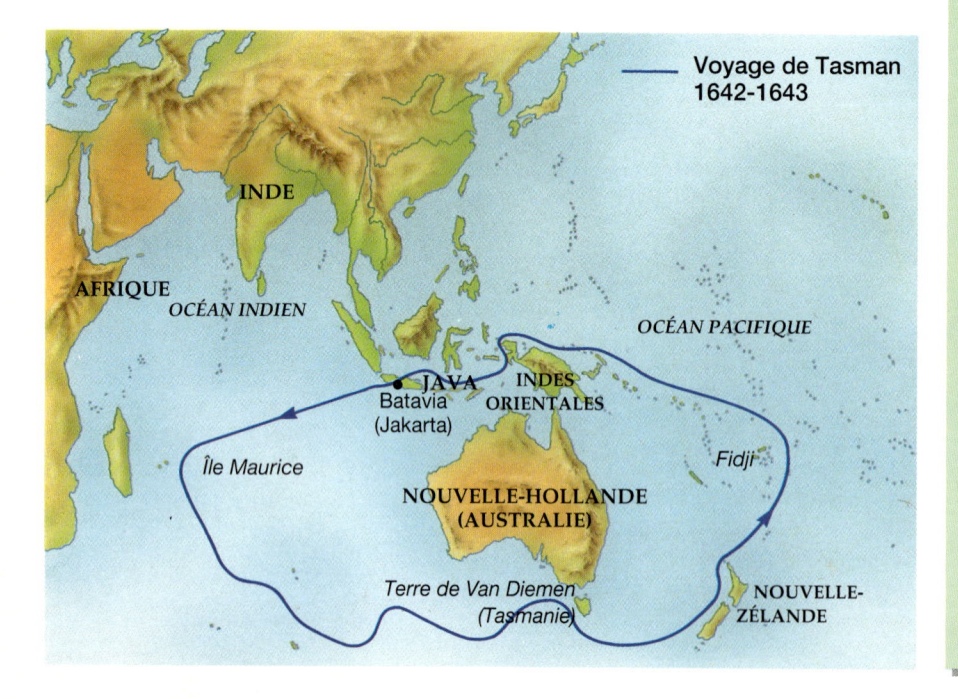

TASMAN
(v. 1603-1659)

Parti à la découverte du Pacifique, Abel Tasman est l'un des grands navigateurs du 17ᵉ siècle. Il donne à l'île qu'il découvre le nom de « Terre de Van Diemen », du nom du gouverneur des Indes hollandaises qui avait financé son voyage. Les Anglais la rebaptiseront Tasmanie en 1853. Quant à la Nouvelle-Zélande, son nom vient de l'anglais *new sea-land* (« nouvelle île »).

Voyage de Tasman 1642-1643

INDE
AFRIQUE
OCÉAN INDIEN
OCÉAN PACIFIQUE
JAVA
Batavia (Jakarta)
INDES ORIENTALES
Île Maurice
Fidji
NOUVELLE-HOLLANDE (AUSTRALIE)
Terre de Van Diemen (Tasmanie)
NOUVELLE-ZÉLANDE

Le déclin de l'Empire ottoman

Sous le règne de Soliman le Magnifique (*voir* pp. 358-359) l'Empire ottoman a atteint son apogée et s'est étendu de l'Égypte aux Balkans en incluant la Syrie et la Turquie actuelles. Au 17e siècle, sa puissance commence pourtant à vaciller. La corruption gangrène l'administration. L'autorité même du sultan, compromis dans des querelles sanglantes entre familles régnantes, est remise en cause.

En 1683, une armée turque qui assiégeait Vienne, en Autriche, est anéantie par une coalition commandée par le roi de Pologne, Jean III Sobieski. Dès lors, le déclin est rapide. L'Autriche reprend la Hongrie, et la Russie s'empare de territoires sur la mer Noire. La puissance autrichienne concurrence désormais la suprématie ottomane dans les Balkans.

▲ *Assiégée par les Turcs, Vienne, en Autriche, marque la limite de l'avancée ottomane en Europe. Les Viennois résistent deux mois en attendant l'arrivée des renforts allemands et polonais. Le 12 septembre 1683, l'armée turque est anéantie en quelques heures de combat.*

1676-1679

En donnant à cette coupe la forme naturelle d'une fleur, les artisans turcs se sont inspirés d'une mode chinoise.

1676 Russie : Fédor III devient tsar (jusqu'en 1682).
Pologne : fin de la guerre contre les Ottomans, qui gagnent la Podolie, région de l'ouest de l'Ukraine.
Danemark : l'astronome Olaus Römer évalue la vitesse de la lumière.

1677 Provinces-Unies : le stathouder Guillaume III de Nassau épouse Marie II Stuart, héritière du trône d'Angleterre.

1678 France : Mme de La Fayette écrit *la Princesse de Clèves*.
Angleterre : Titus Oates, aventurier anglais, prétend que des catholiques projettent d'assassiner Charles II ; plusieurs d'entre eux sont exécutés sans preuve.
Europe : les traités de Nimègue mettent fin à la guerre de Hollande entre la France, les Provinces-Unies et l'Espagne ; Louis XIV gagne la Franche-Comté et des villes de Flandre et d'Artois ; apogée de la puissance du Roi-Soleil.

1679 Angleterre : le *bill* (loi) de l'*habeas corpus* garantit les droits de l'individu contre les abus du pouvoir ; il interdit notamment l'emprisonnement sans jugement.
Le Parlement exclut le frère du roi, Jacques Stuart, de la succession au trône d'Angleterre ; Charles II fait opposition à cette décision. Les partisans du roi prennent le nom de *tories*, ceux du Parlement de *whigs*.
France : Denis Papin invente la soupape de sûreté pour son fameux « digesteur », dit aussi marmite de Papin.

PIERRE LE GRAND

1680 France : fondation de la Comédie-Française.

1681 France : début des dragonnades, persécutions exécutées par les dragons royaux contre les protestants (jusqu'en 1685).
Russie : fin du conflit avec l'Empire ottoman.
France : Louis XIV annexe Strasbourg, ville du Saint Empire.
Amérique du Nord : le quaker anglais William Penn fonde la Pennsylvanie.

1682 Amérique du Nord : le Français Robert Cavelier de La Salle reconnaît la Louisiane, dont il prend possession au nom du roi de France.

Ce chat représente Pierre Ier le Grand. Le souverain deviendra impopulaire lorsqu'il se rasera la barbe, attribut traditionnel des boyards russes.

1682 Autriche : début d'une guerre contre l'Empire ottoman (jusqu'en 1699).
Russie : mort du tsar Fédor III ; Pierre Ier le Grand et son demi-frère Ivan V lui succèdent sous la régence de leur sœur, Sophie (jusqu'en 1689).
Angleterre : l'astronome Edmond Halley observe la comète qui porte son nom.
France : Louis XIV exclut les protestants de sa cour et des fonctions publiques.

1683 Autriche : les Ottomans assiègent Vienne pendant deux mois ; ils sont repoussés par les troupes du roi Jean III Sobieski de Pologne.
Chine : les Mandchous conquièrent Formose (Taïwan) et dominent la Chine entière.
France : mort de Marie-Thérèse, épouse de Louis XIV ; le roi se remarie secrètement avec Mme de Maintenon. Mort de Jean-Baptiste Colbert.

Pierre le Grand

Pierre Ier, le célèbre Pierre le Grand, devient tsar de Russie à vingt ans, en 1682. Énergique, ambitieux, il se consacre aussitôt à la modernisation de son pays dont il entend faire un État fort, à l'égal des autres grandes puissances européennes. Passionné de sciences et de techniques, il accomplit un grand voyage en Europe occidentale (1697-1698). Il y visite des ateliers, des installations portuaires, des musées… Pendant six mois, en Hollande, il travaille même dans l'anonymat comme charpentier sur un chantier naval !

De retour, il se lance dans de grandes

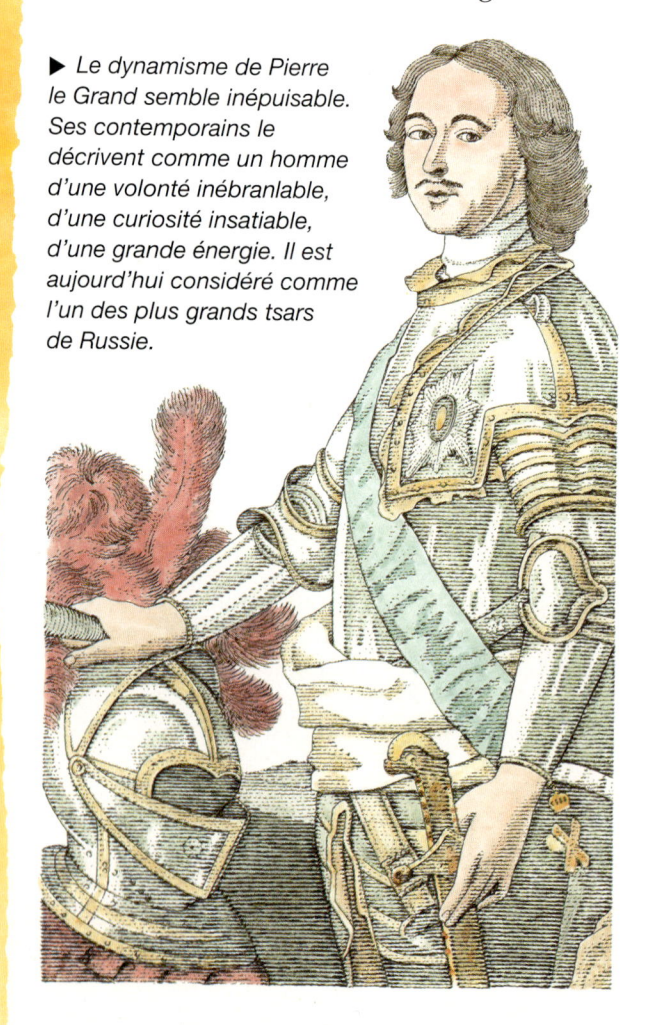

▶ *Le dynamisme de Pierre le Grand semble inépuisable. Ses contemporains le décrivent comme un homme d'une volonté inébranlable, d'une curiosité insatiable, d'une grande énergie. Il est aujourd'hui considéré comme l'un des plus grands tsars de Russie.*

1680-1683

▶ Pierre Ier aime les belles choses et, sous son règne, de nombreux artistes européens viennent travailler en Russie. Cette coupe incrustée de pierres précieuses a été offerte à son fils, Alexis, en 1694.

▲ Grand admirateur de l'Europe, Pierre Ier impose le costume occidental et interdit le port de la barbe aux boyards (nobles de haut rang), tout en leur confisquant nombre de leurs pouvoirs.

▼ Abandonnant Moscou, Pierre Ier fonde une nouvelle capitale sur une terre prise aux Suédois : Saint-Pétersbourg. De grands architectes étrangers participent à la construction de la ville.

réformes inspirées du modèle occidental. Il réorganise le gouvernement et l'administration, crée des écoles, des manufactures, fonde une armée et une puissante marine, encourage les arts.

Pour réaliser son programme, Pierre le Grand veut aussi assurer à la Russie un débouché sur la mer. Sa victoire contre les Ottomans lui permet de s'emparer d'Azov, sur la mer Noire. Mais son règne est surtout associé à la grande guerre menée au Nord contre la Suède (voir pp. 466-467). En remportant la victoire de Poltava, en 1709, Pierre Ier se rend maître de l'Estonie et de la Lituanie, qui lui donnent accès à la Baltique. À sa mort, en 1725, sa tâche est loin d'être achevée, mais la Russie est désormais capable de rivaliser avec les autres puissances européennes.

LA « GLORIEUSE RÉVOLUTION »

1684 Europe : l'Autriche, la Pologne et Venise forment une Sainte Ligue contre l'Empire ottoman.

1685 Angleterre : mort de Charles II ; Jacques II Stuart lui succède, malgré l'opposition du Parlement (jusqu'en 1688).
France : révocation de l'édit de Nantes ; Louis XIV interdit le protestantisme en France. Des milliers de protestants fuient à l'étranger.

Cette assiette de Delft est ornée des portraits de Guillaume III de Nassau et de Marie II Stuart. Elle célèbre leur accession au trône d'Angleterre en 1689.

1686 France : ouverture du Procope, le premier café parisien.
Europe : formation de la ligue d'Augsbourg, qui réunit l'Empire germanique de Léopold Ier, l'Espagne et la Suède contre la France.
Angleterre : Jacques II accorde des charges publiques aux catholiques.

1687 France : la querelle des Anciens (fidèles aux classiques grecs et latins) et des Modernes (admirateurs des écrivains de leur temps) divise les intellectuels français.
Angleterre : Isaac Newton publie ses *Principes mathématiques de philosophie naturelle*, base de la mécanique moderne.
Grèce : les Vénitiens assiègent Athènes et détruisent une partie du Parthénon.
Hongrie : bataille de Mohacs ; victoire des Habsbourg sur les Ottomans.

1688 Angleterre : appelé par le Parlement, Guillaume III de Nassau débarque en Angleterre et détrône Jacques II.
Europe : début de la guerre de la Ligue d'Augsbourg, qui oppose les États de la Ligue à la France (jusqu'en 1697).

La « Glorieuse Révolution »

En 1658, à la mort de Charles II d'Angleterre (*voir* pp. 436-437), son frère, Jacques II, lui succède. Fervent catholique, le nouveau souverain place aussitôt ses fidèles aux postes clés de l'administration. Lorsque la reine donne le jour à un garçon, la dynastie semble assurée.

Mais les Anglais, en majorité protestants, n'entendent pas rester les sujets d'un souverain catholique. Les opposants font alors appel, pour chasser leur roi du trône, à son propre gendre, le prince hollandais protestant Guillaume III de Nassau.

En novembre 1688, celui-ci débarque en Angleterre. Son armée défait rapidement les troupes de Jacques II, qui s'enfuit en France. Un an plus tard, le Parlement offre officiellement la couronne à Guillaume III et à son épouse, Marie II Stuart.

Les nouveaux souverains ne sont plus

▲ *Cette médaille commémore le mariage de Guillaume III de Nassau et de Marie II Stuart en 1677. Chacun des époux ayant des droits sur la couronne, ils gouverneront ensemble à partir de 1689.*

1684-1688

▶ L'union de l'Écosse et de l'Angleterre est réalisée en 1707. Un nouveau drapeau est adopté qui associe la croix de Saint-André (blanche sur fond bleu), symbole de l'Écosse, à la croix de Saint-George (rouge sur fond blanc), symbole de l'Angleterre. L'emblème de l'Irlande, la croix de Saint-Patrick, sera ajouté en 1800.

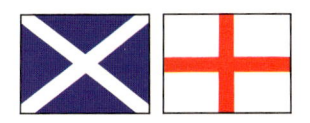

▼ Lorsqu'il débarque sur la côte anglaise avec une petite armée de soldats hollandais, Guillaume III de Nassau est accueilli comme un sauveur (ci-dessous). À Londres, l'enthousiasme est à son comble. Les soldats de Jacques II refusent même de prendre les armes contre lui.

des monarques absolus. La Déclaration des Droits (*Bill of Rights,* 1689), votée par le Parlement, précise que tous les rois d'Angleterre devront désormais être protestants et définit une monarchie limitée. Le souverain ne peut exiger d'impôts sans le consentement de ses sujets ; chacun peut donner son avis sur le gouvernement dont le Parlement contrôle les actes… Cette transmission de pouvoir, sans une goutte de sang, mérite son nom de « Glorieuse Révolution ».

LA NAISSANCE DE LA GRANDE-BRETAGNE

Pendant des siècles, les royaumes d'Écosse et d'Angleterre ont été indépendants. Les deux couronnes sont réunies en 1603 lorsque Jacques Ier, roi d'Écosse, succède à Élisabeth Ire d'Angleterre, morte sans héritier. Un siècle plus tard (1707), la signature de l'Acte d'Union liera définitivement les deux royaumes sous le nom de Grande-Bretagne.

1601 – 1715

Gouvernement et société

Au tournant des 17ᵉ et 18ᵉ siècles, la monarchie absolue s'impose. Des souverains comme Louis XIV, en France, ou Pierre le Grand, en Russie, concentrent tous les pouvoirs entre leurs mains. Le modèle politique anglais est tout à fait différent. Le roi doit consulter le Parlement composé d'une Chambre des lords, où siègent les nobles, et d'une Chambre des communes, qui réunit les représentants du peuple, avant de prendre des décisions importantes – la levée des impôts, par exemple.
En Amérique, les mœurs politiques reflètent celles du pays d'origine des colons. Ainsi, dans les colonies anglaises, des assemblées élues votent les lois.

▲ Une assemblée de députés élus par les colons se réunit pour la première fois en 1619 à Jamestown, en Virginie, afin de voter les lois de la colonie anglaise.

▼ Dans certaines colonies d'Amérique, une séance de « fauteuil à bascule » (ci-dessous) punit les petits délits comme l'ébriété, le vol à la tire et les troubles de l'ordre public.

◄ Une lettre patente est un document officiel par lequel le roi confère certains droits à son bénéficiaire. Celle-ci, délivrée par le roi Jacques Iᵉʳ, accorde aux pionniers du Mayflower le droit de propriété sur les terres où ils se sont installés.

À CETTE ÉPOQUE

1643-1715 Règne de Louis XIV.
1649 En Russie, la loi reconnaît la pratique du servage.
1679 En Angleterre, la loi de l'*habeas corpus* rend illégal l'emprisonnement d'un individu sans jugement préalable.
1695 La censure de la presse est abolie en Angleterre.

▲ L'empereur moghol des Indes, Aurangzeb (1659-1707), est un souverain brutal ; il n'hésite pas à faire assassiner ses frères et à emprisonner son père pour s'emparer du trône. Il gouverne en maître absolu, imposant de très lourds impôts et réprimant sévèrement les révoltes. Son intolérance religieuse lui vaut d'être haï par les nombreuses communautés de l'Inde, en particulier par les hindous, qu'il persécute.

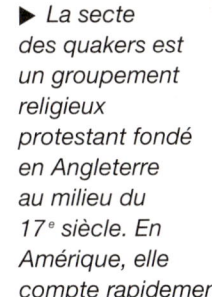

▶ La secte des quakers est un groupement religieux protestant fondé en Angleterre au milieu du 17ᵉ siècle. En Amérique, elle compte rapidement de nombreux adeptes. Chez les quakers, la femme est considérée comme l'égale de l'homme et peut s'exprimer en public, notamment dans les réunions de fidèles.

▶ Louis XIV est le symbole de la monarchie absolue. Installé à Versailles, ce souverain se veut maître de tout. L'étiquette règle les horaires de la journée et l'on dit que chaque sujet peut savoir à tout moment ce que fait son roi. Le moindre de ses actes est soumis à un rituel précis. Être autorisé à assister au lever ou au coucher de Sa Majesté est une faveur très recherchée.

Les États africains

Au 17ᵉ siècle, l'ouest de l'Afrique, au sud du Sahara, est divisé en de nombreux royaumes et empires indépendants où cohabitent des peuples de coutumes, de langues, de religions différentes.

Cette partie du continent est relativement riche. Les orfèvres réalisent des objets magnifiques avec l'or extrait des mines locales ; les paysans cultivent la terre selon des techniques avancées.

Plusieurs grands États sont alors établis sur la côte ouest. Le royaume du Dahomey est fondé en 1625 par le roi Akaba. Un siècle plus tard, il sera conquis par les Yorubas du royaume d'Oyo (le sud de l'actuel Nigeria). Le puissant Empire achanti, lui, est fondé à la fin du 17ᵉ siècle, par Osei Toutou. Ce souverain installe sa capitale à Koumassi. Le commerce de l'or et des esclaves fait rapidement sa fortune.

Ces États ne sont pas, comme on l'imagine souvent, isolés du reste du monde. La richesse de cette région attire en effet de nombreux marchands. Des Arabes d'Afrique du Nord traversent le Sahara pour commercer avec les cités des royaumes d'Oyo et du Bénin. Des

LA CÔTE-DE-L'OR

La Côte-de-l'Or est le nom ancien de l'actuel Ghana, sur la côte ouest de l'Afrique. Aux 17ᵉ et 18ᵉ siècles, le précieux métal fait en effet la richesse de ce territoire inclus dans l'Empire achanti. Les Achantis sont d'habiles orfèvres, comme en témoigne cette figurine en or. L'emblème de la royauté est un siège en or massif.

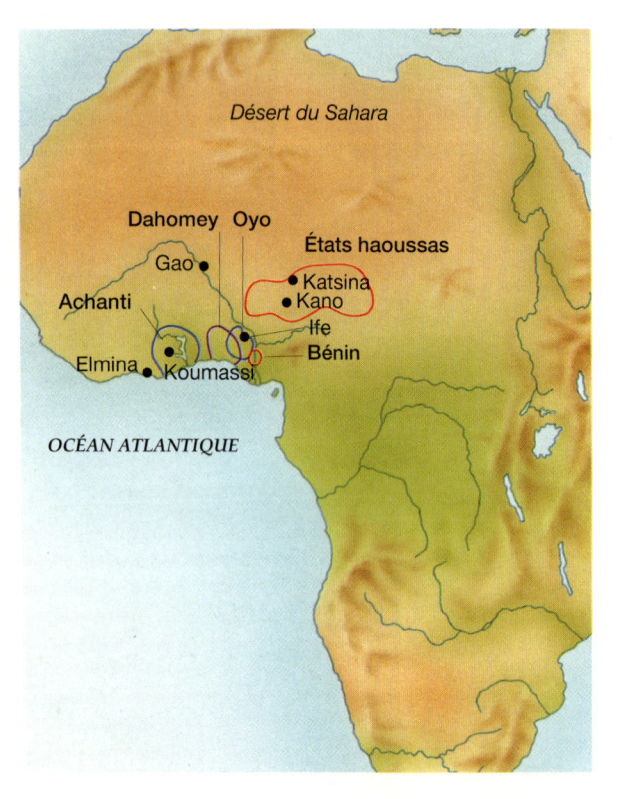

▲ La religion musulmane se répand en Afrique de l'Ouest par l'intermédiaire des marchands arabes qui traversent le Sahara. Le roi de Gao s'est converti à l'islam dès le 10ᵉ siècle. Si les États haoussas de Katsina et de Kano suivent son exemple, les royaumes de la côte restent fidèles à leurs religions traditionnelles.

▼ Le royaume du Bénin, l'un des plus riches d'Afrique de l'Ouest, commencera à décliner au 18ᵉ siècle. La montée en puissance des Yorubas du royaume d'Oyo achèvera de l'affaiblir. Ci-dessous, procession d'un oba (roi) du Bénin et de ses sujets.

▼ *Des bandes armées font de véritables razzias dans les villages pour se procurer des esclaves. Les captifs sont emmenés vers la côte, où ils sont examinés comme des marchandises avant d'être embarqués pour l'Amérique.*

Portugais, des Hollandais, des Français et des Anglais installent des comptoirs commerciaux sur la côte : là, ils échangent des armes, des tissus et des objets de pacotille contre des esclaves. Victimes des négriers, des millions d'Africains sont arrachés à leur terre natale et déportés en Amérique (*voir* pp. 450-451).

1689-1690

1689 Europe : l'Angleterre, les Provinces-Unies et la Savoie se joignent à la Ligue d'Augsbourg. Les Français envahissent le Palatinat.
Angleterre : le Parlement vote la Déclaration des Droits, qui définit une monarchie aux pouvoirs limités, et réserve le trône à des princes protestants. Couronnement conjoint de Guillaume III de Nassau et de son épouse, Marie II Stuart, qui régneront sur l'Angleterre et l'Écosse jusqu'en 1694.
Russie : Pierre Ier le Grand élimine son demi-frère Ivan V et la régente Sophie ; il règne seul sur la Russie (jusqu'en 1725).
Afrique de l'Ouest : fondation de l'Empire achanti, avec Koumassi pour capitale.

1690 Europe : bataille de Fleurus ; victoire des troupes françaises sur celles de la Ligue d'Augsbourg.
Inde : la Compagnie anglaise des Indes orientales fonde Calcutta.
Irlande : l'armée de Jacques II Stuart, aidée par les troupes françaises, est écrasée lors de la bataille de la Boyne par les forces de Guillaume III d'Orange.

Casque achanti, orné d'amulettes et de cornes d'animaux. Peuple de la Côte-de-l'Or, les Achantis n'ont pas besoin de l'or que leur proposent les Européens en échange d'esclaves, mais ils acceptent les fusils, qui leur permettent d'affirmer leur puissance en Afrique de l'Ouest.

463

L'Irlande

Les Irlandais n'ont jamais vraiment accepté la domination anglaise. Depuis que le pays a été conquis, au 12ᵉ siècle, par Henri II, les rois d'Angleterre ont dû lutter pour maintenir leur autorité. Avec le temps, la situation n'a cessé de se détériorer.

La question religieuse est, en partie, à l'origine des difficultés. Au 16ᵉ siècle, l'Angleterre est devenue protestante, tandis que les Irlandais sont restés fidèles au catholicisme. Dans les églises d'Irlande, les prêtres encouragent l'opposition à une autorité qu'ils estiment hérétique. Confrontés à de fréquentes rébellions, les Anglais prennent alors des mesures très dures. Les terres irlandaises sont confisquées à leurs légitimes propriétaires et redistribuées à des colons anglais et écossais. Cette politique est appliquée de façon particulièrement rigoureuse en Ulster (province du Nord). Au milieu du 17ᵉ siècle, la région compte plus de colons étrangers que d'Irlandais de

▲ *De 1641 à 1649, Kilkenny est le cœur de la rébellion irlandaise. En réponse à un massacre de protestants organisé par des catholiques, Cromwell ordonne un véritable carnage à Drogheda et à Wexford.*

▼ *Après la défaite de Jacques II face à Guillaume III d'Angleterre à la Boyne (1690), l'Irlande perd tout espoir d'indépendance.*

L'EXPROPRIATION

Engagée au 16ᵉ siècle, la politique d'expropriation vise à remplacer les Irlandais de souche par des colons protestants, dévoués à la couronne d'Angleterre. Elle ne s'applique pas uniquement à l'Ulster. En 1665, les Irlandais catholiques ne possèdent plus qu'un cinquième de leurs terres.

pure souche ! La révolte gronde en Irlande lorsque la guerre civile anglaise éclate, en 1642 (*voir* pp. 430-431). À la fin du conflit, Cromwell s'efforce de reprendre en main le pays. À cette occasion, les armées anglaises dépêchées pour mater le soulèvement font preuve d'une brutalité qui marque toute la population.

Quand le catholique Jacques II monte sur le trône (*voir* p. 458), les espoirs irlandais renaissent. Cependant, le souverain est bientôt déposé et contraint à l'exil. En 1689, il débarque en Irlande avec une armée française pour tenter de regagner la couronne, mais il est finalement défait à la Boyne, près de Drogheda, par les troupes de Guillaume III. La victoire de l'Angleterre sur l'Irlande semble dès lors complète.

Ci-dessus, l'emblème de la Banque d'Angleterre, fondée en 1694.

1691 Rome : Innocent XII est élu pape (jusqu'en 1700).
Angleterre : le naturaliste John Ray défend l'idée que les fossiles pourraient être les restes d'animaux très anciens.

1692 Europe : combat naval de la Hougue ; la victoire d'une flotte anglo-hollandaise sur la flotte française met fin aux ambitions de Louis XIV en Angleterre. Bataille de Steinkerque ; victoire française sur la ligue d'Augsbourg.
Amérique du Nord : grand procès de sorcellerie conduit par les puritains à Salem (Massachusetts).
France : fondation de la manufacture royale des glaces de Saint-Gobain.

1693 Europe : bataille de Neerwinden (Pays-Bas) ; victoire française sur la Ligue d'Augsbourg. Bataille de la Marsaille (Italie) ; victoire française sur le duché de Savoie.

1694 Angleterre : mort de la reine Marie II Stuart ; Guillaume III de Nassau règne seul (jusqu'en 1702). Fondation de la Banque d'Angleterre pour aider le roi, en guerre contre la France.
France : publication de la première édition du *Dictionnaire de l'Académie française*. Naissance de l'écrivain et philosophe François Marie Arouet, dit Voltaire (mort en 1778).

1695 Écosse : fondation de la Banque royale d'Écosse.

▲ *Partisan de la tolérance vis-à-vis des Irlandais, James Butler, marquis d'Ormonde, fut gouverneur de l'Irlande sous Charles I*er *et Charles II.*

LA GUERRE DU NORD

1696 Russie : Pierre Ier le Grand prend aux Ottomans le port d'Azov, sur la mer Noire.
France : mort de l'écrivain Jean de la Bruyère.

1697 Chine : les Mandchous conquièrent la Mongolie occidentale.
Pologne : Auguste II devient roi (jusqu'en 1733).
Suède : Charles XII devient roi (jusqu'en 1718).
Europe : paix de Ryswick ; fin de la guerre de la Ligue d'Augsbourg. Des traités sont signés entre Louis XIV et les Provinces-Unies, l'Angleterre, l'Espagne et le Saint Empire. Le roi de France doit abandonner les territoires conquis, sauf Strasbourg.

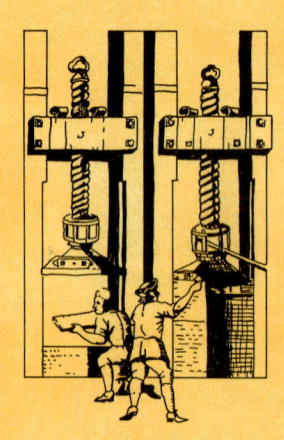

L'une des premières presses à vis.

1697 France : Charles Perrault publie les *Contes de ma mère l'Oye*.
Russie : Pierre Ier le Grand accomplit un grand voyage en Europe occidentale (jusqu'en 1698).

1698 Russie : révolte de la garde impériale contre le tsar, qui fait exécuter les rebelles.

1699 Europe : traité de Karlowitz, entre l'Empire ottoman et la Sainte Ligue ; l'Autriche reprend la Hongrie aux Ottomans.
Océanie : le navigateur anglais William Dampier explore la côte nord-ouest de l'Australie et découvre les îles de Nouvelle-Bretagne et de Nouvelle-Irlande.

1700 Rome : Clément XI est élu pape (jusqu'en 1721). Europe du Nord : début de la guerre du Nord (jusqu'en 1721), entre la Suède et la Triple-Alliance, formée par la Russie, le Danemark et la Pologne.
Espagne : mort de Charles II ; il avait désigné comme héritier Philippe d'Anjou, petit-fils du roi de France Louis XIV ; ouverture de la succession d'Espagne.

La guerre du Nord

La guerre du Nord oppose la Suède à une coalition de plusieurs souverains d'Europe du Nord conduits par Pierre le Grand de Russie (*voir* pp. 456-457). Elle coûtera à la Suède une grande partie de son empire et assurera à la Russie la suprématie sur la Baltique.

En 1700, la Suède est attaquée par le Danemark, la Pologne et la Russie. Son souverain, Charles XII, n'a alors que dix-huit ans, et ses adversaires croient pouvoir profiter de son inexpérience. Mais il se révèle être un stratège génial. En moins d'un an, il écrase l'armée russe à Narva, en Estonie, et force la Pologne et le Danemark à se retirer du conflit.

▲ *Au début du 17e siècle, le royaume de Suède s'étend sur un immense territoire au nord de l'Europe. Cet État est alors la première puissance militaire de la région.*

1696-1700

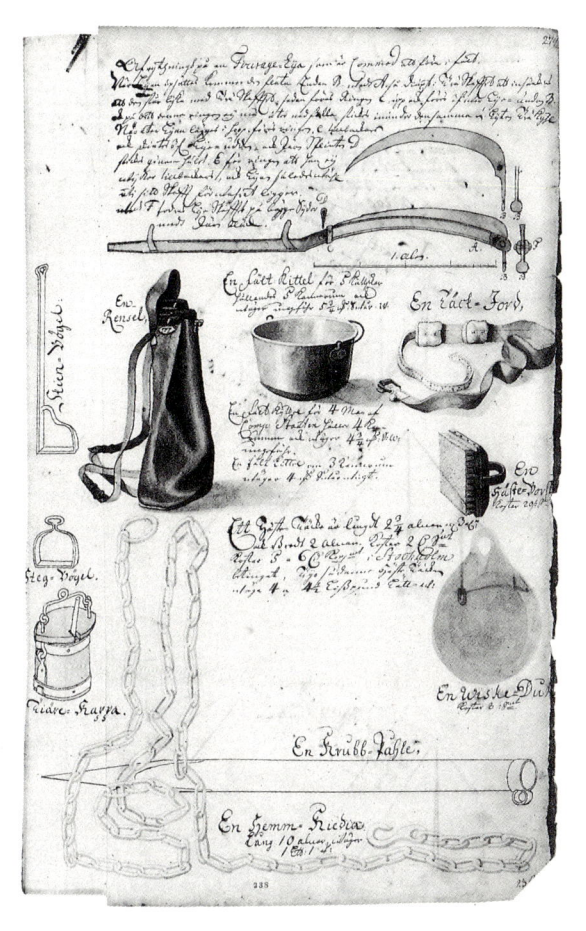

Huit ans plus tard, Charles XII envahit la Russie. Les Russes battent en retraite en détruisant tout sur leur passage. Les Suédois se défendent courageusement pendant tout l'hiver mais, au printemps, ils ont perdu la moitié de leurs soldats. En juin 1709, à Poltava, Pierre le Grand anéantit l'armée suédoise et le roi de Suède s'enfuit en Turquie. Charles XII, pourtant, ne s'avoue pas vaincu ; il rentre dans son pays en 1714. Il repousse alors une tentative d'invasion danoise, envahit la Norvège et meurt au combat, à 36 ans. Privés de leur chef et épuisés par vingt ans de guerre, les Suédois acceptent de signer la paix en 1721 (paix de Nystad).

◀ L'équipement du soldat suédois (ci-contre) comprend notamment une faux et un sac à dos. À la bataille de Narva, 8 000 Suédois remportent la victoire contre 40 000 Russes.

▼ La bataille de Poltava (1709) près de Kiev marque la fin de l'avancée de Charles XII en Russie. À cette date, les forces de Pierre le Grand sont supérieures à celles de la Suède.

1601 – 1715

Le commerce

Le 17ᵉ siècle ouvre l'ère du « grand commerce ». Grâce aux puissantes compagnies commerciales anglaises, hollandaises ou françaises, les échanges se multiplient entre l'Europe et, d'une part, les Indes orientales, d'autre part, les Indes occidentales (l'Amérique).
Les colonies du Nouveau Monde fournissent un très large éventail de matières premières. Celles du Nord exportent du bois de charpente, de la térébenthine, de la poix et de la résine nécessaires à l'industrie navale, des fourrures, des poissons… Celles du Centre et du Sud expédient, elles, du lin, du blé, de l'avoine, du riz, du maïs, du coton, du tabac…

Raton laveur

Castor

LE COMMERCE DE LA FOURRURE

Les fourrures d'Amérique, beaucoup moins chères que celles de Russie ou de Pologne, sont très recherchées en Europe. Pour se les procurer, les Anglais préfèrent souvent les acheter aux Indiens. Les Français, eux, n'hésitent pas à chasser dans les bois le castor, le raton-laveur, l'ours, le renard et le vison. Ci-dessus, deux trappeurs sont accueillis par des Indiens près du lac Supérieur.

◀ Au 17ᵉ siècle, Amsterdam est la capitale du commerce et la première place financière d'Europe. En 1609, une banque de dépôt y ouvre ses portes. Chacun peut venir y déposer son argent. La banque offre même des crédits pour permettre à de grandes institutions comme la ville d'Amsterdam ou la Compagnie hollandaise des Indes orientales de financer des opérations. Trois ans plus tard, la bourse d'Amsterdam (ci-contre) est fondée. On y spécule fiévreusement sur le prix des fourrures, du blé et du bois.

À CETTE ÉPOQUE

1602 Création de la Compagnie hollandaise des Indes orientales.
1609 Fondation de la banque d'Amsterdam.
1612 Création de la bourse d'Amsterdam.
1627 Création par Richelieu de la Compagnie de la Nouvelle-France pour la mise en valeur du Canada.
1641 Utilisation de coquillages comme monnaie dans le Massachusetts.
1651 L'acte de navigation, voté par le Parlement anglais, interdit aux navires étrangers de débarquer des marchandises sur le sol britannique.
1661 Apparition des premiers chèques à Stockholm, en Suède.
1694 Création de la Banque d'Angleterre.

▲ Le tabac, principalement exporté de Virginie, séduit les Européens. Des enseignes (ici, celle d'un magasin londonien) signalent les lieux de vente.

▲ L'usage du papier-monnaie se répand au cours du 17ᵉ siècle. Ce document portant la somme de 555 livres est le plus vieux chèque anglais. Il a été émis par une banque en 1699 et son détenteur pouvait à tout moment l'échanger contre de l'or ou de l'argent. En Amérique, l'apparition du papier-monnaie est liée au manque de « pièces sonnantes et trébuchantes ». Des colons français se mettent ainsi à utiliser de simples cartes à jouer, authentifiées par la signature du gouverneur, comme mode de paiement !

▶ Cette gravure française du « parfait négociant » date du 17ᵉ siècle. Elle montre l'animation d'un port et rappelle l'importance du commerce outre-mer. Pour Colbert, ministre de Louis XIV, la France doit s'enrichir en exportant un maximum de marchandises et en important le moins possible.

La succession d'Espagne

En 1700, le roi d'Espagne Charles II, dernier représentant de la branche espagnole des Habsbourg, meurt sans héritier (*voir* pp. 422-423). Avant sa disparition, la France et l'Autriche s'étaient entendues pour se partager son empire, mais Charles II a désigné le futur souverain : Philippe d'Anjou, le petit-fils de Louis XIV, prétendant à sa succession.

Le Roi-Soleil (*voir* pp. 442-445) accepte cette solution plus avantageuse que prévu. En septembre 1701, l'Angleterre, les Pays-Bas, la Savoie et la plupart des États allemands et autrichiens s'allient contre lui : la guerre de Succession d'Espagne commence.

Pour les Français, l'aventure tourne d'abord au désastre. En 1704, leur armée est anéantie à Blenheim par les forces de la coalition dirigées par le duc de Marlborough. Puis le front se déplace

▲ À la fin de la guerre de Succession d'Espagne, les traités ne modifient pas les frontières de la France. L'Autriche gagne les Pays-Bas espagnols et Naples ; l'Angleterre, Gibraltar et le Canada français.

▼ À la bataille de Blenheim (1704), la France affronte les armées coalisées de plusieurs pays européens. La victoire de Marlborough n'aurait sans doute pas été possible sans le concours des Autrichiens, commandés par le prince Eugène.

MARLBOROUGH
(1650-1722)

Généralissime des armées alliées, l'Anglais John Churchill, duc de Marlborough, remporte plusieurs grandes victoires sur l'armée française, dont celles de Blenheim (1704) et de Malplaquet (1709). La célèbre chanson *Malbrough s'en va-en-guerre* est inspirée des exploits de ce très grand général.

LE PRINCE EUGÈNE
(1663-1736)

À l'âge de vingt ans, Eugène de Savoie-Carignan, dit le prince Eugène, participe à la libération de Vienne assiégée par les Turcs (1683). Commandant en chef des forces autrichiennes pendant la guerre de Succession d'Espagne, il combat les Français aux côtés du duc de Marlborough.

vers les Pays-Bas espagnols, où Marlborough remporte trois autres grandes victoires.

À la fin de l'année 1706, une armée autrichienne, conduite par le prince Eugène, repousse les Français d'Italie. Puis les coalisés envahissent l'Espagne. Cependant, la France reprend l'avantage, ce qui permet à Philippe d'Anjou de monter sur le trône espagnol sous le nom de Philippe V. Épuisés par cette longue guerre, les ennemis signent les traités d'Utrecht en 1713-1715 et de Rastatt en 1714. La France perd plusieurs places fortes aux Pays-Bas (Tournai, Ypres…) et abandonne une partie de ses colonies américaines – l'Acadie, la baie d'Hudson et Terre-Neuve –, mais Philippe V, tout en renonçant au trône de France, garde l'Espagne et son empire colonial.

1701-1705

18ᵉ siècle Europe : le siècle des Lumières.

1701 Europe : début de la guerre de Succession d'Espagne ; la France et l'Espagne affrontent la Grande Alliance de La Haye, formée par l'Angleterre, les Provinces-Unies et le Saint Empire.
Angleterre : le Parlement adopte l'Acte d'établissement, qui exclut les Stuarts de la succession au profit des Hanovre (protestants) si Anne Stuart, belle-sœur de Guillaume III, mourait sans héritier.

1702 Angleterre : Anne Stuart devient reine d'Angleterre et d'Irlande (jusqu'en 1714). Le duc de Marlborough prend le commandement en chef des troupes britanniques.
France : révolte des camisards (jusqu'en 1705) ; les protestants des Cévennes se soulèvent contre Louis XIV.

1703 Empire ottoman : Ahmed III devient sultan (jusqu'en 1730).
Russie : fondation de Saint-Pétersbourg par Pierre le Grand, qui y installe sa capitale en 1712.

1704 Guerre de Succession d'Espagne : bataille de Blenheim (Höchstädt), en Bavière ; victoire des armées anglaise et autrichienne, dirigées par Marlborough, sur les troupes françaises.

1705 Saint Empire : Joseph Iᵉʳ devient empereur (jusqu'en 1711).

Les insignes de l'Inquisition espagnole (la croix, la plume et l'épée) sont gravés au revers de ce pendentif de la fin du 17ᵉ siècle. De tels insignes devaient être portés lors des cérémonies publiques et religieuses, selon un décret de 1603 du roi Philippe III d'Espagne.

1601 – 1715

L'art de la guerre

L'armement évolue rapidement au 17ᵉ siècle. Le mousquet à mèche, par exemple, lourd et d'un maniement difficile, est peu à peu amélioré. L'invention d'un modèle à tir rapide au canon duquel est fixée une baïonnette permet d'infliger des pertes sévères à l'ennemi.

La puissance de feu augmentant, de nombreux généraux évitent désormais les batailles en terrain découvert. Les armées s'efforcent de maîtriser les opérations en manœuvrant habilement, puis se retirent derrière de solides défenses. Seuls des hommes bien entraînés sont capables de se plier à cette nouvelle tactique. De nombreux gouvernements préfèrent dès lors entretenir des armées de professionnels.

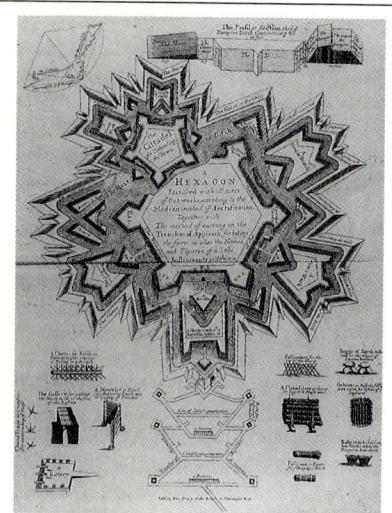

◀ Au 17ᵉ siècle, l'art de la guerre repose en partie sur le siège. Les nouvelles armes ont facilement raison de fortifications qui datent souvent du Moyen Âge : des architectes militaires imaginent alors de nouvelles places fortes capables de leur résister (ci-contre, le plan d'une de ces forteresses). Sous Louis XIV, le commissaire général des fortifications, Sébastien le Prestre de Vauban (1633-1707), a fortifié de nombreuses places aux frontières françaises et dirigé lui-même plusieurs sièges.

◀ Le roi de Suède, Gustave II Adolphe, équipe son armée de canons légers et faciles à manier. Sur le terrain, leur puissance de feu dévaste les rangs ennemis.

▲ Pendant la guerre civile anglaise, la simplicité de la tenue des « Têtes Rondes » (soldats du Parlement) contraste avec celle des cavaliers royalistes.

À CETTE ÉPOQUE

1618-1648 Guerre de Trente Ans.
1642-1651 Guerre civile anglaise.
1652 Début des guerres anglo-hollandaises.
1672-1675 Guerre franco-hollandaise.
1683 Les Turcs ottomans sont battus devant Vienne par une coalition de nations européennes.
1688-1697 Guerre de la Ligue d'Augsbourg.
1700-1721 Guerre du Nord.
1701-1714 Guerre de Succession d'Espagne.

▶ Ses vêtements en toile matelassée très épaisse protègent ce guerrier indien des coups portés à l'arme blanche tout en le laissant libre de ses mouvements.

▼ Les armes à feu contribuent à assurer la stabilité d'un royaume. En effet, seul un roi peut se permettre d'en équiper ses troupes. Or, sans armes, une rébellion a peu de chances d'aboutir.

Pistolet à double barillet

Fusil flamand

▶ Cette gravure illustre le déroulement de la bataille de Naseby qui oppose, en 1645, le roi d'Angleterre Charles Ier aux « Têtes Rondes » du Parlement. Les adversaires ont disposé leurs troupes de la même façon. L'infanterie (mousquet et pique) est au centre ; la cavalerie, sur les ailes, et l'artillerie, répartie devant la ligne de front.

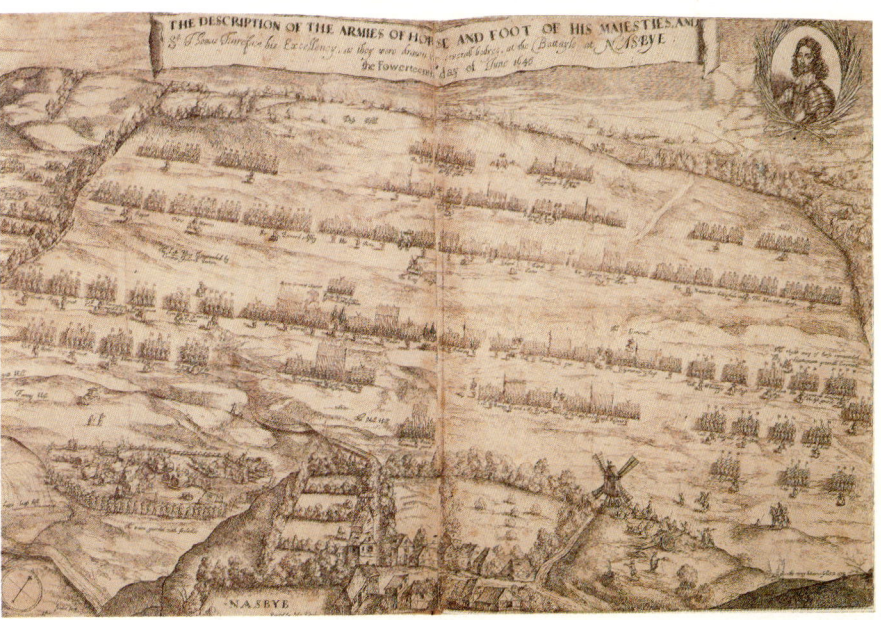

L'AMÉRIQUE COLONIALE

1707 Inde : mort de l'empereur Aurangzeb ; déclin de l'Empire moghol.
Angleterre : l'Acte d'union réunit les royaumes d'Angleterre et d'Écosse en une monarchie unique ; naissance du royaume de Grande-Bretagne.

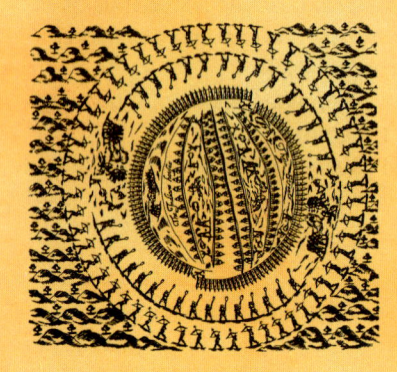

Plan de l'attaque d'un village indien d'Amérique du Nord par des colons.

1708 Guerre de Succession d'Espagne : défaite de l'armée française face aux troupes autrichiennes et britanniques à Oudenaarde.
1709 Russie : bataille de Poltava ; victoire du tsar Pierre Ier le Grand sur le roi Charles XII de Suède.
1711-1740 Saint Empire : règne de l'empereur Charles VI.
1712 Grande-Bretagne : Thomas Newcomen construit sa première machine à vapeur.
1713 Prusse : règne de Frédéric-Guillaume Ier (jusqu'en 1740).
Guerre de Succession d'Espagne : traités d'Utrecht ; fin de la guerre. Philippe V est reconnu roi d'Espagne ; Louis XIV cède Terre-Neuve à l'Angleterre.
Les Pays-Bas espagnols (Belgique) passent à l'Autriche.
1714 Grande-Bretagne : mort de la reine Anne ; George Ier de Hanovre lui succède (jusqu'en 1727).
1715 France : mort du roi Louis XIV ; son arrière-petit-fils, Louis XV, lui succède (jusqu'en 1774). Âgé de cinq ans, il est placé sous la régence du duc Philippe d'Orléans (jusqu'en 1723).

L'Amérique coloniale

Les Français ont été les premiers à s'implanter en Amérique du Nord (*voir* pp. 410-411) et leur expansion s'est poursuivie au cours du 17e siècle. Cependant, ils ont bientôt été supplantés par les Britanniques.

Les premiers colons anglais sont essentiellement des « puritains ». À partir de 1620, les lois discriminatoires votées en Angleterre entraînent en effet un exode massif vers les colonies de ces protestants opposés à l'anglicanisme. Débarqués du *Mayflower*, les « pères pèlerins » créent Plymouth, sur la côte est, en 1620 (*voir* pp. 408-409). Une centaine d'autres colons fondent Boston et la colonie du Massachusetts, en 1629. Vingt ans plus tard, cette région compte déjà vingt mille Anglais. Nombre d'entre eux partent vers le sud, où sont créées les colonies de Rhode Island et du Connecticut.

L'APPROVISIONNEMENT

Sans l'assistance de leur mère-patrie, les premiers colons subsisteraient difficilement. Les cales de ce navire anglais sont remplies de produits de première nécessité : rouets, métiers à tisser, étoffes, ustensiles de cuisine, lanternes et bougies, pelles, bêches, faux, haches, scies, marteaux, clous, mousquets et poudre…

1707-1715

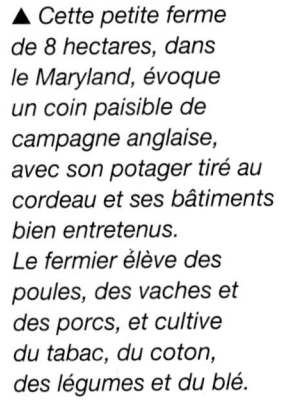

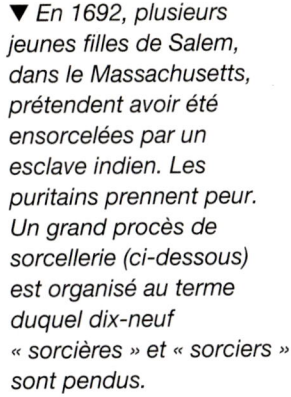

LE COLLÈGE DE HARVARD

Pour les puritains de Nouvelle-Angleterre, l'éducation est primordiale. La loi oblige les parents à veiller à ce que leurs enfants apprennent à lire. En 1636, le gouverneur du Massachusetts fonde un collège à Cambridge et lui donne le nom de Harvard, en l'honneur de John Harvard, un des bienfaiteurs de la communauté.

▲ *Cette petite ferme de 8 hectares, dans le Maryland, évoque un coin paisible de campagne anglaise, avec son potager tiré au cordeau et ses bâtiments bien entretenus. Le fermier élève des poules, des vaches et des porcs, et cultive du tabac, du coton, des légumes et du blé.*

▼ *En 1692, plusieurs jeunes filles de Salem, dans le Massachusetts, prétendent avoir été ensorcelées par un esclave indien. Les puritains prennent peur. Un grand procès de sorcellerie (ci-dessous) est organisé au terme duquel dix-neuf « sorcières » et « sorciers » sont pendus.*

Dans le Massachusetts, les membres de la secte des quakers sont persécutés. En 1681, leur représentant, le prédicateur William Penn, se voit accorder par le roi d'Angleterre la propriété de 120 000 km^2 de forêt : la Pennsylvanie. Cette région attire bientôt de nombreux colons anglais, écossais, irlandais et allemands. Toutes les colonies anglaises forment alors un vaste ensemble sur la côte est : la Nouvelle-

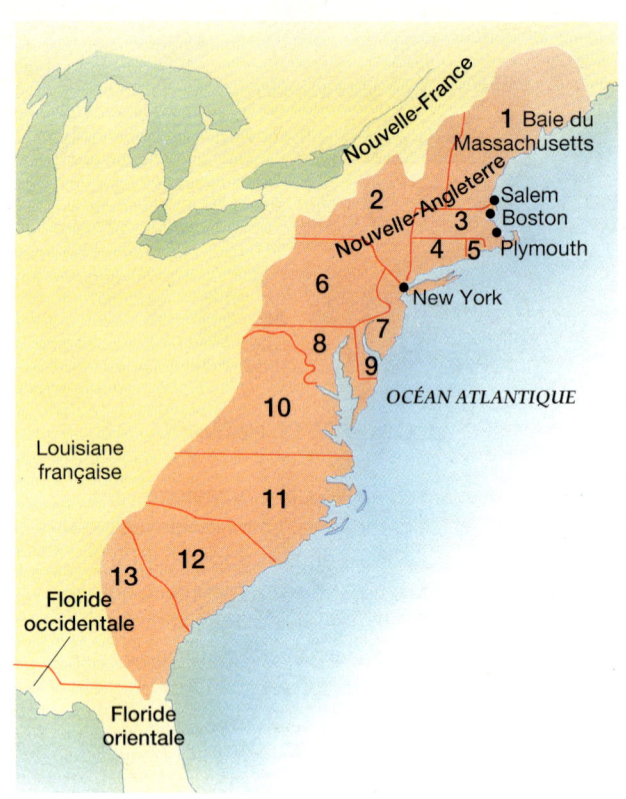

L'AMÉRIQUE COLONIALE

LES TREIZE COLONIES ANGLAISES

1. New Hampshire 1680
2. New York 1664
3. Massachusetts 1629
4. Connecticut 1633
5. Rhode Island 1635
6. Pennsylvanie 1681
7. New Jersey 1664
8. Maryland 1632
9. Delaware 1702
10. Virginie 1607
11. Caroline du Nord 1670
12. Caroline du Sud 1670
13. Géorgie 1732

PENN
(1644-1718)

Le prédicateur quaker William Penn rêve d'un État où les hommes seraient parfaitement libres d'exercer leur religion. Fondateur et législateur de la Pennsylvanie, il s'efforce d'y réaliser cette « sainte expérience ».

▲ En 1732, treize colonies anglaises se répartissent le long de la côte atlantique entre la Nouvelle-France et la Floride. À la fin du 18e siècle, elles donneront naissance aux États-Unis d'Amérique.

L'ART DANS LES COLONIES

La colonisation de l'Amérique a inspiré de nombreux artisans de l'époque. Cette faïence de Delft commémore ainsi l'épopée des pionniers du *Mayflower*. Beaucoup d'artistes européens se sont installés en Amérique, où ils ont continué à travailler. Les gens importants avaient alors l'habitude de se faire représenter et il nous reste ainsi de nombreux portraits de grands colons de cette époque.

Angleterre. Les colons n'ont pas la chance de découvrir d'immenses richesses, comme les conquistadors espagnols lors de la conquête des Empires aztèque et inca (*voir* pp. 362-363). Ils cultivent la terre, pratiquent la chasse, la pêche et la cueillette. La Virginie, qui exporte de grandes quantités de tabac cultivé par des esclaves, fait figure d'exception.

Les premiers colons s'installent d'abord dans des habitations très simples en terre et en bois. Peu à peu, ils aménagent des villes et bâtissent des maisons plus grandes et plus confortables. Au 18e siècle, treize colonies sont réparties le long de la côte atlantique. L'Amérique du Nord compte alors 250 000 Anglais contre seulement 20 000 Français.

1716 – 1830

Révolutions et indépendances

Le 18ᵉ siècle est souvent appelé le « siècle des révolutions », parce que de profonds bouleversements marquent cette période. Politiques, économiques, scientifiques, artistiques…, les changements touchent tous les domaines.

À cette époque, l'Europe connaît une grande effervescence intellectuelle. Les philosophes et les savants des Lumières remettent en question les savoirs traditionnels. Ce sont les débuts de la botanique, des sciences naturelles, de la chimie modernes… Sous l'influence des idées nouvelles, les gouvernements sont remis en cause dans de nombreux pays. En Amérique du Nord, les colonies britanniques conquièrent leur indépendance. Quelques années plus tard, en 1789, la Révolution française met fin à l'Ancien Régime et donne naissance à la France moderne. L'esprit révolutionnaire se propage peu à peu en Europe et en Amérique du Sud, où l'affirmation du droit des peuples à disposer d'eux-mêmes inspire des mouvements indépendantistes.

En Angleterre, une autre révolution s'engage à la fin du 18ᵉ siècle : avec la machine à vapeur, la mécanisation s'introduit dans les fabriques. Ce sont les débuts de l'industrie. L'extraction minière se développe. En quelques années, des régions se hérissent de cheminées de fonderies et de hauts fourneaux. Pour acheminer les richesses du sous-sol vers les usines et les produits manufacturés vers les centres de consommation, on crée des canaux, des routes, des voies ferrées, où circulent bientôt les premiers trains. Toutes ces activités transforment rapidement la société européenne. La population des villes s'accroît. Et un nouveau groupe social apparaît : celui des ouvriers.

▼ *La ligne de chemin de fer Liverpool-Manchester est inaugurée en 1830. Le rail se lance à la conquête du monde.*

1716-1830 PANORAMA

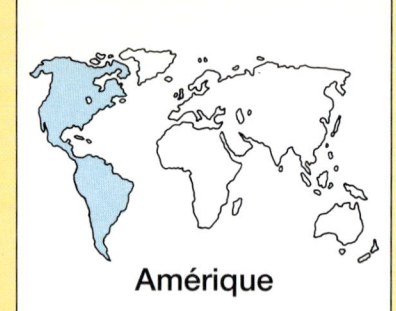

Amérique

1728 Expédition du navigateur Vitus Béring en Alaska.

1763 La Grande-Bretagne contrôle le Canada.

1775-1783 Guerre d'Indépendance américaine.
1783 Naissance des États-Unis d'Amérique.
1789 George Washington devient le premier président des États-Unis.

1803 Les États-Unis achètent la Louisiane à la France.
1808-1828 Mouvements d'indépendance en Amérique latine.

1819 Les États-Unis achètent la Floride à l'Espagne.
1820 Début de la conquête de l'Ouest.

Europe

1723 Mort du régent Philippe d'Orléans ; majorité du roi de France Louis XV.
1740 Frédéric II le Grand devient roi de Prusse.
1740-1748 Guerre de Succession d'Autriche.
1751-1772 En France, publication de *l'Encyclopédie* dirigée par Diderot et d'Alembert.
1756-1763 Guerre de Sept Ans.
1762 Catherine II la Grande devient impératrice de Russie.
1774 Louis XVI devient roi de France.
1783 La Russie conquiert la Crimée.
1789 Début de la Révolution française.
1792 Proclamation de la Ire République française.
1793 Exécution de Louis XVI.
1795 L'Autriche, la Prusse et la Russie se partagent la Pologne.
1799 Napoléon Bonaparte prend le pouvoir en France.
1804 Début du premier Empire ; Napoléon Ier est empereur des Français.
1806 Dissolution du Saint Empire romain germanique.
1815 Abdication de Napoléon Ier et restauration de la monarchie en France.

1830 Révolution de 1830 à Paris ; instauration de la monarchie de Juillet.

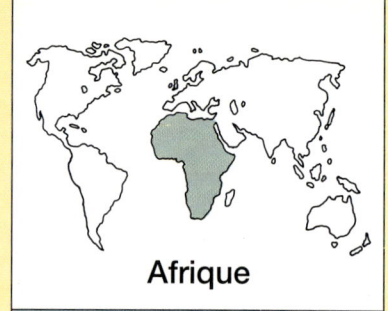

Afrique

1730 Essor du royaume du Bornou (au Soudan actuel).

1750 Apogée du royaume achanti en Afrique de l'Ouest.

1787 La Grande-Bretagne achète la Sierra Leone.
1798-1799 Campagne de Napoléon Bonaparte en Égypte.

1804 Ousmane dan Fodio fonde l'empire musulman du Sokoto.
1805 Méhémet-Ali devient vice-roi d'Égypte.

1806 Les Britanniques prennent Le Cap aux Hollandais.

1818 Fondation du Zoulouland en Afrique australe.
1822 Fondation du Liberia en Afrique de l'Ouest.
1830 Les troupes françaises débarquent en Algérie et s'emparent d'Alger.

1716-1830 PANORAMA

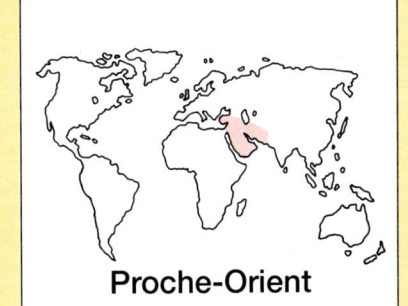

Proche-Orient

1727 Les Perses et les Ottomans s'unissent contre la Russie.
1736 Nader Chah prend le pouvoir en Perse et renverse la dynastie séfévide.
1747 Fondation de la dynastie durrani en Afghanistan.

1786 Fondation de la dynastie qadjar en Perse.

1793 Sélim III réforme l'Empire ottoman.

Le lion et le Soleil sont les symboles nationaux de la Perse (l'actuel Iran) depuis 1834.

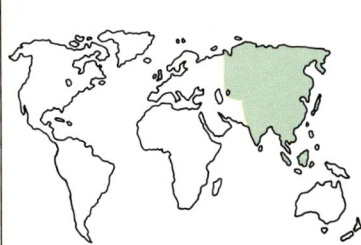

Asie et Extrême-Orient

1736 Le Mandchou Qianlong devient empereur de Chine.
1739 Nader Chah, roi de Perse, saccage Delhi.

1755 Le roi Alaung Phaya de Birmanie fonde la dynastie konbaung et réunifie le pays.
1757 Les Britanniques contrôlent la presque totalité de l'Inde.
1761 Les Britanniques prennent Pondichéry aux Français.

1792 La Chine annexe le Népal.

1803-1818 Guerre entre les Marathes et les Britanniques en Inde.

1815 Les Français reprennent Pondichéry aux Britanniques.

Océanie

1722 Les Hollandais découvrent les îles Samoa.

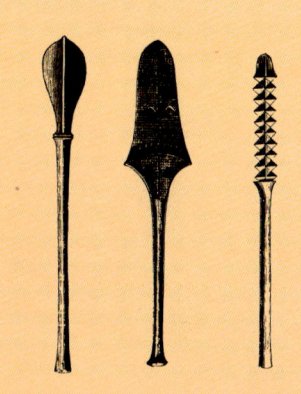

Armes de guerriers océaniens.

1768 Début des expéditions du capitaine anglais James Cook dans le Pacifique.
1786 Le Français La Pérouse explore l'île de Pâques et les îles Sandwich (Hawaii).
1788 Les Britanniques fondent une colonie pénitentiaire en Australie.
1789 Mutinerie de l'équipage anglais de la *Bounty*.

1793 Arrivée des premiers colons libres en Australie.

1829 La Grande-Bretagne intègre l'Australie-Occidentale à son empire colonial.

1716 – 1830

Le monde

En Europe, la Prusse et la Russie s'imposent parmi les grandes puissances du continent ; en France, la révolution de 1789 met fin à l'Ancien Régime et ouvre l'époque moderne.
En Afrique, les Peuls et les Zoulous fondent de puissants empires dans le centre et dans le sud, tandis que les États du Nord s'efforcent de se libérer de la domination ottomane.

En Asie, les Anglais et les Français profitent du déclin de l'Empire moghol pour s'imposer en Inde. La Chine, qui a conquis le Tibet, affronte de graves difficultés intérieures. Quant au Japon, il reste replié sur lui-même. En Océanie, l'arrivée des Européens bouleverse les modes de vie des populations locales.
À la fin du 18ᵉ siècle, les colonies anglaises d'Amérique du Nord conquièrent leur indépendance. L'afflux d'immigrants provoque des tensions avec les Indiens, progressivement expulsés de leurs terres. Bientôt, l'Amérique du Sud et l'Amérique centrale s'affranchissent, elles aussi, de la domination des Espagnols et des Portugais.

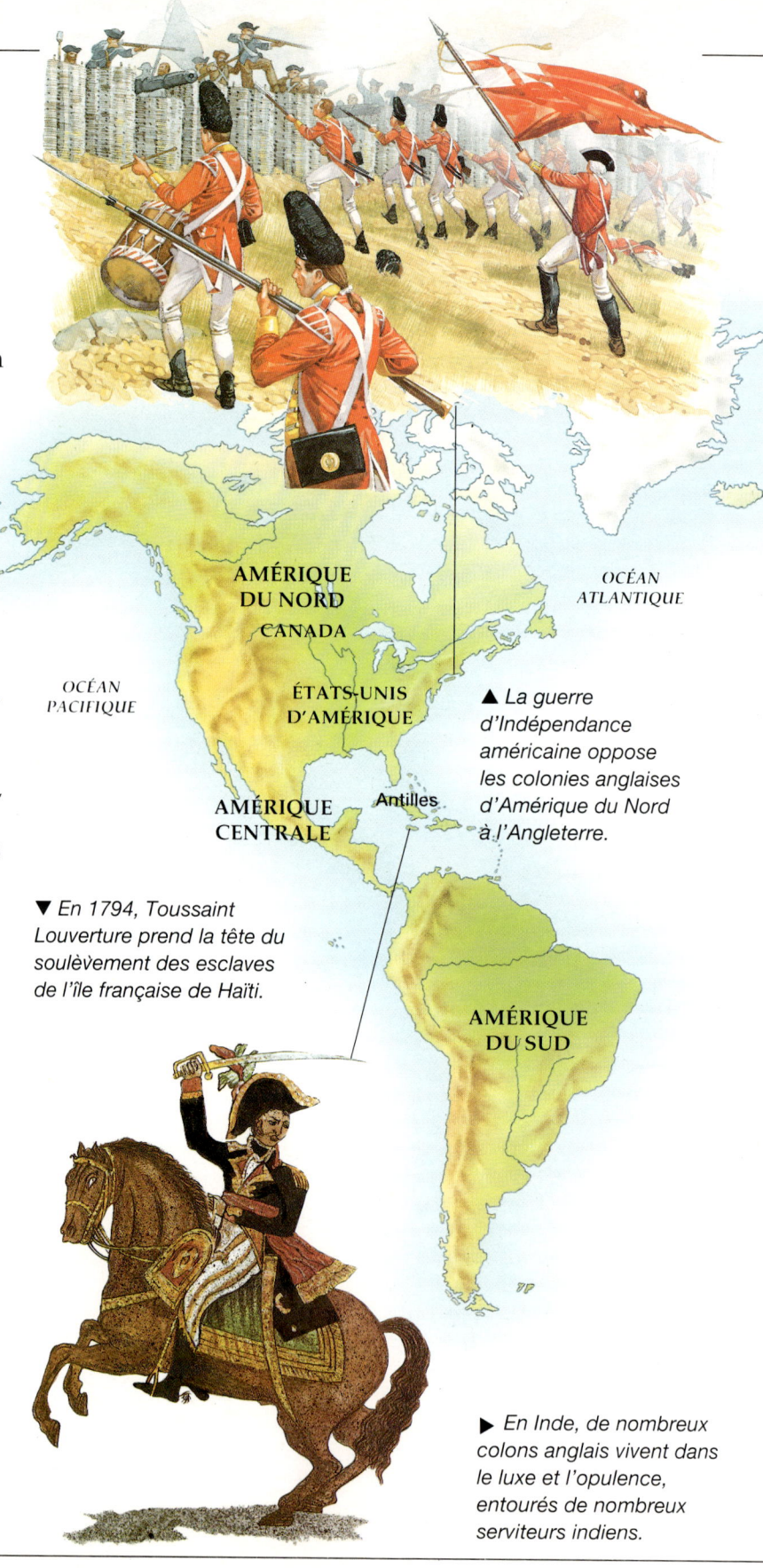

AMÉRIQUE DU NORD
CANADA
OCÉAN PACIFIQUE
ÉTATS-UNIS D'AMÉRIQUE
OCÉAN ATLANTIQUE
AMÉRIQUE CENTRALE
Antilles
AMÉRIQUE DU SUD

▲ La guerre d'Indépendance américaine oppose les colonies anglaises d'Amérique du Nord à l'Angleterre.

▼ En 1794, Toussaint Louverture prend la tête du soulèvement des esclaves de l'île française de Haïti.

▶ En Inde, de nombreux colons anglais vivent dans le luxe et l'opulence, entourés de nombreux serviteurs indiens.

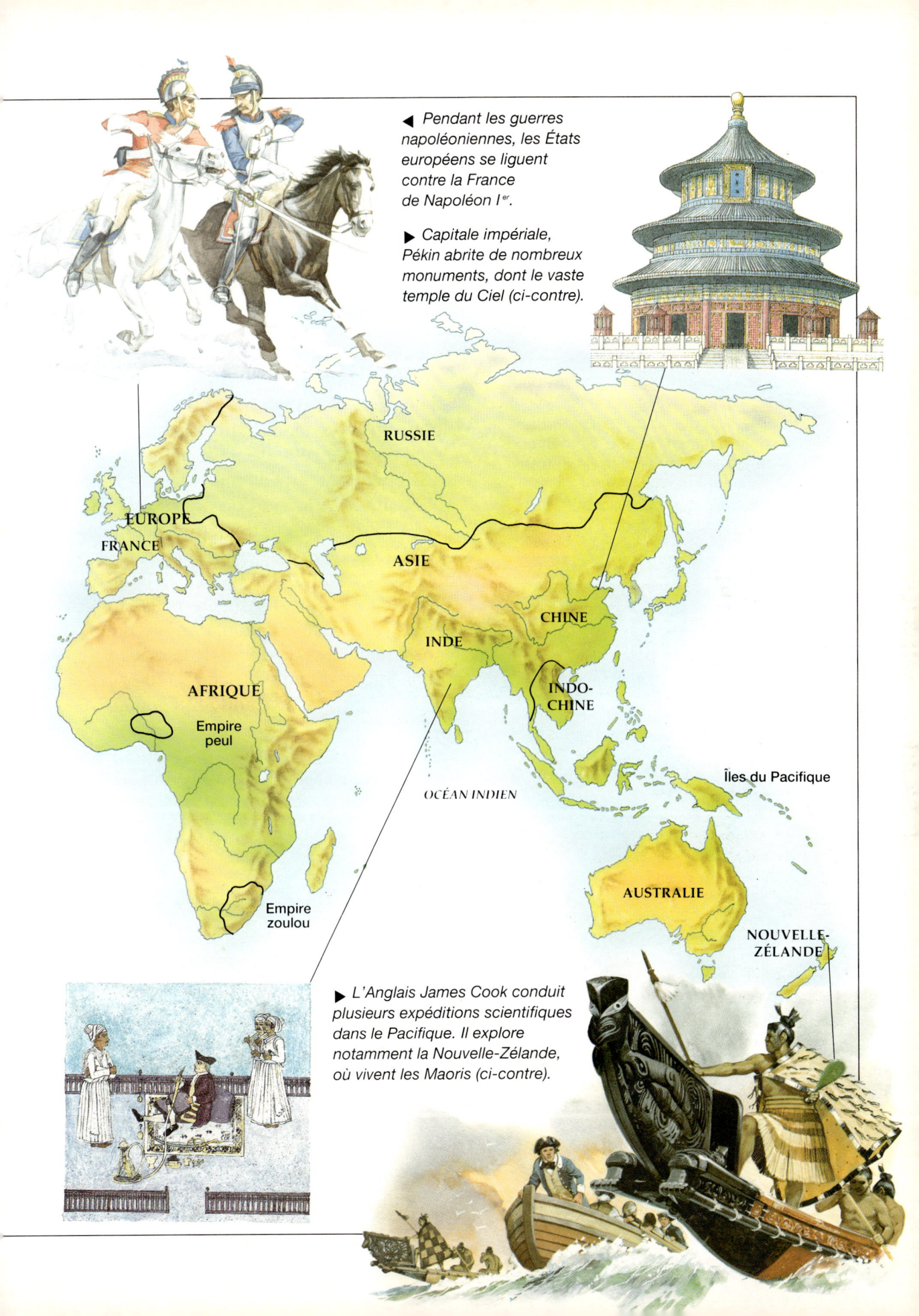

◄ Pendant les guerres napoléoniennes, les États européens se liguent contre la France de Napoléon Ier.

► Capitale impériale, Pékin abrite de nombreux monuments, dont le vaste temple du Ciel (ci-contre).

RUSSIE
EUROPE
FRANCE
ASIE
CHINE
INDE
INDO-CHINE
AFRIQUE
Empire peul
OCÉAN INDIEN
Îles du Pacifique
Empire zoulou
AUSTRALIE
NOUVELLE-ZÉLANDE

► L'Anglais James Cook conduit plusieurs expéditions scientifiques dans le Pacifique. Il explore notamment la Nouvelle-Zélande, où vivent les Maoris (ci-contre).

L'AUTRICHE ET LA PRUSSE

v. 1716 Allemagne : pour la première fois, de la porcelaine est fabriquée hors de Chine, à Meissen.

1716 France : à Paris, le financier écossais John Law fonde la « Banque générale », une banque privée dite la « banque de Law ».
Le compositeur François Couperin publie *l'Art de toucher le clavecin*.
Grande-Bretagne : l'ingénieur suédois Martin Triewald installe un système de chauffage par eau chaude dans une serre anglaise. Intérêt accru des scientifiques pour les cultures et l'élevage ; débuts de la révolution agricole.
Écosse : Jacques Stuart, fils de Jacques II, est définitivement vaincu. Soutenu par les jacobites, il s'était efforcé de détrôner le roi George Ier d'Angleterre.
Allemagne : mort du philosophe et mathématicien Gottfried Wilhelm Leibniz.

Le château de Schönbrunn, résidence d'été des Habsbourg, à Vienne, en Autriche. Achevé en 1717, il a été édifié sur le modèle du château de Versailles.

1717 Europe : second voyage en Europe du tsar Pierre Ier de Russie, qui séjourne à Paris.
France : le peintre Antoine Watteau est reçu à l'Académie royale après avoir présenté *l'Embarquement pour l'île de Cythère*.
Grande-Bretagne : fondation de la première Grande Loge maçonnique à Londres.
Hongrie : le prince Eugène de Savoie assiège et conquiert la ville de Belgrade.
Autriche : achèvement du château de Schönbrunn, à Vienne.
Asie : invasion du Tibet par les Mongols.

L'Autriche et la Prusse

En 1711, l'archiduc d'Autriche Charles VI monte sur le trône du Saint Empire romain. Réunissant les terres autrichiennes à l'Empire germanique, qui s'étend de la Silésie, au nord, à la Hongrie, au sud, il devient l'un des hommes les plus puissants d'Europe. N'ayant pas de fils et soucieux d'assurer l'avenir, il désigne en 1713 sa fille, Marie-Thérèse, pour lui succéder et s'emploie dès lors à faire accepter cette décision par l'Europe.

Cependant, un tel empire suscite des convoitises. À la mort de Charles VI, en 1740, Marie-Thérèse devient souveraine. Frédéric II de Prusse envahit alors la Silésie, soutenu par la France, la Bavière, la Saxe et l'Espagne. L'Angleterre, la Hongrie et les Pays-Bas se rangent dans le camp autrichien. C'est le début de la guerre de la Succession d'Autriche (1740-1748).

Le conflit s'apaise en 1742. Charles VII

▼ *Sous le règne de Frédéric II le Grand (1712-1786), la Prusse devient une grande puissance. Ce souverain éclairé, ami de Voltaire, accueille à sa cour les savants et les philosophes des Lumières.*

1716-1717

MARIE-THÉRÈSE
(1717-1740)

Héritière d'un immense empire, Marie-Thérèse gouverne en « despote éclairé » et se révèle remarquable chef d'État. À partir de 1765, elle associe au pouvoir son fils, le futur Joseph II.

de Bavière est couronné empereur germanique et l'Autriche accorde la Silésie à la Prusse. Mais le nouveau souverain meurt trois ans plus tard. Marie-Thérèse fait alors élire son époux, François de Habsbourg-Lorraine, à la tête de l'empire. La guerre se rallume. Elle ne s'achèvera qu'en 1748 avec la paix d'Aix-la-Chapelle. Marie-Thérèse garde l'Autriche, la Bohême et la Hongrie, mais doit céder la Silésie à Frédéric II, le grand vainqueur du conflit. Sous le règne de ce souverain éclairé, la Prusse se développe considérablement. Devenue l'une des plus grandes puissances européennes, elle se dote notamment d'une force militaire qui inspirera toutes les armées modernes.

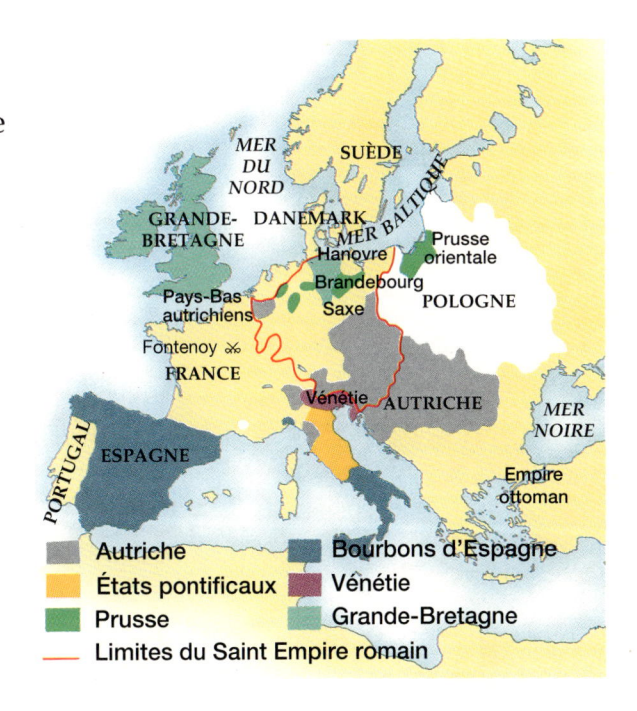

▶ Du 16e au 18e siècle, la Prusse, petit État du nord de l'Allemagne, s'étend largement et affirme sa suprématie. Sous le règne de Frédéric II le Grand, elle double sa superficie en annexant la Silésie et une partie de la Pologne.

▲ La France et l'Angleterre s'opposent dans la guerre de la Succession d'Autriche. En 1745, leurs armées s'affrontent à Fontenoy. Malgré l'appui de renforts hollandais, les Anglais doivent s'incliner et Louis XV s'empare des Pays-Bas autrichiens (la Belgique actuelle).

- Autriche
- États pontificaux
- Prusse
- Bourbons d'Espagne
- Vénétie
- Grande-Bretagne
- Limites du Saint Empire romain

1716 – 1830

Les arts

Au 18ᵉ siècle, les arts s'épanouissent dans tous les domaines. Les Chinois s'illustrent dans la calligraphie et le travail du jade ; les Japonais, dans la gravure sur bois ; ils popularisent les *haïkus*, de très courts poèmes. En Europe, la musique est particulièrement à l'honneur avec des compositeurs comme Bach, Händel, Mozart…, tandis que Boucher, Chardin, Fragonard, Watteau… font le renom de la peinture française. À la fin du siècle, les romantiques, qui s'adressent à la sensibilité et à l'imagination de leurs lecteurs, vont marquer la littérature, tandis que les opéras et les ballets divertissent un public de plus en plus large.

▲ À cette époque, la gravure sur bois connaît un regain d'intérêt au Japon. Cette estampe intitulée la Vague est l'œuvre du grand graveur et dessinateur japonais Hokusai (1760-1849). Elle fait partie d'une célèbre suite : Trente-six vues du mont Fuji.

▼ Le théâtre royal de Turin, en Italie, ouvre ses portes en 1740 pour une saison entièrement consacrée à l'opéra. Ce genre théâtral, qui mêle le chant, les récitatifs, la musique instrumentale et les ballets, est alors très apprécié du public. Wolfgang Amadeus Mozart est l'un de ses plus grands maîtres.

▲ Depuis des siècles, les Européens cherchent à percer les secrets de fabrication de la porcelaine chinoise. Cette figurine sort d'une manufacture allemande.

◀ Les danseurs, qui se produisaient autrefois devant les rois et leur cour, distraient désormais un public de plus en plus large. La danse est devenue l'affaire de professionnels qui s'entraînent durant de longues années. La Française Marie-Anne de Cupis de Camargo (1710-1770), ci-contre, triomphe notamment dans les opéras-ballets de Rameau.

▶ Ce pot en jade finement ouvragé date du 18ᵉ siècle ; il est destiné à recevoir les pinceaux d'un calligraphe. La calligraphie et le travail du jade sont deux arts typiquement chinois.

▼ Ce clavecin a été fabriqué vers 1720. Le compositeur allemand Jean-Sébastien Bach (1685-1750) a écrit de nombreuses pièces pour cet instrument. De son vivant, pourtant, sa musique n'a pas franchi les frontières de l'Allemagne.

▼ En Inde, le chintz est un tissu de coton fabriqué pour l'exportation. Ces étoffes sont alors très prisées en Europe. Le terme de chintz est aujourd'hui utilisé pour désigner les toiles de coton, glacées et imprimées, originaires d'Angleterre.

À CETTE ÉPOQUE

1709 L'Italien Bartolomeo Cristofori invente le pianoforte, l'ancêtre du piano actuel.
1742 En Amérique du Nord, le premier théâtre new-yorkais ouvre ses portes.
1775 L'écrivain allemand Johann Wolfgang von Goethe entreprend son *Faust*, un drame romantique qui inspirera plusieurs opéras.
1791 Mozart compose *la Flûte enchantée*.
1791-1793 En France, le palais du Louvre devient un musée.

▶ À quatre ans, le petit Wolfgang Amadeus Mozart (1756-1791) se produit devant les cours d'Europe ; à six ans, il compose ses premières œuvres. Il est aujourd'hui considéré comme l'un des plus grands musiciens de tous les temps.

◀ Lorsqu'elle était enfant, la poétesse Phillis Wheatley avait été déportée en Amérique et vendue comme esclave. George Washington, le premier président des États-Unis, appréciait particulièrement sa poésie.

485

Au temps de Louis XV

À la mort de Louis XIV (*voir* pp. 442-445), Philippe d'Orléans (1674-1723) assure la régence du royaume pendant la minorité du jeune Louis XV. Le règne du nouveau roi sera très long ; il s'achève en 1774.

Avec Diderot, Voltaire, Rousseau, Montesquieu, Lavoisier, Buffon, et bien d'autres, la France connaît un âge d'or intellectuel et scientifique. Les philosophes des Lumières (*voir* pp. 504-505) remettent en cause le pouvoir absolu du roi et l'influence de l'Église, plaident pour les libertés, la tolérance. Ils préparent les idéaux de la Révolution (*voir* pp. 520-523). Leur influence à travers l'Europe est immense. Des souverains étrangers entretiennent une correspondance avec certains d'entre eux, les invitent à leur cour. Le français devient une langue que les gens cultivés se doivent de connaître.

LOUIS XV (1710-1774)

Cultivé, intelligent, Louis XV est, comme son arrière-grand-père Louis XIV, un monarque absolu. Mais à la différence de celui-ci, la politique ne l'intéresse guère. Il laisse faire ses ministres, tout en sachant que des réformes seraient nécessaires pour moderniser l'État.

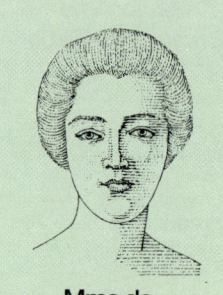

Mme de POMPADOUR (1721-1764)

D'origine roturière (elle est née Jeanne Poisson), favorite de Louis XV, la marquise de Pompadour joue un rôle important. Elle protège notamment les artistes et les écrivains, défend *l'Encyclopédie* de Diderot et d'Alembert, où l'on retrouve les idées des Lumières.

▼ Le réseau routier, qui devient le premier d'Europe, illustre la bonne santé économique de la France. L'école des Ponts et Chaussées est fondée en 1747.

1718-1719

Malgré des guerres perdues, notamment contre l'Angleterre (en 1763, la France doit renoncer à ses colonies en Inde et en Amérique), l'essor économique du pays est très sensible. Avec plus de 20 millions d'habitants, le royaume est prospère et puissant.

▲ *Pendant la Régence, l'Écossais John Law crée pour la première fois en France le papier-monnaie. Celui-ci est porteur d'intérêts que l'on promet très généreux. Des gens se bousculent rue Quincampoix, à Paris, pour échanger pièces d'or contre billets, espérant gagner beaucoup d'argent. Ils perdront tout !*

1718 Europe : la France, la Grande-Bretagne, l'Autriche et la Hollande forment la Quadruple-Alliance pour lutter contre l'Espagne (jusqu'en 1719).
Amérique du Nord : fondation de La Nouvelle-Orléans (du nom du Régent, Philippe d'Orléans), qui devient la capitale de la colonie française de Louisiane.
Baltique : le roi Charles XII de Suède est tué au siège de Fredrikshald alors qu'il attaquait la Norvège dans la guerre du Nord.
France : succès de la banque de Law, qui est reconnue banque d'État. Début de la construction du palais de l'Élysée à Paris.

Les jacobites (partisans des Stuarts), défaits en 1716, reprennent la lutte contre le roi d'Angleterre en 1746. Prisonnier des Anglais, le fils de Jacques Stuart, Charles Stuart (1720-1788), à droite, parviendra à s'échapper, grâce à l'aide de Flora Macdonald (1722-1790), à gauche.

1719 Grande-Bretagne : le romancier Daniel Defoe publie *la Vie et les Aventures étranges de Robinson Crusoé* ; ce roman est inspiré des aventures réelles d'un marin écossais, Alexander Selkirk, qui passa, seul, plus de quatre ans sur une île du Pacifique.
France : période de disette, due à de mauvaises récoltes.

LA RÉVOLUTION AGRICOLE

1720 Suède : Frédéric Ier devient roi (jusqu'en 1751).
France : banqueroute de la banque de Law ; émeutes rue Quincampoix à Paris, où siégeait l'établissement, et fuite de Law. Marseille est ravagée par une épidémie de peste (jusqu'en 1722) qui fera plus de 80 000 morts ; venue d'Orient, c'est la dernière grande épidémie de peste en France.
Amérique du Nord : invasion du Texas par les Espagnols.

Ce personnage représente un ouvrier agricole. Il porte sur lui de nombreux outils parmi lesquels on reconnaît notamment une faux (dans sa main gauche) et une charrue (autour de son cou).

1721 Baltique : traité de Nystad ; fin de la guerre du Nord. Affaiblie, la Suède doit céder la Livonie, l'Estonie, la Carélie et une partie de la Finlande à la Russie.
Allemagne : le compositeur Jean-Sébastien Bach achève ses six *Concertos brandebourgeois*.

La révolution agricole

Pendant des siècles, les techniques agricoles ont évolué lentement. En Europe, la jachère est pendant très longtemps restée la règle : pour que les terres puissent se reposer, on les laissait périodiquement en friche. Au cours du 17e siècle, la technique des assolements est timidement expérimentée : pour préserver la fertilité d'un terrain, on y fait alterner successivement plusieurs types de cultures.

Au début du 18e siècle, de grands changements se dessinent. La population européenne ne cesse d'augmenter grâce, notamment, aux progrès de la médecine et de l'alimentation, mieux équilibrée. Les villes sont de plus en plus peuplées. Pour nourrir ces nombreux citadins, il faut produire plus ! On commence à rechercher

▼ *Le Français Antoine Parmentier (1737-1813) n'a pas découvert la pomme de terre mais il a compris le premier qu'elle pouvait faire reculer la disette.*

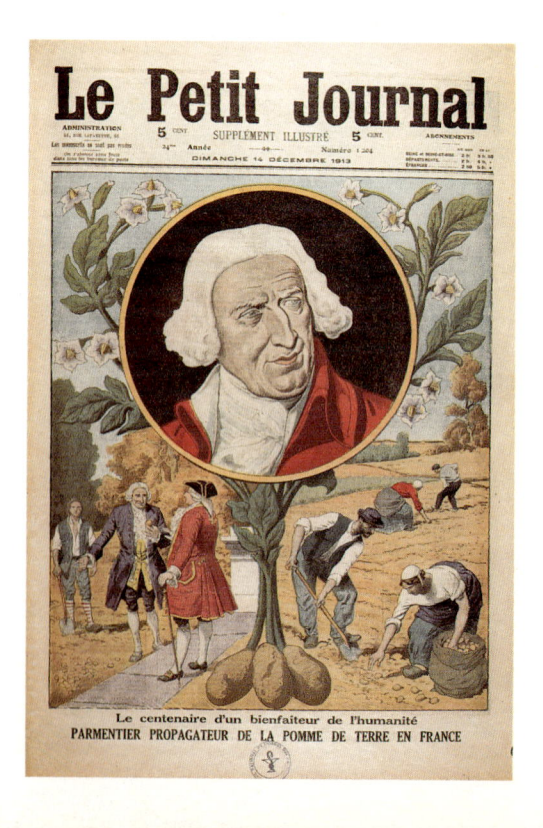

Le centenaire d'un bienfaiteur de l'humanité
PARMENTIER PROPAGATEUR DE LA POMME DE TERRE EN FRANCE

1720-1721

▼ *En Angleterre, les champs jusqu'alors ouverts sont désormais entourés d'arbres (à droite) ou clôturés par de gros murs en pierre (à gauche).*

de nouvelles techniques susceptibles d'améliorer les rendements.

C'est surtout en Angleterre que sont engagées, dès 1750, les premières grandes expériences qui aboutissent à la « révolution agricole ». Les assolements se généralisent ; des engrais sont utilisés pour rendre les terres plus fertiles. Des plantes se répandent, comme la pomme de terre, connue depuis la découverte de l'Amérique. Très nourrissante, elle contribue à limiter les famines. Les champs, jusqu'alors ouverts, sont divisés en petits lots et enclos (entourés de clôtures) pour être exploités plus intensivement. Enfin, grâce à la révolution industrielle (*voir* pp. 489-490), l'utilisation de machines agricoles accélère les progrès.

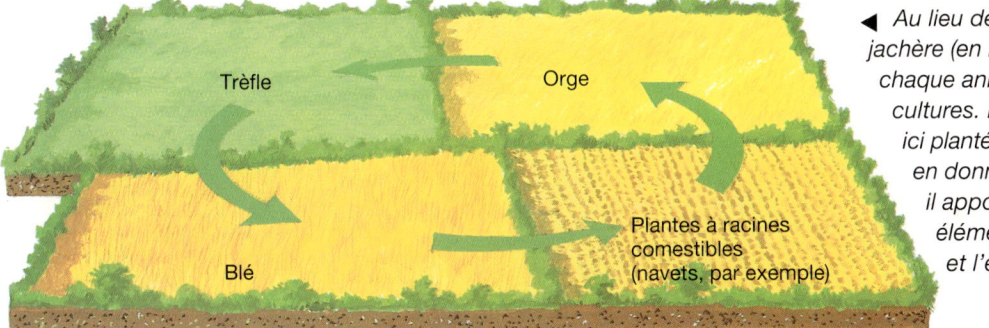

◀ *Au lieu de laisser une terre en jachère (en repos), on pratique chaque année la rotation des cultures. L'un des champs est ici planté avec du trèfle : tout en donnant une récolte utile, il apporte à la terre des éléments qui la régénèrent et l'enrichissent.*

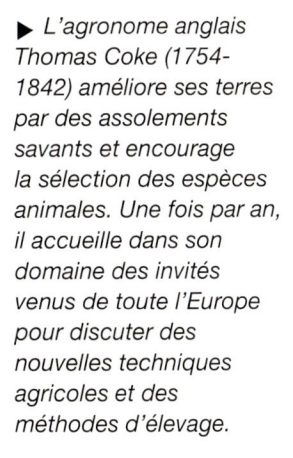

Trèfle — Orge — Blé — Plantes à racines comestibles (navets, par exemple)

▶ *L'agronome anglais Thomas Coke (1754-1842) améliore ses terres par des assolements savants et encourage la sélection des espèces animales. Une fois par an, il accueille dans son domaine des invités venus de toute l'Europe pour discuter des nouvelles techniques agricoles et des méthodes d'élevage.*

LA RÉVOLUTION INDUSTRIELLE

La révolution industrielle

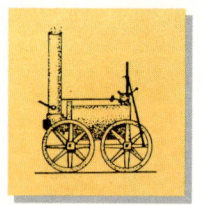

Pendant très longtemps, l'activité industrielle est restée proche de l'artisanat. Hommes et femmes travaillaient souvent à domicile pour des marchands-fabricants. On produisait en fonction de la demande, en petite quantité. Tout change, en Angleterre, au milieu du 18ᵉ siècle.

En quelques années, l'évolution des techniques – l'invention du métier à filer mécanique (*spinning-jenny*) et surtout de la machine à vapeur – bouleverse les anciennes méthodes de travail. L'utilisation des nouvelles machines nécessite de réunir les ouvriers dans un même lieu, l'usine, et transforme profondément la société.

L'exploitation intensive des mines de charbon est à l'origine des premiers changements. Ce minerai permet de fondre du fer et de l'acier en grande quantité, et bientôt de produire la vapeur nécessaire au fonctionnement des moteurs. Ceux-ci actionnent des engins agricoles, des pompes qui aspirent l'eau des galeries

▲ Vers 1800, les machines à vapeur commencent à être utilisées dans les manufactures textiles. Des courroies transmettent l'énergie qu'elles produisent jusqu'aux métiers à filer et à tisser. La main-d'œuvre est essentiellement féminine. Les conditions de travail sont très éprouvantes : journées longues et mal payées, accidents…

▼ En 1764, James Hargreaves invente la spinning-jenny, le premier métier à filer mécanique. Cette machine, d'abord actionnée à la main, sera très vite adaptée pour fonctionner à la vapeur.

◀ À la fin du 17ᵉ siècle, le Français Denis Papin a établi le principe d'une machine à vapeur à piston. Près d'un siècle plus tard, l'Écossais James Watt met au point la première machine à vapeur vraiment efficace (à gauche), bientôt installée dans toutes les fabriques.

1721-1724

1721 Grande-Bretagne : Robert Walpole devient premier lord du Trésor et chancelier de l'Échiquier (jusqu'en 1742) ; il assume pour la première fois les fonctions de Premier ministre, mais le titre ne deviendra officiel qu'en 1905. Un service postal régulier est établi entre l'Angleterre et les colonies britanniques d'Amérique du Nord.
France : publication des *Lettres persanes*, roman philosophique de Montesquieu. Création des premières loges maçonniques.
Rome : Innocent XIII est élu pape (jusqu'en 1724).

1722 France : le physicien René Antoine de Réaumur publie un livre sur la structure des métaux et des alliages.
Océanie : le Hollandais Jacob Roggeveen est le premier Européen à aborder les îles Samoa et l'île de Pâques.

1723 France : mort de Philippe d'Orléans ; fin de la Régence. Le roi Louis XV choisit pour ministre le duc de Bourbon.

1724 Allemagne : naissance du philosophe Emmanuel Kant (mort en 1804), auteur de la *Critique de la raison pure*.
Inde : déclin de l'Empire moghol ; plusieurs États indiens se révoltent.
Russie : fondation de l'Académie des sciences de Saint-Pétersbourg ; de nombreux savants viennent y étudier.
France : fondation de la Bourse de Paris.

Cette égreneuse à coton a été inventée par l'Américain Eli Whitney à la fin du 18ᵉ siècle. Actionnée à la main, elle permet de séparer mécaniquement la fibre de coton de sa graine.

▲ *Les hauts fourneaux fonctionnant au coke (et non plus au bois) se généralisent à la fin du 18ᵉ siècle.*

de mine, font tourner les métiers des filatures… Dans le même temps, les progrès des transports fluviaux permettent d'acheminer les matières premières et les marchandises plus rapidement, sur de plus longues distances. Les profits réalisés dans les colonies sont réinvestis par les marchands dans l'industrie. Les villes grandissent et rassemblent un nombre croissant d'ouvriers. Avec la révolution industrielle, un monde nouveau se met en place.

1716 – 1830

L'architecture

Au 18ᵉ siècle, la majorité des Européens vivent à la campagne. Leurs conditions d'existence ont peu changé depuis des siècles. Leurs maisons sont généralement construites selon des techniques traditionnelles et font appel aux matériaux du pays.
Dans les villes, en revanche, de grands bouleversements se produisent. La population augmente ; les cités s'agrandissent. En Europe et en Amérique du Nord, les architectes s'inspirent des monuments classiques de l'antiquité grecque et romaine. Ils commencent à utiliser de nouvelles techniques de construction industrielle et à organiser l'extension des villes selon des plans préétablis.

▶ En Amérique du Nord, de nombreuses villes se développent selon des plans en damier (ci-contre). Les bâtiments sont disposés à égale distance les uns des autres et regroupés en blocs. Ceux-ci sont séparés par des rues rectilignes qui se croisent à angle droit. Ces cités, toutes tracées sur le même modèle, sont généralement construites le long de voies de communication : routes, voies ferrées, rivières...

▲ La maison traditionnelle du paysan russe est en rondins. Le coût de sa construction est peu élevé ; le bois provient des forêts voisines.

▼ Les premiers ponts en fonte sont édifiés en Angleterre à la fin du 18ᵉ siècle. Ce matériau sera remplacé par le fer dès le début du 19ᵉ siècle.

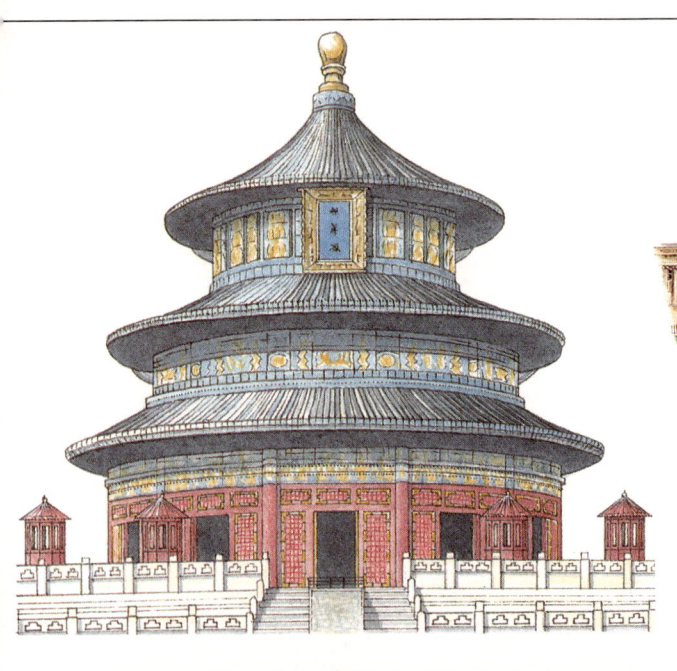

▼ Bath, en Angleterre, devient une ville d'eau à la mode. L'architecte John Wood (1704-1754) et son fils y édifient de nombreux bâtiments, dont le Royal Crescent, divisé en trente habitations privées, et inspiré des monuments de la Grèce classique.

◄ Construit au 15e siècle, à Pékin, le temple du Ciel, Tiantan, est restauré à l'identique aux 17e et 18e siècles. Le lieu de prière est soutenu par une plate-forme en marbre ; le toit est couvert de tuiles bleu d'azur. Des nombreux temples impériaux, c'est le seul qui subsiste aujourd'hui.

À CETTE ÉPOQUE

1741 L'Italien Bartolomeo Rastrelli dessine les plans du Palais d'Hiver de Saint-Pétersbourg, en Russie.

1762-1768 Louis XV fait édifier le Petit Trianon, à Versailles, pour Mme du Barry.

1784-1791 Claude-Nicolas Ledoux édifie autour de Paris le mur d'octroi dit « mur des Fermiers Généraux ».

1792 Construction à Washington de la Maison Blanche, dans le style palladien (inspiré par l'Antiquité grecque et romaine).

▲ L'architecte Germain Soufflot a entrepris la construction du Panthéon, à Paris, en 1764. Ce célèbre bâtiment, de style néoclassique, a été achevé après sa mort, au début de la Révolution.

► Ces habitations zoulous sont constituées de simples armatures en bois recouvertes de végétaux tressés. Entourées d'une palissade, elles se répartissent autour d'un enclos (kraal) pour le bétail. Il y a une maison pour chacune des épouses de l'homme qui a construit le kraal, plus une destinée à stocker les récoltes.

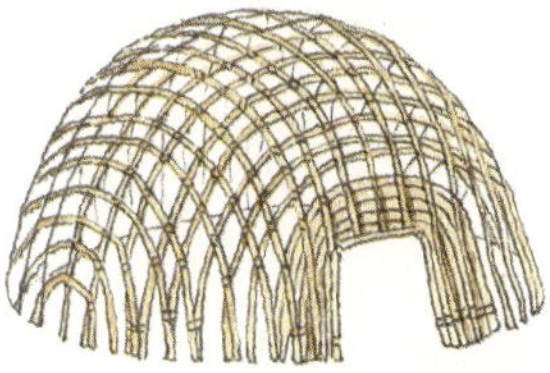

493

L'INDE DANS LA TOURMENTE

1725 Europe : formation d'alliances entre l'Autriche et l'Espagne (traité de Vienne) et entre la Grande-Bretagne, le Danemark, la France, les Provinces-Unies, la Prusse et la Suède (traité de Hanovre).
Italie : le musicien Antonio Vivaldi compose *les Quatre Saisons*.
France : Louis XV épouse Marie Leszczynska, fille de Stanislas Ier de Pologne, qui devient reine de France (jusqu'en 1768).
Russie : mort du tsar Pierre Ier le Grand ; son épouse, Catherine Ire, lui succède (jusqu'en 1727).
Afrique : fondation d'un État musulman par les Peuls du Fouta-Djalon (en Guinée actuelle).

1726 Proche-Orient : victoire des armées de Perse sur celles de l'Empire ottoman.
Irlande : l'écrivain Jonathan Swift publie *les Voyages de Gulliver*.
France : disgrâce du duc de Bourbon ; Fleury devient ministre d'État et cardinal.

1727 Grande-Bretagne : mort de George Ier ; George II devient roi de Grande-Bretagne et d'Irlande (jusqu'en 1760). Mort du mathématicien, physicien et astronome Isaac Newton.
Russie : mort de la tsarine Catherine Ire ; Pierre II lui succède (jusqu'en 1730).
Brésil : plantation des premiers caféiers. Le café sera vite une boisson très appréciée en Europe.

En Inde, la sculpture sur ivoire est un art très ancien. Ce peigne en ivoire a été ciselé à Mysore au 18e siècle ; il représente la déesse de la chance et de la prospérité.

L'Inde dans la tourmente

En 1707, la mort de l'empereur Aurangzeb (*voir* pp. 440-441) marque le début de l'effondrement de la dynastie moghole aux Indes. Dans les provinces lointaines d'Oudh, d'Hyderabad et du Bengale, les gouverneurs chargés de représenter l'empereur agissent bientôt comme de véritables souverains indépendants. Dans l'Ouest, le royaume marathe devient de plus en plus puissant. En 1739, le roi de Perse Nader Chah envahit l'Inde, entre à Delhi, la capitale impériale, et massacre trente mille de ses habitants. Attaqué de tous côtés, l'empire décline rapidement.

Cette situation de crise est aggravée par les guerres entre les Européens. Ceux-ci ont conquis de vastes territoires en Inde (*voir* pp. 424-425) et cherchent à affirmer leur présence dans la région. Les Anglais

▼ *Le roi de Perse Nader Chah est un brillant chef de guerre. En 1739, ses troupes envahissent l'Inde et prennent Delhi, la capitale moghole.*

1725-1727

DUPLEIX
(1696-1763)

Nommé gouverneur général des Établissements français en Inde en 1742, Joseph François Dupleix donne une vive impulsion au commerce français. Il s'efforce de contenir l'expansion britannique dans le Sud, jusqu'à ce que Louis XV le rappelle en France en 1752.

▲ Le déclin de l'Empire moghol s'accompagne de la montée en puissance des Marathes, qui dominent une grande partie de l'Inde au milieu du 18ᵉ siècle.

▲ Agissant pour la Compagnie anglaise des Indes orientales, Robert Clive (ci-dessus) est l'un des fondateurs de l'Empire britannique en Inde.
En 1757, il disperse à Plassey l'armée de Siradj al-Dawla, qui est tué et remplacé par Mir Djafar (ci-dessus, à droite). Le soutien de ce dernier – un « client » de Clive – favorisera la colonisation du Bengale.

▼ Les conflits qui opposent, en Europe, la France à l'Angleterre se déplacent outre-mer. De 1746 à 1763, les deux puissances s'affrontent en Inde.

d'une part, et les Français d'autre part, concluent des alliances avec des princes indiens et s'affrontent dans le sud du pays à partir de 1746.

À Plassey, en 1757, les Britanniques, conduits par Robert Clive, écrasent l'armée indienne de Siradj al-Dawla soutenue par les Français. Après cette victoire, plus rien ne s'oppose aux ambitions de l'Angleterre, qui prend progressivement le contrôle de la riche province du Bengale. La conquête de Delhi en 1803 sonnera le glas de l'Empire moghol.

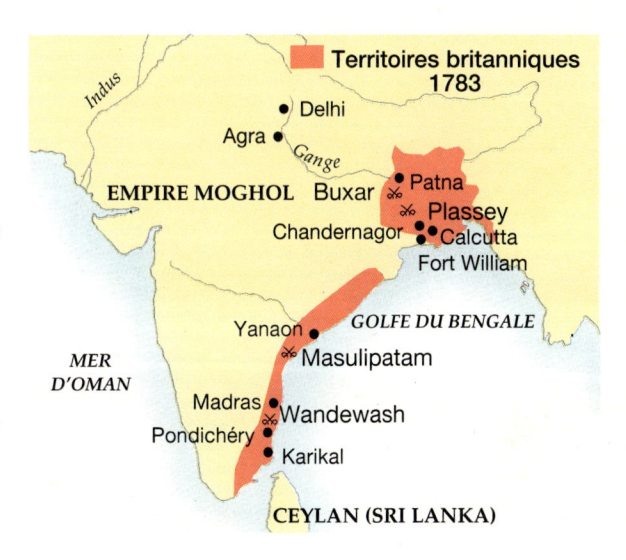

LA GUERRE DE SEPT ANS

La guerre de Sept Ans

Pendant presque tout le 18ᵉ siècle, la France, la Grande-Bretagne, la Russie, l'Autriche et la Prusse cherchent à imposer leur suprématie en Europe. La paix est fragile, sans cesse compromise par l'ambition des chefs d'États qui concluent entre eux des alliances pour combattre leurs ennemis communs. Tous ces conflits coûtent cher et dévorent une grande partie des ressources des nations.

La longue guerre de la Succession d'Autriche (*voir* pp. 482-483) se termine en 1748. Cependant, personne n'est satisfait : l'Autriche veut toujours reprendre la Silésie à la Prusse, tandis que l'Angleterre et la France continuent à revendiquer les mêmes territoires en Inde et en Amérique du Nord (*voir* pp. 494-495 et 498-499).

La guerre reprend donc en 1756. Elle oppose l'Autriche, la France, la Russie et la Suède à la Grande-Bretagne et à la Prusse soutenues par le Hanovre (un État allemand). Au début, les Français et les Autrichiens prennent l'avantage. Mais les victoires prussiennes à Rossbach, à Leuthen et à Zorndorf, ainsi que les succès britanniques en Inde et au Canada, rétablissent l'équilibre.

WILLIAM PITT
(1708-1778)

Fervent défenseur du nationalisme anglais, William Pitt – dit le premier Pitt – est nommé Premier ministre au début de la guerre de Sept Ans. Il conduira son pays à la victoire.

▲ *L'art se met parfois au service de la politique. Cette médaille a été dessinée en 1756 par le peintre français François Boucher pour commémorer la conclusion de l'alliance entre la France (à gauche) et l'Autriche (à droite).*

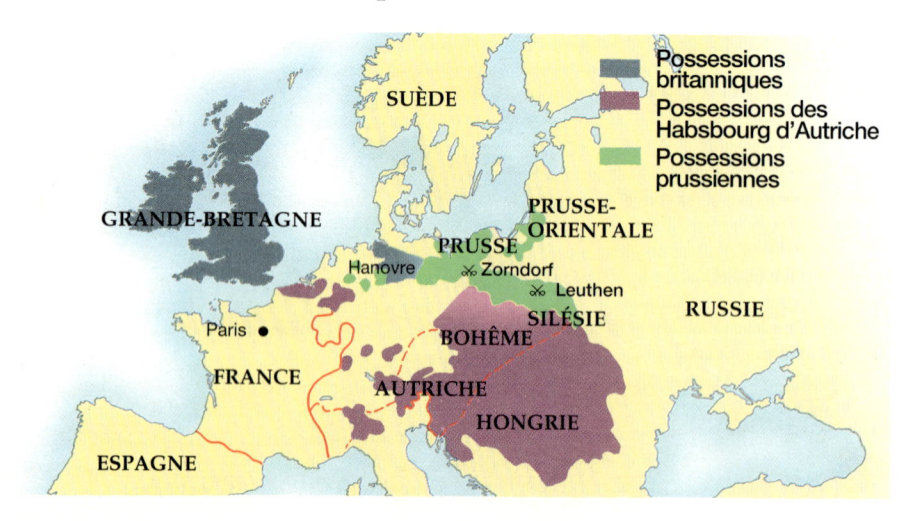

◀ *De 1756 à 1763, deux conflits se déroulent simultanément pendant la guerre de Sept Ans. L'un oppose la France à l'Angleterre sur mer et dans les colonies ; l'autre met face à face la Prusse et la coalition européenne sur le continent, en Allemagne, en Silésie et aux frontières de la Bohême et de la Pologne.*

La bataille de Zorndorf (1758) est l'un des grands épisodes de la guerre de Sept Ans. Les Russes alliés aux Autrichiens attaquent les troupes de Frédéric II de Prusse. Tenant tête à ses adversaires, celui-ci remporte la victoire.

Les hostilités cessent au bout de sept ans, avec l'arrivée au pouvoir d'un nouveau tsar en Russie : Pierre II. À sa demande, la paix est signée en 1763. Les grands vainqueurs sont la Prusse, qui conserve la Silésie, et la Grande-Bretagne, à qui la France cède le Canada et la plupart de ses possessions en Inde.

LE PARTAGE DE LA POLOGNE

Champ de bataille des armées, la Pologne est particulièrement éprouvée par la guerre de Sept Ans. Son morcellement politique en petits États en fait d'ailleurs une proie facile pour les puissances qui la convoitent.
En 1772, 1793 puis 1795, ses trois puissants voisins – l'Autriche, la Russie et la Prusse – se partageront son territoire. La Pologne cessera d'exister en tant qu'État indépendant. Les insurrections nationales seront sévèrement réprimées par les vainqueurs. Pourtant, le nationalisme des Polonais restera très fort, entretenu notamment par la pratique de leur langue.

1728-1731

1728 Arctique : le navigateur danois Vitus Béring emprunte le détroit qui portera son nom, entre la Sibérie et l'Alaska.

1730 Empire ottoman : Mahmud Ier devient sultan (jusqu'en 1754).
Russie : Anna Ivanovna devient impératrice (jusqu'en 1740).
Rome : Clément XII est élu pape (jusqu'en 1740).
Inde : essor du royaume des Marathes.
Grande-Bretagne : le théologien John Wesley fonde le méthodisme et suscite un profond renouveau religieux dans le royaume.
Afrique : essor du royaume du Bornou (au Soudan actuel).
Danemark : Christian VI devient roi de Danemark et de Norvège (jusqu'en 1746).
France : l'écrivain Marivaux écrit *le Jeu de l'amour et du hasard*.

1731 Europe : traité de Vienne entre la Grande-Bretagne, la Hollande, l'Espagne et le Saint Empire et alliance entre la Russie, la Prusse et le Saint Empire contre la Pologne.
France : l'abbé Prévost publie *Manon Lescaut*.
Grande-Bretagne : le gouvernement britannique interdit aux ouvriers d'émigrer vers l'Amérique, ce qui nuit au développement industriel des colonies américaines.

Ce bouclier allemand du 18e siècle est orné de scènes représentant les quatre saisons.

LES GUERRES EN AMÉRIQUE DU NORD

1732 Japon : début d'une période de famine (jusqu'en 1733).
Amérique du Nord : fondation de la colonie britannique de Géorgie. Multiplication des conflits entre les Britanniques et les autres puissances européennes présentes en Amérique.

1733 Europe : la mort du roi Auguste II de Pologne ouvre la guerre de Succession de Pologne (jusqu'en 1738) ; la Russie, la Saxe et l'Autriche soutiennent Auguste III comme nouveau roi ; la France, l'Espagne et la Bavière soutiennent Stanislas Leszczynski, beau-père de Louis XV, chassé du trône de Pologne en 1709.
Grande-Bretagne : John Kay invente la navette volante, qui permet de mécaniser le tissage.

1735 Suède : le naturaliste Carl von Linné établit une méthode de classification des espèces animales et végétales.
Amérique du Nord : les colons européens commencent à s'établir plus à l'ouest du continent ; une colonie française s'installe dans l'Indiana. Multiplication des conflits entre les colons de différentes nationalités, qui s'allient respectivement à diverses tribus indiennes.

Les guerres en Amérique du Nord

Du 17ᵉ au 18ᵉ siècle, l'Amérique du Nord (*voir* pp. 474-476) est l'un des enjeux de l'affrontement franco-anglais. Certains conflits naissent de querelles entre colons, mais ils sont, la plupart du temps, le prolongement des guerres qui se déroulent en Europe. Les deux puissances poursuivent en effet le même but : contrôler les terres nord-américaines, et surtout le lucratif commerce des fourrures.

La guerre éclate en 1754 à propos d'un différend territorial : les Britanniques revendiquent la région de l'Ohio où sont installés les Français. Ceux-ci refusent de céder, bâtissent des forts le long de la frontière et résistent. Le conflit s'étend bientôt au Canada ; la guerre de Sept Ans (*voir* pp. 496-497) le généralise.

Séduites par les promesses des Européens, les tribus indiennes participent aux combats dans l'un ou l'autre camp.

En 1812, les troupes américaines tentent d'envahir le Haut-Canada, lors de la guerre contre les Anglais. Cette médaille commémore la victoire canadienne.

▲ Cette carte présente les possessions européennes en 1756, au début de la guerre de Sept Ans. La France perdra presque tout à la fin du conflit.

1732-1735

JOSEPH BRANT
(1742-1807)

L'Indien mohawk Thayendanegea n'a que treize ans lorsqu'il combat les Français au côté des Britanniques. Sa loyauté lui vaut de recevoir une éducation anglaise. Ayant pris le nom de Joseph Brant, il cherchera à développer la civilisation européenne auprès des Mohawks.

▲ Au cours du siège de Québec, en 1759, les troupes anglaises escaladent les collines escarpées qui surplombent la ville et affrontent les soldats français regroupés à ses portes. Les généraux qui dirigent la bataille, l'Anglais James Wolfe et le Français Louis de Montcalm, meurent tous deux au combat.

Les Français remportent les victoires de Fort Duquesne (1755) et de Fort Oswego (1756). Mais les Anglais, qui se sont emparés de l'Acadie, prennent Québec (1759) et Montréal (1760), et finissent par l'emporter. La paix, signée en 1763 (voir p. 497), accorde le Canada et d'autres colonies françaises d'Amérique du Nord à la Grande-Bretagne.

En 1791, le Parlement anglais votera l'Acte constitutionnel qui sépare le Haut-Canada, Québec anglophone (de langue anglaise), du Bas-Canada, Québec francophone (de langue française).

◀ L'Acadie française est conquise par les Anglais en 1755. Six mille colons sont contraints de s'exiler de la région rebaptisée Nouvelle-Écosse.

1716 – 1830

Les communications et les transports

La guerre et le commerce favorisent le développement de nouveaux moyens de transport et de communication. Les généraux souhaitent que leurs troupes gagnent le plus vite possible les lieux d'un conflit. De plus, la conduite d'une guerre dans un pays lointain nécessite des communications efficaces entre le commandement et son gouvernement. Les manufactures, elles, ont besoin d'être alimentées en matières premières. Les produits finis doivent ensuite être acheminés vers les marchés.
Les biens, les personnes et les informations circulent de plus en plus vite.

▶ En Amérique du Nord, les distances sont si grandes que les lettres mettent parfois des mois pour atteindre leur destinataire. Le courrier est acheminé à cheval par des postiers, comme en témoigne cette gravure de 1734.

◀ En France, les frères Joseph et Étienne de Montgolfier inventent un ballon gonflé à l'air chaud : la montgolfière. En 1783, à Paris, des hommes « prennent l'air » pour la première fois.

▼ En hiver, Catherine II se déplace dans les vastes étendues enneigées de Russie à bord de cet impressionnant traîneau tiré par des chevaux.

▲ En 1804, une locomotive à vapeur anglaise tracte un chargement de charbon sur les rails d'un carreau de mine. Cette invention révolutionnaire sera bientôt utilisée pour le transport des marchandises et des voyageurs (ci-dessus).

À CETTE ÉPOQUE

1738 En France, la corvée royale est réglementée ; destinée à l'entretien des routes, elle ne frappe que les paysans.
1770 Le Français Nicolas Joseph Cugnot met au point un fardier à vapeur, le premier véhicule « automobile ».
1783 En France, essai du premier bateau à vapeur sur la Saône et première ascension humaine en montgolfière.
1790 En France, le comte de Sivrac invente le célérifère, ancêtre de la bicyclette.
1825 En Angleterre, inauguration de la première ligne de chemin de fer à vapeur qui relie Darlington à Stockton.

▲ En 1788, malgré les améliorations du réseau routier, il faut encore dix-neuf heures pour aller de Paris à Troyes, deux villes distantes d'à peine 150 kilomètres. Entre autres dangers, les voyageurs risquent d'être dévalisés par les bandits de grand chemin qui parcourent les routes.

◀ Tirées par des chevaux sur les chemins de halage, les marchandises circulent, à bord des péniches, sur des canaux. Les particuliers, eux, préfèrent emprunter la diligence, plus rapide.

▶ À la fin du 18e siècle, l'ingénieur français Claude Chappe (1763-1832) met au point le télégraphe aérien qui permet d'envoyer rapidement des messages à distance, grâce à des bras orientables.

LE COMMERCE AVEC LA CHINE

1736 Chine : le Mandchou Qianlong devient empereur (jusqu'en 1796) ; il étend l'empire en Asie centrale et porte la dynastie Qing à son apogée.
Perse : Nader Chah devient roi (jusqu'en 1747) ; il met fin à la dynastie des Séfévides.
Arctique : une expédition française conduite par le physicien suédois Anders Celsius explore la Laponie, au nord du cercle polaire.

1738 Europe : paix de Vienne ; fin de la guerre de Succession de Pologne. Auguste III est reconnu roi de Pologne ; la France gagne le duché de Lorraine.
France : le contrôleur général des Finances, Philibert Orry, impose aux paysans la corvée royale – obligation de travailler à l'entretien des routes royales. Création à Vincennes d'une manufacture de porcelaine qui sera transférée à Sèvres en 1756, à l'initiative de Mme de Pompadour.

1739 Asie centrale : le roi de Perse Nader Chah conquiert l'Afghanistan et envahit le nord de l'Inde ; il pille et ravage la ville de Delhi.
Europe centrale : progression des Ottomans vers Belgrade, ville du Saint Empire ; l'empereur germanique Charles VI doit conclure un traité de paix avec l'Empire ottoman.
Grande-Bretagne : édification de la première église méthodiste à Bristol.

Dressée vers 1800, cette carte chinoise place la Chine au centre du monde. Le pays s'est volontairement isolé du reste de la planète.

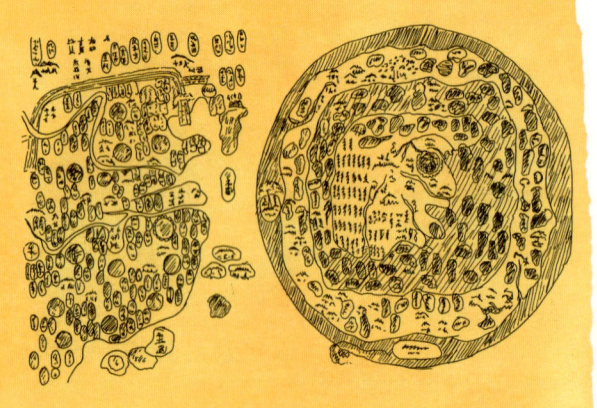

Le commerce avec la Chine

Tout au long du 18ᵉ siècle, la soie et la porcelaine chinoises restent très appréciées en Europe. Ces produits sont rares et chers, et les marchands portugais, anglais, italiens et hollandais sont prêts à tout pour développer le commerce avec la Chine. Toutefois, les empereurs, qui contrôlent étroitement les relations avec les étrangers, n'y sont pas favorables.

Rapidement, les Européens trouvent d'autres solutions. Les Britanniques nouent des contacts avec les trafiquants de drogue chinois (*voir* p. 568) et leur vendent d'importantes quantités d'opium acheté dans des pays comme la Birmanie. En échange, ils reçoivent les précieuses soieries et porcelaines.

Si les empereurs se méfient des contacts avec l'extérieur, c'est qu'ils veulent d'abord résoudre leurs problèmes intérieurs. Des années de paix et de prospérité ont en effet abouti à une

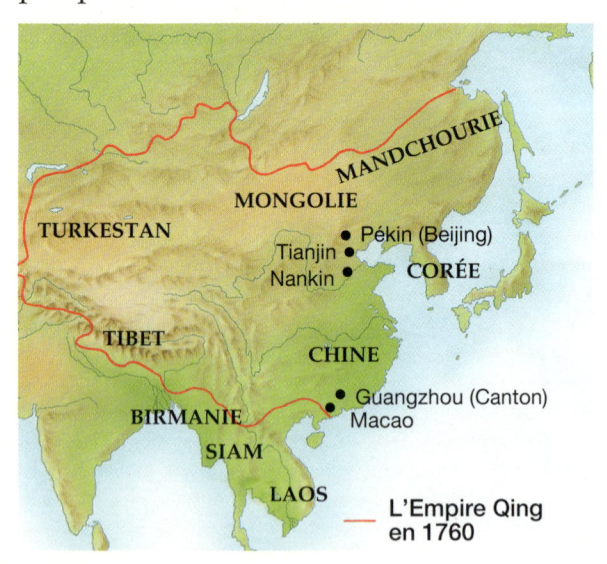

▲ *L'empereur Qianlong (1736-1796) conquiert la Mongolie, le Turkestan et le Tibet. Pour les Chinois, leur pays est alors au centre de l'Univers, « l'Empire du Milieu, entouré par les barbares ».*

1736-1739

◄ Quelques navires britanniques sont autorisés à entrer, chaque hiver, dans le port de Canton (ci-contre). Les Portugais ont une base commerciale à Macao ; les Russes ont signé un accord de commerce avec la Chine au 17ᵉ siècle. Les autres étrangers sont interdits dans le pays.

explosion démographique (400 millions de Chinois en 1800 !). Les récoltes ne suffisent pas à nourrir la population ; la famine provoque divers soulèvements. L'un d'eux, celui des paysans du Lotus Blanc, dure près de 10 ans (1795-1804) et affaiblit considérablement la dynastie Qing.

Dans les années 1830, l'Anglais Robert Fortune dérobe des plants de théier chinois qu'il acclimate en terre indienne. Le thé indien s'imposera peu à peu, et la Chine perdra son monopole du commerce du thé.

► L'empereur Qianlong accorde peu d'intérêt aux étrangers. Il accueille généralement les visiteurs européens avec une grande froideur.

▼ En 1793, le diplomate britannique Lord Macartney visite la Chine pour y développer le commerce. De nombreux marchands sont impliqués dans le trafic de l'opium, que les Chinois fument comme du tabac.

LES PHILOSOPHES DES LUMIÈRES

1740 Prusse : Frédéric II le Grand devient roi (jusqu'en 1786). Il envahit la Silésie (guerre de Silésie), qu'il annexe en 1742.
Europe : mort de l'empereur Charles VI ; sa fille Marie-Thérèse lui succède comme impératrice d'Autriche (jusqu'en 1780). Cette succession est remise en cause et ouvre la guerre de Succession d'Autriche (jusqu'en 1748). Alliée à la Grande-Bretagne et aux Provinces-Unies, l'Autriche affronte la Prusse, la Saxe et la Bavière, alliées à la France.

1741 Russie : Élisabeth, fille de Pierre Ier le Grand et de Catherine Ire, devient impératrice (jusqu'en 1762).
Grande-Bretagne : le philosophe écossais David Hume publie ses *Essais moraux et politiques*.

1742 Irlande : le compositeur allemand Georg Friedrich Händel dirige la première représentation de son oratorio, *le Messie*, à Dublin.
Suède : Anders Celsius invente l'échelle des températures, qui porte aujourd'hui son nom.

Voltaire (1694-1778) est l'un des principaux philosophes du siècle des Lumières. Il est l'auteur de nombreux essais, de pièces de théâtre et de virulents contes philosophiques (*Candide, Zadig*...)

1743 France : naissance du chimiste Antoine Laurent de Lavoisier à Paris (mort en 1794).
Amérique du Nord : Benjamin Franklin participe à la fondation de la première société scientifique et philosophique d'Amérique, l'American Philosophical Society, à Philadelphie.

Les philosophes des Lumières

Né en France, au cours du 18e siècle, le mouvement des Lumières rassemble des artistes, des lettrés, des philosophes, etc., autour d'une idée « révolutionnaire » : la défense de la liberté de pensée et la lutte contre les superstitions. Selon eux, les hommes ne doivent plus se satisfaire des croyances transmises par l'Église ; ils doivent rechercher la vérité, et pour y parvenir, s'aider de leur raison. Cette attitude profite aux sciences, entre autres aux sciences naturelles et à la chimie, qui font des progrès décisifs grâce au développement de l'observation et de la méthode expérimentale.

Les philosophes – Montesquieu, Voltaire, Rousseau, Diderot... – sont à la tête de ce mouvement. Ils n'hésitent pas à braver la censure royale et à publier des romans et des pamphlets qui critiquent

▼ *Jean-Jacques Rousseau est sans doute l'un des penseurs les plus originaux des Lumières. Il s'est notamment intéressé à l'éducation des enfants et a joué un rôle capital dans la redécouverte de la nature sous toutes ses formes.*

▼ À Paris, vers 1725, le salon de Madame Geoffrin (1699-1777) est ouvert aux artistes, aux philosophes et aux hommes et aux femmes de la « bonne société ». On y parle musique, beaux arts et « idées nouvelles ». Aux murs, on remarque une prestigieuse collection de tableaux. Femme d'un riche administrateur, la maîtresse de maison (à droite, en robe bleue) est aussi un mécène éclairé.

▶ Cette gravure de 1791 représente Thomas Paine, écrivain américain d'origine britannique, en « champion de la liberté ». Ses écrits ont largement diffusé les idées des Lumières en Amérique avant la guerre d'Indépendance. Il a aussi défendu la Révolution française.

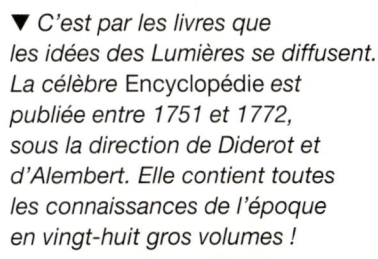

▼ C'est par les livres que les idées des Lumières se diffusent. La célèbre Encyclopédie est publiée entre 1751 et 1772, sous la direction de Diderot et d'Alembert. Elle contient toutes les connaissances de l'époque en vingt-huit gros volumes !

la monarchie de droit divin. Ils plaident pour la tolérance, la justice, réclament la liberté de presse et d'expression… Ces positions leur vaudront parfois l'exil ou même l'emprisonnement dans la célèbre Bastille.

Les idées des Lumières connaîtront un grand succès. Diffusées dans le monde entier, elles influenceront fortement les colons américains en lutte pour leur indépendance (*voir* pp. 518-519). Reprises par les révolutionnaires français de 1789 (*voir* pp. 520-523), elles inspireront leur action et nourriront notamment les articles de la Déclaration des droits de l'homme et du citoyen.

L'AFRIQUE

En Afrique de l'Ouest, au cours du 18ᵉ siècle, le royaume achanti devient très puissant. Ces figurines en cuivre représentent deux personnages en train de piler du grain.

1744 Amérique du Nord : début des conflits entre la France et l'Angleterre (jusqu'en 1748).

1745 Saint Empire : l'impératrice Marie-Thérèse d'Autriche fait élire son mari, François Iᵉʳ de Habsbourg-Lorraine, empereur germanique (jusqu'en 1765). Guerre de Succession d'Autriche : bataille de Fontenoy (Belgique) ; victoire du maréchal de France Maurice de Saxe sur les Anglais et les Hollandais.
France : Louis XV installe sa favorite à Versailles et la fait marquise de Pompadour.

1747 Allemagne : Andreas Marggraf découvre un procédé de fabrication du sucre à partir de la betterave sucrière.
Asie centrale : assassinat du roi de Perse, Nader Chah.
Afghanistan : Ahmad Khan fonde la dynastie des Durrani à Kandahar.
France : fondation de l'École nationale des Ponts et Chaussées.

1748 Europe : traité d'Aix-la-Chapelle ; fin de la guerre de Succession d'Autriche.
Italie : premières mises au jour du site de Pompéi ; découverte d'antiquités romaines.

1749 Allemagne : naissance de l'écrivain Johann Wolfang von Goethe (mort en 1832).

v. 1750 Amérique du Nord : Benjamin Franklin découvre le principe du paratonnerre.
France : début de l'exploitation de gisements de charbon au Creusot.
Jean-Jacques Rousseau publie son *Discours sur les sciences et les arts*.
Afrique de l'Ouest : apogée du royaume achanti, grâce au commerce de l'or et des esclaves avec l'Europe.

L'Afrique

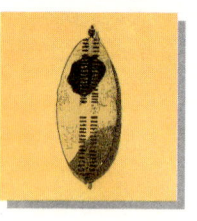

Au 18ᵉ siècle, le continent africain connaît une période de relative stabilité. Au nord, l'Empire ottoman, qui contrôle notamment l'Égypte, poursuit son déclin. Sur la côte ouest, le royaume achanti (*voir* pp. 462-463) continue de s'enrichir grâce au commerce de l'or et des esclaves, tandis qu'au sud-est, les Portugais colonisent peu à peu le Mozambique. Les territoires de la côte est (le Kenya actuel) sont sous la tutelle des Arabes du royaume d'Oman. Au sud, les Hollandais commencent à s'aventurer à l'intérieur des terres depuis leur base du Cap.

Tout change au début du 19ᵉ siècle. En Égypte, Méhémet-Ali s'empare du pouvoir, anéantit les armées des puissants

1744-1750

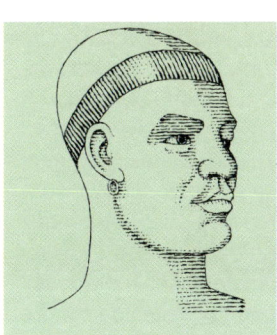

CHAKA
(1787-1828)

Devenu roi de la nation zoulou en 1816, Chaka est un grand chef de guerre ; il modifie l'armement de ses troupes et inaugure une tactique d'encerclement de ses ennemis. Après des luttes sans merci, il devient maître de la région.

◀ *Les sagaies des Zoulous à la lame tranchante et effilée sont de redoutables armes de combat. Lors des affrontements, les guerriers arborent des parures en plumes. Les motifs qui ornent les boucliers en cuir de bœuf permettent aux membres d'une même tribu de se reconnaître pendant les batailles.*

▶ *La cité de Kano, au nord du Nigeria, s'enrichit grâce au commerce. En 1809, elle est conquise par le musulman Ousmane dan Fodio qui bâtit un puissant empire peul dans la région. La population se convertit alors à l'islam.*

▲ *D'origine albanaise, Méhémet-Ali (1769-1849) s'empare du pouvoir en Égypte en 1804 et cherche à affranchir le pays de la tutelle ottomane. Il est pourtant l'allié officiel de l'Empire turc. Avec l'aide de techniciens européens, il réorganise l'administration, l'économie et l'armée. Sous son règne, l'Égypte domine la Méditerranée orientale.*

Mamelouks et entreprend la modernisation de son pays. Le chef musulman des Peuls, Ousmane dan Fodio, bâtit un puissant empire à l'emplacement de l'actuel Nigeria. D'autres chefs musulmans, établis au Sénégal, étendent leur territoire. Au Cap, les Hollandais entrent en conflit avec les Xhosa, un peuple de langue bantoue.

Les plus grands bouleversements ont lieu dans le sud de l'Afrique. Conduits par Chaka, un redoutable chef de guerre, les Zoulous s'emparent d'une grande partie de la région au prix de sanglantes guerres tribales contre leurs voisins.

1716 – 1830

L'agriculture et l'alimentation

Au cours de cette période, la population mondiale s'accroît considérablement ; il devient de plus en plus difficile de nourrir tout le monde. Faut-il limiter le nombre des naissances ? C'est la solution que propose l'économiste anglais Thomas Malthus dans son célèbre *Essai sur le principe de population* (1798), qui présente la croissance démographique comme la cause principale de l'appauvrissement des peuples.
De nouvelles méthodes d'agriculture et d'élevage permettent cependant d'obtenir des récoltes plus abondantes et des troupeaux plus productifs.
Les procédés de stockage et de conservation sont, eux aussi, améliorés.

◄ En Chine, à la fin du 18ᵉ siècle, la population a augmenté dans des proportions alarmantes. Trop exploitées, les terres se sont appauvries. Les famines sont fréquentes et touchent des régions entières. Les méthodes traditionnelles de culture ne permettent plus d'assurer une production suffisante. Ces paysans plantent du riz – l'aliment de base des 400 millions de Chinois – dans un champ inondé.

► Au 18ᵉ siècle, des missionnaires espagnols acclimatent des oranges en Amérique. Le soleil de Floride et de Californie convient parfaitement à cette culture.

▼ En 1797, les colons introduisent les premiers moutons en Australie. Bientôt, d'immenses troupeaux se constituent. Dès 1803, le pays commence à exporter de la laine.

À CETTE ÉPOQUE

1730 En Angleterre, lord Townshend introduit le système de l'assolement quadriennal ; débuts de la révolution agricole.

1776 Le naturaliste français Louis Daubenton crée un troupeau de moutons mérinos, un animal apprécié pour la qualité de sa laine.

1780 Le Français Nicolas Appert découvre le procédé de la conservation des aliments par chauffage en vase clos.

1788 En France, l'hiver, très rude, aggrave la disette et la misère du peuple.

1793 L'Américain Eli Whitney invente une machine à égrener le coton.

▲ Cette illustration inspirée d'une gravure anglaise dénonce les pratiques de certains commerçants malhonnêtes qui, pour s'enrichir, mélangeaient du sable au sucre, ou du plâtre de Paris (et de la poussière à la farine).

▲ Le procédé de conservation des aliments par chauffage en vase clos est découvert par le Français Nicolas Appert à la fin du 18ᵉ siècle. Les premières conserveries industrielles apparaissent dans divers pays après 1810 (ci-dessus en Angleterre).

▶ En 1745, Edmund Lee perfectionne le moulin à vent en y ajoutant une aile auxiliaire destinée à orienter les ailes principales dans le sens du vent. Grâce à ce système ingénieux, le moulin reste constamment en activité, ce qui permet de produire davantage de farine.

CATHERINE LA GRANDE

1751 Grande-Bretagne : croissance démographique et tout début de la révolution industrielle.
France : parution du premier volume de *l'Encyclopédie*, dirigée par Diderot et d'Alembert.
Amérique du Nord : la Pennsylvanie est le premier État à interdire l'esclavage.

1752 Grande-Bretagne : les Britanniques adoptent le calendrier grégorien.

1754 Russie : début d'un grand essor culturel et artistique ; mise en chantier du palais d'Hiver de Saint-Pétersbourg.

1755 Russie : fondation de l'université de Moscou.
Canada : des milliers d'Acadiens d'origine française sont expulsés de leur pays par les Britanniques.
Birmanie : le roi Alaung Phaya fonde la dynastie Konbaung et réunifie le pays.

1756 Europe : début de la guerre de Sept Ans, entre la Grande-Bretagne, alliée à la Prusse, et la France, alliée à l'Autriche, la Russie, la Suède et l'Espagne (jusqu'en 1763). Elle a pour origine les ambitions européennes de Frédéric II de Prusse et les rivalités entre la France et la Grande-Bretagne en Amérique du Nord.

1757 Guerre de Sept Ans : bataille de Rossbach ; victoire des Prussiens sur les Français et les Autrichiens.
France : Robert François Damiens frappe Louis XV d'un coup de couteau ; il est supplicié et exécuté.

1759 Amérique du Nord : guerre de Sept Ans ; défaite des Français face aux Britanniques à Québec.

1760 Grande-Bretagne : George III devient roi (jusqu'en 1820).

1761 Inde : les Anglais prennent Pondichéry aux Français.

1762 Russie : Catherine II la Grande devient impératrice (jusqu'en 1796).

Catherine II la Grande est si puissante que ses ennemis l'accusent de pactiser avec le diable.

Catherine la Grande

Catherine II la Grande, la plus célèbre tsarine de Russie, n'était pas russe mais allemande. Princesse prussienne, elle quitte son pays à l'âge de quinze ans pour épouser l'héritier du trône, le futur Pierre III. Décidée et énergique, elle se convertit à la religion orthodoxe, apprend le russe et parvient vite à se faire admettre dans son pays d'adoption.

Après l'assassinat de son mari, en 1762, Catherine II écarte leur fils Paul du pouvoir et se proclame impératrice. Dirigeant le pays avec autorité, elle ambitionne de faire de la Russie une grande puissance. Sous son règne, le territoire de l'empire s'étend

▲ *Catherine II de Russie (1729-1796) est, avec Frédéric II de Prusse et Joseph II d'Autriche, l'un des grands « despotes éclairés » du 18ᵉ siècle.*

1751-1762

▶ Protectrice des philosophes français des Lumières, Catherine II a accueilli Diderot (au centre de ce dessin) à sa cour et échangé une longue correspondance avec Voltaire (assis à la droite de Diderot).

▼ Au 18ᵉ siècle, l'Empire russe s'étend, au nord, jusqu'à la mer Baltique et, au sud, jusqu'à la mer Caspienne. Son territoire a plus que doublé depuis le 16ᵉ siècle.

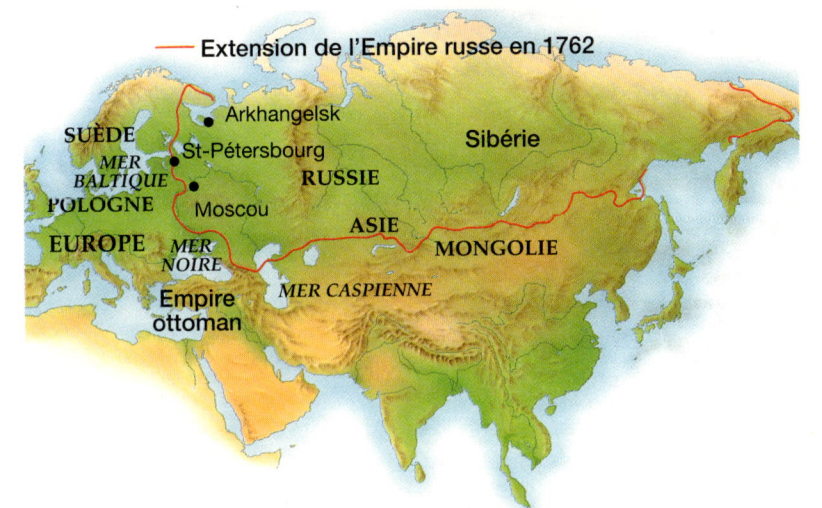

— Extension de l'Empire russe en 1762

SUÈDE — MER BALTIQUE — POLOGNE — EUROPE — Arkhangelsk — St-Pétersbourg — Moscou — MER NOIRE — Empire ottoman — RUSSIE — Sibérie — ASIE — MER CASPIENNE — MONGOLIE

▼ En 1787, Catherine II entreprend un grand voyage à travers la Russie pour mieux connaître son pays. Mais ceux qui l'acclament sur son passage sont des acteurs bien nourris et bien vêtus ; la « vraie » population est, elle, tenue à l'écart ! Au 18ᵉ siècle, la Russie est encore essentiellement agricole et les paysans sont très pauvres. La plupart d'entre eux sont des serfs, durement traités par les seigneurs propriétaires des terres. Beaucoup souffrent de la famine.

considérablement grâce à l'annexion d'une grande partie de la Pologne et aux guerres victorieuses contre l'Empire ottoman (1774 et 1792) et contre la Suède (1790).

Très cultivée, admiratrice des Lumières (*voir* pp. 504-505), Catherine II entend moderniser son pays. Elle crée des écoles, favorise le développement de l'imprimerie, entreprend la réforme des anciennes lois. Pourtant, malgré ses « idées éclairées », cette souveraine autoritaire dirige son empire avec une grande dureté. Elle maintient des impôts très lourds et réprime sévèrement les révoltes. À la fin de son règne, la Russie est grande et puissante, mais beaucoup de Russes vivent encore dans des conditions misérables.

L'EXPLORATION DU PACIFIQUE

L'exploration du Pacifique

Les Européens ont longtemps pensé qu'un vaste continent austral s'étendait jusqu'au pôle Sud. Au milieu du 17e siècle, des navigateurs hollandais ont, pour la première fois, aperçu les côtes de l'Australie et de la Nouvelle-Zélande (*voir* p. 454). Cent ans plus tard, le capitaine James Cook conduit trois expéditions scientifiques vers ces îles.

Lors de son premier voyage (1768-1771), Cook fait le tour de la Nouvelle-Zélande. Puis il s'arrête à Botany Bay, sur la côte orientale de l'Australie. Au cours de son deuxième voyage (1772-1775), il descend vers l'Antarctique sans rencontrer de terre et reconnaît plusieurs îles du Pacifique. Son troisième et dernier voyage (engagé en 1776) le conduit en Nouvelle-Zélande.

SCIENCES ET DÉCOUVERTES

Des dessinateurs, des astronomes, des géographes participent aux expéditions scientifiques du 18e siècle pour dresser des cartes, observer les coutumes des populations rencontrées, dessiner les plantes et les animaux. Ci-contre, une plante australienne.

◀ Les îles abordées par le capitaine Cook ne sont pas désertes. En Nouvelle-Zélande vivent près de cent mille Maoris. Beaucoup mourront dans les guerres contre les colons britanniques.

▶ Lors de son premier voyage, Cook navigue de la pointe de l'Amérique du Sud jusqu'à la Nouvelle-Zélande et prouve que le légendaire continent austral ne se trouve pas là !

◀ Les récits des explorateurs et les « nouvelles terres » découvertes au 18ᵉ siècle fascinent les Européens. Cette illustration du 19ᵉ siècle représente les différents peuples rencontrés par l'Anglais James Cook et le Français La Pérouse au cours de leurs voyages dans le Pacifique. Bien que très précise dans les détails, elle est assez éloignée de la réalité.

Alors qu'il se dirige vers l'Amérique, les glaces l'obligent à faire demi-tour et à hiverner dans les îles Sandwich (aujourd'hui Hawaii). Il meurt, en 1779, au cours d'un affrontement avec les populations locales.

En 1785, un autre grand découvreur, Jean-François de Galaup, comte de La Pérouse, est chargé par le roi Louis XVI de poursuivre l'œuvre de Cook. Les dernières nouvelles qu'il envoie partent d'Australie en 1788. Au début des années 1790, les premiers colons britanniques s'installent sur cette île et en Nouvelle-Zélande. Leurs contacts seront souvent très violents avec les Aborigènes australiens et les Maoris néo-zélandais.

Premier voyage de Cook 1768-1771

1763-1768

1763 Antilles : la Martinique devient une colonie française.
Europe : traité de Paris ; fin de la guerre de Sept Ans. La France cède le Canada et d'autres colonies d'Amérique du Nord à la Grande-Bretagne.
France : le duc de Choiseul est ministre des Affaires étrangères, de la Guerre et de la Marine.

1764 Pologne : Stanislas II Poniatowski devient roi (jusqu'en 1795) ; il sera le dernier roi du pays.
Amérique du Nord : les Britanniques imposent de nouvelles taxes aux colonies américaines.
France : début des ravages de la légendaire bête du Gévaudan en Lozère (jusqu'en 1768).

1765 Amérique du Nord : *Stamp Act* (loi du Timbre) ; taxe imposée aux colonies américaines par les Britanniques.
Autriche : Wolfgang Amadeus Mozart compose sa première symphonie ; il a neuf ans.

1766 France : départ de l'expédition de Louis Antoine de Bougainville.

Ce dessin représente l'un des marins du capitaine Cook achetant une langouste à un Maori de Nouvelle-Zélande.

1768 Angleterre : parution de la première édition de l'*Encyclopaedia Britannica*.
Océanie : premier voyage du capitaine anglais James Cook (jusqu'en 1771) ; il fera le tour de la Nouvelle-Zélande, puis s'arrêtera à Botany Bay sur la côte occidentale de l'Australie.
Méditerranée : traité de Versailles ; la Corse devient française ; le Corse Pascal Paoli lutte pour l'indépendance de l'île.

Le Japon et le Sud-Est asiatique

Sous le gouvernement des shoguns Tokugawa (*voir* pp. 402-403), le Japon connaît une longue période de prospérité. Alors que sa population triple, la production de riz quadruple. Symboles de ce développement, les villes connaissent une forte croissance. Les artisans réalisent des objets raffinés et des soieries aux couleurs éclatantes. Pourtant, le Japon connaît des difficultés intérieures. La lourdeur des impôts suscite des révoltes et la loi va jusqu'à prévoir la peine de mort pour de simples délits. À cette époque, le pays reste très fermé. Seuls quelques marchands hollandais, méprisés de tous, sont autorisés à franchir les frontières (*voir* pp. 426-427).

En Asie du Sud-Est, la situation est tout à fait différente. La région, largement ouverte sur l'extérieur, a été parcourue dès

▲ *Ces porcelaines, fabriquées vers 1700, témoignent de l'originalité de la civilisation japonaise sous le règne des Togukawa.*

▼ *En 1824, le roi de Birmanie lance une opération contre les Britanniques en Inde. En répression, onze mille soldats anglais, conduits par le commandant Archibald Campbell, envahissent la Basse-Birmanie et prennent Rangoon, la capitale birmane.*

La cérémonie du thé, qui se déroule selon des règles très précises, est l'un des rites traditionnels de la culture japonaise.

Fondateur de la colonie de Singapour (1819), Thomas Stamford Raffles est l'un des artisans de la puissance britannique en Asie du Sud-Est.

le Moyen Âge par des marchands d'épices qui y ont fondé des comptoirs commerciaux. Au cours du 18ᵉ siècle, des rivalités commencent toutefois à opposer les colons européens. En 1786, les Britanniques s'emparent de Penang, en Malaisie. En 1819, ils fondent Singapour, où ils accordent des privilèges commerciaux à leurs seuls navires. Les Hollandais s'estiment offensés sur leur propre territoire : la tension monte.

Chacun cherche alors à assurer ses positions dans la région. Anglais, Français et Hollandais se disputent le Siam (la Thaïlande actuelle). Accusée de soutenir les ennemis de l'Angleterre, à la frontière de la riche province du Bengale, la Birmanie est agressée par les Britanniques (1824-1826).

1769-1777

1769 Grande-Bretagne : Richard Arkwright aide à la diffusion d'un métier à tisser mécanique.

1770 France : le dauphin Louis (le futur Louis XVI) épouse Marie-Antoinette, fille de l'empereur d'Autriche. L'ingénieur Nicolas Joseph Cugnot met au point son fardier à vapeur, le premier véhicule « automobile ».
Amérique du Nord : massacre de Boston ; les forces britanniques tirent sur la foule ; on dénombre cinq morts.
Allemagne : naissance du compositeur Ludwig van Beethoven (mort en 1827).

1772 Océanie : le marin français Yves de Kerguelen découvre les îles de l'océan Indien qui portent aujourd'hui son nom.
Europe : premier partage de la Pologne, entre la Prusse, la Russie et l'Autriche.

1773 Amérique du Nord : Boston Tea Party ; à Boston, des colons jettent par-dessus bord la cargaison de thé d'un navire britannique pour protester contre les taxes ; la Grande-Bretagne réplique en fermant le port de Boston.

1774 France : mort du roi Louis XV ; Louis XVI lui succède (jusqu'en 1792) et prend pour ministres Turgot et Malesherbes.

1775 Amérique du Nord : début de la guerre d'Indépendance (jusqu'en 1783) ; les treize colonies britanniques se révoltent contre la Grande-Bretagne.
Inde : début d'une guerre entre les Britanniques et les Marathes.

1776 Amérique du Nord : proclamation de l'indépendance des États-Unis ; la *Déclaration d'indépendance* a été rédigée notamment par Thomas Jefferson.

1777 France : Lavoisier définit la composition de l'air. Jacques Necker devient directeur général des Finances. Le général La Fayette part pour l'Amérique soutenir les colonies insurgées.

La garde d'une épée protège la main du soldat en combat rapproché. Celle-ci, richement décorée, provient d'une arme japonaise du 18ᵉ siècle.

1716 – 1830

La vie quotidienne

Au 18ᵉ siècle, en Europe, quelques privilégiés mènent une vie très agréable. Les riches aristocrates et les « bourgeois éclairés » fréquentent les cours princières et royales, s'amusent dans les fêtes et les bals, voyagent… Pour les plus pauvres, en revanche, surtout dans les villes, l'existence quotidienne est difficile. Les progrès de l'hygiène ont permis de faire reculer la mortalité, mais l'éducation demeure un privilège, comme le droit de contrôler le gouvernement de son pays. Les tensions sociales se multiplient et conduisent parfois à des révoltes. Les différences entre les riches et les pauvres n'ont peut-être jamais été aussi grandes…

▼ Les révolutionnaires français ont été appelés « sans-culottes » parce qu'ils portaient de larges pantalons au lieu de la traditionnelle « culotte » s'arrêtant au genou des aristocrates et des bourgeois.

▲ Les Japonais portent des vêtements sans poche. Ils transportent leurs objets attachés à un cordon fixé à leur ceinture par un bouton décoré, comme celui-ci.

▼ Les stations thermales deviennent à la mode en Europe. Leur eau est réputée bonne pour la santé.

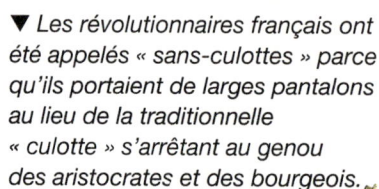

◀ En Mandchourie, les guerriers sont traditionnellement de bons archers. Après la conquête de la Chine par les Mandchous, au 17ᵉ siècle, la pratique du tir à l'arc se répand dans la noblesse chinoise.

▼ La population des villes japonaises augmente considérablement. Les maisons équipées de salles de bains sont rares ; les bains publics deviennent très populaires.

▶ Au 18ᵉ siècle, nombre de grands propriétaires terriens anglais s'enrichissent et font réaliser leur portrait par les meilleurs artistes de l'époque. Sur ce célèbre tableau de Gainsborough (1727-1788), Mr et Mrs Andrews posent dans leur parc. Celui-ci, orné d'arbres, de massifs et de pelouses, est typique des jardins à l'anglaise, plus naturels que les jardins géométriques à la française.

À CETTE ÉPOQUE

1720 La grande peste de Marseille tue 85 000 personnes en Provence.
1750 La population européenne compte près de 140 millions d'individus.
1760 En France, l'abbé de l'Épée crée la première école publique pour les sourds-muets.
1800 En Europe, la mode est aux cheveux courts pour les hommes et aux robes inspirées de l'Antiquité pour les femmes.
v.1813 La valse, née à Vienne, devient une danse populaire.

▶ Un match de cricket vers 1740. Ce jeu spécifiquement anglais se pratique sur terrain plat, avec des battes en bois et des balles. Il adopte ses règles modernes et devient à la mode dans les années 1700.

L'INDÉPENDANCE AMÉRICAINE

L'indépendance américaine

À la fin de la guerre de Sept Ans (*voir* pp. 496-497), la France doit abandonner nombre de ses possessions en Amérique du Nord. L'Angleterre domine alors sans partage le continent, mais la guerre lui a coûté cher. Les colons, qui dépendent des Anglais pour vendre et acheter, sont soumis à des impôts et à des taxes de plus en plus lourds.

La colère gronde dans les treize colonies britanniques qui constituent alors la Nouvelle-Angleterre (*voir* p. 476). Les incidents se multiplient. À Boston, par exemple, en 1773, des colons apprennent qu'un navire anglais chargé de thé vient d'entrer dans le port. Déguisés en Indiens, ils grimpent à bord du bateau et jettent la précieuse cargaison à la mer. Après cet accrochage, connu sous le nom de « Boston Tea Party », la situation se dégrade.

En 1775, la guerre éclate entre les troupes anglaises et les insurgés américains commandés par George Washington.

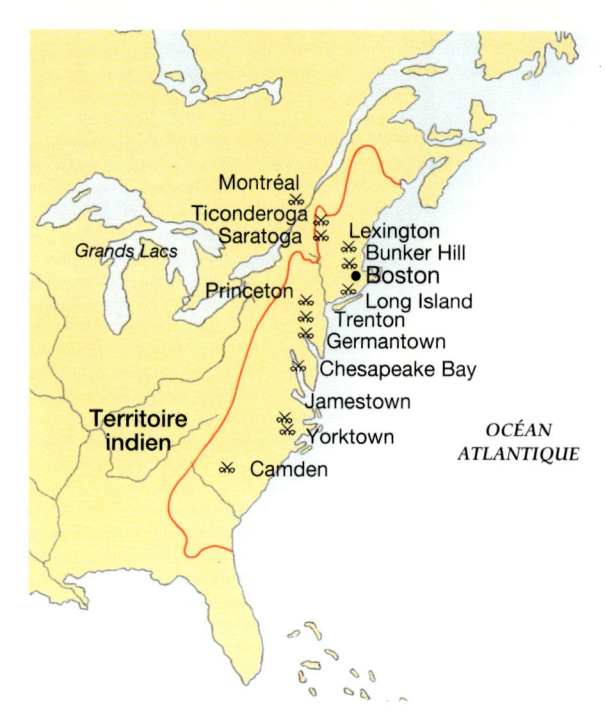

▼ La bataille de Bunker Hill (17 juin 1775), près de Boston, est le premier combat de la guerre d'Indépendance américaine. Les Anglais remportent la victoire, mais les insurgés ont courageusement résisté.

▲ Engagée en 1775, la guerre s'achève en 1783 par l'indépendance des colonies anglaises. La plupart des combats se sont déroulés sur la côte est.

GEORGE WASHINGTON
(1732-1799)

Opposé à la politique anglaise dès les années 1760, George Washington devient le chef des insurgés américains. Élu premier président des États-Unis en 1789, il sera réélu en 1792.

▲ *La Constitution des États-Unis est rédigée par la Convention de Philadelphie (ci-dessus) en 1787 et ratifiée de 1787 à 1790. Elle affirme l'existence d'une nation américaine formée d'États indépendants.*

THOMAS JEFFERSON
(1743-1826)

Thomas Jefferson est l'un des principaux rédacteurs de la Déclaration d'indépendance américaine de 1776. Président des États-Unis (1801-1809), il achètera la Louisiane à la France.

Un an plus tard, l'indépendance des colonies est unilatéralement proclamée. Les Britanniques ont d'abord l'avantage mais, aidés par la France qui envoie des soldats et une importante force navale, les insurgés finissent par l'emporter.

Le traité de paix est signé à Versailles en 1783. La Grande-Bretagne reconnaît l'indépendance des treize colonies : les États-Unis d'Amérique sont nés. Une Constitution, toujours en vigueur aujourd'hui, est rédigée. Elle définit l'instauration d'une République fédérale dirigée par un président et un Congrès élu par les citoyens. En 1789, George Washington devient le premier président des États-Unis.

1778-1786

1778 Amérique du Nord : la France entre en guerre contre l'Angleterre (jusqu'en 1781) et envoie des troupes en Amérique pour soutenir les insurgés.

1779 Océanie : le capitaine Cook est tué à Hawaii au cours de son troisième voyage d'exploration dans le Pacifique.

1780 Amérique latine : les Péruviens se révoltent contre les Espagnols.

1781 Amérique du Nord : bataille de Yorktown ; victoire des forces françaises et des insurgés américains conduits par George Washington sur les Britanniques.

1782 Thaïlande : le souverain Râma Ier fonde la dynastie chakri.
France : l'écrivain Choderlos de Laclos publie *les Liaisons dangereuses*.

1783 Russie : les Russes conquièrent la Crimée, qui leur donne accès à la mer Noire.
France : les frères de Montgolfier expérimentent à Paris leur montgolfière, ballon à air chaud.
Amérique du Nord : paix de Paris ; fin de la guerre d'Indépendance. Les Britanniques reconnaissent l'indépendance des treize colonies ; naissance des États-Unis d'Amérique.

1784-1791 France : l'architecte Claude-Nicolas Ledoux construit autour de Paris le mur d'octroi dit « mur des Fermiers généraux ».

1785 France : grâce à l'agronome Antoine Parmentier, la culture de la pomme de terre se répand dans le royaume.

1786 France : première ascension du mont Blanc.
Perse : le roi Agha Mohammed Chah fonde la dynastie Qadjar, qui régnera sur l'Iran jusqu'en 1925.
Océanie : chargé par Louis XVI d'une exploration de découverte, le Français La Pérouse explore l'île de Pâques et les îles Sandwich (Hawaii).

Ci-contre, la médaille de la Liberté, frappée pour célébrer la victoire des États américains sur la Grande-Bretagne.

LA RÉVOLUTION FRANÇAISE

1787 États-Unis : réunion de la Convention de Philadelphie, qui établit la Constitution fédérale des États-Unis, toujours en vigueur aujourd'hui. Cette Constitution renforce le pouvoir central et garantit une certaine indépendance aux treize premiers États fédérés.
Russie : Catherine II la Grande soutient la publication d'un *Dictionnaire impérial russe*.
France : Lavoisier publie, avec trois de ses confrères, la *Méthode de nomenclature chimique* qui est à l'origine du langage chimique moderne. Bernardin de Saint-Pierre écrit *Paul et Virginie*.
Afrique de l'Ouest : les Britanniques achètent la Sierra Leone ; ils y fondent la ville de Freetown pour accueillir les premiers esclaves affranchis.

Dès le 18ᵉ siècle, les Américaines confectionnent de magnifiques patchworks avec des morceaux de tissu. Elles brodent aussi des édredons pour les offrir aux jeunes mariés.

1788 États-Unis : New York devient capitale fédérale des États-Unis (jusqu'en 1800).
Australie : début de la colonisation britannique avec la fondation d'une colonie pénitentiaire, future ville de Sydney.
France : hiver rigoureux et disette. Crise politique et financière ; le roi Louis XVI convoque les états généraux pour mai 1789.
Grande-Bretagne : fondation du quotidien *The Times* à Londres.

La Révolution française

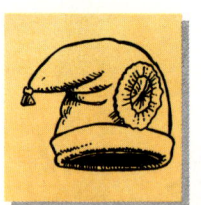

En 1788, le roi Louis XVI décide de convoquer les états généraux pour l'aider à résoudre les difficultés financières du royaume. Ceux-ci sont composés des représentants des trois ordres qui forment alors la société française : la noblesse, le clergé et le tiers état. Les Français attendent beaucoup de cette assemblée, qui n'a pas été réunie depuis 175 ans. Ils sont invités à élire leurs représentants et à exprimer par écrit leurs opinions dans des « cahiers de doléances » qui laissent apparaître leur désir de réformes.

Le 5 mai 1789, les états généraux s'ouvrent à Versailles. Très vite, une immense déception se fait sentir. Le 17 juin, les députés du tiers état, réunis dans une salle de jeu de paume, se proclament « Assemblée nationale ». Ils jurent de ne pas se séparer avant

LOUIS XVI
(1754-1793)

Roi de France depuis 1774, Louis XVI doit faire face à une situation exceptionnelle : un peuple en révolution, avide de réformes. Accusé de trahison, jugé et condamné, il monte sur l'échafaud le 21 janvier 1793.

MARIE-ANTOINETTE
(1755-1793)

Fille de l'empereur d'Autriche, Marie-Antoinette épouse Louis XVI et devient reine de France à dix-neuf ans. Opposée aux réformes, elle est très impopulaire. Elle est jugée puis guillotinée le 16 octobre 1793.

▶ *La Déclaration des droits de l'homme et du citoyen est adoptée le 26 août 1789. Elle affirme dans son article 1 :*
« *Les hommes naissent et demeurent libres et égaux en droits.* »

▼ *Ces personnages symbolisent les trois ordres composant la société française : le clergé (à gauche), la noblesse (au centre) et le tiers état (à droite), qui représente à lui seul 96 % de la population.*

d'avoir rédigé une Constitution : c'est le célèbre serment du Jeu de paume. En juillet, les députés de la noblesse et du clergé les rejoignent.

Dès lors, les événements se précipitent. Le 14 juillet 1789, les Parisiens prennent la Bastille. Les autres villes, les campagnes se soulèvent à leur tour. La Révolution est en marche... Dans la nuit du 4 août, l'Assemblée abolit les anciens privilèges.

◀ *Le 12 juillet 1789, dans les jardins du Palais-Royal à Paris, le journaliste Camille Desmoulins appelle les Parisiens à la révolte. Mais pour se battre, il faut des armes... Le 14 juillet, la foule se dirige vers la forteresse de la Bastille, qui sert de prison et renferme de la poudre. En quelques heures, la Bastille est prise (ci-contre). Le peuple est maître de Paris ; c'est le début de la Révolution. Symbole de la monarchie absolue, la Bastille sera vite rasée.*

LA RÉVOLUTION FRANÇAISE

Le 6 octobre 1789, les Parisiens marchent sur Versailles et ramènent la famille royale à Paris. Pendant plusieurs mois, les députés travaillent à la réorganisation du royaume et à la rédaction d'une Constitution. Le 14 juillet 1790, une grande fête – la fête de la Fédération – réunit à Paris tous les délégués des régions de France. Louis XVI y jure d'accepter la future Constitution. Celle-ci oblige le roi à gouverner avec une assemblée élue, chargée de proposer et de voter les lois. C'est la fin de la monarchie absolue.

En juin 1791, le roi tente de s'enfuir avec la reine et le dauphin. Mais ils sont reconnus et arrêtés à Varennes. Convaincus que le roi veut les trahir, les Parisiens s'emparent du palais des Tuileries, le 10 août 1792. Le roi est déposé et emprisonné. Le 20 septembre, à Valmy, les troupes françaises arrêtent les forces prussiennes.

Le 22 septembre, la république est proclamée : c'est la fin de l'Ancien Régime.

ROBESPIERRE
(1758-1794)

Maximilien de Robespierre est surnommé l'« Incorruptible ». En 1793, alors que la république est attaquée sur tous les fronts, il instaure la Terreur, pour la sauver. Mais quand le danger semble écarté, il refuse d'adoucir le régime. Décrété hors-la-loi, il est guillotiné avec ses partisans.

DANTON
(1759-1794)

Brillant orateur, l'avocat Georges Danton est celui qui réclame « de l'audace, encore de l'audace, toujours de l'audace » pour lutter contre les Autrichiens et les Prussiens et sauver la patrie en danger. Ayant dénoncé les excès de la Terreur, il est arrêté sur ordre de Robespierre et guillotiné le 5 avril 1794.

Les souverains étrangers, qui craignent que cette révolution ne gagne leur pays, renforcent leur union contre la France. La guerre qui a éclaté en avril 1792 fait peser une lourde menace sur la Révolution. Pour lutter contre les armées étrangères, et contre les « ennemis de l'intérieur » (les antirépublicains), le gouvernement révolutionnaire impose la Terreur. Le Comité de Salut public, qui a tous les pouvoirs, surveille et dirige tout. Des milliers de « suspects » sont exécutés.

En 1794, le danger semble écarté ; la république est sauvée. Pourtant, Robespierre, l'« Incorruptible », refuse de mettre fin à la Terreur. Il fait guillotiner ses anciens amis, Danton, Camille Desmoulins et tous les « indulgents ». Finalement, ses ennemis se liguent contre lui. Le 9 thermidor (28 juillet) 1794, Robespierre est à son tour exécuté avec ses partisans. Une nouvelle Constitution met en place un nouveau régime en 1795 : le Directoire.

1789 France : début de la Révolution. En février, rédaction des cahiers de doléances. En mai, réunion des états généraux à Versailles. En juin, serment du Jeu de paume : le tiers état se proclame Assemblée nationale. En juillet, le clergé et la noblesse rejoignent le tiers état ; prise de la Bastille (le 14). En août, abolition des privilèges (nuit du 4 août) et Déclaration des droits de l'homme et du citoyen.
Pays-Bas autrichiens (Belgique) : les patriotes déclarent la Belgique indépendante de l'Autriche.
États-Unis : George Washington devient le premier président des États-Unis (jusqu'en 1797).
Océanie : mutinerie de l'équipage de la *Bounty*, navire britannique.

1790 France : division de la France en quatre-vingt-trois départements ; fête de la Fédération (14 juillet).
Belgique : invasion des Autrichiens ; fin de l'indépendance du pays.
Canada : le navigateur George Vancouver explore la côte ouest du Canada.

◀ Le 20 septembre 1792, contre toute attente, les Français sont vainqueurs des Prussiens à Valmy. Deux jours plus tard, la république est proclamée.

▲ L'ancien royaume est découpé en quatre-vingt-trois départements (ci-dessus). Une France nouvelle, formée de citoyens libres et égaux, se construit.

Des sans-culottes forment une ronde autour d'un arbre orné de cocardes aux couleurs nationales. Ils célèbrent ainsi la fin de la Terreur (septembre 1793 à juillet 1794). Des milliers de personnes ont été guillotinées pendant cette période. Elle prend fin avec l'exécution de Robespierre et de ses partisans, le 9 thermidor an II (28 juillet 1794).

1716 – 1830

Les religions

De nouveaux mouvements religieux apparaissent en Europe et en Amérique. Déçus par les églises traditionnelles, les mormons, les shakers… fondent des sectes indépendantes qui connaissent un grand succès. D'autres dissidents, comme le prêtre anglican John Wesley, appellent, eux, à réformer les églises de l'intérieur.
Dans certaines régions du monde, la politique est indissociable de la religion. En Arabie saoudite, les membres d'un mouvement musulman, les Wahhabites, se donnent ainsi pour but de rassembler tous les Arabes dans un État respectant strictement les préceptes du Coran.
En Inde et en Afrique, les Européens bouleversent les croyances ancestrales en introduisant leurs propres religions.

▶ *Dans l'Angleterre anglicane, les catholiques sont la cible, dans les années 1780, de violentes agressions contre leurs biens et leurs personnes. Ils ne verront reconnaître leurs droits civiques qu'en 1829.*

▶ *La secte américaine des shakers a été fondée en Angleterre en 1774 par Ann Lee. Ses fidèles croient que la « mère Ann » est la réincarnation du Christ.*

◀ *Des hindous fanatiques immolent un voyageur pour honorer Kali, la déesse de la Mort.*

À CETTE ÉPOQUE

1715 Les missionnaires chrétiens sont expulsés de Chine.
1738 En Angleterre, le méthodiste John Wesley commence à prêcher.
1744 Le wahhabisme se répand dans le monde arabe.
1762 En France, le protestant Jean Calas, accusé d'avoir tué l'un de ses fils pour l'empêcher de devenir catholique, est exécuté ; il sera réhabilité en 1765, grâce à Voltaire.
1766 Catherine II instaure la liberté religieuse en Russie.
1781 Le philosophe juif allemand Moses Mendelssohn prône l'intégration des juifs dans la société allemande.
1826 Nouvelle édition des écrits du Chinois Confucius, mort en 479 av. J.-C.

◀ Le mouvement religieux des mormons, ou « église de Jésus-Christ des saints du dernier jour », est fondé aux États-Unis, en 1830, par Joseph Smith. Celui-ci dit avoir reçu un message de Dieu. Ses adeptes s'installent au bord du lac Salé, dans l'Utah, où ils fondent Salt Lake City.

▲ En Afrique, les religions ancestrales reposent sur le culte de la nature. Chaque année, les Achantis célèbrent la récolte de la patate douce par de grandes fêtes.

▲ En réaction contre le ritualisme de l'église anglicane, le prêtre anglican John Wesley fonde le méthodisme et suscite un profond renouveau religieux en Angleterre.

LA RÉVOLTE DES ESCLAVES

Papageno l'oiseleur est l'un des personnages de la Flûte enchantée, le dernier des nombreux opéras composés par Wolfgang Amadeus Mozart. Né en 1756, ce très grand compositeur meurt, dans la pauvreté, à trente-cinq ans.

1791 France : en juin, Louis XVI et la famille royale, qui tentaient de s'enfuir de Paris, sont arrêtés à Varennes. En septembre, le roi accepte la Constitution, qui instaure une monarchie parlementaire.
Canada : Acte constitutionnel ; partage du Canada en deux provinces, l'Ontario, de langue anglaise, et le Québec, de langue française.
Antilles : révolte des esclaves de Haïti conduite par Toussaint Louverture.
Autriche : mort de Mozart.
Russie : Catherine II la Grande conquiert le littoral nord de la mer Noire ; elle y fondera le port d'Odessa en 1794.

1792 Saint Empire : François II devient empereur (jusqu'en 1806).
France : en avril, Rouget de Lisle compose le *Chant de guerre pour l'armée du Rhin*, qui deviendra *la Marseillaise*. En août, prise des Tuileries, arrestation de Louis XVI. En septembre, victoire française de Valmy ; proclamation de la Ire République (22 septembre).
Europe : première coalition d'États européens contre la France révolutionnaire ; batailles de Valmy et de Jemmapes ; les Français repoussent les Prussiens et les Autrichiens qui tentaient d'envahir le pays.
Grande-Bretagne : première utilisation du gaz pour l'éclairage.
Asie : la Chine annexe le Népal.

La révolte des esclaves

Au 18e siècle, les philosophes des Lumières (*voir* pp. 504-505) et les esprits « éclairés » s'émeuvent de la condition des esclaves dans les colonies américaines. Les Européens les ont arrachés d'Afrique pour cultiver leurs vastes plantations de canne à sucre et de coton (*voir* pp. 450-451). Propriété de leurs maîtres, ils n'ont aucun droit et travaillent dans des conditions extrêmement pénibles.

À Paris, en 1789, des députés réclament l'abolition de l'esclavage. Leurs idées se répandent rapidement dans les îles des Antilles, et notamment à Saint-Domingue (aujourd'hui Haïti), où vivent plus d'un

▲ *Chef de la révolte des Noirs de Saint-Domingue, François Dominique Toussaint (1743-1803) a été surnommé Louverture parce qu'il ouvrait des brèches dans les rangs de ses ennemis.*

1791-1792

▼ En 1802, Napoléon Bonaparte rétablit l'esclavage et envoie vingt mille soldats à Saint-Domingue. Après une première série de victoires, les Français sont vaincus en 1803 et l'indépendance de Haïti est proclamée en 1804.

demi-million d'esclaves. En 1791, ceux-ci se soulèvent pour obtenir leur libération. Les raffineries de sucre sont incendiées, les plantations et les belles demeures des colons sont saccagées. L'agitation gagne bientôt toute l'île. Toussaint Louverture, un ancien esclave affranchi, prend la tête de la révolte. Les Noirs finissent par l'emporter : en 1794, à Paris, la Convention abolit l'esclavage dans les colonies françaises.

Six ans plus tard, Toussaint Louverture proclame l'indépendance de l'île. Napoléon Bonaparte, qui a rétabli l'esclavage (voir pp. 543-544), envoie alors une flotte pour reconquérir la colonie. C'est le début d'une terrible guerre. Arrêté, Toussaint est emprisonné en France où il mourra en 1803. Mais la révolte se poursuivra sans lui et l'indépendance de Haïti sera définitivement proclamée en 1804.

▲ Les conditions de travail des esclaves dans les plantations et les raffineries de canne à sucre sont extrêmement pénibles. Les maîtres estiment plus rentable d'acheter souvent de nouveaux esclaves plutôt que de bien traiter ceux qu'ils ont déjà acquis. N'ayant rien à perdre, beaucoup de ces malheureux tentent de s'enfuir.

LES ANGLAIS EN INDE

Les Anglais en Inde

Au cours du 18ᵉ siècle, les Britanniques prennent peu à peu le contrôle de l'Inde (*voir* pp. 494-495). Le commerce entre la Grande-Bretagne et de nombreux pays d'Extrême-Orient est alors entièrement dominé par la très puissante Compagnie anglaise des Indes orientales (*voir* pp. 424-425). Celle-ci emploie de nombreux fonctionnaires, indiens et britanniques. Amis des princes locaux et des empereurs moghols, ces hommes sont des négociateurs habiles et efficaces.

La plupart des Anglais sont venus en Inde pour faire fortune. Les nababs, comme on les appelle, vivent dans le luxe et l'opulence. Ils résident, avec leur famille, dans de somptueuses villas dessinées par des architectes britanniques, font venir leur mobilier d'Angleterre par bateau, organisent de grandes réceptions…

Toutefois, tous les colons ne se

▲ Cette figurine représentant un tigre dévorant un Anglais appartenait au sultan du Mysore, Tippoo Sahib (v. 1749-1799). Allié des Français, celui-ci s'efforça de défendre son royaume contre les Britanniques.

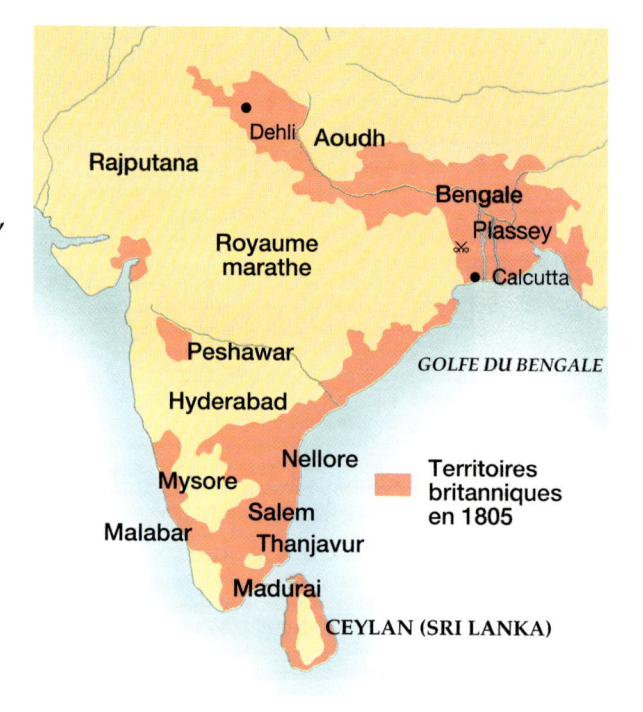

▶ Au début du 19ᵉ siècle, les Anglais contrôlent une grande partie de l'Inde, et notamment la côte sud et la riche région du Bengale, au nord-est.

▼ Le port de Calcutta, fondé par les Britanniques à la fin du 17ᵉ siècle, devient la capitale de l'Inde anglaise en 1722. Il le restera jusqu'en 1912.

conduisent pas ainsi. Certains s'efforcent parfois de mieux connaître le pays. Apprenant à parler et à écrire les langues indiennes, ils adoptent les coutumes locales. En privé, par exemple, ils portent les vêtements traditionnels, mieux adaptés au climat que les costumes européens. Les missionnaires, eux, ne sont pas venus en Inde pour s'enrichir, mais pour convertir les populations au christianisme. Beaucoup d'entre eux, proches des Indiens, fondent des écoles et s'efforcent d'améliorer le sort des plus démunis.

▲ Les marchands et les fonctionnaires de la Compagnie anglaise des Indes orientales vivent dans le luxe et emploient de nombreux domestiques indiens.

1793 France : le roi Louis XVI est guillotiné (21 janvier). En février, début de la guerre de Vendée conduite par les Chouans (royalistes) contre les républicains. Marat est assassiné par Charlotte Corday (2 juin). Le gouvernement révolutionnaire instaure la Terreur (septembre). Le calendrier révolutionnaire est institué (5 octobre). La reine Marie-Antoinette est guillotinée (16 octobre).
Europe : deuxième partage de la Pologne entre la Russie et la Prusse.
Empire ottoman : réforme de l'empire par le sultan Selim III, qui sera renversé en 1807.
Océanie : l'île Bourbon, colonie française, devient l'île de la Réunion.

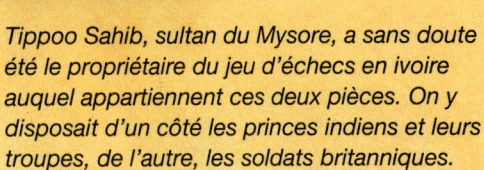

Tippoo Sahib, sultan du Mysore, a sans doute été le propriétaire du jeu d'échecs en ivoire auquel appartiennent ces deux pièces. On y disposait d'un côté les princes indiens et leurs troupes, de l'autre, les soldats britanniques.

1794 France : abolition de l'esclavage dans les colonies (février). Robespierre fait guillotiner les « indulgents », dont Georges Danton et Camille Desmoulins, qui dénoncent les excès de la Terreur (avril). Exécution de Robespierre et de ses partisans (juillet) ; fin de la Terreur et réaction thermidorienne ou bourgeoise. Claude Chappe installe la première ligne de télégraphe aérien.
Pays-Bas : invasion des troupes françaises.

Napoléon Bonaparte

Lorsque Napoléon Bonaparte naît en Corse, en 1769, l'île vient d'être acquise par la France. Boursier du roi, le jeune homme est reçu, à 15 ans, au concours de l'École royale militaire de Paris. La Révolution (*voir* pp. 520-523) fait de lui un patriote. Il se distingue au siège de Toulon : c'est le début d'une fabuleuse carrière.

Sous le Directoire, l'appui du gouvernement lui permet de révéler son audace et son génie militaire. Le 13 vendémiaire (5 octobre) 1795, il écrase une insurrection royaliste à Paris. Devenu le « général

NAPOLÉON
(1769-1821)

La vie de Napoléon Bonaparte, issu de la petite noblesse corse, a fait l'objet d'innombrables récits. Exilé à Sainte-Hélène, l'empereur des Français a lui-même dicté ses *Mémoires*. Publiés après sa mort, ils ont largement contribué à construire sa légende.

▲ En 1796, Napoléon épouse Joséphine de Beauharnais (ci-dessus). Il la répudiera en 1809 pour épouser Marie-Louise d'Autriche.

▼ Le 18 brumaire an VIII (9 novembre 1799), Napoléon prend le pouvoir par un coup d'État. Il s'attache aussitôt à « restaurer l'ordre et la loi en France ».

▼ *De nombreux savants – mathématiciens, géographes, archéologues…– participent à l'expédition d'Égypte. Leurs travaux vont permettre au monde de découvrir la civilisation égyptienne. Cette assiette fait partie d'un service dessiné pour Napoléon.*

Vendémiaire », il se voit confier le commandement de l'armée d'Italie (1796) et de l'expédition d'Égypte, dirigée contre l'Angleterre (1798-1799).

En 1799, apprenant que la guerre contre la France a repris en Europe, Bonaparte abandonne son armée en Égypte et rentre à Paris. Le 18 brumaire (9 novembre), il prend le pouvoir par un coup d'État. Devenu Premier consul, il concentre bientôt tous les pouvoirs entre ses mains. Administration, finances, affaires étrangères… : rien ne lui échappe. Il nomme des préfets à la tête des départements, fonde la Banque de France, crée les lycées fait rédiger le Code civil… En 1804, il se fait sacrer empereur des Français. Maître absolu du pays, fondateur de l'État moderne, Napoléon Ier va conquérir l'un des plus vastes et des plus éphémères empires européens (*voir* pp. 532-533).

1795-1796

1795 France : adoption de la Constitution de l'An III ; instauration d'un nouveau régime, le Directoire (jusqu'en 1799). Napoléon Bonaparte réprime l'émeute du 13 vendémiaire (5 octobre). Nicolas Appert améliore son procédé de conservation des aliments par chauffage en milieu clos.
Europe : la France annexe la Belgique (jusqu'en 1815). Troisième partage de la Pologne entre l'Autriche, la Prusse et la Russie ; disparition du pays.
Asie : la Grande-Bretagne annexe l'île de Ceylan (l'actuelle Sri Lanka).
Afrique de l'Ouest : le voyageur écossais Mungo Park explore le fleuve Niger.

1796 Russie : Paul Ier devient tsar (jusqu'en 1801).
France : Napoléon Bonaparte épouse Joséphine de Beauharnais et prend le commandement de l'armée d'Italie. Après une campagne fulgurante, il écrase les Piémontais et les Autrichiens.
Grande-Bretagne : le médecin Edward Jenner, qui a découvert le principe de la vaccination, réalise la première inoculation contre la variole.
Allemagne : l'Autrichien Alois Senefelder invente le procédé de la lithographie.
Chine : abdication de l'empereur Qianlong.

Ce drapeau est celui de l'un des régiments de l'armée napoléonienne.

LES GUERRES NAPOLÉONIENNES

1797 Europe : traité de Campoformio entre la France et l'Autriche après les victoires de Bonaparte en Italie ; il donne à la France les Pays-Bas autrichiens, l'actuelle la Belgique et les îles Ioniennes, assure sa mainmise sur le Milanais et sur la rive gauche du Rhin.
Prusse : Frédéric-Guillaume III devient roi (jusqu'en 1840).
1798 Égypte : début de la campagne d'Égypte, conduite par Napoléon Bonaparte.

Ce dessin britannique de 1803 montre Napoléon Bonaparte chevauchant la planète. Le minuscule personnage qui tente de le désarçonner représente l'Angleterre.

1799 France : coup d'État du 18 brumaire (9 novembre) ; Napoléon Bonaparte renverse le Directoire et instaure le Consulat (jusqu'en 1804). Deuxième coalition de pays européens contre la France.
Égypte : découverte de la pierre de Rosette, qui permettra à Champollion de déchiffrer les hiéroglyphes en 1822.
Inde : Tippoo Sahib, sultan du Mysore, est tué dans un combat contre les Anglais.
1800 Rome : Pie VII est élu pape (jusqu'en 1823).
France : fondation de la Banque de France.
États-Unis : Washington devient la capitale fédérale des États-Unis ; inauguration de la Maison-Blanche.
Italie : Alessandro Volta invente la pile électrique.
Grande-Bretagne : union de la Grande-Bretagne et de l'Irlande ; naissance du Royaume-Uni.

Les guerres napoléoniennes

Napoléon Ier, brillant stratège, consacre une grande partie de son règne à la guerre. De 1805 à 1811, les victoires de la Grande Armée, totalement dévouée à l'Empereur, étendent démesurément les frontières de l'Empire français.

L'Angleterre multiplie les coalitions sur le continent, mais, au début, les Français remportent victoire sur victoire. Au terme d'une campagne éclair, l'Autriche et la Russie sont vaincues à Austerlitz le 2 décembre 1805. La Prusse est battue à Iéna en 1806 ; Alexandre Ier de Russie est vaincu à Friedland, en 1807. Rien ne semble devoir arrêter Napoléon, qui distribue aux membres de sa famille des royaumes dans toute l'Europe. L'Angleterre, soumise à une guerre

◀ *En 1802, Napoléon Bonaparte institue l'ordre de la Légion d'honneur. Celui-ci, qui comprend cinq classes, récompense aussi bien les civils que les militaires. Les membres de l'ordre reçoivent une décoration. La croix du premier Empire (ci-contre) est à l'effigie de Napoléon.*

532

1797-1800

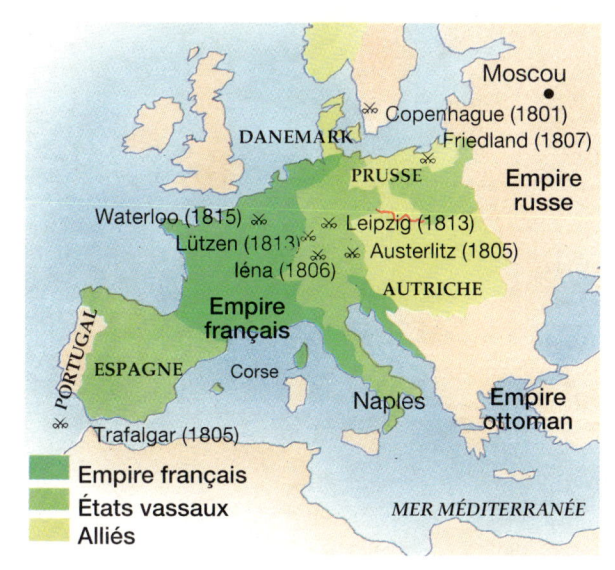

économique (le Blocus continental), reste seule face à la France ; elle entretient contre elle toutes les oppositions possibles.

Napoléon se consacre alors à l'édification d'un empire qui s'étendra sur la presque totalité de l'Europe occidentale et comptera, en 1810, cent trente départements et plusieurs États vassaux. Cependant, la domination impériale fait naître des résistances. En 1808, les Espagnols se révoltent. Une longue et épuisante guerre commence ; elle ne s'achèvera qu'avec la chute de l'Empire (voir p. 542).

◄ En 1811, de la Prusse, au nord, jusqu'à l'Italie, au sud, la presque totalité de l'Europe occidentale est sous le contrôle de Napoléon Ier et des membres de sa famille. Alexandre Ier de Russie est allié aux Français depuis 1807.

▼ La bataille d'Austerlitz (2 décembre 1805), qui oppose les Français à une coalition austro-russe, est un modèle de victoire napoléonienne. Plus de 150 000 hommes sont engagés dans le combat. Fin stratège, l'Empereur pousse ses adversaires à abandonner leur position dominante, puis s'empare de celle-ci d'où il lance de vastes manœuvres débordantes. Le soir, il peut dire à ses troupes : « Soldats, je suis content de vous ».

NELSON
(1785-1805)

Souveraine sur mer, l'Angleterre résiste aux ambitions impériales. L'amiral Nelson remporte notamment sur les Français les victoires d'Aboukir (1798), de Copenhague (1801) et de Trafalgar (1805), où il trouve la mort.

1716 – 1830

Les sciences et les techniques

Au cours du 18ᵉ siècle, le développement scientifique se traduit par une véritable révolution des techniques. Les travaux des mathématiciens, des philosophes, des chimistes, des médecins, des physiciens, etc., font faire de grands progrès aux connaissances scientifiques. Dans le même temps, des ingénieurs et des inventeurs mettent au point de nouvelles machines qui sont à l'origine de la révolution industrielle (*voir* pp. 490-491) et bouleversent les transports, les communications, les modes de vie traditionnels… Au début du 19ᵉ siècle, on commence également à expérimenter une nouvelle forme d'énergie : l'électricité.

▲ En 1752, l'Américain Benjamin Franklin (1706-1790) attache une clé en métal à la queue d'un cerf-volant surmonté d'une pointe métallique. Lorsque celle-ci est touchée par la foudre, la clef produit des étincelles. C'est la preuve que la foudre est de l'électricité.

▼ En 1801, le Français Joseph-Marie Jacquard fabrique un métier à tisser qui permet de reproduire des motifs grâce à un programme inscrit sur des cartes perforées.

▲ Au début du 19ᵉ siècle, l'Anglais Michael Faraday invente une dynamo qui permet de produire un courant électrique continu.

◄ En 1735, le Britannique John Harrison réalise le premier chronomètre de marine fiable. Grâce à cet instrument, qui permet de connaître à tout instant l'heure du port de départ, les marins calculent précisément leur longitude.

▲ L'Italien Alessandro Volta met au point la première pile électrique en 1800. Une invention appelée à un grand avenir !

▲ Sous la Révolution, la France adopte le système décimal des poids et mesures. Les volumes sont désormais mesurés en litres, les masses en grammes et les longueurs en mètres.

◀ Les sciences de la vie progressent. Le naturaliste suédois Carl von Linné (1707-1778) définit et classe plusieurs milliers d'espèces animales et végétales.

▼ La *Méthode de Nomenclature chimique,* publiée en 1787, a été mise au point par Lavoisier et ses amis. Elle est à l'origine du langage chimique tel que nous l'apprenons encore aujourd'hui, et représente une vraie révolution de la chimie.

À CETTE ÉPOQUE

- **1737** Le Français Jacques de Vaucanson réalise son premier automate ; il joue de la flûte.
- **1764-1775** James Watt fait considérablement progresser les machines à vapeur qui deviennent vraiment efficaces. Les moteurs de la révolution industrielle sont au point.
- **1785** En Angleterre, première filature utilisant une machine à vapeur.
- **1801** L'astronome français Joseph Lalande publie un catalogue de 47 390 étoiles connues.
- **1823** La découverte du benzol par le chimiste écossais Charles Mackintosh rend possible la fabrication de vêtements imperméables.

▲ Le Français Antoine Laurent de Lavoisier (1743-1794) est l'un des fondateurs de la chimie moderne.

L'INDÉPENDANCE DE L'AMÉRIQUE LATINE

1801 Russie : Alexandre Ier devient tsar (jusqu'en 1825).
États-Unis : Thomas Jefferson devient président (jusqu'en 1809).
France : Napoléon Bonaparte signe un concordat avec le pape Pie VII.

1802 France : Bonaparte est nommé consul à vie ; il rétablit l'esclavage et institue l'ordre de la Légion d'honneur.
Naissance de Victor Hugo (mort en 1885).

1803 États-Unis : achat de la Louisiane à la France.
France : création du « franc germinal », unité monétaire française.

1803-1818 Inde : guerre marathe ; victoire des Anglais sur les Marathes.

1804 Afrique de l'Ouest : le chef musulman des Peuls, Ousmane dan Fodio, fonde l'empire du Sokoto (au Nigeria) ; il conquiert des cités haoussa.
France : Bonaparte proclame le premier Empire (jusqu'en 1814) ; il devient Napoléon Ier, empereur des Français.

1805 Égypte : Méhémet-Ali devient vice-roi d'Égypte (jusqu'en 1848).
Europe : troisième coalition contre la France, formée par la Grande-Bretagne, l'Autriche et la Russie. Bataille d'Austerlitz ; victoire de Napoléon sur l'Autriche et la Russie. Bataille de Trafalgar ; victoire de l'amiral britannique Nelson sur la flotte franco-espagnole.

1806 Europe : quatrième coalition contre la France. Bataille d'Iéna ; victoire de Napoléon, qui dissout le Saint Empire. Blocus continental ; Napoléon interdit dans les ports continentaux tout commerce avec la Grande-Bretagne.
Afrique du Sud : les Anglais prennent Le Cap aux Hollandais.

1807 Grande-Bretagne : abolition de l'esclavage au sein de l'empire colonial britannique.
Europe : Napoléon envahit le Portugal.

1808 Europe : Napoléon envahit l'Espagne.

1809 Europe : cinquième coalition contre la France. Bataille de Wagram ; victoire de Napoléon sur l'Autriche.
Amérique latine : soulèvement de l'Équateur contre les Espagnols.

1810 Amérique latine : soulèvement de l'Argentine, qui proclamera son indépendance en 1816.

L'indépendance de l'Amérique latine

À la fin du 18e siècle, l'Espagne et le Portugal dominent encore de vastes empires en Amérique du Sud et en Amérique centrale. Les territoires espagnols, rassemblés en quatre vices-royaumes, s'étendent sur plus de 10 millions de km^2, du Mexique, au nord, jusqu'au cap Horn, au sud ; à l'ouest, les colonies portugaises forment la vice-royauté du Brésil.

En Europe, Napoléon Ier (*voir* pp. 530 à 533 et 542) envahit le Portugal en 1807 et l'Espagne en 1808. Pendant cinq ans, la guerre d'Espagne oppose les troupes françaises à une coalition anglaise, espagnole et portugaise. Cet engagement des métropoles va permettre aux colonies américaines de s'affranchir de leur tutelle.

L'Argentine se libère de la domination espagnole en 1810, suivie du Venezuela en 1811, du Paraguay en 1813, du Chili en 1818, de la Colombie en 1819, du Pérou

▼ *Le général argentin José de San Martín (à gauche) franchit la cordillère des Andes et libère le Chili. Rejoignant Bolivar, il contribue à l'indépendance du Pérou et reçoit le titre de « Protecteur ».*

SIMON BOLIVAR
(1783-1830)

Grand libérateur de l'Amérique latine, Simon Bolivar affranchit le Venezuela et la Nouvelle-Grenade (Colombie). Il érige ces pays, avec l'Équateur, en république sous le nom de Grande-Colombie.

JOSÉ DE SAN MARTIN
(1778-1850)

Le général argentin José de San Martín libère l'Argentine, le Chili et devient Protecteur du Pérou. En désaccord avec Bolivar, il démissionne, puis s'exile. Il meurt en France sans avoir revu son pays.

▲ En 1824, Bolivar et son lieutenant Antonio José de Sucre écrasent les Espagnols à Ayacucho, au Pérou. Cette victoire consacre l'indépendance du pays.

▶ En 1830, presque toute l'Amérique latine est indépendante. La date retenue est celle de la libération de la domination espagnole ou portugaise ; celle-ci précède parfois de quelques années l'indépendance réelle.

MEXIQUE 1821
CONFÉDÉRATION D'AMÉRIQUE CENTRALE 1821-1838
GUYANE britannique hollandaise française
VENEZUELA 1811
COLOMBIE 1819
ÉQUATEUR 1830
PÉROU 1821
BRÉSIL 1822
BOLIVIE 1825
PARAGUAY 1813
CHILI 1818
URUGUAY 1828
ARGENTINE 1810

et du Mexique en 1821. En 1822, le Brésil s'émancipe à son tour du joug portugais et offre au fils du roi du Portugal de devenir son premier empereur.

L'autonomie des pays d'Amérique du Sud et centrale doit beaucoup à deux hommes énergiques, José de San Martin et Simon Bolivar. Chef de l'armée argentine, le premier libère le Chili et contribue à l'indépendance du Pérou. Bolivar, lui, émancipe le Venezuela puis marche vers le sud et libère peu à peu un immense territoire. Il donne notamment son nom à la Bolivie, créée en 1825 sur le territoire du Pérou. Fondateur de la Grande-Colombie (Colombie, Venezuela, Équateur), il ne parvient cependant pas à réaliser son vaste projet : unifier tous ces États latins en une large confédération, sur le modèle des États-Unis d'Amérique. À sa mort, en 1830, presque toute l'Amérique latine est indépendante.

Américains contre Anglais

Au début du 19ᵉ siècle, les États-Unis sont en plein développement. Les Américains souhaitent réunir sous la bannière de l'Union toutes les colonies d'Amérique du Nord. Petit à petit, de nombreux États rejoignent les États fondateurs. À la fin de la guerre d'Indépendance (*voir* pp. 518-519), le pays couvre près de 2,1 millions de km². En 1803, l'acquisition de la Louisiane, achetée à la France, fait plus que doubler sa superficie et étend le territoire vers l'ouest.

L'Angleterre, toutefois, entend conserver la domination du Canada. En 1812, une seconde guerre d'indépendance éclate entre les Américains et les Anglais, soutenus par des tribus indiennes qui entendent, elles aussi, défendre l'intégrité de leurs possessions territoriales.

Les Britanniques ont l'avantage sur terre. Ils prennent notamment Washington, la capitale fédérale

ANDREW JACKSON (1767-1845)

Sénateur du Tennessee (1797), Andrew Jackson est l'un des grands généraux américains de la seconde guerre d'Indépendance. Membre du parti démocrate, il sera le septième président des États-Unis (1829-1837) et marquera son époque en renforçant l'autorité présidentielle.

TECUMSEH (v. 1768-1813)

Chef indien de la tribu des Shawnees, né dans la région de l'Ohio, Tecumseh s'efforce, en vain, de trouver un compromis avec les Américains implantés sur son territoire. Pendant la seconde guerre d'indépendance, en 1812, il lutte aux côtés des Anglais contre les troupes des États-Unis.

▼ *En septembre 1813, les Américains écrasent les Anglais sur le lac Érié. Le drapeau des États-Unis est alors composé de treize bandes rouges et blanches, rappelant les États fondateurs, et d'un rectangle bleu étoilé ; chaque fois qu'un État entre dans l'Union, une nouvelle étoile est ajoutée.*

▲ *En 1814, les Anglais attaquent le port de Baltimore, au fond de la baie Chesapeake. La population résiste avec courage aux bombardements pendant 24 heures et refuse de se rendre.*

des États-Unis. Les Américains, eux, remportent plusieurs batailles sur mer et dans la région des Grands Lacs. En décembre 1814, le conflit s'achève, sans vainqueur ni vaincu. Il faut cependant attendre quatre ans pour que soit signé un accord fixant définitivement la frontière entre les États-Unis et le Canada britannique. Dès lors, les Américains vont étendre leur territoire vers le sud, d'abord, puis, bientôt, vers l'ouest. En moins de cinquante ans, les pionniers gagneront la côte de l'océan Pacifique, chassant les Indiens de leurs territoires au fur et à mesure de leur progression (*voir* p. 556).

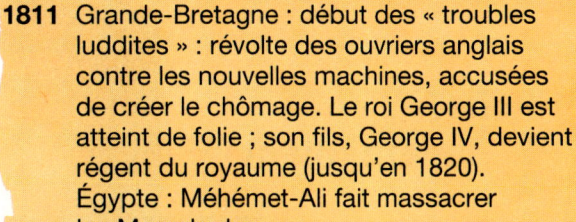

1811-1813

1811 Grande-Bretagne : début des « troubles luddites » : révolte des ouvriers anglais contre les nouvelles machines, accusées de créer le chômage. Le roi George III est atteint de folie ; son fils, George IV, devient régent du royaume (jusqu'en 1820).
Égypte : Méhémet-Ali fait massacrer les Mamelouks.
Allemagne : les Krupp installent une aciérie à Essen.
Amérique latine : Francisco de Miranda et Simon Bolivar proclament l'indépendance du Venezuela.

1812 Europe : Napoléon conduit la Grande Armée en Russie. Les troupes françaises entrent dans Moscou, mais doivent bientôt faire retraite ; la Grande Armée est décimée par le froid, la faim, les attaques des cosaques russes.
Allemagne : les frères Grimm réunissent les *Contes d'enfants et du foyer*.

1812-1814 États-Unis : guerre contre la Grande-Bretagne, qui veut interdire le commerce américain dans les Caraïbes.

1813 États-Unis : les troupes américaines prennent Toronto et Fort Saint-George aux Britanniques.
Europe : sixième coalition contre la France, formée par la Grande-Bretagne, l'Autriche, la Prusse, la Russie et la Suède. Bataille de Leipzig ; défaite des Français, qui perdent l'Allemagne.
Grande-Bretagne : la romancière Jane Austen publie *Orgueil et Préjugés*.

Sur ce dessin, paru pendant la guerre anglo-américaine de 1812, les guêpes représentent la marine américaine. Elles s'attaquent à un personnage qui symbolise l'Angleterre.

1716 – 1830

Société et gouvernement

Au 18ᵉ siècle, les gouvernements luttent avec plus ou moins de succès pour garder leur pouvoir traditionnel. Le peuple, lui, se bat pour se voir reconnaître des droits politiques qui, jusqu'alors, lui ont été refusés.
En France, la Déclaration des droits de l'homme et du citoyen, adoptée en 1789, proclame que les droits naturels et imprescriptibles de l'homme sont la liberté, l'égalité, la propriété, la sécurité et la résistance à l'oppression.
À l'absolutisme s'oppose la souveraineté de la nation ; à l'arbitraire, la loi, expression de la volonté générale : la société moderne est fondée.

▲ En 1808, le peuple de Madrid se soulève contre les Français ; la répression est atroce. L'événement a inspiré à Goya ce célèbre tableau.

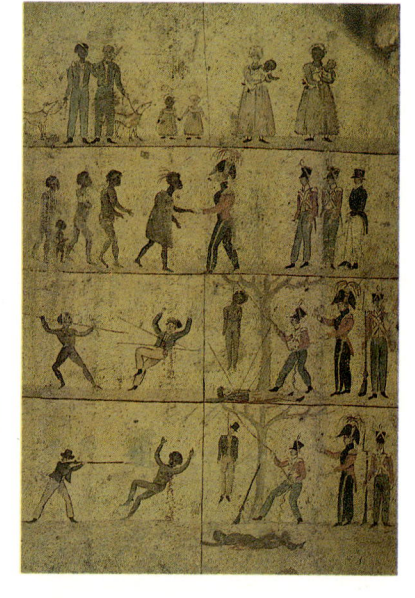

▶ Au 18ᵉ siècle, dans les villes, la misère frappe une population de plus en plus large. Les prix montent plus vite que les salaires ; les mendiants sont de plus en plus nombreux. Plusieurs hôpitaux sont créés pour accueillir les pauvres et les malades, mais aussi les sans-abri et les vieillards qui n'ont aucun parent pour les aider.

▲ Ce message en images a été remis en 1816 aux Tasmaniens par le gouverneur britannique. Il affirme que les indigènes et les colons seront traités à égalité, punis de la même façon. En réalité, les Tasmaniens ont été exterminés en quatre-vingts ans. Aujourd'hui, il n'en reste aucun.

▲ En Russie, le servage est autorisé par la loi. Propriété de leur maître, les serfs doivent parfois aller travailler très loin de leur foyer. Ceux-ci ont été envoyés en Finlande.

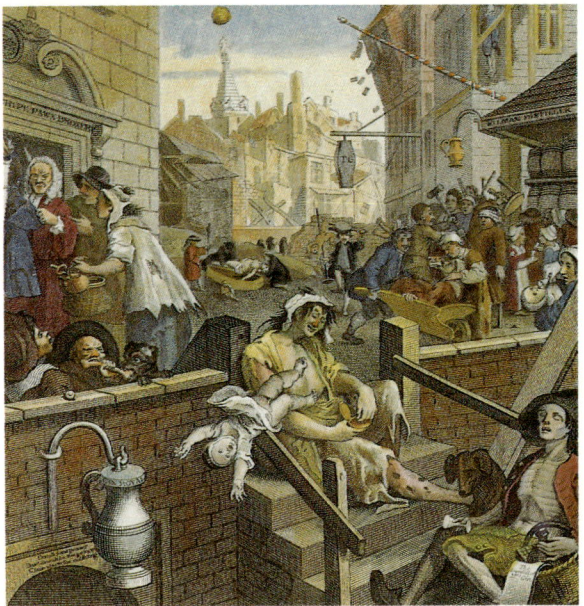

▶ Ce tableau du peintre britannique William Hogarth (1697-1764) donne une vision terrible de la misère du peuple et des ravages de l'alcoolisme.

▼ La criminalité augmente. À Londres, une police spéciale (ci-dessous) est formée en 1740 ; en France, un ministère de la Police générale est créé en 1796.

À CETTE ÉPOQUE

1774 En Suisse, le pédagogue Pestalozzi fonde un établissement qui accueille les enfants abandonnés.

1788 L'augmentation du prix du pain provoque des émeutes en France.

1794 La Convention abolit l'esclavage dans les colonies françaises. Napoléon le rétablira en 1802.

1802 En Grande-Bretagne, une loi interdit de faire travailler plus de 12 heures par jour les enfants de moins de neuf ans dans les manufactures.

▲ Le calendrier républicain est adopté en France en 1793. Les douze mois de l'année comptent tous trente jours et portent de nouveaux noms : ventôse (ci-dessus, en haut), frimaire (ci-dessus, en bas), vendémiaire, thermidor… Ce calendrier sera aboli le 1er janvier 1806.

▲ Les premiers bagnards anglais condamnés aux travaux forcés et à la déportation débarquent en Australie à la fin du 18e siècle ; ceux-ci arrivent à Sydney en 1830.

La chute de Napoléon

En 1810, malgré la guerre d'Espagne qui se poursuit (*voir* p. 533), Napoléon Ier semble invincible. Une nouvelle fois vainqueur des Autrichiens à Wagram (1809), il a épousé Marie-Thérèse d'Autriche, qui lui a donné un fils. Sa succession est désormais assurée.

Toutefois, si l'Empire est puissant, il est aussi fragile. En 1812, la campagne de Russie amorce son déclin. Attaqués par Napoléon, les Russes contraignent bientôt la Grande Armée, entrée victorieuse dans Moscou, à entamer une retraite qui tourne vite au désastre.

L'Europe en profite pour se liguer contre Napoléon. À l'issue de la défaite de Leipzig (1813), la France est envahie. Tandis que le Congrès de Vienne s'apprête à dessiner une nouvelle carte de l'Europe, l'Empereur, vaincu, est exilé à l'île d'Elbe. Il s'en évade pour une équipée qui durera cent jours. Défait à Waterloo (1815), Napoléon abdique ; prisonnier des Anglais à Sainte-Hélène, il meurt en 1821.

BLÜCHER
(1742-1819)

Le maréchal prussien Blücher von Wahlstatt est, avec l'Anglais Wellington, l'un des artisans de la victoire anglo-prussienne de Waterloo. L'arrivée de son armée sur le champ de bataille, alors que les forces françaises semblent l'emporter, donne l'avantage aux Anglais. Son courage lui a valu le surnom de « maréchal Vorwärts » (« En avant ! »).

LE CONGRÈS DE VIENNE

Après la chute de Napoléon Ier, le Congrès de Vienne (1814-1815) dresse la carte de l'Europe moderne. La Grande-Bretagne y est représentée par Castlereagh, la Prusse par Frédéric Guillaume III, l'Autriche par Metternich, la Russie par Alexandre Ier, la France par Talleyrand, ministre de Louis XVIII (*voir* pp. 546-547). Les débats sont dominés par l'Autriche, qui joue l'arbitre de la paix. Toutefois, les nouvelles frontières, dessinées sans respect des identités nationales, seront vite discutées.

▼ Le 18 juin 1815, Napoléon Ier livre sa dernière bataille dans la plaine de Waterloo, en Belgique. Les Anglais et les Prussiens infligent une lourde défaite à la Grande Armée. Ce désastre met définitivement fin au premier Empire.

Le sort des esclaves

Au 18ᵉ siècle, rares sont ceux qui s'émeuvent du sort des esclaves. La majorité des Européens estiment alors que la traite des Noirs (voir pp. 450-451) est une solution nécessaire au manque de main-d'œuvre dans les colonies. D'un point de vue strictement économique, le commerce triangulaire est d'ailleurs une bonne affaire pour les gouvernements anglais, français, hollandais, espagnol et portugais, qui s'enrichissent grâce aux taxes perçues sur les produits coloniaux. En Amérique du Nord, l'esclavage a également permis le développement spectaculaire des États du Sud qui accueillent alors d'immenses plantations de coton.

Pourtant, tout au long du siècle, des voix s'élèvent pour condamner l'esclavage. Pour les philosophes des Lumières

▼ Du 16ᵉ au 19ᵉ siècle, plus de 15 millions d'Africains ont été déportés en Amérique. Ils sont soumis à un travail accablant et étroitement surveillés.

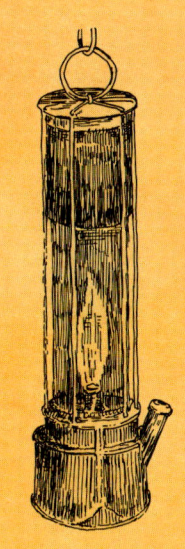

1814-1815

C'est en 1815 que le physicien britannique Humphry Davy a conçu la lampe de sûreté pour les mineurs. Elle permet d'éviter les coups de grisou (explosion de gaz au contact d'une flamme) grâce à son double grillage métallique.

1814 France : la Russie et l'Autriche envahissent la France ; Napoléon abdique et part en exil sur l'île d'Elbe. Louis XVIII est roi de France ; début de la première Restauration (jusqu'en 1815).
Grande-Bretagne : George Stephenson construit sa première locomotive à vapeur.

1815 France : Napoléon rentre en France (mars) et gouverne pendant les Cent-Jours ; Louis XVIII quitte le pays.
Europe : dernière coalition contre la France. Bataille de Waterloo (juin) ; battu, Napoléon abdique à nouveau. Louis XVIII retrouve son trône (jusqu'en 1824). Le Congrès de Vienne réorganise l'Europe ; les Provinces-Unies et les Pays-Bas autrichiens sont réunis et forment le royaume des Pays-Bas ; la neutralité de la Suisse est reconnue.
Inde : les Anglais restituent Pondichéry aux Français.

Les soldats britanniques qui ont participé à la bataille de Waterloo en juin 1815 ont reçu cette médaille commémorative.

LE SORT DES ESCLAVES

◀ En Amérique, des publicités annonçant des ventes aux enchères d'esclaves sont régulièrement publiées dans les journaux. Celle-ci affirme que toutes les précautions ont été prises pour garder les « nègres » en bonne santé.

▼ Certains esclaves parviennent parfois à s'enfuir. Ces fugitifs sont appelés « marrons ». Ils se réfugient, en bande, dans des régions isolées et difficiles d'accès. Ils s'efforcent de se procurer des armes afin de pouvoir défendre leur liberté toujours menacée.

VICTOR SCHŒLCHER
(1804-1893)

Grand bourgeois d'esprit libéral, Victor Schœlcher a beaucoup voyagé dans les colonies françaises. Sous-secrétaire d'État à la Marine, il se fait l'apôtre de la suppression de l'esclavage et préside la commission du décret d'abolition. Grâce à son action, les esclaves sont libérés en 1848.

(*voir* pp. 504-505), cette pratique qui nie la dignité humaine est inadmissible. « L'homme est né libre, et partout il est dans les fers », déplore Jean-Jacques Rousseau. Quant à Montesquieu qui, pour défendre ses idées, utilise souvent l'ironie, il ridiculise les négriers en leur faisant dire : « [les esclaves] sont noirs depuis les pieds jusqu'à la tête, et ils ont le nez si écrasé qu'il est presque impossible de les plaindre. »

La France est la première à abolir l'esclavage en 1794. Cependant, Napoléon Bonaparte le rétablit en 1802, provoquant l'insurrection de Saint-Domingue (*voir* pp. 526-527). En Amérique, une révolte d'esclaves conduite par Nat Turner suscite une réaction très dure des planteurs de Virginie. Ce problème creuse peu à peu un fossé entre le Nord, antiesclavagiste, et le Sud, qui défend ses intérêts et son mode de vie.

La solution est finalement apportée au cours du

◀ À bord des navires, les esclaves sont entassés dans des conditions inimaginables. Pour augmenter leurs profits, les négriers s'efforcent d'utiliser au maximum la place disponible. Beaucoup de Noirs meurent pendant la traversée.

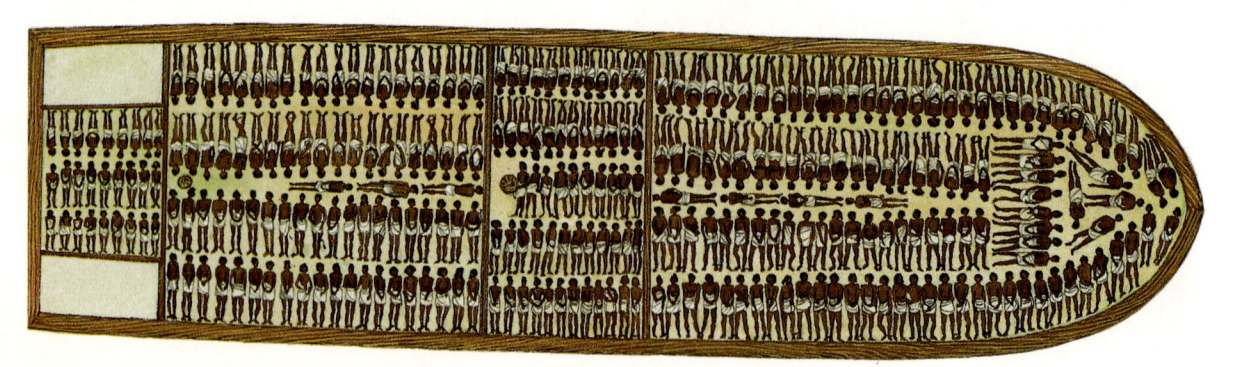

▲ *En Afrique, ces esclaves enchaînés attendent d'être achetés par un marchand européen. L'enclos où ils sont parqués est gardé par des hommes armés.*

19ᵉ siècle en deux étapes. La traite des Noirs est interdite par l'Angleterre (1807) grâce à l'action du député William Wilberforce (1759-1833). La France interdit, elle aussi, cette pratique en 1815. L'esclavage, lui, sera définitivement aboli par les Anglais en 1833 et par les Français en 1848. De nombreux pays suivent leur exemple. Le mouvement abolitionniste gagne notamment les États-Unis, qui libéreront leurs esclaves au terme de la guerre de Sécession (*voir* pp. 582-583) en 1865.

▲ *Accusé d'avoir assassiné son maître, Nat Turner prend la tête d'une révolte d'esclaves en Virginie, en 1831. Capturé, il sera pendu.*

1816-1817

1816 France : le physicien Nicéphore Niepce invente la photographie en chambre noire.
Allemagne : le prince de Metternich préside la nouvelle Confédération germanique.
Grande-Bretagne : à Londres, le British Museum expose les sculptures du Parthénon rapportées de Grèce par le comte d'Elgin en 1801.

Ce dessin reproduit une peinture de 1820 qui montre des Indiens de la pampa argentine devant une boutique d'articles de chasse.

En 1801, le comte d'Elgin a rapporté en Angleterre une partie de la célèbre frise des Panathénées, des sculptures qui ornaient le Parthénon d'Athènes. Aujourd'hui, les Grecs demandent la restitution de ces œuvres.

1817 Serbie : Milos Obrenovic devient roi (jusqu'en 1839) ; il obtient des Ottomans l'indépendance de son pays.
États-Unis : James Monroe devient président des États-Unis (jusqu'en 1825).
Autriche : le musicien Franz Schubert compose la *Truite*.
Grande-Bretagne : révolte des ouvriers de Manchester et de Derby contre les bas salaires.

545

La Restauration

En 1815, après la chute de Napoléon Ier (*voir* p. 542), Louis XVIII, l'un des frères de Louis XVI, monte sur le trône de France. Le nouveau régime, qui restaure la monarchie, prend le nom de Restauration. Toutefois, si les rois reviennent, leur pouvoir est beaucoup plus limité que sous l'Ancien Régime ; le souverain doit ainsi gouverner avec deux assemblées et respecter une Constitution, la Charte.

Pendant près de dix ans, Louis XVIII s'efforce de faire respecter les lois du nouveau régime. En revanche, son frère, Charles X, qui lui succède en 1824, a

L'ÈRE DES MACHINES

Sous la Restauration, la révolution industrielle, née en Angleterre, gagne la France. Des machines à vapeur sont installées dans les usines. Les ouvriers sont de plus en plus nombreux. Ils vivent dans des conditions très difficiles. Ils n'ont pas le droit de s'unir pour former des syndicats, ni de faire grève pour obtenir une amélioration de leur sort. Peu à peu, des penseurs politiques comme Claude Henri de Saint-Simon (1760-1825) ou Charles Fourier (1772-1837) proposent de reconstruire la société sur des bases plus raisonnables, plus justes. Leurs idées seront reprises par de nombreux réformateurs qui prendront, au milieu du 19e siècle, le nom de socialistes.

▼ *À Paris, les Halles (ici, vers 1828) abritent depuis le Moyen Âge le marché central des denrées alimentaires. Très animées, elles sont le centre des activités de la cité, le « ventre de Paris ».*

LOUIS XVIII
(1755-1824)

Frère de Louis XVI, Louis XVIII restaure la monarchie en 1814, mais doit s'enfuir pendant les Cent-Jours. Il monte de nouveau sur le trône en 1815, après l'abdication définitive de Napoléon Ier. Dépourvu de prestige personnel, il tente de contenir les « ultras », qui voudraient restaurer la monarchie absolue et l'Ancien Régime.

CHARLES X
(1757-1836)

Frère de Louis XVI et de Louis XVIII, chef du parti ultraroyaliste, Charles X devient roi de France en 1824. Attaché à la monarchie absolue, il refuse d'admettre que les temps ont changé et se rend très vite impopulaire. La révolution de 1830 le chasse du pouvoir. Contraint de s'exiler, il mourra six ans plus tard, sans avoir revu la France.

des idées très différentes sur la manière dont un souverain gouverne. Pour lui, un roi doit avoir tous les pouvoirs puisqu'il est l'élu de Dieu. Charles X est soutenu par les ultraroyalistes, qui voudraient restaurer la monarchie absolue, et il confie le pouvoir à leur chef, le prince de Polignac. Affirmant sa volonté de régner sans contrôle, il prend de nombreuses mesures autoritaires et dissout la Chambre des députés.

Mais la France a beaucoup changé en quelques années. Les Français sont de plus en plus nombreux à refuser cette politique. Pour faire diversion, Charles X engage la conquête de l'Algérie en 1830. Moins d'un mois plus tard, la révolution éclate à Paris (*voir* p. 553).

1818-1819

Présentée au public en 1808, la locomotive de l'ingénieur britannique Richard Trevithick peut rouler à plus de 20 kilomètres à l'heure ! Elle est baptisée Catch me who can *(M'attrape qui peut).*

1818 Afrique australe : fondation de l'empire du Zoulouland.
Amérique latine : le Chili, colonie espagnole, devient indépendant.
Grande-Bretagne : parution de *Frankenstein*, roman d'épouvante de Mary Shelley.
France : création de la Caisse d'épargne de Paris.

1819 Asie : les Britanniques annexent Singapour.
Grande-Bretagne : le romancier Walter Scott publie son roman historique *Ivanhoé*. Après avoir fait violemment réprimer une manifestation politique (massacre de Peterloo), le gouvernement adopte des lois répressives.
France : le peintre Géricault expose le *Radeau de la Méduse*.
Danemark : le physicien Hans Christian Oersted découvre le champ magnétique.
États-Unis : rachat de la Floride à l'Espagne ; l'Alabama rejoint également l'Union.

Un moteur à vapeur entraîne la locomotive de Trevithick.

1716 – 1830

Le commerce

Au 18ᵉ siècle, les matières premières et des produits finis arrivent par bateau des colonies lointaines vers les manufactures et les marchés d'Europe. Les gouvernements promulguent des lois protectionnistes et les marchands et les industriels réalisent de gros profits. Les lois sont toutefois rarement à l'avantage des colonies. Celles-ci exportent d'énormes quantités de marchandises, mais elles ne reçoivent en retour que peu de bénéfices ; en revanche, elles sont contraintes d'acheter nombre de produits de première nécessité : leur économie s'en trouve déséquilibrée. En Europe, l'intensification des échanges favorise l'apparition de bourses et de sociétés d'assurances. Les banques émettent des chèques et le papier-monnaie se répand à la fin du 18ᵉ siècle.

▲ Chasse à la baleine vers 1800. L'huile de cet animal, qui sert notamment à l'éclairage, a une grande valeur.

▲ Les premiers bateaux à vapeur commencent à transporter des marchandises sur les grands fleuves d'Amérique du Nord. Celui-ci, équipé de roues à aubes, fonctionne aussi à la voile.

▼ Cette gravure illustre une théorie de l'économiste écossais Adam Smith, selon laquelle une bonne organisation de la production est la base de l'industrie et du commerce.

▲ Comme le vieux peso espagnol qui valait 8 réaux, le dollar américain, adopté en 1793, est découpé en huit unités. Le quarter vaut deux unités. Cette pièce est toujours utilisée aux États-Unis.

▶ Pour éviter de payer les lourdes taxes prélevées par les gouvernements ou tourner un blocus économique, les contrebandiers importent en fraude des produits comme le vin, le tabac.

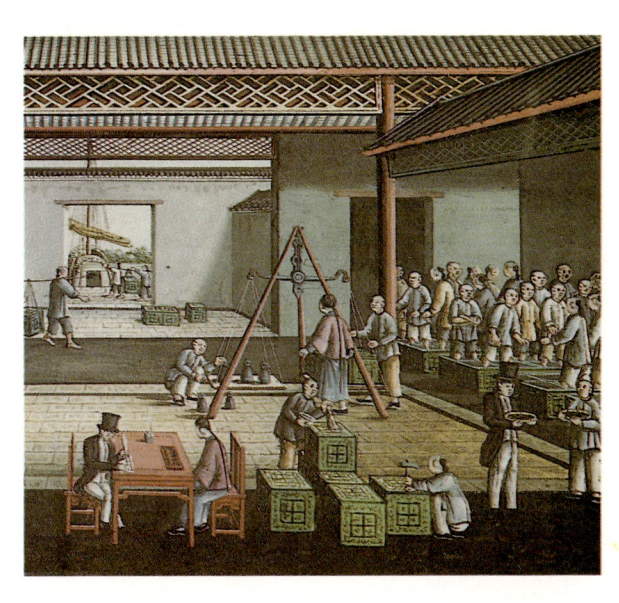

À CETTE ÉPOQUE

1720 En France, banqueroute de la banque créée par le financier écossais John Law en 1716.
1793 Aux États-Unis, le dollar devient l'unité monétaire.
1797 L'Angleterre commence à exporter du fer.
1800 Création de la Banque de France.
1813 Le monopole de la Compagnie anglaise des Indes orientales sur le commerce avec l'Inde est aboli.
1819 Le *Savannah*, premier transatlantique mixte voile-vapeur, relie New York à Liverpool, mais il n'utilise la vapeur que pendant cent heures.

▲ Ces négociants européens participent à une vente aux enchères d'un lot de thé, à Hongkong. Très prisé en Europe, ce produit de luxe est alors exclusivement cultivé en Chine. Dans les années 1830, les Anglais commenceront à planter des théiers en Inde.

▶ Une intense activité anime les ports européens au 18ᵉ siècle. Ci-contre, les docks de Bristol, en Angleterre, vers 1760, où transitent le tabac d'Amérique du Nord et le sucre d'Amérique du Sud.

La puissance anglaise

En 1811, le roi d'Angleterre George III sombre dans la folie. Pendant neuf ans, son fils, le prince de Galles, assure la régence. En 1820, il devient roi sous le nom de George IV. C'est un homme élégant, qui aime le luxe et les arts. Son comportement contribue à lancer la mode du « dandysme ». Sous son règne, la culture anglaise rayonne à travers toute l'Europe.

À cette époque, l'Angleterre domine le monde. Ayant la maîtrise des mers, elle règne sur un immense empire colonial en Amérique et en Inde. Mais l'éclat de cette réussite masque mal de graves problèmes intérieurs. Le système électoral n'accorde le droit de vote qu'à dix pour cent des hommes adultes ; seuls les plus riches ont la possibilité d'être élus au Parlement. Les ouvriers, soumis à de terribles conditions de travail dans les fabriques, n'ont aucun moyen de s'exprimer. De plus en plus de Britanniques réclament davantage de justice sociale et une amélioration de leur niveau de vie. Ces revendications sont parfois violentes. Ainsi, en 1812, dans la région des Midlands, des groupes d'ouvriers – les « luddites » – attaquent les fabriques et détruisent les machines, qu'ils perçoivent comme la cause du chômage.

▶ Des édifices étonnants s'élèvent dans les stations balnéaires à la mode. Pour bâtir le pavillon de Brighton (1818), John Nash, le grand architecte de la Régence, s'est très librement inspiré de l'architecture indienne.

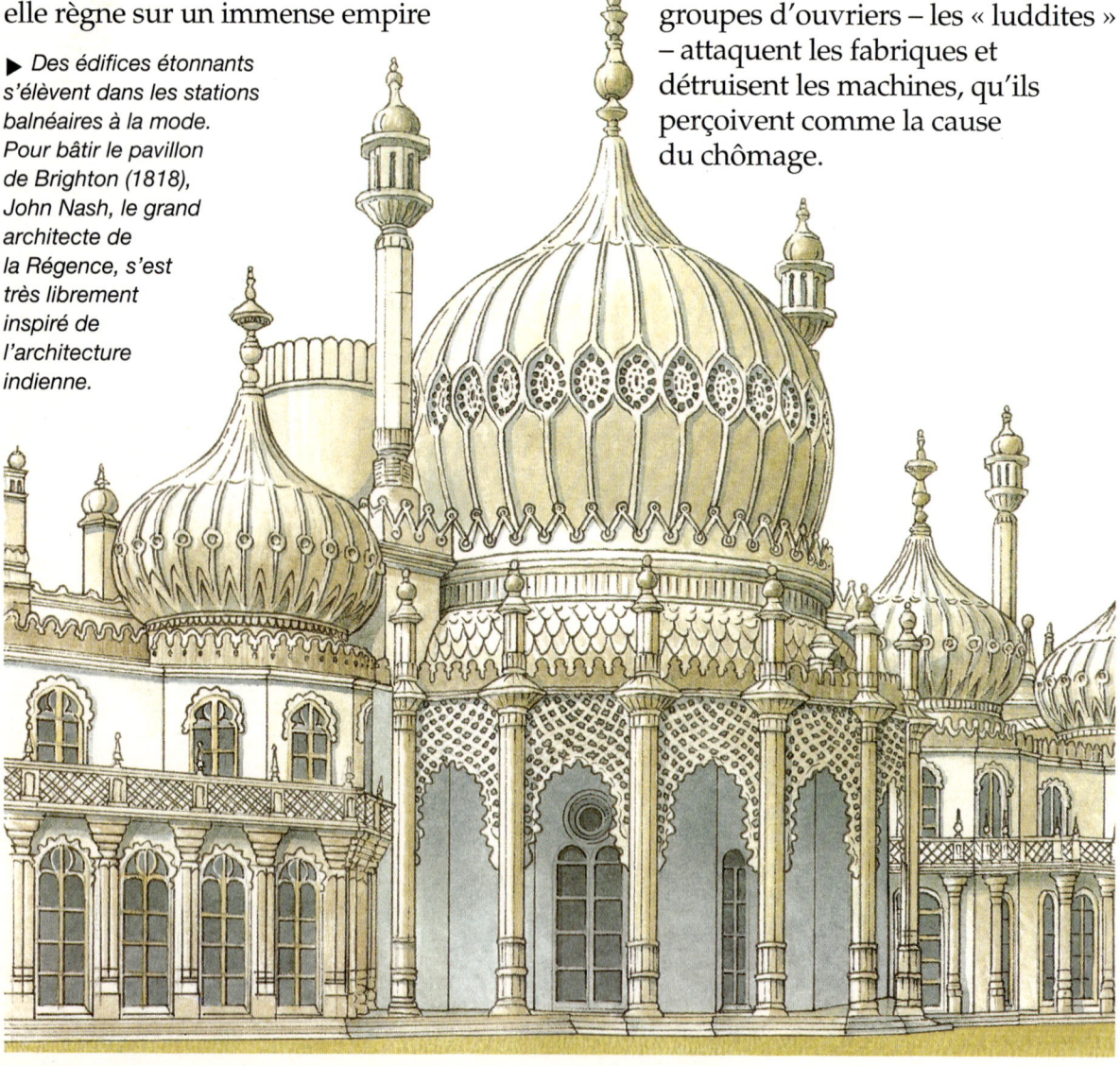

▲ *Les allées ombragées et fleuries, les théâtres et les restaurants de Vauxhall Gardens sont fréquentés par la riche bourgeoisie londonienne.*

▼ *Caricature du vainqueur de Waterloo, le duc de Wellington, nommé chef des armées en 1827.*

JANE AUSTEN
(1775-1817)

Jane Austen a, dans ses romans, décrit avec talent les mœurs de la société de son temps. Elle est, avec le romancier écossais Walter Scott (1771-1832), l'un des grands écrivains britanniques du début du 19ᵉ siècle.

1820-1827

1820 États-Unis : compromis du Missouri ; l'Union admet l'adhésion de deux nouveaux États : le Missouri, esclavagiste, et le Maine, antiesclavagiste. Tous les États situés au nord du Missouri abolissent l'esclavage. Début de la conquête de l'Ouest.
Grande-Bretagne : mort de George III ; son fils, George IV, lui succède (jusqu'en 1830).

1821 Grèce : guerre d'Indépendance contre l'Empire ottoman (jusqu'en 1829).
Atlantique : mort de Napoléon Iᵉʳ, prisonnier sur l'île de Sainte-Hélène.
Amérique latine : de nombreux pays (Mexique, Pérou…) se libèrent de la domination espagnole.

1822 Grèce : les Turcs massacrent les habitants de l'île de Chio.
Irlande : les catholiques réclament l'indépendance.
Afrique de l'Ouest : fondation du Liberia par des esclaves noirs américains affranchis.
Amérique latine : le Brésil devient un empire indépendant.

1823 États-Unis : doctrine Monroe ; les États-Unis proclament leur neutralité dans les conflits extra-américains ; début de l'isolationnisme.
Grande-Bretagne : le mathématicien Charles Babbage imagine une machine à calculer programmable, ancêtre des ordinateurs.

1824 France : mort du roi Louis XVIII ; son frère, Charles X, lui succède.
Grande-Bretagne : adoption d'une loi accordant le droit de grève aux ouvriers.

1825 Grande-Bretagne : inauguration de la première ligne de chemin de fer ouverte aux passagers.
Russie : complot décabriste ; les nobles, qui s'opposaient à l'absolutisme, sont écrasés. Mort du tsar Alexandre Iᵉʳ ; Nicolas Iᵉʳ lui succède (jusqu'en 1855).
Amérique latine : création de la Bolivie.

1827 Méditerranée : bataille de Navarin ; victoire des flottes alliées de Grande-Bretagne, de France et de Russie, venues aider la Grèce, sur la flotte turco-égyptienne.
France : le peintre Delacroix expose *la Mort de Sardanapale*.

L'INDÉPENDANCE DE LA GRÈCE • LA RÉVOLUTION DE JUILLET

L'indépendance de la Grèce

Au 18ᵉ siècle, les Européens commencent à se passionner pour la Grèce antique, le berceau de la démocratie. Les textes des philosophes anciens sont étudiés dans les écoles et les universités. En architecture, de nombreux bâtiments – comme le Panthéon, à Paris – s'inspirent du style classique.

Pourtant, il y a bien longtemps que la Grèce, intégrée depuis le 16ᵉ siècle à l'Empire ottoman (voir pp. 358-359), n'est plus un pays libre. En 1821, le peuple grec se soulève. La réaction des Turcs est brutale. L'ampleur des massacres émeut l'opinion internationale. Des intellectuels, comme le poète anglais Lord Byron, s'engagent dans la lutte. L'Autriche et la Russie, qui souhaitent affaiblir leur voisin ottoman, soutiennent les rebelles. La France, l'Angleterre et la Russie interviennent et battent les Turcs à Navarin, en 1827. L'indépendance de la Grèce sera officielle en 1832.

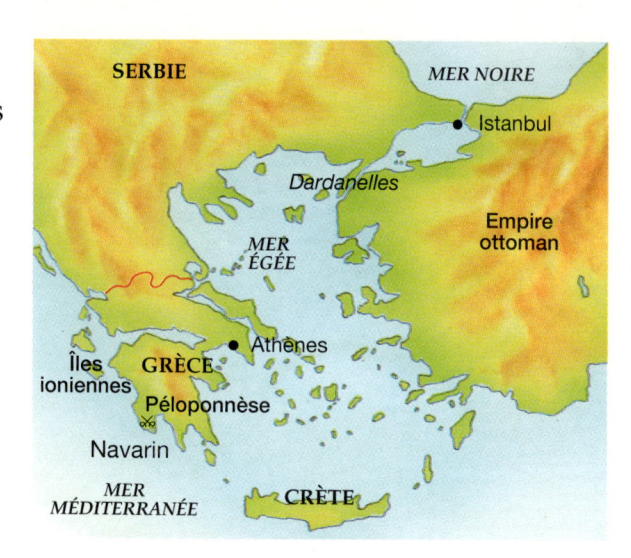

▲ Engagée en 1821, la guerre d'indépendance s'achève en 1829. Grâce à l'appui des Européens, la Grèce se libère de la domination ottomane. En 1833, Otton Iᵉʳ de Bavière devient roi du pays.

▼ Tous les Grecs se révoltent contre les Turcs. Les prêtres orthodoxes (ci-dessous, en noir) s'engagent aux côtés des insurgés après l'assassinat du chef de leur Église par les Ottomans.

LORD BYRON
(1788-1824)

Lord Byron est l'un des grands écrivains du début du 19ᵉ siècle. Après avoir voyagé en Europe, comme la plupart des Anglais fortunés de son temps, il publie ses premiers poèmes et devient aussitôt célèbre. Sa mort, en Grèce, pendant la guerre d'indépendance, en fait le type même du héros romantique, tourmenté et rebelle.

La révolution de Juillet

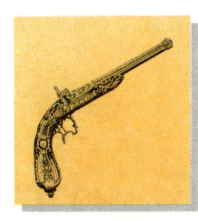

En France, la politique autoritaire de Charles X (*voir* pp. 546-547), sa volonté de gouverner sans la Chambre, avec l'appui de l'aristocratie conservatrice, soulève la colère du peuple. En juillet 1830, ses décisions maladroites déclenchent l'insurrection des Parisiens. Ceux-ci manifestent, dressent des barricades dans la capitale ; l'armée tire sur la foule sans parvenir à rétablir l'ordre.

Cette révolution qui dure trois jours est appelée les « Trois Glorieuses ». Charles X préfère abdiquer et quitter le pays. Les partisans de la république sont alors prêts à prendre le pouvoir, mais c'est finalement un nouveau roi qui monte sur le trône : Louis-Philippe Ier. Très différent de Charles X, il proclame son attachement aux idéaux de 1789.

▲ Les 27, 28 et 29 juillet 1830, les Parisiens dressent des barricades dans les rues de la capitale et affrontent les troupes du roi. Partisans eux aussi du changement, de nombreux soldats se rallient aux insurgés. (Ci-dessus : la Liberté guidant le peuple, de Delacroix.)

1829 Rome : Pie VIII est élu pape (jusqu'en 1830).
États-Unis : Andrew Jackson devient président (jusqu'en 1837).
France : publication du *Mémorial de Sainte-Hélène*, écrit par Las Cases, qui rapporte les souvenirs de la captivité de Napoléon de 1815 à 1821.
Grande-Bretagne : Robert Peel fonde la police municipale de Londres.

1830 Afrique du Nord : un corps expéditionnaire français de 37 000 hommes débarque en Algérie et s'empare d'Alger.
États-Unis : Joseph Smith fonde l'Église de Jésus-Christ des saints des derniers jours (mormons).
Grande-Bretagne : mort du roi George IV ; Guillaume IV lui succède (jusqu'en 1837).
Belgique : soulèvement contre la tutelle des Pays-Bas ; l'indépendance est proclamée. Léopold Ier devient, en 1831, le premier roi du pays (jusqu'en 1865).
Pologne : soulèvement de Varsovie et de la Pologne centrale contre la domination russe.

Les premiers policiers britanniques étaient surnommés les peelers, *du nom du fondateur de la police de Londres, Robert Peel.*

1830 France : les Trois Glorieuses (27, 28 et 29 juillet) ; trois journées révolutionnaires à Paris. Le roi Charles X abdique. Louis-Philippe Ier devient roi des Français (jusqu'en 1848) ; début de la monarchie de Juillet. Stendhal publie *le Rouge et le Noir*.

1716 – 1830

L'art de la guerre

À cette époque, l'Europe est, à de nombreuses reprises, ravagée par la guerre. Les conflits débordent d'ailleurs fréquemment ses frontières ; ils ont lieu aussi dans les colonies. Jamais les armées ne se sont déplacées aussi rapidement ; jamais non plus la guerre n'a mobilisé et tué autant d'hommes. Ainsi, sur les 600 000 soldats – dont environ 200 000 Français – de la Grande Armée engagés dans la campagne de Russie, en 1812, 100 000 hommes à peine rentreront. Sur les champs de bataille, de nouvelles armes apparaissent. Les Prussiens introduisent l'artillerie montée (les armes sont tirées par des chevaux), les Britanniques utilisent les premiers obus explosifs au début du 19ᵉ siècle. Quant à la tactique militaire, elle fait désormais l'objet de savantes études.

▲ Au début du 19ᵉ siècle, les cavaliers s'affrontent encore à l'arme blanche. Ci-dessus, un Français (en bleu) et un Anglais (en rouge) à Waterloo, en 1815.

▼ Ainsi regroupés en une « fine ligne rouge », ces soldats britanniques couvrent une vaste étendue de terrain et peuvent continuer à tirer sur l'ennemi.

▶ Auteur d'un traité de stratégie militaire (De la guerre), le général prussien Carl von Clausewitz (1780-1831) exerça une grande influence sur l'état-major allemand.

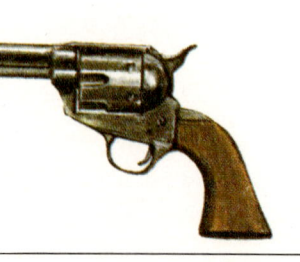

◀ Les années 1830 voient apparaître de nouvelles armes qui bouleversent l'art de la guerre. Le pistolet à tir rapide – le colt –, inventé par Samuel Colt, est doté d'un barillet tournant qui lui permet de tirer six coups.

▼ Ci-dessous, la Tortue, un sous-marin inventé par l'Américain Bushnell en 1775. Cet engin est propulsé par une hélice entraînée à la main.

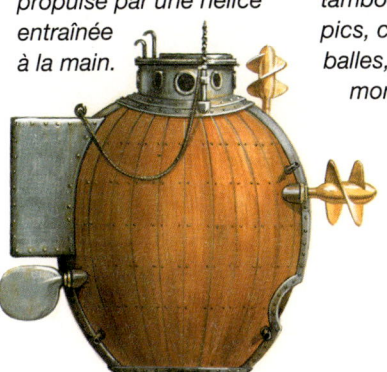

▶ Cette illustration du 18ᵉ siècle montre l'intérieur d'un arsenal turc. On y entrepose tambours, épées, lances, pics, canons, boulets, balles, barils de poudre, mortier, bombes, mousquets, pistolets et armures (casques et plastrons).

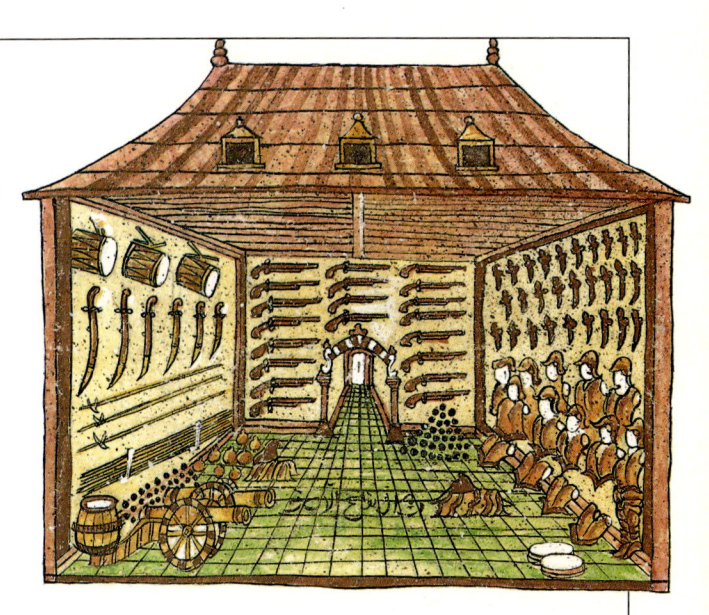

À CETTE ÉPOQUE

1752-1774 Construction de l'École militaire à Paris, sur le Champ-de-Mars.
1798 En France, une loi organise la conscription (service militaire obligatoire).
1806 L'armée britannique utilise au siège de Boulogne des petites fusées (appelées roquettes) imaginées par l'Anglais William Congreve.
1811 En Allemagne, création de la fonderie d'acier Krupp.
1815 Aux États-Unis, premier navire de guerre à vapeur.

Force secondaire   Force principale

Lignes de communication

Base de ravitaillement

◀ Au 18ᵉ siècle, en Grande-Bretagne, la flotte de Sa Majesté a du mal à recruter des hommes. Mandatées par le gouvernement britannique, des bandes de marins font la tournée des bars et enrôlent des hommes de force. Dans les années 1830, l'amélioration du sort du marin – meilleures conditions de vie et salaire plus élevé – rendra inutiles ces pratiques.

▲ Faire manœuvrer d'immenses armées sur les champs de bataille demande de grandes qualités de stratège ; une des tactiques préférées de Napoléon consiste à diviser ses forces. Tandis qu'une partie des troupes livre bataille, l'autre prend l'ennemi à revers afin de l'isoler et de le couper de sa base de ravitaillement.

La piste des larmes

Après l'indépendance des colonies britanniques d'Amérique (*voir* pp. 518-519), les immigrants affluent en masse aux États-Unis avec l'espoir de bâtir une vie nouvelle sur ces vastes territoires.

L'expansion est rapide. De 1776 jusqu'au milieu du 19ᵉ siècle, les Américains étendent progressivement leur territoire de la côte Atlantique à la côte Pacifique. Au fur et à mesure de leur progression, ils expulsent les Indiens de leurs terres et les contraignent à prendre la « piste des larmes », sous escorte armée, jusqu'aux régions inhospitalières qui leur sont concédées. Le gouvernement revend ou loue la terre aux fermiers, aux chercheurs d'or et, bientôt, aux compagnies ferroviaires.

Les tribus indiennes s'efforcent de résister en prenant les armes. Ces guerres particulièrement meurtrières se terminent généralement par la restriction de leurs droits et de leurs territoires. La condition des Indiens, parqués dans des réserves, ne cessera d'empirer au 19ᵉ siècle.

▲ Tandis que les colons avancent vers l'ouest, les Indiens sont contraints de quitter les terres de leurs ancêtres et de s'exiler dans des régions désertes.

◀ Le gouvernement américain offre aux Indiens cherokees, installés en Géorgie et en Caroline du Nord, de racheter leurs terres, mais la majorité d'entre eux refusent. Au cours des années 1830, dix-huit mille Cherokees sont pourtant contraints de partir, escortés par l'armée, et de s'exiler dans une réserve, de l'autre côté du Mississippi, sur un territoire qui s'appellera l'Oklahoma.

1831 – 1914

Unités nationales et empires coloniaux

Le 19ᵉ siècle est marqué par l'impérialisme. La révolution industrielle fait des Européens les maîtres du monde. Ceux-ci partent à la conquête de la planète. Première puissance coloniale, la Grande-Bretagne domine alors un immense empire, « sur lequel le soleil ne se couche jamais ». La France, elle, impose son autorité en Indochine et sur une partie de l'Afrique. L'Europe domine le monde.

En Asie, la Chine et le Japon, qui se sont longtemps efforcés de se préserver des influences étrangères, sont tous deux contraints d'ouvrir leurs frontières. De l'autre côté du Pacifique, une grande nation se construit : affirmant leur unité, les États-Unis étendent leur territoire, voient leur population s'accroître massivement et affichent leur puissance économique.

Le 19ᵉ siècle est aussi caractérisé par l'affirmation des volontés nationales. Des idées nouvelles de liberté et de démocratie se répandent. Les anciens pouvoirs sont remis en cause. Des peuples revendiquent le droit à l'indépendance. Au printemps de 1848, des révolutions éclatent dans de nombreuses régions d'Europe. Dans les années qui suivent, l'Italie et l'Allemagne réalisent leur unité. À la veille de 1914, les tensions se multiplient dans les pays des Balkans, qui s'efforcent de se libérer de la domination ottomane. Ces crises vont donner naissance au premier conflit véritablement mondial de l'histoire.

▼ Des milliers de travailleurs participent à la construction des lignes de chemin de fer aux États-Unis. Ceux-ci ont décidé de bloquer les trains pour obtenir le versement de leur salaire. Le mouvement se propagera le long des voies et conduira à l'une des premières grandes grèves américaines.

1831-1914 PANORAMA

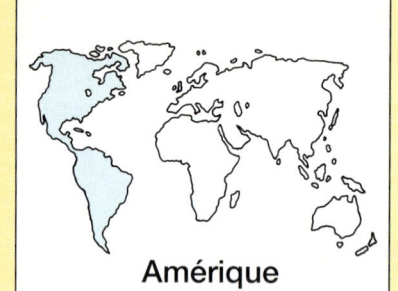

Amérique

1836 Le Texas proclame son indépendance.
1840 Union du Haut-Canada et du Bas-Canada.
1845 La Floride et le Texas se joignent aux États-Unis.
1846-1848 Guerre entre les États-Unis et le Mexique.
1848 Ruée vers l'or en Californie.

1861-1865 Guerre de Sécession entre les nordistes (unionistes) antiesclavagistes et les sudistes (confédérés) esclavagistes.
1865 Abolition de l'esclavage aux États-Unis.
1865-1870 Guerre du Paraguay contre le Brésil, l'Argentine et l'Uruguay.
1867 Les États-Unis achètent l'Alaska à la Russie.

1879-1884 Guerre du Pacifique entre le Chili, la Bolivie et le Pérou.

1889 Proclamation de la République du Brésil.
1898 Indépendance de Cuba ; l'Espagne cède les Philippines et Porto Rico aux États-Unis.

1903 Indépendance du Panama.

1914 Ouverture du canal de Panama qui relie l'Atlantique au Pacifique.

Europe

1837 Victoria Ire devient reine de Grande-Bretagne.
1846-1848 Grande famine en Irlande.
1848 Révolutions du printemps des peuples. En France, fin de la monarchie de Juillet ; instauration de la IIe République.
1852 Napoléon III instaure le second Empire.
1853-1856 Guerre de Crimée.
1861 Proclamation du royaume d'Italie ; création de la Roumanie.
1862 En Prusse, Otto von Bismarck est nommé chef du gouvernement.
1867 Formation de l'empire d'Autriche-Hongrie.
1870-1871 Guerre franco-allemande. En septembre, chute de Napoléon III et proclamation de la république à Paris. Victorieuse, l'Allemagne annexe l'Alsace et une partie de la Lorraine.
1871 Proclamation de l'Empire allemand.
1877-1878 Guerre russo-turque.
1882 Formation de la Triplice ou Triple-Alliance (Allemagne, Autriche-Hongrie, Italie)
1894 Nicolas II devient tsar de Russie.
1905 Première révolution russe.
1907 Formation de la Triple-Entente (France, Grande-Bretagne, Russie).
1908 Indépendance de la Bulgarie.
1912-1913 Première et deuxième guerres balkaniques.

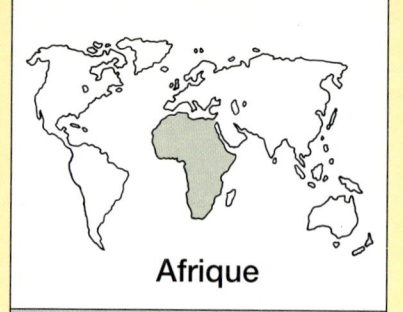

Afrique

1836 Début du Grand Treck des Boers en Afrique australe.
1847 Indépendance du Liberia. L'Algérie devient une colonie française.

1879 Guerre entre les Britanniques et les Zoulous en Afrique australe.
1880-1881 Première guerre des Boers.
1881 Protectorat français sur la Tunisie. Révolte contre l'occupation britannique au Soudan.
1884 Réunies en conférence à Berlin, les puissances européennes se partagent l'Afrique.
1893 La Côte-d'Ivoire devient une colonie française.
1896 Indépendance de l'Éthiopie.
1898 Affaire de Fachoda ; les Français sont contraints d'évacuer Fachoda.
1899-1902 Seconde guerre des Boers.

1906 La conférence internationale d'Algésiras confirme les droits de la France sur le Maroc.
1910 Fondation de l'Union sud-africaine, la future Afrique du Sud.
1911-1912 Guerre entre les Ottomans et les Italiens en Libye.

1831-1914 PANORAMA

Proche-Orient

1839-1842 Première guerre anglo-afghane.

1869 Ouverture du canal de Suez, qui relie la mer Rouge à la Méditerranée.

1878-1880 Seconde guerre anglo-afghane.

1908 Révolte nationaliste des Jeunes Turcs en Macédoine.

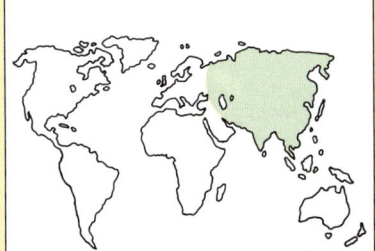

Asie et Extrême-Orient

1839-1842 Première guerre de l'opium en Chine. Vaincus, les Chinois ouvrent leurs ports aux Britanniques et leur cèdent Hongkong.
1851 Début du mouvement Taiping en Chine.
1856-1860 Seconde guerre de l'opium en Chine.
1857-1858 Révolte des Cipayes en Inde ; l'Inde devient une colonie de la couronne britannique.
1862 La France annexe la Cochinchine.
1863 Protectorat français sur le Cambodge.
1868 Début de l'ère Meiji au Japon.

1883 La France annexe l'Annam et le Tonkin.
1885 La Grande-Bretagne annexe la Birmanie.
1887 Formation de l'Union indochinoise française.
1894-1895 Guerre entre la Chine et le Japon pour la possession de la Corée. Vainqueurs, les Japonais occupent la Corée.

1900 Révolte des Boxers en Chine.
1904-1905 Guerre entre la Russie et le Japon. Ce dernier en sort vainqueur.

1911 Chute de la dynastie Qing en Chine ; proclamation de la république.

Océanie

1840 Domination britannique sur la Nouvelle-Zélande.
1843 Protectorat français sur l'île de Tahiti.
1845-1872 Guerres entre les Britanniques et les Maoris de Nouvelle-Zélande.
1851 Ruée vers l'or en Australie.
1853 La Nouvelle-Calédonie est rattachée à la France.

1874 La Grande-Bretagne annexe les îles Fidji.
1884 Partage de la Nouvelle-Guinée entre la Grande-Bretagne et l'Allemagne.

1901 L'Australie entre dans le Commonwealth.

1907 La Nouvelle-Zélande devient un dominion britannique.

1831 – 1914

Le monde

En Amérique du Nord, les pionniers partent à la conquête de l'Ouest ; à la fin du 19ᵉ siècle, les États-Unis s'étendent de l'Atlantique au Pacifique, et du Canada, au nord, au Mexique, au sud. Sur ce continent, comme en Australie, la colonisation se réalise au détriment des populations indigènes qui sont expulsées de leurs terres. En Afrique, les Européens s'aventurent à l'intérieur des terres et entreprennent la colonisation du continent. À la fin du siècle, celui-ci est entièrement tombé sous le contrôle des grandes puissances coloniales. En Asie, les Européens s'assurent le contrôle de l'Inde, de la Birmanie et des territoires du Sud-Est asiatique, dont la péninsule indochinoise. Longtemps isolés, la Chine et le Japon développent leurs relations commerciales et s'ouvrent à l'Occident. L'Europe domine le monde. Toutefois, elle connaît aussi pendant cette période des conflits et des guerres nés, généralement, des volontés impérialistes des pays occidentaux.

◀ On découvre de l'or en Amérique du Nord, en Afrique australe et en Australie. Les prospecteurs se ruent dans ces régions ; de nombreuses villes y sont construites.

▲ Les États-Unis sont déchirés par la guerre de Sécession de 1861 à 1865. Celle-ci oppose les nordistes antiesclavagistes (en haut), ou unionistes, aux sudistes esclavagistes (à droite), ou confédérés.

◀ En 1848, des révolutions éclatent dans de nombreux pays d'Europe. En France, la IIe République est proclamée en février.

▶ En Chine, pendant la révolte des boxers, les chrétiens – représentés sur ce dessin chinois sous des traits d'animaux – sont persécutés.

▲ Inauguré en 1869, le canal de Suez diminue considérablement le trajet entre l'Europe et le Moyen-Orient et l'Asie.

▲ En Nouvelle-Zélande, les colons s'approprient les terres des Maoris. Ceux-ci prennent les armes pour défendre leurs droits.

◀ Au 19e siècle, les Européens exportent beaucoup d'armes à feu vers l'Afrique. Cette statuette africaine en témoigne.

LE MEXIQUE ET LE TEXAS

Dessin moderne du symbole utilisé par les Aztèques pour représenter Tenochtitlan (l'actuelle Mexico) : un aigle perché sur un cactus. Dans la première moitié du 19ᵉ siècle, le Mexique cède une grande partie de son territoire aux États-Unis.

1831 France : à Lyon, révolte des canuts (ouvriers de la soie).

1834-1839 Afrique australe : Grand Trek des Boers.

1836 Grande-Bretagne : naissance du chartisme, mouvement ouvrier revendiquant notamment le droit de vote pour tous les hommes.
Amérique du Nord : bataille de Fort Alamo ; victoire des Mexicains sur les Texans. Bataille de San Jacinto ; victoire des Texans, qui proclament l'indépendance du Texas. L'ingénieur John Ericsson invente une hélice propulsive pour les navires.

1837 Grande-Bretagne : Victoria Iʳᵉ devient reine de Grande-Bretagne et d'Irlande (jusqu'en 1901). Parution des *Aventures de M. Pickwick*, premier roman de Charles Dickens. Les physiciens Charles Wheastone et William Cooke inventent un télégraphe électrique.
Canada : rébellion des Canadiens français conduite par Louis Joseph Papineau contre la domination britannique.
États-Unis : Samuel Morse invente le code morse pour le télégraphe.

Le Mexique et le Texas

Le Mexique est devenu indépendant en 1821 (*voir* pp. 536-537). À cette époque, l'ancienne colonie espagnole s'étend, au nord, bien au-delà de sa frontière actuelle. Elle englobe notamment la très vaste région du Texas d'aujourd'hui.

À partir de 1835, les Texans, commandés par Samuel Houston, se révoltent contre la domination du Mexique. Ils proclament leur indépendance et s'emparent de San Antonio. En répression, les troupes mexicaines, dirigées par Santa Anna,

FORT ALAMO

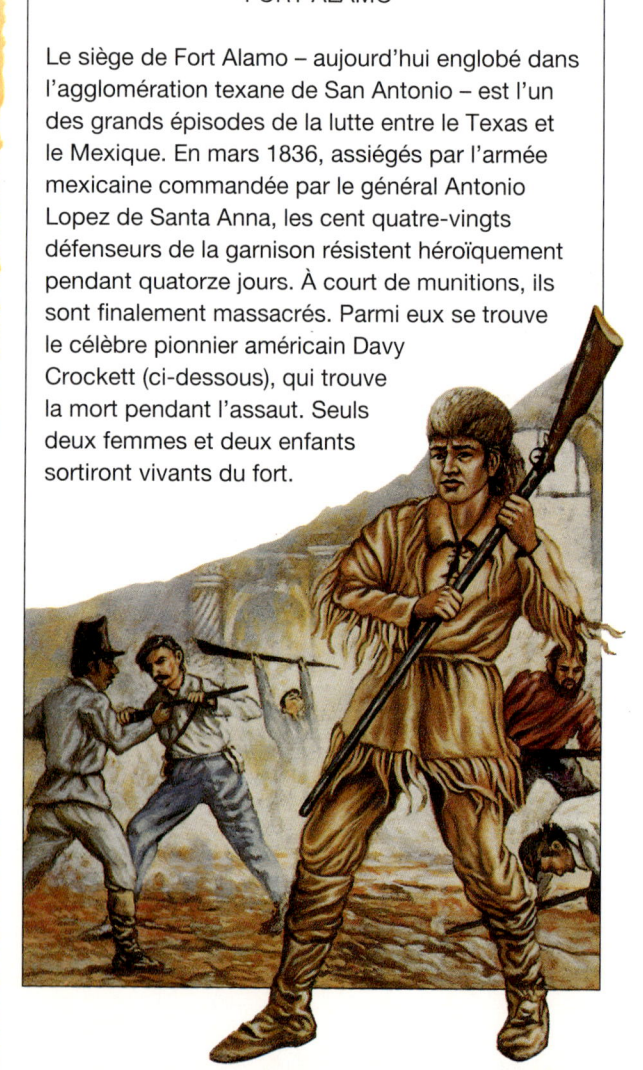

Le siège de Fort Alamo – aujourd'hui englobé dans l'agglomération texane de San Antonio – est l'un des grands épisodes de la lutte entre le Texas et le Mexique. En mars 1836, assiégés par l'armée mexicaine commandée par le général Antonio Lopez de Santa Anna, les cent quatre-vingts défenseurs de la garnison résistent héroïquement pendant quatorze jours. À court de munitions, ils sont finalement massacrés. Parmi eux se trouve le célèbre pionnier américain Davy Crockett (ci-dessous), qui trouve la mort pendant l'assaut. Seuls deux femmes et deux enfants sortiront vivants du fort.

1831-1837

LOUISIANE

Réclamé au Mexique par le Texas en 1835
Donné par le Mexique au Texas en 1848

- El Paso

TEXAS

- Dallas
- San Felipe
- San Antonio

Rio Grande

MEXIQUE

GOLFE DU MEXIQUE

— Frontières de la République du Texas en 1836

SAMUEL HOUSTON
(1793-1863)

Chef de l'armée texane, Samuel Houston conduit la lutte pour l'indépendance et remporte la victoire décisive de San Jacinto sur les Mexicains en 1836. Premier président de la République du Texas, il sera élu gouverneur de l'État en 1859.

▲ *La région revendiquée par les Mexicains et par les Américains s'étend entre le Rio Grande et la Red River.*

▶ *Santa Anna (au centre), fait prisonnier à San Jacinto en 1836, est conduit auprès de Samuel Houston (à gauche), blessé lors du combat.*

envahissent la région. Elles assiègent Fort Alamo, qui tombe entre leurs mains, et reprennent San Antonio. Mais les Texans remportent une victoire décisive à San Jacinto en 1836. L'indépendance du Texas est aussitôt proclamée.

En 1845, le nouvel État, qui est dirigé par Samuel Houston, rejoint l'Union (les États-Unis d'Amérique). Une guerre éclate l'année suivante. Les Américains envahissent le nord des territoires mexicains, puis s'emparent de Monterey et de Mexico. Dans le même temps, ils conquièrent la Californie qui proclame son indépendance. En 1848, le traité de Guadelupe-Hidalgo met fin au conflit. Vaincus, les Mexicains sont contraints d'accepter le Rio Grande comme frontière et de céder près de la moitié de leurs terres. Les Américains reçoivent un immense territoire qui comprend les États actuels de Californie, du Texas, de l'Arizona, du Nevada et du Nouveau-Mexique.

La guerre des Boers

Les Hollandais se sont installés au Cap, à la pointe sud de l'Afrique, dès le 17e siècle (*voir* pp. 426-427). Leurs descendants sont appelés Boers, « paysans » en néerlandais. Au début du 19e siècle, les Britanniques s'emparent de la colonie. Refusant cette domination, les Boers émigrent vers les plateaux de l'intérieur. De durs combats les opposent aux peuples africains, mais ils parviennent à fonder deux États indépendants, l'Orange et le Transvaal. Après avoir vaincu les Zoulous, ils créent aussi le Natal, qui est aussitôt annexé par les Britanniques.

Les Anglais s'efforcent bientôt d'encercler les pays boers. Conduits par leur chef Cetewayo, les Zoulous leur résistent vaillamment, mais sont finalement vaincus en 1879. Devenu Premier ministre de la colonie du Cap en 1890, le Britannique Cecil Rhodes poursuit l'encerclement en affirmant son ambition de dominer toute l'Afrique australe.

▲ *Protégés par des boucliers, les guerriers zoulous sont armés de lances et de masses à tête ronde. Leur tactique de guerre efficace leur permet de résister d'abord aux Boers, puis aux Britanniques. Ils sont finalement vaincus en 1879 et le Zoulouland – État africain du nord du Natal – devient un protectorat britannique.*

◀ *Dans la guerre qui les oppose aux Britanniques, les Boers pratiquent une véritable guérilla, multipliant les coups de force grâce à leur cavalerie et à leur connaissance du terrain.*

▶ *En 1834, refusant la domination anglaise, les Boers quittent la colonie du Cap et partent vers le nord avec tous leurs biens. On appelle « Grand Trek » (du mot néerlandais trek, « migration ») cet exode, qui s'achève en 1839.*

CECIL RHODES
(1853-1902)

Premier ministre du Cap de 1890 à 1895, Cecil Rhodes veut conquérir l'Afrique australe. Dans son esprit, l'Angleterre doit dominer l'Afrique de l'Est, depuis le Cap jusqu'au Caire, en Égypte.

CETEWAYO
(1826-1884)

Chef des Zoulous, Cetewayo mène la lutte contre les Britanniques de 1873 à 1879. Il remporte une grande victoire à Isandhlwana, dans le Natal, en 1879, mais il est finalement vaincu et capturé par ses adversaires.

En 1899, la guerre s'engage. Les Boers, qui connaissent bien la région, opposent une résistance acharnée, mais ils sont finalement contraints de rendre les armes.

La paix, signée en 1902, consacre le rattachement des États boers aux territoires britanniques. Huit ans plus tard, l'Union sud-africaine (la future Afrique du Sud) est créée : unissant les quatre provinces du Cap, du Transvaal, de l'Orange et du Natal, elle adopte l'anglais et le néerlandais comme langues officielles.

1838-1840

1838 France : l'ingénieur Jacques Daguerre, qui poursuit les travaux de Niepce sur la photographie, invente la daguerréotypie.
Atlantique : mise en service des premières lignes de paquebots à vapeur.

Cecil Rhodes brandit ici la ligne télégraphique installée entre Le Caire, en Égypte – la plus au nord des colonies britanniques d'Afrique – et Le Cap – la plus au sud des colonies britanniques.

1839 Grande-Bretagne : formation de la ligue contre les lois céréalières, l'Anti-Corn-Law-League.
Chine : l'empereur fait détruire des cargaisons britanniques d'opium ; début de la première guerre de l'opium (jusqu'en 1842).
Afghanistan : début de la première guerre anglo-afghane (jusqu'en 1842).
Arabie : la Grande-Bretagne annexe le port d'Aden.
Égypte : le pacha d'Égypte inflige une sévère défaite aux armées ottomanes.
Europe : traité de Londres ; les puissances européennes reconnaissent la neutralité de la Belgique.
France : publication de *la Chartreuse de Parme* de Stendhal.
États-Unis : Charles Goodyear découvre la vulcanisation du caoutchouc.

1840 Nouvelle-Zélande : traité de Waitangi ; l'île passe sous domination britannique.
Canada : l'Acte d'union unit le Haut- et le Bas-Canada.
Europe : la Grande-Bretagne, la Prusse, la Russie et l'Autriche s'unissent pour défendre l'Empire ottoman contre l'Égypte.
Grande-Bretagne : émission du premier timbre-poste, le *one-penny* noir.

1831 – 1914

Les arts

Cette période est marquée par de nombreuses innovations dans tous les domaines artistiques. Des compositeurs comme Wagner, Debussy… renouvellent les anciennes formes d'expression musicales. Des écrivains comme Charles Dickens, Victor Hugo, Jules Verne… « inventent » le roman populaire. Le peintre Claude Monet et ses amis font scandale et bouleversent la peinture académique avec leurs toiles « impressionnistes ». À la fin du siècle, les frères Lumière projettent leur premier film : le cinéma est né.

▲ Cette sculpture représente la reine Victoria d'Angleterre. Elle témoigne de l'influence britannique en Afrique au 19ᵉ siècle.

▶ L'orientalisme et l'exotisme sont à la mode. Les œuvres délicates des artistes chinois sont appréciées dans toute l'Europe.

▼ Les impressionnistes exposent leurs œuvres pour la première fois à Paris en 1874. Ces peintres « révolutionnaires » sont aujourd'hui admirés dans le monde entier. Ci-dessous, un tableau de Georges Seurat.

▲ Cette lampe à abat-jour en vitrail est signée Louis Tiffany. Elle est typique de l'Art nouveau, qui apparaît vers 1890.

◀ Les journaux, qui se multiplient, publient en feuilleton les romans d'auteurs célèbres. La littérature devient accessible à un vaste public. Cette gravure illustre David Copperfield *de Charles Dickens*, l'un des grands écrivains anglais du 19ᵉ siècle.

▼ Au début du 20ᵉ siècle, des peintres comme Picasso (ci-dessous, Usine à Horta de Ebro) et Braque décomposent les volumes en formes géométriques et lancent un nouveau mouvement : le cubisme.

▼ Présenté en 1904, le Penseur est sans doute l'œuvre la plus célèbre du sculpteur Auguste Rodin (1840-1917), l'un des très grands maîtres de la sculpture moderne.

À CETTE ÉPOQUE

1844	Publication des *Trois Mousquetaires* de l'écrivain français Alexandre Dumas.
1869	Publication de *Guerre et Paix* de l'écrivain russe Tolstoï.
1874	Première exposition impressionniste à Paris.
1876	Création de la totalité de la *Tétralogie*, cycle d'opéras du compositeur allemand Richard Wagner.
1895	Première projection cinématographique des frères Auguste et Louis Lumière, à Paris.
1909	Représentation à Paris des Ballets russes de Serge de Diaghilev.

Les guerres de l'opium

En 1830, la Chine est pratiquement fermée aux étrangers. Seul un quartier du port de Canton reste ouvert aux marchands européens. Pour s'implanter dans cet immense pays, les Britanniques ont mis en place un gigantesque trafic d'opium. En échange de la précieuse marchandise, ils reçoivent le thé et les « chinoiseries » très appréciées en Occident (*voir* pp. 502-503).

En 1839, le gouvernement de Pékin décide d'interdire l'importation d'opium. Appliquant rigoureusement la loi, des fonctionnaires impériaux s'emparent

▶ En août 1842, la signature du traité de Nankin entre l'Angleterre et la Chine (ci-contre) met fin à la première guerre de l'opium. L'empereur de Chine accepta ce texte en octobre. Cependant, pour les Chinois, cet accord, ainsi que ceux qui seront signés par la suite, sont des « traités inégaux », imposés par la force. Soucieux de préserver leur pays des influences étrangères, ils refuseront de les respecter.

▲ Hongkong est cédée aux Britanniques en 1842. Un accord signé en 1898 prévoit que l'île et les territoires voisins, qui forment les New Territories, seront rendus à la Chine quatre-vingt dix-neuf ans plus tard.

◀ Le mouvement de Taiping, qui voit le jour en 1851, menace la puissance impériale. L'empereur fait intervenir l'armée et parvient à rétablir l'ordre en 1864, avec l'aide des Occidentaux.

de plus de vingt mille caisses de drogue dans les entrepôts britanniques de Canton et les font détruire. Ce coup de force déclenche la première guerre de l'opium. Elle s'achève trois ans plus tard avec la signature du traité de Nankin. Vaincus, les Chinois sont contraints d'ouvrir Canton et quatre autres grands ports du Sud-Est aux marchands britanniques et de leur céder l'île de Hongkong.

Cependant, les tensions persistent. Une seconde guerre opposant les Chinois aux Britanniques et aux Français bouleverse le pays de 1856 à 1860. Victorieux, les Occidentaux obtiennent l'accès à d'autres ports. Pékin autorise également l'ouverture de commerces ainsi que la libre circulation des étrangers dans le pays. Des missions religieuses et diplomatiques sont accueillies.

À la suite de cette « ouverture » forcée, la Chine tombe sous la dépendance des étrangers. Ceux-ci contrôlent bientôt tout le pays tandis que, dans le même temps, des révoltes intérieures menacent la dynastie Qing et affaiblissent la puissance impériale (*voir* pp. 622-623).

1841-1846

1841 Égypte : le sultan ottoman confirme la souveraineté héréditaire du vice-roi Méhémet-Ali sur l'Égypte.
Mer Noire : les puissances européennes décident de fermer le détroit des Dardanelles à tout navire non turc.
Grande-Bretagne : Thomas Cook ouvre la première agence de voyages.

1842 Belgique : Adolphe Sax invente le saxophone.
Afghanistan : fin de la première guerre anglo-afghane ; vaincus, les Britanniques quittent Kaboul.
Chine : traité de Nankin ; fin de la première guerre de l'opium. La Chine ouvre cinq ports aux Britanniques et leur cède Hongkong.
Afrique : la France conquiert le Gabon et la Guinée.

1843 Pacifique : protectorat français sur l'île de Tahiti.

1844 Grande-Bretagne : l'artiste William Turner peint *Pluie, vapeur, vitesse*.
France : publication des *Trois Mousquetaires* d'Alexandre Dumas.

1845 Inde : début de la guerre entre les Britanniques et les Sikhs (jusqu'en 1849).
Nouvelle-Zélande : début des guerres entre les Britanniques et les Maoris (jusqu'en 1872).
États-Unis : la Floride et le Texas sont admis au sein de l'Union.

1846 Irlande : une maladie de la pomme de terre se répand dans l'île ; début de la Grande Famine (jusqu'en 1848) et d'une vague d'émigration.

Sur cette illustration chinoise, une femme détruit publiquement la pipe à opium de son mari. Le commerce et l'usage de l'opium ont été interdits par l'empereur de Chine au début du 18ᵉ siècle.

1848, le printemps des peuples

En 1815, le congrès de Vienne (*voir* p. 542) a fixé les nouvelles frontières de l'Europe sans prendre en compte le droit des peuples à disposer d'eux-mêmes. Bientôt, la situation devient explosive. Certains peuples divisés entre plusieurs pays, comme les Italiens ou les Allemands, veulent constituer des États unifiés. D'autres, dominés par une puissance étrangère, comme les Polonais, les Hongrois ou les Tchèques, revendiquent leur indépendance. Des crises agitent les Empires autrichien et ottoman composés de diverses nationalités.

En France, les revendications sont politiques et sociales. La bourgeoisie libérale réclame davantage de pouvoir. S'appuyant sur le mécontentement des ouvriers, elle s'oppose à Louis-Philippe Ier

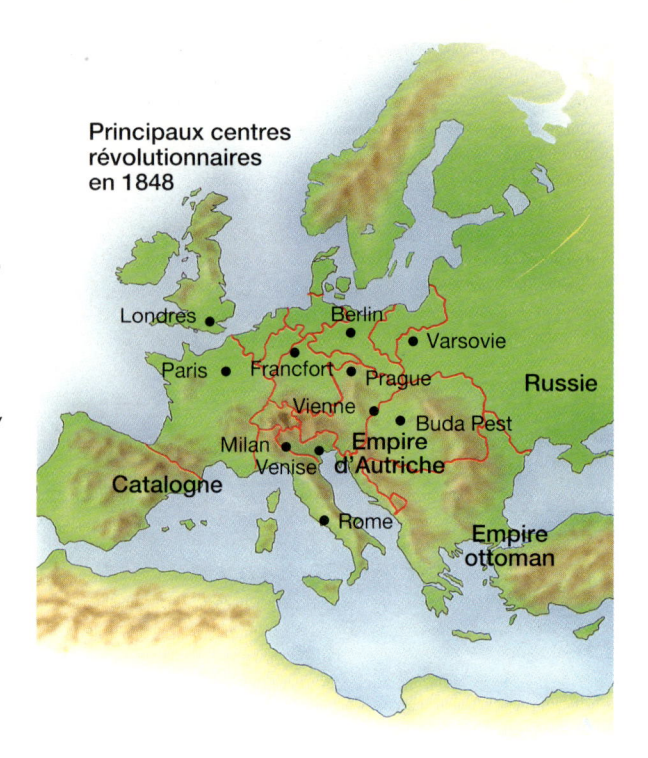

Principaux centres révolutionnaires en 1848

▼ En Grande-Bretagne, le mouvement chartiste s'inscrit dans le cadre des révolutions de 1848. Les chartistes réclament des réformes politiques, et notamment l'élargissement du droit de vote à tous les hommes. Ils tiennent un grand meeting à Londres (ci-dessous).

◀ Les révolutions de 1848 se propagent rapidement dans presque toute l'Europe. Dans les pays de l'Est et des Balkans, ces mouvements ont surtout un caractère national et unitaire ; ailleurs, et notamment en France, les revendications sont plutôt d'ordre politique et social. Sur cette carte sont indiqués les principaux centres d'agitation.

▲ À Paris, l'insurrection éclate en février 1848. Les ouvriers, qui sont au cœur du mouvement, dressent des barricades dans les rues de la capitale. Le ralliement des gardes nationaux aux insurgés précipite la chute de Louis-Philippe Ier.

(*voir* p. 553). En février 1848, la révolution éclate à Paris. Des barricades sont dressées dans les rues de la capitale. Le roi abdique ; la république est proclamée (*voir* pp. 584-585). Le gouvernement provisoire prend aussitôt deux mesures symboliques : l'instauration du suffrage universel et l'abolition de l'esclavage.

Au printemps de 1848, des révolutions – le « printemps des peuples » – éclatent dans de nombreux pays d'Europe. À Vienne, les Autrichiens montrent l'exemple, bientôt suivis par les Hongrois, les Tchèques, les Allemands, les Italiens… Ces mouvements sont durement réprimés. Toutefois, le sentiment national apparaît désormais de plus en plus fort. Bientôt, l'Italie et l'Allemagne réaliseront leur unité (*voir* pp. 590-591 et 592-593).

1846-1848

1846 France : publication de *la Mare au diable* de George Sand.
Amérique du Nord : guerre entre les États-Unis et le Mexique (jusqu'en 1848) ; vaincus, les Mexicains sont contraints d'accepter le Rio Grande comme frontière et de céder près de la moitié de leurs terres.
États-Unis : Elias Howe met au point une machine à coudre.
Rome : Pie IX est élu pape (jusqu'en 1878).

1847 États-Unis : les mormons fondent Salt Lake City.
Afrique : indépendance du Liberia.
Algérie : la France achève la conquête du pays.
Grande-Bretagne : publication de *Jane Eyre*, de Charlotte Brontë, et des *Hauts de Hurlevent*, de sa sœur Emily.

1848 Europe : révolutions – « printemps des peuples » – en Europe.
France : révolution de février 1848 ; le roi Louis-Philippe Ier abdique ; début de la IIe République (jusqu'en 1852). Louis Napoléon Bonaparte est élu président.
Autriche : révolution à Vienne ; l'empereur Ferdinand Ier abdique. François-Joseph Ier devient empereur d'Autriche (jusqu'en 1916).
Italie : insurrection de plusieurs États (Sicile, Toscane, Piémont…) ; l'ordre est rétabli avant la fin de l'année.
Belgique : publication du *Manifeste du parti communiste* de Marx et Engels.
États-Unis : grande « ruée vers l'or » en Californie.

En Grande-Bretagne, plus de trois millions de personnes ont signé la pétition chartiste de 1842, qui a été rejetée par le Parlement. Les chartistes luttent pour que les ouvriers, forces vives du pays, obtiennent les droits politiques d'une démocratie.

LA NOUVELLE-ZÉLANDE

1849 Hongrie : aidée par la Russie, l'Autriche écrase la révolte hongroise.
Allemagne : chute de l'Assemblée de Francfort qui tentait d'instaurer une monarchie constitutionnelle.
Inde : victoire des Britanniques sur les Sikhs, qui perdent le royaume du Pendjab.
Italie : les troupes françaises occupent Rome pour protéger le pape, menacé par les républicains.
Nouvelle-Zélande : poursuite des tensions entre Maoris et colons britanniques.

Parmi les premiers colons de Nouvelle-Zélande et des îles voisines du Pacifique, on compte de nombreux chasseurs de baleines.

1850 France : le peintre Gustave Courbet expose *Un enterrement à Ornans*, une toile réaliste qui choque les critiques d'art conservateurs par son sujet jugé banal, vulgaire.
États-Unis : la Californie devient un État américain.

1851 Chine : début du mouvement taiping contre la dynastie Qing (jusqu'en 1864).
Nigeria : les Britanniques s'emparent de Lagos.
Australie : début de la « ruée vers l'or ».
Grande-Bretagne : première Exposition universelle des arts industriels ; organisée dans le Crystal Palace à Londres, elle accueille quelque six millions de visiteurs.
Italie : le compositeur Giuseppe Verdi écrit *Rigoletto*.
États-Unis : publication de *Moby Dick*, de Herman Melville. Isaac Singer produit des machines à coudre.

La Nouvelle-Zélande

Dans les dernières années du 18ᵉ siècle, les Britanniques ont commencé à s'installer en Nouvelle-Zélande (*voir* pp. 512-513). Leur nombre s'accroît très rapidement dans les années 1830. Ces colons ont bientôt besoin de vastes espaces pour élever leurs moutons, leur principale source de revenus. Ils commencent alors à s'approprier les terres des Maoris.

Ceux-ci, dont les tribus sont collectivement propriétaires de la terre, sont décidés à se défendre pour conserver un héritage ancestral. Les conflits se multiplient. En 1840, le gouvernement de Londres obtient des chefs maoris la cession de leur souveraineté à la couronne britannique (traité de Waitangi). En échange, les Anglais s'engagent à respecter leurs droits sur la terre.

Un gouverneur anglais est aussitôt nommé. Toutefois, la parole donnée n'est pas respectée. Les colons continuent à s'approprier les terres maories. En 1860,

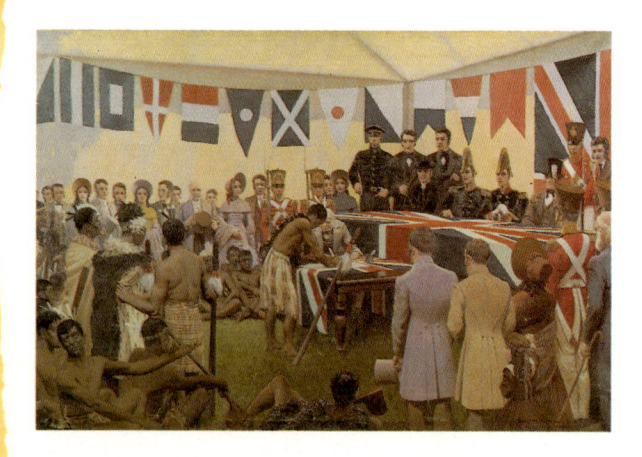

▲ *Par le traité de Waitangi (1840), les Maoris accordent la Nouvelle-Zélande à la Grande-Bretagne. Mais contrairement à ce qu'ils pensaient, les Britanniques ne respecteront pas leurs droits sur la terre.*

1849-1851

▲ *Wellington (ci-dessus) est fondée par les Britanniques sur une terre prise aux Maoris. Elle devient la capitale de la Nouvelle-Zélande en 1865.*

les Maoris prennent de nouveau les armes pour défendre leurs biens. Au bout de dix longues années de combat, ils doivent finalement abandonner les meilleures terres aux colons et se retirer dans les régions montagneuses. En 1907, la Nouvelle-Zélande devient un dominion – État du Commonwealth – britannique.

▼ *Les guerres sont fréquentes entre les tribus maoris. Les colons britanniques en profitent pour s'emparer de leurs terres.*

LES MAORIS

Les populations des deux îles qui forment la Nouvelle-Zélande appartiennent à l'ethnie maorie. Installés sur les côtes et dans l'intérieur, les Maoris pratiquent la chasse, la pêche, l'agriculture. Ils sont organisés en tribus, autour de villages. Les tribus sont collectivement propriétaires des terres et ont le devoir de les entretenir pour la génération suivante. Il leur est donc impossible de les céder aux Européens.

1831 – 1914

L'architecture

L'architecture du 19ᵉ siècle est fortement influencée par le développement industriel. Les architectes utilisent de nouveaux matériaux comme le fer et le verre, qui révolutionnent les techniques de construction traditionnelles. L'utilisation d'ossatures métalliques permet d'élever des immeubles de plus en plus haut. Les charpentes métalliques aident à lancer de vastes verrières, qui laissent pénétrer la lumière. Dans les villes, on construit d'immenses halles, de gigantesques opéras, de grandes gares… À Paris, le baron Haussmann (1809-1891) dirige d'importants travaux qui transforment profondément la capitale.

▼ Le préfet Haussmann dote Paris de canalisations souterraines pour l'adduction et l'évacuation des eaux.

▲ Conçu par l'ingénieur Isambard Kingdom Brunel (1806-1859), le Clifton Bridge, en Angleterre, est constitué d'un tablier supporté par des câbles métalliques.

▲ Le Home Insurance Building de Chicago est considéré comme l'ancêtre des gratte-ciel. Haut de dix étages, il est doté d'une ossature métallique. Plus tard, le béton armé et le fer permettront d'élever des bâtiments de plus en plus hauts.

▼ La Liberté éclairant le monde – ou statue de la Liberté – se dresse aujourd'hui à l'entrée du port de New York. Réalisée par le Français Bartholdi, elle est haute de 46 mètres ; elle a été offerte aux États-Unis par la France en 1886.

À CETTE ÉPOQUE

1851 À Londres, le Crystal Palace, un gigantesque édifice en verre et en métal, est édifié à l'occasion de l'Exposition universelle.

1871 Inauguration du tunnel ferroviaire du Fréjus ; il relie la France à l'Italie et représente la première percée à travers les Alpes.

1874 L'Opéra de Paris, œuvre de l'architecte Charles Garnier, est achevé.

1900 À Paris, inauguration du métropolitain.

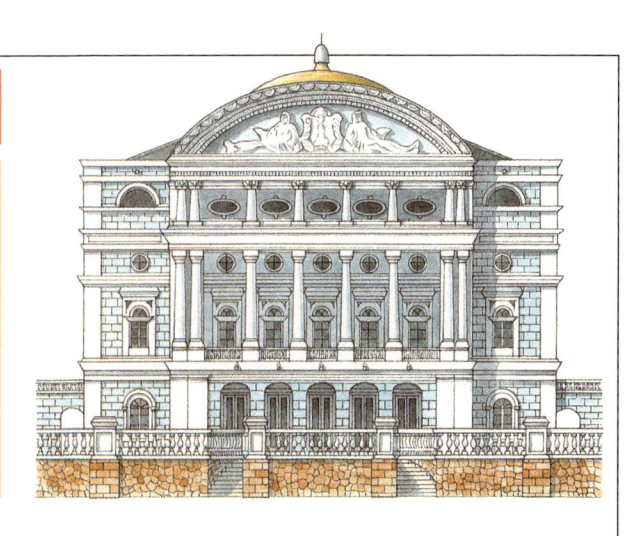

▼ La gare de Bombay, en Inde, est inaugurée en 1866. Elle marie les styles européens du gothique et de la Renaissance, mais ses dômes sont typiquement indiens.

▲ Au 19ᵉ siècle, les grandes villes se dotent de somptueux opéras. Celui-ci a été élevé à Manaus, au Brésil, à l'époque où la cité s'était considérablement enrichie grâce au commerce du caoutchouc.

▼ La tour Eiffel, l'un des plus célèbres monuments parisiens, a été édifiée pour l'Exposition universelle de 1889 par Gustave Eiffel. Par cette construction audacieuse de 300 mètres de haut, il entendait témoigner des vertus du fer en architecture.

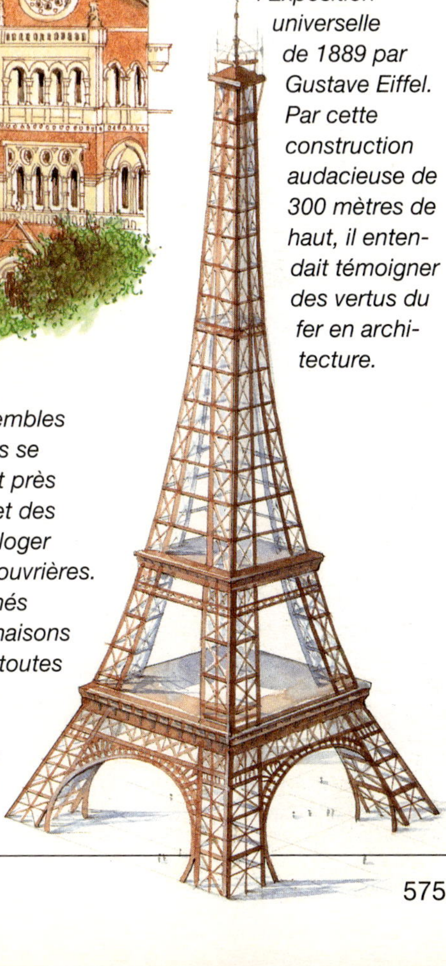

◀ Des ensembles d'habitations se développent près des usines et des mines pour loger les familles ouvrières. Ils sont formés de petites maisons en briques, toutes semblables et souvent dépourvues du moindre confort.

LA GUERRE DE CRIMÉE

Ce dessin présente une Turquie sans défense prise dans les griffes impitoyables de la Russie, tenue pour principale responsable de la guerre de Crimée.

1852 France : Louis Napoléon Bonaparte fonde le second Empire et devient empereur des Français sous le nom de Napoléon III (jusqu'en 1870).
Asie : les Britanniques annexent la Basse-Birmanie.
Nouvelle-Zélande : une nouvelle Constitution accorde plus d'autonomie à la colonie britannique.
France : l'ingénieur Henry Giffard met au point un moteur à vapeur pour ballon dirigeable.
États-Unis : publication de *la Case de l'oncle Tom*, roman antiesclavagiste de Harriet Beecher-Stowe.
Grande-Bretagne : ouverture à Londres du Victoria and Albert Museum.
1853 Crimée : les Russes détruisent la flotte turque près de Sinope ; cette agression déclenche la guerre de Crimée (jusqu'en 1856).
Afrique australe : le Britannique David Livingstone explore la région.
Italie : Verdi compose *la Traviata*.
France : le médecin Charles Gabriel Pravaz invente la seringue.
Le baron Haussmann devient préfet de la Seine ; il entreprendra de grands travaux d'urbanisme à Paris.
Pacifique : la Nouvelle-Calédonie est rattachée à la France.

La guerre de Crimée

La guerre de Crimée se déroule aux confins du continent européen, sur la mer Noire. Elle éclate en 1854 lorsque le tsar de Russie Nicolas Ier envahit les provinces turques de Moldavie et de Valachie. Les Russes se heurtent alors à une coalition formée par la France, la Grande-Bretagne, l'Empire ottoman et le royaume de Piémont. Illustrée par les victoires franco-britanniques de l'Alma (1854) et de Sébastopol (1855), la guerre s'achève avec la défaite russe.

La paix, signée à Paris en 1856, ne bouleverse pas les frontières européennes. Toutefois, pour la France, elle efface la honte des traités de 1815 et consacre

FLORENCE NIGHTINGALE

L'infirmière britannique Florence Nightingale (1820-1910) n'a pas 35 ans lorsque la guerre de Crimée éclate. Elle parvient à persuader le gouvernement de l'envoyer au front avec trente infirmières. Installée dans l'hôpital militaire de Scutari, près d'Istanbul, sur la mer Noire, elle se dépense sans compter pour améliorer les services sanitaires de l'armée et accomplit, avec son équipe, de véritables « miracles ». De retour en Angleterre, elle se consacrera à la formation des infirmières.

le prestige du second Empire (*voir* pp. 584-585), qui apparaît comme l'arbitre de l'Europe. La Grande-Bretagne, elle, est satisfaite d'avoir réussi à bloquer la progression russe. En Russie, enfin, la défaite, qui a révélé le retard économique du pays, ouvre une époque de réformes (*voir* pp. 628-629).

En fait, la guerre de Crimée a surtout été marquée par les innovations techniques : augmentation de la puissance de feu – les combats et une terrible épidémie de choléra font 240 000 morts –, utilisation des anesthésiques en chirurgie et apparition du télégraphe électrique. Facilitant les communications entre le front et l'arrière, celui-ci permet également pour la première fois aux correspondants de guerre de tenir leurs lecteurs régulièrement informés du déroulement des opérations.

▲ *La plupart des batailles se déroulent sur la presqu'île de Crimée, en Russie. Pour les Russes, l'enjeu du conflit est le contrôle de la mer Noire.*

▼ *La charge de la brigade légère des cavaliers britanniques (ci-dessous) est un épisode célèbre de la guerre de Crimée. Très meurtrière, elle s'est déroulée pendant la bataille de Balaklava, en 1855.*

Le Japon du Meiji

Depuis l'arrivée au pouvoir de la dynastie shogunale des Tokugawa au 17ᵉ siècle, le Japon a fermé ses frontières aux étrangers (*voir* pp. 514-515). Tout change au milieu du 19ᵉ siècle, lorsque Matthew Perry, commodore (officier supérieur) de la marine américaine, débarque dans la baie de Tokyo. Il vient négocier la signature d'un traité avec les autorités du pays. Les exemples de la technologie industrielle occidentale qu'il a emportés avec lui convainquent les Japonais. Un pacte d'amitié est signé en 1854. En quelques années, le Japon s'ouvre à l'Occident.

En 1867, Meiji Tenno, dit Mutsuhito, devient empereur. L'année suivante, décidé à exercer réellement le pouvoir, il renverse le shogun et s'installe à Tokyo, qui devient la capitale du pays. Il proclame aussitôt le Meiji, une politique qui vise à faire du Japon un État moderne.

Des écoles, des universités sont créées. L'enseignement scientifique et technique

▲ En 1853 puis en 1854, Matthew Perry (ci-dessus, à gauche) débarque au Japon. Il signe un traité qui ouvre deux ports japonais aux Américains et inaugure l'ouverture du pays à l'Occident.

▼ Pendant l'ère Meiji, l'imitation des modes occidentales est parfois poussée à l'extrême. Ci-dessous, depuis les vêtements des musiciens jusqu'à la musique et aux instruments, tout est européen !

1854-1856

1854 Mer Noire : la France et la Grande-Bretagne entrent dans la guerre de Crimée aux côtés de la Turquie contre la Russie. Bataille de l'Alma ; victoire de la coalition sur les Russes.
Japon : l'officier américain Matthew Perry négocie l'ouverture de ports japonais au commerce international.
États-Unis : fondation du parti républicain antiesclavagiste.
Sénégal : extension de l'occupation française.
France : le chimiste Henri Sainte-Claire Deville met au point la métallurgie de l'aluminium. Le poète Frédéric Mistral et des écrivains de langue occitane fondent le mouvement félibrige pour la défense de la langue provençale.

1855 Mer Noire : bataille de Sébastopol ; assiégé depuis 1854, le port ukrainien tombe aux mains des Français et des Britanniques.
Russie : Alexandre II devient tsar (jusqu'en 1881).
Allemagne : le physicien Robert Bunsen met au point un brûleur à gaz, le « bec Bunsen ».
Grande-Bretagne : l'industriel Henry Bessemer met au point un procédé pour transformer la fonte en acier.

1856 Mer Noire : le traité de Paris met fin à la guerre de Crimée, perdue par les Russes.
Chine : seconde guerre de l'opium (jusqu'en 1860).
France : publication de *Madame Bovary* de Gustave Flaubert et des *Fleurs du mal* de Charles Baudelaire.

▲ *Avant de découvrir les bâtiments de guerre de la flotte de Matthew Perry, les Japonais n'avaient jamais vu de navires à vapeur.*

est privilégié. Des savants et des ingénieurs occidentaux sont invités à donner des conférences et des cours. Des jeunes partent étudier à l'étranger. L'État importe des machines, finance la construction d'usines, de lignes de chemin de fer. Dans le même temps, les Japonais prennent la Mandchourie aux Russes (1905) et la Corée à la Chine (1910). Cette politique impérialiste porte rapidement ses fruits : en 1914, le Japon est devenu la première puissance de la région.

Ce train a été présenté aux Japonais pour leur montrer l'avance technologique de l'Occident.

L'Angleterre victorienne

Lorsque Victoria Ire devient reine d'Angleterre en 1837, elle n'a que dix-huit ans. Restaurant le prestige de la monarchie, elle gouverne le pays pendant plus de soixante ans, jusqu'en 1901, et marque tellement cette époque que l'on parle d'ère victorienne.

Gouvernant avec les deux Chambres, Victoria s'entoure de ministres compétents, des libéraux, comme William Gladstone, ou des conservateurs, comme Benjamin Disraeli. Sous son règne, l'Angleterre affirme sa puissance.

En 1858, l'Inde, le « joyau de l'Empire britannique », passe sous son contrôle. Couronnée impératrice des Indes en 1876, Victoria domine un immense empire colonial, qui comprend notamment le Canada, l'Australie et une partie de l'Afrique.

▲ En 1840, Victoria épouse le prince Albert de Saxe-Cobourg-et-Gotha, son cousin. Ils auront neuf enfants et leur vie familiale, vertueuse, simple et austère, symbolisera l'époque victorienne.

▼ Victoria et Albert seront alliés, par le mariage de leurs enfants et petits-enfants, à la plupart des familles régnantes d'Europe.

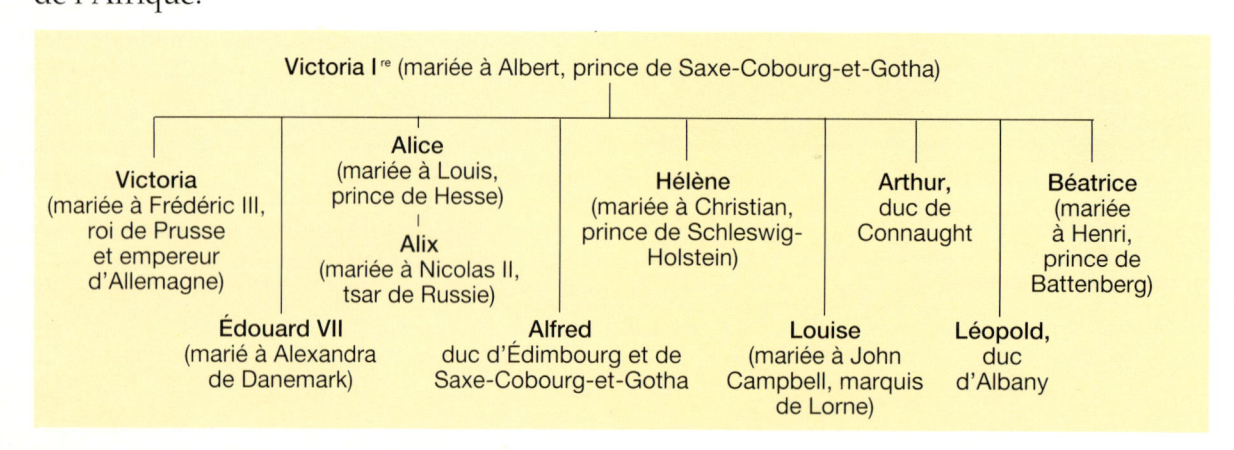

Victoria Ire (mariée à Albert, prince de Saxe-Cobourg-et-Gotha)

- **Victoria** (mariée à Frédéric III, roi de Prusse et empereur d'Allemagne)
- **Édouard VII** (marié à Alexandra de Danemark)
- **Alice** (mariée à Louis, prince de Hesse)
  - **Alix** (mariée à Nicolas II, tsar de Russie)
- **Alfred** duc d'Édimbourg et de Saxe-Cobourg-et-Gotha
- **Hélène** (mariée à Christian, prince de Schleswig-Holstein)
- **Louise** (mariée à John Campbell, marquis de Lorne)
- **Arthur,** duc de Connaught
- **Léopold,** duc d'Albany
- **Béatrice** (mariée à Henri, prince de Battenberg)

Tirant profit de ses richesses naturelles – le fer et le charbon – et des matières premières que lui fournissent ses colonies, l'Angleterre domine le commerce mondial et devient l'« atelier du monde ». L'industrialisation transforme la société. Les ouvriers et les classes moyennes revendiquent et obtiennent peu à peu de nouveaux droits, comme celui de s'associer dans des syndicats ou de faire grève. Des lois réglementent les conditions de travail. L'école devient obligatoire. Le droit de vote est élargi. La démocratie progresse. Toutefois, pour la majorité des petites gens, les conditions d'existence restent très difficiles. Quant aux Irlandais, ils admettent de plus en plus mal la domination britannique, ce qui les conduit à réclamer avec virulence leur autonomie.

▼ *En 1897, l'Angleterre célèbre avec faste le jubilé de diamant de la reine Victoria, qui règne sur le pays depuis soixante ans. Un grand défilé auquel participent tous les peuples de l'empire – princes indiens, chefs africains, tribus du Pacifique, Chinois de Hongkong… – parcourt les rues de Londres et met en scène la puissance impériale britannique.*

L'EXPOSITION

La première Exposition universelle s'ouvre à Londres en 1851. Une gigantesque construction en verre et en métal – le Crystal Palace – a été édifiée pour accueillir les milliers d'exposants. Six millions de visiteurs venus du monde entier s'y rendront.

1857 Inde : début de la révolte des cipayes contre les Britanniques (jusqu'en 1858). Grande-Bretagne : l'explorateur Livingstone publie un récit de ses voyages en Afrique.

En 1876, Benjamin Disraeli (à gauche sur la caricature) fait couronner Victoria Iʳᵉ impératrice des Indes.

1858 Inde : la mutinerie des cipayes est écrasée. La Compagnie anglaise des Indes orientales est supprimée ; l'Inde est placée sous l'autorité de la Couronne britannique. Chine : de nouveaux ports sont ouverts aux étrangers. Afrique orientale : l'explorateur britannique John Speke découvre le lac Victoria. Grande-Bretagne : inauguration du premier câble télégraphique transatlantique qui relie les États-Unis à la Grande-Bretagne. France : attentat d'Orsini ; l'Italien Felice Orsini tente d'assassiner Napoléon III. Arrêté, il est condamné à mort et exécuté. Publication des *Petites Filles modèles*, de la comtesse de Ségur. L'ingénieur Ferdinand de Lesseps constitue la compagnie du canal de Suez.

1859 Italie : soutenus par la France, les Italiens s'efforcent de se libérer de la domination autrichienne. Victoires des troupes franco-italiennes à Magenta et à Solferino. États-Unis : le colonel Drake fore le premier puits de pétrole en Pennsylvanie. Grande-Bretagne : Charles Darwin expose sa théorie de l'évolution par la sélection naturelle dans un ouvrage intitulé *De l'origine des espèces*.

La guerre de Sécession

Au milieu du 19ᵉ siècle, les États-Unis ont démesurément agrandi leur territoire, mais ils sont divisés. Les États du Sud vivent notamment de l'exploitation de leurs vastes plantations de coton ; ils pratiquent l'esclavage et veulent l'étendre aux nouveaux États de l'Ouest (*voir* pp. 562-563). Ceux du Nord, en revanche, sont de plus en plus industrialisés ; ils dénoncent l'esclavage comme une atteinte aux droits de l'homme et à la démocratie.

En 1860, le républicain Abraham Lincoln accède à la présidence des États-Unis. L'abolition de l'esclavage fait partie de son programme politique. Mais onze États du Sud refusent de reconnaître cette élection ; ils font sécession (quittent l'Union) et fondent les États conférés d'Amérique.

Le gouvernement déclare qu'ils n'en ont pas le droit. En 1861, la guerre de Sécession éclate entre les sudistes (ou confédérés) et les nordistes (ou unionistes). Pendant quatre ans, chaque camp se bat avec acharnement pour défendre sa cause sous le commandement de brillants

TUBMAN
(1821-1913)

Harriet Tubman est une esclave noire échappée. Pendant la guerre de Sécession, elle parcourt les États du Sud et aide plus de trois cents personnes à s'enfuir vers le Nord. Elle renseigne aussi les nordistes. Selon le général Grant, elle valait, à elle seule, plusieurs régiments.

ABRAHAM LINCOLN
(1809-1865)

Fils de pionnier, député républicain et militant antiesclavagiste, Abraham Lincoln accède à la présidence des États-Unis en 1860. Son élection déclenche la guerre de Sécession. Réélu en 1864, il est assassiné par un fanatique sudiste cinq jours après la victoire nordiste.

▼ En juillet 1861, les confédérés remportent la première grande bataille du conflit à Bull Run (ci-dessous), en Virginie. Près de deux mille sudistes et trois mille nordistes meurent au combat. En 1863, la grande victoire nordiste de Gettysburg marque le tournant de la guerre de Sécession, considérée souvent comme le premier conflit moderne. Les sudistes capituleront en 1865 à Appomattox.

▲ Les soldats nordistes (ci-dessus) sont en bleu ; les sudistes (à droite), en gris.

généraux, dont Robert Lee pour le Sud et Ulysses Grant pour le Nord.

Les confédérés capitulent en 1865. L'esclavage est aussitôt aboli. Les États qui avaient fait sécession réintègrent les États-Unis, qui affirment ainsi l'unité de leur nation. Cependant, il faudra des années pour reconstruire le Sud que les armées du Nord ont ravagé.

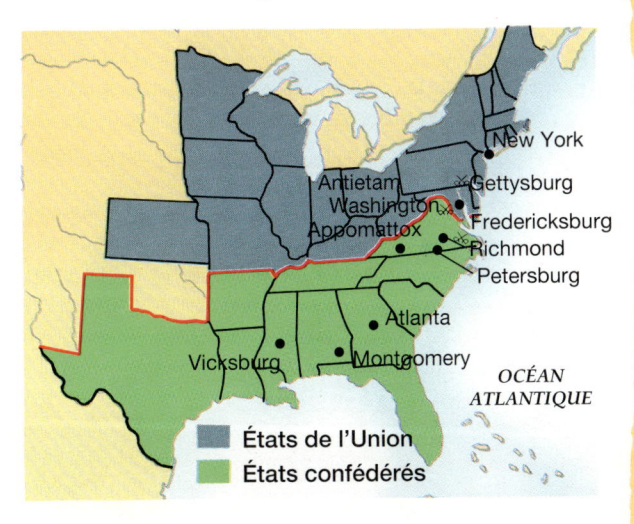

▲ Les principales batailles de la guerre se déroulent dans les États de l'Est et du Sud-Est.

1860-1862

1860 Italie : traité de Turin ; le Piémont cède Nice et la Savoie à la France ; les Niçois puis les Savoyards votent par référendum leur rattachement à la France. Expédition des Mille ; à la tête d'une armée d'un millier de volontaires, Garibaldi conquiert Naples et la Sicile. Mouvement du *Risorgimento* ; les États d'Italie centrale se rattachent au Piémont.
Chine : des troupes franco-britanniques occupent Pékin.
France : l'ingénieur Étienne Lenoir met au point le premier moteur à explosion.
États-Unis : Abraham Lincoln est élu président (jusqu'en 1865) ; onze États esclavagistes du Sud font sécession et fondent les États confédérés d'Amérique.

1861 Italie : unification du royaume d'Italie ; Victor-Emmanuel II est proclamé roi (jusqu'en 1878).
États-Unis : début de la guerre de Sécession entre confédérés (sudistes) et unionistes (nordistes) (jusqu'en 1865).
Mexique : intervention des forces franco-britanniques pour pousser le Mexique à régler sa dette extérieure.
Russie : abolition du servage.
Balkans : la Moldavie et la Valachie s'unissent pour former la Roumanie.

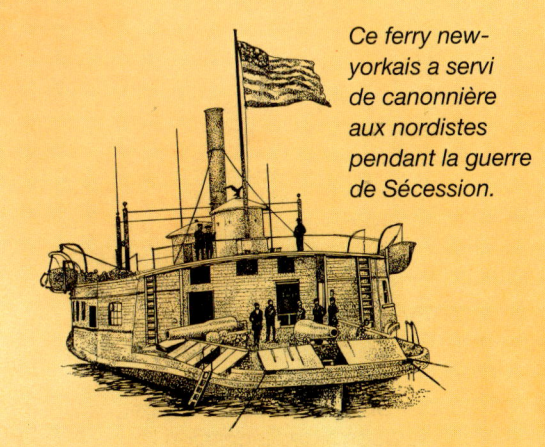

Ce ferry new-yorkais a servi de canonnière aux nordistes pendant la guerre de Sécession.

1862 États-Unis : batailles de Richmond et de Fredericksburg ; victoires des sudistes sur les nordistes.
Prusse : Otto von Bismarck est nommé chef du gouvernement.
Italie : Garibaldi tente sans succès de prendre Rome.
Indochine : la Cochinchine (au sud du Viêt Nam actuel) devient colonie française.
France : parution des *Misérables* de Victor Hugo.

LE SECOND EMPIRE

1863 États-Unis : bataille de Gettysburg ; victoire des nordistes sur les sudistes.
Pologne : révolte des Polonais contre la tutelle russe.
Asie : le Cambodge devient un protectorat français.
France : Édouard Manet peint *le Déjeuner sur l'herbe*.
Grande-Bretagne : construction du premier métro à Londres.
Suisse : fondation de la Croix-Rouge.

1864 Allemagne : les Autrichiens et les Prussiens occupent les duchés de Schleswig et de Holstein.
Pologne : la révolte est écrasée.
Russie : introduction de réformes sociales.
Mexique : occupation par les Français ; Maximilien d'Autriche devient empereur du pays (jusqu'en 1867).
États-Unis : victoires des nordistes à Atlanta et à Savannah.
Grande-Bretagne : fondation de la « Ire Internationale », l'Association internationale des travailleurs.

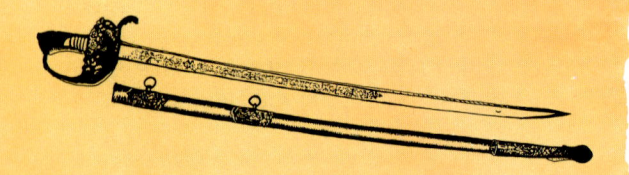

L'épée du général Lee, qui a conduit les forces sudistes pendant la guerre de Sécession. Contrairement à la tradition, il ne l'a pas remise à son vainqueur lors de la cérémonie de capitulation, mais l'a gardée à son côté.

1865 Amérique latine : guerre du Paraguay contre le Brésil, l'Uruguay et l'Argentine (jusqu'en 1870).
États-Unis : les sudistes capitulent ; fin de la guerre de Sécession. Assassinat du président Lincoln. Adoption du 13e amendement à la Constitution, qui abolit l'esclavage.
Grande-Bretagne : publication d'*Alice au pays des merveilles*, de Lewis Carroll.
France : début de la publication du *Dictionnaire de la langue française* d'Émile Littré.
Autriche : le botaniste Gregor Mendel publie ses travaux sur l'hérédité.

Le second Empire

En France, la IIe République est proclamée en février 1848 (pp. 570-571). Quelques mois plus tard, le prince Louis Napoléon Bonaparte, un neveu de Napoléon Ier, est élu président de la République au suffrage universel. Mais le nouveau régime est fragile. Le 2 décembre 1851, le prince-président s'assure de tout le pouvoir par un coup d'État. Un an plus tard, il proclame le second Empire.

Napoléon III exerce d'abord un pouvoir fort. Les républicains sont arrêtés ou contraints de s'exiler ; la censure muselle la presse. Puis le régime se libéralise. Pour se rallier la classe ouvrière, l'empereur prend un certain nombre de mesures, comme le droit de grève ou la liberté de réunion. L'enseignement primaire, cher aux républicains, est développé.

En 1870, la France entre en guerre contre l'Allemagne (*voir* pp. 592-593). La défaite de Sedan entraîne la chute de l'empire. En septembre, la république est, une nouvelle fois, proclamée à Paris (*voir* pp. 600-601).

▼ *Sous le second Empire, les élégantes arborent de somptueuses robes bouffantes à crinoline.*

1863-1865

▲ Napoléon III réorganise l'armée. La France intervient notamment en Crimée, au Mexique et en Italie. Ci-dessus, l'empereur et son état-major.

▲ Paris accueille l'Exposition Universelle de 1867. Ci-dessus, le gigantesque palais qui a été édifié pour l'occasion au Champ-de-Mars.

NAPOLÉON III
(1808-1878)

Exilé depuis la chute de son oncle Napoléon Ier, le prince Louis Napoléon Bonaparte est élu président de la République en 1848 et devient empereur en 1852. Il connaîtra de nouveau l'exil après la défaite de Sedan face aux Prussiens et mourra en Angleterre.

HAUSSMANN
(1809-1884)

Préfet de la Seine de 1853 à 1870, le baron Eugène Haussmann mène de grands travaux dans Paris. Il fait ouvrir de larges boulevards, facilite l'accès aux gares, modernise les égouts, aménage des parcs… Le Paris moderne est créé.

VERS LE CANADA MODERNE

1866 Allemagne : la Prusse écrase l'Autriche à Sadowa ; l'Autriche, vaincue, doit céder Venise à l'Italie.
Russie : publication de *Crime et Châtiment* de Dostoïevski.

1867 États-Unis : fondation du Ku Klux Klan, société secrète raciste.
Japon : démission du dernier shogun ; début du règne de l'empereur Mutsuhito (jusqu'en 1912).

Le Canadian Pacific Railway relie la côte de l'océan Atlantique à celle du Pacifique.

1867 Allemagne : Bismarck fonde la Confédération de l'Allemagne du Nord. Partage du pouvoir central entre l'Autriche et la Hongrie ; formation de la monarchie austro-hongroise (jusqu'en 1918).
États-Unis : l'Union achète l'Alaska à la Russie.
Mexique : retrait des troupes françaises ; assassinat de l'empereur Maximilien I er.
Canada : création du dominion du Canada.
Grande-Bretagne : publication du premier volume du *Capital* de l'Allemand Karl Marx.
Le chirurgien Joseph Lister utilise des traitements antiseptiques lors de ses opérations.

1868 Cuba : insurrection contre les colons espagnols.
Espagne : une révolte pousse la reine Isabelle II à l'exil.
Japon : début du Meiji (jusqu'en 1912).
Asie centrale : les Russes annexent la ville de Samarkand.
Grande-Bretagne : réunion du premier congrès des syndicats.
Allemagne : Johannes Brahms compose son *Requiem allemand*.

Vers le Canada moderne

En 1791, le Haut-Canada anglophone – de langue anglaise – a été séparé du Bas-Canada francophone – de langue française (*voir* pp. 498-499). En 1837, des rébellions pour l'autonomie éclatent dans les deux provinces. Elles sont conduites par William Lyon Mackenzie et Louis Joseph Papineau, et poussent le gouvernement de Londres à réagir.

En 1840, la Grande-Bretagne impose l'Acte d'Union. Il unit le Haut- et le Bas-Canada en une seule province, le Canada-Uni qui est doté d'un gouvernement, d'un conseil législatif et d'une assemblée élue.

Toutefois, beaucoup de Canadiens, qui estiment que ces réformes sont insuffisantes, réclament la création

LOUIS-JOSEPH PAPINEAU (1786-1871)

Né à Montréal, Louis Joseph Papineau défend les droits des Canadiens français et il est l'un des chefs de la rébellion nationaliste de 1837. Exilé pendant dix ans aux États-Unis, il rentre en 1847 et reprend la lutte pour l'indépendance du Canada français.

WILLIAM LYON MACKENZIE (1795-1861)

Canadien d'origine écossaise, William Lyon Mackenzie réclame davantage de démocratie et plus de liberté, s'opposant ainsi à la couronne britannique ; il dirige la rébellion de 1837 dans le Haut-Canada. Il s'exile ensuite aux États-Unis.

1866-1868

◄ En 1867, le dominion du Canada réunit les provinces de l'Ontario, du Québec, de la Nouvelle-Écosse et du Nouveau-Brunswick. Plusieurs autres provinces les rejoindront peu à peu, la dernière étant Terre-Neuve en 1949. Sur la carte, les dates d'entrée officielle dans la confédération sont indiquées entre parenthèses. Le chemin de fer joue un grand rôle dans la mise en valeur de cet immense pays.

d'une confédération. En 1867, l'Acte de l'Amérique du Nord britannique crée la Confédération canadienne ou dominion du Canada. Doté d'un régime d'autonomie, il réunit les quatre provinces du Haut-Canada (qui devient l'Ontario), du Bas-Canada (qui devient le Québec), de Nouvelle-Écosse et du Nouveau-Brunswick. Le français et l'anglais en sont les deux langues officielles. Comme aux États-Unis, le chemin de fer jouera un grand rôle dans la mise en valeur de cet immense territoire. Achevé en 1885, le Canadian Pacific Railway permet ainsi, pour la première fois, de relier la côte est à la côte ouest.

▼ Lorsque Manitoba entre dans la Confédération canadienne en 1870, Winnipeg est une petite ville qui vit essentiellement du commerce des fourrures. Elle devient la capitale de la province.

1831 – 1914

Les communications et les transports

Le 19ᵉ siècle est la grande époque du chemin de fer. Vers 1900, quelque soixante dix ans après l'inauguration des premières lignes, tous les grands pays européens, les États-Unis, le Canada sont équipés de réseaux ferrés. L'époque voit également apparaître les bateaux à vapeur transocéaniques, les métropolitains, les tramways, les automobiles, les premiers avions… Tout va plus vite ! De nouveaux moyens de communication – télégraphe électrique, téléphone, radio… – permettent aux informations de circuler plus rapidement que les biens et les personnes. Quant aux journaux, ils ne cessent de se multiplier et sont lus par des lecteurs toujours plus nombreux.

▼ *En Extrême-Orient, les pousse-pousse (ci-dessous) permettent aux gens aisés de se déplacer en ville.*

▶ *En 1840, l'Angleterre émet le premier timbre-poste, le* one penny noir. *Jusqu'alors, c'était le destinataire qui supportait le coût de l'envoi.*

▼ *En 1890, le Français Clément Ader s'élève en rase-mottes sur une cinquantaine de mètres grâce à un appareil qu'il appelle avion. C'est le premier envol d'un « plus lourd que l'air ».*

◀ *Une TSF, un des premiers postes de radio. Des tubes à vide, diodes et triodes – aujourd'hui remplacées par des transistors –, la font fonctionner. On l'utilise soit avec des écouteurs, soit avec un pavillon haut-parleur. C'est Henri Hertz qui, en 1888, a prouvé l'existence des ondes électromagnétiques – hertziennes –, auxquelles appartiennent les ondes lumineuses. Cette découverte a permis l'invention des télégraphes sans fil et des postes de radio.*

588

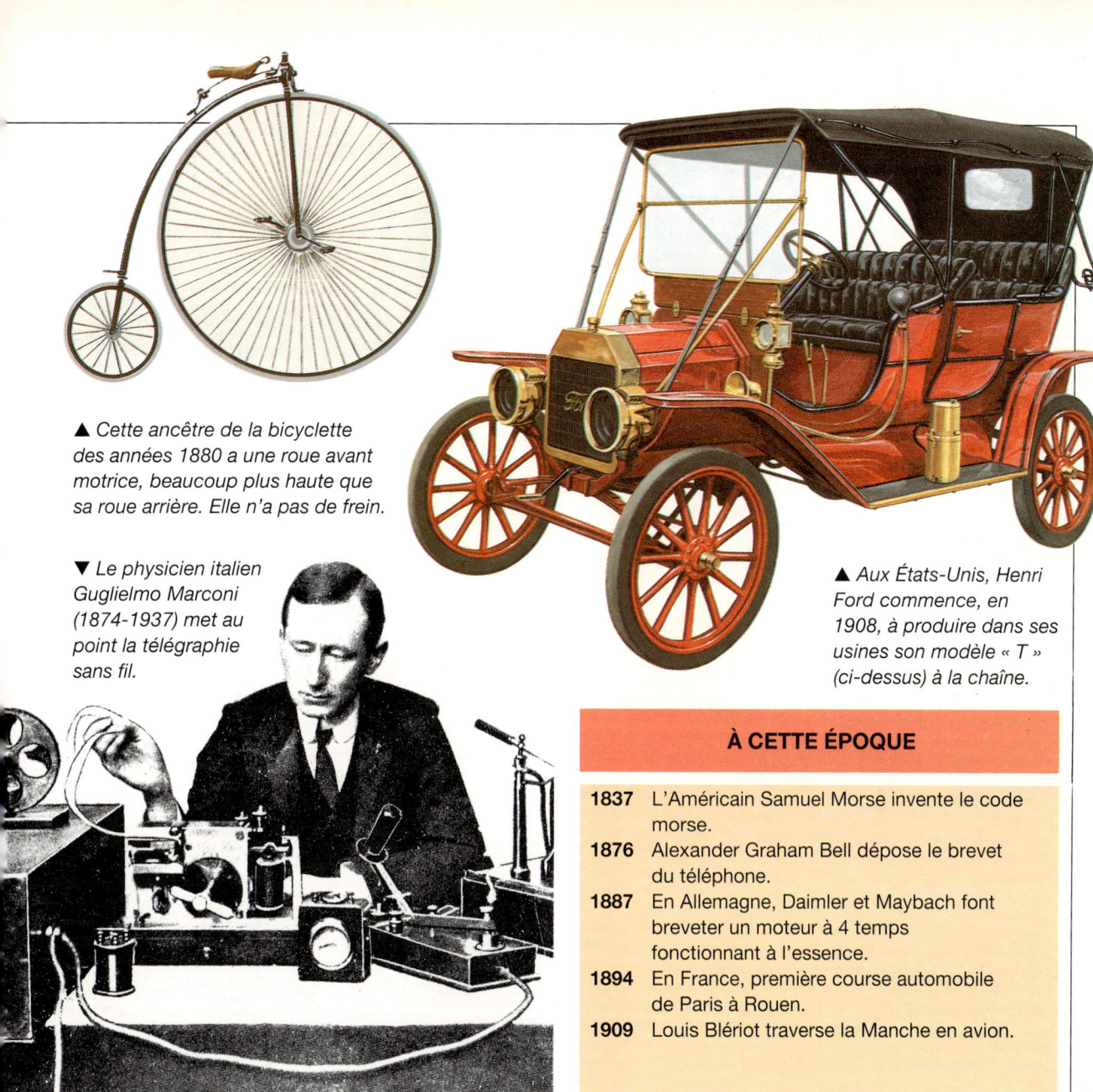

▲ Cette ancêtre de la bicyclette des années 1880 a une roue avant motrice, beaucoup plus haute que sa roue arrière. Elle n'a pas de frein.

▼ Le physicien italien Guglielmo Marconi (1874-1937) met au point la télégraphie sans fil.

▲ Aux États-Unis, Henri Ford commence, en 1908, à produire dans ses usines son modèle « T » (ci-dessus) à la chaîne.

À CETTE ÉPOQUE

1837	L'Américain Samuel Morse invente le code morse.
1876	Alexander Graham Bell dépose le brevet du téléphone.
1887	En Allemagne, Daimler et Maybach font breveter un moteur à 4 temps fonctionnant à l'essence.
1894	En France, première course automobile de Paris à Rouen.
1909	Louis Blériot traverse la Manche en avion.

▶ Le brevet du téléphone est déposé par l'Américain Alexander Graham Bell (1847-1922) en 1876. Ci-contre, ce modèle de 1905 n'a pas de cadran. En effet, pour obtenir la communication, il faut passer par un central d'appel. En 1879, Paris est la première ville d'Europe à être équipée d'un réseau téléphonique.

▲ Le métropolitain révolutionne les transports urbains. Ce train souterrain ignore les encombrements de surface.

L'UNITÉ ITALIENNE

1869 Égypte : ouverture du canal de Suez reliant la mer Rouge à la Méditerranée.
États-Unis : inauguration du premier chemin de fer transcontinental ; il relie New York à San Francisco.
Allemagne : fondation du parti ouvrier social-démocrate, premier parti politique à adopter les thèses développées par Karl Marx.
Russie : le chimiste Mendeleïev achève sa classification périodique des éléments chimiques. Publication de *Guerre et Paix* de Tolstoï.
France : fabrication de margarine comme substitut bon marché du beurre.

1869 Rome : Pie IX réunit le concile Vatican I (jusqu'en 1870) ; celui-ci proclame le dogme de l'infaillibilité pontificale, selon lequel le pape ne peut faire d'erreur en matière de doctrine et de foi.

Cette caricature montre Garibaldi aidant le roi Victor-Emmanuel II à chausser la botte italienne.

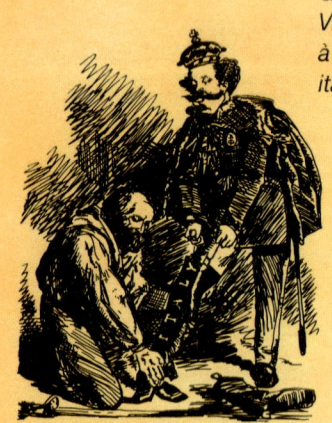

1870 Europe : début de la guerre franco-allemande (jusqu'en 1871) ; en juillet, la France déclare la guerre à la Prusse et aux provinces allemandes. En septembre, Napoléon III capitule à Sedan. Proclamation de la république à Paris ; le gouvernement provisoire poursuit la guerre contre la Prusse.
Italie : l'État pontifical de Rome est annexé ; la ville de Rome devient la capitale du royaume.
Amérique latine : victoire du Brésil, de l'Argentine et de l'Uruguay sur le Paraguay.
France : publication de *Vingt mille lieues sous les mers* de Jules Verne.

L'unité italienne

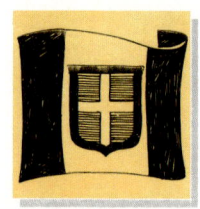

Au milieu du 19ᵉ siècle, l'Italie n'existe pas. Son territoire actuel est divisé en plusieurs États dont les plus importants sont le royaume de Piémont-Sardaigne, gouverné par Victor-Emmanuel II, et les États du pape. Au nord, le royaume lombard-vénitien est occupé par les armées autrichiennes.

L'échec des mouvements nationalistes de 1848 (*voir* pp. 570-571) n'a pas affaibli la volonté d'indépendance des Italiens. L'unité se réalise par étapes autour du Piémont-Sardaigne. Victor-Emmanuel II et son ministre Cavour concluent une alliance avec la France de Napoléon III (*voir* pp. 584-585) et engagent la lutte contre les Autrichiens. En 1859, certains

VICTOR-EMMANUEL II
(1820-1878)

Roi de Piémont-Sardaigne, allié de la France contre l'Autriche en 1859, Victor-Emmanuel II est, avec son ministre Cavour, le fondateur de l'unité italienne. En 1860, il accepte le rattachement à la France de la Savoie et de Nice ; en 1861, il devient roi d'Italie.

CAVOUR
(1810-1861)

Président du Conseil du royaume de Piémont-Sardaigne en 1852, Cavour met toute son énergie au service de l'unité italienne. À l'origine de l'alliance avec Napoléon III (1858), il soutient Garibaldi. Il meurt quelques semaines après la proclamation du royaume d'Italie.

1869-1870

◀ Patriote italien, Giuseppe Garibaldi (au centre sur ce dessin) est l'un des artisans de l'unité de son pays. Avec un millier de volontaires – les célèbres « chemises rouges » –, il s'empare du royaume des Deux-Siciles en 1860.

des États du Nord rejoignent le Piémont. L'année suivante, le républicain Garibaldi débarque en Sicile à la tête d'une armée d'un millier de volontaires et s'empare de l'Italie du Sud, tandis qu'au centre, Cavour envahit les États du pape.

La naissance du royaume d'Italie est proclamée en 1861. La Savoie et Nice ont voté leur rattachement à la France. La province de Vénétie reste sous domination autrichienne, et Rome, gouvernée par le pape, est occupée par l'armée française. Venise rejoindra l'Italie en 1866 ; Rome sera finalement annexée en 1870 après la chute du second Empire. L'unité italienne sera alors vraiment réalisée.

▶ L'unité se réalise par étapes à partir de 1859, autour du royaume de Piémont-Sardaigne. La Savoie et Nice deviennent françaises en 1860.

L'unité allemande

Créée en 1815, la Confédération germanique réunit de nombreux États ; elle est dominée par l'Autriche et la Prusse. En 1862, le roi de Prusse, Guillaume Ier, fait appel à Bismarck pour réaliser l'unité allemande au profit de son pays. Ayant obtenu la neutralité de la France, celui-ci prend prétexte d'une querelle à propos des duchés de Schleswig et de Holstein pour déclarer la guerre à l'Autriche. En juillet 1866, les Autrichiens sont écrasés à Sadowa. Bismarck constitue alors la Confédération de l'Allemagne du Nord.

La France, cependant, apparaît bientôt comme un obstacle à l'unité. Une guerre permettrait à la Prusse de supprimer cette opposition et d'unir le peuple allemand contre un ennemi commun. Le conflit éclate, en 1870, à l'occasion d'un incident diplomatique. Vaincu à Sedan, l'empereur Napoléon III (*voir* pp. 584-585) est contraint d'abdiquer ; la république est proclamée en France (*voir* pp. 600-601). L'armistice est signé l'année suivante et Guillaume Ier est proclamé empereur allemand. La réunion des États du Sud achève l'unité de l'Allemagne qui, de plus, annexe l'Alsace-Lorraine française.

◀ *Constituée en 1867 par Bismarck et dominée par la Prusse, la Confédération de l'Allemagne du Nord réunit la plupart des États du Nord, dont les duchés de Schleswig et de Holstein. La défaite française complète la réalisation de l'unité. Proclamé en 1871 dans la galerie des Glaces du château de Versailles, l'Empire allemand (le IIe Reich) englobe les États du Sud ainsi que l'Alsace et une partie de la Lorraine françaises.*

1871-1872

▲ Après l'abdication de Napoléon III, le gouvernement provisoire républicain poursuit la guerre. Paris est assiégé par les Prussiens. Ci-dessus, l'état-major allemand…

BISMARCK
(1815-1898)

Chef du gouvernement prussien (1862), Otto von Bismarck est, avec le roi Guillaume Ier, l'un des artisans de l'unité allemande. Chancelier de l'Empire allemand après 1871, il a dominé les relations internationales de la seconde moitié du 19e siècle.

GAMBETTA
(1838-1882)

Après la défaite de Sedan, Léon Gambetta proclame la république en France le 4 septembre 1870. Il quitte en ballon Paris assiégé pour Tours, d'où il organise la défense nationale. Il est l'un des grands hommes politiques de la IIIe République.

1871 France : en janvier, capitulation de Paris, assiégé par les Prussiens depuis septembre 1870. Signature à Versailles de l'armistice entre la France et l'Allemagne, qui annexe l'Alsace et une partie de la Lorraine. En mars, insurrection de la Commune de Paris ; en mai, les communards sont écrasés par les forces gouvernementales pendant la « semaine sanglante ». En août, Adolphe Thiers devient président de la République (jusqu'en 1873).
Allemagne : Bismarck proclame le IIe Reich – Empire germanique (jusqu'en 1918) ; Guillaume Ier devient empereur d'Allemagne (jusqu'en 1888).
Afrique australe : les Britanniques annexent la région riche en diamants de Kimberley.
Afrique orientale : Henry Morton Stanley retrouve l'explorateur David Livingstone.
Europe : inauguration du tunnel ferroviaire sous le col du Fréjus ; cette première percée sous les Alpes relie la France à l'Italie.
Égypte : Verdi compose *Aïda* pour l'inauguration de l'opéra du Caire.
Turquie : l'archéologue allemand Heinrich Schliemann découvre le site de la Troie antique.

1872 Europe : les empereurs d'Allemagne, d'Autriche-Hongrie et de Russie se rencontrent à Berlin afin de s'entendre sur le nouvel équilibre européen.

Afin d'isoler la France (à gauche), l'Allemagne et l'Autriche-Hongrie (au centre) concluent des traités défensifs avec diverses nations européennes.

1831 – 1914

L'agriculture et l'alimentation

Au 19ᵉ siècle, la population des pays industrialisés augmente, grâce notamment à la diminution des épidémies et aux progrès de l'hygiène. Pour améliorer les rendements, les exploitants agricoles se spécialisent. Les Américains, par exemple, développent la culture du blé et du maïs à grande échelle. L'amélioration des moyens de transport permet d'exporter une partie des récoltes, tandis qu'une sélection de plus en plus rigoureuse des plantes et des animaux augmente la production. De nouvelles machines agricoles sont mises au point, qui commencent à être actionnées par des moteurs.

▲ L'industriel américain Cyrus Hall McCormick (1809-1884) a imaginé de nombreuses machines agricoles dont cette moissonneuse mécanique, tirée par des chevaux. Elle a été présentée pour la première fois lors de l'Exposition universelle de Londres, en 1851.

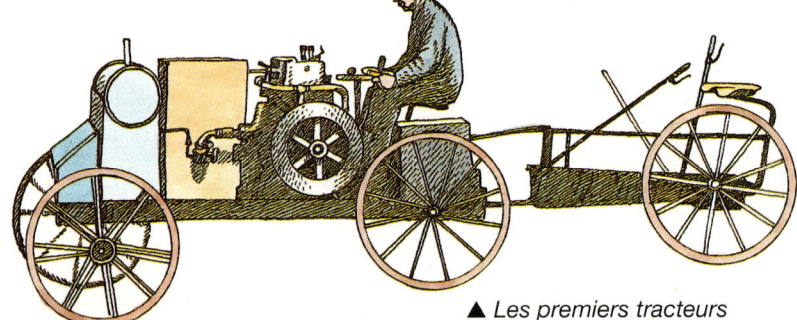

▲ Les premiers tracteurs à essence ont été fabriqués aux États-Unis à l'aube du 20ᵉ siècle. Toutefois, à cette époque, la plupart des agriculteurs utilisent encore des chevaux pour tirer leur charrue.

◄ Les premiers navires frigorifiques apparaissent après 1870. Ils permettent de transporter des denrées périssables vers l'Europe depuis des pays aussi lointains que la Nouvelle-Zélande. Les réfrigérateurs de cuisine apparaîtront plus tard.

À CETTE ÉPOQUE

1846-1848 Une maladie de la pomme de terre se répand dans toute l'Irlande ; l'île sombre dans une terrible famine.

1875 En France, début de la crise du phylloxéra, une maladie de la vigne qui détruira la moitié du vignoble français.

1876 Le Français Charles Tellier aménage des cales réfrigérées sur *le Frigorifique*, le premier navire à assurer le transport régulier de viande entre Buenos Aires et Rouen.

Fin du 19ᵉ siècle Les Britanniques développent des plantations d'hévéas (caoutchoucs) en Malaisie.

▶ *L'alimentation se diversifie grâce, notamment, à de nouveaux produits importés en Europe. Parmi ceux-ci, l'arachide (ci-contre), cultivée en Amérique du Sud et en Afrique occidentale, dont les graines – les cacahuètes – donnent une huile utilisée en cuisine. De nouveaux procédés se développent, comme celui qui permet d'extraire du sucre de la betterave à sucre, une plante qui, à la différence de la canne à sucre, pousse sous les climats tempérés.*

LES ENGRAIS

Au 19ᵉ siècle, l'agriculture devient de plus en plus scientifique. Vers 1850, les Américains commencent à produire des engrais chimiques à base de phosphate et de potassium. Ils permettent d'augmenter considérablement la production céréalière des États-Unis.

◀ *Cette batteuse, construite vers 1860, permet d'égrener les céréales. Elle fonctionne grâce à une machine à vapeur, généralement installée au bord des champs. Les machines agricoles sont alors très chères et un engin est souvent acheté et partagé par plusieurs agriculteurs.*

L'AFRIQUE CONVOITÉE

1873 France : majoritaires à l'Assemblée, les monarchistes renversent Thiers ; le maréchal de Mac-Mahon devient président de la République (jusqu'en 1879). Publication de *Une saison en enfer* d'Arthur Rimbaud.
Espagne : proclamation de la république (jusqu'en 1874).
Afrique : fermeture du marché d'esclaves de l'île de Zanzibar.
Allemagne : adoption du mark comme monnaie de l'empire.
Grande-Bretagne : James Clerk Maxwell expose les lois du champ électromagnétique.
États-Unis : fabrication des premières machines à écrire commercialisées.

L'intérieur du continent africain est difficilement accessible. L'ivoire est acheminé vers les comptoirs commerciaux de la côte par des hommes qui parcourent des centaines de kilomètres en portant des charges de 25 kg et plus.

1874 Espagne : restauration de la monarchie.
Océanie : les Britanniques annexent les îles Fidji.
France : première exposition à Paris des peintres impressionnistes (Monet, Degas, Cézanne, Renoir…).
Autriche : Johann Strauss compose *la Chauve-Souris*.

1875 Égypte : les Britanniques achètent aux Égyptiens leurs actions de la compagnie du canal de Suez pour pouvoir contrôler la route des Indes.
Balkans : révolte en Bosnie-Herzégovine contre la tutelle ottomane.
France : vote de l'amendement Wallon, qui précise les conditions d'élection du président de la République et organise la IIIe République ; le régime républicain s'impose véritablement. Georges Bizet présente son opéra-comique *Carmen*.

L'Afrique convoitée

Au début du 19e siècle, les Européens ignorent presque tout de l'intérieur du « continent noir ». À l'exception de quelques missionnaires, peu d'étrangers se sont, en effet, aventurés hors des régions côtières. Les choses changent après 1850. Des voyageurs de diverses nationalités commencent alors à explorer les régions intérieures, en suivant généralement le cours des grands fleuves.

L'Écossais David Livingstone effectue la première traversée est-ouest du continent et découvre les chutes Victoria ; les Britanniques John Speke et James Grant explorent la région du lac Victoria et suivent le Nil jusqu'en Égypte. La géographie de l'Afrique se précise.

Les explorations précèdent généralement la conquête. Les Européens entreprennent en effet à cette époque la colonisation des territoires africains. Les Français s'installent en Algérie dès 1830,

▼ *Vers 1850, l'implantation européenne se limite à quelques régions côtières. De puissants royaumes dominent le centre du continent.*

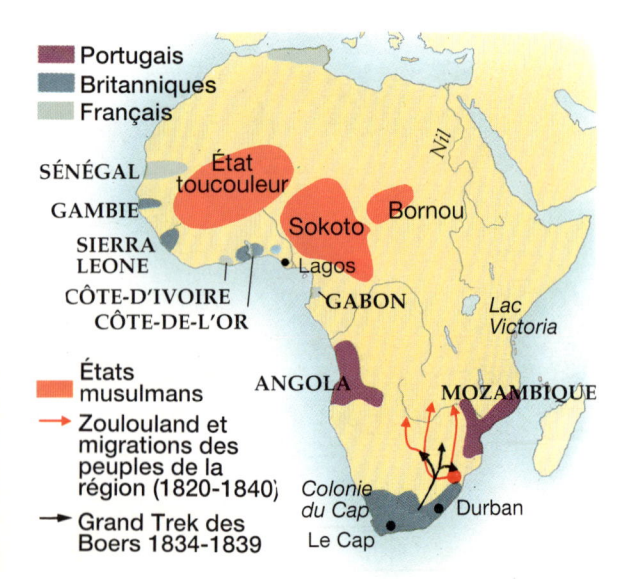

1873-1875

LE LIBERIA

En 1847, la Société américaine de colonisation établit sur la côte occidentale africaine des esclaves noirs libérés et fonde le Liberia. Devenu indépendant en 1857, celui-ci sera l'un des rares États africains non colonisés par les Européens.

tandis que les Britanniques et les Hollandais progressent vers le nord depuis la colonie du Cap (*voir* pp. 564-565). Les progrès de la médecine permettent bientôt de prévenir certaines maladies tropicales ; l'utilisation de bateaux à vapeur, l'ouverture du canal de Suez raccourcissent les distances. L'Afrique apparaît comme un continent convoité, que les nations européennes vont se partager en moins d'une vingtaine d'années (*voir* pp. 598-599).

MARY KINGSLEY
(1862-1900)

Grande voyageuse, Mary Kingsley explore l'Afrique occidentale et parcourt plusieurs fleuves de la région en pirogue. Elle rapporte en Angleterre des insectes, des serpents, des poissons… L'idée qu'une femme voyageait seule étonnait beaucoup les Européens, et ses livres sur l'Afrique ont connu un grand succès.

LIVINGSTONE
(1813-1873)

Missionnaire protestant, le Britannique David Livingstone commence en 1849 à explorer l'Afrique centrale et australe. Disparu au cours de son troisième voyage en 1866, il sera retrouvé par un journaliste anglais, Henry Stanley, avec lequel il recherchera les sources du Nil. Ce grand explorateur mourra en Afrique.

▶ L'abolition de la traite des Noirs ne met pas fin au commerce entre l'Europe et l'Afrique. Tout au long du siècle, l'or et l'ivoire africains sont échangés contre des armes européennes. Plus tard, celles-ci permettront notamment aux Africains de résister aux Européens et joueront un rôle capital dans les conflits locaux.

LE PARTAGE DE L'AFRIQUE

Le partage de l'Afrique

À partir de 1870, une rude compétition s'engage entre les grandes puissances européennes – France, Grande-Bretagne, Italie, Allemagne, Belgique – qui veulent s'attribuer rapidement un maximum de territoires possible en Afrique. Les Français, déjà installés en Algérie, conquièrent, à l'ouest, un vaste empire s'étendant de la Méditerranée à l'embouchure du Congo. Les Britanniques occupent l'Afrique orientale et l'Afrique australe après avoir vaincu les Boers

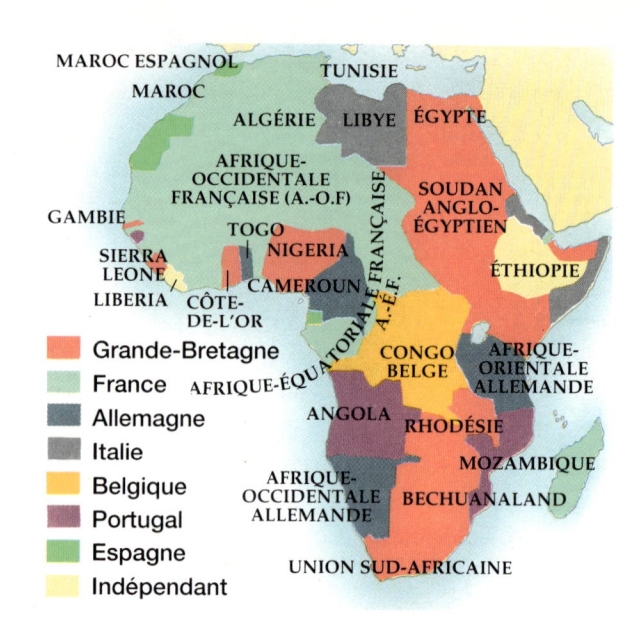

- Grande-Bretagne
- France
- Allemagne
- Italie
- Belgique
- Portugal
- Espagne
- Indépendant

▲ La colonisation de l'Afrique se déroule comme une course de vitesse entre les grandes puissances européennes. Les Français, par exemple, s'empressent de conquérir l'Afrique occidentale pour empêcher les Britanniques de s'y installer, pendant que ces derniers s'implantent en Afrique orientale. Cette carte montre qu'à la veille de la Première Guerre mondiale, les positions de chacun sont bien établies.

◀ En 1893, le drapeau français flotte à Tombouctou, dans l'actuel Mali. L'Afrique-Occidentale française (A.-O.F) sera formée en 1895, réunissant les territoires du Sénégal, de la Mauritanie, du Soudan, de la Haute-Volta, de la Guinée française, du Niger, de la Côte-d'Ivoire et du Dahomey.

(*voir* pp. 564-565). Les Italiens s'installent en Érythrée, tandis que le roi des Belges, Léopold II, met la main sur le Congo, qu'il considère comme sa possession personnelle. Les Allemands s'implantent en Afrique orientale.

Les risques d'affrontement sont tels que les puissances préfèrent finalement s'entendre. En 1884, elles se réunissent en conférence à Berlin ; aucun État africain n'y est invité ! Les Européens s'y partagent le continent en le découpant comme un gâteau. Seuls le Liberia et l'Éthiopie restent indépendants.

Les pays industrialisés voient dans la colonisation une bonne affaire. Elle leur permet de s'enrichir, de rehausser leur prestige, de diffuser leur culture. Les Africains, eux, subissent une domination politique, économique, culturelle et un découpage des frontières, imposé de l'extérieur, sans respect des réalités africaines.

▲ *En 1884, au cours de la conférence de Berlin (ci-dessus), la France, la Belgique, la Grande-Bretagne, l'Allemagne, le Portugal et l'Espagne se partagent l'Afrique. Les nouvelles frontières sont fixées en fonction de leurs zones d'influence.*

1876 Balkans : les Turcs massacrent des rebelles bulgares ; la Serbie et le Monténégro attaquent l'Empire ottoman.
Mexique : le général Porfirio Diaz s'empare du pouvoir (jusqu'en 1880).
États-Unis : grande insurrection des Sioux et des Cheyennes. Conduits par Sitting Bull, les Indiens sont vainqueurs des troupes du général Custer à Little Big Horn. Publication des *Aventures de Tom Sawyer* de Mark Twain. Alexander Graham Bell dépose le brevet du téléphone.
Allemagne : Nikolaus Otto met au point son moteur à quatre temps.
Le compositeur Richard Wagner crée sa *Tétralogie* à Bayreuth.
Grande-Bretagne : la reine Victoria est couronnée impératrice des Indes.
France : Auguste Renoir peint *le Moulin de la Galette*.

Ce dessin représente l'aigle germanique, prêt à fondre sur sa proie, l'Afrique.

1877 Balkans : guerre russo-turque (jusqu'en 1878) ; les Russes interviennent contre les Ottomans dans la région.
Afrique australe : les Britanniques annexent l'État boer du Transvaal.
États-Unis : invention du phonographe par Thomas Edison.
Russie : représentation du *Lac des cygnes*, ballet-opéra de Tchaïkovski.

1878 Balkans : fin de la guerre russo-turque ; victoire de la Russie.
Europe : le congrès de Berlin accorde l'autonomie à la Bulgarie et reconnaît l'indépendance de la Roumanie, du Monténégro et de la Serbie.
Afghanistan : seconde guerre anglo-afghane (jusqu'en 1880).

La IIIᵉ République

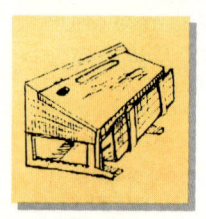

La république est proclamée à Paris le 4 septembre 1870 (*voir* pp. 584-585 et 592-593). Mais il faut attendre 1875 pour que le nouveau régime soit vraiment organisé. La IIIᵉ République est alors instituée ; elle durera jusqu'en 1940.

En quelques dizaines d'années, la France change profondément. La démocratie progresse ; des lois accordent davantage de libertés et de droits politiques et sociaux. La liberté de la presse devient officielle en 1881, les syndicats sont autorisés en 1884, les associations en 1901. Ministre de l'Instruction publique, Jules Ferry fait voter les fameuses lois scolaires qui rendent l'école laïque, gratuite et

---

LA COMMUNE

Après la défaite française de Sedan, les Prussiens assiègent Paris. L'armistice est signé en janvier 1871 ; le gouvernement se réfugie à Versailles, car il craint l'agitation des Parisiens, qui s'étaient totalement engagés dans la résistance. Le 18 mars, le peuple parisien – ouvriers, artisans, petits commerçants... – se soulève. La Commune de Paris (en référence à la Révolution française) est proclamée.
Adolphe Thiers, le chef du gouvernement, décide de reprendre la capitale par les armes. Les combats s'achèvent dans une telle violence que l'on parle de la « semaine sanglante » (mai 1871). La répression est terrible. Des milliers de communards sont fusillés, déportés. Devenue un symbole et un emblème pour le mouvement ouvrier, la Commune demeure aujourd'hui encore l'un des grands symboles des luttes populaires.

▼ *Une classe vers 1900. Les instituteurs – les « hussards de la république » – sont très respectés. Ils propagent les idées républicaines.*

▲ *La République s'engage en Afrique. Parti du Congo, le capitaine Marchand atteint le Nil à Fachoda. Ce document d'époque le représente en compagnie d'un tirailleur africain devant la carte des régions du Haut-Nil.*

obligatoire pour tous les enfants de six à treize ans. Sous son impulsion, la France affirme aussi une politique coloniale active. La colonisation, engagée sous le second Empire, se poursuit. La France domine bientôt un vaste empire, plus peuplé que la métropole, qui s'étend notamment en Indochine (*voir* pp. 604-605) et en Afrique (*voir* pp. 598-599).

Des crises politiques, comme l'affaire Dreyfus (*voir* p. 618), affaiblissent le régime. Mais la république s'impose. À la veille de la Première Guerre mondiale, elle est acceptée par la grande majorité des Français.

1879 Afrique australe : guerre zoulou ; victoire des Britanniques sur les Zoulous.
Afghanistan : les Britanniques s'emparent de Kaboul et dirigent les affaires étrangères du pays.
Europe : formation de la Duplice, alliance entre l'Allemagne et l'Autriche-Hongrie.
Amérique latine : la guerre du Pacifique (jusqu'en 1884) oppose le Chili à la Bolivie et au Pérou.
États-Unis : invention de l'ampoule électrique par Thomas Edison.
Grande-Bretagne : le physicien William Crookes définit les rayons cathodiques.
France : démission du président Mac-Mahon. Jules Grévy est élu président de la République (jusqu'en 1887).

Au 19e siècle, la pomme de terre (ci-contre) devient un aliment de base dans de nombreux pays européens. En Irlande, la maladie de la pomme de terre a déclenché une grande famine en 1846-1848.

1880 Afrique australe : insurrection des Boers contre les Britanniques (jusqu'en 1889).
Océanie : l'île de Tahiti devient une colonie française.
France : fondation du parti ouvrier français, futur parti socialiste.

1881 France : adoption d'une loi sur la liberté de la presse et de la loi Ferry rendant l'enseignement primaire gratuit.
Tunisie : traité du Bardo ; la Tunisie devient protectorat français.
Afrique australe : victoire des Boers sur les Britanniques ; restauration de l'autonomie du Transvaal.
Soudan : révolte musulmane contre l'occupation anglo-égyptienne.
Russie : assassinat du tsar Alexandre II ; son fils Alexandre III lui succède (jusqu'en 1894).

1831 – 1914

La vie quotidienne

Au 19ᵉ siècle, les grands bourgeois qui ont fait fortune dans la finance et l'industrie imposent un nouvel idéal. Leurs épouses règnent sur leur maison, dirigeant une équipe de domestiques aux attributions bien définies. Le soir, elles rivalisent d'élégance pour recevoir ou aller au théâtre, à l'opéra.
Les ouvriers, les mineurs, eux, s'entassent avec leur famille dans des logements sans confort. La misère favorise le développement des maladies et de l'alcoolisme. Hommes, femmes et enfants s'épuisent au travail, pour des salaires de misère. Les plaisirs de cette « belle époque » sont vraiment loin d'être partagés par tout le monde.

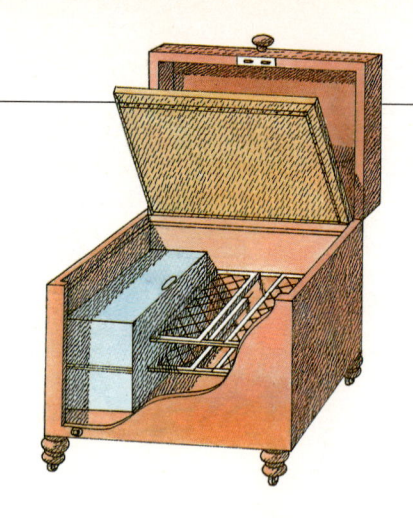

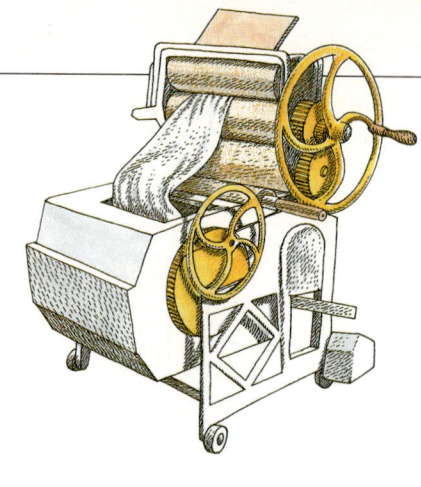

▲ Dans les années 1850, les machines à laver (ci-dessus) sont équipées de rouleaux d'essorage actionnés à la main. Les aliments sont conservés au frais dans des bacs hermétiques (à gauche) où sont déposés des blocs de glace.

▶ Dans les années 1870, les élégantes ont la taille serrée par un corset et ne sortent jamais sans chapeau.

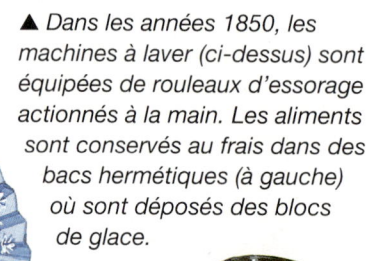

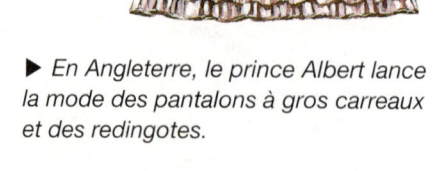

▶ En Angleterre, le prince Albert lance la mode des pantalons à gros carreaux et des redingotes.

◀ En 1895, les frères Auguste et Louis Lumière organisent, à Paris, la première projection cinématographique. L'un des films montre la sortie des ouvriers de l'usine Lumière de Lyon-Montplaisir.

▶ Les enfants jouent avec des ours en peluche... et avec les premières petites voitures !

À CETTE ÉPOQUE

1851 Aux États-Unis, Isaac Singer industrialise une machine à coudre, inventée par Elias Howe en 1846.
1878 L'Américain Thomas Edison met au point le premier gramophone utilisable.
1881 En France, liberté de la presse.
1896 Les premiers jeux Olympiques modernes, institués à l'initiative du Français Pierre de Coubertin, se déroulent à Athènes.
1903 Premier tour de France cycliste.

▲ Le sport est à la mode ! À la campagne, les bourgeois de la Belle-Époque pratiquent le tennis (ci-dessus). Le cyclisme connaît un essor particulier ; les sports d'équipe – football, base-ball, basket-ball... – se développent. On crée des clubs sportifs, des fédérations ; les compétitions deviennent régulières.

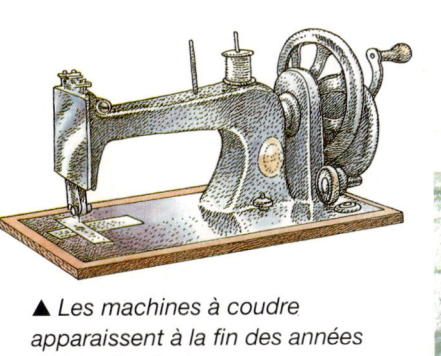

▲ Les machines à coudre apparaissent à la fin des années 1840. Elles font gagner un temps précieux !

▶ Les journaux se multiplient ; leurs lecteurs sont de plus en plus nombreux et se passionnent pour les nouvelles du monde. La course aux pôles fait alors la une des quotidiens. Le Norvégien Roald Amundsen (ci-contre) est le premier à atteindre le pôle Sud en 1911, cinq semaines avant le Britannique Robert Scott, qui ne reviendra pas.

L'Asie du Sud-Est

À la fin du 19ᵉ siècle, trois grandes puissances européennes dominent l'Asie du Sud-Est. Les Hollandais se sont établis en Indonésie dès le 17ᵉ siècle (*voir* pp. 426-427). Maîtres du commerce de la région, ils entreprennent, dans les années 1830, d'y développer des cultures destinées à l'exportation, notamment le café et l'indigo (une plante qui produit une teinture très recherchée). Vers 1900, les Indonésiens s'efforcent de se libérer de cette domination ; le nationalisme se développe.

Les Français, eux, entreprennent de coloniser l'Indochine pour des raisons commerciales sous le second Empire (*voir* pp. 584-585). En 1887, ils sont maîtres de presque toute la péninsule et créent l'Union indochinoise qui comprend le Viêt Nam actuel – Cochinchine, Annam et Tonkin –, le Cambodge et le Laos. Ce vaste ensemble territorial de plus de 700 000 km² est alors peuplé de 23 millions d'habitants, mais la population européenne y est très peu nombreuse.

À la fin du 19ᵉ siècle, les Britanniques entreprennent de coloniser la Birmanie et la péninsule malaise afin de protéger l'Inde, le « joyau » de l'empire (*voir* pp. 608-609). En Malaisie, où ils gouvernent avec l'appui des princes locaux, ils introduisent des plantations d'hévéa (l'arbre à caoutchouc) et développent l'exploitation des vastes gisements d'étain de la région.

◀ À la fin du 19ᵉ siècle, l'Asie du Sud-Est est morcelée entre trois grandes puissances européennes. Les Français contrôlent la péninsule indochinoise. Les Britanniques sont maîtres de la Malaisie et de presque toute la Birmanie. Les Hollandais, eux, dominent la plupart des îles indonésiennes depuis Java et partagent Bornéo avec la Grande-Bretagne. Seul le Siam (l'actuelle Thaïlande) échappe à la domination étrangère.

1882-1884

◀ En 1884, en Indochine, les Français remportent la victoire de Bac Ninh. L'année suivante, par le traité de T'ien-Tsin, la Chine renonce à ses droits sur l'Annam et le Tonkin, au profit de la France.

▼ En Indonésie, les colons hollandais développent de nouvelles cultures destinées à l'exportation avec l'appui des princes locaux. Mais la majorité de la population n'en retire aucun profit.

Cette peinture murale représentant un arbre de vie provient d'une maison de Sarawak, dans le sud-ouest de Bornéo (Malaisie).

1882 France : les lois Ferry rendent l'enseignement primaire laïc et obligatoire.
Égypte : une révolte menée par Urabi Pacha est écrasée ; les troupes françaises se retirent d'Égypte, qui reste occupée par les Britanniques.
Europe : l'Italie se joint à l'alliance entre l'Allemagne et l'Autriche-Hongrie pour former la Triplice.
États-Unis : guerres indiennes (jusqu'en 1886) ; conduits par Geronimo, les Apaches sont vaincus. Installation de la première station hydroélectrique dans le Wisconsin.
Allemagne : Robert Koch identifie le bacille de la tuberculose.
Grande-Bretagne : publication de *l'Île au trésor* de Stevenson.

1883 Afrique : protectorat français sur Madagascar.
Espagne : l'architecte Antonio Gaudi est chargé de poursuivre la construction de la cathédrale de la *Sagrada Familia*, à Barcelone.
Indochine : la France conquiert l'Annam et le Tonkin.

1884 Océanie : partage de la Nouvelle-Guinée entre l'Allemagne et la Grande-Bretagne.
Europe : conférence de Berlin ; les puissances européennes se partagent l'Afrique.
Indochine : conflit entre la France et la Chine au Tonkin (jusqu'en 1885).
France : le peintre Georges Seurat lance le mouvement pictural du pointillisme.
États-Unis : début de la construction du premier gratte-ciel à Chicago.

605

1831 – 1914

Les sciences et la médecine

Au 19ᵉ siècle, la médecine fait d'immenses progrès. Louis Pasteur étudie les microbes ; Robert Koch identifie le bacille de la tuberculose : l'origine des maladies est mieux connue. Les médecins disposent de nouveaux médicaments pour soigner et réduire la douleur. Les progrès de la vaccination permettent de prévenir nombre de maladies autrefois mortelles. En chirurgie, on découvre les propriétés de l'éther, que l'on utilise pour opérer sous anesthésie. Dans le domaine de l'hygiène, de grands progrès sont également accomplis, qui permettent de réduire les risques d'infection.

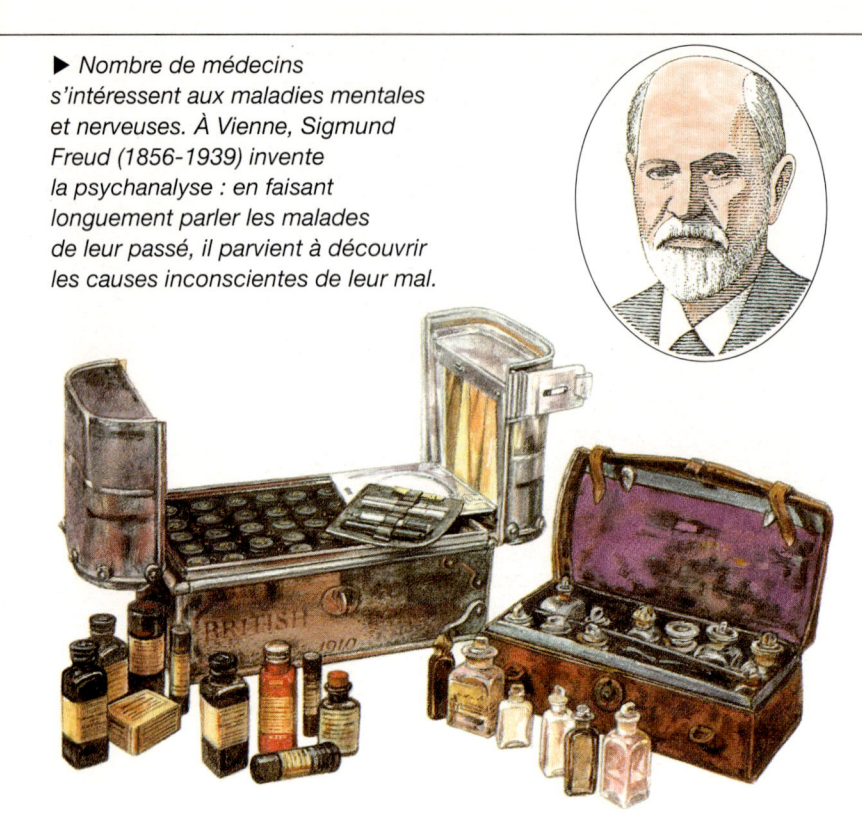

▶ Nombre de médecins s'intéressent aux maladies mentales et nerveuses. À Vienne, Sigmund Freud (1856-1939) invente la psychanalyse : en faisant longuement parler les malades de leur passé, il parvient à découvrir les causes inconscientes de leur mal.

▲ De nouveaux médicaments sont mis au point. La quinine, par exemple, est employée à titre préventif contre la malaria dans les années 1850. Elle fait son entrée dans les trousses médicales des explorateurs qui partent à la découverte de l'Afrique.

▼ Les physiciens Pierre et Marie Curie découvrent le radium en 1898. Cette découverte capitale permettra notamment le développement de la radiologie.

◀ En 1859, le biologiste Charles Darwin expose sa théorie de la sélection naturelle des espèces. Pour lui, celles-ci n'ont pas été créées telles qu'elles sont, elles ont évolué et évoluent. L'homme et ses proches parents, les singes, s'inscrivent dans cette histoire. Cette théorie fait scandale. On se moque du savant, que l'on caricature en singe.

▲ En 1846, à Boston, le dentiste William Morton (ci-dessus) utilise l'éther comme anesthésique lors d'une opération réalisée en public. Bientôt, les chirurgiens vont pouvoir, grâce aux progrès de l'anesthésie, opérer leurs malades sans douleur.

▼ De nouveaux instruments médicaux sont mis au point. Les premières seringues, par exemple, sont fabriquées à cette époque. Elles permettent d'injecter des liquides – et notamment des vaccins – dans le corps à travers une fine aiguille.

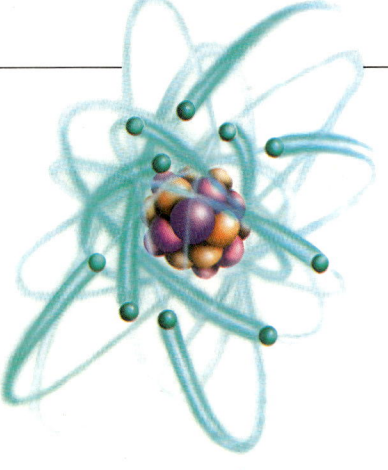

▲ Le physicien Ernest Rutherford (1871-1937) démontre que la matière est constituée d'atomes. Cette découverte est à l'origine de la physique nucléaire.

▼ Chimiste et biologiste, Louis Pasteur (1822-1895) est l'un des grands savants du 19ᵉ siècle. Il a notamment mis au point le vaccin contre la rage.

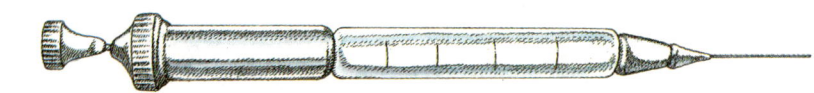

◀ Le travail de Pasteur sur les microbes se traduit par le développement d'une médecine plus « hygiénique ». Le chirurgien britannique Joseph Lister (1827-1912) préconise ainsi l'utilisation d'un vaporisateur d'acide phénique (ci-contre) pour détruire les microbes dans la salle d'opération.

À CETTE ÉPOQUE

1864	Le Suisse Henri Dunant fonde la Croix-Rouge.
1865	L'Autrichien Johann Mendel formule les premières lois de l'hérédité.
1873	Jean Charcot crée une chaire d'étude clinique des maladies nerveuses à l'hôpital de la Salpêtrière à Paris.
1882	Le médecin allemand Robert Koch découvre le bacille de la tuberculose (bacille de Koch).
1885	Le Français Louis Pasteur teste sur un être humain le vaccin contre la rage.
1895	Le physicien allemand Wilhelm Röntgen découvre les rayons X.

L'INDE BRITANNIQUE

L'Inde britannique

Les Britanniques sont maîtres de l'Inde depuis le 18e siècle (*voir* pp. 494-495 et 528-529). La Compagnie anglaise des Indes orientales gouverne cet immense territoire peuplé de 200 millions d'habitants de langues et de religions différentes. Dans les années 1850, les colonisateurs, qui veulent occidentaliser le pays, soulèvent des mécontentements. Selon la rumeur, des cartouches enduites de graisse de porc et de vache auraient été distribuées aux soldats indigènes de l'armée anglaise des Indes – les cipayes. Or les vaches sont des animaux sacrés pour les hindous, et les porcs, des animaux impurs pour les musulmans.

Les cipayes, qui s'estiment méprisés dans leurs coutumes, se révoltent contre

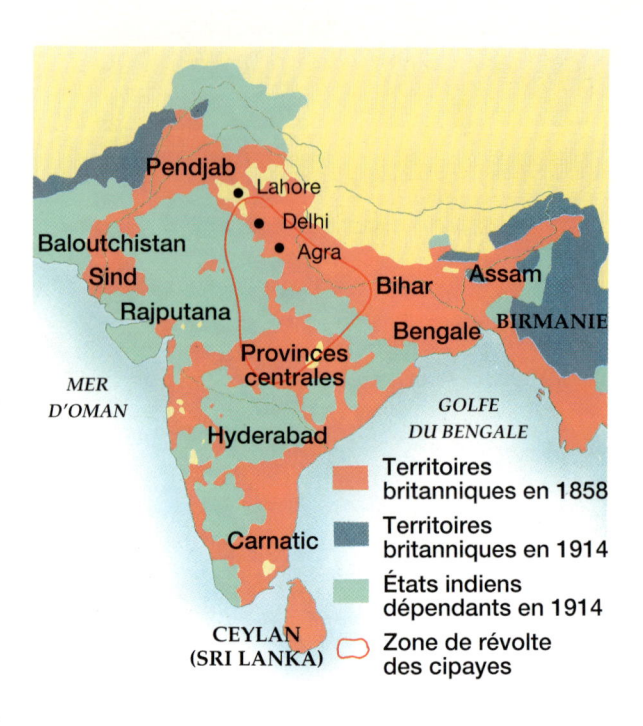

▼ La révolte des cipayes (1857-1858) se déroule dans le nord de l'Inde. Des princes indiens soutiennent les révoltés contre les Britanniques.

◄ *De 1858 à 1914, plusieurs guerres victorieuses contre les États voisins permettent aux Britanniques d'étendre leur territoire.*

► *Ranjit Singh règne sur le Pendjab, au nord-ouest de l'Inde. Peu après sa mort, en 1839, la région est annexée par la Compagnie anglaise des Indes orientales.*

les Britanniques en 1857. L'année suivante, la Compagnie anglaise des Indes orientales est supprimée. L'Inde est placée sous l'autorité du gouvernement de Londres. Sur place, à Delhi, un vice-roi, nommé par la reine, exerce le pouvoir. Un effort d'équipement est entrepris : on construit des routes, des voies ferrées, des canaux… Dans le même temps, les Britanniques favorisent le développement de cultures d'exportation, comme le coton, nécessaires à leur industrie. Cette politique contribue au développement du nationalisme. Le parti du Congrès national indien, qui réclame l'autonomie du pays, est fondé en 1885.

▲ *En Inde, les Britanniques forment une société de privilégiés et vivent « à l'anglaise ». La lecture du courrier (ci-dessus), qui donne des nouvelles du pays, se fait à voix haute et en famille.*

1885-1887

1885 Soudan : les Britanniques doivent abandonner Khartoum.
Éthiopie : les Italiens occupent Massaoua.
Birmanie : nouvelle guerre anglo-birmane ; les Britanniques contrôlent tout le pays.
Asie : traité de T'ien-Tsin entre la France et la Chine, qui reconnaît le protectorat français sur le Tonkin et l'Annam.
Inde : formation du parti du Congrès national indien.
Canada : inauguration du Canadian Pacific Railway, ligne de chemin de fer transcontinentale.
Allemagne : Carl Benz fabrique sa première automobile ; Gottlieb Daimler achève la mise au point de son moteur à explosion.

Ci-dessus, un navire marchand de la Compagnie anglaise des Indes orientales.

France : Louis Pasteur teste avec succès sur un être humain le vaccin contre la rage. Publication de *Germinal*, d'Émile Zola.

1886 Afrique australe : découverte des mines d'or du Transvaal ; fondation de Johannesburg.
Grande-Bretagne : le Parlement rejette le Home Rule, loi sur l'autonomie irlandaise.
États-Unis : la statue de la Liberté est érigée à l'entrée du port de New York ; œuvre du sculpteur français Bartholdi, elle a été offerte aux États-Unis par la France pour le centenaire de l'indépendance américaine.

1887 Indochine : la Chine reconnaît la possession de Macao par les Portugais. Formation de l'Union indochinoise française.
Grande-Bretagne : le romancier Arthur Conan Doyle crée le personnage de Sherlock Holmes.
France : Sadi Carnot est élu président de la République (jusqu'en 1894).

LES EMPIRES COLONIAUX

Les empires coloniaux

Au cours du 19ᵉ siècle, les grandes puissances s'efforcent de conquérir des terres nouvelles et d'étendre le plus loin possible leur influence. Les anciennes puissances coloniales – le Portugal et l'Espagne – se sont effondrées ; la Grande-Bretagne et la France d'abord, puis l'Allemagne, la Russie, le Japon et les États-Unis se constituent de vastes et puissants empires sur les cinq continents.

On oppose souvent la politique coloniale des Britanniques, fondée sur l'association, à celle des Français, reposant sur l'assimilation. Étendu sur 33 millions de km² et réunissant près de 500 millions de personnes, l'Empire britannique est, de loin, le plus important. Peuplés de colons venus de la métropole, certains de ces territoires – le Canada, l'Australie, l'Afrique du Sud – bénéficient du statut spécial de dominions presque indépendants.

Deuxième puissance coloniale, la France

▼ À la veille de la guerre de 1914, les grandes puissances européennes dominent de vastes empires coloniaux. Presque toute la planète a été explorée.

▲ En 1876, la reine Victoria est couronnée impératrice des Indes, le « joyau » de l'Empire britannique. Ci-dessus, la cour d'un prince indien.

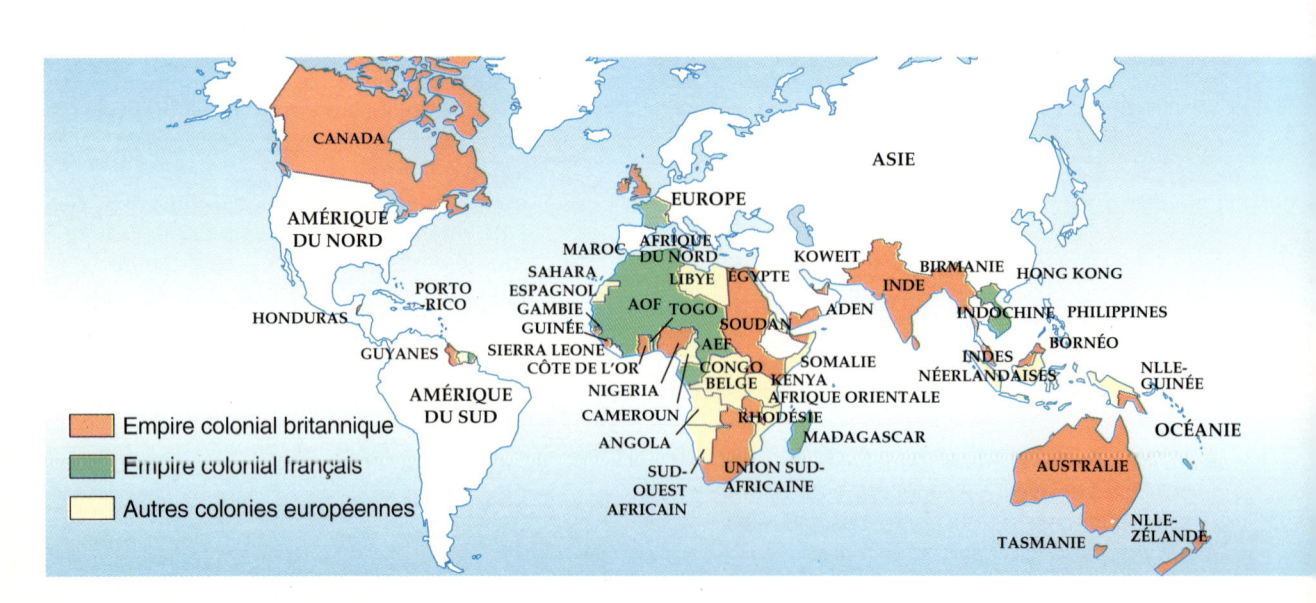

domine un empire de 12 millions de km² rassemblant 68 millions d'habitants. Il s'étend principalement en Afrique et en Indochine, et rassemble notamment des colonies, considérées comme un prolongement de la métropole, et des protectorats, placés sous l'autorité du gouvernement français.

Les grandes puissances invoquent généralement le devoir dont elles seraient investies d'apporter la « civilisation » aux peuples colonisés. Le mode de vie européen est ainsi imposé, au besoin par la force, tandis que la mise en valeur des richesses des colonies s'effectue au bénéfice des métropoles. Ces politiques contribuent, au début du 20ᵉ siècle, à la naissance de puissants mouvements nationalistes.

▲ Percé par la Compagnie du canal de Suez créée par l'ingénieur français Ferdinand de Lesseps, le canal de Suez est inauguré en 1869 (ci-dessus). Il diminue considérablement le trajet entre l'Europe et l'Extrême-Orient. En 1875, la Grande-Bretagne achète les actions du gouvernement égyptien et devient le principal actionnaire de la Compagnie.

1888-1890

Sur ce dessin, les colonies de l'Empire britannique, symbolisées par des insectes, ne cessent de harceler le lion impérial.

1888 Allemagne : Guillaume II devient empereur (jusqu'en 1918). Le physicien Heinrich Hertz découvre les ondes électromagnétiques.
Grande-Bretagne : John Dunlop invente la chambre à air.
Brésil : abolition de l'esclavage.
États-Unis : George Eastman invente la pellicule photographique.
Suède : publication de *Mademoiselle Julie*, d'August Strindberg.

1889 Brésil : proclamation de la république.
Afrique orientale : protectorat de l'Italie sur l'Éthiopie.
France : affaire Boulanger ; élu député de Paris en 1888, le général Boulanger, soutenu par les monarchistes, projette un coup d'État, mais finalement renonce et s'enfuit à Bruxelles. Exposition universelle à Paris ; inauguration de la tour Eiffel. Le Congrès international socialiste, réuni à Paris, fait du 1ᵉʳ mai la journée consacrée aux luttes des travailleurs.
Amérique centrale : banqueroute de la compagnie du canal de Panama ; les travaux sont interrompus.
France : Paul Cézanne peint *la Montagne de la Sainte-Victoire*.

1890 Allemagne : Bismarck est démis de ses fonctions.
Afrique orientale : partage de la Tanzanie entre l'Allemagne et la Grande-Bretagne.
France : Clément Ader décolle en rase-mottes à bord d'une machine qu'il a baptisée avion.

1831 – 1914

Les sciences et les techniques

Le développement industriel se poursuit au rythme des machines à vapeur, grandes consommatrices de charbon. Mais d'autres sources d'énergie commencent à être exploitées : le pétrole, les chutes d'eau, qui font tourner les premières usines hydroélectriques. Le pétrole fournit l'essence des premiers moteurs à explosion ; il permet aussi de fabriquer de nouveaux produits grâce aux progrès de l'industrie chimique. Ainsi apparaissent notamment les matières plastiques et le caoutchouc artificiel.

▼ En 1897, l'Allemand Rudolf Diesel présente un moteur à combustion interne, qui porte toujours son nom. D'un fonctionnement beaucoup moins coûteux que les autres moteurs, il entre bientôt dans les usines.

▲ Mis au point par Thomas Edison, le phonographe restitue paroles et sons enregistrés… Une manivelle permet de « remonter » le mécanisme.

▶ La fermeture éclair apparaît dans les années 1890. Les premiers modèles (ci-contre) ont la forme des agrafes et des œillets qu'ils remplacent.

▼ La première Exposition universelle se tient à Londres, en 1851. La section « machines » (ci-dessous) est très visitée.

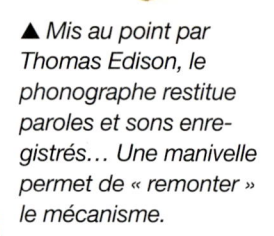

▲ Les premières machines à écrire efficaces apparaissent dans les années 1870.

À CETTE ÉPOQUE

1859 Premier puits de pétrole à Titusville, en Pennsylvanie.
1867 Le Suédois Alfred Nobel invente la dynamite.
1868 Le Français Georges Leclanché invente la pile électrique qui porte son nom.
1876 L'Allemand Nikolaus Otto met au point le moteur à 4 temps.
1885 Aux États-Unis, Ottmar Mergenthaler met au point une linotype qui compose et fond automatiquement les caractères d'imprimerie en ligne.
1909 Le chimiste Leo Baekeland invente la bakélite, première résine synthétique.

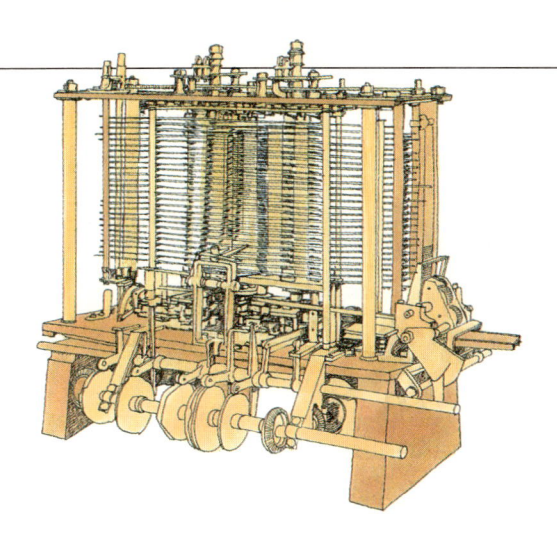

▲ Le mathématicien anglais Charles Babbage (1792-1871) met au point une machine analytique fonctionnant avec un « programme », ancêtre de l'ordinateur.

▼ L'Américain Thomas Edison (1847-1931) est l'un des grands inventeurs du 19ᵉ siècle et l'un des pionniers de l'électricité. En 1880, il a mis au point et commercialisé les premières ampoules électriques à incandescence. Vers 1900, quelques privilégiés commencent à être équipés d'un système d'éclairage électrique : les ampoules sont fixées à un support accroché au mur.

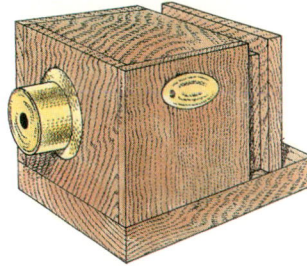

▲ La photographie naît entre 1827 et 1839, grâce aux travaux des Français Nicephore Niepce et Jacques Daguerre. Il faut cependant attendre la fin du siècle pour voir apparaître des appareils simplifiés comme celui de George Eastman (ci-dessus).

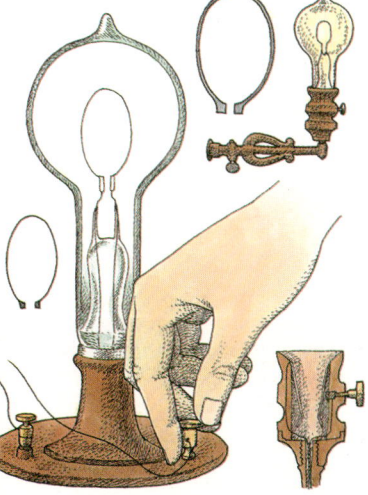

▶ En 1855, l'Anglais Henry Bessemer (1813-1898) invente un procédé qui permet de transformer la fonte en acier en insufflant de l'air sous pression dans un appareil spécial : le convertisseur (à droite). Il permet ainsi de produire de l'acier beaucoup moins cher.

L'essor des États-Unis

Au milieu du 19ᵉ siècle, de nombreux colons américains sont déjà installés à l'ouest du Mississippi. Tandis que les villes et les cités industrielles se développent sur la côte est et dans la région des Grands Lacs, la conquête et la mise en valeur de l'Ouest se poursuivent, encouragées par le gouvernement.

Une loi de 1862 – le *Homeland Act* – concède ainsi gratuitement, aux seuls Blancs, 160 acres de terres, à condition qu'ils s'engagent à les cultiver pendant cinq ans. Les terrains en question sont confisqués aux Indiens (*voir* pp. 620-621).

Le chemin de fer accélère la conquête du continent. Les compagnies ferroviaires reçoivent de l'État des terrains qu'elles revendent aux pionniers. Des milliers d'ouvriers posent les rails sur lesquels avancent, au fur et à mesure, des trains chargés de matériel. Des villes sont édifiées le long des voies. De grandes lignes relient bientôt la côte atlantique à la côte pacifique. Pour beaucoup d'Européens, l'Amérique apparaît alors comme le pays de la liberté et de la démocratie. Des millions d'immigrants arrivent aux États-Unis à la fin du 19ᵉ siècle et au début du 20ᵉ. Une majorité d'entre eux s'installent dans les villes de la côte Est, mais beaucoup partent, eux aussi, à la conquête de l'Ouest.

◀ Le chemin de fer accélère la conquête de l'Ouest. Les trains transportent des passagers, mais aussi des produits manufacturés, des matières premières, du bétail, des récoltes… Les colons s'installent à proximité des voies ferrées. Cette affiche est une publicité pour la ligne Union Pacific. Sa jonction avec la Central Pacific est réalisée en 1869 et permet de relier la côte atlantique à la côte pacifique.

▲ De 1865 à 1914, 23 millions d'immigrants gagnent les États-Unis. Venus d'abord d'Europe du Nord (Grande-Bretagne, Allemagne, Scandinavie), ils arrivent surtout, après 1890, d'Europe de l'Est et du Sud, notamment d'Italie.

▼ Au cours de la seconde moitié du 19ᵉ siècle, les Américains étendent leur territoire. En 1867, ils achètent l'Alaska à la Russie. Puis, engageant une guerre contre l'Espagne en 1898, ils obligent celle-ci à renoncer à sa domination sur Cuba et à leur céder les Philippines et Porto-Rico.

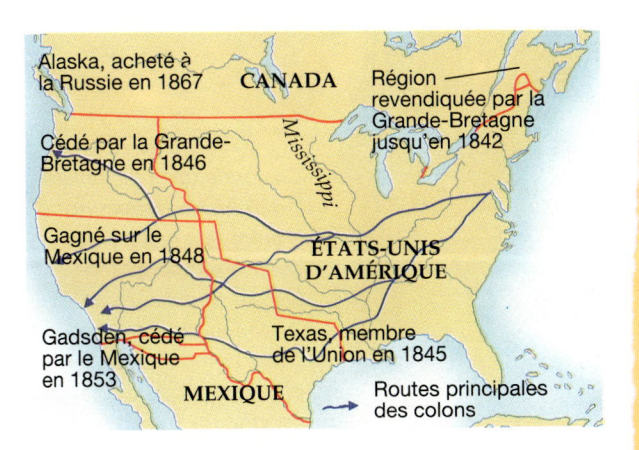

Alaska, acheté à la Russie en 1867
CANADA
Région revendiquée par la Grande-Bretagne jusqu'en 1842
Cédé par la Grande-Bretagne en 1846
Mississippi
Gagné sur le Mexique en 1848
ÉTATS-UNIS D'AMÉRIQUE
Gadsden, cédé par le Mexique en 1853
Texas, membre de l'Union en 1845
MEXIQUE
Routes principales des colons

1891-1893

1891 Europe : formation de l'Entente, alliance entre la France et la Russie.
Afrique : création de la colonie du Congo français.
Russie : début de la construction du Transsibérien, qui reliera Moscou à Vladivostok.
Océanie : le peintre français Paul Gauguin s'installe à Tahiti.
Irlande : publication du *Portrait de Dorian Gray* d'Oscar Wilde.

1892 France : la société Michelin fabrique le pneu démontable.
États-Unis : le Bureau fédéral de l'Immigration ouvre une station d'accueil pour les immigrés à Ellis Island, dans le port de New York. Les compagnies rivales d'Edison et de Westinghouse s'associent et forment la General Electric.
Afrique occidentale : protectorat français sur le Dahomey (l'actuel Bénin).

Le bois se fait rare à l'ouest du Mississippi. Les colons recouvrent le toit de leurs maisons de mottes de terre et d'herbe.

1893 Hawaii : l'armée américaine renverse la monarchie hawaiienne ; mise en place d'un gouvernement provisoire.
Afrique occidentale : la Côte-d'Ivoire devient une colonie française.
Nouvelle-Zélande : les Néo-Zélandaises sont les premières femmes à obtenir le droit de vote.
Indochine : protectorat français sur le Laos.
États-Unis : représentation de la *Symphonie du Nouveau Monde* du Tchèque Antonín Dvorák, à New York.
Norvège : Edvard Munch peint *le Cri*, une œuvre qui influencera le mouvement expressionniste.

LA FIÈVRE DE L'OR

1894 France : assassinat du président Sadi Carnot ; Jean Casimir-Perier est élu président de la République (jusqu'en 1895). L'officier français de confession israélite Alfred Dreyfus est accusé d'espionnage et condamné à la déportation.
Asie : guerre entre la Chine et le Japon pour la possession de la Corée (jusqu'en 1895).
Russie : Nicolas II devient tsar (jusqu'en 1917).

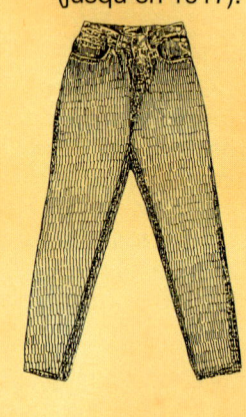

Récemment arrivé aux États-Unis, Levi Strauss commence, vers 1850, à confectionner des pantalons pratiques et résistants pour les chercheurs d'or. Il vient d'inventer le jean ! Très vite, il fera réaliser ses modèles dans une toile bleue indigo fabriquée en France, à Nîmes, le denim.

Grande-Bretagne : publication du *Livre de la jungle* de Rudyard Kipling.
1895 Asie : fin de la guerre entre la Chine et le Japon ; les Japonais imposent leur domination sur la Corée et sur Taïwan.
Turquie : massacre des Arméniens par les Turcs et les Kurdes.
Cuba : guerre d'indépendance contre les Espagnols.
Allemagne : le physicien Wilhelm Röntgen découvre les rayons X.
France : démission de Casimir-Perier ; Félix Faure est élu président (jusqu'en 1899). Auguste et Louis Lumière organisent à Paris la première projection cinématographique.
1896 Éthiopie : bataille d'Adoua ; victoire des Éthiopiens sur les Italiens ; indépendance de l'Éthiopie.
Soudan : le général Kitchener commande les troupes britanniques contre les rebelles soudanais.
Grèce : les premiers jeux Olympiques modernes sont organisés à Athènes, à l'initiative du Français Pierre de Coubertin.
France : publication de *l'État juif*, du Hongrois Theodor Herzl, qui appelle à la création d'un État juif et fonde le sionisme.

La fièvre de l'or

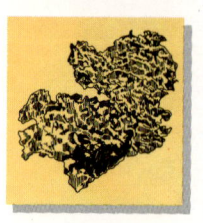

En 1848, on découvre de l'or en Californie, sur la côte pacifique des États-Unis. L'avancée vers l'ouest des pionniers américains se transforme alors en une véritable ruée. Une vague d'immigrants déferle sur la région et plus de cent mille prospecteurs (chercheurs d'or) arrivent en Californie en 1849.

Venus de la côte est et du monde entier, ces pionniers ont tout quitté dans l'espoir de faire fortune. Ils construisent des villes, attirent des marchands, qui leur vendent les produits de première nécessité dont ils ont besoin… La région connaît une période de croissance rapide et de prospérité. Le petit village de San Francisco, par exemple, devient en quelques années une grande ville capable de rivaliser avec New York ou Chicago.

La fièvre de l'or ne touche pas seulement le continent américain. En 1851, on découvre le précieux métal en Australie ; les prospecteurs

◀ *L'espoir de faire rapidement et facilement fortune attire des aventuriers du monde entier. Poussés par la « fièvre de l'or », des milliers de Chinois s'installent en Californie dans les années 1850-1870. Beaucoup d'entre eux resteront dans la région quand la ruée se calmera. Ils donneront naissance à une communauté chinoise encore importante aujourd'hui.*

1894-1896

se précipitent. En dix ans, la population australienne est presque multipliée par trois. Au milieu des années 1880, c'est dans l'État du Transvaal, en Afrique australe, que le métal jaune est mis au jour. Cette fois encore, des milliers d'immigrants – les *Uitlanders* – s'installent dans la région et s'opposent bientôt aux Boers (*voir* pp. 564-565). La dernière grande ruée vers l'or a lieu dans le Klondyke, au Canada, en 1896.

▲ Les chercheurs d'or lavent le gravier des rivières dans une large battée en espérant y trouver le précieux métal. Profitant de leur isolement, les marchands leur vendent très cher de la nourriture, des boissons et des vêtements.

DIAMANTS

Les mines de diamants d'Afrique australe ont été découvertes dans les années 1860. Plus tard, on en a également trouvé en Inde, au Brésil et en Sibérie. Toutefois, les plus beaux et les plus gros diamants du monde ont presque tous été extraits des mines d'Afrique du Sud.

▶ Certaines « villes champignons » disparaissent aussi vite qu'elles sont apparues. Fondée dans le Nevada en 1859, Virginia City (ci-contre) est, en quelques années, devenue une cité prospère. Lorsque l'or et l'argent ont manqué, tous les habitants sont partis et elle n'a plus été qu'une ville-fantôme.

617

1831 – 1914

Gouvernement et société

Le 19ᵉ siècle est une période de grands bouleversements politiques et sociaux. Dans la plupart des pays industrialisés, le temps de la monarchie absolue semble révolu. La république est ainsi proclamée en France en 1870.
La révolution industrielle transforme également profondément la société. Combat après combat, les ouvriers obtiennent peu à peu le droit de s'associer, de se réunir, de fonder des syndicats, de faire grève... Des lois interdisent le travail des enfants, réduisent la durée du temps passé à l'usine, dans les mines, sur les chantiers... L'instruction se généralise. C'est aussi à cette époque que naissent de véritables partis politiques dans la plupart des pays européens.

◀ En 1894, un officier français de confession israélite, le capitaine Dreyfus, est condamné pour espionnage. En 1898, Émile Zola prend sa défense en publiant dans l'Aurore une lettre ouverte au président de la République intitulée « J'accuse ». L'affaire Dreyfus est lancée ; elle divisera les Français. Dreyfus sera finalement innocenté en 1906.

▶ L'éducation se généralise. Au Japon (ci-contre), le gouvernement Meiji rend obligatoire l'école primaire et développe l'enseignement secondaire et universitaire.

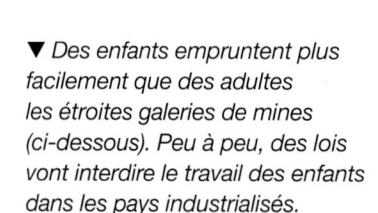

▼ Des enfants empruntent plus facilement que des adultes les étroites galeries de mines (ci-dessous). Peu à peu, des lois vont interdire le travail des enfants dans les pays industrialisés.

◀ *Booker Taliaferro Washington lutte pour le droit des Noirs à l'instruction. Il dirige l'école normale de Tuskegee, qui devient la plus importante université noire des États-Unis.*

▶ *Les syndicats sont peu à peu autorisés dans les pays industrialisés. Ils revendiquent de meilleures conditions de travail pour les ouvriers. L'affiche ci-contre, éditée par un syndicat britannique, réclame la journée de travail de 8 heures.*

▶ *Friedrich Engels (1820-1895, à droite) et Karl Marx (1818-1883) sont deux grands penseurs politiques du 19ᵉ siècle. Fondateurs du marxisme, ils publient ensemble* le Manifeste du parti communiste *en 1848.*

◀ *Ce bois sculpté représente un chef d'État africain. Certains d'entre eux se sont opposés à la conquête et à la domination coloniale. Une fois qu'ils ont obtenu la soumission des Africains, les Européens leur ont imposé leur autorité et leur mode de vie.*

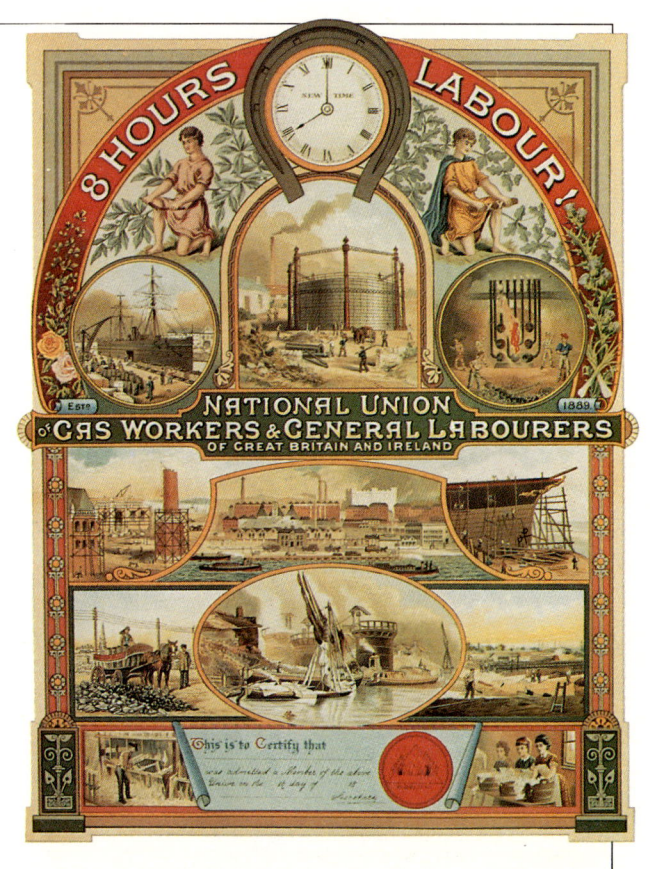

À CETTE ÉPOQUE

1836 En Grande-Bretagne, une loi autorise le droit de grève et les organisations syndicales.
1875-1885 Des partis socialistes sont fondés dans de nombreux pays européens.
1898 Fondation de la Ligue française pour la défense des droits de l'homme, qui regroupe les partisans de Dreyfus.
1904 En France, le socialiste Jean Jaurès fonde le journal *l'Humanité*.

LES PIONNIERS CONTRE LES INDIENS

1897 Méditerranée : conflit entre la Grèce et la Turquie.
États-Unis : les derniers Apaches résistent aux forces gouvernementales qui veulent les enfermer dans des réserves.
Grande-Bretagne : le physicien Joseph John Thomson découvre les électrons. Ronald Ross identifie le moustique responsable du paludisme. Publication de *Dracula* de l'Irlandais Bram Stoker.
France : Edmond Rostand écrit *Cyrano de Bergerac*.
Autriche : le peintre Gustav Klimt fonde un mouvement contre l'art figuratif qui se veut le fer de lance de l'Art nouveau.

Les Indiens des plaines croient que les tuniques « magiques » peuvent les protéger des balles de l'homme blanc.

1898 Soudan : affaire de Fachoda ; incident entre les Français et les Britanniques sur le Nil. Conduits par le capitaine Marchand, les Français sont contraints d'évacuer Fachoda.
Océanie : les États-Unis annexent Hawaii.
Antilles : l'explosion du cuirassé américain *Maine* près de Cuba, provoque la guerre hispano-américaine. Le traité de Paris met fin au conflit ; l'Espagne reconnaît l'indépendance de Cuba et cède les Philippines et Porto Rico aux États-Unis.
France : Pierre et Marie Curie découvrent le radium. Auguste Rodin sculpte *le Baiser*. Le journal *l'Aurore* publie une lettre ouverte d'Émile Zola au président de la République : intitulé « J'accuse », ce texte prend la défense du capitaine Dreyfus.

Les pionniers contre les Indiens

Dans la première moitié du 19e siècle, de nombreuses tribus indiennes installées à l'est du Mississippi ont été contraintes de passer de l'autre côté du fleuve, dans les Grandes Plaines (*voir* p. 556). Là, leur condition ne cesse d'empirer à partir des années 1860, avec la colonisation de l'Ouest américain (*voir* pp. 614-615).

La mise en valeur du territoire s'effectue toujours au détriment des Indiens. Les colons bouleversent leurs conditions d'existence. Ils s'installent sur les terres des tribus, qui perdent ainsi leur espace de chasse. Les troupeaux de bisons sont massacrés pour nourrir les pionniers et les ouvriers qui construisent les voies de chemin de fer. Cette extermination prive les Indiens de leur principale source de subsistance. Poussés par la famine, chassés de leurs terres, ils sont obligés de résister par les armes.

Les guerres indiennes opposent les grandes tribus – Comanches, Sioux, Apaches… – à l'armée fédérale. De grands chefs comme le Sioux Sitting Bull ou l'Apache Geronimo organisent et dirigent la résistance. Mais les combats sont

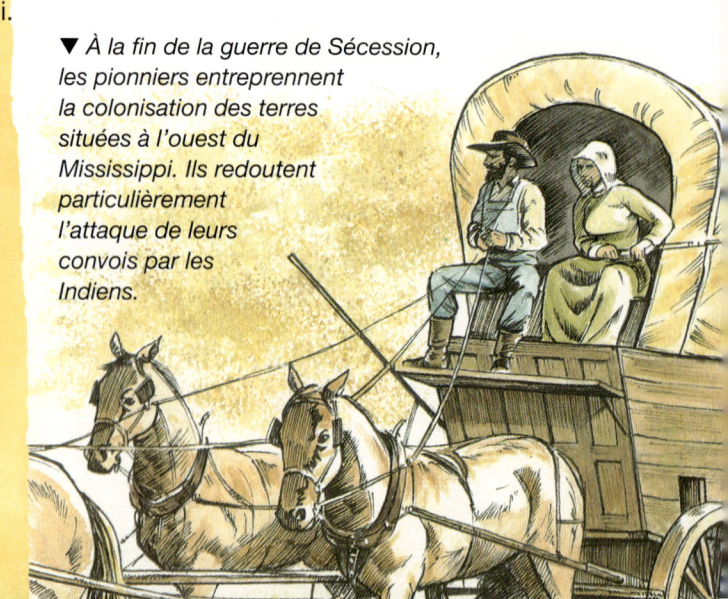

▼ À la fin de la guerre de Sécession, les pionniers entreprennent la colonisation des terres situées à l'ouest du Mississippi. Ils redoutent particulièrement l'attaque de leurs convois par les Indiens.

1897-1898

▲ Viande, graisse, peau…, tout est bon dans le bison ! L'extermination des troupeaux par les pionniers prive les Indiens de leur principale source de subsistance.

CUSTER
(1839-1876)

Pendant la guerre de Sécession, le général américain George Custer a combattu aux côtés des nordistes. Il affronte les Sioux à Little Big Horn, dans le Montana, en juin 1876. Cerné avec ses hommes, il meurt au combat.

SITTING BULL
(v. 1831- 1890)

Chef des Sioux du Dakota, Tatanka Iyotake, dit Sitting Bull – « Taureau assis » –, remporte la célèbre victoire de Little Big Horn en 1876. Vaincu peu après, il refuse de s'établir dans une réserve et meurt assassiné.

inégaux. Les guerres s'achèvent à la fin des années 1880 par la défaite des Indiens. Ceux-ci sont cantonnés dans des réserves, sur les terres les plus pauvres. Peuples de chasseurs, ils tentent d'abord d'y vivre selon leurs modes de vie traditionnels, puis se lancent, sans grand succès, dans l'agriculture. Les Blancs leur reprochent d'être incapables de s'adapter à la civilisation moderne. Mais ils refusent aux « Peaux-Rouges » la citoyenneté américaine et les maintiennent à l'écart.

LA RÉVOLTE DES BOXERS

La révolte des Boxers

En Chine, à la fin du 19ᵉ siècle, la dynastie mandchoue des Qing se maintient de plus en plus difficilement au pouvoir. Grâce aux « traités inégaux » (voir pp. 568-569), les Européens contrôlent alors presque tout le pays. De puissantes sociétés secrètes fomentent des révoltes, souvent dirigées contre les étrangers accusés d'être responsables des difficultés.

En 1898, un jeune empereur réussit à imposer des réformes qui visent à faire de la Chine un État moderne. Mais cette tentative ne dure que quelques mois – les « cent jours ». L'impératrice Ts'eu-hi met brutalement fin aux innovations.

Deux ans plus tard éclate une grande révolte, conduite par la société secrète des Boxers. Soutenus en sous-main par le gouvernement, les Boxers occupent le quartier des ambassades à Pékin et attaquent ou tuent de nombreux étrangers, notamment des missionnaires. Les grandes puissances réagissent aussitôt. Elles envoient

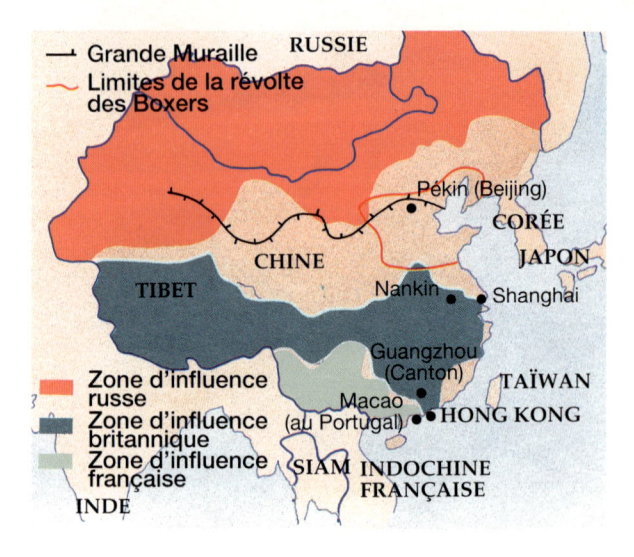

▲ En 1905, presque toute la Chine est partagée en zones d'influence sous domination étrangère. La révolte des Boxers éclate dans la région de Pékin. La République chinoise est proclamée en 1911.

▼ Le siège du quartier des ambassades à Pékin par les Boxers prit fin avec l'arrivée des troupes américaines, japonaises et européennes qui venaient de la côte. Elles matèrent rapidement la rébellion avant de se livrer au pillage de la cité.

TS'EU-HI
(1835-1908)

L'impératrice Ts'eu-hi s'empare du pouvoir en 1861 et règne d'abord à la place de son fils (jusqu'en 1875), puis de son neveu. Elle fait échouer les réformes des « cent jours » et favorise secrètement la révolte des Boxers contre les étrangers.

LE DERNIER EMPEREUR

À la mort de T'seu-hi, P'ou-yi (1906-1967) devient empereur de Chine ; il a deux ans. Son père, qui assure la régence, refuse d'admettre la nécessité des réformes.
Le 12 février 1912, P'ou-yi est officiellement déposé : il n'a que 6 ans.

une force internationale, qui réprime rapidement la révolte. Le gouvernement mandchou n'est plus le maître du jeu.

Certains Chinois, en particulier ceux qui ont étudié à l'étranger, réclament des réformes radicales. Parmi eux, Sun Yat-sen fonde en 1905 un parti qui deviendra plus tard le Guomindang (le parti national du peuple). En 1911, il prend la tête d'un mouvement nationaliste qui provoque la chute des Mandchous. Il proclame aussitôt la République chinoise, dont il devient président.

▲ Cette affiche de propagande chinoise encourage la persécution et le meurtre des chrétiens. Ceux-ci sont représentés sous les traits d'animaux.

1899 Afrique australe : guerre des Boers contre les Britanniques (jusqu'en 1902).
Soudan : le pays passe sous le contrôle de la Grande-Bretagne et de l'Égypte.
Pays-Bas : ouverture de la première conférence de la paix à La Haye ; vingt-six États sont représentés.
France : mort de Félix Faure ; Émile Loubet est élu président de la République (jusqu'en 1906). Il gracie aussitôt Alfred Dreyfus.

1900 Chine : révolte des Boxers ; hostiles aux étrangers, les Boxers assiègent les ambassades étrangères à Pékin ; des troupes internationales écrasent la révolte. La Russie occupe la Mandchourie.
Afrique : protectorat britannique sur le Nigeria. La France occupe le Tchad.
France : inauguration de la première ligne du métro parisien.
Autriche : le médecin viennois Sigmund Freud publie l'*Interprétation des rêves*.

Ce dessin représente la Chine, furieuse, observant la Grande-Bretagne, l'Allemagne, la Russie, la France et le Japon qui se partagent le « gâteau » chinois.

1901 Australie : le pays entre dans le Commonwealth.
Amérique centrale : un traité anglo-américain accorde aux États-Unis le droit de poursuivre les travaux du canal de Panama.
États-Unis : Theodore Roosevelt devient président (jusqu'en 1909).
Grande-Bretagne : mort de la reine Victoria Ire ; Édouard VII lui succède (jusqu'en 1910).
Italie : Guglielmo Marconi réussit la première liaison transatlantique par ondes hertziennes.
Allemagne : publication des *Buddenbrook* de Thomas Mann.

1831 – 1914

Le commerce

En 1846, la Grande-Bretagne supprime les taxes d'importation sur le blé et adopte le libre-échange. Cette politique va lui permettre de devenir la première puissance commerciale du monde. Dans le même temps, la dépression économique des années 1870 pousse de nombreux pays à protéger leurs industries en taxant les produits d'importation. La planète semble alors divisée en deux : les grandes puissances exportent des produits manufacturés ; le reste du monde leur fournit des matières premières. Les États-Unis, qui sont à la fois producteurs de matières premières et de biens, font, eux, figure d'exception.

▲ Les premiers grands magasins – les « cathédrales du commerce » – ouvrent leurs portes aux États-Unis (ci-dessus) et en Europe. À Paris, le Bon Marché est inauguré en 1852, le Printemps en 1865, les Galeries Lafayette en 1899.

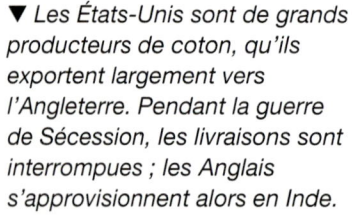

▼ Les États-Unis sont de grands producteurs de coton, qu'ils exportent largement vers l'Angleterre. Pendant la guerre de Sécession, les livraisons sont interrompues ; les Anglais s'approvisionnent alors en Inde.

▲ Les Européens exportent beaucoup d'armes à feu vers les pays non industrialisés, surtout vers l'Afrique. La statuette africaine ci-dessus en témoigne. Les Africains continuent à utiliser leurs armes traditionnelles, mais ils se battent souvent contre les Européens... avec des fusils qu'ils leur ont achetés !

À CETTE ÉPOQUE

1839 En Angleterre, Richard Cobden fonde la ligue contre les lois céréalières (*Anti-Corn Law League*), destinée à combattre le protectionnisme.
1855 Le clipper *Lightning* traverse l'océan Atlantique à la vitesse moyenne de 18,75 nœuds.
1860 Traité de libre-échange entre la France et la Grande-Bretagne.
Années 1870-1880 Des pays européens adoptent des lois protectionnistes afin de protéger leur marché des importations.
1914 Inauguration du canal de Panama.

▶ Les progrès techniques et scientifiques permettent de mieux conserver les aliments. On sait, par exemple, dès 1908, congeler les fruits, le poisson, la viande… Cette publicité vante les mérites du café instantané « camp coffee » (« café des soldats ») de la marque Paterson.

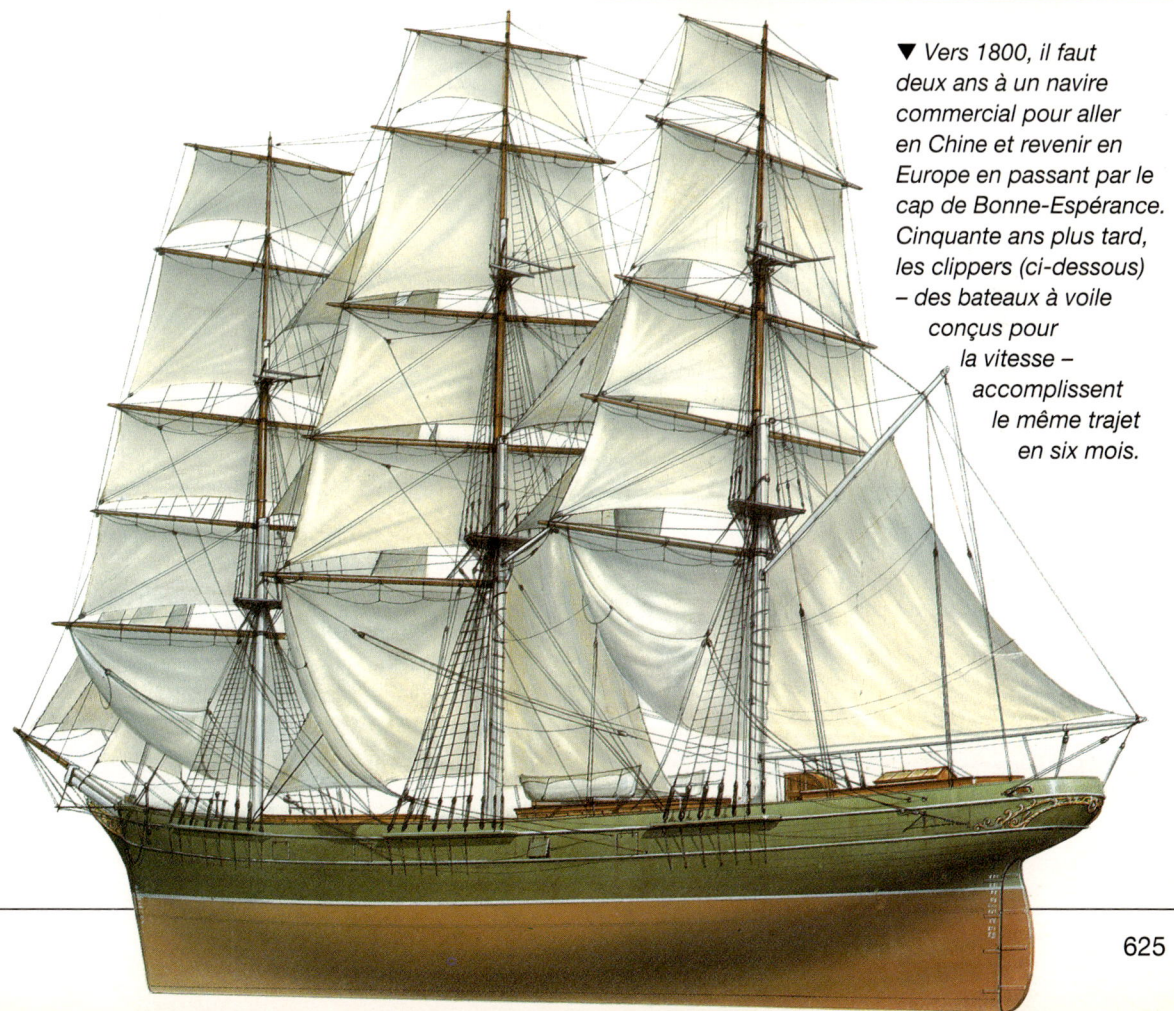

▼ Vers 1800, il faut deux ans à un navire commercial pour aller en Chine et revenir en Europe en passant par le cap de Bonne-Espérance. Cinquante ans plus tard, les clippers (ci-dessous) – des bateaux à voile conçus pour la vitesse – accomplissent le même trajet en six mois.

LES SUFFRAGETTES

1902 Afrique australe : le traité de Vereeniging met fin à la guerre entre Boers et Britanniques.
Grande-Bretagne : signature d'une alliance avec le Japon. Publication de *Pierre Lapin*, un livre pour enfants de Beatrix Potter.
Irlande : fondation du mouvement nationaliste du Sinn Fein, qui lutte pour la constitution d'un gouvernement indépendant à Dublin.

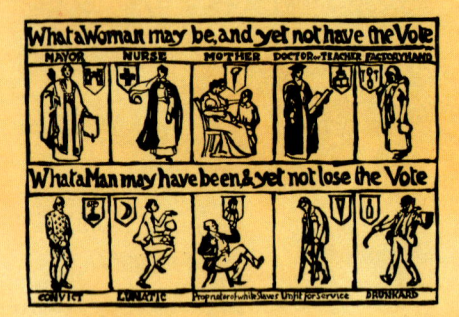

Conçue par les suffragettes, cette affiche dénonce l'injustice du système électoral. En haut, ce que peuvent faire les femmes – qui n'ont pas le droit de vote ; en bas, ce que font certains hommes – qui ont pourtant le droit de vote.

1903 Amérique centrale : indépendance du Panama.
Balkans : assassinat du roi de Serbie.
Grande-Bretagne : la suffragette Emmeline Pankhurst fonde l'Union féminine sociale et politique.
France : premier Tour de France cycliste.
États-Unis : Orville et Wilbur Wright accomplissent le premier véritable vol en avion.

1904 Europe : le rapprochement entre la France et l'Angleterre débouche sur la signature de l'« Entente cordiale ».
Amérique centrale : début des travaux américains pour le percement du canal de Panama.
Asie : guerre russo-japonaise (jusqu'en 1905).
Grande-Bretagne : représentation de *Peter Pan* de J. M. Barrie.
France : le peintre espagnol Pablo Picasso s'installe à Paris.
Russie : publication de *la Cerisaie* d'Anton Tchekhov.

Les suffragettes

À la fin du 19ᵉ siècle, les femmes n'entendent plus rester à l'écart de la vie politique. La lutte pour obtenir le droit de vote est l'un de leurs principaux combats. Les Britanniques sont à la tête de ce mouvement. Parce qu'elles réclament le droit de suffrage (vote), on les appelle bientôt les « suffragettes ».

À cette époque, les lois ne reconnaissent pas aux femmes les mêmes droits qu'aux hommes. Pour obtenir l'égalité des droits, Emmeline Pankhurst, l'une des suffragettes les plus célèbres, fonde, en 1903, l'Union féminine sociale et politique. Estimant que l'action est plus efficace que les mots, les militantes de ce mouvement multiplient les coups d'éclat. Elles font irruption dans les meetings politiques, entreprennent des grèves de la faim, organisent des manifestations…

LES DROITS DES FEMMES

Les suffragettes britanniques ne sont ni les premières ni les seules à lutter pour les droits des femmes ! En France, le mouvement féministe est apparu pendant la révolution de 1789. La *Déclaration des droits de la femme et de la citoyenne* est ainsi écrite en 1791 par Olympe de Gouge. Dans les années 1840, Flora Tristan ou Pauline Roland apparaissent comme de grandes figures du combat féministe français. Aux États-Unis, le mouvement pour l'émancipation féminine est d'abord lié au combat antiesclavagiste. Il est mené par des femmes énergiques, dont Sojourner Truth (ci-dessus) ou Harriet Tubman (*voir* p. 582), toutes deux Noires et anciennes esclaves.

1902-1904

La Nouvelle-Zélande a été le premier pays à accorder le droit de vote aux femmes en 1893 ; la Finlande, le premier pays d'Europe, dès 1906. La Première Guerre mondiale interrompt le combat des suffragettes. Pendant le conflit, les femmes joueront un rôle de plus en plus important dans la vie économique, remplaçant notamment les hommes partis au front. Elles se verront ainsi reconnaître un nouveau rôle. Après la guerre, entre 1918 et 1928, les Anglaises obtiendront le droit de vote. Mais les Françaises, elles, ne voteront pour la première fois qu'en 1946.

◀ *Beaucoup de suffragettes sont arrêtées pour « trouble de l'ordre public ». Décidées à aller jusqu'au bout de leur action, elles poursuivent souvent leur lutte en prison en faisant la grève de la faim.*

▼ *Les suffragettes organisent de nombreuses manifestations. Elles sont décidées à obtenir le droit de vote pour les femmes (« votes for women »).*

LA PREMIÈRE RÉVOLUTION RUSSE

1905 Russie : révolution de 1905 ; Nicolas II promet des réformes ; une assemblée – la *douma* – sera mise en place.
Asie : le traité de Portsmouth met fin à la guerre russo-japonaise ; victoire des Japonais, qui annexent Port-Arthur.
Afrique du Nord : rivalité entre la France et l'Allemagne pour la domination du Maroc.
Europe du Nord : la Norvège se détache de la Suède.
Suisse : le physicien allemand Albert Einstein expose sa théorie de la relativité.
France : loi sur la séparation de l'Église et de l'État. Mouvement pictural du fauvisme, animé par le peintre Henri Matisse.

1906 Espagne : la conférence internationale d'Algésiras confirme les droits de la France sur le Maroc.
France : Armand Fallières est élu président de la République (jusqu'en 1913). Le capitaine Dreyfus est innocenté.
Russie : réunion de la première *douma* (assemblée législative).

1907 Pays-Bas : deuxième conférence internationale de La Haye.
Europe : formation de la Triple-Entente entre la France, la Russie et la Grande-Bretagne.
Russie : réunion des deuxième et troisième *doumas* (jusqu'en 1912).
Afrique du Sud : Gandhi mène une campagne pour la défense des droits des Indiens dans le pays.
Nouvelle-Zélande : le pays devient un dominion de l'Empire britannique.
France : Picasso achève *les Demoiselles d'Avignon*, la première peinture cubiste.

Joaillier des tsars de Russie, Carl Fabergé a réalisé de magnifiques œufs en or incrustés de pierres précieuses pour Alexandre III et Nicolas II.

La première révolution russe

En 1855, Alexandre II devient tsar de Russie et signe aussitôt la paix qui met fin à la guerre de Crimée (*voir* pp. 576-577). Le conflit a fait apparaître le retard économique du pays. Soucieux de moderniser son empire, le nouveau souverain entreprend de profondes réformes. Il abolit le servage (1861), développe l'enseignement, crée des assemblées élues de districts et de provinces (les *zemstvos*). Certains extrémistes estiment cependant que ces réformes ne vont pas assez loin. Des émeutes et des grèves secouent régulièrement le pays.

KARL MARX (1818-1883)

Grand penseur politique, l'Allemand Karl Marx est le fondateur du communisme. Selon lui, la lutte des classes est le moteur de l'histoire et le prolétariat (la classe ouvrière), s'il s'organise, finira par mettre en place la société communiste. Les révolutionnaires russes se réfèrent à sa doctrine (le marxisme).

NICOLAS II (1868-1918)

Devenu tsar en 1894, Nicolas II fait réprimer par l'armée une manifestation pacifique à Saint-Pétersbourg le 9 janvier 1905. Ce massacre, qui déclenche la révolution de 1905, lui fait perdre la confiance du peuple. Dernier tsar de Russie, il sera renversé en 1917, au cours de la Première Guerre mondiale, et exécuté par les bolcheviks.

1905-1907

◀ Le mouvement révolutionnaire est surtout animé par les ouvriers. Ceux-ci sont principalement regroupés dans les grandes villes comme Saint-Pétersbourg, où ils représentent près de 50 % des habitants. La population russe, toutefois, est essentiellement paysanne et vit souvent dans des conditions difficiles. Ces femmes halent une péniche le long de la Volga.

Victime d'un attentat terroriste, Alexandre II meurt en 1881. Son successeur, Alexandre III, durcit le régime. Devenu tsar en 1894, son fils, Nicolas II, maintient cette attitude autoritaire.

La politique étrangère tsariste renforce le mouvement révolutionnaire. Le dimanche 9 janvier 1905, le tsar fait intervenir l'armée contre des manifestants pacifiques à Saint-Pétersbourg. On compte plus de mille morts. Ce « dimanche rouge » marque la rupture entre le tsar et son peuple. Une véritable révolution secoue bientôt le pays. De plus, la guerre qui oppose les Russes aux Japonais en Extrême-Orient, depuis 1904, tourne au désastre. Nicolas II est contraint d'accepter quelques réformes, mais parvient à rester sur le trône. Cependant, la révolution de 1905 a montré la fragilité du régime ; il ne survivra pas à la Première Guerre mondiale (*voir* pp. 650-653).

▼ La guerre russo-japonaise s'engage en 1904. En mai 1905, la flotte russe est anéantie à Tsushima (ci-dessous). En août, la paix est signée.

L'AUSTRALIE COLONISÉE

1908 Afrique : Léopold II, roi des Belges, cède à son pays l'État indépendant du Congo, qui devient le Congo belge (l'actuel Zaïre).
Balkans : l'Autriche-Hongrie annexe la Bosnie-Herzégovine. Indépendance de la Bulgarie.
Turquie : révolte nationaliste des Jeunes-Turcs en Macédoine (jusqu'en 1909).
Grande-Bretagne : le général Baden-Powell fonde le scoutisme.
Chine : mort de l'impératrice Ts'eu-hi ; P'ou-yi, âgé de deux ans, devient le dernier empereur chinois (jusqu'en 1912).

1909 Turquie : les Jeunes-Turcs déposent le sultan ottoman.
Arctique : l'explorateur américain Robert Peary est le premier à atteindre le pôle Nord.
Perse : début de l'exploitation des gisements de pétrole.
France : Louis Blériot accomplit la première traversée de la Manche en avion.

1910 Afrique australe : création de l'Union sud-africaine (la future Afrique du Sud), État libre intégré au Commonwealth.
Mexique : début d'une période de guerre civile (jusqu'en 1940).
Portugal : proclamation de la République.
Asie : le Japon annexe officiellement la Corée.
Grande-Bretagne : George V devient roi (jusqu'en 1936).
Russie : le peintre Wassily Kandinsky rompt avec la peinture figurative et réalise ses premières toiles abstraites.
France : création à Paris, par les Ballets russes, de *l'Oiseau de feu* du compositeur russe Igor Stravinsky.

Danse aborigène rituelle. La danse, la musique, le chant et la religion des aborigènes australiens expriment leurs relations avec la nature, dont ils sont très proches.

L'Australie colonisée

Les premiers Européens qui se sont installés en Australie à la fin du 18e siècle étaient des forçats anglais, les *convicts* (voir pp. 512-513). Dans les années 1820, des colons britanniques et des forçats libérés s'établissent sur les côtes. Peu à peu, des explorateurs s'aventurent vers l'intérieur. Des éleveurs à la recherche de nouvelles terres pour leurs troupeaux de moutons les suivent. La demande britannique de laine, qui ne cesse d'augmenter, accélère la conquête du territoire. Les Britanniques sont de plus

▼ *La colonisation a presque complètement détruit la culture des aborigènes australiens. Ils ne survivent aujourd'hui que dans le nord et au centre du continent.*

en plus nombreux à tenter l'aventure en Australie.

Les premiers éleveurs entrent bientôt en conflit avec les aborigènes australiens, dont ils s'approprient les terres. La colonisation détruit complètement cette civilisation, isolée pendant des milliers d'années. La population

1908-1910

LE GANG KELLY

L'Australie attire les aventuriers ! Ned Kelly (ci-contre) et son gang ravagent le pays en pillant les banques et en multipliant les attaques à main armée. Certains considèrent ces hors-la-loi comme des « Robins des bois » modernes. Ned, qui porte souvent, comme ici, un casque de sa fabrication, a été arrêté en 1880 et pendu.

de la Terre de Van Diemen, l'actuelle Tasmanie, est, elle, totalement exterminée.

Dans les années 1850, les éleveurs se heurteront également aux prospecteurs, qui se ruent sur l'île, poussés par la fièvre de l'or (voir pp. 616-617), et aux anciens forçats, qui réclameront, eux aussi, des terres pour s'installer.

Le gouvernement britannique accordera l'autonomie à ses colonies du Pacifique dans les années 1890. En 1901, six d'entre elles se regrouperont dans un État fédéré, l'Australie (Commonwealth of Australia), avec Canberra comme capitale. En 1914-1918, les Australiens prendront part à la Première Guerre mondiale aux côtés des Alliés.

▶ Au 19ᵉ siècle, l'Australie est encore, comme l'Afrique, un territoire à découvrir. En 1860-1861, Robert O'Hara Burke et William J. Wills (ci-contre) sont les premiers Européens à traverser le continent du nord au sud. Partis de Melbourne, ils atteignent le golfe de Carpentarie, mais ils trouvent la mort au retour.

▼ En 1901, les anciennes colonies britanniques se regroupent pour former l'État fédéré d'Australie. Sur la carte, les dates sont celles de leur fondation. La Nouvelle-Galles du Sud s'étendait à l'origine sur un territoire beaucoup plus vaste.

OCÉAN INDIEN
Darwin
GOLFE DE CARPENTARIE
Territoire du Nord (partie de l'Australie-Méridionale de 1863 à 1911)
Queensland (1859)
Australie-Occidentale (1890)
Australie-Méridionale (1836)
Brisbane
Perth
Nouvelle-Galles du Sud (1788)
Canberra
Victoria (1851)
Melbourne
Terre de Van Diemen (rebaptisée Tasmanie en 1855)

1831 – 1914

L'art de la guerre

La puissance ainsi que la rapidité de tir des armes à feu augmentent considérablement, tandis que la tactique militaire évolue avec les nouveaux moyens de communication. Toutefois, le rôle de la cavalerie (les soldats à cheval) reste très important dans les batailles, et les soldats sont toujours équipés d'armes blanches. Les navires de guerre sont désormais construits en acier et propulsés par des moteurs à vapeur. C'est à cette époque qu'apparaissent notamment les premiers grands cuirassés. Le navire britannique *Dreadnought*, construit en 1906, a une puissance de feu supérieure à celle de toute la flotte anglaise un siècle plus tôt.

▲ Les Indiens qui se battent contre les soldats américains ne sont pas toujours équipés d'armes à feu, comme le montre cette scène représentée sur une tente.

▶ La mitrailleuse apparaît pendant la guerre de Sécession américaine. Elle est dotée de plusieurs canons qui tirent les uns après les autres et sont actionnés par une manivelle.

▶ Les usines Krupp, installées à Essen, en Allemagne, fabriquent les armes les plus puissantes d'Europe. Ce canon a été présenté à Paris, à l'Exposition universelle de 1867. Trois ans plus tard, il sera utilisé par l'armée allemande contre les Français.

◀ Après avoir combattu pendant la guerre de Sécession et la guerre franco-allemande de 1870-1871, l'officier allemand Ferdinand von Zeppelin (1838-1917) se lance dans l'industrie. Il fabrique les célèbres ballons dirigeables rigides qui portent son nom : les zeppelins. Son premier modèle est essayé sur le lac de Constance en 1900.

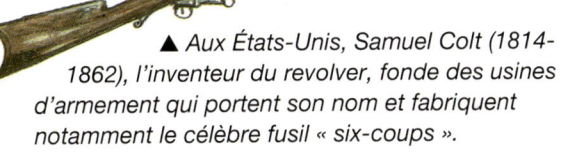

▲ Aux États-Unis, Samuel Colt (1814-1862), l'inventeur du revolver, fonde des usines d'armement qui portent son nom et fabriquent notamment le célèbre fusil « six-coups ».

▶ Premier véritable pistolet à chargement automatique, le Mauser allemand s'approvisionne très rapidement.

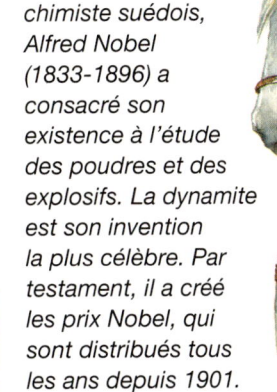

▲ Industriel et chimiste suédois, Alfred Nobel (1833-1896) a consacré son existence à l'étude des poudres et des explosifs. La dynamite est son invention la plus célèbre. Par testament, il a créé les prix Nobel, qui sont distribués tous les ans depuis 1901.

▶ Les uniformes des soldats adoptent peu à peu des couleurs plus discrètes. Les Britanniques portent encore une tenue rouge vif, tandis qu'aux Indes, ils sont vêtus en kaki dès 1857. Les fantassins français, eux, arborent des pantalons rouges très voyants.

À CETTE ÉPOQUE

1835 L'Américain Samuel Colt invente un pistolet revolver à canon unique et à barillet.

1847 L'industriel allemand Alfred Krupp met au point un nouveau type d'acier qui permet de couler en une seule pièce un tube de canon très lourd.

1884 L'ingénieur américain H.S. Maxim met au point la première mitrailleuse entièrement automatique.

1899 Conférence de la Haye ; elle interdit notamment les bombardements aériens, les gaz asphyxiants et l'emploi des balles explosives.

▼ Pendant la guerre de Sécession américaine, les trains sont, pour la première fois, utilisés pour acheminer rapidement les troupes et les armes. Des ponts en bois provisoires, qui s'assemblent très vite, sont construits au fur et à mesure du déplacement des armées.

LES GUERRES BALKANIQUES

Les guerres balkaniques

Rassemblant de nombreuses nationalités, les pays des Balkans, au sud-est de l'Europe, font partie de l'Empire ottoman. Au cours du 19ᵉ siècle, tandis que la puissance ottomane s'affaiblit, ils conquièrent peu à peu leur indépendance. Leurs revendications sont soutenues par la Russie, qui veut empêcher l'Autriche-Hongrie de s'implanter dans la région, ainsi que par l'Autriche-Hongrie, la Grande-Bretagne et l'Allemagne qui, elles, entendent mettre un frein aux ambitions de la Russie.

La Grèce a été la première à se révolter (*voir* p. 552) et son indépendance a été reconnue en 1832. En moins d'un siècle, la plupart des pays des Balkans – le Monténégro, la Serbie, la Roumanie, la Bulgarie – se libèrent de la domination ottomane. Seule la Bosnie-Herzégovine, occupée par l'Autriche-Hongrie en 1908, ainsi que l'Albanie et la Macédoine, sous contrôle des Turcs, restent dépendantes. En octobre 1912, la Serbie, la Bulgarie, la Grèce et le Monténégro attaquent

PIERRE Iᵉʳ
(1844-1921)

Devenu roi de Serbie en 1903, Pierre Iᵉʳ Karadjordjevic s'appuie sur la Russie pour se libérer de l'emprise autrichienne. Il sera proclamé roi des Serbes, des Croates et des Slovènes en 1918.

FERDINAND Iᵉʳ
(1861-1948)

Le prince Ferdinand proclame l'indépendance et devient roi de Bulgarie en 1908. Vaincu par ses anciens alliés en 1913, il s'engage en 1915 aux côtés de l'Allemagne et abdique en 1918.

▼ Rassemblant diverses nationalités, les Balkans apparaissent comme la « poudrière de l'Europe ». À l'issue des guerres balkaniques, la Serbie devient la première puissance de la région.

▶ Les Ottomans, qui combattent les Italiens en Afrique du Nord et les nationalistes turcs à l'intérieur, sont vaincus dans les Balkans en 1912 (ci-contre). L'empire vit ses dernières heures.

La péninsule balkanique en 1912

La péninsule balkanique en 1914

l'Empire ottoman. Cette première guerre balkanique s'achève en 1913 par la défaite des Turcs. Le territoire de la Macédoine est partagé entre la Serbie, la Grèce et la Bulgarie, tandis que l'Albanie musulmane obtient son autonomie, soutenue par l'Autriche-Hongrie qui entend ainsi arrêter la progression de la Serbie vers la mer Adriatique.

Cependant, la paix ne satisfait pas tous les vainqueurs. Une seconde guerre balkanique, qui oppose la Bulgarie à ses anciens alliés – la Serbie, la Grèce et l'Albanie – soutenus par la Turquie et la Roumanie, éclate en juin 1913. À l'issue du conflit, la Grèce, la Serbie et la Roumanie agrandissent leur territoire au détriment de la Bulgarie.

Ces nouvelles frontières ne règlent pas le problème des nationalités. Si les guerres balkaniques marquent le recul définitif de l'Empire ottoman en Europe, elles constituent aussi l'une des origines de la Première Guerre mondiale.

1911-1914

1911 Maroc : l'Allemagne envoie une canonnière allemande à Agadir ; un accord force les Allemands à se retirer.
Libye : guerre entre les Ottomans et les Italiens (jusqu'en 1912).
Mexique : chute du dictateur Porfirio Diaz.
Chine : chute de la dynastie Qing ; Sun Yat-sen proclame la République.
Russie : assassinat du Premier ministre Peter Stolypine.
Grande-Bretagne : Ernest Rutherford découvre la structure de l'atome.
Antarctique : le Norvégien Roald Amundsen est le premier à atteindre le pôle Sud.

1912 Libye : signature du traité d'Ouchy entre les Ottomans et les Italiens, qui conquièrent le pays.
Balkans : première guerre balkanique (jusqu'en 1913) ; victoire des pays des Balkans sur les Ottomans.
Afrique du Sud : fondation de l'*African National Congress* (ANC).
Atlantique : naufrage du *Titanic* lors de sa première traversée de l'Atlantique.
États-Unis : Thomas W. Wilson est élu président (jusqu'en 1921).

1913 Balkans : fin de la première guerre balkanique ; indépendance de l'Albanie. Seconde guerre balkanique ; la Bulgarie est vaincue par ses anciens alliés ; le traité de Bucarest redéfinit les frontières de la région.
France : Raymond Poincaré est élu président de la République (jusqu'en 1920). Début de la publication de *À la recherche du temps perdu* (jusqu'en 1927) de Marcel Proust.

1914 Amérique centrale : ouverture du canal de Panama.

Une marmite bouillonnante de troubles… C'est ainsi que les puissances européennes voient les Balkans à la veille de la Première Guerre mondiale !

LA POLITIQUE DES BLOCS

La politique des blocs

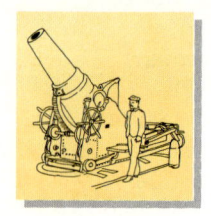

À la fin du 19ᵉ siècle et au début du 20ᵉ siècle, les rivalités commerciale, coloniale et militaire des grandes puissances européennes conduisent à la signature de plusieurs traités d'alliance. L'Autriche-Hongrie et l'Allemagne forment la Duplice en 1879. En 1882, rejointes par l'Italie, elles constituent la Triple Alliance ou Triplice. Celle-ci prévoit notamment le soutien réciproque de l'Allemagne et de l'Italie si l'un des deux pays est attaqué par la France. En face, les Français forment l'Entente cordiale avec les Britanniques en 1904. Trois ans plus tard, la Russie les rejoint, donnant naissance à la Triple Entente.

Les guerres balkaniques de 1912-1913 renforcent la puissance de la Serbie. Celle-ci revendique les territoires autrichiens majoritairement peuplés de Serbes. Par le jeu des alliances, cette crise, localisée dans les Balkans, va rapidement évoluer en un conflit touchant le monde entier (*voir* pp. 642-643).

▲ *Les grandes puissances investissent d'énormes moyens dans la construction de navires de guerre modernes. Le* Dreadnought *britannique (ci-dessus), lancé en 1906, servira de modèle aux autres cuirassés.*

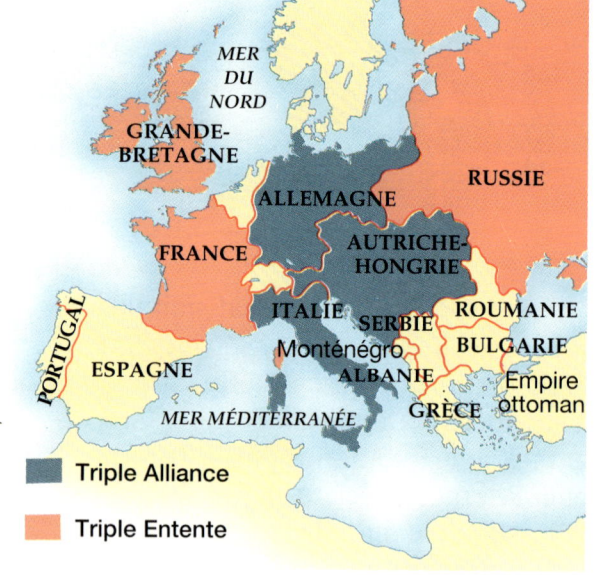

◀ *Les grandes puissances européennes se préparent à la guerre. L'industrie de l'armement se développe considérablement ; elle produit des engins très meurtriers.*

▲ *À la veille de la guerre, les pays de la Triple Alliance sont encadrés par la France et par la Grande-Bretagne, à l'ouest, et par la Russie, à l'est. L'Europe est devenue une poudrière.*

1914 – 1949

Le monde en guerre

Le 20ᵉ siècle commence vraiment en 1914. Le monde moderne naît à cette époque. La Première Guerre mondiale bouleverse totalement la planète et marque dans l'histoire une rupture décisive. Les grands empires du 19ᵉ siècle s'effondrent. La révolution russe donne naissance au premier État communiste. L'Europe sort très affaiblie de ce long conflit.

L'entre-deux-guerres est marquée par la montée des fascismes et par l'une des plus graves crises économiques de tous les temps ; des fortunes s'effondrent en quelques heures, d'innombrables entreprises font faillite, des millions de personnes connaissent, pour la première fois, le chômage. Pendant cette période cependant, de grands progrès scientifiques et technologiques sont accomplis. Les grands cadres de la société moderne se mettent en place. On entre dans l'ère de l'automobile, de l'avion, des calculateurs, de la communication rapide. Les hommes, les marchandises, les informations circulent plus vite et plus loin. La planète semble se rétrécir.

La Seconde Guerre mondiale achève de transformer le monde. Lorsqu'elle se termine, l'Europe de l'Ouest a bel et bien perdu sa position dominante. Les États-Unis et l'Union soviétique s'imposent comme les deux plus grandes puissances mondiales. Ils s'opposent très rapidement, divisant le monde en deux blocs, le monde occidental « capitaliste » d'une part, le monde « socialiste » d'autre part. Mais dans le même temps, les nationalismes s'exacerbent dans tous les pays colonisés. En reprenant les thèmes de liberté et d'indépendance développés par les démocraties, les peuples dominés vont conquérir leur liberté, parfois au prix de guerres sanglantes. Peu à peu, les nations pauvres du tiers monde apparaissent sur la scène internationale. L'opposition entre le monde développé et le monde en voie de développement devient une réalité.

▼ *Les fameux « poilus », les soldats français de la Première Guerre mondiale.*

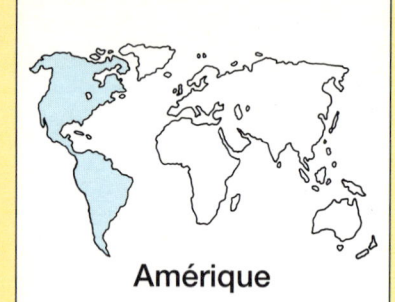

PANORAMA - 1914-1949

Amérique

1914 Ouverture du canal de Panama.

1917 Les États-Unis s'engagent dans la Première Guerre mondiale.
1919-1933 Instauration de la prohibition aux États-Unis.

1927 L'aviateur Charles Lindbergh réussit la première traversée sans escale de l'Atlantique.
1929 Krach boursier de Wall Street.
1930 Coups d'État en Argentine et au Brésil.
1932-1935 Guerre du Chaco entre la Bolivie et le Paraguay.
1933 Franklin D. Roosevelt devient président des États-Unis.

1941 Les États-Unis s'engagent dans la Seconde Guerre mondiale.
1945 Fondation de l'ONU.
1946 Juan Peron devient président de la République en Argentine.
1947 Les États-Unis mettent en place le plan Marshall, une aide économique destinée aux pays européens dévastés par la guerre.

1949 Le Sénat américain ratifie le traité de l'Atlantique Nord.

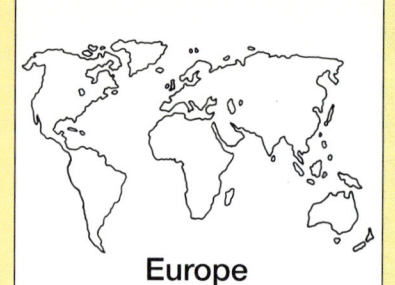

Europe

1914-1918 Première Guerre mondiale.
1917 Révolution russe.
1919 Traité de Versailles entre les Alliés et l'Allemagne ; apparition de nouveaux États en Europe centrale. Fondation de la Société des Nations.
1921 Indépendance de l'Irlande du Sud.
1922 Mussolini et les fascistes prennent le pouvoir en Italie.

1933 Adolf Hitler arrive au pouvoir en Allemagne.
1936-1939 Guerre d'Espagne.
1936 Léon Blum prend la tête du gouvernement du Front populaire en France.
1938 L'Allemagne annexe l'Autriche. Accords de Munich entre l'Allemagne, l'Italie, la Grande-Bretagne et la France.
1939 L'Allemagne envahit la Pologne.
1939-1945 Seconde Guerre mondiale.
1940-1944 L'Allemagne occupe la France.
1941 L'Allemagne envahit l'URSS.
1945 Capitulation de l'Allemagne.
1945-1946 Procès de Nuremberg contre les criminels de guerre.
1946 Instauration de la IVe République en France.
1948 Les communistes arrivent au pouvoir en Europe de l'Est.
1949 Création de l'OTAN. Partage de l'Allemagne entre l'Est et l'Ouest.

Afrique

1914-1918 Première Guerre mondiale.

1922 La Grande-Bretagne accorde l'autonomie à l'Égypte.
1921-1926 Guerre du Rif au Maroc contre l'occupation française et espagnole.
1930 Hailé Sélassié Ier devient empereur d'Éthiopie.
1935 Les Italiens envahissent l'Éthiopie.

1939-1945 Seconde Guerre mondiale.

1942 Bataille d'El-Alamein en Égypte ; débarquement allié en Afrique du Nord.

1948 L'Afrique du Sud renforce sa politique de ségrégation raciale (apartheid).

PANORAMA - 1914-1949

Proche-Orient

1914-1918 Première Guerre mondiale.
1917 Déclaration Balfour ; la Grande-Bretagne promet la création d'un foyer national juif en Palestine.

1920 Morcellement de l'Empire ottoman. Le Liban et la Syrie sont placés sous mandat français.
1923 Proclamation de la République turque dirigée par Mustafa Kemal (Atatürk).

1932 Unification de l'Arabie Saoudite.

1939-1945 Seconde Guerre mondiale.

1943 Indépendance du Liban.

1948 Naissance de l'État d'Israël.

1948-1949 Première guerre israélo-arabe.

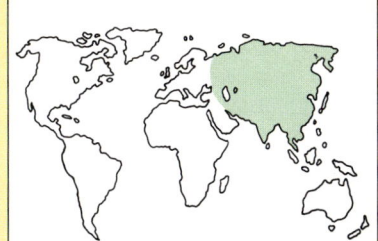

Asie et Extrême-Orient

1914-1918 Première Guerre mondiale.
1919 Gandhi lance une campagne de désobéissance civile en Inde.

1926 L'empereur Hirohito monte sur le trône japonais.
1931 Les Japonais envahissent la Mandchourie.
1934-1935 Mao Zedong conduit la Longue Marche.
1937-1945 Guerre sino-japonaise.

1939-1945 Seconde Guerre mondiale.
1940 Le Japon se joint aux puissances de l'Axe (Allemagne, Italie).
1942 Extension maximale de l'Empire japonais.
1945 Lancement des bombes atomiques sur Hiroshima et Nagasaki ; capitulation du Japon.
1946-1954 Guerre d'Indochine.
1947 La Grande-Bretagne reconnaît l'indépendance de l'Inde et du Pakistan.
1948 Assassinat de Gandhi. Partage de la Corée entre le Nord et le Sud.
1949 Les communistes proclament la République populaire de Chine. Les Pays-Bas reconnaissent l'indépendance de l'Indonésie.

Océanie

1914-1918 Première Guerre mondiale.

1920 L'Australie et le Japon contrôlent les anciennes colonies allemandes du Pacifique.

1927 Canberra devient la capitale fédérale de l'Australie.

1939-1945 Seconde Guerre mondiale.

1941 L'aviation japonaise bombarde la base américaine de Pearl Harbor (Hawaii), ce qui déclenche l'entrée en guerre des États-Unis.
1942 Les Japonais annexent diverses îles du Pacifique et menacent l'Australie.

1914 – 1949

Le monde

Les deux guerres mondiales ont profondément modifié la carte du monde. Après 1918, les anciens pouvoirs sont remis en cause. La Russie connaît une révolution qui bouleverse son histoire et va donner naissance à l'Union soviétique (URSS). Les Empires allemand, austro-hongrois et ottoman s'effondrent. De nouveaux pays se créent sur leurs anciens territoires en Europe et au Moyen-Orient.
Lorsque la Seconde Guerre mondiale éclate, le Pacifique devient l'un des champs de bataille du conflit. Les États-Unis, volontairement isolés dans l'entre-deux-guerres, s'engagent aux côtés des Alliés. En 1945, ils s'imposent, aux côtés de l'URSS créée en 1922, comme l'une des deux grandes puissances mondiales.
En Afrique et en Asie, de nombreux peuples colonisés commencent à revendiquer l'autonomie. L'Inde britannique sera l'une des premières à obtenir son indépendance après 1945, engageant le grand mouvement de la décolonisation.

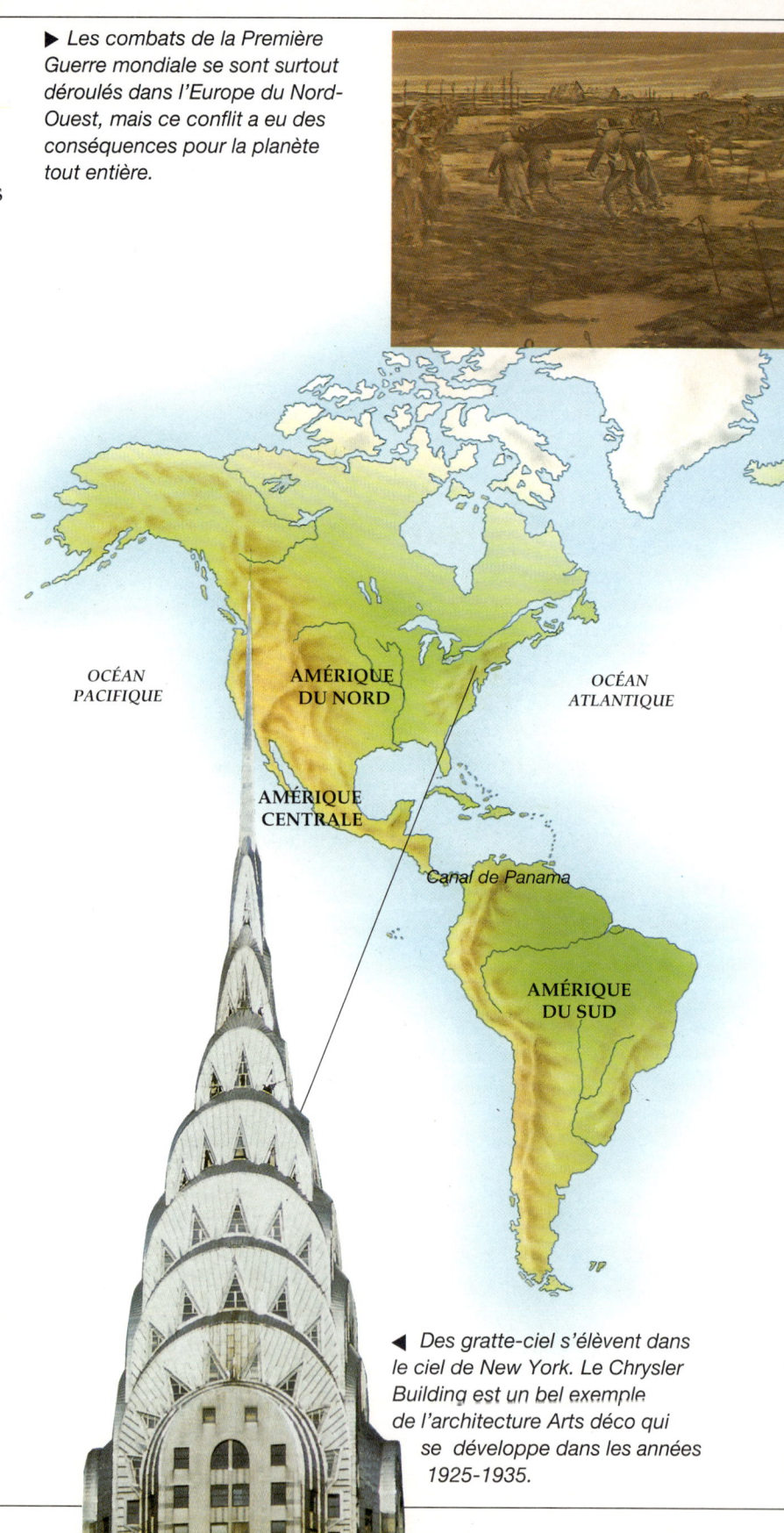

▶ Les combats de la Première Guerre mondiale se sont surtout déroulés dans l'Europe du Nord-Ouest, mais ce conflit a eu des conséquences pour la planète tout entière.

◀ Des gratte-ciel s'élèvent dans le ciel de New York. Le Chrysler Building est un bel exemple de l'architecture Arts déco qui se développe dans les années 1925-1935.

▶ La République populaire de Chine est fondée par Mao Zedong en 1949. Cette affiche était destinée à promouvoir le communisme dans le pays.

UNION DES RÉPUBLIQUES SOCIALISTES SOVIÉTIQUES

EUROPE

Balkans

ASIE

JAPON

ISRAËL
MOYEN-ORIENT

PAKISTAN
INDE

CHINE

▼ L'Australie devient indépendante en 1901, mais garde des liens étroits avec la Grande-Bretagne à l'intérieur du Commonwealth.

AFRIQUE

OCÉAN INDIEN

AUSTRALIE

NOUVELLE-ZÉLANDE

AFRIQUE DU SUD

▲ La révolution russe de 1917 est l'un des événements qui ont le plus marqué la première moitié du 20ᵉ siècle.

◀ Après l'effondrement de l'Empire ottoman, Mustafa Kemal fonde la république de Turquie en 1923.

641

LA MARCHE À LA GUERRE

1914 Europe : déclenchement de la Première Guerre mondiale (jusqu'en 1918).
Le 28 juin, l'archiduc François Ferdinand de Habsbourg, héritier d'Autriche-Hongrie, est assassiné à Sarajevo par un nationaliste serbe. Le 28 juillet, l'Autriche déclare la guerre à la Serbie ; mobilisation des troupes en Russie. L'Allemagne déclare la guerre à la Russie (1er août), puis à la France (3 août). L'Allemagne envahit la Belgique ; la Grande-Bretagne lui déclare la guerre (4 août). L'armée allemande envahit le nord-est de la France. Bataille de la Marne (12 septembre) ; le maréchal Joffre et les troupes alliées arrêtent la progression des Allemands sur Paris. Avant la fin de 1914, les fronts est et ouest sont stabilisés ; début de la guerre des tranchées.
En octobre, la Turquie s'allie à l'Allemagne.
France : assassinat du socialiste Jean Jaurès à Paris (31 juillet) ; il était très opposé à la guerre.
Grande-Bretagne : la mise en place du *Home Rule* (loi sur l'autonomie de l'Irlande) est reportée à la fin de la guerre.
Afrique : la Grande-Bretagne impose son protectorat à l'Égypte.

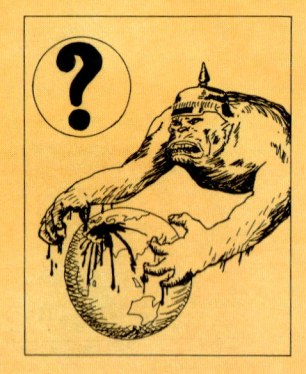

La marche à la guerre

À la veille de la Première Guerre mondiale, l'Europe est divisée en blocs. Les rivalités commerciale, coloniale et militaire des grandes puissances européennes ont conduit à la signature de plusieurs traités d'alliance. La Triple Alliance ou Triplice unit l'Allemagne, l'Italie et l'Autriche-Hongrie (*voir* p. 636) ; la Triple Entente lie la Grande-Bretagne, la France et la Russie. Dès lors, le moindre conflit risque de déclencher un affrontement général.

Le 28 juin 1914, l'archiduc François Ferdinand d'Autriche est assassiné à Sarajevo, en Bosnie, par un nationaliste serbe. L'Autriche prend prétexte de cette agression pour attaquer la Serbie le 28 juillet. La Russie réagit en mobilisant ses troupes ; le 1er août, l'Allemagne lui déclare la guerre. Le 3, la France, alliée des Russes, entre dans le conflit.

▼ Le nationaliste Gavrilo Princip assassine François Ferdinand d'Autriche pour protester contre l'oppression subie par les Serbes vivant en Bosnie.

Sur cette affiche de propagande alliée, une Allemagne monstrueuse s'empare de l'Europe.

1914

◀ « Vous, rejoignez votre armée ! », proclame cette affiche anglaise. Au moment de la déclaration de guerre, des milliers d'hommes se portent volontaires dans les deux camps. Tout le monde pense que le conflit sera court ; en fait, il durera quatre longues années.

DES ARMES MEURTRIÈRES

Au début du conflit, les adversaires disposent à peu près du même nombre d'hommes. Cependant, les Allemands sont plus entraînés et mieux équipés que les Britanniques, les Russes ou les Français. Dans les deux camps, des armes nouvelles et redoutables comme les mitrailleuses et les terribles gaz de combat, utilisés pour la première fois en 1915, font des ravages. Avec plus de 8 millions de morts, cette guerre sera l'une des plus meurtrières.

Le 4, l'invasion de la Belgique, pays neutre, par l'armée allemande conduit la Grande-Bretagne à s'engager à son tour. La Première Guerre mondiale commence. Pendant quatre ans, les Alliés de la Triple Entente – Russie, Grande-Bretagne, France… – vont affronter les empires centraux coalisés – Allemagne, Autriche-Hongrie, et leurs alliés… Jamais un conflit n'a été aussi général. C'est la première guerre vraiment mondiale de l'histoire.

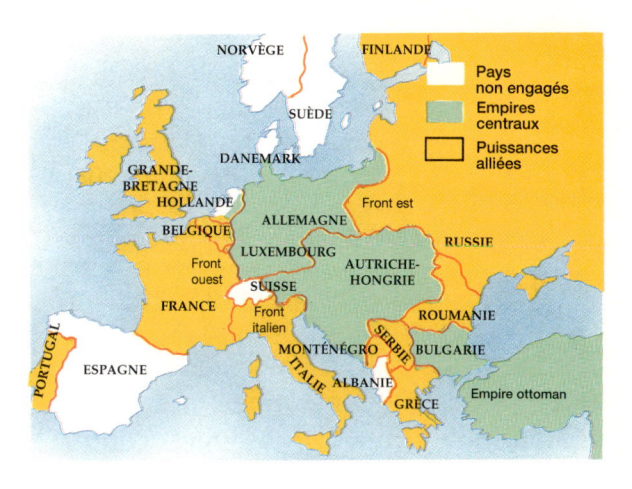

▼ Lorsque la guerre éclate, des milliers d'hommes partent « faire leur devoir » et défendre leur patrie.

▲ En Europe, les principaux combats se déroulent sur un front est et sur un front ouest.

LA GUERRE DES FRONTS

La guerre des fronts

Les combats de la Grande Guerre se déroulent essentiellement sur deux fronts : à l'ouest, le long d'une ligne qui traverse la Belgique et le nord-est de la France ; à l'est, entre l'Allemagne et la Russie.

Sur le front ouest, les armées françaises et britanniques arrêtent la progression allemande en septembre 1914. Les soldats s'installent alors dans des tranchées, creusées sur plusieurs lignes, de part et d'autre d'un « no man's land » de quelques centaines de mètres. Cette guerre de position va se prolonger jusqu'à la fin du conflit. L'attente, la boue, le froid… : les conditions de vie sont effroyables et les affrontements entre les deux camps – à Ypres, à Verdun, sur la Somme, au Chemin des Dames, à Passendale… – font plus de 2 millions de victimes. Le front est s'étend, lui, de la mer Baltique à la mer Noire. Russes et Allemands s'y font face dans des tranchées dès la deuxième année du conflit. Pour rétablir

▲ Les combats les plus acharnés se déroulent dans le nord et l'est de la France. La vie dans les tranchées est un véritable cauchemar : la boue, les rats, les maladies viennent s'ajouter aux tirs d'artillerie et aux gaz meurtriers.

▼ En avril 1915, les Alliés débarquent à Gallipoli pour prendre le contrôle du détroit des Dardanelles. Ils ont sous-estimé les forces turques. Plus d'un million d'hommes ont été engagés dans l'opération.

▲ *La bataille du Jutland (1916) oppose, en mer du Nord, la flotte britannique à la marine allemande. Il s'agit de la seule grande action navale du conflit.*

les communications avec la Russie, les Alliés lancent alors une opération dans le détroit des Dardanelles, en Turquie. Elle tourne au désastre et le corps expéditionnaire doit réembarquer, laissant derrière lui des milliers de victimes. En avril 1917, les États-Unis déclarent la guerre à l'Allemagne, marquant ainsi le tournant du conflit. (*Voir* La fin de la guerre pp. 656-657.)

▼ *Le front ouest traverse la Belgique et tout le nord-est de la France. Malgré les affrontements entre les armées adverses, il ne se déplacera jamais de plus de 15 kilomètres de 1914 à 1918.*

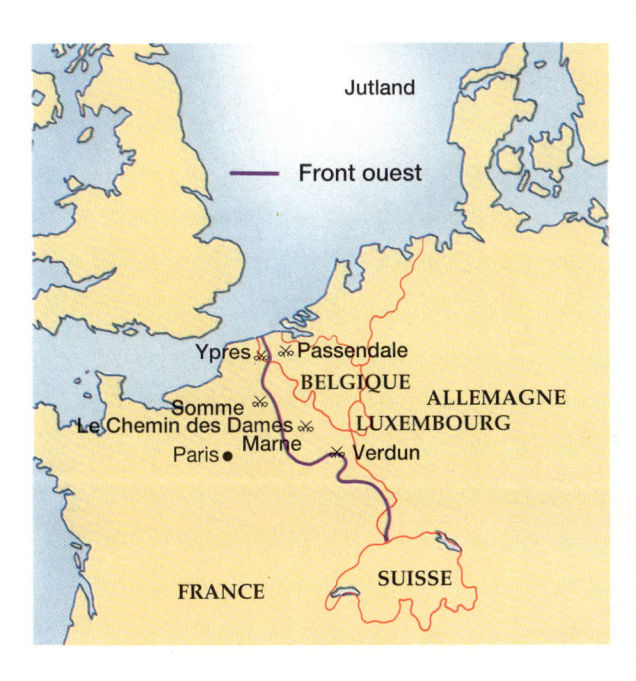

1915 Front ouest : en février, la Grande-Bretagne et les Alliés organisent un blocus naval contre les empires centraux ; en réaction, les Allemands lancent une guerre sous-marine.
Front est : offensive allemande en Pologne.
Front turc : campagne de Gallipoli ; les Alliés tentent de forcer le détroit des Dardanelles ; débarquement de troupes françaises et britanniques sur les plages de Gallipoli, en Turquie. La résistance turque fait des milliers de morts et de blessés parmi les soldats alliés ; échec de l'expédition.
Front ouest : en avril, bataille d'Ypres, en Belgique ; les Allemands utilisent pour la première fois des gaz de combat. Le 7 mai, les Allemands torpillent le *Lusitania*, un paquebot de ligne britannique ; près de 1 200 passagers périssent noyés. Le 23 mai, l'Italie déclare la guerre à l'Autriche et se joint aux Alliés. En septembre, échec de l'offensive alliée en Champagne et en Artois.
Front est : en octobre, la Bulgarie entre en guerre aux côtés de l'Allemagne. En Russie, le conflit provoque de graves troubles économiques et sociaux.
En novembre, l'Allemagne et la Bulgarie conquièrent la Serbie.
Turquie : génocide du peuple arménien.
France : fondation du *Canard enchaîné*, hebdomadaire satirique contre le « bourrage de crâne ».

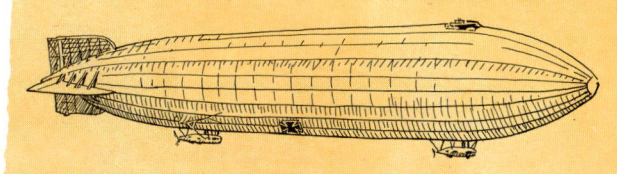

Pendant la Première Guerre mondiale, les Allemands sont les seuls à utiliser des zeppelins – grands ballons dirigeables – pour lancer des raids aériens de bombardement.

1914 – 1949

Les arts

Au lendemain de la Grande Guerre, tous ceux qui en ont les moyens s'efforcent d'oublier les « années noires ». L'Europe s'amuse, fait la fête, découvre le jazz. Les artistes ouvrent de nouvelles voies. Les surréalistes font scandale en révolutionnant l'art traditionnel.
Les années 1930 sont moins insouciantes. Hitler, Mussolini, Franco prennent le pouvoir. Beaucoup d'écrivains, de peintres, de sculpteurs… s'engagent pour les idées qui leur semblent les plus justes, celles du fascisme ou du nazisme pour les uns, celles de la démocratie pour les autres. Après 1945 s'ouvre une nouvelle période. La peinture, la sculpture adoptent des formes plus abstraites : l'art contemporain va naître.

▼ Dans les années 1920, les artistes surréalistes revendiquent une liberté totale d'expression. Cette montre, *l'Œil du temps*, est l'œuvre de l'Espagnol Salvador Dali (1904-1989), l'un des grands représentants de ce mouvement.

◀ L'art du ballet a toujours été très apprécié en Russie. Dans les années 1910, les Ballets russes ont conquis le monde entier. La grâce et les bonds prodigieux du danseur Vatslav Nijinski (1890-1950) dans *l'Après-midi d'un Faune*, du compositeur français Claude Debussy, émerveillent le public parisien.

▲ Le style Arts déco s'impose entre 1925 et 1935. Ce poudrier, comme la plupart des créations de cette époque, a des lignes géométriques très pures.

▲ Le cinéma devient très populaire. De nombreux films s'inspirent de la Grande Guerre.

▶ *Dans l'Allemagne nazie, comme dans l'Italie fasciste, les arts sont au service de la dictature. Cette composition, intitulée* Camarades, *a été sculptée par Arno Breker, l'un des principaux artistes officiels du régime hitlérien. Elle était destinée au siège du parti nazi, à Berlin.*

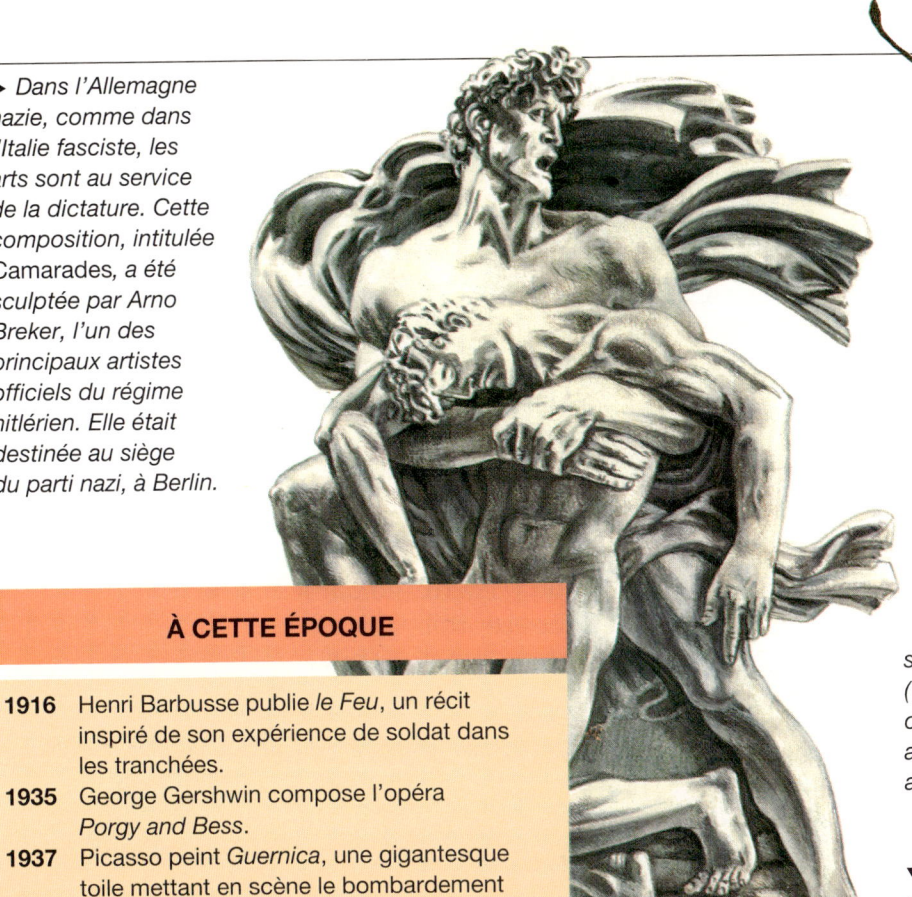

▲ *Les statuettes en bronze du sculpteur suisse Alberto Giacometti (1901-1966) sont caractéristiques de l'art abstrait qui se développe après 1945.*

▼ *Intitulée* les Noctambules, *cette toile d'Otto Dix (1891-1969) évoque la vie nocturne du Berlin des « années folles ».*

À CETTE ÉPOQUE

1916 Henri Barbusse publie *le Feu*, un récit inspiré de son expérience de soldat dans les tranchées.
1935 George Gershwin compose l'opéra *Porgy and Bess*.
1937 Picasso peint *Guernica*, une gigantesque toile mettant en scène le bombardement de la ville de Guernica pendant la guerre civile espagnole.
1939 Le film *Autant en emporte le vent*, en couleurs, remporte un immense succès.

L'ÉTAT LIBRE D'IRLANDE

1916 Afrique : les Alliés occupent la colonie allemande du Cameroun.
Front ouest : bataille de Verdun (21 février) ; les Allemands lancent une offensive sur Verdun, mais sont arrêtés par les forces françaises ; les combats durent jusqu'en décembre et font plusieurs milliers de morts des deux côtés.
Irlande : « Pâques sanglantes » ; soulèvement nationaliste sévèrement réprimé par les forces britanniques.
Mer du Nord : bataille du Jutland (31 mai-1er juin) ; la seule grande bataille navale de la guerre oppose la flotte allemande à la marine britannique ; la victoire est indécise.
Front est : offensive du général russe Broussilov contre les Allemands en Galicie.
Front ouest : bataille de la Somme (juillet-octobre) ; offensive victorieuse des Français et des Britanniques contre l'avancée allemande en France.
Première utilisation des chars d'assaut par les Britanniques.
Grande-Bretagne : Lloyd George devient Premier ministre ; il prend de vigoureuses mesures pour mener les troupes alliés à la victoire.
Front est : en décembre, l'Allemagne conquiert la Roumanie.
Proche-Orient : révolte arabe conduite par le cheikh de La Mecque contre les Ottomans (jusqu'en 1918).
France : publication du *Feu* de Henri Barbusse.

La poste centrale de Dublin est le quartier général des nationalistes irlandais pendant la révolte de 1916.

L'État libre d'Irlande

Au début du 20e siècle, la majorité des Irlandais réclament leur autonomie. En 1912, le Parlement britannique adopte un projet de loi qui doit leur donner leur propre parlement. Mais la guerre éclate avant qu'il soit mis en place. L'Irlande est alors au bord de la guerre civile. Dans le nord, les protestants s'opposent à l'indépendance. Minoritaires, ils perdraient tout pouvoir politique dans un pays dirigé par les catholiques. Les républicains du parti du Sinn Féin et du mouvement des Volontaires irlandais exigent, eux, de se gouverner eux-mêmes. Le lundi de Pâques 1916, près de seize mille républicains, menés par Paidrac Pearse et James Connolly, s'emparent des principaux édifices publics de Dublin.

▼ *En 1916, les républicains installent leur quartier général dans la poste centrale de Dublin. Sous les tirs des Britanniques, l'immeuble prend feu. Les insurgés résisteront jusqu'au dernier moment.*

1916

EAMON DE VALERA
(1882-1975)

Leader du mouvement nationaliste irlandais, Eamon De Valera est arrêté lors des « Pâques sanglantes ». Fondateur du parti républicain Fianna Fail (1926), il sera Premier ministre (1937 à 1959) puis président de la République d'Irlande (1959 à 1973).

▲ *Républicains et soldats britanniques s'affrontent sur les barricades dans les rues de Dublin. Les Pâques sanglantes ont causé la mort de nombreux civils.*

▼ *Six des neuf comtés de l'Ulster forment l'Irlande du Nord. Le reste de l'île constitue l'État libre d'Irlande.*

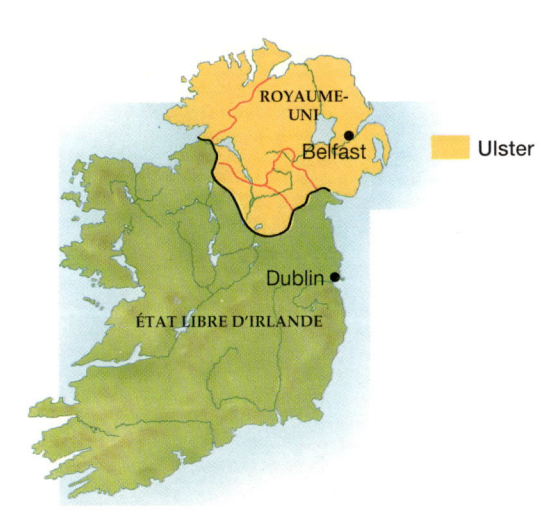

Depuis leur quartier général installé dans la poste centrale, Pearse et Connolly proclament la république.

Les Britanniques répriment si sévèrement la révolte que ce jour est depuis connu sous le nom de « Pâques sanglantes ». Quinze des leaders sont exécutés ; de nombreux suspects sont arrêtés.

Toutefois, la cause républicaine est de plus en plus populaire. Le parti du Sinn Féin triomphe aux élections de 1918 et remporte soixante-treize des cent cinq sièges irlandais au Parlement britannique. Les nationalistes organisent alors un parlement indépendant – le Dail Eireann –, créent une armée secrète, l'Armée républicaine irlandaise (IRA), et proclament l'indépendance du pays. La guerre éclate entre les républicains et les Britanniques.

En 1921, après deux ans d'affrontements, Londres reconnaît l'existence de l'État libre d'Irlande, privé du nord de l'île, l'Ulster. L'Irlande du Sud – l'Eire – deviendra une République indépendante en 1948 ; l'Irlande du Nord, à majorité protestante, fait encore aujourd'hui partie du Royaume-Uni.

LA RÉVOLUTION RUSSE

La Révolution russe

Depuis la révolution de 1905 (*voir* pp. 628-629), la tension monte en Russie. La population est de plus en plus nombreuse à critiquer le tsar et le régime. Lorsque la Grande Guerre éclate, le gouvernement est très vite totalement dépassé. L'armée manque de moyens. Les trains sont réquisitionnés pour ravitailler les soldats sur le front est ; dans les villes comme dans les campagnes, on souffre de la faim. L'économie du pays est en crise. En février 1917, des émeutes éclatent dans la capitale, l'ancienne Saint-Pétersbourg rebaptisée Petrograd au début de la guerre. Refusant de réprimer la révolte, les soldats se joignent aux insurgés. Le tsar Nicolas II est contraint d'abdiquer. Un gouvernement provisoire de nobles et de bourgeois est mis en place.

▲ En février 1917, la révolution éclate à Petrograd, l'ancienne Saint-Pétersbourg. La ville, où règne la famine, a déjà connu plusieurs émeutes et une mutinerie des soldats de l'armée tsariste.

▼ Dernier tsar de Russie, Nicolas II est aussi le dernier des Romanov, la dynastie qui règne sur le pays depuis 300 ans. Avec sa femme Alexandra et leurs enfants, il est arrêté en mars 1917 ; ils seront exécutés par les bolcheviques en juillet 1918.

LÉNINE
(1870-1924)

Exilé de Russie après 1905, Vladimir Oulianov, dit Lénine, fonde le parti bolchevique en 1912. Organisateur de la révolution d'Octobre, il crée l'URSS en 1922 et dirige le pays jusqu'à sa mort.

▶ Engagé très tôt dans le mouvement révolutionnaire, Lénine va lutter toute sa vie pour imposer le communisme.

RASPOUTINE
(1871-1916)

Aventurier et « guérisseur », Grigori Raspoutine prétend soigner le fils hémophile de Nicolas II et d'Alexandra, et devient leur conseiller. Détesté par tous les Russes, il est assassiné quelques mois avant la révolution.

KERENSKI
(1881-1970)

Après la révolution de février 1917, Aleksandr Kerenski participe au gouvernement provisoire puis dirige le gouvernement. Chassé du pouvoir par les bolcheviques, il émigre en France, puis s'installe définitivement aux États-Unis.

Mais la guerre, la famine, la misère entravent son action. Le président Aleksandr Kerenski, qui veut poursuivre la guerre, perd rapidement la confiance du peuple. Beaucoup de Russes soutiennent le parti bolchevique dirigé par Lénine qui, lui, réclame une paix immédiate.

Début novembre 1917, les bolcheviques, menés par Lénine et par Trotski, s'emparent du palais d'Hiver de Petrograd et prennent le pouvoir. À l'époque, le calendrier russe a treize jours de retard

1917 Russie : révolution de février ; chute du régime tsariste ; le tsar Nicolas II abdique. Mise en place d'un gouvernement provisoire, dirigé par le prince Lvov. Révolution d'Octobre ; les bolcheviques s'emparent du pouvoir et mettent en place le conseil des commissaires du peuple, présidé par Lénine, qui entame des pourparlers de paix avec l'Allemagne.
Proche-Orient : en mars, les Britanniques prennent la ville de Bagdad aux Ottomans ; en décembre, ils s'emparent de Jérusalem. Le Britannique Lawrence d'Arabie dirige le mouvement de révolte des Arabes contre les Turcs.
Monde : en avril, les Américains déclarent la guerre à l'Allemagne.
Front ouest : en avril, combats en Champagne, pour le contrôle du Chemin des Dames ; échec de l'offensive française. Arrivée des premiers renforts américains en France. En octobre, défaite de l'armée italienne à Caporetto.
Front est : armistice entre la Russie et l'Allemagne.
Grande-Bretagne : la déclaration Balfour promet la création d'un « foyer national » juif en Palestine.
France : Georges Clemenceau devient président du Conseil (jusqu'en 1920) ; il affirme sa volonté de poursuivre la guerre jusqu'à la défaite complète de l'Allemagne.

Ce dessin illustrait un poster bolchevique de 1919, titré : « En selle, travailleurs ! ». À l'arrière-plan flotte le drapeau rouge du communisme.

LA RÉVOLUTION RUSSE

1918 Front est : signature du traité de Brest-Litovsk (mars) entre l'Allemagne et la Russie, qui se retire de la guerre ; des milliers de soldats allemands quittent le front russe et viennent combattre sur le front occidental.
Front ouest : au printemps, grandes offensives allemandes dans la Marne et en Champagne. Victorieux dans un premier temps, les Allemands sont vaincus lors de la deuxième bataille de la Marne ; en août, victoire des troupes alliées placées sous le commandement unifié du généralissime Foch. Recul de l'armée allemande. En octobre, victoire des Italiens à Vittorio Veneto ; l'Autriche-Hongrie capitule.
En novembre, révolution populaire en Allemagne ; abdication de l'empereur Guillaume II et proclamation de la république. L'armistice est signé le 11 novembre à Rethondes. Fin de la Première Guerre mondiale ; elle a fait près de huit millions de morts.
Russie : création de l'Armée rouge ; adoption du calendrier grégorien (notre calendrier) ; transfert de la capitale à Moscou ; massacre du tsar Nicolas II et de sa famille ; début de la guerre civile (jusqu'en 1921) entre les Rouges (bolcheviques) et les Blancs (contre-révolutionnaires).
Proche-Orient : fin de la révolte des Arabes. Les Britanniques s'emparent des villes de Beyrouth, Damas et Alep.

Sur cette affiche de 1920, un travailleur russe laboure un sol jonché de couronnes et d'argent, symboles de l'ancienne Russie tsariste et du capitalisme.

sur le nôtre : pour les Russes d'alors, ces événements se déroulent donc fin octobre et nous parlons toujours de la révolution d'Octobre.

Présidé par Lénine, le nouveau gouvernement signe à Brest-Litovsk (mars 1918) un traité de paix avec l'Allemagne. La capitale est déplacée de Petrograd à Moscou. Les terres et les usines sont confiées aux paysans et aux ouvriers, les banques sont nationalisées, les biens de l'Église confisqués.

De 1918 à 1921, une longue guerre civile oppose les partisans du tsar – les Russes blancs –, soutenus par des armées étrangères, aux bolcheviques. Les combats font près de 100 000 morts, 2 millions de Russes s'exilent, mais grâce à l'Armée rouge, créée par Trotski, les révolutionnaires se maintiennent au pouvoir. En 1922, le régime est sauvé : la Russie devient l'Union des Républiques

▲ *En 1917, les hommes et les femmes du peuple, les ouvriers, les soldats (que l'on voit ici écoutant Lénine)... s'organisent en soviets (conseils de délégués élus). Ceux-ci participent au pouvoir après la révolution d'Octobre.*

▶ *Le 25 octobre (7 novembre dans notre calendrier) 1917, les bolcheviques assiègent le palais d'Hiver de Petrograd. Bien que ce bâtiment soit le siège du gouvernement, il est très peu défendu. Les insurgés s'en emparent sans rencontrer de réelle résistance.*

1918

TROTSKI
(1879-1940)

Trotski est l'un des grands artisans de la révolution d'Octobre. Fondateur de l'Armée rouge, il espère en 1924 succéder à Lénine, mais ne parvient pas à l'emporter sur Staline. Exilé à Mexico, il sera assassiné par un agent soviétique.

JOSEPH STALINE
(1879-1953)

Iossif Djougatchvili, dit Staline (« l'homme d'acier »), rejoint le parti bolchevique en 1903. Devenu secrétaire général du parti communiste en 1922, il élimine tous les candidats à la succession de Lénine et dirige l'URSS jusqu'à sa mort.

▲ Cette illustration de l'époque révolutionnaire montre Lénine balayant les rois, les empereurs, les prêtres et les capitalistes. Elle était ainsi légendée : « Le camarade Lénine fait le ménage de la planète ».

socialistes soviétiques (URSS) ou Union soviétique. Lénine va rester à la tête du pays jusqu'à sa mort, en 1924. Après avoir éliminé Trotski, Staline prendra sa succession. Chef du gouvernement et du parti, il mettra en place le premier État socialiste de l'histoire et dirigera autoritairement l'URSS pendant près de trente ans, en réprimant toutes formes d'opposition.

653

1914 – 1949

L'architecture

Au début du 20ᵉ siècle, le béton armé et l'acier révolutionnent le travail des architectes. Influencés par l'école du Bauhaus, ceux-ci conçoivent des édifices simples et dépouillés. Percés de larges ouvertures, ces bâtiments géométriques et souvent blancs contrastent avec les anciennes constructions en brique et en pierre. Dans les grandes villes d'Europe et d'Amérique du Nord, le ciel est désormais un espace à conquérir. De nouvelles techniques permettent d'élever des immeubles très hauts. Les ossatures métalliques soutiennent les murs ; les façades en verre laissent largement entrer la lumière. Ce sont les premiers gratte-ciel déjà modernes. Dans les villes, de vieilles maisons sont remplacées par des immeubles.

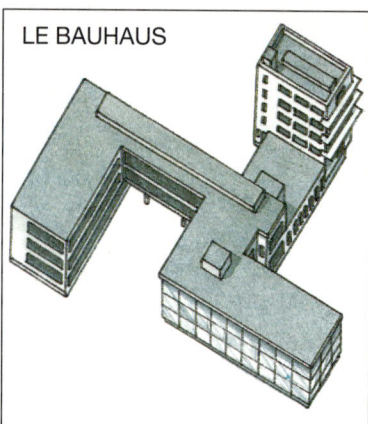

LE BAUHAUS

Fondée en Allemagne en 1919 et fermée par les nazis en 1933, l'école d'architecture du Bauhaus recourt systématiquement au béton, à l'acier et au verre. L'influence de ce mouvement sera immense.

▲ Le Corbusier est l'un des très grands architectes de cette époque. Il a dessiné de nombreuses maisons particulières, dont la villa Savoye (1931), à Poissy, près de Paris. Représentative de son style, elle est bâtie sur pilotis, avec des murs percés de fenêtres en bandeau (ci-dessus). Un jardin est installé sur le toit-terrasse.

▼ L'acier permet de construire des ponts de plus en plus longs. Réalisé en 1922, le très grand arc de Sydney (ci-dessous), en Australie, a une portée de plus de 500 mètres de long entre ses deux piles. Édifié en 1937, le célèbre pont suspendu du Golden Gate de San Francisco, aux États-Unis, franchit, lui, 1 280 mètres.

▲ Intégrée au paysage, la « maison sur la cascade » dessinée par l'Américain Frank Lloyd Wright, en 1936, est construite au-dessus d'une chute d'eau.

▶ Le Chrysler Building (1930) de New York est le premier gratte-ciel qui ait dépassé les 300 mètres. Avec ses formes géométriques et ses matériaux synthétiques (plastique, chrome…), il est caractéristique du style Art déco des années 1925-1935, influencé par l'école du Bauhaus.

◀ Né à la fin du 19ᵉ siècle, l'Art nouveau annonce l'Art déco. Ci-contre, la tour Einstein de Postdam, en Allemagne, a des lignes arrondies et naturelles et une forme asymétrique.

À CETTE ÉPOQUE

1919	Fondation de l'école du Bauhaus.
1922	Première construction de Le Corbusier.
1925	Exposition des Arts décoratifs à Paris.
1928	Premier Congrès international d'architecture qui réunit les architectes de l'« avant-garde » européenne.
1931	Achèvement de l'Empire State Building de New York.
1937	Restauration de la cathédrale de Reims, endommagée pendant la Grande Guerre.

LA FIN DE LA GUERRE

1919 Europe : ouverture de la conférence de la Paix à Paris ; plusieurs traités seront signés entre les belligérants jusqu'en 1923. Signature du traité de Versailles entre les Alliés et l'Allemagne ; l'Allemagne restitue l'Alsace et la Lorraine à la France, rend des territoires à la Belgique, à la Tchécoslovaquie et à la Pologne, accepte l'occupation de la rive gauche du Rhin et le versement de lourds tributs au titre des réparations. Signature du traité de Saint-Germain (octobre) entre les Alliés et l'Autriche ; il met fin au règne des Habsbourg et reconnaît l'indépendance de la Tchécoslovaquie, de la Pologne, de la Hongrie et de la Yougoslavie. Création de la Société des Nations (SDN).
Irlande : nouvelle guerre civile (jusqu'en 1922).
Allemagne : une insurrection spartakiste (communiste) à Berlin est écrasée par le gouvernement républicain ; exécution des leaders spartakistes Rosa Luxemburg et Karl Liebknecht. Proclamation de la République de Weimar.
Italie : Benito Mussolini fonde les Faisceaux italiens de combat (parti fasciste). Le nationaliste Gabriele D'Annunzio s'empare du port yougoslave de Fiume (Rijeka).
Inde : début de la campagne de désobéissance civile de Gandhi contre le gouvernement britannique.
France : publication des *Croix de bois* de Roland Dorgelès.

Les soldats de la Première Guerre mondiale se protègent avec des masques contre les gaz lancés par l'ennemi.

La fin de la guerre

En 1917, la lassitude et le mécontentement grandissent chez les soldats et les civils. Engageant la guerre sous-marine, l'Allemagne décide de couler tous les navires qui ravitaillent la Grande-Bretagne pour faire capituler les Britanniques. Ceux-ci ayant mis en place un système efficace pour surveiller les convois commerciaux, le projet échoue. Toutefois, ce que les empires centraux redoutaient s'est produit : attaqués sur mer, les Américains sont entrés dans la guerre aux côtés des Alliés (avril 1917).

L'espoir d'une solution rapide du conflit ranime l'espoir dans le camp allié. Mais en mars 1918, la Russie signe une paix séparée avec l'Allemagne (*voir* pp. 652-653) et le rapport de force bascule de nouveau. N'ayant plus besoin de défendre sa frontière orientale, l'Allemagne concentre ses forces sur le front ouest pour vaincre la France et la Grande-Bretagne avant l'arrivée massive des Américains. En mars, l'armée allemande ouvre une brèche dans le front

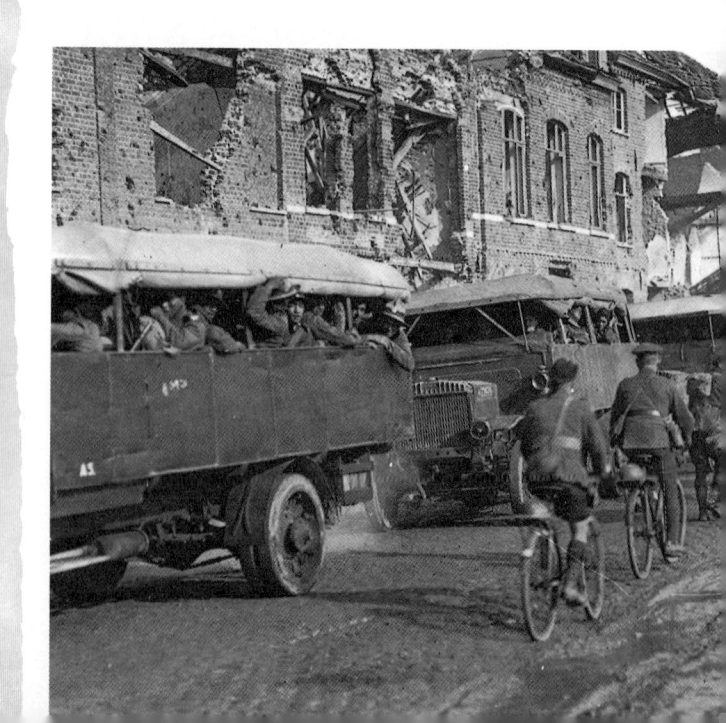

1919

▲ Dans les usines, les bureaux, les hôpitaux…, les femmes ont remplacé les hommes partis au front et se sont vues reconnaître un nouveau rôle.

DES ARMES NOUVELLES

La Première Guerre mondiale a vu naître l'aviation militaire : avions d'observation, avions de chasse, avions de bombardement… Les Allemands ont également utilisé au début des hostilités les fameux dirigeables Zeppelin. C'est aussi à cette époque qu'ont été expérimentés les premiers blindés, conçus pour écraser les barbelés, résister au feu et progresser en terrain difficile, notamment dans la boue des tranchées.

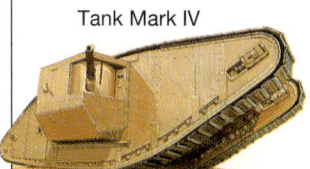

Sopwith Camel

Tank Mark IV

▲ La guerre de 1914-1918 a aussi, à l'époque, été appelée la « Grande Guerre » ou la « der des der » (« dernière des dernières »). Personne n'imaginait en effet qu'un tel conflit puisse se reproduire.

◄ La Première Guerre mondiale a laissé en ruine des régions entières de France et de Belgique. Des villes comme Ypres (ci-contre) ont été totalement dévastées.

en Picardie et avance vers Paris. D'abord surpris, les Alliés, soutenus par les renforts américains, contre-attaquent et reprennent l'initiative.

En août, la progression allemande est arrêtée à Amiens. En octobre, le nord de la France et la Belgique sont libérés. Les armées des empires centraux reculent sur tous les fronts, dans les Balkans, dans les Alpes, au Proche-Orient. Paralysée par un blocus naval, l'Allemagne s'effondre. Le 9 novembre 1918, la république est proclamée à Berlin. Le 11, le gouvernement provisoire signe l'armistice : la Première Guerre mondiale est terminée.

L'APRÈS-GUERRE

L'après-guerre

La conférence de la Paix s'ouvre à Paris en 1919. Tous les États belligérants – à l'exception de l'Allemagne vaincue – y participent. Les États-Unis, la France, la Grande-Bretagne et l'Italie dominent les débats.

Cinq traités signés entre 1919 et 1923 mettent vraiment un terme à la Première Guerre mondiale. Le plus important est le traité de Versailles (1919), conclu entre les Alliés et l'Allemagne. Accusée d'avoir déclenché le conflit, celle-ci perd ses colonies et une partie de son territoire en Europe, dont l'Alsace-Lorraine, qu'elle occupe depuis 1870 et qui est restituée à la France. De plus, elle doit payer une somme énorme au titre des réparations. Ruinée, endettée, elle voit son économie s'effondrer.

Le traité de Versailles institue

▼ Le 28 juin 1919, le traité de Versailles est signé dans la galerie des Glaces du château de Versailles près de Paris.

▲ Ruinés par la guerre, de nombreux pays sombrent dans la crise économique. En 1926, une grève générale paralyse l'Angleterre (ci-dessus).

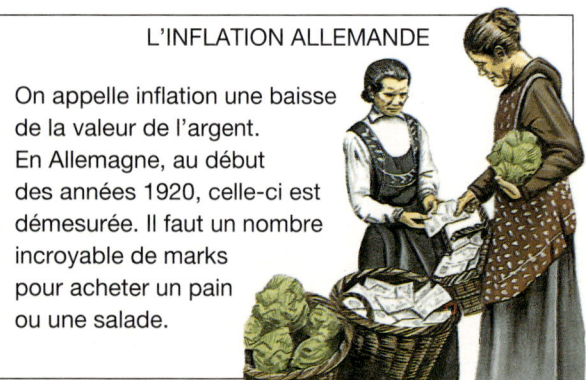

L'INFLATION ALLEMANDE

On appelle inflation une baisse de la valeur de l'argent. En Allemagne, au début des années 1920, celle-ci est démesurée. Il faut un nombre incroyable de marks pour acheter un pain ou une salade.

LES MANDATS DE LA SDN

Après la guerre, l'administration des anciennes colonies allemandes et des anciens territoires de l'Empire ottoman est confiée aux grandes puissances alliées. Ces « mandats » sont répartis par la Société des Nations, arbitre de la paix. La France se voit confier l'administration de la Syrie (de 1920 à 1946). La Grande-Bretagne est responsable de l'Iraq (de 1920 à 1932), de la Palestine (de 1922 à 1948), de la Transjordanie – l'actuelle Jordanie – (jusqu'en 1946), et de la Tanzanie (jusqu'en 1961). L'Afrique du Sud est chargée de la colonie du Sud-Ouest africain, l'actuelle Namibie. L'Australie et le Japon obtiennent le contrôle des anciennes colonies allemandes dans le Pacifique.

La Finlande, la Lettonie, la Lituanie, l'Estonie, la Pologne, la Tchécoslovaquie, la Hongrie, la Yougoslavie… : de nombreux États sont créés ou recréés en Europe du Centre et de l'Est après la guerre.

également la Société des Nations (SDN), un organisme visant à garantir la paix et la sécurité. Rassemblant cinquante-trois pays, elle a en fait un pouvoir très limité, et les États-Unis ont refusé d'y participer. De plus, des rivalités opposent certains de ses membres et l'affaiblissent. Des conflits naissent de la création de nouveaux États sur les anciens territoires des Empires allemand, austro-hongrois, russe et ottoman. Incapable de les régler, la SDN se trouve, à la fin des années 1930, réduite à l'impuissance. Après la Seconde Guerre mondiale, l'ONU sera créée en 1946.

1920 Turquie : signature du traité de Sèvres entre les Alliés et la Turquie. Morcellement de l'Empire ottoman ; la Turquie ne conserve que l'Anatolie et Istanbul. Révolution du mouvement nationaliste turc dirigé par Mustafa Kemal.
Europe : signature du traité de Rapallo entre l'Italie et la Yougoslavie.
Russie : la guerre civile, les épidémies et la famine ont épuisé le pays. Révoltes nationalistes dans les États baltes.
Europe de l'Est : guerre entre la Russie et la Pologne.
Suisse : première réunion de la SDN à Genève.
Océanie : les anciennes colonies allemandes du Pacifique passent sous mandat australien ou japonais.
États-Unis : Warren Harding devient président (jusqu'en 1923) ; il instaure la prohibition. Chicago s'impose comme la capitale de la pègre et de la musique jazz. Les Américaines obtiennent le droit de vote.
Proche-Orient : le Liban et la Syrie sont placés sous mandat français.
France : Paul Deschanel est président de la République de février à septembre ; Alexandre Millerand lui succède (jusqu'en 1924). Congrès de Tours ; scission du parti socialiste entre parti communiste français (SFIC), qui conserve le journal l'*Humanité* fondé en 1904 par Jean Jaurès, et parti socialiste (SFIO) ; plusieurs partis communistes ont été créés depuis 1917 en Europe centrale et occidentale.
Mort du peintre italien Modigliani à Paris.

Émis en 1923, ce billet de banque allemand a une valeur d'un million de marks.

Grande-Bretagne : Agatha Christie écrit *la Mystérieuse Affaire de Styles*, mettant en scène, pour la première fois, Hercule Poirot.

1914 – 1949

Les communications et les transports

De nouvelles techniques de communications permettent désormais de diffuser rapidement les informations à travers le monde entier. La radio et le cinéma, avec ses films et ses bandes d'actualités – ancêtres de nos journaux télévisés –, deviennent très populaires. La publicité se développe dans les journaux, les magazines et les lieux publics. Les premières émissions de télévision sont réalisées.
Le train, le bus et le tramway demeurent les principaux moyens de transport, mais de plus en plus d'automobiles et de motos circulent sur les routes. Quant aux liaisons aériennes et aux croisières, elles sont réservées à quelques privilégiés.

◀ Dans les années 1920, la moto ouvre de nouveaux horizons à ceux qui en ont les moyens. Celle-ci est équipée d'un side-car.

▶ Le Queen Elizabeth (ci-contre) – paquebot de ligne britannique – est lancé le 17 septembre 1938. Ce palace flottant est alors le plus luxueux des transatlantiques jamais construits. Il traverse l'Atlantique en quatre jours.

▼ Pour les longs trajets, les diesels commencent à remplacer les locomotives à vapeur. Performantes, ces machines avancent plus vite dans les montées, ont une meilleure accélération et nécessitent un personnel réduit. Celle-ci, américaine, date de 1934.

À CETTE ÉPOQUE

1926	Démonstration d'un procédé de télévision par l'Anglais John Logie Baird.
1927	Première ligne de métro japonaise. Première traversée de l'Atlantique en avion d'est en ouest par l'Américain Charles Lindbergh.
1930	Ouverture de la ligne aéropostale régulière France-Amérique du Sud.
1938	Traversée de l'Atlantique par le Queen Mary en 3 jours, 20 heures et 42 minutes. Création de la Société nationale des chemins de fer français (SNCF).

▲ En 1937, l'Allemand Ferdinand Porsche dessine la première Volkswagen. Son but ? Fabriquer une voiture peu chère que tout le monde pourra acheter.

◀ John Logie Baird présente sa télévision en 1926. Il transmet les premières images d'objets en mouvement, mais son système est rapidement remplacé par celui, plus pratique, que développe Vladimir Zworykin.

▲ Les premiers postes de radio sont encombrants. Les familles se réunissent autour de l'appareil pour écouter les programmes (nouvelles, concerts, etc.).

▶ Dans les années 1930, les premières lignes aériennes régulières sont mises en place. Ci-contre, une publicité pour la compagnie Lufthansa.

◀ Cette équipe de photographes des armées des années 1930 est remarquablement équipée ! À cette époque, les progrès techniques révolutionnent la photographie. Les pellicules, et donc les photos, sont meilleures. Les appareils sont de plus en plus petits : le Leica, qui tient dans une poche, est inventé en 1924. Le flash électronique est mis au point en 1931. Quant au polaroïd, qui permet de développer les photos instantanément, il est inventé en 1947.

La France entre les deux guerres

Victorieuse en 1918, la France a beaucoup souffert des quatre années de guerre. Le conflit se solde par plus d'un million de morts et près de trois millions de blessés. Le pays est dévasté ; l'économie est déséquilibrée. Des désaccords apparaissent de nouveau entre les partis politiques, qui s'étaient tous unis pour défendre le pays. Pourtant, malgré ce lourd passif, la France se redresse et connaît, à la fin des années 1920, une prospérité nouvelle.

Au début des années 1930, le pays est touché par la dépression (*voir* pp. 676-677). Cette crise économique ravive les querelles politiques et se double bientôt d'une crise politique. Le 6 février 1934, des milliers de manifestants d'extrême-droite, qui réclament la mise en place d'un pouvoir fort, marchent sur l'Assemblée. Le gouvernement fait intervenir les forces de l'ordre. Ces troubles poussent les partis de gauche à se regrouper.

▲ En 1936, la loi accorde à tous les salariés 15 jours de congés payés annuels. Des milliers de Français partent pour la première fois en vacances. C'est la grande époque du tandem (ci-dessus) !

▼ Après les élections de 1936, les ouvriers expriment leur espoir d'un profond changement en occupant les usines.

LÉON BLUM
(1872-1950)

Chef du parti socialiste SFIO, créé en 1920, Léon Blum est l'un des principaux hommes politiques de la IIIe République. En 1936-1937, il dirige le gouvernement de Front populaire. Arrêté en 1940, il sera condamné par le gouvernement de Vichy et déporté en Allemagne.

▲ *L'exposition coloniale de 1931 rend hommage à toutes les colonies qui forment l'Empire français. Nombre d'entre elles ont envoyé des soldats en Europe pendant la Première Guerre mondiale. Ci-dessus, la reconstitution du temple d'Angkor, au Cambodge, qui fait alors partie de l'Indochine française.*

En 1936, le Front populaire, qui unit les socialistes, les communistes et les radicaux, remporte les élections législatives. Le socialiste Léon Blum prend la tête du gouvernement. Partout, les ouvriers se mettent en grève et occupent les usines pour pousser les patrons à accepter les réformes qu'ils attendent. En quelques mois, une œuvre importante est réalisée : semaine de travail de 40 heures, droit à 15 jours de congés payés annuels, hausse des salaires… Mais les difficultés économiques et des désaccords politiques contraignent Léon Blum à démissionner en 1937. Moins de deux ans plus tard, la France entre dans la guerre (*voir* pp. 692-693).

1921 États-Unis : politique protectionniste et isolationniste. Condamnation à mort de Nicola Sacco et Bartholomeo Vanzetti, immigrés italiens anarchistes accusés de meurtre. Conférence de Washington ; les grandes puissances signent un traité sur la réduction des armements navals.
Allemagne : le paiement des réparations de guerre aux Alliés pèse lourdement sur l'économie du pays. Adolf Hitler prend la tête du parti ouvrier allemand national-socialiste (NSDAP).
Espagne : période de crise et de revendications nationalistes.
Maroc : début de la guerre du Rif (jusqu'en 1926) conduite par Abd el-Krim contre les Espagnols et les Français.
Irlande : traité de Londres avec la Grande-Bretagne, qui reconnaît l'indépendance de l'Irlande du Sud, majoritairement catholique ; six comtés de l'Ulster (Irlande du Nord), majoritairement protestants, restent attachés au Royaume-Uni.
Europe de l'Est : le traité de Riga met fin à la guerre entre la Russie et la Pologne.
Russie : une mutinerie des marins de la base navale de Kronchtadt est durement écrasée.
Chine : fondation du parti communiste chinois.
Turquie : lutte des nationalistes turcs contre les Grecs.
Suisse : le psychiatre Carl Jung publie ses théories sur la psychologie humaine.

L'Irlande du Sud devient indépendante ; l'Irlande du Nord, dont les armes sont représentées ci-dessus, reste dans le Royaume-Uni.

LA RÉVOLUTION TURQUE

1922 Italie : Marche sur Rome ; en octobre, des milliers de « Chemises noires » (fascistes) entrent dans Rome ; le roi Victor-Emmanuel III confie le gouvernement à Mussolini.
Grande-Bretagne : premiers programmes radio de la BBC (British Broadcasting Corporation). Le poète d'origine américaine T.S. Eliot publie *la Terre gaste*.
URSS : création de l'Union des républiques socialistes soviétiques (URSS).
Égypte : la Grande-Bretagne accorde l'autonomie au pays. L'archéologue britannique Howard Carter découvre le tombeau de Toutankhamon.
Turquie : Mustafa Kemal dépose le sultan ottoman ; les Grecs sont chassés de la ville turque d'Izmir.
États-Unis : conférence de Washington et traité entre les États-Unis, la Grande-Bretagne, la France et le Japon sur le Pacifique.
Irlande : guerre civile entre les partisans du nouveau gouvernement irlandais et les opposants au partage du pays.
Le romancier dublinois James Joyce publie *Ulysse*, qui aura une grande influence sur la littérature du 20ᵉ siècle.
France : scission syndicale ; création de la C.G.T.U, organe syndical du parti communiste français. Exécution de Landru, accusé de onze meurtres. Mort de l'écrivain Marcel Proust à Paris.

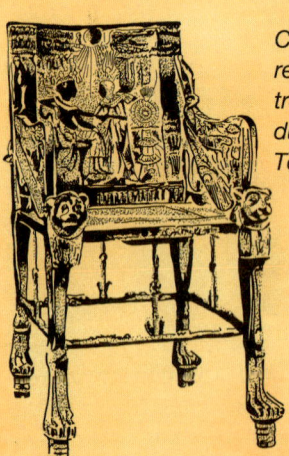

Ce siège somptueux a été retrouvé, avec d'autres trésors, dans le tombeau du jeune pharaon Toutankhamon.

La révolution turque

Pour les Turcs, la Première Guerre mondiale se termine par un désastre. Le sultan Mehmed IV est contraint de signer le traité de Sèvres, l'un des cinq traités de paix imposés aux vaincus par les Alliés (*voir* pp. 658-659). L'Empire ottoman est morcelé et occupé ; il perd tous ses anciens territoires, à l'exception de l'Anatolie et de sa capitale, Istanbul.

Mais de nombreux Turcs refusent la désintégration de leur pays, et le nationalisme se renforce. Un mouvement s'affirme alors, celui des Jeunes-Turcs. Le général Mustafa Kemal prend la tête de la révolte. En 1920, il convoque la Grande

▼ *Mustafa Kemal est élu premier président de la République de Turquie en 1923. Lors des élections, les urnes contenant les bulletins de vote sont portées en triomphe dans les rues d'Istanbul.*

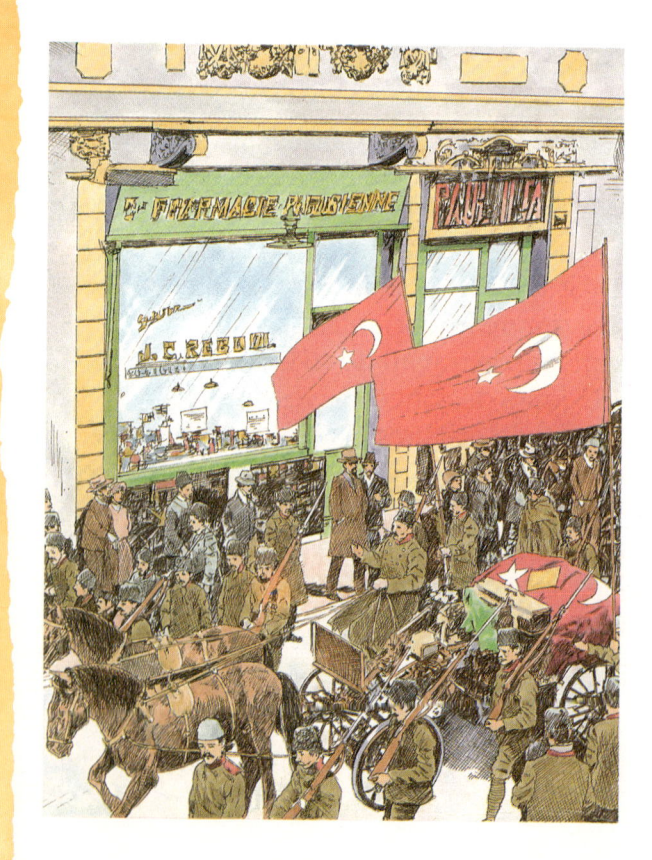

1922

Assemblée nationale d'Ankara et se fait élire président d'un gouvernement provisoire. Puis il engage une « guerre d'indépendance » contre les Grecs qui attaquent le pays. Après avoir déposé le sultan, il proclame, en 1923, la République de Turquie.

Élu président, Mustafa Kemal s'efforce de construire un État qu'il veut laïc, moderne, occidentalisé. Il impose la séparation de la religion et de l'État, l'usage du calendrier grégorien et du système occidental des poids et mesures, les vêtements européens… Après avoir rendu le nom de famille obligatoire, il prend lui-même celui d'Atatürk, ce qui signifie le « père de tous les Turcs ».

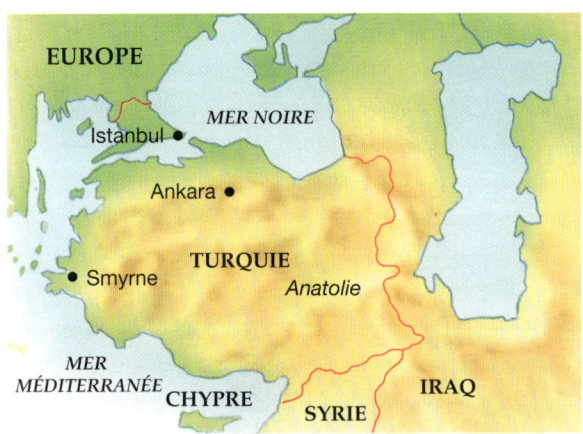

▶ Atatürk entreprend la modernisation de son pays. Luttant contre les traditions musulmanes, il favorise notamment l'émancipation des femmes.

◀ La région d'Istanbul est la seule enclave de la République de Turquie en Europe. En 1923, la ville perd son rôle de capitale au profit d'Ankara.

▼ Atatürk combat l'illettrisme et impose une langue vraiment nationale.

ATATÜRK
(1881-1938)

Mustafa Kemal, dit Atatürk, s'est illustré dans les combats de la Grande Guerre avant de prendre la tête de la révolution nationale. Fondateur de la République, il en devient le premier président. Il est aujourd'hui reconnu en Turquie comme le plus grand des héros nationaux.

665

La montée des fascismes

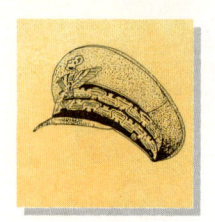

Apparu après la Première Guerre mondiale en Italie, le fascisme se réfère à un modèle politique nouveau, qui s'oppose à la fois à la démocratie et au communisme. Encourageant les valeurs nationales, il se fonde sur la dictature d'un parti unique et sur le culte d'un chef, et s'appuie, en Allemagne, sur des théories racistes.

En Italie, les fascistes arrivent au pouvoir en 1922. Après la marche sur Rome, Benito Mussolini est nommé Premier ministre. En quelques années, il obtient les pleins pouvoirs et met en place une véritable dictature. Acclamé comme le *Duce* (chef), il entend restaurer l'ordre à l'intérieur et le prestige national à l'extérieur.

En Allemagne, Adolf Hitler est nommé chef du gouvernement en 1933. En deux ans, il élimine tous les opposants au régime totalitaire de l'État national-socialiste ou nazi (*voir* pp. 678-679).

À partir de ces deux modèles, des mouvements fascistes se développent sous diverses formes dans plusieurs pays d'Europe – en Espagne, au Portugal, en Autriche, dans les Balkans…–, et en Amérique du Sud.

▲ *Mussolini veut conquérir un empire colonial en Afrique. Les troupes italiennes envahissent l'Éthiopie en 1935 et l'occupent jusqu'en 1941.*

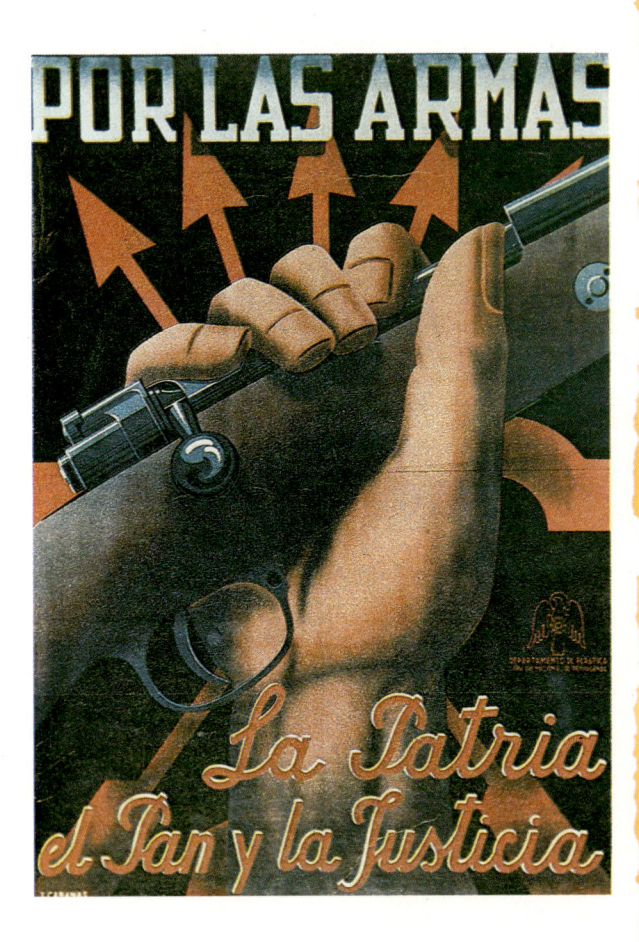

1923-1924

1923 Allemagne : la crise économique s'étend ; l'Allemagne ne parvenant pas à payer les réparations, les troupes françaises occupent la Ruhr. Mise en place du plan Dawes pour aider le pays à faire face à ses obligations. Échec d'un putsch organisé par Hitler à Munich ; arrêté et emprisonné, Hitler rédige *Mein Kampf* (« Mon combat »), dans lequel il expose la doctrine nazie.
Espagne : le général Primo de Rivera instaure une dictature (jusqu'en 1930).
Irlande : fin de la guerre civile.
Turquie : signature du traité de Lausanne avec les Alliés et la Grèce ; Mustafa Kemal proclame la république et en devient président (jusqu'en 1938) ; il entreprend la modernisation de la Turquie.
Chine : aide de l'Union soviétique au Guomindang de Sun Yat-sen.
France : l'architecte Le Corbusier publie *Vers une architecture*, ouvrage qui aura une influence mondiale. Première course automobile des Vingt-Quatre Heures du Mans.

1924 Allemagne : le romancier Thomas Mann publie *la Montagne magique*.
Grande-Bretagne : élection du premier gouvernement travailliste.
Italie : assassinat du leader socialiste Giacomo Matteotti par des fascistes.
URSS : mort de Lénine ; plusieurs candidats, dont Trotski et Staline, luttent pour sa succession.
États-Unis : le musicien George Gershwin compose sa *Rhapsody in Blue*.
France : Gaston Doumergue est élu président de la République (jusqu'en 1931).

▲ *En 1933, l'Espagnol José Antonio Primo de Rivera, admirateur de Mussolini, crée le parti fasciste de la Phalange. Les flèches rouges sont l'un des symboles des phalangistes qui soutiendront Franco pendant la guerre civile espagnole (1936-1939).*

BENITO MUSSOLINI
(1883-1945)

Ancien socialiste, Benito Mussolini crée le parti fasciste italien en 1919 et prend le pouvoir en 1922. Il rêve de faire de l'Italie une grande puissance digne de la Rome antique. Allié de l'Allemagne pendant la guerre, il sera arrêté en 1945 et exécuté par des résistants italiens.

◀ *Le 30 octobre 1922, Mussolini passe ses troupes en revue, à Naples, avant la marche sur Rome. Les fascistes, membres du parti des Faisceaux italiens de combat, sont aussi appelés Chemises noires, en raison de la couleur de leur uniforme.*

Affiche antifasciste placardée par le parti socialiste de Catalogne, en Espagne.

1914 – 1949

L'agriculture et l'alimentation

Après la Première Guerre mondiale, l'agriculture connaît un fort développement grâce aux engrais chimiques qui enrichissent les sols, aux herbicides qui éliminent les mauvaises herbes et aux pesticides qui tuent les insectes dévoreurs de végétaux. Dans de nombreux pays, les habitants mangent désormais à leur faim, et certains grands producteurs comme les États-Unis ou l'Australie exportent une large partie de leurs récoltes. Mais tandis que les rendements augmentent, le nombre de paysans et d'ouvriers agricoles ne cesse, lui, de diminuer. Les tracteurs remplacent les chevaux ; de plus en plus de travaux sont effectués par des machines. Beaucoup d'habitants des campagnes partent vers les villes pour y chercher du travail.

▶ Dans les années 1920-1930, la Russie soviétique tente de développer le pays dans le cadre du socialisme. Les mesures prises en faveur de l'agriculture permettent d'augmenter la production. Pourtant, dans les villes comme dans les campagnes, de nombreuses personnes souffrent encore de la faim.

▲ Les communistes introduisent en Chine l'agriculture collective. Les terres, les bâtiments et les machines appartiennent à tous les villageois. Ils décident ensemble de ce qu'ils feront pousser. Les animaux de trait sont peu à peu remplacés par des tracteurs, que les Chinois appellent « bœufs en fer ».

▶ Les insecticides et les herbicides sont pulvérisés par avion au-dessus des champs. Les paysans louent généralement les services d'un pilote pour effectuer ce travail.

▼ Grâce aux engrais chimiques, que vante cette publicité américaine, le rendement des terres augmente considérablement.

À CETTE ÉPOQUE

1920 Grande famine en Russie.
1928 Mussolini engage la « bataille de la bonification intégrale des terres » : plus de 5 millions d'hectares seront mis en valeur.
1930 Les fermiers australiens souffrent de la crise économique qui leur ferme les marchés étrangers.
1931 Réforme agraire dans le Jiangxi, en Chine : Mao Zedong distribue les terres aux paysans.
1932 Nouvelle grande famine en Union soviétique.
1945 Premier herbicide (désherbant) chimique.

▲ Pendant la Grande Dépression, les paysans subissent la chute des prix agricoles. Aux États-Unis, une sécheresse aggrave encore leur situation. Beaucoup partent vers les villes.

◄ Les moissonneuses-batteuses, d'abord tirées par des tracteurs, ne demandent qu'une main-d'œuvre réduite. Elles coupent les céréales, les battent, ensachent les grains, mettent la paille en balle.

LA PROSPÉRITÉ AMÉRICAINE

1925 Europe : traité de Locarno entre la France, la Grande-Bretagne, la Belgique, l'Italie et l'Allemagne, qui confirment les frontières fixées après la guerre et s'engagent à maintenir la paix en Europe.
Chine : mort de Sun Yat-sen ; Tchang Kaï-chek prend la direction du Guomindang (parti nationaliste).
États-Unis : le gangster Al Capone règne sur la pègre de Chicago. Charlie Chaplin tourne *la Ruée vers l'or*.
Tchécoslovaquie : publication posthume du *Procès* de Franz Kafka.
France : première exposition des peintres surréalistes à Paris.

Cette caricature allemande montre Franklin Roosevelt luttant contre la prohibition, représentée sous les traits d'un dragon.

1926 Nicaragua : des troupes américaines y débarquent pour protéger les intérêts des États-Unis.
Irlande : Eamon De Valera, chef du Sinn Féin nationaliste, se sépare du mouvement et fonde le Fianna Fáil.
Portugal : un coup d'État militaire renverse le gouvernement.
Allemagne : entrée dans la SDN.
Maroc : fin de la guerre du Rif ; Abd el-Krim est contraint de se rendre.
États-Unis : début de la collaboration entre les comiques Stan Laurel et Oliver Hardy. Lancement de la première fusée à combustible liquide.
Publication de *Manhattan Transfer* de l'écrivain Dos Passos.
Japon : Hirohito devient empereur (jusqu'en 1989).
France : la danseuse noire d'origine américaine, Joséphine Baker, triomphe dans la « Revue nègre » à Paris.
Grande-Bretagne : l'ingénieur John Logie Baird réalise les premières démonstrations du fonctionnement de sa télévision.

La prospérité américaine

Jusqu'à la Seconde Guerre mondiale, les États-Unis se tiennent volontairement à l'écart du reste du monde. Cet isolationnisme a été adopté à la fin du 19e siècle. Le pays accueillant des populations de différentes origines, le gouvernement américain souhaitait notamment ne pas créer de troubles intérieurs en s'alliant avec un pays plutôt qu'avec un autre.

L'attaque de leurs navires par des sous-marins allemands conduit en 1917 les Américains à entrer dans la Première Guerre mondiale. Cependant, à la fin du conflit, la volonté d'isolationnisme est réaffirmée avec force. En 1919, le Congrès américain refuse l'adhésion du pays à la Société des Nations. Un an plus tard, le républicain Warren Harding est élu à

AL CAPONE
(1899-1947)

Né en Italie, le célèbre gangster Al Capone domine la pègre de Chicago et la guerre des gangs pendant la prohibition. En 1929, ses hommes éliminent sept de leurs rivaux lors du massacre de la Saint-Valentin. Son arrestation, en 1931, pour fraude fiscale, mettra un terme définitif à ses activités.

WARREN HARDING
(1865-1923)

Républicain, Warren Harding est élu président des États-Unis en 1920. Partisan de l'ordre et de la morale, il mène une politique xénophobe et isolationniste. Son administration est pourtant marquée par plusieurs scandales financiers qui seront découverts après sa mort.

1925-1926

la présidence. Il a promis le « retour à la normale » et affirmé qu'il ne prendrait pas part aux relations internationales et renforcerait l'ordre et la loi dans le pays.

Il décide aussitôt l'interdiction (la prohibition) de la fabrication, de la vente et du transport de toutes les boissons alcoolisées. Beaucoup d'Américains pensent que cette loi fera reculer la criminalité ; ce ne sera pas le cas, bien au contraire. Des bars clandestins tenus par des gangsters s'ouvrent dans tout le pays ; des « guerres » éclatent entre les bandes rivales…

Les États-Unis connaissent aussi à cette époque une croissance économique sans précédent. Pendant près de dix ans, ils offrent l'image de la modernité. La crise de 1929 mettra fin brutalement à cette prospérité (*voir* pp. 676-677).

▲ *Dans les années 1920, New York connaît une véritable « fièvre de la construction ». De nombreux gratte-ciel, dont l'Empire State Building qui domine la ville de ses 381 mètres, sont édifiés à cette époque.*

▼ *Pendant la prohibition, une gigantesque contrebande d'alcool s'est organisée. Ici, des policiers perquisitionnent dans un bar clandestin, à Washington.*

LA LONGUE MARCHE

1927 États-Unis : l'aviateur Charles Lindbergh accomplit la première traversée de l'Atlantique sans escale.
Chine : Tchang Kaï-chek installe son gouvernement à Nankin et rompt avec le parti communiste ; guerre civile entre les nationalistes et les communistes.
Australie : Canberra devient la capitale fédérale.
États-Unis : *le Chanteur de Jazz* est le premier film parlant.

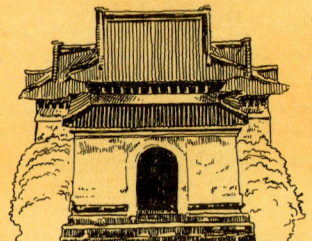

Le tombeau de Sun Yat-sen (1866-1925), souvent considéré comme le père de la Chine moderne, se dresse près de Nankin.

Allemagne : Bertolt Brecht met en scène *l'Opéra de quat'sous*.
URSS : Staline s'assure d'un pouvoir total après avoir éliminé les autres prétendants à la succession de Lénine.
1928 France : signature du pacte Briand-Kellog par cinquante-sept États qui renoncent à la guerre.
Grande-Bretagne : Alexander Fleming découvre la pénicilline.
URSS : Staline met en place le premier plan quinquennal (de cinq ans) pour développer l'industrie lourde et la collectivisation des terres ; il fait exécuter de nombreux opposants à sa politique.
États-Unis : création du personnage de Mickey Mouse par Walt Disney.
1929 France : publication des *Enfants terribles* de Jean Cocteau.
Belgique : création du personnage de Tintin par Hergé.
Europe : signature du plan Young par les Alliés, pour remplacer le plan Dawes sur le paiement des réparations allemandes.
États-Unis : « jeudi noir » de Wall Street ; grand krach boursier ; début d'une crise économique mondiale. Publication de *l'Adieu aux armes* d'Ernest Hemingway et de *le Bruit et la Fureur* de William Faulkner.
Antarctique : premier survol du pôle Sud par l'aviateur Richard Byrd.

La Longue Marche

Sous la présidence de Sun Yat-sen, la République de Chine (*voir* pp. 622-623) s'affirme peu à peu. Chef du Guomindang – le parti nationaliste –, Sun Yat-sen s'est allié avec les communistes pour réaliser l'unité nationale. Mais lorsqu'il meurt, en 1925, son successeur, Tchang Kaï-chek, change radicalement la politique du parti et du gouvernement.

Il entreprend la conquête du nord du pays, dominé par les puissants « seigneurs de la guerre », puis il engage la répression contre le parti communiste. La Chine sombre dans la guerre civile. Mis hors-la-loi, les communistes se réfugient dans les collines du Jiangxi. Ayant éliminé ses adversaires, Tchang Kaï-chek devient président du gouvernement nationaliste

TCHANG KAI-CHEK
(1887-1975)

Général chinois, Tchang Kaï-chek succède à Sun Yat-sen et prend la tête du gouvernement nationaliste en 1927. Vaincu par les communistes en 1949, il s'établira à Taïwan. Il y fondera une République nationaliste chinoise dont il restera président jusqu'à sa mort.

MAO ZEDONG
(1893-1976)

Reconnu comme le chef du mouvement communiste chinois après la Longue Marche (1934-1935), Mao Zedong proclame la République populaire de Chine, à Pékin, en 1949. Devenu son premier président, il sera notamment l'artisan de la « révolution culturelle ».

1927-1929

et établit sa capitale dans la cité traditionaliste de Nankin.

Malgré leur défaite, les communistes n'ont pas renoncé à prendre le pouvoir. En 1931, Mao Zedong proclame dans le Jiangxi une « République soviétique chinoise » et engage une réforme agraire en distribuant les terres aux paysans. Tchang Kaï-chek décide alors d'éliminer définitivement ces opposants (octobre 1933). Après une farouche résistance, ceux-ci sont contraints d'abandonner la région (octobre 1934).

Pour Mao Zedong et ses compagnons commence alors la célèbre « Longue Marche ». Après avoir parcouru près de dix mille kilomètres à pied – de soixante à cent kilomètres par jour –, ils parviendront, au bout d'un an, dans la province du Shanxi, dans le nord de la Chine. Au terme de cette épreuve, Mao Zedong s'imposera à la tête du parti communiste chinois qu'il conduira à la victoire (voir p. 716).

▲ La Longue Marche conduit Mao Zedong et les communistes du Jiangxi, au sud de la Chine, jusqu'au Shanxi, au nord du pays.

▼ Sur les 100 000 marcheurs qui partent avec Mao Zedong, plus de 80 000 mourront de faim, de froid et d'épuisement.

1914 – 1949

La vie quotidienne

Les guerres ont rapproché les paysans, les ouvriers, les bourgeois qui se sont battus côte à côte. Celle de 1914-1918 a aussi permis aux femmes, qui ont assuré le travail des hommes partis au front, d'acquérir plus de liberté et d'indépendance. Les divisions sociales sont moins marquées. Grâce aux progrès de l'éducation et de l'instruction, il devient plus facile de choisir son métier. Les modes de vie tendent à s'uniformiser. Le cinéma, par exemple, devient un divertissement pour tous, tandis que les progrès techniques améliorent la vie quotidienne.

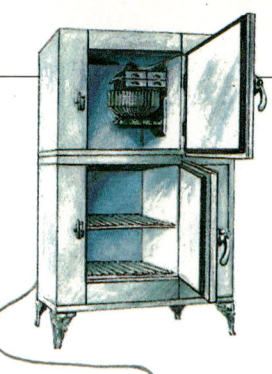

Réfrigérateur — Lave-linge — Aspirateur

▲ Les familles aisées commencent à s'équiper d'appareils ménagers perfectionnés. Les réfrigérateurs, les machines à laver, les aspirateurs changent la vie des femmes.

◀ Dans l'entre-deux-guerres, les premières machines à sous – ou « bandits-manchots » – sont installées dans les salles de jeux et les lieux publics aux États-Unis.

▼ Inventé par les Noirs américains, le jazz devient populaire aux États-Unis et en Europe dans les années 1920. Louis Armstrong et Duke Ellington sont les deux plus grandes vedettes de l'époque.

▶ Dans les années 1920, les femmes « s'émancipent ». Elles portent des tenues plus pratiques. Leurs cheveux sont coupés courts, « à la garçonne », et leurs jupes, moins longues, n'entravent plus leurs mouvements.

◀ Le personnage de Charlot a rendu Charlie Chaplin célèbre dans le monde entier. Muet et en noir et blanc, le Kid (1921) est l'un de ses grands succès. Les premiers films en couleurs et parlants sont réalisés aux États-Unis dans les années 1930.

▶ En 1940, des milliers d'hommes, de femmes et d'enfants fuient la Belgique et le nord de la France devant l'avancée de l'armée allemande. Certains d'entre eux avaient déjà tout quitté et perdu en 1914. Ils partent vers le sud, à pied, à bicyclette ou en voiture. Ils n'emportent que le strict minimum, sans savoir s'ils pourront revenir.

▼ Pendant les bombardements de la Seconde Guerre mondiale, les Parisiens et les Londoniens (ci-dessous) s'abritent dans les stations de métro.

À CETTE ÉPOQUE

- **1927** Le Chanteur de jazz est le premier film parlant.
- **1928** Création de Mickey, la célèbre souris de dessin animé.
- **1939** Les premiers plats cuisinés surgelés sont commercialisés.
- **1940** Charlie Chaplin réalise le Dictateur, un film qui dénonce Hitler et le régime nazi.
- **1945** Après la Seconde Guerre mondiale, des milliers de réfugiés quittent les pays de l'Est pour s'installer en Europe de l'Ouest.
- **1947** Les premiers fours à micro-ondes sont vendus aux États-Unis. Le jeune couturier français Christian Dior fait scandale en lançant la mode « New Look ».

LA GRANDE DÉPRESSION

La Grande Dépression

La crise économique de 1929 débute aux États-Unis par un krach boursier. Le « jeudi noir » (24 octobre 1929), plus de 13 millions d'actions, dont le prix a grimpé bien au-dessus de leur valeur en raison de la spéculation, sont mises en vente à la bourse de New York. Les cours s'effondrent ; la panique s'empare des milieux financiers et industriels.

Très vite, la crise se propage dans le monde entier. Les hommes d'affaires, ruinés, ne peuvent plus investir. Les banques et les entreprises ferment. Le chômage, jusqu'alors très faible, se développe.

En 1933, Franklin Delano Roosevelt est élu président des États-Unis. Pour relancer l'économie, il engage une nouvelle

▼ Le 24 octobre 1929, c'est la panique dans les rues entourant Wall Street, la bourse de New York. 13 millions de titres sont mis en vente dans la journée, sans trouver d'acheteurs. Les cours s'effondrent si vite que les actionnaires sont ruinés en quelques heures.

ROOSEVELT
(1882-1945)

Élu gouverneur de l'État de New York en 1928, le démocrate Franklin D. Roosevelt accède à la présidence des États-Unis en 1933. Il va parvenir à juguler la crise économique grâce au *New Deal*. Il sera réélu trois fois président, un record dans l'histoire américaine.

◀ *Aux États-Unis, en 1932, on compte plus de douze millions de chômeurs, privés de toutes ressources. En Allemagne, l'année suivante, ils seront six millions.*

politique : le *New Deal* (« Nouvelle Donne »). Des mesures d'urgence sont prises pour sauver les banques de la faillite, faire renaître l'industrie et relancer l'agriculture. Un système de sécurité sociale, d'allocations-chômage, de caisses de retraites est mis en place. De grands travaux de construction sont engagés pour créer des emplois. Grâce à ces efforts, l'économie américaine sera la première à se redresser. En revanche, la dépression se prolongera en Europe, où certains pays seront encore touchés en 1939.

LA MONDIALISATION DE LA CRISE

Comment le krach boursier de Wall Street a-t-il pu ruiner l'équilibre économique mondial ? L'Amérique du Nord puis l'Europe sont directement frappées par la crise. Dès lors, les autres régions du monde, et notamment les colonies, ne peuvent plus y exporter leurs marchandises ; elles sont, à leur tour, touchées par la dépression. L'effondrement de la production s'accompagne de la fermeture des usines et des entreprises, et d'une montée du chômage. La crise « nourrit » la crise.

▲ *Le chômage entraîne des troubles sociaux et politiques. Les manifestations se multiplient, comme ici, en Angleterre, en octobre 1935.*

1930-1931

1930 Amérique du Sud : grave crise économique au Brésil ; Getulio Vargas met en place une dictature. Coup d'État militaire en Argentine.
Éthiopie : Hailé Sélassié Ier devient empereur (jusqu'en 1974).
Inde : « Marche du sel » de Gandhi, pour protester contre le monopole britannique de la vente du sel.
France : l'aviateur Jean Mermoz réussit la première liaison aérienne France-Amérique du Sud. Début de la construction de la « ligne Maginot » (ligne de fortifications) destinée à protéger la frontière est. La chanteuse Édith Piaf fait ses débuts au cabaret.
Espagne : démission du général Primo de Rivera.
États-Unis : construction du Chrysler Building à New York.

1931 France : Paul Doumer est élu président de la République (jusqu'en 1932).
Grande-Bretagne : création du Commonwealth (British Commonwealth of Nations), qui remplace l'Empire britannique.
Espagne : victoire des républicains aux élections municipales ; fuite du roi Alphonse XIII et proclamation de la république.
Allemagne : ascension du parti nazi.
Invention du microscope électronique.
Sortie du film *M le Maudit* de l'Autrichien Fritz Lang.
Chine : Mao Zedong et les communistes fondent une République populaire chinoise dans le Jiangxi. Les Japonais envahissent la Mandchourie.

En 1930, l'Anglaise Amy Johnson achève son vol en solitaire vers l'Australie.

L'ALLEMAGNE NAZIE

L'Allemagne nazie

Après l'abdication de l'empereur Guillaume II en 1918, l'Allemagne est devenue une république : la République de Weimar. Dès sa création, elle est violemment critiquée. Les hommes politiques de droite lui reprochent d'avoir signé l'humiliant traité de Versailles ; les révolutionnaires de gauche luttent pour installer un gouvernement socialiste.

Au début des années 1930, l'Allemagne est très durement touchée par la crise économique mondiale. L'inflation est galopante, plus de six millions d'Allemands sont au chômage. La population perd confiance dans le régime. Cette situation profite au parti d'extrême droite national-socialiste, ou nazi, dirigé par Adolf Hitler. Aux élections législatives de 1932, ses représentants triomphent et remportent la majorité des sièges. Le 30 janvier 1933, le maréchal Hindenburg, président de la République, nomme Hitler chancelier du Reich, c'est-à-dire chef du gouvernement.

En quelques mois, celui-ci devient le maître du pays et met en place une terrible dictature. Grâce à sa police

▲ Le 30 janvier 1933, le maréchal Hindenburg nomme Adolf Hitler chancelier du Reich.

▶ Les nazis brûlent les livres des écrivains qui défendent des idées différentes des leurs.

▼ Défilé de militants nazis à Nuremberg, en 1933. La dictature instaurée en Allemagne par Hitler repose sur une doctrine nationaliste et raciste et s'appuie sur un parti unique et sur une puissante police politique, la Gestapo.

politique (la Gestapo), il se débarrasse de tous les opposants. Les militants politiques – communistes, socialistes, syndicalistes… –, puis les homosexuels, les juifs, les tsiganes… sont internés dans des camps (*voir* p. 692). Dans le même temps, Hitler développe l'armée allemande et construit un État autoritaire, nationaliste et raciste, prêt à dominer l'Europe.

L'ANTISÉMITISME

Pour distinguer les juifs, qu'ils considèrent comme des êtres de race inférieure, les nazis les obligent à coudre sur leurs vêtements l'étoile jaune de David. Pendant la guerre, 6 millions de juifs mourront dans les camps d'extermination.

ADOLF HITLER
(1889-1945)

Né en Autriche, ancien combattant de la Grande Guerre, Hitler prend la tête du parti national-socialiste en 1921. Dès 1923, il expose ses théories politiques dans *Mein Kampf*. Il a 44 ans lorsqu'il devient le Führer (chef) de l'Allemagne. Il se suicide en 1945.

1932 États-Unis : Grande Dépression ; le pays compte douze millions de chômeurs.
Amérique du Sud : guerre du Chaco (jusqu'en 1935) ; la Bolivie et le Paraguay se disputent la région du Chaco.
Arabie : unification de l'Arabie Saoudite.
Portugal : arrivée au pouvoir du dictateur Antonio de Oliveira Salazar (jusqu'en 1968).
France : assassinat du président Paul Doumer ; Albert Lebrun lui succède (jusqu'en 1940). Lancement du paquebot *Normandie*. Publication de *Voyage au bout de la nuit* de Louis-Ferdinand Céline et de *le Nœud de vipères* de François Mauriac.
Grande-Bretagne : publication de *le Meilleur des mondes* d'Aldous Huxley.
Chine : le Japon installe en Mandchourie un gouvernement sous son contrôle, le Mandchoukouo (jusqu'en 1945).

1933 États-Unis : le démocrate Franklin D. Roosevelt devient président (jusqu'en 1945) ; il lance le *New Deal* (« Nouvelle Donne ») pour sortir le pays de la crise.
Allemagne : le maréchal Hindenburg, président de la République, nomme Adolf Hitler chancelier. Incendie du Reichstag (le Parlement allemand) ; Hitler accuse les communistes d'en être responsables et les met hors la loi ; élimination des opposants ; ouverture d'un camp de concentration à Dachau. L'Allemagne quitte la SDN.
Espagne : le gouvernement écrase une insurrection anarchiste à Barcelone.
France : publication de *la Condition humaine* d'André Malraux. Premier tirage de la Loterie nationale.

Ce dessin américain ridiculise le New Deal *(la « Nouvelle Donne ») lancé par le président Roosevelt.*

LA GUERRE D'ESPAGNE

1934 Balkans : signature de l'Entente balkanique, pacte de défense entre la Grèce, la Roumanie, la Yougoslavie et la Turquie.
Turquie : Mustafa Kemal prend le nom d'Atatürk, « père de tous les Turcs ».
Autriche : le chancelier Dollfuss est assassiné par des nazis.
Allemagne : mort de Hindenburg ; Hitler obtient tous les pouvoirs et devient le « Führer », chef suprême.
URSS : début des « purges » staliniennes.
Chine : début de la Longue Marche de Mao Zédong et des communistes du sud vers le nord du pays.
France : crise politique du 6 février ; manifestation antiparlementaire d'extrême droite.

1935 Allemagne : Hitler dénonce le traité de Versailles ; il lance une politique de réarmement. Vote des lois racistes et antisémites de Nuremberg.
Grèce : restauration de la monarchie.
Afrique : les troupes italiennes envahissent l'Éthiopie ; la SDN reste impuissante.
Inde : le Parlement britannique adopte le *Government of India Act*, qui donne plus d'autonomie aux provinces indiennes.
Chine : les survivants de la Longue Marche atteignent le nord du pays et installent leur gouvernement à Yan'an.
Amérique du Sud : victoire du Paraguay sur la Bolivie ; fin de la guerre du Chaco.

Dans l'entre-deux-guerres, le séduisant Fred Astaire inspire beaucoup de jeunes danseurs. Il évolue ici en compagnie de sa partenaire Ginger Rogers.

La guerre d'Espagne

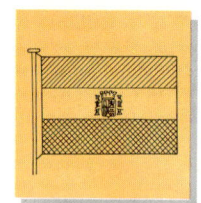

Parvenu au pouvoir par un coup d'État en 1923, Primo de Rivera dirige l'Espagne jusqu'en 1930 avec le soutien de la monarchie. Mais son administration autoritaire discrédite le régime. Aux élections de 1931, la gauche l'emporte. Le roi Alphonse XII est contraint d'abdiquer ; la république est proclamée.

Un nouveau gouvernement républicain est formé en 1936, soutenu par les socialistes et les communistes ; contre lui se dressent la puissante Église catholique, l'armée et les fascistes de la Phalange (*voir* pp. 666-667). En juillet 1936, un groupe d'officiers conduit par Franco tente un

▲ *La Catalogne, au nord-est de l'Espagne, est l'un des bastions républicains au début de la guerre civile. Les nationalistes (ci-dessus), partis de l'ouest, vont progressivement la conquérir malgré les difficiles conditions d'accès de la région.*

FRANCISCO FRANCO
(1892-1975)

Militaire de carrière, le général Francisco Franco prend la tête du mouvement nationaliste en 1936. Après la guerre civile, il instaure une dictature militaire. Surnommé Caudillo, il dirigera l'Espagne jusqu'à sa mort.

GUERNICA

La ville de Guernica, dans le nord de l'Espagne, est devenue le symbole des atrocités de la guerre civile espagnole. Le 27 avril 1937, bombardée par l'aviation allemande qui soutenait les nationalistes, elle a été entièrement détruite. Afin que personne n'oublie cet événement tragique, Picasso a peint un célèbre tableau intitulé *Guernica*.

coup de force avec le soutien des troupes du Maroc espagnol. Cette insurrection déclenche la guerre civile. Les nationalistes de Franco, soutenus par Hitler et Mussolini, sont bientôt maîtres de l'ouest et du sud du pays. Les républicains, appuyés par les Soviétiques et des volontaires étrangers, tiennent, eux, les grandes villes du nord et de l'est.

Les combats se poursuivent jusqu'en 1939. La chute de Valence, Madrid et Barcelone signe la défaite des républicains. Devenu chef de l'État, Franco met en place une dictature qui s'appuie sur l'armée et la Phalange, le seul parti autorisé. Bien que proche de Hitler, il n'engagera pas son pays dans la Seconde Guerre mondiale.

▼ *De nombreuses villes espagnoles ont été détruites sous les bombardements de l'aviation allemande.*

▼ *Ces républicains espagnols tiennent une position en hauteur d'où ils peuvent voir venir les nationalistes. L'Union soviétique et les brigades internationales de volontaires étrangers leur ont apporté leur soutien sur le terrain.*

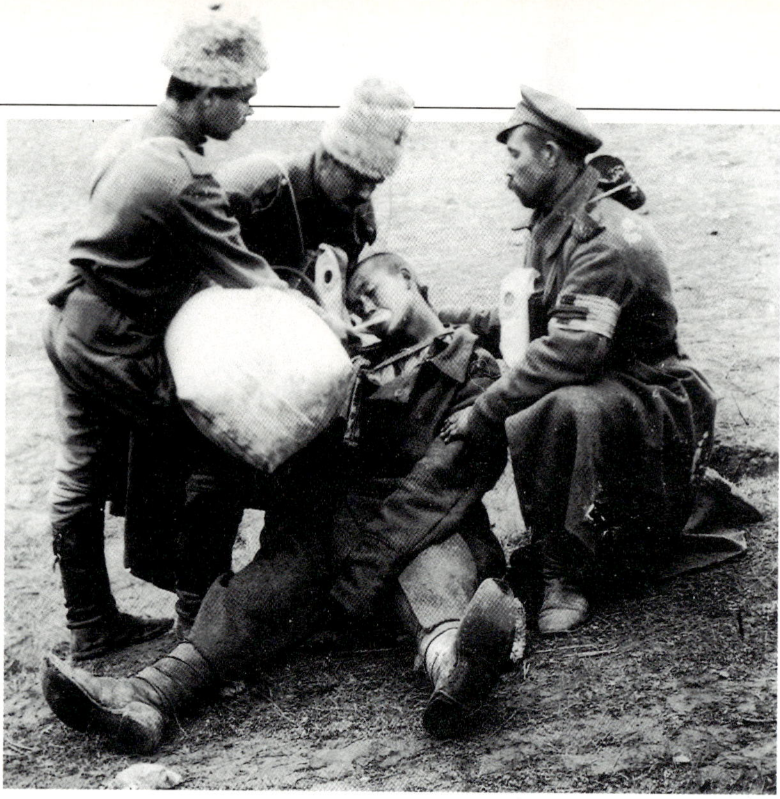

1914 – 1949

Les sciences et la médecine

Les deux guerres mondiales ont contribué à faire progresser les recherches médicales. Ainsi, pendant la Grande Guerre, la physicienne Marie Curie, qui a travaillé sur les rayons X, crée les premières voitures radiologiques : grâce à elles, les soldats peuvent être radiographiés dans les hôpitaux de campagne.
Des maladies autrefois mortelles sont désormais prévenues et soignées grâce à de nouveaux vaccins et médicaments. De grandes découvertes sont faites, notamment celles de l'insuline (en 1921), l'hormone employée dans le traitement du diabète, ou de la pénicilline (en 1928), le premier antibiotique.

▲ *La Croix-Rouge a été fondée en 1863 par le Genevois Henri Dunant pour venir en aide aux victimes de la guerre. Ci-dessus, un membre de l'organisation porte secours à un soldat de la Grande Guerre sur le front russe.*

▶ *À Singapour, en 1945, les prisonniers de guerre libérés reçoivent les premiers soins. Détenus dans de terribles conditions, beaucoup d'entre eux sont très affaiblis et souffrent de malnutrition.*

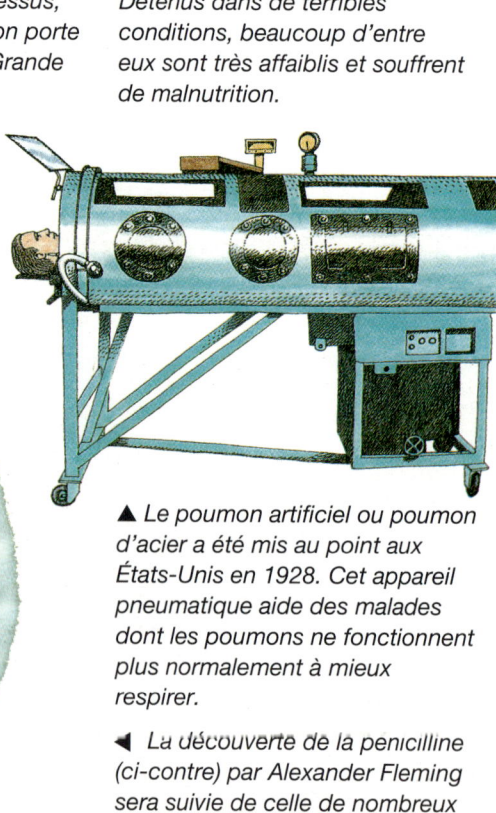

▲ *Le poumon artificiel ou poumon d'acier a été mis au point aux États-Unis en 1928. Cet appareil pneumatique aide des malades dont les poumons ne fonctionnent plus normalement à mieux respirer.*

◀ *La découverte de la pénicilline (ci-contre) par Alexander Fleming sera suivie de celle de nombreux autres antibiotiques.*

À CETTE ÉPOQUE

1921 Alfred Adler, disciple du psychanalyste Sigmund Freud, ouvre une institution pour enfants à Vienne, en Autriche.

1923 Les Français Calmette et Guérin mettent au point le vaccin contre la tuberculose (BCG).

1928 Le Britannique Alexander Fleming découvre la pénicilline.

1930 Le docteur Karl Landsteiner, qui a découvert les groupes sanguins, reçoit le prix Nobel de médecine.

1937 Ouverture de la première banque du sang aux États-Unis.

1948 Création de l'Organisation mondiale de la santé (OMS) rattachée à l'ONU.

▼ Dans la première moitié du 20ᵉ siècle, la prévention devient très importante. Dans leurs laboratoires, les chercheurs mettent au point de nouveaux vaccins (ci-dessous, à droite), grâce auxquels il devient possible de prévenir l'apparition de certaines maladies. Ci-dessous, à gauche, une Indienne se fait vacciner dans un dispensaire.

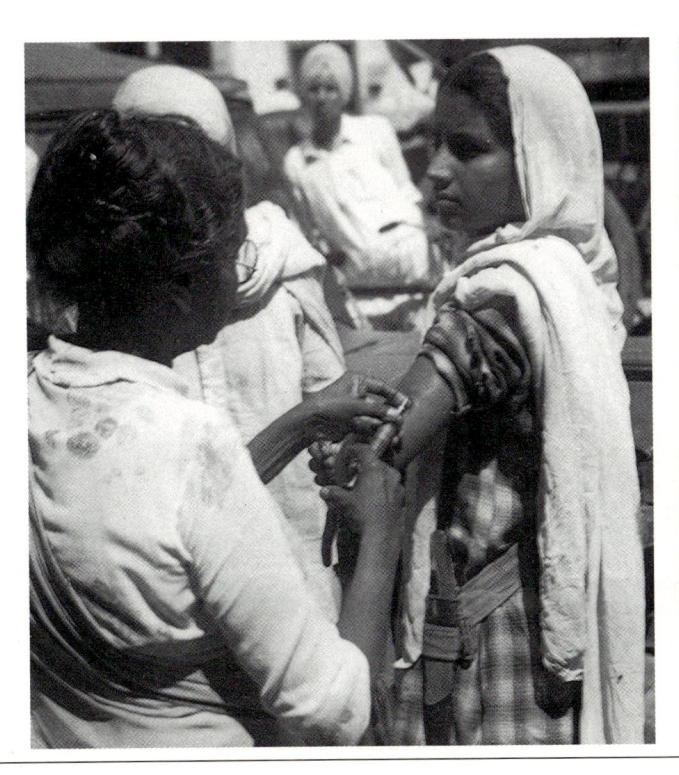

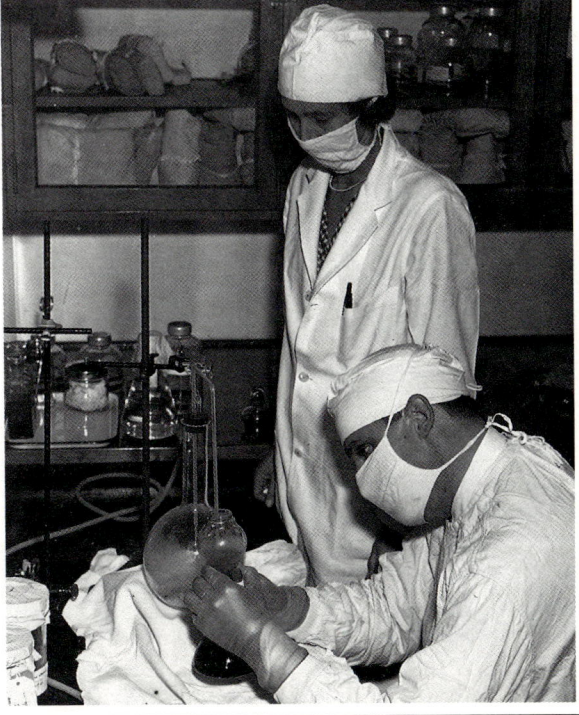

683

LA GUERRE SINO-JAPONAISE

La guerre sino-japonaise

Le Japon a connu une forte croissance économique depuis le début du siècle. Mais la crise de 1929 lui ferme de nombreux marchés étrangers. Dès lors, le pays va chercher à étendre sa puissance et à multiplier ses conquêtes en Extrême-Orient.

En 1931, les Japonais s'emparent de la ville de Moukden en Mandchourie et proclament bientôt l'indépendance de la région. Ce nouvel État, le Manchoukouo, est officiellement gouverné par Puyi, le dernier empereur de Chine (*voir* pp. 622-623). En réalité, ce dernier n'a aucun pouvoir et la région est entièrement contrôlée par les Japonais. De là, en 1937,

▲ Les villes sont les premières visées par les attaques japonaises. Ci-dessus, des soldats entrent dans une cité, en Mandchourie, en 1933.

▼ Les troupes japonaises sont mieux équipées que les armées chinoises. Elles disposent en particulier d'engins modernes comme la voiture blindée ci-dessous. Cette supériorité leur permettra de conquérir rapidement l'est de la Chine.

ils entreprennent de s'emparer de la Chine, sans déclaration de guerre.

Maîtres des grandes villes – Pékin, Shanghaï, Nankin, Tianjin…–, ils envahissent rapidement les territoires vitaux du nord et de l'est du pays. Les nationalistes de Tchang Kaï-chek et les communistes de Mao Zedong (*voir* pp. 672-673) se sont unis pour lutter contre l'agresseur. Au sud, les nationalistes, réfugiés à Chongking, dans le Sichuan, organisent la résistance, soutenus par les Américains et les Britanniques. Les communistes tiennent, eux, le nord-ouest. Lorsque les Japonais les attaquent en 1939, l'armée soviétique intervient et les fait reculer. Le Japon, qui avait espéré une victoire facile, est dans l'impasse. Le conflit ne prendra fin qu'en 1945, en même temps que la Seconde Guerre mondiale.

▼ *Protégés par une barricade constituée de bûches, des soldats chinois s'apprêtent à résister à une attaque japonaise. Commencée en 1937, la guerre entre la Chine et le Japon se confond avec la Seconde Guerre mondiale à partir de 1939.*

1936 Grande-Bretagne : mort du roi George V. Son fils Édouard VIII lui succède, mais il doit abdiquer pour pouvoir épouser Wallis Simpson, une Américaine divorcée ; son frère, George VI, devient roi (jusqu'en 1952).
Allemagne : Hitler ordonne la réoccupation militaire de la Rhénanie ; il préside les jeux Olympiques de Berlin, refusant de saluer les victoires des athlètes noirs.
Espagne : début de la guerre civile (jusqu'en 1939) ; insurrection militaire des franquistes – partisans du général Franco – contre le gouvernement républicain. L'Italie et l'Allemagne soutiennent Franco ; l'URSS appuie les républicains. L'écrivain Garcia Lorca est fusillé par les franquistes.
Europe : création de l'Axe Rome-Berlin, alliance entre l'Allemagne nazie et l'Italie fasciste.
France : victoire électorale du Front populaire ; formation d'un gouvernement dirigé par Léon Blum, qui entreprend de profondes réformes sociales (institution des congés payés, semaine de 40 heures…).
Afrique : l'Italie annexe l'Éthiopie, l'Érythrée et la Somalie, qui forment l'Afrique-Orientale italienne.
Chine : les communistes et les nationalistes s'unissent contre le Japon.
URSS : le compositeur Sergueï Prokofiev écrit *Pierre et le Loup*.
États-Unis : publication de *Autant en emporte le vent*, de Margaret Mitchell.

« Je vais me battre pour ton avenir », dit à son fils ce soldat républicain espagnol, qui part lutter contre les franquistes.

L'ANSCHLUSS ET MUNICH

1937 Espagne : bombardée par l'aviation allemande, la ville de Guernica est entièrement détruite ; le drame inspire à Pablo Picasso un célèbre tableau.
France : Léon Blum est contraint de démissionner. Sortie des films *Drôle de drame* de Marcel Carné et *la Grande Illusion* de Jean Renoir.
Grande-Bretagne : Arthur Neville Chamberlain devient Premier ministre d'un gouvernement de coalition (jusqu'en 1940) ; il adopte une politique d'apaisement envers l'Allemagne hitlérienne. Parution du roman *le Hobbit*, de l'écrivain Tolkien.
Irlande : Eamon De Valera, chef du gouvernement, adopte une nouvelle Constitution ; l'Irlande libre devient l'Eire.
Allemagne : grand rassemblement nazi à Nuremberg.
Italie : le pays quitte la SDN.
États-Unis : sortie de *Blanche-Neige et les sept nains*, le premier dessin animé long métrage de Walt Disney. Invention du nylon. Le dirigeable allemand *Hindenburg* explose au-dessus du New Jersey.
Asie : début de la guerre entre la Chine et le Japon (jusqu'en 1945). Les Japonais occupent les grandes villes chinoises du Nord-Est (Pékin, Shanghaï…) ; ils atteignent Nankin et massacrent la population.

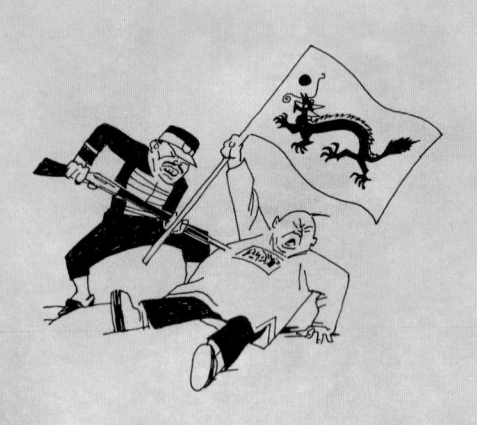

Cette caricature allemande dénonce la brutalité des Japonais à l'encontre des Chinois lors de l'invasion de la Mandchourie.

L'Anschluss et Munich

À la fin des années 1930, Hitler, qui veut réunir à l'intérieur du Reich tous les peuples de langue allemande, ne cache plus ses ambitions. Son premier projet est de réaliser l'Anschluss, c'est-à-dire l'union de l'Allemagne et de l'Autriche en un seul État. Schuschnigg, le chef du gouvernement autrichien, souhaite, lui, maintenir l'indépendance de son pays. Il ne peut toutefois résister aux menaces de Hitler. Contraint de démissionner, il doit céder le pouvoir à Seyss-Inquart, le chef du parti nazi autrichien. Ce dernier fait alors appel aux troupes allemandes pour « assurer l'ordre ». L'annexion de l'Autriche par l'Allemagne – l'Anschluss – est officiellement proclamée le 13 mars 1938.

Les démocraties européennes ne réagissent pas. Fort de ce succès, Hitler réclame alors, au nom du principe des nationalités, le rattachement à l'Allemagne

▼ *Après avoir signé les accords de Munich en septembre 1938, Daladier, le chef du gouvernement français, est accueilli en véritable sauveur de la paix.*

▶ *Les troupes allemandes entrent dans Vienne en 1938. Le traité de Versailles interdisait depuis la fin de la Grande Guerre l'Anschluss et le réarmement de l'Allemagne ; mais Hitler a rétabli le service militaire en Allemagne et relancé l'armement dès son arrivée au pouvoir.*

▼ *Beaucoup d'Autrichiens sont favorables à l'Anschluss, comme cette femme, ci-dessous, qui offre une fleur à un jeune soldat allemand. Certains d'entre eux cependant, dont de nombreux juifs fuyant les persécutions nazies, quitteront le pays après mars 1938.*

des Sudètes, une région peuplée de trois millions d'Allemands qui fait partie de la Tchécoslovaquie depuis la fin de la guerre. Lors de la conférence de Munich (septembre 1938), Anglais, Français et Italiens lui cèdent pour préserver la paix. En mars 1939, les nazis envahissent le reste de la Tchécoslovaquie sans que les Européens interviennent. Dès lors, plus rien n'arrêtera les ambitions du Führer.

▶ *Hitler, que l'on voit ici faire le salut nazi, voulait réunir tous les peuples de langue allemande dans une « Grande Allemagne » et créer le Troisième Reich, un vaste empire qui marquerait « pour mille ans » le triomphe du peuple allemand unifié. Le slogan « Ein Volk, ein Reich, ein Führer » (un Peuple, un Empire, un Chef) – résume cet idéal.*

1914 – 1949

Les sciences et les techniques

Beaucoup de nouveaux produits apparaissent dans la vie quotidienne. Grâce aux matières plastiques et aux fibres synthétiques, on fabrique des biens de consommation et des vêtements beaucoup moins chers.
Les ordinateurs et l'informatique en sont à leurs débuts. Les premiers robots voient le jour, tandis que l'invention du transistor (1948) engage la révolution électronique. Enfin, le développement de la physique nucléaire conduit à la découverte de méthodes plus exactes dans la mesure du temps et aussi à la mise au point de la bombe atomique.

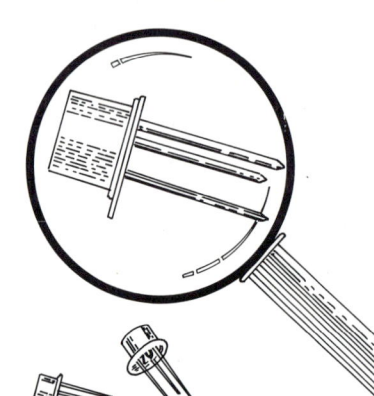

▲ En 1934, le physicien italien Enrico Fermi découvre le principe de la fission nucléaire. Ces travaux permettront notamment aux Américains de mettre au point par la suite la bombe atomique.

◀ Le transistor, qui permet d'amplifier les courants électriques, apparaît aux États-Unis en 1948. Il remplace les tubes à vide ; sa petite taille va révolutionner l'électronique.

▼ Pendant la Seconde Guerre mondiale, la pénurie des matières premières traditionnelles conduit au développement de nouveaux matériaux. Les matières plastiques permettent de fabriquer des emballages ou du matériel électrique, mais aussi des objets quotidiens comme la salière et la poivrière ci-dessous.

À CETTE ÉPOQUE

1919 Le physicien anglais Ernest Rutherford réalise la première transmutation d'atome.
1934 Les physiciens français Irène et Frédéric Joliot-Curie découvrent la radioactivité artificielle.
1937 Franck Whittle fabrique le premier « jet », un avion propulsé par un moteur à réaction.
1938 Lazlo Biro invente le stylo à bille.
1939 Les premiers bas en nylon sont commercialisés aux États-Unis.
1945 Deux bombes atomiques anéantissent Hiroshima et Nagasaki, au Japon.

▶ *Le premier ordinateur, l'ENIAC (ci-contre), a été mis au point à Philadelphie, aux États-Unis, en 1946. Il fonctionnait avec dix-huit mille tubes, soixante-dix mille résistances, et pouvait réaliser cinq mille opérations par seconde. Après 1948, grâce au développement des transistors, les ordinateurs deviendront de moins en moins gros et de plus en plus puissants.*

◀ *Albert Einstein (1879-1955) reçoit le prix Nobel de physique en 1921. Sa théorie de la relativité a bouleversé les lois de la mécanique classique et marqué profondément la science moderne.*

◀ *Les premiers tissus synthétiques permettent de fabriquer des vêtements qui se lavent plus facilement. La robe ci-contre est en rayonne, que l'on appelle alors « soie artificielle ».*

▶ *La science-fiction met à l'honneur des robots très « humains »… et totalement imaginaires. Celui-ci s'appelle Maria. C'est l'un des héros du film Metropolis de Fritz Lang, sorti en 1926.*

689

La Seconde Guerre mondiale

Décidés à sauvegarder la paix à n'importe quel prix, les Européens ont cédé aux revendications de Hitler en Europe centrale. Après l'Autriche et les Sudètes, l'Allemagne s'empare de la Tchécoslovaquie (*voir* pp. 686-687). En 1939, elle s'allie à l'Italie et signe un pacte de non-agression avec l'URSS. Forte de ces alliances, elle envahit la Pologne le 1er septembre 1939. Cette fois, la France et la Grande-Bretagne ne peuvent plus reculer : elles lui déclarent la guerre.

Au début du conflit, les armées allemandes semblent invincibles : après avoir soumis la Pologne en trois semaines avec l'aide des Soviétiques, elles s'emparent du Danemark et des ports norvégiens, tandis que l'URSS envahit la Finlande. En mai 1940, les Allemands

▶ Lorsque l'armée allemande envahit la Pologne (ci-contre), les Polonais disposent de 370 000 soldats, mais d'un équipement dépassé. Leur cavalerie n'a aucune chance d'arrêter les blindés adverses.

LA GUERRE ÉCLAIR

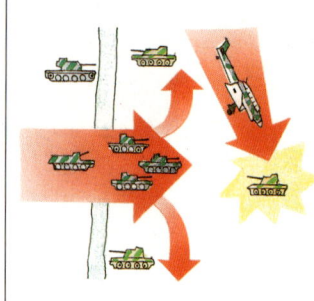

La guerre éclair – *Blitzkrieg* en allemand – est le nom donné à la tactique mise au point par l'état-major allemand au début de la Seconde Guerre mondiale. Elle repose sur une attaque rapide destinée à enfoncer par surprise la défense ennemie. Elle est menée par des unités blindées et motorisées, appuyées massivement par l'aviation. L'infanterie traditionnelle intervient ensuite seulement pour réduire les ultimes poches de résistance. Cette tactique a notamment été appliquée en Norvège, au Danemark, aux Pays-Bas, en Belgique et en France en 1940.

▼ En 1942, l'Allemagne a soumis presque toute l'Europe. Cependant, l'Espagne de Franco, affaiblie par la guerre civile, le Portugal, l'Irlande, la Suède, la Suisse et la Turquie ne sont pas engagés dans le conflit.

▶ À Dunkerque, du 29 mai au 4 juin 1940, plus de 340 000 soldats anglais et français sont évacués par mer.

progressent en Belgique, aux Pays-Bas et au Luxembourg. Puis ils déferlent sur la France. En juin, les Français signent un armistice : le nord du pays est occupé par l'ennemi. La république est supprimée ; le maréchal Pétain dirige un nouveau régime – l'État français – dont le gouvernement s'installe à Vichy (*voir* pp. 698-699). Presque toute l'Europe est soumise ; les Anglais se retrouvent seuls en guerre contre les Allemands et les Italiens.

1938 Autriche : démission du chancelier Kurt von Schuschnigg. À l'invitation des nazis autrichiens, les troupes allemandes marchent sur Vienne ; Hitler proclame l'Anschluss, le rattachement de l'Autriche à l'Empire allemand.
Europe : les deux grandes démocraties occidentales, la France et la Grande-Bretagne, croient encore à la paix avec l'Allemagne nazie ; signature des accords de Munich par Neville Chamberlain (pour la Grande-Bretagne), Édouard Daladier (pour la France), Hitler et Mussolini ; l'Allemagne annexe les Sudètes, région germanophone de la Tchécoslovaquie.
Allemagne : « Nuit de cristal » à Berlin (10 novembre) ; violentes agressions contre les juifs.
Hongrie : le journaliste Lazlo Biro met au point le stylo à bille.
France : fondation de la Société nationale des chemins de fer français (SNCF). Le philosophe et écrivain Jean-Paul Sartre publie *la Nausée*. Le cinéaste Marcel Carné réalise *Hôtel du Nord*.
Turquie : mort de Mustafa Kemal, dit Atatürk.
Asie : victoires japonaises en Chine ; les Japonais s'emparent de Canton.
États-Unis : l'acteur Errol Flynn tourne dans *les Aventures de Robin des bois*.

Ce dessin de 1934 dénonce les véritables projets de Hitler, qui affirme pourtant alors que son seul but est la paix.

LA GUERRE EN EUROPE

1939 Espagne : les franquistes prennent Barcelone aux républicains ; Madrid, dernière forteresse républicaine, se rend. Fin de la guerre civile ; le général Franco est maître de l'Espagne (jusqu'en 1975).
Allemagne : en mars, Hitler poursuit sa politique d'expansion en annexant la Tchécoslovaquie.
Europe : la France et la Grande-Bretagne promettent de défendre la Pologne contre toute agression extérieure.
Albanie : en avril, invasion des troupes italiennes.
Europe : en mai, signature du pacte d'Acier entre l'Allemagne et l'Italie. En août, signature du pacte germano-soviétique de non-agression par Ribbentrop (pour l'Allemagne) et Molotov (pour l'URSS).
Monde : début de la Seconde Guerre mondiale (jusqu'en 1945).
Le 1ᵉʳ septembre, l'Allemagne envahit la Pologne. La Norvège, la Suisse et la Finlande déclarent leur neutralité. La France (le 3), puis la Grande-Bretagne (le 4) déclarent la guerre à l'Allemagne. Le 17, les troupes soviétiques envahissent l'est de la Pologne. Période de la « drôle de guerre » (jusqu'en mai 1940) ; chacun attend et campe sur ses positions.
Le 30 novembre, les Soviétiques envahissent la Finlande.
Asie : combat entre troupes soviétiques et troupes japonaises en Mongolie.
Palestine : les Britanniques décident de limiter l'immigration juive pour éviter les troubles entre Palestiniens et colons juifs.

Ce type de mini-sous-marin a servi à attaquer les navires de guerre pendant la Seconde Guerre mondiale.

La guerre en Europe

Décidé à débarquer en Grande-Bretagne, Hitler engage la bataille aérienne d'Angleterre (juillet 1940). Mais il échoue et il se tourne alors vers le sud de l'Europe. En 1941, l'armée allemande envahit la Bulgarie, la Yougoslavie et la Grèce. En juin, elle attaque l'URSS : Staline rejoint le camp allié. Quelques mois plus tard, les États-Unis entrent en guerre (*voir* pp. 694-695). L'Angleterre n'est plus seule.

Fin 1942, début 1943, l'espoir change de camp. Les Anglais remportent la victoire d'El-Alamein, en Égypte. Après un débarquement anglo-américain en Afrique du Nord, les Allemands et les Italiens seront chassés d'Afrique. Les Soviétiques, eux, écrasent l'armée allemande à Stalingrad. L'Italie, enfin, attaquée

LES CAMPS DE CONCENTRATION

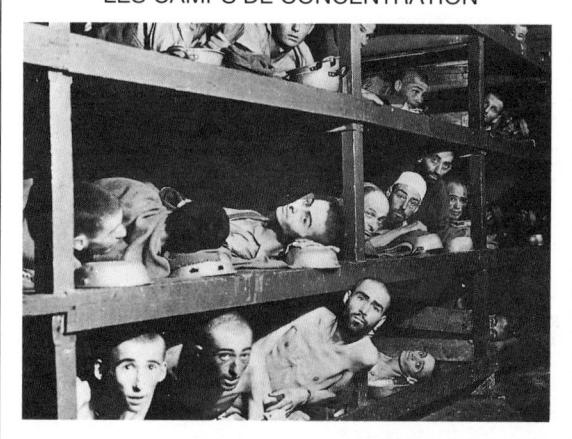

En 1942, les nazis décident d'appliquer la « solution finale » et d'exterminer tous les juifs d'Europe. Déportés dans les camps de concentration (ci-dessus, celui de Buchenwald), les hommes, les femmes, les enfants sont systématiquement gazés dans les chambres à gaz. Six millions de juifs ont trouvé la mort dans ce génocide, également connu sous le nom d'holocauste.

1939

▶ *En Russie, les Allemands ont engagé d'énormes forces, et notamment les divisions blindées du général von Paulus. Ils seront écrasés par la résistance des Soviétiques.*

WINSTON CHURCHILL
(1874-1965)

Animateur de la résistance britannique pendant la guerre et notamment pendant la bataille d'Angleterre (1940), le Premier ministre Winston Churchill est l'un des principaux artisans de la victoire des Alliés.

LA FRANCE LIBRE

Le 18 juin 1940, le général de Gaulle lance à la radio de Londres un appel à continuer le combat. Peu à peu, des civils et des militaires le rejoignent et forment les Forces de la France libre. En France, les résistants refusent, eux aussi, la défaite et s'attaquent aux Allemands. Les représentants de la France libre et de la Résistance participeront, avec les Alliés, aux combats de la Libération.

à son tour, capitule en septembre 1943.

Le 6 juin 1944, les Alliés débarquent en Normandie ; fin août, Paris est libéré. Les Allemands lancent une contre-offensive en décembre 1944, mais leurs adversaires parviennent à la contenir. Les Soviétiques progressent à l'est ; les Américains, les Anglais, les Canadiens et les Français à l'ouest. Le 30 avril 1945, Hitler se suicide dans Berlin assiégé. Le 7 mai, l'Allemagne capitule.

▼ *Le 6 juin 1944, les Alliés débarquent en France, sur les côtes de Normandie. Il s'agit de la plus gigantesque opération militaire de ce type jamais entreprise.*

LA GUERRE DU PACIFIQUE

1940 Europe : l'armée allemande – la Wehrmacht – lance la guerre-éclair (*Blitzkrieg*) et envahit le Danemark, la Norvège, la Belgique et les Pays-Bas. L'Italie déclare la guerre à la France et à la Grande-Bretagne.
Grande-Bretagne : Winston Churchill devient Premier ministre (jusqu'en 1945).
France : en mai, les Allemands envahissent le pays. Le 14 juin, la Wehrmacht atteint Paris. Le 18 juin, Charles de Gaulle lance sur la BBC un appel à la résistance. Le 22 juin, la France capitule ; le maréchal Pétain signe l'armistice à Rethondes ; l'armée allemande occupe 55 % du territoire. En juillet, fin de la IIIe République ; Pétain devient chef de l'État français (jusqu'en 1944).
Grande-Bretagne : début de la bataille d'Angleterre ; attaques aériennes allemandes.
Japon : pacte tripartite avec l'Allemagne et l'Italie.
Grèce : invasion des Italiens.

1941 Afrique du Nord : les forces britanniques s'emparent du port libyen de Tobrouk et affrontent l'Afrikakorps allemand.
Europe : la Wehrmacht conquiert la Yougoslavie. En juin, rupture du pacte germano-soviétique ; Hitler lance l'opération « Barberousse » contre l'URSS ; la Wehrmacht est devant Moscou en octobre. Les communistes français s'engagent massivement dans la Résistance.
Pacifique : le 7 décembre, l'aviation japonaise attaque par surprise la base américaine de Pearl Harbor (à Hawaii) ; les États-Unis entrent en guerre. Les Japonais prennent Bangkok et Hongkong.

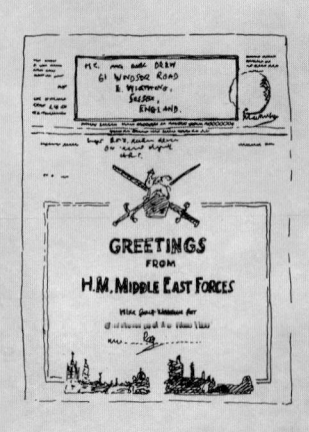

Une lettre micro-photographique britannique envoyée pendant la Seconde Guerre mondiale. Les Alliés ont souvent acheminé le courrier sous forme de microfilms. À l'arrivée, ils étaient tirés sur papier.

La guerre du Pacifique

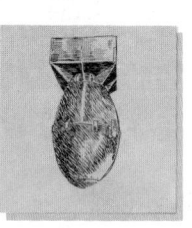

Le 7 décembre 1941, les Japonais, alliés des Allemands, attaquent par surprise la flotte américaine dans le port de Pearl Harbor, à Hawaii. Sortant de leur isolement volontaire, les États-Unis entrent dans le conflit. Le Pacifique devient un des lieux d'affrontement.

En cinq mois, le Japon conduit une guerre éclair et s'empare de la Birmanie, de Hongkong, de Singapour, de la Malaisie, de l'Indonésie, de la Thaïlande et des Philippines. Il envahit également la Nouvelle-Guinée, menaçant la côte nord de l'Australie dont les troupes sont massivement engagées en Europe.

L'expansion japonaise prend fin en 1942, avec les victoires de la flotte américaine dans les batailles de la mer de Corail (mai) et de Midway (juin), puis avec

1940-1941

◀ Le 7 décembre 1941, les Japonais bombardent par surprise la flotte américaine dans le port de Pearl Harbor. Les États-Unis entrent dans la guerre ; le conflit devient vraiment mondial.

▼ Le 2 septembre 1945, des officiels japonais signent l'acte de capitulation du Japon en présence du général américain Douglas MacArthur. La Seconde Guerre mondiale est terminée.

▼ Le 6 août 1945, la première bombe atomique de l'histoire anéantit la ville d'Hiroshima. De 70 000 à 100 000 personnes succombent en quelques secondes ; des milliers d'autres mourront de leurs blessures et de l'effet des radiations. Trois jours plus tard, une seconde bombe détruit Nagasaki. Le monde entier découvre avec horreur les images de l'après-bombardement (ci-dessous). Jamais une arme aussi meurtrière n'avait encore été employée.

le débarquement à Guadalcanal (août). L'avantage bascule du côté des Alliés. Les Américains reprennent les îles Aléoutiennes, la Nouvelle-Guinée, les îles Gilbert, les îles Marshall et les îles Mariannes. Depuis ces bases, ils organisent des bombardements sur le Japon.

En 1944 et au début de l'année 1945, les Japonais sont chassés des Philippines et de Birmanie et reculent en Chine. La guerre menaçant de s'éterniser, les Américains décident de lancer deux bombes atomiques, sur Hiroshima (6 août 1945) et sur Nagasaki (9 août 1945). Cinq jours plus tard, le Japon capitule.

1914 – 1949

Gouvernement et société

Le développement de l'instruction et les progrès techniques ont réduit les inégalités sociales, mais ne les ont pas fait disparaître. Des militants politiques, des syndicalistes remettent en cause la société dans laquelle ils vivent. Dans les années 1930, la crise économique et la montée du chômage inquiètent les Européens. Des manifestations sont organisées en France, en Grande-Bretagne… pour attirer l'attention des gouvernements sur la difficile condition des chômeurs.
De nombreux militants rejoignent les partis de gauche, socialistes et communistes. D'autres s'engagent massivement dans les partis autoritaires qui accusent la démocratie d'être responsable de la crise. Proposant des solutions radicales aux difficultés, ceux-ci parviennent au pouvoir dans plusieurs pays d'Europe dans l'entre-deux-guerres.

▶ Aux jeux Olympiques de Berlin, en 1936, Hitler refuse de féliciter l'athlète noir américain Jesse Owens qui a remporté quatre médailles d'or. Cet acte raciste choque l'opinion internationale. Pourtant, de nombreux États, notamment en Amérique du Nord, pratiquent la ségrégation raciale : les Noirs n'y ont pas les mêmes droits que les Blancs.

▶ En 1921, la Russie sort ruinée de la guerre civile. De mauvaises récoltes aggravent les difficultés. Des dizaines de millions de personnes souffrent de la famine. Une campagne est lancée pour aider les régions les plus touchées. Cette affiche (à droite), éditée par le gouvernement, proclame : « N'oubliez pas ceux qui ont faim ! ».

▶ Au congrès de Tours, en 1920, les socialistes français se séparent en deux courants : le parti communiste (SFIC) et le parti socialiste (SFIO).

▶ En 1932, 12 millions d'Américains sont au chômage. Totalement démunis, beaucoup d'entre eux perdent leur logement. Certains s'installent dans des bidonvilles qui s'étendent à la périphérie des grandes cités. Les Américains les appellent ironiquement des « Hoovervilles », du nom du président Hoover dont le gouvernement ne parvient pas à juguler la crise.

◀ Dans les régions d'Afrique colonisées par les Européens, ceux-ci imposent leur culture et leur civilisation. Dans les écoles, on enseigne aux enfants l'histoire, la géographie, la langue de la métropole.

▼ Les femmes britanniques obtiennent peu à peu le droit de vote entre 1918 et 1928 (ci-dessous), les Américaines en 1920. Quant aux Françaises, elles devront attendre 1946 pour participer pour la première fois aux élections.

À CETTE ÉPOQUE

- **1920** Création de la Section française de l'Internationale communiste (SFIC).
- **1926** La Grande-Bretagne est paralysée par une grève générale.
- **1929** Le krach boursier de Wall Street déclenche une crise économique mondiale.
- **1930** En Inde, Gandhi conduit une campagne non violente contre les Britanniques.
- **1936** En France, le gouvernement du Front populaire instaure les premiers congés payés, la semaine de travail de 40 heures et les conventions collectives.
- **1945** En France, création de la Sécurité sociale.
- **1949** Le gouvernement sud-africain adopte le système de l'apartheid (ségrégation raciale entre les Blancs et les Noirs, les Indiens, les métis).

La France occupée

La IIIe République ne survit pas à la défaite française (*voir* pp. 690-691). En juillet 1940, un nouveau régime – l'État français – est instauré. Il est dirigé par le maréchal Pétain, dont la popularité est très grande. Installé à Vichy, le gouvernement a autorité sur le sud du pays, le nord étant occupé par l'armée allemande. Soucieux de ses rapports avec l'Allemagne, le régime de Vichy développe bientôt une politique de collaboration avec l'occupant.

Durement exploités, les Français manquent de tout. Ils font confiance au maréchal et sont avant tout préoccupés par leur survie quotidienne. Certains, cependant, refusent la défaite. Dès 1940, des petits groupes de résistants engagent la lutte contre l'occupant. Ils s'unissent peu à peu et entrent en contact avec le général de Gaulle qui anime, depuis Londres, les Forces de la France libre (*voir* p. 693). Organisés en véritable armée, les représentants de la Résistance et ceux de la

▲ Les résistants (ci-dessus) luttent contre l'occupant pour libérer leur pays. Les communistes jouent un très grand rôle dans la Résistance.

▶ En 1940, la France est coupée en deux par la ligne de démarcation. Fin 1942, la zone libre est à son tour occupée.

◀ Le 24 octobre 1940, le maréchal Pétain (à gauche) rencontre Hitler (à droite) à Montoire. Quelques jours plus tard, le maréchal déclare :
« Une collaboration a été envisagée entre nos deux pays. J'en ai accepté le principe. »

1942-1943

PÉTAIN
(1856-1951)

Maréchal de France, Philippe Pétain fut l'un des chefs de la Première Guerre mondiale. En 1940, il demande l'armistice et devient chef de l'État français à 84 ans. Condamné à mort en 1945 par la haute cour de justice, il sera gracié et maintenu en détention jusqu'à sa mort.

DE GAULLE
(1890-1970)

Auteur en 1940 de l'« appel du 18 juin », Charles de Gaulle incarne le refus de la défaite. Chef de la France libre, puis chef du gouvernement provisoire, il rétablit l'autorité de l'État à la Libération. En 1958, il fondera la Ve République, dont il sera le premier président.

France libre participent activement aux combats de la Libération. Formé en juin 1944, le gouvernement provisoire de la République française, dirigé par Charles de Gaulle, réunit toutes les tendances politiques de la Résistance.

1942 Pacifique : les Japonais sont vaincus par les Américains à Midway, puis à Guadalcanal.
URSS : en septembre, début de la bataille de Stalingrad, contre-offensive soviétique contre la Wehrmacht.
Afrique du Nord : l'Afrikakorps du général Rommel est vaincu à El-Alamein, en Égypte. En novembre, débarquement anglo-américain.
France : Pierre Laval devient président du Conseil ; il développe la collaboration avec l'Allemagne. Le 16 juillet, rafle du « Vel' d'hiv' » ; la police française arrête treize mille juifs à Paris. Rassemblés au Vélodrome d'hiver, ils seront déportés vers l'Allemagne. En novembre, les Allemands envahissent la zone libre.

1943 Afrique du Nord : les Alliés libèrent Tripoli en janvier et Tunis en mai.
URSS : en février, victoire soviétique à Stalingrad ; repli de la Wehrmacht vers l'ouest.
France : unification des divers mouvements de résistance ; création du Conseil national de la Résistance (CNR). Arrestation de Jean Moulin par la Gestapo. L'aviateur et écrivain Saint-Exupéry écrit *le Petit Prince*.
Italie : en juillet, débarquement anglo-américain en Sicile ; le nouveau gouvernement italien, dirigé par Badoglio, déclare la guerre à l'Allemagne.
Proche-Orient : indépendance du Liban.
Pacifique : début de la reconquête américaine des îles annexées par le Japon.

Les kamikazes japonais écrasent volontairement leur avion chargé d'explosifs sur les navires américains.

L'APRÈS-GUERRE

L'après-guerre

En février 1945, s'ouvre à Yalta la plus célèbre conférence de la Seconde Guerre mondiale. Staline, Churchill et Roosevelt y décident du sort futur de l'Europe. Après la capitulation allemande se tient, à Potsdam, une autre conférence qui précise le statut de l'Allemagne. Amputée d'une partie de son territoire à l'est et à l'ouest, celle-ci est partagée en quatre zones, respectivement occupées par les Britanniques, les Américains, les Soviétiques et les Français. Située en secteur soviétique, la ville de Berlin est divisée en quatre. Cette conférence jette également les bases de l'ONU (*voir* pp. 702-703) et prévoit le jugement des criminels de guerre nazis.

L'URSS et les États-Unis sont les grands vainqueurs du conflit. Dès 1945, Staline domine les pays libérés par l'Armée rouge – Bulgarie, Hongrie,

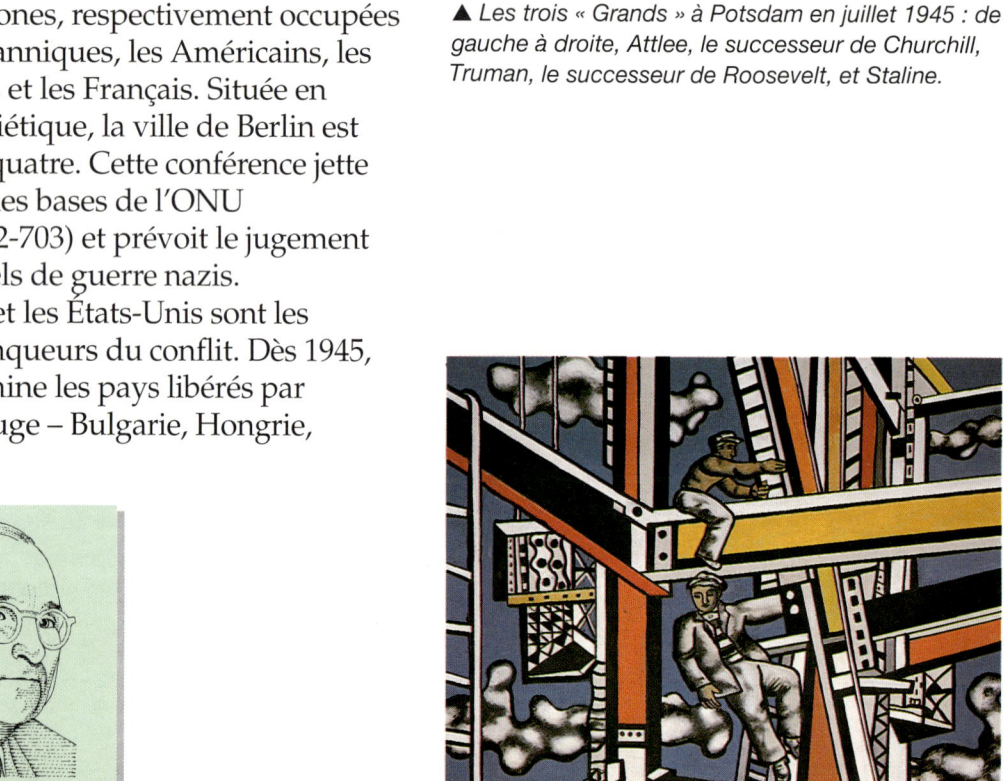

▲ Les trois « Grands » à Potsdam en juillet 1945 : de gauche à droite, Attlee, le successeur de Churchill, Truman, le successeur de Roosevelt, et Staline.

HARRY S. TRUMAN
(1884-1972)

Devenu président des États-Unis à la mort de Roosevelt (1945), Truman offre l'aide de son pays à tout gouvernement désireux de lutter contre le communisme. C'est la fin de l'isolationnisme américain.

▶ *Fernand Léger (1881-1955) a peint les Constructeurs en 1950. Ce tableau, qui est un hommage au monde du travail, illustre aussi les grands chantiers de l'après-guerre.*

1944-1945

1944 Italie : les Alliés entrent dans Rome.
France : création du Gouvernement provisoire de la République française (GPRF), présidé par le général de Gaulle. Le 6 juin, débarquement allié en Normandie. Le 25 août, la 2ᵉ division blindée du général Leclerc entre dans Paris. Les Alliés repoussent les Allemands jusqu'en Belgique et libèrent Bruxelles le 3 septembre.
Allemagne : échec d'un complot contre Hitler.
Europe de l'Est : les Soviétiques avancent dans les pays baltes, en Pologne, en Roumanie, en Bulgarie et en Hongrie.
Pacifique : victoire des Américains sur les Japonais près de l'île de Leyte.

1945 Pologne : en janvier, les Soviétiques prennent Varsovie.
Europe : en février, la conférence de Yalta réunit Churchill, Roosevelt et Staline pour préparer l'après-guerre.
Allemagne : en février, les Alliés bombardent la ville de Dresde. En mars, ils franchissent le Rhin et repoussent la Wehrmacht. Les forces alliées et les Soviétiques se rejoignent à Torgau le 25 avril.
États-Unis : mort du président Roosevelt ; Harry S. Truman lui succède (jusqu'en 1953).
Italie : le 28 avril, Mussolini est assassiné par des résistants italiens.
Allemagne : bataille de Berlin (21 avril-2 mai) ; les Soviétiques et les Alliés conquièrent la ville. Le 30 avril, Hitler se suicide. Le 7 mai, les forces allemandes capitulent à Reims ; elles signent leur reddition inconditionnelle à Berlin, le 8 mai, jour de la victoire en Europe.

LE PLAN MARSHALL

En 1947, le général américain Marshall propose aux Européens un plan d'aide économique à la reconstruction. Seuls les pays occidentaux acceptent finalement cette offre. Dénoncé par les communistes comme une opération de « colonisation » de l'Europe, le plan Marshall divise le monde en deux blocs.

▼ Le 25 juin 1948, l'URSS organise le blocus total de Berlin pour contraindre les Britanniques, les Français et les Américains à quitter la ville. Pendant quinze mois, la population est ravitaillée par un pont aérien.

Tchécoslovaquie, Yougoslavie (*voir* pp. 704-705). Les États-Unis réagissent aussitôt et proposent une aide à tous les pays libres qui se sentent menacés par le communisme. Désormais, le monde est partagé entre le bloc communiste, représenté par l'Union soviétique et les pays de l'Est, et celui des démocraties occidentales, alliées des États-Unis (*voir* pp. 714-715).

Cette caricature montre Bevin et Molotov, les ministres des Affaires étrangères britannique et soviétique, se disputant l'avenir de l'Allemagne.

Les Nations unies

Après six années de guerre, les Alliés veulent bâtir un monde nouveau reposant sur la solidarité entre les États. En 1945, ils s'entendent pour créer un organisme destiné à préserver la paix internationale : l'Organisation des Nations unies (ONU). Ses principes sont définis par la charte de San Francisco qui affirme, dans son préambule, que les peuples des Nations unies sont résolus à « préserver les générations futures du fléau de la guerre ». En 1948, elle adopte la Déclaration universelle des droits de l'homme.

Cinquante et un pays – dont tous ceux qui ont lutté contre l'Allemagne nazie – entrent immédiatement à l'ONU. Dès sa naissance, celle-ci se donne les moyens d'être plus efficace que l'ancienne Société des Nations. Elle se dote en particulier d'une Assemblée générale et d'un puissant Conseil de sécurité, aujourd'hui constitué de cinq États-membres permanents ayant droit de veto sur les décisions de l'Assemblée – Chine, États-Unis, France,

▶ *L'Assemblée générale réunit régulièrement à New York les représentants des États-membres ; chacun y dispose d'une voix. Presque tous les États indépendants de la planète appartiennent aujourd'hui à l'ONU.*

UN MONDE SANS GUERRE

Le globe terrestre entouré de rameaux d'olivier – symbole de paix – est l'emblème des Nations Unies. Lorsqu'il s'avère impossible de régler un conflit par la diplomatie, l'ONU peut décider d'intervenir militairement. L'organisation n'ayant pas d'armée propre, ses troupes sont composées de soldats de différentes nationalités : les célèbres « casques bleus ». En 1988, ils ont reçu collectivement le prix Nobel de la paix.

◀ *Tout État peut faire partie de l'ONU s'il est accepté par les autres membres et s'il signe la Charte des Nations unies (ci-contre, l'adhésion de la Chine). Au fil des ans, l'Organisation s'est diversifiée. De nombreuses institutions spécialisées ont été créées dont le Fonds monétaire international (FMI), l'Unesco et l'Organisation mondiale de la santé (OMS).*

1945

1945 Grande-Bretagne : Clement Attlee devient Premier ministre (jusqu'en 1951).
Europe : la conférence de Potsdam (17 juillet-2 août) réunit Truman, Attlee et Staline ; poursuite des négociations sur l'avenir de l'Allemagne.
Japon : le 6 août, les États-Unis lancent la première bombe atomique sur Hiroshima ; le 9, une seconde bombe est lâchée sur Nagasaki. Le 14 août, le Japon capitule ; fin de la Seconde Guerre mondiale.
Monde : fondation de l'Organisation des Nations unies (ONU) ; cinquante et une nations signent la Charte de l'ONU.
Viêt Nam : le communiste Hô Chi Minh proclame l'indépendance du Viêt Nam, alors partie de l'Indochine française.
France : le pays est ruiné par la guerre. Le général de Gaulle demeure président du GPRF (jusqu'en 1946). Les femmes obtiennent le droit de vote. Création de la sécurité sociale.
Yougoslavie : création de la République populaire fédérale, dirigée par Tito.
Allemagne : les forces alliées occupent le pays, partagé en quatre zones. En novembre s'ouvre le procès de Nuremberg (jusqu'en 1946) pour juger les criminels de guerre nazis ; le tribunal est composé d'Américains, de Britanniques, de Français et de Soviétiques.
États-Unis : après la guerre, les États-Unis s'imposent comme la plus grande puissance mondiale. Mise au point du premier ordinateur.

Grande-Bretagne et Russie – et de dix autres désignés tous les deux ans par l'Assemblée générale. Quand un conflit éclate, le Conseil et l'Assemblée générale s'efforcent de le résoudre pacifiquement, mais ils peuvent aussi décider de mesures exceptionnelles, notamment de l'envoi de forces armées.

▶ *Édifié à New York en 1951, le siège des Nations unies accueille l'Assemblée générale.*

L'Unicef, le Fonds des Nations unies pour l'enfance, a été créé pour aider les enfants victimes de la guerre. Aujourd'hui, il dispense soins médicaux et éducation dans le monde entier.

LES BALKANS ET L'ITALIE

1946 Europe de l'Est : proclamation de la République populaire d'Albanie. Victoire du parti communiste aux élections générales en Tchécoslovaquie et en Roumanie.
France : démission du général de Gaulle ; plusieurs présidents se succèdent jusqu'à la fin du GPRF, en janvier 1947. Ouverture de la conférence de Paris ; préparation des traités de paix qui mettront officiellement fin à la Seconde Guerre mondiale.
Argentine : Juan Peron devient président de la République (jusqu'en 1955) ; il gouverne avec sa femme, Eva, qui le pousse à adopter des réformes sociales.
Grèce : début d'une guerre civile entre communistes et monarchistes (jusqu'en 1949).
Allemagne : union des zones d'occupation britannique et américaine.
Italie : proclamation de la République.
Proche-Orient : des terroristes sionistes – partisans de la création d'un État juif – font exploser l'hôtel du Roi David, siège de l'administration britannique à Jérusalem. La Grande-Bretagne reconnaît l'indépendance de la Jordanie. Indépendance de la Syrie.
Viêt Nam : début de la guerre d'Indochine (jusqu'en 1954).
Pacifique : début des essais nucléaires américains sur l'atoll de Bikini, qui donne par ailleurs son nom aux premiers « bikinis », maillots de bain deux-pièces.

Les armes de la Yougoslavie présentent alors l'étoile rouge du communisme surmontant les six flambeaux des six républiques fédérées.

Les Balkans et l'Italie

Dans de nombreux pays envahis par l'Allemagne, les mouvements de résistance anti-hitlériens ont souvent été animés par les communistes. À la fin de la Seconde Guerre mondiale, ceux-ci s'efforcent de mettre en place des républiques populaires dans leurs pays libérés.

En Grèce, des maquisards s'opposent au gouvernement d'Athènes ; le pays sombre dans la guerre civile. Soutenus par les Américains, les monarchistes finissent par l'emporter en 1949. La situation est différente dans les autres pays d'Europe orientale et centrale. En Yougoslavie, la résistance a été organisée par les nationalistes serbes (les chetniks) et les communistes. À la fin du conflit, Tito

1946

TITO
(1892-1980)

Secrétaire général du parti communiste yougoslave, Josef Broz, dit Tito, anime la résistance anti-hitlérienne pendant la Seconde Guerre mondiale. Devenu président de la République populaire de Yougoslavie (1953), il la voudra indépendante de l'URSS.

▼ En Grèce, une longue guerre civile (1946-1949) oppose les communistes aux monarchistes, soutenus par les Américains.

ALCIDE DE GASPERI
(1881-1954)

Fondateur du parti de la démocratie chrétienne (1945), Alcide De Gasperi est le premier président du Conseil de la République italienne (jusqu'en 1953). Il amorcera le redressement économique et politique du pays, très affaibli par la guerre.

▲ Au lendemain de la guerre, la république est proclamée en Italie, tandis que les pays des Balkans, à l'exception de la Grèce, deviennent des républiques populaires.

proclame la République populaire de Yougoslavie dont il assure la présidence. L'Albanie devient, elle aussi, une république populaire, gouvernée par le communiste Enver Hodja. En Roumanie, en Bulgarie, en Hongrie s'installent des gouvernements de coalition dans lesquels les communistes jouent rapidement un rôle prépondérant. Fin 1947-début 1948, le modèle soviétique est appliqué à l'ensemble des démocraties populaires.

En Italie, en revanche, la démocratie chrétienne s'impose comme le parti dominant. Après la guerre, la monarchie, qui ne s'est pas opposée à la montée du fascisme, est de plus en plus critiquée. En 1946, la république est proclamée. Le parti démocrate chrétien prend la tête du gouvernement. C'est le début d'une longue domination de ce parti, qui exercera le pouvoir pendant près de cinquante ans.

1914 – 1949

Le commerce

La crise économique des années 1930 frappe de plein fouet le commerce mondial. De nombreuses entreprises font faillite, la production chute, la consommation diminue considérablement. Les industries lourdes, comme l'industrie minière, la construction navale et la sidérurgie, connaissent de graves difficultés. Lorsque la Seconde Guerre mondiale éclate, la plupart des échanges commerciaux sont interrompus. Pour faire face à cette situation exceptionnelle, les États tentent de produire ce dont ils ont besoin pour nourrir leur population et soutenir l'effort de guerre. Au sortir du conflit, d'immenses moyens seront consacrés à la reconstruction.

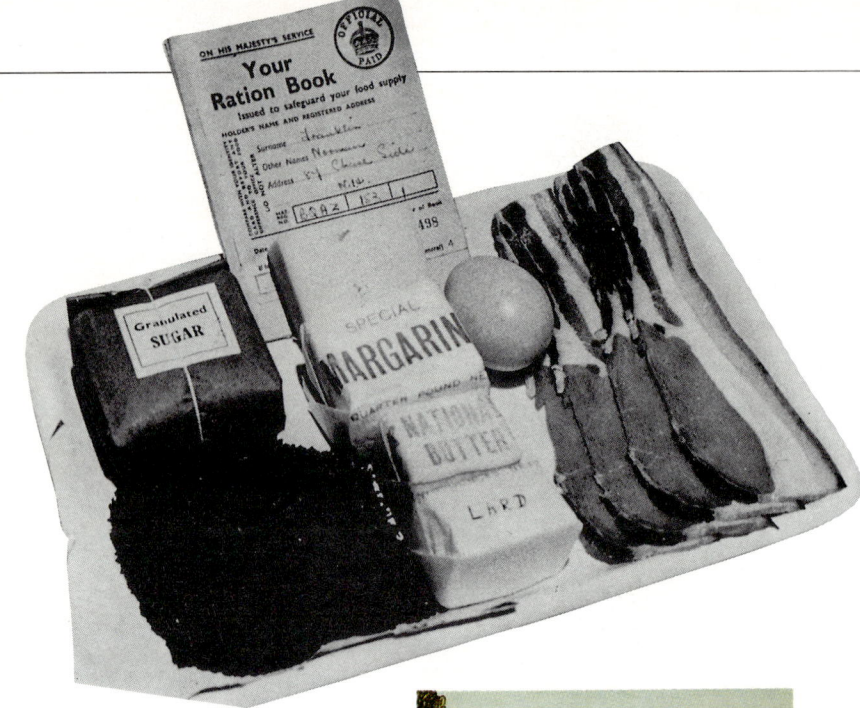

▲ Pendant la guerre, tout, ou presque, est rationné. Ci-dessus, une ration alimentaire anglaise pour une personne pendant deux semaines.

▶ Ouvert en 1914, le canal de Panama relie l'Atlantique au Pacifique et raccourcit considérablement le trajet des navires qui, jusqu'alors, devaient contourner l'Amérique du Sud pour passer d'un océan à l'autre.

◀ Avec l'essor de l'automobile, la demande mondiale d'essence s'accroît rapidement. L'industrie pétrolière ne cesse de se développer. D'importants gisements sont exploités en Iraq, en Arabie Saoudite, en Iran et dans le golfe Persique. Ci-contre, un mulet chargé de bidons de la Compagnie de pétrole anglo-persane installée en Iran.

▼ Après 1945, de nombreux pays s'efforcent de développer leur commerce extérieur. Pour conquérir de nouveaux marchés, ils vantent leurs produits par des campagnes publicitaires. Les Australiens misent ainsi sur leurs vins et leurs fruits (ci-dessous).

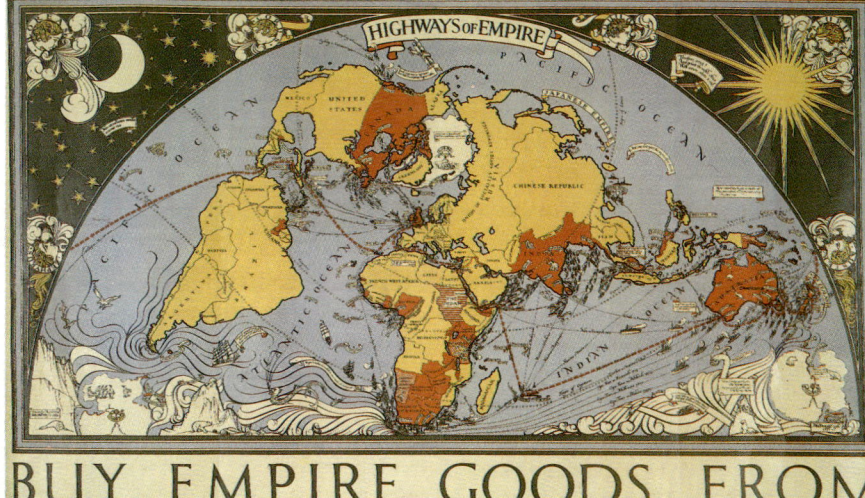

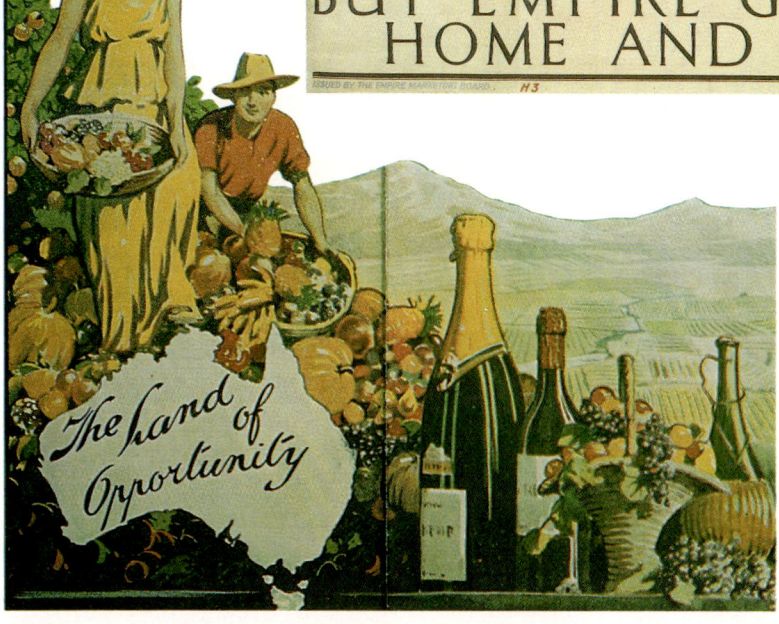

▲ Cette affiche anglaise de 1929 incite les Britanniques à acheter des produits de l'Empire – Inde, Australie, Canada, Afrique... Contrairement aux importations en provenance d'autres pays, ces marchandises ne sont pas taxées aux frontières. Jusqu'au début du siècle, la Grande-Bretagne a été la plus grande puissance industrielle et commerciale du monde, mais elle a perdu sa suprématie et doit désormais lutter pour garder son rang.

À CETTE ÉPOQUE

1914 Ouverture du canal de Panama.
1930 Premières expérimentations de congélation de produits frais.
1932 Ouverture du premier supermarché en libre-service.
1938 Découverte des gisements de pétrole du Koweït.
1939-1940 Le rationnement est instauré dans de nombreux pays européens.
1949 En France, suppression des tickets de pain et du Haut-Commissariat au ravitaillement ; fin du rationnement de l'essence.

▼ Dans l'entre-deux-guerres, les États-Unis deviennent la première puissance économique du monde. La civilisation américaine fascine l'Europe, tandis que la publicité connaît un extraordinaire développement. Ci-dessous, cette affiche pour le Coca-Cola, véritable symbole du mode de vie américain, date de 1923.

L'indépendance de l'Inde

Les colonies britanniques et françaises ont largement contribué à l'effort de guerre. En 1945, elles affirment avec toujours plus de force leur volonté de liberté. L'Inde est ainsi la première à s'affranchir.

À la fin des années 1920, Mohandas Karamchand Gandhi avait donné force et originalité au nationalisme indien. Chef du parti du Congrès qui réclamait l'autonomie de l'Inde, il avait lancé une grande campagne de désobéissance civile et invité les Britanniques à quitter le pays. Refusant d'utiliser la lutte armée, il a fait de la non-violence un outil de combat très efficace. Ses marches de protestation, ses campagnes de jeûne, sa pauvreté volontaire ont impressionné les Indiens.

▲ Après le partage de l'Inde britannique, la capitale du Pakistan, divisé en deux, est fixée à Karachi ; celle de l'Inde, à New Delhi. En 1971, le Pakistan oriental deviendra le Bangladesh.

Des millions d'entre eux l'ont alors suivi. L'attitude de Gandhi le pacifique l'a rendu populaire dans le monde entier. À la fin de la guerre, la Grande-Bretagne doit finalement céder. Gandhi participe aux négociations qui, en 1947, aboutissent à l'indépendance du pays. Le nord-est et le nord-ouest de l'immense sous-continent, majoritairement peuplés de musulmans, forment le Pakistan ; le reste du territoire, à majorité hindoue, constitue l'Inde indépendante dont le nationaliste Nehru devient Premier ministre. L'affranchissement de la colonie engage le grand mouvement de la décolonisation. Dans les vingt ans qui suivent, Britanniques et Français abandonneront l'essentiel de leurs possessions en Asie et en Afrique.

◄ En 1930, Gandhi accomplit la célèbre marche du sel ; il a décidé de défier sans violence le gouvernement de Londres qui refuse d'abolir le monopole britannique sur la vente du sel dans la colonie.

▲ En 1947, des millions de musulmans rejoignent le Pakistan tandis que de nombreux hindous gagnent l'Inde indépendante (ci-dessus, des réfugiés hindous arrivant à Amritsar). Plus d'un million de personnes seront tuées lors de ses exodes massifs.

GANDHI
(1869-1948)

Surnommé le Mahatma – la « Grande Âme » –, Mohandas Karamchand Gandhi est l'apôtre de la non-violence. Emprisonné à plusieurs reprises, il n'a cessé de lutter pour l'indépendance et le développement de son pays. Il sera assassiné par un fanatique hindou en 1948.

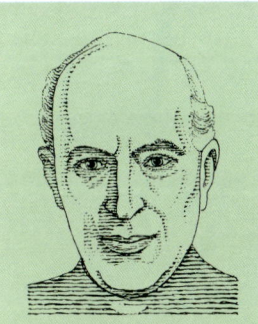

NEHRU
(1889-1964)

Disciple de Gandhi, président du Congrès national indien (1929), Jawaharlal Nehru devient Premier ministre de l'Inde indépendante en 1947. Il sera l'un des principaux représentants du mouvement des non-alignés dans les années 1950.

1947 Europe : signature des traités de paix de Paris entre les Alliés et l'Italie, la Roumanie, la Bulgarie, la Hongrie et la Finlande. George Marshall, secrétaire d'État américain, propose un plan d'aide économique aux pays d'Europe dévastés par la guerre (le « plan Marshall ») ; début de la guerre froide.
Europe de l'Est : mise en place du Kominform (« Bureau d'information des partis communistes et ouvriers »), qui relie les partis communistes d'Europe de l'Est, de France et d'Italie.
Palestine : l'ONU propose un plan de partage du territoire, permettant la création d'un État arabe et d'un État juif ; les Arabes rejettent le plan. Inde : le gouvernement britannique adopte l'*India Independance Act* ; la colonie britannique d'Inde est partagée en deux États indépendants, le Pakistan (à majorité musulmane) et l'Inde (à majorité hindoue). Début d'un conflit entre les deux pays pour la possession du Cachemire.
Asie : la Grande-Bretagne reconnaît l'indépendance de la Birmanie.
France : institution de la IVe République ; Vincent Auriol en devient le premier président (jusqu'en 1954). Publication de *la Peste* d'Albert Camus et de *l'Écume des jours* de Boris Vian.
États-Unis : publication de *Un tramway nommé Désir* de Tennessee Williams.

Ci-dessus, le drapeau du Pakistan indépendant.

LA NAISSANCE D'ISRAËL

1948 Tchécoslovaquie : « coup de Prague » ; prise du pouvoir par les communistes.
Allemagne : la zone d'occupation française est réunie à la zone anglo-américaine.
Blocus de Berlin ; les Soviétiques tentent de prendre le contrôle de Berlin en bloquant toutes les voies d'accès de la ville ; les Américains et les Britanniques installent un pont aérien qui permet d'approvisionner les Berlinois en nourriture et en essence (jusqu'en mai 1949).
Israël : en mai, proclamation de l'État d'Israël, présidé par David Ben Gourion. Le nouvel État est attaqué par les forces de la Ligue arabe ; première guerre israélo-arabe (jusqu'en 1949).
Inde : assassinat de Gandhi par un extrémiste hindou.
Ceylan (l'actuel Sri Lanka) : l'île devient indépendante.
Chine : reprise de la guerre civile entre communistes et nationalistes.
Asie du Sud-Est : partage de la Corée entre la Corée du Sud (République de Corée) et la Corée du Nord (République démocratique populaire de Corée).
Les Britanniques mettent en place la Fédération de Malaisie.
Suisse : l'Organisation mondiale de la santé (OMS), institution fondée en 1946, est intégrée aux Nations unies ; son siège est installé à Genève.
Monde : l'ONU adopte la Déclaration universelle des droits de l'homme.
États-Unis : invention du transistor et du disque microsillon en vinyle à trente-trois tours.

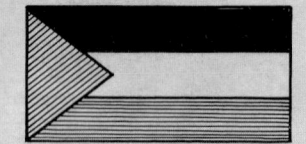

La montée des sentiments nationalistes parmi les Arabes a conduit la Société des Jeunes Arabes à dessiner ce drapeau en 1914. Le triangle n'a été ajouté qu'en 1917.

La naissance d'Israël

Jusqu'à la fin de la Première Guerre mondiale, la Palestine – l'antique Terre promise des juifs – fait partie de l'Empire ottoman. Quand celui-ci s'effondre, la Société des Nations place le pays sous le contrôle du gouvernement britannique (*voir* p. 658). Celui-ci s'est engagé à y soutenir la création d'un Foyer national pour le peuple juif mais, dans les années 1930, l'installation de nombreux immigrants juifs fuyant le nazisme s'accompagne de tensions avec la communauté arabe, majoritaire dans le pays.

Après la Seconde Guerre mondiale, la Palestine apparaît comme un refuge pour nombre de survivants de l'holocauste (*voir* p. 692). Les affrontements entre juifs et arabes se multiplient. Dépassés par la situation, les Britanniques font appel aux Nations unies qui adoptent, en 1947, un plan de partage du pays en un État juif et

1948

◄ En 1949, le drapeau israélien est déployé à Eilat, dans le golfe d'Aqaba, le point le plus au sud du pays et son seul port sur la mer Rouge.

LES RÉFUGIÉS PALESTINIENS

Dès le début de la guerre israélo-arabe, près d'un million d'Arabes quittent la Palestine. Ayant tout abandonné, devenus des réfugiés, ils vivent dans des conditions très précaires dans les pays arabes voisins, notamment en Jordanie, ou plus lointains.

DAVID BEN GOURION
(1886-1973)

Né en Pologne, David Ben Gourion s'installe en Palestine en 1906. À la tête du parti travailliste, il proclame, en 1948, l'indépendance d'Israël dont il forme et dirige le premier gouvernement.

un État arabe. Jérusalem, ville sacrée pour les juifs, les musulmans et les chrétiens, serait placée sous contrôle international. Accepté dans l'ensemble par la communauté juive, ce projet est rejeté par les arabes.

Le 14 mai 1948, David Ben Gourion proclame l'indépendance d'Israël, aussitôt reconnue par les États-Unis et l'URSS. Le lendemain, les pays arabes voisins attaquent le nouvel État, engageant la première des guerres israélo-arabes qui feront du Moyen-Orient l'un des points chauds de la planète (voir pp. 732-733).

◄ L'indépendance de l'État d'Israël est suivie d'une immigration massive de juifs venus du monde entier. Ils étaient 650 000 en 1948 ; ils seront 2,5 millions en 1970.

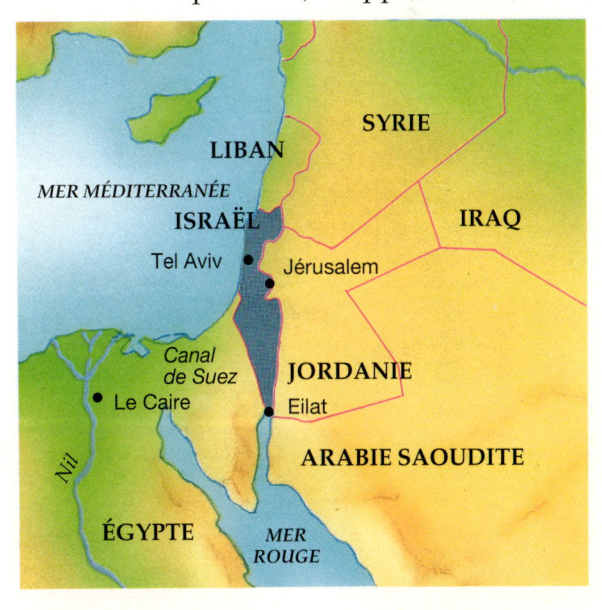

► Dès sa naissance, Israël est attaqué par les États voisins – Liban, Syrie, Iraq, Jordanie, Égypte –, regroupés dans la Ligue arabe. La première guerre s'achève en 1949 par la victoire des Israéliens.

1914 – 1949

De nouvelles armes

La Grande Guerre est une guerre de position ; la Seconde Guerre mondiale, une guerre de mouvement. En 1914-1918 apparaissent les blindés, l'aviation militaire et les sous-marins. Le rôle de ces armes nouvelles s'accroît en 1939-1945. L'emploi des chars dans de grandes unités blindés représente une innovation décisive tandis que les avions de chasse, de bombardement, de transport font du ciel un vaste champ de bataille. Sur mer, les porte-avions permettent d'utiliser l'aviation notamment dans les batailles navales, tandis que le rôle essentiel des sous-marins se confirme. Mais aucune arme n'est aussi terrifiante que la bombe atomique. Mise au point par les Américains, elle met fin à la guerre, en 1945, et ouvre une ère nouvelle, celle du nucléaire, de l'équilibre de la terreur et de la course aux armements.

◀ En 1914, les avions militaires servent essentiellement à la reconnaissance. Mais les premiers chasseurs et les premiers bombardiers vont bientôt apparaître.

◀ Pendant la Grande Guerre, les sous-marins se révèlent très efficaces contre les flottes de guerre et les navires marchands.

▼ Pour traverser une ville bombardée, ces soldats portent leur masque à gaz (ci-dessous). Expérimentées par les Allemands sur le front ouest en avril 1915, les attaques aux gaz de combat – au gaz moutarde notamment – se sont généralisées dans les deux camps. Les troupes se sont alors équipées de masques offrant une protection élémentaire contre cette arme redoutable.

◀ Les premiers blindés sont utilisés sur le front ouest à partir de 1917. Ces engins sont lents, lourds et difficiles à manœuvrer, mais grâce à leurs chenilles, ils avancent en terrain difficile et franchissent la plupart des obstacles. Le char britannique ci-contre est équipé de deux canons et de quatre mitrailleuses.

Messerschmitt
P51 Mustang
Spitfire

À CETTE ÉPOQUE

1915 Expérimentation des premiers sonars pour repérer les sous-marins en plongée.
1937 Destruction de la ville de Guernica, en Espagne, par l'aviation allemande.
1939-1940 Avancée rapide des armées allemandes qui utilisent la tactique de la guerre éclair (*Blitzkrieg*).
1940 Mise en application du radar, qui permet notamment de localiser les avions ennemis.
1941 Aux États-Unis, des scientifiques engagent le Manhattan Project de mise au point de la bombe atomique.
1944 Premiers avions à réaction opérationnels. 7 000 navires, 20 000 véhicules, 12 000 avions alliés participent au débarquement en Normandie.

▲ *L'aviation militaire se développe considérablement pendant la Seconde Guerre mondiale. Des chasseurs comme le Spitfire britannique, le Messerschmitt allemand et le Mustang américain sont rapides et très puissamment armés.*

Angleterre   Russie   Japon

États-Unis   Allemagne

AMIS OU ENNEMIS ?

Sur les avions de la Grande Guerre, les drapeaux sont bientôt remplacés par des symboles, plus faciles à identifier.

▼ *Les premiers canons anti-chars sont apparus en 1918, mais le bazooka (à droite) date de la Seconde Guerre mondiale. La mitraillette (ci-dessous) est une invention de la Grande Guerre.*

▶ *Aux États-Unis, dès 1941, des scientifiques et des techniciens travaillent à la mise au point de l'arme nucléaire. En août 1945, deux bombes atomiques sont lancées sur les villes japonaises d'Hiroshima et de Nagasaki.*

LA GUERRE FROIDE

1949 Guerre froide : signature du traité de l'Atlantique Nord (OTAN) par les nations occidentales. Création du Comecon (conseil d'aide économique mutuelle) par l'URSS et les pays de l'Est.
Allemagne : fin du blocus de Berlin. Division officielle du pays entre la République fédérale d'Allemagne à l'ouest (RFA), et la République démocratique allemande à l'est (RDA). Le dramaturge Bertolt Brecht fonde une compagnie théâtrale à Berlin.
Irlande : proclamation de la République d'Irlande ; rupture avec le Commonwealth britannique.
Chine : proclamation de la République populaire de Chine, présidée par Mao Zedong (jusqu'en 1976) ; les nationalistes se réfugient à Taïwan.
Asie du Sud-Est : la France reconnaît l'indépendance du Laos et accorde une indépendance limitée au Cambodge. Les Pays-Bas reconnaissent l'indépendance de l'Indonésie.
Proche-Orient : fin de la première guerre israélo-arabe ; Israël annexe de nouveaux territoires.
Grèce : fin de la guerre civile ; défaite des communistes.
France : Simone de Beauvoir publie *le Deuxième Sexe*, qui marquera l'histoire du féminisme. Fin du rationnement de l'essence. Suppression des tickets de pain.
URSS : première bombe atomique soviétique.

Après la guerre, la plupart des colonies britanniques accèdent à l'indépendance, tout en restant dans le Commonwealth. Sous le drapeau du Royaume-Uni, les soldats du Commonwealth (ci-dessus) resteront attachés au camp occidental pendant la guerre froide.

La guerre froide

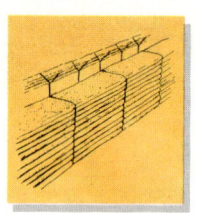

Dès la fin de la Seconde Guerre mondiale, le monde se trouve partagé entre le bloc communiste, représenté par l'Union soviétique et les pays d'Europe de l'Est, et celui des démocraties occidentales alliées des États-Unis (*voir* pp. 700-701). On appelle « guerre froide » cet affrontement sans combats directs qui domine les relations internationales.

La République démocratique allemande (RDA) et la République fédérale d'Allemagne (RFA) sont créées en 1949 ; le mur de Berlin est édifié en 1961. Un « rideau de fer » semble traverser l'Europe, interdisant tout contact entre l'Ouest et l'Est. Chacun des deux grands va alors chercher à affirmer sa suprématie en se lançant dans une course aux armements nucléaires.

La confrontation culmine en 1962. Le président américain John Kennedy est prêt à risquer une guerre nucléaire pour empêcher le chef d'État soviétique, Nikita

▲ *En 1979, l'URSS envahit l'Afghanistan. Pendant dix ans, les moudjahidin (ci-dessus) lutteront contre les troupes soviétiques.*

▶ *En 1968, lors du « printemps de Prague », les Tchèques tentent de se libérer de la domination soviétique. En août, les troupes du Pacte de Varsovie (ci-contre) envahissent le pays.*

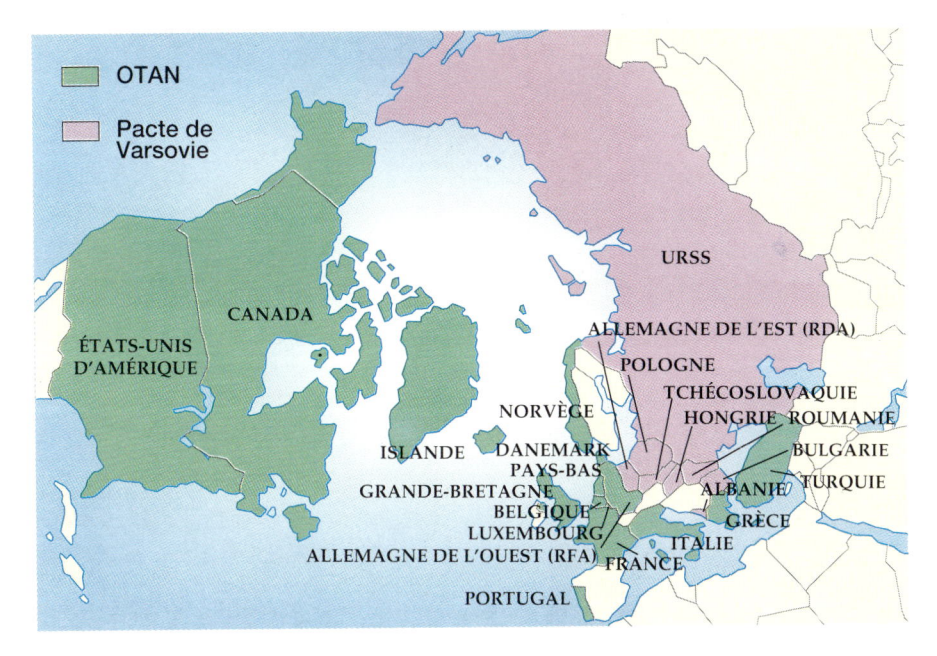

◀ Des alliances militaires soudent chacun des deux camps. Le Traité de l'Atlantique Nord (OTAN, 1949) unit le bloc occidental ; le Pacte de Varsovie (1955) rassemble l'URSS et les démocraties populaires.

▼ Ce dessin date de 1962. Il présente la crise de Cuba comme un « bras de fer » entre Khrouchtchev (à gauche) et Kennedy (à droite), assis sur des bombes nucléaires.

Khrouchtchev, d'installer des missiles à Cuba. Le danger est tel que l'URSS finit par reculer. Cette crise annonce le retour à une politique plus prudente (la coexistence pacifique), et les deux grands amorcent alors un dialogue visant à limiter la course aux armements. Cependant, la guerre froide ne s'achèvera vraiment qu'à la fin des années 1980 (voir pp. 738-739).

La Chine communiste

En Chine, les nationalistes de Tchang Kaï-chek et les communistes de Mao Zedong se sont alliés pour combattre les Japonais (*voir* pp. 684-685). Mais cette alliance ne résiste pas à la défaite japonaise. Dès 1946, la Chine sombre de nouveau dans la guerre civile.

Maîtres du sud et du centre du pays, les nationalistes bénéficient d'une aide massive des Américains. Tenant toute la Chine du Nord, les hommes de Mao Zedong sont, eux, appuyés par les Soviétiques. Ils disposent également d'armées puissantes et sont soutenus par la majorité de la population. En janvier 1949, ils s'emparent de Tianjin et de Pékin, puis ils avancent vers le sud. Vaincues, les troupes de Tchang Kaï-chek doivent se réfugier sur l'île de Taïwan.
Le 1er octobre 1949, Mao Zedong proclame la République populaire de Chine. Devenu son premier président, il sera l'artisan de la révolution chinoise.

▲ Dès son arrivée au pouvoir, Mao Zedong entreprend notamment une grande réforme agraire. Cette affiche de 1949 montre des paysans accueillant avec enthousiasme des soldats de l'armée rouge chinoise.

▼ Meeting du parti communiste chinois à Shanghaï. Dirigés par Mao Zedong, les communistes prennent le pouvoir en Chine en 1949.

1950 à nos jours

Le monde moderne

La plupart des hommes, des femmes et des enfants qui ont été les acteurs ou les spectateurs des événements politiques, culturels, scientifiques, sociaux… qui ont marqué notre temps depuis 1950 ont été vécus par des hommes, des femmes, des enfants qui, pour beaucoup d'entre eux, vivent encore. Nombre de ces événements ont été retransmis « en direct » à la radio ou à la télévision. Certains, qui nous semblent aujourd'hui importants, seront peut-être perçus autrement dans un siècle.

Il est difficile de parler de cette histoire très proche car nous manquons de recul ; les historiens se sont donc efforcés de dégager l'essentiel. Les « premières fois » – premiers astronautes, premiers bébés-éprouvettes, premiers ordinateurs familiaux…– s'imposent souvent comme des dates historiques.

Les grands bouleversements politiques – la décolonisation de l'Afrique et de l'Asie, la disparition de l'URSS et l'ouverture des pays de l'Europe de l'Est et du Centre – méritent également d'être retenus. L'émergence du Moyen-Orient comme l'un des points chauds de la planète et de l'Asie du Sud-Est comme l'un des nouveaux pôles de l'économie mondiale semblent aussi très importants.

Par ailleurs, les historiens ont mis en évidence des thèmes universels comme le bouleversement des hiérarchies sociales ou le défi écologique. Détachés d'une stricte chronologie, ils permettent de repérer des évolutions plus lentes. Et surtout d'aborder le passé récent avec un peu de distance, pour tenter de mieux l'analyser et de mieux le comprendre…

▼ En 1989, la destruction du mur de Berlin, construit pendant la guerre froide, a été perçue comme un symbole et un grand événement historique.

DE 1950 À NOS JOURS PANORAMA

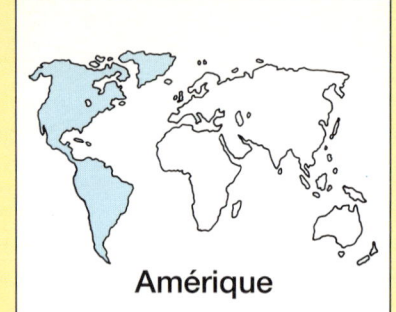

Amérique

1951 Mise en service de la première centrale nucléaire américaine.
1958 Fondation de la NASA.
1959 Fidel Castro prend le pouvoir à Cuba.

1963 Assassinat du président des États-Unis John Kennedy.
1968 Assassinat du pasteur noir américain Martin Luther King.
1969 Des astronautes américains marchent sur la Lune.
1973 Salvador Allende, président du Chili, est renversé par le général Pinochet.
1974 Scandale du Watergate aux États-Unis ; démission du président Nixon.
1979 Guérillas au Nicaragua et au Salvador.

1981 Première navette spatiale américaine.
1982 Guerre des Falkland entre l'Argentine et la Grande-Bretagne.
1983 Retour de la démocratie en Argentine.

1987 Accord de désarmement entre les États-Unis et l'URSS.

1992 Rio de Janeiro accueille le « Sommet de la Terre ».
1993 Bill Clinton devient président des États-Unis.

Europe

1956 Intervention des troupes soviétiques en Hongrie.
1957 Fondation de la Communauté économique européenne (CEE).
1958 Fondation de la Ve République française. Le général de Gaulle en est le premier président.
1961 Construction du mur de Berlin. Le Soviétique Iouri Gagarine est le premier homme envoyé dans l'espace.
1968 Invasion des troupes soviétiques en Tchécoslovaquie. Événements de mai 68 en France.
1973 La Grande-Bretagne, l'Irlande et le Danemark entrent dans la CEE.
1975 Mort de Franco ; restauration de la monarchie et de la démocratie en Espagne.
1981 La Grèce entre dans la CEE. Le socialiste François Mitterrand est élu président de la République française.
1985 Arrivée au pouvoir de Mikhaïl Gorbatchev en URSS.
1986 L'Espagne et le Portugal entrent dans la CEE.
URSS : catastrophe nucléaire de Tchernobyl.

1989 Chute du mur de Berlin.
1990 Réunification de l'Allemagne.
1991 Dissolution de l'URSS. Les Républiques d'Europe du Centre et de l'Est retrouvent leur indépendance. Début de la guerre civile en Yougoslavie.

Afrique

1954-1962 Guerre d'Algérie.
1952 Coup d'État militaire en Égypte.
1956 L'Égyptien Nasser nationalise le canal de Suez. Indépendance de la Tunisie et du Maroc.
1957 Indépendance du Ghana.
1960 Les colonies françaises d'Afrique noire accèdent à l'indépendance.
1962 Indépendance de l'Algérie et de l'Ouganda.
1963 Indépendance du Kenya.
1964 Indépendance de la Zambie et du Malawi.
1965 La minorité blanche au pouvoir en Rhodésie du Sud (l'actuel Zimbabwe) se déclare indépendante de la Grande-Bretagne.
1967-1970 Guerre du Biafra au Nigeria ; la population est touchée par la famine.
1974 L'empereur Hailé Sélassié d'Éthiopie est renversé lors d'un coup d'État.
1975 Indépendance de l'Angola et du Mozambique.
1979 Guerre civile au Tchad.
1980 Indépendance du Zimbabwe.
1981 Assassinat du président égyptien Anouar el-Sadate.
1986 Émeutes sanglantes en Afrique du Sud.

1991 Abolition officielle de l'apartheid en Afrique du Sud.
1994 Nelson Mandela devient le premier président noir de l'Afrique du Sud.

DE 1950 À NOS JOURS PANORAMA

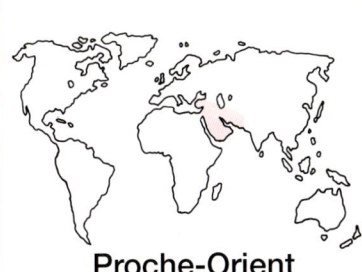

Proche-Orient

1956 Deuxième guerre israélo-arabe.

1964 Fondation de l'Organisation de libération de la Palestine (OLP).

1967 Troisième guerre israélo-arabe (guerre des Six-Jours).

1973 Les membres de l'OPEP augmentent le prix du pétrole ; premier « choc pétrolier ».

1976 Début de la guerre civile au Liban.

1979 Traité de paix entre l'Égypte et Israël. Révolution islamique en Iran.
1980-1988 Guerre Iran-Iraq.

1990-1991 Guerre du Golfe.

1993 Signature d'un accord entre l'OLP et Israël.
1994 La police palestinienne s'installe à Jéricho et à Gaza.

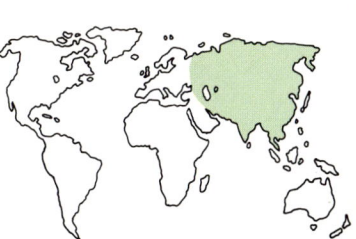

Asie et Extrême-Orient

1950-1953 Guerre de Corée.
1954 Fin de la guerre d'Indochine.
1955 Conférence afro-asiatique de Bandung.
1963 Indépendance de la Malaisie.
1964-1973 Guerre du Viêt Nam.
1966 Début de la « révolution culturelle » en Chine.
1971 Indépendance du Bangladesh.
1975 Les communistes contrôlent le Viêt Nam, le Laos et le Cambodge.
1976 Mort de Mao Zedong.
1978 Les Vietnamiens envahissent le Cambodge.
1979 Les Soviétiques interviennent en Afghanistan.

1984 Assassinat d'Indira Gandhi, Premier ministre de l'Inde. Accord entre la Chine et la Grande-Bretagne sur le retour de Hongkong à la Chine en 1997.
1988 Benazir Bhutto devient Premier ministre du Pakistan.
1989 En Chine, le mouvement étudiant est violemment réprimé.
Au Japon, mort de l'empereur Hirohito.

1992 Voyage officiel de l'empereur du Japon Akihito en Chine.

Océanie

1959 Les îles Hawaii deviennent le 50ᵉ État des États-Unis d'Amérique.

1966 Les troupes australiennes combattent aux côtés des Américains au Viêt Nam.
1972 Victoire du parti travailliste en Australie ; début de grandes réformes.
1975 Indépendance de la Papouasie-Nouvelle-Guinée.
1978 Indépendance des îles Salomon, en Mélanésie.

1985 Troubles en Nouvelle-Calédonie française.
Le *Rainbow Warrior*, navire du mouvement antinucléaire Greenpeace, est coulé dans le port d'Auckland.

De 1950 à nos jours

Le monde

Depuis le début des années 1950, la carte du monde a connu de grands bouleversements. De nouvelles frontières ont été définies ; de nouveaux États se sont formés. Dès la fin de la Seconde Guerre mondiale s'est engagé le grand mouvement de la décolonisation. La plupart des pays d'Asie et d'Afrique sont devenus indépendants. L'évolution des pays de l'Europe du Centre et de l'Est est plus récente. L'Union soviétique a, en 1991, éclaté en une communauté d'États indépendants (CEI), tandis que les démocraties populaires obtenaient, tour à tour, leur autonomie. Toutefois, la question des nationalités remet en cause aujourd'hui l'avenir de certains de ces pays. En Europe de l'Ouest, la Communauté économique européenne (CEE), née en 1957, évolue depuis quelques années vers une union politique. En Asie du Sud-Est, le Japon est devenu l'une des premières puissances mondiales, entraînant dans son sillage les « dragons asiatiques », tandis que la Chine poursuit son développement économique.

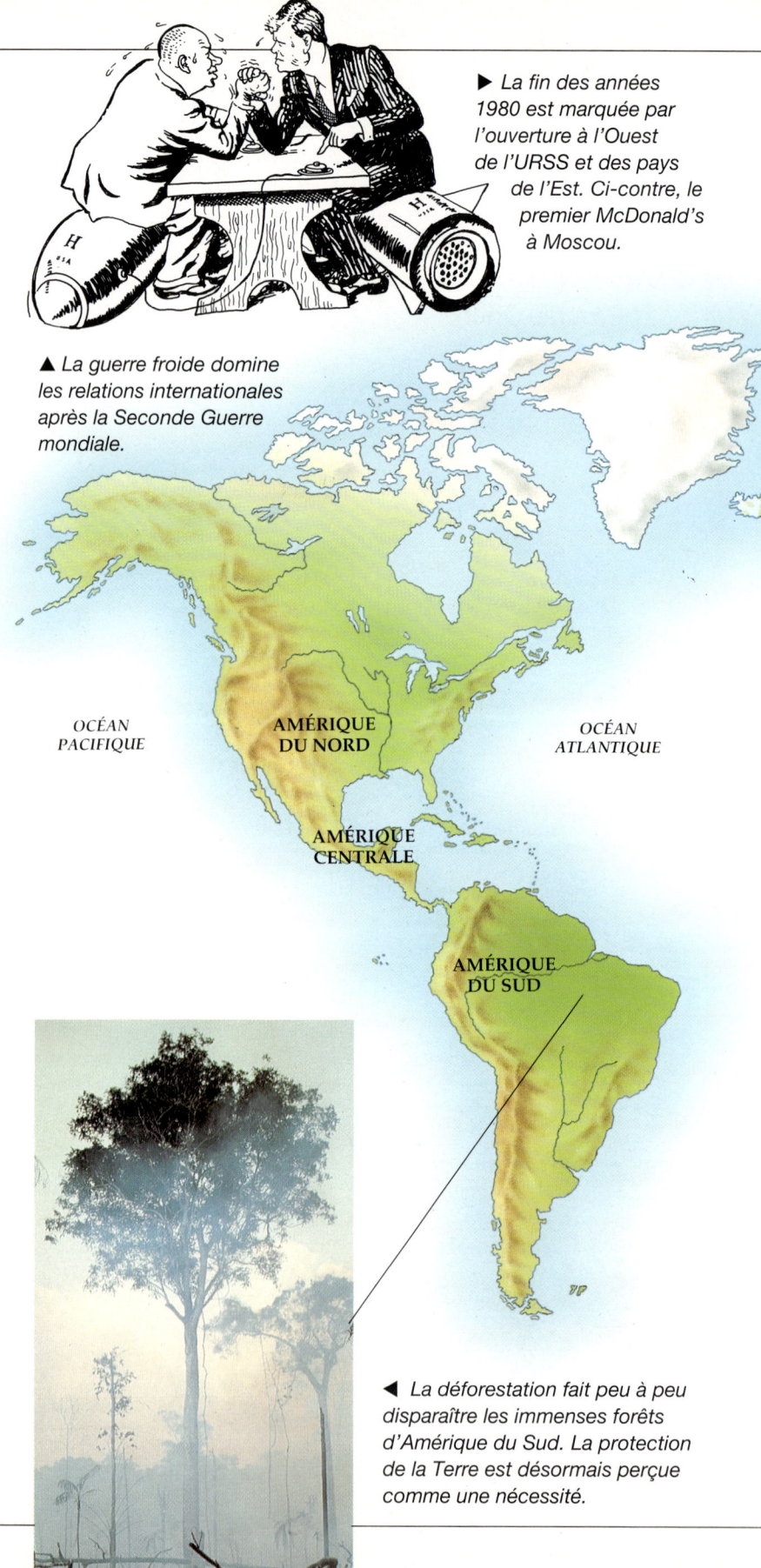

▶ La fin des années 1980 est marquée par l'ouverture à l'Ouest de l'URSS et des pays de l'Est. Ci-contre, le premier McDonald's à Moscou.

▲ La guerre froide domine les relations internationales après la Seconde Guerre mondiale.

OCÉAN PACIFIQUE

AMÉRIQUE DU NORD

OCÉAN ATLANTIQUE

AMÉRIQUE CENTRALE

AMÉRIQUE DU SUD

◀ La déforestation fait peu à peu disparaître les immenses forêts d'Amérique du Sud. La protection de la Terre est désormais perçue comme une nécessité.

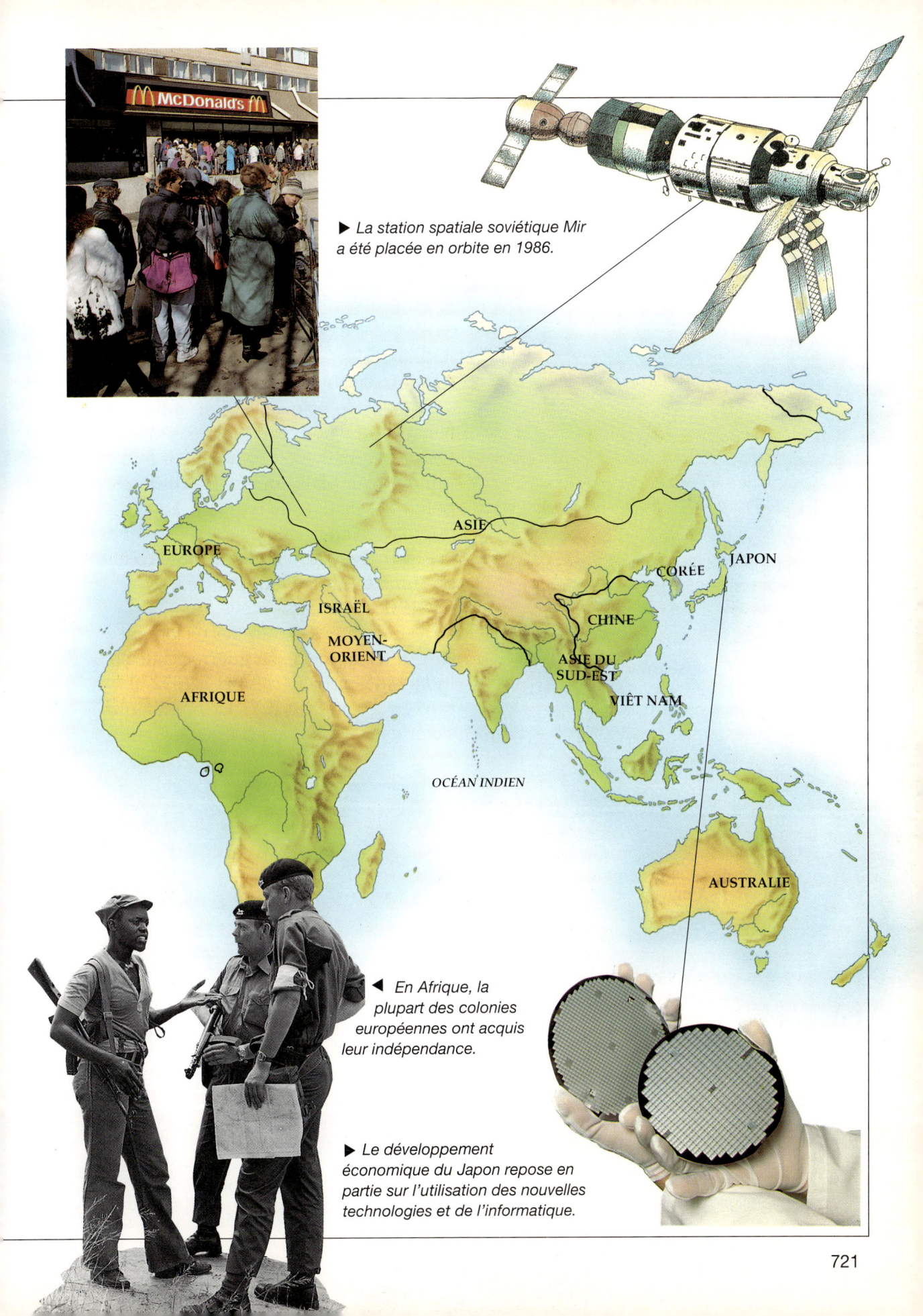

▶ La station spatiale soviétique Mir a été placée en orbite en 1986.

EUROPE
ASIE
ISRAËL
MOYEN-ORIENT
CORÉE
JAPON
CHINE
ASIE DU SUD-EST
VIÊT NAM
AFRIQUE
OCÉAN INDIEN
AUSTRALIE

◀ En Afrique, la plupart des colonies européennes ont acquis leur indépendance.

▶ Le développement économique du Japon repose en partie sur l'utilisation des nouvelles technologies et de l'informatique.

LA FRANCE DE LA IVᵉ À LA Vᵉ RÉPUBLIQUE

1950 Asie : la Chine et l'URSS signent un traité d'amitié. La Corée du Nord envahit la Corée du Sud ; début de la guerre de Corée (jusqu'en 1953).
1951 États-Unis : mise en service de la première centrale nucléaire.

Ci-contre, l'un des premiers timbres-poste à l'effigie de la reine Élisabeth II d'Angleterre, au début de son règne.

Europe de l'Ouest : création de la Communauté européenne du charbon et de l'acier (CECA) qui réunit six pays d'Europe de l'Ouest.
Afrique du Sud : institution d'une loi qui est à la base de l'apartheid (ségrégation raciale).
1952 Grande-Bretagne : Élisabeth II devient reine.
États-Unis : première expérimentation de la bombe à hydrogène (bombe H).
Égypte : coup d'État militaire.
1953 États-Unis : Dwight D. Eisenhower devient président (jusqu'en 1961).
URSS : mort de Staline ; Nikita Khrouchtchev lui succède.
Israël : découverte des manuscrits de la mer Morte.
Asie : première ascension du mont Everest, le plus haut sommet du monde.
1954 France : René Coty est élu président de la République (jusqu'en 1958). En juin, Pierre Mendès France devient président du Conseil (jusqu'en février 1955) et met fin à la guerre d'Indochine.
Algérie : début de la guerre d'Algérie (jusqu'en 1962).
Égypte : le colonel Gamal Abdel Nasser prend la tête de l'État (jusqu'en 1970).
1955 Europe de l'Est : création du pacte de Varsovie qui réunit l'URSS et sept pays communistes.
Asie : conférence afro-asiatique de Bandung ; Nasser, Tito et Nehru y apparaissent comme les leaders du non-alignement.

La France de la IVᵉ à la Vᵉ République

En France, à la Libération, le gouvernement provisoire de la République dirigé par le général de Gaulle (*voir* pp. 698-699) engage la reconstruction du pays. De grandes banques et de grandes entreprises sont nationalisées, la Sécurité sociale est créée, les femmes obtiennent le droit de vote.

À la fin de 1946, la IVᵉ République est instaurée. Le nouveau régime est instable. Les gouvernements se succèdent très rapidement. Mais, malgré ces difficultés politiques, le pays se redresse. La population augmente, les villes s'étendent, la production industrielle dépasse bientôt son maximum d'avant-guerre. Le niveau de vie des Français s'élève.

De nombreuses colonies réclament leur indépendance. La guerre éclate en Indochine en 1946 (*voir* pp. 726-727), puis en Algérie, en 1954. Ce conflit, qui s'éternise, conduit le général de Gaulle,

1950-1955

▶ *En mai 1968, les étudiants se révoltent ; ils veulent changer la société. Les ouvriers se mettent en grève ; la France est paralysée. Un an plus tard, de Gaulle démissionne.*

qui avait quitté le gouvernement en 1946, à revenir au pouvoir en mai 1958. Il fait rédiger une nouvelle Constitution et fonde la Ve République. Deux ans plus tard, la plupart des colonies françaises d'Afrique noire deviennent indépendantes et, en 1962, les accords d'Évian mettent fin à la guerre d'Algérie.

Le pays retrouve la paix. De Gaulle démissionne en 1969 et, pendant plus de dix ans, les gouvernements qui se succèdent sont soutenus par les partis de droite et du centre. En 1981, le socialiste François Mitterrand est élu à la présidence de la République ; l'arrivée de la gauche au pouvoir ouvre une nouvelle période marquée par d'importantes réformes économiques et sociales. Elle montre aussi que la France dispose aujourd'hui d'institutions solides et que la démocratie bénéficie de l'alternance politique.

◀ *De Gaulle est l'un des grands hommes politiques du 20e siècle. Il a donné au président de la République un rôle de premier plan. Ci-contre, un « bain de foule » du général en Allemagne.*

LA GUERRE D'ALGÉRIE

Au début des années 1950, la volonté d'indépendance des Algériens s'affirme de plus en plus. Mais plus d'un million d'Européens vivent dans le pays, et pour la majorité des Français de l'époque, l'Algérie, c'est la France. Le conflit éclate en 1954. L'armée française affronte le FLN (Front de libération nationale). Bientôt, des soldats français du contingent sont envoyés sur place. En mai 1958, de graves troubles à Alger provoquent le retour du général de Gaulle au pouvoir. Le cessez-le-feu intervient quatre longues années plus tard, après la signature des accords d'Évian. En avril 1962, l'Algérie devient indépendante. Ci-contre, l'affiche du film *Avoir 20 ans dans les Aurès*, l'un des rares films français consacrés à la guerre d'Algérie.

LA COURSE À L'ESPACE

La course à l'espace

Au lendemain de la Seconde Guerre mondiale, les développements technologiques (*voir* pp. 740-741) rendent possible un vieux rêve de l'humanité : la conquête de l'espace. Soviétiques et Américains engagent alors une véritable course pour être les premiers à réaliser ce grand défi.

D'énormes moyens sont investis dans cette compétition. L'URSS remporte une manche en 1957 lorsqu'elle lance son *Spoutnik*, le premier satellite artificiel. Quatre ans plus tard, en 1961, le Soviétique Iouri Gagarine effectue un vol en orbite autour de la Terre et devient le premier astronaute de l'histoire. La même année, John Kennedy, le président des États-Unis, affirme qu'il y aura un Américain sur la Lune avant la fin de la décennie. C'est chose faite en juillet 1969 lorsque les astronautes Armstrong et Aldrin foulent le sol lunaire.

Depuis, la France, la Chine, le Japon, la Grande-Bretagne, etc. se sont, eux aussi, lancés dans la conquête de l'espace. La coopération remplace aujourd'hui la compétition du début de l'ère spatiale. Plusieurs milliers de satellites ont été lancés pour observer la Terre et les autres planètes, transmettre les conversations téléphoniques et les émissions de télévision, guider les navigateurs… Des expériences scientifiques sont réalisées en absence de pesanteur dans des stations spatiales (satellites habités). Grâce aux progrès de la technologie actuelle, on sait que des hommes atteindront probablement la planète Mars au 21e siècle.

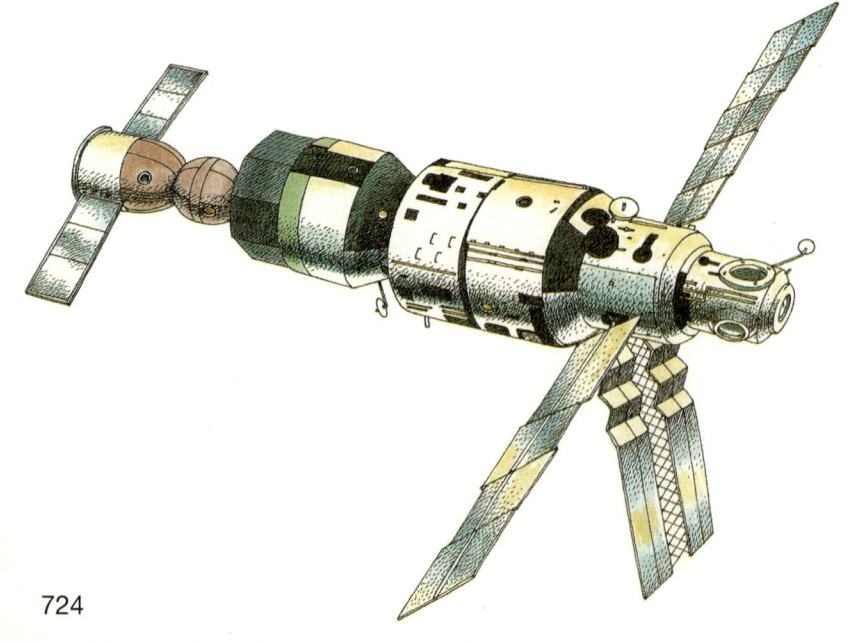

▲ « C'est un petit pas pour un homme, mais un pas de géant pour l'humanité », déclare Neil Armstrong en posant le pied sur la Lune. Des millions de téléspectateurs assistent à l'événement en direct.

◀ La station spatiale soviétique Mir a été placée en orbite autour de la Terre en 1986. Elle accueille des astronautes pour de longues missions.

1956-1959

UNE CHIENNE DANS L'ESPACE

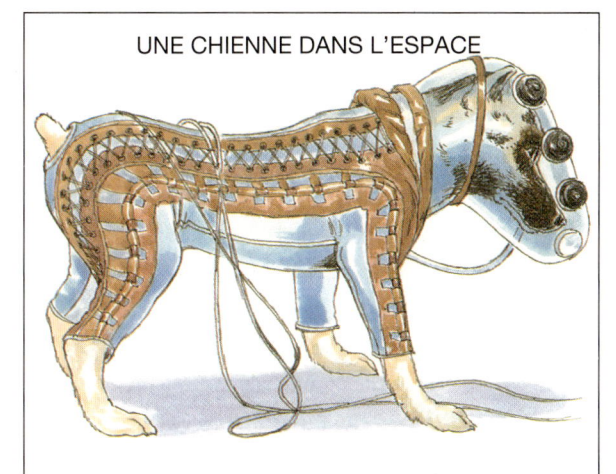

Laïka est une chienne très exceptionnelle. Elle est, en effet, le premier animal à avoir été envoyé dans l'espace, en 1957, dans la capsule du *Spoutnik 2* soviétique. Elle disposait de réserves d'air, de nourriture et d'eau et était reliée à des instruments mesurant sa respiration, les battements de son cœur, etc. Cette expérience a permis d'obtenir des informations nécessaires à l'envoi des premiers hommes dans l'espace.

LA CONQUÊTE DE L'ESPACE

1957 *Spoutnik 1*, premier satellite artificiel (URSS).
1959 La sonde spatiale *Luna 2* (URSS) atteint la Lune.
1961 Le Soviétique Iouri Gagarine est le premier homme dans l'espace.
1962 Premier satellite de télécommunication (États-Unis).
1963 Valentina Terechkova, première femme astronaute (URSS).
1969 Les astronautes américains Neil Armstrong et Edwin Aldrin marchent sur la Lune.
1975 Programme de coopération spatiale entre l'URSS et les États-Unis ; les vaisseaux *Apollo* et *Soïouz* sont mis en orbite.
1977 La sonde spatiale automatique *Voyager 2* (États-Unis) est lancée vers Jupiter, Saturne, Uranus et Neptune.
1979 Premier vol de la fusée européenne *Ariane*.
1981 Première navette spatiale (États-Unis).
1983 Le laboratoire européen *Spacelab* est lancé par la navette américaine.

1956 Pakistan : le pays devient une République islamique.
Égypte : Nasser nationalise le canal de Suez ; intervention militaire de la Grande-Bretagne, de la France et d'Israël. Deuxième guerre israélo-arabe.
Hongrie : tentative de libéralisation du régime ; intervention des troupes soviétiques.
URSS : 20e Congrès du parti communiste.
Afrique du Nord : indépendance du Maroc et de la Tunisie.
États-Unis : la jeunesse s'enthousiasme pour Elvis Presley et le rock'n roll.

1957 Afrique : le Ghana est le premier pays d'Afrique noire à devenir indépendant.
Europe de l'Ouest : le traité de Rome institue la Communauté économique européenne (CEE).
URSS : lancement de *Spoutnik 1*, le premier satellite artificiel.

1958 La guerre d'Algérie conduit le général de Gaulle à revenir au pouvoir ; il fait adopter une nouvelle Constitution et devient le premier président de la Ve République (jusqu'en 1969).
États-Unis : fondation de la NASA. Le sous-marin atomique américain *Nautilus* passe sous les glaces du pôle Nord.
Chine : Mao Zedong lance le « Grand Bond en avant ».

1959 Cuba : Fidel Castro prend le pouvoir.
Antarctique : signature, à Washington, d'un traité de démilitarisation totale des régions antarctiques.
France : sortie des *Quatre Cents Coups* du cinéaste François Truffaut.

Lancé en 1957, le satellite soviétique Spoutnik 1 *pèse près de 84 kg.* Explorer I, *le premier satellite américain, sera lancé l'année suivante.*

L'ASIE DU SUD-EST

1960 Iraq : création de l'Organisation des pays exportateurs de pétrole (OPEP).
Afrique : indépendance de nombreuses colonies, dont celles d'Afrique noire française.
France : entrée en vigueur du nouveau franc, qui vaut 100 anciens francs.
États-Unis : le démocrate John Fitzgerald Kennedy devient président.

1961 Allemagne : construction du mur de Berlin.
Maroc : Hassan II devient roi.
URSS : Iouri Gagarine est le premier homme envoyé dans l'espace.
Cuba : tentative de débarquement américain dans la baie des Cochons.

1962 Cuba : crise internationale provoquée par la découverte de missiles soviétiques installés dans l'île.
Algérie : accords d'Évian ; indépendance de l'Algérie.
France : référendum instituant l'élection du président de la République au suffrage universel.
États-Unis : mort de l'actrice Marilyn Monroe.
Italie : ouverture du concile Vatican II (jusqu'en 1965), qui réforme profondément l'Église catholique.

1963 États-Unis : le pasteur noir Martin Luther King engage la lutte pour les droits des Noirs américains. Assassinat du président Kennedy à Dallas.
Asie : intervention des troupes américaines au sud-Viêt Nam ; début de la guerre du Viêt Nam (jusqu'en 1973).

En 1963, l'assassinat du président américain John Fitzgerald Kennedy bouleverse le monde entier.

L'Asie du Sud-Est

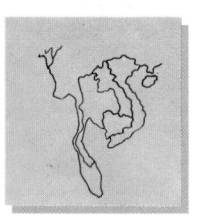

L'Inde, devenue indépendante en 1947 (*voir* pp. 708-709), a lancé le mouvement de la décolonisation en Asie du Sud-Est. Suivant son exemple, la plupart des pays de cette région revendiquent et acquièrent leur autonomie entre la fin de la Seconde Guerre mondiale et 1965. Cependant, les anciennes puissances coloniales ne consentent pas toujours facilement à cette émancipation. L'Indochine française n'obtient ainsi son indépendance qu'après une longue guerre (1946-1954) qui laisse le Viêt Nam divisé en deux États rivaux.

Dans les pays qui accèdent à l'autonomie, certains dirigeants locaux veulent mettre en place des gouvernements libéraux tandis que d'autres souhaitent fonder des démocraties populaires. Dès lors, et pendant près de dix ans, l'histoire de l'Asie du Sud-Est va être dominée par la guerre.

LE CAMBODGE

En 1975, les Khmers rouges communistes s'emparent du pouvoir au Cambodge ; ils y établissent une dictature particulièrement meurtrière (probablement un million de victimes). Trois ans plus tard, le Viêt Nam envahit le pays (ci-dessous), renverse le régime et proclame la République populaire du Kampuchéa.

1960-1963

◀ *Pendant la guerre de Corée (1950-1953), les troupes américaines soutiennent les Sud-Coréens contre les Nord-Coréens appuyés par les Chinois. Pour se déplacer dans ces régions montagneuses et difficiles d'accès, les militaires utilisent massivement, pour la première fois, des hélicoptères.*

▼ *Après 1950, le départ des colons s'accompagne de troubles politiques et ouvre une période de guerres en Asie du Sud-Est. Cette région devient le terrain de l'affrontement entre l'URSS et les États-Unis.*

Les Soviétiques, les Américains et, parfois, les Chinois s'engagent dans certains conflits ; la région devient le terrain de la guerre froide.

La Corée, par exemple, a été divisée en deux États en 1945 : la Corée du Nord, communiste, et la Corée du Sud, dont le gouvernement est soutenu par les États-Unis. De 1950 à 1953, la guerre ravage la région. À la fin des combats, la Corée du Sud demeure dans le camp occidental. En revanche, en 1975, au terme d'un autre conflit armé, le Viêt Nam et l'ensemble de la péninsule indochinoise passent sous contrôle communiste.

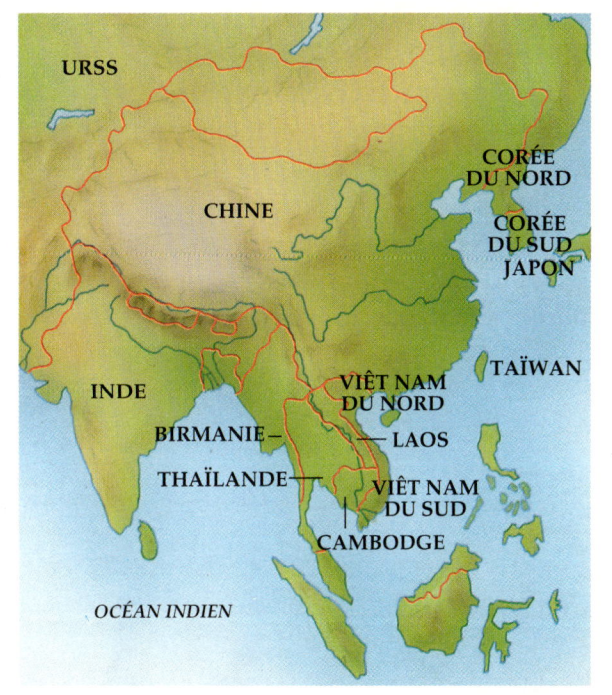

▶ *En 1954, l'Indochine française éclate entre plusieurs États dont un Viêt Nam du Nord (communiste) et un Viêt Nam du Sud (libéral) qui ne tardent pas à s'affronter. Les Américains interviennent avec d'énormes moyens, ne faisant qu'aggraver le conflit. La guerre du Viêt Nam, qui ne s'achèvera qu'en 1975, a complètement ravagé la région. Elle a fait, selon certaines estimations, près de 2 millions de victimes.*

LES MARCHÉS COMMUNS

Les marchés communs

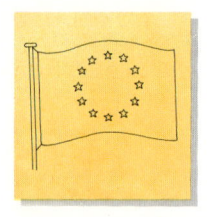

Depuis la Seconde Guerre mondiale, de grandes organisations économiques internationales ont été créées. Beaucoup d'entre elles prennent la forme de marchés communs à l'intérieur desquels les marchandises produites par les États membres circulent librement.

La plus importante, la Communauté économique européenne (CEE), a été fondée par le traité de Rome en 1957. Elle réunissait alors six pays : la France, la République fédérale d'Allemagne (RFA), la Belgique, le Luxembourg, les Pays-Bas et l'Italie. Ceux-ci s'engageaient à faire tomber peu à peu les frontières économiques pour mettre en place un marché européen unique dans lequel les marchandises, les hommes et les capitaux circuleraient librement.

LA CRISE DU PÉTROLE

La puissance de certaines organisations économiques peut déséquilibrer les marchés. L'OPEP a été créée par les pays producteurs de pétrole en 1960 pour garantir le prix de « l'or noir » sur le marché mondial. En multipliant celui-ci par 4 entre 1973 et 1974, les membres de l'organisation ont déclenché une crise économique mondiale.

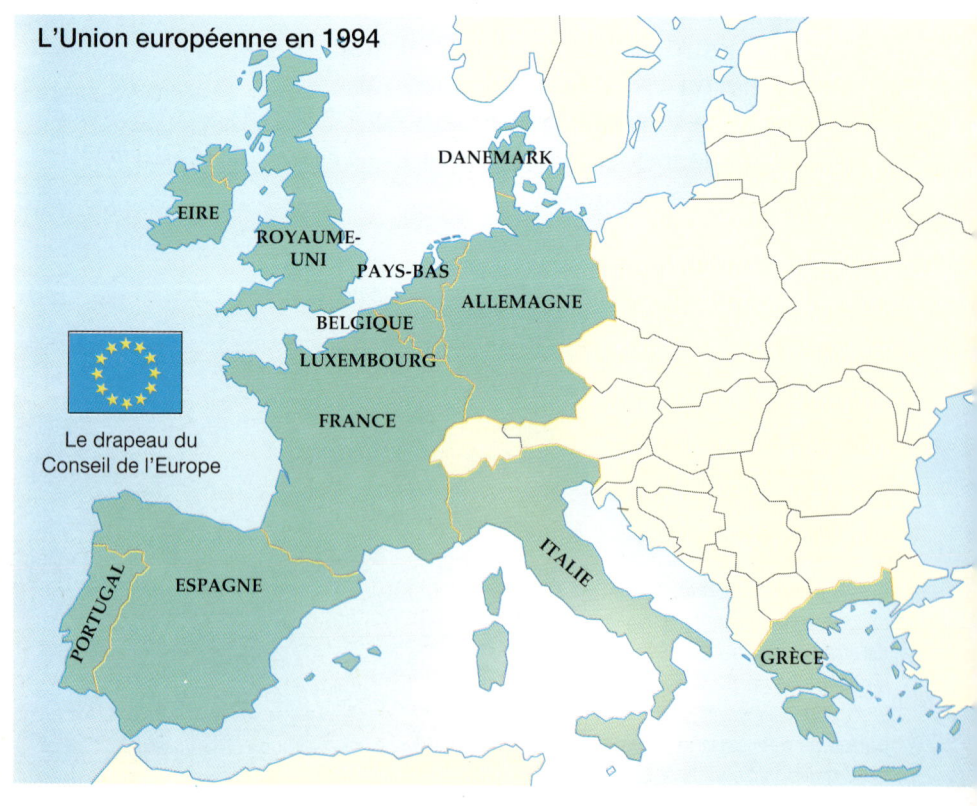

JEAN MONNET
(1888-1979)

Homme politique français, Jean Monnet est, avec Robert Schuman, l'un des pères de l'Europe. Dans les années 1950, tous deux ont contribué à la construction européenne et à la naissance de la Communauté économique européenne.

L'Union européenne en 1994

Le drapeau du Conseil de l'Europe

▲ Les principales institutions de la Communauté européenne sont installées à Bruxelles (ci-dessus), en Belgique. Le Parlement européen et le Conseil de l'Europe siègent, eux, en France, à Strasbourg.

Depuis, cette Europe des Six est devenue celle des Douze avec l'entrée de la Grande-Bretagne, de l'Irlande, du Danemark, de la Grèce, de l'Espagne et du Portugal. Première puissance économique mondiale devant les États-Unis et le Japon, l'Europe des Douze, malgré ses difficultés, apparaît aujourd'hui comme un modèle de développement pour de nombreux autres pays. Elle s'engage maintenant vers une coopération plus large en s'efforçant de réunir les peuples de ses États membres en un même ensemble politique : l'Union européenne.

◄ Avec près de 350 millions d'habitants, la Communauté européenne regroupe aujourd'hui douze pays d'Europe occidentale. La Grande-Bretagne, l'Irlande et le Danemark y sont entrés en 1978 ; la Grèce, en 1981, l'Espagne et le Portugal en 1986. D'autres pays, comme l'Autriche, ont demandé à en faire partie. Si ces États ne formaient qu'un seul pays, celui-ci serait la première puissance économique du monde.

1964-1967

1964 Proche-Orient : fondation de l'Organisation de libération de la Palestine (OLP).
URSS : destitution de Khrouchtchev ; Leonid Brejnev lui succède (jusqu'en 1982).
Afrique : indépendance de la Zambie et du Malawi.
États-Unis : émeutes raciales dans les grandes villes.

1965 France : le général de Gaulle est réélu à la présidence de la République.
Inauguration du tunnel du mont Blanc.
Rhodésie du Sud (Zimbabwe) : proclamation de l'indépendance.
Algérie : Houari Boumediene renverse Ben Bella et devient président de la République (jusqu'en 1978).
Grande-Bretagne : adoption du système métrique pour les poids et mesures.
La styliste Mary Quant lance la mini-jupe.

1966 Chine : Mao Zedong impose la « Révolution culturelle » (jusqu'en 1976).
France : la France se retire de l'OTAN.
Sortie de *Pierrot le Fou*, du cinéaste Jean-Luc Godard.
Italie : grande inondation à Florence.

1967 Proche-Orient : troisième guerre israélo-arabe (guerre des Six-Jours) ; Israël gagne plusieurs territoires.
États-Unis et Europe : manifestations de masse contre la guerre du Viêt Nam.
Nigeria : guerre du Biafra (jusqu'en 1970).
Bolivie : Che Guevara, grande figure de la révolution en Amérique latine, est tué lors de la guérilla bolivienne.
France : inauguration de l'usine marémotrice de La Rance, la première du monde.

Les plates-formes pétrolières offshore abritent le matériel nécessaire au forage, à l'exploitation et au stockage du pétrole des gisements sous-marins.

LA NAISSANCE DU TIERS MONDE

1968 États-Unis : assassinat de Martin Luther King. Aggravation des émeutes raciales.
Tchécoslovaquie : « printemps de Prague » ; le dirigeant Alexander Dubcek tente de libéraliser le régime ; intervention des chars soviétiques et des troupes du Pacte de Varsovie.
Europe de l'Ouest : révoltes étudiantes.
France : événements de mai 68 ; révoltes étudiantes et grèves ouvrières ; crise politique, économique et sociale.
Explosion de la première bombe H française à Mururoa, dans le Pacifique.
Portugal : Salazar démissionne pour raisons de santé.

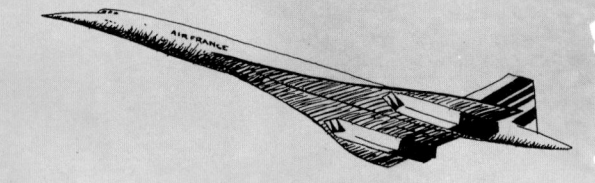

Le Concorde, avion supersonique franco-britannique, peut atteindre une vitesse deux fois supérieure à celle du son.

1969 RFA : Willy Brandt devient chancelier (jusqu'en 1974).
Irlande du Nord : début des affrontements entre catholiques et protestants ; l'Armée républicaine irlandaise (IRA) milite contre le gouvernement britannique.
France : démission du général de Gaulle après un référendum sur la régionalisation où les « non » l'ont emporté ; Georges Pompidou est élu président de la République (jusqu'en 1974). La SFIO devient le nouveau parti socialiste (PS). Premier vol du *Concorde*, avion commercial supersonique franco-britannique.
Tchécoslovaquie : destitution d'Alexander Dubcek et mise en place d'un gouvernement pro-soviétique.
Libye : le colonel Kadhafi s'empare du pouvoir.
États-Unis : Richard Nixon devient président (jusqu'en 1974). L'astronaute américain Neil Armstrong est le premier homme à marcher sur la Lune. Le festival de musique pop de Woodstock rassemble près de 400 000 spectateurs.

La naissance du tiers monde

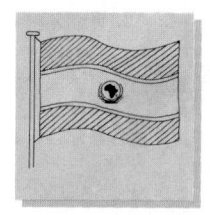

Depuis la guerre, la plupart des anciennes colonies européennes ont acquis leur indépendance. La décolonisation, engagée dès la fin des années 1940 en Asie (*voir* pp. 726-727), se poursuit en Afrique dans les années 1950-1960. Ce mouvement général d'émancipation est animé par des mouvements nationalistes qui luttent au nom du droit des peuples à disposer d'eux-mêmes.

Parfois, la décolonisation s'effectue sans affrontement : c'est le cas notamment du Ghana britannique, le premier État d'Afrique noire à devenir indépendant, ou de l'Afrique noire française. Parfois aussi, l'indépendance n'est obtenue qu'au prix d'une lutte armée ; au cours de la guerre d'Algérie (1954-1962), le gouvernement français lance massivement ses forces militaires contre le FLN (*voir* p. 723).

◀ *En avril 1955, la conférence afro-asiatique de Bandung réunit les représentants de vingt-neuf pays asiatiques et africains émancipés depuis 1945, et affirme l'émergence politique du tiers monde. L'Indien Nehru (ci-contre à gauche) et l'Égyptien Nasser jouèrent un rôle très important lors de cette conférence.*

▶ *Avant de devenir indépendant en 1980, le Zimbabwe (l'ancienne Rhodésie du Sud britannique) a connu une longue guerre civile. Ici, des soldats anglais parlementent avec un représentant de la guérilla.*

▼ *Après huit ans de guerre contre la France, et des centaines de milliers de morts, l'Algérie devient indépendante en 1962. Ci-dessous, une manifestation à Alger en 1961.*

La décolonisation a rarement été suivie d'un développement économique. Dans les années 1950, l'économiste français Alfred Sauvy a inventé l'expression de « tiers monde » pour désigner ces nouveaux États, en référence au tiers état « ignoré, exploité, méprisé » de l'Ancien Régime. Certains pays maintiennent aujourd'hui des liens étroits avec leur ancienne métropole. D'autres – en Asie du Sud-Est notamment – se sont peu à peu hissés au rang de pays industrialisés. Mais beaucoup d'entre eux – en particulier en Afrique noire – souffrent de sous-développement.

Les guerres au Moyen-Orient

Depuis la fin de la Seconde Guerre mondiale, le Moyen-Orient apparaît comme l'un des principaux points chauds de la planète. La création d'Israël sur le territoire de la Palestine en 1948 (*voir* pp. 710-711) a ouvert les hostilités entre le nouvel État, ses voisins arabes et les Palestiniens. Après la première guerre israélo-arabe, d'autres conflits ont secoué la région en 1956, 1967, 1973, 1978 et 1982. En 1993, un accord a été signé entre l'OLP – Organisation de libération de la Palestine, fondée en 1964 – et Israël. C'est une étape importante dans la recherche de la paix et du droit des peuples à disposer d'eux-mêmes.

Toutefois, la reconnaissance d'Israël n'est pas la seule cause de désaccord dans le monde arabe. Un conflit terriblement meurtrier a opposé l'Iraq à l'Iran de l'ayatollah Khomeyni de 1980 à 1988. Déchiré par la guerre civile, le Liban apparaît aujourd'hui comme un État disloqué.

▲ *Ces manifestants iraniens soutiennent l'ayatollah Khomeyni, le chef de la révolution islamique, lors d'une manifestation anti-américaine, en 1979.*

▼ *La guerre israélo-arabe des Six-Jours s'est déroulée du 5 au 10 juin 1967. Les Israéliens ont attaqué par surprise les bases militaires égyptiennes. En même temps, ils ont envoyé des troupes dans le désert du Sinaï pour faire prisonniers les soldats égyptiens qui s'y trouvaient.*

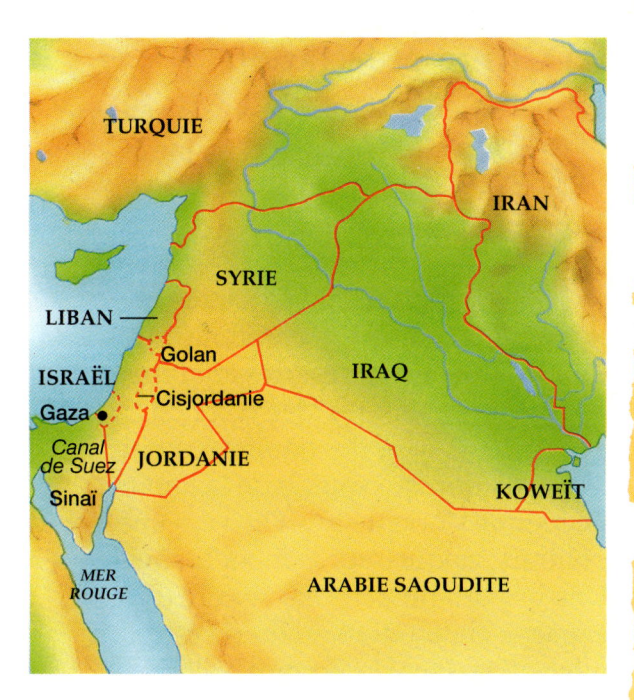

▲ Le Moyen-Orient est l'un des points chauds de la planète, marqué notamment par les conflits entre Israéliens, Arabes et Palestiniens.

Les tensions sont également exacerbées par l'exploitation de grands gisements pétroliers dans la région. Ainsi, la guerre du Golfe (1990-1991), qui a opposé l'Iraq à une coalition d'une trentaine de pays conduite par les États-Unis, était officiellement destinée à libérer le Koweït, mais elle visait aussi à préserver les précieuses réserves pétrolières koweïtiennes.

LA CRISE DE SUEZ

En 1956, l'Égyptien Nasser nationalise le canal de Suez, jusqu'alors administré par la Grande-Bretagne et la France. Aussitôt, les Britanniques et les Français interviennent militairement tandis que les Israéliens envahissent le Sinaï égyptien. Appelant à un cessez-le-feu, l'URSS et les États-Unis les contraignent à se retirer. Des forces de l'ONU sont alors envoyées dans le Sinaï ; elles parviendront à préserver la paix israélo-arabe pendant dix ans.

1970-1972

1970 Nigeria : fin de la guerre du Biafra.
Égypte : mort de Nasser ; Anouar el-Sadate devient président (jusqu'en 1981).
Syrie : le général Hafiz al-Asad prend le pouvoir.
Cambodge : coup d'État du maréchal proaméricain Lon Nol ; Norodom Sihanouk s'exile (jusqu'en 1975).
Chili : le socialiste Salvador Allende devient président de la République (jusqu'en 1973).
URSS : une sonde spatiale soviétique atteint Vénus.

1971 Chine : développement des relations avec les États-Unis. Pakistan : indépendance du Pakistan oriental (l'ex-Bengale), qui devient le Bangladesh. Conflit entre le Pakistan et l'Inde.
Suisse : par référendum, le droit de vote est accordé aux femmes.
France : François Mitterrand devient secrétaire général du parti socialiste au congrès d'Épinay. Mort du général de Gaulle.

1972 Allemagne : jeux Olympiques de Munich ; assassinat d'athlètes israéliens par des terroristes arabes.
Australie : le parti travailliste emporte les élections et lance de grandes réformes.
États-Unis : début des préoccupations écologiques ; l'utilisation du DDT, insecticide très nocif, est interdite.
France : le parti socialiste et le parti communiste adoptent un programme commun de gouvernement pour les élections.

Afin d'éviter les maladies, les insectes nuisibles et les mauvaises herbes, on asperge les cultures d'insecticides ou d'herbicides. Ces pulvérisations par avion sont souvent nocives pour l'homme.

LA CHINE ET LE JAPON

1973 Proche-Orient : quatrième guerre israélo-arabe (guerre du Kippour) ; l'Égypte et la Syrie attaquent Israël lors de la fête juive du yom kippour.
Monde : premier « choc pétrolier » ; pour soutenir les pays arabes contre Israël, l'OPEP décide d'augmenter le prix du pétrole.
Viêt Nam : accord de cessez-le-feu ; fin de la guerre du Viêt Nam.
Europe de l'Ouest : la Grande-Bretagne, l'Irlande et le Danemark rejoignent la CEE.
Chili : une junte militaire renverse le président Allende ; le général Pinochet instaure une dictature.

1974 Monde : crise économique dans les pays grands consommateurs de pétrole.
Afrique : sécheresse et famine au Sahel.
États-Unis : impliqué dans une affaire d'espionnage – scandale du Watergate – le président Nixon démissionne.
France : mort de Georges Pompidou ; Valéry Giscard d'Estaing est élu président de la République (jusqu'en 1981). L'âge de la majorité passe de 21 à 18 ans.

1975 Asie : soutenus par la Chine, les Khmers rouges envahissent le Cambodge.
Viêt Nam : les communistes du Nord envahissent le Viêt Nam du Sud. Le Laos devient une République communiste.
Afrique : indépendance de l'Angola et du Mozambique (anciennes colonies portugaises).
Océanie : indépendance de la Papouasie-Nouvelle-Guinée.
Espagne : mort de Franco ; la monarchie est rétablie. Juan Carlos Iᵉʳ devient roi.

Sur cette carte apparaissent les neuf pays membres de la Communauté économique européenne en 1973. Depuis, la Grèce, l'Espagne et le Portugal y sont entrés.

La Chine et le Japon

Depuis la Seconde Guerre mondiale, la Chine et le Japon ont connu des évolutions tout à fait différentes. Lorsque Mao Zedong proclame la République populaire de Chine en 1949 (*voir* p. 716), le pays est très affaibli. Il faut construire des routes, des voies de chemin de fer, des écoles, des hôpitaux, nourrir la population qui souffre de la famine… Le régime s'oriente très vite vers une politique calquée sur le modèle soviétique. Une importante réforme agraire est engagée ; la production du riz est intensifiée dans des fermes collectives. Des mesures encouragent le développement de l'industrie.

▲ *Toute la Chine étudie le* Petit Livre rouge. *Ci-dessus, des étudiants le lisent à haute voix devant un immense portrait du président Mao Zedong.*

1973-1975

UNE TECHNOLOGIE DE POINTE

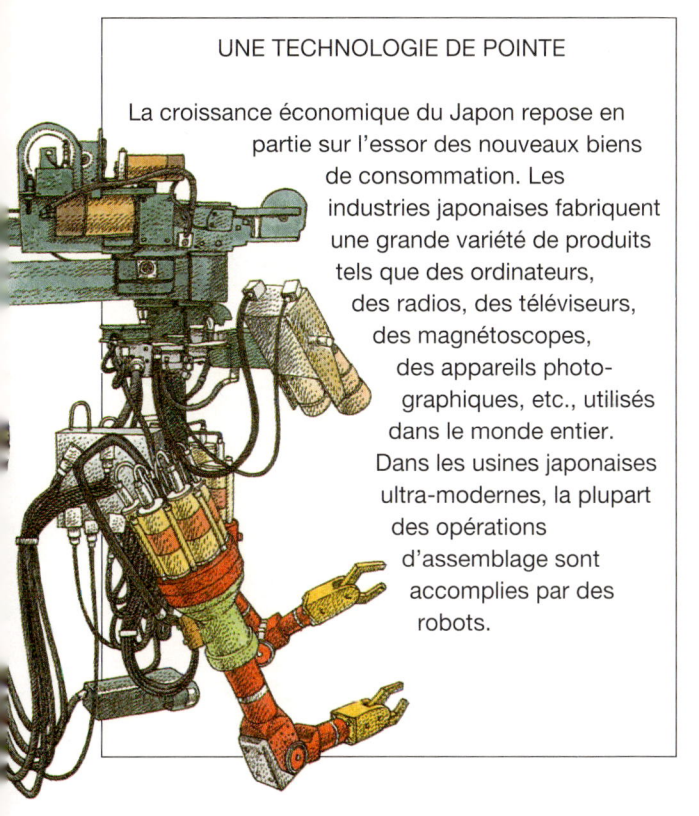

La croissance économique du Japon repose en partie sur l'essor des nouveaux biens de consommation. Les industries japonaises fabriquent une grande variété de produits tels que des ordinateurs, des radios, des téléviseurs, des magnétoscopes, des appareils photographiques, etc., utilisés dans le monde entier. Dans les usines japonaises ultra-modernes, la plupart des opérations d'assemblage sont accomplies par des robots.

▲ Au printemps 1989, les étudiants se révoltent à Pékin (ci-dessus) et dans d'autres villes de Chine pour obtenir la libéralisation politique du régime. Le gouvernement réprime sévèrement le mouvement en faisant intervenir l'armée.

▼ Lorsque Mao Zedong arrive au pouvoir, il lance une grande réforme agraire. Tous les Chinois, de la campagne comme de la ville, sont invités à se mettre au travail pour augmenter la production agricole.

Les résultats sont décevants. Mao Zedong s'éloigne alors de l'URSS et engage la révolution culturelle (1966-1976) dont il a défini le programme dans le célèbre *Petit Livre rouge*. Celle-ci se solde par un échec : des millions de victimes, une économie délabrée, un pays affaibli… Après la mort de Mao, en 1976, la Chine commencera à s'ouvrir vers l'extérieur et évoluera peu à peu vers un régime économique plus libéral.

Le Japon, en revanche, choisit de se développer sur le modèle capitaliste. Dévasté par les bombardements, le pays sort vaincu et ruiné de la Seconde Guerre mondiale. Toutefois, il se relève rapidement. En moins de vingt ans, il se hisse au niveau des grands et entraîne dans son sillage divers pays d'Asie du Sud-Est : Corée du Sud, Taïwan, Hongkong et Singapour. Il est aujourd'hui la deuxième puissance économique mondiale, juste derrière les États-Unis.

LES NATIONALISMES

Les nationalismes

La question des nationalités fait de certaines régions du monde des zones particulièrement troublées. Les frontières définies selon des critères politiques ne correspondent pas toujours aux réalités culturelles, économiques ou religieuses. Des Basques espagnols, par exemple, revendiquent la création d'un État indépendant dans le nord-est de l'Espagne. Des peuples de cultures différentes – tels les Érythréens et les Éthiopiens dans le nord-est de l'Afrique – ont parfois été réunis alors que tout les opposait ; ils revendiquent aujourd'hui la création d'États séparés (ce que l'Érythrée a obtenu en 1993). Certains peuples, comme les Kurdes, sont, eux, partagés

▲ Bien qu'ils soient près de 21 millions – la plus importante minorité sans État du monde –, les Kurdes n'ont pas de territoire national. Un grand nombre d'entre eux vivent en Turquie.

▼ Depuis 1950, la plupart des frontières – notamment en Afrique et en Asie – ont été redéfinies, mais nombre d'entre elles sont toujours contestées. Cette carte indique les principaux conflits qui se sont déroulés depuis la Seconde Guerre mondiale. Beaucoup de ces tensions résultent de frontières fixées sans respect du principe des nationalités. L'Afrique et l'asie sont particulièrement touchées par ces drames.

Zones de conflits
1 Chypre
2 Liban
3 Proche-Orient
4 Ex-Yougoslavie

entre plusieurs pays, et luttent pour que leur soit reconnue une identité nationale.

Pour se faire entendre, les membres les plus extrémistes de certaines minorités ont choisi un terrible moyen d'action : la violence aveugle. En Espagne, en Irlande du Nord, au Moyen-Orient, etc., des terroristes, qui se considèrent souvent comme des combattants de la liberté, espèrent, par leurs actions, faire aboutir leurs revendications.

La question des nationalités est souvent à l'origine de terribles guerres civiles. L'évolution de l'ex-Yougoslavie, déchirée entre plusieurs peuples – Serbes, Croates, Bosniaques… – en est l'un des exemples les plus récents et les plus dramatiques.

▼ Après une longue guerre, l'Érythrée, au nord de l'Éthiopie, est devenue indépendante en 1993. Ci-dessous, une femme soldat érythréenne.

1976-1978

1976 Viêt Nam : réunification du pays, qui devient une république socialiste ; début de l'émigration des *boat people*.
Cambodge : arrivée au pouvoir de Pol Pot, responsable de nombreux massacres.
Chine : mort de Mao Zedong.
Afrique du Sud : violentes émeutes à Soweto, quartier noir de Johannesburg.
France : fondation du RPR (Rassemblement pour la République).
Liban : début de la guerre civile ; les combats opposent les Libanais nationalistes musulmans aux milices chrétiennes libanaises.
Canada : au Québec, les élections sont remportées par le parti québécois indépendantiste.

1977 Éthiopie : le conflit avec l'Érythrée, province éthiopienne, se durcit.
France : inauguration du Centre national d'art et de culture Georges-Pompidou sur le « plateau Beaubourg », à Paris.

1978 Nicaragua : lutte du Front sandiniste contre le gouvernement proaméricain.
Italie : Aldo Moro, président de la démocratie chrétienne, est assassiné par le groupe terroriste des « Brigades rouges ».
Grande-Bretagne : naissance du premier « bébé éprouvette ».
Cambodge : invasion des Vietnamiens.
Vatican : mort de Paul VI (en août), puis de Jean-Paul Ier (en septembre) ; Jean-Paul II est élu pape.
France : marée noire sur les côtes bretonnes provoquée par l'échouage du pétrolier libérien *Amoco Cadix*.

Le Centre Georges-Pompidou a été édifié par les architectes Renzo Piano et Richard Rogers. Abritant notamment une vaste bibliothèque publique et le Musée national d'Art moderne, il accueille régulièrement de grandes expositions.

L'OUVERTURE DE L'EST

1979 Proche-Orient : signature d'un traité de paix entre l'Égypte et Israël.
Iran : révolution islamique ; l'ayatollah Khomeyni prend le pouvoir.
Afghanistan : intervention des troupes soviétiques.
Grande-Bretagne : Margaret Thatcher devient la première femme Premier ministre du pays (jusqu'en 1990).

1980 Proche-Orient : début de la guerre Iran-Iraq (jusqu'en 1988).
Afrique : indépendance du Zimbabwe.
Pologne : Lech Walesa fonde l'union de syndicats Solidarnosc (Solidarité).
Yougoslavie : mort du maréchal Tito.

1981 Pologne : le général Jaruzelski devient Premier ministre ; il interdit les syndicats libres.
Égypte : assassinat du président Sadate ; Hosni Moubarak lui succède.
Europe de l'Ouest : la Grèce rejoint la CEE.
États-Unis : Ronald Reagan devient président des États-Unis (jusqu'en 1989).
France : élection de François Mitterrand à la présidence de la République ; nombreuses réformes économiques et sociales. Abolition de la peine de mort. Inauguration du train à grande vitesse (TGV) entre Paris et Lyon.

1982 RFA : Helmut Kohl devient chancelier.
Argentine : guerre des Falkland entre l'Argentine et la Grande-Bretagne.
France : instauration de la semaine de travail de 39 heures et généralisation de la 5ᵉ semaine de congés payés.

1983 Antilles : débarquement de troupes américaines sur l'île de la Grenade pour empêcher un coup d'État militaire.
Argentine : fin de la dictature militaire. Raul Alfonsin est élu président.

Le micro-ordinateur personnel révolutionne les années 1980. Il a considérablement changé les modes de travail.

L'ouverture de l'Est

À la fin des années 1980, l'URSS engage un processus de démocratisation qui va, en quelques années, bouleverser l'Europe de l'Est et du Centre. Devenu chef de l'État soviétique en 1985, Mikhaïl Gorbatchev met en œuvre un ambitieux programme de réforme économique et politique : la perestroïka. Il négocie la réduction des arsenaux nucléaires, la coopération économique, prend en compte l'application des droits de l'homme, etc. ; le pays s'ouvre vers l'Occident.

Cette évolution est bien accueillie par la majorité de la population. Toutefois, la libéralisation du régime s'accompagne de revendications indépendantistes des Républiques qui forment l'Union soviétique. Les Républiques baltes – Lettonie, Lituanie, Estonie – sont les

SOLIDARNOSC

Créée en Pologne en 1980, et aussitôt interdite, l'union de syndicats Solidarnosc (en français, Solidarité) a été officiellement reconnue en 1989. Son président, Lech Walesa (ci-dessus, à gauche), a été élu président de la République polonaise en 1990.

premières à proclamer leur souveraineté, bientôt suivies par toutes les autres. En décembre 1991, l'Union soviétique a reconnu leur indépendance et officiellement cessé d'exister, éclatant en une Communauté d'États indépendants (CEI).

Cette évolution de l'URSS s'est accompagnée d'un mouvement général de démocratisation. Le mur de Berlin, symbole de la séparation entre l'Allemagne de l'Est et l'Allemagne de l'Ouest, est tombé en 1989 ; l'année suivante, l'Allemagne a été réunifiée. Les autres pays de la région ont, tour à tour, suivi la même voie. Les unes après les autres, les démocraties populaires – Hongrie, Pologne, Roumanie, Bulgarie… – ont rejeté le pouvoir du parti communiste.

Cependant, ces bouleversements politiques ont exacerbé les nationalismes (*voir* pp. 736-737) et reposé la question des frontières. Si la Tchécoslovaquie, créée en 1945, s'est pacifiquement divisée en deux États indépendants – la République tchèque et la Slovaquie –, la Yougoslavie, elle, a sombré dans la guerre civile.

▲ *Pendant des décennies, l'URSS est restée fermée à l'Occident. Ci-dessous, en 1989, les Moscovites se pressent pour l'ouverture du premier McDonald's du pays.*

▼ *Édifié en 1961, le mur de Berlin isolait Berlin-Ouest au cœur de la RDA. Sa chute (ci-dessous), en 1989, est apparue comme le symbole le plus éclatant de l'ouverture de l'Europe de l'Est.*

La révolution scientifique

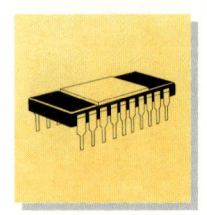

La seconde moitié du 20ᵉ siècle a été marquée par une évolution très rapide des sciences et des techniques. De nombreuses découvertes, dont certaines avaient été réalisées avant la Seconde Guerre mondiale, ont été mises au point et appliquées concrètement. L'utilisation du silicium (matériau semi-conducteur), par exemple, a révolutionné l'électronique en permettant la miniaturisation des composants. Puis, dans les années 1960, la création des circuits intégrés a favorisé l'essor de l'informatique.

D'innombrables découvertes ont ainsi permis la naissance de techniques qui font désormais partie de notre vie quotidienne. Il y a cinquante ans, les micro-ordinateurs, les télécopies (fax), les photocopieurs, le minitel, les magnétoscopes, les disques compacts, etc., n'existaient pas. Les images de synthèse en trois dimensions, par exemple, nous semblent naturelles… Pourtant, sans l'invention du laser à la fin des années 1950, elles n'existeraient pas.

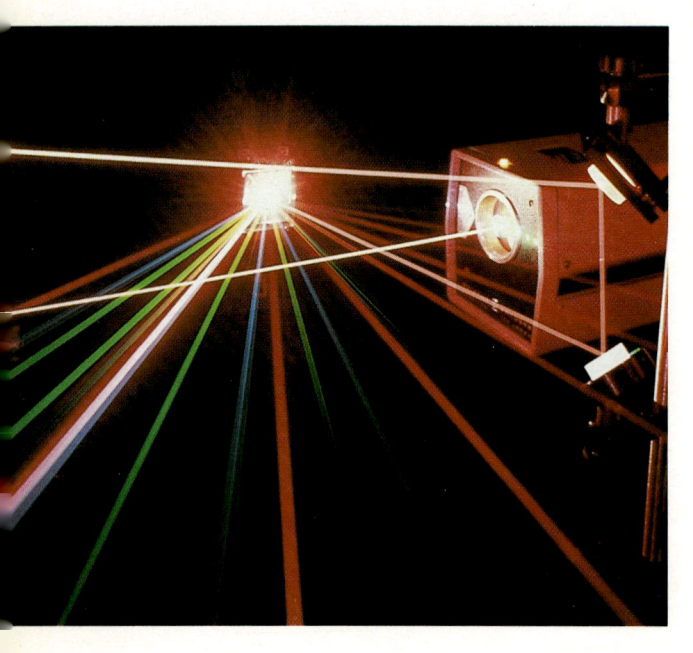

LES COMPOSANTS ÉLECTRONIQUES

La miniaturisation des éléments électroniques a été déterminante pour la fabrication des ordinateurs. Les premiers microprocesseurs (ou puces) sont apparus aux États-Unis au début des années 1970. Ces circuits intégrés effectuent le traitement des informations fournies à l'ordinateur et servent à les mémoriser.

QUELQUES GRANDES RÉALISATIONS

- **1950** Premier programme de télévision en couleurs aux États-Unis.
- **1953** Découverte de la structure de l'ADN.
- **1955** Mise au point de la pilule anticonceptionnelle.
- **1959** Mise au point du premier photocopieur.
- **1962** La première liaison transatlantique de télévision entre la France et les États-Unis est réalisée grâce au satellite de communication Telstar.
- **1966** Mise en service de la centrale marémotrice de La Rance, en France.
- **1968** Premières montres-bracelets à quartz.
- **1971** Commercialisation du premier microprocesseur.
- **1978** Naissance du premier bébé-éprouvette.
- **1979** Premier micro-ordinateur familial. Premier disque compact.
- **1981** En France, mise en service du TGV (train à grande vitesse) sur la ligne Paris-Lyon.
- **1983** Aux États-Unis et en France, des chercheurs identifient le virus HIV (virus de l'immunodéficience humaine) du sida.

▶ L'utilisation massive de fertilisants et la création d'espèces végétales à hauts rendements ont permis d'augmenter considérablement la production agricole : on a parlé de « révolution verte ».

◀ Inventé à la fin des années 1950, le laser est aujourd'hui utilisé dans de nombreux domaines comme la chirurgie, les télécommunications, l'armement…

▲ *Conçu par la France et la Grande-Bretagne, le* Concorde, *premier avion de transport supersonique, est entré en service en 1976.*

De grands programmes de recherche mobilisent aujourd'hui des milliers de scientifiques dans le monde. En médecine, la découverte de la structure de l'ADN (ou acide désoxyribonucléique, le constituant essentiel des chromosomes), en 1953, s'est notamment traduite par le développement de la génétique (science de l'hérédité), une des grandes sciences de l'avenir.

1984-1986

1984 Inde : Indira Gandhi, Premier ministre, est assassinée par des militants sikhs.
Afrique : grande famine en Éthiopie (jusqu'en 1987).
Asie : la Grande-Bretagne accepte le retour de Hongkong à la Chine en 1997.
France : première émission de Canal +.

1985 URSS : arrivée au pouvoir de Mikhaïl Gorbatchev (jusqu'en 1991) ; il lance un vaste programme de réformes.
Belgique : mort de 38 spectateurs pendant un match de football au stade du Heysel.
Océanie : graves troubles en Nouvelle-Calédonie. Le *Rainbow Warrior*, navire du mouvement écologiste Greenpeace, est coulé par des Français dans le port d'Auckland, en Nouvelle-Zélande ; l'affaire déclenche un scandale politique en France.
Monde : organisation des concerts humanitaires Live Aid pour secourir les victimes de la famine en Éthiopie.

1986 Europe de l'Ouest : l'Espagne et le Portugal entrent dans la CEE. Lancement des travaux du tunnel sous la Manche.
URSS : explosion d'un réacteur de la centrale nucléaire de Tchernobyl ; un nuage radioactif traverse l'Europe d'est en ouest.
États-Unis : explosion en vol de la navette spatiale *Challenger*.
France : la droite emporte les élections législatives ; début de la « cohabitation » (jusqu'en 1988) entre un président de gauche et un Premier ministre de droite. Coluche crée les « Restos du cœur ». Inauguration à Paris du musée d'Orsay et de la Cité des Sciences et de l'Industrie de la Villette.

Ci-contre, le logo des concerts humanitaires du Live Aid, organisés pour les victimes de la famine en Éthiopie.

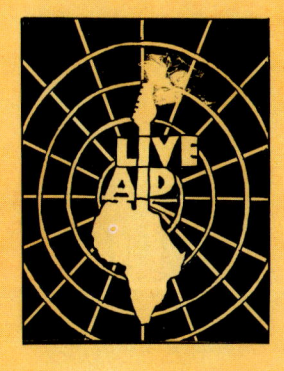

L'ÉVOLUTION DE LA SOCIÉTÉ

1987 URSS : Gorbatchev lance de grandes réformes économiques et politiques et signe un accord de désarmement nucléaire avec Reagan.
Antarctique : les scientifiques confirment l'existence d'un « trou » dans la couche d'ozone au-dessus du pôle Sud.
France : procès de Klaus Barbie, ancien chef de la gestapo de Lyon ; accusé de crime contre l'humanité, il est condamné à la réclusion perpétuelle. Privatisation de TF1.

1988 Proche-Orient : fin de la guerre Iran-Iraq.
Pakistan : Benazir Bhutto devient Premier ministre ; elle est la première femme à exercer cette fonction dans un État islamique.
Algérie : violentes émeutes contre le gouvernement.
France : réélection de François Mitterrand à la présidence de la République. Adoption du projet de loi sur la création d'un revenu minimum d'insertion (RMI).

1989 Europe de l'Est et du Centre : mouvements de démocratisation.
En URSS, plusieurs Républiques soviétiques réclament leur indépendance.
En Allemagne, chute du mur de Berlin.
En Roumanie, le régime est renversé ; Nicolae Ceausescu et sa femme sont exécutés. En Pologne, en Hongrie et en Tchécoslovaquie, abolition du rôle dirigeant du parti communiste.
Japon : mort de l'empereur Hirohito.
Chine : le mouvement étudiant est violemment réprimé.
Afghanistan : retrait des troupes soviétiques.
Iran : mort de l'imam Khomeyni.

Bâtiments du gouvernement chinois à Pékin, près de la place Tian'anmen. Cœur historique et politique de la capitale, cette place a été occupée par les étudiants chinois en 1989.

L'évolution de la société

La fin des années 1960 apparaît comme une époque de contestation. C'est le temps des « hippies », des communautés, des grands rassemblements pacifiques… Aux États-Unis, en Europe, de nombreux jeunes refusent la société dans laquelle ils vivent et appellent à bâtir un monde de paix, de liberté, de fraternité.

Depuis, les sociétés occidentales se sont transformées. Ces trente dernières années ont été marquées par un profond changement des modes de vie et des mentalités. Les structures traditionnelles, dans la vie professionnelle comme dans la vie privée, semblent s'être assouplies. Les femmes ont conquis une nouvelle

▼ *« Toilettes publiques réservées aux Blancs » indique ce panneau. La photographie a été prise en Afrique du Sud, un pays qui pratiquait l'apartheid (la ségrégation raciale). Il a été aboli en 1991.*

1987-1989

▶ En 1985, un grand concert Live Aid est organisé par Bob Geldorf à Wembley, près de Londres, afin de recueillir des fonds pour lutter contre la famine en Éthiopie. Réunissant des artistes de nombreux pays, il a été retransmis en direct dans le monde entier.

place dans la société. L'éducation a permis de réduire certaines inégalités. Grâce à la généralisation des moyens d'information, notre univers s'est élargi aux dimensions de la planète.

Toutefois, le fossé entre riches et pauvres n'a cessé de se creuser. La faim dans le monde, la lutte pour les droits de l'homme, etc., sont devenues des problèmes que nous ne pouvons plus ignorer. La solidarité est plus que jamais à l'ordre du jour.

LA POP-MUSIC

Adulés dans le monde entier, les Beatles ont les cheveux longs et sont le symbole d'une jeunesse contestataire. Dans les années 1960, accumulant les tubes et les records, ces « quatre garçons dans le vent » vendent des millions de disques. Leurs concerts rassemblent des dizaines de milliers de fans ; toute une industrie – vêtements, badges – se crée autour de leur image. Avec eux naît la gigantesque industrie de la pop-music, bouleversée, dans les années 1980, par l'apparition des disques compacts et le développement des vidéo-clips.

L'ÉDUCATION

Dans la plupart des pays riches, de grands progrès ont été accomplis dans le domaine de l'éducation. L'école est obligatoire ; de nombreux étudiants poursuivent des études supérieures. Toutefois, tous les enfants du monde n'ont pas cette chance. En Afrique, en Asie, en Amérique du Sud…, nombre d'entre eux travaillent dès leur plus jeune âge.

LES DROITS DES FEMMES

Dans les pays industrialisés, les mouvements féministes, apparus dans les années 1960-1970, ont beaucoup œuvré pour les droits des femmes. Le monde du travail s'est largement ouvert à elles et, aujourd'hui, pour la plupart, elles exercent une activité à l'extérieur. Cependant, à travail égal, leur salaire est souvent inférieur à celui des hommes.

▲ Cette affiche gouvernementale encourage les couples chinois à n'avoir qu'un seul enfant. Pendant des années, avoir plusieurs enfants était puni par la loi. D'autres gouvernements se sont aussi efforcés de réduire la croissance de la population.

LE DÉFI ÉCOLOGIQUE

1990 France : réunion de la Conférence sur la sécurité et la coopération en Europe.
Proche-Orient : guerre du Golfe ; invasion du Koweït par l'Iraq ; intervention des forces de l'ONU.
Allemagne : réunification des deux Allemagnes.
Grande-Bretagne : démission de Margaret Thatcher.
Afrique du Sud : Frederik De Klerk met en œuvre une politique d'ouverture vers la majorité noire ; libération de Nelson Mandela.

1991 Europe de l'Ouest : le sommet de Maastricht consacre la naissance d'une Union européenne.
Proche-Orient : les Iraquiens se retirent du Koweït ; fin de la guerre du Golfe.
Afrique du Sud : abolition des dernières lois régissant l'apartheid.
URSS : dissolution de l'URSS ; indépendance des Républiques socialistes ; création de la Communauté d'États indépendants (CEI).
Yougoslavie : début de la guerre civile.

1992 Brésil : 180 pays participent au « Sommet de la Terre » à Rio de Janeiro.
Tchécoslovaquie : division du pays en deux États indépendants, la Slovaquie et la République tchèque.
Chine-Japon : visite officielle de l'empereur Akihito en Chine.

1993 Yougoslavie : intensification de la guerre civile.
France : victoire de la droite aux législatives ; début d'une deuxième période de « cohabitation ». Inauguration du Grand Louvre à Paris.

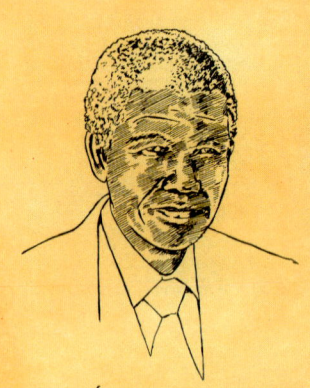

Nelson Mandela, chef historique de l'ANC (African National Congress), a été libéré, après vingt-sept ans d'emprisonnement, en 1990. Il est devenu, en 1994, le premier président noir de l'Afrique du Sud.

États-Unis : Bill Clinton devient président.
Afrique : indépendance de l'Érythrée.
Proche-Orient : signature d'un accord entre l'OLP et Israël.

Le défi écologique

Menacée par la pollution, la Terre est en danger. Les automobiles, les usines, les engrais chimiques… polluent le sol, les eaux et l'atmosphère ; surexploitées, les réserves naturelles du sous-sol, des mers et des océans ne cessent de diminuer. Pendant des siècles, les hommes ont cru que les ressources de la nature étaient inépuisables ; depuis quelques années, ils ont pris conscience des dangers qui pèsent sur leur planète.

Les accidents survenus dans des centrales nucléaires et dans des usines chimiques, les marées noires, l'extinction de nombreuses espèces animales et végétales, la disparition des forêts, trop exploitées ou détruites par les pluies acides, la découverte d'un trou dans la couche d'ozone qui protège la Terre de certains rayonnements dangereux du Soleil, la mise en évidence de l'« effet de serre » qui contribue au réchauffement de l'atmosphère, etc., ont favorisé une prise de conscience collective. Sous la pression de scientifiques, d'organisations

▲ *La déforestation menace les immenses forêts humides d'Amérique du Sud (ci-dessus, au Brésil, en Amazonie), mais aussi d'Afrique.*

de défense de la nature, et de l'opinion publique, les gouvernements des pays industrialisés ont pris des mesures. Dans les années 1980, beaucoup d'entre eux ont voté des lois de protection de l'environnement et encouragé la production de produits « propres » (non polluants) et le recyclage des déchets.

Les pays pauvres ne sont pas épargnés. En Amérique du Sud, en Asie, en Afrique, l'avancée des déserts et la déforestation (disparition des forêts) ont des conséquences dramatiques pour le développement. À l'aube du 21e siècle, protéger la planète est devenu l'affaire de tous.

▲ *Les déchets agricoles et industriels, les eaux usées, les ordures ménagères... sont trop souvent rejetés (ci-dessus) dans les mers et les océans. Les mers fermées comme la Méditerranée sont particulièrement exposées à la pollution.*

▶ *Généralement provoquées par des pétroliers, les marées noires ont des conséquences terribles pour l'environnement. Le pétrole flotte à la surface des mers et des océans, recouvre les plages et les rochers, tue les plantes, les mollusques, les poissons, les oiseaux...*

▼ *Après l'accident de la centrale nucléaire de Tchernobyl (Ukraine) en 1986, un nuage radioactif a survolé l'Europe. Les villages de la région ont été évacués et « décontaminés » (ci-dessous).*

LES PLUIES ACIDES

Certains gaz rejetés par les usines réagissent avec la vapeur d'eau de l'atmosphère. Lorsqu'il pleut, les gouttelettes renferment alors de l'acide sulfurique. Dans certaines régions fortement industrialisées, des forêts entières ont été détruites par ces pluies acides.

LE RECYCLAGE

Pendant des siècles, les ordures ont été rejetées dans les décharges, les océans, les rivières... Dans les pays développés, beaucoup de déchets comme le papier, le verre, le métal des boîtes de conserve... sont aujourd'hui triés, récupérés et recyclés (réutilisés sous une autre forme).

Références

ANCIENNES DYNASTIES ÉGYPTIENNES

Périodes	Dynasties	Dates	Principaux pharaons
Prédynastique	1 - 2	v. 3100-2700	Narmer ou Ménès, premier pharaon de l'Égypte unifiée
Ancien Empire	3 - 6	v. 2800-2200	Djoser Khéops
1re période intermédiaire	7 - 10	v. 2200-2050	
Moyen Empire	11 - 12	v. 2050-1780	Mentouhotep
2e période intermédiaire	13 - 17	1780-1560	Les Hyksos envahissent l'Égypte.
Nouvel Empire	18 - 20	1560-1090	Aménophis Ier, II Thoutmosis Ier, II, III Reine Hatshepsout Aménophis III Akhenaton Toutankhamon Ramsès I - IX
3e période intermédiaire	21 - 25	1090-663	Sheshonq Ier Règne des Nubiens
Basse Époque	26 - 31	663-332	Psammétique Ier Domination perse Conquête d'Alexandre le Grand

Après Alexandre, et jusqu'à la conquête romaine, la famille des Ptolémées (dynastie des Lagides) règne sur l'Égypte jusqu'en 30 av. J.-C. Cléopâtre VII en est la dernière reine.

RÉFÉRENCES

DYNASTIES CHINOISES

Dynasties	Dates	Quelques événements
Avant J.-C.		
Xia	v. 2250-1760	
Shang	v. 1760-1122	
Zhou	1122-256	
Qin	221-206	Qin Shi Huangdi est le premier empereur de la Chine unifiée.
Début des Han	205 av. J.-C.-9 ap. J.-C.	L'empereur Han Wudi conquiert la Corée et le nord du Viêt Nam.
Après J.-C.		
Xin	5-23	Usurpation de Wang Mang.
Fin des Han	23-220	
Les trois royaumes	220-265	La Chine se divise en trois royaumes : Wei, Shu Han et Wu.
Chine occidentale	265-317	
Chine orientale	317-420	
Dynasties du Sud	420-589	
Sui	581-618	La Chine est réunifiée.
Tang	618-907	Âge d'or culturel; pendant cette période, règne de T'ai Tsung le Grand.
Les cinq dynasties et les dix royaumes	907-960	Période de désunion.
Song	960-1279	Le pays n'est pas toujours unifié pendant cette période.
Yuan (Mongols)	1279-1368	Toute la Chine est gouvernée par les Mongols après la conquête du pays par Kubilay Khan.
Ming	1368-1644	Rétablissement d'une dynastie d'origine chinoise.
Qing (Mandchous)	1644-1911	
République chinoise		
République de Chine	1911-1949	Le nouveau régime est mis en place par Sun Yat-sen. La Chine traverse bientôt une période de désunion et de guerre civile.
Démocratie populaire	1949-	Mao Zedong, chef du parti communiste chinois, fait de son pays une République populaire.

RÉFÉRENCES

LES DIRIGEANTS DE LA ROME ANTIQUE

Rois de Rome 753-509 av. J.-C.

Romulus	753-717	Tarquin l'Ancien	616-579
Numa Pompilius	717-673	Servius Tullius	579-534
Tullus Hostilius	673-640	Tarquin le Superbe	534-509
Ancus Martius	640-616		

République romaine 509-27 av. J.-C.

Dictature de Sulla	82-78	Dictature de César	45-44
Premier triumvirat (Jules César, Pompée et Crassus)	60-53	Second triumvirat (Octave, Antoine et Lépide)	43-27
Dictature de Pompée	52-49		

Empereurs romains 27 av. J.-C. - 476 ap. J.-C.

Auguste (Octave)	27 av. J.-C. - 14 ap. J.-C.	Gallus	251-253
Tibère	14-37	Valérien	253-260
Caligula	37-41	Gallien	260-268
Claude	41-54	Claude II le Gothique	268-270
Néron	54-68	Aurélien	270-275
Galba	68-69	Tacite	275-276
Otho	69	Probus	276-282
Vitellius	69	Carus	282-283
Vespasien	69-79	Dioclétien	284-305
Titus	79-81	Il partage l'empire et règne conjointement avec Maximien	286-305
Domitien	81-96		
Nerva	96-98	Constantin Ier le Grand	306-337
Trajan	98-117	En 337, l'empire est partagé entre Constance II, Constantin II le Jeune et Constant Ier	
Hadrien	117-138		
Antonin le Pieux	138-161		
Marc-Aurèle	161-180	Constance II règne seul	351-361
Commode	180-192	Julien l'Apostat	361-363
Pertinax	193	Jovien	363-364
Didius Julianus	193	Valentinien Ier (règne sur l'Occident)	364-375
Septime Sévère	193-211	Valens (règne sur l'Orient)	364-378
Caracalla	211-217	Gratien (règne sur l'Occident)	375-383
Macrin	217-218	Maxime (usurpateur en Occident)	383-388
Élagabale	218-222	Valentinien II (règne sur l'Occident, d'abord associé à Gratien)	375-392
Sévère Alexandre	222-235		
Maximin Ier	235-238	Eugène (usurpateur en Occident)	392-394
Gordian III le Pieux	238-244	Théodose Ier le Grand (règne sur l'Orient, puis unifie l'Orient et l'Occident)	378-395
Philippe l'Arabe	244-249		
Decius	249-251		

RÉFÉRENCES

Empereurs de l'Empire romain d'Occident

Honorius	395-423	Sévère III	461-465
Jean	423-425	Anthemius	467-472
Valentinien III	425-455	Olybrius	472
Petrone Maxime	455	Glycère	473-474
Avitus	455-456	Julius Nepos	474-475
Majorien	457-461	Romulus Augustule	475-476

Empereurs de l'Empire romain d'Orient 395-518

Arcadius	395-408	Léon II	474
Théodose II	408-450	Zénon	474-491
Marcien	450-457	Anastase Ier	491-518
Léon Ier	457-474		

PAPES

Le chef de l'Église catholique est choisi par les cardinaux. Parfois, des papes rivaux ont été élus et non reconnus par l'Église romaine. Ceux-ci ont été appelés anti-papes (a.p.). Ils apparaissent en italique dans cette liste.

Pierre (saint)	v. 42
(Saint Pierre a installé le siège de la papauté à Rome)	
Lin (saint)	67
Clet (saint)	76
Clément Ier (saint)	88
Évariste (saint)	97
Alexandre Ier (saint)	105
Sixte Ier (saint)	115
Télesphore (saint)	125
Hygin (saint)	136
Pie Ier (saint)	140
Anicet (saint)	155
Soter (saint)	166
Éleuthère (saint)	175
Victor Ier (saint)	189
Zéphyrin (saint)	199
Calixte (saint)	217
Hippolyte (a.p.)	*217*
Urbain Ier (saint)	222
Pontien (saint)	230
Antère (saint)	235
Fabien (saint)	236
Corneille (saint)	251
Novatien (a.p.)	*251*
Lucius Ier (saint)	253
Étienne Ier (saint)	254
Sixte II (saint)	257
Denys (saint)	259
Félix Ier (saint)	269
Eutychien (saint)	275
Caïus (saint)	283
Marcellin (saint)	296
Aucun pape n'est désigné entre 304 et 308	
Marcel Ier (saint)	308
Eusèbe (saint)	309
Miltiade (saint)	311
Sylvestre Ier (saint)	314
Marc (saint)	336
Jules Ier (saint)	337
Libère	352
Félix II (a.p.)	*355*
Damase Ier (saint)	366
Ursinus (a.p.)	*366*
Sirice (saint)	384
Anastase Ier (saint)	399
Innocent Ier (saint)	401
Zosime (saint)	417
Boniface Ier (saint)	418
Eulalius (a.p.)	*418*
Célestin Ier (saint)	422
Sixte III (saint)	432
Léon Ier le Grand (saint)	440
Hilaire (saint)	461
Simplice (saint)	468
Félix III (saint)	483
Gélase Ier (saint)	492
Anastase II	496

RÉFÉRENCES

Symmaque (saint)	498	Léon III (saint)	795
Laurent (a.p.)	*498*	Étienne IV	816
Hormisdas (saint)	514	Pascal Ier (saint)	817
Jean Ier (saint)	523	Eugène II	824
Félix IV (saint)	526	Valentin	827
Boniface Ier	530	Grégoire IV	827
Dioscore (a.p.)	*530*	Serge ou Sergius II	844
Jean II	533	*Jean (a.p.)*	*844*
Agapet (saint)	535	Léon IV (saint)	847
Silvère (saint)	536	Benoît III	855
Vigile	537	*Anastase III (a.p.)*	*855*
Pélage Ier	556	Nicolas Ier le Grand (saint)	858
Jean III	561	Adrien II	867
Benoît Ier	575	Jean VIII	872
Pélage II	579	Marin Ier	882
Grégoire Ier le Grand (saint)	590	Adrien III (saint)	884
Sabinien	604	Étienne V	885
Boniface III	607	Formose	891
Boniface IV (saint)	608	Boniface VI	896
Dieudonné Ier (ou saint Adéodat)	615	Étienne VI	896
Boniface V	619	Romain	897
Honorius Ier	625	Théodore II	897
Aucun pape n'est désigné entre 638 et 640		Jean IX	898
Séverin	640	Benoît IV	900
Jean IV	640	Léon V	903
Théodore Ier	642	*Christophe (a.p.)*	*903*
Martin Ier (saint)	649	Serge (ou Sergius III)	904
Eugène Ier (saint)	654	Anastase III	911
Vitalien (saint)	657	Landon	913
Dieudonné II (ou Adéodat)	672	Jean X	914
Domnus (ou Donus)	676	Léon VI	928
Agathon (saint)	678	Étienne VII	928
Léon II (saint	682	Jean XI	931
Benoît II (saint)	684	Léon VII	936
Jean V	685	Étienne VIII	939
Conon	686	Marin II	942
Théodore (a.p.)	*686*	Agapet II	946
Sergius Ier (ou saint Serge)	687	Jean XII	955
Pascal (a.p.)	*687*	Léon VIII	963
Jean VI	701	*Benoît V (a.p.)*	*963*
Jean VII	705	Jean XIII	965
Sisinnius	708	Benoît VI	973
Constantin	708	Benoît VII	974
Grégoire II (saint)	715	*Boniface VII (a.p.)*	*974*
Grégoire III (saint)	731	Jean XIV	983
Zacharie (saint)	741	Jean XV	985
Étienne II	752	Grégoire V	996
Paul Ier (saint)	757	*Jean XVI (a.p.)*	*997*
Constantin II (a.p.)	*767*	Sylvestre II	999
Étienne III	768	Jean XVII	1003
Philippe (a.p)	*768*	Jean XVIII	1004
Adrien Ier	772	Serge (ou Sergius IV)	1009

RÉFÉRENCES

Benoît VIII	1012
Grégoire (a.p.)	*1012*
Jean XIX	1024
Benoît IX	1032
Sylvestre III	1045
Grégoire VI	1045
Clément II	1046
Benoît IX (de nouveau)	1047
Damase II	1048
Léon IX (saint)	1049
Victor II	1055
Étienne IX	1057
Benoît X (a.p.)	*1058*
Nicolas II	1059
Alexandre II	1061
Honorius II (a.p.)	*1061*
Grégoire VII (saint)	1073
Clément III (a.p.)	*1080*
Victor III (bienheureux)	1086
Urbain II (bienheureux)	1088
Pascal II	1099
Théodoric (a.p.)	*1100*
Albert (a.p.)	*1102*
Sylvestre IV (a.p.)	*1105*
Gélase II	1118
Grégoire VIII (a.p.)	*1118*
Calixte II	1119
Honorius II	1124
Célestin II (a.p.)	*1124*
Innocent II	1130
Clet II (a.p.)	*1130*
Victor IV (a.p.)	*1138*
Célestin II	1143
Lucius II	1144
Eugène III (bienheureux)	1145
Anastase IV	1153
Adrien IV	1154
Alexandre III	1159
Victor IV (a.p)	*1159*
Pascal III (a.p.)	*1164*
Calixte III (a.p.)	*1168*
Innocent III (a.p.)	*1179*
Lucius III	1181
Urbain III	1185
Grégoire VIII	1187
Clément III	1187
Célestin III	1191
Innocent III	1198
Honorius III	1216
Grégoire IX	1227
Célestin IV	1241
Aucun pape n'est désigné entre 1241 et 1243	
Innocent IV	1243
Alexandre IV	1254
Urbain IV	1261
Clément IV	1265
Aucun pape n'est désigné entre 1268 et 1271	
Grégoire X (bienheureux)	1271
Innocent V (bienheureux)	1276
Adrien V	1276
Jean XXI	1276
Nicolas III	1277
Martin IV	1281
Honorius IV	1285
Nicolas IV	1288
Célestin V (saint)	1294
Boniface VIII	1294
Benoît XI (bienheureux)	1303
Clément V	1305
Aucun pape n'est désigné entre 1314 et 1316	
Jean XXII	1316
Nicolas V (a.p.)	*1328*
Benoît XII	1334
Clément VI	1342
Innocent VI	1352
Urbain V (bienheureux)	1362
Grégoire XI	1370
Urbain VI	1378
Clément VII (a.p.)	*1378*
Boniface IX	1389
Benoît XIII (a.p.)	*1394*
Innocent VII	1404
Grégoire XII	1406
Alexandre V (a.p.)	*1409*
Jean XXIII (a.p.)	*1410*
Martin V	1417
Eugène IV	1431
Nicolas V	1447
Calixte III	1455
Pie II	1458
Paul II	1464
Sixte IV	1471
Innocent VIII	1484
Alexandre VI	1492
Pie III	1503
Jules II	1503
Léon X	1513
Adrien VI	1522
Clément VII	1523
Paul III	1534
Jules III	1550
Marcel II	1555
Paul IV	1555
Pie IV	1559

RÉFÉRENCES

Pie V (saint)	1566	Benoît XIII	1724
Grégoire XIII	1572	Clément XII	1730
Sixte Quint	1585	Benoît XIV	1740
Urbain VII	1590	Clément XIII	1758
Grégoire XIV	1590	Clément XIV	1769
Innocent IX	1591	Pie VI	1775
Clément VIII	1592	Pie VII	1800
Léon XI	1605	Léon XII	1823
Paul V	1605	Pie VIII	1829
Grégoire XV	1621	Grégoire XVI	1831
Urbain VIII	1623	Pie IX	1846
Innocent X	1644	Léon XIII	1878
Alexandre VII	1655	Pie X (saint)	1903
Clément IX	1667	Benoît XV	1914
Clément X	1670	Pie XI	1922
Innocent XI (bienheureux)	1676	Pie XII	1938
Alexandre VIII	1689	Jean XXIII	1958
Innocent XII	1691	Paul VI	1963
Clément XI	1700	Jean-Paul Ier	1978
Innocent XIII	1721	Jean-Paul II, élu en 1978	

ROIS D'ANGLETERRE

Les dates données correspondent aux périodes de règne.

SAXONS
Egbert	802-839
Ethelwulf	839-858
Ethelbald	858-860
Ethelbert	860-866
Ethelred Ier	866-871
Alfred le Grand	871-899
Édouard l'Ancien	899-924
Athelstan	924-939
Edmond Ier	939-946
Edred	946-955
Edwy	955-959
Edgar le Pacifique	959-975
Édouard le Martyr	975-978
Ethelred II l'Indécis	978-1016
Edmond II Côtes de fer	1016

DANOIS
Knud Ier	1016-1035
Harold Ier	1035-1040
Hardeknud	1040-1042

SAXONS
Édouard le Confesseur	1042-1066
Harold II	1066

MAISON DE NORMANDIE
Guillaume Ier le Conquérant	1066-1087
Guillaume II le Roux	1087-1100
Henri Ier Beauclerc	1100-1135
Étienne de Blois	1135-1154

MAISON DES PLANTAGENÊTS
Henri II	1154-1189
Richard Ier Cœur de Lion	1189-1199
Jean sans Terre	1199-1216
Henri III	1216-1272
Édouard Ier	1272-1307
Édouard II	1307-1327
Édouard III	1327-1377
Richard II	1377-1399

MAISON DE LANCASTRE
Henri IV	1399-1413
Henri V	1413-1422
Henri VI	1422-1461

MAISON D'YORK
Édouard IV	1461-1483
Édouard V	1483
Richard III	1483-1485

RÉFÉRENCES

MAISON DES TUDORS
Henri VII	1485-1509	Jeanne Grey	1553
Henri VIII	1509-1547	Marie Ire Tudor	1553-1558
Édouard VI	1547-1553	Élisabeth Ire	1558-1603

ROIS D'ANGLETERRE ET D'ÉCOSSE

MAISON DES STUARTS		MAISON DES STUARTS	
Jacques Ier	1603-1625	Charles II	1660-1685
Charles Ier	1625-1649	Jacques II	1685-1688
		Marie II (règne conjointement)	1689-1694
COMMONWEALTH	1649-1653	Guillaume II	
RÉGIME DU PROTECTORAT	1653-1660	(règne conjointement)	1689-1702
Oliver Cromwell, lord-protecteur	1649-1658	Anne	1702-1714
Richard Cromwell, lord-protecteur	1658-1659		

ROIS DE GRANDE-BRETAGNE

MAISON DE HANOVRE		MAISON DE SAXE-COBOURG	
George Ier	1714-1727	Édouard VII	1901-1910
George II	1727-1760		
George III	1760-1820	MAISON DE WINDSOR	
George IV	1820-1830	George V	1910-1936
Guillaume IV	1830-1837	Édouard VIII	1936
Victoria Ire	1837-1901	George VI	1936-1952
		Élisabeth II, règne depuis 1952	

EMPEREURS DU SAINT EMPIRE ROMAIN GERMANIQUE

Les dates correspondent aux périodes de règne.

MAISON DE SAXE		Otton IV de Brunswick	1198-1212
Otton Ier le Grand	962-973	Frédéric II	1212-1250
Otton II	973-983	Conrad IV	1250-1254
Otton III	996-1002		
Henri II	1002-1024	INTERRÈGNE	1254-1273
SALIENS ET FRANCONIENS		PÉRIODE DE TRANSITION	
Conrad II le Salique	1024-1039	Rudolph Ier de Habsbourg	1273-1292
Henri III le Noir	1039-1056	Adolphe de Nassau	1292-1298
Henri IV	1056-1106	Albert Ier	1298-1308
Henri V	1106-1125	Henri VII de Luxembourg	1308-1313
		Louis IV de Bavière (co-régent)	1314-1347
MAISON DE SAXE		Frédéric d'Autriche (co-régent)	1314-1322
Lothaire III	1125-1138	Charles IV de Luxembourg	1346-1378
		Venceslas IV	1378-1400
MAISON HOHENSTAUFEN		Ruppert, duc du Palatinat	1400-1410
Conrad III	1138-1152	Sigismond de Luxembourg	1410-1434
Frédéric Ier Barberousse	1152-1190		
Henri VI le Cruel	1190-1197	MAISON DE HABSBOURG	
Philippe de Souabe	1197-1208	Albert II	1437-1439

RÉFÉRENCES

Frédéric III	1440-1493	GUERRE DE SUCCESSION D'AUTRICHE	1740-1748
Maximilien I er	1493-1519		
Charles V, dit Charles Quint	1519-1556	MAISON DE BAVIÈRE	
Ferdinand I er	1556-1564	Charles VII de Bavière	1742-1745
Maximilien II	1564-1576		
Rodolphe II	1576-1612	MAISON DE HABSBOURG-LORRAINE	
Mathias II	1612-1619	François I er de Lorraine	1745-1764
Ferdinand II	1619-1637	Joseph II	1765-1790
Ferdinand III	1637-1657	Léopold II	1790-1792
Léopold I er	1658-1705	François II	1792-1806
Joseph I er	1705-1711		
Charles VI	1711-1740		

EMPEREURS D'AUTRICHE DE LA MAISON DE HABSBOURG

François II	1804-1835	François Joseph I er	1848-1916
Ferdinand I er	1835-1848	Charles I er	1916-1918

EMPEREURS D'ALLEMAGNE DE LA MAISON DE HOHENZOLLERN

Guillaume I er	1871-1888	Guillaume II	1888-1918
Frédéric III	1888		

ALLEMAGNE

RÉPUBLIQUE DE WEIMAR		TROISIÈME REICH	
Friedrich Ebert	1919-1925	Adolf Hitler	1934-1945
Paul von Hindenburg	1925-1934		

Après la Seconde Guerre mondiale, l'Allemagne est contrôlée par les Alliés de 1945 à 1949

CHANCELIERS DE LA RÉPUBLIQUE FÉDÉRALE D'ALLEMAGNE
(ALLEMAGNE DE L'OUEST)

Konrad Adenauer	1949-1963	Willy Brandt	1969-1974
Ludwig Erhard	1963-1966	Helmut Schmidt	1974-1982
Kurt Georg Kiesinger	1966-1969	Helmut Kohl	1982-1990

PRÉSIDENTS DE LA RÉPUBLIQUE DÉMOCRATIQUE ALLEMANDE
(ALLEMAGNE DE L'EST)

Wilhelm Pieck	1949-1960	Erich Honecker	1975-1989
Walter Ulbricht	1960-1971	Egon Krenz	1989-1990
Willi Stoph	1971-1975		

CHANCELIER DE L'ALLEMAGNE RÉUNIFIÉE

Helmut Kohl, depuis   1990

RÉFÉRENCES

LA FRANCE, DES PREMIERS ROIS À LA Vᵉ RÉPUBLIQUE

MÉROVINGIENS
Clovis Iᵉʳ	481-511
Partage du royaume	511-558
Clotaire Iᵉʳ	558-561
Partage du royaume	561-613
Clotaire II	613-629
Dagobert Iᵉʳ	629-639
Partage du royaume	639-711
Dagobert III	711-721
Thierry IV de Chelles	721-737
Interrègne	737-743
Childéric III	743-751

CAROLINGIENS
Pépin le Bref	751-768
Charlemagne	768-814
(associé à son frère Carloman jusqu'en 771)	
Louis Iᵉʳ le Pieux	814-840
Charles Iᵉʳ le Chauve	843-877
Louis II le Bègue	877-879
Louis III	879-882
Carloman	879-884
Charles II le Gros	884-887

LES CAROLINGIENS ET LES ROBERTIENS
Eudes	888-898
Charles III le Simple	898-922
Robert Iᵉʳ	922-923
Raoul de Bourgogne	923-936
Louis IV d'Outremer	936-954
Lothaire	954-986
Louis V	986-987

LES CAPÉTIENS DIRECTS
Hugues Capet	987-996
Robert II le Pieux	996-1031
Henri Iᵉʳ	1031-1060
Philippe Iᵉʳ	1060-1108
Louis VI	1108-1137
Louis VII	1137-1180
Philippe II Auguste	1180-1223
Louis VIII	1223-1226
Louis IX, dit Saint Louis	1226-1270
Philippe III le Hardi	1270-1285
Philippe IV le Bel	1285-1314
Louis X le Hutin	1314-1316
Philippe V le Long	1316-1322
Charles IV le Bel	1322-1328

MAISON DE VALOIS
Philippe VI	1328-1350
Jean II le Bon	1350-1364
Charles V	1364-1380
Charles VI	1380-1422
Charles VII	1422-1461
Louis XI	1461-1483
Charles VIII	1483-1498
Louis XII	1498-1515
François Iᵉʳ	1515-1547
Henri II	1547-1559
François II	1559-1560
Charles IX	1560-1574
Henri III	1574-1589

MAISON DES BOURBONS
Henri IV	1589-1610
Louis XIII	1610-1643
Louis XIV	1643-1715
Louis XV	1715-1774
Louis XVI	1774-1792

PREMIÈRE RÉPUBLIQUE 1792-1795

DIRECTOIRE 1795-1799

CONSULAT
Napoléon Bonaparte (Premier consul) 1799-1804

PREMIER EMPIRE
Napoléon Iᵉʳ (empereur) 1804-1814
Cent-Jours (retour de l'Empereur) 1815

RESTAURATION
Louis XVIII	1814-1824
Charles X	1824-1830

MONARCHIE DE JUILLET
Louis-Philippe Iᵉʳ 1830-1848

IIᵉ RÉPUBLIQUE
Louis Napoléon Bonaparte (président) 1848-1852

SECOND EMPIRE
Napoléon III (empereur) 1852-1870

IIIᵉ RÉPUBLIQUE
Présidents de la République
Adolphe Thiers 1871-1873

RÉFÉRENCES

Edme Patrice de Mac-Mahon	1873-1879	GOUVERNEMENT PROVISOIRE DE LA RÉPUBLIQUE	
Jules Grévy	1879-1887	Charles de Gaulle	1944-1946
Sadi-Carnot	1887-1894	Félix Gouin, Georges Bidault,	
Jean Casimir-Perier	1894-1895	Léon Blum	1946-1947
Félix Faure	1895-1899		
Émile Loubet	1899-1906	IVᵉ RÉPUBLIQUE	
Armand C. Fallières	1906-1913	Présidents de la République	
Raymond Poincaré	1913-1920	Vincent Auriol	1947-1954
Paul Deschanel	1920	René Coty	1954-1959
Alexandre Millerand	1920-1924		
Gaston Doumergue	1924-1931	Vᵉ RÉPUBLIQUE	
Paul Doumer	1931-1932	Présidents de la République	
Albert Lebrun	1932-1940	Charles de Gaulle	1959-1969
		Georges Pompidou	1969-1974
		Valéry Giscard d'Estaing	1974-1981
ÉTAT FRANÇAIS			
Philippe Pétain	1940-1944	François Mitterrand, depuis 1981	

ROIS D'ESPAGNE

MAISON D'ARAGON		Isabelle II	1833-1868
Isabelle Iʳᵉ la Catholique	1474-1469	Gouvernement du maréchal	
(règne conjointement)		Serrano y Dominguez	1868-1870
Ferdinand II le Catholique	1469-1504		
(règne conjointement)		MAISON DE SAVOIE	
Jeanne la Folle	1504-1516	Amédée Iᵉʳ	1870-1873
MAISON D'AUTRICHE		DE LA RÉPUBLIQUE À LA MONARCHIE CONSTITUTIONNELLE	
Charles Iᵉʳ d'Espagne	1516-1555		
(Charles Quint)			
Philippe II	1556-1598	PREMIÈRE RÉPUBLIQUE	1873-1874
Philippe III	1598-1621		
Philippe IV	1621-1665	RESTAURATION DE LA MONARCHIE	
Charles II	1665-1700	Alphonse XII	1874-1885
		Marie-Christine (régente)	1885-1902
MAISON DE BOURBON		Alphonse XIII	1902-1931
Philippe V	1700-1724	Primo de Rivera (dictateur)	1923-1930
Louis Iᵉʳ	1724		
Philippe V	1724-1746	SECONDE RÉPUBLIQUE	
Ferdinand VI	1746-1759	Niceto Alcala Zamora	1931-1936
Charles III	1759-1788	Manuel Azana y Diaz	1936-1939
Charles IV	1788-1808		
Ferdinand VII	1808	RÉGIME FRANQUISTE	
		Général Francisco Franco,	
MAISON BONAPARTE		chef d'État à vie	1939-1975
Joseph Napoléon Iᵉʳ	1808-1814		
		RESTAURATION DE LA MONARCHIE	
MAISON DE BOURBON		ET DU RÉGIME PARLEMENTAIRE	1975
Ferdinand VII	1814-1833	Juan Carlos Iᵉʳ, roi depuis 1975	

RÉFÉRENCES

LES GRANDES PÉRIODES DE L'HISTOIRE JAPONAISE

Yamato	4e-6e siècle	
Asaka	592-710	Impératrice Suiko (592-628)
Nara	710-794	Empereur Temmu (673-686)
		Empereur Kammu (781-806)
Heian	794-1185	Le Japon est gouverné de Heian (aujourd'hui Kyoto).
Fujiwara	858-1159	Le clan Fujiwara dirige le Japon.
Taira	1159-1185	Le clan Taira prend le pouvoir.
Kamakura	1192-1333	Minamoto Yoritomo devient shogun en 1192.
Ashikaga	1338-1573	Ashikaga Takauji devient shogun en 1338.
Sengoku	1489-1600	Empereur Gonara (1527-1557).
Momoyama	1573-1616	Oda Nobunaga, un daimyo, destitue le shogun et devient dictateur jusqu'en 1582.
Edo	1616-1868	Togukawa Ieyasu devient shogun en 1603; les shoguns Tokugawa dirigent le Japon jusqu'en 1868.
Meiji	1868-1912	L'empereur Mutsuhito est rétabli; il met fin au shogunat et modernise le Japon.
Taisho	1912-1926	Empereur Yoshihito
Showa	1926-1989	Empereur Hirohito
Heisei	1989	Empereur Akihoto

TSARS DE RUSSIE

Ivan IV le Terrible (prend le premier le titre de tsar)	1533-1584	Catherine Ire	1725-1727
		Pierre II	1727-1730
Fédor Ier	1584-1598	Anne	1730-1740
Boris Godounov	1598-1605	Ivan VI	1740-1741
Fédor II	1605	Élisabeth	1741-1762
Dimitri l'Imposteur	1605-1606	Pierre III	1762
Vassili Chouiski	1606-1610	Catherine II la Grande	1762-1796
Interrègne	1610-1613	Paul Ier	1796-1801
Michel Fedorovitch	1613-1645	Alexandre Ier	1801-1825
Alexis Mikhaïlovitch	1645-1676	Nicolas Ier	1825-1855
Fédor III	1676-1682	Alexandre II	1855-1881
Ivan V et Pierre Ier le Grand	1682-1689	Alexandre III	1881-1894
Pierre Ier le Grand	1689-1725	Nicolas II	1894-1917

DIRIGEANTS DE L'U.R.S.S.

Lénine	1917-1922	Iouri Andropov	1982-1984
Joseph Staline	1922-1953	Constantin Tchernenko	1984-1985
Nikita Khrouchtchev	1953-1964	Mikhaïl Gorbatchev	1985-1991
Leonid Brejnev	1964-1982		

RÉPUBLIQUE DE RUSSIE

Président de la République
Boris Eltsine, depuis 1992

RÉFÉRENCES

PRÉSIDENTS DES ÉTATS-UNIS D'AMÉRIQUE

George Washington	1789-1797	Aucun parti
John Adams	1797-1801	Fédéraliste
Thomas Jefferson	1801-1809	Démocrate-républicain
James Madison	1809-1817	Démocrate-républicain
James Monroe	1817-1825	Démocrate-républicain
John Quincy Adams	1825-1829	Démocrate-républicain
Andrew Jackson	1829-1837	Démocrate
Martin Van Buren	1837-1841	Démocrate
William H. Harrison	1841	Whig
John Tyler	1841-1845	Whig
James K. Polk	1845-1849	Démocrate
Zachary Taylor	1849-1850	Whig
Millard Fillmore	1850-1853	Whig
Franklin Pierce	1853-1857	Démocrate
James Buchanan	1857-1861	Démocrate
Abraham Lincoln	1861-1865	Républicain
Andrew Johnson	1865-1869	Union Nationale
Ulysses S. Grant	1869-1877	Républicain
Rutherford Hayes	1877-1881	Républicain
James Garfield	1881	Républicain
Chester Arthur	1881-1885	Républicain
Grover Cleveland	1885-1889	Démocrate
Benjamin Harrison	1889-1893	Républicain
Grover Cleveland	1893-1897	Démocrate
William McKinley	1897-1901	Républicain
Theodore Roosevelt	1901-1909	Républicain
William Taft	1909-1913	Républicain
Woodrow Wilson	1913-1921	Démocrate
Warren Harding	1921-1923	Républicain
Calvin Coolidge	1923-1929	Républicain
Herbert Hoover	1929-1933	Républicain
Franklin D. Roosevelt	1933-1945	Démocrate
Harry S. Truman	1945-1953	Démocrate
Dwight Eisenhower	1953-1961	Républicain
John F. Kennedy	1961-1963	Démocrate
Lyndon Johnson	1963-1969	Démocrate
Richard Nixon	1969-1974	Républicain
Gérald Ford	1974-1977	Républicain
Jimmy Carter	1977-1981	Démocrate
Ronald Reagan	1981-1989	Républicain
George Bush	1989-1993	Républicain
Bill Clinton, depuis 1993		Démocrate

RÉFÉRENCES

PREMIERS MINISTRES DU CANADA

Sir John MacDonald	1867-1873	William King	1926-1930
Alexander MacKenzie	1873-1878	Richard Bennett	1930-1935
Sir John MacDonald	1878-1891	William King	1935-1948
Sir John Abbott	1891-1892	Louis St Laurent	1948-1957
Sir John Thompson	1892-1894	John Diefenbaker	1957-1963
Sir Mackenzie Bowell	1894-1896	Lester Pearson	1963-1968
Sir Charles Tupper	1896	Pierre Trudeau	1968-1979
Sir Wilfrid Laurier	1896-1911	Charles (Joe) Clark	1979-1980
Sir Robert Borden	1911-1920	Pierre Trudeau	1980-1984
Arthur Meighen	1920-1921	John Turner	1984
William King	1921-1926	Brian Mulroney, depuis 1984	
Arthur Meighen	1926		

ROIS D'ITALIE

Victor-Emmanuel II	1861-1878	Victor-Emmanuel III	1900-1946
Humbert Ier	1878-1900	Humbert II	1946

PRÉSIDENTS DE LA RÉPUBLIQUE D'ITALIE

Alcide de Gasperi (à la tête de l'État)	1946	Antonio Segni	1962-1964
Enrico de Nicola (président provisoire)	1946-1948	Giuseppe Saragat	1964-1971
Luigi Einaudi	1948-1955	Giovanni Leone	1971-1978
Giovanni Gronchi	1955-1962	Amintore Fanfani	1978
		Alessandro Pertini	1978-1985

ROIS DES BELGES

Léopold Ier	1831-1865	Léopold III	1934-1951
Léopold II	1865-1909	Baudouin Ier	1951-1993
Albert Ier	1909-1934	Albert II, depuis 1993	

SUISSE

Les 23 cantons de la République et leur date d'entrée dans la fédération en tant que cantons souverains.

Appenzell	1513	Schaffhouse	1501
Argovie	1803	Schwyz	1291
Bâle	1501	Soleure	1481
Berne	1353	Tessin	1803
Fribourg	1481	Thurgovie	1803
Genève	1815	Unterwald	1291
Glaris	1352	Uri	1291
Grisons	1803	Valais	1815
Jura	1979	Vaud	1803
Lucerne	1332	Zoug	1352
Neuchâtel	1815	Zurich	1351
Saint-Gall	1803		

RÉFÉRENCES

LES GRANDES DYNASTIES DE L'INDE

Av. J.-C.
v. 320-185 Dynastie des Maurya
185-75 Dynastie des Shunga

Ap. J.-C.
v. 270-550 Dynastie des Gupta
1206 Fondation du sultanat de Dehli
1526-1857 Dynastie des Moghols

PRÉSIDENTS DE LA RÉPUBLIQUE INDIENNE

Rajendra Prasad	1950-1962	Basappa Jatti	1977
Sarvapalli Radhakrishnan	1962-1967	Neelam Sanjiva Reddy	1977-1982
Zakir Hussain	1967-1969	Giani Zail Singh	1982-1987
Varahagiri Venkata Giri	1969-1974	Ramaswamy Venkataraman, depuis 1987	
Fakhruddin Ali Ahmed	1974-1977		

PREMIERS MINISTRES DE LA RÉPUBLIQUE INDIENNE

Jawaharlal Nehru	1947-1964	Charah Singh	1979-1980
Gulzarilal Nanda	1964	Indira Gandhi	1980-1984
Lal Bahadur Shastri	1964-1966	Rajiv Gandhi	1984-1989
Gulzarilal Nanda	1966	Vishwanath Pratap Singh	1989-1990
Indira Gandhi	1966-1977	Chandra Shekhar	1990-1991
Morarji Ranchhodji Desai	1977-1979	P.V. Narasimha Rao, depuis 1991	

EXPLORATIONS ET DÉCOUVERTES

Monde
1513 — L'Espagnol Vasco Nunez de Balboa découvre l'océan Pacifique.
1519-1521 — Le Portugais Fernand de Magellan conduit une expédition maritime qui accomplit le premier tour du monde. Magellan meurt pendant ce voyage; un seul navire regagne l'Europe.

Afrique
v. 1483 — Le Portugais Diogo Cao découvre l'embouchure du Zaïre (rivière Congo).
1488 — Le Portugais Bartholomeu Dias double le cap de Bonne-Espérance.
1795 — Le Britannique Mungo Park descend le fleuve Niger.
1851 — Le Britannique David Livingstone découvre le fleuve Zambèze.
1852-1855 — L'Allemand Heinrich Barth explore le Soudan.
1855 — David Livingstone découvre les chutes Victoria.
1858 — Les Anglais Richard Burton et John Speke découvrent le lac Tanganyika.
1875-1897 — Pierre Savorgnan de Brazza, Français d'origine italienne, explore de vastes régions de l'Afrique de l'Ouest.
1877 — L'Anglais Henri Stanley découvre le cours du fleuve Congo.

Asie
1271 — Le Vénitien Marco Polo entreprend le voyage qui le conduira jusqu'en Chine. Il y restera de longues années, au service de Kubilay Khan. Ses récits inspireront les navigateurs à l'époque des grandes découvertes.
1498 — Le Portugais Vasco de Gama atteint l'Inde après avoir doublé le cap de Bonne-Espérance et traversé l'océan Indien.
1549 — Le missionnaire jésuite espagnol François-Xavier atteint le Japon.

Amérique du Nord et centrale
v. 1003 — Parti du Groenland, le Viking Leif Ericsson, fils d'Érik le Rouge, aborde

RÉFÉRENCES

	l'Amérique du Nord.
1492	Le Génois Christophe Colomb, au service de l'Espagne, découvre les Antilles, au large du continent américain. Il pense avoir atteint les Indes.
1497	L'Italien Giovanni Caboto (Jean Cabot), au service de l'Angleterre, atteint Terre-Neuve.
1501	L'Espagnol Rodrigo de Bastidas explore l'Amérique centrale.
1519-1521	L'Espagnol Hernan Cortés conquiert le Mexique.
1534	Le Français Jacques Cartier atteint l'embouchure du Saint-Laurent.
1541	L'Espagnol Hernando de Soto découvre le Mississippi.
1603-1609	Le Français Samuel de Champlain explore l'intérieur du Canada.
1610	Le Britannique Henry Hudson découvre la baie qui porte aujourd'hui son nom.
1681-1682	Le Français Robert Cavelier de La Salle explore le cours du Mississippi.
1728	Le Danois Vitus Bering découvre l'Alaska.

Amérique du Sud

1498	Christophe Colomb, lors de son troisième voyage, atteint le continent américain lui-même, sur les côtes de l'actuel Venezuela.
1499	L'Espagnol Alonso de Ojeda explore le Venezuela.
1500	Le Portugais Pedro Alvares Cabral prend possession du Brésil.
1520	Fernand de Magellan découvre la Terre de Feu. Il emprunte le détroit qui porte aujourd'hui son nom entre les océans Atlantique et Pacifique.
1531-1538	L'Espagnol Francisco Pizarro conquiert le Pérou.
1542	L'Espagnol Francisco de Orellana descend le fleuve Amazone.
1616	Le Néerlandais Willem Schouten double le cap Horn, à l'extrême sud de l'Amérique.

Océanie, régions polaires…

v. 985	Érik le Rouge explore le Groenland. Il organisera la colonisation de cette terre avec des Vikings venus d'Islande.
1596	Le Hollandais Willem Barents découvre l'archipel du Spitzberg.
1642	Le Néerlandais Abel Tasman explore l'île qui porte aujourd'hui son nom : la Tasmanie.
1642	Abel Tasman aperçoit les côtes de la Nouvelle-Zélande.
1769-1770	Le Britannique James Cook explore les côtes de la Nouvelle-Zélande.
1785-1788	Le Français La Pérouse poursuit l'œuvre de découverte entreprise par James Cook dans le Pacifique. Les bateaux de son expédition font naufrage.
1819-1821	Le Russe Fabian von Bellingshausen conduit une grande campagne d'exploration autour de l'Antarctique.
1828	L'Anglais Charles Sturt explore l'intérieur des terres australiennes.
1840	Le Français Jules Dumont d'Urville reconnaît dans l'Antarctique la terre Adélie.
1838-1842	L'Américain Charles Wilkes explore l'Antarctique.
1860-1861	L'Irlandais Robert Burke et le Britannique William Wills traversent l'Australie du sud au nord. Ils meurent d'épuisement au retour.
1888	Le Norvégien Fridtjof Nansen explore le Groenland.
1909	L'Américain Robert Peary atteint le pôle Nord.
1911	Le Norvégien Roald Amundsen atteint le pôle Sud.
1957-1958	L'Anglais Vivian Fuchs traverse l'Antarctique.

Espace

1961	Le Russe Iouri Gagarine effectue le premier vol spatial autour de la Terre.
1969	L'Américain Neil Armstrong est le premier homme qui a marché sur la Lune.

Index

A

À la recherche du temps perdu (Marcel Proust) 635
A.-O.F. 598
Abbas 190
Abbas Ier 346-347, 391, 411
Abbassides 190
Abbaye 172, 203, 223
   de Clairvaux 242
   de Fontevrault 249
Abbesses 169
Abd al-Malik 182
Abd al-Rahman Ier 186
Abd el-Krim 663, 670
Abolition
   de l'esclavage 526, 529, 536, 571, 582
   de la traite des Noirs 597
   des privilèges 523
Aborigènes australiens 513
Aboukir 533
Absolu (pouvoir) 486
Absolutisme 300, 350, 540
Abu al-Abbas 190
Abu Bakr 176-177
Académie
   des sciences 446, 453
   des sciences de Saint-Pétersbourg 491
   française 424
Acadie 445, 471, 499
Acadiens 510
Achantis 462-463, 525
Acier 490, 613, 654
Açores 306-307, 353
Acte
   constitutionnel 499
   d'établissement 471
   d'Union 459, 474, 565, 586
   de navigation 437, 469
Activités bancaires 308
Adadnirari II 58
Adadnirari III 62
Aden 565

Ader (Clément) 588, 611
Adieu aux armes (l') (Ernest Hemingway) 672
Adler (Alfred) 683
Administration
   chinoise 294
   royale 251
ADN 740-741
Aéropostale 660
Affaire Dreyfus 601
Affrontement
   Est-Ouest 727
   franco-anglais 498
Afghanistan 714, 742
African National Congress (ANC) 635
Afrikakorps 694, 699
Afrique
   Principaux articles
   Premiers agriculteurs 18-19
   Égypte antique 26-27, 28-29
   Égypte du Nouvel Empire 54-55
   du Sahara et de la Nubie antiques 58-59
   des Noks 102-103
   les guerres puniques 106-107
   le royaume du Ghana 192-193
   Mali et Éthiopie 264-265
   l'empire du Bénin 280-281
   l'Empire songhaï 344-345
   la traite des Noirs 450-451
   l'Afrique au 17e siècle 462-463
   au 18e siècle 506-507
   la guerre des Boers 564-565
   conquêtes et partages au 19e siècle 596-599
   naissance du tiers

   monde 730-731
   Voir aussi 427, 560, 560-562, 576, 580, 581, 593, 596, 601, 606, 611, 615, 617, 623, 626, 628, 630, 635, 640, 658, 685, 692, 697, 699, 720, 722, 726, 734, 736, 737, 741-742, 744
   australe 103, 280, 623
   côte occidentale de l' 306, 344, 448
   de l'Est 282, 384
   de l'Ouest 102, 161, 280, 285, 310, 322, 326, 339-340, 344, 393, 462, 463, 506, 520, 525, 536, 551
   des Noks 102
   du Nord 167, 176, 182, 306, 329, 371, 553
   du Sud 340, 507, 536
   noire 80, 82, 85
   occidentale 281, 345
Agamemnon 40, 41
Âge
   de la pierre polie 52
   de la pierre taillée 52
   de la raison 446
   du bronze 27, 31, 39, 42, 52, 53, 59
   du fer 46, 52, 53, 59
Agence de voyages (première) 569
Anagni (attentat d') 281
Agra 361, 440
Agriculteurs (premiers) 18, 19, 20, 36, 44
Agriculture 18, 22, 23, 53, 63, 68, 80, 108, 183, 188, 268, 428, 508, 594
   aztèque 323, 348
   collective 668
Agronome 489
Ahura-Mazda 75
Aïda (Giuseppe Verdi) 593
Aiguille en os 14
Aïnous 146
Aix-la-Chapelle 165, 195
   traité d' 444

   paix d' 483
Ajanta 137
Akaba 462
Akbar 357, 360-361, 440
Akhenaton 46, 54, 55
Akkad 25
Akkadiens 35, 49
Aksoum 102, 103, 140, 149
Al-Kharezmi 293
Alabama 547
Alamans 135, 140
Alamo (fort) 562-563
Alaric 144
Alaric II 162
Alaska 586, 615
Albanie 634-635, 705
Albe (duc d') 386-387
Albigeois 275
Alchimistes 372
Alcuin 190
Aldrin (Edwin) 724-725
Alembert (Jean Le Rond d') 505
Aléoutes 390
Alep 40
Alès (paix d') 419, 423
Alésia 112, 113, 115
Alexandra 650-651
Alexandre le Grand 86, 90-91, 94, 154, 155
Alexandre II 579, 601, 628
Alexandre III 601, 629
Alexandre VI 337, 340
Alexandrie 90, 94, 95
Alfred le Grand 165, 198, 203
Alger 553, 723, 731
Algérie 553, 571, 596, 598, 722-723, 726, 729, 731, 742
   conquête de l' 547
Algonkins (Indiens) 390
Ali 178
Ali Gaji 345
Ali Pasa 384
Alice au pays des merveilles (Lewis Carroll) 584
Aliénor d'Aquitaine 245, 248-249
Alimentation 108, 188,

268, 348, 428, 508, 594-595, 668
Allah 174
Allées couvertes 31
Allemagne (et Saint Empire romain germanique)
Principaux articles
Charlemagne 194-195
le Saint Empire romain germanique 206-207
papes et empereurs 210-211
les Habsbourg 370-371
la guerre de Trente Ans 416-417
l'Autriche et la Prusse au 18ᵉ siècle 482-483
l'unité allemande 592-593
la montée des fascismes 666-667
l'Allemagne nazie 678-679
l'Anschluss et Munich 686-687
les marchés communs 728-729
Voir aussi 257, 354-355, 483, 571, 586, 598, 610, 642, 644-645, 647-648, 651-652, 656-658, 680, 692-693, 699-700, 739, 744
grande 687
Allende (Salvador) 733
Alliance (Triple-) 636, 642
Alliés 640, 645, 656, 693-694
Alma 576, 579
Almagro (Diego de) 363
Alp Arslan 230, 231
Alphabet 29, 57
coréen 312
cyrillique 181, 185
Alphonse XII 680
Alsace 592-593, 656
Alsace-Lorraine 592, 658
Altamira 18
Aluminium 579
Amaterasu 147
Amboise (conjuration d') 376
Aménophis III 42
Aménophis IV 46, 54
American Philosophical Society 504

Amérique 317, 320, 343, 346, 348, 350, 364, 366, 379-380, 388, 406
découverte de l' 328
Amérique centrale et du Sud
Principaux articles
Premières civilisations 62-63, 93, 134-135
les Mayas 150-151
les Toltèques et les civilisations de Tiahuanaco et de Huari 208-209
les Aztèques et les Incas 278-279, 322-323, 326-327
les conquistadores 362-363
la révolte des esclaves aux Antilles 526-527
l'indépendance des pays (d') 536-537
Mexique et Texas 562-563
Voir aussi 80, 440, 666, 680, 744
Amérique du Nord
Principaux articles
Premières civilisations 62-63, 134-135, 182-183
les Indiens 390-391
la colonisation 408-411, 474-476
les guerres coloniales 498-499
l'indépendance des États-Unis 518-519
Américains contre Anglais 538-539
la «déportation» des Indiens 556-557
la guerre de Sécession 582-583
naissance du Canada moderne 586-587
l'essor des États-Unis 614-615
la ruée vers l'or 616-617
les pionniers contre les Indiens 620-621
la prospérité (de l') 670-671
la Grande Dépression 676-677
la guerre froide 714-715

la course à l'espace 724-725
Voir aussi 80, 86, 217, 406, 410, 414, 450, 492, 496, 500, 515, 548, 560, Première et Seconde Guerres mondiales
Amoco Cadix (pétrolier) 737
Amon 40, 55
Amphithéâtre 117, 127
Amphore 148
Ampoule électrique 601, 613
Amritsar 438
Amsterdam 387-388, 408, 412, 468
Amulius 66
Amundsen (Roald) 603, 635
Analyse 447
Ananas 348, 366
Anasazi (Indiens) 152, 173, 183
Anatomie 325
ANC (African National Congress) 744
Ancien Empire égyptien 26, 27, 33
Ancien Régime 522, 546
Ancien Testament 50
Anciennes routes commerciales 60
Andes 327, 349
Andromaque 449
Anesthésie 606
Anesthésique 577, 607
Angkor 302, 663
Angkor Thom 302
Angkor Vat 242, 302, 303
Anglais en Inde 528
Angles 145, 202, 204
Angleterre (Grande-Bretagne, Royaume-Uni)
Principaux articles
La civilisation des mégalithes 30-31
l'invasion romaine 119
la Bretagne anglo-saxonne 202-203
l'Angleterre normande 222-223, 226-227
rivalité avec la France 248-249
la Grande Charte 262-263

la guerre de Cent Ans 286-287, 304-305
la guerre des Deux-Roses 316
Élisabeth Iʳᵉ 374-375
les compagnies des Indes 424-425
la guerre civile anglaise 430-431
la restauration anglaise 436-437
les guerres anglo-hollandaises 448-449
la «Glorieuse Révolution» 458-459
l'Irlande 464-465
la révolution agricole 488-489
la révolution industrielle 490-491
les guerres en Amérique du Nord 498-499, 518-519, 538-539
les Anglais en Inde 528-529, 608-609, 708-709
la puissance (de l') 550-551
au temps de Victoria 580-581
les suffragettes 626-627
en Australie 630-631
Voir aussi 112, 144, 165, 257, 299-300, 308, 380, 471, 496, 501, 509, 524-525, 532, 545, 565, 574, 576, 588, 692, Grande-Bretagne, Royaume-Uni, Première et Seconde Guerres mondiales
Anglicanisme et Anglicans 363, 365, 374, 431, 438, 474
Anglo-Normands 226
Anglo-Saxons 173, 203
Angola 353, 384, 734
Angon 235
Ankara 665
Annales d'histoire économique et sociale (les) 6
Annam 604
Anne d'Autriche 414, 418, 433, 442
Anne de Bretagne 340
Anneau de Brodgar 30
Année

julienne 396
lunaire 396
solaire 396
Années folles (les) 647
Anschluss 686-687, 691
Antarctique 512, 725
Anti-Corn-Law-League 565
Antibiotique 682
Anticonceptionnelle (pilule) 740
Antifasciste 667
Antilles 340, 427, 440, 450-451
Antiquité 9
tardive 157
Antisémitisme 679
Antoine 95, 118, 155
Antonin le Pieux 119, 129
Anvers 388
sac d' 387
Anyang 43
Apaches (Indiens) 390, 605, 620
Apartheid 697, 722, 742, 744
Apollo (programme d'exploration de la Lune) 725
Apollon 85
Apparition de l'écriture 29
Appel du 18 juin 699
Appert (Nicolas) 509, 531
Appia (via) (voie Appienne) 100, 105
Appomattox 582
Apprenti 257
Après-guerre 658, 700
Après-midi d'un Faune (l') (Claude Debussy) 646
Aqueduc 100
Aquitaine 214
Arabes 35, 174, 176, 284, 292, 524, 733
Arabie 168, 171, 174, 177-178
Arabie saoudite 679
Arachide 595
Aragon 328
Araire 53
Araméens 55
Arapahoes (Indiens) 390
Arbalète 89, 155, 287
Arbèles 90
Arc de triomphe de l'Étoile 493, 562

Arc de Sydney (grand) 654
Arc-en-ciel 452
Arcadiens 49
Arche
d'alliance 51
de Noé 24, 25
Archéologie 2
Archéologues 2, 4, 9, 20, 60
Archers
anglais 287
mongols 270
Archimède 88, 97, 132, 133
Architecture 20, 92, 127, 172, 201, 214, 252, 321, 330-331, 334, 412, 492, 574, 575, 654
classique 397, 412, 440
incas 335
moghole 441
Archives 8
Archontes 67
Arcs 68
Arcs-boutants 252
Arctique 497, 502
Ardachêr 130, 131
Argentine 536-537, 704
Argos 67, 89
Ariane (fusée) 725
Aristophane 88, 117
Aristote 89, 132
Arkwright (Richard) 515
Armagnacs 304, 310
Armée
anglaise des Indes 608
d'Italie 531
grande 532, 539, 542, 554
républicaine irlandaise (IRA) 649, 730
romaine 114, 154, 155
rouge 652-653
suédoise 414
Arménien (génocide du peuple) 645, 692
Arméniens (massacre des) 616
Armes 712
Armes à feu 233, 286, 314-315, 473, 625
de siège 68
individuelles 394
nucléaires, 713
Armes et armure du samouraï 255
Armistice 657
Armoiries 315
Armorique (l'actuelle

Bretagne) 146
Armstrong (Louis) 674
Armstrong (Neil) 724-725, 730
Armure 394
plate 245, 314
Arpad 200
Arras (union d') 386
Arsenal turc 555
Art 16, 68, 86-87, 102, 113, 154, 164, 191, 199, 246, 324, 402, 404, 484, 566
abstrait 647
celte 113
contemporain 646
déco, 640, 646, 655
nouveau 566, 620, 655
religieux 368
Art de la guerre 314, 234, 394, 472, 554, 632
Artaxerxès Ier 82, 85
Artaxerxès II Mnémon 85, 89
Artaxerxès III 89-90
Arthur (roi) 152, 162, 246
Artillerie 351, 473
montée 554
Artisanat (et artisans) 16, 164, 246, 257, 324, 490
barbare 145
chinois 405
inca 324
Artois 443, 455
Aryens 33, 34, 42, 50, 64, 65
Asad (Hafiz al-) 733
Ascension du mont Blanc 519
Ashkénazes 178-179
Asie 80, 90, 640, *voir aussi* Chine, Inde, Japon, etc.
du Sud-Est 424, 514, 604, 720, 726-727, 730-731, 735-736
Askia (Mohammed) 344-345
Asoka 81, 96, 97, 138
Aspirateur 674
Assarhaddon 67
Assemblée
de députés 460
des citoyens 139
générale (ONU) 702-703
nationale 520
Association internationale des travailleurs 584

Assolement 488-489
quadriennal 509
Assouan (barrage d') 55
Assour 48
Assourbanipal 49, 70
Assourdar II 58
Assournazirpal II 58
Assouroubalit Ier 46
Assyrie 48, 58
Assyriens 44, 48, 49, 51, 58
Astaire (Fred) 680
Astrée (l') (Honoré d'Urfé) 407
Astrolabe 177, 212, 257, 339
Astronautes 724
Astronomes 447, 512
arabes 212
Astronomie 151, 212, 292, 332, 446
Atahualpa 327, 363
Atatürk (Mustafa Kemal) 665
Athéna 83, 84
Athènes 67, 74, 82, 83, 85, 89, 90, 93, 138, 139
Athéniens 82
Atlantide 38
Aton (dieu solaire) 46, 54, 55
Atoum 45
Atrée (trésor d') 40, 41
Attila 144, 146, 151
Attraction universelle (loi de l') 447
Augsbourg
ligue d' 458, 463
paix d' 371
Auguste 115, 118, 121, 138, 155
Aurangzeb 440, 461
Aurélien 135, 144
Auriol (Vincent) 709
Aurore (l') (journal) 618, 620
Austen (Jane) 539
Austerlitz 532-533
Australie 76, 302, 454, 466, 508, 512-513, 520, 532, 541, 560, 572, 580, 616, 623, 630, 631, 641, 654, 658, 668, 672, 677, 694
Australopithèques 14
Austrasie 187
Autant en emporte le vent (Margaret Mitchell) 647, 685

Automobile 588, 660, 706
Autorité royale 274
Autriche 371, 419, 470, 482, 530, 592, 642, 666, 680, 686, 690-691
Autriche-Hongrie 634-635
Avancée des déserts 745
Avebur 30
Aventures de M. Pickwick (les) (Charles Dickens) 562
Aventures de Tom Sawyer (les) (Mark Twain) 599
Aviation militaire 657, 712-713
Avignon 281, 286, 296-297
Avions, 588, 611, 626
    à réaction (premiers) 713
    de chasse 712
    militaires 712
    premiers 588
Avocat 279, 323
Avoir 20 ans dans les Aurès (film) 723
Axe Rome-Berlin 685
Ayar Manco 278
Azincourt 304-305
Azov 457, 466
Aztalan 182
Aztèques 240, 247, 268, 278, 300, 317, 322, 324, 362, 366, 562
    prêtres 323

B

Babbage (Charles) 551, 613
Baber 321, 348, 360-361
Babylone 40, 47, 48, 50, 58, 67, 69, 70, 71, 73, 74, 91
    renaissance de 25
Babylonie 70
Babylonien (deuxième Empire) 70
Babyloniens 44, 47, 48, 51, 70
Bach (Jean-Sébastien) 484-485, 488
Bacille de Koch 607
Bacon (Roger) 270, 273, 293
Baden-Powell (Robert) 630
Badoglio (Pietro) 699
Baekeland (Leo) 613

Bagdad 176, 190, 212-213, 230
Bagnards 541
Bains publics 517
Baïonnette 472
Baird (John Logie) 660-661
Baiser (le) (Auguste Rodin) 620
Bakélite 613
Baker (Joséphine) 670
Balaklava 577
Balboa (Vasco Nuñez de) 353
Balfour (déclaration) 651
Baliol (Jean de) 274, 279
Balkans 599, 634, 666, 704-705
Ball (John) 299
Ballet 442, 646
Ballets russes 646
Ballons dirigeables rigides 632
Baltimore 539
Ban du seigneur 225
Banane 348
Bandung (conférence afro-asiatique de) 722, 731
Bangladesh 708, 733
Banque 251, 408, 465, 468, 469, 548
    de France 531-532
    du sang (première) 683
    générale 482
    moderne (première) 309
Bantous 103, 182
Barbares 77, 113, 140, 142-145, 156
Barbe-Noire 450
Barbegal 133
Barberousse (pirate) 359
Barberousse (opération) 694
Barbie (Klaus) 742
Barbusse (Henri) 647
Barcelone 605, 681
Barde 113
Barents (Willem) 340
Baromètre 452-453
Baroque 404-405, 412
Barricades 553, 571
Barrie (James Matthew) 626
Bartholdi (Auguste) 574, 609
Bas-Canada 499, 586-587
Basile-le-Bienheureux 383

Basilique
    chrétienne 136
    Saint-Marc 258-259
    Saint-Pierre de Rome 297, 346, 405, 413, 446
    Saint-Vital 164
    Sainte-Sophie 313
Basques espagnols 736
Basse-Égypte 26, 27
Basse justice 221
Bastille 295
    prise de la 521
Batailles
    d'Actium 118, 155
    d'Alcaçar-Quivir 386
    d'Angleterre 692, 694
    d'Hastings 234
    d'Issos 90
    de Bosworth 316
    de Castillon 312
    de Coronée 89
    de Courtrai 281
    de Fleurus 463
    de Kappel 361
    de la Boyne 463
    de la Montagne Blanche 417
    de Leipzig 539
    de Lépante 384
    de Lützen 415
    de Malazgit (Mantzikert) 227
    de Mansourah 267
    de Marathon 82, 155
    de Morgarten 283
    de Narva 467
    de Naseby 473
    de Pavie 358
    de Philippes 118
    de Poitiers 184
    de Poltava 467
    de Rocroi 433
    de Sampach 299
    de Tolbiac 152
    de Vouillé 162
    du lac Régille 82
    du Lechfeld 209
Batailles navales 154
Batavia 414, 424, 426
Bateaux
    à vapeur (premiers) 548, 588
    crétois 39
    de la Hanse 289
    phéniciens 61
Bath 493
Bâtisseurs de la

Renaissance 330
Bâton de Jacob 339
Batteuse 595
Baudelaire (Charles) 579
Bauhaus (école du) 654-655
Bayard (chevalier, Pierre Terrail, seigneur de) 346, 351
Bayeux (tapisserie de) 5, 222
Bayreuth 599
Bazars 347
Bazooka 713
BCG (vaccin) 683
Beatles 743
Beauharnais (Joséphine de) 530
Beaujeu (Anne de) 339
Beauvaisis 298
Beauvoir (Simone de) 714
Bébé éprouvette 737, 740
Bec bunsen 579
Becket (Thomas) 248-249, 251
Bède le Vénérable 180, 184
Beecher-Stowe (Harriet) 576
Beethoven (Ludwig van) 515
Behaim (Martin) 340
Belgique 386, 483, 531, 553, 565, 598, 642-644, 656-657, 690, 701, 729
Bélier 58, 69
Bélisaire 142, 162, 167, 234
Bell (Alexander Graham) 589, 599
Bellay (Joachim du) 371
Belle Époque 602, 603
Ben Bella (Ahmed) 729
Ben Gourion (David) 710-711
Bengale 528
Bénin 280-281, 321, 345, 404, 462, 615
Benz (Carl) 609
Berbères 176, 192
Bergen 289
Béring (détroit de) 13
Béring (Vitus) 497
Béringie 18
Berlin 647, 656-657, 693, 700-701, 714
    blocus de 710
    mur de 717, 726, 739, 742

Berlin-Ouest 739
Bernin (le Cavalier) 404, 405, 413, 446
Bérulle (Pierre de) 411
Bessemer (Henry) 579, 613
Béthencourt (Jean de) 302
Bethléem 129
Béthune 281
Béton armé 574, 654
Betterave sucrière 506, 595
Bhutto (Benazir) 742
Biafra (guerre du) 729, 733
Bible (la) 22, 25, 50, 311, 354-355, 438-439
Bibliothèques 49, 169, 260, 343
Bicyclette 589
Bidonvilles 697
Biface 14
Bijoux
  romains 116
  vikings 196
Bikini (atoll de) 704
Bill (loi) de l'*habeas corpus* 455
Billet de banque chinois 309
Birmanie 514, 604
Biro (Lazlo) 688, 691
Bismarck (Otto von) 583, 586, 592-593
Bison 15, 16, 380, 390, 391, 620, 621
Bissextile 396
Bizet (Georges) 596
Bjarni (Herjolfsson) 217-218
Blackfeet (Indiens) 390
Blanche-Neige et les sept nains (film) 686
Blancs (contre-révolutionnaires) 652
Blasons 315
Blériot (Louis) 630
Blindés 712
  premiers 657
Blitzkrieg (guerre-éclair) 690, 694, 713
Bloc communiste 701, 714
Bloch (Marc) 6
Blocus continental 533, 536
Blücher (Gebhard Leberecht) 542
Blum (Léon) 662-663, 685-686

Boat people 737
Boccace 247, 291
Boers 562, 564, 598, 601, 623, 626
Bohême 200-201, 257
Bohémiens 200
Bolcheviques 628, 650-652
Boleyn (Ann) 363, 366, 374
Bolivar (Simon) 536-537, 539
Bolivie 537, 551, 729
Bombarde 314
Bombardements 675
Bombardiers (premiers) 712
Bombay 425, 575
Bombe à hydrogène (bombe H) 722, 730
Bombe atomique 688, 695, 703, 712-714
Bombes 233
Bon Marché (le) 624
Bonaparte (Napoléon) 90, 527, 530-532, 536, *voir aussi* Napoléon Ier
Bonaparte (Louis Napoléon) 571, 576, *voir aussi* Napoléon III
Bond en avant (grand) 725
Boniface VIII 275, 281
Bonne-Espérance (cap de) 307, 338, 339, 340, 344
Book of Common Prayer 371
Booker (Taliaferro Washington) 619
Boomerang 23, 76
Borgia (famille) 332, 336, 337
Borgia (Lucrèce) 336
Bornéo 604-605
Borromini (Francesco) 404
Bosniaques 737
Bosnie-Herzégovine 634
Boston 474
Boston (massacre de) 515
Boston Tea Party 515, 518
Botany Bay 512
Botticelli (Sandro) 312, 324, 333
Boucher (François) 484, 496
Bouclier celte 154
Bouddha 64, 73, 81, 96, 97, 125, 205
Bouddhisme 64, 96, 97, 122, 124, 125, 137, 167, 170, 204, 284, 365

Bouddhistes 199, 303, 439
Boudicca 119, 122
Boulanger (Georges) 611
  affaire 611
Boulier 132
Boumediene (Houari) 729
Bounty (navire) 523
Bourbon (île) 529
Bourbons (famille des) *voir* les annexes en fin de volume
Bourgogne 167-168, 187, 214, 304, 326
  comté de 370, 403, 444
Bourguignons 304, 310
Bourse 548
  d'Amsterdam 468-469
  de Paris 491
  de New York 676
Boussole 122, 123, 133, 212-213, 233, 293, 339, 344
Bouvines 250, 263
Boxe (antique) 64
Boxers (révolte des) 561, 622
Boyards 383, 401, 457
Boyne (bataille de la) 464-465
Brahe (Tycho) 373
Brahma 97
Brahmanes 65
Brahms (Johannes) 586
Braies 196
Brandt (Willy) 730
Brant (Joseph) 499
Braque (Georges) 567
Brassempouy (dame de) 16
Brecht (Bertolt) 672, 714
Breda (traité de) 449
Brejnev (Leonid) 729
Breker (Arno) 647
Brésil 340, 346, 352-353, 379, 423, 427, 440, 536, 551, 575, 611
Brest-Litovsk (traité de) 652
Bretagne 112, 119, 141
  anglo-saxonne 202
  Petite- 202
Brétigny (traité de) 286
Bretons 146
Brigades internationales 681
Brigades rouges 737
Briques 22, 23, 32, 53

Bristol 549
British Museum 545
Brontë (Charlotte) 571
Brontë (Emily) 571
Bronze 43, 73, 92, 146
  moulage du 281
Brouette 101, 132
Broussilov (Alexis Alexeïevitch) 648
Broz (Josef) 705, *voir aussi* Tito
Bruegel (Pieter) 324
Bruges 289
Bruit et la Fureur (le) (William Faulkner) 672
Brumaire (coup d'État du 18) 532
Brunelleschi (Filippo) 335
Bruno (Giordano) 231, 373
Brutus 115
Bruxelles 701, 729
Buchenwald 692
Buckingham Palace 413
Buddenbrook (les) (Thomas Mann) 623
Buffon (Georges Louis Leclerc, comte de) 486
Bulgares 182, 184-185
Bulgarie 630, 634-635, 645, 705
Bull Run 582
Bunker Hill 518
Bunsen (Robert) 579
Burgondes 145, 156
Burial-mounds 182
Burke (Robert O'Hara) 631
Bus (transport) 660
Bushido 255
Bushnell (David) 555
Butler (James, marquis d'Ormonde) 465
Byblos 57
Byron (George Gordon, lord), 552
Byzance 70, 136, 141, 162
Byzantins 162, 164

C

Câble télégraphique transatlantique (premier) 581
Cabot (Jean) 340, 344
Cabral (Pedro Alvares) 346
Cacahuètes 279

Cacaoyer 279, 366
Cadix 57
Caernarvon (château de) 237
Café 355, 366, 400, 429, 494, 604
    instantané 625
Cafés 420
Cahiers de doléances 520
Cahokia 182
Caire (le) 565
Caisse d'Épargne de Paris 547
Calais 286, 375
Calas (Jean) 525
Calcul des probabilités 447
Calcutta 425, 463, 528
Calendrier
    aztèque 293
    de 365 jours 33
    grégorien 357, 391, 396, 510, 665
    hébreu 27
    julien 396
    maya 27
    musulman 174,
    républicain 541
Calicut 338, 353
Calife 176, 190
Californie 508, 563, 571-572, 616
Caligula 121
Calixte III 337
Calligraphie 164
Calmette (Albert) 683
Calumets 356
Calvin (Jean) 354-355, 363, 366, 379
Cambodge 302, 584, 604, 714, 726, 734, 737
Cambridge (Massachusetts) 400, 475
Cambyse II 74
Camisards 471
Camp du Drap d'or 355, 395
Camp fortifié 114
Campagne de Russie 542, 554
Campement Cro Magnon 15
Camps
    d'extermination 679
    de concentration 692
Camus (Albert) 709
Canaan 39, 49, 50
Canada 406, 410-411, 417-418, 444, 449, 469-470, 496, 497-499, 513, 523, 526, 538-539, 562, 565, 580, 586
Canada-Uni 586
Canadian Pacific Railway 586-587
Canadiens français 586
Canal
    de Panama 611, 623, 625, 626, 635, 706-707
    de Suez 561, 581, 590, 596-597, 725, 733
    du Nil à la mer Rouge 74, 149
Canard enchaîné (le) (journal) 645
Canaries 302
Canaux 161, 501
Canberra 631, 672
Candide (Voltaire) 504
Candragupta 94, 96, 136, 143
Canne à sucre 349, 352, 366, 429, 450, 595
Cannelle 426
Cannes (bataille de) 98, 106
Canons anti-chars 713
Canopes (vases) 26
Canossa 211
Canton (Guangzhou) 427, 503, 568-569, 691
Cantons suisses 332, *voir aussi* annexes
Cantorbéry 178, 248-249
Canuts 562
Caoutchouc artificiel 612
Cap (le) 440, 507, 536, 564-565, 597
Cap de Bonne-Espérance 307, 338, 340, 344
Cap (province du) 565
Capétiens 214-215, 250, 275
    premiers 215
Capital (le) (Karl Marx) 586
Capitole (à Rome) 105
Capone (Al) 670
Caporetto (bataille de) 651
Capoue 94
Caracalla 119, 131
Caractères
    chinois 29
    mobiles 222, 260, 310-311
Caravage (le) 325, 384
Caravanes 58, 120, 264
Caravansérails 261
Caravelle 306-307, 338, 341
Carloman 186
Carmélites 379
Carmen (Georges Bizet) 596
Carnac 30, 31
Carnarvon (George Herbert, comte de) 5
Carné (Marcel) 686, 691
Carrefour commercial 259
Carroll (Lewis) 584
Carte
    chinoise 502
    de l'Europe moderne 542
    du monde 340
    géographique 389, 512
    première 27
Carter (Howard) 3, 5, 55, 664
Carthage et Carthaginois 57, 62, 73, 74, 82, 89, 94, 97, 98, 103, 104, 106, 107, 146
Cartier (Jacques), 340, 363, 366, 406, 410
Cartographes 306
    arabes 212
Cartographie, 123
Case de l'oncle Tom (la) (Harriet Beecher-Stove) 576
Casimir-Perier (Jean) 616
Casques bleus 702
Cassin (monastère du mont) 167, 197
Castes (système des) 57, 64, 65
Castille 328
Castro (Fidel) 725
Catacombes romaines 125, 128
Çatal Höyük 16, 22, 23, 61
Catalauniques (champs) 144, 151
Catapultes 90
Cateau-Cambrésis (Le) 395
    traité du 376
Cathares 267, 274-275
Cathédrales, 172
    de Beauvais 253
    de Chartres 246
    de Durham 172
    de Mexico 413
    de Reims 655
    de Salzbourg 413
    gothiques 251-253
    Saint-Paul 413
Catherine d'Aragon 361
Catherine de Médicis 376, 378-379, 384
Catherine de Sienne 296
Catherine II de Russie 500, 510-511
Catholicisme 329-330, 369, 439, 464
Catholiques 361, 364, 374, 376, 378, 386, 387, 406, 414, 416, 437, 445, 455, 458, 464, 524, 551, 648, *voir aussi* Église catholique
Caudillo 681, *voir aussi* Franco
Cavalerie 68, 234, 394, 473, 632
Cavalier 69, 101
    samouraï 392
Cavour (Camillo Benso, comte de) 590-591
Ceausescu (Nicolae) 742
CEE 725, 738, 741, *voir aussi* Union européenne
CEI (Communauté d'États indépendants) 720
Céladons 164
Célérifère 501
Céline (Louis-Ferdinand) 679
Cellini (Benvenuto) 332
Celsius (Anders) 502, 504
Celtes 35, 80, 112-113, 125
    expansion des 112
Censure de la presse 461
Cent-Jours (les) 542, 543, 547
Central Pacific 614
Centrale nucléaire 722
Centralisation (de l'administration française) 445
Centralisme de l'État 275
Centre national d'art et de culture Georges-Pompidou 737
Centres de commerce 388
Centres drapiers 229
Centurie 114
Centurion 114, 139
Céramique 23, 24
Cérémonie du thé 393, 515
Cernunnos 124

Cervantès (Miguel de) 405, 407, 422
César (Jules) 6, 90, 112, 113, 115, 118, 396
Cetewayo 564-565
Ceuta 306
Cévennes 471
Ceylan 426, 531, *voir aussi* Sri Lanka
Cézanne (Paul) 611
C.G.T.U. 664
Chadouf 19
Chah 346
Chah Djahan 401, 423, 440-441
Châhpuhr Ier 130, 131, 135
Châhpuhr II 140, 143
Chaises à porteurs 420
Chaka 507
Chaldéens 70
Chamberlain (Neville) 691
Chambord 334, 351
Chambre des communes 460
Chambre des lords 460
Chamonix 519
Champ magnétique 547
Champagne 256, 652
Champlain (Samuel de) 402, 406, 408, 410-411
Champollion (Jean-François) 6, 532
Chang'an 170
Chanson de Roland (la) 190
Chansons de geste 246
Chant de guerre pour l'armée du Rhin 526
Chanteur de Jazz (le) (film) 672, 675
Chantilly 361
Chaplin (Charlie) 670, 675
Chappe (Claude) 501, 529
Char d'assaut 648
Char de combat (antique) 25, 46, 52, 68, 100,
Charbon 264
Charcot (Jean) 607
Chardin (Jean Siméon) 484
Charge de la brigade légère (la) (film) 577
Charge héréditaire 402
Chariot 25, 34, 50, 52, 53, 180
Charlemagne 165, 186, 190, 192, 194-195, 206
Charles Ier d'Angleterre 418, 423, 430, 431, 437

Charles II d'Angleterre 436
Charles II le Chauve 194, 198
Charles III le Gros 201, 217
Charles IV le Bel 283
Charles VI 286, 299, 304
Charles VII 304-305, 310
Charles VIII 339-340, 344
Charles IX 376, 378-379, 384
Charles X 547, 553
Charles le Téméraire 326, 331-332
Charles Martel 184, 186, 194
Charles Quint 328, 350, 355, 358, 361, 366, 368, 370-371, 395
Charles VI d'Autriche 482
Charles XII de Suède 466-467
Charlot 675, *voir aussi* Chaplin
Charpente (architecture) 334
Charrue 65, 53, 188, 269, 292, 299
Charte
  de 1830 546
  des Nations unies 702
  Grande 262
Chartisme 562, 571
Chartres 393
Chartreuse de Parme (la) (Stendhal) 565
Chasse 225-226, 332, 435
Chasseurs (premiers) 712
Chasseurs de baleines 572
Château fort 172, 173, 237, 250, 252, 334
Château-Gaillard 251
Chaucer (Geoffrey) 247, 251, 332
Chauve-Souris (la) (Johann Strauss) 596
Chavin 63
Chef-d'œuvre (artisanat) 257
Chemin de fer 557, 588, 590, 614, 660
  ligne Liverpool-Manchester 477
  première ligne de 501, 551
Chemin des Dames 644, 651
Cheminées 197, 412

Chemises noires 664, 667
Chemises rouges 591
Chèques 469, 548
Chercheurs d'or 616-617
Cherokees (Indiens) 390, 556
Chéronée 90
Chesapeake 539
Cheval 43, 50, 180-181, 201, 292, 342, 362
Chevalerie 244
Chevalier 242, 244, 299
Chevaliers
  de la Table ronde 245
  de Malte 361, 385, 394
  de Saint-Jean de Jérusalem 244, 255, 314
Chevaux célestes 181
Cheyennes (Indiens) 390, 599
Chicago 574, 659, 670
Chichen Itza 208
Chickasaws (Indiens) 390
Chiffres arabes 137, 213, 293
Chiisme 178, 191, 346
Childebert Ier 162, 167
Childéric III 186
Chili 366, 536-537, 734
Chimie 504, 535
Chinampas 268, 322-323
Chine
  Principaux articles
  des Shang 42-43
  des Zhou 73
  des Qin 98-99
  des Han 120-121
  des Sui et des Tang 170-171
  des Song 232-233
  des Ming 294-295
  aux 15e et 16e siècles 392-393
  des Mandchous 432-433
  commerce au 18e siècle 502-503
  les guerres de l'opium 568-569
  la révolte des Boxers 622-623
  la Longue Marche 672-673
  la guerre sino-japonaise 684-685
  communiste 716, 734-735
  Voir aussi 164, 174, 177,

181, 188, 194, 205, 221, 276, 284, 292, 300, 303-304, 317, 320, 380, 388, 508, 517, 525, 549, 560-561, 605, 609, 616, 635, 663, 667-670, 691, 695, 714, 720, 724, 729
Chinois 87, 92, 164-165, 432
Chinon 1075
Chinooks (Indiens) 390
Chintz 485
Chippewas (Ojibwas) (Indiens) 390
Chirurgie 372, 393, 606
Choc pétrolier (premier) 734
Chocolat 355, 366
Choctaws (Indiens) 390
Chômage 539, 676-678, 696
Chongking 685
Chouans 529
Chrétien de Troyes 245, 265
Chrétiens 122, 136, 141, 146, 151, 166, 242, 284, 296, 354, 364, 402, 403, 561
Chrisme 129
Christ 124, 125, *voir aussi* Jésus de Nazareth
Christianisation 204
Christianisme 80, 124, 125, 128, 136, 140, 142, 143, 152, 156, 166, 168, 174, 178, 182, 185, 201, 203, 352, 392, 393, 402-403, 529
Christine de Suède 424
Chroniques 180
Chronomètre de marine 534
Chrysler Building 640, 655
Churchill (Winston) 693-694, 700
Chute de Constantinople 312
Chute de l'Empire romain d'Occident 156
Chutes Victoria 596
Cicéron 115
Cid (le) (Pierre Corneille) 427
Cinématographe 566, 646, 660

première projection de 616
Cinq Nations (Indiens d'Amérique, les) 390
Cipayes 581, 608
Circuits intégrés 740
Cité des Sciences et de l'Industrie de la Villette 741
Cité-État (Antiquité) 24, 25, 31, 33, 40, 47, 64, 67, 72
Cité fortifiée de Zimbabwe 241, 280
Cité interdite 294-295
Cîteaux 168, 232
Cités (antiques) 23, 24, 36, 40, 68
  grecques 84
  mayas 151
  mycéniennes 55
  premières 22
Citoyenneté romaine 110, 114, 119, 131
Citoyens (grecs de l'Antiquité) 82-85
Citoyens libres et égaux (Révolution de 1789) 523
Citron 269
Citrouille 135, 390
Civilisation
  anasazi 109
  celtique de La Tène 85, 112
  Chavin 62
  de l'Indus 42
  des Indiens Hopewell 131
  étrusque 58
  européenne 88
  huari 168
  Jomon 39
  maya 97, 135, 186
  minoenne 33, 38
  moche 168
  mycénienne 40, 72
  nazca 168
  nok 58, 82
  olmèque. 50
  toltèque 201
  zapotèque 174
Civilisations américaines (premières) 63
Clair-obscur 404
Clan (au Japon) 199, 254, 263
Classes (lutte des) 628
Classique (style) 552

Claude (empereur romain) 119, 121
Clausewitz (Carl von) 554
Clavecin 325, 485
Clemenceau (Georges) 651
Clément (Jacques) 379
Clément V 296
Cléopâtre VII 94-95, 115, 118, 155
Clergé (ordre du) 521
Clèves (Anne de) 366
Cliff-Palace 183
Clifton Bridge 574
Clinton (Bill) 744
Clipper 625
Clisthène 74, 82
Clive (Robert) 495
Cloaca maxima 66
Clodomir 162
Cloisonné (technique du) 405
Clotaire Ier 162, 168
Clotaire II 174
Clotilde 152, 186-187
Clôturés (enclosures, champs) 489
Clous de girofle 426
Clovis Ier 151, 152, 162, 186-187
Cluny 167
Cnossos 3, 21, 29, 38, 39, 46
Coalbrookdale 519
Cobden (Richard) 625
Coca-Cola 707
Cochinchine 583, 604
Cochons (baie des) 726
Cochons d'Inde 279
Cocteau (Jean) 672
Code
  civil 531
  d'Hammourabi 47
  justinien 167
Cœur (Jacques) 310, 312
Coexistence pacifique 715
Cohabitation 741
Cohortes 114
Colbert (Jean-Baptiste) 442, 444-445, 453, 456, 469
Coligny (Gaspard de) 379
Colisée (à Rome) 93, 117, 127
Collaboration 698-699
Collier d'attelage 132, 209, 292
Cologne 257

Colomb (Christophe) 317, 320, 328-329, 339-342, 344, 346, 350
Colombie 536-537
Colombo 353
Colonie du Cap 564
Colonies 409, 425, 460, 476, 611, 722-723, 730
  allemandes 658, 677, 708
  américaines 497, 526, 543
  britanniques d'Amérique 556
  espagnoles d'Amérique 388, 544, 548
  françaises 598, 610
  grecques 67
  phéniciennes 67
Colonisation 560, 596, 598, 620, 630
  de l'Amérique 408
Colonne aux lions 81, 96
Colons 320, 352-353, 366, 377, 391, 400, 408-410, 423, 428-429, 450-451, 460, 464, 474-475, 480, 498, 508, 512, 515, 518, 527, 529, 540, 556, 561, 572-573, 605, 610, 614, 630, 692, 727
Colorants naturels 76
Colporteurs 286
Colt 554
Colt (Samuel) 633
Comanches (Indiens) 390, 620
Combats de gladiateurs 117, 127
Comecon 714
Comédie-Française 456
Comète de Halley 453
Comité de salut public 523
Commedia dell'arte 435
Commentaires sur la guerre des Gaules (Jules César) 115
Commerce
  Principaux articles, outre les doubles pages thématiques consacrées à ce sujet 60-61, 148-149, 228-229, 308-309, 388-389, 468-469, 548-549, 624-625, 706-707
  la route de la soie 120-121
  le commerce en Europe

(au Moyen Âge) 256-257
à Venise 259
la Ligue hanséatique 288-289
l'Empire portugais 352-353
les compagnies des Indes 424-425
l'Empire hollandais 426-427
avec la Chine des Mandchous 432-433
la traite des Noirs 450-451, 463
l'Amérique coloniale 474-476
la révolution industrielle 490-491
le commerce avec la Chine au 18e siècle 502-503
la puissance anglaise 550-551
les guerres de l'opium 568-569
les empires coloniaux 610-611
l'essor des États-Unis 614-615
la prospérité américaine 670-671
la Grande Dépression 676-677
les marchés communs 728-729
Voir aussi les doubles pages thématiques consacrées aux communications et aux transports et celles qui traitent de l'agriculture et de l'alimentation
caravanier transsaharien 192
de l'or 192, 462, 506
de la fourrure 389, 410, 411, 468, 498, 500, 587
des épices 352-353, 388, 425-426, 448
des esclaves 280, 308, 462, 506
du caoutchouc 575, 624
du sel 193, 228
en Méditerranée 243
entre l'Occident et l'Orient 258, 308
outre-mer 469

triangulaire 451, 468, 543, 548
Commode (empereur romain) 129
Commonwealth 430-431, 573, 623, 641, 677, 714
Communards 600
Communauté d'États indépendants 739, 744, *voir aussi* CEI
Communauté économique européenne 720, 728, 734, *voir aussi* CEE
Communauté européenne du charbon et de l'acier (CECA) 722, 729
Commune de Paris 593, 600
Communes (au Moyen Âge) 251
Communications 28, 180, 260, 342, 420, 500, 588, 660
Communisme 628, 641, 650-651, 666, 700
Communistes 663, 672, 673, 679, 696, 698, 705
Compagnie anglaise de la baie d'Hudson 408, 449
Compagnie anglaise des Indes orientales 389, 393, 425, 495, 528, 581, 608-609
Compagnie de Jésus 363, 365-366, 368-369, *voir aussi* Jésuites
Compagnie de la Nouvelle-France 418, 469
Compagnie française des Indes orientales 446, 450
Compagnie hollandaise des Indes occidentales 417, 427
Compagnie hollandaise des Indes orientales 402, 414, 424, 426, 468, 469
Compagnies commerciales anglaises 411, 468
Compagnies des Indes orientales 352, 397, 424
Compas de marine 344
Composants électroniques 740
Comptoirs commerciaux 148, 289, 352-353, 514

Concertos brandebourgeois (Jean-Sébastien Bach) 488
Concile
de Nicée 136
de Clermont 232
de Constance 296-297, 307
de Pise 304
de Trente 368-369
Vatican I 590
Vatican II 726
Concordat 536
de Worms 211, 245
Concorde (avion commercial supersonique) 730, 741
Condé (Grand) 433
Condition humaine (la) (André Malraux) 679
Confédération de l'Allemagne du Nord 592
Confédération helvétique 274, 291
Confédérés 560, 582
Confucius 73, 99, 107, 120, 525
Congélation 707
Congés payés 662-663
Congo 598-599, 601, 615, 630
Congreeve (William) 555
Congrégations 368
Congrès
de Tours 659
de Vienne 542
national indien 609
Connecticut 474
Connolly (James) 648
Conquête
de l'espace 724,
de l'Ouest 560, 614
Conquistadores 317, 320, 327, 342, 362, 364, 367
Conscription 555
Conseil
de l'Europe 729
de sécurité (ONU) 702
des Indes 366
féodal 262
Grand 259, 381
national de la Résistance (CNR) 699
Conservation des aliments 509

Conserveries industrielles 509
Conspiration des poudres 407
Constantin 128, 129, 136, 140, 141, 144, 162
Constantin XII 313
Constantinople 136, 141, 143, 162-163, 182, 184, 231, 242, 258-259, 289, 312-313, 338
Constitution
de l'An III 531
des États-Unis 519, 520, 522
Constructeurs (les) (Fernand Léger) 700
Consul (Premier) 531
Consulat 532
Consuls (romains) 104
Conte du Graal 245
Contes d'enfants et du foyer (frères Grimm) 539
Contes de Cantorbéry (Geoffrey Chaucer) 247, 251, 332
Contes de ma mère l'Oye (Charles Perrault) 466
Contes philosophiques 504
Continent austral 512
Contre-Réforme 365, 368-369
Contrebandiers 549
Convertisseur 613, *voir aussi* Bessemer (Henry)
Convicts 630
Cook (James) 454, 481, 512-513
Cook (Thomas) 489, 491, 569
Cooke (William) 562
Copernic (Nicolas) 332, 368, 373
Copistes 167
Coptes 184
Coracles 52
Coran 174-175, 178, 300, 309, 524
Corday (Charlotte) 529
Cordoue 207, 222
Corée 168, 178, 207, 392, 579, 616
du Nord 710, 727
du Sud 710, 727
Corinthe 85
Corinthien (ordre) 88

Corne d'Or 312
Corneille (Pierre) 427
Corporations (médiévales) 257
Corps humain (étude du) 447
Correspondants de guerre 577
Corruption 432, 455
Corse 513, 530
Cortés (Hernan) 358, 361-362, 366
Corvée royale 501-502
Cosme l'Ancien (famille des Médicis) 336
Côte-de-l'Or 400, 463
Côte-d'Ivoire 598, 615
Côtes de fer 430
Coton 349, 425, 485, 491, 582, 609
Cotonnade 425, 433
Cotte de mailles 234-235, 245, 314
Coty (René) 722
Coubertin (Pierre de) 616
Couperin (François) 482
Courbet (Gustave) 572
Course aux armements 714
Courses de chars 64, 100
Courtisans 434
Crassus 110, 112
Création du monde 45
Crécy 286
Creeks (Indiens) 390
Crees (Indiens) 390
Crésus 73
Crète minoenne 3, 21, 24, 29, 31, 33, 38
Creusot (Le) 506
Cri (le) (Edvard Munch) 615
Crieur 421
Crime et Châtiment (Fedor Dostoïevski) 586
Crimée 576-577
Criminels de guerre nazis 700, 703
Crise
de 1929 671, 684
de Suez 733,
du pétrole 728
économique 658, 676, 678, 696, 706, 728
Cristofori (Bartolomeo) 485
Critique de la raison pure (la)

(Emmanuel Kant) 491
Cro Magnon 12, 14, 15, 16, 18, 36
Croates 737
Crockett (Davy) 562
Croisade 242, 243, 244,
   première 232
   troisième 254
   quatrième 258
   cinquième 263
   sixième 264
   septième 267
   huitième 270
   des Albigeois 258
   des enfants 258
Croisée d'ogives 252
Croisés 242-243, *voir aussi* Chevalier
Croissance
   démographique 508
   économique 671
Croissant fertile 18, 19, 35
Croix de bois (les) (Roland Dorgelès) 656
Croix de Malte 385
Croix-Rouge 584, 607, 682
Cromlech 30
Cromwell (Oliver) 430-431, 436, 443
Cromwell (Richard) 443, 464-465
Crookes (William) 601
Crows (Indiens) 390
Crystal Palace 572, 575
Ctésiphon 130
Cuba 344, 586, 615-616, 620, 715, 725-726
Cubisme 567
Cugnot (Nicolas Joseph) 501, 515
Cuiller à fard 37
Cuirassés (premiers) 632
Cuivre 27, 257
Culture
   du maïs 24, 188
   du riz 109, 146, 188
Culture
   anasazi 160
   dite de la tradition du Mississipi 182
   grecque 95
   nazca 87
   nok 102-103
Cunéiforme 29
Cupis de Camargo (Marie-Anne de) 484
Curie (Marie) 606, 620, 682

Curie (Pierre) 606, 620
Custer (George) 621
Cuzco 278, 300, 326, 363
Cyclisme 603
Cyrano de Bergerac (Edmond Rostand) 620
Cyrille (saint) 181, 185
Cyrillique 185
Cyrus II le Grand 71, 73, 74

D

Dachau 679
Dagobert Ier 177, 187
Daguerre (Jacques) 565, 613
Daguerréotypie 565
Dahomey 462, 598, 615
Daimler (Gottlieb) 589, 609
Daimyo (seigneur féodal japonais) 255
Daladier (Édouard) 686, 691
Dalaï-lama 433, 439
Dali (Salvador) 646
Damas 64, 176, 178
Damiens (Robert François) 510
Dampier (William) 466
Dandysme 550
Danelaw 203
Danemark 86, 216, 466, 690
D'Annunzio (Gabriele) 656
Danse (ballet) 484
Dante Alighieri 247, 281
Danton (Georges) 522-523
Dantzig 308
Dardanelles 645
Darios ou Darius Ier 74, 75
Darios II 85
Darios III 90
Darwin (Charles) 581, 606
Datation au carbone 14 5
Datte 269
Daubenton (Louis) 509
Dauphin de France 291
Dauphiné 291
David (roi) 50, 57
David (le Bernin) 405
David Copperfield (Charles Dickens) 567
De Gasperi (Alcide) 705
De Klerk (Frederik) 744

De l'origine des espèces (Charles Darwin) 581
De la guerre (Karl von Clausewitz) 554
De Valera (Eamon) 649, 670
Débarquement (en Normandie) 693, 701
Debussy (Claude) 566, 646
Décabriste (complot) 551
Décaméron (Boccace) 247, 291
Decius 131
Déclaration
   d'Indépendance américaine 7, 515, 519
   des Droits (*Bill of Rights*) 459, 463
   des droits de l'homme et du citoyen 505, 521, 540
   des droits de la femme et de la citoyenne 626
   universelle des droits de l'homme 702, 710
Déclin
   de l'Empire ottoman 455
   de Rome 140
   des Moghols 440
Décolonisation 640, 708, 720, 726, 730
Découverte du monde
   Principaux articles
   l'ère des glaciers 12-13
   les grandes migrations 34-35
   les Phéniciens 56-57
   Alexandre le Grand 90-91
   grands voyageurs au Moyen Âge 282-283
   Henri le Navigateur 306-307
   les grandes découvertes 338-341
   la colonisation de l'Amérique 408-411
   l'exploration du Pacifique 512-513
   l'Afrique convoitée 596-597
   la course à l'espace 724-725
Déesse-mère 39, 44
Défenestration de Prague 414, 416
Défense nationale 593

Défi écologique 744
Defoe (Daniel) 487
Déforestation 720, 744-745
Défrichement 188, 209
Deir el-Bahari 55
Déjeuner sur l'herbe (le) (Édouard Manet) 584
Delacroix (Eugène) 551
Delft 458, 476
Delhi 441, 494, 609
Delphes 85, 89
Delta du Nil 26-27
Déluge (le) 45
Démarcation (ligne de) 698
Démocratie 82, 84, 88, 138, 139, 581-582, 600, 666, 696, 705
Démocraties
   occidentales 686, 701, 714
   populaires 705, 715, 739
Démocratisation 738
Demoiselles d'Avignon (les) (Pablo Picasso) 628
Démonstration
   scientifique 447
Dendrochronologie, 5
Départements 523, 531
Dépression (économie) 677
   Grande 662, 669, 676
Députés du tiers état 520
Descartes (René) 427, 446-447
Deschanel (Paul) 659
Description de l'Afrique (Léon l'Africain) 345
Deshima 403
Desmoulins (Camille) 521, 523
Désobéissance civile 708
Despotes éclairés 510
Despotisme 430
Deuxième Sexe (le) (Simone de Beauvoir) 714
Développement
   industriel 612
   scientifique 534
Diaghilev (Serge de) 567
Diamants 617
Dias (Bartholomeu) 307, 338, 339
Diaspora juive 73, 178
Dickens (Charles) 562, 566-567
Dictateur (le) (film) 675

Dictature 666, 678-679, 681, 681
Dictionnaire de l'Académie française 465
Dictionnaire de la langue française 584
Diderot (Denis) 486, 504-505, 511
Didon 57
Didon et Énée (Henry Purcell) 405
Diesel (Rudolf) 612
Diesels (moteurs) 660
Dieu unique 174
Dieux vikings (anciens) 204
Digesteur 455
Diligence 420, 501
Dimanche rouge 629
Dîme 190, 444
Dioclétien 135, 136, 140, 141, 144
Dior (Christian) 675
Directoire 523, 530-531
Discobole 81
Discours de la méthode (le) (René Descartes) 427, 447
Discours sur les sciences et les arts (Jean-Jacques Rousseau) 506
Disette 488
Disney (Walt) 672, 686
Disque
  microsillon 710
  compacts 740, 743
Disraeli (Benjamin) 580-581
Dissection 293, 372, 447
Dit du Gengi 199
Divine Comédie (la) (Dante Alighieri) 247, 281
Diwan 247
Dix commandements (les) 51
Dix (Otto) 647
Djahangir 435, 440
Djenné 265
Djoser 33
Doctrine
  de l'Église 446
  Monroe 551
  nationaliste et raciste 678
Dodo (oiseau) 429
Doge de venise 259, 381

Dollar 549
Dollfuss (Engelbert) 680
Dôme du Rocher 175
Domesday Book 227, 232
Domestication
  des animaux 23
  du cheval 31
Dominicains 263, 266-267
Dominions 573, 587, 610
Dominique (la) 344
Dominique (saint) 263, 267
Domitien 126
Don Juan d'Autriche 385
Don Quichotte de la Manche (Miguel de Cervantès) 405, 407, 422
Donatello 247
Dorgelès (Roland) 656
Doriens 50, 55, 72
Dorique (ordre) 88
Dos Passos (John) 670
Dostoïevski (Fedor Mikhaïlovitch) 586
Douai 281
Double couronne d'Égypte 26
Douma 628
Doumer (Paul) 677
Doumergue (Gaston) 667
Douze tribus d'Israël 50
Doyle (Arthur Conan) 609
Dracon 70
Dracula 620
Dragonnades 456
Dragons asiatiques 720
Drake (Francis) 374, 376, 386
Drake (le Colonel) 581
Drakkar 216
Drapeau rouge 651
Dravidiens 64, 65
Dreadnought (navire) 632, 636
Dreyfus (Alfred) 616, 618, 620, 623
Drogheda 464
Droit
  de grève 551, 619
  de l'homme 582, 738, 743
  de vote 615, 627, 697, 703, 722, 733
  des femmes 626, 743
  des Noirs américains 619, 726
  des peuples à disposer d'eux-mêmes 730, 570

politiques 540
Drôle de drame (film) 686
Drôle de guerre 692
Dromadaire 180
Dubcek (Alexander) 730
Dublin 648-649
  poste centrale de 648-649
Ducat d'or 273
Duce 666, *voir aussi* Mussolini
Duels 418
Dumas (Alexandre) 567
Dunant (Henri) 607, 682
Dunlop (John) 611
Dupleix (Joseph François) 495
Duplice 601, 636
Dürer (Albrecht) 324
Durham 227
Dvorak (Antonin) 615
Dynamite 613, 633
Dynamo 534
Dynastie
  abbasside 190
  achéménide 74
  alawite 446
  Askia 344
  capétienne 215
  carolingienne 186, 194
  des Almoravides 225
  des Antigonides 94
  des Antonins 126
  des Bourbons 406
  des Capétiens 214
  des Fatimides 203
  des Flaviens 122
  des Han 103, 120, 122, 129
  des Lagides 94
  des Mérovingiens 162, 187
  des Omeyyades 178, 186
  des rois anglo-normands 223
  des Romanov 411
  des Sassanides 130, 131
  des Séfévides 346-347
  des Séleucides 94, 110
  des Stuarts 296
  des Tudors 339
  des Xia 34,
  des Zhou orientaux 64
  égyptienne 26
  gupta 136
  Jin 135
  Koryo 207

Li 299
maurya 94, 96, 103
ming 247, 294, 317, 393, 432
moghole 441, 494
mongole des Yuan 271, 294
qin 98,
qing 427, 432, 502-503, 569, 622
shang 28, 40, 42, 69, 73
shogunale 401-402
song 164, 197, 211
sui 170-171, 205
tang 170, 174, 203
zhou 55

E

Eastman (George) 611, 613
Eau-de-vie 293
Ecbatane 74
Ecclésia 139
Échanges commerciaux 390
Éclairage électrique 613
Écluse 286
École 169, 190, 581, 600
  militaire (à Paris) 555
  nationale des Ponts et Chaussées 486, 506
Écoliers grecs 89
Écosse 168, 430-431, 437, 459
Écosse et de l'Angleterre (union de l') 459
Écriture 180
  aztèque 323, 342
  chinoise 43
  cunéiforme 28, 49
  maya 28, 63, 151
Écritures (premières) 24, 29, 31
Écrouelles 434
Écume des jours (l') (Boris Vian) 709
Écuyer 244-245
Edison (Thomas) 599, 601, 603, 612-613
Édit
  d'Amboise 378
  de la paulette 402
  de Milan 136
  de Nantes 378, 393, 407, 445

de Villers-Cotterêts 343
Edo 402
Édouard le Confesseur 222-223
Édouard Ier d'Angleterre 286
Édouard III d'Angleterre 300
Édouard VII d'Angleterre 623
Éducation 618, 674, 743, religieuse 368
Égalité des droits 626
Église 160, 320, 330, 332, 350, 354-355, 365, 368-369, 371, 379, 381, 486, 504
   catholique 210, 297, 300, 423, 447, 680, 726
   d'Irlande 464
   éthiopienne 265
Égouts 66
Égreneuse à coton 491
Égypte 176, 506-507, 531-532, 565, 569, 605
   antique 24, 26, 27, 89, 90, 94, 95, 102, 118
Égyptiens 9, 17, 36
Eiffel (tour) 575, 611
Eilat 711
Einstein (Albert) 628, 689
Einstein (tour) 655
Eire 649, 686, *voir aussi* Irlande
Eisenhower (Dwight D.) 722
El-Alamein 692, 699
Élagabal 131
Elbe (île d') 542
Eldorado 367
Électricité 534, 613
Électromagnétiques (ondes) 611
Électronique 688, 740
Électrum 60
Éléments (les quatre) 132
Éléphants de combat 106
Élevage (apparition de l') 18, 19
Elgin (Thomas Bruce, comte d') 545
Eliot (Thomas Stearns) 664
Élisabeth Ire d'Angleterre 374-376, 379, 402, 414, 459
Élisabeth II d'Angleterre 722

Élisabeth d'York 316
Ellington (Duke) 674
Émancipation des femmes 665
Empereur romain (premier) 118
Empire
   achanti 462
   akkadien 34
   allemand 592
   assyrien 39, 46, 48, 58, 70
   aztèque 278-279, 320, 322, 363
   babylonien 47, 495
   britannique 580, 610-611
   byzantin 142, 151, 157, 162-164, 167-168, 176, 184, 190, 192, 312
   chinois 98
   colonial 422
   britannique 536, 550
   espagnol 370
   commercial 397, 426
   d'Alexandre 91
   d'Éthiopie 265
   d'Occident 136, 146, 151, 192, 194
   d'Orient 136, 141, 146, 152
   de Kanem-Bornou 345
   du Bénin 280
   du Ghana 264
   du Japon 147
   du Mali 193, 264, 281
   du Milieu 502
   du Sokoto 536
   du Soleil Levant 147
   du Zoulouland 547
   espagnol 367
   étrusque 74
   français 532, 663
   germanique 416
   gupta 138, 140, 143, 152
   hittite 40, 50
   hollandais 426
   inca 240, 257, 278, 320, 322, 326-327, 363, 380
   islamique 182, 192, 204
   khmer 241, 302
   maurya 97, 138
   moghol 360, 495
   mongol 270, 272-273
   musulman 176-177, 190
   néo-babylonien 70
   ottoman 231, 312-313, 358-359, 380, 385, 455, 506, 552, 576, 634-635,

659, 664
   perse 73, 74, 90
   phénicien 90
   portugais 352
   premier 536, 542
   romain 81, 86, 118, 126, 140-144
   romain d'Occident 160
   romain d'Orient 162
   sassanide 168
   second 576
   seldjoukide 230-231, 312
   songhaï 322, 344, 393
   sumérien 25
   tang 161, 171
   toltèque 208
Empire State Building 655, 671
Empires centraux 656
Empires coloniaux 610
Encyclopaedia Britannica 513
Encyclopédie (l') (Diderot et d'Alembert) 486, 505, 510
Énéide (l') (Virgile) 112
Enfants (travail des) 618
Enfants terribles (les) (Jean Cocteau) 672
Engels (Friedrich) 571, 619
Engrais 489
   chimiques 595, 668
ENIAC 689
Enluminer 164
Enlumineurs 167, 260
Enluminures 169, 277
Enseignement du Christ 129, 156
Entente
   cordiale 626, 636
   Triple- 628, 636, 642
Environnement 745
Épaminondas 89
Épée (Charles-Michel, abbé de l') 517
Épées 235, 314
Épices 268-269, 338, 348-349, 353, 426, 514
Épidaure 85
Épidémies 268, 290, 291, 356, 444,
   de peste 436
Épopée de Gilgamesh 25
Équateur 537
Équilibre des pouvoirs 400
Érasme 369, 377

Ericsson (John) 562
Érié (lac) 538
Erik le Rouge 211, 217-218
Ermites 166
Érythrée 599, 685, 736-737, 744
Eschyle 117
Esclavage 138, 367, 510, 544, 551, 582-583, 611
Esclaves 83, 84, 107, 110, 139, 161, 193, 309, 349, 352-353, 388, 400, 414, 427, 429, 448, 450-451, 463, 476, 480, 520, 526, 543-544, 596, 597
Escurial 334, 423
Espace 724, *voir aussi* Conquête de l'espace
Espagne
Principaux articles
les Rois Catholiques 328-329
les grandes découvertes 338-341
les conquistadores 362-363
l'âge d'or de l'Espagne 366-367
luttes en Méditerranée 384-385
l'indépendance des Provinces-Unies 386-387
le déclin de l'Espagne 422-423
la Succession d'Espagne 470-471
l'indépendance de l'Amérique latine 536-537
la guerre d'Espagne 680-681.
Voir aussi 144, 184, 370, 374-375, 380, 419, 610, 666, 677, 685, 692
Essai sur le principe de population (Thomas Malthus) 508
Essais (les) (Michel de Montaigne) 377
Essais moraux et politiques (David Hume) 504
Essen 539, 632
Essex 202
Est-Anglie 202
Estampe 484
Estonie 457, 659

État
  arabe 710
  civil 351
  confédérés d'Amérique 582
  d'Israël 710
  de Kiev 184, 203
  fondateurs 538
  français 691, 694, 698,-699
  généraux 411, 520
  juif 709-710
  libre d'Irlande 648, 649
  national-socialiste 666
  pontificaux 186, 381, 590-591
  slaves 200
  socialiste 653
États-Unis d'Amérique 409, 476, 518-519, 525, 538-539, 545, 549, 551, 556, 557, 560, 562-563, 571, 581-584, 610, 614-616, 619, 624, 626, 640, 645, 658-659, 668-672, 674-677, 679, 689, 692, 694-695, 700, 707, 714, 724-725, 727, 729, 733
Ethelred II 222
Éther 607
Éthiopie 102, 192, 264, 599, 609, 616, 666, 680, 685, 736-737, 741
Éthiopiens 102, 103
Étienne Ier (saint) 200-201
Étiquette (à la Cour de Louis XIV) 461
Étoile de David 178
Étriers 100, 101, 230, 234
Étrusques 37, 66, 82, 89
Euclide 88, 97
Eudes (comte de Paris) 201
Euphrate 24
Euripide 88
Europe (moderne et contemporaine) 560, 570, 577, 642, 677, 700, 714
  de l'Est 738, 742
  de l'Ouest 533, 542, 720
  des Douze 729
Évangélisation 364
Évangiles 122, 126, 128, 169
Evans (Arthur John) 3
Évêques 211
Éverest, 722

Évian (accords d') 723, 726
Excommunication 211
Excommunié 354
Exotisme 566
Expéditions scientifiques 512
Expériences scientifiques 372, 446, 453,
Expérimentation 372
Explorations 596
Explorer I 725
Exposition
  coloniale 663
  impressionniste (première) 567
Exposition universelle
  première 572, 612
  de 1867 585, 632
  de 1889 575
Expropriation 464

F

Fabergé (Carl) 628
Fables 417
Fachoda (affaire de) 620
Faïences 324
Faim (et famines) 356, 438, 444, 489, 696, 743
Fairfax (Thomas) 431
Faisceaux
  romains 67
  italiens de combat 656
Falachas 265
Fallières (Armand) 628
Famine (grande) 569
Fantassins romains 67, 68, 69
Faraday (Michael) 534
Fardier à vapeur 501, 515
Fascisme 666, 680
Fascismes (montée des) 666
Fathpur (forteresse de) 334
Fatima 171, 178
Faucille (outil agricole) 188, 349
  romaine 53
Faulkner (William) 672
Faure (Félix) 616
Faust (Johann Wolfgang von Goethe) 485
Fauvisme 628
Faux (outil agricole) 188, 349

Febvre (Lucien) 6
Fédération (fête de la) 522
Fenêtres vitrées 413
Féodal (système) 188, 197, 224, 227
Féodalisme 189, 192
Féodalité 160, 224
Fer 31, 39, 53, 73, 82, 92, 102, 121, 146, 188, 201-202, 490, 574
Ferdinand Ier
  de Habsbourg 371
Ferdinand Ier de Bulgarie 634
Ferdinand II
  de Habsbourg 414, 416-417, 419
Ferdinand II le Catholique 328
Fermeture à glissière 612
Fermi (Enrico) 688
Fermiers généraux (mur des) 519
Ferrare 336
Ferry (Jules) 600
Feu (le) (Henri Barbusse) 647
Feuilleton 567
Feurs 301
Feux d'artifice 171
Février (6) 1934 662
Fiacres 418
Fianna Fail 649, 670
Fibonacci (Leonardo) 258, 293
Fibres synthétiques 688
Fibules 144
Fidji (îles) 454
Fief 252
Fièvre de l'or 362, 616, voir aussi Or, Ruée vers l'or
Figue 269
Finlande 659
Fission nucléaire 688
Fiume 656
Fjord norvégien 157
Flandre 257, 326, 444-445, 455
Flash électronique 661
Flaubert (Gustave) 579
Flèche (pointe de) 14, 53
Fleming (Alexander) 672, 682-683
Fleurs du mal (les) (Charles Baudelaire) 579
Fleury (André Hercule, cardinal de) 494

Florence 247, 288, 317, 329-330, 332, 335-337, 343, 380-381, 729
Floride 476, 508, 547, 569
Florin d'or 267, 288
Flotte marchande 426
Flûte enchantée (la) (Wolfgang Amadeus Mozart) 485, 526
Foch (Ferdinand, maréchal) 652
Foires 256, 308
Folsom 23
Fonctionnaires 380, 419
  chinois 294
Fonds des Nations unies pour l'enfance 703
Fonds monétaire international (FMI) 702
Fontainebleau 334, 351
  (château de) 325
Fonte (pont en) 492, 519
Fontenoy 483, 506
Forces de la France libre (FFL) 693, 698
Ford (Henri) 589
Forgeron 98, 112, 212
  romain 86
Forteresse
  hittite 46, 58
  japonaise 394
  médiévale 224, 252, 315
Fouilles 2
Fouquet (Nicolas) 413
Fourberies de Scapin (les) (Molière) 450
Fourier (Charles) 546
Fourrure 410, 468,
  voir aussi Commerce de la fourrure
Fours à micro-ondes (premiers) 675
Fox (George) 437
Foyer national juif en Palestine 651
Foyer national pour le peuple juif 710
Fragonard (Jean-Honoré) 484
Franc
  germinal 536
  nouveau 726
France
  Principaux articles
  la civilisation des mégalithes 30-31

le royaume des Francs
186-187
Charlemagne 194-195
les premiers Capétiens
214-218
la rivalité franco-
anglaise 248-249
Philippe Auguste
250-251
Louis IX et Philippe
le Bel 274-275
la guerre de Cent Ans
286-287, 304-305
révoltes paysannes
au Moyen Âge 298-299
François Ier 350-351
des hommes tolérants
377
les guerres de Religion
378
Henri IV 406-407
Louis XIII et Richelieu
418-419
Louis XIV 442-445, 470-
471
Louis XV 486-487
la guerre de Sept Ans
496-497
les Lumières 504-505
la Révolution 520-523
la révolte des esclaves
aux Antilles 526-527
Napoléon Bonaparte
et le premier Empire
530-533, 542
la Restauration 546-547
la révolution de Juillet
553
la révolution de 1848
570-571
le second Empire 584-
585
la IIIe République
600-601
entre les deux
guerres 662-663
l'Occupation (1940-
1944) 698-699
la IVe et la Ve
République 722-723
les marchés communs
728-729
Voir aussi 300, 331, 380,
384, 416-417, 449, 500,
518, 539, 544, 561, 576,
583, 591-593, 596, 598,
605, 609-610, 616, 618,
626, 628, 636, 642, 644-
645, 648, 651, 656-657,
658, 677, 680, 690-693,
701, 709, 724, 733, 738
Première et Seconde
Guerres mondiales
Franche-Comté 332, 444,
455
Franciscains 266-267
Franco (Francisco) 667,
680-681, 685, 734
François d'Assise (saint)
267
François Ier 331, 350, 353,
355, 358, 361, 363, 366,
368, 370, 395, 406, 410
François II 379
François-Ferdinand
d'Autriche 642
François Xavier (saint)
371, 392
Francs 135, 140, 145, 151,
162, 176, 186-187, 194,
214
Frankenstein (Mary
Shelley) 547
Franklin (Benjamin) 504,
506, 534
Franquistes 685, 692
Frédéric Ier Barberousse
248, 254
Frédéric II de Prusse 482-
483, 510
Freetown 520
Fréjus (tunnel ferroviaire
de) 575
Frères
augustins 266
des Carmes 266
mendiants 267
mineurs 267
Fresques 38, 86, 331
Freud (Sigmund) 606, 623
Friedland 532
Fronde des princes 437
Fronde parlementaire
437, 442
Front de libération
nationale (FLN) 723, 730
Front populaire 663, 697
Front sandiniste 737
Führer 679
Fujiwara
clan des 254
famille 198
Fusée à combustible
liquide (première) 670

G

Gabelle 444
Gabon 569
Gabriel (archange) 174,
204
Gadir 57
Gagarine (Iouri) 724-726
Galère phénicienne 56
Galerie des Glaces 412,
658
Galeries Lafayette (les)
624
Galien 129
Galilée 379, 408, 446-447
Gallipoli 644
Gallo-Romains 113
Gama (Vasco de) 338-339,
344, 346, 389
Gambetta (Léon) 593
Gand (Jean de) 287
Gandhi (Indira) 741
Gandhi (Mohandas
Karamchand) 628, 656,
677, 697, 708, 710
Gange (vallée du) 42, 57,
Gangsters 671
Gao 345
Garcia Lorca (Federico)
685
Gard (pont du) 92
Gargantua (François
Rabelais) 377
Garibaldi (Giuseppe) 583,
590-591
Garnier (Charles) 575
Gaudi (Antonio) 605
Gauguin (Paul) 615
Gaule 107, 112, 115, 144,
151, 152, 156, 187
Gaulle (Charles de) 693,
694, 698, 699, 701, 703-
704, 722, 723, 729-730,
733
Gaulois 89, 97, 105, 112,
115
Gautama, *voir* Bouddha
Gaz de combat 643, 645,
712
Gazette (la) (journal) 421,
424
Gazette d'Anvers (la)
(journal) 421
Geb 45
Geiséric 146, 151
Gélimer 167

General Electric 615
Gênes 243, 256, 258, 290,
300
Génétique 741
Genève 354, 366, 402
Gengis Khan 270-271, 360
Gensfleish (Johannes) *voir*
Gutenberg
Geoffrin (madame) 505
Géographes 306, 512
George III d'Angleterre
550
George IV d'Angleterre
550
Géorgie 498
Gergovie 112
Géricault (Jean-Louis) 547
Germano-soviétique de
non-agression (pacte)
692
Germinal (Émile Zola) 609
Geronimo 605, 620
Gershwin (George) 647,
667
Gestapo 678-679
Gettysburg 582, 584
Gévaudan (bête du) 513
Ghana 462, 730
Ghettos 179
Giacometti (Alberto) 647
Gibelins 267, 270
Giffard (Henry) 576
Gilgamesh 33, 47
Girafe 282
Giscard d'Estaing
(Valéry) 734
Gisements pétroliers 733
Gisors 257
Gizeh 27, 33
Glaciation 12, 13, 76, 134
Glaciers 12, 13
Gladiateur 117, 127, 139
Gladstone (William) 580
Glaive 154
Glorieuse Révolution (la)
458
Goa 353
Gobelin (Jean) 442
Godard (Jean-Luc) 729
Godounov (Boris) 393,
407
Goethe (Johann Wolfgang
von) 485, 506
Golden Gate 654
Goodyear (Charles) 565
Gorbatchev (Mikhaïl) 738,
741-742

Gothique (art) 252-253
Goths 135, 144
Gouge (Olympe de) 626
Gouvernail d'étambot 100, 123, 132
Gouvernement 138, 220, 300, 380, 460, 540, 618
   de Vichy 662, 696
   du Front populaire 662
   provisoire de la République française (GPRF) 699, 701, 703
Goya (Francisco de Paula) 540
Gozo 31, 33
Grand Bond en avant 725
Grand Canal (Chine) 170, 174, 181
Grand Condé 433
Grand Conseil 259, 381
Grand Louvre 744
Grand Parlement 263
Grand Schisme d'Occident 296-297
Grand Siècle 397, 443
Grand Sphinx 33
Grand Trek 564
Grande Allemagne 687
Grande Armée 532, 539, 542, 554
Grande-Bretagne 202, 396, 437, 474, 497, 499, 515, 528, 532, 555, 570-572, 576-577, 586, 598, 609-610, 624, 636, 642-643, 648, 656, 658, 677, 685, 690, 692, 707-708, 724, 733, *voir aussi* Angleterre, Royaume-Uni
Grande Charte 262
Grande-Colombie 537
Grande Dépression 662, 669, 676
Grande Famine 569
Grande Guerre 644, 646, 650, 657, 665, 682, 687, 712
Grande Illusion (la) (film) 686
Grand Incendie de Londres 413, 436, 446
Grande Mosquée de Cordoue 173
Grande Muraille de Chine 93, 98, 433
Grande Peste 290-291, 298

Grandes découvertes 338-342
Grandes Plaines américaines 390
Grands empires commerciaux 397
Grands Lacs 410-411, 539
Grands magasins (premiers) 624
Grands travaux 677
Grant (James) 596
Grant (Ulysses S.) 582, 583
Gratte-ciel 574, 605, 640, 654-655, 671
Grattoir préhistorique 14
Gravitation universelle 453
Gravure sur bois 339, 484
Grèce 396, 551-552, 634-635, 704-705
   indépendance de la 552
Grèce antique
   Principaux articles
   la Crète minoenne 38-39
   les Mycéniens 40-41
   les temps obscurs 72
   l'âge classique 82-83
   les cités grecques 84-85
   l'héritage grec 88-89
   Alexandre le Grand 90-91
   les successeurs d'Alexandre 94-95
Greco (le) 325, 368
Greenpeace 741
Greenwich 450
Grégeois (feu) 163
Grégoire de Tours 168, 181
Grégoire Ier le Grand 171
Grégoire VII 211, 231
Grégoire XI 296
Grégoire XIII 391, 396
Grenade 328, 340
Grève 546, 557, 581, 618
Grévy (Jules) 601
Grimm (Jakob et Wilhelm) 539
Groenland 211, 218
Groma 118
Grottes préhistoriques ornées 15-16
Groupes sanguins 683
Guadalcanal 694, 699
Guadeloupe 344
Guadelupe-Hidalgo (traité de) 563
Guang Wudi 149

Guelfes 267, 270
Guérilla 564
Guernica (Pablo Picasso) 647
Guernica 647, 681, 686, 713
Guerre 640, 642, 644, 656, 663, 667, 670, 680, 681, 684, 690, 694, 702, 704, 709, 710, 714-715
   anglo-afghane 565
   anglo-américaine 539
   civile anglaise 430
   commerciale 424
   d'Algérie 722-723, 725, 730
   d'Espagne 680-681
   d'Indépendance américaine
      première 480, 515, 518
      seconde 538
   d'Indochine 722
   de Cent Ans 286, 304, 312, 332
   de Corée 722, 727
   de Crimée 576-577, 579
   de l'opium 568-569, 579
   de la Succession d'Autriche 482-483
   de Macédoine
      troisième 104
      quatrième 104
   de Messénie 64, 70
   de Sécession 545, 560, 582-584, 633
   de Sept Ans 496-497, 510
   de Succession
      d'Autriche 504, 506
      d'Espagne 470-471
      de Pologne 498, 502
   de Treize Ans 326
   de Trente Ans 371, 414, 416, 418-419, 435, 437
   de Troie 40, 50
   de Vendée 529, 554
   des Boers 564
   des Deux-Roses 316
   des Falkland 738
   des Gaules 112
   des Six-Jours 729, 732
   des trois Henri 391
   du Golfe 733, 744
   du Kippour 734
   du Nord 466
   du Péloponnèse 82, 83, 85, 90

   du Viêt Nam 726-727, 729
   folle 339
   franco-allemande 590
   froide 717, 720, 727
   Grande 644, 646, 650, 657, 665, 682, 687, 712
   illyrienne 98
   Iran-Iraq 738, 742
   israélo-arabe 711, 725, 732, 734
   médique
      première 82
      seconde 82
   mondiale
      Première 642-645, 656-658
      Seconde 690-695, 698-701
   punique
      première 97
      deuxième 98, 106
      troisième 104, 107
   russo-japonaise 626, 628-629
   sacrée 89
   samnite (première) 90
   zoulou 601
Guerre et Paix (Léon Tolstoï) 567, 590
Guerres
   anglo-hollandaises 448
   au Moyen-Orient 732
   balkaniques 634-636
   d'Italie 344, 346, 395
   de l'opium 568
   de religion 354, 365, 369, 377-379, 393, 406
   napoléoniennes 481, 532
   puniques 106
Guerrier
   aztèque 394
   germanique 235
   indien 473
   viking 234
Guesclin (Bertrand du) 286, 295
Guevara (Che) 729
Guillaume Ier
   le Conquérant 222-223, 226-227
Guillaume Ier de Nassau 386-387
Guillaume III de Nassau 436-437, 449-450, 458-459, 465

Guillaume Ier de Prusse 592-593
Guillaume II de Prusse 652
Guinée 569, 598
Guomindang 623, 667, 670, 672
Gur-e Mir 273
Gustave II Adolphe de Suède 411, 414-417, 472
Gutenberg (Johann) 260-261, 310-311
Guyane 427
Gygès 70

H

Habeas corpus 455, 461
Habitations ouvrières 575
Habsbourg 370-371, 417, 419, 422, 427, 437
Hache
  de guerre 235
  de combat 73
Haciendas 367
Hadrien 119, 126, 129, 141
  mur d' 93, 141
Hafez 247
Hagar Qim 31
Haïkus 484
Hailé Sélassié Ier 677
Haïti 480, 526-527
Hales (Alexandre de) 266
Halles 546
Halley (Edmond) 453, 456
Hammourabi 40, 47, 70
Han 101, 103, 107, 155
Händel (Georg Friedrich) 484
Haniwas 146
Hannibal 98, 103, 106, 107
Hanse 288-289, 308
Harappa 32, 33
Harding (Warren) 670
Hardouin-Mansart (Jules) 443
Hargreaves (James) 490
Haricots 279, 348, 390
Harnais 101, 123
Harold d'Angleterre 222-223
Harpistes égyptiens 36
Harrison (John) 534
Harun al-Rachid 190-191
Harvard (collège de) 400, 427, 475

Harvard (John) 475
Harvey (William) 423, 447, 453
Hassan II 726
Hastings 223, 227
Hatshepsout 42, 54, 55
Haussmann (Georges Eugène, baron) 574, 576, 585
Haut Moyen Âge 157
Haut-Canada 498-499, 586-587
Haute-Égypte 26, 27
Haute-Volta (actuel Burkina) 598
Hauts de Hurlevent (les) (Emily Brontë) 571
Hauts fourneaux 491
Havre (le) 389
Hawaii 152, 513, 519, 620, 694
Hébreux 35, 40, 49, 50, 51, 70, 179
Hégire 174
Hélène 40
Hélicoptères 727
Hellénisme 94
Hemingway (Ernest) 672
Henlein (Peter) 350
Henri de Navarre 379, 391, *voir aussi* Henri IV
Henri Ier 222
Henri II 370, 376, 379
Henri III 379, 384, 391, 393, 406
Henri IV 378-379, 393, 406-408, 418
Henri IV (empereur germanique) 211
Henri II Plantagenêt 248
Henri III d'Angleterre 263
Henri VI d'Angleterre 304
Henri VII d'Angleterre 316
Henri VIII d'Angleterre 350, 355, 361, 363, 366, 368, 374, 395
Henri Ier, duc de Guise 379, 384, 386, 391
Henri le Navigateur 306-307, 338
Henri Tudor 316
Henriette de France 430
Henry VI (William Shakespeare) 375
Herbicide 668, 669
Herculanum 4, 124, 126
Hérésie 329, 354, 447

Hérétiques 365, 369
Hergé 672
Héritage grec 88
Hérode Ier le Grand 110, 111, 118
Hérode Agrippa Ier 121
Hérodote 6, 7, 88
Héros romantique 552
Hertz (Heinrich) 611, 588
Hertziennes (ondes) 623
Herzl (Theodor) 616
Hévéa 595, 604
Hideyoshi 392-393
Hien-ti 129
Hiéroglyphes 6, 28, 532
Himeji (château de) 321, 394
Hindenburg (maréchal) 678
Hindouisme 96-97, 136, 284
Hindouiste 103, 136-137
Hindous 461, 524, 608, 708, 709
Hindu Kuch 64
Hipparque 103
Hippies 742
Hippocrate 85, 88, 132
Hiram 56, 58
Hirohito 670, 742
Hiroshima 688, 695, 703
Histoire de Marie de Médicis (Petrus Paulus Rubens) 405
Histoire des Francs 168, 181
Histoire des rois de Bretagne (Geoffrey de Monmouth) 245
Hitler (Adolf) 663, 666-667, 675, 678-681, 685-686, 690-693, 696, 698, 701
Hittites 39, 42, 46, 49, 53
HIV (virus) 740
Hô Chi Minh 703
Hobbit (le) (John Ronald Revel Tolkien) 686
Hochelaga 363
Hodja (Enver) 705
Hogarth (William) 541
Hojo (clan des) 263
Hokusai 484
Holbein (Hans) 324, 366
Hollandais 403, 426-428, 564
Hollande 426, 437, 450
Holocauste 692

Holstein 592
Home Insurance Building 574
Home Rule 609, 642
Homeland Act 614
Homère 3, 6, 40, 41, 62, 72
Homme médecine 364
Homo erectus 14, 15
Homo habilis 14, 15, 34,
Homo sapiens 14, 15
Homo sapiens sapiens 15
Hongkong 549, 568-569, 741
Hongrie 200, 659, 705
Hongwu 294
Honorius 144
Hopewell (Indiens) 134
Hopis (Indiens) 390
Hoplites 67, 154
Horace 112
Horde d'Or 264, 272-273, 299, 382
Horloges 233
  à pendule 443
Horus 26
Hospitaliers 244
Hôtel du Nord (film) 691
Hougue (combat naval de la) 465
Houston (Samuel) 562-563
Howard (Catherine) 366
Howe (Elias) 603
Huang He 42
Huangdi 42
Huantar 62
Huari 208-209
Huascar 327
Huayna Capac 327
Hudson (baie d') 471
Hudson (Henry) 408
Hugo (Victor) 536, 566, 583
Huguenots 378, *voir aussi* Protestants
Hugues Ier Capet 209, 214-215
Huitzilopochtli 278-279, 322
Humanisme 331, 369
Humanistes 331, 377
  princes 343
Humanité (l') (journal) 619, 659
Humayun 360
Hume (David) 504
Hunéric 151

Huns 143, 144, 146, 151
Hurons (Indiens) 390
Hus (Jan) 304
Hussards de la république 600
Hutte préhistorique 14, 20
Huxley (Aldous) 679
Huygens (Christiaan) 443
Hygiène 290, 292, 516, 594, 606
Hyksos 40, 54
Hypatie 143

I

Ibérique (péninsule) 328
Ibn Battuta 261, 282-283
Ibn Khaldun 304
Icônes 185
Iconoclastes 184
Idéal chevaleresque 244
Idées nouvelles 447, 505
Identités nationales 542
Idoles 18
Idris (Aloama) 345
Idris III 384
Iemitsu 402
Iéna 532
Ignace de Loyola (saint) 363, 368-369
Ikebana 402
Île au trésor (l') (Robert Louis Stevenson) 605
Île-de-France 187
Iliade (l') (Homère) 3, 6, 40, 62, 72
Illustre-Théâtre 405
Ilotes 84
Images de synthèse 740
Imhotep 33
Immigrants 556, 614-616
Impôts 298, 299, 419, 444, 460
Impressionnistes 566, 596
Imprimerie 171, 180, 260-261, 292, 310-311, 329, 332, 342-343, 377
Imprimeurs 339
  chinois 311
  coréens 311
Incas 144, 278-279, 300, 317, 324, 326, 327, 335, 343, 349, 362
Incendies 334
de Londres (Grand) 413, 436, 446
Inde
  Principaux articles
  la vallée de l'Indus 32-33
  l'Inde aryenne 64-65
  les Maurya 96
  les Gupta 136-137
  les Moghols 360-361, 440-441
  au 18ᵉ siècle 494-495
  l'Inde britannique 608-609
  l'indépendance 708-709
  Voir aussi 176, 317, 340, 341, 352, 366, 380, 401, 408, 424-425, 426, 435, 450, 468, 480, 496-497, 528-529, 550, 580-581, 608, 640, 656, 680, 711, 726, 733
  aryenne 64, 80, 81, 86, 91, 94, 96, 97, 136, 140, 152
Indépendance
  américaine 518
  de l'Inde 640, 708
  des pays d'Afrique 721
  des Provinces-Unies 386
Index (mise à l') 369
Indiana 498
Indien (océan) 529
Indiens d'Amérique 80, 86, 87, 131, 134, 135, 149, 320, 356, 364, 377, 386, 390, 408, 468, 539, 556, 614, 620-621, 632
  algonquins 439
  caraïbes 451
  cherokees 556
  des Grandes Plaines 390-391
  hurons 410
  iroquois 390, 391
  pueblos 182, 323
Indigo 604
Indo-Européens 34, 35, 39, 50, 64, 65
Indochine 601, 604-605, 609, 611, 663, 722, 726-727
Indochinoise (péninsule) 560
Indonésie 604-605, 714
Indra 97
Indulgences 296, 354-355
Indus 91
  signes de la vallée de l' 29
Industrie
  chimique 612
  de l'armement 636
  de la soie 379, 432
  moderne (naissance de l') 491
  pétrolière 706, 376
Industriels 548
Inégalités sociales 696
Infaillibilité pontificale 590
Infanterie 394, 473
  chinoise 155
Inflation 388, 658, 678
Information (moyens d') 743
Informatique 688, 740
Inquisition 328-329, 336, 369, 373, 423, 447, 471
Instituteurs 600
Instruction 618, 674, 696
Instruments de navigation 339
Insulae 92, 116
Insuline 682
Insurgés américains 518
Intendants 419
Internationale (première) 584
Interprétation des rêves (l') (Sigmund Freud) 623
Intolérance 329, 377
  religieuse 179, 438, 461
Inuit 152, 219, 390
Invasions doriennes 50, 143
Investitures (querelle des) 211
Invincible Armada (l') 342, 374-375, 391, 396
Iona (île d') 169, 186
Ioniens 55
Ionique (style) 88
Iran 346, 732
Iraq 658, 726, 732-733
Irène 192
Irlande 156, 374, 464-465, 551, 569, 595, 601, 626, 648-649, 656, 663-664, 670, 686, 714, *voir aussi* Eire
Irrigation 19, 27, 42, 65, 98, 170, 183, 188, 390
Isabeau de Bavière 299
Isabelle Iʳᵉ la Catholique 328-329
Ishtar 44, 71
  porte d' 71
Isin 47
Islam 160-161, 168, 174-177, 178, 179, 204, 265, 279, 284-285, 364, 507
  conquête de l' 176
Islamique (loi) 220
Islande 217
Isma'il Iᵉʳ 346
Isolationnisme 551, 670, 700
Ispahan 230-231, 324, 347, 411
Israël
  État d' 710, 714, 729, 732, 734, 744
  les Douze Tribus d' 51
  royaume d' 50-51, 55, 57, 58, 64
Israéliens 733
Istanbul 70, 136, 163, 313, 358, 412, 665
Italie
  Principaux articles
  la Renaissance 330-333
  le modèle italien 336-337
  l'unité italienne 590-591
  la montée des fascismes 666-667
  les Balkans et l'Italie 704-705
  les marchés communs 728-729
  Venise 258-259
  Voir aussi 168, 256, 350, 380, 571-572, 581, 583, 598, 645, 647, 658-659, 664, 685, 690, 692
  Première et Seconde Guerres mondiales
Ivan III le Grand 322, 336, 382-383
Ivan IV le Terrible 363, 368, 379, 381-383
Ivanhoé (Walter Scott) 547
Ivoire 389, 596-597
Izumo (sanctuaire d') 147

J

J'accuse (Émile Zola) 618, 620

Jachère 488-489
Jackson (Andrew) 538
Jacob (patriarche hébreu) 50
Jacobites 487
Jacquard (Joseph-Marie) 534
Jacquerie 298-299, 419, 444
Jacques Ier d'Angleterre 374, 402, 418, 459
Jacques II d'Angleterre 458
Jade 37, 485
Jakarta 414, 426
Jamestown 408, 460
Jane Eyre (Charlotte Brontë) 571
Janissaire 241, 312
Japon
  Principaux articles
  des origines 146-147
  des Fujiwara 198-199
  shoguns et samouraïs 254-255
  aux 15e et 16e siècles 392-393
  l'isolement au 18e siècle 402-403
  l'ère Meiji 578-579
  la guerre sino japonaise 684-685
  pendant la Seconde Guerre mondiale 694-695
  depuis 1945 734-735.
  Voir aussi 167, 178, 184, 276, 283-284, 286, 317, 326, 394, 411, 426, 430, 514, 560, 610, 616, 618, 658, 703, 720-721, 724, 729
Jardins 334, 365
  suspendus 71, 73
Jarres 60
Jaruzelski (Wojciech) 738
Jaurès (Jean) 619, 642
Java (île de) 424, 426, 604
Jayavarman II 302
Jayavarman VII 302
Jazz 646, 674
Jean (le prêtre) 192
Jean (saint) 128
Jean II Comnène 242
Jean II le Bon 291
Jean III Sobieski 455
Jean sans Peur 304
Jean sans Terre 248-249, 251, 262

Jean-Baptiste (saint) 121
Jean-Paul Ier 737
Jean-Paul II 737
Jeanne d'Aragon 324
Jeanne d'Arc 304-305, 310
Jefferson (Thomas) 515, 519, 536
Jéhu 62
Jemmapes 526
Jenner (Edward) 531
Jéricho 21, 22, 23, 69
Jéroboam 58, 64
Jérusalem 21, 50, 51, 57, 58, 70, 73, 112, 122, 129, 175, 178, 242-243, 254, 710
Jésuites 365, 366, 368-369, 390, 393, 402, 439, *voir aussi* Compagnie de Jésus
Jésus de Nazareth 118, 121, 124, 128-129
Jeu
  de dames 36
  de l'oie 36
  de paume 357
  de polo 272
Jeu de l'amour et du hasard (le) (Pierre de Marivaux) 497
Jeu de paume (serment du) 520
Jeudi noir 672, 676
Jeunes-Turcs 664
Jeux d'enfants 356
Jeux Olympiques
  antiques 64, 72, 85, 88, 89, 143
  de Berlin 696
  de Munich 733
  modernes (premiers) 616
Jézabel 56
Joconde (la) (Léonard de Vinci) 325, 331, 346
Joffre (Joseph, maréchal) 642
Johannesburg 609
Johnson (Amy) 677
Joliot-Curie (Irène et Frédéric) 688
Jolliet (Louis) 450
Jonson (Ben) 384, 407
Joram 62
Joseph II d'Autriche 510
Josias 70
Jouets anciens 116

Journaux 421, 567, 588, 603, 660
Journée
  de travail de 8 heures 619
  des Barricades 391
  des Dupes 423
Joyce (James) 664
Juan Carlos Ier 734
Juda 50, 51, 67, 70, 73, 74
Judaïsme 50-51, 174, 178, 265
Judas Maccabée 104, 110
Judée 107-110, 111, 118, 128
Jugurtha 107
Juifs 67, 74, 104, 110, 111, 126, 128, 138, 178, 274, 281, 329, 525, 679, 687, 691-692, 699
Jules II 346, 381
Julien (empereur romain) 140
Jung (Carl) 663
Justice 505, 550
  haute 225
Justinien 142, 162-163, 167
Jutes 202
Jutland (bataille du) 645, 648

K

Kaboul 569
Kadhafi (Mu'ammar al-) 730
Kafka (Franz) 670
Kali 524
Kalidasa 137
Kalmar (union de) 302
Kamakura 254
Kamikazes 699
Kandinsky (Wassily) 630
Kanem-Bornou 345
Kangxi 433
Kano 507
Kant (Emmanuel) 491
Kaolin 295
Karachi 708
Karnak 40
Kay (John) 498
Kelly (Ned) 631
Kennedy (John F.) 714-715, 724, 726
Kepler (Johannes) 373, 408, 418, 447

Kerenski (Aleksandr) 651
Kerguelen (Yves de) 515
Khadidja 174
Khan 270
Khanbalik (Pékin) 272
Khéops 21, 33
Khepes 68
Khephren 33
Khmers 302-303
Khmers rouges 726, 734
Khomeyni (Ruhollah) 732, 742
Khrouchtchev (Nikita) 715, 722, 729
Kid (le) (film) 675
Kiev 185
Kildare 144
Kilkenny 464
King (Martin Luther) 726, 730
Kingdom (Brunel Isambard) 574
Kingsley (Mary) 597
Kipling (Rudyard) 616
Kircher (Athanasius) 433
Kitchener (Herbert) 616
Klimt (Gustav) 620
Knörr 228
Knox (John) 368
Knud Ier le Grand 218, 222-223
Ko 155
Koch (Robert) 605, 607
Kohl (Helmut) 738
Kominform 709
Koumassi 462
Koush 140
Koweït 707, 733
Kraal 493
Krach boursier 676-677
Kremlin 382
Krishna 136
Krupp 539, 632-633
Ksatriya 65
Ku Klux Klan 586
Kubilay Khan 233, 271, 273, 283
Kurdes 736
Kyoto 198, 254, 365, 392, 402

L

La Fayette (Mme de) 455
La Fayette (Marie Joseph

Gilbert, marquis de) 515
La Fontaine (Jean de) 417
La Pérouse (Jean-François de Galaup, comte de) 519
La Rochefoucauld (François de) 411
La Salle (Robert Cavelier de) 411, 456
Labarum 115
Labyrinthe de Cnossos 38
Lac des cygnes (le) (Petr Ilitch Tchaïkovski) 599
Lacs (grands) 410-411, 539
Laclos (Pierre Ambroise François Choderlos de) 519
Laïka 725
Laine 189, 196, 257, 269, 308, 508-509, 630
Lalande (Joseph) 535
Lama (l'animal) 63
Lame de hache 53
Lamentations (mur des) 110
Lancastre (famille) 316
Landsteiner (Karl) 683
Lang (Fritz) 677, 689
Langue
 provençale 579
 romane 194
 sémitique 35, 49
Laos 604, 615, 714
Laponie 502
Lares (dieux) 124
Larsa 47
Las Casas (Bartolomé de) 367, 377
Lascaux 3, 16, 18
Laser 740
Latins 66, 82, 97
Latitude 339
Latium 82
Laurent Ier de Médicis 336
Laval (Pierre) 699
Lave-linge (premier) 674
Lavoisier (Antoine Laurent de) 486, 504, 515, 520, 535
Law (John) 482
Lawrence d'Arabie 651
Le Brun (Charles) 442-443
Le Corbusier (Édouard Jeanneret-Gris, dit) 654-655, 667
Le Vau (Louis) 443
Leakey (Louis, Richard et Mary) 12
Lebrun (Albert) 679
Lechfeld 200
Leclanché (Georges) 613
Leclerc (Philippe de Hauteclocque, dit) 701
Leçon d'Anatomie (la) (Rembrandt) 447
Ledoux (Claude-Nicolas) 493
Lee (Edmund) 509
Lee (Robert) 583-584
Léger (Fernand) 700
Légion d'honneur 532
Légion romaine 114-115
Légionnaire romain 115, 155
Leibniz (Gottfried Wilhelm) 482
Leica 661
Leif (Erikson) 217, 218
Leipzig (bataille de) 542
Lenclos (Ninon de) 453
Lénine (Vladimir Ilitch Oulianov, dit) 650-653, 667
Lenoir (Étienne) 583
Léon Ier le Grand 146
Léon l'Africain 345
Léopold Ier 553
Léopold II 599
Lépante 385, 422
Lèpre (et lépreux) 276
Léproserie 277
Lerma (duc de) 422
Lesseps (Ferdinand de) 581
Leszczynski (Stanislas) 498
Lettonie 659
Lettre patente 460
Lettre sur la tolérance (John Locke) 453
Lettres de change 257
Lettres persanes (les) (Charles de Montesquieu) 491
Lettrines 164, 165
Leuctres 89
Lhassa 433, 439
Li Yuan 170
Liaisons dangereuses (les) (Pierre Choderlos de Laclos) 519
Liban 732, 737
Libération (de la France) 693, 699
Liberia 551, 571, 597, 599
Liberté
 d'expression 505
 de pensée 377, 504
 de presse 505, 600
Liberté éclairant le monde (la) (Frédéric Auguste Bartholdi) 574
Liberté (statue de la) 574, 609
Librairie 377
Libre-échange 624, 625
Libye 635, 730
Liebknecht (Karl) 656
Liens d'homme à homme 220, *voir aussi* Féodalisme et Féodalité
Lieux saints (les) 169, 284
Lignes aériennes régulières (premières) 661
Ligue
 arabe 711
 catholique 391, 393
 d'Augsbourg 458, 463
 des catholiques 379
 française pour la défense des droits de l'homme 619
 hanséatique 288-289, 308
 latine 82, 90
 Sainte 458
Lille 225, 281
Limbourg (frères de) 247
Lime (citron) 323
Lin 196
Lincoln (Abraham) 582, 584
Lindbergh (Charles) 660, 672
Lindisfarne 217
Linéaire A (écriture) 29, 39
Linéaire B (écriture) 29, 39
Linné (Carl von) 498, 535
Linotype 613
Lion ailé assyrien 49
Lionnes (porte des) 41
Lippershey (Hans) 408, 453
Lister (Joseph) 586, 607
Lithographie 531
Litières 101
Little Big Horn 621
Littré (Émile) 584
Lituanie 457, 659
Live Aid 741, 743
Livingstone (David) 576, 581, 593, 596-597
Livre de Durrow (le) 167
Livre de Kells (le) 169
Livre de la jungle (le) (Rudyard Kipling) 616
Livre imprimé (apparition du) 260, 283
Locarno (traité de) 670
Locke (John) 453
Locomotive à vapeur 501, 543, 547, 660, *voir aussi* Chemin de fer
Loge maçonnique 482
Lombardie 168
London Bridge 389
Londres 289, 291, 325, 389, 412-413, 418, 436-437, 446, 453, 459, 570, 572, 581, 698, 743
Longitude 339
Longue Marche (la) 672-673
Lon Nol 733
Lorrain (Claude Gellée, dit le) 404
Lorraine 502, 592-593, 656
Loterie nationale 679
Lothaire Ier 194
Lotus Blanc 503
Loubet (Émile) 623
Louis (monnaie) 435
Louis Ier le Pieux 192, 194
Louis VI le Gros 242
Louis VII le Jeune 245, 248
Louis VIII le Lion 263
Louis IX (saint Louis) 274-275, 284
Louis X le Hutin 283
Louis XI 322, 326, 331-332
Louis XII 339, 346, 350, 353
Louis XIII 408, 414, 418, 423-424, 430, 433
Louis XIV 401, 412, 433, 436, 440, 442-444, 450, 460-461, 470
Louis XV 445, 474, 483, 486, 491, 498, 506, 510, 529
Louis XVI 513, 515, 520, 522, 526, 547
Louis XVIII 543, 546-547
Louis le Germanique 194
Louis-Philippe Ier 553, 570-571
Louisiane 411, 456, 519, 536, 538
Louqsor 42
Louve romaine 66

Louvois (marquis de) 450
Louvre
  Grand 744
  musée du 95
  palais du 47, 250
Lublin (union de) 383
Luc (saint) 128
Luddites 550
  troubles 539
Lufthansa (compagnie aérienne) 661
Lugdunum 115
Lumière (Auguste et Louis) 566-567, 602, 616
Lumière
  blanche 452
  vitesse de la 455
Lumières (les) 446, 453, 504-505, 511
Luna 2 (sonde spatiale) 725
Lune (conquête de la) 724
Lunette
  astronomique 408
  d'approche 408, 446
Lunettes correctrices 293
Lutèce (Paris) 140
Luther (Martin) 354-355, 358, 365
Luttes populaires 600
Lützen 415
Luxembourg 386, 691
Luxemburg (Rosa) 656
Lyon 115, 312, 379, 562
Lysandre 85

M

M le Maudit (film) 677
Maastricht 744
Macao 353, 375, 393, 503
MacArthur (Douglas) 695
Macbeth 222, 225
Macbeth (William Shakespeare) 375
Macédoine 89, 90, 94, 634-635
  deuxième guerre de 103
Machiavel 329, 337, 381
Machine
  à calculer 430
    analytique programmée 613
    arithmétique 447
    première 452
  programmable 551
  à coudre 572, 603
  à écrire 612
  à laver 602
  à sous 133, 674
  à vapeur 490, 535, 546, 595, 612
    à piston. 453, 474
  agricoles 428, 594
  volantes 333, 372
Machu Picchu 327
Macis 426
Mackenzie (William Lyon) 586
Mackintosh (Charles) 535
Mac-Mahon (Edme Patrice, comte de) 596
Macon 182
Maçon 253
Madagascar 346, 433
Madame Bovary (Gustave Flaubert) 579
Mademoiselle Julie (August Strindberg) 611
Madère 306, 353
Madras 425
Madrid 376, 423, 540, 681
  traité de 358
Magellan (Fernand de) 340-341, 355, 358
Magenta (bataille de) 581
Maginot (ligne) 677
Magna Carta (Grande Charte) 262
Magnétoscope 740
Magyars 184, 200
Mahabharata 97, 131
Mahomet, *voir* Mohammed
Mai (Premier) 611
Mai 68 723, 730
Maintenon (Mme de) 456
Maires du palais 177, 184, 186, 194
Maïs 63, 109, 135, 279, 349, 379, 390, 428
Maison-Blanche (la) 493, 532
Maison sur la cascade 655
Maître artisan 257
Malacca 426
Malade imaginaire (le) (Molière) 450
Maladies mentales 606
Malaisie 515, 604
Malaria 606
Malawi 729
Malazgit (Mantzikert) 230-231
Malbrough s'en va-en-guerre 471
Malesherbes 515
Mali 264, 344, 598
Malik Chah 231
Malraux (André) 679
Malte (île de) 31, 33, 384
Malthus (Thomas) 508
Mama Ocllo 278
Mamelouks 507
Mammouths 15
Manassé 67
Manaus 575
Manche (tunnel sous la) 741
Manco Capac 278
Mandchoukouo 679, 684
Mandchourie 517, 579, 677, 684
Mandchous 393, 414, 427, 432-433, 456
Mandela (Nelson) 744
Manet (Édouard) 584
Manhattan 418, 427
Manhattan Transfer (John dos Passos) 670
Manifeste du parti communiste (Karl Marx) 571, 619
Manipules 114
Manitoba 587
Mann (Thomas) 623, 667
Manon Lescaut (abbé Prévost) 497
Mansa Moussa 264, 283
Mansur (al-) 190, 386
Mantoue 336
Manuce (Alde) 340, 343
Manufacture
  d'armes de Saint-Étienne 353
  de porcelaine 502
  des Gobelins 442
  royale des glaces de Saint-Gobain 465
Manufactures 490, 541, 548
  d'État 442
Manuscrits 168-169, 260, 277, 311, 330
  de la mer Morte 7
Mao Zedong 669, 672-673, 685, 714, 716, 725, 729, 734-735
Maoris 161, 164, 186, 236, 279, 454, 481, 512-513, 561, 569, 572-573
Marat (Jean-Paul) 529
Marathes 515, 536
Marc (saint) 128-129
Marcel (Étienne) 291
Marchand de Venise (le) (William Shakespeare) 375
Marchand (Jean-Baptiste) 601
Marchands 218, 220, 228-229, 256, 258, 264, 285, 288-289, 308-309, 403, 502-503, 514, 529, 548, 568-569
  européens 388-389, 402, 426
  portugais 392
Marchands-fabricants 490
Marche du sel (la) 677, 708
Marche sur Rome (la) 664, 666-667
Marché
  aux esclaves 309
  européen unique 728
Marché commun 728
Marconi (Guglielmo) 589, 623
Mardouk 71
Mare au diable (la) (George Sand) 571
Mare nostrum 118
Marée noire 737, 744-745
Margarine 590
Marggraf (Andreas) 506
Marguerite de Valois 379
Mari 39, 47
Marie de Médicis 393, 408, 418
Marie Stuart 368, 374-376, 383, 391
Marie II Stuart 437, 449, 458
Marie Ire Tudor 371
Marie-Antoinette 515, 520, 529
Marie Leszczynska 491
Marie-Thérèse d'Autriche 444, 482-483
Marignan 350-351, 395
Marius (Caius) 107, 110
Marivaux (Pierre de) 497
Marlborough (duc de) 470-471
Marne (bataille de la)
  première 652
  deuxième 652

Maroc 371, 386, 628, 635, 663, 670, 725-726
Marquette (Jacques) 410, 450
Marrakech 225
Marrons (esclaves) 544
Mars (planète) 724
Marseillaise (la) 526
Marseille 487
Marshall (George Catlett) 701
Marshall (plan) 701, 709
Martin V 297
Martinique (île de la) 427, 513
Marx (Karl) 571, 586, 590, 619, 628
Marxisme 628
Maryland 475
Masque
  à gaz 712
  en bronze 404
  en or 55
Massachusetts 423, 474
Massada 111, 122
Massagètes 74
Massalia (Marseille) 73
Mastabas 27
Matériaux (nouveaux) 688
Mathématiciens 447
  de Babylone 47
Mathématiques 212, 258, 279, 292, 323, 372
Matières
  plastiques 612, 688
  premières 468
Matisse (Henri) 628
Matteotti (Giacomo) 667
Matthieu (saint) 128
Maures 184
Mauriac (François) 679
Maurice (île) 429, 433
Mauritanie 598
Mauser 633
Maxence (empereur romain) 136, 140
Maximien (empereur romain) 135-136
Maximilien d'Autriche 584, 586
Maxwell (James Clerk) 596
Mayapan 257
Mayas 80, 93, 135, 150-151, 201, 208
Maybach 589
Mayflower 397, 409, 421, 428, 460, 474, 476

Mazarin (Jules, cardinal de) 430, 433, 437, 442, 444
McCormick (Cyrus Hall) 594
Meaux 298
Mécènes 324, 332, 505
Mecque (la) 168, 174-175, 284
Médecine (et médecins) 88, 132, 279, 292, 447, 606, 682
Mèdes 49, 70, 74
Médicis (famille) 332, 336
Médine 174-176
Mégalithes 30-31
  constructions des 39
Mégare 85
Mégère apprivoisée (la) (William Shakespeare) 375
Megiddo (cité de) 42
Megiddo (bataille de) 70
Méhémet-Ali 506-507, 569
Mehmed II 312-313
Meiji (ère) 578-579, 586
Meilleur des mondes (le) (Aldous Huxley) 679
Mein Kampf (Adolf Hitler) 667, 679
Melaka 353
Mélanésie 76
Melbourne 631
Melville (Herman) 572
Memnon (colosses de) 42
Mémoires de Baber 360
Mémoires des sages et royales économies d'État de Henry le Grand 406
Mémorial de Sainte-Hélène (comte de Las Cases) 553
Mendel (Gregor) 584, 607
Mendeleïev (Dmitri Ivanovitch) 590
Mendelssohn (Moses) 525
Mendès France (Pierre) 722
Ménélas 40
Ménès 26, 31
Menhirs 30, 31
Menora 111
Mer de Corail (bataille de la) 694
Mercator (Nikolaus Kaufmann, dit) 366
Mercenaires 395

Mercie 202
Mère-patrie 474
Mergenthaler (Ottmar) 613
Mermoz (Jean) 677
Méroé 59
Mérovée 187
Mérovingiens 168, 177, 194
Mesa Verde 183
Méso-Amérique 62
Mésopotamie 24, 28, 33, 91
Messerschmitt 713
Messie 128, *voir aussi* Christ, Jésus de Nazareth
Métal (métallurgie, métallurgistes, les débuts du travail du) 16, 24, 102, 165, 213
Métaux (travail des) 33, 34, 57
Métèques à Athènes 83, 139
Méthode (saint) 181, 185
Méthode de nomenclature chimique 520, 535
Méthode expérimentale 504
Méthodisme 497, 525
Métier
  à filer mécanique 490
  à tisser 23, 31, 33, 63, 534
Métro 588, 589
  premier 584
  parisien (première ligne) 623
Métropole 697
Metropolis (film) 689
Metsys (Quentin) 388
Mexico 279, 362, 562
Mexique 93, 165, 278-279, 361-362, 366, 536, 562, 571, 583, 599, 630
Miamis (Indiens) 390
Michel-Ange 324-325, 332, 334, 343, 350, 379
Michelin 615
Mickey Mouse 672, 675
Micro-ordinateur 738, 740
Microbes 607
Microfilm 694
Micronésie 76
Microprocesseurs 740
Microscopes (premiers) 453
Mictlantecuhtli 322
Midway (bataille de) 694, 699

Migrations anciennes 34
Milanais 350
Mille et Une Nuits (les) 191
Millerand (Alexandre) 659
Millet 108
Milo (Vénus de) 95
Milton (John) 443
Milvius (pont) 141
Minamoto (clan des) 199, 254
Minamoto (Yoritomo) 254
Minaret 231
Mines
  d'argent 389
  d'or 367, 389
  de charbon 490, 618
  de fer 46
Ming 295, 320
Mini-jupe 729
Miniatures 165
Miniaturisation 740
Minitel 740
Minoens 36, 39, 40
Minos 38
Minotaure 38
Miranda (Francisco de) 539
Misérables (les) (Victor Hugo) 583
Misère 540
Missi dominici 195
Missionnaires chrétiens 102, 364, 392-393, 402, 439, 525, 529
  bouddhistes 144
Missions jésuites 408
Mississippi 368, 410-411, 614-615, 620
Mistral (Frédéric) 579
Mitanni 46
Mitchell (Margaret) 685
Mithra 74
Mithridate Ier 130
Mithridate VI Eupator 110
Mitraillette 713
Mitrailleuse 632-633, 643
Mitterrand (François) 723, 733, 738, 742
Moa 236
Moai 153
Moby Dick (Herman Melville) 572
Mocassins 390
Moctezuma 362
Modèle
  capitaliste 735

occidental 457
politique anglais 460
soviétique 734
Modigliani (Amadeo) 659
Moghols 317, 348, 360, 440
Mohacs 358
Mohammed (Mahomet) 168, 171, 174-175, 176-177, 204, 346
Mohawks (Indiens) 390, 499
Mohenjo-Daro 32, 42
Mohicans (Indiens) 390
Moines 156, 164, 166-169, 266-267, 293
bouddhistes 392, 393
Moïse 49, 50, 51, 111
Moïse (Michel-Ange) 325
Moisson 189, 349
Moissonneuse
-batteuse 669
mécanique 594
Molesme (Robert de) 232
Molière (Jean-Baptiste Poquelin, dit) 405, 417, 443, 446, 450
Moluques (îles) 317, 349, 352-353
Momie égyptienne 26, 45
Momification 26, 34
Monarchie 300, 380
absolue 400, 460-461, 522, 547, 618
limitée 459
parlementaire 526
Monarchie de Juillet 553
Monarque absolu 387, 443-444, 459, 486
Monastères 156, 164, 166-167, 169, 171, 190, 197, 266, *voir aussi* Moines
Monde
islamique 164
musulman 347
occidental capitaliste 637
socialiste 637
Monet (Claude) 566
Mongolie 270
Mongols 233, 271-272, 382
Monnaie 388, *voir aussi* Pièces de monnaie, Papier-monnaie, chinoise 60, 74, 149
Monnet (Jean) 728
Monothéisme 110
Monroe (James) 545

Monroe (Marilyn) 726
Mont Blanc (tunnel du) 729
Mont-Cenis (tunnel du) 575
Mont-Saint-Michel (le) 173, 218
Montagne de la Sainte-Victoire (la) (Paul Cézanne) 611
Montagne magique (la) (Thomas Mann) 667
Montaigne (Michel de) 363, 377
Montauban 419
Montcalm (Louis de) 499
Montecarvino (Jean de) 281
Monténégro 634
Montesquieu (Charles de Secondat, baron de la Brède et de) 486, 491, 504, 544
Montfort (Simon de) 263, 270
Montgolfier (Joseph et Étienne de) 500
Montgolfière 500, 519
Montlhéry 214
Montoire 698
Montre
première 372
à quartz 740
Montréal 363, 430, 499, 586
Montségur 264, 275
Moravie 200-201
More (Thomas) 363, 381
Morgan (Henri) 451
Morisques 422
Mormons 524-525, 553, 571
Morse (code) 562
Mortaise 334
Mortier 92, 133
Mosaïque 86, 87, 91, 105, 164-165
Moscou 273, 336, 382-383, 457, 539
Mosquée bleue 347, 412
Mosquées 173, 177, 264-265, 313
de Cordoue (grande) 173
première 175
Moteur
à explosion 583, 609, 612
à 4 temps 589, 599
à réaction 688

Motocyclette 660
Motte féodale 173, 224
Moubarak (Hosni) 738
Moudjahidin 714
Moulin (Jean) 699
Moulin
à eau 133
à vent 348
Moulin de la Galette (le) (Auguste Renoir) 599
Mousquet 392
à mèche 416, 430, 472
Moutons (développement de l'élevage des) 572, 630
Mouvement
abolitionniste 545
chartiste 570
de la Renaissance 332
des planètes 373
nationaliste irlandais 649
ouvrier 600
révolutionnaire 629
taiping 572
Mouvements
féministes 626, 743
nationalistes 611, 730
Moyen Empire égyptien 26, 39
Moyen-Orient (les crises du) 732-733, *voir aussi* Proche-Orient
Mozambique 353, 506, 734
Mozart (Wolfgang Amadeus) 484-485, 513, 526
Muawiya 178
Mumtaz Mahall 423, 441
Munch (Edvard) 615
Mundas 65
Munich (accords de) 686, 687
Murailles
antiques 41
de Chine (grandes) 93, 98, 433
Murex 57
Mururoa 730
Mussolini (Benito) 656, 664, 666-667, 669, 681, 691, 701
Mustafa Kemal (Atatürk) 641, 659, 664-665, 667, 680, 691
Mustang 713
Musulmans 175-176, 179, 182, 204, 242, 328, 344, 364, 608, 708-709,

voir aussi Islam
Mutsuhito 578, 586
Mycènes 17, 40, 41
Mycéniens 29, 38, 39, 46
Mykerinus 33
Mysore 529
Mythes de la création 45

N

Nababs 528
Nabatéens 91
Nabonide 71
Nabopolassar 70
Nabuchodonosor Ier 50, 71
Nabuchodonosor II 70, 73
Nader Chah 494, 502
Nagasaki 403, 688, 695, 703
Naissance de l'islam 174
Namibie 658
Nanak 329
Nankin 294, 673, 685
traité de 568-569
Nantes (édit de) 378, 393, 407, 445
Napata 59
Naples 346, 667
Napoléon Ier 481, 531-532, 533, 539, 542, 547, 551, 555
Napoléon III 576, 581, 585, 590, 592-593
Narmer 26, 31
NASA 725
Naseby 431
Nasser (Gamal Abdel) 722, 725, 733
Natal 564-565
Nation française 250
National-socialiste 678
Nationalisme 637, 736, 739
irlandais 648
Nationalités (la question des) 720, 737
Nations unies 702-703, 710, *voir aussi* ONU
Nausée (la) (Jean-Paul Sartre) 691
Navajos (Indiens) 390
Navarin (bataille de) 551-552
Navarre 328, 407
Navette spatiale
américaine 725
Challenger 741

Navette volante (métier à tisser) 498
Navigateurs 389
  portugais 306
Navires
  arabes 191
  de commerce romains 149
  de guerre à vapeur (premier) 555
  frigorifiques (premier) 594
  portugais 307
Nazis 666-667, 678, 680, 686, 687, 692
Neandertal 15, 18, 44
Néchao 70, 307
Necker (Jacques) 515
Néfertiti 46, 54, 55
Négriers 451, 463, 544
Nehru (Jawaharlal) 708
Nelson (Horatio) 533
Néolithique 18, 23, 24
Néron 121, 122
Nerva 126
Neustrie 187
Nevski (Alexandre) 264
New Amsterdam 426-427
Newcomen (Thomas) 474
New Deal (la Nouvelle Donne) 676
New Delhi. 708
Newton (Isaac) 447, 449, 452-453, 458, 494
New York 418, 427, 448, 520, 574, 640, 655, 671, 676, 702-703
Nez Percés (Indiens) 390
Nicaragua 670, 737
Nice 583, 590-591
Nicée (second concile de) 190
Nicolas Ier 576
Nicolas II 616, 628-629, 650-651
Nicot (Jean) 357, 376
Nicotine 376
Niepce (Nicéphore) 545, 565, 613
Niger 531, 598
Nigeria 80, 82, 462, 507, 572, 729, 733
Nightingale (Florence) 576
Nijinski (Vatslav) 646
Nil (le) 26, 596
Nimègue (traité de) 444
Nîmes 92

Ninive 49, 67
Nixon (Richard) 730, 734
Nobel (Alfred) 613, 633
Nobel (prix) 633
Noblesse (ordre de la) 521
Noctambules (les) (Otto Dix) 647
Nœud de vipères (le) (François Mauriac) 679
Nogaret (Guillaume de) 275
Noix muscade 426
Nok 80, 87, 102
Nomades 34, 35, 68
Nomadisme 134
Non-violence 697, 708
Nonnes 169
Nootkas 390
Nordistes 560, 582-583
Normandie 214, 218, 298, 679, 693
  duché de 217, 226
Normands 218, 221-222
Norodom Sihanouk 733
Northumbrie 202
Norvège 216, 222, 467
Notre-Dame de Paris 251
Nout 45
Nouveau-Brunswick 587
Nouveau Monde 63, 317, 320, 341, 362-363, 367, 408
Nouvel Empire égyptien 42, 54, 55
Nouvelle-Angleterre 409, 423, 475, 518
Nouvelle-Calédonie 576
Nouvelle-Écosse 499, 587
Nouvelle-Espagne 363, 366
Nouvelle-France 411, 476
Nouvelle-Guinée 76, 605
Nouvelle-Hollande 454
Nouvelle-Néerlande 427
Nouvelle-Orléans 487
Nouvelle-Zélande 161, 186, 236, 430, 454, 481, 512-513, 561, 572-573, 576, 594, 615, 627-628
Novgorod 288, 382
Nubiens 58
Nuit de cristal 691
Numa Pompilius 67
Numidie 107
Numitor 66
Nur Djahan 435, 440
Nuremberg 678, 686, 703
Nylon 686, 688
Nystad (paix de) 467

O

Oba 280-281, 462
Obélisques 103
Observatoire astronomique chinois 295
Obsidienne 23, 61, 135
Obus explosifs (premiers) 554
Océanie
  Principaux articles
  les premiers peuplements 76
  les Polynésiens 152-153
  le peuplement de la Nouvelle-Zélande 236
  l'Océanie au 17e siècle 454
  l'exploration du Pacifique 512-513
  la Nouvelle-Zélande au 19e siècle 572-573
  l'Australie colonisée 630-631
  Voir aussi 178, 257, 491, 515, 523
Octave 115, 118, 155
Oda Nobunaga 392
Odessa 526
Odin 205
Odoacre 145, 152, 156
Odyssée (l') (Homère) 62, 72
Œil du temps (l') (Salvador Dali) 646
Oersted (Hans Christian) 547
Ogoday 264, 270
Ohio 411, 498, 538
Oies du Capitole 105
Oiseau de feu (l') (Igor Stravinski) 630
Oklahoma 556
Olmèques 16, 21, 62, 63
OLP (Organisation de libération de la Palestine) 729, 732, 744
Olympie 64, 72, 85, 88
OMS (Organisation mondiale de la santé) 683, 702, 710
Ondes
  électromagnétiques 611
  hertziennes 623
One penny 565, 588

Oni 281
Ontario 526, 587
ONU (Organisation des Nations unies) 659, 700, 702-703, 709-710, 733
OPEP (Organisation des pays exportateurs de pétrole) 726, 728
Opéra 404, 442, 484, 526, 575
  de Paris 575
Opéra-ballet 484
Opéra de quat'sous (l') (Bertolt Brecht) 672
Opium 502, 565, 568-569
Or 41, 42, 161, 367, 389, 560, 616, 631
Orange (Afrique du Sud) 564-565
Orange (le fruit) 269, 508
Oratoire de Jésus 411
Oratorio 404
Ordinateur 613, 688, 735, 740
  premier 689, 703
Ordre
  de chevalerie
    de la Jarretière 288
    de Saint-Jean de Jérusalem 242
  des Chartreux 231
  des chevaliers de Malte 242
  des chevaliers du Temple 242
  des Franciscains 267
  des Frères prêcheurs 267
Ordre classique grec 88
Ordres religieux 266
Orgue 325
Orgueil et Préjugé (Jane Austen) 539
Orientalisme 566
Orléans 305, 307
Ormuz 353
Orry (Philibert) 502
Orsay (musée d') 741
Orsini (attentat d') 581
Orsini (Felice) 581
Orthodoxe (rite) 185
Os divinatoires 43
Oseberg (navire d') 165
Osée 64
Osei Toutou 462
Osman Ier 312
Ossatures métalliques 574
Ostracisme 139

Ostrogoths 144-145, 151, 156, 167
Otakar Ier 257
OTAN (Organisation du traité de l'Atlantique Nord) 729
Othello (William Shakespeare) 375
Otto (Nikolaus) 599, 613
Ottomans 312, 346, 358-359, 383-385
Otton Ier le Grand 200, 206-207
Otton IV 250
Ouest américain (l') 620
Ougarit 57
Oulianov (Vladimir, dit Lénine) 650-652
Our 24, 37, 39, 50
Ourouk 24, 33
Ousmane dan Fodio 507
Outils (dans l'Antiquité) 92
Ouvriers 490, 539, 546, 571, 581, 618-619, 629, 662-663
Ovide 115
Owens (Jesse) 696
Oyo 462
Ozone 742
  couche d' 744

P

P'ou-yi 623, 630
Pachacutec Yupanqui 240, 278, 322, 326
Pacifique
  exploration du 512
  océan 481, 512, 694
Page (au Moyen Âge) 244
Pain (apparition du) 19
Paine (Thomas) 505
Paiutes (Indiens) 390
Pakistan 90, 708-709, 725, 733
Palais
  d'Hiver (Saint-Pétersbourg) 493, 510, 651-652
  de l'Élysée 487
  des papes 286, 297
  du Louvre 485
Palatine (chapelle) 165
Palenque 151
Palestine
  dans l'Antiquité 22, 39, 49, 50, 55, 94, 103, 121-122, 658
  au 20e siècle 709-711, 732
Palestiniens 692, 732-733
Paludisme 620
Panama 626
Panathénées (frises des) 93, 545
Pankhurst (Emmeline) 626
Pantagruel (François Rabelais) 363, 377
Panthéon
  à Rome 93
  à Paris 552
Paoli (Pascal) 513
Pape 195, 206, 207, 210, 281, 296-297, 300, 337, 350, 354, 364, 369, 374, 381, 385, *voir aussi* aux noms des papes
Papier 122, 132, 181, 213, 292, 310
Papier-monnaie 309, 469, 548
Papin (Denis) 453, 455, 490
Papineau (Louis Joseph) 562, 586
Papouasie-Nouvelle-Guinée 734
Papyrus 28
Paquebot 660
  à vapeur 565
Pâques (île de) 153, 232
Pâques sanglantes (les) 649
Paradis perdu (le) (John Milton) 443
Paraguay 408, 536
Paratonnerre 506
Parchemin 49, 100, 122, 180
Paré (Ambroise) 372-373, 393
Paris 152, 162, 186, 201, 250, 291, 378-379, 393, 406-407, 412, 421, 442-443, 453, 500, 505, 521-522, 531, 546, 552-553, 570-571, 574, 576, 585, 589, 593, 600, 602, 656, 658, 693
  paix de 519
Parisot de la Valette (Jean) 384
Park (Mungo) 531
Parlement
  anglais 263, 300, 400, 430-431, 448, 458-460
  britannique 649
  européen 729
  français (sous la monarchie) 436-437
  Grand 263
Parmentier (Antoine) 488
Parr (Catherine) 368
Parthénon 82, 84, 93, 458, 545
Parthes 81, 130
Parti
  communiste 653, 659, 709, 739, 742
  démocrate 538
  des Faisceaux italiens 667
  fasciste de la Phalange 667
  national-socialiste 679
  nazi 677, 686
  ouvrier allemand national-socialiste (NSDAP) 663
  ouvrier français 601
  ouvrier social-démocrate 590
  protestant 379
  québécois indépendantiste 737
  républicain 579
  socialiste (SFIO) 619, 659, 662
  unique 666
Partis politiques 618
Pascal (Blaise) 417, 430, 447, 449, 452
Passendale 644
Pasteur (Louis) 606-607, 609
Pasteur protestant 355
Patchworks 520
Patricien romain 82, 97, 104, 139
Patrie en danger (la) 522
Paul (saint) 121-122, 129
Paul et Virginie (Bernardin de Saint-Pierre) 520
Paul VI 737
Pavie 364
Pawnees (Indiens) 390
Pax romana 126
Pays
  industrialisés 618-619
  musulmans 300
Pays-Bas 257, 332, 383, 386, 402, 417, 427, 436, 443, 448-449, 690
Pays-Bas autrichiens 483
Paysans
  premiers 18-19
  africains (premiers) 59
  révolte des 298-299,
Pearl Harbor 694-695
Pearse (Paidrac) 648
Peary (Robert) 630
Peaux-Rouges 621
Peel (Robert) 553
Pékin 294-295, 393, 481, 569, 583, 622-623, 672, 685, 716, 735, 742
Pèlerinage 264, 284
  à La Mecque 220
Pèlerins 168, 285
Pendjab 609
Péniches 501
Pénicilline 672, 682-683
Penn (William) 456, 475-476
Pennsylvanie 456, 475-476, 510
Pensées (les) (Blaise Pascal) 449
Penseur (le) (Auguste Rodin) 567
Pentathlon 89
Pépin de Herstal 182, 184
Pépin le Bref 186, 194
Pepys (Samuel) 434
Perceval 245
Perçoir 14, 52
Pères pèlerins (Pères fondateurs) 409, 474
Perestroïka 738
Périclès 82, 84, 138
Période
  classique de l'Inde hindoue 140
  des Juges 50
  des Zhou 69
  glaciaire 18
  hellénistique 94-95
  Silla 178
Peron (Juan) 704
Pérou 87, 278, 366, 536-537
Perrault (Charles) 423, 466
Perruques 434
Perry (Matthew) 578-579
Perse 81-82, 85, 89-90, 100, 130, 162, 168, 171, 176,

324, 346-347, 359, 391
Persécutions
  contre les premiers chrétiens 129
  contre les juifs au Moyen Âge 179, 291
  nazies 687
  religieuses 400, 409, 439
Persépolis 74, 75
Perses 49, 73, 74, 82-83, 89, 130, 167
Peso 357
Pestalozzi (Johann Heinrich) 541
Peste 129, 290-291, 488
  de Marseille 517
  Grande 290-291, 298
  noire 356
Peste (la) (Albert Camus) 709
Pesticides 668
Pétain (Philippe) 691, 694, 698, 699
Peter Pan (James Matthew Barrie) 626
Petit âge glaciaire 429
Petit Livre rouge (le) (Mao Zedong) 734-735
Petit Prince (le) (Antoine de Saint-Exupéry) 699
Petites Filles modèles (les) (comtesse de Ségur) 581
Petits pieds (en Chine) 233
Pétra 91
Petrograd 650, 652
Pétrole 612, 734, *voir aussi* OPEP
Peuls 494, 507
Peuples
  barbares 140, 142
  colonisés 611
  de la mer 46, 50
  germaniques 144
Phalange
  grecque 154
  espagnole 680
Pharaon 26, 45
Pharsale 115
Phénicie 29
Phéniciens 35, 56, 307
Phidias 93
Philadelphie 689
  (convention de) 519, 527
Philippe II de Macédoine 89-90

Philippe V de Macédoine 103
Philippe Ier 231
Philippe II Auguste 248-250, 251, 275
Philippe III le Hardi 270
Philippe IV le Bel 274-275, 281
Philippe V le Long 283
Philippe VI de Valois 286
Philippe II d'Espagne 367, 371, 374-375, 386, 422-423
Philippe III d'Espagne 422
Philippe IV d'Espagne 423
Philippe V d'Espagne 423, 471
Philippe d'Anjou 423, 470-471
Philippe d'Orléans 474, 486
Philippines 340, 379, 615
Philistins 50, 55, 57
Philosophes des Lumières 482, 486, 504-505, 526, 543
Phnom Penh 310
Phonographe 599, 612
Photocopieur (premier) 740
Photographie 545, 613, 661
  aérienne 4
Phylloxéra 595
Physiciens 447
Physique nucléaire 607, 688
Piaf (Édith) 677
Piano et pianoforte 485
Picardie 298
Pic de la Mirandole (Jean) 322
Picasso (Pablo) 567, 626, 628, 647, 681, 686
Picquigny (traité de) 332
Pictes 141
Pièces de monnaie 75
  premières 60, 61
Piémont 576, 583
Piémont-Sardaigne 590-591
Pierre (apôtre) 122
Pierre Ier le Grand 401, 456-457, 460, 466-467, 482
Pierre III de Russie 510
Pierre Ier Karadjordjevic 634
Pierre et le Loup (Serguei

Prokofiev) 685
Pierre Lapin (Beatrix Potter) 626
Pierrot le Fou (film) 729
Pikimo 146
Pile électrique 532, 535
Pilgrim Fathers, *voir* Pères pèlerins
Pinochet (Augusto) 734
Pionniers américains 428, 460, 539, 560, 614, 616-617, 620-621
Pirates 451
Pirogues (premières) 52
Pise 296
Pistolet à tir rapide 554
Pitt (William) 496
Pizarro (Francisco) 363
Places fortifiées
  à la Vauban 472
Plaines américaines (grandes) 390
Plan Carpin (Jean du) 267, 282
Planètes (mouvement des) 447
Plans en damier des villes américaines 492
Plantagenêts 249, 316
Plantations
  coloniales 527, 582
  de tabac 414, 450
Plassey 495
Platées 82
Plates-formes pétrolières offshore 729
Platon 85, 88
Plats cuisinés surgelés (premiers) 675
Plèbe romaine (et plébéiens) 82, 97, 104
Pléiade (groupe de la) 371
Pline l'Ancien 121
Pluie, vapeur, vitesse (J. N. W. Turner) 569
Pluies acides 745
Plumes de perroquet 323
Plymouth 409, 474
Pneu démontable 615
Poids et mesures (système décimal des) 535
Poilus (soldats de la guerre de 1914-1918) 637
Poincaré (Raymond) 635
Pointillisme 605
Poissy 654

Poitiers (bataille de) 176, 286
Poivre 426
Poivron 366
Pol Pot 737
Polaroïd 661
Polders 428
Pôle Nord 630
Pôle Sud 512, 603, 635
Policiers britanniques (premiers) 553
Politique
  coloniale 601
  des blocs 636
  isolationniste 670
Pollution 745
Polo (jeu de) 131
Polo (Marco) 261, 270-271, 283
Pologne 200, 211, 466, 497, 511, 513, 529, 531, 553, 656, 659, 690, 738
Poltava 457
Polyclète le Jeune 85
Polynésie 76
Polynésiens 80, 152
Polythéistes 124
Pomme de terre 27, 279, 348, 366, 379, 414, 488-489, 569, 595, 601
Pompadour (Mme de) 486, 506
Pompée 110, 112, 115
Pompéi 3, 91, 105, 126, 506
Pompidou (Georges) 730, 734
Ponce Pilate 111
Pondichéry 510, 543
Pont-Neuf 406, 407, 421
Pop-music 743
Population mondiale 508
Populations indiennes d'Amérique 450
Poquelin (Jean-Baptiste) 417, *voir aussi* Molière
Porcelaine 164-165, 171, 232-233, 388, 433, 482, 484, 502, 514
  bleue 247
  chinoise 432
  Ming 295
Porgy and Bess (George Gerschwin) 647
Porsche (Ferdinand) 661
Port-Arthur 628
Porte-avions 712

Rodolphe I*er* 371
Rogers (Ginger) 680
Roggeveen (Jacob) 491
Roi des rois 75
Roi Lear (le) (William Shakespeare) 407
Roi-Soleil, *voir* Louis XIV
Rois Catholiques 328-329
Rois fainéants 177
Roland 190, 246
Roland (Pauline) 626
Rollon 217
Rom 67
Romains 66, 82, 86-87, 89, 92, 94, 100, 106, 112, 151, 396
Romane (époque) 172
Romanov (Alexis) 433
Romanov 650
Romans 567
Romantiques 484
Rome antique
  Principaux articles
  fondation de Rome 66-67
  la République romaine 104-105
  les guerres puniques 106-107
  la Judée romaine 110-111
  l'armée 114-115
  l'Empire romain 118-119
  l'influence de Rome 126-127
  les débuts du christianisme 128-129
  le déclin de Rome 140-141
  Voir aussi 74, 80, 89, 94, 97-98, 101, 108, 120, 121, 130, 135, 138, 142, 145, 146, 151, 155
  à la Renaissance 336, 572
  dans le royaume d'Italie 590-591
  sac de 155
  siège de la papauté 296
  traité de 725, 728
Roméo et Juliette (William Shakespeare) 375
Römer (Olaus) 455
Rommel (Erwin) 699
Romulus 64, 66
Romulus Augustule 138, 142, 145, 151
Roncevaux 190
Ronde de nuit (la)
(Rembrandt) 404
Ronsard (Pierre de) 371
Röntgen (Wilhelm) 607, 616
Roosevelt (Franklin) 670, 676, 679, 700-701
Roosevelt (Theodore) 623
Rose des Tudor (la) 316
Rosette (pierre de) 3, 6, 532
Ross (Ronald) 620
Rostand (Edmond) 620
Rotation des cultures 489
Roue à aubes 24, 25, 31, 52, 53, 133, 293
Rouge et le Noir (le) (Stendhal) 553
Rouges (bolcheviques) 652
Rouget de Lisle (Claude) 526
Roumanie 583, 634-635, 648, 705
Rousseau (Jean-Jacques) 486, 504, 506, 544
Roussillon 443
Route
  de la soie 120-121, 130, 256
  des Indes 338, 340, 428, 596
  maritime des Indes 306
Routes 100, 148
  commerciales au 12e siècle 256, 288
  du Pacifique 454
  incas 327
Royal (pouvoir) 419
Royal Crescent 493
Royal Society 444, 453
Royaume
  achanti 506
  d'Ife 281
  d'Israël 50, 51, 58, 62, 64
  d'Oyo 462
  de Chaldée 67
  de Juda 58, 62
  de Koush 58, 59
  des Deux-Siciles 591
  des Pays-Bas 386, 543
  du Bénin 462
  du Bornou 497
  du Ghana 192
  franc 156, 162, 167-168, 174, 177, 182, 184, 186, 190
  marathe 494
  nubien du Soudan 168
vandale 167
Royaume-Uni 532, 649, 663, *voir aussi* Angleterre, Grande-Bretagne
Royaumes
  africains 344
  barbares 145
  combattants 73, 85
  germaniques 142
Rubens (Paul) 386, 405
Rubicon 115
Rubroek (Guillaume de) 267
Ruée vers l'or 571-572, 616, *voir aussi* Or
Ruée vers l'or (la) (film) 670
Runes 217-218
Rupestres (peintures) 58, 59, 76
Rûs 184
Russes 184
  blancs 652
Russie (et URSS)
  Principaux articles
  les Russes et les Bulgares 184-185
  Novgorod 288
  la Russie aux 15e et 16e siècles 382-383
  Pierre le Grand 456-457
  Catherine la Grande 510-511
  la guerre de Crimée 576-577
  la première révolution russe 628-629
  la Révolution russe 650-653
  la guerre froide 714-715
  la course à l'espace 724-725
  l'ouverture de l'Est 738-739
  Voir aussi 200, 331, 389, 396, 407, 466, 500, 539, 541, 583, 599, 610, 634, 636, 640, 642, 644-645, 656, 659, 663, 668-669, 696
  Première et Seconde Guerres mondiales
  unification de la 382
Rutherford (Ernest) 607, 635, 688

S

Saba (reine de) 265
Sabins 66
Sablier 389
Sacco (Nicola) 663
Sacre (du roi de France) 215, 250
Sacrifices humains 151, 323, 365
Sadate (Anouar el-) 733, 738
Sadi-Carnot (Marie-François Sadi, dit) 609
Sadowa 586, 592
Sagrada Familia 605
Sagres 306
Sahara 58, 59, 85, 161, 193, 217, 264
Sahel 734
Saint
  Antoine de Thèbes 166
  Augustin 146, 171
  Benoît 166, 169, 197
  Colomba 168-169
  Cyrille 184
  Éloi 177, 187
  Jean 126
  Louis 274
  Luc 122
  Marc 122
  Matthieu 122
  Méthode 184
  Ouen 187
  Patrick 146, 156
  Willibrod 203
Saint-Barthélemy (massacre de la) 384, 378
Saint-Brice (massacre de la) 217
Saint-Clair-sur-Epte (traité de) 203
Saint-Domingue 526
Saint Empire romain 161, 194, 206, 210, 482
Saint Empire romain germanique 370, 371, 385
Saint-Étienne 395
Saint-Exupéry (Antoine de) 699
Saint-Germain (traité de) 656
Saint-Germain-en-Laye 442
Saint-Jean-d'Acre 274

Saint-Laurent 366, 402, 408, 410
Saint-Pétersbourg 457, 471, 510, 628-629, 650
Saint-Pierre (Bernardin de) 520
Saint-Siège 296
Saint-Simon (Claude Henri de) 546
Sainte
  Brigide 144
  Fabiola 144
  Thérèse d'Avila 379
Sainte-Chapelle 284
Sainte-Claire Deville (Henri) 579
Saint-Denis (foire de) 187
Saint-Germain (paix de) 383
Sainte-Hélène (île de) 542
Sainte-Sophie 163, 205, 285
Saladin 242-243, 251, 254
Salamine 82-83
Salazar (Antonio de Oliveira) 679, 730
Salem 465, 475
Salique (loi) 162, 283, 286
Salmanasar Ier 49
Salmanasar III 58, 62
Salmanasar V 64
Salomon 50, 51, 56, 57, 58, 265
Salons littéraires 453
Salt Lake City 525, 571
Salut nazi 687
Samarie 64
Samarkand 241, 272-273
Samnites 90, 94, 97
  deuxième guerre 94
  dernière guerre 97
Samoa 152
Samouraï 254-255, 314, 392
Samudragupta 140
Samuel 57
San Antonio 562
San Augustin 379
San Francisco 616, 654, 702
San Jacinto 563
San Martín (José de) 536-537
Sand (George) 571
Sandwich (îles) 513, 519, *voir aussi* Hawaii
Sans-culottes 516, 523
Sanskrit 50, 65, 284
Santa Anna (général Antonio Lopez de) 562-563
Santorin (île) 38, 39, 42
Sao Tomé 352
Saqqarah 27, 33
Sarajevo 642
Sarcophage égyptien 55
Sargon 25, 34, 64, 67
Sartre (Jean-Paul) 691
Sassanides 81, 130, 143
Satellite artificiel
  premier 724
  de télécommunication 725
Sati 137
Satrapes (et satrapies) 74
Saül 50, 57
Sauvy (Alfred) 731
Savants musulmans 292
Savoie 583, 590-591
Savoie-Carignan (Eugène de, dit le prince Eugène) 471
Savonarole 317, 344, 346, 381
Sax (Adolphe) 569
Saxe (Maurice de) 506
Saxe-Cobourg et Gotha (Albert de) 580
Saxons 145, 202, 220
Scandinavie 218
Sceau et écriture ancienne 33, 60
Schisme 152
  d'Orient 225
  Grand 296-297
Schleswig 592
Schliemann (Heinrich) 3, 40, 593
Schœlcher (Victor) 544
Schönbrunn 482
Schubert (Franz) 545
Schuman (Robert) 728
Schuschnigg (Kurt von) 686
Science-fiction 689
Sciences 52, 132, 212, 292, 372, 397, 446-447, 452-453, 456, 504, 534, 606, 612, 682, 688, 740
Scipion l'Africain 98, 103, 106-107
Scipion Émilien 104
Scolaires (lois) 600
Scots 141
Scott (Robert) 603
Scott (Walter) 547
Scoutisme 630
Scribes 28, 165, 180
Scriptorium 169
Scutari 576
Scythes 70
SDN (Société des Nations) 659, 679, 686
Seau 53
Sébastopol 576, 579
Seconde Guerre mondiale 637, 667, 675, 685, 688, 690, 692, 694-695, 699-701, 703-704, 712-714
Sécurité sociale 677, 697, 703, 722
Sedan 590, 592
Sédentaires 68, 134
Séfarades 178
Séfévides 359
Ségrégation raciale 696
Ségur (comtesse de) 581
Seigneur féodal 224, 392
Seigneurs de la guerre (Chine) 672
Sel (route du) 161
Seldjoukides 230
Sélection des espèces 489, 594
Sélection naturelle 606
Séleucides 130
Séleucos Ier 94, 96
Selim Ier 346, 353
Selim II 359, 383, 385
Semaine sanglante (la) 593, 600
Séminaires 368
Séminoles 390
Sémiramis 62
Sémites 34, 35
Semoir 428
Sénat romain 104
Senefelder (Alois) 531
Sénégal 507, 579, 598
Sennachérib 67
Sentiment national 571
Séparation de l'Église et de l'État 628
Sept Merveilles du monde (les) 71, 95
Septime Sévère 131
Serbes 737
Serbie 634-635, 642, 645
Serfs 298-299, 349, 511
Serpent à plumes 279, *voir aussi* Quetzalcoalt
Servage 298, 437, 461, 541, 583, 628
Sésostris Ier 39
Seti Ier 46
Seurat (Georges) 566, 605
Sévère Alexandre 131
Sévigné (Mme de) 435
Séville 366
Sèvres (traité de) 664
Seymour (Jeanne) 366
Seyss-Inquart (Arthur) 686
SFIC (Section française de l'Internationale communiste) 697
Shakers 524
Shakespeare (William) 316, 325, 375, 379, 393, 407
Shang 43
Shanghaï 685
Shawnees (Indiens) 538
Shelley (Mary) 547
Sherlock Holmes 609
Shinto 147, 199
Shiva 97
Shogun 254, 286, 392, 401-402, 578, 586
Shogunat 199
Shoguns Tokugawa 514
Shoshones (Indiens) 390
Siam 515
Sicile 591
Sida 740
Siddharta Gautama 64, 73, *voir aussi* Bouddha
Sidon 49
Siècle
  d'or 367
  des Lumières 471
  Grand 397, 443
Siège
  art militaire du 69, 154, 314-315, 472
  de Toulon 530
Sikhs 329, 438, 569, 572
Silex 23, 52
Simon Maccabée 107
Sin (dieu Lune) 71
Sinaï 49, 732-733
Singapour 515, 547
Singer (Isaac) 572, 603
Sinn Fein 626, 648-649, 670
Sionisme 616
Sioux (Indiens) 390, 599, 620-621
Siradj al-Dawla 495
Sismographe (premier) 122, 133
Sitting Bull 599, 620-621

Porto-Rico 615
Portrait (art du) 87, 404
Portrait de Dorian Gray (le) (Oscar Wilde) 615
Portugais 339, 352, 389, 393
Portugal 306, 307, 340, 346, 362, 367, 386, 423, 449, 536, 610, 630, 666, 670, 679, 730
Postes et postiers 421, 500
   service postal 488
Potala 433, 439
Poterie 135, 148, 213, 324
   athénienne 85-86
   chinoise 92
   colorée 23, 24, 31, 34, 62, 63
Poteries (premières) 22, 33
Potosi 367
Potsdam 655, 700-701, 703
Potter (Beatrix) 626
Poudre explosive 171, 212-213, 314, 394
Poudrière de l'Europe (la) 634
Poulie 25, 52
Poumon artificiel 682
Pourpoint 357
Pragmatique sanction de Bourges 310
Prague 416
   coup de 710
   printemps de 714, 730
Pravaz (Charles Gabriel) 576
Précieuses ridicules (les) (Molière) 443
Prédestination 354
Préfets 531
Préhistoire 9, 12-13, 14-15, 16
Première Guerre mondiale 627, 631, 635, 637, 640, 642-643, 645, 651, 656-658, 663-664, 670, 699
Presley (Elvis) 725
Presse d'imprimerie (première) 311
Pression atmosphérique 452-453
Priam 40
Primo de Rivera (José Antonio) 667, 680
Prince (le) (Machiavel) 329, 337, 381
Prince Eugène (le) 470

Prince Noir (le) 286-287, 295
Princesse de Clèves (la) (Mme de La Fayette) 455
Princip (Gavrilo) 642
Principes mathématiques de philosophie naturelle (Isaac Newton) 458
Printemps (le) (Boticelli) 333
Printemps (magasin du) 624
Printemps des peuples (le) 570-571
Procès 670
Proche- et Moyen-Orient
Principaux articles
   les premiers agriculteurs 18-19
   les premières cités 22-23
   la Mésopotamie et Sumer 24-25
   les communications 28-29
   les grandes migrations 34-35
   les Hittites 46
   Babylone 47, 70-71
   les Assyriens 48-49
   l'origine du peuple juif 50-51
   les Phéniciens 56-57
   le commerce antique 60-61
   l'Empire perse 74-75
   Alexandre le Grand et ses successeurs 90-91, 94-95
   la Judée romaine 110-111
   les débuts du christianisme 128-129
   les Parthes et les Sassanides 130-131
   l'Empire byzantin 162-163
   la naissance et les conquêtes de l'islam 174-177
   la dynasyie abbasside 190
   l'Empire seldjoukide 230-231
   les croisades 242-243
   la chute de Constantinople 312-313

   la Perse des Séfévides 346-347
   l'Empire ottoman 358-359, 455-456
   la révolution turque 664-665
   la naissance d'Israël 710-711
   les guerres au Moyen-Orient 732-733.
Procope (café parisien) 458
Produits « propres » 745
Prohibition 659, 670-671
Prokofiev (Sergueï) 685
Prolétariat 628
Propulseurs 18
Prospecteurs 560, 616, 631
Prospérité américaine 670
Protectionnisme 625
Protestantisme 354-355, 368, 371, 378
Protestants 361, 364, 365, 369, 376, 378, 386-387, 393, 406, 407, 414, 416, 418-419, 436, 437, 444, 449, 456, 458, 461, 464, 471, 648
Prothèses articulées 372
Proust (Marcel) 635, 664
Province de Nouvelle-France 444
Provinces-Unies 386-387, 437, 450
Prusse 482-483, 496-497, 583, 592
Psammétique Ier 70
Psychanalyse 606
Ptolémée Ier 94, 126, 133
Ptolémée (carte de) 329
Ptolémées (famille des) 95
Publicité 660, 707
Pueblos 160, 173, 182-183, 390
Pugilat 64
Puits de pétrole (premier) 613
Purcell (Henry) 405
Puritains 365, 376, 400, 409, 437-438, 474-475
Puyi 684
Pylos 40
Pyramide égyptienne à degrés 27, 33
Pyramides d'Amérique 20, 21, 62, 93, 150

   de Gizeh 27
Pyrénées (traité des) 443
Pythagore 82, 88-89

Q

Qadesh 49
Qianlong 502-503, 531
Qin Shi Huangdi 3, 93, 98, 138
Quakers 437, 461, 476
Quant Mary 729
Quatre cents coups (les) (film) 725
Quatre saisons (les) (Vivaldi) 491
Quattrocento 302
Québec 406, 408, 410-411, 444, 499, 510, 526, 587, 737
Querelle des Anciens et des Modernes (la) 458
Quetzal 323
Quetzalcoatl (le « serpent à plumes ») 134, 208, 240, 279, 362
Queue d'aronde (charpente) 334
Quinine 606
Quinquennal (plan) 672
Quinquérème 107
Quipus 327, 343
Quito 326-327

R

Rabbin 179
Rabelais (François) 363, 377
Racine (Jean) 449
Racistes (théories) 666
Radar 713
Radeau de la Méduse (le) (Théodore Géricault) 547
Radio (les premiers postes de) 588, 660-661
Radioactivité artificielle 688
Radiologie 606
Raffles (Thomas Stamford) 515
Rais (Gilles de) 310

Raison (l'âge de la) 446, 504
Raison d'État 381
Raleigh (Walter) 391, 414
Rameau (Jean-Philippe) 484
Ramsès Ier 46
Ramsès II 49, 55
Ramsès III 50
Ramsès XI 55
Rance (usine marémotrice de la) 729, 740
Rangoon 514
Ranjit Singh 609
Raphaël 324-325, 339, 350
Raspoutine (Grigor) 651
Ration alimentaire 706
Rationnement 707
Ravaillac (François) 407
Ravenne 164
Ray (John) 465
Rayonne 689
Rayons X 607, 616, 682
Réaction thermidorienne 529
Reagan (Ronald) 738
Réaumur (René Antoine de) 491
Rébellion irlandaise 464
Reconquista 328
Recyclage des déchets 745
Réflexions ou Sentences et maximes morales (François de La Rochefoucault) 411
Réforme
 agraire 669, 673, 716, 734-735
 grégorienne 231
 protestante 354-355, 364, 366, 368, 378, 381
Réformes des cent jours (Chine) 622
Réfrigérateur 594, 674
Réfugiés 675, 711
Régence (la) 486
 anglaise 442
Regiomontanus 331
Règle
 bénédictine 167
 monastique 169
Reich 686
 IIe 592-593
 IIIe 687
Reichstag (incendie du) 679
Reims 152, 186, 217

Relais de poste 420
Relativité (théorie de la) 628
Religions
Principaux articles
outre les doubles pages thématiques consacrées à ce sujet (44-45, 124-125, 204-205, 284-285, 364-365, 438-439, 524-525)
 l'origine du peuple juif 50-51
 bouddhisme et hindouisme 65, 96-97, 136-137, 169
 la Judée romaine 110-111
 les débuts du christianisme 128-129
 les monastères 166-169
 la naissance de l'islam 176-177
 la tolérance arabe 179
 le christianisme en Éthiopie 192, 265
 papes et empereurs 210-211
 les croisades 242-243
 Franciscains et Dominicains 266-267
 le Grand Schisme 296-297
 la Réforme 320, 354-355
 la Contre-Réforme 368-369
 les guerres de Religion 378-379
 la guerre de Trente ans 416-417.
Voir aussi 407, 436
 aztèque 365
 d'État 129, 134
 jaïniste 169
 shintoïste 147
 védique 50
Reliquaire 194, 285
Reliques 162, 284
Rembrandt 404, 407, 447
Remi (saint) 152, 186
Remus 66
Renaissance 317, 324, 330-333, 336-337, 350, 446
Rendements agricoles 488, 594, 668
Renoir (Auguste) 599
Renoir (Jean) 686
Réparations (de guerre) 658

Républicains espagnols 681, 685
République
 France
  naissance de la 522
  proclamation de la Ire 526
  IIe 571
  IIIe 593, 596, 600, 662, 694, 698
  IVe 709, 722
  V^e 699, 722-723
 d'Irlande 649
 de Chine 622-623
 de Turquie 664-665
 de Weimar 656, 678
 démocratique allemande (RDA) 714
 fédérale d'Allemagne (RFA) 714
 nationaliste chinoise 672
 populaire de Chine 641, 672, 716, 734
 populaire de Yougoslavie 704
 populaire du Kampuchéa 726
 romaine 67, 74, 104, 118
 tchèque 739
Républiques
 baltes 738
 populaires 705
Requiem allemand (Johannes Brahms) 586
Réseau routier 486, 501
Réserves indiennes 556, 620
Réserves pétrolières 733
Résistance (pendant la Seconde Guerre mondiale) 694, 698-699
Résistants 693
Restauration 543, 546
 anglaise 436
Restos du cœur (les) 741
Réunion (île de la) 529
Revenu minimum d'insertion (RMI) 742
Révocation de l'édit de Nantes 439, 445, 458
Révolte
 d'esclaves 526, 544
 des Boxers 622
 des cipayes 608
 paysannes 298
Révolution
 culturelle 672, 729, 735

 d'octobre 650-652
 de 1830 547
 de Février 651
 de Juillet 553
 islamique 732, 738
 russe 637, 641, 650, 652
  première 628
 turque 664
Révolution française 520-523
Révolution
 agricole (deuxième) 482, 488-489, 509
 des techniques 534
 industrielle 489-491, 510, 530, 534, 546, 618
 scientifique 740
 verte 740
Revolver 633
Revue nègre (la) 670
Rhapsody in Blue (George Gerschwin) 667
Rhénanie 685
Rhin 143, 152
Rhode Island 474
Rhodes (Cecil) 564-565
Rhodes (colosse de) 125
Rhodésie du Sud 731
Richard Ier Cœur de Lion 243, 249, 251, 254
Richard II d'Angleterre 286, 299
Richard III d'Angleterre 316
Richard III (William Shakespeare) 375
Richelieu (cardinal de) 418-419, 427
Rideau de fer (le) 714
Rigoletto (Giuseppe Verdi) 572
Rigveda 57, 65
Rimbaud (Arthur) 596
Rio de Janeiro 379
Riourik 184
Risorgimento 583
Riz 74, 108, 120, 508, 514
Robert Ier le Magnifique 218, 226
Robert II le Pieux 214
Robespierre (Maximilien de) 522-523
Roboam Ier 58
Robots (premiers) 688-689
Rochelle (la) 418-419
Rock'n roll 725
Rodin (Auguste) 567, 620

Sixte IV 381
Sixtine (chapelle) 325, 331, 350
Skara Brae 30
Skis (premiers) 34
Slaves 184
Slovaquie 739
Smith (Adam) 548
SNCF (Société nationale des chemins de fer français) 660
Socialistes (et socialisme) 546, 663, 678, 679, 696
Société 138-139, 220, 380, 393, 540, 618
Société des Jeunes Arabes 710
Société des Nations (SDN) 656, 658, 696, 670, 702
Société
 japonaise 403, 460
 mongole 271, 300
Sociétés d'assurances 548
Socrate 82
Soie 42, 170-171, 233, 388, 407, 502
Soieries 433, 514
Soïouz (vaisseau spatial) 725
Soissons 152
Solferino 581
Solidarnosc 738
Soliman Ier le Magnifique 351, 355, 358-359, 366, 371, 380-381
Solon 73
Solution finale 692
Somalie 685
Somme (bataille de) 644, 648
Sommet de la Terre 744
Sonars (premiers) 713
Sonate 404
Songe d'une nuit d'été (le) (William Shakespeare) 375
Songe de Poliphile (le) (Francesco Colonna) 343
Songhaï 345
Soninkés 192
Sonni Ali Ber 344-345
Sophocle 88
Sorbon (Robert de) 248, 275
Sorbonne (la) 248, 275, 329
Sorcellerie 438, 475

Sorcier 364
Sorcières 368
Soto (Hernando de) 368
Soudan 598, 601, 609, 616, 620, 623
Soumou-aboum 47
Soundiata Keita 264
Souppilouliouma Ier 46
Sous-continent indien 32, 96
Sous-marins (premiers) 555, 712-713
Souveraineté de la nation 540
Soviets 652
Soweto 737
Spacelab 725
Spartacus 110
Spartakiste 656
Sparte 40, 64, 67, 74, 82-85, 89-90
Spartiates 82, 84, 85
Spectre (de la lumière) 452
Speke (John) 581, 596
Sphinx (grand) 33
Spinning-jenny 490
Spitfire 713
Sport 603
Spoutnik (satellite artificiel) 724-725
Squanto 428
Sri Lanka 426, 531, 710
Staline (Joseph) 653, 672, 692, 700, 722
Stalingrad 692, 699
Stanislas II Poniatowski 513
Stanley (Henry Morton) 593, 597
Stathouder 386, 450
Station spatiale 724 soviétique Mir 721
Stations thermales 516
Statuaire antique 331
Stendhal (Henri Beyle, dit) 553, 565
Stephenson (George) 543
Stevenson (Robert) 605
Stilicon 143-144
Stockholm 469
Stonehenge 21, 30, 31, 33, 49
Stradivarius (Antoine) 446
Strasbourg 456, 466, 729 serment de 194
Strauss (Johann) 596
Stravinsky (Igor) 630

Strindberg (August) 611
Stuart (Anne) 471
Stuarts (famille des) 487
Stupa 97, 125
Stuyvesant (Peter) 426
Stylo à bille 688
Succession d'Espagne 466, 470
Sucre 427, 450-451, 549
Sudètes 686, 690-691
Sudistes 560, 582-583
Sudra 65
Suède 216, 411, 414-415, 424, 466-467, 488
Suffrage universel 571
Suffragettes 626-627
Suger (abbé) 248
Suisse 332, 361, 402, 437, 541, 543, 584, 659, 733
Suisses 350-351, 395
Sulla 110
Sully (Maximilien de Béthune, duc de) 406-407
Sumer 24-25, 27, 31, 33, 34, 35, 39
Sumériens 17, 20, 24-25, 28, 29, 37, 44, 47, 61
Sumo 435
Sun Yat-sen 623, 670, 672
Sunnisme 178, 346, 364
Supermarché (premier) 707
Superstitions 434, 438
Surréalistes 646, 670
Suryavarman II 302
Suse 75
Suspects (sous la Révolution) 523
Sussex 202
Sutton Hoo 2, 165, 204
Suzerain 225
Svend Barbe-fourchue 222
Swift (Jonathan) 494
Syagrius 152
Sydney 520, 541
Symphonie du Nouveau Monde (Antonin Dvorak) 615
Synagogues 110, 178
Syndicalistes 679
Syndicats 546, 581, 586, 600, 618-619
Syrie 658
Système
 décimal des poids et mesures 535

des castes 57, 64
féodal 188, 197, 224, 227

T

Tabac 349, 356-357, 376, 408-409, 414, 427, 451, 469, 476, 549
Tablettes d'argile 24, 28, 29, 49, 60
Tabous 236
Tacite 135
Tadj Mahall 401, 413, 423, 440-441
Tahiti 135, 152, 569, 601, 615
Tahitiens 257
Taille royale 444
Tailleur de pierre 253
Taiping 568
Taira (clan des) 254
Taïwan 427, 672, 714, 716
Talleyrand (Charles Maurice de) 542
Tamerlan, *voir* Timur Lang
Tamise 449
Tampus 327, 343
Tang Taizong 177
Tanis 50
Tanzanie 611, 658
Tapis de laine 347
Tapisserie 5, 246
Tapisserie de Bayeux 222
Tarquin le Superbe 74
Tartuffe (le) (Molière) 446
Tarxien 31
Tasman (Abel) 430, 454
Tasmanie 76, 430, 454, 631
Tasmaniens 540
Tassili des Ajjer 59
Taxila 90
Tchad (lac) 345
Tchaïkovski (Petr Ilitch) 599
Tchang Kaï-chek 670, 672-673, 685, 716
Tchécoslovaquie 656, 659, 687, 690, 710, 730, 739
Tchernobyl 741, 745
Techniques 52, 132, 212, 292, 372, 452, 456, 534, 612, 688, 740
Tecumseh 538
Tehuacan (vallée de) 31

Teinture pourpre 57
Télécopies 740
Télégraphe
   aérien 501, 529
   électrique 562, 577, 588
Téléphone 588-589, 599
Télescope 449, 452
Télévision 660-661
   en couleurs 740
Tellier (Charles) 595
Telstar (satellite de télécommunication) 740
Tempietto 321, 330
Temple
   d'Or 438
   de Jérusalem 56, 74, 104, 110-111
   du Ciel 481, 493
   premier 50, 51, 58
Temples 364
   égyptiens 21
   grecs 331, 355
   mégalithiques 31, 92-93
Templiers (ordre des) 242, 244, 281
Temüdjin 270, *voir* Gengis Khan
Tène (la) 112
Tennis 603
Tenochtitlan 240, 278-279, 322-323, 362, 562
Tenon (charpente) 334
Tentes indiennes 391
Teotihuacan 93, 134-135, 174, 186, 208
Terre cuite 22
Terre de Feu 340
Terre Gaste (la) (Thomas Stearns Eliot) 664
Terre Mère 15
Terre-Neuve 344, 391, 445, 471, 587
Terre promise 49
Terre sainte 242
Terreur (sous la Révolution) 522-523, 529
Terroristes 737
Test Act 437
Testament (le) (François Villon) 322
Têtes colossales olmèques 62
Têtes Rondes 472-473
Tétralogie (la) (Richard Wagner) 567, 599
Tétrarchie 141
Texas 488, 562-563, 569

Textiles (en Inde) 440
Tezcatlipoca 322
TGV (train à grande vitesse) 738, 740
Thaïlande 515, 604
Thaïs 310
Thanksgiving Day 397, 409
Thatcher (Margaret) 738, 744
Thé 393, 429, 433, 568
Théâtre 117, 246, 283
   kabuki 405, 442
   du Globe 325, 375
   royal de Turin 484
Thèbes
   en Égypte 42, 54, 55, 69, 70
   en Grèce 85, 89, 90
Théier 503, 549
Théodora 162-164
Théodore de Tarse 178
Théodoric le Grand 151-152
Théodose 129, 143
Théories racistes 666
Thérèse d'Avila (sainte) 379
Thermes romains 117, 127
Thermomètres 452-453
Thermopyles 82
Thierry Ier 162
Thiers (Adolphe) 593, 596, 600
Things vikings 220
Thira (Santorin) 38, 39, 42
Thomson (Joseph John) 620
Thoutmosis II 54
Thoutmosis III 40, 42, 54
Thucydide 88
Tiahuanaco 208-209, 229
Tian'anmen 294
   place 742
Tianjin 685, 716
Tibère 121
Tibet 433
Tibre 66
Tiers état 521
Tiers monde 637, 730
Tiffany (Louis) 566
Tiglatpiléser Ier 48, 55
Tiglatpiléser III 64
Tigre 24, 48, 73
Tikal 80, 93
Timbre-poste (premier) 565, 588
Times (The) (journal) 520

Timur Lang (Tamerlan) 241, 272-273, 360
Tintin 672
Tippoo Sahib 528-529, 532
Tir à l'arc 517
Tirynthe 40
Tissus synthétiques (premiers) 689
Titanic (navire) 635
Titicaca (lac) 326
Titien 324
Tito (Josip Broz, dit) 703-705, 738
Titus 122, 126
Tlaloc 16, 134, 322
Tlingits (Indiens) 390
Tobrouk 694
Toge romaine 67, 117
Toghrul Beg 230
Toilette 435
Tokugawa 514, 578
Tokugawa Ieyasu 392, 401-402
Tokyo 402, 578
Tolérance 377, 486, 505
Tolkien (John Ronald) 686
Tollund 3
Tolstoï (Léon) 567, 590
Toltèques 160, 165, 208
Tomates 279, 323, 348, 366
Tombe
   égyptienne 45
   de l'empereur Shi Huangdi 99
Tombeau du Christ 242
Tombeaux égyptiens 26-27
Tombes à fosse 40
Tombouctou 264-265, 340, 345, 598
Tonatiuh 322
Tonga (île) 152, 454
Tonkin 604
Tonlé Sap 302
Tonneau 112
Torchis 22, 172
Tordesillas (traité de) 344, 362
Tories 455
Torricelli (Evangelista) 433, 453
Tortue (la) 555
Tortue romaine 155
Toscane 330
Toukoulti-Ninourta II 58
Toulouse 258, 312
Tour de France cycliste

   (premier) 626
Tour de Londres 173, 227
Tour de potier 24, 25, 53
Tour Eiffel 575, 611
Tour Einstein 655
Tour mobile 58
Tournesol (graines de) 366
Tournoi 242, 244-245
Tours 593
Toussaint Louverture 480, 526-527
Toutankhamon 3, 5, 46, 55, 664
Toyotomi Hideyoshi 391-392
Tracteurs 594, 668
Trafalgar 533
Trafic de l'opium 503
Tragédie antique 116
Train, *voir* Chemin de fer
Traîneau 34
Trait (la flèche) du Parthe 131
Traite des Noirs 376, 400, 450, 451, 543, 545
Traité d'algèbre 293
Traité de l'Atlantique Nord (OTAN) 714-715
Traité de mathématiques 293
Traités inégaux (les) 568, 622
Trajan 119, 126
Tramways (premiers) 588, 660
Tranchées 644, 647
Transistor 688, 689, 710
Transjordanie 658
Transports 100, 180, 260, 342, 420, 588, 660,
   fluviaux 491, 500
Transsibérien (chemin de fer) 615
Transvaal 564-565, 599, 601, 617
Trappeurs 468
Trasimène 98
   bataille du lac 106
Travaux (grands) 677
Traviata (la) (Giuseppe Verdi) 576
Trébie (la) 106
Trek 564
   grand 564
Trente-six vues du mont Fuji (Hokusaï) 484
Très Riches Heures du duc de Berry (les) 247, 277

Trevithick (Richard) 547
Trianon (Petit) 493
Tribus
  araméennes 48
  indiennes 390, 410, 498, 538, 556
  maoris 573
Trières 83
Triewald (Martin) 482
Triplice 605, 636, 642
Triumvirat 112, 118
Troc 60
Troie 3, 6, 31, 40, 69, 593
  cheval de 69
  siège de 72
Trois-Évêchés 371
Trois Glorieuses (les) 553
Trois Mousquetaires (les) (Alexandre Dumas) 567
Trotski (Léon) 651-653
Troubadours 245
Troyes 256
  traité de 304
Truffaut (François) 725
Truman (Harry S.) 700-701
Truth (Sojourner) 626
Ts'eu-hi 622, 630
Tsar 382, 407, 456
TSF (télégraphie sans fil) 588
Tsiganes 679
Tsushima 629
Tubes à vide 688
Tubman (Harriet) 582, 626
Tudesque 194
Tuileries (prise des) 522
Tula 208
Tulipes 427
Tull (Jethro) 428
Tumulus 31, 80, 134, funéraires 182
Tunisie 384, 601, 725
Tupac Yupan 326-327, 329
Turcs ottomans 142, 336, 358, 411, 455
Turcs seldjoukides 230, 284, 312
Turenne (Henri de La Tour d'Auvergne, vicomte de) 443-444
Turgot (Anne Robert Jacques, baron de) 515
Turner (Nat) 544
Turner (William) 569
Turquie 576, 630, 635, 641, 645, 659, 663-665, 736
Twain (Mark) 599

Typographie 343
Tyr 50, 56, 57, 58, 62, 71, 90
Tyrans (en Grèce) 70

U

Ukraine 14, 449
Ulster 464, 649, 663
Ultraroyalistes (les Ultras) 547
Ulysse 62
Ulysse (James Joyce) 664
Umar Ier 177
Un enterrement à Ornans (Gustave Courbet) 572
Un tramway nommé Désir (Tennessee Williams) 709
Une saison en enfer (Arthur Rimbaud) 596
Unesco (Organisation des Nations Unies pour l'éducation, la science et la culture) 702
Unicef (Fonds des Nations Unies pour l'enfance) 703
Union
  européenne 729, 744
  indochinoise 604
  sud-africaine 565, 630
Union Pacific 614
Unionistes 560, 582
Unité
  allemande 592-593
  italienne 590
Université 266
  d'Oxford 251, 296
  de Bologne 213, 266, 279
  de Cambridge 258
  de Moscou 510
  de Paris 242, 248, 266, 275
  du Caire 211
  noire 619
Urbain II 232, 242
Urbino 336
Urfé (Honoré d') 407
Urnes funéraires 182
URSS (Union des Républiques socialistes soviétiques) 640, 650, 652, 653, 664, 667, 680, 690, 692, 694, 700-701, 705, 714-715, 720, 724-725, 727, 738, 744, *voir aussi* Russie

Usine 490, 575, 612, 618
Utique 50
Utopie (Thomas More) 381
Utrecht
  traités d' 471
  union d' 386

V

Vacances (congés payés) 662
Vaccin 609, 682-683
Vaccination 212, 531, 606
Vague (la) 484
Valence (Espagne) 681
Valens 143
Valentinien Ier 143
Valentinien III 146
Valérien 130-131, 135
Valette (la) 384
Vallée
  de l'Indus 32, 33, 39, 53
  de Tehuacan 31
  du Gange 42, 57,
  du Tigre 48, 73
  des Rois 55
Valmy 523, 526
Valse 517
Van Dyck (Antoine) 404
Van Eyck (Jan) 247
Vancouver (George) 523
Vandales 142, 145-146, 151, 155-156, 167
Vanzetti (Bartholomeo) 663
Varègues 198
Varennes 522
Vargas (Getulio) 677
Varsovie (pacte de) 714-715, 722
Vasa (Gustave) 358
Vasa 415
Vassal 225
Vatican 331, 350
Vauban (Sébastien Le Prestre de) 444, 472
Vaucanson (Jacques de) 535
Vaudois 251
Vaux-le-Vicomte 413
Vauxhall Gardens 551
Vedas 65, 97
Véies 89
Vel' d'hiv' (rafle du) 699
Velazquez (Diego) 423

Vénétie 591
Venezuela 536-537
Venise 151, 243, 248, 251, 256, 258-259, 289, 300, 309, 336, 343, 380-381, 385, 586, 591
Venta (la) 62, 63
Vercingétorix 112-113, 115
Verdi (Giuseppe) 572, 576, 593
Verdun 644, 648
  traité de 194
Vermeer (Johannes) 429
Verne (Jules) 566, 590
Verre 57, 574
Vers à soie 379
Vers une architecture (Le Corbusier) 667
Versailles 4
  palais de 401, 405, 412, 442-444, 450, 482, 493
  traité de 656, 658
Vésale (André) 368, 372
Vespasien 118, 122
Vespucci (Amerigo) 340, 346, 350
Vésuve 126
Vian (Boris) 709
Vichy 691, 698
Victor-Emmanuel II 583, 590
Victoria Ire 562, 580-581, 610, 623
Victoria (lac) 581, 596
Vidéo-clips 743
Vie et les Aventures étranges de Robinson Crusoé (la) (Daniel Defoe) 487
Vie quotidienne 36, 116, 196, 276, 356, 434, 516, 602, 674
Vienne 359, 455, 471, 482, 571, 687
Viêt Nam 604, 703-704, 726-727, 734, 737
Vikings 160, 165, 184, 189-190, 192, 194, 202, 216-217, 220, 234
  funérailles 204
Villa Savoye (Le Corbusier) 654
Villae 105
Villages 40, 60, 62, 68
  hurons 363
  premiers 18, 24
  vikings 157

Villers-Cotterêts (édit de) 343
Villes
 américaines 492
 premières 60
 romaines 77
 ordonnance de 351, 366
Villon (François) 322
Vinci (Léonard de) 312, 324, 325, 331, 333, 346, 351, 372
Vingt mille lieues sous les mers (Jules Verne) 590
Vingt-Quatre Heures du Mans (les) 667
Vinland 217-218
Violon 371, 446
Virgile 112
Virginia Company 411
Virginie 349, 391, 407-409, 414, 460, 469, 476, 544, 582
Vis d'Archimède 132
Visnu 97, 136
Vitrail 246
Vittorio Veneto 652
Vivaldi (Antonio) 491
Vladimir Ier 184-185
Voies romaines 100, 118, 119, 180
Voile
 latine 261, 306
 triangulaire 261
Voitures radiologiques 682
Volga 629
Volkswagen 661
Volpone (Ben Jonson) 407
Volta (Alessandro) 532, 535
Voltaire 453, 465, 486, 504, 511, 525
Von Guericke (Otto) 452-453
Voyage au bout de la nuit (Louis-Ferdinand Céline) 679
Voyage autour du monde (premier) 340
Voyager 2 (sonde spatiale) 725
Voyages de Gulliver (les) (Jonathan Swift) 494
Voyageurs médiévaux 282

W

Wagner (Richard) 566-567, 599
Wagram 536, 542
Wahhabites 524
Waitangi (traité de) 572
Waldseemüller (Martin) 340, 343, 350
Walesa (Lech) 738
Wall Street 676
Wallenstein (Albrecht Wenzel von) 417-418
Washington (George) 485, 493, 518-519, 523, 532, 538
Wassy 379
Wat (Tyler) 298, 299
Watergate (scandale du) 734
Waterloo 542-543, 554
Watt (James) 490, 535
Watteau (Antoine) 482, 484
Wehrmacht 694
Wellington (duc de) 542, 551
Wellington (Nouvelle-Zélande) 573
Wenceslas Ier 201, 207
Wendi 170-171
Wesley (John) 497, 524-525
Wessex 202
Westminster 222, 343
Westphalie (traité de) 416, 417
Wexford 464
Wheastone (Charles) 562
Wheatley (Phillis) 485
Whigs 455
Whitney (Eli) 491
Whittle (Franck) 688
Wilberforce (William) 545
Wilde (Oscar) 615
Willendorf (Vénus de) 15
Williams (Tennessee) 709
Wills (William J.) 631
Winchester 227
Winnipeg 587
Wisigoths 143-145, 151, 155-156, 162, 167, 171, 184
Wittenberg 354
Wolfe (James) 499
Wood (John) 493
Woodstock 730
Worms (diète de) 358
Wren (Christopher) 413
Wright (Frank Lloyd) 655
Wright (Orville et Wilbur) 626
Wudi 120
Wuwang 69
Wycliffe (John) 296

X

Xerxès Ier 82
Xhosa 507
Xi Jiang 42
Xia 42, 43
Xylographie 181
Xylophone 36

Y

Yahvé 49, 51
Yalta 700-701
Yamato 147
Yang 125
Yangdi 170, 174
Yangshao (culture de) 16, 24
Yangzi Jiang 42
Yarmouk 176
Yathrib 175
Yekouno Amlak 265
Yiddish 179
Yin 125
Yongle 294-295, 304
York 316
Yorktown (bataille de) 519
Yorubas 462
Yougoslavie 659, 704, 737, 739
Yourtes 270-271
Ypres 644-645, 657
Yu le Grand 34
Yucatan 201

Z

Zadig (Voltaire) 504
Zama 103, 106-107
Zambie 729
Zanzibar 596
Zarathushtra 75
Zemstvos 628
Zen 284, 365
Zeppelin (Ferdinand von) 632
Zeppelins (ballons dirigeables) 632, 645, 657
Zéro 293
Zeus 85, 88, 124
Zheng He 282-283
Zhou occidentaux 57, 73
Zhu Yuanzhang 294
Ziggourat 24-25
Ziousoudra 45
Zola (Émile) 609, 618, 620
Zone libre et zone occupée (France) 698
Zorndorf 497
Zoroastre 75
Zoulouland 564
Zoulous 507, 564-565, 601
Zurich 355
Zwingli (Ulrich) 355

Remerciements

Les éditeurs tiennent à remercier pour leur contribution à cet ouvrage les illustrateurs et collaborateurs suivants :
b : bas ; *h* : haut ; *m* : milieu ; *d* : droit ; *g* : gauche.

Jonathan Adams 441 *b* ; **Hemesh Alles** (Maggie Mundy) 260 *b*, 356 *b*, 393 *m*, 405 *hd*, 421 *bd*, 425 *m*, 434 *bd*, 435 *bd*, 453 *d*, 459 *hg*, 460 *h*, 461 *d*, 464 *b*, 468 *h*, 495 *h*, 503 *md*, 514 *h*, 519 *h*, 525 *mg*, 571 *h*, 583, 591, 598 *b*, 602 *md*, 605, 616 *b*, 623 *h*, 631 *h*, 633 *md*, 665 *b*, 704 *b*, 716 *b* ; **Marion Appleton** 63 *hd*, 101 *mg*, 148 *h*, 164 *m*, 166 *h*, 170 *h*, 181 *b*, 233 *bd*, 259 *bd*, 323 *hg*, 324, 356 *h*, 394 *m*, 404 *m*, 438 *h*, 445 *b*, 446 *b*, 453 *t*, 457 *hd*, 460 *bg*, 484 *m*, *b*, 485 *h*, 505 *b*, 514 *mg*, 516 *h*, 530 *m*, *g*, 531 *h*, 544 *m*, 566 *hg*, 566 *bg*, 567 *g*, 573 *m*, 589 *b*, 603 *hg*, 606 *m*, 612 *md*, 619 *m*, 624 *m*, 632 *h*, *m*, 633 *hg*, 646 *h*, *b*, 647 *m*, 674, 679, 688 *h*, 715 *hd* ; **Atelier Graffito** (cartes) 186, 194, 214, 610, 699, 715, 728 ; **Sue Barclay** 123 *b* ; **R. Barnett** 431 *b* ; **Noel Bateman** 205 *d* ; **Simon Bishop** 662 *b* ; **Richard Bonson** 96 *bg*, 153 *m*, 269 *m*, 279 *b*, 316 *h*, 323 *b*, 426 *d*, *b*, 468 *h*, 508 *m*, 595 *h* ; **Pierre Brochard** 406 *b* ; **Nick Cannan** 28 *b*, *g* ; **Vanessa Card** 12, 17 *h*, 28 *h*, 29 *b*, 45 *hg*, 47 *b*, 51 *hd*, 59 *hd*, *b*, 87 *md*, 89 *bg*, 116 *hg*, 129 *h*, 137 *h*, 138 *h*, 163 *b*, 164 *bd*, 165 *m*, 167 *b*, 175 *h*, 179 *h*, 180 *h*, 185 *bg*, 188 *b*, 191 *hg*, *bd*, 195 *md*, 198 *b*, 200 *b*, 204 *mg*, 221 *b*, 226 *h*, 229 *h*, 245 *m*, 249 *m*, 254 *b*, 266 *h*, 276 *bd*, 279 *m*, 292 *h*, *b*, 300 *b*, 303 *b*, 308 *b*, 309 *b*, 349 *m*, 357 *h*, 358 *b*, 361 *b*, 364 *m*, 372 *hd*, 376 *h*, 392 *h*, 394 *m*, 396, 402 *b*, 422 *h*, 424 *m*, 425 *b*, 435 *hg*, 439 *bd*, 441 *h*, 442 *m*, 455 *b*, 457 *g*, 469 *h*, 503 *h*, 505 *md*, 515 *m*, 524 *b*, 526 *b*, 529, 541 *m*, *mg*, 555, 568 *m*, *b*, 609, 610, 618 *m*, 623 *h*, 653 *hd*, 668 *h*, 696 *m* ; **Tony Chance** (Garden Studio) 631 *bd* ; **Harry Clow** 565 *b*, 673 *b* ; **Stephen Conlin** 20 *b*, 25 *h*, 33 *m*, 45 *md*, 60 *md*, 94 *h*, 468 *m*, 476 *b*, 507 *b*, 575 *m* ; **Peter Dennis** (Linda Rogers Assoc.) 500 *m*, 501 *hd*, 509 *h*, 543, 549 *h* ; **Loïc Derrien** 377 *b*, 618 *m* ; **Dave Etchell** 252 *m*, 530 *bd* ; **James Field** (Simon Girling Assoc.) 108 *bg*, 109 *md*, 250 *b*, 275 *b*, 289 *b*, 294 *b*, 487 *mg*, 496- 497 *b*, 534 *b* ; **Michael Fisher** 303 *b*, 413 *b* ; **Eugene Fleury** Toutes les cartes à l'exception de celles créées par l'Atelier Graffito ; **Chris Forsey** 37 *b*, *bd*, 60 *bd*, 61 *m*, 86 *md*, 87 *b*, 125 *b*, 134 *h*, *bg*, 145 *h*, 196 *md*, 234 *m*, 235 *md*, 262 *b*, 282 *b*, 492 *m*, 508 *b*, 548, 555, 690 *h* ; **Dewey Franklin** (Garden Studio) 562 *b*, 567 *h* ; **Terry Gabbey** (Eva Morris A.F.A) 16 *m*, 17 *m*, 22 *b*, 23 *mg*, 42 *bd*, 43 *bg*, 44 *hd*, *hg*, *bg*, 45 *mg*, 51 *b*, 62 *b*, 84 *m*, 87 *mg*, 91 *h*, 101 *mg*, 111 *bd*, 113 *m*, 124 *h* 130 *h*, 140 *b*, 154 *b*, 164 *bg*, 165 *hg*, 193 *b*, 195 *d*, 199 *d*, 201 *h*, 204 *bd*, 207 *h*, 208 *h*, 212 *bg*, 231 *h*, 234, 235 *b*, *hd*, 236 *b*, 247 *hg*, 253 *bd*, 256 *b*, 259 *mg*, 280 *h*, 293 *m*, 295 *m*, 311 *b*, 313 *hd*, 326 *bg*, 331 *h*, 349 *b*, 369 *b*, 388 *m*, 405 *m*, 432 *h*, 447 *d*, 451 *d*, 473 *m*, 482 *b*, 527 *m*, 538 *b*, 554, 570 *b*, 617 *b* ; **Fred Gambino** 573 *h* ; **John Gillatt** 490 *h* ; **Jeremy Gower** 132 *bd* ; **Neil Gower** 172 *m* ; **Ray Grinaway** 285 *mg*, 517 *m*, 621 *h*, 632 *bg*, 635, 653 *b*, 658 *m*, 711 *hd*, 713 *bg* ; **Allan Hardcastle** 120 *h*, 275 *md*, 295 *b*, 305 *bg*, 371 *b* ; **Nick Harris** 11 ; **Nicholas Hewetson** 2, 5 *m*, 36 *m*, 37 *mg*, 43 *hd*, 52 *g*, 53 *bd*, 61 *h*, 86 *mg*, 99 *m*, 100 *bg*, 106 *bg*, 130 *b*, 132 *mg*, 145 *b*, 150 *b*, 154 *b*, 169 *b*, 206 *h*, 211 *h*, 213 *hd*, *b*, 220 *b*, 224, 235 *hg*, 244 *h*, 247 *hd*, 255 *h*, 276 *bg*, 277 *h*, 284 *h*, 293 *h*, *hd*, 301 *hd*, 315 *hd*, 323 *hg*, 342 *hg*, 353 *b*, 355 *h*, 357 *mg*, 369 *hd*, 370 *h*, 393 *b*, 404 *b*, 416 *h*, 434 *h*, 450 *m*, 460 *m*, 462 *b*, 472 *m*, 473 *hg*, 515 *b*, 525 *md*, 664 *b*, 711 *hg*, 725 ; **Bruce Hogarth** 620-621 *b* ; **Richard Hook** 95 *b*, 116 *h*, 119 *h*, 120 *b*, 123 *h*, 243 *bg*, 244 *b*, 316 *b*, 376 *b*, 442 *b*, 577 ; **Simon Huson** 15 *h*, 16 *b*, 63 *b*, 124 *mg*, 741 *h* ; **John James** (Pat Kelliner) 183 *h*, 219 *b*, 364 *h*, 380 *h*, 390 *h*, 391 *m*, 397, 409 *h*, 410 *b*, 475 *b*, 518 *b*, 557 ; **Peter Jarvis** (Simon Girling Assoc.) 384 *b*, 587 *b*, 624 *b* ; **Deborah Kindred** (Simon Girling Assoc.) 92 *b*, 93 *b*, 119 *b*, 128 *b*, 135 *h*, 173 *mg*, 175 *b*, 189 *md*, 253 *hd*, 261 *h*, 280 *bg*, 284 *m*, 285 *h*, 290 *b*, 297 *h*, 330 *h*, 347 *b*, 383 *h*, 597 *b*, 614 *h* ; **Eddy Krähenbühl** 186-187 ; **Adrian Lascome** 366 *b* ; **Bruno Le Sourd** 215, 251, 275, 351, 487 *g*, 522 *b*, 637, 663, 698, 723 ; **Jason Lewis** 152 *b*, 263 *h*, 266 *b*, 273 *b*, 287 *hg*, 292 *m*, 301 *hg*, 325 *h*, 334 *hg*, 341 *b*, 348 *h*, 372 *h*, 381 *h*, 410 *m*, 413 *h*, 420-421 *m* ; **Chris Lyon** 713 *bd* ; **Kevin Maddison** 5 *b*, 14 *m*, 18 *b*, 19 *b*, 22 *m*, 22 *b*, 27 *b*, 36 *h*, 37 *md*, 52 *m*, 53 *h*, 54 *bg*, 56 *h*, 57 *bg*, 59 *hg*, 63 *hg*, 73 *b*, 75 *m*, 86 *b*, 89 *bg*, 92 *bg*, 102 *b* 103 *b*, 105 *hd*, 116 *hd*, 117 *hd*, *hg*, 121 *b*, 131 *b*, 132 *b*, 142 *m*, 151 *b*, 163 *mg*, 189 *b*, 202 *h*, 208 *bd*, 218, 219, 245 *b*, 247 *mg*, 294 *h*, 312 *b*, 345 *h*, 348 *bg*, 362 *b*, 527, 536 *b*, 544 *md*, 578 *h*, 583 ; **Shirley Mallinson** 506 *b* ; **Shane Marsh** 407 *b* ; **David MacAllister** 328 *b*, 389 *b*, 419 *h* ; **Angus McBride** (LindenArtists) 9 *h*, 14 *h*, 15 *b*, 21 *b*, 25 *b*, 31 *b*, 35 *h*, 44-45 *b*, 48 *b*, 61 *b*, 68 *b*, 69 *b*, 113 *h*, 128 *h*, 313 *b* ; **Frank Nichols** 389 *h* ; **Chris D. Orr** 364 *b*, 365 *b*, 373 *b*, 394 *h*, 403 *m*, 412 *h*, 433 *h*, 438 *m*, 475 *h*, 493 *hg*, 550, 575 *h*, 654 *m*, 715 *b* ; **Sharon Pallent** 41 *hd* ; **R. Payne** 305 *hd* ; **R. Philips** 317 *b* ; **Jayne Pickering** 409 *m* ; **Melvyn Pickering** 39 *b*, 46 *md*, 66 *h*, 68 *m*, 132 *h*, 138 *mg*, 148 *md* ; **Malcolm Porter** 13, 29 ; **Mike Posen** 608 ; **Bruno Rabourdin** 521 *m* ; **John Ridyard** 490 *b*, 509 *bd* ; **Mike Roffe** 489 *m*, 496 *md*, 500 *h*, 501 *bd*, 528 *h*, 534 *m*, 549, 712 *m* ; **Chris Rothero** 63 *mg* ; **David Salarya** 24, 26, 41, 54, 72, 84, 85, 86, 105, 108, 109, 117, 126, 139, 148, 157, 165, 169, 196, 197, 202, 204, 221, 226, 229 ; **Mike Saunders** 607 *hd* ; **Rodney Shackell** pour les portraits des biographies et pour 32 *b*, 53 *m*, 63 *mg*, 64 *b*, 101 *b*, 104 *b*, 106 *h*, 107 *h*, 115 *hg*, 125 *d*, 132 *mg*, 133 *mg*, 172 *h*, 173 *b*, 210, 243 *bd*, 257, 277 *h*, 288 *b*, 293 *hg*, 296 *b*, 308 *m*, 325 *bg*, 367 *h*, 372 *b*, 378 *b*, 441 *md*, 445 *d*, 456 *b* ; **Rob Shone** 5 *h*, 21 *h*, 52 *hd*, *bd*, 54 *h*, 65 *h*, 95 *hg*, 96 *bg*, 101 *h*, 102 *h*, 109 *h*, 124 *md*, 133 *md*, 137 *m*, 139 *h*, 147 *mg*, 149 *h*, 151 *h*, 155 *m*, 156 *b*, 174 *b*, 179 *bg*, 181 *bg*, 188 *m*, 189 *mg*, 190 *b*, 191 *md*, 196 *bg*, 208 *b*, 212 *h*, 220 *h*, 230 *b*, 233 *bg*, 249 *hd*, 258 *b*, 261 *b*, 269 *h*, 291 *b*, 309 *md*, 343 *hd*, 365 *mg*, 387 *b*, 417 *b*, 435 *hd*, 446 *m*, 447 *g*, 452 *h*, 474 *b*, 576, 579 *h*, 588 *bg*, 593, 594 *m*, 595 *b*, 597 *h*, 602 *h*, 607 *b*, 612 *mg*, 613, 618-619 *b*, 626 *b*, 633 *b*, 636, 682 *m*, 724 *b*, *h*, 735 *h* ; **Mark Stacey** 511, 540 *b* ; **Paul Stangroom** 499 *b*, 524 *b*, 541 *bd* ; **Stephen Sweet** 669 *h*, *b* ; **Mike Taylor** (Simon Girling Assoc.) 261 *m*, 306 *h*, 415 *h*, 428 *bg*, 434 *bg* ; **George Thompson** 122 *b*, 356 *m*, 429 *d* ; **David Wright** (Kathy Jakeman) 189 *mg*, 237 *d* ; **Paul Wright** 365 *md*, 555, 564 *h*, 630 *m*.

Les illustrations supplémentaires en noir et blanc sont dues à : Chris Lenthall, Stefan Morris, Jackie Moore, Branka Surla, Smiljka Surla, John Kelly, Martin Wilson, Teresa Morris, Matthew Gore, Ian Fish.

Les éditeurs remercient les agences et organismes suivants qui ont autorisé la publication dans cet ouvrage de documents photographiques leur appartenant :

Page 1 *h* ZEFA, *b* Press Association ; 2 ZEFA ; 3 Musée National, Danemark ; 4 *h* Michael Holford, *b* Cambridge University Collection of Air Photographs ; 6 British Museum ; 7 *h* Peter Newark Photographs, 8 *g* E.T. Archive, *d* Mansell Collection ; 12 *h* Explorer/F. Jalain, 12 *b* ZEFA ; 16 Réunion des Musées Nationaux ; 17 *g* Brooklyn Museum, *d* Réunion des Musées Nationaux ; 25 ZEFA ; 26 Peter Clayton ; 28 Peter Clayton ; 30 ZEFA ; 60 British Museum ; 69 Ancient Art and Architecture Collection ; 76 ZEFA ; 81 Michael Holford ; 86 Musée National, Danemark ; 87 Michael Holford ; 88 Ancient Art and Architecture Collection ; 110 et 111 Sonia Halliday Photographs ; 125 Sonia Halliday Photographs ; 133 Mansell Collection ; 142 Sonia Halliday Photographs ; 149 C.M. Dixon ; 156 Trinity College, Cambridge ; 164 Sonia Halliday Photographs ; 169 Trinity College, Dublin ; 177 Sonia Halliday Photographs ; 179 Ancient Art and Architecture Collection ; 180 Mansell Collection ; 181 British Library ; 183 ZEFA ; 185 Michael Holford ; 187 Nathan/Lauros-Giraudon ; 192 British Museum ; 196 Michael Holford ; 197 Werner Forman Archive ; 205 ZEFA ; 212 Bodleian Library ; 215 Nathan ; 222 et 223 Ville de Bayeux ; 227 Public Record Office ; 228 Seattle Art Museum ; 229 Werner Forman Archive ; 233 E.T. Archive; 235 Werner Forman Archive; 241 Nathan ; 243 Sonia Halliday Photographs ; 246 Sonia Halliday Photographs ; 247 National Gallery, Londres ; 250 Edimédia/J. Guillot ; 251 National Gallery d'Irlande ; 259 Bodleian Library ; 262 Mary Evans Picture Library ; 264 British Library ; 274 Nathan ; 275 Nathan ; 277 National Gallery, Londres ; 284 Michael Holford ; 287 Bodleian Library ; 291 SCALA ; 298 *h* Bibliothèque Nationale, Paris ; 298 *b* British Library ; 299 Nathan ; 300 Windsor Castle, Royal Library 1992 Her Majesty The Queen ; 308 Giraudon ; 309 British Library ; 313 ZEFA ; 314 Werner Forman Archive ; 321 Michael Holford ; 323 SCALA ; 324 *h* Nathan, *b* V & A/Bridgeman Art Library ; 327 South American Pictures ; 329 Michael Holford ; 332 SCALA ; 333 *h*, Galleria degli Uffizi/Bridgeman Art Library, *m* Mary Evans Picture Library ; 334 Michael Holford ; 337 SCALA ; 343 *g* St. Bride Library, *d* SCALA ; 345 Mary Evans Picture Library ; 347 E.T. Archive ; 348 Michael Holford ; 349 Christie's/Bridgeman Art Library ; 351 Hubert Josse ; 352 Michael Holford ; 353 Werner Forman Archive ; 357 V & A/ Bridgeman Art Library ; 360 Michael Holford ; 365 British Museum ; 368 Mary Evans Picture Library ; 372 Mary Evans Picture Library ; 373 Ann Ronan Picture Library ; 375 Avec l'aimable autorisation de la marquise de Tavistock et de Trustees of the Bedford Estates ; 378 Giraudon ; 381 *m* National Gallery, *b* Mansell Collection ; 382 Fotomas Index ; 385 National Maritime Museum ; 387 E.T.

Archive ; 388 *h* Giraudon/Bridgeman Art Library, *b* Bibliothèque Nationale, Paris/Bridgeman Art Library ; 389 British Library ; 391 Mary Evans Picture Library ; 395 *h* Werner Forman Archive, *b* The Royal Collection/St. James' Palace © H M Queen ; 401 Mary Evans Picture Library ; 403 Mary Evans Picture Library ; 404 *h* Rijkmuseum, *b* Mallet & Son Antiques/Bridgeman Art Library ; 405 *b* British Museum ; 407 Nathan ; 410 Mansell Collection ; 412 PIX/Doumic *b*, Spectrum ; 420 Michael Holford ; 421 Hulton-Deutsch Collection ; 422 *g* Mansell Collection, *d* Michael Holford ; 423 Prado/Bridgeman Art Library ; 427 Rijkmuseum ; 428 Mansell Collection ; 429 Staatliche Kunstsammlungen/Bridgeman Art Library ; 431 British Museum ; 432 Fotomas Index ; 435 V & A/ Bridgeman Art Library ; 438 Fotomas Index ; 439 *h* Sonia Halliday Photographs, *b* Peter Newark Photographs ; 440 Mary Evans Picture Library ; 442 Mary Evans Picture Library ; 447 La Haye ; 448 National Maritime Museum ; 451 National Maritime Museum ; 452 *bg* Nathan/CNAM, *bd* Ann Ronan Picture Library ; 453 Mansell Collection ; 454 Mansell Collection ; 457 Spectrum ; 458 Peter Clayton ; 459 Mansell Collection ; 461 *h* E.T. Archive, *b* Giraudon/ Bridgeman Art Library ; 463 Peter Newark Photographs ; 465 National Portrait Gallery ; 467 Kungil Armemuseum ; 469 *g* Bank of England, *g* Nathan ; 472 National Army Museum ; 473 Fotomas Index ; 477 Mansell Collection ; 483 V&A/ Bridgeman Art Library ; 484 *h* Michael Holford, *b* SCALA ; 485 *d* British Library/Bridgeman Art Library, *g* V&A/ Bridgeman Art Library ; 486 Dagli Orti ; 488 J. L. Charmet ; 489 *h* Ann Ronan Picture Library, *b* Holkham Estate ; 491 Mansell Collection ; 493 J. L. Charmet ; 494 Ancient Art & Architecture Collection ; 495 India Office Library/ Bridgeman Art Library ; 499 National Army Museum ; 501 Mansell Collection ; 504 Nathan ; 505 Giraudon ; 507 Mary Evans Picture Library ; 508 E.T. Archive ; 509 Ann Ronan Picture Library ; 510 Michael Holford ; 512 Michael Holford ; 514 *h* V & A/Bridgeman Art Library, *b* Mansell Collection ; 515 National Gallery ; 516 Nathan ; 517 Michael Holford ; 521 *h* Nathan, *b* Nathan ; 523 J. L. Charmet ; 524 Mansell Collection ; 525 E.T. Archive ; 528 Guildhall Library/ Bridgeman Art Library ; 534 Mansell Collection ; 535 *mg* E.T Archive, *md* Lindley Library, RHS/Bridgeman Art Library, *bg* Nathan/CNAM ; 539 Bettmann Archive ; 540 *h* Prado/Bridgeman Art Library, *m* E.T. Archive ; 541 Mansell Collection ; 544 Peter Newark Pictures ; 545 Peter Newark Pictures ; 546 Nathan ; 548 Mansell Collection ; 549 *g* Werner Forman Archive, *b* City of Bristol Museum & Art Gallery/Bridgeman Art Library ; 551 Guildhall Library/Bridgeman Art Library ; 552 Windsor Castle, Royal Library 1992 Her Majesty The Queen ; 553 Nathan ; 554 Peter Newark Pictures ; 556 Peter Newark Pictures ; 561 Mary Evans Picture Library ; 563 Bettmann Archive ; 564 Mary Evans Picture Library ; 566 *h* Allans of Duke Street, London/Bridgeman Art Library, *b* Visual Arts Library ; 567 *d* © DACS/ Hermitage, St.-Pétersbourg/Bridgeman Art Library ; 569 National Army Museum ; 572 New Zealand High Commission/Bridgeman Art Library ; 573 Royal Geographical Society/Bridgeman Art Library ; 574 Mary Evans Picture Library ; 575 Mary Evans Picture Library ; 578 Institut du costume, Kyoto ; 580 Windsor Castle, Royal Library Her Majesty The Queen ; 584 Nathan ; 585 *h* Edimédia, *bg* Nathan ; 588 *d* Mansell Collection, *b* Nathan ; 589 *mg*, *bd* Mary Evans Picture Library ; 592 Hubert Josse ; 594 *h* Science Museum, *b* Mansell Collection ; 599 Mary Evans Picture Library ; 600 Nathan/INRP ; 601 Nathan ; 602 *bg* Science Museum ; 603 Christopher Wood Gallery/Bridgeman Art Library ; 604 Giraudon ; 606 Mary Evans Picture Library ; 607 *h* Mansell Collection, *d* Nathan ; 609 Mary Evans Picture Library, 611 Mary Evans Picture Library ; 612 Mansell Collection ; 613 Peter Newark Pictures ; 614 Library of Congress ; 617 Peter Newark Pictures ; 619 Trades Union Congress ; 622 Bettmann Archive ; 624 Mary Evans Picture Library ; 625 Mary Evans Picture Library ; 627 *h* Mary Evans Picture Library, *b* E.T. Archive ; 629 *h* Novosti Press Agency, *b* Victoria & Albert Museum ; 636 Mansell Collection ; 637 Peter Newark Pictures ; 640 *h* Imperial War Museum, *b* ZEFA ; 641 *h* E.T. Archive, *bg* Sonia Halliday Photographs ; 642 E.T. Archive ; 643 *h* E.T. Archive, *b* Mary Evans Picture Library ; 644 *h* Archives Tallandier, *b* E.T. Archive ; 645 E.T. Archive ; 646 *d* E.T. Archive, *bd* Ronald Grant Archive ; 647 *hd* Visual Arts Library, *b* Galerie Der Stadt Stuttgart ; 648 Hulton-Deutsch Collection ; 649 *h* Mary Evans Picture Library, *b* Hulton-Deutsch Collection ; 650 Novosti Press Agency ; 652 Bettmann Archive ; 654 *h* Architectural Association/Taylor Galyean, *b* E.T. Archive ; 655 *g* Architectural Association/Andrew Higgot, *d* ZEFA ; 656 Imperial War Museum ; 657 Imperial War Museum ; 658 *h* Illustrated London News, *b* Bettmann Archive ; 660 *h* Mary Evans Picture Library, *m* Illustrated London News, *b* Peter Newark Pictures ; *hg* 661 B.B.C., *hd* Hulton-Deutsch Collection, *mg/bg* ZEFA, *md* E.T. Archive ; 662 *h* Nathan/ Roger Viollet, *b* Nathan ; 665 Sonia Halliday Photographs ; 666 *h* E.T. Archive, *b* Popperfoto ; 667 Peter Newark Photographs ; 668 Bettmann Archive ; 669 Bettmann Archive ; 671 Bettmann Archive ; 674 *m* E.T. Archive, *b* Peter Newark Picture ; 675 *hg* Ronald Grant Archive, *hd* Mary Evans Picture Library, *m* Peter Newark Pictures, *b* Imperial War Museum ; 676 Bettmann Archive ; 677 Popperfoto ; 678 *h* Imperial War Museum, *b* Peter Newark Pictures ; 679 Bettmann Archive ; 680 E.T. Archive ; 681 *m* Bettmann Archive, *b* Popperfoto ; 682 *h* ZEFA, *b* Science Photo Library ; 683 *h* Popperfoto, *b* Bettmann Archive ; 684 Bettmann Archive ; 685 Bettmann Archive ; 686 Nathan/Roger Viollet ; 687 *h* E.T. Archive, *m* Peter Newark Pictures, *b* Hulton-Deutsch Collection ; 688 E.T. Archive ; 689 *h* IBM/ENIAC, *m* Popperfoto, *bg* Liberty Archive, Victoria Library/Bridgeman Art Library, *bd* Ronald Grant Archive ; 691 Imperial War Museum ; 692 Imperial War Museum ; 693 *h* Collection Dalinval © Arthur Grimm/D.R., *b* Nathan ; 694 Bettmann Archive ; 695 *g* E.T. Archive, *d* Bettmann Archive ; 696 *h* Popperfoto, *b* Nathan ; 697 *h*, *m* Bettmann Archive, *b* Hulton-Deutsch Collection ; 698 Nathan/Keystone ; 700 Bettmann Archive, Musée National Fernand Léger © SPADEM 1994 ; 701 Imperial War Museum ; 702 *d* Nations Unies, *g* Bettmann Archive ; 703 *h* Nations Unies, *b* ZEFA ; 706 *h*, *m* Mary Evans Picture Library, *b* British Petroleum ; 707 *h*, *m* E.T. Archive, *b* Robert Opie Collection ; 708 Popperfoto ; 709 Bettmann Archive ; 710 Wiener Library/Bergen-Belsen Memorial Press ; 712 Imperial War Museum ; 714 Camera Press ; 715 Hulton-Deutsch Collection ; 716 E.T. Archive ; 717 Frank Spooner Pictures/FERRY ; 720 Panos Pictures ; 721 *h* TRIP/Eye Ubiquitous, *bg* Camera Press, *bd* ZEFA ; 722 Sipa Press ; 723 Collection Christophe L. ; 724 NASA ; 726 Camera Press ; 727 *h* Hulton-Deutsch Collection, *b* Camera Press ; 728 ZEFA ; 729 B.N.T.O. ; 730 Popperfoto ; 731 Magnum, Camera Press ; 732 *h* Frank Spooner Pictures/GAMMA, *b* Hulton Deutsch Collection ; 734 Camera Press ; 735 *h* Associated Press, *b* ZEFA ; 736 Camera Press ; 737 Camera Press ; 738 Frank Spooner Pictures/GAMMA ; 739 *h* TRIP/Eye Ubiquitous, *b* Frank Spooner Pictures/GAMMA ; 740 ZEFA ; 741 ZEFA 742 Camera Press ; 743 *h* Live Aid, *b* Panos Pictures ; 744 NHPA/Martin Wendler ; 745 *h* ZEFA, *m* NHPA/K. Ghani, *b* Frank Spooner Pictures/GAMMA.

N° d'Éditeur : 10018
Dépôt légal : septembre 1994
Loi 49956 du 16 juillet 1949 sur les publications destinées à la jeunesse
Impression et reliure : Pollina s.a., 85400 Luçon - n° 65864
ISBN 2.09.240273.0